Geschichte der Stadt Münster

Geschichte der Stadt Münster

Unter Mitwirkung von Thomas Küster
herausgegeben von
Franz-Josef Jakobi

Band 1

Aschendorff Münster

Textredaktion:	Thomas Küster Rainer Auts
Bildredaktion:	Thomas Küster
Mitarbeit:	Ulrich Winzer Thomas Kleinknecht Jens Metzdorf Irmgard Pelster Petra Titze Anja Gussek-Revermann Michael Kleinsorge Mechthild Black

1. Auflage Mai 1993

2. Auflage August 1993

Gesamtherstellung: Druckhaus Aschendorff, Münster, 1993

ISBN 3-402-05370-5

Inhalt

Von den Anfängen bis zum Ende des Fürstbistums

1. Stadtgeschichte im zeitlichen Verlauf

2. Strukturen und ihre Veränderungen

Vorwort des Auftraggebers

Als durch Rat und Verwaltung der Stadt vor mehr als zehn Jahren erste Überlegungen zur Gestaltung des Jubiläums „1200 Jahre Münster“ im Jahr 1993 angestellt wurden, gehörte dazu die Absicht, aus diesem Anlaß eine Gesamtdarstellung der Stadtgeschichte in Auftrag zu geben. Das neu zu erarbeitende Werk sollte einem doppelten Anspruch genügen: Bei der Darstellung sollten insgesamt und für alle Epochen und Aspekte der Geschichte Münsters die fachwissenschaftlichen Standards der Stadtgeschichtsforschung und Stadtgeschichtsschreibung eingehalten werden, und zugleich sollte durch gute Lesbarkeit der Texte und eine attraktive Gestaltung und Ausstattung der Bände eine weite Verbreitung des Werkes bei den geschichtsinteressierten und traditionsbewußten Bürgerinnen und Bürgern Münsters erreicht werden.

Nach kontroversen Diskussionen wurde durch Grundsatzbeschlüsse des Rates vom 13. Juni 1984 und 20. März 1985 das Stadtarchiv mit der Herausgabe beauftragt und die Herausgeberverantwortung ungeteilt dem Leiter dieser Institution übertragen.

Daß nunmehr in drei umfangreichen, mit Abbildungen, Karten und Graphiken großzügig ausgestatteten Bänden die von den Anfängen bis zur Gegenwart reichende „Geschichte der Stadt Münster“ der Öffentlichkeit übergeben werden kann, gehört zu den Höhepunkten des Jubiläumsjahres. Durch dieses Werk ist in besonderer Weise eine der Leitideen für die Gestaltung des Stadtjubiläums verwirklicht, nämlich nicht nur die 1200jährige Tradition Münsters in einem Festjahr zu feiern, sondern mit den dadurch freigesetzten Kräften zugleich „Bleibendes zu schaffen“. Die neue Stadtgeschichte wird für geraume Zeit ein Standardwerk bleiben und das Geschichtsbewußtsein unserer Bürger prägen.

Allen, die daran mitgewirkt haben – zuerst den Autorinnen und Autoren, durch deren Beiträge das Werk zustande gekommen ist, sodann den Verantwortlichen beim Verlag Aschendorff, die die „Stadtgeschichte“ zu einem besonderen Anliegen ihres Hauses gemacht haben, und nicht zuletzt dem Herausgeber und seinen Mitarbeiterinnen und Mitarbeitern –, gebühren dafür Dank und Anerkennung.

Münster, im Januar 1993

Dr. Jörg Twenhöven
Oberbürgermeister

Dr. Tilman Pünder
Oberstadtdirektor

Vorwort des Herausgebers

Nach fast fünfjähriger Vorbereitungszeit konnte die vom Rat in Auftrag gegebene Gesamtdarstellung der Stadtgeschichte im Jahr des Stadtjubiläums „1200 Jahre Münster“ wie geplant zum Abschluß gebracht werden. Das ist für alle Beteiligten Grund zu Freude und Genugtuung über das Gelingen eines schwierigen und aufwendigen Vorhabens, für den Herausgeber insbesondere aber auch Anlaß, all denen zu danken, die durch ihr Mitwirken zum Gelingen beigetragen bzw. die Voraussetzungen dafür geschaffen haben.

Der lange Bearbeitungszeitraum war zunächst geprägt durch intensive Bemühungen um die Konzeption, die im fruchtbaren Diskurs mit einer Reihe von Kolleginnen und Kollegen entwickelt wurde. Es schloß sich die Begründung einer Gemeinschaft von Autorinnen und Autoren an, die sich in einer Folge von Gesamtkonferenzen und Einzelbesprechungen auf die inhaltliche Abstimmung der Beiträge und auf einheitliche Gestaltungskriterien verständigten. Die nächste Phase war bestimmt durch die Entwicklung eines Organisationsmodells für die Redaktions- und Druckvorbereitungsarbeiten, für die die personellen, finanziellen und sonstigen Voraussetzungen beim Stadtarchiv geschaffen werden mußten, sowie durch die Beratung und vertragliche Fixierung der Kooperation mit dem nach einer Ausschreibung für das Vorhaben gewonnenen Verlag Aschendorff. In der letzten Phase standen die redaktionelle Bearbeitung der Texte, ihre Sicherung in mehreren Korrekturgängen zusammen mit den Autorinnen und Autoren und die Beschaffung bzw. Erstellung von Abbildungsvorlagen im Vordergrund; schließlich erfolgte die Druckvorbereitung in enger Kooperation mit der Produktionsabteilung des Verlages. Allen, die an diesen Arbeiten beteiligt waren, sei an dieser Stelle noch einmal insgesamt gedankt für freundschaftlichen Rat und kollegiale Unterstützung, die mir in vielerlei Hinsicht zuteil wurden. Daraus erwuchsen die Ermunterung und Bestätigung, die während der langen Wegstrecke des öfteren vonnöten waren. Eigens genannt werden soll in diesem Zusammenhang Dr. Helmut Lahrkamp, mein Vorgänger in der Leitung des Stadtarchivs, der sich nicht nur als Autor zur Verfügung gestellt hat, sondern dem Herausgeber und der Redaktion mit seiner profunden Kenntnis der Geschichte Münsters als ständiger Berater und kritischer Leser aller Texte zur Seite stand.

Zu danken ist sodann den zahlreichen öffentlichen und privaten Besitzern von Bild- und Textzeugnissen zur Geschichte Münsters, die durch Abbildungsgenehmigungen bzw. durch die Ausleihe der Originale zu Reproduktionszwecken dazu beigetragen haben, die textliche Darstellung für jeden einzelnen Beitrag durch die Abbildung vieler bislang unveröffentlichter Zeugnisse zu ergänzen. Stellvertretend für alle anderen, die in den Abbildungsnachweisen vollständig aufgeführt sind, seien hier die Mitarbeiterinnen und Mitarbeiter des Stadtmuseums Münster, des Westfälischen Landesmuseums für Kunst und Kulturgeschichte, des Westfälischen Amtes für Denkmalpflege, des Nordrhein-Westfälischen Staatsarchivs Münster und der Universitätsbibliothek Münster genannt; ihre unbürokratische Hilfe ist dem Werk in vielfacher Hinsicht zugute gekommen.

In ganz besonderem Maße gilt mein Dank schließlich den Mitgliedern des beim Stadtarchivs eingerichteten Redaktionsteams, allen voran Thomas Küster, der als

Wissenschaftlicher Mitarbeiter für die Gesamtredaktion verantwortlich war, mit mir die schwierige Abstimmung der Beiträge besorgte und wesentlichen Anteil an der Gestaltung der drei Bände hatte, sowie Rainer Auts, der als studentisches Redaktionsmitglied von Anfang an mit der Druckvorbereitung der Texte befaßt war und das Register erstellte. Die Sammlung und den bibliographischen Nachweis der weit verstreuten, mehrere tausend Titel umfassenden Literatur zur Geschichte der Stadt Münster besorgte zunächst Dr. Dieter Hölsken und nach seinem Ausscheiden Dr. Ulrich Winzer; er betreute das Literaturverzeichnis und nahm die Abstimmung der Kurztitel vor. Irmgard Pelster, Cristoforo Schweeger und Petra Titze wirkten bei der Texterfassung mit, Gisela Helmich fertigte die Karten an, Jens Metzdorf und Michael Kleinsorge waren an der Beschaffung der Abbildungen beteiligt, Anja Gussek-Revermann an der Umbruchkorrektur und Axel Koppetsch an der Anfertigung des Registers. Dr. Thomas Kleinknecht unterzog alle Texte einer zusätzlichen kritischen Durchsicht und beteiligte sich an der Einrichtung der Korrekturfahnen.

Verbunden mit der Freude über die Fertigstellung des Werkes und dem Dank an alle Mitwirkenden ist die Hoffnung, daß die „Geschichte der Stadt Münster“ den an sie zu stellenden Ansprüchen sowie den Erwartungen des Auftraggebers und der Öffentlichkeit gerecht wird.

Münster, im Januar 1993 Franz-Josef Jakobi

FRANZ-JOSEF JAKOBI

Einführung

Den Werdegang einer traditionsreichen Stadt wie Münster, alle ihre Erscheinungsformen und Funktionen im Wandel der Zeiten, die vielfältigen Ereignisse und Vorgänge, die ihre 1200jährige Geschichte ausmachen, als Ganzes zu beschreiben, ist nur bedingt und annäherungsweise möglich. Das bei einem solchen Vorhaben entstehende Bild kann nur transitorischen Charakter haben, da sich mit der Veränderung der Betrachterposition oder mit der Formulierung neuer Fragen bereits neue Perspektiven und Akzentuierungen ergeben, sich die Schwerpunkte der Darstellung verlagern bzw. die Konstellationen der betrachteten Gegebenheiten verändern. Das gilt nicht nur für die „quellenarmen" früheren Epochen, für die wir nur wenige Mosaiksteine des zu rekonstruierenden Gesamtbildes besitzen, sondern auch für die jüngeren, für die die Leitlinien und Konturen umgekehrt aus der Fülle der Zeugnisse herauspräpariert werden müssen.

Dieser Unmöglichkeit, das vergangene Geschehen in einer ein- für allemal gültigen Gesamtdarstellung festzuschreiben, steht das Bedürfnis jeder menschlichen Gemeinschaft, auch einer Stadtgesellschaft, gegenüber, sich ihrer Herkunft und Vergangenheit zu vergewissern, um eine verläßliche Basis für die Gegenwartsanalyse und die Zukunftsplanung zu gewinnen. Dem entsprechen der Wunsch und die Bereitschaft, wichtige Daten, insbesondere Gründungsdaten, zum Anlaß für Jubiläumsveranstaltungen zu nehmen und bei dieser Gelegenheit Geschichts- und Traditionsbewußtsein öffentlich zu akzentuieren.

Wer es unternimmt, die Geschichte einer Stadt von den Anfängen bis zur Gegenwart darzustellen, ist deshalb in besonderem Maße dem Spannungsverhältnis zwischen der Relativität und Zeitbedingtheit aller Geschichtsschreibung und den auf Eindeutigkeit und sicheres Wissen gerichteten Erwartungen seiner Adressaten ausgesetzt. Er muß im Bewußtsein dieses Spannungsverhältnisses die Darstellung so einrichten, daß sowohl eine Summe des gegenwärtigen Erkenntnis- und Forschungsstandes gezogen wird, als auch die in Gang befindlichen Kontroversen und die noch unbeantworteten Fragen deutlich werden.

Eine weitere methodische Voraussetzung ist grundlegend für die Darstellung der Geschichte einer Stadt: Die Ereignisse, die die Stadtgeschichte selbst ausmachen, stehen in Wechselbeziehung zu solchen auf regionaler und gesamtstaatlicher Ebene. Diese Wechselbeziehungen – das Verhältnis zwischen Stadtautonomie und Stadtherrschaft, zwischen kommunaler Selbstverwaltung und staatlichen Verwaltungshierarchien, zwischen Stadt und Umland, zwischen städtischen und regionalen bzw. auch überregionalen Wirtschaftsräumen – unterliegen Wandlungsprozessen, die ihrerseits sowohl durch innerstädtische Entwicklungen wie durch allgemeine politische, soziale und ökonomische Veränderungen bedingt sein können. Die Ausstrahlung und der Einzugsbereich, die Behauptung zentralörtlicher Funktionen, hängen für eine Stadt davon ab, inwieweit in dieser Hinsicht Kontinuitäten und Diskontinuitäten, Aufstieg und Niedergang gegeben sind. Das im einzelnen nachzuzeichnen, und so Stadtgeschichte nicht als reine Lokalgeschichte erscheinen zu lassen, stellt eine wesentliche Voraussetzung für moderne Stadtgeschichtsschreibung dar, die ihrem Zweck – der Ausprägung und Förderung historischen Selbstverständnisses – genügen und ihren Erklärungswert auch für Gegenwartsprobleme erreichen will.

Andererseits muß vermieden werden, zu sehr auf die größeren Zusammenhänge außerhalb des städtischen Horizonts zu schauen und so die Stadtgeschichte im engeren Sinne nur noch als abgeleitetes Geschehen zu betrachten. Für die Stadt Münster ist das besonders wichtig, weil ihre Geschichte von den Anfängen des Missionsklosters Liudgers bis zur Aufhebung des Fürstbistums aufs engste mit der der Bischöfe und Fürstbischöfe als Stadtherren verwoben war. Dennoch kann und soll die Stadtgeschichte auch für die frühen Epochen, in denen sie mit der Geschichte des Bischofssitzes Münster weitgehend identisch war, nicht aus der Perspektive der bischöflichen Stadtherrn und der kirchlichen Institutionen geschrieben werden. Das Zusammenspiel der politischen, geistigen und wirtschaftlichen Kräfte, durch die das Geschehen in der Stadt bestimmt wurde, ist von der sich ausbildenden, Autonomie gewinnenden, sie behauptenden und verlierenden Bürgergemeinschaft her zu betrachten und darzustellen.

Das gilt mutatis mutandis auch für das 19. und 20. Jahrhundert, für die Zeit, in der Münster sich nach der Integration in das Königreich Preußen in einem größeren staatlichen Rahmen behaupten mußte; für die Zeit, in der – wie bei allen anderen vergleichbaren Städten auch – im Zuge der Modernisierung und Urbanisierung zunehmend das individuelle, historisch gewachsene Stadtprofil durch generell gültige Entwicklungsformen überlagert wurde.

Die für die Konzeption der „Geschichte der Stadt Münster" maßgeblichen Grundsätze sind von diesen Überlegungen her entwickelt worden. Eine weitere wichtige Voraussetzung, die es dabei zu berücksichtigen galt, ist die spezifische Forschungs- und Überlieferungssituation, die für Münster in doppelter Hinsicht schwierig ist.

Zur Forschungs- und Überlieferungssituation

Eine erste Schwierigkeit stellt die zersplitterte Forschungsdiskussion dar. Es stehen zwar publizierte Beiträge in großer Zahl zur Verfügung, man kann jedoch nicht auf eine modernen Ansprüchen genügende Gesamtdarstellung zurückgreifen. Das Fehlen von integrativen historiographischen Arbeiten kennzeichnet auch die Forschungssituation für die einzelnen Epochen und Aspekte der Stadtgeschichte Münsters. Trotz einer ganzen Reihe gewichtiger monographischer Abhandlungen gibt es sie weder für das Mittelalter noch für Münster im Zeitalter der Glaubenskämpfe oder des Barock und erst recht nicht für das 19. und 20. Jahrhundert, den Zeitraum der Moderne also, der in der Stadtgeschichtsforschung ansonsten in jüngster Zeit besonders stark akzentuiert wird. Diesem Defizit steht eine fast unüberschaubar große Zahl von Publikationen zu Einzelthemen der Geschichte Münsters gegenüber. Die systematische Sammlung und bibliographische Erfassung der Literatur zur Stadtgeschichte hat zu einem Fundus von annähernd 10 000 Titeln geführt. Er umfaßt die gesamte Spannbreite wissenschaftlicher Abhandlungen und Untersuchungen sowie Beiträge zur Stadtgeschichte aus der „grauen" Literatur, d. h. der nicht über den

Buchhandel verbreiteten Druckschriften von Behörden und Institutionen, Vereinsfestschriften und Jubiläumsbroschüren, sowie schließlich Zeitungsartikel.

Die Zersplitterung der Forschungsdiskussion und das Fehlen integrativer Gesamtdarstellungen haben ihre Ursachen sicher zu einem großen Teil – und das ist die zweite Schwierigkeit – in der problematischen Überlieferungssituation. Zweimal im Verlauf der früheren Stadtgeschichte sind gravierende Verluste eingetreten, die dazu geführt haben, daß man die Zeit vor der Mitte des 16. Jahrhunderts als „quellenarme Zeit" bezeichnen muß: Bei der Belagerung der Stadt im Laufe der Auseinandersetzungen des Investiturstreits durch den Sachsenherzog Lothar von Süpplingenburg im Jahr 1121 gerieten die Domburg und die Kaufmannssiedlung um die Märkte in Brand; dabei wurde – so müssen wir annehmen – das Archiv des Bischofs und des Domkapitels vernichtet; jedenfalls haben sich nur wenige Urkunden und Schriftzeugnisse für die ersten drei Jahrhunderte der Geschichte Mimigernaford-Münsters nach Liudger erhalten. Dasselbe gilt auch für die nächsten 400 Jahre bis zur Täuferzeit. Wie in der zeitgenössischen Überlieferung berichtet wird, haben die Täufer, nachdem sie im Frühjahr 1534 die Herrschaft in der Stadt übernommen hatten, auf dem Prinzipalmarkt und dem Domplatz die schriftlichen Zeugnisse der weltlichen Kirchenherrschaft verbrannt. Davon war vor allem das Ratsarchiv mit den städtischen Privilegien und den sonstigen Unterlagen über die Tätigkeit des Rates betroffen. Die Entstehungsgeschichte der verfaßten Bürgerschaft, ihre Emanzipation aus der bischöflichen Stadtherrschaft und der weitere Ausbau des bürgerschaftlichen Stadtregiments bis zur Reformationszeit muß also aus den verbliebenen Beständen rekonstruiert werden. Die noch erhaltene schriftliche Hinterlassenschaft der fürstbischöflichen und domkapitularischen Verwaltungstätigkeit sowie die Urkunden und Akten der geistlichen Institutionen in der Stadt und aus den zahlreichen Stiftungs- und Gildearchiven verteilen sich heute auf das Staatsarchiv, das Stadtarchiv und das Bistumsarchiv Münster.

Anders als für die Zeit vor 1550 besteht eine außerordentlich reichhaltige und unbeeinträchtigte Schriftüberlieferung städtischer Provenienz für die folgenden Jahrhunderte. Allein das Stadtarchiv mit seiner Serie der Ratsprotokolle von 1564 bis 1802 (212 Bände) und der dazugehörigen Unterlagen, mit den Schatzungsregistern (679 Bände) und Amtsbüchern, den ca. 3000 Bürgertestamenten und der dichten Fülle des Amtsschriftgutes aus der Verwaltungs- und Gerichtstätigkeit des Rates, stellt einen bislang nur unzureichend ausgewerteten Quellenfundus von höchstem Aussagewert dar. Helmut Lahrkamp hat das in zahlreichen Einzelstudien und Editionen deutlich gemacht. Dieser Fundus wird ergänzt durch die Archivbestände der annähernd fünfzig Wohlfahrtseinrichtungen, Stiftungen, Armenhäuser und Spitäler in der Stadt, die vor 1802 der Aufsicht des Rates oder der Kirche unterstanden und die nach Einrichtung der Armenkommission durch die preußischen Behörden (zuerst 1805) von dieser verwaltet wurden. Die städtischen Archivalien werden ergänzt durch die stadtmünsterischen Betreffe im Schriftgut der fürstbischöflichen Regierungs- und Gerichtsinstanzen im Staatsarchiv Münster.

Seit der Aufnahme der Amtstätigkeit des städtischen Magistrats als unterste preußische Verwaltungsinstanz nach 1816 und bis in den Zweiten Weltkrieg hinein, ist in der zentralen Registratur der Stadtverwaltung das Amtsschriftgut fast lückenlos erhalten. Durch Kriegseinwirkung verloren gegangen ist lediglich das, was während der Kriegsjahre als Registraturgut in den Ämtern verblieben war und deswegen 1943 nicht mit den Beständen des Stadtarchivs nach Schloß Wöbbel (Lippe) ausgelagert werden konnte.

Eine Folge der offenen Forschungsdiskussion und der schwierigen Überlieferungssituation ist, daß für die Geschichte Münsters längst nicht alle Fragen beantwortet werden können und manche Kontroversen noch in vollem Gange sind. Probleme, über die es zur Zeit keine einheitliche Einschätzung in der Fachdiskussion gibt, bietet vor allem die „quellenarme Zeit" der Frühgeschichte Münsters. Die gerade in jüngster Zeit durch die Thesen von Wilhelm Kohl und die neuen Grabungen im Dombereich wieder in Gang gekommene Kontroverse über die Gründung Liudgers in Mimigernaford und ihre Ausgestaltung zum Bischofssitz ist noch keineswegs beendet. Durch die neuen Forschungen Eckhard Freises über Liudger und die Aufgabenverteilung zwischen seinen *beiden* Gründungen Münster und Werden ist sie gerade entscheidend vorangebracht worden. Um hier zu definitiven Ergebnissen zu gelangen, wäre jedoch eine Grabung im Dombereich erforderlich, durch die Aufschluß über den ersten Kirchenbau in Münster gewonnen werden könnte.

Ebensowenig geklärt wie die Einzelheiten der Entstehungsgeschichte Mimigernaford–Münsters sind – trotz des nach wie vor maßgeblichen Werkes von Joseph Prinz – eine Reihe von Problemen, die mit der Stadtwerdung zusammenhängen. Für die Beantwortung der Fragen, wann und wie die erste Pfarreinteilung für das spätere Stadtgebiet (vor allem die Gründung von St. Lamberti) erfolgte, ob und gegebenenfalls wann Münster ein Stadtrechtsprivileg des bischöflichen Stadtherrn und eventuell eine kaiserliche Bestätigung dafür erhielt, wie die Ausbildung der verfaßten Bürgerschaft und ihrer Funktionen verlaufen ist, bedarf es weiterer Forschungen. Noch nicht genügend informiert sind wir außerdem darüber, wann und wie es in Münster zur Ausbildung des Stadtpatriziats der Erbmänner und der ersten Zusammenschlüsse der Kaufleute und Handwerker, der Gilden, gekommen ist. Das gleiche gilt für die Erforschung der kirchlichen Institutionen und der geistlichen Gemeinschaften in der Stadt, für die bisher vor allem Wilhelm Kohl wichtige Beiträge geleistet hat

Kontrovers beurteilt wird trotz der grundlegenden Forschungen von Karl-Heinz Kirchhoff nach wie vor das münsterische Täufertum; so etwa die Frage, welche innerstädtischen Ursachen zur Täuferherrschaft geführt haben, welchen Anteil die Zuwanderer aus den westfälischen Regionen und aus den Niederlanden daran hatten und wie es in der belagerten Stadt zu den Auswüchsen der Gewaltherrschaft unter Jan van Leiden kam. Inwiefern und wie lange es in Münster dann nach der Vernichtung der Täufer eine „friedliche Koexistenz der Konfessionen" gegeben hat, wer vor allem die Träger reformatorischen Gedankenguts und die Anhänger der lutherischen Lehre in der städtischen Bürgerschaft während der zweiten Hälfte des 16. und zu Beginn des 17. Jahrhunderts waren, muß nach der neuerdings von Helmut Lahrkamp vorgebrachten Kritik an den Forschungen Ronnie Po-chia Hsias weiter untersucht werden.

Für die jüngeren Epochen der Stadtgeschichte geht es sodann um unterschiedliche Bewertungen der Bedeutung des Fürstbischofs Christoph Bernhard von Galen und auch des Ministers Franz von Fürstenberg für den Verlauf der Stadtgeschichte. Für beide liegen zwar umfangreiche Biographien aus der Feder von Wilhelm Kohl und Alwin Hanschmidt vor, doch stehen dabei die stadtgeschichtlichen Belange nicht im

Mittelpunkt des Interesses. Die Rolle des Adels in der Stadt während der zweiten Hälfte des 17. und während des 18. Jahrhunderts ist noch kaum erforscht und ebensowenig die Geschichte der wirtschaftlichen Umstrukturierungen nach dem Niedergang der Hanse.

Eine wichtige Voraussetzung sowohl für die bessere Erschließung der vielschichtigen Überlieferung als auch für weiterführende Studien und Darstellungen zur Stadtgeschichte Münsters im Spätmittelalter und in der frühen Neuzeit wird durch die systematische Erfassung der in der Überlieferung genannten Personen und der Quellenbelege für die Häuser und Hausgrundstücke der Innenstadt geschaffen. Mit der Realisierung eines solchen kombinierten „Häuser- und Bürgerbuches", für die Karl-Heinz Kirchhoff seit geraumer Zeit Vorarbeiten geleistet hat, ist bereits begonnen worden.

Eine zusammenfassende Bewertung der neuen Impulse für die Stadtentwicklung des 19. Jahrhunderts durch die preußische Politik in der Provinz Westfalen und gegenüber der Provinzialhauptstadt Münster wird erst durch weitere Studien in Fortführung der grundlegenden Arbeiten von Monika Lahrkamp und Bernd Walter möglich sein. Wann und wie es hier zur Verfestigung eines spezifischen „katholischen Milieus" und zu einer eigenständigen Entwicklung des „politischen Katholizismus" gekommen ist, bedarf genauso weiterer Untersuchungen wie die Frage, wie sich nach der Auflösung des Fürstbistums die Neuorganisation des Bistums Münster und der nachgeordneten kirchlichen Institutionen sowie des kirchlich-religiösen Lebens in der Stadt unter den neuen Bedingungen vor und nach dem Kulturkampf gestaltete.

Insgesamt ist auch die Forschungssituation hinsichtlich der Geschichte Münsters in den ersten Jahrzehnten unseres Jahrhunderts noch sehr unbefriedigend. Die Blütezeit und erste Industrialisierungsphase Münsters vor dem Ersten Weltkrieg unter dem bedeutenden Oberbürgermeister Max Jungeblodt und auch das Wirken der für die Stadtentwicklung Münsters zur modernen Großstadt in den 1920er Jahren so entscheidenden Persönlichkeit des Oberbürgermeisters Georg Sperlich sind noch kaum erforscht. Auch die Frage, inwieweit man für Münster von Anfang an von einem um die Figur des Bischofs Clemens August von Galen zentrierten katholischen „Widerstand" gegen den Nationalsozialismus sprechen kann, erscheint trotz einer ganzen Reihe von Beiträgen, die Joachim Kuropka dafür seit einiger Zeit publiziert hat, keineswegs ausdiskutiert.

Für die Erforschung und Darstellung der Stadtgeschichte nach dem Zweiten Weltkrieg gibt es erst Ansätze. Für diese jüngste Epoche der Stadtentwicklung, für die die kommunale Neugliederung mit den umfangreichen Eingemeindungen von 1975 das entscheidende Ereignis bildet, ist bis hin zur Sicherung und Erschließung der städtischen Überlieferungen noch der größte Teil der quellenbezogenen Basisarbeit zu leisten.

Festzustellen ist schließlich, daß für Münster die in der jüngsten geschichtswissenschaftlichen Forschungsdiskussion besonders akzentuierte Frage nach der Rolle der Frau in den historischen Stadtgesellschaften gerade erst gestellt ist. Forschungsergebnisse, von denen aus sie im Sinne einer neu definierten „Geschlechtergeschichte" beantwortet werden könnte, liegen noch nicht in genügender Anzahl vor.

Zum Aufbau der Darstellung

Angesichts dieser Schwierigkeiten und des über zwölf Jahrhunderte weitgehend gleichbleibenden Bedeutungsniveaus Münsters als *Metropolis Westphaliae* konnte die Gesamtdarstellung weder im Ganzen noch für die einzelnen Epochen der Stadtgeschichte (Mittelalter, Reformationszeit, Barockzeitalter, 19. Jahrhundert, Weimarer Zeit und Nationalsozialismus, Nachkriegszeit) als Geschichtsschreibung „aus einer Hand“ angelegt werden. Erreichbar und anzustreben erschien vielmehr ein „Handbuch“ der Geschichte Münsters, in dem der aktuelle Forschungs- und Erkenntnisstand zusammengefaßt ist.

Um das möglichst einheitlich für alle Zeitabschnitte und Teilgebiete zu gewährleisten, ist ein gleichförmiges, nicht zu weit gefaßtes Themenraster gebildet worden; ihm liegen einerseits die – meist durch politische Geschehnisse bedingten – Abläufe und andererseits die in Wandlungsprozessen von langer Dauer sich nur allmählich verändernden Strukturen (Bevölkerung, Topographie, Institutionen und die Formen des kirchlich-religiösen, des kulturellen und des wirtschaftlichen Lebens) zugrunde. Infolge dieser die gesamte Stadtgeschichte von den Anfängen bis zur Gegenwart abdeckenden „Gitterstruktur“ kommt es immer wieder zu inhaltlichen Überschneidungen. Durch die Knotenpunkte des Strukturgitters sind die wichtigsten Vorgänge und Gegebenheiten besonders akzentuiert und kommen aus jeweils unterschiedlicher Betrachterperspektive mehrfach in den Blick – ein Effekt, der durchaus beabsichtigt ist und sowohl der Multiperspektivität der Forschungsdiskussion als auch der Pluralität des Adressatenkreises der „Stadtgeschichte“ Rechnung trägt. Unterschiede in der Sichtweise und Bewertung oder sogar widersprüchliche Beurteilungen bestimmter Sachverhalte machen den offenen Diskussionshorizont deutlich, der für Geschichtschreibung und Geschichtsforschung grundsätzlich gegeben ist.

Eine gewisse Sonderstellung nimmt die Darstellung der Zeit nach dem Zweiten Weltkrieg ein. Die Geschehnisse und Vorgänge, die für diesen Zeitraum zu beschreiben sind, wirken zumeist noch bis in die Gegenwart nach, ja sie sind zum Teil noch gar nicht abgeschlossen. Sie können deshalb nur bedingt mit geschichtswissenschaftlichen Kategorien und auf der Basis einer umfassenden Überlieferungsanalyse beschrieben werden. Es sind für ihre Erforschung und Darstellung eher politik- und sozialwissenschaftliche Methoden bzw. solche der Geographie und der Kommunalwissenschaften anzuwenden. In einer „Stadtgeschichte“ kann das jedoch nur ansatzweise geschehen. Die historischen Entwicklungen der Nachkriegszeit sind deshalb in Form eines Überblicks mit den kommunalpolitischen wirtschaftlichen und stadtplanerischen Perspektiven der Gegenwart verbunden.

Aus der „Gitterstruktur“ der an den politischen Geschehnissen orientierten und der auf die Grundgegebenheiten gerichteten Beiträge ist ein großer Komplex ausgenommen: das künstlerische Schaffen in der Malerei, Architektur, Skulptur, Musik und Literatur ist zu sehr von anderen Voraussetzungen abhängig und von anderen Entwicklungsprozessen geprägt, als daß es in das damit vorgegebene Schema ohne Probleme hätte integriert werden können. Die Künste, die Künstler(innen) und deren Werke bilden deshalb eine eigenständige Abteilung, die abgestimmt auf die spezifischen münsterischen Gegebenheiten nach den Kunstgattungen und nach der Abfolge der Kunstepochen gegliedert ist.

Schließlich ist zur Kennzeichnung der Konzeption der „Stadtgeschichte" noch darauf hinzuweisen, daß sie grundsätzlich zwar die Stadt als Ganzes (also auch in ihrer heutigen Ausdehnung und mit den daraus resultierenden Entwicklungskomponenten) zum Gegenstand hat, nicht aber die Einzelgeschichten der im 19. und 20. Jahrhundert eingemeindeten Stadtteile und ehemals selbständigen Gemeinden. Diese können nur jeweils aus der Perspektive der Gesamtstadt betrachtet werden.

Der Vielfalt der bei der Gesamtdarstellung der Geschichte Münsters zu berücksichtigenden Aspekte und Fragestellungen konnte am ehesten durch ein Team von Autorinnen und Autoren entsprochen werden, in dem außer den Geschichtswissenschaften auch andere Disziplinen vertreten sind. Um der damit verbundenen Gefahr einer Aufsatzsammlung für Spezialisten zu entgehen, ist während der mehr als zwei Jahre währenden Druckvorbereitungsphase mit erheblichem Aufwand auf die redaktionelle Integration und gute Rezipierbarkeit des Gesamtwerks hingearbeitet worden. Dazu diente neben der intensiven Abstimmung der Beiträge die Vermeidung von komplizierten Problemdiskussionen und allzu fachspezifischem Sprachgebrauch. Es ist deswegen auch grundsätzlich auf einen Anmerkungsapparat zu den Texten verzichtet worden. Lediglich für Wortlautzitate und für referierte Forschungsergebnisse und Sachverhalte, die in einzelnen Publikationen niedergelegt sind, sind die erforderlichen Nachweise – in Kurzform und in Klammern gesetzt – in den fortlaufenden Text eingefügt.

Der Aufbau der drei Bände resultiert aus der Umsetzung dieser konzeptionellen Überlegungen. Der erste Band enthält die Beiträge, die in Form der angesprochenen „Gitterstruktur" die Zeit von der Stadtgründung bis zur Aufhebung des Fürstbistums Münster im Jahr 1802/3 behandeln, der zweite ist nach demselben Schema aufgebaut und hat das 19. und 20. Jahrhundert bis 1945 zum Inhalt. Im dritten Band sind die Beiträge über die „Nachkriegszeit und die Perspektiven der Stadtentwicklung" sowie diejenigen, die „Bildende Kunst, Musik, Sprache und Literatur" thematisieren, zusammengefaßt. Außerdem findet sich darin das nach Epochen und nach formalen Kriterien geordnete Literaturverzeichnis, bei dem zur Erleichterung des Zitierverfahrens alle Titel mit einer fortlaufenden Numerierung versehen sind, sowie ein integriertes Register. Im Anschluß an die Beiträge werden jeweils kommentierende Hinweise auf die wichtigsten Quellen und Publikationen gegeben.

Der doppelte Zweck, der mit der „Geschichte der Stadt Münster" entsprechend dem vom Rat erteilten Auftrag und den dargestellten konzeptionellen Überlegungen erreicht werden sollte, ist zugleich der Anspruch, an dem sie sich nunmehr messen lassen muß: Bilanz und Impuls zu sein für die Bemühungen um geschichtliches Wissen und historisches Selbstverständnis einer Stadtgesellschaft und einen der Bedeutung der Stadt Münster angemessenen Beitrag zur allgemeinen Stadtgeschichtsforschung und Stadtgeschichtsschreibung zu leisten.

1.

Stadtgeschichte im zeitlichen Verlauf

ECKHARD FREISE

Vom vorchristlichen Mimigernaford zum *honestum monasterium* Liudgers

1. Die Gründungsüberlieferung im Spiegel der Liudger-Viten. Probleme und Deutungen – 2. Vor- und frühgeschichtliche Siedlung im zentralen Münsterland. Brukterer und Römer. Chamaver und Franken. Die Landnahme der Westfalen – 3. Sachsenmission vor Liudgers Zeiten – 4. Herkunft und Wirken Liudgers bis 793 – 5. Die Anfänge des *monasterium* in Mimigernaford – 6. Der Liudger-Kreis und seine Bibliothek – 7. Die Liudgeriden als Bischöfe von Mimigernaford und Rektoren von Werden (805–849)

Interea per dispositionem misericordis Dei Saxones conversi sunt ad Dominum et rex Carolus eundem virum Dei Liudgerum pastorem in parte occidentali Saxonum constituit. Cuius parrochiae sedes est principalis in pago Sudhergoe in loco, cuius vocabulum Mimigerneford, ubi Domino ipse honestum construxit monasterium sub regula canonica famulantium [420: Vitae sancti Liudgeri, S. 27f (c. I, 23)]. (Dank der Fürsorge des barmherzigen Gottes sind mittlerweile die Sachsen zum Herrn bekehrt. Daraufhin bestimmte König Karl den Gottesmann Liudger zum Hirten im westlichen Sachsenland. Liudgers Hauptsitz seines Sprengels im Raum Sudergo liegt an einem Ort, den man Mimigernaford nennt. Dort hat Liudger persönlich dem Herrn ein ansehnliches Kloster für Diener Gottes errichtet, die kanonisch nach der Regel leben.)

In diesem knappen Abschnitt aus einer spätkarolingischen Heiligenbiographie, der gemeinhin als literarische Gründungsnotiz der Bischofsstadt Münster verstanden wird, verbirgt sich keineswegs die älteste Gründungsgeschichte eines Vororts Westfalens – hierin ist lediglich eine, wenn auch die wohl bedeutsamste Stufe in Münsters frühester Entwicklung umschrieben, und zwar ein gutes halbes Jahrhundert später in einer pointierten Rückschau, die den Ablauf der Ereignisse ohne Zweifel verknappt und ineinander verschränkt. Richtig eingeordnet hat der Autor immerhin die Rahmenbedingungen: Karls des Großen Unterwerfung und Christianisierung der Sachsen und Friesen in Nordwesteuropa – Einrichtung von Missionsbezirken – persönliche Verantwortlichkeit der Missionsbeauftragten gegenüber dem fränkischen König – Kirchen- und Klosterbauten an zentral gelegener Stätte. Vor den solchermaßen aufgebauten historischen Kulissen spielt nach dem Willen des Autors jedoch lediglich eine geschickte Kurzinszenierung, die den Stoff zeitgemäß und themengerecht bündelt und das Schlaglicht „kulturellen Gedächtnisses" [1936: Assmann, Kollektives Gedächtnis] auf die Person eines heiligen Glaubenspredigers und Gründervaters richtet. Schon über dessen engeres Umfeld fällt sehr viel weniger Licht; dahinter breitet sich archaisches Dunkel aus, in das hineinzuleuchten gerade auch die heutigen Betrachter um so mehr reizen muß, als sie sich – willentlich oder unbewußt – in ständiger Erinnerungsgemeinschaft befinden. Der Vor- und Frühgeschichte der Bischofsstadt nunmehr auf den Wegen kritisch nachzuspüren, die in der Frühmittelalterforschung derzeit begangen werden, ist demnach das Anliegen dieses Beitrags.

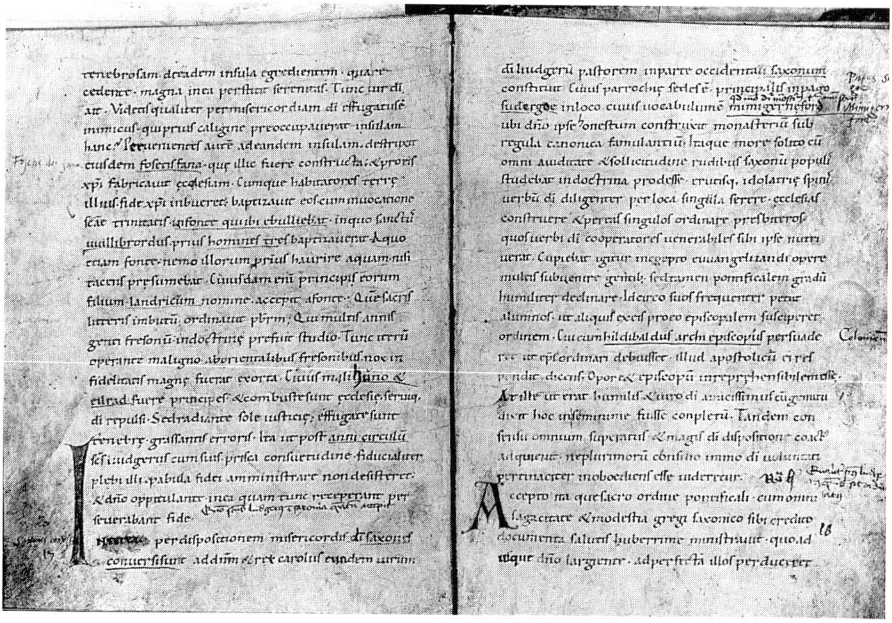

Nachricht über die Gründung Münsters in der „Vita sancti Liudgeri" Altfrids (rechts, zweite bis fünfte Zeile)

1. Die Gründungsüberlieferung im Spiegel der Liudger-Viten. Probleme und Deutungen

Seit jeher – Erinnerung stiftet Identität – sind die Anfänge Münsters untrennbar mit dem Namen Liudgers verknüpft, zumal dieser friesische Missionar, freilich erst vier Jahre vor Ablauf seines Lebens († 809), zum ersten Bischof am Orte erhoben wurde. Gewiß rührt diese Sicht auch aus der Darstellungskunst des ältesten Liudger-Biographen her, der seinem Titelhelden in vielerlei nahestand: Altfrid war selbst ein jüngerer Angehöriger der weitverzweigten Verwandtschaft Liudgers, die sich vorrangig als *genus sacerdotale,* gleichsam wie ein geistlicher Familienverband verstand. Von 840 bis 849 amtierte er – wie sein großer Amtsvorgänger – als (dritter) Bischof von Münster und ebenso als Rektor des Klosters Werden an der Ruhr, der Gründung und Grabstätte Liudgers. Unter Altfrids Ägide wurden die Gebeine Liudgers in einer neu errichteten Heiligenkrypta zu Werden geborgen, der Co-Patronat *sancti Liudgeri* – urkundlich erstmals im August 847 bezeugt – blieb namengebend für das Ruhrkloster. Gerade aus jenem Anlaß hat Altfrid, gedrängt von seinem Werdener Konvent, zur Feder gegriffen. Zwar hatte der Biograph – eigener Aussage zufolge – seinen berühmten Verwandten persönlich gar nicht mehr erlebt, er konnte sich aber auf namentlich ausgewiesene Gewährsleute aus dem engsten Umkreis Liudgers berufen, deren Zeugnis für die Glaubwürdigkeit der *exempla et actus* des Heiligen bürgen sollten. Gleichwohl betont Altfrid in seinem Vorwort ausdrücklich, vom Hörensagen allein könne er die Taten Liudgers gar nicht vollständig erfassen; vieles sei zudem

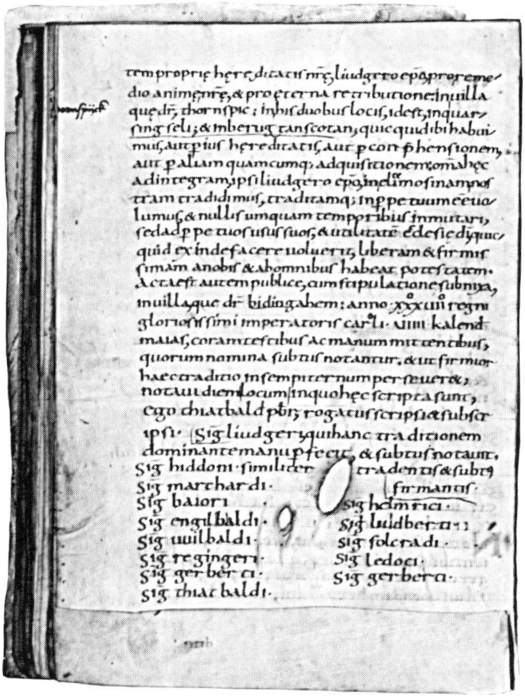

Urkundliche Erstnennung Liudgers als Bischof von Münster (805) im Werdener Cartular (erste Zeile)

durch die Nachlässigkeit der Zeitgenossen nicht bewahrt geblieben. Hierunter dürften allerdings weitere Nachrichten vom *honestum monasterium* am Ort Mimigernaford gewiß nicht zu rechnen sein – fehlen sie in den bewußt knapp und beiläufig gehaltenen Informationen über Liudgers Klostergründungen, so ist dieser Mangel darin begründet, daß der hochgestellte Autor dem Adressaten der ältesten Liudger-Vita, eben der Mönchsgemeinschaft zu Werden, hinlänglich Bekanntes über existierende Kommunitäten, denen er selbst vorstand, nicht mitzuteilen gedachte. Gegenstand der Heiligenvita, die sich in Stil und Aufbau bisweilen wörtlich an die als vorbildhaft verehrte Tradition der Biographien angelsächsischer „Spitzenmissionare" [6: Hauck, Geschichtliche Werke] des 8. Jahrhunderts anlehnt, war vielmehr die persönliche Herkunft Liudgers, seine Erziehung im Geiste der Glaubensverkündigung und sein lebenslanges Wirken auf dem friesisch-sächsischen Missionsfeld. Dieser Darstellungsabsicht sollten sich Auswahl und informeller Gehalt der ausgewählten Kapitel aus dem Leben Liudgers unterordnen – auf Kosten chronologischer Korrektheit, zugunsten episodischer Erzählungen, mit fühlbaren Lücken im Nachrichtenhorizont gerade für die Amtszeit Liudgers in Westfalen. Daher sind schon im Bericht Altfrids zugleich alle Voraussetzungen für Kontroversen gegeben, die gegenwärtig – 1200 Jahre nach Liudgers Gründungsakt – die wissenschaftliche Diskussion um die Frühzeit Münsters prägen.

Nirgendwo steht ausdrücklich geschrieben, daß Liudger sein *monasterium* im Jahr 793 hat errichten lassen, schon gar nicht in den – nahezu vollständig vernichteten – münsterischen Quellen der Karolingerzeit. Ein solcher Termin errechnet sich allein aus einer beiläufig gemachten Angabe in der *Vita tertia sancti Liudgeri,* einer ebenfalls im Kloster Werden entstandenen (dritten) Redaktion der Liudger-Biographie Altfrids: Deren anonymer Autor, wohl ein Mönch westfälischer Herkunft, hat die ihm vorliegenden Textfassungen, aber auch unberücksichtigt gebliebene Nachrichten in eine dem eigenen Konvent genehme, für liturgische Lesungen passendere Form gebracht – nach neueren Erkenntnissen anläßlich der Weihe der Werdener Basilika am 10. November 875. Die Dedikation nahm damals der Kölner Erzbischof Willibert vor, unter tatkräftiger Hilfe des letzten Werdener Rektors aus der „Liudgeriden-Sippe", des Halberstädter Bischofs Hildigrim II. (853–886). Jener Hildigrim – dem jüngeren Bruder Liudgers nachbenannt – ließ also den Passus in die *Vita tertia* seines heiligen Vorfahren einrücken, nach der Missionsarbeit in Brabant und Friesland habe Liudger als dritte Aufgabe das Bischofsamt der Kirche von Mimigernaford übertragen bekommen; in dieser Kirche sei er ohne bischöfliche Würde fast zwölf Jahre verblieben. Der Authentizität dieser nachgereichten Meldung darf man trauen – komplizierter verhält es sich schon mit einem weiteren Eckdatum in der münsterischen Frühgeschichte, der Bischofsweihe Liudgers. Denn auch hierzu teilen die Liudger-Viten zwar beredt die Vorverhandlungen mit, nicht aber einen exakten Termin. Eine Werdener Urkunde vom 23. April 805, die im Gelderland ausgestellt wurde, ist erstmals dem Empfänger *Liudgero episcopo* übergeben worden. Seine Ordination fand sehr wahrscheinlich nur wenige Wochen zuvor statt, am Sonntag Laetare des Jahres 805, mit Sicherheit an einem 30. März, wie auf einem altsächsischen Kalender (um 865) festgehalten ist. Rechnen wir aber gemäß der Werdener Tradition *annis fere duodecim* zurück, so hat Liudger im Frühling oder Frühsommer des Jahres 793 angefangen, bei den Westfalen zu predigen.

Liudgers Biograph Altfrid, nach ihm auch alle anderen geben Mimigernaford als Hauptort des neuen westsächsischen Sprengels aus. Von hier aus habe der Missionar mit gewohnter Energie die im christlichen Glauben noch ungebildete einheimische Bevölkerung betreut, die Relikte heidnischer Götzenanbetung von Ort zu Ort ausgerottet, Kirchen erbaut und in ihnen Priester eingesetzt, die er selbst als ehrwürdige Mitarbeiter *(cooperatores)* am Worte Gottes herangezogen hatte. Zu beachten ist allerdings, daß Altfrid gerade an dieser Stelle sich auf Formulierungen stützt, in denen sein und Liudgers theologisches und literarisches Vorbild, der northumbrische Gelehrte und Magister der Hofakademie Karls des Großen, Alkuin von York († 804), die Christianisierungskampagnen des Friesenapostels Willibrord von dessen Stützpunkt und Bischofssitz Utrecht aus beschreibt. *Sedes episcopalis* war Mimigernaford 793 bekanntlich längst noch nicht – dieses Manko glich der Liudger-Biograph geschickt dadurch aus, daß er dem neuen Glaubensverkünder die Gründung eines *monasterium* am Ort zuschrieb. Genau besehen, geht aus den Liudger-Viten nicht einmal sicher hervor, ob erste Baumaßnahmen für jenes „Münster" überhaupt schon im Jahr 793 begonnen worden sind. Für ihre Planung spricht aber, daß seit März 793 ein Urkundenfonds im Kreis Liudgers existiert hat, wie wir ihn zu Teilen aus den später an Werden geratenen Schenkungen privater Grundbesitzer an Liudger kennen – auf das Zeugnis münsterischer Urkunden aus dieser Zeit müssen wir leider verzichten. Bewiesen wird durch Aufzeichnungen von Gütertraditionen gerade im Gelderland und am Niederrhein, also unweit der fränkisch-sächsischen Grenze, daß der neuernannte Missionar der Westfalen sich sogleich um materielle Ausstattung seiner

Mission und ihre Absicherung im rückwärtigen Raum gekümmert hat: Die ältest bezeugte Übertragung von Erbgut erhielt der Priester Liudger bezeichnenderweise von einem gleichnamigen Verwandten *(amico meo)* in der Veluwe (zwischen Utrecht und Deventer).

In der jüngeren historischen Forschung geht man zumeist davon aus, daß Liudger als e r s t e r eine Kirche auf dem späteren Domhügel an der Aafurt errichtet habe, sogar – in der Übersetzung von *monasterium* – eine „Mönchskirche" [503: Kohl, Honestum monasterium]. Bei genauerer Lektüre der Liudger-Vita Altfrids stellt sich jedoch heraus, daß der bischöfliche Biograph exakt zwischen den Begriffen *ecclesia* (= Kirche) und *monasterium* (= Kloster) zu unterscheiden versteht: Als „Kirchen" sind eindeutig alle jene geistlichen Orte bezeichnet, in denen ein Basilikalbau als Mittelpunkt einer Gemeinde oder eines größeren Sprengels fungiert – so etwa bei der Salvatorkirche von Utrecht, in Deventer, auf Helgoland, in Billerbeck, Coesfeld und Leer. Gab es – außer der Anwesenheit eines Bischofs oder Pfarrers – monastisch lebende Gemeinschaften an einem Ort, so hat der Autor – wie bei St. Martin zu Utrecht und Montecassino – sie durch die Worte *coenobium* oder *monasterium* abgegrenzt. Besonders deutlich wird diese Terminologie an der *ecclesia* des Liafwin/Lebuin zu Deventer [420: Vitae sancti Liudgeri, S. 20 (c. I, 15)], die nach der Restaurierung durch Liudger zusätzlich um ein Kanonikerstift erweitert wurde *(caenobium canonicorum Domino famulantium)*. Gerade dieser Ausdrucksweise bediente sich Altfrid auch bei der Schilderung der Anfänge Münsters. Variiert ist darin der Hinweis auf eine 793 bereits bestehende Kirche in Mimigernaford lediglich durch die Formulierung *sedes principalis,* die sich erkennbar an Alkuins *sedes episcopalis,* die Bezeichnung für den Bischofssitz Utrecht, anlehnt. Hieraus folgt aber, daß selbst Liudgers Biograph seinen Vorgänger im Bischofsamt nicht als den Gründer der Kirche zu Mimigernaford, wohl aber als Baumeister des ältesten Klosters verstanden wissen wollte, das die dortige Kirche um eine geistliche Kongregation bereichern sollte.

Den letzten Streitpunkt bietet Altfrids *Vita Liudgeri* schließlich mit der lange mißverstandenen Aussage über die Angehörigen des *monasterium sub regula canonica famulantium,* war doch hiermit die geistliche Lebensform eines Konvents angesprochen, der sich erst im Laufe des 9. Jahrhunderts nach und nach zu einem Domklerus entwickelt hat. Die ältere Kirchenhistorie hatte wie selbstverständlich angenommen, in den jungen Domstiften der sächsischen Missionsgebiete habe die in den Kernlanden der Karolinger um 755 eingeführte Kanonikerregel des Metzer Erzbischofs Chrodegang gegolten – zu Unrecht; denn außerhalb von Metz läßt sich jene Kanonikerregel gar nicht nachweisen. Wenig wahrscheinlich, weil anachronistisch, ist auch, daß Altfrid an die erst 816 auf der Aachener Reformsynode beschlossenen Vorschriften für Kanoniker gedacht hat; zudem ist die Aachener Kanonikerregel, wie an den rechtsrheinischen Domstiften festzustellen war [2629: Schieffer, Entstehung von Domkapiteln], gerade dort während des 9. Jahrhunderts nicht durchgesetzt worden. Beachtet werden muß überdies, daß Altfrids Text, der erst aus einem Codex des späten 11. Jahrhunderts überliefert ist, ursprünglich das Adverb *canonice* enthalten haben dürfte [503: Kohl, Honestum monasterium] – statt einer Regel für Kanoniker haben somit die ersten Konventsmitglieder zu Münster lediglich eine kanonische Lebensform befolgt, die gerade erst 789 von Karl dem Großen eingeschärft *(canonice secundum suam regulam* laut *Admonitio generalis)* worden war, unter Aufsicht der zuständigen Bischöfe stand und als monastisch eingestuft werden darf. Allerdings ist auch der Umkehrschluß unzulässig, Liudger habe die Mönchsregel Benedikts von Nursia in seinem *monasterium* an der Aa eingeführt. Denn die Existenz von Benediktinern ist im frühmittelalterlichen Münster nicht belegt, erst recht nicht, wie neuerdings angenommen wird [390: Kohl, Ältere Memorialüberlieferung], im ältesten Totenbuch des Domstifts. Welche Form von geistlicher Gemeinschaft Liudger in seinem zur Hauptkirche seines neuen westfälischen Missionssprengels erhobenen Mimigernaford bevorzugt hat, weshalb gerade jene Siedlung hierzu ausgewählt wurde, läßt sich freilich – wie viele andere offene Fragen zur Christianisierung der altwestfälischen Bevölkerung – erst nach einem eingehenderen Blick auf die Vorgeschichte zur Gründung des *monasterium* von 793 genauer einschätzen.

2. *Vor- und frühgeschichtliche Siedlung im zentralen Münsterland. Brukterer und Römer, Chamaver und Franken. Die Landnahme der Westfalen*

Über das vorchristliche Mimigernaford und seine Umgebung bietet die literarische Überlieferung so gut wie nichts an konkreten Anhaltspunkten – hier sind die Historiker im wesentlichen auf die archäologischen Quellen angewiesen, um so mehr, als sich der Horizont der Bodenfunde hier und dort immer noch erweitern und neue Einblicke in die ferne Frühzeit gewähren mag. Das heutige münsterische Stadtgebiet ist – nach den bisherigen Aussagen der ur- und frühgeschichtlichen Forschung zu urteilen – zwar nicht unbedingt unter die herausragenden Siedlungsplätze der Westfälischen Bucht, mit der gebotenen Vorsicht aber wohl unter die Zentralorte des Kernmünsterlandes (zwischen den Baumbergen und der Ems) zu zählen. Kleinere Feuersteinwerkzeuge, Spuren aus der mittleren Steinzeit, den Jäger- und Sammlerkulturen zwischen 8000 bis 3000 v. Chr., fehlen ebensowenig wie gestielte Pfeilspitzen aus der späten Steinzeit (bis 1700 v. Chr.). Größere Fundplätze – wie etwa der von Westbevern-Brüskenheide – sind aber nicht aufgedeckt. Die bäuerliche Erschließung des Münsterlandes im Neolithikum hat erst spät eingesetzt [2101: Finke, Jungsteinzeit]. Flachgräber aus der Trichterbecherkultur sind aus aus der Bauerschaft Gittrup (nördlich von Gelmer) bekannt, Megalithgräber dagegen nicht. Frühbronzezeitliche Flintdolche hat man im Dorbaum (bei Handorf) und in St. Mauritz gefunden, ein Randleistenbeil in Sprakel, seltenen Gräberschmuck – nämlich bronzene Radspiralen, eine Doppelradnadel und importierte Steggruppenringe – in Handorf-Dorbaum, Bronzefibeln nach nord- und mitteldeutschen Formen in den zerstörten Brandgräbern von Gittrup. Wegen ihrer Verbindungen zur Urnenfelderkultur sind Einzelfunde wie das Bronzetüllenbeil von Amelsbüren oder der Tüllenmeißel aus dem Gräberfeld Münster, Grevener Straße beachtenswert. Siedlungskontinuität bereits in der Bronzezeit (1700–700 v. Chr.) bis in die vorrömische Eisenzeit hinein – wie sie für Gittrup, Raestrup und Telgte-Woeste im Norden und Osten Münsters bezeugt ist – läßt sich für den münsterischen Innenstadtbereich nicht belegen.

Die ur- und frühgeschichtliche Forschung rechnet seit dem 7. Jahrhundert v. Chr. mit einem durch Klimaverschlechterung bedingten Bevölkerungsschwund, ohne daß sich aber die Siedlungsgewohnheiten (Wahl erhöhter Standorte an Bachläufen und Flußterrassen, Nähe zum Wasser) grundsätzlich geändert hätten. Wenig verwunder-

Bronzene Steggruppenringe und bronzenes Tüllenbeil aus Depotfunden in Handorf-Dorbaum und Amelsbüren

lich ist daher, daß auf dem Hügel an der Aa Siedlungsspuren entdeckt worden sind, allerdings erst aus der frühen römischen Kaiserzeit, und zwar am Westhang und in der Pferdegasse [421: Winkelmann, Ausgrabungen auf dem Domhof]. Der Depotfund schwertförmiger Eisenbarren im münsterischen Stadtteil Geist gehört dagegen noch in die Hallstatt- oder Latènezeit (700–300 v. Chr.) und weist – wie sein Gegenstück in Ochtrup – auf intensiv genutzte Schmiedewerkstätten in der Umgebung. Aus dem späten 2. und 3. Jahrhundert n. Chr. stammt eine größere Siedlung am östlichen Aaufer, auf dem sand- und kiesbedeckten Mergelrücken in Spornlage. Ergraben wurden auf der Fläche des späteren Domgeländes anhand von Pfostenspuren größere ebenerdige Wohnbauten wie auch handwerklich genutzte Grubenhäuser – mit Grundrissen von maximal 3 × 3,5 Meter auf dem Horsteberg. Provinzialrömische Importe (Keramik, Glas, Terra sigillata, Bronzefibeln) belegen, daß enge Kontakte mit den römischen Provinzen links des Rheins gepflegt wurden. Wie auch die jüngsten Funde auf dem Domherrenfriedhof beweisen [408: Schneider, Paulus-Dom], war dieser römisch-kaiserzeitlichen Siedlung von wenigen Generationen keine Kontinuität beschieden; sie wurde spätestens um 300 aufgelassen und, wie dichter Bewuchs und Sandverwehungen bis zu einem halben Meter Stärke zeigen (Wilhelm Winkelmann), von der Natur überwuchert.

Die dortige Bevölkerung schreiben die Archäologen der „Rhein-Weser-germanischen Fundgruppe“ zu; folgt man den *Annales* und der *Germania* des Tacitus, so müßten zur Zeit des Kaisers Augustus, als das „freie Germanien“ zwischen Rhein und Elbe dem römischen Imperium angegliedert werden sollte, Brukterer an der Aa gelebt haben. Unterschieden werden von Tacitus wie auch von den antiken Geographen Strabo und Ptolemaios zumindest zwei Stammesteile *(Bructeri maiores* und *mi-*

nores), die Lippe-Brukterer (vom Mittellauf der Lippe bis zur Quelle) und die Nord-Brukterer (beiderseits der Ems). Anzunehmen ist, daß im Waldkampf erprobte Verbände der Brukterer, die zu den erbittertsten Gegnern der römischen Expansion zählten, an der Vernichtung der drei Elitelegionen des Varus im Jahr 9 n. Chr. und an der Erstürmung der Kastelle (Aliso/Haltern) an der Lippe beteiligt waren – zumal die Schlacht im Teutoburger Wald nunmehr (wenigstens teilweise) zwischen den Geländerücken von Kalkriese (bei Bramsche) lokalisiert werden darf [2636: Schlüter, Osnabrücker Land]. Einer der drei erbeuteten Legionsadler wurde 15 n. Chr. beim Rachefeldzug des Germanicus gegen die Brukterer an der Ems zurückerobert. Der Aufmarsch zu Lande führte unter Kämpfen, bei denen das Gebiet zwischen Ems und Lippe planmäßig verwüstet wurde, gewiß durch das Kernmünsterland. Auf dem Rückzug von der oberen Hase an den Rhein vermied der römische Feldherr Caecina nur knapp die militärische Katastrophe einer erneuten Einkesselung. Ob der Troß der Legionen auf dem Weg zu den rückwärtigen Etappenstationen hierbei die neuerdings entdeckte, in die Eisenzeit zurückreichende Münster-Osnabrücker Wegetrasse an der Gittruper Emsfurt genutzt hat [2102: Finke, Frühmittelalterliche Siedlungen], ist derzeit nicht entscheidbar.

Fraglich bleibt auch, in welchem Umfang die ältere Aahügelsiedlung der augusteischen Zeit den Untergang der Nord-Brukterer vor dem Jahr 98 n. Chr. überdauert hat: Ein Bündnis von Nachbarvölkern vernichtete angeblich ein Heer von 60 000 Kriegern; die Reste des Stammes sollen in das Bergische Land und den Westerwald ausgewandert sein (Rhein-Brukterer). Die jüngere kaiserzeitliche Siedlung an der Aafurt könnte daher durchaus im Zuge einer Landnahme der Sieger entstanden sein [2134: Germania des Tacitus, S. 397 (c. 33)], am ehesten der im Westen, zwischen den Baumbergen, unterer Lippe, Niederrhein, IJssel und Vechte lebenden Chamaver (oder Chamaven). – Schon jetzt sei angemerkt, daß der so beschriebene Raum ziemlich genau dem westfälischen Missionsbezirk Liudgers, dem *Sudhergoe*, zwischen Deventer und Ahlen entspricht! – Der Name der Chamaver hat sich über das Frühmittelalter hinaus bis heute in der Landschaftsbezeichnung Hamaland (für den westmünsterländisch-geldrischen Grenzraum) erhalten – anders als bei den Amsivariern, den „Leuten an der Ems“, deren Volksname im endenden 4. Jahrhundert verschwindet und sich nicht auf die Region übertragen hat. Die Eigenständigkeit der Chamaver gegenüber dem benachbarten fränkischen Stämmebund, mit dem sie zumeist in einem Zuge genannt sind, tritt aus den spätantiken Quellen deutlich zutage; selbst um 802 noch ließ Karl der Große unter den kodifizierten *Leges barbarorum* ein Partikularrecht *ad Amorem* aufzeichnen, das – durchaus umstritten – als eine *Lex Francorum Chamavorum* verstanden worden ist. An der kriegerischen Völkerverschiebung in Nordwesteuropa nahmen Chamaver nachweislich seit dem Ende des 3. Jahrhunderts n. Chr. teil, sogar in führender Rolle, mit namentlich bekannten Königen [2085: Ewig, Civitas Ubiorum; 2086: Ewig, Franken am Rhein]. Noch 358 wurden sie von dem späteren Kaiser Julian teils als Föderaten oder Söldner in das römische Heer integriert, teils in ihre ursprünglichen Wohnsitze zurückgedrängt. Die von den Archäologen konstatierte Aufgabe der Hügelsiedlung um 300 dürfte also mit der westwärts über den Rhein gerichteten Stoßrichtung auch der Chamaver zusammenhängen, deren östliche Randgebiete sich daraufhin erneut ausgedünnt haben.

Das Schicksal des Bevölkerungsschwundes hat nicht den münsterischen Aahügel allein getroffen, sondern allem Anschein nach das Kernmünsterland überhaupt: Spätestens seit 400 setzt man dort – auch mit pollenanalytischen Argumenten, d. h. wegen des Fehlens von Getreidepollen in den münsterländischen Mooren – eine „einschneidende Siedlungsdepression", „ein großes Wüstungsgebiet" an [2823: Winkelmann, Frühgeschichte des Münsterlandes, S. 171], im Gegensatz zum Gebiet der Brukterer südlich der Lippe, das in seinen typisch fränkischen Ost-West-Gräbern den Beigaben der reichen Kriegergräber links des Rheins nur wenig nachsteht. Auch im westlichen Münsterland, einer Altsiedelregion der Chamaver, sind fränkisch geprägte Ost-West-Gräber des 6. und 7. Jahrhunderts vorhanden. Am Rand des östlichen Münsterlandes, im überaus ertragreichen Gräberfeld Beckum I, wird dagegen schon seit dem späten 5. Jahrhundert die Überlagerung einer dünnen brukterischen Bevölkerungsschicht durch landnehmende Sachsen in allen Details sichtbar. Zuvor hat es nur einige wenige nachweisliche Vorstöße in das Münsterland aus dem angrivarischen Osten gegeben, wie nach 400 an den Grubenhütten von Milte (nördlich von Warendorf) und Clarholz belegt ist.

Wann genau der von Siedlungsarmut oder gar Siedlungsleere betroffene münsterische Raum sich allmählich wieder gefüllt hat, ist nicht genau zu bestimmen, wahrscheinlich erst im Laufe des 6. und 7. Jahrhunderts. Träger der neuen Eroberung waren nunmehr Bauernkrieger aus der westfälischen Heerschaft, dem westlichsten Stoßkeil des altsächsischen Stammesbundes. Zwar ist der (Teil-)Stammesname der *Westfalai* erst spät, zudem noch in den fränkischen Reichsannalen von 775 belegt; gleichwohl hat sich hierin gewiß ein ethnisch differenzierter Großverband schon in seinen Ausgangsräumen an Hunte und Hase selbstbezeichnet. Die Etymologie der Stammesgruppe „Falen" ist nicht geklärt: In der Indogermanistik schwankt man zwischen semantischen Verknüpfungen mit 1. „gepflügtes Land, Brachland", 2. „breit, flach" d. h. ebenfalls „Gegebenheiten im Gelände" [2479: Neumann, Falen], und 3. „fahl, grau, flachsfarben", vor allem im Kontext mit der Haarfarbe. Hinzuweisen ist auch auf die *Falchovarii* (wörtlich: „Flachmänner"!) in den römischen *Notitiae dignitatum in partibus orientis* (370/400), deren Namen man etymologisch als „Bewohner der Ebene", d. h. der norddeutschen Tiefebene, gedeutet hat. In jedem Fall liegt aber bei den Westfalen – wie bei Franken, Alemannen, Sachsen oder Bayern auch – ein ethnischer Sammelname vor.

Sachsen im Norden und Nordosten sind schon im 4. Jahrhundert bezeugt, als unmittelbare Nachbarn der Chamaver und Brukterer, die gegen sie mit den Römern Verträge zur Grenzsicherung schlossen. Im 5. Jahrhundert, dem Zeitalter der angelsächsischen und jütischen Expansion über See zu den britischen und gallischen Nordsee- und Kanalküsten, ist von Sachsen an Ems und Vechte nichts zu hören. Danach richteten sich die sächsischen Wanderungsbewegungen zunächst nach Südosten bis zur Unstrut, gegen das Thüringerreich, das 531 zerstört wurde, nach Süden weseraufwärts, bis zur oberen Lippe und Ruhr, wo die Angrivarier sich schon sehr früh (seit 400) mit sächsischen Verbänden namengebend zur neuen engrischen Heerschaft *(Angrarii)* zusammenschlossen, und schließlich nach Westen (550–575) gegen das Merowingerreich, dem Westfalen und Engern schon vor 534 – laut Staatsbrief Theudeberts I. an Kaiser Justinian – tributpflichtig waren und es mit Unterbrechungen auch blieben. Fränkische Strafexpeditionen verhinderten vorerst ein Vordringen der Westfalen und Dänen nach Westfriesland, der Engern nach Nordhessen. Als angeworbene Krieger im Dienst merowingischer Könige haben westfälische und engrische Scharen bisweilen den Rhein überquert. Kostbare Waffen aus Adelsgräbern des frühen 7. bis endenden 8. Jahrhunderts zeugen hiervon.

Die nunmehr einsetzende, eindeutig westfälische Neubesiedlung des Kernmünsterlandes wird von den Archäologen an typischen Merkmalen der Hausgrundrisse und Keramik, an den heidnischen Süd-Nord-Gräbern (mit Blick auf das altgermanische Totenreich der Hel) und an den Pferdegräbern auf den Friedhöfen identifiziert [2823: Winkelmann, Frühgeschichte des Münsterlandes; 421: Ausgrabungen auf dem Domhof; 2820: Ausgrabungen bei Warendorf]. Als besonders aussagekräftig gelten hier die große Siedlung Warendorf am Südufer der Ems und das Gräberfeld Beckum II (mit dem Fürstengrab von 622/23) am Wersehang, liefern sie doch auch im Kontrast einen bestimmten Maßstab zur Bewertung der altsächsischen Siedlung auf dem münsterischen Aahügel. In Warendorf sind überaus vielfältig typisierte – insgesamt über 220 mehrfach überbaute – Wohn- und Nutzgebäude durchaus wohlhabender Bauern zwischen 550 und 800 freigelegt worden. Die schiffsförmigen Grundrisse der ebenerdigen Wohnhallen deuten ebenso auf gemeinsame nordseegermanische Herkunft ihrer Bewohner wie die Tonkümpfe oder die ei- und kugelförmigen Töpfe. Eine große Anzahl von Eisenschmelzöfen und Webhütten mitsamt ihren Erzeugnissen verrät ausgiebige handwerkliche Tätigkeit am Ort. Vergleichbare, wenn auch

Grundrisse altsächsischer Grubenhäuser (Grabung in der Domgasse)

nicht so gesicherte Befunde weist der münsterische Aahügel auf, der zwar nur in einem Zehntel der Warendorfer Fläche archäologisch erforscht ist, aber in einem größeren Rechteck zwischen Domplatz, Dominikanerkirche, Kirchherrngasse und Aa besiedelt gewesen sein dürfte. Besonderes Gewicht ist den Bronzeschmelzöfen am Horsteberghang beizumessen, die einen qualifizierten Bronzeschmied am Ort verraten, desgleichen der Kamm-Manufaktur in einem Grubenhaus an der Domgasse, in der Knochen junger Pferde verarbeitet wurden. Linksrheinische Keramik (der Badorf-Gruppe) läßt auf Handelskontakte mit dem Kölner Raum seit 750 schließen. Ansonsten hebt sich die Ansiedlung auf dem münsterischen Aahügel – hierin ist sich die archäologische Forschung einig – nicht über den Rang vergleichbarer Niederlassungen im Umkreis – wie Gittrup, Telgte-Woeste oder Nottuln – heraus; die in der älteren Literatur als feste Größe angenommene germanisch-altsächsische Großsiedlung mit Vorort-Charakter läßt sich nicht nachweisen [543: Prinz, Mimigernaford–Münster, S. 105].

Nicht bekannt ist, wo sich die Gräber der vorchristlichen Westfalen, die auf dem Aahügel siedelten, befunden haben könnten. Traut man den Erkenntnissen, die aus den altsächsischen Gräberfeldern des Münsterlandes (Ostbevern, Westbevern, Müssingen, Greffen, Ostendorf-Leer, Lankern, Lembeck) gewonnen werden können, so müßten sich nicht nur die Friedhöfe „in unmittelbarer Nähe der zeitgleichen Siedlung“ befunden haben [2822: Winkelmann, Frühgeschichte und Frühmittelalter]. Zugleich sollten auch die älteren Nord-Süd-Körpergräber, denen Waffen und Schmuck beigegeben wurden, von den jüngeren Gräbern, die beigabenlos und west-ost-gerichtet, also bereits christlich waren, überlagert worden sein. Gerade ein solcher Befund wurde auf dem Aahügel bisher nicht aufgedeckt: Im Gegenteil, auch bei den jüngsten Grabungen im südlichen Ostquerhaus (Johannischor) des Doms und auf dem Domherrenfriedhof (Manfred Schneider) waren – wie zuvor schon im Kreuzgang und Westquerhaus (Philipp R. Hömberg) – auf dem – von jüngeren Domanbauten durchschnittenen – ältesten Außenfriedhof, in unmittelbarer Umgebung eines karolingischen Vorgängerbaus des heutigen Doms, nur geostete Gräber mit Baum- oder Brettersärgen (eingetieft in einer Höhe von 58,70 bzw. 59,30 Metern) gesichert worden. Nach den bisherigen Funden reicht das eindeutig christliche Bestattungsareal kaum weit über das Jahr 800 zurück. Um festzustellen, ob und inwieweit im Areal heidnische Gräber des 6. und 7. Jahrhunderts überdeckt worden sind, bedarf es allerdings umfassender Flächengrabungen vor allem im Innenraum des heutigen Doms, aber auch auf dem Domplatz. Erst danach ließe sich eine Diskussion über Größe und Rang der vorchristlichen Siedlung auf dem Aahügel sinnvoll führen.

Neuere namenphilologische Untersuchungen zum altsächsischen Ortsnamen *Mimigernaford* hatten zum Ergebnis [585: Tiefenbach, Mimigernaford–Mimigardeford], daß der Siedlungsplatz an der Aafurt nach einem kleineren landnehmenden Personenverband benannt ist, nach den „Mimigernen“. Angesprochen sind damit die Sippenangehörigen und Gefolgsleute wohl des Siedlungsgründers oder -besitzers, der den nur hier bezeugten zweigliedrigen Personennamen *Mimigern* trug. Erst- wie Zweitglied (*Mimi-:* Etymologie nicht erklärt; *-gern:* „begierig“) sind zwar in einigen Variationen mit anderen Namengliedern bezeugt, bleiben aber seltenere Gebilde, vornehmlich aus der (gotischen) Völkerwanderungs- und (alemannischen und bayerischen) Landnahmezeit; sie versiegen im 9. Jahrhundert, offenbar unüblich oder unstatthaft geworden, sehr rasch. In der späteren Bischofsstadt Münster hat man bald den alten, für die *civitas* übernommenen Ortsnamen selbst nicht verstanden und seit der Mitte des 10. Jahrhunderts in das scheinbar sprechendere *Mimigardeford* („Furt zu Mimigard, am Garten Mimes", mit Blick auf den nordischen Riesen und Schmied) umgewandelt. Ältere, romantisierende Deutungen des rätselhaften *Mimigern,* die auf Jacob Grimm oder Adolph Tibus zurückgehen, – etwa in der Art: „des Mimi Lust" – dürfen nunmehr als abwegig gelten. Auch Erklärungen, die auf Flurnamen (*gere,* „Geländekeil") [438: Cramer, Mimigernaforde–Mimigardeford] oder Gewässernamen (*Mimingun,* „Leute an der Mima", d. h. an der solchermaßen erschlossenen münsterischen Aa) [2300: Kaufmann, Genetivische Ortsnamen] hinauslaufen, sind philologisch widerlegt. Setzt man einen altwestfälischen „Ortsgründervater" namens „Mimigern" an, so stellt sich erneut die Frage nach dem Rang der ihm nachbenannten Siedlung. Ein Blick auf die angelsächsischen *-ford*-Namen der Britischen Inseln macht immerhin deutlich, daß dort – abgesehen von der auch auf dem Kontinent anzutreffenden Gruppe „Herford, Steinfurt, Ochsenfurt" – der Typus „Name eines ethnischen Kleinstammes bzw. einer Sippe" – *gens* + *-ford* wie zum Beispiel Billingford (Norfolk), Hastingford (Sussex) oder Hemingford (Huntingdonshire) – überwiegt. Anders als bei der Ethnogenese der angelsächsischen Stämme [2799: Wenskus, Angelsächsische Stämme] wissen wir nichts über die ethnosoziale Binnengliederung der Westfalen zur Landnahmezeit; Analogien zwischen beiden sind freilich augenfällig. Die „Mimigerne" ließen sich demnach als kleine, abgrenzbare westfälische Sondergruppe im Kernmünsterland bestimmen – so wie es etwa die *Mimmas* in Middlesex (um Enfield, im Norden von London) waren, die zu den ursprünglich selbständigen Verbänden innerhalb der königlosen(!) Mittelsachsen auf der Insel rechnen.

Die regionale Lage von Mimigernaford ist einem Einkünfteverzeichnis des Werdener Urbars (um 890) zufolge dem altsächsischen Dreingau zuzuordnen, indirekt auch schon früher in urkundlichen Zeugnissen des 9. Jahrhunderts umschrieben. Danach umfaßte der recht weitläufige *pagus Dregini* ein Siedelgebiet, das sich – nicht überall gesichert – zwischen den Punkten Greven, Telgte, Warendorf, Oelde, Liesborn, Bekkum, Ahlen, Werne, Selm, Nordkirchen, Ascheberg, Amelsbüren, Gievenbeck, Altenberge erstreckt haben soll [2552: Prinz, Territorium Bistum Osnabrück; 424: Hömberg/Kirchhoff, Gaue 800–1100]. Dem volkssprachigen Begriff „Gau" in der Bedeutung „wasserreiche, fruchtbare Siedlungslandschaft" [2008: Borgolte, Gau, S. 1141] scheint der Dreingau offenbar in besonderem Maße entsprochen zu haben: *Dregini* ist etymologisch mit dem altsächsischen Verb *dragan* („tragen") verwandt, was auf eine Gaubezeichnung im Sinne „der ertragreiche" schließen lassen könnte. Dort lag aus der Sicht politischer wie auch siedlungsgeographischer Kriterien für „Gaue" die münsterische Aafurt freilich unübersehbar am Rande. Wohl auch deswegen hat der Liudger-Biograph Altfrid nicht den Dreingau als regionale Einordnung für den Zentralort Mimigernaford des Sprengels *(parrochia)* Liudgers gewählt, sondern den „Sudergau" (Sudhergoe), einen durchaus doppeldeutigen Begriff. Dahinter verbirgt sich nicht allein der südliche Missionsbezirk – in Relation zum „Nordgau", Liudgers älterem Sprengel in Friesland. Umrissen sind damit auch geopolitische Gegebenheiten Westfalens, die einen Nord-Süd-Gegensatz schon zu vorchristlicher Zeit erkennen lassen. Erinnert sei hierbei wieder an die erwähnten *Middelseaxe* in Eng-

Pferdegrab im karolingischen Domwall auf dem Horsteberg

land, „die vorwiegend sächsische Traditionen bewahrten“ [2799: Wenskus, Angelsächsische Stämme, S. 395]: Deren südliches Siedlungsgebiet jenseits der Themse hieß ebenfalls „Sudergau“ bzw. „Südreich“, *in regione Sudergeona* oder *Suthrige* (Surrey). Karls des Großen spätere kirchenpolitische Teilung der Westfalen in ein Bistum Osnabrück (für den Norden und Osten, zugleich westfälischer Kern- und Ausgangsraum) und in ein Bistum Münster (für den Süden und Westen, zugleich westfälisches Expansionsgebiet) hat sich hier anscheinend an vorgegebenen Strukturen ausgerichtet.

Das vorchristliche Mimigernaford sei ein Vorort heidnischen Kultes gewesen – behauptete wenigstens die ältere Forschung seit Adolph Tibus und lokalisierte ein Heiligtum samt Gerichtsstätte auf dem Horsteberg. Dergleichen ist dort bisher nicht zutage gefördert worden, statt dessen aber 1960 die als „das große Opfer“ [421: Winkelmann, Ausgrabungen auf dem Domhof, S. 43] apostrophierte Pferd- und Hundbestattung in einer 2,70 Meter langen Grube östlich der alten Nicolaikapelle, unmittelbar unter dem ersten Wall der neuen, um 800 errichteten Domburg. Eben auf diese große Befestigung wurde das Tiergrab bezogen, nämlich als Bitte der Anwohner um Heil für die *civitas,* war doch der Pferdekadaver nach Osten ausgerichtet, somit deutlich von den – gerade in Nordwesteuropa – überaus zahlreichen heidnischen Süd-

Nord-Pferdegräbern abgehoben, die nur einem geringen Teil ausschließlich als Opferhandlungen bewertet werden können. Andererseits gehörte die rituell vollzogene Tiertötung „im Rahmen einer Bestattungszeremonie“ [2501: Oexle, Merowingerzeitliche Pferdebestattungen] fraglos zur vorchristlichen Ausstattung eines Toten zur Reise ins Jenseits. In diesem Fall wird die synkretistische Vorstellungswelt der gerade erst zum Christentum bekehrten Leute aus Mimigernaford greifbar: Gewiß wurde den Vorschriften der siegreichen Religion darin gehorcht, daß die Verstorbenen nunmehr mit dem Blick nach Jerusalem in ihre Gräber gelegt wurden; auf alte, liebgewonnene Gebräuche der Beigaben wollte man gleichwohl nicht ganz verzichten. Noch die ältesten Gräber des karolingischen Domfriedhofs weisen einige spärliche Beifunde (Gürtelschnallen, Messer, Glasperlen, Münzen) auf [408: Schneider, Paulus-Dom] – im Einklang mit den anderen prominenten altsächsischen Friedhöfen der Missionszeit, wie etwa in Paderborn. Nicht mehr statthaft war es, in unmittelbarer Nachbarschaft des toten Kriegers dessen tierische Begleiter in Kampf und Jagd zu begraben – wie instruktiv am sächsischen Gräberfeld Beckum II abzulesen [2824: Winkelmann, Sächsisches Fürstengrab]. Pferd und Hund auf dem Horsteberg liegen deshalb abseits des christlichen Friedhofs, aber nicht allzu weit davon entfernt. Praktiken dieser Art, die den über Generationen sich hinziehenden Schritt über die Schwelle des paganen Polytheismus zur christlichen Buchreligion manifestieren, gehörten zweifellos zu den von Missionspriestern erbittert, aber wohl noch des längeren ohne große Erfolge bekämpften abergläubischen Handlungen *(superstitiones)* und heidnischen Riten *(paganiae)*: Totenmähler auf den Gräbern der Verwandten, Götterbilder, Opfer für Donar und Wodan, Zaubersprüche und Amulettglauben, Loswurf und andere Orakel, Ahnen- und Heroenkult, Hexer- und Hexenmagie. Einen Katalog dieser Unarten *(Indiculus superstitionum et paganiarum)* verfaßt zu haben, ist – zu Unrecht – Liudger und seinem Kreis zugeschrieben worden. Zwar war dieser *Indiculus* für das Missionsgebiet an der oberen Weser und Leine gedacht; dennoch spiegeln sich hierin gewiß auch vergleichbare Verhältnisse in Mimigernaford.

3. Die Sachsenmission vor Liudgers Zeiten

Das archaische Dunkel, das vom 6. Jahrhundert bis zur Mitte des 8. Jahrhunderts über dem vorchristlichen Mimigernaford liegt, lichtet sich nur punktuell ein wenig. Nachrichten über kriegerische Aktionen in den ständigen Grenz- und Tributkriegen, die merowingische Könige und pippinidische Hausmeier mit den unruhigen Friesen und Sachsen zu führen pflegten, und Berichte über die Aktivitäten angelsächsischer Glaubensboten nördlich und östlich des Rheins sind die Hauptquelle. Ob christliche Prediger vor 750 jemals bis in das Kernmünsterland gekommen sind, bleibt ungewiß, zumal dem andauernden westfälisch-engrischen Expansionsdrang nach Süden – archäologische Zeugnisse hierfür sind die Gräberfelder von Beckum II, Soest, Meschede-Berghausen und Fürstenberg (Sintfeld) – spätestens seit Ende des 7. Jahrhunderts gerade erst die Brukterer zwischen der mittleren Lippe und unteren Ruhr endgültig zum Opfer gefallen waren. Auch die Chamaver im westlichen Münsterland wurden zur selben Zeit „saxonisiert" – wie das Gräberfeld Lankern (bei Bocholt) ausweist. Zwar zählte man in den angelsächsischen Klöstern auf der Insel die Stammesvettern auf dem Kontinent zu den vorrangigen Zielgruppen einer programmatischen Universalmission (Völkerliste des Beda Venerabilis von 703/4) – in der alltäglichen Praxis der Glaubensverkündigung durch Fremde *(peregrini)* war diesem Gebot zunächst kaum Erfolg beschieden, nicht einmal in Randgebieten.

Symptomatisch hierfür ist das Schicksal der beiden Priester namens Ewald, die um 691/92 im Hamaland, wohl zwischen oberer IJssel und Niederrhein, ums Leben kamen [1961: Bede's Ecclesiastical History, S. 480ff (c. V, 10)]. Militärische Landgewinne Pippins des Mittleren gegenüber dem westfriesischen Königtum 689 hatten eine erneute Kampagne vor allem northumbrischer Missionare am unteren Rhein ausgelöst. Im Auftrag des späteren Utrechter Bischofs Willibrord war hierbei eine Gruppe von Predigern in das chamavisch-westfälische Grenzgebiet vorgestoßen, hatte aber dort haltgemacht. Lediglich die beiden Ewalde zogen weiter und versuchten zum Häuptling *(satrapa,* vergleichbar mit dem altenglischen *earl)* der Region durchzudringen – vergebens, denn heidnische Bauern bemächtigten sich zuvor der Landfremden und erschlugen sie. Gerade der Ritualmord an dem theologisch versierten „Schwarzen" Ewald *(Niger Heuuald)* zeigt die religiösen Motive der Täter, hatten sie doch den Verdacht, durch Konversion ihres Anführers könnten sie gezwungen werden, ihre alten Götter gegen die neue Buchreligion einzutauschen. Der Verdacht war begründet – nicht nur wegen grober Verletzung des Gastrechts bestrafte der westfälische Fürst als Gerichtsherr die Mörder drakonisch, sondern auch, um einer Strafexpedition des Schutzherrn der Missionare, Pippins des Mittleren, zuvorzukommen. Die ersten Erfolge des Angelsachsen Suidbert bei den – zwar zur fränkischen Klientel gehörigen, aber offenbar nicht-christlichen – Lippe-Ruhr-Brukterern 690/95 hielten dem sächsischen Druck nicht stand – die junge Gemeinde wurde verstreut, der Bischof zog sich zeitlebens († 713) mit den Seinen auf die Insel Kaiserswerth zurück. Auch die Massentaufen der „Hunderttausend" von 738, die Bonifatius nach Rom meldete, galten der rechtsrheinischen Bevölkerung, die aus der Gewalt der heidnischen Sachsen befreit worden waren, also für Chattuarier (an der unteren Ruhr), Brukterer, nordhessische Kleinstämme an Diemel, Eder, Fulda und Werra, außerdem für Thüringer. Sachsen waren offenbar nicht dabei, obgleich Karl Martell seinen Feldzug an der Lippemündung begonnen und gegen Westfalen und Engern gerichtet hatte. Die Kriegsziele des Hausmeiers hießen Verwüstung, Tributzahlung und Gestellung von Geiseln, letztere in möglichst hoher Zahl. Angestrebt war demnach ein förmlicher Unterwerfungsakt, der freilich regelmäßig wegen Friedens- und Treueidbruchs wiederholt werden mußte. 753 bot Pippin III. das gesamte fränkische Heer auf und erreichte nach hohen Verlusten (Tod des Kölner Erzbischofs Hildegar) am zentralen Verhandlungsort Rehme/Weser die sächsische Kapitulation. 758 waren bei Sythen (nördlich von Haltern) starke Befestigungen der Westfalen zu überwinden, die den Zugang zum Kernmünsterland versperrten. Eidesschwüre, ein jährlicher Tribut von 300 Pferden und die Übergabe von Geiseln waren die vertragliche Sicherung für einen instabilen Frieden, der auch nach sächsischem Recht *(more Saxonico)* zu gelten hatte. Erstmals sollten christliche Priester ungehindert im Lande taufen und predigen dürfen – was den Umkehrschluß zuläßt, daß auf Zwangsmassentaufen zugunsten einer friedlichen Bekehrungspolitik verzichtet worden ist. In welchem Maße fränkische Einflüsse gerade die hiervon besonders betroffene Schicht der sächsischen Adeligen und Freien schon vor der Zwangschristianisierung (ab 775) erreichten, ist durchaus umstritten, zumal im Fall von exogamen Mischehen junger sächsischer Geiseln, die – an fränkischen Höfen erzogen –, wenn sie zurückkehrten, ja durchaus als Kontaktpersonen fränkischer Kultur wirken konnten.

Seit der Mitte des 8. Jahrhunderts ist also vereinzelt mit fränkisch-westfälischer Akkulturation zu rechnen, gewiß auch mit freiem Zugang von angelsächsischen Glaubenspredigern, wie ihn die *Vita Lebuini antiqua* in liebevoll ausgemalter Idylle münsterländischen Adelslebens um 770 schildert. Liafwin/Lebuin, einem Zögling der Utrechter Missionsschule, ist ein wahrscheinlich in Kloster Werden bald nach 847 abgefaßter Kurztext zugeeignet, der sich nur zum kleineren Teil auf literarische Vorlagen (Bedas englische Kirchengeschichte, Liudgers Vita Gregors von Utrecht, Altfrids Liudger-Biographie) stützt. Ansonsten aber zeichnet der Autor – fast „novellistisch“ [1978: Berschin, Biographie und Epochenstil 3, S. 60] – eine Geschichte nach, die im Erzählkern auf mündliche Hausüberlieferung einer beteiligten Adelsfamilie [2192: Hauck, Utrechter Missionar] zurückgehen könnte, nämlich Liafwins Reise von seiner Kirche Deventer, die gerade heidnischer Brandwut zum Opfer gefallen war, zur allsächsischen Jahresversammlung, dem „Rat der Sachsen“ *(consilium Saxonum),* nach Marklô (an der Weser). Auf dem Weg dorthin kehrt der Wanderpriester bei seinen Freunden und Vertrauten aus dem westfälischen Adel, die er auf seinen Predigtfahrten gewonnen hatte, ein, darunter bei einem reichen Mann namens Folcbert *in pago Sudergo,* also im späterem südwestfälischen Missionsbezirk Liudgers. Der Gastgeber und sein Sohn Helco – obgleich nicht als Christen, sondern nur als aufgeschlossene Zuhörer beschrieben – empfangen den alten Prediger mit aller Herzlichkeit, warnen ihn zugleich aber vor den Aggressionen der Traditionalisten auf dem Sachsentag, die ihre religiöse Gefühle verletzt sähen. Als Liafwin sich nicht umstimmen läßt, begleitet ihn Helco, ohnehin Delegierter seines Standes aus seinem *pagus.* In der Tat gerät Liafwin im kultisch exklusiven Repräsentativparlament des Sachsenbundes wegen Religionsfrevels in höchste Gefahr, gepfählt zu werden, als er vor der Eroberung Sachsens durch den Frankenkönig warnt, ebenso vor dem Umsturz der sächsischen Sozialordnung, wenn man nicht den Glauben an Christus annähme. Den heftigen Tumulten sei der Heilige nur durch ein Entrückungswunder entgangen, will der Autor seinen Leser glauben machen. Letztlich siegen auf der Versammlung die Besonneren, zugleich Kult- und Rechtsprecher, mit dem Hinweis auf die Unantastbarkeit von Gesandten. Drastisch vor Augen geführt ist somit dem Publikum zu Werden um 850 die mögliche, aber vertane Chance einer sanften Lösung der seit 772 laufenden kriegerischen *Conversio Saxonum* – gewiß auch ein Versuch, mit hagiographischen Mitteln die heidnische Vergangenheit der Altsachsen zu „bewältigen“ [1979: Beumann, Hagiographie „bewältigt“]. Hat ein Missionsprogramm durch reine Überzeugungsarbeit, mit Hilfe einer dem Christentum durchaus zugeneigten Oberschicht, wirklich den Prinzipien der von Utrecht ausgehenden Bekehrungskampagnen entsprochen? Sind dergleichen Maximen von dem seit 777 in Friesland, seit 793 in Westfalen wirkenden Liudger-Kreis tatsächlich in die Praxis umgesetzt worden? Das bleibt anhand der Materialien zu überprüfen, die die Spitzenmissionare von Willibrord bis hin zu Liudger selbst hinterlassen haben.

4. Herkunft und Wirken Liudgers bis 793

„Liudger als Zeitkritiker" (Heinz Löwe) deckt selbst, in seiner Eigenschaft als Autor der kleinen Schrift, die er im Jahr 790/91 verfaßte, nämlich über seinen Lehrer Gregor von Utrecht und dessen Lehrer Bonifatius, nur zu einem kleinen Teil den Horizont von Erfahrungen ab, die auf den weiten Missionsfeldern Nordwest- und Mitteleuropas von Angelsachsen und ihren Schülern gemacht worden sind – seine Sicht der Dinge ist, bei aller Würdigung der Leistungen des Bonifatius-Kreises, personenbezogen, im Predigtstil gehalten, auf „das anekdotische Detail" [1978: Berschin, Biographie und Epochenstil 3, S. 48] hin ausgerichtet. Der Schlüssel zum Verständnis des biographischen Literaten Liudger ist zweifelsohne darin zu finden, daß er – wie im Vorwort unmißverständlich ausgesprochen – sich in der Schülerschaft und Nachfolge seiner geistlichen Väter in die Pflicht genommen sieht. Wer diese seine Lehrer gewesen und wer sie nicht gewesen sind, wird auch aus der Negation deutlich: Den großen Friesenmissionar Willibrord-Clemens († 739), immerhin Gründer des Bistums Utrecht (695) und seines Eigen- und Grabklosters Echternach in der Eifel (698), erwähnt Liudger nur beiläufig als den Vorgänger des Bonifatius, desgleichen dessen wenig geschätzten Nachfolger auf dem Mainzer Bischofsstuhl, den Westsachsen Lul. Als Nachrichtenquelle von kirchenpolitischer Ereignishistorie taugt die Gregor-Vita nicht viel, wohl aber als Vermittlerin der Vorstellungen, die in der Utrechter Schule über konkrete Anwendungen von Mission und Katechese entwickelt worden sind. Eine Schlüsselszene hierfür ist die breit ausgestaltete Episode [2398: Liudgeri Vita Gregorii, S. 67f (c. 2)], in der der 14jährige Gregor 721 im Kloster seiner Großmutter Adela, einer Seitenverwandten der frühen Karolinger und Äbtissin von Pfalzel, eine Tischlesung in Latein abhielt und von Bonifatius aufgefordert wurde, den Sinn des von ihm mechanisch abgelesenen Textes in der Sprache seiner Eltern zu erläutern – was der überforderte Knabe nicht vermochte und seinem Lehrer überlassen mußte. Von nun an fühlte sich Gregor berufen, bei Bonifatius die göttlichen Bücher kennenzulernen und auszulegen. Hiermit korrespondiert durchaus ein Kapitel gegen Ende der Schrift, das den schon schwerkranken Abt Gregor als geduldigen Lehrer Liudgers bei der Lektüre und Interpretation des *Enchiridion* Augustins, eines Handbuchs der dogmatischen Theologie, schildert. Ein zweites Moment, das den von Liudger vorgestellten Bonifatius-Kreis auszeichnete, war das Postulat der Internationalität – gemäß dem Petruswort (Apg 10,35): „Ihm ist in jedem Volk willkommen, wer ihn fürchtet und tut, was recht ist." Zu den Angehörigen der bonifatianischen Missionsbewegung zählten bekanntlich Angelsachsen und Franken, Friesen und Sachsen, Bayern und Alemannen. Der Friese Liudger, der nur mit Abscheu über die nationalfränkisch gesinnten Widersacher des Bonifatius im Episkopat des Frankenreichs redete, weil diese ihn als Ausländer *(peregrinus)* ablehnten, hat die

Liudger als Kind beim Spiel mit Büchern. Miniatur aus der „Vita secunda“

angelsächsische Tradition der Glaubensverkündigung bei fremden, heidnischen Völkern zeitlebens weitergetragen und in seiner Person geradezu verinnerlicht.

In der Erinnerungsgemeinschaft an den Liudger-Kreis ist das biographische Element nicht ohne Grund über mehrere Generationen hinweg dominant gewesen, haben doch gerade die „familiengebundenen Aspekte“ [2513: Padberg, Heilige und Familie], neben der geistlichen Familiarität in besonderem Maße verwandtschaftliche Bindungen, die Angelsachsen und ihre Adepten auf dem Kontinent geprägt. Es erscheint also legitim, Liudgers Herkunft, Ausbildung und sein persönliches Umfeld als bestimmende Faktoren seiner Karriere wie auch der ihm anvertrauten Aufgaben einzuschätzen und erneut zu überprüfen. Als Geburtsjahr gilt – seit den grundlegenden chronologischen Untersuchungen zum Leben Liudgers [568: Schröer, Chronologische Untersuchungen] – gemeinhin (und auch im Jahr 1992 jubiläumsauslösend) das Jahr 742, das freilich mit dem Makel einer fraglichen Rückrechnung behaftet ist. Denn gesichert sind in Liudgers frühem Lebenslauf lediglich die Daten seiner kirchlichen Weihen zum Diakon (767) und zum Priester (777). Gerade Subdiakonat und Diakonat wurden aber zu Missionszeiten viel eher begonnen, als dem kanonischen Weihealter von 20 bzw. 25 Jahren angemessen war – im Gegensatz zur Priesterweihe, die ein Mindestalter von 30 Jahren erforderte. Berücksichtigt man außerdem, daß

Liudger in Utrecht als kleiner Junge den greisen Bonifatius kurz vor seinem Märtyrertod zu Dokkum 754 noch gesehen haben will, andererseits sofort nach seiner Priesterweihe 777 im Missionsdienst benötigt wurde, erscheint ein Geburtsjahr 746/47 viel plausibler. Zudem haben Liudgers Eltern ihren Sohn keineswegs erst 755 an die Klosterschule St. Martin zu Utrecht übergeben, sondern – dem Eintreten des frühesten erkenntnisfähigen Alters *(aetas intelligibilis)* gemäß – mit sechs bis sieben Jahren, also um 754. Für eine Laufbahn als Kleriker und Schriftgelehrter hatte sich der Junge – folgt man der mit Bedacht kolportierten Anekdote seines Biographen Altfrid – schon frühzeitig dadurch als prädestiniert erwiesen, daß er in frühkindlichem Alter Pergamentreste und Baumrinde mit Schilfrohr und Wasser zu beschreiben und sie zu Codices zusammenzubinden suchte. Der Passion des Büchersammelns sollte – wie noch zu zeigen ist – Liudger sein Leben lang treu bleiben; sie führte ihn in die geistliche Unterweisung.

Ausführlich berichtet ist über Liudgers Vorfahren und Verwandtschaft: Als Stammahn wird der friesische Adelige Wurssing vorgestellt, dessen Konversion zum christentum und Gegnerschaft zum Friesenkönig Radbod, außerdem sein gutes Einvernehmen mit Bischof Willibrord, das sich auf Wurssings große und gottesfürchtige Familie ausdehnte. Als eigentliche Stammutter des „Priestergeschlechts" *(genus sacerdotale)* der Liudgeriden ist jedoch Wurssings Schwiegertochter Liafburg gekennzeichnet, stand sie doch sogar in dem Ruf, von der göttlichen Vorsehung auserwählt zu sein. Immerhin überlebte sie gleich nach ihrer Geburt einen Mordanschlag ihrer heidnischen Großmutter, später als Hochschwangere auch einen lebensgefährlichen Unfall, ehe sie zwei spätere Bischöfe – Liudger und seinen jüngeren Bruder Hildigrim von Châlons-sur-Marne (802–829), den Gründer von Halberstadt – und künftige Mütter weiterer Bischöfe zur Welt brachte. Alle jene nachträglich aufgezeichneten Episoden aus der Familientradition Liudgers waren erkennbar dafür gedacht, die jüngeren Mitglieder der Bischofssippe, zu denen der Autor Altfrid selbst gehörte, in ihrem Ansehen zu erhöhen, die Kontinuität der Liudgeridenherrschaft in Münster und Werden insgesamt als gottgegeben zu legitimieren.

Als zweite Grundlage des Aufstiegs Liudgers wird von seinen Biographen übereinstimmend die vorzügliche Ausbildung *ad studium artis spiritalis*, im „Studium der geistlichen Wissenschaft", gesehen, und zwar innerhalb eines monastisch lebenden Konvents zu St. Martin/Utrecht, der vom Bonifatius-Schüler Abt Gregor geleitet wurde. Dort richtete Liudger sein Augenmerk auf die Fundamentaltheologie, die Beschäftigung mit Glaubensfragen, wie auf die Praxis, den Gottesdienst, gleichermaßen. Über Liudgers Status im Konvent besteht in den Viten Unklarheit: Die Werdener Autoren betonen, er habe die Tonsur erhalten, und rücken ihn so in die Nähe ihres eigenen Lebens; sie haben ihren Heiligen „in hagiographischer Manier benediktinisch übermalt" [448: Engelbert, Liudger und das fränkische Mönchtum, S. 155]. Altfrid, der die Utrechter Verhältnisse aus eigener Anschauung kannte, drückt sich vorsichtiger aus: Liudger habe das weltliche Kleid abgelegt – was angesichts der Mischung von *canonici* und *monachi* im Utrechter *monasterium* durchaus Mißdeutungen zuläßt. An anderer Stelle [420: Vitae sancti Liudgeri, S. 36 (c. I, 30)] – es werden hier Liudgers theologische und literarische Bildung wie auch seine alltäglichen Umgangs-

Oblation Liudgers in Utrecht. Miniatur aus der „Vita secunda“

formen gewürdigt – ist der Autor eindeutiger: Eine Kukulle, also den Mönchshabit, habe Liudger nicht tragen wollen, weil er die *promissio*, das Mönchsgelübde (Profeß), nicht abgelegt hatte; statt dessen habe er als Zeichen seiner asketischen Gesinnung ein härenes Unterkleid *(cilicium)* getragen. Im Klerikergewand blieb Liudger zeitlebens, trotz seiner Bewunderung für das Mönchsdasein. Die Ambivalenz in dieser Haltung hatte aber Konsequenzen gerade auch für seine monastischen Gründungen Münster und Werden.

Die entscheidende Zäsur für den jungen Liudger war zweifellos aber seine einjährige Bildungsreise 767/68 in das nordenglische York, wo er auch die Diakonweihe erhielt. Die Kathedralschule von York zählte im 8. Jahrhundert zu den herausragenden Geisteszentren des lateinischen Abendlandes – an ihr wirkte als Magister und Bibliothekar Alkuin (735–804), selbst bloß Diakon, aber ein Universalgelehrter, auf den das Wort zutrifft, er habe seine Zeit intellektuell geprägt. Auf Liudger muß das Yorker Lehramt Alkuins nachhaltigen Eindruck gemacht haben; denn gleich nach der Rückkehr nach Utrecht setzte Liudger – gegen den hinhaltenden Widerstand seines Abtes Gregor und seiner Eltern – einen diesmal längeren Studienaufenthalt auf der Insel durch. Dreieinhalb Jahre (769 bis Mitte 772) blieb der Student in York, hatte auch gar nicht die Absicht, seine Studien abzubrechen, sondern war wohl auf dem besten Wege zu einer wissenschaftlichen Karriere in York, die erst ein äußerer

Anlaß jäh knickte: Ein friesischer Großkaufmann hatte einen Einheimischen, zudem Sohn eines Grafen, im Streit erschlagen; die friesische Kolonie zu York sah allen Grund, sich vor der Blutrache der Verwandten des Toten zu fürchten, und flüchtete aus der Stadt, unter ihnen Liudger, jener aber offenbar gegen seinen entschiedenen Willen. Denn der Magister, der seinen bildungshungrigen Schüler *(amore discendi)* gut kannte, ließ durch einen Untergebenen strikt darauf achten, daß Liudger wirklich das Land verlasse. Der Schock der „Zwangsexmatrikulation" war immerhin dadurch gelindert, daß den Studenten, der durch widrige Umstände daran gehindert war, weiterhin zu den Füßen seines Meisters zu sitzen, eine Unzahl von Codices *(copia librorum)* auf den Kontinent begleitete – immerhin die Mindestvoraussetzung für ein „Fernstudium". Wiederum waren es Bücher, denen die Sammelleidenschaft Liudgers galt, und zwar bis ins hohe Alter. Die Kontakte zwischen Alkuin und Liudger blieben vierzig Jahre bestehen, wurden erst recht noch enger, als Alkuin 782 mit seinen Gefährten England verlassen hatte und am Hof Karls des Großen eine Akademie und Hofschule aufbaute. Der Biograph Altfrid hat in sein Opus zwei Gedichte inseriert, die Liudger zum Adressaten hatten [420: Vitae sancti Liudgeri, S. 23f (c. I, 19)]: Ein weiterer Schüler Alkuins, der Ire Joseph, widmet dem vertrauten Freund (um 790/800) einige Lobesverse und bittet um Gebetsgedenken; von Alkuin selbst stammt ein *Carmen* über die Bonifatius-Kirche zu Dokkum, an der Liudger von 777 bis 784 wirkte. Desgleichen kann man die Verehrung, die der Adept seinem Meister zuteilwerden ließ, als bestimmenden Faktor bei zukünftigen wichtigen Entscheidungen Liudgers gar nicht hoch genug einschätzen.

Kaum nach Utrecht heimgekehrt, fand sich Liudger in die Wirren der Sachsenkriege Karls des Großen (seit 772) verstrickt. Hieran waren auch Utrechter Missionare beteiligt, allerdings zunächst als Betroffene im nahen fränkisch-sächsischen Grenzgebiet an der IJssel. Dort hatte der Angelsachse Liafwin sich erst eine Kapelle *(oratorium)* am Westufer des Flusses, bei Wilp, erbauen lassen; sodann war er – in einem bewußten Akt der Grenzüberschreitung – auf das östliche, das „sächsische" Ufer nach Deventer übergewechselt und hatte dort sogleich eine Kirche *(ecclesia)* errichtet. Altfrid zufolge war sie den dort einheimisch gewordenen Westfalen ein Dorn im Auge; Deventer und andere Gotteshäuser seien von den furiosen Heiden niedergebrannt worden. Verschwiegen ist allerdings hierbei der historische Kontext: Der junge König Karl hatte im Sommer 772 – wie schon bei seinen Vorfahren üblich – einen Heereszug ins Sachsenland ausgerüstet, diesmal aber, weit über die gewohnten Ziele (Tribute, Plünderung und Versorgung der Sklavenmärkte sowie die bekannten Unterwerfungsrituale) hinaus, mit der Zerstörung der engrischen Irminsul (bei Marsberg/Diemel?) ein religiöses Fanal gesetzt. Die Jubeldepesche „Der Götzenkult ist niedergeworfen" – geradezu ein missionarischer Primärimpuls – gelangte nicht nur bis nach Rom und York. Auch die Altsachsen hatten die Botschaft verstanden und im Jahr 773 auf den Heiligtumsfrevel mit erbitterten Rachezügen geantwortet, die bis nach Deutz und Fritzlar führten und vor allem christlichen Institutionen galten. Liafwin, Symbolfigur des angelsächsischen Bekehrungswillens, kehrte im gleichen Jahr noch nach Deventer zurück, starb aber im November 773 und wurde – offenbar alsbald im Rufe des Heiligen stehend – unmittelbar an seiner Kirche beigesetzt. Bei einem erneuten Überfall sollen die westfälischen Mordbrenner drei Tage lang nach Liafwins Grab gefahndet haben, ohne es zu finden. Diese ehrenvolle Aufgabe kam nunmehr Liudger zu, der nach dem Tod seines Abtes Gregor (im August 775) sich von dessen Nachfolger Alberich – ebenfalls einem Seitenverwandten der Karolinger – in die Pflicht des Missionsdienstes genommen sah. Sein Biograph Altfrid stellt es absichtlich so dar, als ob Liudger allein – von einer Vision des Liafwin geleitet – dessen Grab unter einer bereits von ihm errichteten Kirchensüdwand gefunden, daraufhin den Kirchbau erweitert und geweiht, sogar den Kult Liafwins in dessen seitdem nicht mehr zerstörter Kirche begründet habe. Festzuhalten ist jedoch, daß Liudger, immer noch auf der Stufe des Diakonats, hierzu kirchenrechtlich gar nicht in der Lage war. Priester aus Utrecht werden aber bewußt nicht genannt – anders, als zuvor bei Liafwin, dem der noch aus der Willibrord-Mission stammende Markhelm, Küster von St. Martin zu Utrecht, beigeordnet war. Die Frage, weshalb der Anteil anderer an der Kirchweihe von Deventer verschwiegen worden ist, führt zwangsläufig zur missionspolitischen Situation in Sachsen innerhalb der Jahre 775 bis 777.

Auf dem Reichstag von Quierzy (Januar 775) war eine großangelegte Militär- und Christianisierungskampagne sorgsam organisatorisch vorbereitet worden [2115: Freise, Sachsenmission], die auch den Westen Sachsens berührte. Gefolgschaftsleistung der ostfälischen und engrischen Heerschaften hatte den Boden bereitet für eine triumphale Reichsversammlung Karls in Paderborn 776, an der erstmals Franken und Sachsen gemeinsam teilnahmen. An der neuen „Karlsburg" an den Paderquellen wurden Massentaufen abgehalten; in die zukünftige sächsische „Versammlungspfalz" (Karl Hauck) berief der – emphatisch mit Johannes dem Täufer verglichene – König zu 777 einen weiteren Reichstag und eine erste Synode ein, auf der die friedens- und taufbereite Saxonia in Anwesenheit und unter Mitwirkung der kirchlichen Würdenträger des Frankenreichs in Missionsbezirke abgegrenzt worden ist. Die westfälische Gegenwehr schien – trotz einiger Anfangserfolge (Überfall bei Lübbekke, Sturm auf die Hohensyburg) – im Herbst 776 schon erschöpft. Nichts deutet darauf hin, daß nicht auch die westfälischen Regionen seit 777 der „innerkirchlichen Nacharbeit" [2293: Kahl, Karl der Große und die Sachsen] durch Geistliche geöffnet waren. Zu beachten ist zudem, daß hierfür zunehmend auch monastisch lebende Kongregationen herangezogen worden sind, wie etwa Fulda für die Christianisierung an der oberen Weser, Würzburg im Paderborner Raum – und besonders die Willibrord-Abtei Echternach, gerade wegen ihres hohen Anteils an Angelsachsen im Konvent, für das Münsterland, aber auch für Ostfriesland und das Gebiet an der Unterweser.

Hiervon lesen wir bei Altfrid nichts; lediglich die *Vita secunda sancti Liudgeri* – aus der Feder eines Werdener Mönchs um 850, der mancherlei aufschlußreiche Ergänzungen an Altfrids Darstellungen beiträgt – weiß davon zu berichten, daß ein Abt namens Bernradh um 785 der königliche Missionsbeauftragte bei den westlichen Sachsen gewesen ist. In der Erforschung der Frühzeit Münsters (von Adolph Tibus bis zu Wilhelm Kohl) spielt dieser – von Altfrid schlicht unterschlagene – Abt eine überaus umstrittene Rolle, zumal seine Identität mit Erzbischof Beornrad von Sens (786–797) noch immer angezweifelt wird. Beornrad, ein Verwandter Alkuins und wie dieser aus Northumbrien gebürtig, war zuvor (seit Oktober 775) Abt von Echternach gewesen – und hat diese Würde auch während seines Metropolitenstatus nicht niedergelegt. Seine aktive Beteiligung an der Sachsen- und Friesenmission spätestens seit 777 geht freilich deutlich aus Echternacher Klosterurkunden jener Zeit hervor: König Karl übertrug ihm 775/84 gegenüber von Rindern (bei Kleve), der ersten Kirchgründung Willibrords, eine bisher zu königlichem Lehen ausgetane Insel im Niederrhein, die als Etappenstation taugen mochte. Zudem ist Echternach noch bis 788 mit Gütern an der Lippemündung, in der Betuwe und in Mittelfriesland ausgestattet worden. Reine Spekulation ist es aber, Beornrad schon bald einen festen Stützpunkt in Vreden oder Münster zuzuschreiben [329: Tibus, Stadt Münster]; an Beornrads Verantwortlichkeit für die Westfalenmission gegenüber dem König ändert sich dadurch jedoch nichts. Zur Unbekanntheit Beornrads in westfälischen Quellen mögen freilich die Rückschläge beigetragen haben, die die allzu optimistische Christianisierungspolitik Karls des Großen zwischen 778 und 785 hat hinnehmen müssen.

Unterschätzt haben dürfte man gewiß die Hartnäckigkeit des westfälischen Adeligen Widukind, der für seine Heerschaft nicht in Paderborn 777 gehuldigt hatte, sondern ins dänische Exil geflüchtet war – wohl in der Voraussicht, daß den Sachsen „alle Chancen einer autonomen, eigenständigen Weiterentwicklung unter ihren altüberkommenen Anführern und Verfassungsnormen“ [2293: Kahl, Karl der Große und die Sachsen, S. 80] eben nicht gegeben waren. Die von Widukind organisierten sächsischen Volkserhebungen hatten katastrophale Folgen, insbesondere für die jungen christlichen Gemeinden zumal in Westfalen, wie wir aus den Schauerberichten der bremischen *Vita Willehadi* wissen: Willehad, Northumbrier, Verwandter Beornrads und ebenfalls Yorker Domschüler, entging mit knapper Not den wiederholten Aufständen der Einheimischen, seine Kirchen wurden niedergebrannt, einige seiner Gefährten abgeschlachtet; der Missionar zog sich daraufhin deprimiert für zwei Jahre nach Echternach zurück, ehe er nach der Unterwerfung und Taufe Widukinds in Attigny 785 an die Unterweser zurückkehrte und binnen einer Frist von zwei Jahren (787/89) eine neue (Holz-)Kirche in Bremen weihen konnte.

Aus dem südlichen Westfalen sind Meldungen dieser Art nicht bezeugt: Wir wissen nicht einmal, ob bereits schon 777 – wie in Paderborn nachweisbar und für die Fuldaer Mission an der nordhessisch-sächsischen Grenze bezeugt – eine schlichte Tauf- und Pfarreikirche auf dem münsterischen Aahügel errichtet worden ist; hierfür fehlen jegliche Hinweise. Archäologisch nachweisbar ist ganz gewiß eine Brandkatastrophe im Bereich der Aahügel-Siedlung [421: Winkelmann, Ausgrabungen auf dem Domhof, S. 34], die die Wohn- und Nutzbauten der Einwohner völlig vernichtete – nur wann und durch welchen Anlaß sie eintrat, verraten uns die dicken Holzkohleschichten nicht. Denkbar sind selbstverständlich Kriegseinwirkungen schon aus den Jahren 774 bis 776. Plausibler erscheint aber ein späterer Termin, zumal angesichts der sich seit 778 verschärfenden Methoden der Kriegsführung fränkischer Heere, die sich in Form von Verwüstungen ganzer Landstriche, Menschenraub, Deportationen und Exekutionen abtrünniger Vertragspartner auswirkten. Nach der Niederlage bei Bocholt 779 kapitulierten westfälische Kriegerscharen – freilich ohne Widukind, zu dem auch weiterhin Renegaten aus dem Münsterland übergelaufen sind, zumal nach dem drakonischen Blutgericht an der Aller 782. Noch 784 halten die Reichsannalen

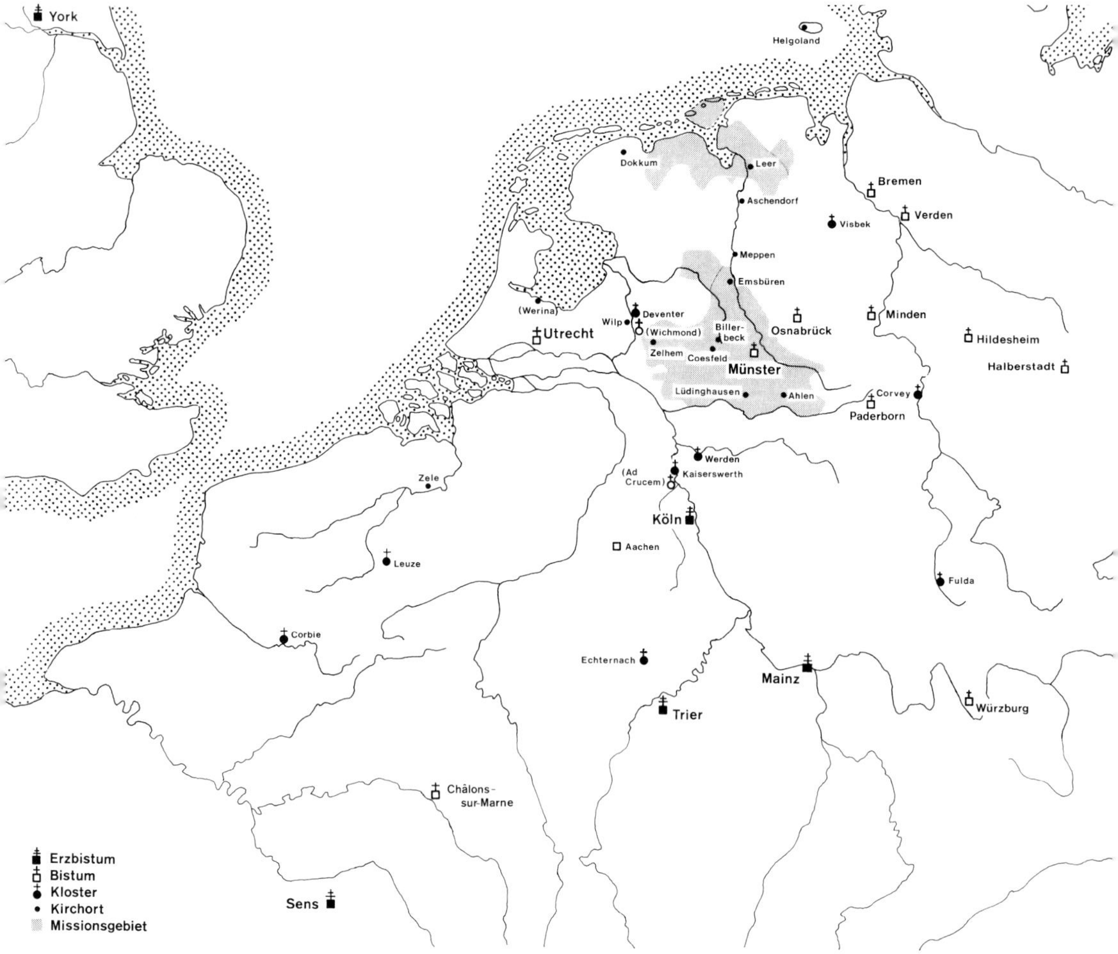

Der Missionsbezirk Liudgers und seiner Nachfolger in Münster

ein für die Westfalen verlustreiches Reitergefecht im Dreingau für berichtenswert. Burgen und Güter der Aufständischen wurden ohne Gnade zerstört und konfisziert, d. h. dem Reichsgut zugeschlagen – ob aber gerade die münsterische Aahügel-Siedlung ein Widerstandsnest Widukinds war, muß höchst spekulativ bleiben. Zu erinnern ist schließlich auch daran, daß nachweislich die Besitzungen zum Christentum übergetretener Adeliger – wie es sie im Münsterland gewiß gegeben hat – Ziele der heidnischen Reaktion waren; die adelsgeschichtliche Forschung ist in jüngerer Zeit dazu übergegangen, bei den aristokratischen Familien Sachsens, sogar innerhalb der Sippen, geradezu zwischen „Frankenfreunden" und „Frankenfeinden" zu unterscheiden [2801: Wenskus, Sächsischer Stammesadel].

Auffällig ist, daß gemäß der Aufteilung der sächsisch-friesischen Missionsbezirke von 777 die Utrechter Glaubensprediger wieder gänzlich auf die friesischen Provinzen konzentriert waren. Liudger wurde aus Deventer abgezogen, erhielt 777 in Köln seine Priesterweihe und avancierte für fast sieben Jahre im mittelfriesischen Ostergau, am Ort des Bonifatius-Martyriums Dokkum, zum Missionsleiter, ehe ihn die auf Friesland übergreifende Aufstandsbewegung Widukinds zur Flucht zwang. Vor die Wahl gestellt, sich der aufkochenden Gewalttätigkeit der eingeborenen Bevölkerung auszuliefern oder – statt des Märtyrertodes – die Bekehrung der Taufunwilligen erst einmal aufzuschieben, entschied sich Liudger pragmatisch. Dieses für einen Glaubenszeugen durchaus anfechtbare Verhalten ist von ihm selbst – so sein Biograph Altfrid – damit gerechtfertigt worden, sein verstorbener Abt Gregor habe ihm in einer Vision das Hirtenamt über d r e i Völker vorausgesagt; die Westfalen waren aber damals noch nicht dabei. Die Kapitulation Widukinds 785 erlebte Liudger nicht mit – zweieinhalb Jahre Gastaufenthalt in Rom und Montecassino ließen in ihm den Wunsch wachsen, auf Familienbesitz ein eigenes Mönchskloster zu gründen. Nach seiner Rückkehr 787 erwartete ihn aber wiederum ein friesischer Missionssprengel, nicht jener, in dem er zuvor gescheitert war, sondern die Landschaften zwischen Lauwers und Ems. Auch der Auftraggeber hatte gewechselt; nicht mehr der Utrechter Bischof, sondern der König selbst nahm die Zuweisung der Bezirke vor.

Das große kirchenpolitische Revirement von 786/87 war nach den furchtbaren Zerstörungen der vergangenen sieben Jahre unumgänglich. Zug um Zug mit ihm war auch die schon 782 verabschiedete Grafschaftsverfassung durchzusetzen, durch die einheimische Magnaten als „Beauftragte des fränkischen Königtums“ [2666: Schulze, Grafschaftsverfassung] gehalten waren, die auf sie delegierte königliche Macht auszuüben. Gestützt auf ein überaus rigides Sondergesetz, die ebenfalls in großer Bedrängnis erlassene *Capitulatio de partibus Saxoniae* von 782/85, nahmen sie administrative – d. h. polizeiliche, fiskalische, gerichtliche – Funktionen wahr, kontrolliert wiederum von den örtlichen, zunächst landesfremden Priestern, die auf die korrekte Einberufung und Durchführung von Gerichtsterminen zu achten hatten. Flächendeckend waren Pfarrstellen – im Sinne der „Urpfarreien“ [2232: Hömberg, Entstehung der Kirchenorganisation] – gewiß aber noch lange nicht eingerichtet. Die lokalen Gerichtsgemeinden, in denen die Rechtsfinder der drei Stände (Adel, Freie, Liten) sich zusammenfanden, blieben fürs erste unberücksichtigt, hielt man sie doch für einer feindlichen Gesinnung verdächtig; erst das *Capitulare Saxonicum* von 797 integrierte sie als handelnde Rechtsorgane. In keinem Fall aber standen – wie unlängst behauptet [1969: Bemmann, Neue Aspekte] – die vorchristlichen Things, also Regionalversammlungen der *pagenses*, ehemals präsidiert von einem „Gaufürsten“ (*satrapa*), in ungebrochener Kontinuität zu den – erst im 12. Jahrhundert belegten – Gogerichten. Die altsächsische Gauverfassung war von der karolingischen Administration schon sehr früh zerschlagen worden; soweit aus den Urkunden des 9. Jahrhunderts erkennbar zu rekonstruieren ist, paßten altsächsischer Gau und fränkisch orientierte Grafschaft nicht zusammen. Wer in Mimigernaford um 785/90 Grafenrechte oder Richterfunktionen ausgeübt hat, wissen wir nicht; ob sie jemand überhaupt und seit wann er sie wahrnahm, hängt wiederum vom Anfang der archäologisch nachgewiesenen neuen Aahügel-Siedlung ab, ebenso davon, seit wann eine als Pfarre dienende Kirche mitsamt zugehörigem Parochialpriester vorhanden war und das christliche Gräberfeld dort belegt worden ist.

Tragaltar Liudgers. Nach der Werdener Klostertradition feierte Liudger auf diesem Altar den Gottesdienst

5. *Die Anfänge des „monasterium" in Mimigernaford*

Schlüsselfigur des beginnenden kirchlichen Lebens in Westfalen war – wie gesagt – nach der Taufe Widukinds 785 zunächst nicht Liudger, sondern der erprobte Abt Beornrad von Echternach, den der König den Westsachsen als Kirchenlehrer geschickt hatte: *occidentalibus Saxonibus a rege missus fuerat doctor* [420: Vitae sancti Liudgeri, S. 62 (sec. c. I, 17)]. Allerdings verwaiste seine Position nicht bald danach mit seinem Tod – so irrtümlich der Werdener Biograph von 850 –, sondern wurde zunehmend deshalb vakant, weil Beornrad, Vertrauter und Verwandter Alkuins, Aufgaben am Königshof zu übernehmen hatte. 786 auf den Erzbischofsstuhl des nordfranzösischen Sens berufen, war er – unter dem Beinamen Samuel – Mitglied der berühmten Hofakademie Karls des Großen und 790/91 sogar mit der heiklen Mission des Bilderstreits in Rom betraut. Gleichwohl existiert ein gänzlich übersehenes Zeugnis dafür, daß Beornrad noch im Herbst 789 missionarisch in Sachsen tätig geworden ist: In einem Brief Alkuins an einen ihm verwandten Bischof in Sachsen, der zugleich auch Abt war, wird der Adressat aufgefordert, mitzuteilen, wie die Sachsen seine Predigten aufnähmen, ob es Chancen für eine Wenden- und Dänenmission gäbe, wie der König gegen die Awaren vorgehen wolle [1918: Alcuini Epistolae,

Nr. 6]; überdies bittet der Absender darum, alle Mitstreiter bei der Glaubensverkündung zu grüßen, insbesondere aber Bischof Willehad von Bremen (den gemeinsamen Verwandten Alkuins und Beornrads). Wie der kirchliche Wiederaufbau in Beornrads Missionsbezirk vonstatten gegangen ist, wissen wir nicht; daß er bei den südlichen Westfalen ausgerechnet in der langjährigen Ruhe- und Regenerationszeit zwischen 785 und 792 gänzlich unterblieben sein soll, bleibt angesichts der Echternacher – seit 786 auch westfränkischen – Ressourcen unwahrscheinlich. Die *Vita secunda* schreibt freilich nicht dem Vorgänger Liudgers Personalprobleme zu; erst nach seinem Tod sei es schwierig gewesen, im Frankenreich Geistliche zu finden, die gern unter den Barbaren predigten. In Osnabrück amtierte – unter Lütticher Betreuung – ein Missionsbischof friesischer Herkunft, nach Bremen war Willehad, 787 in Worms zum Bischof geweiht, an seine alte Wirkensstätte zurückgekehrt. Im Mindener Raum hatte der Fuldaer Mönch Erkanbert, gestützt auf Missionspersonal aus seinem Konvent, seit 785 die Aufgaben eines Bischofs vollzogen. Paderborn, als sächsischer Vorort und Pfalz König Karls mehrfach Ziel heidnischer Angriffe, hat – mit tätiger Hilfe der Patenkirche Würzburg, die Paderborns Kleriker ausbildete – seine Salvatorkirche schon in den frühen 780er Jahren restauriert. Über die Auswahl der Standorte zukünftiger Bischofskirchen im städtelosen Sachsen hat gegen Ende des 9. Jahrhunderts der Verfasser der *Translatio sancti Liborii,* ein ungenannter Paderborner Kleriker, aus der Rückschau zurecht konstatiert, vor anderen Kriterien seien herausragende Lage *(naturali quadam excellentia)* und eine größere Bevölkerung am Ort *(populi frequentia)* entscheidend gewesen. Auf das südliche Westfalen angewandt, bedeutete das, der Aahügel Mimigernaford sei schon vor der Ankunft Liudgers 793 wieder in größerem Maße besiedelt gewesen. Überdies darf man an der Aafurt – auch an anderen strategisch wichtigen Flußübergängen wie Osnabrück, Herford, Minden, Rheine, Meppen, Wiedenbrück – mit fränkischen Militärposten rechnen. Alle Indizien zusammen weisen darauf hin, daß es in Mimigernaford spätestens nach der Zerschlagung des sächsischen Widerstandes im Dreingau 784 wieder sehr bald eine Kirche und Priester gab. Waren aber Hamaland und Münsterland gemeinsam schon seit 777 Echternacher Einflußgebiet, so erklärt sich auch die Wahl Mimigernafords als Zentralort mit Brückenfunktion nach allen Richtungen.

Weshalb hiervon in den Liudger-Viten nichts steht, ist erklärlich, konzentrieren sie sich doch auf die Erfolge ihres Heiligen, der zur selben Zeit, als Beornrad Diplomat an der päpstlichen Kurie war, auf der Insel Helgoland die Bevölkerung bekehrte und taufte. Erst die Zehntaufstände im Norden 792 – Reaktion auf überzogene Eintreibung der Abgaben, die die einheimischen Bauern an die Pfarrer ihrer Gemeinden seit 782 zu leisten hatten – machten Liudgers Bemühungen in Friesland wieder zunichte und vertrieben den Missionar. Am Hof haben die Berater des Königs den unmittelbaren Zusammenhang zwischen Kirchenzehnten und Rebellion, die sich bis 794 auf ganz Sachsen ausgeweitet hatte, erst nachträglich klar erkannt. Im Jahr 792 beschäftigten sie, die das ganze Jahr über in Regensburg versammelt waren, andere Sorgen: die Awarenkriege, der Adoptianismusstreit auf der dortigen Synode und die Vakanz auf dem Trierer Metropolitenstuhl. Liudger muß mächtige Fürsprecher am Hof gehabt haben, die ihn gegen seinen Willen als Kandidaten präsentierten, weniger Alkuin, der seit drei Jahren in England weilte, wohl aber dessen Verwandten Beornrad, selbst seit 786 Erzbischof. Liudgers energischer Widerspruch und Bitte um eine geeignetere Aufgabe führte dazu, daß der König – gewiß in Absprache mit Beornrad – ihn zum Nachfolger in dessen Missionssprengel ernannte, freilich nicht ohne Grundausstattung im rückwärtigen Raum. Das königliche *monasterium Lothusa* in Brabant, das einer Werdener Anekdote zufolge der Beschenkte einem Nonnenstift vorgezogen habe, ging auf nachhaltige Intervention Alkuins in den privaten Besitz Liudgers über – wie zuvor schon die Zelle Mont-S.-Justin in Burgund an Willehad. Der neue Missionsbeauftragte für Westfalen ist wahrscheinlich auf einer Reichsversammlung zu Regensburg im frühen Winter 792 bestallt worden, als Karl der Große seine Getreuen, die sich nicht der weitreichenden Verschwörung seines Sohnes Pippin des Buckligen angeschlossen hatte, mit großzügigen Geschenken bedachte und dabei sein Reich neu ordnete. Liudger soll – wie gesagt – sein Amt im Jahr 793 angetreten haben. Allerdings tobten 793/94 rechts des Rheins noch die Zehntaufstände, die auch Mimigernaford nicht verschont haben dürften, hatte sich doch – wie selbst die Reichsannalistik einräumt – ganz Sachsen erhoben. Erst im Herbst 794, nach energischer Gewaltandrohung des Königs, der hierzu zwei Heeresscharen von Frankfurt und Köln aus an die engrisch-hessische Grenze und in das südliche Westfalen in Marsch setzen mußte, endete die Aufstandsbewegung mit der Kapitulation der Rebellen auf dem Sintfeld (bei Paderborn) und auf der Pfalz Eresburg (Obermarsberg).

Leidvolle Erfahrungen mit dergleichen Rückfällen, deren Opfer eines Brandanschlags gerade erst die Paderborner Kirche geworden war, dürften Liudger dazu bewogen haben, seit 795 Mimigernaford auf einer Fläche von 8 Hektar Größe mit einem großen Wall und Graben zu umgeben. Die Befestigungen sind von den Archäologen zurecht als Schutz einer zukünftigen *civitas,* der neuzugründenden Bischofsstadt, verstanden worden, zumal die spätere Domimmunität sich exakt an die Planvorgabe gehalten hat. Kleinzellige, mit Palisaden bewehrte Hausareale von 4 × 6 Metern innerhalb der Bebauungszone, die vom Wallfuß noch einmal um 5 Meter abgesetzt war, geben Aufschluß auf eine sächsisch geprägte Handwerkersiedlung, die unmittelbar an die Kirche von Mimigernaford gebunden war. Das kleine gegossene

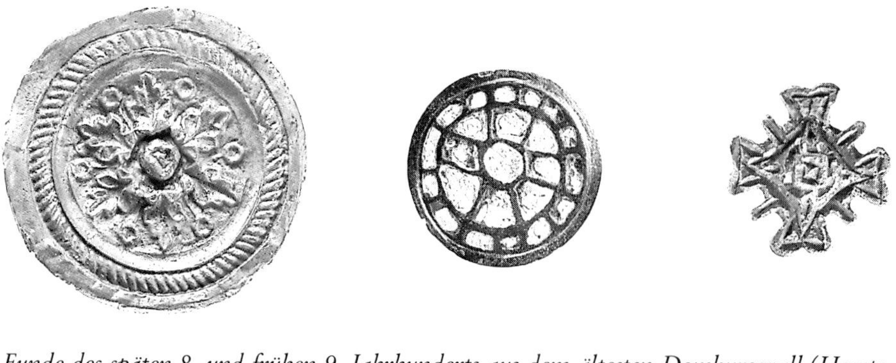

Funde des späten 8. und frühen 9. Jahrhunderts aus dem ältesten Domburgwall (Horsteberg): Scheibenfibeln mit Ornamenten und Bronzekreuz

Bronzekreuz unter der Wallschüttung, das sein Träger verloren hatte, verrät – ebenso wie das älteste Gräberfeld zwischen der Kettelerschen Kurie und dem östlichen Domplatz – eine christlich lebende Bevölkerung, auch wenn sie nur oberflächlich christianisiert gewesen sein sollte – wie das Pferdegrab am Horsteberg nahelegt. Was ihr noch zwölf Jahre lang fehlen sollte, war ein Diözesanbischof.

Die Verfasser der Liudger-Viten haben sich kunstvoll darum bemüht, die – im Vergleich zum Amtsbruder Willehad von Bremen (787) – späte Bischofsweihe Liudgers (805) mit dessen persönlichen Einwänden und mit Missionsplänen, die weit über Westfalen hinausreichten, zu begründen. Ein zusätzliches Moment dürfte überdies die unzureichende kirchliche Versorgung in der Umgebung der *sedes principalis* wie auch in Mimigernaford selbst gewesen sein. Seit seinem Besuch in Montecassino 785/87 soll sich Liudger mit Klostergründungsplänen getragen haben. Die *Vita secunda* von 850 berichtet, er habe schon in Rom Salvator-, Marien-, Peter- und Paulusreliquien zu eben diesem Zweck erworben – gewiß eine verzerrende Darstellung des Werdener Mönchs aus der Rückschau der Ereignisse. Denn die Patrozinienfrage stellte sich bereits für den Erbauer des *honestum monasterium* in Mimigernaford, das, 793 geplant, wohl doch erst 795 in Angriff genommen worden ist – gewiß zeitgleich mit dem Wall um den Hauptsitz des Sprengels. Die Kirche selbst war schon vorhanden – unter der Mitte des heutigen Doms dürfen wir ihre von Abt Beornrad gelegten Fundamente vermuten. Welchen Patronen sie untergeordnet war, ist nur zu rekonstruieren, zumal vor dem Hintergrund der unlängst (1987/89) abgeschlossenen Grabungen auf dem Domherrenfriedhof, die eine zweite, frühkarolingische Kirche in ihren Grundrissen zutage förderten [407: Schneider, Kirchenbauten im Dombereich].

Diese „steinerne Saalkirche mit östlicher Apsis und eingezogenem Vorchor" [408: Schneider, Paulus-Dom, S. 71], ein „schlichter Apsidensaal" [395: Lobbedey, Jüngste Ausgrabungen] von 22,5 Metern Länge und 7,7 Metern Innenbreite, ist nachweislich über ältesten Baumsarggräbern des christlichen Friedhofs errichtet, also etwas jünger als der Friedhof. Angeschnitten ist unter anderem ein – mit Sand vollgeschwemmtes, mehr als zehn Jahre vor Beginn des Kirchbaus angelegtes – Grab mit Beigabe von zwei Denaren Karls des Großen, die zwischen 792/94 und 810 geprägt waren (Peter Ilisch). Nach Ansicht der Archäologen gehört der Kirchbau in die Zeit „deutlich nach 800" [408: Schneider, Paulus-Dom, S. 71], allenfalls in frühest möglicher Datierung „kurz nach 800, aber auch nicht wesentlich später" [231: Lobbedey/Vestring-Buchholz, Dom zu Münster]. Immerhin war aber er wohl nicht einmal der älteste Sakralbau an dieser Stelle. Im Innenraum selbst fand sich die Grundsteinsetzung eines kleinen Oratoriums (1,70 × 2 Meter), das als Totenkapelle aus dem letzten Viertel des 8. Jahrhunderts gedeutet worden ist, mit Bezug auf die westlich davor liegenden Gräber; überdies ist „in der zu vermutenden Westflucht dieses kleinen Gebäudes" [408: Schneider, Paulus-Dom, S. 59] ein Ausbruchgraben festgestellt worden, der zu einem älteren kleinen Saalbauprojekt gehörte, das zugunsten des größeren Apsidensaales aufgegeben wurde. Als Gründungsbau des Doms scheidet die Kirche auf dem Domherrenfriedhof aus – wie zuletzt von Wilhelm Kohl angenommen wurde: Danach soll Liudger 793 eine Konventskirche zu Ehren des Apostels Paulus an der Stelle des heutigen Doms errichtet haben; um 805 folgte eine zweite Kirche, die Marienkathedrale, in der Funktion der Bischofskirche. Im Laufe der Zeit habe – so

Liudgers Bischofsweihe. Miniatur aus der „Vita secunda"

Kohl – ein Wandel in der Nutzung stattgefunden: „Die Pauluskirche wurde zur Kathedrale", die Marienkirche erhielt den Namen „Alter Dom" und beherbergte ein Kanonikerstift, dessen Gebäude erst 1377 abgebrochen wurden [503: Honestum monasterium; 206: Domstift 1, S. 118ff].

Der Verhältnis beider ältesten Kirchbauten zueinander ist in der Forschung als eine Art „Doppelkathedrale" interpretiert worden, wie man sie für andere Bistumssitze, etwa in Canterbury, Utrecht oder Regensburg, in der Duplizität von Bischofskirche und Domkloster angenommen hat. Probleme werfen beim derzeitigen Stand der Erkenntnisse freilich gerade die spezifisch münsterischen Eigenheiten auf, die über die Vertracktheit von Überlieferungsarmut und widersprüchlichen Quellenaussagen hinaus zu einer nicht leicht zu deutenden historischen Faktizität führen – Eigenheiten, die man mit „Liudgers Sonderweg" umschreiben könnte. Tatsache ist, daß die Bischofskirche schon sehr bald unter dem einzigartigen Kathedralpatrozinium des Apostels Paulus stand: Zum Jahr 819 ist in einem – zwar verfälschten, in der nachfolgenden Rechtsaussage aber unverdächtigen – Diplom Ludwigs des Frommen für die Kirche von Visbek ein „Sprengel des heiligen Paulus" *(ad porroechiam sancti Pauli)* erwähnt, dem eine Kirche (Emsbüren) in der Region Saxlinga zugestanden worden sei; am Ort Mimigernaford amtiere Bischof Gerfrid (der Nachfolger Liudgers). Bischof Wolfhelm ließ 889 ein kompliziertes Rechtsgeschäft, an der die *familia sancti Pauli* und ihr Vogt beteiligt waren, in Anwesenheit von Domkapitel und Diözesanklerus *ad memoriam sancti Pauli,* also an den Paulusreliquien stattfinden, vielleicht an einem Paulusaltar im Westchor des Doms oder gar in einer Pauluskrypta

Die Bischofsweihe nach einer Darstellung des 15. Jahrhunderts (Billerbecker Altar des Meisters von Schöppingen)

[231: Lobbedey/Vestring-Buchholz, Dom zu Münster]. Tatsache ist aber auch, daß es 809 – laut Altfrid – bei Liudgers Tod eine *ecclesia sanctae Mariae* gab, in der der tote Bischof über einen Monat lang aufgebahrt wurde, ehe man ihn in sein Grabkloster Werden transferierte. Hieraus könnte der Schluß gezogen werden, daß zwischen beiden Kirchen eine Trennung der Patrozinien schon sehr früh stattgefunden habe. Liudger selbst, der eine starke Vorliebe für paulinisches Denken und Handeln entwickelt hat [463: Hauck, Apostolischer Geist], schrieb man die Wahl der Paulus-Schirmherrschaft für seinen Konvent zu. Salvator und Maria waren aber grundsätzlich die ersten Patrone einer jeden Kirche, also auch des älteren Bauwerks unter dem heutigen Dom; bliebe also das Pauluspatrozinium für den Apsidensaal auf dem Domherrenfriedhof? Gerade eine solche vergleichbare Konstellation treffen wir im frühmittelalterlichen Canterbury und Utrecht an: Zu Liudgers Zeiten hatte dort die jeweilige Kathedralkirche das Salvatorpatrozinium inne; die klösterliche Gemeinschaft lebte in einem Martins-*monasterium*.

Hat Liudger also das „Utrechter Modell“ (Wilhelm Kohl) vorbildhaft auf Münster übertragen? Zu beachten sind hierbei jedoch einige wesentliche Unterschiede:

1. Als Liudger in den Utrechter Konvent eintrat, existierten beide Kirchen schon. – In Münster gab es dagegen 793 nur eine, sehr wahrscheinlich von Abt Beornrad gegründete Salvator- und Marienkirche, die – nach Utrechter und Echternacher Vorbild – Petrus und Paulus als Nebenpatrone führen mochte.
2. In Utrecht hatten bereits (Erz-)Bischöfe wie Willibrord und Bonifatius residiert, die bischöfliche Amtshandlungen auszuüben in der Lage waren. – In Münster gab es 793 noch keinen Bischof; Liudger reichte zunächst eine, eben die vorgefundene Gemeindekirche, die er als Basilika für das *monasterium* und seinen *Domino,* d. h. Christus, dem Salvator, unterstellten Konvent nutzen konnte [6: Hauck, Geschichtliche Werke, S. 376f].
3. In Utrecht war um die Mitte des 8. Jahrhunderts das jüngere St. Martin schon die größere Kirche. – Die ebenfalls jüngere, aber recht kleine münsterische Apsidenhalle auf dem Domherrenfriedhof ist dagegen keineswegs für einen großen Konvent konzipiert.
4. Als Bonifatius 754 den Märtyrertod fand, wurden seine mit ihm erschlagenen Gefährten in der kleineren Salvatorkirche zu Utrecht beigesetzt; der Erzbischof sollte *in ecclesia maiore,* also in St. Martin, begraben werden. – Liudger konnte vor seiner Translation nach Werden 809 nur in einer Kirche aufgebahrt werden, eben in der Marienkirche zu Mimigernaford.

Gemeinsamkeiten zwischen Utrecht und Münster ergeben sich jedoch überraschenderweise in anderen Punkten:

5. Willibrord hat, wie eine Urkunde Karl Martells von 723 beweist, sein *monasterium,* den klösterlichen Verband im alten Kastell, ebenfalls zunächst dem Salvator unterstellt; erst später kam Martin als Patron hinzu.
6. In Utrecht wurde nach dem Normannensturm die Doppelkathedrale aufgehoben und 944 in zwei voneinander getrennte Kanonikerkommunitäten umgewandelt: St. Martin erhielt den Domklerus, Salvator ein Kollegiatstift und den Namen *vetus monasterium,* Oudmunster. – In Münster hat Bischof Dodo († 993) das Domkapitel in die andere Kathedrale überführt, gegen heftigen Widerstand der Brüder, die in ihrer alten Kirche bleiben wollten. Den „Alten Dom“, die *vetus ecclesia sancti Pauli,* hat es – in Abgrenzung zur *maior ecclesia sancti Pauli* – tatsächlich gegeben; als Kanonikerstift wurde er zu Beginn des 12. Jahrhunderts wiederbegründet. Im Gegensatz zum Utrechter „Oudmunster“, mit dem wirklich die ältere Institution gemeint war, bezieht sich der Begriff „Alter Dom“ zu Münster nur im technischen Sinne auf das ältere Bauwerk, das seinen Heiligen schon längst mit der Domkirche teilte.

Wann und wie aber ist der münsterischen „Sprengel des hl. Paulus“ zu seinem namengebenden Patron gekommen? Hilfreich und klärend wirkt hierbei wiederum der Seitenblick auf Liudgers „Familien- und Erbkloster“ Werden an der Ruhr [561: Schmid, Liudgeriden], das seit 799 in Konkurrenz wie in Kooperation gleichermaßen zum älteren *monasterium* an der Aa stand. Aus den dortigen Urkunden geht unmißverständlich hervor, daß bis über den Tod Liudgers (809) hinaus Werden zunächst allein Salvator und Marien unterstellt war; an deren Reliquien – zu Händen Liudgers, die er bei sich trug, wohin er auch ging – sind schon vor der Gründung Werdens

Güter geschenkt worden. Wie in Wichmond an der IJssel, einem zuvor (796) ausgewählten, dann aber aufgegebenen Standort des von Liudger geplanten Eigenklosters, stand in Werden eine Salvatorbasilika. Erst im Juni 818 erscheint der Apostelfürst Petrus in einer klostereigenen Urkunde [1992: Blok, Oudste oorkonden, Nr. 38] als Co-Patron zu Werden; ein dort umschriebener Acker grenzt gar an die *terra sancti Petri,* also an Werdener Grundbesitz. Im übrigen blieb es weiterhin bei der *terra sancti Salvatoris* – wie auch die Kirche *ecclesia sancti Salvatoris* und der Klostervogt *advocatus sancti Salvatoris* heißen. Der Biograph Altfrid benennt um 845 die Werdener Grabkirche Liudgers erbaut zu Ehren Salvators und Mariens – und *apostolorum principis Petri* [420: Vitae sancti Liudgeri, S. 38 (c. I, 31)]. Zum Werdener Petruspatrozinium von 818 paßt auffallend die älteste Erwähnung der *porroechia sancti Pauli* zu Münster 819, der Liudgers Neffe und Nachfolger, Bischof Gerfrid, vorstand – aber nicht nur dieser Kirche, sondern zusammen mit seinem Onkel, Bischof Hildigrim von Châlons-sur-Marne und Halberstadt, auch dem Werdener Kloster, in der Funktion von „Leitern" *(rectores)* und „Wächtern" *(custodes),* gleichsam als gemeinsame Erben Liudgers [561: Schmid, Liudgeriden]. Zu rechnen haben wir also damit, daß das Patrozinium der Apostelfürsten Petrus und Paulus nach 800 aufgeteilt worden ist, und zwar unter die Klöster von Münster und Werden. Die jüngere Gründung an der Ruhr erhielt gleichwohl den Vorzug des höherrangigen Apostels, die ältere Gründung an der Aa, in der Liudger nicht begraben sein wollte, den rangzweiten Patron. Waren Münster und Werden demnach – zumindest den Intentionen ihres Fundators gemäß – eine Zeitlang ein „Doppelkloster"? Zu erinnern ist daran, daß es hierzu ein berühmtes Vorbild in der angelsächsischen Klosterlandschaft bereits gab: die nordenglischen *monasteria* an den Ufern von Wear und Tyne, St. Peter zu Wearmouth (seit 674) und St. Paul zu Jarrow (seit 681), die trotz ihrer räumlichen Entfernung von ihrem Gründer Benedict Biscop († 690) und seinem Mitstreiter und Nachfolger Ceolfrid († 716) als ein unzertrennlicher Organismus mit Kopf und Leib verstanden wurden. Die *Historia abbatum* jener Klöster, aus der Feder des *Praeceptor Angliae* Beda Venerabilis, selbst Mönch zu Jarrow († 735), betonen die *familiaritas* der Konvente [1959: Baedae historia ecclesiastica, S. 370 (c. I, 7)] und charakterisieren Ceolfrid als Abt, der nicht zwei Klöster regiere, sondern vielmehr ein Kloster an zwei Orten: *in duobus locis posito uni monasterio* [1959: Baedae historia ecclesiastica, S. 393 (c. II, 16)]. Ceolfrid habe sogar dafür gesorgt, daß an beiden Orten derselbe Bibeltext in Gestalt zweier gleichförmiger Pandekten-Codices vorhanden gewesen sei. Das vor Ort studierte Exempel von Wearmouth-Jarrow stand noch nach 793 Alkuin – von ihm vermittelt, gewiß auch seinem Schüler Liudger – musterhaft vor Augen: Erhalten sind mehrere Briefe Alkuins aus der Zeit nach seiner Englandreise (790/93), die Abt und Brüder von Wearmouth-Jarrow an die Leistungen Benedikts Biscop und Ceolfrids, aber auch zur Eintracht untereinander mahnen. Seit 799 war Liudger nun selbst Gründer und Rektor zweier örtlich voneinander getrennter *monasteria,* deren Patrozinienwahl den Vergleich mit dem nordenglischen „Doppelkloster" geradezu aufdrängen. Sicher ist aber in jedem Fall, daß zur Zeit der Liudgeriden Hildigrim und Gerfrid um 818/19 Petrus als Patron Werdens und Paulus als Patron Münsters herausgestellt sind – wohl nicht zufällig bald nach der Aachener Reichssynode von 816, auf der die *Institutio canonicorum* erlassen und darin die Lebensführung des nicht-monastischen Klerus geregelt werden sollte [2629: Schieffer, Entstehung von Domkapiteln]. Seit 813 waren auf den Reformsynoden Karls des Großen und Ludwigs des Frommen ohnehin ständig Fragen der Abgrenzung von Mönchen und Klerikern zur Sprache gekommen [2677: Semmler, Mönche und Kanoniker].

Einen Sonderweg hatte Liudger schon bei der unzweifelhaft monastischen Prägung seines Konvents zu Mimigernaford eingeschlagen, allerdings wiederum dicht auf den Spuren seines verehrten Lehrers Alkuin, dessen Lebensweise – wie seine Anhänger versicherten – nicht geringer als die eines Mönchs gewesen sei. Gerade ihm als Laienabt hatte genau zur gleichen Zeit, als Liudger sein *monasterium* zu Mimigernaford einrichtete, der König mehrere Abteien, darunter Ferrières und St. Martin zu Tours, zur Reform des Bildungswesens übergeben. Auch Liudger fungiert – nach Aussage seiner eigenen Urkunden – seit März 796 wiederholt als *abbas* – vielleicht ist dieser Titel ein verstecktes Indiz auf die Fertigstellung des *monasterium* zu Mimigernaford. Seine Mitstreiter erscheinen mit klerikalen Weihegraden oder als schlichte *clerici,* nie jedoch als Mönche. Alkuin wählte weder die kanonische noch die benediktinische *conversatio,* sondern einen „dritten Weg" *(tertius gradus),* den er auch gegen heftige Diffamierungen beim König verteidigte [2502: Oexle, Monastische und geistliche Gemeinschaften; 448: Engelbert, Liudger und das fränkische Mönchtum]. Ein monastisches Leben ohne eigentliche Mönchsgelübde, mit privatem Besitz und

Der sogenannte Liudgerkelch. Nach der Überlieferung von Liudger benutzt, jedoch nach stilkritischen Untersuchungen in das späte 9. Jahrhundert zu datieren

ohne Regelbeachtung sei keine fortschreitende Dekadenz – rechtgeben wird man Alkuin vor allem bei den enormen Fortschritten, die in Skriptorium und Bibliothek seiner Abteien zu verzeichnen waren. Die neuere Erforschung der monastischen Gemeinschaften hat zutage gefördert, daß besonders in Klöstern wie Tours, Lorsch und Werden – dort, wo man die Benediktsregel zugunsten eines Mittelwegs zwischen dem Kleriker- und dem Mönchsstatus bis in die Mitte des 9. Jahrhunderts großzügig auslegte – erstaunliche Leistungen in der Produktion von kalligraphischen Codices erzielt worden sind.

6. *Der Liudger-Kreis und seine Bibliothek*

Bücher, die wir mit Sicherheit einer zu Münster lokalisierten karolingischen Schreibstube zuschreiben könnten, sind wegen der Ungunst der Ortsgeschichte nicht erhalten geblieben – auch hier hat sich der Dombrand von 1121 verheerend ausgewirkt. Gerade die von Liudger angebahnte enge personelle Kooperation zwischen Münster und Werden – mit dem Resultat einer kontinuierlichen liudgeridischen Personalunion in der Leitung von Bistum und Abtei bis 849 – läßt jedoch erwarten, daß zwischen beiden monastisch geprägten Institutionen in der Frühzeit ein reger Austausch von geschriebenen Texten geherrscht hat – zumal im Sinne angelsächsisch geprägter Fraternität zwischen den Kommunitäten. Zwar ist auch die Werdener Klosterbibliothek ganz und gar nicht ungeschoren bis zur Säkularisation 1803 überkommen [2726: Stüwer, Reichsabtei Werden] – ihre frühesten Bestände weisen jedoch bemerkenswerte Kompendien aus, deren älteste Exemplare sogar über das Gründungsdatum Werdens 799 zurückreichen. Hierin spiegelt sich nicht nur die vom Biographen Altfrid glaubhaft bezeugte Sammelwut des Bibliophilen Liudger, der aus York und anderen Schreibzentren der Insel, aber auch aus Utrecht, Rom, Montecassino, vom Hof König Karls und aus fränkischen Skriptorien Bücher beschaffte. Auch im Kreis seiner Mitarbeiter auf dem Kontinent war es schon lange vor 800 geübte Praxis, Codices herzustellen und abzuschreiben. Das *monasterium* zu Mimigernaford hat von Anfang an gewiß zu den Arbeitsplätzen der Schreiber Liudgers gehört und diese Funktion auch unter seinen Nachfolgern und Verwandten nicht verloren. Da die Bischöfe Gerfrid († 839) und Altfrid († 849) überdies sich zu den Füßen ihres heiligen Onkels, *ad pedes sancti,* in Werden begraben ließen, sind zu einem gewissen Anteil, der im einzelnen nicht zu ermitteln ist, Werdener Codices bis zur Mitte des 9. Jahrhunderts in Münster hergestellt und benutzt worden, ehe sie den Weg in die Bibliothek der liudgeridischen Familiengrabstätte fanden.

Vor allem wegen der Schrifteigenheiten insularer Kalligraphie, die sich in Werden (und sehr wahrscheinlich auch in Münster) – wie auch an anderen Orten der spät- und nach-bonifatianischen Mission, in Mainz, Utrecht, Fulda, Würzburg, Hersfeld – zäh bis über 850 hinaus gehalten hat, kamen Codices der Frühzeit bald außer Gebrauch. Ihr zumeist hochwertiges Pergament ließ sie zu Werden im 15. und 16. Jahrhundert des öfteren als Makulatur unter das Messer der Buchbinder geraten und in fragmentarischer Gestalt als Umschläge von Rechnungsheften oder in Buchdeckeln und -rücken der neuen Inkunabeln überdauern. Eine große Zahl von Werdener Fragmenten ist schon ermittelt (Universitätsbibliothek und Hauptstaatsarchiv Düsseldorf, Staatsbibliothek Preußischer Kulturbesitz Berlin, Universitätsbibliothek Münster), aber kaum bekannt; weitere Reste sind neuerdings im Werdener Propsteiarchiv und in der Benediktinerabtei Gerleve aufgefunden worden [453: Freise, Münster und Werden]. Der Grundstock der ältesten Bücherbestände in Werden (und Münster) blieb nur noch in verstümmelten Pergamentzetteln erhalten, der Handapparat Liudgers aus der Missionszeit ist somit nur ansatzweise zu rekonstruieren.

Gleichwohl verraten die identifizierten Titel theologische und exegetische Bedürfnisse des Alltags von Geistlichen im Kloster und bei der Christianisierung in Friesland und Westfalen. Aus northumbrischen Schreibstätten bis 750 stammen ein in Halbunziale geschriebenes Sakramentar, dessen Redaktion Papst Gelasius I. (492–496) zugeschrieben wird, der Psalmenkommentar des römischen Gelehrten Cassiodor († nach 580) in Gebrauchsmajuskel, patristische und hagiographische Texte des Johannes Chrysostomus; in irischer Minuskel präsentiert sich der Kommentar des Iren Lathcen († 661) zu den *Moralia in Iob* des großen Mönchspapstes Gregor I. († 604), also einer handlichen Bearbeitung jener allegorischen Erläuterung des alttestamentlichen Buches Hiob. Jene Texte dürften zum literarischen Handgepäck Liudgers gehört haben, mit dem er seinen Studienort York 772 verließ. Während der zweiten Hälfte des 8. Jahrhunderts sind auf der Insel kopiert worden exegetische Werke des Hieronymus (in Latein) zu Jesaja und zum Galaterbrief, aber auch die *Etymologiae* des Isidor von Sevilla († 636), dem wohl – neben der Bibel – meistverbreiteten Buch des Frühmittelalters, das enzyklopädisches Wissen nach Art eines Sachlexikons geordnet und im Wortsinn erklärt anbot. Solche Bücher, aber auch Handschriften erbaulicher Heiligenbiographien – darunter auch die vier Bücher *Dialogi* Gregors des Großen –, der *Moralia* Gregors und des Kommentars Augustins zum Johannesevangelium hat Liudger entweder selbst aus England importieren lassen, von Alkuin erhalten oder über den Umweg angelsächsischer Bibliotheken auf dem Kontinent, aus Utrecht oder Echternach, erworben; die südenglische Schrift eines Fragments *Vitae Sanctorum* läßt auf Kontakte mit bonifatianischen Schreibzentren in Mitteldeutschland schließen. Liudger selbst hatte vor 792 das Bonifatiusgrab in Fulda aufgesucht und von dort jenen fortgesetzten Ostertafelfaszikel mitgebracht, auf dem seit der Mitte des 9. Jahrhunderts in Corvey Annalen-Notizen vermerkt wurden.

Der Lektürekanon im Liudger-Kreis reichte freilich nachweislich über patristische und exegetische Schullektüre hinaus: Das geschichtstheologische Werk des Augustin-Adepten Paulus Orosius († 410) *Historiae adversus paganos* vermittelte in einer northumbrischen Handschrift dem Leser christliches Fortschrittsdenken und polemische Anleitungen gegen heidnische Naturreligionen. Ein friesischer Missionar, der seine Ausbildung in Utrecht und York absolviert hatte, dürfte gewiß psychische Stärke aus der Kenntnis der geglückten Großmission bei den angelsächsischen Völkern selbst gezogen haben. Zur Bibliothek Liudgers zählte die englische Kirchengeschichte des Beda Venerabilis – wie nunmehr anhand eines Fragments in der münsterischen Universitätsbibliothek bewiesen werden kann [1959: Baedae historia ecclesiastica (c. IV, 8/9)] –, und zwar in einer Textfassung, die, nach 750 in Northumbrien geschrieben, in Nähe zu den Leningrad- und Moore-Codices (737/47) aus Bedas Skrip-

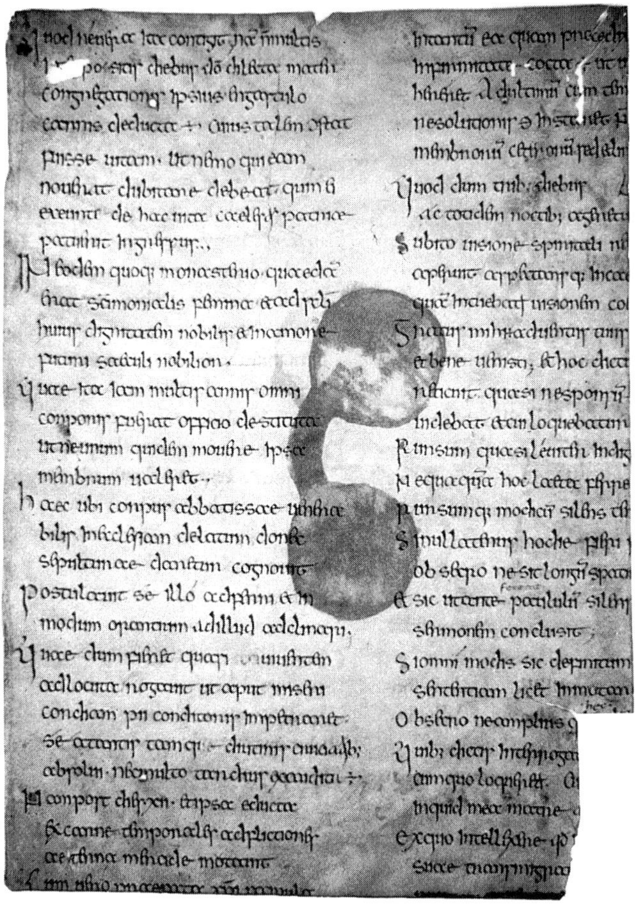

Fragment aus Bedas „Historia ecclesiastica gentis Anglorum“ (York) mit dem Abdruck einer Brille oder eines Futterals

torium in Wearmouth-Jarrow steht. Während man hier an einen Handschriftenimport von der Insel denken darf, ist bei einer Reihe von Codices, die vor oder um 800 entstanden sind, die paläographische Forschung darüber unentschieden, ob sie noch in England selbst, von Angelsachsen im Umkreis Liudgers oder schon von dessen Schülern geschrieben worden sind, die insulare Schrift erlernt hatten. Die Übergänge sind hier fließend.

Bisher keine nachweisbaren Spuren von Büchererwerb hat Liudgers Aufenthalt in Montecassino 784/87 hinterlassen: Die Bibelkommentare des Cassiodor und Gregors *Dialogi*, deren zweites Buch dem Leben des Benedikt von Nursia gewidmet war, sind nicht aus dem Mutterkloster der Benediktiner entlehnt, sondern verraten rein insulare Schriftheimat. Allerdings sind sicherlich importierte Texte von Liudgers Schreibern kopiert worden: Päpstliche Schreiben und Dekrete kannte man im Liudger-Kreis aus einer kirchenrechtlichen Sammlung *(Collectio Quesnelliana)*, die in Rom schon längst außer Kraft geraten war, im nordfranzösischen und westdeutschen

Raum seit 780 aber favorisiert wurde; ein noch insular schreibender Kalligraph könnte vor 800 diesen Codex in oder für Liudgers *sedes principalis* in Mimigernaford abgeschrieben haben. Handschriften des gleichen Zeitraums, die aus westfränkischen Schriftprovinzen – zumal aus Kloster Corbie – stammen, sind wohl durch Vermittlung Alkuins († 804) und Beornrads von Sens († 797) beschafft worden, seit 802 auch schon über Liudgers jüngeren Bruder Hildigrim, den Bischof von Châlons-sur-Marne. Ein Prachtstück liudgeridischer Bücherakquisition ist fraglos die berühmte ostgotische Bibelübersetzung (Ravenna, um 550), die heutzutage zum fränkischen Beutegut aus Karls Langobardenkriegen gerechnet wird. Die ideelle Vorbereitung einer geplanten Mission im Norden Europas, die Liudger – statt der ihm angetragenen Bischofswürde – so sehr am Herzen lag, könnte Anlaß dafür gewesen sein, zumal dem Schüler Alkuins, der sich selbst um das Gotische gekümmert hatte, ein wertvolles Substrat für gotische Sprachübungen zu überlassen; aber auch ein Verkauf aus der nachgelassenen kaiserlichen Hofbibliothek nach 814 an die Liudgeriden-Bischöfe von Münster und Halberstadt ist durchaus denkbar.

Auffällig, gleichwohl gut zu erklären ist die Vorliebe im Liudger-Kreis für Texte des Mönchspapstes Gregor I.: Dessen berühmte *Cura pastoralis*, das klassische Handbuch der praktischen Seelsorge, in dem das Idealbild eines geistlichen Hirten entworfen wird, wurde um 810 wohl aus Trier erworben. Die Ezechielhomilien Gregors, also Musterpredigten, hat dagegen Hildigrim höchstpersönlich in Auftrag gegeben, seinem von ihm verfaßten Explicit zufolge noch als Diakon „zum Nutzen vieler“; der eigentliche Schreiber des Codex war ein Felwald – seiner Herkunft nach

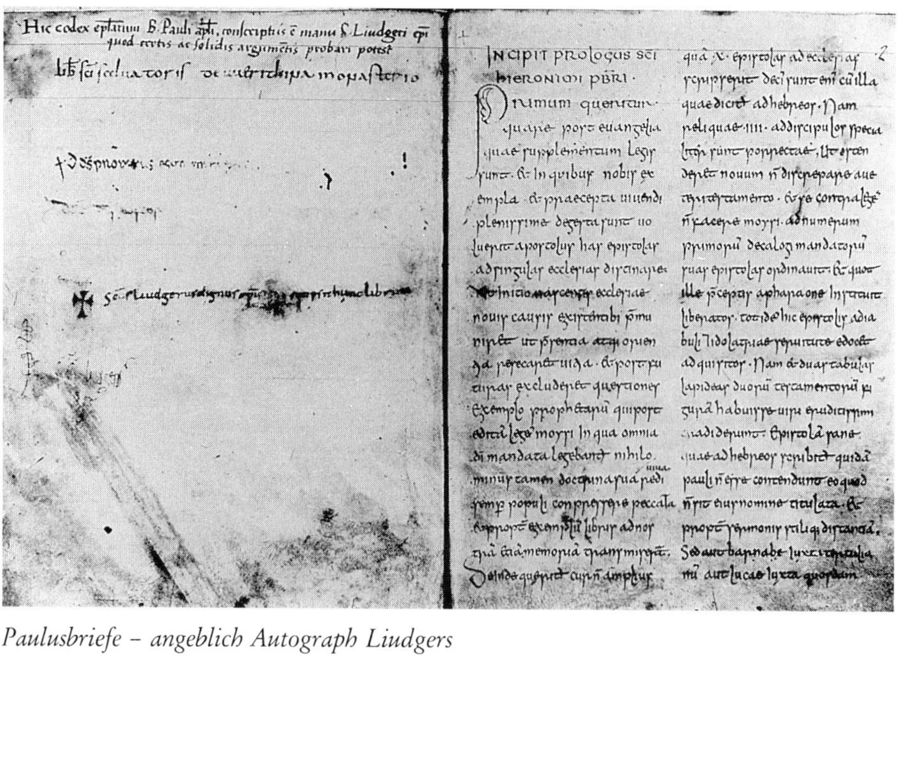

Paulusbriefe – angeblich Autograph Liudgers

wohl ein Angelsachse –, der sich in einem Begrüßungsgedicht an den Leser wendet und hierbei auch in einem Akrostichon, den jeweils ersten Buchstaben der Zeilen, seinen Namen nennt. Hildigrim hat nur bis 796 auf der Stufe des Diakons persönlich Urkunden für seinen Bruder geschrieben; die Homilienhandschrift ist also noch vor der Gründung Werdens entstanden, am ehesten schon im *monasterium* zu Mimigernaford. Auch Fragmente einer lateinischen Vulgatafassung des Alten Testaments weisen bereits die – in der Forschung als typisch „Werden" bezeichnete – insulare Spitzminuskel südenglischer Prägung auf, die freilich um 800 ein Schreiber in Münster ebenso beherrscht haben dürfte. War Liudger selbst ein vorbildlicher Kalligraph von hohen Graden? Die Werdener Klostertradition hat schon im ausgehenden 9. Jahrhundert diese Legende gepflegt, gestützt auf ein Exemplar der paulinischen Briefe (vor oder um 800), das Liudger eigenhändig geschrieben haben solle. Die Behauptung vom „Autograph" entlarvt sich freilich rasch als frommer Betrug; denn man hat in Werden nach 850 den Kolophon, die zweizeilige Schlußschrift des Schreibers, so scharf radiert, daß dessen Name heute nicht mehr lesbar ist – ein Verfahren, das wohl kaum angewandt worden wäre, wenn dort wirklich *Liudgerus presbyter* gestanden hätte. Liudgers persönliche Handschrift kennen wir – anders als bei Bonifatius – demnach nicht. Auch Hildigrim wird die Niederschrift eines Codex der Paulusbriefe zugewiesen; Liudgers und Hildigrims paulinische Bücher könnten somit in der münsterischen Schreibstube entstanden sein.

Der Kreis der Mitarbeiter und Schüler Liudgers läßt in hohem Maße Mobilität innerhalb der ihm zugedachten Aufgabenbereiche erkennen, zumal bei der Pastoration in den friesischen und westfälischen Missionsbezirken. Die Liudger zugeschriebenen *Miracula* lassen den Glaubensprediger und seine Gefolgschaft seit 787 zwischen der mittelfriesischen Küste und dem westfälisch-nordhessischen Grenzraum präsent erscheinen; in den Werdener Privaturkunden tauchen seit 793 im Gelderland, Twente und Münsterland, an Niederrhein und Ruhr wiederholt Geistliche und Laien aus dem Umkreis Liudgers auf. Liudger selbst befand sich im Juli 798 in Minden auf einem Kriegszug König Karls, *in hoste,* mit ihm sein bevorzugter Urkundenschreiber Thiatbald, der nach Liudgers Tod in Werden, während der Abwesenheit der Erben Liudgers, die Funktion eines Abtes wahrnahm († 820). Zur Gründung Werdens 799 kam sein Vertrauter Odhilgrim – wohl ein friesischer Kleriker aus Liudgers Verwandtschaft – zu spät, weil er auf Reisen war. Der Diakon Gerbert, mit dem Beinamen Castus, schon in jungen Jahren von 784 bis 787 Begleiter Liudgers auf dessen Pilgerfahrt nach Rom, wurde irgendwann vor 819 Abt der Missionsstation Visbek (nahe Wildeshausen) und Vertragspartner Bischof Gerfrids. Castus selbst (oder einem seiner Schreiber) in Visbek darf man neuerdings die bisher Werden zugeschriebenen [2550: Prinz, Corveyer Annalen, S. 3], in insularer Minuskel gehaltenen annalistischen Aufzeichnungen (bis 840) im späteren Corveyer Ostertafelfaszikel zutrauen, in denen – neben anderen – Liudgers und Thiatbalds Todesjahre vermerkt sind; beim Übergang Visbeks an die Weserabtei Corvey zur Zeit Ludwigs des Deutschen Mitte des 9. Jahrhunderts sind die Visbeker Immunitätsurkunde und der Ostertafelfaszikel in Corveyer Besitz geraten.

Im geldrischen Zelhem (oder im westfälischen Selm?) unterschrieb Liudger 801 eine Schenkungsurkunde [1992: Blok, Oudste oorkonden, Nr. 24] als Abt zusammen

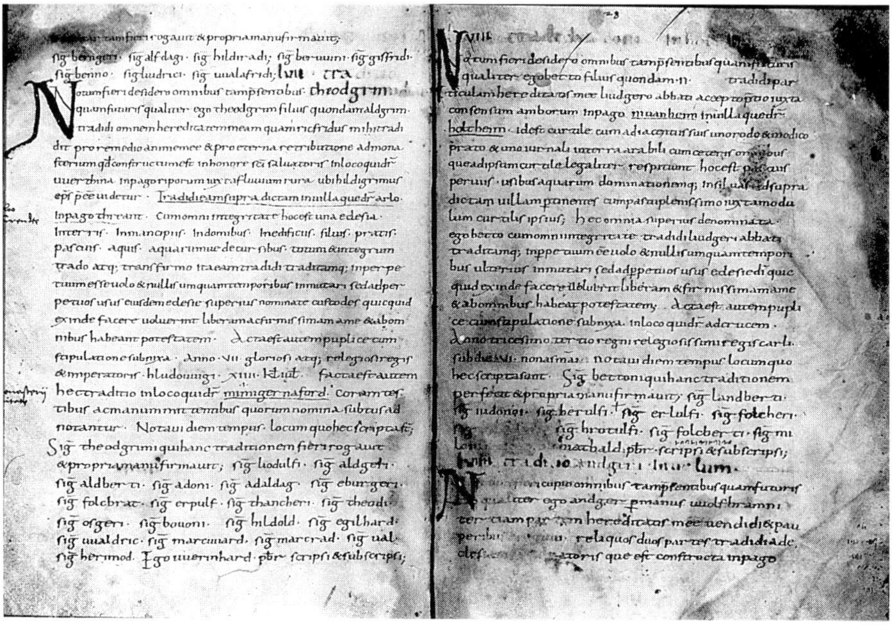

Urkunde des „Liudgeriden" Theodgrim – 820 in Münster ausgestellt (Werdener Cartular)

mit sieben – ansonsten nicht bezeugten – Klerikern; anwesend war auch sein Neffe Gerfrid, sein bischöflicher Nachfolger von 809. Hierin dürfen wir zu Recht eine Delegation des münsterischen Konvents vermuten, mit dem Priester Gerusalem an ihrer Spitze, der wohl – ob seines ungewöhnlichen Namens – als Landesfremder einzuschätzen ist, wie auch der Priester Alubert, einer der Gewährsleute des Biographen Altfrid. Mitglied des – seit 805 – Domklosters zu Münster war um 820 sehr wahrscheinlich auch ein Diakon namens Theodgrim, Sohn eines verstorbenen Aldgrim, der in der ältesten erhaltenen Urkunde, die in Münster ausgestellt worden ist [1992: Blok, Oudste oorkonden, Nr. 42], sein Erbgut zu Tinaarlo (Provinz Drente) an das Salvatorkloster zu Werden und Bischof Hildigrim übertrug. Ohne Frage haben wir es hier mit Angehörigen der Liudgersippe zu tun: Theodgrim war der Nachfolger Hildigrims auf dem Halberstädter Bischofsstuhl (827–840) und liegt mit ihm in der Liudgerkrypta zu Werden begraben. Der in Münster amtierende Urkundenschreiber, Priester Werinhard, gehörte schon 793 zum Personal des Liudger-Skriptoriums; da er in Werden ansonsten nicht auftritt, dürfen wir in ihm einen der ältesten Angehörigen des Konvents an der Aa und späteren Domklerus sehen. Dagegen könnte zu den Mitgliedern der Werdener Kommunität jener Diakon und Schreiber Liudberht von 819 zu rechnen sein [1992: Blok, Oudste oorkonden, Nr. 39], der als „Sohn Ripuariens" *(Annales Xantenses: filius Ripuariae)* Neffe der Kölner Erzbischöfe Hadubald († 818) und Hildebald († 841) und ebendort kurzfristig (842) Elekt war, ehe er 849 zum Bischof von Münster ernannt wurde – dort der erste, der nicht mehr der Liudgeridensippe angehörte.

7. *Die Liudgeriden als Bischöfe von Mimigernaford und Rektoren von Werden (805–849)*

Im März des Jahres 805, erst nach Abschluß der über dreißig Jahre währenden Sachsenkriege, war Liudger bereit, dem Drängen des Kaisers und des Kölner Erzbischofs Hildebald nachzugeben, seine westfälisch-friesischen Missionsbezirke in ein Bistum umzuwandeln und als geweihter Diözesan an seine Spitze zu treten. Liudgers Biograph Altfrid hat diese Episode geschickt verwoben mit der Notiz über die Gründung des *monasterium* in Mimigernaford [420: Vitae sancti Liudgeri, S. 27f (c. I, 23)] – ungeachtet der Tatsache, daß zwischen beiden Ereignissen nahezu zwölf Jahre lagen. Erklärungsmuster für Liudgers standhafte Abneigung liefern die Viten in hinreichendem Maße: Keineswegs aufgegebene Absichten, noch bei vielen Völkern den Glauben zu verkünden – ganz im Sinne einer angelsächsisch geprägten „Universalmission" „nach dem Leitbild des Apostels Paulus, des *doctor gentium*" [463: Hauck, Apostolischer Geist, S. 201f] –, erscheinen ebenso glaubhaft wie persönliche Motive, Demut und das Gefühl, dem Amte nicht tadelsfrei zu genügen. Zu beachten ist freilich, daß dergleichen Sträuben in den Bereich des üblichen Gestus der Bescheidenheit gehört, wie bereits von Alkuin in der Willibrords-Vita vorformuliert ist [2776: Vita Willibrordi (c. 6)]. Immerhin stimmt aber der Liudger selbst unterstellte Vorschlag, man möge für die Bischofswürde jemand anderen aus seiner Schülerschar nominieren, durchaus mit historischer Realität überein: Schon 802 war Liudgers erheblich jüngerer Bruder Hildigrim zum Bischof von Châlons-sur-Marne avanciert und zugleich zum Leiter des ostfälischen Missionsbezirks von Halberstadt ernannt worden. Die Vertiefung des Glaubens in der ihm anvertrauten Herde galt Liudgers Amtsnachfolger Bischof Altfrid als besonders rühmenswert; außerdem sei es Liudger gelungen, auch jene fünf friesischen Kleinregionen zwischen Lauwers und Dollart sowie nördlich und östlich der Emsmündung als einen einheitlichen Sprengel zu behalten, mehr noch den nachkommenden münsterischen Bischöfen dauerhaft zu übergeben. Tatsächlich ist die familiäre Kontinuität der geistlichen Amtsführung ebendort wie im südlichen Westfalen besonders bemerkenswert und – nach Ansicht der Vitenschreiber – auf ein besonders gutes Einvernehmen Liudgers mit dem Herrscher Karl seit 793 gegründet gewesen. Nicht allein die räumliche Trennung von Nordgo und Sudergo, auch die Gestalt des westfälischen Teils seines Bistums – von Zelhem und Hengelo (Gelderland) im Westen bis Harsewinkel und Liesborn im Osten, von Wietmarschen und Schepsdorf (bei Lingen) im Norden bis Haltern und Werne (an der Lippe) im Süden – läßt unschwer erkennen, daß Liudger als Missionar der zweiten Stunde in kirchlich bereits vorgeprägte Verhältnisse eingetreten ist – zu Lasten Utrechts, Echternachs, aber auch des Nachbarbistums Osnabrück. Wie sehr seine Eigenklostergründung Werden 799 wiederum auf Kosten des *monasterium* an der Aa ging, ist angesichts des Verlusts der frühen münsterischen Urkunden nicht nachvollziehbar. Der Versuch, liudgerianische Urpfarreien über jene von Coesfeld, Billerbeck, Ahlen, Emsbüren und Leer (Ostfriesland) hinaus zu bestimmen, erscheint problematisch, ebenso Aussagen über die Grundausstattung des Bistums von 805.

Im Schatten ihres zur Heiligkeit erhobenen Onkels Liudger bleiben die Bischöfe Gerfrid († 839) und Altfrid († 849) der *civitas* Mimigernaford selbstverständlich eher

Liudgers Aufbahrung und Translation. Illuminierte Seiten aus der „Vita secunda"

blaß – gewinnen sie doch an Konturen, so gewiß wiederum nur aus dem Spiegel der Liudger-Viten, mehr noch der erhaltenen Werdener Urkunden, die sie als Rektoren des Grabklosters Liudgers entgegentreten lassen. Gerfrid ist zusammen mit Bischof Hildigrim als Vollstrecker des letzten Willens Liudgers genannt; auf ihn, ein Mitglied des Konvents zu Mimigernaford, der Liudger in der Sterbenacht zu Billerbeck nicht mehr lebend angetroffen hatte, dürfte die Kompromißlösung zurückgehen, dank derer der tote Bischof, mit großen Ehren im *monasterium* in der – heute umstrittenen – Marienkirche aufgebahrt, dem trauernden Klerus und Volk der Bischofsstadt wenigstens über einen Monat lang gehörte. Liudgers persönliche Entscheidung, sich an vorbestimmter Stelle auf eigenem Grund und Boden in Werden, außerhalb der Salvatorkirche an deren Ostseite bestatten zu lassen, haben seine Erben gewiß respektiert, gleichwohl korrekt erst dann vollzogen, als der Kaiser seine Zustimmung dazu erteilt hatte, den Leichnam aus der Bischofskirche des Verstorbenen in eine andere Diözese zu überführen.

Der geplante „Gedenkort" *(monumentum),* ein Baum, unter dem Liudger seinen Gebetswunsch um günstige Bedingungen für eine Klostergründung zu Werden erfüllt glaubte [420: Vitae sancti Liudgeri, S. 78 (sec. c. I, 30)], stand nicht auf dem Domhügel an der Aa. Dort bedurfte es keiner besonderen Baulichkeit, um die liturgische Memoria an den Gründer des *monasterium* zu feiern, war doch der andere Teil des Doppelklosters Münster-Werden als geistliche Familiengrablege festgelegt. Allerdings hat nicht die erste Generation der Liudgeriden, Hildigrim und Gerfrid, die den Rektorat über das Grabkloster gemeinsam ausübten, schon für die kultische Überhöhung des Gedenkens an Liudger gesorgt. Dieser Schritt blieb – nach dem frühen Tod Bischof Theodgrims von Halberstadt († 840) – Altfrid, dem dritten Bischof von Münster, vorbehalten, der als der Initiator der Werdener Ringkrypta gelten darf. In ihr, die nunmehr das Liudgergrab zum Zweck der Heiligenverehrung (seit 847) einschloß, fanden zu Füßen des Heiligen *(ad pedes sancti)* die jüngeren Verstorbenen (Theodgrim, Altfrid) vor den älteren (Hildigrim, Gerfrid) Platz, deren Gebeine offenbar hierzu umgebettet worden sind; die kurzen Epitaphien auf den Sarkophagen sind abschriftlich erhalten geblieben. Beachtenswert ist aber, daß der Krypta in Werden andere Bauten vorangegangen waren, um 825 eine Kirche Hildigrims, die das sehr ungewöhnliche Doppelpatrozinium Stephanus-Jacobus erhielt. Ersteren Heiligen hatte der Bruder Liudgers nach seinem Kathedralpatron von Châlons und Halberstadt ausgewählt, letzteren nach dem Bruder(!) Jesu [463: Hauck, Apostolischer Geist, S. 207ff]. Ebenfalls ein zweifaches Patrozinium, das der Märtyrer Johannes und Paul, erhielt auch Hildigrims Halberstädter Kirche von 827 neben dem dortigen Dom [2390: Leopold/Schubert, Dom zu Halberstadt, S. 11ff]. Ein indirekter Wert gerade für die münsterische Dombaugeschichte ist einer beiläufig getroffenen Nachricht in der *Vita secunda* beizumessen [420: Vitae sancti Liudgeri, S. 78 (sec. c. I, 30)]: Den berühmten Liudgerbaum zu Werden soll ein Kleriker gepflegt haben, ehe dessen Holz später zum Bau des westlichen Teils der Werdener Kirche verwendet wurde. Das aber geschah noch vor der Errichtung der Krypta von 845; denn bei Aushebung ihrer Fundamente fand man einen – anstelle des gefällten Baumes dort vergrabenen – Gedenkstein. Der Westteil der Basilika wird im 10. Jahrhundert als „Petrikirche" bezeichnet; analog dazu dürfte in Mimigernaford im Westbau des Doms die *memoria sancti Pauli* zu suchen sein [231: Lobbedey/Vestring-Buchholz, Dom zu Münster], und zwar schon vor 818/19.

Über die administrative Amtsführung der Liudgeriden Gerfrid und Altfrid in Mimigernaford ist nichts Konkretes zu ermitteln. Über eine Reliquientranslation der Heiligen Felicissimus, Agapit und Felicitas nach Vreden 839 liegt nur eine bloße Notiz vor, die nichts über die Beteiligung des münsterischen Bischofs aussagt. Bei näherem Hinsehen scheinen jedoch bisher nicht bekannte Fakten in der Ausbildung von Klerikern auf. In Gerfrids und Altfrids Ägide (809–849) fällt immerhin die Abschrift eines bedeutenden *Corpus glossarum*, kopiert um 825/50 nach englischem Vorbild, das ein grob alphabetisch sortiertes Wörterbuch seltener lateinischer Vokabeln mit ihren lateinischen Synonymen und einer Reihe volkssprachiger Übersetzungen und Umschreibungen bereitstellte; einzelne Fragmente hiervon sind in der Düsseldorfer Universitätsbibliothek erhalten, neuerdings auch im Werdener Propsteiarchiv aufgetaucht. Gerade die in Volkssprache geschriebenen Glossen, die mit *s[axonice]* („sächsisch"), *p[opulariter]* („wie das Volk") oder *m[emorande]* („erwähnenswert") oder durch Überstreichung hervorgehoben sind, erweisen sich sämtlich als Vokabeln, mit denen Angelsachsen und Friesen, Westfalen und Niederrheinfranken in den Konventen Münsters und Werdens Realitäten in ihrer Umwelt zu verbinden wußten. Das *Corpus glossarum* wird man daher als kanonisch empfundenes Nachschlagewerk im Bildungsbetrieb von Dom- und Klosterschule einschätzen dürfen.

Neuerdings ist auch das gewiß berühmteste Werk altsächsischer Sprache, die große Bibeldichtung, die seit dem 19. Jahrhundert als „Heliand" bezeichnet wird, wieder in den Umkreis liudgeridischer Bildung zu rücken, nachdem eine genauere Analyse der erhaltenen Fragmente Kloster Corvey zwar als einen Schreibort von Ableitungen des Urtexts bestimmt, als Ort der Verfasserschaft aber ausgeschieden hat [2205: Heliand]. Hierdurch gewinnen philologische Beobachtungen, der Dichter stamme aus einem niederländisch-niederdeutschen Übergangsgebiet, vorzugsweise aus dem Grenzraum östlich der IJssel [2167: Gysseling, Herkunft des Helianddichters], verstärkt an Gewicht. Da das Versepos Vertrautheit mit Bearbeitungen und

Fragment eines „Corpus glossarum" (Münster/Werden 825/50)

Kommentaren der Evangelientexte und die Kenntnis theologischer Literatur verrät, ist sein Autor Mitglied einer geistlichen Gemeinschaft, am ehesten in Münster oder Werden gewesen. Die lateinische Prosa-Praefatio rühmt ihn als „sehr bekannten Dichter aus dem Stamme der Sachsen" *(apud suos non ignobilis vates [. . .] de gente Saxonum)*, dem Kaiser Ludwig übertragen habe, auch dem ungebildeten Volk die Lesungen des Alten und Neuen Testaments in dessen Sprache – *Theudisca loquens lingua* – nahezubringen, in mündlichem Vortrag, wahrscheinlich sogar in musikalischer Darbietung. Die Person des Dichters ist – trotz mancher Versuche, ihn zu identifizieren – bislang unentdeckt geblieben; das gleiche gilt auch für den Verfasser der – nur in Bruchstücken erhaltenen – „Altsächsischen Genesis". Gesichert ist nicht einmal, welcher „Kaiser" Ludwig als hochgestellter Initiator des Heliand gelten darf: Ludwig der Fromme (814–840) oder doch erst Ludwig der Deutsche (833–876), den Bischof Altfrid in Werden 847 urkundlich als *imperator* rühmen läßt. Mit Blick auf das Umfeld des Heliand und seines Dichters ist aber unbedingt der wenig zur Kenntnis genommene Passus aus der „Speisung der Fünftausend" (Vers 2825ff) über „die vielbevölkerten Burgen" *(burgi managa mid megin thiodun)* zu beachten, in denen die Wanderer Speise in den Wohnstätten fänden. Hierin scheint die Definition der „Bischofsstadt" auf, die in ihrem „wik" Fernhändler *(mercatores)* beherbergt *(Corpus glossarum)* [453: Freise, Münster und Werden] – ein schwaches Abbild jener westfälischen *civitas* Mimigernaford.

Quellen und Literatur

Der Raum zwischen Lippe und Ems bis zur Völkerwanderungszeit ist in überblicksartigen Darstellungen behandelt bei Narr [2475: Steinzeit], Bleicher [1989: Vorrömische Metallzeiten], Kühlborn [2362: Zeit der römischen Angriffe] und Bérenger [1971: Römische Kaiserzeit]. Untersuchungen über das engere Münsterland in dieser Zeit stammen von Günther [2166: Alt- und Mittelsteinzeit], Finke [2101: Jungsteinzeit], Polenz [2545: Vorrömische Metallzeiten; 2546: Römer und Germanen], Kühlborn [2361: Römische Germanenkriege], Korzus [2344: Antike Münzfunde] und Boosen [2006: Römische Kaiserzeit]. Unbedingt heranzuziehen sind auch die Monographie von Stupperich [2722: Römische Funde] und der Beitrag von Schlüter [2636: Osnabrücker Land]. Über das neuentdeckte Schlachtfeld im *saltus Teutoburgiensis* wird demnächst der Archäologe Wolfgang Schlüter (Osnabrück) handeln.

Über Brukterer, Chamaver und Franken bis zur Invasion der altsächsischen Westfalen (bis 700) liefert Winkelmann einen Überblick [2822: Frühgeschichte und Frühmittelalter]. Die frühfränkischen Stämme behandeln vor allem Ewig [2085: Civitas Ubiorum; 2086: Franken am Rhein], außerdem die ausführlichen Handbuchartikel von Neumann/von Petrikovits/von Uslar [2481: Brukterer], Neumann/von Petrikovits [2480: Chamaver] und Wenskus [2800: Angriwarier; 2798: Amsiwarier]. Neumann [2478: Falchovarii; 2479: Falen] wendet sich entschieden gegen die Verknüpfung mit dem keltischen Stammesnamen *Volcae* bei Kuhn [2363: Name und Herkunft]. Grundsätzliches über die Stammesbildung bietet aus der Sicht des Altgermanisten Foerste [2107: Germanische Stammesnamen]. Zur Ethnogenese der Angelsachsen ist insbesondere Wenskus zu benutzen [2799: Angelsächsische Stämme]; eine vergleichende ortsnamenphilologische Untersuchung findet sich bei Piroth [2541: Ortsnamenstudien]. Über die angelsächsische Landnahme und das „Tribal Hidage" informiert zuletzt ein von Steven Bassett herausgegebener Sammelband [2509: Origins of Anglo-Saxon Kingdoms], darin eingehend Bailey [1943: Middle Saxons, S. 115f] zu den Mimmas.

Den Problemkomplex „Hamaland" umreißt Wirtz-Henningsen [2829: Geschichte des Hamalandes]; speziell aus verfassungshistorischer Sicht handelt hierüber zuletzt Nonn [2494: Pagus und Comitatus, S. 68ff]. Strittig geblieben ist bisher die *Ewa ad Amorem;* für ein selbständiges Chamaverrecht plädiert Schmidt-Wiegand [2639: Lex Francorum Chamavorum]. Aus archäologischer Sicht ist nach wie vor der Aufsatz von Winkelmann grundlegend [2823: Frühgeschichte des Münsterlandes]; aus jüngerer Zeit sind zudem Heidinga [2199: Friesen, Franken und Sachsen] und Donat [2056: Herausbildung frühmittelalterlicher Gehöftformen] zu Rate zu ziehen. Über die altsächsische Siedlung auf dem münsterischen Domhügel informiert Winkelmann [421: Ausgrabungen auf dem Domhof]. Zum durchaus kontrovers gesehenen Thema der Pferdebestattungen als Beispiel für die ältere Literatur: Genrich [2131: Altsächsische Kriegergräber und Pferdebestattungen]; differenzierter neuerdings Müller-Wille [2465: Pferdegrab und Pferdeopfer] und Oexle [2501: Merowingerzeitliche Pferdebestattungen].

Zu den neueren archäologischen Entdeckungen in Münster-Gittrup (aus der sächsischen Landnahmezeit) liefert Finke einen Überblick [2102: Frühmittelalterliche Siedlungen]. Die Siedlung Warendorf behandelt eingehend Winkelmann [2820: Ausgrabungen bei Warendorf], aus speziellem Blickwinkel Röber [2595: Keramik der Siedlung von Warendorf]. Die Gräberfelder Beckum I und II sind ausführlich bei Capelle [2034: Gräberfeld Beckum I] und Winkelmann [2824: Sächsisches Fürstengrab] dargestellt. Übergreifende Beobachtungen finden sich bei Wand [2786: Beobachtungen zu Bestattungssitten]. Auswertungen des Wünnenberger Gräberfeldes bietet Melzer [2439: Frühmittelalterliches Gräberfeld].

Das Problem der „Adelsgräber“ im fränkisch-sächsischen Grenzraum hat unlängst Bérenger [1972: Frühmittelalterliches Körpergräberfeld], zuvor schon Vierck [2769: Westfälisches Adelsgrab] aufgegriffen; zur Einschätzung des Wertes der Beigaben ist aber unbedingt auch Steuer heranzuziehen [2713: Helm und Ringschwert].

Zur These des „thüringischen Großreichs“ (von Mitteldeutschland bis Flandern), die von Böhme [2004: Land zwischen Elb- und Wesermündung] und Weidemann [2792: Land zwischen Elbe- und Wesermündung] vertreten wird, äußert sich neuerdings kritisch Jockenhövel [2287: Winter 406/407 bis Herbst 799, S. 42ff].

Die sächsischen Eroberungs- und Missionskriege Karls des Großen (772–804) sind in Quellen und Darstellung bei Last [2382: Niedersachsen in der Merowinger- und Karolingerzeit] und Freise [2112: Frühmittelalter] überblicksartig umfaßt. Pointiert zur Grausamkeit der Sachsenkriege äußert sich Kahl [2293: Karl der Große und die Sachsen], zu den Motiven auch Freise [2115: Sachsenmission]. Die Dreiteilung der sächsischen Heerschaften in Westfalen, Engern und Ostfalen behandeln thematisch Lintzel [2395: Gau, Provinz und Stammesverband] und Bauermann [1952: herescephe]. Zum Verhalten des sächsischen Adels in der Missionszeit liefert Wenskus [2801: Sächsischer Stammesadel] reiches, wenn auch nicht unstrittig interpretiertes Material. Zur Kriegführung hat zuletzt Langen Stellung genommen [2378: Bedeutung von Befestigungen].

Die Religion der vorchristlichen Altsachsen ist allgemein in einem 1992 erschienenen Sammelband abgehandelt [2584: Germanische Religionsgeschichte]. Den – Liudger zu Recht abgesprochenen – *Indiculus superstitionum et paganiarum* stellen Harmening [2182: Superstitio, S. 49ff] und Schmidt-Wiegand [2638: Indiculus superstitionum et paganiarum] in den Kontext älterer kultgeschichtlicher Traktate (Cäsarius von Arles).

Das Schicksal „Herzog“ Widukinds nach der Taufe 785 ist neuerdings umstritten. Für eine erzwungene Klosterhaft bis zum Tod plädiert Althoff [1920: Widukind auf der Reichenau], mit Blick auf die „Freiwilligkeit“ eines solchen Klostereintritts zuletzt ebenfalls Althoff [1919: Sachsenherzog in Klosterhaft]. Grundsätzlich über den politischen Taufpatronat Karls handelt Angenendt [1927: Kaiserherrschaft und Königstaufe, S. 207ff]. Die – durch Geiselstellung abgesicherte – Integration Widukinds in die fränkische Administration Sachsens nach 785 betonen Freise [2116: Widukind in Attigny] und Balzer [1946: Widukind; 1947: Widukind] (unter Einbeziehung der jüngeren Diskussion).

Die drei in der Zeit von 845 bis 875 verfaßten Beschreibungen von Leben (*Vita*, 1. Buch) und Wundertaten (*Miracula,* 2. Buch) Liudgers sind bislang immer noch in der Ausgabe von Diekamp zu benutzen [420: Vitae sancti Liudgeri]. Dort finden sich die *Vita sancti Liudgeri auctore Altfrido* (S. 3ff; vgl. Einleitung S. XVIIIff mit kurzen Bemerkungen zur handschriftlichen Überlieferung und zu frühen Drucken), die *Vita secunda sancti Liudgeri* eines anonymen Werdener Mönchs (S. 54ff, freilich ohne Abdruck des 2. Buches der *Miracula;* vgl. Einleitung S. XXXVff) und die *Vita tertia sancti Liudgeri*, ebenfalls von einem Autor aus Werden niedergeschrieben (S. 85ff; vgl.

Einleitung S. XLIXff). Die zu ihrer Zeit verdienstvolle Edition gilt als veraltet und wird – in verbesserter Kollation der Handschriften, mit vollständigem und ins Deutsche übersetztem Text und nach dem neuesten Forschungsstand kommentiert – im Rahmen der Historischen Kommission für Westfalen durch Freise demnächst neu herausgegeben. Eine Faksimileausgabe der *Vita secunda sancti Liudgeri* in Gestalt des wichtigsten Textzeugen, der mit 23 Illuminationen versehenen Handschrift in der Staatsbibliothek zu Berlin – Preußischer Kulturbesitz (Ms. theol. lat. fol. 323), erscheint mit Transkription, Übersetzung und kommentierenden Beiträgen 1993 [419: Vita secunda sancti Liudgeri]. Eine gute Übersetzung der ältesten Vita bietet Senger [394: Liudger in seiner Zeit, S. 21ff]. Über Person und Intentionen Altfrids handeln insbesondere Hauck [6: Geschichtliche Werke, S. 341ff], Schieffer [557: Altfrid von Münster], Löwe [2410: Karolinger, S. 822ff] und Berschin [1978: Biographie und Epochenstil 1, S. 51ff]. Die früher von Hauck [2192: Utrechter Missionar, S. 741f; 2191: Liudger-, Lebuin- und Marklo-Überlieferung, S. 228f] aufgestellte These, Altfrid habe die Vita nicht selbst geschrieben, sondern nur einem Kleriker Odhilgrim in Auftrag gegeben, hat Hauck [6: Geschichtliche Werke, S. 342ff] ausdrücklich zurückgenommen. Erst die *Vita rhythmica sancti Liudgeri,* gedichtet vor 1140 in Werden [420: Vitae sancti Liudgeri, S. 135ff], nennt Liudgers Schüler Othelgrimus als ersten Biographen (S. 135).

Die älteren biographischen Würdigungen Liudgers aus dem 19. und 20. Jahrhundert sind zumeist erbaulich überhöht oder im wissenschaftlichen Forschungsstand überholt; lesenswert ist immer noch Albert Hauck [2190: Kirchengeschichte Deutschlands 2, S. 361ff, 416ff], mit Einschränkungen auch Löffler [514: Liudger]. Die biographischen Grunddaten sind ausführlich kommentiert von Schröer [568: Chronologische Untersuchungen], in populärer Fassung auch bei Senger [574: Leben und Werk]. Kürzere Beiträge hierzu stammen zuletzt von Kohl [502: Wandlungen einer Biographie], Schütz [572: Leben und Werk] (mit niederländischer Übersetzung) und jetzt auch Freise [452: Biographie Liudgers]. Über ältere Liudger-Ausstellungen informieren Börsting, Borger und Elbern [2011: Sankt Liudger], außerdem ein von Pothmann herausgegebener Band [486: Kirche des heiligen Liudger]. Sachzeugnisse des Liudgerkults behandelt eingehend Elbern [2071: Liudger und Werden]; die Illuminationen in der Berliner Handschrift der *Vita secunda* sind zuletzt von Klössel erläutert [500: Ikonographie der Miniaturen]. Zum Liudgerkult in Patrozinien ist immer noch Stüwer [321: Verehrung des heiligen Liudger] zu benutzen; eine kürzere Zusammenfassung der mittelalterlichen Kultorte findet sich jetzt bei Ilisch [2257: Liudger-Patrozinien]. Freitag handelt ausführlich über die Ausformungen des neuzeitlichen Liudgerkults [119: Liudger-Verehrung]. Grundthesen und Literatur zu den Erscheinungsformen von „Erinnerung" als Ausdruck von Kultur finden sich bei Oexle [2503: Memoria, Memorialüberlieferung]; epochenübergreifend ist ein von Assmann und Hölscher herausgegebener Sammelband angelegt [2365: Kultur und Gedächtnis].

Eine gut lesbare Einführung und grundlegende Aspekte zur Missionsgeschichte und zu den angelsächsischen Missionaren in Friesland und Sachsen (8. Jahrhundert) hat jetzt Angenendt dargeboten [1926: Frühmittelalter, S. 268ff]. Quelle zu den Ewalden und Suitbert ist Bedas Kirchengeschichte des englischen Volkes [1961: Bede's Ecclesiastical History (c. V, 10f)] (mit englischer Übersetzung); danach auch die deutsche Übersetzung [1960: Beda, Kirchengeschichte]. Das kirchen- und volksgeschichtliche Opus des Beda hat zuletzt Goffart umrissen [2150: Narrators of Barbarian History, S. 235ff]. Der „Friesenapostel" Willibrord steht insbesondere bei Angenendt [1928: Willibrord im Dienste der Karolinger] und Fritze [2121: Entstehungsgeschichte des Bistums Utrecht] im Mittelpunkt; dem Missionar ist unlängst ein Sammelband gewidmet worden [2817: Willibrord, Apostel der Niederlande]. Alkuins Biographie Willibrords ist in den älteren Ausgaben von Levison [2776: Vita Willibrordi] und Dümmler [2777: Vita Willibrordi Metrica] zu benutzen; eine deutsche Übersetzung der Prosavita bietet Reischmann [2816: Willibrord]. Berschin [1978: Biographie und Epochenstil 3, S. 113ff] ordnet Alkuins hagiographische Werke in das Umfeld der angelsächsisch geprägten Biographien ein. Über Bonifatius handeln grundlegend Levison [2393: England and the Continent, S. 45ff, 70ff] und Schieffer [2631: Winfrid-Bonifatius] sowie neuerdings von Padberg [2515: Wynfreth-Bonifatius].

Maßgeblich zu Gregor von Utrecht ist die Monographie von Werner [2803: Adelsfamilien, S. 298ff]. Die Frage der Utrechter Kirchen ist bei van Winter [2825: Utrecht, S. 149ff] und Schieffer [2629: Entstehung von Domkapiteln, S. 175ff], zusammenfassend zuletzt eingehend von Grosse [2160: Bistum Utrecht, S. 35ff] behandelt.

Nachrichten zum Wirken des Liafwin/Lebuin liefert die *Vita Lebuini antiqua* [2773: Vita Lebuini], in Teilen übersetzt von Haupt [2774: Vita Lebuini (Selectio)]; zu den dort mitgeteilten „Anekdoten" nehmen Hauck [2192: Utrechter Missionar], Löwe [2409: Entstehungszeit und Quellenwert], Schmidt [2637: Christianisierung und gesellschaftliches Verhalten] und Beumann [1979: Hagiographie „bewältigt"] Stellung.

Alkuins Erinnerungen an York sind in einer von Godman herausgegebenen Textsammlung thematisiert [1916: Alcuin, The Bishops, Kings and Saints] (mit englischer Übersetzung der *Versus de patribus regibus et sanctis Euboricensis ecclesiae*); zu Alkuins Werken informieren zusammenfassend Heil [2200: Alkuin] und Schaller [2623: Alkuin (Alchuine)]. Zur „Schule von York" hat neuerdings aus bildungsgeschichtlicher Sicht Lapidge gearbeitet [2380: Aediluulf and the School of York; 2381: Surviving Booklists, S. 45ff]. Über die von Alkuin mitgetragene angelsächsische Verbrüderungsbewegung informiert Gerchow [2132: Gedenküberlieferung der Angelsachsen, S. 17ff]. Die von Liudger auf den Kontinent mitgebrachten Codices und deren Fragmente behandelt jetzt Freise [453: Münster und Werden]; allgemein zur „christlichen Erziehungs- und Bildungsarbeit" in Sachsen äußert sich Löwe [2411: Lateinisch-christliche Kultur]. Alkuins und Josephs Gedichte für Liudger (aus Altfrids *Vita Liudgeri* übernommen) sind auch in den *Monumenta Germaniae historica* abgedruckt [1917: Alcuini Carmina, Nr. 86; 2264: Iosephi Scotti Carmina, Nr. 1].

Der Missionsraum Abt Beornrads von Echternach und Liudgers ist eingegrenzt von Prinz [544: Parochia]. Über Beornrad, von 787 bis 797 auch Erzbischof von Sens, den Adressaten von Alkuins (Doppel-)Vita Willibrordi, äußert sich zusammenfassend Nonn [2493: Beornrad]; eine andere Ansicht vertritt Kohl [206: Domstift 1, S. 119ff], der Beornrads Anteil an der Missionierung des Münsterlandes bestreitet. Beornrads Urkunden finden sich bei Wampach [2784: Grundherrschaft Echternach].

Alkuins Brief an einen Abt in Sachsen (789) ist abgedruckt [1918: Alcuini Epistolae, Nr. 6]. Karls des Großen *Admonitio generalis* (789) [2035: Capitularia regum Francorum 1, Nr. 22] wird von Scheibe behandelt [2624: Alcuin und die Admonitio generalis]; allgemein dazu auch Staubach [2707: Cultus divinus]. Alkuins *tertius gradus* (zwischen Kanonikern und Mönchen) behandelt grundlegend Oexle [2502: Monastische und geistliche Gemeinschaften, S. 118ff]. Alkuins Kritik an den fränkischen Missionsmethoden ist angesprochen bei Tiefenbach [2748: Altsächsisches und Althochdeutsches]; zur Zehntenfrage orientiert allgemein Semmler [2678: Zehntgebot und Pfarrtermination].

Die *Capitulatio de partibus Saxoniae*, das *Capitulare Saxonicum* und das Mainzer Geiselverzeichnis sind ebenfalls ediert [2035: Capitularia regum Francorum 1, Nr. 26f, 115]. Die Überlieferung der sächsischen Sondergesetze hat unlängst Hanselmann eingeordnet [2180: Codex Vat. Pal. lat. 289]; zu sächsischen Geiseln im Kontext der mittelalterlichen „Geisel"-Frage gibt demnächst Freise Auskunft [2113: Geiseln als Vertrags- und Friedensgaranten].

Das Sprachenproblem bei der Christianisierung fremder Völker ist das Thema von Haubrichs [2189: Angelsachsen und germanische Stämme].

Über den Bremer Missionar Willehad informiert die *Vita sancti Willehadi* [2775: Vita s. Willehadi]. Liudger selbst hat um 790/91 seine Erinnerungen an die angelsächsischen „Spitzenmissionare" auf dem Kontinent in einer Schrift über seinen Lehrer Abt Gregor von St. Martin/Utrecht zusammengefaßt [2398: Liudgeri Vita Gregorii], die von Senger verständlich übersetzt ist [394: Liudger in seiner Zeit, S. 49ff]. Den zeitgeschichtlichen Zeugniswert der Vita untersucht Löwe [517: Liudger als Zeitkritiker]; Senger [575: Liudger in der Utrechter Väter-Tradition] und von Padberg [2513: Heilige und Familie, S. 21ff] betonen die *patres-spiritales*-Nachfolge Liudgers. Nur eine kurze Einführung bietet Lebecq [2383: Famille et apprentissages de Liudger] (mit französischer Übersetzung von Teilen der *Vita Liudgeri* Altfrids). Unterschiedliche Standpunkte in der jüngeren literarhistorischen Einschätzung des Autors Liudger finden sich bei Brunhölzl [2028: Geschichte der lateinischen Literatur, S. 384]: „mit der ausdrücklichen Absicht der Erbauung und im hagiographischen Stile abgefaßt, hält sich aber durchaus im Rahmen des Historischen", und bei Berschin [1978: Biographie und Epochenstil 3, S. 46ff]: „weder Geschichtsschreibung noch Hagiographie", vielmehr „paulinisch geprägter Sermo [. . .] in der biographischen Tradition"; zusammengefaßt bei Schieffer [560: Liudger von Münster]. Liudgers Standort in der angelsächsischen Tradition bestimmt erneut von Padberg [2514: Liudger-Viten]. Die missionarischen Leistungen Liudgers und seiner Verwandten sowie die „Familiengrabstätte" in Werden behandeln von Padberg [2513: Heilige und Familie, S. 24ff, 117f, 136, 148ff] und Hauck [463: Apostolischer Geist]. Für fachlich nicht Vorgebildete bietet Senger einen anschaulichen Überblick [574: Leben und Werk]. Die niederländische Sicht gibt ein von Sierksma herausgegebener Sammelband wieder [2397: Liudger 742–809]. Neuerdings streicht Engelbert [448: Liudger und das fränkische Mönchtum] zu Recht nachdrücklich heraus, daß Liudger den benediktinischen Vorstellungen vom klösterlichen Leben eher fernstand; anders noch Senger [576: Benediktinische Prägung], Schröer [564: Geistliches Bild Liudgers] und Mussinghoff [260: Liudger, S. 62ff]. Über die „Adelsethik" der Liudgersippe als einer „geistlichen Familie" handelt eingehend Schmid [561: Liudgeriden]. Das Eigentumsrecht des Heiligen in Werden hat Nottarp akzentuiert [2496: Eigenkloster Werden]. Zum Kloster Werden ist die grundlegende Arbeit von Stüwer heranzuziehen [2726: Reichsabtei Werden]. Das gefälschte „Gründungsprivileg" hat Oppermann zu datieren versucht [2508: Rheinische Urkundenstudien 1, S. 104ff]. Die Bedeutung des Klosters Lothusa (Leuze?, Zele?) in Brabant hat jetzt van Uytfanghe untersucht [2768: Lotusa und Zele]. Zusammenfassend über die sächsische Grundherrschaft handelt Rösener [2603: Grundherrschaft in Sachsen]. Die früh erworbenen Werdener Besitzungen in Friesland sind Thema von Bleiber [1988: Fränkisch-karolingische Klöster]; auf die geldrischen Orte Liudgers geht van Berkum ein [1977a: Sint Ludger]. Lediglich den Stand der jüngeren Forschung zu Liudger, den Liudgeriden und zur Frühzeit Münsters referiert verkürzt Weiers [590: Geschichte des Bistums Münster, S. 7ff].

Die Siedlungs- und Verkehrslage Westfalens und Münsters behandelt grundlegend der Beitrag von Balzer in der „Westfälischen Geschichte" [1944: Siedlungsgeschichte]; für Münster vor allem Prinz [543: Mimigernaford-Münster] und die siedlungsgeographische Arbeit von Burrichter und Hambloch [437: Frühmittelalterliche Siedlungslandschaft]. Über die Ausgrabungen der vorkarolingischen Siedlung und der karolingischen Domburg berichten Winkelmann [421: Ausgrabungen auf dem Domhof, S. 30ff] und Hömberg [381: Ausgrabungen auf dem Domhof; 382: Ausgrabungen im Kreuzgang; 383: Münster]. Über die Ausgrabungen von 1987/89 informieren Lobbedey [395: Jüngste Ausgrabungen], Schneider [407: Kirchenbauten im Dombereich; 408: Paulus-Dom] sowie die 1993 erscheinende Dombaudokumentation von Lobbedey und Vestring-Buchholz [231: Dom zu Münster]; dort ist die Geschichte der Vorgängerbauten und Grabungsbefunde aufgearbeitet. Archäologische und kirchenhistorische Aussagen zu Dom und Domburg finden sich auch in den Beiträgen von Balzer, Kohl und Isenberg in diesem Band.

Zusammenfassend über die historische Begrifflichkeit und den wissenschaftlichen Terminus „Gau" informieren Schulze [2665: Gau] und Borgolte [2008: Gau], zur „Gauverfassung" schon Schulze [2666: Grafschaftsverfassung, S. 247ff]. Die westfälischen Gaue behandeln Prinz [2552: Territorium Bistum Osnabrück, S. 22ff; 544: Parochia, S. 23ff] und Hömberg [2232: Entstehung der Kirchenorganisation, S. 62ff]; kartiert sind die Gaue zuletzt von Hömberg und Kirchhoff [424: Gaue 800–1100]. Zu den vermuteten altsächsischen Volksgerichten hat neuerdings Bemmann einen Aufsatz vorgelegt [1969: Neue Aspekte], dessen Ansichten einer ungebrochenen Kontinuität zum Gogericht jedoch befremden.

Zu den Namen *Mimigernaford*, *Mimigardeford*, *monasterium*: In der Frage des ältesten – d. h. zu Beginn des 9. Jahrhunderts gebräuchlichen – volkssprachigen Namens *Mimigernaford* für Münster ist zur Zeit die namenphilologische Studie von Tiefenbach maßgeblich [585: Mimigernaford-Mimigardeford], da dort zum erstenmal die Belege ihrer Überlieferung nach zeitlich und lokal bewertet sind. Hierzu seien nur einige Korrekturen und Ergänzungen angebracht: Tatsächlich stehen bereits im 9. und frühen 10. Jahrhundert Testimonien für *Mimigernaford*, *Mimigernoford* und *Mimigernaeford* nebeneinander. Das schriftälteste Zeugnis für *Mimigernaford* weist freilich das „Werdener Cartular" (um 860) in der Kopie einer in Münster 820 ausgestellten Urkunde aus [1992: Blok, Oudste oorkonden, Nr. 42]; wenigstens dreißig bzw. fünfzig Jahre später geschrieben sind die im „Werdener Urbar A" [2759: Urbare der Abtei Werden] überlieferten Namenformen *Mimigernoford* (S. 63: Vermerk bei den Einkünften des westfälischen Heberegisters im Dreingau, vor 890) und *Mimigerneford* (S. 30: Amt Sandrads im Dreingau, nach 890). Für Tiefenbachs These spricht zudem, daß auch das Mitte des 10. Jahrhunderts in Corvey verfälschte Diplom Ludwigs des Frommen für Visbek (819) [2458: Müller, Urkunden Ludwigs des Frommen, S. 350f] die Lesung *Mimigernaford* führt, in einer Interpolation, die bereits im radierten Originaldiplom gestanden haben dürfte; dort auch die *porroechia sancti Pauli*. In den frühestens seit 1000 erhaltenen Handschriften der Liudger-Viten dominieren – wie auch bei der ottonischen Münzprägung: unter anderem *Mimierneuordiensis* – die mittellateinischen Varianten *Mimigernaeford(ensis)* und *Mimigerneford(ensis)* – mit der bemerkenswerten Ausnahme der *Vita secunda* [420: Vitae sancti Liudgeri, S. 81 (c. I, 33)]; deren getreue Wiedergabe der verlorenen Vorlage von etwa 850/55 lautet: *Mimigernafordensem*. Dadurch sind die älteren Ansichten von Tibus [329: Stadt Münster], Cramer [438: Mimigernaforde–Mimigardeford], Geisberg [132: Stadt Münster 1, S. 83ff], Schneider [2646: Ortschaften der Provinz Westfalen, S. 95ff] (nicht vollständig), Prinz [543: Mimigernaford–Münster, S. 105] und Kaufmann [2300: Genetivische Ortsnamen, S. 178ff] überholt. Weitere Belege finden sich bei Prinz [404: Urkunde Bischof Gerfrieds, S. 27ff]. Kohl hat sich Tiefenbach angeschlossen [206: Domstift 1, S. 113f] (zu korrigieren „Furt der Leute des Mimiger", irrtümlich statt *Mimigern*). Die Variante *Mimigardeford* begegnet zuerst in den Protokollen der Synode von Ingelheim 948 [2341: Konzilien Deutschlands 1, S. 158] und beim Reimser Annalisten Flodoard zu 948 [1929: Annales de Flodoard, S. 110] als *Mimigardevurdensis* (zweite Hälfte des 10. Jahrhunderts); gleichberechtigt dazu steht aber noch die ältere Namenform (10. Jahrhundert) *Mimigernefordunensis* [2341: Konzilien Deutschlands 1, S. 163]. Als problematisch ist der Versuch von Amstadt [1923: Südgermanische Religion] zu werten, Furtnamen als Relikte heidnisch-germanischen Kultes zu interpretieren.

Eine kurze Zusammenfassung über die Anfänge des Bistums bieten Kohl [206: Domstift 1, S. 118ff] (zu dessen Ansichten über die Gründung der *civitas* und die ältesten Kirchbauten vgl. S. 30ff) und Wolter [426: Monasterium (Münster)]. Das westfälische Nachbarbistum Osnabrück behandelt Seegrün [2673: Anfänge des Bistums Osnabrück]. Neue Einsichten zur von Karl dem Großen inspirierten Kultreform vermittelt Staubach [2707: Cultus divinus]. Neuerdings hat Honselmann [2235: Bistumsgründungen in Sachsen; 2236: Gründung der sächsischen Bistümer] für 799 als gemeinsamen Gründungstermin der ersten sechs sächsischen Bistümer (Paderborn, Münster, Osnabrück, Bremen, Minden, Verden) plädiert; freilich ist das Argument, der König habe Deportationen und Enteignungen in Sachsen 799 [1930: Annales Laureshamenses, S. 38] zur Gründungsdotation der Bistümer vorgenommen, nicht stichhaltig; hiergegen hat sich jetzt auch Schieffer ausgesprochen [2630: Papsttum und Bistumsgründungen, S. 524ff].

Umstritten bleiben die neuerlich vorgetragenen Thesen von Kohl [503: Honestum monasterium; 206: Domstift 1 (leicht modifiziert)]:

1. seit 805 Existenz einer „Doppelkathedrale" in Münster, nämlich Salvator- und Mariendom als jüngere Kathedralkirche und seit 793 Mönchskloster St. Paulus;
2. das *monasterium* in Mimigernaford sei auf Reichsgut gestiftet;
3. Topographie der Kirchen: Mönchskirche unter dem heutigen Dom, Marienkirche nordwestlich davon;
4. Mönche als erste Insassen des *monasterium* Liudgers.

Gesichert ist nunmehr der Termin der Ordination Liudgers zum Bischof von Münster, nämlich der Sonntag Laetare am 30. März 805, abgenommen aus dem Kalender der chronologisch-astronomischen Mailänder Handschrift *Codex Ambrosianus* (M 12 sup, p. 31), die Mitte des 9. Jahrhunderts angelegt worden ist [vgl. 363: Bischoff, Karolingisches Kalendar]. Die ältere Ansicht – zuerst geäußert bei Abel/Simson [1910: Jahrbücher des Fränkischen Reiches 2, S. 312 Anm. 4], übernommen von Schröer [568: Chronologische Untersuchungen, S. 125] –, Liudger sei schon 804 zum Bischof geweiht worden, ist durch Bischoffs Lesung widerlegt; danach Selbstkorrektur von Schröer [409: Datum der Bischofsweihe], ebenfalls zu korrigieren bei Kohl [206: Domstift 1, S. 125]. Prinz [403: Karolingischer Kalender, S. 291] hat – wie Schröer [409: Datum der Bischofsweihe, S. 110f] – den Ursprung des Mailänder Kalenders aus Werden angenommen, zudem mit guten Gründen dafür plädiert, der Codex sei vom westfränkischen Abt Hartbert von Lobbes in dessen sächsischem Exil (864–879) persönlich genutzt worden. Gegen die Werdener Herkunft des Kalenders ist aber einzuwenden, daß die beiden Liudgereinträge zum 26. März *Sanctus Liudgerus episcopus migravit ad dominum* (Tod Liudgers 809) und 30. März *Ordinatio domni Liudgeri episcopi praefati* (!) um 864 (oder wenig später) in einem Schriftzug zum Grundstock des Kalenders hinzugefügt worden sind; Einträge im Faksimile (in Ausschnitten) in der Gedenkschrift zu Liudgers Geburtsjahr [509: St. Liudger, S. 72]. Indizien weisen auf einen bisher nicht ermittelten altsächsischen Nonnenkonvent – weder Essen noch Herford, wahrscheinlich Lamspringe (bei Hildesheim), die (Mit-)Gründung Bischof Altfrids von Hildesheim, eines Liudgeriden [vgl. 2114: Freise, Kalendarische und annalistische Grundformen, S. 523ff]. Der älteste Beleg für Liudgers Todesjahr 809 findet sich als Annalenvermerk *obît Liutgaerus episcopus* in den Ostertafeln des Msc. I, 123 im Staatsarchiv Münster [2550: Prinz, Corveyer Annalen, S. 100f]; Prinz rechnet den Eintrag zu „annalistischen Aufzeichnungen aus Werden 800–840" (S. 16ff), die jedoch wahrscheinlich eher in Visbek geschrieben worden sein dürften (vgl. S. 39). Aus der Perspektive der Erforschung frühmittelalterlicher Domkapitel, die von Schieffer [2629: Entstehung von Domkapiteln] grundlegend bearbeitet worden sind, handelt Schieffer [559: Frühgeschichte des Domstifts; 2628: Anfänge der westfälischen Domstifte]; verkürzt auch in einer Dokumentation zum Stand der Forschung über den St.-Paulus-Dom [558: Anfänge des Domstifts]. Das Verhältnis von monastischen und kanonikalen Gemeinschaften untersucht Semmler [2677: Mönche und Kanoniker].

Die wichtigste Quelle zum „Doppelkloster" Wearmouth-Jarrow (Yorkshire) ist Bedas *Vita beatorum abbatum Benedicti, Ceolfridi, Eosterwini, Sigfridi atque Hwaetberhti* [1959: Baedae historia ecclesiastica 1, S. 364ff, 2, S. 355ff], in Bearbeitung der älteren *Vita Ceolfridi* [1959: Baedae historia ecclesiastica 2, S. 388ff]. Archäologische Befunde zu Wearmouth-Jarrow finden sich bei Cramp [2043: Excavations]; das Verhältnis der Äbte-Viten zueinander beschreibt zuletzt Berschin [1978: Biographie und Epochenstil 2, S. 284ff].

Das Präbendalgut des Domkapitels hat Herzog untersucht [469: Geschichte des Domkapitels]. Wilhelm Kohl [390: Ältere Memorialüberlieferung] hat unlängst vorgeschlagen, die im Fragment des ältesten münsterischen Domnekrologs [StaatsAM, Msc. I, 9] (Mitte des 14. Jahrhunderts) enthaltenen 21 Namen von Mönchen ohne Herkunftsbezeichnung – aber mit dem Zusatz *frater noster!* – dem ältesten Konvent Münsters zur Liudgeridenzeit (bis 850) zuzuweisen. Hiergegen ist einzuwenden, daß die so bezeichneten Benediktiner ihrem Namengut nach in die Zeit nach 1000 gehören, dem Vergleich mit anderen Totenbüchern zufolge zum Teil als Mitglieder der Konvente von Fulda, Werden und anderer Klöster des 11. Jahrhunderts nachgewiesen werden können und deshalb zu jener Zeit mit dem münsterischen Domkapitel verbrüdert waren.

Über die Anfänge Münsters handeln in didaktischer Aufbereitung Selle [425: Mimigernaford–Monasterium] und Homann [42: Historische Stadtrundgänge].

Zu den Liudgeriden als Bischöfen von Münster und Rektoren von Werden (805–849): Die Personendaten von Gerfrid (809–839) und Altfrid (839–849) finden sich bei Wolter [426: Monasterium (Münster), S. 115ff]; die Nachrichten über die ersten Halberstädter Bischöfe Hildigrim I. (815–827), Thiadgrim (827–840) und Hildigrim II. (853–886) bewertet Schrader [2653: Mittelalterliche Pfarrorganisation, S. 64ff]. Zur Frühgeschichte der Dombauten zu Halberstadt ist jetzt die Monographie von Leopold und Schubert heranzuziehen [2390: Dom zu Halberstadt] (vgl. hierzu die Rezension von Lobbedey [2403: Rezension Leopold/Schubert]), außerdem die Abhandlung von Hauck [463: Apostolischer Geist, S. 201ff]. Auf die „Doppelfunktion" der Liudgeriden sind vor allem Schmid [561: Liudgeriden, S. 313ff] und Hauck [463: Apostolischer Geist] eingegangen. Die literarischen Zeugnisse zum Kryptabau von 845 spricht Hauck an [463: Apostolischer Geist]; die Sicht der Archäologen umreißt Isenberg [2271: Kirchen- und Krypta-Bau]. Auf die Grabtituli der Liudgeriden in Werden [2079: Epitaphia Werthinensia] gehen besonders Strecker [2718: Studien zu karolingischen Dichtern, S. 209ff] und Hauck ein [463: Apostolischer Geist, S. 215ff]; dort sind im Anhang die Kirchen- und Grabinschriften der Liudgeriden nachgedruckt, im Einzeldruck zusätzlich mit deutscher Übersetzung (S. 24ff). Das Kurzgedicht des Fuldaer Abtes Hrabanus Maurus (822–842, † 856) für Bischof Gerfrid findet sich in der Edition seiner *Carmina* [2239: Hrabani Mauri carmina, S. 170]. Eine Fälschung des frühen 19. Jahrhunderts ist die angeblich älteste Urkunde eines münsterischen Bischofs [397: Niesert, Beiträge Urkundenbuch 1,1, Nr. 104], wie Prinz nachgewiesen hat [404: Urkunde Bischof Gerfrieds]. Über Klostergründungen in Sachsen im frühen 9. Jahrhundert handelt jetzt kritisch Naß [2476: Fulda und Brunshausen].

Für die Entstehung des Heliand in Werden plädiert Richard Drögereit [2058: Werden und der Heliand], ebenso neuerdings Maurits Gysseling [2167: Herkunft des Helianddichters]. Die derzeit zuständige Ausgabe [2206: Heliand und Genesis] ist von Taeger bearbeitet, der auch die erhaltenen Handschriften und Fragmente des Heliand würdigt [2205: Heliand]. Ausführlich zu Gehalt und Umfeld des Heliand handelt zuletzt Haubrichs [2188: Anfänge, S. 330ff], nimmt allerdings weiterhin Ludwig den Deutschen (um 852) statt Ludwig dem Frommen (um 825–840) als Auftraggeber an und weist den Dichter Fulda zu.

MANFRED BALZER

Die Stadtwerdung – Entwicklungen und Wandlungen vom 9. bis 12. Jahrhundert

1. Domburg, vorstädtische Siedlungen und Marktentstehung im 9. und 10. Jahrhundert – 2. Der Ausbau der Domburg und die Stiftsgründungen im 11. Jahrhundert – 3. Der Abschluß des Stadtwerdungsprozesses im 12. Jahrhundert – 4. Dramatis personae – ein Rückblick

Vieles aus der Geschichte Münsters vom 9. bis 12. Jahrhundert muß im dunkeln bleiben, weil die Überlieferungslage für diesen Zeitraum besonders schlecht ist. Zwar teilt Münster dieses Schicksal hinsichtlich des 9. und 10. Jahrhunderts mit den anderen westfälischen Bischofssitzen, die Situation ist für diese Stadt aber dadurch verschärft, daß auch noch das 11. Jahrhundert relativ arm an schriftlichen Zeugnissen ist. Es fehlen zeitgenössische erzählende Texte, und die Urkunden gingen wohl überwiegend beim Brand des Jahres 1121 verloren. Die archäologische Überlieferung hilft hier, Lücken zu schließen, doch auch ihre Grenzen lassen sich deutlich markieren.

Die Forschung hat daher mit Rückschlüssen und Vergleichen arbeiten müssen. Das sind wichtige und legitime methodische Verfahren, sie begründen aber, daß wir häufig über Annahmen oder Vermutungen nicht hinauskommen oder daß Interpretationsdifferenzen bestehen bleiben. Darüber hinaus ist in besonderer Weise damit zu rechnen, daß neue Entdeckungen, zum Beispiel bei archäologischen Untersuchungen, die Interpretationen und Geschichtsbilder jederzeit schnell verändern können.

1. Domburg, vorstädtische Siedlungen und Marktentstehung im 9. und 10. Jahrhundert

Die Domburg

Wie in den anderen westfälischen Bischofssitzen Paderborn, Minden und Osnabrück war die Bischofskirche in einer Burg errichtet worden. Um das Baugelände östlich der Aa in der Nähe einer Furt und wichtiger Fernverbindungen zu gewinnen, hatten die Franken zwar sächsische Gehöfte zerstört und den Grund und Boden nach Kriegsrecht konfisziert, der Name der sächsischen Siedlung aber blieb erhalten und wurde auf Burg und Bischofssitz übertragen: Münster hieß bis weit in das 11. Jahrhundert hinein Mimigernaford, was soviel besagt wie Ort an der Furt der Mimigerne, der Leute eines Mimigern also [585: Tiefenbach, Mimigernaford–Mimigardeford].

Dank der archäologischen Untersuchungen kennen wir einige wichtige Details über diese Burg. Ihre Befestigung waren auch im 9. Jahrhundert noch der Graben und eine wallartige Holz-Erde-Mauer mit ausgeprägten Frontpfosten. Nachgewiesen ist ein Tor im Nordosten der Befestigung im Verlauf der heutigen Domgasse, der Passage vom Domplatz zur Lambertikirche. Es war „eine zweiflügelige Anlage“ mit einem hölzernen Torhaus. Der Torweg war gepflastert [381: Hömberg, Ausgra-

Nordwand der Kirche auf dem Domherrenfriedhof (Grabung 1989)

bungen auf dem Domhof, S. 8]. Ob es damals noch das einzige Tor der Burg war oder ob es ein gegenüberliegendes wie später im Verlauf der Pferdegasse gab, läßt sich nicht entscheiden. Daß das Tor aber an dieser Stelle angelegt wurde, zeigt, daß die Erbauer der Burg hier eine günstige Verkehrsanbindung erwarteten: Hier dürfte schon damals der Schnittpunkt der von Norden und Westen kommenden Straßen, die die Aafurt benutzt hatten, mit der Trasse, die von Süden nach Nordosten lief, gelegen haben.

Noch im ausgehenden 9. oder erst im 10. Jahrhundert – genauer läßt es sich archäologisch nicht eingrenzen – wurde die Holz-Erde-Befestigung durch eine Steinmauer von etwa einem Meter Stärke ersetzt, die in die Wallschüttung eingetieft wurde. Die Baumaßnahme dürfte mit den Normannen- und später den Ungarneinfällen zusammenhängen und unterstreicht, daß eine adäquate Befestigung des Bischofssitzes weiterhin als wichtig angesehen wurde.

Von der Innenbebauung der Domburg kennen wir nur einen kleinen Ausschnitt. Den nördlichen Teil nahmen die beiden Kirchen, d. h. die älteste unter dem heutigen Dom gelegene, die seit 805 Kathedralkirche war, und die noch aus der ersten Hälfte des 9. Jahrhunderts stammende jüngere „Annex-Kirche“ [395: Lobbedey, Jüngste Ausgrabungen, S. 25] mit dem Domkloster und dem Domfriedhof ein. Wichtig ist die Entdeckung Wilhelm Winkelmanns, daß auf der Westseite der Straße, die auf der Innenseite der östlichen Wallbefestigung entlangführte, kleinere, von Palisaden umzäunte Hausstätten lagen. Diese Bebauung setzte sich westlich einer parallel dazu verlaufenden zweiten Straße fort. Spuren von ihr, ebenfalls dem 9. bis 12. Jahrhundert angehörend, wurden noch im Baugelände der Post und ihr gegenüber mit einem weiteren Haus ausgemacht.

Die Bauten und archäologischen Befunde verweisen auf die Funktion, die diese Burg hatte. Sie war vor allem Bischofssitz und Zentrum der Diözese. Hier lebte der Bischof bis zur Einrichtung einer eigenen Haus- und Hofhaltung zusammen mit dem Domklerus im Domkloster. Hier wurde Kirchen- und Bistumspolitik gemacht, wurde verhandelt, wurden Urkunden ausgestellt, Grundbesitzschenkungen getätigt und entgegengenommen: zum Beispiel 820, als am 18. Juni *in loco qui dicitur mimigernaford* [1992: Blok, Oudste oorkonden, Nr. 42] eine reiche Schenkung an das Kloster Werden vollzogen und beurkundet wurde, oder 889, als Bischof Wolfhelm, schwer erkrankt, über Hof und Eigenkirche in Olfen verfügte.

Von seiner *sedes* in der Domburg brach der Bischof auf zu Gottesdienst und Predigt, zu Visitationsreisen, die mit geistlichem Gericht und Aufsicht auch über die Verwaltung des Grundbesitzes verbunden waren, zu Reisen an den Königshof, zu Reichssynoden – und auch zum Kriegsdienst. Zwar ist letzterer für die münsterischen Bischöfe des 9. und 10. Jahrhunderts nicht ausdrücklich bezeugt, es waren aber alle Bistümer des Reiches zur Stellung von Aufgeboten verpflichtet. So fielen zum Beispiel 880 Bischof Theoderich von Minden in einer Normannenschlacht und sein Nachfolger Wolfhelm 886 im Kampf gegen Slawen.

Das gemeinsame Leben des Domklerus, die *vita communis,* war in der zweiten Hälfte des 9. Jahrhunderts wohl bereits nach der Kanonikerregel organisiert. Aus der Zeugenreihe in der schon erwähnten Urkunde Bischof Wolfhelms von Münster vom Jahr 889, in der 53 Kleriker aufgeführt sind, läßt sich erschließen, daß es damals ein Kapitel von insgesamt zwölf Domklerikern mit dem Propst Hadrad an der Spitze gab. Weitere Dignitäten waren sicher schon vorhanden, tauchen aber erst seit dem 11. Jahrhundert in der Schriftüberlieferung auf. Zu nennen sind der Dekan, dem vor allem die geistliche Leitung der Gemeinschaft oblag, der Scholaster, dem die Domschule unterstand, und der Kustos oder Thesaurar, der für die Liturgie, den Domschatz mit dem liturgischen Gerät und den Paramenten sowie für das Kirchengebäude zuständig war.

Dem Domklerus oblag der Gottesdienst in der Kathedrale, zu dem vor allem auch das gemeinsame Stundengebet zählte; er betreute die Domschule, in der überwiegend der Klerus der Diözese und die Nachfolger im geistlichen Amt erzogen wurden, und er assistierte dem Bischof vielfältig in der Verwaltung der Diözese. Zum Dom gehörte aber auch ein zunächst noch sehr großer Pfarrsprengel. „Nachbarpfarren", deren Kirchorte zwischen 12 und 19 Kilometern von Münster entfernt lagen, waren im 9./10. Jahrhundert Greven, Telgte, Ascheberg, Lüdinghausen, Nottuln und Altenberge.

Die zentralen Funktionen der Domburg für die Diözese zeigten sich besonders bei den Frühjahrs- und Herbstsynoden, zu denen sich der Diözesanklerus – erstmals 889 bezeugt – versammelte, und an Ostern, wenn die heiligen Öle für die Sakramentenspendung von dort in die Pfarreien der Diözese geholt werden mußten.

Aber nicht nur geistliches und – soweit der Bischof auch „öffentliche" Funktionen wahrnahm bzw. wahrnehmen ließ – politisches Zentrum war die Domburg, sie war als Sitz von Bischof und Domkapitel auch Zentrale einer Großgrundherrschaft, eines bzw. – nach der Aufteilung des Kathedralvermögens auf zwei „Tische" *(mensae)* vor dem Jahr 1000 – zweier Großhaushalte. Nach hier wurden die Einkünfte zahlreicher Hofverbände und die Zehnten abgeliefert. Hier saßen deshalb Verwaltungspersonal und Bedienstete in größerer Zahl. Zu diesem grundherrschaftlichen geistlichen Großhaushalt dürften, wie wir das sonst zum Beispiel aus Klostersiedlungen und königlichen Pfalzen kennen, auch die Handwerker gehört haben, deren Hausstätten in der Burg ergraben wurden. Zu fragen bleibt allerdings, ob und in welchem Maße sie über den internen Bedarf hinaus schon für einen Markt produzierten. Diese Frage muß unbeantwortet bleiben, solange wir nicht wissen, wie dicht die Burg im 9./10. Jahrhundert insgesamt bebaut war und ob hier neben Klerus, Domschülern, Bedienten und Handwerkern auch – vielleicht grundherrlich gebundene – Kaufleute sowie (frühe) Ministeriale wohnten, die die Burghut zu versehen hatten.

Vorstädtische Siedlungen auf dem Areal der mittelalterlichen Stadt

Wegen der bekannten Defizite der Schriftüberlieferung, vor allem aber wegen der Aufsiedlung im Zuge der Stadtbildung und weil die Hofstätten in Stadtnähe aufgegeben wurden und man die Nutzung der Äcker veränderte („Ochsenweiden") oder Bürgern zur Bebauung überließ, ist es trotz intensiver Forschungsarbeit bisher allenfalls in groben Zügen möglich, Auskunft über die Umgebung der Domburg vor der Stadtwerdung zu geben. Wir vermögen nicht zu sagen, welche Flächen zum Ort *(locus)* Mimigernaford im 9. bis 11. Jahrhundert über die Burg hinaus gerechnet wurden, ob man zum Beispiel auch Areale links der Aa von Anfang an dazurechnete. Sicher aber ist, daß das Gebiet der mittelalterlichen Stadt vor der Aufsiedlung überwiegend landwirtschaftlich genutzt wurde, daß sich im Gebiet rechts der Aa „das Kulturland der alten Höfe bis nahe an die Domburg oder, genauer gesagt, bis an den an ihr entlang führenden Weg heranschob" [543: Prinz, Mimigernaford-Münster, S. 93].

Dominant und nach allem, was wir wissen, sicher zur Gründungsausstattung des Doms gehörend waren zwei Haupthöfe grundherrschaftlicher Hofverbände, sogenannter Villikationen, die nach der Gütertrennung dem Bischof bzw. dem Domkapitel gehörten: der Bispinghof und der Brockhof.

Der Brockhof war der wichtigste und größte Amtshof des Domkapitels, von dem zwischen sechzig und achtzig Höfe abhängig waren. Seine Hofstätte wird außerhalb der mittelalterlichen Stadt in der Nähe des heutigen Ludgeriplatzes gesucht. Umfangreicher Grundbesitz des Hofes lag hier außerhalb, muß aber auch in der Stadt – vor allem im Aegidii- und Ludgerikirchspiel – gelegen haben, und zwar bis an die Rothenburg heran. Der Brockhof war für das Domkapitel besonders wichtig, solange das gemeinsame Leben andauerte, also bis in das 11. Jahrhundert hinein, weil er das Funktionieren der täglichen Versorgung dadurch gewährleistete, daß er für versäumte Lieferungen anderer Hofverbände des Kapitels zunächst an ihrer Stelle Ersatz leistete.

Der Bispinghof, der links der Aa im späteren Stadtgebiet lag, gibt seinen Eigentümer im Namen zu erkennen, den Bischof (Bischop-ing-hof = Bischofs-Hof). Wie viele abhängige Höfe seine Villikation zählte, ist unbekannt. Innerhalb der mittelalterlichen Stadt stellte sein Kernbesitz später eine Immunität, einen eigenen Rechtsbezirk, dar, „der im wesentlichen den ganzen südwestlichen Teil der Stadt links der Aa einschließlich der Hausgrundstücke an der Nordseite der heute ‚Bispinghof' genannten Straße umfaßte". Der Grundbesitz des Hofes reichte noch über den Rechtsbezirk hinaus nach Norden – „und zwar bis mindestens an die Frauenstraße, ja teilweise noch über sie hinaus" [543: Prinz, Mimigernaford-Münster, S. 95].

Die Flächen für die Aufsiedlung der Stadt rechts der Aa stellten nachweislich der Brockhof und Höfe zur Verfügung, die an der Wargebeke, d. h. zwischen der heutigen Weseler Straße und dem Aasee vor der Stadt gelegen haben. Darüber hinaus konnten bisher nur zwei einstige Hofstätten als Vorsiedlungen in diesem Teil der späteren Stadt ausgemacht werden, und zwar lagen sie einander benachbart zwischen Loerstraße, Klemensstraße und Stubengasse. Es waren die *mansio Nerdinc* im Besitz der Domdechanei und das „Eschhues", das aus bischöflichem Besitz stammte.

Für den Nordwestteil der mittelalterlichen Stadt links der Aa und nördlich vom Besitz des Bispinghofs konnte nur ein Hof, Strunkinchus, als innerhalb der späteren Befestigung liegend erschlossen werden, und zwar nördlich vom Westende der Frauenstraße. Im übrigen reichte hier Besitz von Höfen, die außerhalb gelegen hatten, aber wüstgefallen waren, in das städtische Areal hinein.

Mimigernaford war also im 9. Jahrhundert und bis weit in das 10. Jahrhundert hinein die Domburg als Bischofssitz mit den beschriebenen Funktionen und einem rein agrarisch geprägten Umland, in dem einzelne Höfe oder Hofgruppen wohl auch noch zu diesem „Ort" gerechnet wurden. Diese Siedlungslandschaft war im Zuge der Eroberung Sachsens und der anschließenden Neuordnung allein schon dadurch umgestaltet worden, daß mindestens einer, der Brockhof, vielleicht aber auch der Bispinghof, als Villikationshaupthöfe neu geschaffen wurden und daß der Grundherr ihnen konfiszierte oder ebenfalls neu angesetzte abhängige Höfe organisatorisch zuordnete. Die Ausgrabungen in Gittrup nördlich von Münster zeigen darüber hinaus, daß es durch die Einführung neuer Agrartechniken (zum Beispiel Wendepflug statt Hakenpflug) auch zu kleinräumiger Veränderung in der Lage der Hofplätze und zur Neugestaltung der Fluren kam. Auf Höfeteilung aber deutet das paarweise Auftreten von Höfen jeweils im Besitz von Bischof und Domkapitel in den Höfereihen von Gievenbeck und Mecklenbeck, die spätestens im 10. Jahrhundert bei der Aufteilung des Grundbesitzes des Doms erfolgte.

Generell wissen wir von einer Ausweitung der Ackerflächen durch Rodung und die Neuansetzung von Höfen in der Zeit vom 9. bis 12. Jahrhundert. Aber trotz dieser „Vergetreidung" blieb der Anteil der Viehwirtschaft in Westfalen groß. Es blieben auch in der Umgebung Mimigernaford-Münsters noch umfangreiche Wald- und Heidegebiete, die als Viehweide genutzt wurden, ebenso wie die extensiver bewirtschafteten, „Vöhde" genannten Ackerflächen, die man immer wieder periodisch brachfallen ließ und dann über längere Zeiträume als Weide nutzte.

Diese Grundzüge der Agrargeschichte sind hier zu betonen, weil große Teile des späteren Stadtgebiets von diesen Entwicklungen mitbetroffen waren und weil es die Singularität des Siedlungselements Domburg in dieser Agrar- und Waldlandschaft unterstreicht, in der die Einzelhöfe und Hofgruppen nur kleine Inseln darstellten. In ihr ragte die Domburg durch ihre Funktionen, aber auch rein optisch hervor: Hinter ihrer markanten Befestigung auf dem Geländesporn über der Flußniederung sah man seit dem 9. Jahrhundert mindestens drei steinerne Großbauten, zwei Kirchen und das

Mimigernafordpfennig aus dem 10. Jahrhundert. Diese älteste erhaltene münsterische Münze wurde vermutlich in Schweden gefunden und weist auf die frühen Handelsbeziehungen Münsters hin

monasterium, die im flachen Land schon von weit her zu erkennen waren. So ist es nicht verwunderlich, daß die Domburg der Kern ist, von dem aus und um den herum sich die Stadt Münster entwickelte.

Die Anfänge der Marktsiedlung vor der Burg

Der sächsische Raum war schon vor der Eroberung durch die Franken, das zeigen archäologische Funde, eingebunden in einen überregionalen Handelsverkehr. Aber feste Plätze für den Austausch von Gütern sowie Siedlungen von Kaufleuten und Gewerbetreibenden, wie zum Beispiel das niederländische Dorestad oder das berühmte Haithabu bei Schleswig, sind für Westfalen in vorfränkischer Zeit nicht überliefert und bisher nicht bekannt. Vielmehr begründete Kaiser Ludwig der Fromme 833 in der Münzrechtsverleihung für das Kloster Corvey seine Maßnahme gerade mit dem Hinweis auf das Fehlen eines Marktes *(locum mercationis)* in jener Gegend [2767: Westfälisches Urkundenbuch 1, Nr. 8]. So wie dieses Weserkloster stellten in den nächsten zweihundert Jahren geistliche Vororte, insbesondere die Domburgen, aber auch herrschaftliche Zentren, wie die Pfalz Dortmund, die Kristallisationskerne dar, in deren Umgebung frühstädtische Siedlungselemente entstanden, die nichtagrarische wirtschaftliche Funktionen übernahmen. 977 zum Beispiel erhielt Bischof Milo von Minden von Otto II. das Markt-, Münz- und Zollrecht für seinen Bischofssitz verliehen. Im Jahr 1000 wird das Marktrecht von Dortmund bereits als maßgeblich für das neuprivilegierte Kloster Helmarshausen an der Diemel genannt. Für Paderborn zur Zeit Bischof Meinwerks (1009–1036) ist – um nur noch dies zu nennen – ein privilegierter Markt bezeugt, auf dem Pelzhändler angetroffen wurden und zu dem auch eine Marktkirche *(ecclesia forensis)* gehörte.

Für Münster fehlen solche frühen Schriftzeugnisse; es gibt aber Indizien und Beweise dafür, daß sich die Verhältnisse hier zeitgleich ähnlich entwickelten: Bei den Ausgrabungen in der Lambertikirche stellten die Archäologen fest, daß sich vor der

Gründung der Kirche dort seit dem 9. Jahrhundert ein Siedlungsvorgang abspielte, der mit der Entstehung einer Marktsiedlung in Verbindung gebracht wird. Den ältesten sicheren Hinweis darauf stellt ein vermutlich in Schweden gefundener münsterischer Pfennig dar, denn Markt und Münzrecht, das zeigen die Privilegien, gehören eng zusammen. Es ist ein Pfennig aus der Königszeit Ottos III. mit dem Ortsnamen auf der Vorderseite: MIMIGER + NEFORDA.

Der Mimigernafordpfennig beweist die Existenz von Markt und Münze im Münster des 10. Jahrhunderts. Der skandinavische Fundort belegt darüber hinaus, daß der Platz damals bereits in den internationalen Handel jener Zeit einbezogen war. Und wenn im Spätmittelalter das Haus des Münzmeisters, die Münze, an der Südspitze des Drubbels nachweisbar ist und nicht etwa in der Nähe des Rathauses, so dürfte das ebenfalls auf ältere Verhältnisse zurückdeuten: Es zeigt an, daß der älteste Markt sich vor dem Nordosttor der Domburg am Schnittpunkt der bereits genannten Fernstraßen entwickelt hat.

Umstritten ist, seit wann die Marktsiedlung eine eigene Pfarrkirche erhielt. Die Archäologen können bisher nur sagen, daß die Gründung von Lamberti frühestens

Grabplatte Bischof Hermanns I. in der Überwasserkirche

in der ersten Hälfte des 11. Jahrhunderts erfolgt sein dürfte. Wilhelm Kohl und Karl-Heinz Kirchhoff datieren die Gründung in die Zeit um 1090, weil damals Bischof Heinrich von Lüttich bei der Domweihe in Münster zugegen war und den Erwerb von Lambertus-Reliquien begünstigt haben könnte. Hilfsweise wird noch das Argument herangezogen, daß der größte Teil des Kirchspiels später außerhalb der Befestigung lag, und zwar die Bauerschaften Mecklenbeck, Geist und Delstrup sowie Angelmodde und Teile der Pfarreien Hiltrup und Wolbeck. Gerade dieser weite Sprengel aber spricht für eine frühe Gründung, wie das Beispiel der Paderborner Marktkirche belegen mag, von der schon Bischof Meinwerk die zehn Kilometer entfernte Siedlung Borchen abpfarrte. Da die Patronatsrechte an Lamberti erst im 13. Jahrhundert vom Bischof an den münsterischen Dompropst abgetreten wurden [543: Prinz, Mimigernaford–Münster, S. 79], dürfte einer der Bischöfe in der ersten Hälfte des 11. Jahrhunderts der Gründer der Kirche gewesen sein. In Frage kommen Bischof Siegfried (1022–1032), von dem bekannt ist, daß er die Gründung von Pfarreien entschieden förderte, oder Bischof Hermann I. (1032–1042). Bereits unter ihm könnten die Beziehungen in den Maasraum geknüpft bzw. verstärkt worden sein, auf die das Patrozinium des hl. Lambertus verweist; denn Hermann hat Bischof Nithard von Lüttich zur Weihe der Überwasserkirche Weihnachten 1040 eingeladen.

Mit Markt und Münze, Marktsiedlung und Marktkirche hatte sich in Münster vor der Domburg ein zweiter Kern, eine frühstädtische Siedlung, entwickelt. Aus beiden wurde im weiteren Verlauf der Stadtgeschichte die mittelalterliche Stadt Münster gebildet.

2. Der Ausbau der Domburg und die Stiftsgründungen im 11. Jahrhundert

Der Ausbau der Domburg mit Bischofspalast, Domherrenkurien und Ministerialenhöfen

Änderungen in der Lebensführung und Wirtschaftsweise von Bischof und Domgeistlichkeit führten im 11. und frühen 12. Jahrhundert zu wichtigen Veränderungen in der Bebauung der Domburg. Hinweise in Urkunden des 13./14. Jahrhunderts lassen erkennen, daß die Besitzrechte an Grund und Boden geteilt waren: Der Ostteil der Burg gehörte dem Domkapitel, der Westteil dem Bischof. Diese Zweiteilung, die sich auch beim ältesten Grundbesitz des Doms außerhalb Münsters beobachten läßt, hängt mit der Schaffung von Sondervermögen aus dem Grundbesitz der Kathedrale zusammen. Angesichts der zunehmenden kirchlichen und öffentlichen Aufgaben der Bischöfe, ihrer Ansprüche an die Repräsentation und der Notwendigkeit, Vasallen und Ministerialen zur „Entlohnung“ bzw. als Basis für ihren Dienst mit Lehen aus Kirchengut auszustatten, fürchteten die Kapitel um die wirtschaftliche Grundlage ihrer Existenz. Die Lösung wurde in der Schaffung der Sondervermögen gefunden: Das Pfründvermögen oder Tafelgut des Domkapitels wurde der Verwaltung des Propstes unterstellt und sollte ausschließlich der Versorgung der Domherren dienen. Entsprechend nutzte der Bischof die *mensa episcopi,* das bischöfliche Tafelgut. In Münster war diese Aufteilung bis zum Ende des 10. Jahrhunderts vollzogen, ohne daß sich die Anfänge genauer festlegen ließen.

Neben diese güterrechtlichen Regelungen trat als zweite Voraussetzung für die bauliche Neugestaltung der Domburg die Auflösung der *vita communis,* des gemeinsamen Lebens im Domkloster. Als erster löste sich der Bischof aus der geistlichen Gemeinschaft. 1085 ist der Bischofspalast erstmals indirekt bezeugt, und zwar in einer Urkunde, die Bischof Ludwig I. in seinen Wohnräumen *(camera)* ausstellte.

Das Hauptgebäude dieser bischöflichen Hofhaltung lag nordwestlich vom Dom. Zu ihm gehörte eine Kapelle. Das Wohngebäude war im 12./13. Jahrhunderts mindestens zweigeschossig; denn an der Nordseite des nordwestlichen Domturms ist noch jetzt in etwa acht Metern Höhe eine zugemauerte Tür zu erkennen, durch die man vom Bischofspalast aus in die Kirche gelangen konnte. Auch auf der Westseite der Domburg, im Bereich der heutigen bischöflichen Residenz und südlich von ihr, wurden noch Grundstücke zum Bischofshof gerechnet. Bezeugt sind hier die bischöfliche Küche und der bischöfliche (Pferde-)Stall.

Südlich an die bischöfliche Hofhaltung schlossen die Wohnhöfe von Dienstmannen an, die den Südwestteil der Burg einnahmen. Zu nennen ist an der Grenze zum domkapitularischen Areal, d. h. im Bereich des heutigen Landesmuseums, die sogenannte *curia Burin* mit Wohnturm und einer Margarethenkapelle. In ihr saß der Stiftsvogt bzw. der *praefectus urbis,* der Burghauptmann. Weitere Höfe in diesem Sektor – nach Westen gelegen – waren Lehen von Marschall und Mundschenk des Bischofs. Im Jahr 1110 sind erstmals mit dem bischöflichen Kämmerer Hermann und seiner Frau Athelind ministerialische Burgbewohner genannt; denn im Zuge einer Stiftung für ihr Seelenheil war die Frau auch in die Gebetsverbrüderung des Kapitels aufgenommen worden. Zugleich wurde ihr eine Pfründe mit Reichnissen (Brot, Fleisch, Speck usw.), wie sie einem Kanoniker zustanden, auf Lebenszeit zugesichert. Wichtig für unser Thema sind die ergänzenden Bestimmungen: War Athelind von Münster abwesend, ihr Mann aber zu Hause, sollte er die volle Lieferung erhalten. Waren beide nicht da, sollte wie bei einem abwesenden Kanoniker verfahren werden [2767: Westfälisches Urkundenbuch 1, Nr. 180]. Im Südwesten der Burg waren demnach wichtige Vasallen und Inhaber von Hofämtern angesetzt. Die Verteilung der Grundstücke dürfte daher, wie zum Beispiel auch in Paderborn, in die Zeit des Ausbaus der bischöflichen Residenz und Hofhaltung in der Burg – d. h. in das 11. Jahrhundert – zurückgehen. Spätestens zu dieser Zeit wird auch das Burgtor im Zuge der Pferdegasse angelegt worden sein, denn es erlaubte dem Bischof und seinen Leuten, den eigenen Anteil an der Domburg unmittelbar zu betreten und stellte zugleich eine bequeme Verbindung zum Bispinghof her.

Die Auflösung des gemeinsamen Lebens der Domkanoniker muß man sich als längerdauernden Prozeß vorstellen. Als erste werden ranghohe Kapitulare den gemeinsamen Schlafsaal im Kloster verlassen haben, um eigene Wohnungen zu beziehen, während die Speisegemeinschaft im Refektorium für alle zunächst noch weiterbestand. Sie wurde zwar nie gänzlich aufgehoben, sondern noch lange an besonderen Festen und anläßlich von Totengedächtnissen gepflegt; entscheidende Einschränkungen erfuhr sie dann aber doch mit der Gründung eigener Haushalte der Domherren, denen fortan bestimmte Anteile am Pfründeneinkommen in Naturalien und Geld zugeteilt wurden, wie das zum Beispiel auch die obengenannte Regelung für den Kämmerer Hermann und seine Frau spiegelt.

Bischof Suitger. Umzeichnung eines Wandgemäldes im ehemaligen Alten Dom

Wann die Domherren die ersten Kurien im Osten und Südosten der Domburg errichteten, ist bisher nicht sicher zu datieren. 1169 waren sie sicher und schon länger vorhanden; es wird bisher angenommen, daß die Neuparzellierung des Ostteils der Burg und der Bau der Kurien erst im Zuge der Neuplanung nach der Brandkatastrophe von 1121 erfolgte. Das ist zu punktuell gesehen und im Vergleich mit anderen Orten auch verhältnismäßig spät angesetzt.

Vielleicht darf die Beobachtung Wilhelm Winkelmanns, wonach um 1000 noch ein neues Domkloster (Claustrum II) gebaut wurde [421: Ausgrabungen auf dem Domhof, S. 49f], als Hinweis darauf genommen werden, daß Bischof Suitger (993/94–1011), für den die spätere Überlieferung erhebliche Spannungen zum Kapitel behauptet, noch versucht hat, die älteren Verhältnisse zu stabilisieren. Wie sehr aber die Entwicklung fortschritt, zeigt sich darin, daß sein Nachfolger Dietrich (1011–1022) als erster versuchte, durch die Stiftung einer sogenannten Utpräbende, d. h. durch materielle Anreize, die Kanoniker zu einer regelmäßigeren Teilnahme am Chordienst zu motivieren.

Veränderungen schon im 11. Jahrhundert deuten sich auch im archäologischen Befund an, nach dem in die Burgmauer des 9./10. Jahrhunderts das Horstebergtor nachträglich eingebaut wurde. Mit ihm wurde ein direkter Zugang von außen zum Domkloster hergestellt, und zwar zu dessen Versorgungsbereich; denn westlich vom

Horstebergtor ist später die domkapitularische Küche nachweisbar. Zu fragen ist, ob gleichzeitig mit dem Bau dieses neuen Zugangs Teile des klösterlichen Wirtschaftsbetriebs aus der Burg verlegt worden waren; denn in diesem Zusammenhang ist darauf hinzuweisen, daß nordwestlich vom Horstebergtor der Spiekerhof lag, der Hof mit dem Kornspeicher des Domkapitels.

Es ist also bereits für das 11. Jahrhundert mit größeren Baumaßnahmen und Umgestaltungen in der Domburg zu rechnen, durch die sie entschiedener und in einem konkreteren Sinne zur Residenz des Bischofs und zum Ort seiner Hofhaltung wurde. Dieser Eindruck wurde für die Zeitgenossen noch dadurch verstärkt, daß auch erste Kurien für die Dignitäre des Domkapitels entstanden, die – ebenfalls dem Adel entsprossen – danach strebten, „standesgemäß" zu wohnen.

Gleichzeitig muß am Dom gebaut worden sein. Wann man damit begann und in welchem Umfang sich dieser von den Forschern sogenannte zweite Dom in Gestaltung und Größe von seinem Vorgänger unterschied, ist bisher ungewiß. Sicher ist, daß Bischof Erpho ihn am Allerseelentag (2. November) 1090 weihte, der in jenem Jahr auf einen Samstag fiel. Es war ein großes Fest, zu dem sich unter anderem der für Münster zuständige Metropolit, Erzbischof Hermann III. von Köln, und Bischof Heinrich von Lüttich eingefunden hatten. Es sieht so aus, als habe man zu dem ursprünglich angesetzten und eingehaltenen Termin nicht sämtliche Bauarbeiten abschließen können, denn am 11. Februar 1091 weihte Bischof Erpho noch den Johannisaltar im Dom. Es war für den Bischof erneut ein besonderer Tag. Er führte die Büßer wieder in die Kirche ein und sprach sie los, weil er am nächsten Tag zu seiner Jerusalemwallfahrt aufbrach.

Umbauten erfuhr gegen Ende des 11. Jahrhunderts auch die kleinere Kirche, die im Anfang des 9. Jahrhunderts nördlich von Liudgers Dom gebaut worden war. Sie wurde nach Auffassung der Ausgräber damals „nach Osten erheblich verlängert durch einen rechteckig abgeschlossenen Chor" [395: Lobbedey, Jüngste Ausgrabungen, S. 23]. Es war der Umbau zu einer Stiftskirche, bei der – wohl durch Bischof Burchard den Roten – um 1100 ein neues Kanonikerkapitel gegründet wurde: das Kapitel am Alten Dom, an der *vetus ecclesia Sancti Pauli*.

Die Gründung der Stifte Überwasser und Mauritz

Europaweit wurden gegen Ende des 10. und im 11. Jahrhundert neue Kirchen gebaut und bestehende mehr oder weniger tiefgreifend umgestaltet. Es war eine Bauwelle, deren Ergebnis ein französischer Chronist, Rodulfus Glaber, um 1030 mit den Worten umschrieb, Europa habe ein neues Gewand angelegt, ein weißes Kleid von Kirchen. Bischöfe, Äbte und adelige Familien erneuerten Bestehendes, sie gründeten aber vor allem auch Klöster und Stifte neu. Dabei legte man großen Wert auf die prächtige Ausstattung der Gebäude; das Bauen folgte aber darüber hinaus noch Kriterien bewußter Anordnung und räumlicher Gestaltung. In Westfalen können dafür Minden genannt werden, wo Kirchen weithin sichtbar auf der Geländestufe über der Weser errichtet worden sind, und Paderborn, wo Bischof Meinwerk plante, den Bischofssitz mit einem Kreuz von Kirchen zu überspannen. Von diesem Kreuz ist nur der Ost-West-Balken fertig geworden, mit dem Abdinghofkloster im Westen, dem Dom in der Mitte und dem Busdorfstift im Osten, dessen erste Kirche eine Architekturkopie der Grabeskirche in Jerusalem war.

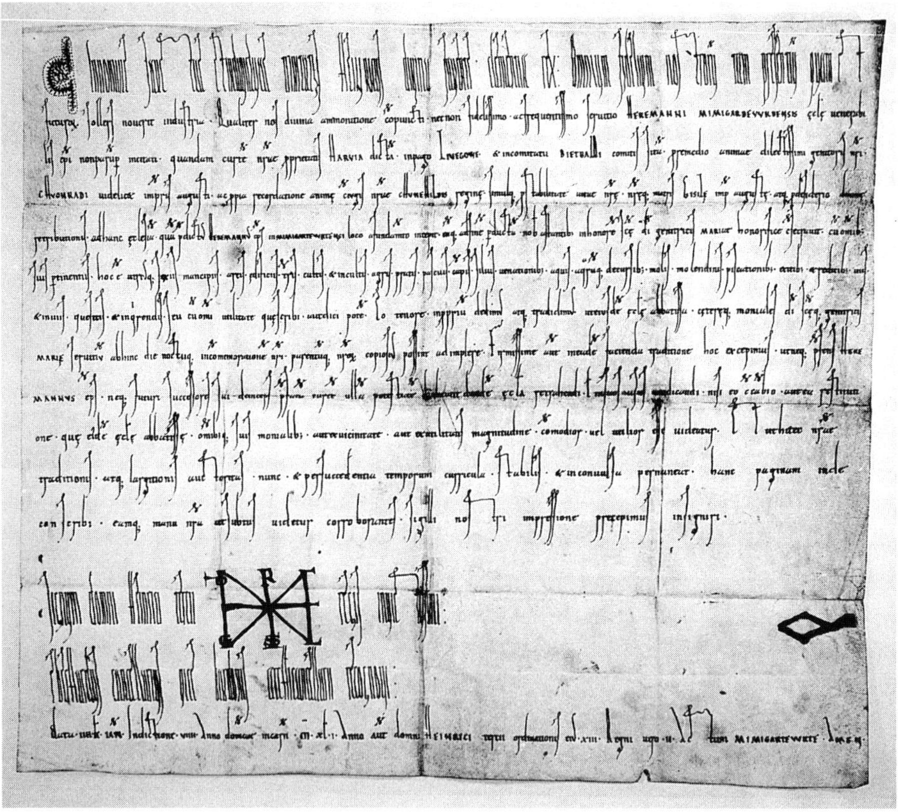

Schenkungsurkunde König Heinrichs III. für das Überwasserstift (1040)

In solche überregionalen Bestrebungen der Aus- und Neugestaltung der Bischofssitze des 11. Jahrhunderts gehörten die schon erwähnten Baumaßnahmen am Dom in Münster; dazu gehört vor allem die Gründung eines Damenstifts auf dem linken Ufer der Aa durch Bischof Hermann I. Hermann stammte vermutlich aus westfälischem Adel – nach seinem Namen wird er nach der bisherigen Forschungsdiskussion dem mächtigen Haus der Grafen von Werl, neuerdings durch Wilhelm Kohl den Billungern zugeordnet; vor seiner Erhebung zum Bischof von Münster war er Dompropst in Köln. Hermann gehörte zum Umkreis Kaiser Konrads II., war vielleicht einer von dessen Kapellänen und hatte gute Beziehungen zu Konrads Sohn, Heinrich III. Diese Beziehungen setzte er ein, um die Weihe der Überwasserkirche als Festwoche mit mehreren liturgischen Höhepunkten und hochrangigen Gästen zu begehen.

König Heinrich III. und sein Hof waren zur Feier des Weihnachtsfestes nach Münster eingeladen worden – der erste bezeugte Aufenthalt eines Königs in der Stadt! Am Sonntag darauf, dem 28. Dezember 1040, empfing im Dom der Bamberger Bischof Suitger, der spätere Papst Clemens II., durch Erzbischof Bardo von Mainz die Bischofsweihe. Weitere Erzbischöfe, die in Münster anwesend waren, kennen wir, weil sie am nächsten Tag, dem 29. Dezember, als Konsekratoren bei der Weihe der Überwasserkirche mitwirkten, als deren Patronin die Gottesmutter Maria gewählt worden war: Den Hauptaltar weihte der für Münster zuständige Erzbischof Hermann von Köln zu Ehren des hl. Kreuzes, wobei Erzbischof Albrand von Bremen und Bischof Bruno von Minden mitwirkten. Assistiert von dem gerade geweihten Suitger und Bischof Thietmar von Hildesheim übernahm Erzbischof Bardo von Mainz den Altar Johannes des Täufers im Süden, und Erzbischof Hunfried von Magdeburg konsekrierte zusammen mit Bischof Kadelo von Zeitz und Bischof Alberich von Osnabrück den Johannes-Evangelista-Altar im Norden. Den vierten Altar, im Westen der Kirche gelegen und den Apostelfürsten Petrus und Paulus gewidmet, weihte Bischof Hermann I. unter Assistenz von Bischof Nithard von Lüttich und Bischof Rudolf von Schleswig.

Die Anwesenheit des Königs und seines Hofes, von vier Erzbischöfen und sieben auswärtigen Bischöfen, von ungenannten weltlichen Großen und dem Gefolge all dieser Fürsten und Herren – das war ein Ereignis, wie es Münster bis dahin wohl noch nicht gesehen hatte. Es unterstrich den Rang und die Beziehungen Bischof Hermanns und ist in der Durchführung nur vorstellbar, weil der Ausbau der Domburg, von dem oben gesprochen wurde, bereits gewisse Fortschritte gemacht hatte.

Solche Feiern wurden von den Königen, die ihr „hohes Gewerbe" ja im Reisen von Ort zu Ort ausübten, als Möglichkeit zu fürstlicher Repräsentation und königlicher Selbstdarstellung gesucht. Heinrich III. bedankte sich daher unter anderem durch die Schenkung eines Königshofs in Hervé bei Lüttich an das neugegründete *monasterium* und ließ die Urkunde darüber am Tag der Weihe in *Mimigartewrte* ausstellen, wobei er seine Teilnahme an der Kirchweihe ausdrücklich hervorhob.

Die Gründungsurkunde Bischof Hermanns für das Stift Überwasser ist leider nicht überliefert. Es ist aber bekannt, daß die ersten Äbtissinnen sämtlich untereinander und mit ihm verwandt waren: Die erste, Bertheida, war seine Schwester. Sie hatte die zweite Äbtissin Ida, ihre „Verwandte", bei sich erzogen. Deren Nichte war die dritte Äbtissin, Christina, während es von der vierten, Beatrix, heißt, sie sei Idas Geschwisterkind gewesen. Das Stift war demnach eine Familienstiftung Bischof Hermanns, in der – wenn nicht de jure, so doch de facto – die Rechte der Familie lange gewahrt blieben. Hermann selbst hatte diese seine Gründung auch als seine Grablege ausersehen: Er wurde in der Überwasserkirche bestattet.

Die Bedeutung der Gründung des Stifts Überwasser für die weitere Geschichte der Stadt Münster tritt unter zwei Aspekten besonders hervor:

1. Vermutlich bei der Gründung hatte Bischof Hermann dem Stift die Pfarrechte für die Höfe und Kleinsiedlungen links der Aa übertragen, und zwar weit über das spätere Stadtgebiet hinaus. Wenn unsere Frühdatierung von Lamberti zutreffend ist, waren damit wichtige Entscheidungen über die Pfarrorganisation am Bischofssitz gefällt. Lamberti hatte das Gebiet rechts, Überwasser das Gebiet links der Aa erhalten. Der Dom war auf seine engere Umgebung, die Domburg, beschränkt worden, was erneut die Ausgrenzung und Eigenentwicklung dieses herrschaftlichen Bereichs im 11. Jahrhundert unterstreicht.
2. Das Stift stellte einen Kristallisationskern dar, bei dem sich in der Folge Elemente eigener städtischer Siedlungsentwicklung zeigten, unter anderem ein Markt; daher wurde es zum Ansatzpunkt für die Aufsiedlung in diesem Teil der Stadt.

Die punktuell günstige Überlieferungslage zum Stift Überwasser im 11. Jahrhundert unterstreicht nur, wie fragmentarisch insgesamt unser Wissen ist. Denn für Überwasser wird auch überliefert, daß die Gebäude des Stifts und seine Kirche bereits 1071 ein Raub der Flammen wurden. Nach mehr als 14jähriger Bauzeit wurde die Kirche mit ihren Kapellen von 1085 bis 1088, wohl je nach Baufortschritt, von Bischof Erpho, der das Amt gerade übernommen hatte, erneut geweiht.

Fassen wir die überlieferten und erschlossenen Bauten und Bauvorhaben in einem Zwischenergebnis zusammen, so läßt sich – mit Dom, Lamberti, Überwasser, Domkloster, Bischofspalast und Wohnhöfen in der Domburg – in der Summe eine intensive Bautätigkeit im Münster des 11. Jahrhunderts konstatieren. Das bedeutete – modern gesprochen – sicher das Aufblühen einer Bauwirtschaft. Neben der Feudalisierung des Lebens in der Domburg, dem Entstehen zahlreicher Einzelhaushalte, die sicher den gehobenen und schon bald auch Teile ihres täglichen Bedarfs auf dem Markt deckten, dürfte dieser Boom an Großbauten, dürften die Bauleute und ihre zahlreichen Helfer nicht wenig zur Entwicklung des Marktlebens vor der Burg beigetragen haben. Es war ein Beitrag zum Aufblühen des Handels, aber auch zur Entwicklung eines arbeitsteiligen Gewerbes, das sich im 11. Jahrhundert auch in Westfalen entschiedener aus den Grundherrschaften zu lösen begann.

In diese erste nachweisbare Blüte Münsters im 11. Jahrhundert und die Ausgestaltung des salischen Bischofsitzes gehört die Gründung des Mauritzstifts im Osten des Bischofsitzes, etwa eineinhalb Kilometer vom Dom entfernt. Darauf ist hier kurz

Grab des Bischofs Friedrich von Wettin (1064–1084) im Ostteil des Langhauses von St. Mauritz (Grabung 1970)

Das Grabmal Bischof Erphos (1085–1097) aus dem 17. Jahrhundert in der Mauritzkirche

einzugehen, auch wenn diese geistliche Gemeinschaft später wegen der Entfernung nicht in die Stadtbefestigung einbezogen werde.

Leider fehlt auch für dieses Stift die Gründungsurkunde, so daß wir auf Aussagen jüngerer Überlieferung angewiesen sind. Darin wird betont, daß Bischof Friedrich I. (1064–1084) der Gründer war. Seine Herkunft – er war vor seiner Erhebung Dompropst in Magdeburg und Kanzler Heinrichs IV. – erklärt die Wahl des Patrons Mauritius; sie unterstreicht den Rang dieses Mannes, der sich schon in Magdeburg bei der Errichtung und Ausstattung kirchlicher Bauten einen Namen gemacht hatte. Nach der dendrochronologischen Untersuchung von Balken (Datierung nach Jahresringen), die den Osttürmen der Kirche entnommen werden konnten, waren die beiden Türme Ende 1069 bereits bis zur Gewölbehöhe errichtet. Daraus läßt sich die Zeit der Gründung „um 1067" erschließen. Diese Datierung erlaubt darüber hinaus die Aussage, daß das „Turmpaar das älteste erhaltene bauliche Kunstwerk in Münster" ist [230: Lobbedey/Lobbedey, St. Mauritz, S. 9].

Bischof Friedrich erlebte die Vollendung der Kirche nicht mehr. Die Fertigstellung mit dem Bau des Langhauses und der Altarweihe, die Einrichtung des Kollegiatstifts für Kleriker und die abschließende Dotierung, die aus Pfarrechten und angeblich mehr als zwanzig Villikationen bestand, wird Bischof Erpho verdankt. Auch dessen Nachfolger, Bischof Burchard, trat noch als Bauherr bei diesem Stift auf: Ihm werden der Kreuzgang an der Südseite der Kirche und das Gebäude der Propstei an dessen Südwestecke zugeschrieben.

So wie Bischof Hermann I. sich seine Gründung Überwasser zur Grablege erkor, ließen sich Friedrich I., Erpho und Burchard in bzw. in der Nähe der Mauritzkirche bestatten. Sie unterstrichen damit ihre Bindung an die Gründung und hofften wohl zugleich, daß die Klerikergemeinschaft – was tatsächlich zutraf – sich in besonderer Weise ihrer Stifter erinnern und für sie beten werde.

Heiligenreliefs – in der Mitte der hl. Mauritius – an den Osttürmen der Mauritzkirche (um 1070), heute im Westfälischen Landesmuseum für Kunst und Kulturgeschichte

Grabbeigaben für Bischof Friedrich I. († 1084): ein Silberkelch und ein Hostienteller, der eine Figur in priesterlichen Kleidern zeigt (Zustand nach der Restaurierung)

3. *Der Abschluß des Stadtwerdungsprozesses im 12. Jahrhundert*

Die Brandkatastrophe von 1121

Die Bischöfe Friedrich I. und Erpho übten ihr Amt in einer schweren Zeit für Kirche und Reich aus. Im sogenannten Investiturstreit mußten sie Stellung nehmen zum Investiturproblem im engeren Sinne, zur Auseinandersetzung zwischen Kaisertum und Papsttum, zu den Spannungen zwischen Kaiser und Fürstenopposition, in denen der sächsische Adel, mit dem sie verwandt waren und aus dem die zum Teil opponierenden Mitglieder ihres Domkapitels stammten, eine besondere Rolle spielte. Beide Bischöfe standen treu zu Heinrich IV., allerdings nicht, ohne in Einzelfragen einen eigenen Standpunkt erkennen zu lassen.

Auch Bischof Burchard der Rote (1098–1118) stand auf der Seite Heinrichs IV. – zunächst auch noch, als dessen gleichnamiger Sohn, König Heinrich V., sich 1105 gegen den eigenen Vater wandte. Am 24. November 1105 war Burchard noch in der Umgebung Heinrichs IV. Erst mit dessen Verzicht auf den Thron Anfang 1106 scheint er auf die Seite des Sohnes übergetreten zu sein. Diesen Schritt nun nutzten die Ministerialen der münsterischen Kirche, die offensichtlich unzufrieden mit ihrem Herrn waren, mit Unterstützung des mächtigen „Grafen von Westfalen", Friedrich von Werl-Arnsberg, zu einer Verschwörung. Burchard wurde aus dem Bistum vertrieben, von Kölner Anhängern Heinrichs IV. gefangengenommen und dem alten Kaiser übergeben, der ihn in Lüttich in Haft hielt.

Nach dem plötzlichen Tod Heinrichs IV. am 6. August 1106 überbrachte Bischof Burchard dann, zusammen mit dem Kämmerer Erkenbald, die Reichsinsignien dem Sohn, Heinrich V. Fortan zählte er zu den entschiedensten Anhängern des neuen Herrschers und war später als dessen Kanzler für Italien und enger Berater sehr häufig in seiner Umgebung. Es verwundert daher nicht, daß Heinrich V. bereits Anfang September 1106 persönlich nach Münster kam, um Bischof Burchard wieder in sein Bistum einzusetzen. Und wenn wir sehen, daß der Kaiser im Jahr 1112 das Osterfest in Münster feierte, nachdem Burchard vom Herbst 1110 bis ins Frühjahr 1111 mit ihm – unter anderem zur Kaiserkrönung – in Italien war und dort als Kanzler fungierte, so erscheint das ebenfalls als Dank gegenüber dem getreuen Bischof und als Bekräftigung seiner Stellung im Bistum und in Westfalen.

Die große Königsnähe Bischof Burchards hätte sich in der Tat überaus positiv für das Bistum und den Bischofssitz Münster auswirken können, wenn sich seit 1112 nicht erneut eine sächsische Adelsopposition unter Führung Herzog Lothars von Süpplingenburg gebildet hätte, die in enger Verbindung mit Erzbischof Friedrich I. von Köln stand. Im Herbst 1114 griffen die Gegner Heinrichs V. das kaiserliche Dortmund an; sie brandschatzten im Bistum Münster. Der Bischofssitz scheint damals verschont geblieben zu sein; aber nach der Niederlage Heinrichs V. in der Schlacht am Welfesholz (11. Februar 1115) belagerten Herzog Lothar und seine Parteigänger *Monasteriensem civitatem* – die münsterische Burg, wie man hier wohl noch übersetzen muß. Sie ließen davon ab, nachdem die *Monasterienses,* die „Münsteraner“, den Gegnern des Kaisers eidlich versprochen hatten, ihrer Partei treu zu sein, sofern Bischof Burchard sich nicht beim Kaiser für einen Friedensschluß verwenden sollte.

Zu einem solchen Friedensschluß kam es nicht. Anfang 1116 zog Bischof Burchard mit Heinrich V. erneut nach Italien. Von dort brach er 1118 an der Spitze einer Gesandtschaft nach Konstantinopel auf und starb auf der Rückreise am 19. März 1118.

Ohne Einflußnahme des Kaisers, wohl aber mit Unterstützung des sächsischen Herzogs, dessen Vetter er war, wurde daraufhin in Münster Dietrich II. von Winzenburg, der hier 1110 als Dekan des Doms genannt ist, zum Nachfolger gewählt. Er ergriff gegen den Kaiser Partei und nahm bereits am 28. Juli 1118 an der Synode zu Fritzlar teil, die den Kaiser und seinen Anhang aus der Kirche ausschloß.

Wenn daher Heinrich V. – es war sein dritter Aufenthalt in der Bischofsstadt – das Weihnachtsfest des Jahres 1119 in Münster feierte, so war das diesmal kein Zeichen enger Verbundenheit mit dem Ortsbischof; vielmehr war oder wurde der Bischof, Dietrich II., abgesetzt – die Bischofschronik will von einem Aufstand von Stadt und Kapitel gegen ihn wissen –, und der Kaiser suchte sich der kaiserlichen Partei in Münster zu vergewissern, nachdem Graf Friedrich von Werl-Arnsberg, der mehrfach in dieser Zeit die Lager wechselte, jetzt auf seiner Seite stand.

Die Reaktion der sächsischen Gegner erfolgte zu Anfang des Jahres 1121. *Pro restituendo episcopo Theoderico,* um Bischof Dietrich wieder einzusetzen, zogen Herzog Lothar und seine Verbündeten vor Münster.

Herzog Lothar von Süpplingenburg. Skulptur in der Klosterkirche von Hecklingen (nach 1160)

„Als die *cives*", so heißt es bei Ekkehard von Aura, „mit Schrecken die Reihen der Feinde sahen, und jeder einzelne sich angesichts der drohenden Gefahr um das seine mühte, geschah es [...], daß aus Unvorsichtigkeit einige Häuser [*casae*] in Brand gerieten und allmählich, als die Flammen überhand nahmen, auch die Basilica Maior, der Bischofssitz der münsterischen Kirche, bis auf den Grund niederbrannte" [2037: Chronik Ekkehards, S. 347f]. Vom Brand der „vornehm erbauten Paulus-Kirche" wissen auch die sogenannten Paderborner Annalen, die darüber hinaus mitteilen, daß auch „fast die ganze Burg [*urbs*] ein Raub der Flammen wurde" [1931: Annales Patherbrunnenses, S. 115].

Das Brandunglück am 2. Februar 1121 beendete offensichtlich die Belagerung, und der Herzog konnte die Verteidiger, Adelige und Ministerialen, gefangen wegführen. Bischof Dietrich wurde wieder eingesetzt, und der Kaiser hat das später akzeptiert; der Brand des Doms aber bestürzte die Zeitgenossen: Bei Ekkehard wird allgemein berichtet, daß die Sieger „auch viel Geld zur Wiederherstellung der Kirche" zusammentrugen. Von Gottfried von Cappenberg ist überliefert, daß die Schuld an dem Dombrand ihn letztlich veranlaßte, in den Prämonstratenserorden einzutreten und – zusammen mit seinem Bruder Otto, seiner Schwester und seiner Ehefrau – aus dem Familienbesitz vier Klöster zu gründen: Cappenberg, Varlar, Ilbenstadt in der Wetterau und Oberndorf bei Wesel.

Der Ausbau der Marktsiedlung

Der Brand vom 2. Februar 1121 ist in den letzten Jahren mehrfach als Datum für die Umstrukturierung der Domburg, d. h. die Aussiedlung von Handwerkern und Kaufleuten aus der Burg oder als Ansatz für die Neuentwicklung der Bebauung im Zuge des Prinzipalmarkts interpretiert worden [421: Winkelmann, Ausgrabungen auf dem Domhof, S. 46].

Es sind jedoch Zweifel angebracht, ob diese punktuelle Betrachtungsweise zutrifft. Der Ausbau der Burg mit Bischofspalast, Ministerialenhöfen und Domherrenkurien muß, wie oben dargelegt wurde, bereits im Laufe des 11. Jahrhunderts erfolgt sein. Spätestens damals und parallel dazu dürften die älteren Hofhandwerker, deren Häuser archäologisch nachgewiesen sind, die Burg verlassen haben. Aber auch der Ausbau der Marktsiedlung liegt früher als 1121.

Wichtig für die Chronologie und Datierung des innerstädtischen Ausbaus sind die Ergebnisse der Grabungen auf der „Asche“ vor dem Bau der neuen Stadtbücherei gewesen. Denn vielleicht schon im 11., sicher aber im frühen 12. Jahrhundert entstand die Kirchherrngasse mit ihrer ostseitigen Bebauung parallel zum Alten Fischmarkt. Das heißt aber, daß diese Erweiterung der alten Marktsiedlung bei Lamberti bereits den Ausbau des Alten Fischmarkts und auch den der Nordseite des Roggenmarkts voraussetzt, die dann spätestens der ersten Hälfte des 11. Jahrhunderts angehören dürften. Bedeutsam ist das Fehlen von Hinweisen auf handwerkliche Tätigkeiten der Bewohner der Kirchherrngasse. Vielmehr zeigen große Keller, daß der Ausbau durch Mitglieder der Kaufmannschaft erfolgte.

Entscheidend für die Datierung der Süderweiterung der älteren Marktsiedlung und der Schaffung des neuen, vergrößerten Marktes (später Prinzipalmarkt genannt) im Osten der Domburg sind die schriftlichen Nachrichten über das Wirken Bischof Burchards und seine Planungen. In dem sogenannten „Münsterschen Büchlein über die Wunder des heiligen Ludger“, das aus dem letzten Drittel des 12. Jahrhunderts stammt, wird in der Rückschau aus der Zeit Bischof Hermanns II. behauptet, bereits Bischof Burchard hätte ein Grundstück zum Bau einer Ludgeruskirche erworben, als er plante, die Stadt zu erweitern und mehrere Pfarreien einzurichten.

Daß Burchard nicht nur plante, sondern auch an die Umsetzung ging, belegt nicht nur der Erwerb des Grundstücks zur Kirchengründung, das zeigen auch die Baumaßnahmen an der Domburg. Von ihnen berichten mehrere, allerdings jüngere Texte, die aber unabhängig voneinander sind. Gesichert dürften danach der Neubau der Burgmauer und die Errichtung der Michaelskapelle sein, die von Bischof Burchard selbst geweiht wurde – vermutlich am Sonntag vor Pfingsten des Jahres 1112 [590: Weiers, Geschichte des Bistums, S. 89 Anm. 166].

Diese Kapelle war die Torkapelle des Michaelistors, das im frühen 12. Jahrhundert – nach Auskunft Winkelmanns – auf der Ostseite der Burg neu angelegt worden war und das karolingerzeitliche Tor in der Nordostecke ersetzte. Die Öffnung der Burg gegenüber der Stelle, an der später das Rathaus gebaut wurde, löste daher vermutlich Verkehrsprobleme am Drubbel; die Lage des Tores weist uns aber auch darauf hin, daß der Ausbau der Marktsiedlung nach Süden damals im Gange oder aber geplant war.

Die Schriftzeugnisse über das Wirken Bischof Burchards, vor allem der nur fünfzig Jahre nach seinem Tod geschriebene Libellus, überliefern uns lebendiges Wissen um Bestrebungen dieses Bischofs zum Ausbau der Stadt. Der vielgereiste Kirchenfürst, der die aktuellen Tendenzen in der europäischen Stadtentwicklung beobachten konnte und die Bedeutung der rheinischen Städte für die Herrschaftssicherung der letzten Salier kannte, ist daher vermutlich der erste münsterische Bischof, der die Stadtentwicklung nicht nur wohlwollend förderte, sondern gezielt vorantrieb.

Der planmäßige Ausbau der erweiterten Marktsiedlung (Prinzipalmarkt) erfolgte zunächst auf der Ostseite und reichte, wie Joseph Prinz und Karl-Heinz Kirchhoff zeigen, bis in den Bereich der Klemensstraße. Zu ihm gehörte auch eine Ansiedlung von Juden, und zwar – gleichsam in der zweiten Reihe – hinter dem heutigen Rathaus und dem Stadtweinhaus, wo sich „eine Synagoge (Judenschule), eine Mikwe (Frauenbad) und eine Scharne, d. h. eine Verkaufsstelle für das Fleisch rituell geschlachteter Tiere", nachweisen lassen. „Der erste Jude, der nachweisbar Münster besuchte, war Juda ben David halewi aus Köln. Während er in Münster 20 Wochen darauf wartete, daß ihm Bischof Ekbert (1127–1132) geliehenes Geld zurückzahlte, lernte er das Christentum kennen." Er ließ sich taufen und wurde später Mönch in Cappenberg [24: Aschoff, Juden in Münster, S. 2].

Eine Reihe von Indizien, zu denen natürlich auch schon die Gründung der eigenen Lamberti-Pfarrkirche in der ersten Hälfte des 11. Jahrhunderts zählt, belegen somit ein starkes Wachstum der Marktsiedlung im Norden und Osten der Bischofsburg im 11. und frühen 12. Jahrhundert. Es wurde im weiteren Verlauf des 12. Jahrhunderts nicht vermindert, sondern wohl erheblich verstärkt, und zwar im Zuge eines globalen westeuropäischen Bevölkerungswachstums und mit dem Beginn größerer Verstädterung, die in Westfalen neben dem Ausbau der älteren Zentren um 1185 zur ersten Stadtgründung in Lippstadt führte.

Zur Minderung der Verteidigungsfunktion der Burg und zum weiteren verstärkten Ausbau der Marktsiedlung gehört die Bebauung des Randes des Befestigungsgrabens der Burg auf der West- bzw. Südwestseite von Prinzipalmarkt und Roggenmarkt. Sie wird erstmals in einer Urkunde Bischof Ludwigs aus dem Jahr 1169 erwähnt, die ein Schlüsselzeugnis der Stadtgeschichte des 12. Jahrhunderts ist und deshalb auch hier eingehender interpretiert werden soll.

Erstmals wird in diesem Text die *civitas Monasteriensis,* die „Stadt Münster", als Gesamtsiedlung von der *urbs,* der Domburg, unterschieden. Erstmals werden *cives,* „Bewohner", genannt, die außerhalb der Domburgmauer um den Wall herum wohnen und in einem nicht näher bezeichneten Verhältnis zu den Domherren stehen, die in der Burg wohnen. Da es immer wieder Ärger zwischen den *cives* und den Kanonikern gab, haben letztere den Bischof gebeten, ihnen die Befestigung *iure emunitatis,* nach dem Recht der kirchlichen Immunität, zu übertragen. Mit Zustimmung seiner adeligen und ministerialischen Gefolgsleute kam Bischof Ludwig dem Wunsch nach und übertrug den Kanonikern die Befestigung der Domburg von der Mauer bis zur Mitte des Grabens, und zwar so, daß jeder Domherrenkurie, die innen an der Mauer oder in ihrer Nähe lag, die Nutzung des zugehörigen Grabenteils zustand.

Der Streit um die Nutzung des Burggrabens machte auch später noch mehrfach Schiedssprüche des bischöflichen Stadtherrn notwendig. Hier ist festzuhalten, daß die Streitigkeiten schon über einen längeren Zeitraum gingen, d. h., daß die Leute dort schon länger wohnten und daß bei den Spannungen einzelne Bewohner zwar genannt werden, daß aber weder sie noch eine Vertretung der Bürgerschaft als Verhandlungspartner in der Urkunde auftreten. Das ist auch deshalb hervorzuheben, weil sich, wie Karl-Heinz Kirchhoff zeigen konnte, die führenden Stadtgeschlechter, die später so genannten Erbmänner, auf der Westseite des Prinzipalmarkts angesiedelt hatten [490: Kirchhoff, Erbmänner].

Wichtig ist an der Urkunde schließlich noch, daß die Domburg als *interior urbs*, als „innere Burg" bezeichnet wird. Der Komparativ setzt eine „äußere" voraus, d. h. der Text dieser Quelle ist auch ein Hinweis auf eine Befestigung des bürgerlichen Teils der Stadt – vermutlich schon auf der Linie der späteren Stadtbefestigung.

Zeugnis für Wachstum und Ausgestaltung der Stadt Münster in der Mitte des 12. Jahrhunderts und für die damit neu entstehenden Probleme der Beherbergung, Speisung und Kleidung von Armen, Kranken, Pilgern und Reisenden ist die Gründung des Magdalenenhospitals. Es lag auf der Insel, die von den beiden Armen der Aa umschlossen wurde, nahe der östlichen der beiden „steinernen Brücken" (1186), mit deren Hilfe der Fluß am Spiekerhof überquert wurde.

Das Datum der Stiftung ist unbekannt. 1176 ist die Hospitalkirche zu Ehren der hl. Maria Magdalena und des Märtyrers Georg im Bau. Sie wird erwähnt in einer

Hochmittelalterliche Steinkistengräber mit Kopfnischen im Außenbereich des Doms (neben der Saalkirche und dem westlich anschließenden Gebäude)

Urkunde Bischof Hermanns II., der mit einer Serie von drei Urkunden – 1176, 1184 und 1186 – versucht hat, die Existenz des Hospitals und die Versorgung der Armen dort zu sichern. Er machte selbst eine Stiftung, bestätigte den Besitz, stellte das Hospital unter seinen und seiner Nachfolger Schutz, befreite es von der Bede *(petitio)* und allen städtischen Lasten *(civiles exactiones)*. Wichtig war ihm darüber hinaus, Vorkehrungen dagegen zu treffen, daß der Geistliche, der das Hospital betreute, über Gebühr Einkünfte für sich statt für die Armen beanspruchte.

Ein Stifter oder eine geistliche Institution als Träger werden in diesen Urkunden nicht genannt. Dies und die große Zahl von Hauszinsen, die in der Besitzbestätigung von 1184 aufgeführt werden, legen die Vermutung nahe, daß das Hospital von münsterischen Bürgern gegründet wurde. So gesehen ist es das älteste Zeugnis, in dem sich bürgerschaftliches soziales Engagement in dieser Stadt manifestiert.

Darüber hinaus ist die Besitzbestätigung für Einsichten in die Stadtgeschichte wertvoll, weil sie Einblick in bürgerlichen Haus- und Landbesitz gibt und teilweise auch die Berufe der Eigentümer nennt. Das Hospital besaß Anteile an zwei *lobia* (Hütten, Verkaufsständen) bei St. Lamberti, und zwar in einem Fall den vierten, im anderen den achten Teil [488: Kirchhoff, Bogenhäuser, S. 202f]. Zinse erhielt es vom Haus des Gerbers Meinhard, des Fleischers Reinbold und des Kürschners Adolf. Von der Wiese eines Bertram, Sohn des Kaufmanns Wichbold, und vom Acker des Kürschners Siegbert standen den Armen Geldeinnahmen zu. Handwerker und Kaufleute, erstere aber in größerer Zahl, hatten also ihren Besitz zugunsten des Hospitals belastet. Der Landbesitz des Kaufmannssohns und des Kürschners weist uns außerdem darauf hin, daß Kaufleute und Handwerker der aufblühenden Stadt daran interessiert waren, wenigstens für den eigenen Haushalt und das eigene Geschäft, d. h. für Reit- und Zugtiere, Grund und Boden zu erwerben oder zu pachten.

Die Gründung weiterer Pfarreien

Der Ausbau des städtischen Areals und die Siedlungsverdichtung in der sich stürmisch entwickelnden Stadt lassen sich am besten mit der Gründung von neuen Pfarreien in der zweiten Hälfte des 12. Jahrhunderts belegen. Deutlich angesprochen ist das bereits in der zeitgenössischen Überlieferung, und zwar in einer Urkunde Bischof Hermanns II. (1174–1203) aus dem Jahr 1189, in der er rückblickend hervorhebt, daß er die Pfarrechte in seiner Stadt *(parrochiam civitatis nostre)*, die früher nur dem Pfarrer von Lamberti, Ernst, zugestanden hätten, auf mehrere Pfarreien aufgeteilt habe, weil die Seelsorge für eine „so große Bevölkerung" *(tante plebis)* sorgfältiger und gründlicher von mehreren betrieben werden könne.

Auch reichte, so erfahren wir, der eine Friedhof bei St. Lamberti für die gewachsene Bevölkerungszahl nicht mehr aus, d. h. die neuen Kirchen erhielten sofort das Begräbnisrecht und einen eigenen Friedhof, wie es schon 1184 für St. Aegidii bezeugt ist.

Die Aussage der Urkunde Bischof Hermanns, mit der er die Entschädigung des Pfarrers von Lamberti neu regelte, ist insofern etwas verkürzt, als schon unter Bischof Ludwig (1169–1173) die Pläne Bischof Burchards wiederaufgenommen worden waren, und zwar auf Drängen von Bürgern. Es wird nämlich in dem schon genannten Libellus berichtet, daß ein Domkanoniker Helmward, dem Bischof Burchard das Grundstück anvertraut hatte, es verpfändete und nicht wieder einlöste. Im Erbgang

Fundamente des romanischen Choreingangs von St. Lamberti

war es an den Bürger Heinrich gelangt. Dessen Mitbürger *(concives)* wandten sich nun an Bischof Ludwig und baten ihn, jenes Grundstück oder ein anderes für den Bau der Kirche zu sichern. Der Bischof löste daraufhin die Hypothek ab und tauschte das Grundstück gegen ein anderes ein, das für sein Vorhaben „besser" geeignet war. Es wurde eine erste Ludgerikirche aus Holz errichtet, die – nach Auskunft des Libellus – eine ausgesprochen „schöne Kapelle" gewesen sein soll. Ludwig hatte sie auch noch kurz vor seinem plötzlichen Seuchentod dotiert, und zwar wies er der Kirche, die er „zu Ehren des Vaters Liudger im Südteil" der *civitas Monasteriensis* errichtet hatte, zum Lebensunterhalt ihres Priesters eine Hufe in Wargebeke zu.

Zutreffend ist an der Aussage der Urkunde Bischof Hermanns II. allerdings, daß er sich entschieden für den Ausbau von St. Ludgeri einsetzte. Mit Hilfe einer testamentarischen Verfügung des Domherrn Franco von Wettringen vom Jahr 1178 und weiteren Zuwendungen stiftete er in den späten siebziger und frühen achtziger Jahren dort mehrere Priesterpfründen und gründete auf diese Weise eine Klerikergemeinschaft an der Ludgerikirche. Noch in seiner Amtszeit dürfte auch das erste steinerne Gebäude dieser Kirche errichtet worden sein.

Ludgeri hatte nach Auskunft der Urkunde von 1189 aus der Teilungsmasse der Lambertipfarre den „größeren Anteil" erhalten. Als weitere Pfarrei im Süden der Stadt ist 1181 bzw. 1184 St. Aegidii urkundlich bezeugt. Mit der letztgenannten Urkunde erhielt die „neuerrichtete Aegidius-Kirche" eine Hausstätte, die vom Friedhof der Kirche zur Aa hin lag. Das Haus, in dem der Schenker Wulfhard und seine Frau Hildegund wohnten und auf Lebenszeit wohnen bleiben sollten, hatten bereits die Eltern der Stifter besessen. Das ist ein Beleg dafür, daß auch in diesem Teil der Stadt südlich der Domburg bereits um die Mitte des 12. Jahrhunderts eine Wohnbebauung bestand, die dem Stadtrecht *(ius civile)* unterlag und von der ein Beitrag zu den Stadtlasten *(schot)* zu leisten war, obschon die Bewohner der Ministerialität angehörten.

Auch im Fall von St. Aegidii blieb es nicht bei der Gründung einer einfachen Pfarrkirche. Vielmehr wurde dort um 1200 das erste westfälische Zisterzienserinnenkloster gegründet. Maßgeblich war daran ein Priester Ludgerus beteiligt, der zu einer der führenden Familien der Bürgerschaft gehört haben dürfte [2387: Leidinger, Gründung, S. 235f].

Als Pfarrkirche für den nördlichen Teil der Stadt wurde St. Martini gegründet. Auch diese Kirche erhielt wie St. Ludgeri vermutlich um 1187 ein Kollegiatkapitel. Initiativ und maßgeblich beteiligt war hier erneut Bischof Hermann, der allein fünf Pfründen gestiftet hatte, wie aus einer Urkunde von 1217 hervorgeht. Indirekt erstmals erwähnt ist das Kapitel im Jahr 1193.

Betrachtet man die Grenzen der Pfarreien (vgl. Karte auf S. 530), die sich durch die Jahrhunderte bis weit in die Neuzeit erhalten haben, dann drängt sich der Eindruck auf, als habe der Pfarrer Ernst von Lamberti sich bei der Aufteilung des Stadtgebiets bewußt den ältesten Teil der Stadt reserviert. Denn im Nordwesten setzte die Grenze beim Magdalenenhospital an der Aabrücke an, verlief auf der Nordseite der Straßen Spiekerhof und Bogen, knickte an der Neubrückenstraße ab, um mit dem Bogen von Voßgasse und Bült den Bereich der Marktsiedlung bei Lamberti zu umfassen und über die Mauritzstraße an das Mauritztor der Stadtbefestigung anzuschließen. Im Süden war der Prinzipalmarkt mit einem kurzen Stück der Rothenburg eingeschlossen; dann lief die Grenze – im wesentlichen entlang der Hundestegge, der heutigen Klemensstraße – zum Servatiitor.

Das Gebiet nördlich von diesen ältesten Kernbereichen der Stadt zwischen alter Aa und Stadtbefestigung wurde St. Martini zugewiesen. Im Süden der Domburg und südlich der Grenze von Lamberti wählte man durch Nord-Süd-Grenzziehungen eine Dreiteilung: Die Aegidiipfarre betreute das Gebiet westlich der Aa bis zu einer Linie Krumme Gasse/Königsstraße. Von dort nach Osten bis zur Loerstraße schloß sich das Gebiet von St. Ludgeri an. Erstaunlich und bisher nicht abschließend geklärt ist, warum daran nach Osten hin noch die kleine Servatiipfarre lag. Karl-Heinz Kirchhoff hat erwogen, ob sie für eine grundherrlich gebundene Gemeinschaft bestimmt war. Es steht jedoch fest, daß auch St. Servatii noch in das 12. Jahrhundert gehört, denn die *Servatii capella* ist im Zusammenhang mit dem Stadtbrand des Jahres 1197 erstmals erwähnt, in dem sie vom Feuer verschont blieb.

Die Serie der Gründung von Pfarrkirchen, das ist hier noch zu ergänzen, erfaßte auch die Domimmunität. Wie in zahlreichen anderen Domstiften auch wurde neben dem Dom gegen Ende des 12. Jahrhunderts eine eigene Pfarrkirche errichtet, die man dem hl. Jakobus widmete. In sie zog die Dompfarrei aus dem Dom um. Genaugenommen zog jener letzte Rest der einst großen Pfarrei des Doms aus der Kathedrale aus, der auf die Bewohner der Domimmunität beschränkt war.

Mit der Gründung neuer Pfarreien waren wichtige Veränderungen in der Stadt verbunden, die die städtische Topographie, die Stadtgestalt und das Gemeindeleben betrafen. Denn eine Pfarrei faßte die Bewohner des Pfarrbezirks über alle ständischen Unterschiede – die allerdings bestehen blieben – hinweg zu einer Gemeinde zusammen. Sie feierte die Gottesdienste an den Sonn- und den zahlreichen Festtagen zu Ehren der Heiligen, und zwar nicht zuletzt das Kirchweih- und Namensfest des eigenen Patrons. Der „Pfarrzwang" verband die Gemeindeglieder entschiedener als heute bei Familienfeiern, bei Taufe, Hochzeit und Beerdigung; bei den eigenen und vor allem bei gesamtstädtischen Prozessionen stellte die Pfarrei sich als Einheit dar und erfuhr sich als solche. Die Verwaltung des Gemeindevermögens schuf auf die Dauer eigene innergemeindliche Strukturen, und die Armenfürsorge vereinte die Gemeindeglieder im karitativen Dienst. Da sich Bruderschaften und Zünfte an bestimmte Kirchen banden, verstärkten sie diese Elemente.

Die Kirchspiele hatten – vor der Schaffung der Leischaftsverfassung, aber in Resten auch noch darüber hinaus – Aufgaben im bürgerlich-kommunalen Leben. Es gab in Münster Kirchspielsschöffen, die die Interessen der Kirchspielseingesessenen bei Hudestreitigkeiten und gegenüber den Kirchenherren wahrnahmen, denen aber auch Aufgaben in der freiwilligen Gerichtsbarkeit zufielen [543: Prinz, Mimigernaford–Münster, S. 226f]. Fünf neue Kirchen – St. Jakobi eingeschlossen – akzentuierten auch die Stadtgestalt neu. Sie ragten über die relativ niedrige Wohnbebauung heraus und betonten neben der alten Linie Liebfrauen-Überwasser – Dom – St. Lamberti, daß die Stadt in die Breite gewachsen war.

Bischof Hermann II. hatte mit seinen Pfarrgründungen im Verfolg von Ansätzen seiner Vorgänger einen gewichtigen Beitrag zur Entwicklung Münsters geleistet. Seine ganz eigene Handschrift glaubt man darin zu erkennen, daß er bei St. Ludgeri und St. Martini mit Klerikerkapiteln zugleich eigene geistliche Gemeinschaften ansiedelte. Und daß bei St. Aegidii ein Zisterzienserinnenkloster gegründet wurde, überrascht nicht, da Hermann auch Mitbegründer des Zisterzienserklosters Marienfeld war.

In wirtschaftlicher Hinsicht dürften die Neugründungen erneut zu einem „Bauboom" geführt haben. Er war besonders mächtig, da in der zweiten Hälfte des 12. Jahrhunderts auch am Dom gebaut wurde. Dieser erhielt damals das Westwerk, das bis heute sein Aussehen bestimmt. Schon Bischof Friedrich II. (1151–1168) muß mit dem Bau von Türmen im Westen des Doms begonnen haben, denn er selbst fand im Nordturm und sein 1173 verstorbener Nachfolger Ludwig im Südturm sein Grab. Den bestehenden Westbau bis zu dem unteren Freigeschoß bzw. dem Ansatz des zweiten aber verdanken wir in der Konzeption und weitgehend auch im Bau erneut dem für die Stadtgeschichte so bedeutenden Hermann II. 1194 wurde dem Marien- und Katharinenaltar im Untergeschoß des Südturms eine Schenkung gemacht, vermutlich im Zusammenhang mit seiner Weihe. Die Weihe des gesamten Westbaus ist in das Jahr 1196 oder eher 1202 zu setzen.

Macht man sich all diese Aktivitäten klar, dann erahnt man das Ausmaß der Verluste, die durch den Brand des Jahres 1197 entstanden waren, über den ein Zeitgenosse in einem Evangeliar des Überwasserstifts notierte: „Weil es sehr trocken war, hat am 7. Mai ein Feuer, das in der Nacht ausbrach, fast die ganze Stadt Münster vernichtet, und zwar sowohl die Kirchen als auch die Häuser mit den verschiedensten Vorräten und einer großen Zahl von Menschen; ausgenommen blieben nur die Ludgerikirche und die Servatiikapelle mit wenigen Häusern, die auch nur mit Mühe gerettet werden konnten" [zit. nach 543: Prinz, Mimigernaford-Münster, S. 213 Anm. 23 (Übersetzung M.B.)].

Daß wir trotzdem keine Anzeichen für einen entscheidenden Rückschlag in der städtischen Entwicklung Münsters haben, unterstreicht die Vitalität und Wirtschaftskraft des Gemeinwesens an der Wende zum 13. Jahrhundert.

Die Stadtbefestigung

Die Aufteilung der alten Lambertipfarre und die Einrichtung neuer, rein städtischer Pfarreien setzt die Existenz eines abgegrenzten Stadtgebiets voraus. Aus der Lage der Kirchenbauten, besonders von St. Ludgeri und St. Servatii, ist leicht zu ersehen, daß es sich rechts der Aa in der zweiten Hälfte des 12. Jahrhunderts schon um das später befestigte Areal gehandelt haben muß. Da die Wendung der Urkunde von 1169 von der „inneren Burg" bereits eine äußere Stadtbefestigung voraussetzt, ist mit ihrer Errichtung spätestens um die Mitte des 12. Jahrhunderts begonnen worden. Erstmals in Funktion sehen wir sie im Jahr 1203, als in den Auseinandersetzungen um die Nachfolge nach dem Tod Bischof Hermanns (8. oder 9. Juni 1203) „Ministeriale und die münsterischen Bürger" *(ministeriales et cives Monasterienses)* die Tore der Stadt schlossen und die Türme mit Bewaffneten besetzen ließen.

In diese Befestigung wurden auch das Gebiet links der Aa mit dem einstigen *suburbium,* in dem die Liebfrauenkirche lag, sowie die Turmhügelburg Uppenberg, aber noch nicht die Ministerialenburg des Bispinghofs einbezogen, die im 12. Jahrhundert

Fundament eines Steinhauses aus dem 11./12. Jahrhundert (Ausgrabung auf dem Michaelisplatz)

mit der Befestigung dieses Hofes entstanden war. Das genannte Gebiet links der Aa wurde wohl erst jetzt Teil der *civitas Monasteriensis.* Zwar wird das Überwasserstift bereits in Urkunden der Jahre 1144 und 1151 *in Monasterio,* „in Münster", lokalisiert, aber, wie wir sahen, rechnete noch Bischof Hermann in seiner Urkunde vom Jahr 1189 über die Pfarreinteilung nur das Gebiet rechts der Aa zur *civitas.* Es bestand also zunächst noch eine Differenz zwischen topographischer und rechtlicher Zuordnung. Der genaue Zeitpunkt, zu dem sie aufgehoben wurde, ist unbekannt. Und es muß festgehalten werden, daß das Stadtgebiet links der Aa mit eigenem Gericht, eigener Pfarrei und eigenem Markt auch eine gewisse Sonderstellung in der Gesamtstadt bewahrte.

Joseph Prinz hat hervorgehoben, daß der Verlauf von Graben und Mauer der münsterischen Stadtbefestigung durch das Gelände vorgegeben war. Man suchte im Süden mit dem Ludgeritor die 60-Meter-Höhenlinie des Sandrückens der Geist und schloß so die feuchte Senke des Verspoels mit ein. „Auch nach Norden wurde die Mauer so weit vorgeschoben, daß möglichst wenig vom Gefälle des Abhanges in die Mauerstrecke mit hineingenommen werden mußte. Dabei hat man die Aa so nahe, wie es nur ging, an den Ostabhang des Tales verlegt. So wurde es möglich, mit einigen Wehren, den sogenannten Wasserbären, das Wasser in den Stadtgräben zu halten. [. . .] Ähnliches geschah auf der linken Aaseite. Auch hier mußte der Festungsbaumeister möglichst die Höhe zu gewinnen suchen, um eine Überhöhung der Stadtmauer durch feindliche Anlagen im Falle einer Belagerung auszuschalten. Deshalb wurde das Jüdefelder Tor auf die 60-Meter-Linie vorgeschoben, wodurch hier die eigenartige Ausbuchtung im Verlaufe der Stadtmauer entstand" [543: Prinz, Mimigernaford–Münster, S. 211f]. Vielleicht stammt die gerade Linienführung im Norden – vom Buddenturm zum Neubrückentor – erst aus dem 13. Jahrhundert. Sicher jünger ist der Verlauf der Befestigung im Südwesten, im Bereich des Bispinghofs, weil dessen Befestigung erst 1278 in den Besitz der Stadt überging.

Die Stadtbefestigung mit ihren insgesamt zehn Toren umschloß ein Gebiet von 103 Hektar. Damit stand Münster neben Soest, der damals bedeutendsten Stadt Westfalens (101 Hektar), und vor Dortmund (81 Hektar), Paderborn (66 Hektar), Minden (50 Hektar) und der Altstadt von Osnabrück, das erst mit der Neustadtgründung in der zweiten Hälfte des 13. Jahrhunderts eine Gesamtfläche von 102 Hektar erreichte.

Die Anfänge der verfaßten Bürgergemeinde

Am Ende des 12. Jahrhunderts verfügte die Stadt Münster über ein eigenes Stadtgebiet, eine Stadtbefestigung und über *cives,* so daß zu fragen ist, ob es auch schon ein besonderes Stadtrecht und eine Stadtgemeinde mit eigener Verfassung gab, ob also Münster damals bereits als Stadt voll entwickelt war.

Wichtige Hinweise auf besondere städtische Rechte in Münster am Ende des 12. Jahrhunderts gibt die Privilegierung der *villa* Coesfeld durch Bischof Hermann II. mit einer am 12. März 1197 ausgestellten Urkunde, mit der er den dortigen Bürgern „Recht und Freiheit" *(iustitia et libertas),* wie sie die Bürger Münsters besaßen, verlieh. 1201 erhielt die *villa* Bocholt von Hermann II. das Recht, „das in der Volkssprache *wicbilede* heißt" [2767: Westfälisches Urkundenbuch 2, Nr. 559; 3, Nr. 3]. Konkret bedeutete das, wie die entsprechende Urkunde erläutert, daß sie aus der

Zuständigkeit des Grafen herausgenommen wurde. Als Entschädigung erhielt dieser daher das Gericht in Bocholt *(iudicium civile),* wie es die übrigen bischöflichen Städte – „Münster, Coesfeld und andere" – besaßen. Der Begriff „Weichbild" in der Urkunde von 1201 weist zurück auf eine münsterische Urkunde, mit der Bischof Hermann II. bereits 1178 an das Überwasserstift Grundstücke in Münster übertragen hatte, die dieses *iure civili quod Wicbilethe dicitur,* „nach Weichbildrecht" [2767: Westfälisches Urkundenbuch 2, Nr. 394], besitzen sollte.

Einzelne Sätze dieses *ius civile,* des Stadtrechts von Münster aus der Zeit zwischen 1209 bis 1214, sind als Insert in einer Privilegienbestätigung des Grafen Otto IV. für die Stadt Bielefeld vom Jahr 1326 überliefert. Die Überschrift betont, daß die folgenden Sätze das Recht *(civile ius)* widergäben, das in Münster geübt werde. Einstimmig hätten die münsterischen Schöffen dieses Stadtrecht *(lex municipalis)* aufschreiben lassen und das Schriftstück mit dem Stadtsiegel *(civitatis [. . .] sigilli appensio)* beglaubigt.

Hier kann nicht auf einzelne Artikel eingegangen werden. Es sollen jedoch einige der Regelungen zur Rechts- und Lebenswirklichkeit der Stadt herausgestellt werden, da sie – zu Beginn des 13. Jahrhunderts aufgezeichnet – durchaus schon Auskunft über das 12. Jahrhundert geben.

Kennzeichnend ist, daß gleich zu Anfang der Aufzeichnung (§§ 1–7) Fragen der Aufnahme von nicht vollfreien, sondern in Abhängigkeit von einem Herrn stehenden Menschen in die Bürgerschaft, die hier *concivium* heißt, geregelt werden. Derselbe Problemkreis wird später in den §§ 35 und 53 nochmals aufgegriffen. Wenn der Herr eines Abhängigen widersprach, konnte dieser gar nicht erst in die Bürgerschaft Münsters aufgenommen werden. Auch mußte er nach erfolgter Aufnahme wieder entlassen werden, wenn der Leibherr innerhalb einer Frist von einem Jahr und sechs Wochen Ansprüche auf ihn geltend machte. In diesem Fall verlor der Neubürger sogar die Gebühr von vier Schillingen, die er bei der Aufnahme in die Bürgerschaft hatte zahlen müssen. Andererseits zeigt § 6, daß und wie die Bürgerschaft für den einzelnen auch eine Schutzgemeinschaft darstellte; denn bei Vorwürfen oder Ansprüchen außerhalb der gesetzten Fristen wurde dem Mitbürger mit der Rechtsformel „Rat und Hilfe" *(consilium et auxilium)* entschiedene Unterstützung der Gemeinschaft bei der Durchsetzung seiner Interessen zugesagt.

Wie genau diese Regelungen den Verhältnissen des 12. Jahrhunderts entsprachen, zeigen Heberegister des Klosters Werden aus dem zweiten Viertel des 12. Jahrhunderts. Sie erwähnen auch für Münster sogenannte *enlope lude* („allein laufende Leute"), d. h. Menschen aus dem grundherrschaftlich-hofrechtlichen Bereich, die von der Grundherrschaft nicht mit einer Hufe ausgestattet werden konnten. Sie hatten den Hofverband verlassen dürfen und waren nach Münster gezogen, blieben der Grundherrschaft aber verpflichtet und mußten auch nach der Abwanderung noch einen Kopfzins zahlen. Es waren also faktisch nicht erbende Bauernkinder, für die die aufblühende Stadt Arbeit und Brot, die Chance zum Aufbau einer eigenen Existenz und auch des sozialen Aufstiegs bot. Das galt besonders, wenn sie über handwerkliche Fertigkeiten verfügten.

Angesichts der Wanderbewegung vom Land in die Stadt, die vermutlich nicht nur *enlope lude,* sondern auch Kräfte, die in den Hofverbänden dringend gebraucht wurden, betraf, befanden sich die Stadtherren – in Münster der Bischof – in einem Zwiespalt: Für die Entwicklung ihrer Stadt mußten sie den Zuzug vom Land begrüßen. Als Grundherren allerdings versuchten sie, ihn für ihre eigenen Besitzungen einzugrenzen; auch waren sie zur Rücksichtnahme auf ihre Standesgenossen verpflichtet. Insofern unterstreicht die Spitzenstellung der Artikel über die Aufnahme von Hörigen in das *concivium* Münsters, wie aktuell diese Fragen für die Stadt im 12. Jahrhundert waren.

Wer in die Bürgerschaft Münsters aufgenommen wurde, war frei von allen grund- und leibherrlichen Bindungen. Nach dem mittelalterlichen Rechtssatz „Luft macht eigen“ trat er aber zugleich in neue Rechtsbeziehungen ein, nicht nur gegenüber der Bürgergemeinde, sondern auch gegenüber dem Stadtherrn. Die zahlreichen Bestimmungen über das „Heergewäte“ des Mannes und die „Gerade“ der Frau im münsterischen Stadtrecht müssen vor dem Hintergrund gesehen werden, daß der Stadtherr in Münster bis 1309 Anspruch auf diese Hinterlassenschaften eines verstorbenen Bürgers oder einer verstorbenen Bürgerin hatte – ähnlich wie in anderen Rechtsverhältnissen der Grund- oder Leibherr. Nach § 13 wurden als „Heergewäte“ ausgesondert „das beste Pferd, das des Mannes Eigentum war, sein Helm oder Eisenhut, sein Schwert, ein Sattel, Steigbügel, ein Zaum, die Streitaxt oder die Lanze. Der Panzer wird nicht dazugegeben; alle fertigen Kleider aber werden dazugegeben“. Als Gerade, als die ganz persönliche Habe der Frau, galt „das beste Bett, [. . .] Pfühl, Kissen, Tisch- und Leinenzeug [. . .], unverarbeitetes Gold – verarbeitetes wird nicht dazugegeben –, alle zugeschnittenen Kleider, aller gebrochene Flachs, – gewebtes Tuch wird nicht dazugegeben –, ungewebtes Garn wird hinzugegeben, ebenfalls die Truhe oder gewölbte Kiste und Busenkapsel“ [zit. nach 447: Engel, Stadtgründung, S. 169f].

Diese Formulierungen sind vermutlich erbrechtlichen Bestimmungen für ursprünglich vollfreie Bürger entnommen worden. Sie unterstreichen aber doch auch für alle wohlhabenden Bürger des 12. Jahrhunderts, daß man mit ihrer Wehrhaftigkeit rechnete, daß ein Bürger ein waffenfähiger Mann war.

Fragen der Stellung des Stadtherrn und der Verfassung der Bürgerschaft, die uns heute brennend interessieren würden, sind in der Rechtsweisung für Bielefeld nur am Rande und zum Teil nur indirekt angesprochen. Strafe zahlte, wer vor dem Stadtherrn oder seinem Richter einen tumultuarischen Auflauf *(tumultum)* anstiftete (§ 38); auch bestand die Verpflichtung, nach Aufforderung durch den Stadtherrn innerhalb bestimmter Fristen ein Urteil zu weisen. In eine Textschicht, die man nicht mehr auf Münster im späteren 12. Jahrhundert beziehen möchte, verweist die Wendung vom „Orts-“ oder „Dorfherrn“ *(dominus ville)*, dem nach Jahr und Tag die Habe eines verstorbenen Fremden zustand (§ 17).

Als Organ der Gemeindeverfassung wird in § 41 die Vollversammlung *(colloquium)* der Bürger indirekt genannt. Wir erfahren leider nichts von ihren Kompetenzen, ihrer Leitung oder den Modalitäten der Entscheidungsfindung, sondern nur von dem Strafgeld für diejenigen, die nicht teilnahmen.

Ausführlicher werden Strafrechtstatbestände abgehandelt. Die Delikte reichen von Tötung über schwere Körperverletzung bis zu Beleidigungen und werden mit Enthauptung, Abschlagen der Hand, Geld- und Ehrenstrafen wie Auspeitschen und Scheren der Haare geahndet. Kurios erscheint es uns heute, daß die Tötung oder Verkrüppelung mit einem Holzschuh *(cum patino)* eigens erwähnt ist (§ 19).

Speziellen Einblick in die Verhältnisse des 12. Jahrhunderts gibt in diesem Zusammenhang der § 21, in dem bestimmt wird, daß bei Wirtshausschlägereien der Richter dann nicht eingeschaltet werden muß, wenn die Streitenden sich wieder vertragen: Er zeigt, daß es im Münster des 12. Jahrhunderts Wirtshäuser *(tabernae)* gab. Im 12./13. Jahrhundert entwickelten sich Tavernen mit der Ausbildung der Städte in Europa allenthalben neu. Sie waren vornehmlich Schenken, dürften aber „auch Herbergen für die in ihnen verkehrenden Unterschichten" gewesen sein [2525: Peyer, Gastfreundschaft, S. 85].

Die mit dieser Wendung behauptete schichtenspezifische Unterscheidung läßt sich für das 12. Jahrhundert in dieser Weise treffen, weil für Fernkaufleute und andere zahlungskräftige Personen noch die älteren Formen von Gastfreundschaft und unentgeltlicher Gastlichkeit mit einer engen Bindung von Gastgeber und Gast andauerten. Der Fernkaufmann war *hospes,* „Gast"; er wohnte bei einem Geschäftspartner und wickelte von dessen Haus aus seine Geschäfte ab. Erst seit dem 13. und 14. Jahrhundert endete die „Kaufmannsgastlichkeit"; es begann die völlige Trennung in Privathaus, Markt und gewerbliches Gasthaus, die Trennung von Kaufmannschaft, Maklerei und Gastgewerbe [2525: Peyer, Gastfreundschaft, S. 76].

Die besondere Stellung dieser fremden Kaufleute, die ausdrücklich als „Gastfreund" (*hospes*) bezeichnet werden, spiegelt das münsterische Stadtrecht, in dem allein fünf Paragraphen davon handeln, wie bei Ansprüchen der Fremden gegenüber Bürgern (§ 28), bei Pfändung (§ 57), wie nach dem Auffinden gestohlenen Gutes (§ 40) und bei der Ladung (§ 49) bzw. dem Zeugenbeweis vor Gericht (§ 34) bei Gästen zu verfahren sei.

Indirekt ist mit diesen Paragraphen die Bedeutung des Fernhandels für Münster im 12. Jahrhundert belegt. Und in den knappen Fristen, die in zwei Artikeln genannt sind, glaubt man zu erkennen, daß für den Berufsstand des reisenden Kaufmanns schon im Mittelalter galt „Zeit ist Geld": „Wenn ein fremder Kaufmann *(hospes)* einen Bürger genau bezeichneter Schulden halber vorladen läßt, so befriedigt ihn der Richter, falls der Beklagte nicht erscheint, am Tage darauf aus Vermögensteilen des Schuldners" (§ 28). „Wenn ein Bürger die Habe eines fremden Kaufmannes *(hospes)* pfänden läßt, und dieser *am selben Tage* nicht vor Gericht erscheint, um sich zu verantworten, soll seine Habe 14 Tage lang beschlagnahmt bleiben" (§ 57).

Direkter wird die Bedeutung von Markt und Handel in Münster durch eine Regelung über Zollhinterziehung (§ 50) und besonders mit jener Bestimmung belegt, daß keiner „seinen Mitbürger am Markttage vor Gericht laden [soll]; wer es dennoch tut, soll zwei Schillinge Strafe bezahlen" (§ 30). Der Markttag war ein zentrales Ereignis für Münster, auf das sich alle Kräfte der Bürgerschaft ungehindert konzentrieren können sollten. Daher wurde „sogar die sonst alles andere in den Hintergrund drängende Tätigkeit der Gerichte" an diesem Tag möglichst ausgeschaltet [447: Engel, Stadtgründung, S. 175].

Nach der Überschrift des Inserts der Bielefelder Urkunde war das münsterische Recht für Bielefeld durch die Schöffen gewiesen worden. Sie handelten dabei als Urteiler im Stadtgericht; ihre Funktionen in der Stadt gingen aber höchstwahrscheinlich darüber hinaus. Denn das Schöffenkollegium war der Vorläufer des Rates und lenkte als solcher die Geschicke der Stadt. Wichtig ist in diesem Zusammenhang, daß die Schöffen das städtische Siegel führten. Gestützt wird diese Interpretation aber auch durch die Überlieferung zur Privilegierung Coesfelds im Jahr 1197. Denn auf Bitten der *cives* des *oppidum* hatte der Abt von Varlar den dort wohnenden Schöffen die Lenkung der entstehenden Stadt *(regimen ipsius oppidi)* übertragen [2767: Westfälisches Urkundenbuch 2, Nr. 559]. Da Coesfeld die Rechte von Münster erhielt, dürfte auch diese Regelung an den münsterischen Verhältnissen orientiert gewesen sein.

Demnach verfügte Münster am Ende des 12. Jahrhunderts über eine verfaßte Bürgergemeinde *(concivium)* mit eigenem Recht und einem Siegel. Verfassungsorgane waren die Vollversammlung aller Bürger *(colloquium)* und das Schöffenkollegium, das nicht nur Funktionen im Stadtgericht hatte, sondern auch Aufgaben der freiwilligen Gerichtsbarkeit wahrnahm und – nicht zuletzt – das *regimen,* die Lenkung der Geschicke der Stadt übernommen hatte. Münster war am Ende des 12. Jahrhunderts eine Stadt im Vollsinn – die allerdings das Verfassungsorgan des Rates noch nicht ausgebildet hatte.

Das Alter der einzelnen Verfassungselemente und des münsterischen Stadtrechts, das noch in der Bielefelder Fassung zwei Entstehungsschichten zu erkennen gibt, läßt sich nur annähernd näher bestimmen. Sicher galt es bereits vor den Regelungen, die Bischof Friedrich II. von Are mit dem Hochstiftsvogt, dem Grafen Heinrich von Tecklenburg, vor dessen Tod im Jahr 1157 über die Vogtei traf und die 1173 von Kaiser Friedrich I. nachträglich bestätigt wurden. Als Vögte waren die Tecklenburger der weltliche Arm für Bischof und Domkapitel, indem sie vor allem Gerichtsrechte wahrnahmen. Zu ihren Aufgaben gehörte auch die Vogtei *in civitate Monasteriensi,* auf die sie nach längerem Streit gegen Entschädigung für entgangene Einkünfte verzichteten. Künftig durften Bischof und Kapitel eine Person wählen, die anstelle des Hochvogts das Amt in Münster ausüben sollte.

Die Nennung der Vogtei in der Stadt Münster zeigt, daß die Bewohner des Stadtgebiets damals bereits aus dem Landgericht eximiert waren und eine eigene hohe Gerichtsbarkeit für die Stadt bestand. Sie wurde nach 1157 nicht mehr von den Grafen wahrgenommen, sondern von Stadtrichtern, die Bischof und Kapitel wählten. Es waren zu Anfang des 13. Jahrhunderts bischöfliche Ministeriale, und zwar die Ritter von Berdel.

Das münsterische Stadtrecht war – zumindest in Teilen – aus dem Marktrecht entwickelt worden. Das brauchen wir in Münster nicht zu erschließen, da Bischof Hermann II. 1183 die Existenz eines *ius forense* indirekt bezeugt und anerkennt. Er mußte damals erneut Streit über den Domburggraben zwischen Domkapitel und Bürgern *(cives)* schlichten. Dabei berief sich das Kapitel auf die Entscheidung Bischof Ludwigs vom Jahr 1169, während die Bürger ihre im einzelnen nicht genannten Ansprüche aus dem *ius forense,* dem „Marktrecht", herleiteten. Der Kontext der Urkunde legt nun nahe, daß sie dabei ein kaiserliches Privileg vorweisen konnten, das heute verloren ist. Denn Bischof Hermann entschied zwar im Sinne seines Vorgängers, betonte aber, aus „Respekt vor der kaiserlichen Autorität" keine Vollmacht hinsichtlich des *ius forense* beanspruchen zu wollen [2767: Westfälisches Urkundenbuch 2, Nr. 432]. Vielleicht hatten sich die münsterischen Bürger – zum Beispiel durch Friedrich I. Barbarossa – älteres Marktrecht erneut bestätigen lassen, auf das sie sich jetzt beriefen.

4. Dramatis personae – ein Rückblick

Wir möchten gerne genauer wissen, wer in dem Prozeß der Stadtbildung in Münster, der sich strukturell kaum von der Entwicklung in anderen Bischofsstädten unterscheidet, die handelnden Personen und Personengruppen waren. Wer machte den Anfang mit der Bebauung des Marktareals vor dem Nordosttor der Bischofsburg am Ende des 9. Jahrhunderts? Woher kamen die Kaufleute, die sich hier schließlich niederließen?

Offen ist auch, seit wann sich Marktbewohner in einer „Einung", einer „Gilde" zusammenschlossen und ob die dabei übliche Eidesleistung *(coniuratio)* zugleich ein Akt des Widerstandes gegen den bischöflichen Stadtherrn war. Politisch-militärisch handelnd treten die Bürger – zusammen mit den Ministerialen – für uns zum erstenmal 1203 deutlich hervor, als sie nach dem Tod Bischof Hermanns II. die Tore und Türme der Stadt besetzten.

Demgegenüber lassen sie sich in den in der Reichs- und Territorialpolitik begründeten Auseinandersetzungen zu Beginn des 12. Jahrhunderts noch nicht ausmachen. Denn vermutlich waren die *Monasterienses,* die „Münsteraner", die 1115 die Burg verteidigten und ihre Friedensvermittlung versprechen mußten, ganz oder teilweise mit jener Gruppe identisch, die nach der Eroberung der Burg 1121 in Gefangenschaft geriet: Adelige und Ministeriale.

So gesehen waren die Bürger bei der Belagerung von 1121 eher Betroffene als Handelnde. Folgt man der Auffassung von Prinz, daß die *casae,* die „einfacheren Häuser", deren Bewohner sich 1121 angesichts der drohenden Belagerung retten wollten, außerhalb der Burg standen, dann hätte das Feuer – bei Ost- oder Nordostwind – die Burgmauer übersprungen und schließlich auch den Dom ergriffen.

Diese Überlegungen bedeuten nicht, daß es damals nicht schon Gruppenbildung und Einung unter den Bewohnern der Marktsiedlung gegeben hätte oder daß diese Gruppe politisch indifferent gewesen wäre. Es ist vielmehr durchaus erwägbar, daß sie entschieden auf der Seite des Kaisers und Bischof Burchards stand, d. h. jener Kräfte, von denen sie die entschiedene Förderung ihrer Anliegen erwarten durfte. Unsere Quellen machen darüber nur keine sicher verwertbaren Aussagen. Denn die Behauptung der Bischofschronik, es habe einen Aufstand von Stadt und Domkapitel im Jahr 1119 gegen Bischof Dietrich gegeben, steht im Verdacht, spätere Verhältnisse auf das Geschehen des 12. Jahrhunderts zu projizieren.

Es gibt allerdings eine Erzählung in der Lebensbeschreibung Gottfrieds von Cappenberg, die in solche Zusammenhänge eigenen politischen Handelns der Bürgergemeinde gehören könnte: Der Autor berichtet für die Zeit vor dem Klostereintritt Gottfrieds, also vor 1124, vom Streit des Grafen mit den *cives Monasterienses* bzw. den *homines civitatis illius.* Mit diesen „Menschen jener Stadt" bzw. den „münsterischen Bürgern" kann er um 1150, als der Text verfaßt wurde, nur Angehörige der Bürgergemeinde, nicht mehr Bewohner der Burg gemeint haben. Bediente des Grafen hatten nun im Rahmen der Fehde in der Nähe der Stadt Vieh als reiche Beute weggeführt. Der Graf mißbilligte das – es wird als Zeichen seiner Frömmigkeit schon vor der *conversio* erzählt – mit der Begründung, in einer solchen Auseinandersetzung dürften nicht „Bauern oder irgendwelche Unschuldige" beraubt werden.

Gottfried von Cappenberg (1097–1127). Skulptur eines unbekannten Bildhauers im Domparadies (um 1240)

Wie die Bewohner der Marktsiedlung organisiert waren, wie sie sich artikulierten, welche Gruppe unter ihnen tonangebend war, bleibt also weiterhin im dunkeln. Sicher ist nur, daß dem wirtschaftlichen Faktor „Markt“ erhebliche Bedeutung zukam; er hielt mit dem *ius forense*, dem Marktrecht, auch schon wichtige Elemente des Stadtrechts bereit, das die Bürger – vermutlich zusammen mit dem Stadtherrn – entwickelten.

Wenn sich im 12. Jahrhundert erstmals deutlicher bürgerschaftliche Kräfte fassen lassen, so ist das sicher nicht nur in der günstiger werdenden Überlieferungslage, sondern auch im beschleunigten Entwicklungstempo begründet. Erinnert sei an den Ausbau der Kirchherrngasse, an die Markterweiterung nach Süden mit dem neuen Markt (Prinzipalmarkt) und der Bebauung des Burggrabens sowie die Gründung des Magdalenenhospitals.

Die Regierungszeit Bischof Ludwigs (1169–1173) tritt als Wendemarke hervor. Er mußte den Streit zwischen Bürgern und Domherren über die Nutzung des Befestigungsgrabens schlichten; zu seiner Zeit wurden die Rechte des Hochstiftsvogts – auch am Stadtgericht – abgelöst, und es sind nachweislich Bürger gewesen, die auf die Wiederaufnahme der Baupläne für die Ludgerikirche drängten. Erschließen darf man, daß die Errichtung der Stadtbefestigung, d. h. die militärische Sicherung des bürgerlichen Wohnbereichs, auf entschiedenes bürgerliches Drängen zurückging, so wie die Bürgerschaft nicht nur später zu den Verteidigungsaufgaben, sondern schon beim Bau in erheblichem Umfang herangezogen wurde.

Um 1180 treten uns dann erstmals Bürger mit Namen und Berufen entgegen. Außer den bereits im Zusammenhang mit der Urkunde für das Magdalenenhospital von

1184 Angeführten werden im gleichen Jahr in der Urkunde für Aegidii ein Weinhändler Gottfried und ein Kaufmann Wichard genannt. Ein vor ihnen stehender Wikbold Iuvenis und ein Wilhelm Steveninck in der Urkunde für das Magdalenenhospital von 1186 aber sind durch ihre Namen als „Angehörige von Familien" zu identifizieren, „die später am Markt und als Patrizier nachweisbar sind" [490: Kirchhoff, Erbmänner, S. 70]. Joseph Prinz hat daher angenommen, daß mit den letzten sieben Namen der Zeugenreihe dieser Urkunde die „erste überlieferte Schöffenliste der Stadt" vorliege [543: Prinz, Mimigernaford-Münster, S. 186 Anm. 137]: Wilhelmus Steninck, Ernestus, Helpradus, Fridericus, Godefridus, Henricus, Bernardus.

Das Verhältnis zum bischöflichen Stadtherrn scheint bis zum Ende des 12. Jahrhunderts weitgehend spannungsfrei gewesen zu sein. Eine Privilegierung des Marktes im 10. oder 11. Jahrhundert lag, wenn sie ausdrücklich und schriftlich erfolgt sein sollte, im beiderseitigen Interesse. Die geistliche Fürsorge des Bischofs für die Marktsiedlung zeigt sich in der Errichtung der Lambertikirche mit ihrer Pfarrei; sie war keine Kaufleutegründung, sondern der Bischof gründete die Pfarrkirche für die Siedlung vor der Burg, die darüber hinaus einen weiten ländlichen Sprengel versorgte.

Drei Bischöfe des 12. Jahrhunderts treten als ausgesprochene Förderer der aufstrebenden Stadt hervor: Burchard der Rote als Planer, Ludwig I. als entschiedener Fortsetzer und Hermann II. als Vollender [vgl. 476: Jakobi, Amtszeit Hermanns II.] – vor allem durch die Gründung der Pfarreien und als Stifter der Klerikerkonvente bei Ludgeri und Martini sowie des Zisterzienserinnenklosters bei St. Aegidii.

Hinsichtlich der Herkunft der Bürger sind wir bis zum Ende des 12. Jahrhunderts ebenfalls weitgehend auf Vermutungen angewiesen. Es ist völlig offen, ob und in welchem Ausmaß sich in Münster fremde Kaufleute niederließen oder in welchem Grad sich Kaufleute und Handwerker aus den Grundherrschaften, den *familiae*, von Bischof und Domkapitel emanzipierten und selbständig wurden.

Bezeugt sind, wie gesagt, die *enlope lude* aus Werdener Grundherrschaften. Es ist nicht zu kühn zu behaupten, daß auch aus anderen geistlichen und weltlichen Herrschaften Menschen in das *concivium*, die Bürgerschaft, aufgenommen wurden. Außerdem gibt es gute Gründe für die Annahme, daß gerade die führenden Schichten ministerialitätsverbunden waren bzw. aus der Ministerialität von Bischof und Domkapitel stammten. Jener Wulfhard, der sein Haus 1184 der Aegidiikirche überließ, war ein Ministeriale des Doms, der in einem Haus wohnte, das dem Stadtrecht unterlag und von dem Beiträge zu den Stadtlasten zu erbringen waren. Herkunft aus der Ministerialität wird auch für die sogenannten Erbmänner, das spätere Stadtpatriziat, dessen Hausstätten unter anderem auf der Westseite des Prinzipalmarkts nachweisbar sind, angenommen.

Die Lage ihrer Häuser unterstreicht, daß sie maßgeblich am Ausbau der Stadt beteiligt waren. Daher spiegelt sich in der Nachricht, daß 1203 *cives et ministeriales*, Bürger und Ministerialen, die Tore und Türme der Stadt besetzt hielten, viel von den politischen und sozialen Verhältnissen Münsters am Ende des 12. Jahrhunderts.

Quellen und Literatur

Die schriftliche Überlieferung zur frühen Geschichte Münsters ist ausgesprochen spärlich, da die älteren Urkunden des Doms wohl überwiegend beim Brand von 1121 verlorengingen und die chronikalische Überlieferung [371: Chroniken des Mittelalters] so spät einsetzt, daß sie für die älteren Epochen erhebliche quellenkritische Probleme bietet. Es ist daher kein Zufall, daß die älteste urkundliche Nennung Münsters im Kloster Werden [1992: Blok, Oudste oorkonden] erhalten blieb und auch der wichtige Text zu 889, den Rudolf Schieffer [559: Frühgeschichte des Domstifts] zuletzt edierte, aus dem Werdener Archiv vorliegt.

Im übrigen sind die erhaltenen Urkunden im Westfälischen Urkundenbuch [2767: Westfälisches Urkundenbuch 1–2] gedruckt. Die Urkunden des münsterischen Stadtarchivs hat Joseph Prinz ediert [416: Münsterisches Urkundenbuch]; für den Alten Dom ist die Edition von Klaus Scholz maßgebend [415: Urkunden des Kollegiatstifts].

Wie wichtig erzählende Texte für Einsichten in die Zusammenhänge sind, zeigen die Evangeliareintragungen zur frühen Geschichte des Überwasserstifts [2767: Westfälisches Urkundenbuch 1, Nr. 134], die Nachrichten zur Brandkatastrophe von 1121 und über ihren politischen Hintergrund in den rekonstruierten Paderborner Annalen [1931: Annales Patherbrunnenses], die Chronik Ekkehards von Aura [2037: Chronik Ekkehards], die Vita Gottfrieds von Cappenberg [2772: Vita Godefridi] und auch der *Libellus Monasteriensis de miraculis sancti Liudgeri*, den Wilhelm Diekamp zusammen mit den Liudger-Viten edierte [420: Vitae sancti Liudgeri]. Ein Glücksfall für das 12. und 13. Jahrhundert ist die Überlieferung des münsterischen Stadtrechts in der Bestätigungsurkunde für Bielefeld, die Gustav Engel ediert, übersetzt und kommentiert hat [447: Stadtgründung].

Die archäologischen Untersuchungen und Funde im Stadtgebiet, zu denen auch Münzen gehören, bieten wichtige eigene Ergebnisse und Ergänzungen zur Schriftüberlieferung. Ausführlich handelt Gabriele Isenberg über Aussagemöglichkeiten und deren Grenzen. Ausgewertet für den voranstehenden Beitrag wurden vor allem die Vorberichte und Zusammenfassungen von Philipp R. Hömberg [381: Ausgrabungen auf dem Domhof], Gabriele Isenberg [385: Asche-Gelände], Uwe Lobbedey [395: Jüngste Ausgrabungen], Manfred Schneider [407: Entwicklung der Kirchenbauten] und besonders Wilhelm Winkelmann [421: Ausgrabungen auf dem Domhof].

Die Grundlagen für die topographische Erforschung und die Darstellung der Geschichte Münsters bis in das 13. Jahrhundert hat Joseph Prinz gelegt, als er in seinem 1960 erstmals erschienenen Werk sowohl die Siedlungsgeschichte des Bischofssitzes und seiner Umgebung als auch die „topographische und verfassungsrechtliche Entwicklung“ mit intimer Literaturkenntnis aus den Quellen neu erarbeitete [543: Mimigernaford–Münster]. Karl-Heinz Kirchhoff hat dazu wichtige Ergänzungen geliefert [490: Erbmänner; 488: Bogenhäuser] und den Diskussionsstand 1981 zusammengefaßt [198: Abriß].

Die Geschichte der Bischofsstadt ist aufs engste mit der Geschichte des Bistums, seiner Bischöfe und des Domstifts verbunden. Grundlegend ist immer noch das Handbuch des Bistums Münster von Heinrich Börsting und Alois Schröer [2012: Handbuch Bistum Münster]. In seiner Kölner Dissertation hat Hans-Josef Weiers Studien vor allem für das 11. und 12. Jahrhundert vorgelegt [590: Geschichte des Bistums]. Wichtige neue Akzente zu einzelnen Bischöfen setzen Wilhelm Kohl [504: Burchard der Rote] und vor allem Franz-Josef Jakobi [476: Amtszeit Hermanns II.]. – Eine zusammenfassende Darstellung zur Geschichte des Domstifts hat Wilhelm Kohl vorgelegt [206: Domstift], in die die Untersuchungen zum Grundbesitz des Domkapitels von Ulrich Herzog [469: Geschichte des Domkapitels] einbezogen sind. Rudolf Schieffer hat seine Darlegungen zur Frühgeschichte des Domstifts [559: Frühgeschichte des Domstifts] in einer instruktiven Skizze weitergeführt [558: Anfänge des Domstifts].

Charakteristisches Kennzeichen für die Geschichte des Bischofssitzes im 11. und wieder im 12. Jahrhundert ist die Gründung von Stiften und Klöstern. Für die Geschichte von Überwasser ist immer noch grundlegend die Arbeit von Rudolf Schulze [304: Frauenstift]. Für die übrigen gibt es Jubiläumsschriften, in die die Geschichte der jeweiligen Pfarrei einbezogen ist, so für St. Mauritz von Werner Dobelmann [1861: Münster-St. Mauritz]. Zu diesem Stift hat Antonia Bösterling-Röttgermann ihre ältere Untersuchung 1990 überarbeitet und zum Druck gebracht

[435: Kollegiatstift], und Hildburg und Uwe Lobbedey haben die Ergebnisse der Forschung, vor allem zur Bau- und Kunstgeschichte, knapp zusammengefaßt [230: St. Mauritz]. Bezüglich der Stifte Ludgeri und Martini sind hier einschlägig die Aufsätze von Joseph Prinz [541: Anfänge des Ludgeriviertels] und Alois Schröer [297: Geschichte von St. Martini]. Zu „Stiftung und Stiftern" des Zisterzienserinnenklosters St. Aegidii ist der Exkurs von Paul Leidinger heranzuziehen [2387: Gründung].

Für Einzelfragen der Stadtgeschichte sind mit Gewinn die Zusammenfassungen und Interpretationen zu benutzen, die in der Reihe „Geschichte original" vorgelegt wurden. Genannt seien hier nur Diethard Aschoff [24: Juden in Münster], Clemens von Looz-Corswarem [52: Hansestadt] und Otto-Ehrenfried Selle [425: Mimigernaford–Monasterium].

Für die Beantwortung sozialgeschichtlicher Fragen ist die Überlieferung sehr dünn bzw. stehen neuere grundlegende Quellenstudien aus. Zu den Erbmännern und zu ihrer Herkunft ist jetzt Wolfgang Weikert heranzuziehen [342: Erbmänner]. Sehr wichtig erscheint mir der Beitrag von Leopold Schütte [571: Enlope lude].

Von der vergleichend herangezogenen Literatur seien hier nur das von der Methode und den Ergebnissen her überaus wichtige Buch von Ursula Hoppe [2237: Paderborner Domfreiheit] sowie die Zusammenfassung für Paderborn von Manfred Balzer [1945: Siedlungsgeschichte Paderborns] genannt. Zur Einordnung der Stiftsgründungen und zur Bedeutung der Kirchweihe für die mittelalterlichen Herrscher sind immer noch Erich Herzog [2214: Ottonische Stadt] und Karl Josef Benz [1970: Politische Bedeutung der Kirchweihe] maßgeblich. Grundlegend für alle Fragen der Gastung und der Entstehung eines Gastgewerbes, hier vor allem für die Beherbergung des reisenden Kaufmanns, ist die Darstellung von Hans Conrad Peyer [2525: Gastfreundschaft].

WILFRIED EHBRECHT

Rat, Gilden und Gemeinde zwischen Hochmittelalter und Neuzeit

1. Der Abschluß der mittelalterlichen Stadtbildung und die Ausprägung des Stadtrechts – 2. Stadtherr und Bürger – oder: Wem gehört die Stadt? – 3. Elemente der verfaßten Bürgerschaft – 4. Auf dem Weg zu einer Gildeverfassung – 5. Die Stadt in den Regionalkonflikten der Mitte des 15. Jahrhunderts (Soester Fehde und Münsterische Stiftsfehde) – 6. Die verfaßte Bürgerschaft an der Schwelle zur Neuzeit

1. Der Abschluß der mittelalterlichen Stadtbildung und die Ausprägung des Stadtrechts

Bischof Hermann II. (1174–1203) als „Baumeister" von Stadt und Stift Münster

In dem in der Reichspolitik erfahrenen, von Zisterzienser- und Kreuzfahrtidealen geleiteten Bischof Hermann II. aus dem Hause Katzenelnbogen sahen die Chronisten des spätmittelalterlichen Münster den Erneuerer von Hochstift und Stadt nach der Zäsur der sächsischen Wirren, die in Münster im Brand des Doms und der umgebenden Siedlungen im Jahr 1121 ihren Höhepunkt fanden: Territorialpolitisch verbanden sie mit seiner dreißigjährigen Regierungszeit den Bau der Burgmannssiedlung Nienborg, eine Verständigung mit dem 1173 der Hochvogtei verlustig gegangenen Tecklenburger über die Burg Haren an der Ems und die zur Begrenzung der Macht des Grafen im Emsraum gemeinsam mit seiner Schwester (nach einer unzuverlässigen späten Überlieferung hieß sie Kunigunde) vorgenommene Anlage von Landegge. Wie wir heute wissen, handelte es sich dabei um eine Marktgründung, die sich jedoch im hart umkämpften Verbindungsraum von Münsterland und Emsmündungsgebiet – einem Kernziel bischöflicher Territorialbildung – nicht durchsetzen ließ; ein großer runder Turm erinnerte im Spätmittelalter noch an diese Fehlgründung. Unter die Maßnahmen zur Sicherung und Erweiterung der bischöflichen Einflußsphäre nach Norden kann man auch die Förderung des Frauenstifts Langenhorst (1178) zählen.

In die Regierungszeit Hermanns II. setzten die Chronisten einen Zug gegen die mit den Tecklenburgern im nördlichen Westfalen konkurrierenden Ravensberger, bei dem der Bischof Bielefeld belagert haben soll – ein Ereignis, das die Forschung in die durchaus unübersichtlichen Kämpfe Heinrichs des Löwen gegen die „Stauferpartei" in Westfalen einordnet. Wie dem auch sei, der Bischof, der ja zeitweilig Kanzler Barbarossas war, verdankte dem Sturz des Löwen seine herzogsgleiche Stellung im Hochstift Münster, über das die Gelnhauser Urkunde bei der Neuregelung der Herrschaftsverhältnisse im ehemaligen Herzogtum Sachsen im Jahr 1180 keine Verfügung getroffen hatte. Die Chronisten verknüpften diese vom Reich gewollte Vorrangstellung des münsterischen Bischofs schon mit dem Romzug 1162: „Und Hermannus beheylt dar van den keyser, dat he und al syne navolger solden wesen und geheyt werden vorsten, und beheylt dar van den keyser vor sich und al syne navolgers vele

Die Kirche des Zisterzienserklosters Marienfeld und seine Stifter und Wohltäter (links mit dem Bischofsstab Hermann II. von Katzenelnbogen). Historisierendes Gründungsbild aus dem späten 18. Jahrhundert

anders vryes rechtes und herlicheit“ [371: Chroniken des Mittelalters, S. 112]. Obwohl die chronologische Darstellung im einzelnen verworren ist und Hermann in den Jahren nach dem Sturz des Löwen und dem Thronstreit von 1198 resignierte – er zog sich in die von ihm mitgegründete Zisterze Marienfeld zurück –, ist doch sicher, daß seine Herrschaftspolitik – die Chronisten gaben ihm den Beinamen *pius* oder „de mylde“ – die Grundlagen für die bischöfliche Territorialbildung legte. Erstmals nannte sich der Bischof von Münster zwar erst 1271 Herzog in seiner Diözese, doch war dies nur der späte Reflex auf eine hundertjährige Entwicklung.

Dieser territorialgeschichtliche Aufriß weist auf den Handlungsspielraum des Bischofs von Münster in einer Zeit hin, als überall im Reich um den Übergang von personaler zu regionaler Herrschaft, um die Verdichtung von Machtsphären zu Territorien, um die Verdrängung konkurrierender Herrschafts- und Amtsträger gerungen wurde. Es formierten sich im 11. und 12. Jahrhundert die im Reichs- und Fürstendienst aufsteigende Ministerialität sowie das Bürgertum; letzteres vermarktete die Produkte der Grundherrschaften, versorgte diese mit Bedarfs- und Luxusgütern, erschloß neue Wirtschaftsräume und organisierte Handel und Gewerbe in den entstehenden städtischen Zentren. Der mit der industriellen Revolution des 19. Jahrhunderts vergleichbare Strukturwandel der mittelalterlichen Gesellschaft und ihrer Lebensformen hatte bei aller Offenheit der Entwicklungsstränge auch im Hinblick auf die Territorialbildung um 1200 einen Standard erreicht, der als Maßstab weit über das Spätmittelalter hinaus gültig blieb. Im Rahmen der Geschichte der Stadt Münster ist das leicht ablesbar an Grund- und Aufriß, d. h. an der spätromanischen Stadtgestalt. Der Abschluß der Gemeindebildung und die Organisation ihrer Institute führten naturgemäß erst später zur Verschriftlichung politischer Willensbildung und politischen Handelns. Die deshalb noch geringe schriftliche Überlieferung für diese Zeit, die zudem im 16. Jahrhundert stark beeinträchtigt wurde, läßt darüber hinaus nur ein lückenhaftes Bild dieser Entwicklungen zu.

Um so bedeutsamer ist das Wissen der spätmittelalterlichen Chronisten, das zum Teil sicher mündliche Tradition widerspiegelt, aber auch Vorstellungen in die Zeit um 1200, also in die „Sattelzeit" Bischof Hermanns, projiziert. Leider fehlt uns für Münster in diesem Zusammenhang ein spezifisch bürgergemeindlicher Blick, da uns nur eine stiftisch-regionale Historiographie, nicht eine städtisch-lokale überliefert ist, wenn man von der Chronik Arnd Bevergerns und den Bearbeitungen und Fortsetzungen des 15. Jahrhunderts absieht. Bei Arnd Bevergern aber werden gerade Vorstellungen über die Bildung der Bürgergemeinde nicht mitgeteilt; sie hätten dann auch nach Kenntnis der heutigen vergleichenden Forschung nicht die staufische, sondern die karolingische oder salische Zeit in den Vordergrund gestellt. So läßt sich nur in Analogie zur Entwicklung in anderen Städten des Typs „Bischofsstadt" vermuten, wann die städtische Freiheit in Münster ausgebildet war. Eine *coniuratio*, eine Schwureinung, wie in Köln ist für die salische Zeit in Münster nicht erwiesen, jedoch dürfte beim Übergang zu den Staufern mit einer entsprechenden Autonomie gerechnet werden. Sicher hatte die Stadt am Ende des 12. Jahrhunderts verfassungsrechtlich städtische Qualität erreicht. Als Beleg dafür kann gelten, daß Bischof Hermann Coesfeld 1197 aus dem Landgericht eximierte und dem Ort münsterisches Stadtrecht verlieh.

Ohne Zweifel war also der Prozeß der Stadt- und Gemeindebildung Münsters in Hermanns Zeit vollendet. Seine Politik entsprang einem Programm, das im Ausbau der Bischofsstadt Gestalt gewonnen hat. Nach dem Zeugnis der Chronisten erneuerte er den seit der Zeit Lothars III. zerstörten Dom, errichtete Westwerk und Türme aus eigenen Mitteln und verbreiterte die materielle Basis der Bischofskirche. Ebenso sichtbaren Ausdruck fand dieses Programm in der Anlage von St. Martini (1217 bestätigt) im Norden und St. Ludgeri (vor 1185) im Süden des Doms, die in Verbindung mit Überwasser und St. Servatii die vom Kreuz bestimmte „Sakrallandschaft" des Bischofssitzes vollendeten. Ganz anders als in der vorbildhaften ottonischen Stadt gehörte zu diesem Programm der „geistlichen Stadt" stauferzeitlicher Prägung die große, erst 1278 geschlossene Stadtmauer, die die verfaßte Bürgergemeinde mit ihren Wohn- und Arbeitsplätzen ebenso schützte wie die Immunitäten: Allein das Stift St. Mauritz blieb vor der Stadt, während Überwasser mit seiner städtischen Teilsiedlung einen eigenen, aber eng mit dem altstädtischen Zentrum verbundenen Weg ging. Aus heutiger Sicht mag man für die Zeit Hermanns aber auch eine „Verbürgerlichung" der „geistlichen Stadt" annehmen: Statt des Doms rückte die „Stadtkirche" St. Lamberti mit Rathaus und Märkten in den Mittelpunkt eines von St. Martini und St. Ludgeri sowie St. Aegidii (vor 1202) gebildeten Kreuzes. Wie dem auch sei, Hermann hat in jedem Fall die Förderung des Bürgertums gewollt. Die Chronisten formulierten: *Hic permisit restaurare civitatem Monasteriensem muris et portis* oder „Dosse lovede wedder to makene de stat van Monster myt muren und myt porten" [371: Chroniken des Mittelalters, S. 26f, 111]. Die Nachricht von einer früheren, angeblich zu Zeiten Bischof Dietrichs zerstörten Stadtbefestigung, die dann erheblich weniger an Stadtfläche umschlossen haben müßte, bezog sich in Wirklichkeit wohl auf den Stadtbrand im Jahr 1197.

Die Frage, wem Bischof Hermann die Erlaubnis zum Wiederaufbau der Stadt gab, führt schnell an die Grenze der Quellenanalyse. Für die spätmittelalterlichen Chronisten dürfte es die Bürgergemeinde von Münster gewesen sein, die zu diesem Bauprogramm ihren Teil beitrug. Ihnen war selbstverständlich, was uns für die Zeit Hermanns verfassungsgeschichtlich so wichtig ist: Die Erlaubnis des Bischofs setzte die Bürger als handelnde Vertragspartner voraus, was im selben Maße auch die Verfügung über einen Katalog eigener Rechte und Gewohnheiten einschloß. Genau dies ist der Kern eines mittelalterlichen Stadtrechts, das Freiheit und Verfassung der Bür-

Grabplatte Bischof Hermanns II. in der Klosterkirche Marienfeld

ger regelte. Ob das in mündlicher oder schriftlicher Form geschah, ist zwar ein umstrittener Gegenstand stadtrechtlicher Forschung, für das Selbst- und Fremdverständnis, für die Verfassung und Rechtswahrung der Gemeinde in dieser Zeit jedoch noch relativ unerheblich.

Münsters Stadtrecht um 1200 und das Weistum für Bielefeld

Graf Otto IV. von Ravensberg bestätigte 1326 seiner Stadt Bielefeld Stadtrechte nach dem Vorbild Münsters [2766: Urkundenbuch Bielefeld, Nr. 4]. Als das Recht, das in der Bischofsstadt galt, wiesen die münsterischen Schöffen das im Privileg des Grafen inserierte Recht: *Hoc civile jus exercetur in civitate Monasteriensi* (Dieses bürgerschaftliche Recht gilt in der Stadt Münster). Diese *lex municipalis* wurde durch gemeinsamen Beschluß der Schöffen *(communi consensu scabinorum)* ausgefertigt und mit dem Stadtsiegel ebenso wie durch die namentliche Aufführung der Schöffen als Zeugen am Schluß beglaubigt. Die Überlieferung des Weistums in einem gräflichen Privileg des 14. Jahrhunderts bringt es mit sich, daß das Siegel nicht erhalten ist. Diese sekundäre Überlieferung erzwingt die Frage, wann die münsterischen Schöffen Bielefeld „ihr" Stadtrecht gewiesen haben.

Auf verschiedenen, sich gegenseitig stützenden Wegen hat die Forschung bisher eine zeitliche Einordnung versucht. Einmal bezieht sich Graf Otto auf ältere Übertragungen seiner Vorfahren, so daß mindestens die Zeit seiner Großeltern anzusetzen ist. Zum anderen lassen sich die genannten Namen der zwölf(!) Schöffen in Urkunden aus der ersten Hälfte des 13. Jahrhunderts nachweisen. Schließlich ist ein Siegel der Stadt von 1231 erhalten. Zu wenig berücksichtigt wurden aber die Vorurkunden des Privilegs von 1326: Nach einer inzwischen verschollenen Abschrift des 14. Jahrhunderts hatte Graf Otto III. 1287 ebenfalls die Freiheiten Bielefelds bestätigt, die seine Vorfahren ihrer Stadt verliehen hatten. Bestätigt sich damit auch die Verleihung des münsterischen Stadtrechts *(ius civile civitatis Monasteriensis, quod etiam prenominata civitas nostra habuit a dictis antecessoribus nostris confirmavimus)* [2766: Urkundenbuch Bielefeld, Nr. 161], so fehlt doch die Auflistung der einzelnen Rechte. Warum es dazu in Bielefeld kam, vielleicht erstmals im Jahr 1326, ist eine aus der Stadtgeschichte Bielefelds und durch die vergleichende Forschung zu beantwortende Frage. Für Münster läßt sich textlich die Zeit bis um 1200 nicht überbrücken.

Außerdem sind uns in verschiedenen Fällen Rechtsübertragungen aus der ersten Hälfte des 13. Jahrhunderts bekannt. Sie haben aber nicht die Form des Weistums, sondern sind allesamt bischöfliche Privilegien, die – wenn überhaupt – in wenigen Artikeln das Stadtrecht der Bischofsstadt referieren. Entscheidend ist jedoch, daß umfangreiche Rechtskodifikationen bei alten, gewachsenen Städten wie Münster durchaus außergewöhnlich sind, während bei Neuanlagen oder beim Ausbau älterer Kerne der innovatorische Charakter solcher Privilegien durch den Stadtherrn genutzt wurde, zum Beispiel in Freiburg im Breisgau in der ersten Hälfte des 12. Jahrhunderts oder in Lippstadt vor 1220. Für Hamm nimmt man sogar die Verbindung eines solchen Privilegs mit einem Weistum für die zwanziger Jahre an. Aber Bischofsstädte wie Osnabrück, Paderborn, Minden und Köln oder die Reichsstadt Dortmund zeichneten ihr Recht erst sehr viel später auf, als auch für sie eine schriftliche Fassung zunehmend Beweischarakter erhielt. Im Gegensatz zu den sogenannten Gründungsstädten haben also Städte mit alten Wurzeln lange vermieden, ihre Rechte im einzel-

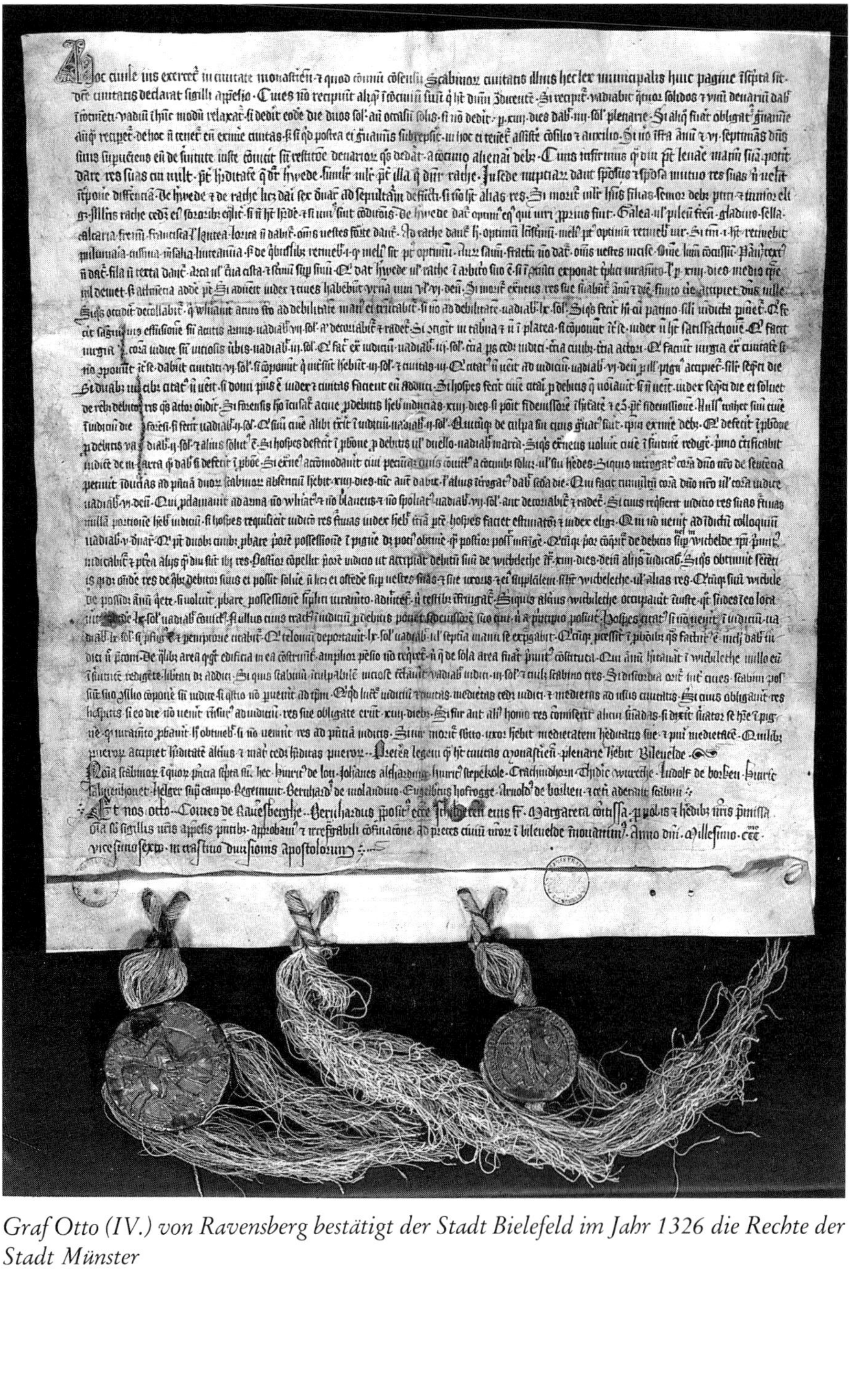

Graf Otto (IV.) von Ravensberg bestätigt der Stadt Bielefeld im Jahr 1326 die Rechte der Stadt Münster

nen zu kodifizieren. Von Dortmund ist uns mit dem Weistum für Memel (um 1252) eine Rechtsmitteilung von der Art erhalten, wie sie für Münster vermutet wird. Allein Soest – um im rheinisch-westfälisch-sächsischen Raum zu bleiben – zeichnete sein Stadtrecht in den zwanziger Jahren auf der „Alten Kuhhaut" auf, weil es auf diesem Weg hoffen konnte, im Kampf mit dem erzbischöflichen Stadtherrn Engelbert von Berg zu bestehen.

Wie dem auch gewesen sein mag, für das Beispiel Münster sind zwei Forschungsergebnisse vergleichender Stadtrechtsuntersuchungen wichtig: Zum einen sagt die Rechtskodifikation bei diesen sogenannten Mutterstädten nichts über das Alter der einzelnen Rechte aus. Im Soester Stadtrecht wuchsen Gewohnheitsrechte und Privilegien zusammen und vermischten sich, wurden bis zur Kodifizierung mündlich tradiert. Seine Rechte gehen sicher in Teilen auf das 11., wenn nicht sogar auf das 10. Jahrhundert zurück. Zum anderen umfaßten solche Rechtsmitteilungen nie das gesamte Stadtrecht, sondern gaben nur Erläuterungen zu strittigen Fällen oder wiesen einen Orientierungsrahmen – wie überhaupt die Rechtsübertragung erst einmal bedeutete, bei Rechtsunsicherheit in der Mutterstadt anfragen zu dürfen.

So kann das münsterische Stadtrecht in der Bielefelder Überlieferung auf keinen Fall als das „gesamte" Stadtrecht aus dem beginnenden 13. Jahrhundert gelten. Auch wenn die überlieferungsgeschichtlichen Kritikpunkte den zeitlichen Ansatz nicht ausschließen und die Zeit Bischof Hermanns als entscheidender Schnittpunkt in der Verfassungsentwicklung eingeschätzt werden muß, so umfaßte das münsterische Stadtrecht damals mit Sicherheit mehr Rechte als die in der Bielefelder Urkunde des 14. Jahrhunderts aufgeführten, und es entstammte in einzelnen Teilen sicher der ersten Hälfte des 12. Jahrhunderts. Ältere, salische Wurzeln sind analog zu den Marktprivilegien vergleichbarer Bischofs- und Stiftsstädte sogar wahrscheinlich.

Gerade am Marktrecht läßt sich zeigen, daß der Umfang der städtischen Rechte Münsters erheblich über das Bielefelder Weistum hinausgegangen sein muß. Von der doch für die Bürgergemeinde so wichtigen Regelung des Marktes ist nämlich keine Rede. Ebenso ist für Münster das in der Regel ursprünglich dem Bischof verliehene typische Markt-, Münz-, Zoll- und Immunitätsprivileg nicht überliefert, an dem die Bürgergemeinden von Bischofsstädten schrittweise soweit partizipierten, daß dem Ortsherrn schließlich nur noch ein nominelles Oberrecht blieb. Im Hinblick auf das Marktwesen kann das in Münster nicht anders gewesen sein; im Hinblick auf Zoll- und Gerichtsorganisation sehen wir das Eintreten der Schöffen in die Rechte des Bischofs im 13. Jahrhundert, während die Münze immer in der bischöflichen Verfügungsgewalt blieb. Aber auch hier ließ die Verfassungswirklichkeit viele Varianten zu.

Das in Bielefeld überlieferte münsterische „Teilrecht", das also lediglich einen Mindestsatz des münsterischen Stadtrechts der Zeit um 1200 erfaßte, bezog sich zuerst auf die Bürgeraufnahme, die nicht gegen den Willen des jeweiligen Herrn erfolgen konnte. Hörige bzw. „enlope lude" oder *soli vagi* (= Alleinlaufende), die nicht im Besitz einer Hufe waren, deshalb den Hofverband verlassen durften, aber zinspflichtig blieben [571: Schütte, Enlope lude], beeinträchtigten damals die münsterische Territorialpolitik offensichtlich besonders. An den ersten Satz des Bielefelder Weistums schließen sich Bestimmungen zum Erbrecht, zur Lösung von Streitfällen und Schuldforderungen, zum Strafrecht und Grundbesitz an. Die Befreiung von „Heergewäte" und „Gerade" als Todfallabgaben ist selbstverständlich; ihre Erwähnung bedeutete aber eine Erinnerung an den herrschaftlichen Zusammenhang, aus dem die Bürgergemeinde herausgewachsen war. Typisch ist der Katalog von möglichen Körperverletzungen mit einem abgestuften Bußsystem. Grundbesitz wird nach Weichbildrecht ausgegeben und erinnert damit ebenfalls an die ortsherrschaftliche Herkunft der Parzellen.

Kein Wort – und auch das ist wieder typisch – wird über die Schöffen- bzw. Ratsverfassung, also die Verfassung der Stadt verloren. Nur indirekt klingt an, daß etwa die Schöffen bei Streitigkeiten unter den Bürgern vermitteln konnten. Damit zeichnet sich eine städtische Gerichtsbarkeit ab, die von den Schöffen als der politischen Führung wahrgenommen wurde. Daneben bestand aber das Stadtgericht, das stadtherrlich war und erst in den folgenden Jahren durch Beisitzer aus dem Schöffenkreis unter städtische Kontrolle kam. Die Gerichtsgefälle wurden in diesen Prozessen zwischen dem Richter und der Stadt geteilt, die sie zu ihrem Nutzen, d. h. – so setzen wir hinzu – für öffentliche Aufgaben, insbesondere für die Stadtbefestigung, verwenden durfte. Gerade im Schöffeninstitut äußerte sich die langsame Emanzipation der Bürgergemeinde aus dem Herrschaftszusammenhang des Bischofs, da dieses ursprünglich sicher ein Gerichtsinstitut des Ortsherrn war. In der weiteren Geschichte der sich emanzipierenden Bürgergemeinde wuchs den Schöffen geradezu zwangsläufig die politische Führung zu, da sie die personelle Brücke zwischen dem Stadtherrn und der Bürgergemeinde darstellten. Bald bestand zwischen den Funktionen eines Schöffen- und eines Ratskollegiums kein Unterschied mehr, ja die Begriffe wurden synonym gebraucht.

Voraussetzung für den Zugriff der Stadt auf das Stadtgericht war die Ablösung der tecklenburgischen Hochvogtei 1173, wonach der Graf und seine Amtsnachfolger keinerlei Ansprüche aus der Vogteigewalt *(advocatia) in civitate Monasteriensi et in episcopi curia vel in prebendis fratrum,* also weder in der Bischofsstadt noch auf dem bischöflichen Haupthof (dem Bispinghof) oder den Pfründen der Domherren, ableiten durften [2760: Urkunden Friedrichs I., Nr. 599]. Damit korrespondierte das Gerichtsstandsprivileg *(ius de non evocando),* das den Bürgern die Verhandlung aller Streitfälle vor dem Stadtgericht zugestand. Ein solches Privileg ist zwar ebenso wie ein Marktprivileg für diese Zeit nicht erhalten, war aber spätestens für die zweite Hälfte des 13. Jahrhunderts selbstverständlich, so daß auch die bischöflichen Landstädte – Coesfeld (1234), Dülmen (1311) – darüber verfügten.

Fassen wir die Beobachtungen und Überlegungen noch einmal zusammen: Baumaßnahmen nach 1197, die Gliederung in neue Kirchspiele, die Nennung des *ius civile* bei der Privilegierung Coesfelds (1197) oder Bocholts (1222), schließlich ein Stadtrechtsweistum für die neue ravensbergische Stadt Bielefeld, die angeblich selbst (gemeint war vielleicht die Sparrenburg) in den Territorialkämpfen Hermanns eine Rolle spielte, sowie das Wissen der spätmittelalterlichen Chronisten um die Bedeutung der Zeit Hermanns für Stadt und Stift, schließlich Ergebnisse moderner vergleichender Städteforschung, die für das stauferzeitliche Europa ein differenziertes Geflecht von Typen und Schichten der Stadtbildung erarbeitet hat – all das zwingt zu dem Urteil, daß Münster seinen aus liudgerianischen Wurzeln beginnenden, in ottonischer, vor allem aber spätsalischer Zeit durch qualitativ und quantitativ wichtige Etappen markierten Prozeß der Stadtbildung sowohl topographisch als auch sozial-

und verfassungsgeschichtlich in der Zeit Bischof Hermanns abgeschlossen hatte. Etwa seit den sechziger Jahren des 12. Jahrhunderts besaßen die Bürger in Münster einen Bestand an Freiheiten und Rechten, der dem Standard der insgesamt in der kommunalen Bewegung führenden Bischofsstädte entsprach und sicher weit mehr umfaßte - obwohl nicht eigens formuliert - als das Bielefeld mitgeteilte Weistum. Wenn die spätmittelalterlichen Chronisten aber in der Stauferzeit die Zeit von Kaiser und Fürsten, nicht jedoch die der Städte sahen, sie also über die Emanzipation Münsters von seinem bischöflichen Stadtherrn für die Zeit Hermanns keine Bemerkungen machten, so lag in diesem Fall der Grund in den „partnerschaftlichen" Beziehungen zwischen Stadt und Bischof, die vom allgemeinen Bild durchaus abwichen. Dieses aber scheint sich auch im topographisch-baulichen Befund widerzuspiegeln: Die politische Führung der Stadt zog vom „Kerspelhus" (später: Krameramtshaus) an St. Lamberti zur 1250 erstmals urkundlich genannten *domus civium* an der stauferzeitlichen Plananlage des neuen Marktes (später: Prinzipalmarkt) um, dem späteren hochgotischen Rathaus mit seinem vieldeutigen Figurenprogramm an der Schauseite, das mit dem neuen Michaelistor vielleicht eher korrespondierte als konkurrierte.

2. *Stadtherr und Bürger – oder: Wem gehört die Stadt?*

Auch unter Hermanns Nachfolgern, Otto von Oldenburg (1203–1218), Dietrich von Isenburg (1219–1226), Ludolf von Holte (1226–1247), Otto zur Lippe (1247–1259), Wilhelm von Holte (1259–1260), Gerhard von der Mark (1261–1272) und Eberhard von Diest (1275–1301), prägte – trotz immer wieder aufbrechender Konflikte – die Bereitschaft zur Kooperation mit dem Bischof die Geschichte der Stadt im weiteren 13. Jahrhundert. Es war eine Kooperation, die es der Stadt angesichts der Absetzung eines Bischofs (Dietrich von Isenburg) und vor dem Hintergrund zweier Doppelwahlen (Otto von Oldenburg und Eberhard von Diest) ermöglichte, ihren eigenen Handlungsspielraum kontinuierlich zu vergrößern, bis sie in den Krisenjahren nach der Amtszeit Gerhards von der Mark die Beziehungen zu ihrem Stadtherrn auf eine vertragliche Basis stellen konnte (1278). Zu diesem sich langsam zugunsten der Bürger ändernden Kraftfeld gehörten als eigene Faktoren ebenso das Domkapitel, die aus der Ministerialität erwachsende Ritterschaft und bald auch die Kleinstädte des Hochstifts, die alle halfen, die Machtpositionen auszutarieren. Man konnte so aus der Zwischenlage des Münsterlandes zwischen den Küstenlandschaften an Nord- und Ostsee und dem Rheingebiet einerseits sowie den niederländischen Landschaften im IJsselgebiet und dem Hellwegraum andererseits Nutzen für Stadt und Stift ziehen (seit der Zeit Heinrichs des Löwen gewannen vor allem die Verbindungen in den Ostseeraum an Bedeutung). Die Funktion Münsters als geistliches Zentrum einer zweigeteilten Diözese sowie seine Funktionen als wirtschaftlicher Brückenort, als Vorort im Münsterland und Partner nur weniger in Westfalen konkurrenzfähiger, gleichrangiger Städte in der werdenden Hanse (Smolensker Vertrag 1229) steigerten sich wechselseitig und leiteten die spätmittelalterliche Geschichte der Stadt. Die vielfachen sozialen Verflechtungen ihrer Bürger, insbesondere ihrer Elite, mit dem Stiftsadel und dem „Hansebürgertum" erlaubten es dem jeweiligen Bischof nicht, längere Zeit gegen „seine" Stadt Politik zu machen. Viel-

Dietrich von Isenburg, Bischof von Münster (1219–1226). Skulptur im Domparadies

mehr versprach eine Gleichgerichtetheit der Interessen, die oft genug eine Unterordnung der bischöflichen Interessen unter die städtischen gewesen sein dürfte, noch immer den größten Nutzen. Andererseits vermochte auch die Bischofsstadt vom kontinuierlichen Ausbau des Territoriums bis zum Ausgang des Mittelalters zu profitieren.

Die Freiheit einer Stadt ist begründet in der Freiheit der Bürger, über mobiles und immobiles Vermögen zu verfügen, es zu verkaufen und zu vererben. Grundbesitz berechtigte zum Tragen von Waffen, zur Verhandlung vor Gericht, zur Migration. Da aber der städtische Grund zunächst dem Stadtherrn, dem Bischof oder dem Domkapitel, gehörte, mußten diese Rechte erworben und durchgesetzt werden, wobei eine finanzielle Ablösung oder eine dauernde Leistung als „Rekognitionszins" dem Stadtherrn als „Äquivalent" blieb. In Münster wurden Wortzinse (Hausstättengelder) von einzelnen Parzellenbesitzern noch bis weit in die Neuzeit an den Bischof gezahlt.

In welchem Ausmaß es überhaupt Eigengut in der Stadt gegeben hat, wissen wir nicht. Das „Stadtrecht" [2766: Urkundenbuch Bielefeld, Nr. 4] spricht immer wieder vom Weichbildgut, ja von der Stadt als Weichbild (Artikel 53): *Qui annum habitaverat in wicbilethe nullo eum in servitutem redigente, libertati debet addici* (Jeder, der ein Jahr im Weichbild gewohnt hat, kann nicht in herrschaftliche Abhängigkeit gezwungen werden, sondern ihm steht die städtische Freiheit zu). Während der Jahr- und Tagfrist, die dieser den Bürger vom Einwohner scheidende Artikel festlegte, konnten noch Hörigkeitsprozesse geführt und mußte das für das Bürgerrecht notwendige Vermögen erworben werden.

In diesem Zusammenhang gewinnt ein in der Stadtgeschichtsforschung intensiv diskutiertes Problem besondere Bedeutung: die Frage nämlich, was genau unter „Weichbild" oder – tautologisch – unter „Weichbildrecht" zu verstehen ist. Verfassungsgeschichtliche, quellenkritische, sprachgeschichtliche und topographische Untersuchungen haben gerade in den letzten Jahrzehnten hier einige Klärungen gebracht, ohne daß eine allgemeine Bedeutung wegen der fehlenden Begrifflichkeit und der regionalen sowie zeitlichen Bedeutung akzeptiert wird. Die stadtmünsterischen Belege lassen einige der Schwierigkeiten erkennen: 1178 verlieh Bischof Hermann II. einen Acker, einen Garten und eine Wiese zum Nutzen der Stiftsfrauen von Überwasser unter der Bedingung, daß sie dem bischöflichen Schultheiß jährlich fünf Pfennige nach städtischem Recht zahlen sollten *(agrum, ortum et pratum [. . .] ad usum sororum, ita tamen ut annuatim uillico nostro quinque denarios et obulum inde persoluant, Jure ciuili quod Wicbilethe dicitur habenda)* [2767: Westfälisches Urkundenbuch 2, Nr. 394]. In Form der Erbleihe übertrug also der Bischof die Nutzung von Grundstücken an das Stift, ohne daß ein Rückfall an den Eigentümer vereinbart worden wäre. An die Stelle der bisherigen grundherrlichen Rechte traten aber wohl kaum grundherrliche Rechte des neuen Besitzers; vielmehr war die Nutzung an städtisches Recht gebunden, d. h. an Recht, das im näheren und weiteren Umkreis dieser Parzelle bereits galt – oder anders gesprochen: Die bisherige Parzelle, ursprünglich wohl zu Eigen, dann verlehnt, jetzt im Besitz des Stifts, gehörte rechtlich nicht mehr zu einer Grundherrschaft, sondern zum Recht der Stadt Münster. Dieses war nicht durch die Bürger definiert, also ein allein an die Personen gebundenes Recht, sondern ein lokal umschriebener Rechtsbezirk, vergleichbar den geistlichen Immunitäten. Dieser Geltungsbereich des Stadtrechts war aber bei Städten wie Münster nicht zu einem bestimmten Zeitpunkt für eine große Fläche – die mittelalterliche Stadt – festgelegt worden; das Stadtgebiet wuchs vielmehr aus solchen lokalen, zum Teil sehr kleinräumigen Freiheitsbezirken zusammen. In diesem Fall hieß das, daß die jetzt dem Stift Überwasser gehörende Parzelle nicht dem münsterischen Stadtrecht unterstand, sondern einem städtischen Recht, das für eine ganze Zeit links der Aa, eben in der „Stadt" *(suburbium)* Überwasser, galt. Da mittelalterliche Freiheit sich im laikalen Bereich weitgehend durch die Verfügbarkeit über Vermögen definierte, konnte jener „Haushaltungsvorstand", den das Stift Überwasser nun seinerseits mit der Nutzung der Parzelle beauftragte, in der Regel darüber verfügen, als wäre es sein Besitz. Er durfte also sein mobiles und immobiles Vermögen vererben – eine entscheidende Rahmenbedingung für die Entwicklung städtischen Lebens überhaupt.

Die in der Verfassungswirklichkeit häufige Identifikation von Weichbild und Stadtrecht, von Weichbild und Stadtraum, von Weichbild und Erbleihe sowie von Weichbild und Zins hat es sicher mit sich gebracht, daß die Bedeutung: ein Grundherr verleiht Eigengut zu „ewiger" Erbleihe, läßt dazu gegebenenfalls Fronhilfe auf und erweitert so im Alltag des stauferzeitlichen „Baubooms" nach Möglichkeit das städtische Areal, verwässert wurde. So sind denn wohl auch Parzellen zu anderem Recht als „Weichbild" bezeichnet worden, da nur selten zwischen „erffhaftich guedt" oder „wibbeldeguedt" unterschieden wurde; immerhin gab es aber den Unterschied zwischen Eigen- und Weichbildgut. Im Weistum für Bielefeld wird allgemein von „Weichbild" als Bezeichnung für die einzelne Parzelle gesprochen (Artikel 43, 44, 45). In Artikel 52 ist vom Wortzins die Rede, der bei Bebauung einer Parzelle nicht erhöht werden durfte, so daß hier die ursprüngliche Bedeutung durchscheint, auch wenn „Weichbild" selbst nicht belegt ist: *De qualibet area, quotquot edificia in ea construuntur, amplior pensio non requiretur, nisi que de sola area fuerat primitus constituta* [2766: Urkundenbuch Bielefeld, Nr. 4]. Dagegen meinen die münsterischen Statuten von 1302 und 1387, die die Übertragung (Auflassung) von Bürgergut regeln und den Besitz Auswärtiger verhindern sollen, wieder alle Parzellen.

Ein anderes zwischen dem Stadtherrn und der Stadt zu lösendes, immer wieder zu Konflikten führendes Problem stellte die rechtliche und praktische Regelung von Abgaben dar. In den stadtmünsterischen Rechten wie in den Stadtrechten der münsterländischen Städte nehmen die Bestimmungen über Todfallabgaben („Heergewäte" und „Gerade"), die für Männer und Frauen unterschiedlich ausfielen, einen großen Umfang ein. Allgemein gehörte zur städtischen Freiheit, daß die Bürger von solchen Abgaben befreit waren und über diesen Besitz selbst verfügen konnten.

Nach dem münsterischen Weistum für Bielefeld übergab der schwerkranke Bürger – *quamdiu potest levare manum suam* (solange er die Hand noch heben kann) – selbst sein Erbe, *preter hereditatem, que dicitur herwede; similiter mulier preter illa, que dicuntur rathe;* also mit Ausnahme des „Heergewäte" genannten Erbteils [2766: Urkundenbuch Bielefeld, Nr. 4]; entsprechend durfte die Frau verfahren mit Ausnahme der Gerade. Das mit „Rüstung" und „Aussteuer" am ehesten zu umschreibende Sondervermögen ging unabhängig von den Erbverfügungen in der Regel an den ältesten Sohn bzw. die älteste Tochter, sicherte also in gewisser Weise den Hausstand über den Tod hinaus. Strittig ist in diesem Zusammenhang, inwieweit die Regelungen für Heergewäte und Gerade in den Stadtrechten an die grundherrliche Herkunft der städtischen Freiheit erinnerten, da sie ihrer Bedeutung nach doch gerade Merkmale der Freiheit waren. Eine sekundäre Übertragung dieser Merkmale aus dem Recht der Freien in die Abhängigkeit der Hörigen will nicht recht einleuchten, und doch beanspruchten Stadtherren Heergewäte und Gerade als Todfallabgaben. Noch 1278, so scheint es, zog auch der Bischof von Münster in einem gewissen Umfang Heergewäte und Gerade ein: *proventus qui dicuntur herewede, rathe ac hereditates, episcopo de iure competentes, ipse solus percipiet, sicut est consuetum* (die Einkünfte, die Heergewäte, Gerade und Erbschaften heißen und dem Bischof rechtmäßig zustehen, soll er allein empfangen, wie es Brauch ist) [2767: Westfälisches Urkundenbuch 3, Nr. 1035]. In dem die Beziehungen zwischen Stadt und Bischof regelnden Vertrag, der als Sühne des Bischofs verstanden wurde, sicherten ihm die Bürger zu, daß ihm alle Einkünfte dieser Art wie gewohnt zufallen sollten. Wenn auch nicht alle Bürger davon betroffen sein mochten, so gab es doch Einwohner und Gäste, vielleicht aber auch einzelne Bürger, deren Erbe auf diese Weise dem Stadtherrn mindestens zum Teil zufiel. In welchem Umfang dann diese Abgaben tatsächlich geleistet worden sind, bleibt eine andere Frage.

Spätestens 1309 aber mußte Bischof Konrad in einem Landesprivileg ausdrücklich auf Heergewäte und Gerade verzichten, wenn auch Bischöfe wie Heinrich von Moers immer wieder versucht haben, diese wichtige Einnahmequelle anzuzapfen. Dieser verzichtete 1424 neuerlich auf Heergewäte und Gerade in seinen Städten und schloß dabei auch die Hinterlassenschaft von unehelich Geborenen, Fremden und Selbstmördern ein; das bedeutete, daß bis dahin mindestens von diesem Personenkreis noch eine Erbabgabe an den Bischof gefallen war. Selbstverständlich blieb diese Abgabe für die Hörigen, die in der Stadt wohnten. In Dülmen aber bedeutete die Beschränkung auf die Abgabepflicht der Hörigen 1311, daß bis 1309 eben auch die Bürger diese Abgaben zu leisten hatten. Eine eindeutige Klärung scheint auch deswegen schwierig zu sein, weil wir vielleicht mit einer pauschalen Stadtsteuer als Ablösung rechnen müssen. Ebenso hatte nach dem „Stadtrecht" der Bischof auch Anspruch auf das nach Jahr und Tag nicht eingelöste Gut von verstorbenen Fremden in der Stadt (Artikel 17).

Von weiteren Abgaben auf den Grundbesitz in Münster, die an den Stadtherrn zu leisten waren, hören wir vor 1200: So befreite Bischof Hermann 1184 eine Hausstätte, die der Aegidiikirche geschenkt worden war, von der Stadtsteuer „Schoß" *(a civili collecta, quam schot vocant)* [2767: Westfälisches Urkundenbuch 2, Nr. 342]. Zum Abschluß der Stadtbildung aber gehörte auch, daß, von den Hauszinsen (Wortgeld) abgesehen, die Stadtsteuern pauschaliert wurden. Im Stadtrecht für Coesfeld von 1197, dem die münsterischen Stadtfreiheiten damals mindestens entsprochen haben, befreite derselbe Bischof den einzelnen Bürger von der Vogtsteuer *(ab omni exactione advocatie, qua gravari possent)* [2767: Westfälisches Urkundenbuch 2, Nr. 559], worin genau diese Umwandlung einer persönlichen Steuer in eine pauschale Stadtsteuer zu sehen ist. Aus den münsterischen Stadtrechnungen erfahren wir von einer solchen Stadtsteuer jedoch im gesamten Mittelalter nichts. Gezahlt wurde dagegen eine außerordentliche direkte Steuer, die seit dem 14. Jahrhundert an die Bewilligung durch die Landstände gebunden war. Aber auch in diesem Fall wissen wir über die Höhe im einzelnen nichts. Sie richtete sich jeweils nach der Zweckbestimmung. Auf derselben Linie liegt eine nach der Beilegung der Stiftsfehde 1457 zustande gekommene Vereinbarung zwischen Bischof Johann und der Stadt, die aufgelaufenen Schulden durch eine Landschatzung abzutragen. Fraglich bleibt wieder, wie in einem solchen Fall die Stadt ihrerseits die Bürger an den Kosten beteiligt hat. Für die normalen Ausgaben dürften die ständigen Einnahmen aus den Verbrauchssteuern ausgereicht haben, für außergewöhnliche Belastungen wird sie dagegen das Geld wohl auf dem Rentenmarkt beschafft haben.

Überblickt man die Verpflichtungen der Bürgergemeinde dem Stadtherrn gegenüber, so zeigt sich, daß diese seit dem 13. Jahrhundert weitgehend in erträgliche, überwiegend konstante, von der Wirtschaftsentwicklung unabhängige Geldzahlungen umgewandelt wurden. Aus ihnen politischen Einfluß abzuleiten, war einem Stadtherrn vorläufig nicht möglich. Vielmehr wiesen die selbständige Politik des Rates, der Schutz der Stadt für die eigenen Kaufleute auch außerhalb der eigenen Mauern, die Sicherung des Gerichtsstandes, die eigene Verwaltungstätigkeit sowie vor allem das Bemühen, über Bündnisse den Landfrieden zu sichern, darauf hin, daß die Stadt de facto seit der Mitte des 13. Jahrhunderts zum mächtigsten Faktor innerhalb des münsterischen Territoriums geworden war.

Als im Januar 1246 die Bischöfe von Münster und Osnabrück ein Bündnis zu gegenseitiger Hilfeleistung schlossen, antwortete die Stadt mit einem entsprechenden Bündnis (Ladbergener Vertrag), das ganz deutlich auf den Frieden und die Sicherung der Straßen für den städtischen Handel zielte, damit also weit über den unmittelbaren Rechtskreis der Städte in die Sphäre der Fürsten eingriff. Wie selbstverständlich beschlossen die Städte auch Regelungen über den Besuch der Märkte in beiden Diözesen, beschränkten sich also nicht auf die eigene Stadt. Bei Straßenraub wollten sie gemeinsam Maßnahmen ergreifen. Schließlich – und das wird ein Kennzeichen aller späteren Verträge dieser Art auch außerhalb Westfalens – trafen sie Vereinbarungen für den Fall, daß in den Städten selbst Unruhen *(discordia)* ausbrechen sollten. Im Vorfeld des großen Rheinischen Städtebundes von 1255, der – von Köln angeführt – schon weit über einen korporativen Zusammenschluß der Städte hinausgriff, beschlossen 1253 Münster, Dortmund, Soest und Lippstadt (zwischen 1268 und 1283 löste Osnabrück Lippstadt als Vertragsführer ab), die sogenannten Vierstädte, den Werner Bund [2767: Westfälisches Urkundenbuch 3, Nr. 553], der bis 1322 mehrfach erweitert und erneuert, noch im 15. Jahrhundert als das grundlegende westfälische Städtebündnis Wirkung besaß. In einem ausgeklügelten Bündnissystem wurden immer mehr Kräfte vertraglich eingebunden und zum Frieden angehalten: So schloß die Stadt 1298 mit dem Bischof einen Landfrieden. Daneben standen seit Beginn des 14. Jahrhunderts Bündnisse der Stiftsstädte untereinander, deren Führung von Anfang an Münster zukam. Dieser Korporierung als Landstand folgten dann Verträge zwischen den Ständen, d. h. dem Bischof, dem Domkapitel und dem Adel, um die Sicherung des Landes zu garantieren. Die Städte wußten, daß ihre Abhängigkeit vom Handel nicht allein eine interurbane Verständigung, sondern eben die Kontrolle der Straßen erforderte. Dies machte Absprachen mit den Territorialfürsten notwendig.

Die komplizierten, sich jeder Systematik entziehenden, sich dauernd und langfristig wandelnden Beziehungen zwischen den Stadtherren und der Stadt bzw. den Bürgern werden 1278 faßbar, als ein Sühnevertrag zwischen Bischof Eberhard von Diest und den Bürgern Regelungen traf, die weniger perspektivischen, als vielmehr konstatierenden Charakter besaßen. Seit den vierziger Jahren, besonders wohl seit dem Amtsantritt Bischof Ottos II. zur Lippe, gaben die bischöflichen Stadtherren ihre

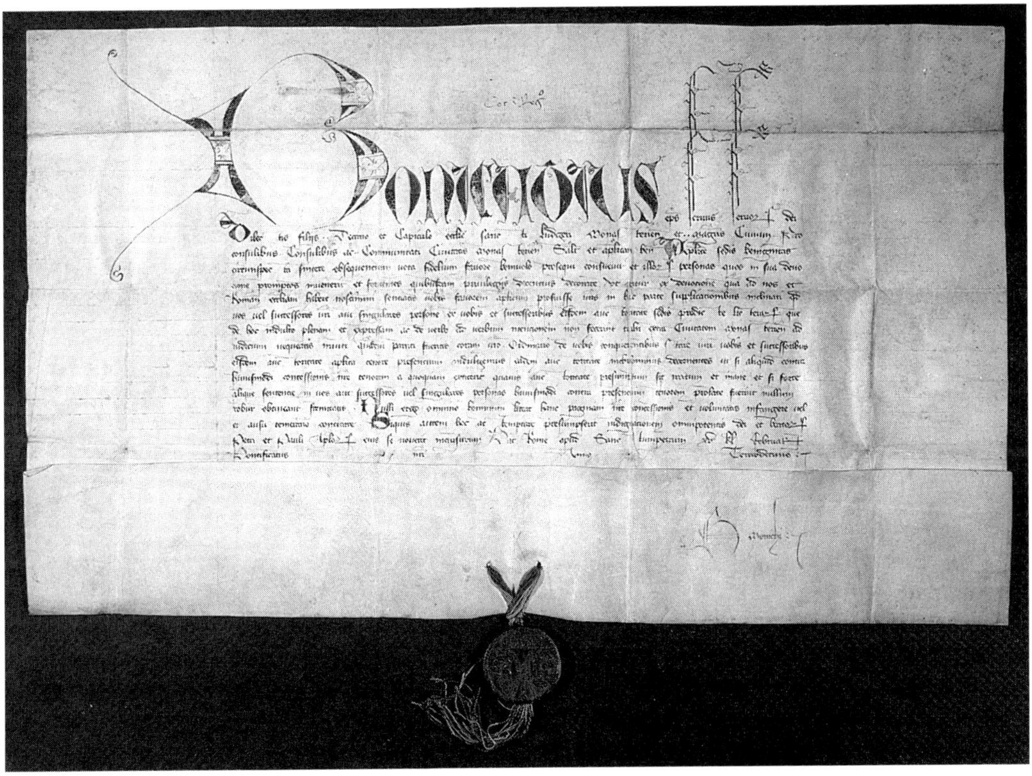

Papst Bonifaz IX. erteilt der Stadt Münster am 18. Januar 1402 das „Privilegium de non evocando“ (Gerichtsstandsprivileg) und verzichtet damit auf sein Recht, jede noch nicht entschiedene Rechtsangelegenheit an sich zu ziehen (älteste erhaltene Papsturkunde des Stadtarchivs)

Stellung in der Stadt schrittweise auf und bauten neue Residenzorte (zum Beispiel Wolbeck) im Umland aus. Deutlich wird das auch an der Übertragung von Teilen des Bispinghofs an den Deutschen Ritterorden im Jahr 1247 (Georgskommende). Für den von intensiver Bündnistätigkeit aller beteiligten Kräfte geprägten Zeitraum ist kennzeichnend, daß es in den zwei Jahrzehnten zwischen etwa 1250 und 1270 den Erzbischöfen von Köln und Bremen trotz einzelner Erfolge nicht gelang, die städtische Autonomie wieder unter ihre Kontrolle zu bringen. Der münsterische Vertrag besaß also durchaus einen hansestädtischen Hintergrund.

Die unmittelbare Vorgeschichte der Vorgänge von 1278 betraf zwar nicht den Rheinland-Ostsee-Handel, wohl aber den Emshandel mit den friesischen Diözesanen. Die traditionell engen wirtschaftlichen Verbindungen – sichtbar dargestellt etwa im um 1250 entstandenen, den Beitrag der Friesen zum Dombau dokumentierenden „Friesenbild“ im westlichen Querschiff – waren gefährdet, als der Bischof nach Erwerb gräflicher Rechte im Emsmündungsgebiet seine herrschaftlichen Ziele intensiver verfolgte. Den Widerspruch gegen seine dortigen Amtsträger beantwortete wohl Eberhard von Diest – wenn nicht schon Gerhard von der Mark – mit der Sperrung der Märkte an der Ems. Nach den Krisenjahren bischöflicher Herrschaft jedenfalls mußte Eberhard in der sogenannten Bischofssühne 1276 den Status quo in den Beziehungen zu den freien Landgemeinden an der Küste anerkennen und auch den Trägern und Zwischenhändlern des Emshandels, den Kaufleuten aus Münster, die längst erworbenen Rechte zugestehen. Die am 18. Januar 1278 zwischen dem Bischof und „seiner" *civitas* geschlossene *compositio* beendete alle Übergriffe innerhalb und außerhalb der Immunität in den vergangenen Jahren [2767: Westfälisches Urkundenbuch 3, Nr. 1035]. Insbesondere erhielt der Stadtrichter neben dem bischöflichen

Umzeichnung des ehemaligen Friesenbildes im westlichen Querschiff des Doms (um 1250)

Richter einen Sitz im Gericht und wurden die Gerichtsgefälle zwischen Bischof und Stadt geteilt. Heergewäte und Gerade wurden dem Bischof belassen. Wie seit alters stand den Schöffen und Bürgern der Stadt die Marktaufsicht *(ordinatio venditionis)* zu. Außer über Gericht, Todfallabgabe und Markt hatte es auch um die Befestigung des Bispinghofs Streit gegeben, die – wie schon alle anderen Türme der Stadtmauer – den Bürgern übergeben wurde. Schließlich verblieb auch die Steuer auf das in Münster besonders verbreitete Bier („Gruet“) bei der Stadt, die sich verpflichtete, die Ansprüche des Domkapitels in vier Raten jährlich zu begleichen. Florenz von Wevelinghoven (1364–1379) fügt in seiner Chronik noch hinzu, daß seitdem auch die Akzise der Stadt zugefallen war. Für die Zukunft legte eine *amicitia* fest, daß ein paritätischer Achterausschuß Konflikte insbesondere bei der Verfolgung von Straftaten verhindern sollte.

Verfassungsrechtlich beschrieb die Sühne des Bischofs von 1278 in Form eines Privilegs einen Vertrag zwischen zwei Partnern, der die stadtherrliche Stellung des Bischofs anerkannte und zugleich die Autonomie der Bürger in den für sie lebenswichtigen Bereichen Markt, Gericht, Finanzen und Befestigung begünstigte, damit bereits den für das Spätmittelalter typischen „Schwebezustand“ zwischen landsässiger Territorial- und Freier oder Reichsstadt markierte, der den Vorsprung der Städte dieser Qualität vor den Fürsten bis in die Neuzeit begründete.

3. *Elemente der verfaßten Bürgerschaft*

Bürger und Einwohner

Die Verfassung der mittelalterlichen Stadt unterschied üblicherweise zwischen jenen Einwohnern, die über einen eigenen Haushalt – in der Regel über Hausbesitz – verfügten und das Bürgerrecht erworben hatten, sowie jenen ständigen Bewohnern der Stadt, die in eigenen Rechtskreisen lebten (zum Beispiel Geistliche und Juden), ebenso vermögend wie die Bürger sein konnten und wie diese den Schutz der Stadt genossen. Diese beiden Gruppen der Bürger und Einwohner vertraten auch die in ihren Haushalten lebenden Personen mit, gegebenenfalls von der Ehefrau bis zum Knecht. Daneben hielten sich in der Stadt immer Gäste auf, etwa Kaufleute aus anderen Städten oder Angehörige des „fahrenden Volkes“. Schließlich gab es in jeder Stadt als vierte Gruppe eine große Anzahl von ebenfalls ständigen Einwohnern, die der Unterschicht zuzurechnen sind, ohne Bürgerrecht und Grundbesitz oft am Rande des Existenzminimums lebten und im Gegensatz zu den anderen Gruppen kaum politische Wirkungsmöglichkeit besaßen, es sei denn, sie wurden von diesen als Klientel benutzt oder im Verlauf von Stadtkonflikten mobilisiert.

Zur Bestimmung des persönlichen Einflusses innerhalb der Einwohnerschaft – dann vor allem innerhalb der Bürgergemeinde – wird immer wieder auf das immobile Vermögen hingewiesen. Eine Unterscheidung nach Eigengut und Weichbildgut, also jenem Besitz, der im Fall Münsters auf ursprünglich bischöfliche Erbleihe – ob in der Stadt oder in der Gemarkung – zurückging, liegt dabei nahe, da ja mittelalterliche Freiheiten zum Teil vom Eigentumsrecht her definiert wurden. Bürger auf Weichbildgut waren nach unserem heutigen Verständnis „nur“ Besitzer und keine Eigner.

Dem scheint die Nennung von *burgenses* und *cives* im Städtebündnis von 1253 zu entsprechen, wenn man darin nicht einen ebenso „fragwürdigen“ Hinweis auf die unterschiedliche Verfassungssituation in den vier Städten oder bei der Unschärfe mittelalterlicher Begrifflichkeit überhaupt eine Umschreibung für dieselbe Personengruppe sehen will. Im ersten Fall geht man also von zwei der rechtlichen Herkunft nach verschiedenen Gruppen von Mitgliedern der Bürgergemeinde aus und versteht unter den *burgenses* Bürger mit Eigen und unter den *cives* Neubürger zu Erbleihe nach Weichbildrecht. Ebenso überlegenswert ist eine Unterscheidung von Bürgern, die aus der Grundherrschaft herausgewachsen bzw. zugezogen waren und sich ursprünglich als Gäste in der Stadt aufgehalten hatten – also etwa Ministerialen und Handwerkern –, einerseits und fremden Fernkaufleuten andererseits. Unabhängig von ihrer tatsächlich unterschiedlichen Rechtsstellung ist gerade in diesem Fall aber davon auszugehen, daß Ministeriale und Handwerker kaum über Eigen verfügten, sondern ebenso wie die Zuzügler auf stadtherrlichem Weichbildgut ansässig waren. Es waren besonders die Ortsgewerbe, die in dieser Zeit, aber auch noch im 15. Jahrhundert, von den Stadtherren als Partner gegen die jeweilige Stadtführung umworben wurden. Wenn es dann unter den verfassungsrechtlich differenzierten Gruppen von Bürgern tatsächlich eine mehr oder minder große Gruppe gegeben hat, die schon in der Zeit der Gemeindebildung Eigen besaß, erwerben oder möglicherweise auch Besitz zu Eigen umwandeln konnte, dann wird man sie dort vermuten müssen, wo sich die wirtschaftliche und politische Macht bündelte, d. h. unter den Schöffen bzw. Ratsherren, den späteren Erbmännern. Interessant ist in diesem Zusammenhang eine niederdeutsche Übersetzung der Werner Bundesurkunde, wonach die *burgenses* mit „borger“, die *cives* jedoch mit „wyckbelder“ wiedergegeben werden. In jedem Fall hob der Zusammenschluß in der Bürgergemeinde durch den Bürgereid solche verfassungsrechtlichen Differenzen auf. So kannte denn auch das Weistum für Bielefeld nur *cives*. Bei der Verleihung des Stadtrechts an Bocholt 1222 sprach Bischof Dietrich jedoch vom Stadtrichter sowie von Schöffen und *burgenses* als den Gruppen der münsterischen Bürgerschaft, bei denen sich die Bocholter in Münster Rat holen sollten. Sollte der Bischof noch an der rechtlichen Unterscheidung festgehalten haben und nur die Rechte der Bürger auf Eigen im Auge gehabt und sich über die anderen von ihm beanspruchten Bürgergruppen ausgeschwiegen haben? In der mittelalterlichen Verfassungsterminologie gingen die Begriffe bald durcheinander. So wurden dieselben Bürger einmal als *cives*, ein andermal als *burgenses* bezeichnet (1281/82).

Es kann also festgehalten werden: Der hohe Anteil von ursprünglich bischöflichem, dann auch domkapitularischem oder allgemein stiftischem Besitz, die Lage der Immunitäten in der Stadt und der Wohn- und Arbeitsstätten an den Märkten sowie die soziale Verflechtung und Abschichtung zwischen Bürgern und Einwohnern, zwischen Stadt und Umland, zwischen Bürgern und Geistlichkeit, territorialem Adel und städtischer Führungselite führten zu einer Vermischung der vermögensrechtlichen Unterschiede. Die Ungewißheit über das Ausmaß und die Lage von Eigen sowie die Häufung einzelner Hausstätten in einer Hand, die zudem im Stadtgebiet verteilt waren, machten die Situation noch komplizierter. Überdies verband sich schließlich politische Macht auf der Grundlage umfassenden Hausbesitzes mit der Intensität anderer sozialer und wirtschaftlicher Faktoren. Außerdem scheint manches darauf hinzudeuten, daß trotz einer Normierung unterschiedlicher Rechtsstellungen in der Bürgergemeinde um 1200 in der Verfassungswirklichkeit mit einem längeren, wohl das 13. Jahrhundert über andauernden Prozeß gerechnet werden muß. Stimulierend wirkten dabei immer die wirtschaftlichen Verbindungen im Hanseraum, die Beziehungen zum bischöflichen Stadtherrn und zum Adel des Fürstbistums. Dabei lag es an einer Reihe struktureller Gegebenheiten, ob sich diese Faktoren jeweils addierten. Sicher ist, daß auch in Krisenzeiten, etwa in Zeiten konjunkturellen Abschwungs, diese Machtfaktoren längere Zeit konservierend wirkten und damit den sozialen Abstieg verhindern konnten. Neben dem eigenen immobilen Vermögen – mobiles war im risikoreichen Fernhandelsgeschäft besonders anfällig – bot für längere Zeit die Mitgliedschaft in der jeweiligen Berufskorporation einen Rückhalt. Entsprechend hatten jene sozialen Aufsteiger, die im Fernhandel schnelleren Gewinn gemacht hatten, Mühe, ihren wirtschaftlichen Einfluß auch in politische Macht umzumünzen.

Wer Bürger war, nahm auch aktiv am Geschehen in der Bürgergemeinde teil. Schon das Bielefelder Weistum kannte dafür das *indictum colloquium*, die ordentliche Bürgerversammlung, zu der der Bürger zu erscheinen hatte (Artikel 41). Er besaß mindestens das aktive Wahlrecht, nach dem Prinzip der Abkömmlichkeit auch das passive, zahlte nach Vermögen Steuern und trug – etwa im Rahmen der Verteidigung – die übrigen Stadtlasten mit. Dies erklärt, warum die Bürgergemeinde darauf achtete, daß nur Bürger Hausstätten erwerben durften (1302) bzw. der Besitz ihrer Mitglieder nicht entfremdet wurde, d. h. vor allem nicht an die sogenannte tote Hand, also die Geistlichkeit, überging (in Münster zum Beispiel 1485, als Bürgermeister und Rat, Gilde und Gemeinheit verboten, daß Bürger *und* Einwohner Weichbildgut innerhalb und außerhalb der Stadt sowie Renten an die geistliche Hand brachten). Solcher Besitz wurde dann steuerfrei, belastete aber weiterhin den Stadthaushalt. Auch durch ein Vorkaufsrecht versuchte man zu verhindern, daß Bürgerbesitz an auswärtige Bürger veräußert wurde. Im 15. Jahrhundert kam als zusätzliche Qualifikation für das Bürgerrecht hinzu, daß alle Gildebrüder – also vor allem Handwerker – Bürger sein mußten, was bedeutete, daß man in Münster ein Handwerk nur als Bürger ausüben konnte. Auch der Umkehrschluß liegt nahe: Jeder Bürger, von den Erbmännern abgesehen, mußte Mitglied einer Gilde sein. An der vermögensrechtlichen Grundlage dürfte dies jedoch nichts geändert haben; denn gemeint waren vor allem die Handwerksmeister, die genau diese Voraussetzung erfüllten: Mit ihrem eigenen Arbeits- und Wohnplatz konnten sie eine Familie versorgen.

Gegenüber der Verfügbarkeit über immobiles Vermögen, das später sicher auch gegen mobiles aufgerechnet werden konnte, spielte das beim Eintritt in die Bürgergemeinde zu zahlende Bürgergeld nur eine untergeordnete Rolle (Weistum für Bielefeld: Artikel 2 bis 4), wenn die Stadt auf diesem Weg auch den Zuzug steuern konnte. Für das Selbstverständnis der Bürgergemeinde war da schon wichtiger, welche Leumundszeugen der sich um das Bürgerrecht bemühende Einwohner präsentierte. Diese hatten auch wohl zu versichern, daß der Stadt aus der Aufnahme in die Bürgergemeinde keine Folgekosten erwüchsen, etwa aus nicht abgelösten herrschaftlichen oder gerichtlichen Ansprüchen.

Die Aufnahme in die Bürgergemeinde nahmen der Stadtrichter und die Schöffen vor, wie wir aus der zweiten Hälfte des 13. Jahrhunderts für münsterländische Städte wissen. Durch den Stadtrichter versuchte deshalb Bischof Heinrich von Moers im 15. Jahrhundert zu verhindern, daß Adelige in die Bürgerschaft aufgenommen wurden. Das Amt des Stadtrichters war dementsprechend die Instanz, vor der Hörigkeitsprozesse geführt werden mußten, zu deren Eröffnung der klagende Herr erst einmal ein Pfand zu entrichten hatte.

Selbstverständlich konnte auch ein Bürger sein Bürgerrecht aufkündigen. Dies geschah ebenfalls vor dem Stadtrichter, der seitens der Stadt auch den Entzug des Bürgerrechts verfügen konnte. Verlust der Bürgerschaft war immer dann zu befürchten, wenn ein Bürger gegen die Verkaufsverbote verstieß, vor dem geistlichen Gericht einen anderen Bürger belangte oder sich einer Strafe durch Stadtflucht entzog. Konnte ein Bürger eine festgesetzte Geldstrafe nicht zahlen, so verlor auch er das Bürgerrecht.

Schöffenkolleg und Rat

Es gehört zu den Eigenheiten mittelalterlicher Stadtverfassung, daß sich die Selbständigkeit der Städte erst einmal im Gerichtswesen zeigte. Die Schöffen *(scabini)* waren ihrer Entstehung nach sicher ein stadtherrliches Gremium, dem Aufgaben in der Bürgergemeinde zugewachsen waren und das schließlich die Regelung der städtischen Angelegenheiten in Verantwortung für die Bürgergemeinde übernommen hat

Der 1253 auf der Lippebrücke bei Werne geschlossene Vertrag der Städte Münster, Dortmund, Soest und Lippstadt

te, ohne daß es dazu einer Privilegierung durch den Bischof bedurfte. Im Schöffenkolleg bündelten sich bald auch andere Verwaltungsaufgaben der Stadt. Schon die Rechtsmitteilung an Bielefeld dürfte von ihnen und nicht von den Kaufleuten ausgegangen sein, die angeblich in Bielefeld einen neuen Markt suchten – oder gar als „Lokatoren", d. h. eine Art „Gründerkonsortium", aufgetreten sein sollen. Im Stadtrecht, das Bischof Dietrich 1222 den Bocholtern verlieh, wurde bestimmt, daß diese in Zweifelsfällen Rechtsauskunft bei dem bischöflichen Richter, den Schöffen und den Bürgern von Münster holen sollten. 1246 waren es dann die Schöffen und die gesamte Bürgergemeinde *(scabini totaque burgensium ac civium [. . .] universitas)* der Städte Münster und Osnabrück, die das Ladbergener Bündnis eingingen. 1253 wurden zum erstenmal neben den *scabini* auch *consules* genannt *(scabini, consules, totaque burgensium ac civium [. . .] universitas)* [2767: Westfälisches Urkundenbuch 3, Nrn. 174, 450, 553]. Der Werner Bund der Städte Münster, Dortmund, Soest und Lippstadt nahm Rücksicht auf die verschiedenen Bezeichnungen der Verfassungsorgane, doch dürfen wir ohne Zweifel damals schon oder zumindest bald danach die Schöffen und Ratsherren ebenso gleichsetzen wie die *burgenses* und *cives,* allesamt vereint in der Schwureinung, der bürgergemeindlichen *universitas.* Scheint gegen eine solche Identität von Schöffen und Rat die Formulierung von 1255 zu sprechen, als *iudices, scabini, ceterique consules et universi cives* der Stadt Münster dem Rheinischen Bund beitraten [2557: Quellen zur Geschichte der Stadt Köln 2, Nr. 339], so vermischten sich mögliche unterschiedliche Funktionen in der Verfassungswirklichkeit ebenso schnell wie die unterschiedliche Herkunft der Bürger.

Die Anzahl der Mitglieder im Schöffenkolleg und im Rat schwankte. Sicher orientierte sie sich an der Zwölfzahl, wenn diese auch nicht immer präzise eingehalten wurde. Anläßlich der Ratswahl von 1454 sind uns die Namen der gewählten Ratsherren überliefert: Es sind einschließlich der beiden Bürgermeister 24. Dieselbe Zahl legt das Ratswahlstatut des Bischofs Franz von Waldeck 1552/53 fest. Die erste erhaltene Ratsliste, die um 1221 niedergeschrieben wurde, verzeichnete zwölf Namen von Schöffen und schloß daran *ceteri [. . .] scabini* an, so daß wir wohl schon damals einen zweischichtigen Rat von zwölf amtierenden und zwölf nur zur Beratung wichtiger Fragen heranzuziehenden, also nicht im Amt befindlichen, sogenannten ruhenden Ratsherren unterscheiden können. 1222 werden sieben Schöffen genannt, 1239 fünf, 1254 und öfter vier, 1260 wieder sieben mit dem Zusatz *tunc temporis scabini.* 1268 werden *in domo civium*, also auf dem Rathaus, die Schöffenmeister Johann Niesinck und Gerwinus Rike (oder Dives) und zwölf Schöffen namentlich erwähnt, daneben aber auch *alii quam plures scabini et cives* [2767: Westfälisches Urkundenbuch 3, Nr. 810]. Es entspricht ebenso dem Brauch, daß 1284 nur sechs Ratsherren aufgezählt werden, wie überhaupt „Ratsausschüsse" üblich waren. Daraus folgt, daß die Grundzahl von zwölf Ratsherren je nach Wichtigkeit um sechs oder zwölf verkleinert oder vergrößert werden konnte; die numerische Größe stellte eigentlich nur einen Richtwert dar.

Der Rat repräsentierte die Bürgergemeinde. Wie diese Repräsentation aussah, ob sie durch direkte Wahl, Einschaltung eines Wahlmännergremiums – so im 15. Jahrhundert – oder wie in den kernhansischen Städten durch Kooptation zustande kam und welchen Einfluß etwa der Stadtherr auf die Besetzung nahm (Lippstadt), war je nach Epoche der städtischen Entwicklung, nach Stadttyp und Wirtschaftsstruktur

Großes Siegel der Stadt Münster (Abguß des frühesten Abdrucks von 1231)

verschieden. Generell galt, daß die Norm „Der Rat vertritt die Bürger" viele Möglichkeiten – vor allem Mischformen – zuließ und daß nur in Krisenzeiten die Frage ernsthaft zugespitzt wurde, wer in den Rat hinein kam. Im übrigen konnten das passive Wahlrecht nur diejenigen wahrnehmen, die nach Herkunft, Vermögen und Herkommen für die Amtsführung „abkömmlich" waren.

So stand dieses Recht in der Regel nur einigen bevorrechtigten Familien zu, deren Vertreter normalerweise auf Lebenszeit gewählt wurden, sich aber in jährlichen Schichten von Ratskollegien ablösten, so daß die Besetzung weitgehend in Form von Kooptation und Akklamation erfolgte. In Krisenzeiten jedoch berief sich die Bürgergemeinde oft auf ihr aktives Wahlrecht und sorgte möglicherweise sogar dafür, daß ganze Ratskollegien ausgetauscht und neue Gruppen aufgenommen wurden. Die Mitwirkung der Leischaften oder der Gilden erhielt dann eine besondere Bedeutung; sie waren mit ihren eigenen Formen der Gemeinschaft in gewisser Weise Garanten des bürgergemeindlichen Konsenses und Hüter der genossenschaftlichen Verfassung. Die von ihnen gegebenenfalls durchgesetzten Brüche in der Personalstruktur waren in der Regel nach etwa ein bis zwei Jahrzehnten wieder ausgeglichen.

Im großen und ganzen galten ähnliche Verfassungsverhältnisse in allen Städten, die von der Größe her Münster entsprachen. Im einzelnen muß jedoch geprüft werden, ob die Grundlage der Bürgergemeinde selbst nach Nachbarschaften und Vierteln, also lokalen Verbänden, organisiert war, welchen Einfluß die Berufskorporationen – d. h. in Niederdeutschland die Gilden – hatten, und welche Bedeutung etwa in der Wirtschaftsstruktur, die auch auf die Verfassung wirkte, das Fernhandelspatriziat besaß. So dominierte der von Fern- und Zwischenhändlern besetzte Lübecker Rat immer die Bürgergemeinde, spielten in der Gewerbestadt Braunschweig neben den Weichbildern vor allem die Gilden im politischen Alltag eine zentrale Rolle und entsprach die Gaffelverfassung in Köln (seit 1396) etwa dem aus Oberdeutschland bekannten Bild der Zunftverfassungen. In den westfälischen Städten dieses Typs – Münster, Dortmund, Soest oder Osnabrück – behielten neben den Berufskorporationen immer Viertelsgliederungen, Bauerschaften, Hofen und Leischaften ihre Bedeutung.

Den Vorsitz im Schöffenkolleg hatte ursprünglich der Stadtrichter inne. Als neues Organ trat seit 1268 das Schöffen- oder Bürgermeisteramt auf: *magistri scabinorum* und *magistri civium*. Zuerst übten es mit Johann Niesinck und Gerwin Rike Angehörige der späteren Erbmännergeschlechter aus. In den späteren deutschen Urkunden trugen sie durchweg die Bezeichnung „borgemestere" oder „schepenmester"; auch läßt sich die latinisierte Form *burgimagistri* oder *proconsules* für dasselbe Amt finden. Regelmäßig scheint die Stadt zwei Bürgermeister gehabt zu haben.

Stadtpatriziat

Zu den kontroversen Themen der städtischen Sozialgeschichtsforschung gehört die Frage, inwieweit die städtischen Führungsgruppen als eine soziale Schicht definiert werden können, für die die Bezeichnung „Patriziat" ebenso geläufig wie umstritten ist. Wie bei ähnlichen theoretischen Diskussionen ist ein Konsens deshalb so schwierig zu finden, weil Angehörige dieser Schicht unterschiedlicher Herkunft waren, rechtliche, wirtschaftliche und mentalitätsgeschichtliche Faktoren vermischt oder andererseits einseitig betont werden und schließlich Konsistenz und Fluktuation in der Gruppe über einen längeren Zeitraum als ausschlaggebend angesehen werden. Unter der Voraussetzung, daß begriffliche Präzisierungen immer nur Verständnishilfen sein können, wird hier der Begriff „städtisches Patriziat" oder „Stadtpatriziat" verwandt, womit zugleich klar von Adelsgruppen, sowohl des niederen wie des höheren Adels, unterschieden wird, auch wenn oder gerade weil es eine Reihe von Ähnlichkeiten zum niederen Adel gab und Imitation der Lebensform, Konnubium und Integration oft durchaus wechselseitig waren, mindestens aber angestrebt wurden. Eine Identifikation mit Patriziatsformen der Antike ist nicht beabsichtigt, wenn auch ein Vergleich aufschlußreich sein könnte. Heute wissen wir, daß sich dieses Patriziat einerseits aus Verwandten der Ministerialfamilien des Herrschaftsraums zusammensetzte, aus dem die Bürgergemeinde sich rechtlich aussonderte und mit dem sie wirtschaftlich und sozial immer verbunden blieb, sowie andererseits das Stadtpatriziat ebenso ohne die zahlreichen Fernhändler undenkbar ist, die die Produkte von Stadt und Umland verkauften oder als Zwischenhändler auftraten. Die Herkunft der Erbmänner aus einer dieser beiden Gruppen ableiten zu wollen, wie es die ältere Forschung immer wieder versucht hat, ist ebensowenig überzeugend wie die alleinige Verknüpfung mit besonderem Grundbesitz („Erbe", „Eigen"), ob im Umland oder in der Stadt gelegen. Für die im Einzelfall durchaus zu verifizierende Theorie der Gemeindebildung durch die in *einer* Gilde vereinigten Kaufleute gibt es in Münster keine Belege und auch wohl keine hinreichende Begründung.

Innerhalb der politischen Führungsgruppen in Münster sind die Erbmänner, deren Nachkommen von 1557 bis 1708 in langwierigen Prozessen zum Teil ihre rechtliche Gleichstellung mit dem Landadel durchsetzten, seit dem 15. Jahrhundert nachweisbar (1447: „ervedeman", geschieden von „unerveden"). Achtet man auf ihre soziale Einschätzung, so dürften einige von ihnen schon im 15. Jahrhundert in einer möglichen Rangordnung vor Vertretern des niederen Adels gestanden haben. Die Führungsgruppe in einer Stadt umfaßte jedoch mehr als die Angehörigen des städtischen Patriziats, da selbstverständlich Adelige in der Stadt, Geistliche und Handwerksmeister ihren Einfluß auf die Einwohnerschaft, insbesondere auf die Bürgerschaft nehmen konnten. Das städtische Patriziat zeichnete sich im wesentlichen durch folgende Merkmale aus: Bürgerrecht, größerer Hausbesitz, Lebensführung ohne handwerkliche Arbeit, Wählbarkeit und Möglichkeiten zur Übernahme städtischer Ämter, einflußreiche Stellung der Familie über mehrere Generationen, Adelsimitation.

Mehr noch als die doch für jeden Bürger gegebene Möglichkeit der Vererbung des eigenen Besitzes dürfte in der unklaren Bezeichnung „Erbmänner" die allgemein anerkannte Ehrbarkeit der Männer – d. h. ihr in der sozialen Einschätzung allgemein anerkannter Leumund – enthalten gewesen sein. Dies traf vor allen Dingen auf die Familien zu, die in der jahrhundertelangen Geschichte der abendländischen Bürgergemeinden bereits seit dem 13. Jahrhundert städtische Politik trugen und aufgrund ihrer Erfolge in der Sicherung des städtischen Friedens nach innen und außen sowie ihrer wirtschaftlichen Stärke die Krisenzeiten des Spätmittelalters überstanden, indem sie mehr von mobilem als von immobilem Vermögen lebten und sich tatsächlich auch standesrechtlich dem Adel annäherten. Deshalb gehört zu den Merkmalen der sich gegenüber anderen Bürger-, auch Elitegruppen abschließenden Erbmänner, daß sie im 14. und 15. Jahrhundert häufig den Titel *dominus* oder „Her" führten.

So verwundert es nicht, daß schon in den ersten überlieferten Schöffenlisten der zwanziger Jahre des 13. Jahrhunderts einzelne Namen von Familien belegt sind, die auch im 15. Jahrhundert die Auseinandersetzungen mit den Gilden um die neue Verfassung trugen und die zum Teil noch ihre Prozesse vor dem Reichskammergericht um die Anerkennung der Stiftsfähigkeit führten.

In den folgenden Jahrzehnten, insbesondere in der zweiten Hälfte des 13. Jahrhunderts, trat die Gruppe der später zu den Erbmännern zu rechnenden Familien immer deutlicher hervor. 1239 waren Johann Niesinck und Egbert Bispinck Schöffen in Münster, 1254 ein Wrede und 1257 Gerwin Rike. Letzterer begegnet schon 1245 und 1252 als münsterischer Bürger in den Zeugenlisten von Urkunden. 1265 erscheint auch bereits ein Kerckerinck, 1270 ein Kleyhorst, 1283 ein Wyck, 1291 Engelbert Droste und 1295 ein Travelman. Die Buck, Clevorn, Dusaes und Warendorp tauchten zwar schon unter den Stadtrichtern auf, hatten also Zugang zu bischöflichen Ämtern, spielten aber unter den Schöffen im 13. Jahrhundert noch keine so große Rolle wie im 14. und 15. Jahrhundert.

Trotz aller Fluktuation entwickelte sich damit auch in Münster tendenziell seit dem 13. Jahrhundert aus den Schöffenfamilien und vergleichbaren Elitegruppen ein städtisches Patriziat. Seit dem 14. Jahrhundert, also seit seine Angehörigen auch über das Stadtgericht verfügten, dürfte die Besetzung des Rates allein auf eine überschaubare Gruppe von Familien beschränkt gewesen sein. Für den niederdeutschen, hansischen Kulturzusammenhang spricht übrigens, daß eine Reihe dieser Familien auch in den näheren und weiteren Städten des Hanseraums nachgewiesen werden kann. Erst 1454 mußten die Erbmänner auf das ihnen zugewachsene „Vorrecht" der Ratsbesetzung verzichten: Damals wurden unter dem Druck des Grafen Johann von Hoya von den Gilden nur vier Erbmänner in den Rat gewählt.

Rechtsprechung und Verwaltungspraxis

Die Tätigkeit des münsterischen Rates wird in einer Statutensammlung beschrieben, die seit etwa 1300 Einträge über die Ratsgeschäfte enthält. Die Edition der vier erhaltenen, in der Überlieferung einzelner Artikel voneinander abweichenden, aus dem 16. und 17. Jahrhundert stammenden Handschriften [398: Niesert, Urkundensammlung 3, Nr. 2] ist noch schlechter als die des „Roten Buches" des Schohauses, so daß Untersuchungen zu Entstehungsbedingungen und Überlieferungsschichten nur an den Originalen vorgenommen werden können: Gerade die geläufige Datierung zweier Handschriften auf die erste Hälfte des 16. Jahrhunderts verlangt angesichts der verfassungsgeschichtlichen Einschnitte von 1525, 1535/36 und 1553 nach Präzisierungen, die vorläufig noch ausstehen.

Schon der erste und älteste Eintrag von 1300 knüpfte an die Regelungen des Stadtgerichts von 1278 insofern an, als er im Selbstverständnis der Stadt – denn als ein solches Zeugnis muß ein Stadtbuch dieser Art eingeschätzt werden – die formale Bindung an den Stadtherrn erklärte: Bürgermeister und Schöffen huldigten danach namens der Stadt dem jeweils neuen Bischof, sicherten ihm und der Stadt die Wahrung ihrer Rechte zu, nahmen den Kaiser aber davon aus. Daraus wieder auf ein

Aufsatz des Kamins in der Ratskammer. Der 1577 errichtete Kamin wurde 1944 zerstört und durch den erhalten gebliebenen Kamin des Krameramtshauses ersetzt

Streben nach Reichsfreiheit zu schließen, wäre für die mittelalterliche Zeit anachronistisch; vielmehr wird man darauf zu achten haben, daß die Anlage solcher Rechts- und Statutensammlungen in Bremen, Lübeck oder Erfurt, um nur wenige zufällige Beispiele zu nennen, aus einer allgemeinen städtischen Konfliktsituation um 1300 entstanden ist, die wenn nicht überhaupt den Abschluß der Gemeindebildung, so doch mindestens eine wichtige Etappe nach ihr signalisierte – eine Konfliktsituation, in der überall in vergleichbaren Städten die Beziehungen zwischen dem Stadtpatriziat als der den Rat besetzenden Elite und der übrigen Bürgergemeinde einerseits und dem Stadtherrn andererseits entschieden wurden. Manches deutet daraufhin, daß auch das Verhältnis zwischen Bürgern und Einwohnern – insbesondere den Bewohnern der Immunitäten – Konfliktstoff bot, aber kaum schon damals im selben Maße geklärt werden konnte.

Um das Ausmaß der spätmittelalterlichen, zum Teil auch erst frühneuzeitlichen Stadtverwaltung einigermaßen einschätzen zu können, ist überdies ein Blick in das von der Kämmerei wohl bald nach der Täuferzeit angelegte sogenannte Pergamentbuch notwendig, das in seinem zweiten Teil die Eidesformeln einer Reihe städtischer Ämter enthält, die sich seit dem 13. Jahrhundert ausgebildet hatten. Da folgen nacheinander und ohne Rücksicht auf eine „Ämterhierarchie" die Eide folgender Amtsträger: des Stadtrichters, der Ratsherren, der Kämmerer, der Gruetherren, der Weinherren, der Schöffen, des Syndikus (seit Beginn des 16. Jahrhunderts), des Stadtsekretärs, der Türwächter (Aufsicht über das Rathaus), des Gerichtsschreibers, des Wein- und Bierschröders, des Freigrafen, des Waagemeisters, des Gewaltmeisters (oberster „Stadtpolizist"), der städtischen Reiter, Stallmeister, Büttel (sechs Botmeister zur Aufsicht über die Befestigung und das Gefängnis sowie für polizeiliche Maßnahmen), Armbrust- und Büchsenmeister, des Tuchbeschauers, des Schließers der Stadttore und Aufsehers über die Stadtgräben mit ihren Fischen, der Tagwächter an den Toren, der Turmwächter von St. Lamberti, der „Hilfspförtner" für die Stadttore, des Turmbläsers auf St. Lamberti, des Stadtarztes, der Pfeifer (Stadtmusikanten), des Wärters für die Akzisen und den Bierkeller, des Heringbeschauers, der „Straßenarbeiter", der Stadtboten, des Vronen für den Gografen von Senden, des Wächters am Sandruper Baum, also am Durchlaß der Landwehr zwischen Kinderhaus und Sprakel, des Straßenreinigers, der Krämerknechte, der Landwehrwächter, der Tuchprüfer, der Kohlenmeister für die öffentlichen Gebäude sowie für den Rat und die Geistlichkeit, des städtischen Zimmermeisters und des Maurermeisters, des Akziseschreibers, des Leggemeisters, der Hebammen, des Marktmeisters, der Hausbrauer (nach 1661).

Die Reihe der Eide schließt mit dem Bürgereid, der folgenden Wortlaut hat: „Ick, N. love und swere, dat ick vortmer na dessen dage bi de Schepen und Raide der stadt Munster und bi des stadt rechte bliven will, ninerlei wir dar entgegen to doen. Dat mi got so helpe und de hilligen." Ein etwa gleichzeitig angelegtes Buch des Gruethauses ergänzt noch die Ämter des Grüters, des Malzmessers und des Müllers.

Von den 24 Ratsherren besetzten spätestens in der frühen Neuzeit jeweils zwei die Ämter der Bürgermeister, der Kämmerer, der Weinherren, der Richtherren, der Gruetherren, der Stuhlherren (Stellvertreter der Richtherren), der Hospitalherren, der Bierherren, der Provisoren für Kinderhaus, für die Kapellen und die Zie-

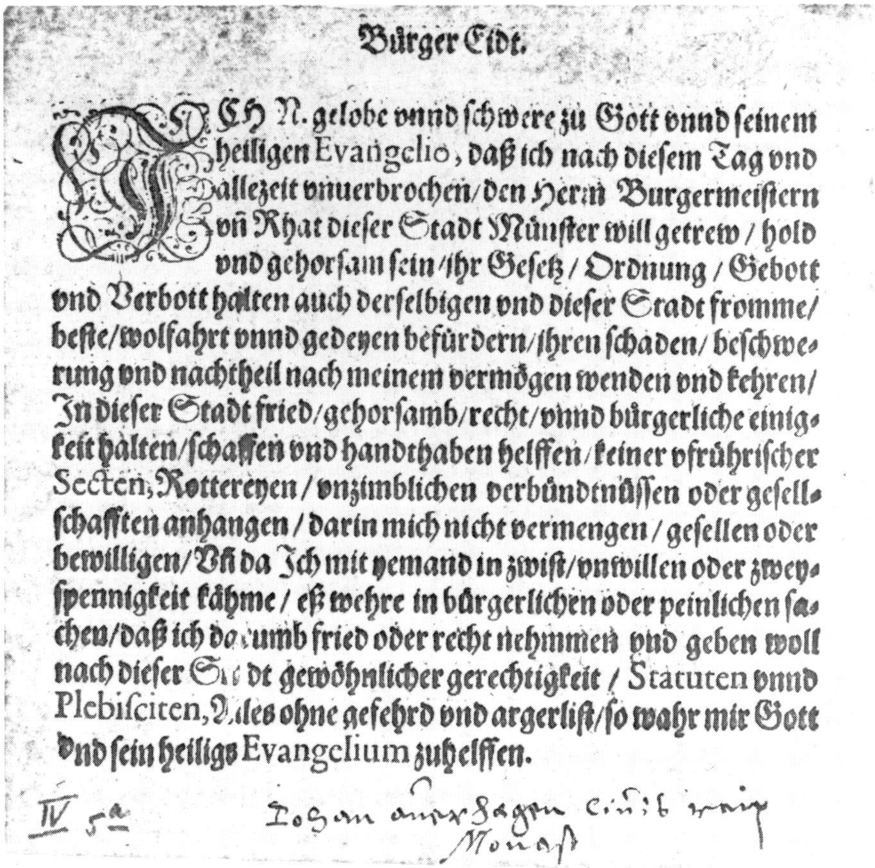

Bürger Eidt.

ICH N. gelobe vnnd schwere zu Gott vnnd seinem heiligen Evangelio, daß ich nach diesem Tag vnd allezeit vnuerbrochen/den Herrn Burgermeistern vnd Rhat dieser Stadt Münster will getrew / hold vnd gehorsam sein/ihr Gesetz / Ordnung / Gebott vnd Verbott halten auch derselbigen vnd dieser Stadt fromme/ beste/wolfahrt vnnd gedeyen befürdern/ihren schaden/ beschwerung vnd nachtheil nach meinem vermögen wenden vnd kehren/ In dieser Stadt fried/gehorsamb/recht/vnnd bürgerliche einigkeit hälten/schaffen vnd handthaben helffen/keiner vfrührischer Secten/Rottereyen/vnzimblichen verbündtnüssen oder gesellschafften anhangen/darin mich nicht vermengen/gesellen oder bewilligen/Vnd da Ich mit yemand in zwist/vnwillen oder zweyspennigkeit kähme/ eß wehre in bürgerlichen oder peinlichen sachen/daß ich darumb fried oder recht nehmmen vnd geben woll nach dieser Stadt gewöhnlicher gerechtigkeit / Statuten vnnd Plebisciten, Alles ohne gefehrd vnd argerlist/so wahr mir Gott vnd sein heiligs Evangelium zuhelffen.

Bürgereid des Johann Averhagen von 1604

gelei sowie der Provisoren weiterer Einrichtungen. Diesen Hauptämtern waren fallweise Ämter für die Tuchbeschau, die Aufsicht des Bierkellers, des Weinkellers, des Stadtwaldes (erst 1653) zugeordnet. Mit diesen „Ehrenämtern" waren nur geringe Einkünfte verbunden.

Auch wenn vieles von den alltäglichen Ratsgeschäften im Statutenbuch keinen Niederschlag gefunden hat, so kann man doch nicht umgekehrt auf eine besondere Bedeutung der Satzungen schließen. In den meisten Fällen dürften sie das Ergebnis von Bürgerversammlungen gewesen sein, die den Rat zu entsprechenden Eintragungen in das Statutenbuch veranlaßten. Die überwiegende Zahl wurde auf das Fest des Apostels Thomas (21. Dezember) datiert, so daß an diesem oder einem der benachbarten Tage eine regelmäßige Bürgerversammlung stattgefunden haben muß.

Außer der Huldigung werden in den weiteren Einträgen alle Fragen des bürgerlichen Lebens angesprochen, vor allem wieder verfassungs-, vermögens-, und gewerberechtliche Probleme. Auch ohne genaueren Vergleich erweisen sich einige Ratsbeschlüsse als Erläuterungen zum sogenannten Stadtrecht. Es wird auch schon 1302 bei in fremde Hand vererbtem Weichbildgut, das innerhalb von Jahr und Tag an Bürger zu verkaufen sei, Bezug auf „vnse Rathboeken" genommen, auf dessen Basis oder zu dem parallel das Bielefelder Weistum erwachsen sein könnte.

Der gewachsenen politischen Bedeutung der Gilden folgend, treten diese im 15. Jahrhundert auch als Mitwirkende bei der Aufstellung der Statuten immer stärker hervor (1438: „Borgemestere vnd Raet Gilden vnd Gemeinheit der Stadt Munster umme Eindrechicheit vnd gemackes Willen vnser Stadt", 1440: „de Raed vnd de gemeine Gilden"). Entsprechend gibt es auch Überschneidungen mit dem „Roten Buch" der Gesamtgilde.

Das Hochgericht, also das Blutgericht, hat die Stadt im Mittelalter nie besessen; es blieb immer in der Hand des Stadtherrn. Hingegen drängte die Stadt im Niedergericht den Einfluß des Bischofs immer weiter zurück. In den typischen Fällen der Marktgerichtsbarkeit und in Nachbarschaftfragen war dem Rat durch das Stadtrecht die eigene Gerichtsbarkeit von Anfang an garantiert. Will man die Kompetenz des Ratsgerichts umschreiben, so trifft diese am besten der Artikel 55 des Bielefelder Weistums, der sicher auch schon um 1200 rechtsüblich war: *Si discordia oritur inter cives, scabini possunt suo consilio componere sine judice, si questio non pervenerit ad ipsum* (Wenn Streit innerhalb der Bürgerschaft entsteht, dann dürfen die Schöffen ohne Zuziehung des Richters diesen schlichten, es sei denn, der Streitfall gehört in seine Zuständigkeit). Genau die Abgrenzung zwischen den Kompetenzen des Rates und seinem Ratsgericht, das vor allem ein Schiedsgericht war, und denen des Stadtrichters und seinem Stadtgericht war – von der Blutgerichtsbarkeit abgesehen – den mittelalterlichen Verfassungszuständen entsprechend unklar, so daß die Rechtswirklichkeit viele Wege offenhielt. Das Ratsgericht wuchs in Aufgaben hinein, zuerst wohl im Bereich des Markt- und Gewerbewesens, regelte mit den Leischaften Nachbarschaftsstreitigkeiten, griff in weitere Rechtsbereiche ein, ohne daß ihm immer entsprechende Kompetenzen übertragen worden waren, allein schon weil nur die Stadt selbst den Schutz ihrer Bürger garantieren konnte. Seit 1278 wurden auch Bürger Beisitzer. Zwar hielt der bischöfliche Stadtherr an der Einsetzung des Stadtrichters fest, aber da er Angehörige der Bürgerschaft mit diesem Amt beauftragte, verlor sein Einfluß auf das Stadtgericht an Gewicht.

So war der erste überhaupt nachweisbare Stadtrichter der Ministeriale Florenz (1209), also ein Angehöriger der stadtherrlichen Dienstmannschaft. Unter seinen Amtsnachfolgern, zum Teil verwandtschaftlich verbunden und mit überschneidenden Dienstzeiten, beurkundete Gerhard von Olfen 1259 einen Vergleich gemeinsam mit den Schöffen; 1265 war an seine Stelle *(quondam iudex miles)* bereits ein Bürger Hermann getreten. Doch übten auch nach 1278 immer wieder Ministeriale das Amt des Stadtrichters aus, bis es seit dem 14. Jahrhundert regelmäßig in den Händen von Erbmännerfamilien verblieb (Kleyhorst, Dusaes, von der Wyck, Bischopinck, Kerckerinck), wobei wohl für die Gebiete beiderseits der Aa jeweils zwei eigene, oft in Personalunion vereinte Ämter bestanden. Mit dem Zugriff auf das Beisitzeramt im Stadtgericht wurde die Bezeichnung Schöffe noch mehrdeutiger. Es konnten damit weiterhin alle Ratsherren, diese Beisitzer oder aber auch einzelne mit der Urteilsfin-

Täfelung der Ratskammer mit der Darstellung der „Zwietracht"

dung im Ratsgericht beauftragte Ratsherren, später schließlich auch andere Personen, die mit der Gerichtsverwaltung zu tun hatten, bezeichnet werden.

Unter den Ratsämtern werden zwei Kämmerer erstmals 1330 erwähnt. Mit den Bürgermeistern, den städtischen Richtern und den übrigen Ratsämtern wurden sie jährlich aus dem Rat gewählt. Außer ihnen waren aber auch die Akziseherren und Gruetherren mit dem Haushalt der Stadt befaßt, da sie für diese besonderen Steuereinnahmen zuständig waren. Bei der Bedeutung der Finanzen für die städtische Politik nimmt es auch nicht wunder, daß im 15. Jahrhundert die Gilden hierauf ihr besonderes Augenmerk richteten, wie überhaupt Verfassungsreformen in der Regel auch eine Kontrolle der städtischen Finanzen zum Ziel hatten. So besetzte die Gilde im 15. Jahrhundert selbst das Gruetherrenamt.

Einen städtischen Haushalt für das Spätmittelalter aufstellen zu wollen, ist aus vielerlei Gründen schwierig, bei der unterschiedlichen Überlieferung oft unmöglich, so auch in Münster. Wir erfassen immer nur einzelne Einnahme- und Ausgabearten; diese sind oft sehr unvollständig geführt, vor allem aber nur zeitweise überliefert, so daß wir nur einen ganz groben Überblick über die Finanzwirtschaft, auf keinen Fall aber einen auch nur für kurze Zeiten abgesicherten Etat vermittelt bekommen. So gibt es konkrete Informationen über einzelne Ausbesserungen an städtischen Gebäuden. Außerdem erfahren wir etwas über den städtischen Pferdestall, über Botenlohn und Reitgeld oder das Ungeld, das keine Akzise war, sondern eine Entlohnung für alle möglichen städtischen Dienste. Als Aufwandsentschädigung für städtische Bedienstete müssen wir die Kleidergelder für die Turmwächter, den Apotheker, den Henker, den Stadtschreiber oder den Verwalter der Stadtwaage (1449) betrachten. In diesen Rahmen gehören auch Geschenke für einzelne Amtsträger wie Bürgermeister, Schöffen, alte und neue Richter, Schreiber, Freigrafen und Torwächter anläßlich von Hochzeiten oder als „Weingeld".

Zu den ältesten Einnahmen der Stadt gehörten sicher die Gerichtsgefälle und das von den Neubürgern gezahlte Bürgergeld. Über deren Umfang wissen wir ebenso wenig wie über eine Zahlung, die jeder neue Gildebruder neben einem Beitrag für die Gilde auch an die Stadt zu zahlen hatte. Überhaupt scheinen aus den Gilden auch einzelne Strafgelder an den Rat geflossen zu sein. Einnahmen erzielte die Stadt auch aus der Stadtwaage, der Ziegelei, dem Gefängnis, aus Renten und schließlich aus Steuern.

Das Braurecht und die Steuer auf das münsterische, vor allem mit den Blättern des Gagelstrauchs gewürzte und leicht verderbliche Gruetbier (Gruet = Gewürzmischung statt Hopfen) standen ursprünglich dem Stadtherrn zu. Die Gruetsteuer kam 1278 an die Stadt, nachdem ihr Eberhard von Diest 1265 bereits ein Drittel der Gruet, d. h. der Abgaben für das Verkaufsrecht der pulverisierten Gewürzmischung, verpfändet hatte. Aufgrund weiterer Abtretungen mußte deshalb die Stadt schließlich nur noch Zahlungen an das domkapitularische Gruetamt entrichten. Die Verwaltung der Gruet hatten vier Gruetherren, von denen in der Mitte des 15. Jahrhunderts zwei vom Rat und zwei von Gilde und Gemeinheit eingesetzt wurden. Seitdem ist die Gruetamtsrechnung ein wichtiger Teil der gesamten Stadtrechnung. In sie flossen auch Einnahmen aus der Besteuerung des Koitbiers, ebenso aus dem seit der Mitte des 15. Jahrhunderts vordringenden Hopfenbier. Nach Abzug aller Kosten für die Tätigkeit der Gruetherren ging jedoch nur ein geringer Teil an die Stadtkasse. Einzelleistungen wurden auf Befehl der Bürgermeister oder Kämmerer, etwa zur Entlohnung des Freigrafen oder zur Bezahlung von Schulden, direkt angewiesen. Verkaufte die Stadt Renten, so wurden diese auf das Gruetamt eingetragen. Solche Renten erhielten Geistliche innerhalb und außerhalb der Stadt, Bürger und Einwohner oder auch Bewohner des Umlands. 1481 und 1482 lagen die Ausgaben des Gruetamts höher als die Einnahmen, so daß die Gruetherren bei der Rechnungslegung ein Defizit bilanzierten.

Hier zeigt sich eine der typischen Schwierigkeiten spätmittelalterlicher Haushaltsaufstellungen. Da Verpfändungen und Rentenverkäufen ja „Vorableistungen" der Pfandnehmer und Rentenkäufer vorausgegangen waren, diese aber – wenn überhaupt – an ganz anderer Stelle vermerkt wurden, wiesen die städtischen Haushalte im Spätmittelalter allgemein einen negativen Kassenschluß aus. Es ist sogar beobachtet worden, daß gerade florierende Städte nach Auskunft der Stadtrechnung besonders verschuldet waren, da die Stadtkasse häufig als Sparkasse galt; Einzahlungen wurden demzufolge nur auf der Sollseite eingetragen, als Kreditaufnahme der Stadt oder als Zinsleistungen.

Eine Verbrauchssteuer war auch die bekannteste städtische Steuer des Mittelalters, die Akzise. In dem wichtigen Vertrag von 1278 wird sie zwar nicht erwähnt, jedoch geht die Chronik Florenz' von Wevelinghoven davon aus, daß auch sie in den Auseinandersetzungen Eberhards von Diest mit der Stadt endgültig für den Bischof verlorenging. Überliefert sind vor allem die Weinakzise und die Bierakzise. Daneben erhob die Stadt Steuern auf Tuch, Leinwand, Fett, Holz, Getreide und Fisch. Dabei wurde unterschieden zwischen den in Münster erworbenen Gütern und solchen, die nur durch die Stadt transportiert wurden. Verwaltet wurde diese Einnahme von den zwei (Wein-)Akziseherren, die aus dem Rat gewählt wurden. Zeitweilig wurden neben ihnen auch zwei gesonderte Bierherren eingesetzt. Wie bei der Gruet war auch die Akzise in der Regel verpachtet, so daß im Einzelfall nicht immer sicher ist, ob die genannten Akziseherren wirklich die Ratsämter innehatten oder die Pachtherren waren.

Befreit von den Steuern war in Münster wie in den meisten anderen Städten die Geistlichkeit mit ihren Immunitäten, d. h. auch jene Personen, die auf den Immunitäten wirtschafteten und keine Geistlichen waren. Das war der Grund dafür, daß die Stadt immer wieder die Geistlichen an den städtischen Abgaben zu beteiligen oder den Erwerb von immobilem Vermögen zu verhindern versuchte, um die Freibezirke innerhalb der Stadt nicht zu vermehren.

Der Zoll – ursprünglich eine bischöfliche Einnahmequelle – war seit 1203 kontinuierlich an das Domkapitel verpfändet. Dagegen erwarb der Stadtherr seit 1356 den Zoll des Stifts Überwasser. Unter Bischof Florenz von Wevelinghoven konnte der Stadtrichter Egbert Kleyhorst, ein Erbmann, über den bischöflichen Zoll in Münster verfügen. Durch Anpfändungen, also durch die Übertragung von ursprünglich stadtherrlichen Ämtern an Bürger, verloren solche Einflußmöglichkeiten des Bischofs in der Verfassungswirklichkeit schnell an Bedeutung. Auf der anderen Seite waren die Bürger der Stadt auf bischöflichem Territorium vom Zoll befreit. So erteilte Bischof Eberhard von Diest den Bürgern von Ahlen 1288 ein Privileg [2767: Westfälisches Urkundenbuch 3, Nr. 1344], das ihnen zusicherte: *pro suis negotiis et utilitatibus peragendis a thelonio terre nostre quiti sint penitus et immunes* (sie sollen für ihre Handelsgeschäfte in unserem Herrschaftsbereich gänzlich vom Zoll befreit sein), und nahm dabei Bezug auf das bereits ältere Recht Münsters und Warendorfs.

Die Münze blieb dagegen im Besitz des Bischofs, wenn sie auch wie andere stadtherrliche Rechte im Spätmittelalter oft verpfändet war. Auch wenn die Stadt im Mittelalter selbst nicht das Münzrecht besaß, so verfügte sie doch über die Prägestelle. Diese Zwischenlösung läßt verstehen, warum die städtische Münze das bischöfliche Pauluszeichen trug.

In den Zuständigkeitsbereich des Rates fielen selbstverständlich auch alle Fragen der öffentlichen Polizei: Gewinnspiele waren ebenso zeitweilig untersagt, wie nächtliches Herumtreiben oder übertriebener Luxus bei Hochzeiten und Kindbettfeiern durch Ratsbeschlüsse eingeschränkt wurden. Abfall sollte nicht auf der Straße liegen bleiben, Bauvorschriften mußten überprüft, und die Brandgefahr mußte eingeschränkt werden, Regelungen für das Hausgesinde mußten getroffen und kontrolliert werden. Hausverkäufe und Rentengeschäfte erfolgten ebenfalls vor dem Rat. Eine wichtige Rolle spielte nach dem Statutenbuch auch die Regelung von Testamenten.

In den Bereich der Marktgerichtsbarkeit gehörte die Überwachung von Maßen und Gewichten, die Bischof Eberhard von Diest bereits 1278 mit seiner *ordinatio venditionis* gemeint hatte. Zum Marktwesen gehörte die Stadtwaage, die der Obhut des Rates unterstand. Die Ordnung der Markttage, Kontrolle von Preisen, Überwachung des Zunftzwangs und allgemein Fragen der städtischen Wirtschaft konnten den Rat betreffen, wenn nicht die Gewerbehoheit der einzelnen Gilden unmittelbar berührt war. Selbstverständlich gab es genau in diesem Bereich dann wieder erhebliche Kompetenzüberschneidungen zwischen dem Rat und den Gilden.

Über die Ausgaben für die Stadtbefestigung haben wir keine Nachrichten; wir dürfen jedoch davon ausgehen, daß mit Privilegierung der Bürgergemeinde, d. h. mit der Garantie der bürgerlichen Freiheit durch den Bischof im 12. Jahrhundert, die Stadt ihren Teil zur Befestigung zu leisten hatte und damit auch einen Teil des Schutzes für den Bischof, seine Hofhaltung und seinen Wirtschaftshof übernahm. In manchen Stadtrechten werden gerade die Einkünfte aus dem städtischen Gericht ausdrücklich für solche Gemeinschaftsaufgaben der Bürger verwandt. In Münster war –

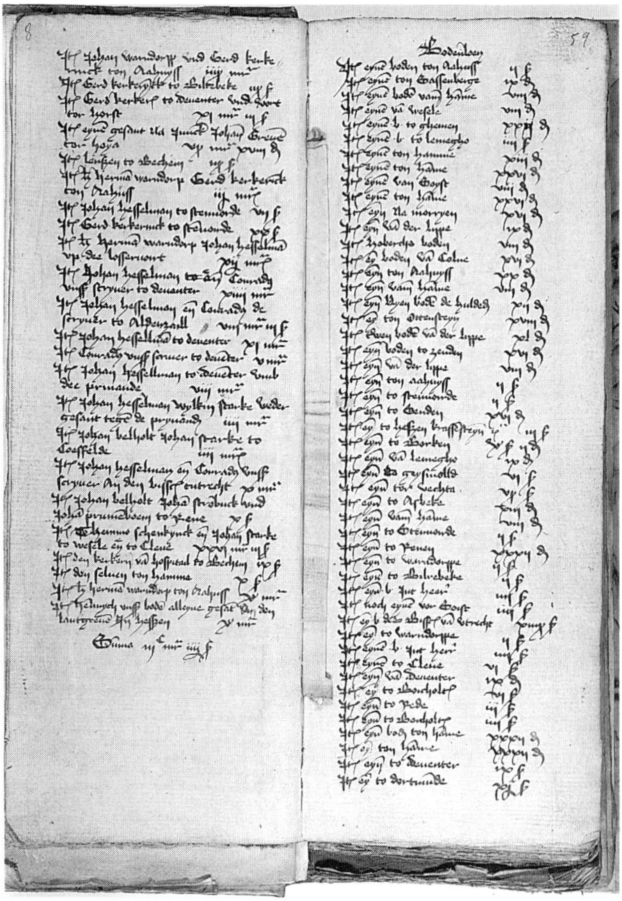

Auszug aus einer der wenigen erhaltenen mittelalterlichen Kämmereirechnungen der Stadt Münster (1458)

wie erwähnt – 1278 eine Klärung erfolgt, als die Bürger die Türme auf dem Bispinghof in ihre Verfügung übernahmen. Damit befand sich die gesamte Stadtbefestigung in der Hand der Bürger, so daß der Bischof auch von Südwesten her nicht mehr ungehindert in seine Stadt einziehen konnte. Ebenso leistete die Stadt ihren Beitrag zur Landesverteidigung. Im Rahmen der Wehrhoheit kam es dann später zu Kompetenzüberschneidungen zwischen dem Rat und den Gilden.

Nur wenige Nachrichten belegen die Einflußnahme des Rates auf die Pfarrkirchen. Der Rat kümmerte sich um die Verwaltung einzelner Pfründen und verfügte 1371 über das Patronat der Vikarie Johannes Baptist und die beiden Vikarien am Cyriaksaltar der Ludgerikirche. 1450 verlieh er den Jakobsaltar in der Martinikirche; 1453 stifteten Bürgermeister und Rat eine zweite Vikarie am Antoniusaltar der Ludgerikirche. Im 13. Jahrhundert verwaltete der Rat bereits das Magdalenenhospital. So hatte 1240 ein Bürger das Amt des Provisors in Händen. 1330 bestimmte dann der Rat, daß nicht mehr als zehn Pfründner in das Hospital aufgenommen werden sollten. Ebenso kümmerte sich der Rat um die Leprosorien bei Amelsbüren und Kinderhaus. Inwieweit die Elenden- und Armenhäuser der Stadt jeweils unter der Verwaltung des Rates standen oder als Stiftung einzelner Familien unter deren Patronat verblieben, ist im einzelnen zu prüfen. Sicher verwaltete der Rat spätestens 1354 die Armenhäuser „Zur Wessede", „Zur Wick" und „Zur Aa". Ansonsten spielten die Pfarrgemeinden (Kirchspiele) im Verfassungsleben der Stadt keine Rolle.

An ihre Stelle traten vielmehr die Stadtviertel, die Leischaften, die trotz ihrer späten Erwähnung in Vorformen wohl in das 12. Jahrhundert zurückreichten. Die These von ihrer Entstehung aus ursprünglich dörflichen Bauerschaften ist allerdings abzulehnen. Bauerschaften in der Stadt waren Nachbarschaften, d. h. Stadtviertel wie die Kirchspiele, ohne daß wir ihre jeweiligen politischen Kompetenzen immer erkennen können. Angesichts der Selbstverständlichkeit, mit der das Lippstädter Stadtrecht um 1220 von Geschworenen oder Richtern für einzelne Viertel ausgeht und angesichts der Verhältnisse in Dortmund (Bauerschaften), Soest (Hofen) und Osnabrück (Leischaften) sollte auch für Münster eine ähnliche lokale Gliederung zweifelsfrei sein. Die Ableitung von *legio* legt eine Übersetzung mit „Gilde" nahe, wobei auf den Unterschied von personalen (Gilden im eigentlichen Sinn) und lokalen (Kommunen) Verbänden zu achten ist. Partielle Überschneidungen mit den Kirchspielgrenzen, aber keine Übereinstimmung, lassen eine etwa gleichzeitige Entstehung vermuten, während Prinz die Ablösung einer älteren Kirchspielverfassung durch eine jüngere Leischaftsverfassung nach der Mitte des 14., vielleicht erst im beginnenden 15. Jahrhundert annimmt [543: Prinz, Mimigernaford-Münster, S. 227]. Wichtig war, daß aus Verteidigungsgründen alle Leischaften rechts der Aa bis an den Prinzipalmarkt als Gestellungsplatz der Bürgerwehr reichten. Unter den sechs Leischaften nahm Überwasser selbstverständlich eine eigene Stellung ein. Hier bestanden zwei (Liebfrauen, Jüdefelder), vielleicht ursprünglich nur eine, in der Altstadt dagegen vier (Aegidii, Ludgeri, Lamberti, Martini – nicht aber Servatii).

Die Außenpolitik des Rates erstreckte sich auf alle Verhandlungen zwischen den Städten, mit dem Bischof und den übrigen Landständen, wobei je nach Wichtigkeit die Verhandlungsführer von Bürgermeister und Rat, aber auch von Gilden und Bürgerschaft insgesamt gestellt werden konnten. Die auswärtigen Beziehungen der Stadt spiegelten sich auch im Besitz außerstädtischer Gerichte wider. So verfügte der Rat in mehreren im Umland liegenden Ortschaften über die dörfliche Gerichtsbarkeit (Freigrafschaft). Wahrscheinlich besaß die Stadt das Freigericht seit dem zweiten Jahrzehnt des 14. Jahrhunderts; der erste nachweisbare städtische Freigraf war Wennemar von Wrede, Mitglied einer Erbmännerfamilie. Daneben verfügte die Stadt über eine Reihe von Gogerichten ganz oder zumindest zur Hälfte.

Ein weiterer Schritt in der Emanzipation der Bischofsstadt war das seit 1309 nachweisbare Privileg, neben dem Domkapitel und der Ritterschaft auf den Landtagen vertreten zu sein. Von da an gehörte es zu den wichtigsten Rechten der Stadt, mit den anderen Stiftsstädten als Landstand die außerordentlichen Schatzungen für den Bischof zu genehmigen und über den Bistumsrat mit einem oder mehreren Vertretern an der Regierung des Territoriums beteiligt zu sein. Seit 1424 mußte jeder neugewählte Bischof Wahlkapitulationen beschwören, die die Rechte der einzelnen Stände – d. h. insbesondere der Städte – garantierten.

Was über den Schutz der Stadt hinaus die Sicherung des Territoriums anging, so dürfte – ohne daß das im einzelnen schriftlich nachzuvollziehen wäre – auch hier früh eine Begrenzung der Bürger auf ihre Interessen erfolgt sein. An den Landfrieden seit dem 13. Jahrhundert beteiligte sich die Stadt entsprechend mit eigenen Kontingenten, d. h. als selbständiger – und man wird wohl sagen können – unabhängiger Vertragspartner. Später waren Verhandlungen der Landstände, von denen Münster die städtische Kurie anführte, die Voraussetzung. So stellte die Stadt Bischof Otto IV. von Hoya (1392–1424) für seine territorialen Fehden 950 Pferde zur Verfügung. 1512 erhielt Bischof Erich 200 Schützen von der Stadt. Das war jedoch nur möglich, weil zu dieser Zeit bereits von der Stadt eigene Söldnertruppen gehalten wurden, wie wir etwa aus der Belagerung der Stadt Soest durch die Böhmen (1447) wissen.

4. Auf dem Weg zu einer Gildeverfassung

Zur Entstehung und politischen Funktion der Gilden

Die Gilden waren nicht nur genossenschaftliche Verbände im Bereich des Handels und Gewerbes einer Stadt; sie nahmen auch eine besondere Stellung innerhalb der Stadtverfassung ein. Auch wenn Gilden in Münster erst in den ältesten Statuten (1354) erwähnt werden, so ist doch sicher, daß die Ursprünge einzelner Gilden bis in die Phase der Stadtbildung zurückreichten. In den Statuten heißt es, jede Gilde solle bei ihrem alten Recht bleiben. Es ist also nicht von einer Entstehung der Gilden in der Mitte des 14. Jahrhunderts auszugehen, sondern höchstens nach dem Anlaß der Verschriftlichung ihrer Rechte zu fragen. Andererseits sind alle Theorien, die die Entstehung der Bürgergemeinde oder des Rates allein aus einer Fernhändlergilde ableiten wollen, angesichts der Vielzahl unterschiedlicher Faktoren, die auf die Stadtbildung eingewirkt haben, nicht haltbar. Wir wissen heute, daß es weder eine einzige Gilde gab, die sich in späterer Zeit aufteilte, noch daß zuerst eine Fernhändlergilde existierte, neben der sich dann weitere Handwerkergilden gebildet hatten. Vielmehr läßt sich gerade für den niederdeutschen Raum zeigen, daß die ältesten Belege Handwerkskorporationen meinen. Es ist deshalb anzunehmen, daß schon in den grundherrschaftlichen Bindungen Handwerker sich zur Ordnung der Produktion und zur Sicherung ihrer Rechte gegenüber dem Grundherrn in Gilden eidlich verbanden, wie überhaupt die Produktion für die binnenländischen Städte im Vordergrund gestanden haben dürfte. In Münster schlossen sich dann an der Wende zum 15. Jahrhundert die einzelnen Gilden zu einer Gesamtgilde zusammen, um so als Vertretung der Bürgergemeinde dem Rat gegenüber bestehen zu können.

Da ähnlich früh wie in der Stadt auch im Münsterland Gilden belegt sind, die als lokale Nachbarschaften gedeutet werden, muß bereits die Gleichsetzung von „Gilde" und „Berufskorporation" als eine begriffliche Einengung verstanden werden. Dies führt dann für die Stadt zu der Annahme, bereits in der Zeit der Gemeindebildung seien die Leischaften, also die Stadtviertel, als Gilden zu begreifen. Von dieser Seite werden damit auch jene Überlegungen gestützt, die die Gilde als eine allgemeine Gemeinschaftsform verstehen, die beispielhaft für alle genossenschaftlichen Einungen des Mittelalters gewesen sei. Zur eindeutigeren Handhabung in der Forschungsdiskussion wird jedoch die begriffliche Unterscheidung von personalen Genossenschaften (= Gilden) und lokalen Genossenschaften (= Kommunen) favorisiert.

Das aus dem 16. Jahrhundert überlieferte Statut vom 27. Januar 1354, das uns erstmals über die Verfassung der Gilden informiert, zeigt diese noch in Abhängigkeit vom Rat: Bürgermeister und Schöffen hatten unter Mithilfe anderer einflußreicher Bürger („gude lude") die Statuten erlassen, während eine Teilnahme der Gilden bei der Abfassung nicht erwähnt wird. Den Status quo – ein vermutlich vorausgegangener Versuch zur Beschränkung der Gildehoheit war wohl gescheitert – beschreibt die Garantie der alten Rechte (Artikel 1). Jede Gilde hatte zwei Gildemeister als Vorsteher, die in einigen Gilden von den Gildebrüdern gewählt („gildemestere"), in anderen vom Rat eingesetzt („amtlude"!) wurden. Die Gildemeister sorgten für die Einhaltung der Statuten und die Ordnung innerhalb der Gilden. Sie mußten dem Rat einen Treueid leisten und durften ohne seine Erlaubnis keine neuen Satzungen erlassen (Artikel 2). In Streitfällen sollten sich die Gildebrüder jedoch nicht an die Gildemeister, sondern an den Rat wenden, wenn keine Einigung zu erzielen war (Artikel 3 und 4) [416: Münsterisches Urkundenbuch, Nr. 152].

Es gab im mittelalterlichen Münster insgesamt 17 Gilden, deren Namen wir aus verschiedenen Nachrichten des 14. bis 16. Jahrhunderts zusammentragen müssen und die in ihrer Organisationsstruktur auch nicht alle dasselbe Alter aufwiesen: Die erste namentlich bekannte Gilde ist die 1366 genannte Schrödergilde. Da es aber bereits 1320 eine *domus pistorum* gab, ist auch mit einer Bäckergilde vor 1354 zu rechnen. 1361 wird eine „broderschop und Gilde" erwähnt und 1408 als „Mariengilde" noch einmal, in der sich anscheinend Kaufleute zusammengeschlossen hatten, die offenbar auch im Viehhandel tätig waren (1432: „dryvere gesellschopp"). Das Rote Buch des Schohauses, dem Gildehaus der Gesamtgilde am Alten Fischmarkt, aus dem wir unsere weiteren Kenntnisse über die Gilden schöpfen, erwähnt weiter Fleischhauer, Krämer, Ledermacher, Pergamentmacher, Schuhmacher, Korduaner und Gewandschneider. Ein erstes vollständiges Verzeichnis besitzen wir jedoch erst von 1586.

Gesamtgilde, Rat und Bürgergemeinde

Spätestens 1410 hatten sich die Einzelgilden zur „gemeinen gilde" vereinigt – ein zeitlicher Fixpunkt, den auch der Artikel 53 des Roten Buches nennt: Damals bestanden fünf oder sechs Gilden, da 1412 eine Vertretung von zwölf Gildebrüdern mit dem Rat verhandelte: zwei Alderleute der Gesamtgilde und je zwei Gildemeister; die Alderleute und „oldesten Gildemestere" mußten bei Verhaftungen durch den Rat ihre Zustimmung geben. Sowenig präzise diese Bestimmung auch sein mag, sie ähnelt bereits jener von 1412 über die Gildevertretung, und sie beweist erstmalig ein gemeinsames Handeln der Gilden im Rahmen der Stadtverfassung.

Da die Erneuerung des genossenschaftlichen Konsenses in und nach Stadtkonflikten sich oft in Neuansätzen der städtischen Historiographie, in Verfassungsurkunden, Rezessen und Relationen, schließlich in der Anlage neuer Stadtbücher niederschlug, also nicht nur in den legitimierenden Ritualen von kollektivem Bürgereid und Verlesung der Stadtstatuten, sondern ebenso in der verschriftlichten Beweissicherung, liegt es nahe, die Anlage des Roten Buches selbst als Dokumentierung und Visualisierung des Zugewinns an politischer Macht für die Gilden zu interpretieren: Über ihre wirtschaftlichen, sozialen und religiösen Aufgaben hinaus wurden sie in ihrer Einung als Gesamtgilde zur neuen, den Rat in dieser Funktion einschränkenden, politischen Vertretung der – bisher – nicht ratsfähigen Bürgergemeinde.

Ob sich diese Einung allmählich entwickelte oder aber ad hoc als ein Protest gegen die Politik des Rates geschlossen wurde, vermögen wir heute nicht mehr zu erkennen. Allgemein gehörte es zu den Eigenheiten der oft von Tumulten begleiteten, manchmal radikal die Machtverhältnisse verändernden Stadtkonflikte des Mittelalters, daß diese nach Aussagen der Quellen etwa bei einer verfehlten Außenpolitik des Rates einigermaßen plötzlich und ausgesprochen heftig ausbrachen. Eine über den unmittelbaren Anlaß hinausgehende Ursachenforschung vermag strukturelle Veränderungen offenzulegen, zugleich aber zu zeigen, daß der Anspruch der Bürgergemeinde, nötigenfalls auch gewaltsam unter Beachtung einzelner Schritte die Politik des Rates zu korrigieren und diesen zur Verantwortung zu ziehen, ein Merkmal der genossenschaftlichen Stadtverfassung im Mittelalter war. Ein methodisch nur schwer zu lösendes Problem ist dabei, das Ausmaß latenter Konflikte festzustellen, da diese sich in den Quellen selten niederschlugen. Auch für Münster ist auffallend, daß von einem Widerstand des Rates gegen die zunehmende Macht der Gilden bis zu diesem Zeitpunkt (1410/12) ebensowenig die Rede ist wie vom Widerstand der Gilden gegen eine verfehlte Ratspolitik. Aber gerade die im Artikel 53 genannten Fälle – Verhaftung zweier Mordverdächtiger aus Brügge, eines Falschmünzers und Verleumders – können als Indikatoren eines schon länger schwelenden Konflikts zwischen Rat und Bürgern verstanden werden, zu dessen Steuerung – als ein Mittel zur Sicherung des Stadtfriedens – die Rechte der Gilden im Roten Buch aufgezeichnet wurden.

Diese Kodifikation der Rechte stellte aber keine traditionelle Bestätigung dar (wie 1354), sondern bedeutete tatsächlich eine Zäsur in der Stadtverfassung: Münster war auf dem Weg zu einer Gilden- oder Zunftverfassung. Beispielgebend waren entsprechende Verfassungsänderungen – überwiegend in der Form des offenen Stadtkonflikts – in einer Reihe von Hansestädten: Sicher wirkten die Gaffelverfassung von Köln (1396) und die Änderung der Verfassung in Bremen (1398) und Dortmund

Das „Rote Buch“ der münsterischen Gilden mit Bestimmungen über die Wahl der Alderleute und Gildemeister (Abschrift eines älteren Originals)

(1400) auf die Verhältnisse in Münster. Auch die Dortmunder Entwicklung, die „Mindener Schicht“ (= Aufruhr) von 1405, die gleichzeitige Verfassungskrise in Lübeck und die in Soest vor 1418 beeinflußten sich gegenseitig – ein Kommunikationsraum, in den Münster einbezogen war.

Als Terminus ante quem steht 1410 für die Anlage des Roten Buches fest, als Terminus post quem erscheint 1400 naheliegend. Daß das Jahr 1410 erst in der Mitte des 107 Artikel umfassenden Buches genannt wird, darf angesichts des bekannten Verfahrens bei der Anlage solcher Stadtbücher und der Überlieferung des Roten Buches nicht verwundern. Es wurde keineswegs in einem Zug geschrieben; vielmehr blieben Leerseiten, auf denen dann Nachträge auch ohne Sinnzusammenhang eingefügt wurden. Ein Redaktor, Hermann tom Ring, hat das während der Täuferunruhen in Unordnung gekommene Original mit Hilfe von Freunden „rekonstruiert“ und dann abgeschrieben. Da ein Textvergleich nicht mehr möglich ist, sind auch die redaktionellen Eingriffe nur schwer auszumachen. Sicher wurde das Buch bis in die reformatorische Frühzeit fortgeschrieben. Seinen Namen hat es aufgrund der rotgeschriebenen Kapitelüberschriften erhalten.

Das Rote Buch trägt ganz die Handschrift der bereits mächtigen Gesamtgilde, und so spricht einiges dafür, daß sowohl die Gesamtgilde als auch das Rote Buch zwischen 1400 und 1410 entstanden sind. Die Ordnung ihrer eigenen Angelegenheiten war für die Gesamtgilde selbstverständlich. Darüber hinaus setzte sie bald das Recht durch, bei allen die Stadt betreffenden Angelegenheiten mitzuwirken. Sie trat geradezu als Anwalt des gemeinen Stadtvolks auf. An ihrer Spitze standen zwei Alderleute, die gemeinsam mit den Gildemeistern einen Ausschuß bildeten, der künftig die Interessen der Gilden gegenüber Rat und Bürgergemeinde vertrat. Allgemein müssen wir wohl im Kontext der Kölner, Dortmunder und Mindener Unruhen auch für Münster eine Stärkung des Gildeelements in der Stadtverfassung annehmen, ohne daß uns eine Urkunde über Streitfälle, eine historiographische Verlaufsgeschichte oder aber ein den erneuerten Konsens dokumentierendes Grundgesetz wie etwa der Kölner Verbundbrief vorläge.

Mehrdeutig und mittelalterlich unpräzise bleiben die Gemeinschaftsbezeichnungen städtischer Einwohnergruppen auch dann, wenn man sich nur auf die Bürgergemeinde konzentriert, weil sie sich nicht in ein Verfassungssystem nach unserer Vorstellung einfügen und von Stadt zu Stadt und von Jahrhundert zu Jahrhundert verschieden sind. Da standen Rat und Gemeinde einander gegenüber, obwohl doch beide gemeinsam die Bürgergemeinde bildeten. Da gewannen wahrscheinlich aufgrund konjunkturellen Aufschwungs einzelne Handwerkergilden neben Kaufleutegilden an politischer Bedeutung, da auch sie nunmehr über die für eine mindestens vorübergehende politische Einflußnahme notwendige materielle Basis verfügten und Handelsgeschäfte Kontakte zwischen den Produzenten und Städten notwendig machten, ohne daß es deswegen zur Neubildung von Gilden kam. Auch schlossen sich mehrere Gilden zu einer Gilde zusammen und vertraten, ohne daß uns Formen der Delegation begegnen, die Interessen der Gemeinde gegenüber dem Rat. Dieselben Gilden werden gleichzeitig als Bruderschaften bezeichnet, doch waren keineswegs alle Bruderschaften im Verständnis der Bürger Gilden, viele von ihnen aber sicher im Verständnis moderner Forschung. Ähnliches dürfte auch für die Ämter gelten. Schließlich gab es den Willen der die Gemeinde vertretenden Gesamtgilde, alle Bürger in einer Gilde zu vereinen (wegen des Fehlens entsprechender Textzeugnisse in Münster sei hier auf einen vergleichbaren Vorgang in Augsburg hingewiesen: „ain groz“ Stadt-„folk“, wohl die Bürger, verlangte 1368 in Waffen auf dem Markt, „si wölten ain zunft haben“ [2038: Chroniken der schwäbischen Städte, S. 21]), obwohl man doch längst eine im Eid vereinte Bürgergemeinde war. In Münster verblieben jedoch die Erbmänner, die noch den Rat dominierten, außerhalb dieser Gesamtgilde, auch wenn wenige Jahrzehnte später (1457) sogar der Graf von Hoya Mitglied einer Gilde wurde. Auch andere keineswegs der Unterschicht angehörende Mitglieder der Gemeinde traten der Gilde nicht bei – sei es, weil sie annahmen, dort ihre politischen und wirtschaftlichen Ziele nicht verwirklichen zu können, sei es, weil ihnen deswegen gerade der Beitritt unmöglich gemacht wurde. Wir können aber davon ausgehen, daß diese „Gemeinde“ Versuche unternommen hat, sich als Teil der Bürgergemeinde neben der „Gildengemeinde“ und dem Rat zu artikulieren, Einfluß auf die Stadtpolitik zu nehmen und eigene Vertreter in die „Entscheidungsgremien“ zu entsenden. Zuletzt waren diese personalen Gemeinden vielfältig verschränkt mit den „Leischafts-“ und „Kirchspielgemeinden“, was die Verwendung des Begriffs „Verfassungssystem“ fragwürdig werden ließe, wüßten wir nicht aus der Erfahrung unserer eigenen politischen Welt, daß neben formellen auch informelle Entscheidungswege gebräuchlich sind. Die Forderung nach „Transparenz“ war deshalb ein fester Bestandteil der Gravamina bei offenen Stadtkonflikten.

Der Stadtkonflikt von 1412 und der Bedeutungsgewinn der Gesamtgilde bis 1447

Von einer offenen Auseinandersetzung zwischen dem Rat und den Gilden vor den Hoya-Unruhen im Zusammenhang mit der Bischofswahl von 1450 hören wir in Münster überhaupt nur einmal: 1412 setzten die Gilden ihren Willen mit einem tumultuarischen Auflauf gegen den Rat durch.

Die zur Sicherung der bischöflichen Herrschaft gegen Tecklenburg und Ahaus geführten Fehden des Bischofs Otto von Hoya kamen dem stadtmünsterischen Handel zugute, sie belasteten aber auch die Stände des Hochstifts. Wohl schon 1400 hatte Bürgermeister Konrad von der Wyck Gildemeister und Bürger („gemeynte der stad Monster") zusammengerufen, um zur Unterstützung des Bischofs das Söldnerkontingent zu verstärken.

Im Jahr 1412 zeigte sich, daß die für den Stadtfrieden notwendige Interessengleichheit von Rat und Bürgern gefährdet war: Als die Bürgermeister Hinrik Warendorp und Johann Kerckerinck in einem Streit des Edelherrn von Steinfurt mit einem münsterischen Bürger ein Abkommen getroffen hatten, ohne die Gilden zu befragen, mußte dieses rückgängig gemacht werden. Bald galt auch, daß der Rat keine Bürger, ob sie nun Gildemitglieder waren oder nicht, ohne Zustimmung der Alderleute verhaften durfte, es sei denn bei handhafter Tat.

Anlaß für die folgenden Auseinandersetzungen zwischen Rat und Gilden im Jahr 1412 war – im wörtlichen Sinne – ein Latrinengerücht, das der Freigraf ausgestreut hatte: Angeblich plane der Rat, drei Führer der Gilden mit dem Schwert hinzurichten. Gemeinsam mit dem Stadtarzt verständigte er die beiden Alderleute der Gesamtgilde, Johann Sommernade und Johann van Werden, die ihrerseits den früheren Bürgermeister und amtierenden Stadtrichter Arnd Bischopinck einschalteten. Dieser bot sofort an, bei einer Zwietracht zwischen Rat und Gilde als Vermittler aufzutreten. Als nach einem halben Jahr das Gerücht noch immer nicht verstummt war, zog der Stadtrichter Bürgermeister Hinrik Warendorp ins Vertrauen; beide unterrichteten schließlich – von den Alderleuten informiert – den Rat, da sie die „sware sake" nicht mehr mit ihrem Amtseid vereinbaren konnten. Die Alderleute setzten aber auch die Gesamtgilde in Kenntnis. Während der Rat Beweise für die Behauptung des Freigrafen verlangte und der Stadtarzt als „Mitwisser" für über ein Jahr nach Coesfeld auswich, traten die Gilden für Johann Sommernade ein, der für diese Unterstellung nicht zur Verantwortung gezogen werden könne. Ohne daß die wirklichen Hintergründe deutlich werden – am Beginn mancher Stadtkonflikte steht ein Gerücht –, berichtet die Chronik weiter, der Rat habe „dat ganse gemeyne vollick" vor das Rathaus geboten, um Sühne für die „Verleumdungen" des Freigrafen zu erhalten [371: Chroniken des Mittelalters, S. 167ff]. „Do de gylde to samen quemen by dat gemeyne volck", als also die Gilden zu dieser vom Rat gebotenen Gemeindeversammlung hinzukamen – deutlich differenzierten sich schon hier die verschiedenen Gemeinden in der Bürgerschaft –, rief ein Gildebote: „We van gylden is, de ga up den domhoff!" Dieses Auseinandertreten der Konfliktparteien diente der Selbstversicherung und Machtdemonstration. Das „gemeyne volck" schloß sich, nachdem es die Entwicklung erkannt hatte, den Gilden an. Die Gefahr der gewaltsamen Konfliktlösung drohte: „Und do wolde alle dat volck, beyde, van gylden und der gemeynheit, up den raet geslagen hebben." Das Stadtvolk – nicht das gemeine Volk – war jetzt die dem

Rat gegenübertretende Bürgergemeinde, gegliedert in Gesamtgilde und „gemeynheit“. Die Gilde vermochte aber eine weitere Eskalation „myt wysheit“ zu stoppen und entsandte den schon erwähnten Zwölferausschuß zu Verhandlungen auf das Rathaus, um durch ein Schiedsverfahren „unwylle“ zu verhindern. Vertreter von Rat und Gilde beendeten das Verfahren, ohne daß eine Seite dabei Schaden nahm [371: Chroniken des Mittelalters, S. 169].

Die so erfolgte Erneuerung der städtischen Eintracht ordnet sich in die bekannten Verlaufsformen von Stadtkonflikten ein, die von der Formulierung von Forderungen bis hin zur eventuellen Absetzung der Stadtführung eine Reihe von Schritten und Ebenen der Konfliktlösung ließ. Diese hingen ihrerseits von der durch Überzeugung gewonnenen Breite der Protestbewegung ab, also von den im Augenblick für alle sichtbaren und deshalb auch schnell veränderbaren Machtpositionen. Verfassungsrechtlich folgte aus dem „Tumult“, der überhaupt neben anderen Krisenzeichen (Verhaftungen von Bürgern) doch mehr das latente Konfliktpotential in den Beziehungen zwischen Rat, Gilde und Gemeinheit signalisierte, im Jahr 1412 auch noch nicht, daß es nunmehr immer diese drei Verfassungskörper sein mußten, die die Stadt repräsentierten: 1421 beschlossen Bürgermeister, Rat und „ganze“ Gemeinheit ein Statut zum Rechtsschutz der Bürger; 1424 trafen Rat und Gilde Vereinbarungen über die Bewaffnung der Gildebrüder. Trotzdem aber ist sicher, daß spätestens seit 1412 das Konfliktpotential in den Gilden weiter wuchs, der Rat durch Beteiligung der Gilden an den Ratsgeschäften die Protestbewegung einbinden wollte und die Gilden ihrerseits über die personellen und materiellen Voraussetzungen verfügten, selbst die Stadtpolitik mitzugestalten. Dabei ging es um nichts anderes als die Wahrnehmung genossenschaftlicher Rechte, wie sie die Stadtgemeinde von Anfang an charakterisierte. Andererseits aber muß auch in Rechnung gestellt werden, daß in den binnenländischen Städten ein vor dem Hintergrund der zunehmenden Bedeutung der Hanse zu sehender wirtschaftlicher Aufschwung eben die Macht der Handwerksbetriebe und damit ihrer Einungen verstärkt hatte.

In den folgenden Jahren bis 1447 gewann die Beteiligung der Gesamtgilde an den Ratsgeschäften immer deutlichere Konturen: Statuten zum Gerichtswesen und zur Testamentsvollstreckung wurden gemeinsam mit ihr erlassen; 1443 war sie am Beschluß der Landstände beteiligt, Soest gegen den Erzbischof von Köln zu unterstützen. In den Schwierigkeiten, in denen sich die Stadt angesichts des Gegensatzes zu ihrem Stadtherrn Heinrich von Moers, dem Bruder des Kölner Erzbischofs Dietrich von Moers, in der Soester Fehde befand, wurde 1444 von Rat und Gilde gemeinsam die Biersteuer um ein Drittel erhöht. 1446 beschloß man einvernehmlich wegen der Teuerung, die Brotsorten zu ändern. Bei der Landeseinigung von 1446 trat die Gesamtgilde wie selbstverständlich neben Bürgermeister, Rat und Gemeinde in der landständischen Korporation der Städte auf. Die Einbeziehung von Gildevertretern in die Tätigkeit des Rates deutet darauf hin, daß seit etwa 1440 bereits auch formell Gildemitglieder neben den Erbmännern im Rat auftraten.

1447 beschlossen „Rat vnd Gilde vnd dat gantze gemene arm vnd Rycke, de Eruedeman myt den vnerueden endrechtliken dat se na den dage wolden holden und volgen, wes Rat vnd de menen Mesterlude van den Gilden ouerquemen ordenerden deden vnd proueden vor en gemene nut vnser stat dat se des samentliken wolden volgen“ [398: Niesert, Urkundensammlung 3, S. 247]. Arme und Reiche, d. h. die auch nach Beruf und Vermögen nicht abkömmlichen und die zur Stadtführung fähigen Bürger oder, anders gesagt, die Erbmänner und die – wegen ihres Berufs und geringen Vermögens zur Übernahme politischer Ämter nicht fähigen – gemeinen Bürger verständigten sich darauf, künftig die Beschlüsse anzuerkennen, die Rat und Gildemeister gemeinsam gefaßt und als sinnvoll für den Gemeinnutz erachtet hatten. Spätestens jetzt schienen die Bürger von Münster eine Gildeverfassung im Sinne oberdeutscher Zunftverfassungen oder der Kölner Gaffelverfassung voll ausgebildet zu haben. Der Artikel 5 des Roten Buches umschrieb den Konsenszwang zwischen Rat und Gesamtgilde: „So schellinge upstonde tuschen dem raet und gilde, sullen se under sick frontlick verdregen." Unausgesprochen stand hinter diesem Bekenntnis zu friedlicher Einigung („uppe dat jo vrede und eindrechticheit blive under mallick anderen") [13: Krumbholtz, Gewerbe, Nr. 2], daß anderenfalls ganz im Rahmen eines Rechtsverfahrens der Konsens durch Gewalt wiederhergestellt werden konnte, und je nach Verhalten der übrigen Bürger sich eine Partei durchsetzte und der anderen ihren Willen aufzwang oder ihr die Alternative einräumte, die Stadt zu verlassen. Zwietracht galt es zu verhindern; Eintracht – gegebenenfalls zu Lasten oder gar zum Schaden an Leben und Vermögen einer zahlenmäßigen Minderheit – mußte immer wieder verwirklicht werden.

5. *Die Stadt in den Regionalkonflikten der Mitte des 15. Jahrhunderts (Soester Fehde und Münsterische Stiftsfehde)*

Die Verschiebung der innerstädtischen Machtpositionen war ein Reflex der außerstädtischen Entwicklung, wobei gerade im Jahr 1447 Konfliktfelder zusammentrafen, in die Papsttum, Kaiser, Fürsten und die Stände des Reiches verflochten waren. Sie hatten regional zwischen Burgund und Obersachsen ihren Schwerpunkt und waren allgemein von der Herrschaftsintensivierung geprägt, mit der die Territorialfürsten – in Westfalen vor allem der Kölner Erzbischof Dietrich von Moers – den innovativen Vorsprung der Städte einzuholen versuchten. Den Grafen von Hoya, die durch den Erwerb hochstiftischer Pfründen in Bremen, Minden, Osnabrück und Münster ihre Stellung zu stärken hofften und hier als Gegner der Grafen von Moers auftraten, war trotz des burgundisch-klevischen Zugriffs auf Stadt und Erzstift Köln nur wenig Erfolg beschieden. Die mit der Bezeichnung „Soester Fehde" völlig unzureichend beschriebene Zuspitzung des Konflikts war weit mehr als eine Auseinandersetzung zwischen der Stadt Soest und ihrem erzbischöflichen Stadtherrn, dem sie wegen seiner vermeintlichen Übergriffe die Treue aufkündigte, um statt dessen den Herzog von Kleve zum neuen Stadtherrn zu erwählen. Die Fehde war zugleich Ausdruck einer Modernisierung des Kurfürstentums Köln durch eine Intensivierung der Verwaltung unter Dietrich von Moers. Sie war ein Brennpunkt des Ringens hochadeliger Familien, deren Ehrgeiz es war, durch die Besetzung geistlicher Fürstentümer die eigene, relativ unbedeutende Standesherrschaft zu einer Regionalmacht aufzuwerten; und sie war Nebenschauplatz der Auseinandersetzung zwischen dem Erzbischof von Köln und dem Herzog von Kleve um die Vorrangstellung am Niederrhein und schließlich auch ein Stellvertreterkrieg Burgunds auf dem Weg zu einer europäischen Großmacht.

Dietrich von Moers, Erzbischof von Köln (1414–1463). Grabfigur im Kölner Dom

Die Versuche Dietrichs von Moers, Soest seiner Territorialverwaltung unterzuordnen, forderten die Vierstädte des alten Werner Bundes zu gemeinsamer Abwehr und Unterstützung der bedrohten Stadt heraus: Im märkischen Hamm schlossen Münster, Dortmund, Lippstadt – das damit formal wieder an die Stelle von Osnabrück trat – und Soest vor Ende des Jahres 1443 in weitgehender, jetzt volkssprachlicher Anlehnung an 1253 einen Vertrag, den Paderborn und Osnabrück mittrugen. Das vielleicht auf die inzwischen eingetretenen Wandlungen in der „westfälischen Städtehierarchie" Rücksicht nehmende Konzept eines Sechs- statt eines Vierstädtebundes blieb Episode, da vor allem die Reichsstadt Dortmund nicht einzubinden war und ihre eigenen Interessen dem städtebündischen Ziel entgegenliefen. Am 23. Oktober 1445 erneuerten deshalb allein Soest, Münster und Lippstadt ihr Bündnis, bezogen aber die märkischen Städte mit ein. Es handelte sich damit – wenn man so will – um eine Mischung aus städtebündischer und territorialbezogener landständischer Einung. Unmittelbar im Anschluß, am 18. November 1445, vereinigten sich die Stiftsstädte unter Führung Münsters – die Gesamtgilde war beteiligt –, Coesfelds, Warendorfs und Borkens zum Schutz ihrer Privilegien vor Übergriffen der moersischen Brüder und erneuerten schließlich am 15. September 1447, auf dem Höhepunkt der Fehde, ihren Vertrag. Zwischenzeitlich, am 11. März 1446, hatten die Stadt Münster – wieder unter Mitwirkung der Gesamtgilde – und das Domkapitel ein Bündnis geschlossen. Wie der Hammer Vertrag von 1443 und 1445 in städtebündischer Tradition seit 1253 stand, so knüpften Stadt und Domkapitel mit einer formellen Bestätigung an ihr Bündnis von 1257 an; sie schlossen damit die jüngere landständische Tradition an diese älteren Zusammenhänge an.

Die Stadt befand sich allerdings insofern in einer schwierigen Situation, als sie sich genötigt sah, ihren Stadtherrn Heinrich von Moers aus den Kämpfen herauszuhalten und zu verhindern, selbst gegen die Schwesterstadt Soest ins Feld ziehen zu müssen. So wirkte sich die Soester Fehde bis in die münsterische Stadtverfassung aus: 1447 trat die Gesamtgilde für den Frieden der Stadt ein.

Nach dem Tod Heinrichs von Moers 1450 fand die Soester Fehde in der Münsterischen Stiftsfehde ihre Fortsetzung, weil das Konfliktpotential trotz des Friedens von Maastricht 1449 nicht abgebaut worden war. Zugleich hatte sich die von der Gilde bestimmte Politik der Stadt zu bewähren. Drei Konkurrenten bewarben sich nun um den Bischofsstuhl: Erzbischof Dietrich wollte seinen in Utrecht gescheiterten jüngeren Bruder Walram an Heinrichs Stelle setzen, der amtierende Utrechter Bischof Rudolf von Diepholz favorisierte seinen Neffen Konrad, und die Hoya-Partei unterstützte den als Bischof von Osnabrück gescheiterten Erich von Hoya. Ein vierter Kandidat, nämlich Adolf von Kleve, spielte kaum eine Rolle. Zur Unterstützung seines Bruders kam Johann von Hoya in die Stadt, wo er insbesondere bei den Gilden, zum Teil aber auch in der Geistlichkeit Unterstützung fand. Wegen der überwiegend antimoersischen Stimmung hatte sich das Domkapitel aus der Bischofsstadt nach Dülmen, in die Nähe des kölnischen Vestes Recklinghausen, begeben. Um einer dortigen Wahlentscheidung zuvorzukommen, versammelte sich ein Großteil der Bürger Münsters vor dem Rathaus und zwang mit dieser Demonstration die Vertreter der Stiftsstädte und den münsterischen Rat, Johann von Hoya zum Schutzherrn des Hochstifts zu wählen. Verfassungsrechtlich hatte damit die Mehrheit der Landstände die Sedisvakanz genutzt, um einem Adeligen die Einkünfte des Stifts zu übertragen. Man erwartete dafür von ihm den Schutz vor auswärtigen Eingriffen.

Während der von den Erbmännern dominierte münsterische Rat entsprechend der Politik anderer Hansestädte bemüht war, in der städtischen Außenpolitik handlungsfähig zu bleiben, indem er die Optionen für die verschiedenen Parteien weitgehend offenhielt, drängte innerhalb der Stadt die Gilde unter Führung des Aldermanns und Chronisten Arnd Bevergern auf eine Unterstützung Johanns von Hoya. Dieser bereits in der Soester Fehde sich abzeichnende Gegensatz ließ 1450 die antimoersische Partei der Grafen von Hoya in den münsterischen Gilden einen einigermaßen verläßlichen Bündnispartner finden. Graf Johann von Hoya, der für seinen Bruder Erich die Interessen wahrnahm, machte sich in Münster zum Anwalt der Gilden, wurde sogar im Januar 1457, kurz vor Ende der Stiftsfehde, Bürger der Stadt und Mitglied der Schmiedegilde; er fand – obwohl Reichsfürst – damit sogar seinen Weg in den münsterischen Rat, wo er die Verwaltung des Weinkellers übernahm. Dies war möglich, weil vor dem hier nur ganz knapp skizzierten politischen Hintergrund die Gilden den „konservativen" Rat entmachtet hatten und die Hoya-Partei auch noch nach dem Scheitern einer Kompromißlösung in Coesfeld (6. Oktober 1452) sowie der verlustreichen Niederlage bei Varlar (1454) vorläufig die Oberhand behielt. Den Gefallenen der Schlacht bei Varlar stiftete die Bürgergemeinde durch eine Inschrift an der Minoritenkirche ein dauerndes Gedenken. Ein Teil der führenden Gildevertreter mußte die Stadt verlassen.

Walram von Moers war am 3. Oktober 1456 verstorben; das Domkapitel hatte sich am 10. Dezember für Konrad von Diepholz ausgesprochen. Papst Calixt III. ernannte jedoch am 11. April 1457 den Wormser Propst Johann von Bayern und setzte damit wohl auf die „burgundische Karte". Im Vertrag von Kranenburg (im Herzogtum Kleve gelegen) handelten die Wittelsbacher, die Hoya-Partei, die Stadtgeistlichkeit sowie Bürgermeister, Rat und Alderleute 1456/57 aus, daß die Privilegien der Landstände erneuert, die Stadt dem neuen Bischof huldigen und Johann von Hoya mit den Ämtern Sassenberg und Cloppenburg, Erich von Hoya mit Bevergern entschädigt werden sollte. Wie der Anfang seiner Herrschaft sieben Jahre zuvor endete auch das Regiment Johanns von Hoya in einem Tumult in der Stadt, die er am 24. November 1457 heimlich verließ.

In diesem Kurie, Kaiser, Reich, Burgund und die Hanse einbeziehenden Handlungsrahmen waren zwei Aktionsstränge für Stadt und Hochstift bestimmend. Einmal formierten sich die Landstände, und zwar vor allem Ritterschaft und Städte, als Opposition gegen die kölnische Politik Dietrichs von Moers und sicherten sich damit ihren Platz, wenn auch nicht bei der Bischofswahl, so doch in der Verwaltung des Hochstifts: Zum Beispiel war die Stadt 1466 führend an der ersten „Landesvereinigung" der Stände zur Sicherung des Territoriums beteiligt. Zum anderen aber – und das ist der stadtmünsterische Aspekt – zwang die Entwicklung, die auch vor

Gedenkstein an der Minoritenkirche (heute Apostelkirche) für die in der Schlacht bei Varlar gefallenen Bürger. Die lateinische Inschrift lautet in der Übersetzung: „Die Leichen der bei Varlar im Jahr 1454 n. Chr. am Fest des hl. Arnulf Gefallenen sind hier begraben. Gedenke ihrer und bete ein Ave Maria."

einem Wandel der Stadtverfassung nicht haltmachte, zur Parteibildung und zum Parteiwechsel innerhalb der Bürgerschaft. Gefährdung und schließlich Bewährung des Konsenses von Rat, Gilde und Gemeinheit als Grundlage des Stadtfriedens erforderten einen neuen Verfassungskompromiß, der den um 1400 begonnenen Weg abschloß und über die Schwelle der Reformation hinaus Bedeutung behielt.

6. *Die verfaßte Bürgerschaft an der Schwelle zur Neuzeit*

Der Verlauf der Stiftsfehde und der Verfassungskompromiß von 1458

Vor allem durch die Untersuchungen von Karl-Heinz Kirchhoff vermögen wir heute Ursachen, Anlaß und Ergebnis, aber auch die Träger der sich während der Stiftsfehde ereignenden innerstädtischen Verfassungsänderungen zu erkennen. Mit Hilfe einer umfangreichen Häuserkartei und langfristiger prosopographischer Forschungen – ca. 400 Personen sind namentlich bekannt – konnte bewiesen werden, daß nicht etwa ein Aufruhr von Gruppen aus der Unterschicht – der sogenannten „roeper" –, sondern die Reaktion von Angehörigen der Mittel- und Oberschicht auf die außerstädtische Entwicklung für die Reorganisation die Stadtverfassung verantwortlich war [497: Kirchhoff, Unruhen, S. 221ff].

Als am 14. Juli 1450 Bürgermeister, Rat und Alderleute mit den Stiftsstädten und dem Grafen von Hoya auf dem Rathaus über dessen Wahl zum *tutor* des Hochstifts verhandelten, setzte der Aldermann und Chronist Arnd Bevergern die Kommission unter Druck, indem er das in der Bürgerhalle und auf dem Prinzipalmarkt versammelte „gemeyne volck" in der Forderung nach einer Entscheidung für die Hoyas unterstützte. Die zahlreichen ungenannten „roeper" – d. h. die dem beteiligten Chronisten zwar namentlich bekannten, aber an dieser Stelle im Hinblick auf den Ausgang der tumultuarischen Machtübernahme zu verschweigenden Anführer und Mitläufer (eine Anzahl von 600 wird erwähnt) – drohten, den Bürgermeister Bernd Kerckerinck zu erschlagen.

Bis zum Sommer 1451 konnte sich Johann von Hoya im Stift weitgehend durchsetzen. Als aber Kaiser Friedrich III. zur Huldigung für Walram von Moers aufforderte, am 16. August 1451 das Interdikt über alle Anhänger der Hoyas verhängt wurde und schließlich im folgenden Jahr der Coesfelder Kompromiß einen Waffenstillstand verhieß, war die Stellung Johanns in Münster erschüttert. Zur Annahme des Kompromisses trat die Bürgergemeinde in ihren Körperschaften – Gilden und Leischaften, was hier nur die nicht in den Gilden organisierte Gemeinheit bedeuten konnte – an ihren gewohnten Versammlungsorten zusammen: *et universo populo gyldarum et communitatis de legionibus, vulgariter dictis de leeschap, singulis in suis locis consuetis ad id congregatis placuit* [371: Chroniken des Mittelalters, S. 216].

Nach der vorübergehenden Flucht aus der Stadt betrieb Johann von Hoya seit Ende des Jahres 1452 den Sturz der Stadtführung. Unter dem Druck seiner „roeper" erzwang er die Übergabe der Landesburgen, konnte am 19. Februar aber die Wahl eines ihm genehmen Rates noch nicht erreichen. Dieser aus seiner Sicht neuerliche Rückschlag veranlaßte ihn, nun immer schärfer gegen Rat und Alderleute – die Wahrer des Coesfelder Kompromisses – aufzutreten, so daß einzelne Ratsherren unter Führung des Altbürgermeisters Kerckerinck die Stadt verließen. Als dann noch in

Erste Seite aus der Bischofschronik Arnd Bevergerns

der Fehdeführung die moersische Partei im Hochstift Boden gewann, nahm Johann am Lambertustag (17. September 1453), dem Festtag des Patrons der Hauptpfarrkirche und neben Paulus wohl im Bewußtsein des Stadtvolks besonders geschätzten Stadtpatrons, in einem Auflauf der „Roeper" zwei weitere Altbürgermeister, sieben Ratsherren und zwanzig Bürger, unter ihnen mindestens zwölf Erbmänner, gefangen. Am folgenden Tag wurden 22 Männer der Stadt verwiesen, weitere Erbmänner flüchteten, und 32 Erbmänner und Bürger gingen ins Gefängnis. Schließlich verließen die beiden amtierenden Bürgermeister Konrad von der Wyck und Temmo Schenckinck unter Mitnahme der wichtigsten Urkunden die Stadt, um vor Kaiser und Hanse gegen die Entmachtung zu klagen.

Die Ratswahl vom 11. März 1454 mußte angesichts des Rückhalts, den Johann in der Stadt besaß, und der Gefangensetzung bzw. des Exils der Mehrheit der im Rat vertretenen Bürger auch bisher nicht in die Amtsführung berufene Bürgergruppen berücksichtigen. Die Kurgenossen der sechs Leischaften erwählten nur noch vier Erbmänner, von denen Hinrich Warendorp (Ludgeri) und Dyderick Huge (Aegidii) die Ämter der Bürgermeister übernahmen. Außer diesen gehörten aus der alten Führungselite Bruen Travelman (Lamberti) und Godeke Dusaes (Ludgeri) als Erbmänner sowie Konrad Grotehues (Liebfrauen), ein dem niederen Adel zuzurechnender tecklenburgischer Lehnsmann und münsterischer Bürger seit etwa 1445, dem Hoya-Rat an. Die nachfolgende Wahl der Alderleute am 18. März brachte auch die Ablösung Arnd Bevergerns, der bald danach ebenfalls ins Exil ging. Die Besetzung des Stadtrichteramtes und der Ratsämter erfolgte ebenso im Sinne Johanns von Hoya.

Die Niederlage bei Varlar, die Verhansung der Stadt sowie das Eingreifen Friedrichs III. und der Kurie beendeten dann das Regiment Johanns von Hoya. Bei der ersten Ratswahl nach seinem Sturz stieg der Anteil der Erbmänner im Rat wieder auf mindestens acht; Bürgermeister wurden die Erbmänner Hermann Warendorp und Gerd Kerckerinck. Bis zum Sommer kehrten die Exulanten zurück. Bürgermeister, Rat, Alderleute, Gildemeister, Gilden und Gemeinheit schlossen Verträge über ihre Entschädigung. Eine Bestrafung und Verfolgung der Bürger wegen ihrer Beteiligung an den Hoya-Unruhen erfolgte nicht; insbesondere wurden auch gegen die Gesamtgilde für ihre anfängliche Unterstützung keine Vorwürfe erhoben. Damit wurden die Schritte der Bürger als legal anerkannt; die politische Funktion der Gesamtgilde blieb unangetastet. Dem entsprach, daß einzelne Ratsherren des letzten Rates der Hoya-Episode in den Rat von 1458 übernommen wurden. Anders – so ist zusammenfassend zu sagen – ließen sich Konsens und Stadtfrieden auch nicht sichern. Ob diesem Verfassungskompromiß das allgemein auf 1450 datierte älteste Ratswahlstatut entsprang oder ob es schon in die Jahre um 1447 gehörte, ist dafür ohne Bedeutung: Es legte nur schriftlich den etwa zwischen 1430 und 1440 erreichten Entwicklungsstand fest.

Ratswahl und Stadtverfassung zwischen Mittelalter und Absolutismus

Nach dem ältesten ausführlichen Ratswahlstatut der Stadt Münster aus dem 15. Jahrhundert versammelten sich die „guden lude“ auf dem Rathaus, traten zu ihrer Leischaft und bestimmten aus ihr zwei ältere Männer, die ihrerseits die Schöffen für das nächste Amtsjahr wählten. Das Wahlmännergremium aus den Leischaften sollte zehn Personen umfassen, obwohl Münster in sechs Leischaften gegliedert war. Vermutlich stellten die Leischaften rechts der Aa tatsächlich jeweils zwei Vertreter, während die beiden Leischaften links der Aa nur jeweils einen Vertreter in das Wahlmännergremium entsandten. Als Voraussetzungen für die Wahl in das Kurkolleg und in den Rat galten: Leumund, Erfahrung und Abkömmlichkeit, Verwandtschaft und Vermögen; auch Gottesfurcht, Weisheit und Beredsamkeit werden erwähnt. Wahltag war nicht wie sonst üblich an *cathedra Petri,* d. h. am 22. Februar, sondern am ersten Montag in der Fastenzeit. Das Wahlergebnis wurde mit dem Glockenschlag der Gemeinde bekanntgegeben. Danach wählten die Ratsherren die Bürgermeister.

Das Wahlrecht stand also allen Bürgern zu, es sei denn, sie hatten wegen eines Vergehens ihr Bürgerrecht verloren oder aber waren in der Ausübung ihrer Rechte eingeschränkt. Die zentralen Begriffe sind hier Raub und Tumult („dowe“), vor allem aber Verrat (gemeint ist immer Verrat an Frieden und Freiheit der Stadt). Wenn dann eine lateinische Chronik aus der Zeit des Bischofs Heinrich von Moers den Gilden das jährliche Wahlrecht des Rates zuweist *(consulatum ex partialitate mechanicorum annuatim consulatum eligentium et destituentium)* [371: Chroniken des Mittelalters, S. 192], so bedeutete auch dies nichts anderes als das aktive Wahlrecht für jeden einzelnen Bürger, da formal jeder Bürger Mitglied einer Gilde sein mußte. Diese Bestimmung zeigt aber zugleich, wie schwer es damals den Bürgern gemacht wurde, sich außerhalb der Gilden – etwa als Erbmänner – in der Gemeinheit zu formieren. Der Weg von der Verfassungswirklichkeit, nach der nur Gildebrüder wählen durften, zur Verfassungsnorm war allgemein kaum leichter zu beschreiten als umgekehrt.

Eine Begrenzung des passiven Wahlrechts auf bestimmte Bürgergruppen, etwa die Erbmänner, formuliert das Ratswahlstatut selbstverständlich nicht, auch nicht die Zugehörigkeit zu einer bestimmten Leischaft. Auch wenn es in dieser Form tatsächlich erst nach den Veränderungen in der Mitte des 15. Jahrhunderts kodifiziert sein sollte, so ist doch auch für die Zeit davor ein solcher Eintrag im Stadtbuch undenkbar, da dies den Prinzipien der Bürgergemeinde widersprochen hätte. Eine an die Ratswahl sich anschließende Huldigung gegenüber dem Stadtherrn erwähnt das Statut nicht. Sicher ist aber, daß bei Regierungsantritt eines neuen Bischofs Bürgermeister und Rat sich verpflichteten, dem Bischof und der Stadt zu ihrem gegenseitigen Recht verhelfen zu wollen.

Acht Tage nach der Ratswahl wählten die Gildemeister der Einzelgilden aus ihrer Mitte zwei zu ihren Alderleuten, mit denen sie gemeinsam einen 32er-, später einen 34er-Ausschuß bildeten, der bei Streitigkeiten zwischen den Gilden vermittelte und für die Streitfälle innerhalb einer Gilde die höhere Instanz darstellte. Zusammen mit dem Rat entschied der Ausschuß künftig über die Aufnahme einer Gilde in die Gesamtgilde. So bedeutete die Bildung der Gesamtgilde nicht eine Beschneidung der Rechte der einzelnen Gilden, die ausdrücklich bestätigt wurden, sondern nur eine Regelung der Beziehungen untereinander. Trotzdem aber lassen sich im Gildemeisterkollegium ähnlich wie in anderen zunftmäßig verfaßten Städten obrigkeitliche Tendenzen feststellen, wenn etwa der Artikel 3 des Roten Buches formuliert: „Ock so sollen alle, da von gilden sint, den olderluden und den gildemestern to der jaertal underdaenich wesen unde nicht wedderstrevich kegen se to wesen bi eren broeke.“ Ebenfalls in Artikel 3 heißt es: „Ock sollen alle gildemestere und alle, de van gilden sint, den borgermestern und dem raede horsam unde underdanich wesen“ [13: Krumbholtz, Gewerbe, S. 6]. Nach Artikel 26 war der Rat die über den Gildemeistern stehende nächsthöhere Instanz, wenn diese untereinander Streitfälle nicht schlichten konnten. Diese Einflußnahme hatte in der zweiten Hälfte des 15. Jahrhunderts eine ganz andere Bedeutung als zuvor, da die Gesamtgilde jetzt auch Einfluß auf den Rat gewonnen hatte. Allgemein hing jedoch der Einfluß des Rates auf die Gilden von der jeweiligen wirtschaftlichen und politischen Stellung der Einzelgilden ab. Aber auch für die Zeit der Gildeverfassung läßt sich sagen, daß der Rat immer wieder versuchte, seine Aufsicht über die Gilden zu verstärken, um auf diese Weise Konflikte zu beschränken.

Nach außen hin dürfte jedoch oft der Eindruck entstanden sein, daß die Alderleute, *tribuni plebis,* und der 34er-Ausschuß der Gildemeister gemeinsam mit dem Rat die Stadt regierten. Die Alderleute beriefen die Gildemeister auf das Schohaus, regelten Streitfälle und saßen dem alljährlichen Gildemahl vor (Artikel 46 des Roten Buches), das gemeinsam mit den Scheffern ausgerichtet wurde. Neue Mitglieder nahm jede Gilde in eigener Entscheidung auf. Voraussetzung waren das Bürgerrecht und persönlicher Leumund. Vor allem Findelkinder und sogenannte Huren- oder Pfaffen-

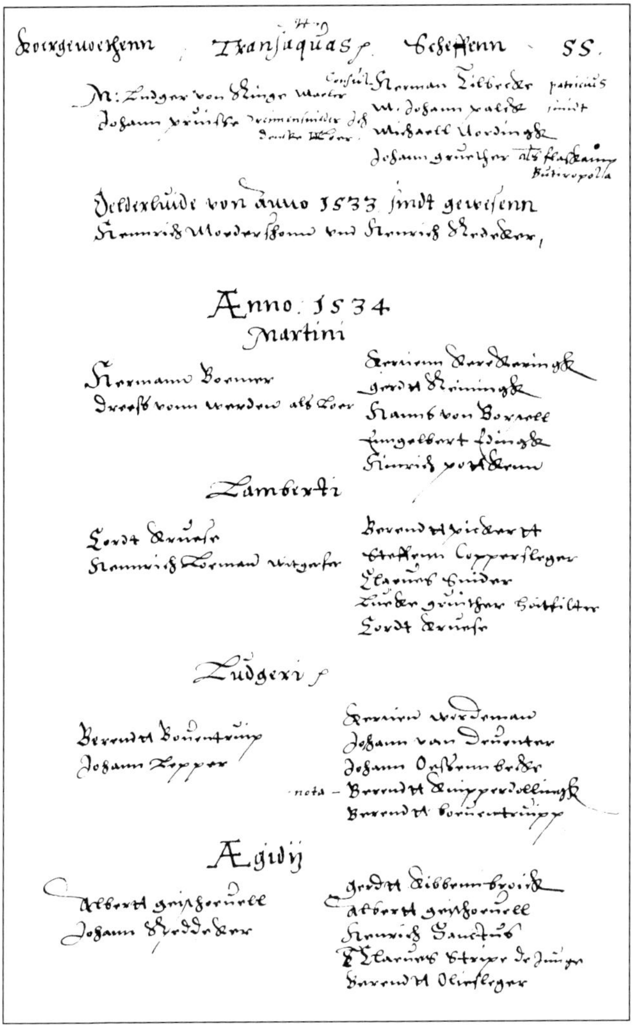
Anno. 1534
Martini
Lamberti
Ludgeri
Ægidij

Das sogenannte Ratswahlbuch mit einer Namensliste der Wahlmänner aus den Leischaften (1534)

kinder waren von der Ausübung eines Handwerks oder Gewerbes ausgeschlossen. (Artikel 39 und 40). Witwen konnten das Gilderecht anstelle ihrer verstorbenen Männer wahrnehmen, durften sich aber nicht außerhalb der Gilde wiederverheiraten. Aufgenommen wurden auch amtsfremde Männer, die auf diese Weise den sozialen und politischen Genuß der Gilderechte erlangten (Artikel 29). Die Gerichtsbarkeit der Gilden schloß ausdrücklich kriminelle Verfehlungen und finanzielle Forderungen aus. In den gewerberechtlichen Streitfällen verfuhr das Gildegericht der Gildemeister wie das Stadtgericht. Die Brüchten (Bußgelder) fielen der Gilde zu (Artikel 20). Die Gilden waren auch Träger der Wehrhoheit. Seit 1424 mußte jedes Gildemitglied über eine eigene Rüstung verfügen (Artikel 35).

Die Festigung der Gildeverfassung in der Stiftsfehde hatte trotz einzelner Indizien den Besitz des Bürgerrechts noch nicht endgültig an die Mitgliedschaft in einer Gilde gebunden. Die Gildeverfassung diente folglich auch nicht als Organisationsrahmen der gesamten Bürgergemeinde, wenn auch die Tendenz in diese Richtung ging. Sicher blieben die meisten Erbmänner außerhalb der Gilden als „gemeine Bürger". Die 1455 bezeugte „Gilde und Bruderschaft" der Wandschneider, also der reichen Tuchhändler, trat erst 1492 der Gesamtgilde förmlich bei, als „de olderlude und mesterlude [...] to der eer godes und to bistande den ersaemen raete und to nutticheit und ton besten den gemeinen gilden und der ganzer meinheit der stat Münster" die Wandschneider in das Recht der Gesamtgilde aufnahmen [398: Niesert, Urkundensammlung 3, S. 296f].

Andererseits mag die Durchsetzung des bürgergemeindlichen Konsenses durch die Gesamtgilde gegenüber einem auf Etablierung als Obrigkeit zielenden Rat der Erbmänner auch dazu geführt haben, daß die Rolle der Gilde als Vertreterin der Gemeinde vorläufig nicht beeinträchtigt wurde. Die soziale Abschichtung des Rates und obrigkeitliche Tendenzen hatten zur Neuregelung der Beziehungen zwischen Rat und Gemeinde geführt und damit die Gilden in die gesamtgemeindliche Verantwortung hineinwachsen lassen. Da die Gilden naturgemäß die Interessen ihrer Mitglieder vertraten, kam es anderenorts zu subjektiven und auch objektiven Defiziten, was das Mandat der nicht in den Gilden vertretenen Bürger anging. Zwar gab es wohl auch in Münster Männer, die aus dieser (Rest-)Gemeinheit gelegentlich zur Beratung vom Rat beigezogen wurden, doch als institutionelle Vertreter der nicht in den Gilden organisierten Bürger sind diese erst im Reformationsjahrhundert anzunehmen. Aber auch hier gilt, daß das dynamische Potential der mittelalterlichen Stadtverfassung systembedingter Repräsentanz widersprach. Meinungs- und Willensbildung vollzogen sich auf vielen Ebenen und in vielen Säulen, ohne daß es dazu einen Zwang gab. Allein zur Krisenbewältigung war die Stadtführung auf die Rükkendeckung der Mehrheit angewiesen. Dann auch wurden am ehesten Stränge der Vernetzung politischer Entscheidungsfindung sichtbar, geknüpft zwischen Gilden und Vierteln, „Stadtständen" und Kirchspielen, Patriziat, Bruderschaften und Nachbarschaften.

Als es vor dem Hintergrund der Auseinandersetzungen in Stadt und Land 1525 auch in Münster zu Übergriffen gegen das der Gewerbekonkurrenz verdächtige Schwesternhaus Niesinck und gegen dessen Protektor, das Fraterhaus, kam, nahm die Gilde die ihr seit einem Jahrhundert zugewachsene politische Aufgabe in der Friedenssicherung sofort wahr: Zwei Ausschüsse – paritätisch von Rat, Gilde und Gemeinheit beschickt, die damit hier als eigener Verfassungskörper der Bürgergemeinde anerkannt scheint – verhandelten über die nach bekanntem Muster formulierten Gravamina gegen die Geistlichkeit.

Dazu gehörte auch die Forderung (Artikel 34), den Dankgottesdienst der Sieger von Varlar im Dom abzuschaffen. Das in Stein gehauene Gefallenengedenken der Verlierer am Minoritenkloster – dazu seit 1465 eine von den Alderleuten gestaltete Gedenkfeier – und die Messe des siegreichen Domkapitels machten immer wieder den Gegensatz zwischen Bürgerschaft und stadtherrlicher Geistlichkeit sichtbar. Die Forderung von 1525 war zugleich Ausdruck von Geschichtsbewußtsein und Geschichtstradition bei den münsterischen Gilden als den Trägern des Konflikts während der Stiftsfehde und während der Stadtunruhen in der Zeit des sogenannten Bauernkriegs.

Wappentafel der münsterischen Gilden (1598)

Die Konflikte um Reformation und Täuferherrschaft knüpften auch im Hinblick auf die politische Vertretung der Gilden insoweit an die Unruhen in der Mitte des 15. Jahrhunderts an, als die Gildeführer auf dem Landtag neben dem Rat für die Stadt handelten: Die in Harnisch auf dem Schohaus und dem Brothaus versammelten Gilden geleiteten die Alderleute zum Laerbrock. Deutlich war die Gesamtgilde wieder im Vorteil, als es um die Neuordnung des Kirchenwesens ging. Sie wählte zwar 1532 zur Unterstützung der Alderleute einen 36er-Ausschuß, konnte aber dann tatsächlich die weitere Entwicklung nicht in dem von ihr gewünschten Reformrahmen halten. Nach der Eroberung der Täuferstadt am 24. Juni 1535 verfügte ein Beschluß der Landstände ein Versammlungsverbot für die Gilden: Damit sollte nicht ihre berufliche, sondern ihre politische Funktion getroffen werden.

In der Verfassungswirklichkeit besaßen Rat und Gilden, wenn auch jetzt als Ämter auf die Bindung an den Stadtherrn verwiesen, bald nach 1535 wieder ihre politische Bedeutung. Die Ratswahl, 1536 durch fürstbischöfliche Ernennung der Ratsherren auf Lebenszeit abgelöst, stand seit 1553 wieder den Bürgern zu; man wählte jedoch nicht mehr am Montag nach Invocavit, sondern am Fest des Antonius Abbas (17. Januar). Ein Erlaß Bischof Franz' von Waldeck, nicht etwa des Rates und der Gemeinde, bestimmte, daß die Ratswahl wieder so wie „vor Hunderten von Jahren" gehalten wurde, daß der Rat jährlich Rechnung legte und „daß de amptere (so domals gilde benomt) und zunft auch andere ingesettene burgere und gemeinheit zu und mit alle ihrer alten loblichen frigheit, liberteten und gerechticheit widderumb restituert und begnadet sollen sin und bleiben, und sich dermaßen zu unterhaltung ihrer narunge ehrbarlich und fromlich und in gehorsam ihrer oberikeit halten und schicken" [13: Krumbholtz, Gewerbe, Nr. 21]. Intensive Verhandlungen zwischen Bischof, Rat und Ämtern waren diesem Mandat vorausgegangen, eine Polizeiordnung regelte die Ausführung. So sehr die einzelnen aufgezählten Institutionen – Bürgermeister, Rat, Ämter und Vertreter der Gemeinheit – auch die Verfassungsgliederung präzisierten, die Bezeichnungen „Ämter" und „Zünfte" sowie die Hinweise auf andere ortsansässige Bürger und (die?) Gemeinheit, die allesamt über Rechte verfügten, ließen mittelalterliche Verfassungsdynamik durchscheinen.

Nur die Betonung des Amtscharakters der Gilden und der Gehorsamspflicht gegenüber der fürstbischöflich-stadtherrlichen Obrigkeit signalisierte, daß sich auch in der Verfassungsentwicklung Münsters die Neuzeit ankündigte. Noch aber nahmen 1554 die Ämter ihr Protestrecht auch gegen den Rat wahr; noch wurde mit der Revision der Polizeiordnung 1555 und der Konstituierung einer neuen Gildeführung im Schohaus mittelalterliche Verfassungstradition fortgeschrieben; noch stellte das 1565 von Hermann tom Ring neugefaßte Rote Buch lapidar die Fortdauer der münsterischen Gildeverfassung fest, ohne die stadtherrliche Beschneidung der Autonomie zu erwähnen [13: Krumbholtz, Gewerbe, Nr. 2]: „Alle 17 gilde sin 1 gilde [...], und se sint alle gesaetet van den raede" (Artikel 2) – „Alle gildemeister sullen dem raede, und de gyldebroder den mesterluden gehorsam sin" (Artikel 3) – „Numant sal uploep maken tegen borgermester und raet noch gemene gildemestere" (Artikel 4).

Das gemeindliche Recht auf Protest versuchten schon die mittelalterlichen Ratskollegien einzugrenzen: An die Stelle des gewaltsamen Auflaufs der waffentragenden Bürger und Gilden sollte die friedliche und einträchtige Schlichtung treten, um im Kompromiß Freiheit und Frieden der Stadt zu erhalten (Artikel 5: „Ock wert saeke, dat de raet und de gemeinen gilde schellinge hedden under einanderen, dat sullen se vredeliken und eindrechtliken under sich verdregen und vrentlicken scheiden, uppe dat jo vrede und eindrechticheit blive under mallick anderen").

Auch bei dem sich wandelnden Protestverständnis blieb die Macht der Gilden überall in Münster spürbar. Eine Wappentafel der 17 Gilden bezeugte ebenso wie das Rote Buch ihre politische Funktion in der Stadtverfassung, die bis zur Einnahme der Stadt durch Fürstbischof Christoph Bernhard von Galen, den „Bombenbernd", 1661 eine Gildeverfassung blieb.

Quellen und Literatur

Da der Beitrag auf einer langjährigen Beschäftigung mit der Stadtgeschichte Münsters beruht, können hier nicht alle Studien nachgewiesen werden, die zum Teil vor langer Zeit Eingang in das Basismaterial des Beitrags gefunden haben. Ausdrücklich wird deshalb auf das Literaturverzeichnis dieses Werkes und die einschlägigen westfälischen und stadtgeschichtlichen Bibliographien verwiesen. Die folgende Auswahl soll einen orientierenden Einstieg zur weiteren Beschäftigung erleichtern.

Den regionalgeschichtlichen Rahmen beschreiben das von Hermann Aubin begründete „Raumwerk" [2565: Raum Westfalen; 2827: Winterfeld, Verflechtungen; 2526: Pfeiffer, Bündnis- und Landfriedenspolitik] sowie verschiedene Gesamtdarstellungen [2605: Rothert, Westfälische Geschichte; 2135: Westfälische Geschichte; 2339: Köln-Westfalen; 524: Münster-Westliches Münsterland-Tecklenburg].

Einen Überblick zur allgemeinen Stadtgeschichte geben vor allem die Monographien von Carl Haase [2168: Entstehung westfälischer Städte] und Eberhard Isenmann [2273: Deutsche Stadt im Spätmittelalter], der von Heinz Stoob herausgegebene Sammelband [2715: Forschungen zum Städtewesen] sowie ein Aufsatz von Hans Richter in den „Hansischen Geschichtsblättern" [554: Blick in das städtische Leben].

Jede Beschäftigung mit der Stadtbildung Münsters, aber auch mit Topographie und Verfassung der Stadt hat von der Darstellung bei Joseph Prinz [543: Mimigernaford–Münster] auszugehen. Nur zum Teil überholt sind dadurch die älteren Beiträge von Gottfried Schulte [569: Verfassungsgeschichte Münsters] und Friedrich Philippi [2527: Verfassungsgeschichte der westfälischen Bischofsstädte]; kurze Übersicht auch bei Höing [473: Kloster und Stadt]. Den Forschungsstand markiert Karl-Heinz Kirchhoff [200: Forschungen]. Hilfreich sind die beiden epochenübergreifenden Kataloge des Stadtmuseums [56: Münster 800–1800; 36: Geschichte]. Nur historiographiegeschichtlichen Wert haben dagegen die Monographien von Joseph Otto Plaßmann [272: Geschichte] und Aloys Schulte [20: Aus dem alten Münster]. Ideenreich ist die Studie von Christian Gellinek [135: Stadtkultur und Kulturstadt].

Die zitierten Urkunden bis 1325 sind im Westfälischen Urkundenbuch abgedruckt [2767: Westfälisches Urkundenbuch 3, 8]. Die münsterischen Urkunden liegen ebenfalls in publizierter Form vor [416: Münsterisches Urkundenbuch]. Außerdem sind die älteren Sammlungen von Niesert zu benutzen [397: Beiträge Urkundenbuch; 398: Urkundensammlung]. Das „Rote Buch", aus dem Auszüge zitiert wurden, ist vollständig, aber editionstechnisch unzureichend im dritten Band der Niesertschen Urkundensammlung wiedergegeben; eine bessere, aber unvollständige Edition liegt in dem für die Wirtschaftsgeschichte grundlegenden Werk von Krumbholtz vor [13: Gewerbe]. Die spätmittelalterlichen lateinischen und volkssprachlichen Quellen bzw. Chroniken (überwiegend aus der ersten Hälfte des 15. Jahrhunderts) sind im ersten Band der „Geschichtsquellen des Bistums Münster" [371: Chroniken des Mittelalters] zu finden. Für das 15. Jahrhundert ist überdies die Sammlung von Joseph Hansen [2181: Westfalen und Rheinland], die im zweiten Band die Urkunden und Akten zur Münsterischen Stiftsfehde aufführt, unersetzlich. Einzelne Quellen zur Verfassungsgeschichte bis zum 16. Jahrhundert liefern Aders [360: Bürgerbuch], von Klocke [389: Nachrichten] und Jappe Alberts [388: Kämmereirechnungen]. Bei Niesert [398: Urkundensammlung 3, S. 108ff] finden sich außerdem die Statuten der Stadt aus dem 14. und 15. Jahrhundert. Das Eid- und Huldigungsbuch der Stadt Münster hat Heinrich Offenberg publiziert [400: Eid- und Huldigungsbuch].

Zum Abschluß der Stadtbildung und zum Stadtrecht um 1200 liegen zahlreiche Einzeluntersuchungen vor [579: Stehkämper, Reichspolitische Tätigkeit; 476: Jakobi, Amtszeit Hermanns II.; 447: Engel, Stadtgründung; 2360: Kroeschell, Weichbild; 2667: Schütte, Wik; 2640: Schmidt-Wiegand, Wik und Weichbild; 571: Schütte, Enlope lude]. Die Stadtrechtsquellen wurden von Vollmer [2766: Urkundenbuch Bielefeld, Nrn. 4, 62, 161] und Engel [447: Stadtgründung; 2577: Ravensberger Regesten] ediert.

Den Themenkomplex „Stadt – Umland – Territorium" behandeln die Arbeiten von Pfeiffer [2526: Bündnis- und Landfriedenspolitik], Berns [430: Propter communem utilitatem], Meckstroth [519: Verhältnis der Stadt zu ihrem Landesherrn], Weiers [590: Geschichte des Bistums], Bockhorst [1999: Geschichte des Niederstifts], Friemann [454: Territorialpolitik], Reimann [2582: Grafen von der Mark], Schnurr [563: Bischof Otto IV.], Schmitz-Kallenberg [2643: Landstände], Kirchhoff [2313: Ständeversammlungen] und von Oer [2500: Stellung der Städte].

Die Diskussion um das Stadtpatriziat (Erbmänner) wird in den Untersuchungen von Elze/Fasoli [2697: Stadtadel und Bürgertum], von Klocke [2318: Patriziatsproblem], Wriedt [2835: Profil lübischer Führungsgruppen], Meisterernst [520: Grundbesitzverhältnisse], Kirchhoff [490: Erbmänner], Lahrkamp [220: Patriziat; 219: Wirtschaftliche Führungsschichten], von Oer [263: Wer waren die Erbmänner?; 264: Erbmänner] und Weikert [342: Erbmänner] geführt.

Das Verhältnis und die Auseinandersetzungen zwischen Rat, Gemeinde und Gilden in der spätmittelalterlichen Stadt thematisieren Gleba [2144: Gemeinde], Ehbrecht [2067: Verhaltensformen], Lahrkamp [221: Patronatsrecht], Zuhorn [597: Münstersches Bürgertum], Bischof [432: Anteil der Gilden], Kirchhoff [491: Gilde und Gemeinheit], Homann [41: Gilden], Löffler [2407: Studien zum Totenbrauchtum] sowie zwei von Wilfried Ehbrecht [2123: Städtische Führungsgruppen] und Berent Schwineköper [2143: Gilden und Zünfte] herausgegebene Sammelbände. Das Bildprogramm des Rathauses als Ausdruck des politischen Selbstverständnisses der Bürgerschaft behandeln Prinz [277: Rathaus] und Ueffing [332: Figurenschmuck]. Den Stand der Hanseforschung markieren allgemein die Textbeiträge zum Katalog der Hanseausstellung von 1989 [2178: Hanse] und der Forschungsrückblick von Ehbrecht [2068: Winterfelds Untersuchung] sowie zahlreiche Aufsätze in der neuen Buchreihe „Beiträge zur westfälischen Hansegeschichte" für den westfälischen Raum und die Darstellung von Looz-Corswarem [52: Hansestadt] für Münster als Hansestadt.

Die Reform von Kirche und Gesellschaft im 16. Jahrhundert wird an einzelnen Beispielen in den Arbeiten von Schilling [2632: Politische Elite; 878: Aufstandsbewegungen], Kirchhoff [794: Phänomen des Täuferreiches] und Hsia [765: Gesellschaft und Religion] dargestellt.

ERNST LAUBACH

Reformation und Täuferherrschaft

1. Zur Vorgeschichte – 2. Münsters Weg zur evangelischen Stadt – 3. Das Aufkommen täuferischen Gedankengutes – 4. Münsters Täufer erwarten den Herrn – 5. Die Täuferstadt als Vorstufe des Gottesreiches – 6. Niedergang und Ende

„Nachdem wir Gottes Willen begriffen hatten und als er seine Boten zu uns geschickt hatte, haben wir im Namen des Herrn mit der Taufe begonnen, dadurch die Gemeinde gesammelt und Christus als reine Braut dargebracht. [. . .] Das nahm am 5. Januar 1534 seinen Anfang" [669: Schriften Rothmanns, S. 279 (freie Übersetzung E. L.)].

So erläuterte etwa neun Monate danach Bernhard Rothmann, damals der einflußreichste Prediger in der Stadt, die Entstehung der Täufergemeinde in Münster, der sich binnen weniger Wochen 1400 Personen angeschlossen haben sollen, also etwa ein Viertel der erwachsenen Stadtbevölkerung. Mit dem Empfang der Taufe und der Absonderung der neuen Gemeinschaft der Getauften war der entscheidende Schritt zu einer Entwicklung getan, die für das Schicksal der Stadt weitreichende Folgen haben sollte und der Geschichte Münsters im Zeitalter der Glaubenstrennung ihre außergewöhnlichen Züge aufgeprägt hat. Sieben Wochen später wurden in der turnusmäßig abgehaltenen Ratswahl ausschließlich Bürger zu Ratsherren gewählt, die mit der neuen religiösen Gemeinschaft sympathisierten oder ihr angehörten. Gleichzeitig begann der Landesherr, Bischof Franz von Waldeck, mit der Belagerung der Stadt, die erst sechzehn Monate später, am 25. Juni 1535, mit ihrer Eroberung endete. Weil sich aber die kirchlichen, sozialen und verfassungsrechtlichen Verhältnisse in Münster zu Beginn des 16. Jahrhunderts keineswegs auffällig von denen anderer Städte in Niederdeutschland unterschieden haben, ist es bis heute ein zentrales Problem der Stadtgeschichte Münsters wie der allgemeinen Reformationsgeschichte, warum es gerade hier zu jener Sonderentwicklung gekommen ist, die wir abgekürzt als „Täuferherrschaft" bezeichnen.

Die Täufer von Münster sind, obwohl die Reformatoren sie entschieden bekämpft und obgleich die meisten anderen täuferisch gesinnten Gemeinschaften sich eindeutig von ihnen distanziert haben, ebenso ein Zweig der Täuferbewegung des 16. Jahrhunderts, wie diese ein Ast am Baum der Reformation ist. Ihre Voraussetzungen sind die von den Reformatoren auf ein neues Niveau gehobene Kritik am Erscheinungsbild und an der Lehre der spätmittelalterlichen römisch-katholischen Kirche und die in vielen Punkten ungeklärte theologische und kirchenrechtliche Situation der zwanziger Jahre. Ein rechtes Verständnis der Täufer von Münster ist nur möglich, wenn sie als Menschen des 16. Jahrhunderts gesehen werden, die dasselbe wollten wie fast alle anderen Menschen damals: den rechten Weg im Glauben gehen, um ganz sicher das Heil zu erlangen und in den Himmel zu kommen. Viel zu sehr hat man sich unter dem Einfluß der späteren Kirchengeschichtsschreibung daran gewöhnt, innerhalb der Reformation nur zwei oder drei Richtungen gelten zu lassen.

Zum rechten Verstehen gehört auch die Einsicht, daß man ihrem Anliegen mit der weitverbreiteten, auf ihre Gegner zurückgehenden Bezeichnung „Wiedertäufer" nicht gerecht wird. Es ging ihnen so wenig wie den anderen Täufergruppen um eine Wiederholung; vielmehr sahen sie in der Taufe einen Akt des Glaubensgehorsams, den man nur bewußt vollziehen kann. Darum und weil sie in der Bibel keine Hinweise auf eine in apostolischer Zeit praktizierte Kleinkindertaufe finden konnten, lehnten sie diese ab und sahen allein in der Taufe Erwachsener auf das Bekenntnis ihres Glaubens die rechte Befolgung des neutestamentlichen Taufbefehls. In dem „Wieder" steckt eine Polemik ihrer Gegner, die jene theologische Position verwarfen. Außerdem ist die Bezeichnung ungenau, denn sowohl Gruppen, welche die Glaubenstaufe übten, als auch bloße Kritiker der Kindertaufe wurden vom damaligen Reichsrecht undifferenziert der „Wiedertäuferei" bezichtigt und mit der Todesstrafe bedroht. Das ursprüngliche Schimpfwort hat also auch einen kriminalisierenden Akzent und ist in einer Zeit, die in Glaubensfragen der Toleranz verpflichtet ist, nicht mehr angemessen. Deshalb wird in diesem Beitrag grundsätzlich – außer bei wörtlichen Quellenzitaten – der neutrale Ausdruck „Täufer" gebraucht, der sich auch in der historischen und theologischen Fachwissenschaft immer mehr durchsetzt.

Für ein angemessenes Gesamtbild von der Täuferherrschaft in Münster wird man mehrere sich überlagernde Problemfelder berücksichtigen müssen, von denen als wichtigste genannt seien:

- Die durch die Reformatoren geschaffene Möglichkeit, den Weg zum Heil außerhalb der römischen Papstkirche zu suchen; weil aber viele der durch Luther aufgerührten Fragen längere Zeit theologisch unentschieden geblieben sind, stand die Möglichkeit zu vielfältigen Antworten offen.
- Politische Auseinandersetzungen zwischen dem selbstbewußten Bürgertum und seinem Stadtherrn, der als Bischof durch die Verknüpfung von geistlichem Amt in der alten Kirche und weltlicher Herrschaft zusätzliche Angriffsflächen bot.
- Soziale und politische Spannungen innerhalb der städtischen Gesellschaft, die um 1525 – wie auch in anderen Städten – zu Angriffen auf den Klerus führten, aber in längeren Traditionen von Konflikten zwischen verschiedenen Gruppen der Einwohnerschaft um die Teilhabe an der politischen Führung der Stadt wurzelten.
- Die vermehrte Fähigkeit und Möglichkeit, die Bibel als das Wort Gottes selbst zu lesen und damit auch nach Sinn und Aktualität derjenigen Passagen zu fragen bzw. ihre Auslegung zu versuchen, die in der institutionellen Verkündigung eine untergeordnete Rolle spielten oder die etwas anderes auszusagen schienen, als vor Augen liegende Praxis war.

Die Erinnerung an die Täuferherrschaft ist in Münster freilich kaum an Spuren geknüpft, die sie selbst der Nachwelt hinterlassen hat, sondern vor allem an die Wahrzeichen ihrer Vernichtung: Die Körbe – im Volksmund „Käfige" genannt – mit den Leichnamen der drei vornehmsten zu Tode gemarterten Täufer, die der siegreiche Bischof zum Zeichen seines Triumphes und zur Demütigung der Stadt am Turm der Markt- und Bürgerkirche St. Lamberti anbringen ließ, sind bis heute das bekannteste Relikt und Detail. Das sonstige Wissen wurde jahrhundertelang von dem be-

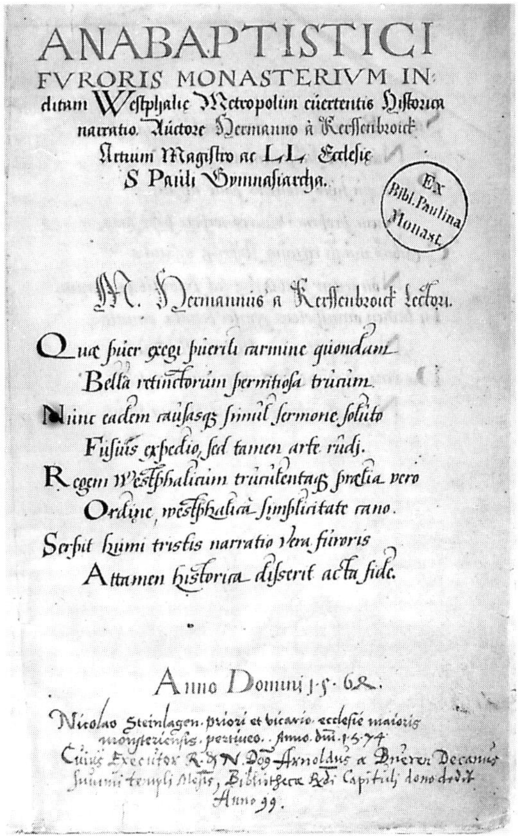
ANABAPTISTICI
FVRORIS MONASTERIVM IN-
clitam Westphalie Metropolim evertentis Historica
narratio. Auctore Hermanno a Kerssenbroick
Artium Magistro ac LL. Ecclesie
S. Pauli Gymnasiarcha.

Ex Bibl. Paulina Monast.

M. Hermannus a Kerssenbroick lectori.

Quae puer egi puerili carmine quondam
Bella retinctorum perniciosa virum.
Nunc eadem causasque simul sermone soluto
Fusius expedio, sed tamen arte rudi.
Regem Westphalicum truculentaque proelia vero
Ordine, westphalica simplicitate cano.
Scripsit humi tristis narratio vera furoris
Attamen historiam disserit acta fide.

Anno Domini 1·5·62.

Nicolao Steinlagen priori et vicario ecclesie maioris monasteriensis pertineo. Anno dni 1·5·74
Cuius Executor R. D. N. Dns Arnoldus a Bueren Decanus summi templi Mon., Bibliothecae Rdi Capituli dono dedit Anno 99.

Titelblatt einer der ältesten Abschriften der lateinisch verfaßten „Geschichte der Wiedertäufer" von Hermann von Kerssenbrock (1566/73)

stimmt, was die Gegner der Täufer über sie verbreitet haben. Flugschriften, die im Stil der heutigen Sensationspresse ihre Leser mit wenigen außergewöhnlichen Nachrichten versorgten, die ihre Autoren nur von den Belagerern, Flüchtlingen oder Überläufern erhalten haben konnten, sowie im Stil der Zeit stark polemisch gehaltene Widerlegungen der religiösen Ansichten der Täufer seitens ihrer theologischen Gegner informierten die damals interessierte Öffentlichkeit während des Kampfes. Bald nach dem Fall der Stadt oder Jahrzehnte später verfaßte Gesamtdarstellungen vom Ablauf des Geschehens führten das Emporkommen der Täufer auf die Einwirkung des Teufels zurück und waren bemüht, durch Hervorheben von Begebenheiten, die Schrecken und Abscheu erregen können, diese Deutung zu untermauern. Die kurze „Warhafftige Historie" des Henricus Dorpius Monasteriensis (ein Pseudonym, hinter dem sich wahrscheinlich der lutherische Theologe Antonius Corvinus verborgen hat) und die ausführliche Darstellung des langjährigen Rektors der Domschule in Münster, Hermann von Kerssenbrock, vom „Schrecken der wiedertäuferischen Raserei in Münster" haben nicht nur im Faktischen, sondern auch in den einseitig parteiischen Wertungen das Bild von der Täuferherrschaft bis in unsere Tage geprägt. Diese Autoren interessierte nicht, was jene Bürger Münsters, die Täufer geworden, oder jene Leute, die als Täufer nach Münster gezogen waren, dazu bewogen haben mochte. Eine angemessene Darstellung und Würdigung der Geschichte der Täuferherrschaft in Münster muß sich jedoch auch um das Selbstverständnis dieser Menschen bemühen. Eine Quelle ersten Ranges dafür sind die erhaltenen Schriften Bernhard Rothmanns. Für die Ermittlung, welche Gedanken die große Menge der Täufer in Münster aufgenommen hat, sind die Protokolle der von den Siegern angestellten Gefangenenverhöre von Bedeutung. Und schließlich gibt es den ausführlichen Bericht des Schreiners Heinrich Gresbeck, der über ein Jahr in der Täuferstadt gelebt, sich allerdings kurz vor dem Ende abgesetzt hat. Er dürfte zwar nur zum äußeren Kreis der „Mitläufer" gehört haben, denn über die Gründe für wichtige Entscheidungen der täuferischen Führungsgremien konnte er nur Vermutungen anstellen; aber er gewährt Einblicke in das Alltagsleben der belagerten Stadt und in die Stimmung breiter Kreise und bietet zu einigen zentralen Vorgängen zusätzliche Informationen. Gresbeck hat seine Erlebnisse wohl schon im ersten Jahrfünft nach der Eroberung beschrieben, doch ist dieser interessante Augenzeugenbericht erst nach 300 Jahren, in der Mitte des vorigen Jahrhunderts, bekannt geworden.

Auch nach der Etablierung der methodischer Quellenkritik verpflichteten Geschichtswissenschaft im 19. Jahrhundert ist das Geschichtsbild von der Täuferherrschaft in Münster noch lange von den genannten Darstellungen ihrer Gegner bestimmt worden. Zwar ist die Quellenbasis durch die Edition von Akten, durch die Entdeckung von Gresbecks Bericht und zuletzt durch die Zusammenstellung aller erhaltenen Schriften Rothmanns bedeutend verbreitert worden. Aber erst in den letzten drei Jahrzehnten ist die Forschung darangegangen, den angehäuften Berg von Vorurteilen und Fehlverständnissen abzuräumen. Zahlreiche Fragen sind auch heute keineswegs eindeutig zu beantworten, selbst bei der Datierung etlicher wichtiger Einzelheiten gibt es Schwierigkeiten. Darum kann dieser Beitrag an mehr als einer Stelle anstatt gesicherten Wissens nur Hinweise auf Probleme geben oder allenfalls Vorschläge zu ihrer Deutung unterbreiten.

Aus den oben genannten Gründen müssen wir beim Beginn der Reformation in Münster ansetzen und sie in den damaligen Stand der religionspolitischen Entwicklung in Deutschland einordnen. Am gegebenen Ort müssen außerdem die Beziehungen der in Münster entstehenden Täufergemeinde zur bisherigen Täuferbewegung geklärt werden, ehe Grundzüge und Verlauf der Täuferherrschaft in Münster selbst behandelt werden können.

1. Zur Vorgeschichte

Die Reformation in Münster hat mit Bernhard Rothmann begonnen. Erst infolge der Predigten, die er seit 1530 in St. Mauritz gehalten hat, ist es in Münster zu einer reformatorischen Bewegung gekommen mit dem Ergebnis, daß drei Jahre später an allen sechs Pfarrkirchen der Stadt neue Prediger eingesetzt waren, in der Verantwortung des Rates eine neue Kirchen- und Sakramentsordnung vorbereitet wurde und diese Neuerungen vom Landesherrn – wenn auch unter politischem Druck – anerkannt worden waren (im Dülmener Vertrag vom 14. Februar 1533).

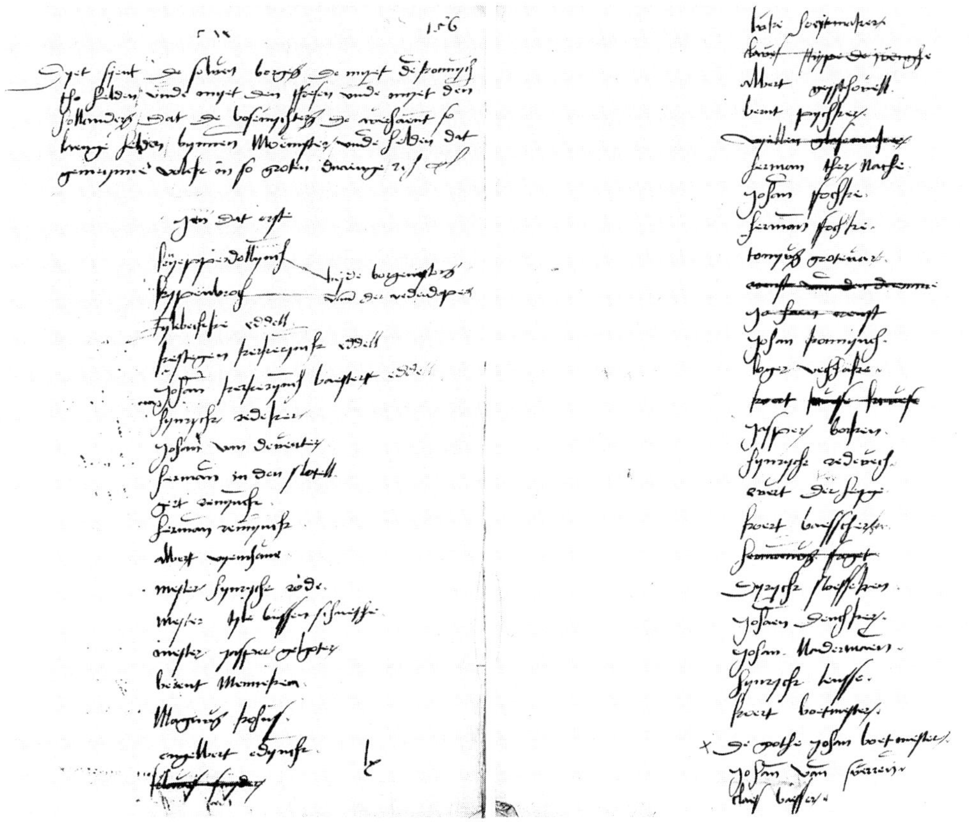

Zwei Seiten aus dem Bericht des Schreiners Heinrich Gresbeck. Die abgebildete Liste der führenden Täufer beginnt mit Knipperdollinck, Kibbenbrock und Tilbeck. Die Streichung mehrerer Namen ist ein Indiz dafür, daß es sich um die Urschrift des Berichts handelt

Damit soll nicht gesagt sein, daß vor Rothmanns Auftreten reformatorisches Gedankengut in Münster unbekannt gewesen wäre. Aber noch 1529 schrieb der Propst von Überwasser, Nikolaus Holtmann, in chronikalischen Notizen zu den Jahren 1516 bis 1529 trotz seiner Kenntnis der innerstädtischen Spannungen der letzten Jahre: „Münster, unter den westfälischen Städten die ansehnlichste, wird durch der Geistlichen Besonnenheit und Standhaftigkeit sowie durch des Rates Ansehen und der vornehmsten Bürger Willen unter Gottes gnädigem Beistand bei der alten Lehre und den alten Bräuchen der Kirche verharren" [zit. nach 726: Cornelius, Geschichte des münsterischen Aufruhrs 1, S. 122]. Und im August 1530 gab Kaiser Karl V. in einem Schreiben an den Rat seiner Befriedigung Ausdruck, daß Münster sich bisher in der Beachtung des Wormser Edikts von 1521, das die Unterdrückung aller Schriften Luthers und die Verfolgung seiner Anhänger gebot, vorbildlich verhalten habe.

Dennoch fand der Katholik Hermann von Kerssenbrock eine Generation später als Holtmann die Anfänge des für ihn in der Täuferherrschaft gipfelnden Abfalls der

Stadt Münster von Gott schon in den Jahren 1523/24, als hier zum erstenmal Kritik an den Lehren der alten Kirche laut geworden sei, woraus ein Jahr später ein Aufruhr „des Pöbels“ gegen die Geistlichkeit und die Stadtobrigkeit erwachsen sei.

Leider haben Kerssenbrock und sein Gewährsmann Holtmann nur sehr wenig über die ersten Spuren lutherischer Gedanken in Münster mitgeteilt: Vier Kapläne an verschiedenen Pfarrkirchen sollen Schriften Luthers zur Grundlage ihrer Predigten gemacht, dabei insbesondere die Notwendigkeit der guten Werke bestritten und eine ungezügelte evangelische Freiheit verkündet haben; bei ihren Hörern habe das zur Verachtung der Geistlichkeit und der Klöster geführt. Auch einige Schulmeister hätten sich an der Propagierung der ketzerischen Gedanken beteiligt, und der Kaplan Lubbert Cansen soll außerdem versucht haben, bei der Taufe Änderungen einzuführen. Wie groß die Resonanz dieser Predigten gewesen ist, läßt sich nicht sagen.

Der Ablauf der Unruhen 1525 in Münster und die erhaltenen Akten lassen begründete Zweifel, daß die von Kerssenbrock gezogene einfache Linie so zutreffend ist. Was Kerssenbrock überhaupt nicht sah, waren die Parallelen in vielen anderen Städten, denn es hat auch anderswo in diesem Jahr Konflikte zwischen Bürgern und ihren Obrigkeiten gegeben. Der Landesherr, Bischof Friedrich von Wied, hat schon damals Zusammenhänge mit dem verbreiteten „Aufruhr des gemeinen Mannes“, dem sogenannten Bauernkrieg, angenommen.

Am 23. Mai ließ der Rat drei Handwerker verhaften, die am Abend zuvor in das Schwesternhaus Niesinck eingedrungen waren – nach Darstellung der Klosterchronik hatten sie es auf das Eigentum des Klosters abgesehen –, sich aber mit einem reichlichen Abendbrot hatten abspeisen lassen. Weil die nach dem Gildestatut erforderliche Zustimmung der Gesamtgilde nicht eingeholt worden war, gab es gegen die Festnahme Proteste. Es kam zu einem Auflauf vor dem Rathaus, bei dem auch Klagen gegen die wirtschaftliche Betätigung dieses und anderer Klöster laut wurden, die von manchem Handwerker als unlautere Konkurrenz angesehen wurde. Im Lauf der nächsten Tage stellte ein Bürgerausschuß eine längere Liste von Beschwerden zusammen – ein Vorgang, der sich in mehreren Städten ganz ähnlich abgespielt hat. Als Vorlage diente ein im April in Frankfurt am Main entstandener Katalog von Artikeln, aus dem verschiedene Punkte, allerdings angepaßt, übernommen und durch mehrere eigene Anliegen ergänzt wurden.

Die münsterischen Beschwerden waren zu einem großen Teil gegen die Geistlichkeit in der Stadt gerichtet, insbesondere gegen das Domkapitel und einige Klöster. In mehreren Punkten wurde die Einschränkung der wirtschaftlichen Tätigkeit der geistlichen Institutionen und ihres bevorzugten Status in Rechtsangelegenheiten gefordert, außerdem die Beteiligung des Klerus an den Lasten des Wachdienstes sowie Maßnahmen gegen „Pfaffenweiber“. Andere Beschwerden gingen direkt an die Adresse des Rates bzw. des Stadtherrn; sie betrafen den Rechtsschutz des einzelnen Bürgers, Fragen der Marktordnung und die Nahrungsmittelverarbeitung auf den umliegenden Dörfern. Nur in wenigen Punkten und recht zurückhaltend war der engere religiöse Bereich angesprochen: Ersatzlos abgeschafft werden sollten die zahlreichen Memorienstiftungen; die Pastoren sollten ihre Kapläne nur im Einvernehmen mit den Kirchspielvertretern einsetzen, damit man solche bekäme, „de dat wort Godtz predigen und leren“ [397: Niesert, Urkundenbuch, S. 119]. Diese Formel ist aber kein sicheres Indiz für lutherische Gesinnung der Beschwerdeführer, denn sie ist noch schwächer als die in anderen Städten oft gebrauchte Wendung von der „Predigt des reinen Evangeliums“, die wegen ihrer Unbestimmtheit von allen Richtungen akzeptiert werden konnte.

Nach einem neuen Auflauf von Gilden und Gemeinheit nahm der Rat wohl am 26. Mai die Forderungen an. Ein paritätisch besetzter Ausschuß von Rat, Gilden und Gemeinheit beschlagnahmte die Webstühle der Niesinck-Schwestern und nahm ihre Rentenbriefe unter Verschluß; eine zweite Kommission visitierte die Fraterherren. Außerdem legte der Rat, unterstützt von einigen Vertretern der Gemeinheit, die Forderungen dem Domkapitel vor. Die Domherren bewilligten – angeblich aus Angst vor Ausschreitungen – einige Punkte, entzogen sich aber weiteren Gesprächen durch Flucht. An ihrer Stelle griff der Bischof ein. Friedrich von Wied warf dem Rat Kompetenzüberschreitung und Kränkung seiner Hoheitsrechte, ja Verstoß gegen Reichs- und Kirchenrecht vor und verlangte die Rücknahme sämtlicher Beschwerden und der in ihrer Folge ergriffenen Maßnahmen; er konnte diese unnachgiebige Position beziehen, da mittlerweile überall im Reich die Erhebungen des „gemeinen Mannes“ niedergeworfen worden waren. Im Verlauf eines längeren Briefwechsels wich der Rat schrittweise zurück und mußte endlich im März 1526 im Rahmen eines Vergleichs mit dem Domkapitel den gesamten Katalog förmlich widerrufen.

Der Anlaß zu den Unruhen war recht unbedeutend gewesen, doch das ungeschickte Eingreifen des Rates zugunsten der Nonnen brachte eine schon länger vorhandene Mißstimmung gegen die Geistlichkeit zur Entladung, wobei alsbald auch sonstige Kritik an den Verhältnissen in der Stadt eingebracht wurde. Die reformatorischen Akzente waren in Münster nur peripher; das beweist die noch im Sommer 1525 mit Zustimmung des Rates trotz einigen Protestes aus den Kirchspielen erfolgte Amtsenthebung der Mehrzahl der mit Luther sympathisierenden Kapläne.

Bedeutsam ist aber, daß es nach langer Zeit überhaupt wieder zu derartigen turbulenten Auseinandersetzungen in Münster gekommen ist. Die Bürgerschaft beanspruchte in einigen für die städtische Gemeinschaft wichtigen Fragen Gehör und Mitwirkung und machte diesen Anspruch gegen einen selbstherrlichen Rat in den aus dem Spätmittelalter überkommenen „Verlaufsformen“ (Wilfried Ehbrecht) geltend. Ziel dieser besonderen Art innerstädtischer Konfliktaustragung war die Wiederherstellung des für das Zusammenleben in der Kommune unbedingt erforderlichen „Grundkonsensus“ (Bernd Moeller). Indem die Gesamtgilde die Führung des Protestes übernahm, leitete sie ihn in überschaubare Bahnen. In den Klagen gegen das Domkapitel konnte der Rat den Ansatz zum Konsens finden – sie hat er auch am zähesten gegen den Bischof verteidigt. Sein Mißerfolg hatte zwar keine unmittelbaren persönlichen Auswirkungen, etwa durch Abwahl, könnte jedoch eine latente kritischere Beurteilung seiner Politik durch die Bürgerschaft in den nächsten Jahren zur Folge gehabt haben. Darüber hinaus war wieder das Kraftfeld deutlich geworden, in dem in Münster Politik stattfand, nämlich in einem Spannungsdreieck von Bürgerschaft, Rat und Landes- bzw. Stadtherrn. 1527 kam es zu einem vergleichbaren Zusammenstoß zwischen Rat und Gesamtgilde, bei dem letztere ihr Recht erfolgreich behauptete. So war das Ritual präsent, wie die nicht im Rat vertretenen Bürger ihrer Ansicht Geltung verschaffen konnten, als zu Anfang der dreißiger Jahre der Rat abermals ein Anliegen breiter Kreise zu wenig berücksichtigte, nämlich die Einführung evangelischen Gottesdienstes.

Nordwestdeutschland 1534/35. Der evangelische Gottesdienst wurde in folgenden Städten eingeführt:

Lemgo (1526/31)	*Emden (1530)*	*Soest (1531)*
Bremen (1528)	*Herford (1530)*	*Warendorf (1532)*
Minden (1529)	*Lippstadt (1530)*	*Münster (1532/33)*

Nach dem erwähnten Zeugnis des Kaisers war Mitte des Jahres 1530 die „lutherische Sekte“ in Münster noch nicht eingedrungen, doch hielt es Karl V. für angezeigt, wegen deren bedenklicher Ausbreitung den Rat zu erhöhter Wachsamkeit und strikter Durchführung des Wormser Edikts aufzufordern. Zu diesem Zeitpunkt war die Kirchenreformation in mehreren Territorien und Städten des Reiches bereits fest etabliert: Im Kurfürstentum Sachsen, in der Landgrafschaft Hessen, im Herzogtum Braunschweig-Lüneburg, in den großen süddeutschen Reichsstädten Straßburg, Nürnberg, Ulm und Frankfurt, in Zürich und einigen Schweizer Kantonen – um nur die wichtigsten zu nennen –, aber auch in den führenden norddeutschen Hansestädten Lübeck, Hamburg, Bremen, Rostock, Braunschweig und Magdeburg war der katholische Kultus zurückgedrängt oder abgeschafft, und neue Kirchenordnungen waren in Kraft gesetzt. Selbst im näheren Umfeld Münsters, im westfälischen Raum, hatte die reformatorische Bewegung inzwischen Fuß gefaßt.

In Minden waren schon Ende 1529 alle Pfarrkirchen mit Predigern besetzt, die die neue Lehre vertraten; am 13. Februar 1530 wurde eine lutherische Kirchenordnung öffentlich verlesen und für verbindlich erklärt. In Herford hielten seit Ende 1530 lutherisch gesinnte Prediger Gottesdienst auf dem Kirchhof der von der Äbtissin des reichsunmittelbaren Damenstifts geschlossenen Münsterkirche, bis der Rat am Sonntag nach Ostern 1531 die gewaltsame Öffnung veranlaßte und einen evangelischen Pfarrer einsetzte. In Lippstadt wurden bei der Ratswahl im Frühjahr 1531 überwiegend Sympathisanten der evangelischen Richtung gewählt und außerdem ein 16köpfiger Bürgerausschuß eingesetzt, der mit dem Rat eine neue kirchliche Ordnung schaffen sollte; am 20. August 1531 wurde hier die erste deutsche Messe gefeiert. In Soest führten monatelange Auseinandersetzungen Anfang 1532 zum Erfolg der Evangelischen. In Lemgo war es schon 1526 zu einer Disputation über die Rechtfertigung und die Eucharistie gekommen. Anfang 1531 wurde auch hier ein Bürgerausschuß neben dem Rat gebildet, und kurz darauf wurden die in die Minderheit geratenen katholischen Bürgermeister und Ratsherren aus der Stadt vertrieben. Zweifellos sind viele dieser Ereignisse und manche der neuen Gedanken in Münster bekannt geworden. So fand Rothmann für seine Botschaft ein aufgeschlossenes Publikum.

Die Reformation wurde in Münster aber erst aktuell, als schon ganz deutlich geworden war, daß in der evangelischen Bewegung mehrere Richtungen bestanden. Die von Kaiser Karl V. für den Reichstag in Augsburg 1530 von den Reichsständen als Grundlage für eine Einigung eingeforderten Erklärungen über die strittigen Glaubensfragen und Mißbräuche in der Kirche hatten ja nicht zu einer gemeinsamen Stellungnahme der protestierenden Stände geführt, sondern neben der von den meisten – darunter alle wichtigen bisher evangelisch gewordenen niederdeutschen Territorien und Städte – unterzeichneten *Confessio Augustana* waren noch zwei weitere Positionspapiere eingereicht worden. Keines konnte in der Folgezeit Allgemeinverbindlichkeit für die Protestanten beanspruchen, vielmehr wurden über einige theologische Fragen erbitterte Fehden ausgefochten. Das rechte Verständnis des Abendmahls mit seinen Auswirkungen für die Feier im Gottesdienst war der Streitpunkt, der für die Laien am ehesten sichtbare Folgen hatte. Wohl kam es im Bereich der von Luther dominierten Richtung zu betonten Festlegungen und zu einer gewissen eifersüchtigen Beobachtung der reformatorischen Schritte in den norddeutschen Territorien und Städten, denn nur die eigene Erkenntnis galt als sachgemäß. Die meisten norddeutschen Städte haben auch selbst „keine bedeutenden und selbständigen Theologen hervorgebracht, sondern sie ließen sich ihre Reformation von Wittenberg aus, etwa von Bugenhagen oder Amsdorff, organisieren“ [2448: Moeller, Reichsstadt und Reformation, S. 55]. Im Unterschied dazu hatte Münster mit Rothmann seinen eigenen Reformator.

Bernhard Rothmann stammte aus der Umgebung von Stadtlohn und dürfte um 1495 geboren sein. Er hat Schulen in Münster und in Deventer besucht, die damals einen ausgezeichneten Ruf hatten und als Hochburgen des Humanismus im nordwestdeutschen Raum angesehen werden, wirkten doch so bedeutende Männer wie Rudolf von Langen und Johannes Murmellius an ihnen. Im Kreis dieser Humanisten wurden einige theologische Positionen der spätmittelalterlichen Kirche, die Luther dann angriff, bereits kritisch betrachtet. Vermutlich ist schon hier bei Rothmann Aufgeschlossenheit gegenüber Kritik an den Lehren der Kirche geweckt worden. 1524 soll er an der Universität Mainz den Magistergrad erworben haben. Er hat demnach das übliche Grundstudium in der Artistenfakultät erfolgreich abgeschlossen. Auf jeden Fall konnte er Latein, ebenso hinreichend Griechisch und Hebräisch. Wohl 1528/29 erhielt er eine Pfründe als Kaplan des Stiftsdekans von St. Mauritz. Ob und – wenn ja – wo er Theologie studiert hat, ist nicht bekannt.

Über den konkreten Inhalt der Predigten, mit denen Rothmann seit 1530 die Aufmerksamkeit zahlreicher Bürger Münsters erregte, wissen wir fast nichts. Die skizzierte Ausbreitung der reformatorischen Bewegung mag die Resonanz seiner Verkündigung teilweise erklären; offenbar befriedigte er aber auch ein in der Bevölkerung vorhandenes geistliches Bedürfnis, dem die übrigen in Münster wirkenden Prediger nicht genügten, denn sonst wären die Leute kaum wiederholt in großer Zahl zum Gottesdienst in das etwa zwanzig Minuten vor der Stadt gelegene Stift St. Mauritz gewandert. In seinem ältesten erhaltenen Brief schrieb Rothmann am 18. Februar 1531 einem gleichgesinnten Bekannten, die Menschen seien begierig nach dem Evangelium. Wie damals üblich, wird seine Predigt auch beträchtliche polemische Teile gegen Lehren und Praktiken der alten Kirche enthalten haben, was anscheinend zur Folge hatte, daß es am Karfreitag 1531 zu Ausschreitungen gegen den Bilderschmuck in der Kirche von St. Mauritz gekommen ist.

Wenig später unternahm Rothmann mit finanzieller Unterstützung einiger wohlhabender Bürger Münsters eine etwa drei Monate währende Reise mit den Stationen Marburg, Wittenberg und Straßburg, also zu Zentren der reformatorischen Bewegung. In Wittenberg führte er Gespräche mit Melanchthon und Bugenhagen. In Straßburg, dem Zentrum der zwischen Luther und Zwingli eine vermittelnde Position suchenden Theologen, wohnte er bei dem in manchen Fragen recht offenen Wolfgang Capito. Die Reichsstadt Straßburg war damals die einzige Kommune im Reich, in der auch kleinere religiöse Gemeinschaften unbehelligt ihren Glauben leben konnten, solange sie nicht durch Aktionen auffielen, die nach Ansicht des Rates den Frieden in der Stadt gefährdeten. Diese tolerante Haltung kam 1531 auch noch täuferischen Gruppen zugute. So mag Rothmann hier auch „Außenseiter“ und ihre Meinungen zu theologischen Fragen kennengelernt haben. Von grundsätzlicher Bedeutung ist diese Reise, weil sie zeigt, daß Rothmann sich nicht auf eine bestimmte

Richtung festgelegt hatte, sondern sich breit informieren wollte. Auch Zwinglis Auffassungen waren ihm bekannt.

Die auf uns gekommenen theologischen Schriften Rothmanns sind sämtlich zwischen den Jahren 1532 und 1535 entstanden. Doch wird man annehmen dürfen, daß zwei deutliche Grundzüge auch schon vorher für seine theologische Position charakteristisch gewesen sind: 1. Rothmann war vor allem praktischer Theologe; seine Verkündigung sollte nicht primär theologischer Fachdiskussion dienen, sondern die Gläubigen belehren. 2. Rothmann orientierte seine theologische Argumentation streng am „Wort Gottes"; Maßstab für die Richtigkeit theologischer Erkenntnis und kirchlicher Praxis war für ihn allein die Übereinstimmung mit dem in der Bibel niedergelegten Willen Gottes. Dabei erkannte er allen biblischen Büchern Gleichrangigkeit zu, obwohl er bestimmte Teile sowohl des Neuen wie des Alten Testaments stärker heranzog als andere. Stets war er bereit, sich zu korrigieren bzw. dazuzulernen, wenn das Neue biblisch begründet schien. Daraus – nicht aus einem theologischen Eklektizismus – sind die Änderungen seiner Ansichten zu erklären, und darum hat er sich eben nicht einer bestimmten theologischen Richtung ein für allemal angeschlossen.

Nach Rothmanns Rückkehr dauerte es nicht lange, bis er mit seinen Vorgesetzten in St. Mauritz in Konflikt geriet. In seinen Predigten griff er die Fastengebote, die Lehre vom Fegefeuer, die Anrufung der Heiligen, ihre vielen Feste und auch wohl die Spendung des Abendmahls unter nur einer Gestalt an. An positiven Elementen lassen sich aus der bruchstückhaften Überlieferung erkennen: Glaube und Liebe erfüllen das ganze Gesetz Gottes, alles andere ist unnütze „Menschensatzung"; aus der durch den Glauben gewirkten Liebe erwachsen gute Werke; doch mit ihnen die Seligkeit erlangen zu wollen, wäre vergebens. Sowohl die Betonung der Rechtfertigung aus dem Glauben als auch die Kritik an der alten Kirche bewegen sich im Rahmen früher reformatorischer Verkündigung, soweit sie aus anderen Städten in vergleichbarer Situation faßbar ist. Ärgernis erregte Rothmann durch seine Weigerung, Prozessionen und Seelenmessen zu feiern. Am 23. August 1531 beantragte das Domkapitel beim Bischof ein Predigtverbot gegen ihn mit der Begründung, er predige „aufrührerisch" bzw. seine gegen Lehren der Kirche gerichteten Predigten müßten zu Aufruhr führen. Daraufhin ließ ihn der Bischof auffordern, bis auf weiteres das Predigen zu unterlassen, damit er zu „upror" keinen Anlaß gebe.

Rothmann hat diese Anordnung nicht befolgt, weil er sie konditional ausgelegt hat: *wenn* er vom Gehorsam gegen die Obrigkeit abrate, *wenn* er das Volk zu Aufruhr aufstachele – was er von sich wies –, dürfe er nicht mehr predigen. Vielmehr trat er in eine öffentliche, von ihm mit großer Schärfe geführte Auseinandersetzung mit dem Franziskanerpater Johann von Deventer ein, der am 17. September in einer Predigt im Dom die Lehre vom Fegefeuer verteidigt hatte. Zugleich forderte Rothmann Rat und Gesamtgilde der Stadt Münster zum Einschreiten auf: Man möge eine Disputation zwischen ihm und dem Franziskaner ansetzen. Diesen Appell an die städtische Obrigkeit begründete er damit, Gott habe nicht nur ihm als Prediger die Sorge für wahrhaftige Lehre übertragen, sondern auch den Amtsträgern Verantwortung dafür auferlegt, daß die Seelen der ihnen Anbefohlenen nicht durch falsche Lehre ins Verderben gestürzt würden; jene „ketzerische und teuflische" Lehre würde neben dem geistlichen Unheil auch Aufruhr in der Stadt bewirken.

Die Strategie Rothmanns, Rat und Gesamtgilde zu Maßnahmen im Sinne der religiösen Erneuerung aufzufordern, entsprach weitgehend derjenigen Capitos und Bucers bei ihrem Bestreben, in Straßburg die Messe abzuschaffen. Ihr Erfolg lag erst zwei Jahre zurück. Indessen gab es in der Ausgangssituation beträchtliche Unterschiede: Der Straßburger Rat konnte den entscheidenden Schritt noch zur Zeit der Gültigkeit des ersten Speyerer Reichstagsabschieds (1526) tun, der den Reichsständen einräumte, sich in Fragen der Religion nach ihrem Gewissen zu verhalten. Im Herbst 1531 aber galt der Abschied des Reichstags von Augsburg (1530), der allen Ständen die strikte Beobachtung des Wormser Edikts befahl. Mit seinem Ansinnen, gegen den Prediger am Dom vorzugehen, griff Rothmann nicht nur die geistliche Autorität des Bischofs an, sondern postulierte auch einen Übergriff der Stadt. Die Frage der religiösen Erneuerung in Münster wurde damit in das Spannungsverhältnis zwischen der Stadt und ihrem bischöflichen Landesherrn gezogen. Endlich wandte sich Rothmann von außen, nicht als Geistlicher einer städtischen Kirchengemeinde, an den Rat, in dem es unseres Wissens zwar einzelne Anhänger der „neuen Lehre“ gab, der aber bisher keine Anzeichen gegeben hatte, daß er den Kaplan von St. Mauritz zu stützen gedachte.

Der Rat hat anscheinend nicht reagiert, während das Domkapitel seine Klage nun wiederholte. Gegen ein zweites Predigtverbot legte Rothmann Einspruch ein mit der Begründung, er werde offenbar verleumdet; darum möge der Bischof ihn nicht ungehört verurteilen. Als die Appellation unbeantwortet blieb, nahm er nach etwa sechswöchiger Pause am 12. November das Predigen wieder auf. Doch hatte Rothmann seinen Bischof falsch eingeschätzt: Friedrich von Wied war an theologischen Fragen uninteressiert und bereitete schon seit einiger Zeit seine Resignation vor; den von Rothmann ausgelösten Streit konnte er daher nicht brauchen und eine Schmälerung der bischöflichen Rechte keinesfalls dulden. Am 17. Dezember forderte er die Stadt auf, zur Vorbeugung von Aufruhr gegen den Besuch von Rothmanns Predigten einzuschreiten. Inzwischen hatte sich das Domkapitel an den Kaiser gewandt. Karl V. erließ ein scharfes Mandat an die Stadt, die lutherische Häresie nicht zu dulden, und einen Monat später an den Bischof den gemessenen Befehl, gegen Rothmann, den Urheber der Verwirrung, vorzugehen. Erst daraufhin beauftragte Friedrich am 7. Januar 1532 den Drosten von Wolbeck, dem Kaplan den landesherrlichen Schutz aufzukündigen. Der Beamte erledigte diesen Auftrag in Münster. Der nun jederzeit möglichen Verhaftung entzog sich Rothmann, indem er in der Stadt blieb, in der er seine reformatorische Aufgabe sah. Seine Anhänger gewährten ihm im Haus der Kramergilde Unterkunft.

2. *Münsters Weg zur evangelischen Stadt*

Trotz der eindeutigen Aufforderungen des Kaisers an den Rat der Stadt und an den Bischof blieb Rothmann in Münster unbehelligt. Der Rechtsraum der Stadt schützte ihn vor dem Zugriff des Bischofs. Friedrich von Wied respektierte das und versuchte nur noch einmal Ende Januar, den Kaplan zum Einlenken zu bewegen: Er sollte bis zur Entscheidung der Glaubensfrage durch ein Konzil oder eine andere Versammlung das Bistum verlassen. Rothmann hat das abgelehnt, weil er sich als unschuldig und ungehört verurteilt betrachtete, weil es ihm als Verrat an seinem gottgegebenen Auftrag erschien und sein Gewissen ihm gebot, über den Gehorsam gegen den Bischof die Sorge für die ihm anvertrauten Seelen zu stellen. Dies um so mehr, als seine Anhänger in der Gemeinheit sich jetzt offen beim Rat für ihn einsetzten.

Anscheinend ist Rothmann während der ersten Wochen seines Aufenthalts in Münster nicht öffentlich aufgetreten. Da der Fürst seine Predigttätigkeit gegenüber dem Rat als unruhestiftend charakterisiert hatte, mußte dem Kaplan daran gelegen sein, diesen gefährlichen Vorwurf zu widerlegen. Wie schon einmal gegenüber dem Bischof bot er an, seine Lehre überprüfen zu lassen. Zu diesem Zweck verfaßte er in lateinischer Sprache einen Grundriß seiner theologischen Ansichten. Die am 23. Januar vorgelegte Schrift war an die Geistlichkeit in Münster und St. Mauritz gerichtet. Sie ist alsbald von einem seiner prominentesten Anhänger, dem Ratsherrn Johann Langermann, ins Niederdeutsche übersetzt und unter dem Titel „Eyn kortte Bekanntnisse der lere“ in Münster bei Tzwyvel gedruckt worden.

Die thesenhaft formulierten Aussagen bewegen sich sämtlich im Rahmen des gemeinreformatorischen Gedankenguts; Rothmann hat größerenteils Arbeiten von Melanchthon und Zwingli verwertet [721: Brecht, Theologie Rothmanns, S. 53ff]. Alleinige Richtschnur ist unter Berufung auf Augustinus die Heilige Schrift. Im Mittelpunkt steht die Lehre von der Rechtfertigung aus dem Glauben; gute Werke sind Früchte eines lebendigen Glaubens, haben aber keinen verdienstlichen Charakter. Die Aussagen über die Sakramente – nur Taufe und Abendmahl – beschränken sich auf ihre Erklärung als sichtbare Zeichen für die Zusage der göttlichen Gnade; die Taufe soll in deutscher Sprache vorgenommen, das Abendmahl unter beiderlei Gestalt gereicht werden. Der Opfercharakter der Messe wird entschieden abgelehnt, ebenso mehrere Kirchenbräuche. Der Gedanke des allgemeinen Priestertums ist aufgenommen, doch hält Rothmann an einigen Ämtern fest, nämlich Verkündigung des Evangeliums, Spendung der Sakramente, Diakonie. Die Vorstellungen von der Ordnung der Gesellschaft sind an der Lehre von den zwei Regimentern orientiert: Das geistliche Regiment wird von den Dienern am Wort ausgeübt; die weltliche Obrigkeit ist von Gott eingesetzt; wenn sie eine christliche ist, obliegt ihr auch, gegen falsche Propheten vorzugehen.

Nur zwei Tage später, am 25. Januar, forderte ein beträchtlicher Teil der Gemeinheit ihre Sprecher, also die Alderleute der Gesamtgilde und die Gildemeister, auf, den Rat der Stadt zu ersuchen, daß er beim Bischof für die Aufhebung des Predigtverbots gegen Rothmann eintrete und für ihn eine „bequemere Stätte“ schaffe, wo er predigen könne. Die ausführliche Begründung dieses Antrags bestand aus zwei Hauptpunkten: Erstens wurde festgestellt, daß Rothmanns Lehre für jedermann erkennbar auf Gottes Wort gegründet und wahr sei. Zum Beweis wurde auf das soeben verfaßte „Bekenntnis“ verwiesen und erklärt, Rothmann habe damit sein Anerbieten zur Überprüfung seiner Lehre eingelöst, indessen habe ihn bisher niemand öffentlich widerlegt. Zweitens wurde der Rat an die Verpflichtung jeder Obrigkeit erinnert, das Böse zu strafen und das Gute zu schützen, wozu gerade auch die Bekämpfung falscher Lehren und die Förderung der wahren gehöre. Da jede christliche Obrigkeit mit Gottes Geist begabt sei, könne sie sich dieser Aufgabe nicht mit dem Argument entziehen, keine Kompetenz in geistlichen Dingen zu besitzen. Das Dokument ist ein eindrucksvolles Zeugnis dafür, daß sich ein gewichtiger Teil der Bürger Münsters der reformatorischen Bewegung angeschlossen hatte und ihre Bestätigung von den städtischen Gremien erwartete. Spätestens jetzt war die Reformation in Münster auch zu einer stadtpolitischen Angelegenheit geworden.

In Übereinstimmung mit Empfehlungen Melanchthons und Capitos – die Initiative der Gemeinheit glich wiederum dem Straßburger Vorgehen – war Rothmann, der das Schreiben möglicherweise mitverfaßt hat, in dieser Phase darauf bedacht, behutsam vorzugehen und keinesfalls gegen den Rat zu handeln. Zwar dürfte er die Abschaffung der Messe auch schon anvisiert haben, zunächst aber ging es um die Verankerung der neuen Glaubenseinsichten und dazu um die Erlangung der Predigtmöglichkeit, und zwar vorerst auf dem Kirchhof von St. Lamberti. Trotz Bedenken scheint der Rat nicht eindeutig Stellung bezogen zu haben. Bemerkenswert ist, daß Rothmann zum erstenmal am Sonntag Invokavit 1532 gepredigt hat, einen Tag vor der fälligen Ratswahl, an dem das alte Gremium nicht mehr reaktionsfähig war, während das neue vor eine vollendete Tatsache gestellt wurde.

Die Neuwahl erbrachte die Wiederwahl von 18 Ratsherren, darunter auch Rothmanns Übersetzer Langermann. Doch waren zumindest zwei entschiedene Anhän-

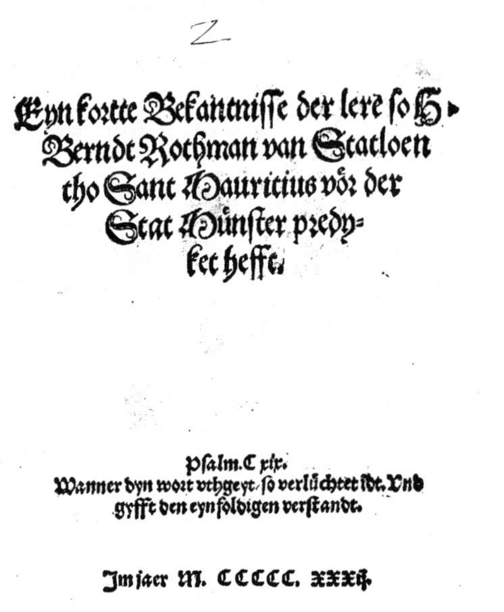
2

Eyn kortte Bekantnisse der lere so H. Berndt Rothman van Statloen tho Sant Mauritius vör der Stat Münster predyket heffe.

Psalm. C xix.
Wanner dyn wort vthgeyt/ so verlüchtet idt. Vnd gyfft den eynfoldigen verstandt.

Jm jaer M. CCCCC. XXXij.

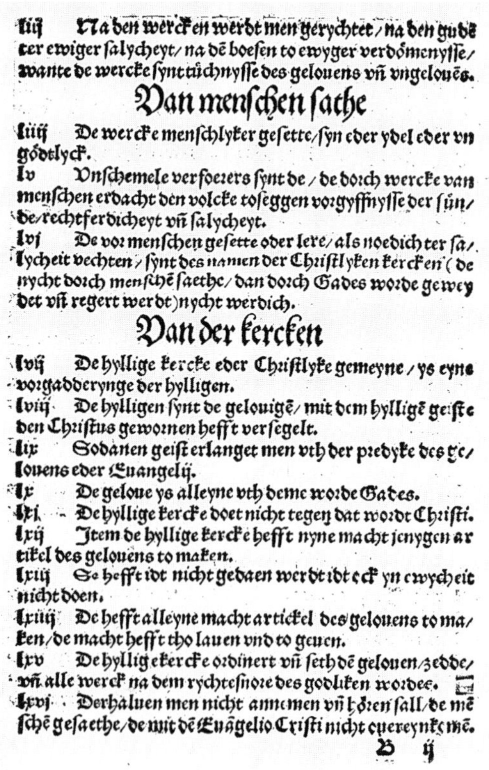
liij Na den wercken werdt men gerychtet/ na den guden ter ewiger salycheyt/ na dẽ boesen to ewyger verdömenysse/ wante de wercke synt tüchnysse des gelouens vñ vngelouẽs.

Van menschen sathe

liiij De wercke menschlyker gesette/ syn eder ydel eder vngödtlyck.

lv Vnschemele versoerers synt de/ de dorch wercke van menschen erdacht den volcke toseggen vorgyffnysse der sün/de/ rechtferdicheyt vñ salycheyt.

lvj De vor menschen gesette oder lere/ als noedich ter sa/lycheit vechten/ synt des namen der Christlyken kercken (de nycht dorch menschẽ saethe/ dan dorch Gades worde geweydet vñ regert werdt) nycht werdich.

Van der kercken

lvij De hyllige kercke eder Christlyke gemeyne/ ys eyne vorgadderynge der hyllygen.

lviij De hyllygen synt de gelouigẽ/ mit dem hylligẽ geiste den Christus geworinen hefft versegelt.

lix Sodanen geist erlanget men vth der predyke des ge/louens eder Euangelij.

lx De geloue ys alleyne vth deme worde Gades.

lxi De hyllige kercke doet nicht tegen dat wordt Christi.

lxij Item de hyllige kercke hefft nyne macht jenygen artikel des gelouens to maken.

lxiij Se hefft idt nicht gedaen werdt idt ock yn ewycheit nicht doen.

lxiiij De hefft alleyne macht artickel des gelouens to ma/ken/ de macht hefft tho lauen vnd to geuen.

lxv De hyllige kercke ordinert vñ seth dẽ glouen/ zedde/ vñ alle werck na dem rychtesnore des godliken wordes.

lxvj Derhaluen men nicht annemen vñ hören sall/ de mẽschẽ gesaethe/ de mit dẽ Euãgelio Cristi nicht overeynkõmẽ.

B ij

Titelblatt und Auszug aus Rothmanns Schrift „Eyn kortte Bekantnisse der lere“ (1532)

ger Rothmanns neu in das Gremium gelangt, nämlich der Erbmann Tilbeck und der Tuchhändler Schröderken. Beide haben sich am 23. Februar – nach Angaben Kerssenbrocks – zusammen mit Bernd Knipperdollinck, einem wohlhabenden Mitglied der Wandschneidergilde, und anderen daran beteiligt, Rothmanns Gottesdienst ins Innere der Lambertikirche zu verlegen. Auch aus diesem Umstand konnte Rothmann den Eindruck gewinnen, der Rat sei nicht gegen seine Verkündigung. Wie er einen Monat später einem Freund schrieb, sei seine Einsetzung „gewissermaßen mit der Zustimmung der leitenden Gremien" erfolgt; „denn als die Gemeinheit den Rat bat, mir die Freiheit des Predigens zu gewähren, hat er geantwortet, er könne ertragen, daß ich lehre; so bin ich im Namen der ganzen Stadtgemeinde zum Amt der Lehre berufen worden und habe im Namen Gottes begonnen" (an Jakobus Montanus) [669: Schriften Rothmanns, S. 28 (Übersetzung E. L.)]. Ganz friedlich war die Aktion nicht verlaufen, doch blieb der Widerstand des amtierenden Pfarrers gegen den Eingriff in seine Rechte vergeblich. Rothmann konnte mehrere Wochen ungestört wirken. In der gottesdienstlichen Praxis wurden noch keine wesentlichen Neuerungen vorgenommen.

Am 27. März wählte das Domkapitel den Herzog Erich von Braunschweig-Grubenhagen zum Nachfolger des drei Tage vorher zurückgetretenen Bischofs Friedrich. Erich hatte schon seit langem die Stühle von Osnabrück und Paderborn inne. Mit einem energischen Mahnschreiben bekundete er sofort seinen Willen, gegen die religiösen Neuerungen in Münster einzuschreiten. Rat und Gesamtgilde erteilten daraufhin Rothmann ein Predigtverbot, setzten ihn und die Gemeinheit aber von dem Anlaß in Kenntnis. Die politische Leitung der Stadt wollte also einen Anfangskonflikt mit dem neuen Landesherrn vermeiden und dafür bei den Bürgern um Verständnis werben. Rothmann richtete auch an den neuen Bischof eine Appellation. Wieder fand er die Unterstützung der Gemeinheit, die Rat und Gesamtgilde aufforderte, sie gegen die Vorwürfe des Aufruhrs und der Einführung religiöser Neuerungen in Schutz zu nehmen. Ehe Bischof Erich eine eindeutige Stellungnahme des lavierenden Rates herbeiführen konnte, ereilte ihn am 14. Mai der Tod. Rothmann und seinen Anhängern mag das als Eingreifen Gottes erschienen sein; die neue Sedisvakanz brachte Zeit- und Anhängergewinn.

Am 1. Juni 1532 wurde Graf Franz von Waldeck, seit 1530 Administrator des Bistums Minden, zum neuen Bischof von Münster gewählt, wenige Tage später auch zum Bischof von Osnabrück. Er vereinigte damit drei benachbarte westfälische Bistümer unter seinem Krummstab und konnte zu einem wichtigen politischen Faktor werden. Franz war ein Kompromißkandidat der verschiedenen um Einfluß im nordwestdeutschen Raum ringenden Mächte: des protestantischen Landgrafen Philipp von Hessen, des Herzogs von Jülich und der Habsburger in den Niederlanden; die vierte Kraft, die untereinander konkurrierenden welfischen Herzöge in Niedersachsen, hatte diesmal das Nachsehen.

Für die Zukunft der Region war von großer Bedeutung, wie sich Franz von Waldeck zur reformatorischen Bewegung stellen würde. Er stammte aus einer Familie, die sich dem lutherischen Glauben bereits angeschlossen hatte. Er selbst hatte früher die Weihen als Subdiakon empfangen, lebte aber mit einer Einbecker Bürgerstochter in ehelichem Verhältnis und sympathisierte als Privatmann mit dem Luthertum. In Minden hatte er der Reformation freien Lauf lassen müssen. Das münsterische Domkapitel jedoch hatte ihn in der Wahlkapitulation zur Wiederherstellung der alten Verhältnisse in Münster verpflichtet.

Am 28. Juni nahm Bischof Franz in einem Brief an Rat und Gemeinheit die Aufgabe in Angriff. Die Verantwortung für die von ihm als Aufruhr und Friedensstörung verurteilten Vorgänge von der Anwesenheit „lutherischer Prädikanten" über ihre unrechtmäßige Einsetzung in St. Lamberti bis zur Änderung kirchlicher Zeremonien lastete er „der merentheils euer gemeinheit und anderer leichtfertiger uproriger gesellschaft" an. Unter Einschärfung des Augsburger Reichstagsabschieds und Androhung härterer Maßnahmen verlangte er von der Stadt, bis zur Errichtung einer „einträchtigen christlichen Ordnung" beim alten Glauben zu bleiben und jene Prediger zu entfernen [StaatsAM, Fürstentum Münster, Landesarchiv 518/19–1a].

In Münster stand man vor dem gleichen Problem wie ein Vierteljahr vorher. Doch diesmal wollten Gilden und Gemeinheit eine ähnlich zögerliche Haltung des Rates von vornherein verhindern und entscheidende Änderungen in den kirchlichen Verhältnissen erreichen. Dabei ging man denselben Weg wie 1525. Eine – vielleicht auf Anregung Knipperdollincks – ordentlich einberufene Versammlung aller Gildemeister auf dem „Schohues" wählte einen Ausschuß von 36 Männern, der die Sprecher der Gesamtgilde bei Verhandlungen mit dem Rat unterstützen sollte. Als Ziel wurde die Herstellung der religiösen Einheit, und zwar auf der Basis der Lehre Rothmanns, vorgegeben. Wie sich einer wohl wenig später entstandenen Liste von 79 Anhängern der evangelischen Neuordnung entnehmen läßt, gehörte die große Mehrheit im Ausschuß zu dieser Gruppe, nämlich mindestens 26, während aus dem Rat nur vier dazugerechnet wurden. Nach teilweise turbulenten Verhandlungen akzeptierte der Rat am 15. Juli die Forderungen im wesentlichen. Um die Einheit der wahren Lehre zu gewährleisten, wie Rothmann sie verkündigt habe, sollten alle Pfarrkirchen vom Rat mit Predigern versorgt werden, die das Wort Gottes „unverfälscht" verkündigten und die Sakramente „nach Christi Befehl" spendeten; die Gegner des Evangeliums sollten entfernt, Mißbräuche vom Rat abgestellt werden, in Zweifelsfällen sollte er Rothmann fragen. Einwände gegen dessen Lehre sollten beweispflichtig sein. Außerdem wurde der Rat verpflichtet, künftig die Rechte und alten Gewohnheiten der Bürgerschaft, die in letzter Zeit häufig mißachtet worden seien, sorgfältig zu wahren. Das Mitspracherecht der Gesamtgilde bei wichtigen Entscheidungen wurde damit bestätigt. Die Vereinbarungen, durch welche die innerstädtische Einigkeit wiederhergestellt sein sollte – „des eynerley lude to syn" –, wurden in einer Urkunde festgehalten [669: Schriften Rothmanns, S. 86f].

Die Vorgänge vom Juli 1532 und besonders dieses Abkommen waren in mehrfacher Hinsicht von einschneidender Bedeutung. Die Reformation in Münster war damit innerstädtisch politisch durchgesetzt und rechtlich abgesichert, und sie war auf eine eigene theologische Grundlage gestellt, denn ausdrücklich war Rothmanns Lehre zum Maßstab erhoben worden – es sei denn, sie würde öffentlich widerlegt. Daß in dem für die Reformation in Münster grundlegenden Dokument nicht die von der Mehrheit der protestantischen Reichsstände und Städte akzeptierte *Confessio Augustana* als Richtschnur genommen worden ist, sondern eben die Lehre Rothmanns, sollte gewichtige Folgen haben.

In der nächsten Zeit ging es um die Verwirklichung der Vereinbarungen. Bei der Besetzung der Pfarrkirchen mußte man mangels einheimischer Kräfte auf von aus-

Graf Franz von Waldeck, Bischof von Münster (1532–1553) und Osnabrück, Administrator des Bistums Minden. Das barocke Gemälde betont den Fürstenrang des Bischofs

wärts zugewanderte und berufene Prediger zurückgreifen. Erste Helfer Rothmanns waren der Prediger Brictius tom Norde und der kurz zuvor in seine Heimatstadt Münster zurückgekehrte Humanist Dr. Johann Glandorp geworden. Jetzt wurden auf seine Bitte aus Marburg Gottfried Stralen und Petrus Wirtheim nach Münster geschickt. Der profilierteste theologische Kopf unter den neuen Predigern aber war der ehemalige Karmelitermönch Heinrich Roll von Grave. Roll hatte eine eigene Auffassung von den Sakramenten, die er in einer Abhandlung über das Abendmahl unter dem Titel „De Slotel van dat Secreet des Nachtmaels" 1532 ausgeführt hat. Obwohl Rothmann diese Abendmahlslehre Rolls nicht rezipiert hat, soll jener nach herrschender Auffassung großen Einfluß auf ihn gewonnen haben.

Am 10. August wies der Rat allen Pfarrkirchen evangelische Prediger zu. Am 16. August wurde ihm eine wohl unter Rothmanns Federführung verfaßte Liste von „Mißbräuchen in der römischen Kirche" übergeben, die als Handreichung für ihre Abstellung dienen sollte. Darin wurden die Messe, jede gegen Bezahlung verrichtete gottesdienstliche Handlung, die Anrufung der Heiligen und die Verehrung von Bildern als gotteslästerlich, die Segnung von Wasser, Öl, Kerzen als heidnischer Aberglaube angeprangert. Da der zur Stellungnahme aufgeforderte Pfarr- und Kollegiatsklerus keine fundierte Antwort zu geben vermochte, wurde die Abschaffung der angegriffenen Zeremonien verfügt. Für die Marienkirche hat aber die Äbtissin von Überwasser die Änderungen anscheinend noch längere Zeit verhindert, und im Dom und in den Klosterkirchen wurde weiterhin katholischer Gottesdienst gefeiert. Nun erst bemühte sich Münsters Klerus um eine Widerlegung der Thesen Rothmanns. Das von der theologischen Fakultät der Universität Köln erbetene Gutachten konnte aber, weil es nicht veröffentlicht wurde, ebensowenig die Entwicklung beeinflussen wie die in deutscher Sprache verfaßte Gegenschrift des Kölner Dominikaners Johann Host von Romberg, obwohl der Autor sie dem Bischof und dem Rat zusandte.

Die Durchführung des innerstädtischen Abkommens vom 15. Juli führte alsbald zum Konflikt zwischen der Stadt und Bischof Franz; die Reformation in Münster mußte auch ihm gegenüber durchgesetzt bzw. behauptet werden. Der Rat beantwortete das bischöfliche Mahnschreiben vom 28. Juni erst am 25. Juli. Die Vorwürfe wurden zurückgewiesen, und es wurde erklärt, da die Geistlichkeit Rothmanns Lehre ohne Widerspruch hingenommen habe, sei „das gemeyne volck, so dem Evangelio und worde gades geneigt, dor uth gestercket, den Predikanten zu folgen". Ohne das Abkommen zu erwähnen, wurde festgestellt, es sei daher nicht möglich, die Prediger zu entfernen und „unse borgere von dem worde gades aff to wenden" [397: Niesert, Urkundenbuch, S. 176]. Franz reagierte darauf mit einer Wiederholung seines Befehls, zur alten Ordnung zurückzukehren. Weil die Stadt aber das Gegenteil tat und bei ihrer Argumentation verharrte, während der Bischof vom Kaiser eine Aufforderung erhielt, energisch gegen die „lutherischen Prädikanten" und die „aufrührerischen Bürger und ihren Anhang" vorzugehen, verhärteten sich die Fronten rasch.

Die widersetzliche Haltung der Stadt wurzelte auch in der nicht unberechtigten Hoffnung auf Rückendeckung durch den Landgrafen von Hessen. Wahrscheinlich war bei der ganzen Aktion das politische Interesse des Führers der protestantischen Ständeopposition, die sich inzwischen im Schmalkaldischen Bund organisiert hatte, an der Ausbreitung der reformatorischen Bewegung in der nordwestdeutschen Region einkalkuliert. Hauptanliegen eines Briefes, den Rothmann am 16. Juli, einen Tag nach dem Abkommen, an den Marburger Theologiedozenten Erhard Schnepf geschrieben hat, war nämlich die dringende Bitte, Schnepf möge dem Landgrafen nahelegen, seinen Einfluß auf den neuen Bischof durch Fürsprache für Münster geltend zu machen und ihn von Sanktionen abzuhalten.

In Hessen erkannte man die Chance. Wenn die Reformation in der bedeutendsten Bischofsstadt Westfalens Fuß faßte, konnte das Signalwirkung für die umliegenden Städte haben, die sich meist an ihrer Sprecherin orientierten, und wahrscheinlich weit darüber hinaus. Landgraf Philipp bot also Münster seine guten Dienste an, mahnte aber, die obrigkeitlichen (weltlichen) Kompetenzen des neuen Stadtherrn zu achten. Dem Bischof riet er – und setzte die Stadt davon in Kenntnis –, dafür zu sorgen, daß die Domherren ungestört ihre Einkünfte genießen und die Bürger ihre Prediger behalten könnten, und warnte ihn davor, durch Vorgehen gegen die Stadt den Schmalkaldischen Bund zu verstimmen und sich politisch zu isolieren.

Franz von Waldeck ließ sich davon aber nicht beeindrucken. Die Auseinandersetzungen zwischen Stadt und Bischof zogen sich über den Rest des Jahres hin und nahmen schärfere Formen an. Neue Argumente kamen nicht hinzu: Die Stadt berief sich auf ihre Privilegien und darauf, daß Rothmann nicht widerlegt sei; der Bischof pochte auf seine geistliche Kompetenz und auf das Reichsrecht. Gegen seine Drohung mit Gewalt erlangte die Stadt (Bürgermeister, Rat und Gemeinheit) eine Verfügung des Reichskammergerichts vom 23. September 1532 gegen Bischof und Domkapitel, in der unter Berufung auf den Reichslandfrieden, den jüngsten Reichstagsabschied und ein jüngst (am 3. August) ergangenes kaiserliches Mandat zugunsten der im Schmalkaldischen Bund vereinigten protestantischen Stände Gewaltanwendung gegen die Stadt untersagt wurde [StaatsAM, Fürstentum Münster, Landesarchiv 518/19–1a]. Ein Versuch der münsterländischen Ritterschaft, die Stadt zum Einlenken zu bewegen, scheiterte. Der von Rothmann ausgehende Vorschlag der Stadt, durch unparteiische gelehrte Schiedsrichter über seine Thesen und die – in Münster nicht bekannten – Gegenäußerungen befinden zu lassen, wurde vom Bischof nicht akzeptiert.

Kerssenbrock hat den Verlauf des Streits so dargestellt, als wären Ansätze des Rates, zu einem Ausgleich mit dem Bischof zu kommen, durch die Unnachgiebigkeit von Gilden und Gemeinheit verhindert worden, die von Rothmann gelenkt worden seien. In den erhaltenen Akten gibt es einige Andeutungen, nach denen der Rat vergeblich versucht haben will, die neuen Prediger zu entfernen und die alte Kirchenordnung wiederherzustellen. Indessen ist aus anderen Städten bekannt, daß die Ratsgremien oft gegenüber dem Kaiser oder den Bischöfen zur Verteidigung der von ihnen durchgeführten kirchlichen Neuerungen den Willen des „gemeinen Mannes" vorgeschoben haben. Derartige Formeln sind also keine eindeutigen Belege für ein Übergewicht der Gemeinheit gegenüber dem Rat.

Vor dem Herbst zogen einige Ratsmitglieder, die die Entwicklung mißbilligten oder den Konflikt mit dem Landesherrn nicht mittragen wollten, die zeitübliche Konsequenz: Beide Bürgermeister und zwei Ratsherren verließen die Stadt. Eine Ergänzungswahl zum Rat brachte im Oktober dem evangelischen Element aber nur geringe Verstärkung: Mit Sicherheit einer, vielleicht noch ein zweiter der vier Gewählten war ihm zuzurechnen.

Anfang Oktober schritt der Bischof zu Sanktionen. Er ließ münsterische Handelsgüter, insbesondere Ochsen, beschlagnahmen, berief am 21. Oktober das Aufgebot der Ritterschaft für Anfang November, behinderte durch Straßensperren die Nahrungsmittelzufuhr für die Stadt und versuchte, die Bürger einzuschüchtern, indem er einige „Anführer" vor auswärtige Gerichte zitierte. In seiner unnachgiebigen Haltung mag ihn bestärkt haben, daß gleichzeitig der Kölner Erzbischof als Administrator des Bistums Paderborn die dortigen Reformationsbestrebungen gewaltsam unterdrückte. Dagegen entschloß man sich in Münster Ende Oktober zu mehreren politischen Gegenzügen:

1. Unter Bezugnahme auf das frühere Angebot bat der Rat Philipp von Hessen offiziell um Einwirkung auf den Bischof. Der Landgraf, der eben jetzt einen Beistandspakt mit Franz von Waldeck schloß, in dem jedoch Hilfeleistung bei Strafaktionen gegen die Untertanen aus Gründen der Religion ausgeschlossen war, kam der Bitte nach. Er wurde aber vom Bischof wegen gerade laufender Vermittlungsgespräche der Landstände zunächst hingehalten.
2. In Reaktion auf die militärischen Vorbereitungen des Bischofs wurde die Anwerbung von 300 Landsknechten beschlossen.

3. Die Stadt richtete eine Bitte um Intervention an den Schmalkaldischen Bund und beauftragte den aus Münster stammenden Bremer Stadtsyndikus Dr. Johann von der Wyck mit der Vertretung ihres Anliegens. Obwohl er sich der Sache mit Eifer annahm, erreichte Wyck nichts. Einige Bundesglieder argwöhnten nämlich, es handele sich in Münster schlicht um Aufruhr gegen die Obrigkeit; noch gravierender war der Zweifel, ob die Lehre in Münster mit der *Confessio Augustana* übereinstimme, ob dort nicht am Ende „Sakramentierer“ (so wurden die Anhänger Zwinglis tituliert) oder „Wiedertäufer“ am Werk seien. Wyck, der Münster dagegen in Schutz nahm, empfahl der Stadt danach, umgehend ihre Aufnahme in den Bund zu beantragen, doch zögerte der Rat noch einige Zeit.
4. Die Stadt versuchte, die Unterstützung der kleineren Städte des Münsterlandes zu gewinnen, hatte aber nur bei den östlichen, nicht bei den westlichen Städten Erfolg.

Als der Bischof seine Repressalien nicht suspendierte und sich in noch einmal zustande gekommenen Gesprächen zwischen Vertretern der Landstände und der Stadt wochenlang nichts bewegte, verschaffte sich Münster schließlich durch eine spektakuläre Aktion Luft. Beim in der Nacht vom 25. zum 26. Dezember durchgeführten Überfall der Bürger Münsters auf die Stadt Telgte gerieten mehrere Domherren und bischöfliche Ratgeber in die Gefangenschaft der Stadt. Aus den Auslöseverhandlungen wurden durch das vermittelnde Eingreifen des Landgrafen Friedensgespräche.

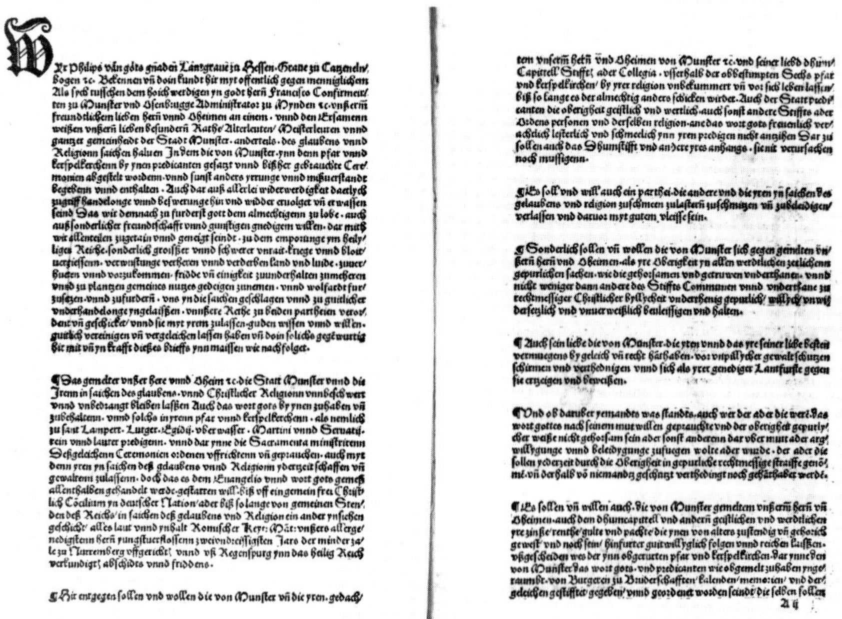

Wir Philips van gots gnaden Lantgraue zu Hessen · Graue zu Catzenelnbogen rc. Bekennen vñ doin kundt hir myt offentlich gegen menniglichem Als sych tusschen dem hoichwerdigen yn godt herñ Francisco Confirmeirten zu Munster vnd Osenbrugge Administrator zu Mynden rc. vnßerm freundtlichem lieben herñ vnnd Oheimen an einem · vnnd den Ersamenn weißen vnßerñ lieben besunderñ Rathe/ Alterleuten/ Meisterleuten vnnd gantzer gemeinheidt der Stadt Munster · anderteils · des glaubens vnnd Religionn saichen haluen In dem die von Munster · ynn denn pfar vnnd kerspelkerchenn by ynen predicanten gesatzt vnnd bißher gebrauchte Cerimonien abgestelt wordenn · vnnd sunst anders yrrunge vnnd mißuerstandt begebenn vnnd enthalten · Auch dar auß allerlei widerwerdigkeit daetlych zugriff handelonge vnnd beswerunge hin vnd widder eruolget vñ erwassen seind Das wir demnach zu furderst gott dem almechtigenn zu lobe · auch auß sonderlicher freundtschafft vnnd gunstigen gnedigem willen · dar mith wir allenteilen zugetain vnnd geneigt seindt · zu dem emporunge ym heyligen Reiche · sonderlich groisser vnnd schwerer vnrait · kriege vnnd blottuerziessenn · verwustunge verheren vnnd verderben land vnd lude · zuuerhuten vnnd vorzukommen · fridde vñ einigkeit zuunderhalten zumeheren vnnd zu plantzen gemeines nutzes gedeigen zunemen · vnnd wolfardt furtzusetzen · vnnd zufurderñ · vns yn die saichen geschlagen vnnd zu guitlicher vnderhandelonge yngelaißen · vnnßere Rethe zu beiden partheien verordent vñ geschicket/ vnnd sie myt yrem zulassen · guden wissen vnnd willen · guitlich vereinigen vñ vergleichen lassen haben vñ doin solichs gegenwurtig hir mit vñ yn krafft dießes brieffs ynn maissen wie nachfolget.

¶ Das gemelter vnßer here vnnd Oheim rc. die Statt Munster vnnd die Irenn in saichen des glaubens · vnnd Christlicher Religionn vnnbeschwert vnnd vnbedrangt bleiben laßßen Auch das wort gots by ynen zuhaben vñ zubehaltenn · vnnd solchs in yrenn pfar vnnd kerspelkerchenn · als nemlich zu sant Lampert · Lutger · Egidij · vber wasser · Martini vnnd Seruatij · rein vnnd lauter predigenn · vnnd dar ynne die Sacramenta ministrirenn Desgleichenn Ceremonien ordenen vffrichtenn vñ geprauchen · auch myt denn yren yn saichen deß glaubens vnnd Religionn ydertzeit schaffen vñ gewaltenn zulassenn · doch das es dem Euangelio vnnd wort gots gemeß allenthalben gehandelt werde · gestatten will · biß vff ein gemein frei Christlich Cöcilium yn deutscher Nation/ ader biß so lange von gemeinen Stenden deß Reichs/ in saichen deß glaubens vnd Religion ein ander ynsiehen geschicht/ alles laut vnnd ynhalt Romischer Key: Mät: vnßers allergnedigstenn herñ yungstuerflossenn zweivndreissigsten Jars der minder zale zu Nurremberg vffgericht/ vnnd vß Regenspurg ynn das heilig Reich verkundigt/ abschidts vnnd friddens.

¶ Hir entgegen sollen vnd wollen die von Munster vñ die yren · gedachten vnserm herñ vnd Oheimen von Munster rc. vnd seiner liebd dhumCapittell/ Stifft/ ader Collegia · vsserhalb der obbestimpten Sechs pfar vnd kerspelkirchen/ by yrer religion vnbekummert vñ vor sich leben lassen/ biß so lange es der almechtig anders schicken wirdet · Auch der Statt predicanten die oberigheit geistlich vnd wertlich · auch sonst andere Stiffts ader Ordens personen vnd derselben religion · ane das wort gots freuenlich verachtlich lesterlich vnd schmeelich ynn yren predigen nicht antzihen Dar zu sollen auch das Dhumstifft vnd andere yres anhangs · sie nit verursachen noch mussigenn.

¶ Es soll vnd will auch ein parthei · die andere vnd die yren yn saichen des gelaubens vnd religion zuschmeen zulasterñ zuschmitzen vñ zubeleidigen/ verlassen vnd daruor myt guten vleisse sein.

¶ Sonderlich sollen vñ wollen die von Munster sich gegen gemelten vnßerñ herñ vnd Oheimen · als yre Oberigkeit yn allen werdtlichen zeitlichenn gepurlichen sachen · wie die gehorsamen vnd getruwen vnderthanen · vnnd nicht weniger dann andere des Stiffts Communen vnnd vnderthane zu rechtmessiger Christlicher byllycheit vnderthenig gepurlich/ willych/ vnwiderseztlich vnd vnuerweißlich beuleissigen vnd halten.

¶ Auch sein liebe die von Munster · die yren vnnd das yre seiner liebe besten vermuegens by gleich vñ recht hanthaben · vor vnpillycher gewalt schutzen schirmen vnd verthednigen vnnd sich als yrer genediger Lantfurste gegen sie ertzeigen vnd beweißen.

¶ Vnd ob daruber yemandts was standts · auch wer der ader die were · das wort gottes nach seinem mutwillen geprauchte vnd der oberigheit gepurlycher weiße nicht gehorsam sein ader sonst anderenn dar vber mutt ader argwillygunge vnnd beleidygunge zufuegen wolte ader wurde · der ader die sollen yederzeit durch die Oberigheit in gepurliche rechtmessige straiffe genömen · vñ derhalb võ niemandtz geschutzt verthedingt noch gehanthabet werde.

¶ Es sollen vñ willen auch · die von Munster gemelten vnßerm herñ vñ Oheimen · auch dem dhumcapittell vnd anderñ geistlichen vnd werdtlichen yre zinße/ renthe/ gulte vnd pachte/ die ynen von alters zustendig vñ gehorich gewest/ vnd noch sein/ hinfurter guitwillyglich folgen vnnd reichen laißen · vßgescheiden wes der ynn obgerurten pfar vnd kerspelkirchen · dar ynne den von Munster das wort gots · vnd predicanten wie obgemelt zuhaben yngeraumbt · von Burgeren zu Bruderschafften/ kalenden/ memorien/ vnd dergleichen gestifftet/ gegeben/ vnnd geordenet worden seindt/ die selben sollen

A ij

Druck des Dülmener Vertrags vom 14. Februar 1533

Das Ergebnis war der zwischen Bischof Franz und der Stadt Münster am 14. Februar 1533 abgeschlossene Dülmener Vertrag. Wichtigster Punkt war das Zugeständnis des Bischofs, daß in den sechs Pfarrkirchen künftig das Wort Gottes „rein und lauter" gepredigt werden, die Stadt das Recht zur Besetzung der Pfarrstellen haben und außerdem berechtigt sein sollte, alle Fragen der Kirchenordnung bis zum nächsten Konzil selbst zu regeln. Als reichsrechtliche Grundlage dafür wurde der Nürnberger Religionsfrieden (von 1532) genannt. Das Domkapitel sowie die Stifte und Kollegien sollten bis auf weiteres unbehelligt beim katholischen Gottesdienst gelassen werden. Beide Seiten sollten Polemik gegeneinander unterlassen. In allen weltlichen Belangen erkannte die Stadt den Bischof als ihre Obrigkeit an. Die Gefangenen wurden freigegeben, die Sanktionen aufgehoben und für schwebende Streitigkeiten ein Schiedsgericht bestellt [vgl. 908: Stupperich, Johann von der Wyck, S. 36ff].

Damit war die Reformation in Münster von seiten des Landesherrn anerkannt, doch ist bemerkenswert, daß auch im Dülmener Vertrag keine Bezugnahme auf die *Confessio Augustana* erfolgt ist. Münster mochte nun als evangelische Stadt gelten.

Die Neuwahl des Rates am 3. März 1533 brachte deutlich zum Ausdruck, daß die Mehrheit der Bürger hinter der religiösen Veränderung stand. Es kam zu einem auffälligen Bruch mit der Tradition, die meisten Ratsherren wiederzuwählen. Das bedeutete aber nicht die Ablösung der bisher in der Stadt tonangebenden sozialen Gruppe, sondern nur die Auswechslung von Personen innerhalb der städtischen Elite. Ausschlaggebendes Kriterium war offenbar die Haltung zur Reformation. Schon im Gremium der zehn Kurgenossen gehörte die Mehrzahl zu ihren Befürwortern. Aus dem alten Rat behielten nur die vier bekannten Anhänger der neuen Lehre sowie drei der im Herbst Hinzugekommenen ihre Sitze. Von den siebzehn Neulingen aber gehörten zwölf nachweislich zu diesem Kreis, vier waren auch Mitglieder des 36er-Ausschusses gewesen, zwei waren frühere Alderleute [vgl. 797: Kirchhoff, Täufer in Münster, S. 63ff]. Man hatte also Männer gewählt, die sich zuletzt in der Gemeinheit profiliert hatten. Das Wahlergebnis sollte den Konsens in der Stadt politisch festigen, und sicher sollte die Stabilisierung der kirchlichen Neuordnung eine Hauptaufgabe des neuen Rates sein. Bürgermeister wurden der Anhänger Rothmanns Hermann Tilbeck, ein Erbmann, und der Tuchhändler Jasper Jodefeld, ein Halbbruder Knipperdollincks und von den bischöflichen Sanktionen Hauptbetroffener. Zur Unterstützung des Rates war schon vorher von der Wyck als Syndikus verpflichtet worden.

Der Erfolg der Reformation in Münster hatte für das Umland Signalwirkung: In den nächsten Monaten kam es in den meisten kleineren Städten des Oberstifts zu Versuchen, reformatorischen Gottesdienst einzurichten, in einigen (Warendorf, Ahlen, Beckum) mit bilderstürmerischen Begleiterscheinungen. Auch in Osnabrück wurden in dieser Zeit an allen Pfarrkirchen reformatorische Prediger eingesetzt. Jedoch konnte Bischof Franz um seines Prestiges willen diese Weiterungen nicht zulassen. In Osnabrück veranlaßte er im Sommer die Ausweisung der evangelischen Prediger. Gegen die Städte im Stift Münster ging er mit Abmahnungen und nach Gelegenheit auch mit härteren Maßnahmen vor. Am schärfsten griff er in Dülmen ein, wo er unter Verletzung der städtischen Privilegien im September 1533 die Prädikanten kurzerhand verhaften ließ.

3. *Das Aufkommen täuferischen Gedankengutes*

Unterdessen nahmen die Dinge in Münster eine gravierende Wendung. Der neue Stadtsyndikus Wyck hatte aus den Erfahrungen des Winters die Folgerung gezogen, zur Sicherung der Reformation in Münster die Aufnahme in den Schmalkaldischen Bund anzustreben. Das erforderte die Ausrichtung der neu aufzustellenden Kirchenordnung an lutherischen Prinzipien. Die Federführung aber lag bei Rothmann. Da Rothmann gerade in den sensiblen Fragen der Sakramente seinen eigenen Weg ging, entwickelte sich nun ein Konflikt zwischen ihm und der Mehrzahl der Prediger einerseits sowie der Wycks Kurs folgenden politischen Stadtführung andererseits.

Nach dem Bericht von Dorp soll Rothmann schon 1532 zu einer Vereinfachung des Abendmahls geschritten sein: Er benutzte gewöhnliches Weizenbrot (Stuten) und praktizierte das Brotbrechen, wie es in den Evangelien geschildert ist. Das soll ihm den Spitznamen „Stutenbernt" eingetragen haben, der in einem 1532 entstandenen Schmähgedicht auch gedruckt verbreitet worden ist und ihm seither in populären Geschichtsdarstellungen anhaftet. Nicht verwunderlich ist eine Nähe zu Zwinglis Abendmahlslehre, da er sich bisher in vielem am Vorbild der Straßburger Reformation orientiert hatte. Im Dezember 1532 warnten ihn Luther und Melanchthon brieflich vor Zwinglis Abendmahlslehre; Luther richtete außerdem eine Warnung gleichen Inhalts direkt an den Rat der Stadt. Ein anderer orthodoxer Lutheraner, der Lübecker Superintendent Hermann Bonnus, erhob gegen Rothmann sogar den Vorwurf der „Schwärmerei". Rothmann hat sich diese Etikettierung als unbrüderlich verbeten.

Die von Rothmann ausgearbeitete Kirchenordnung wurde vom Rat am 17. April dem Landgrafen zur Begutachtung übersandt, der die Aufgabe einigen Theologen seiner Universität Marburg übertrug. Weder Rothmanns Entwurf noch die Marburger Stellungnahme sind erhalten; nur diejenigen Punkte, die bei den Marburger Theologen Anstoß erregt haben, sind aus einer dem Rat am 24. Juli von den „Dienern des Evangeliums Jesu Christi" in Münster vorgelegten „Widderantwort" erkennbar. Neben Rothmann standen dahinter Heinrich Roll, Gottfried Stralen und die sogenannten Wassenberger Prädikanten Dionysius Vinne, Johan Klopriß und Hermann Staprade von Moers; seit dem Herbst 1532 hatten sie, wie vor ihnen Roll aus dem Amt Wassenberg (im Herzogtum Jülich) vertrieben, in Münster Zuflucht und Anstellung gefunden.

Gegen die Kritik der Marburger Theologen an der in Münster vorgesehenen Wahl der Prediger durch die Pfarrgemeinde verteidigte die münsterische „Widderantwort" mit dem Hinweis auf die Mündigkeit der christlichen Gemeinde eine genuin reformatorische Position. Entscheidend aber war der Marburger Vorwurf, das Verständnis der Sakramente sei zu unklar formuliert. Vermutlich hatte Rothmanns Entwurf die Kindertaufe bereits zu einem Brauch abgewertet, der nur um des Friedens willen beibehalten werden sollte. In der „Widderantwort" traten ihre Autoren nun ganz eindeutig für die Glaubenstaufe ein und lehnten die Kindertaufe als biblisch nicht begründet und für die Entwicklung der Christenheit schädlich ab. Als göttliche Ordnung der Taufe stellten sie fest: „Zuerst sendet Gott Verkünder seines Wortes; daraus erwächst der Glaube. Die Glaubenden soll man taufen; wer glaubt und getauft wird –

das bedeutet: allem absagen und Christum anziehen –, soll selig werden. Wenn kleine (unverständige) Kinder zum Hören des Wortes noch nicht reif sind, woraus ihr Glaube kommen könnte, dann sind sie auch zur Taufe noch nicht reif. Denn in der Taufe soll der Glaube bekannt werden, der aus der Lehre erwachsen ist" [669: Schriften Rothmanns, S. 134 (Übersetzung E. L.)]. Wie in der Zeit der Apostel müsse die Taufe die Eingangspforte zur Kirche sein. Zum Verständnis des Abendmahls wurde präzisiert: Brot und Wein bedeuten Christi Leib und Blut. Das entsprach der seinerzeit von Zwingli im Disput mit Luther formulierten Position.

Zu den am meisten diskutierten Fragen der Vorgeschichte der Täuferherrschaft gehört, wie Rothmann zu seiner neuen Einsicht über die Taufe gekommen ist. Ehe wir darauf eingehen, sei zur Einordnung ein kurzer Blick auf das Täufertum seit 1525 eingeschaltet. Dabei ist anzumerken, daß unter Betonung einer Gemeinsamkeit – Praktizierung der Glaubenstaufe – Gemeinschaften zusammengefaßt werden, die in anderen theologischen und sozialethischen Fragen zum Teil bedeutende Unterschiede aufwiesen und deren Verständnis von der Bedeutung der Taufe auch keineswegs einheitlich war. Wir müssen uns auf die für die münsterische Entwicklung wichtigste Linie beschränken.

Einige frühe Anhänger Zwinglis, die eine radikale Erneuerung des christlichen Lebens auf biblischer Grundlage erstrebten, gelangten bei ihrem Bibelstudium zu der Ansicht, daß allein die Glaubenstaufe dem Willen Gottes entspreche. Letztlich lag in diesem Taufverständnis als Konsequenz die Freiwilligkeitsgemeinde oder Freikirche anstelle der durch die allgemeine Kindertaufe konstituierten Volkskirche. Nachdem Zwingli sich nach einigem Schwanken gegen sie entschieden hatte, tauften sie am 25. Januar 1525 einander und bildeten in dem Dorf Zollikon bei Zürich die erste Täufergemeinde. Die vom Züricher Rat alsbald verfügte Ausweisung ihrer bedeutendsten Mitglieder hatte multiplikatorische Wirkung: Sie wurden in der Schweiz und im angrenzenden oberdeutschen Gebiet zu erfolgreichen Missionaren.

Binnen weniger Jahre breitete sich die Täuferbewegung über ganz Süddeutschland bis nach Hessen, Thüringen und Mähren aus. In Waldshut am Oberrhein konnte von Ostern bis zum November 1525 eine Täufergemeinde von über 300 Personen, darunter mehrere Ratsherren, um Balthasar Hubmaier im Einvernehmen mit der Stadtobrigkeit das kirchliche Leben bestimmen. In einigen Großstädten wie Augsburg und Straßburg gab es mehrere Gemeinden, die zeitweilig eine beträchtliche Minderheit der Bewohner erfaßten. Der Anteil der Täufer an der Gesamtbevölkerung des Reiches ist jedoch immer minimal geblieben (unter 1 Prozent). Fast überall wurden sie von den Herrschenden unnachsichtig verfolgt, obwohl die große Mehrzahl von ihnen friedliche Menschen waren.

Die verschiedenen Richtungen können hier nur genannt werden: Die „Schweizer Brüder", die Eid, Waffen und Übernahme von weltlichen Ämtern ablehnten; die Hutterer (benannt nach Jakob Huter), die in Mähren in Brüderhöfen gemeinsame Kindererziehung und konsequente Gütergemeinschaft praktizierten; süddeutsche Täufergruppen in der Nachfolge von Hans Hut, der für Pfingsten 1528 das endzeitliche Strafgericht über die Gottlosen erwartet hatte und für den die Taufe das Zeichen der Auserwählten war, die von dem Gericht verschont bleiben würden. – Schon früh zeigte sich die mit der prinzipiellen Autonomie der einzelnen Gemeinde verbundene Gefahr der Zersplitterung, gelegentlich kam es zu abnormen Verirrungen.

Melchior Hoffman († 1543/44). Kupferstich von Christoffel van Sichem (Phantasieporträt 1605/06)

Gerade solche haben dem Ruf aller Täufer nachhaltig geschadet, zum Beispiel eine Gruppe in Franken, in der alle Ehen aufgelöst und neue Verbindungen eingegangen wurden; das ist Münsters Täufern prompt schon Monate vor Einführung der Polygynie nachgesagt worden. Der Anfang 1528 aufgedeckte Plan einer Gruppe von fünfzig Täufern, sich durch einen Putsch der Stadt Erfurt zu bemächtigen, trug, obwohl eine Einzelerscheinung, dem Täufertum allgemein den Verdacht ein, jede Obrigkeit beseitigen zu wollen.

Im nordwestdeutschen Raum und in den Niederlanden hat vor allem die Missionstätigkeit von Melchior Hoffman zur Bildung von Täufergemeinden geführt. Hoffman, ein bibelkundiger Kürschner, hatte einige Jahre in Livland mit Luthers Anerkennung als Laienprediger gewirkt, war aber 1527 in Kiel mit den Lutheranern wegen seiner Kritik an ihrem Amtsverständnis und wegen seiner Abendmahlslehre in Streit geraten und nach einer Disputation mit Bugenhagen, dem lutherischen Reformator des Ostseeraums, aus Dänemark verbannt worden. 1529 gelangte er nach Straßburg, wo er, von den dortigen Reformatoren ebenfalls abgelehnt, Anschluß an eine von Huts Ideen geprägte Täufergruppe fand, in der zwei Prophetinnen, Barbara Rebstock und Ursula Jost, sowie Ursulas Ehemann Lienhard durch ihre Visionen eine wichtige Rolle spielten und auf Hoffman großen Eindruck machten. Seine Affinität zu den Visionären bestand in der starken Betonung der Nähe der Endzeit. Schon in Hoffmans Streit mit den Lutheranern war eine weitere anstößige Komponente seine Auslegung der eschatologischen Texte der Bibel gewesen.

An sich war die Erwartung, daß Christi Wiederkunft unmittelbar bevorstehe, in den Jahrzehnten vor und nach 1500 weit verbreitet: Sie war eine Antriebskraft bei Christoph Columbus; Albrecht Dürer verlieh der Stimmung in seinen Kupferstichen über die Apokalypse Ausdruck; auch Luther sprach häufig vom nahen Jüngsten Gericht, doch lehnte er es ab, den Termin des Weltendes zu berechnen. Eben dies hat Hoffman – wie vor und nach ihm viele andere – getan, und zwar nannte er in einer 1526 publizierten Auslegung des 12. Kapitels des Propheten Daniel als Ergebnis das Jahr 1533, wobei er die auf der Basis derselben Bibelstellen beruhende Vorhersage von Hans Hut ausdrücklich korrigierte. Dazu stellte Hoffman aktuelle Bezüge zwischen Bildern der Apokalypse und der Gegenwart her und wurde darin durch die Straßburger Visionäre noch bestärkt, als diese ihn selbst als den einen der beiden endzeitlichen „Zeugen" (Apk 11,3) anerkannten. (Später beanspruchte Jan Mathys, der andere zu sein.) So kam als neue Prophezeiung hinzu, als Ort der Wiederkunft Christi sei Straßburg ausersehen. (Da sich Jerusalem, die biblische Stätte dieses Geschehens, in der Hand der Mohammedaner befand, nahm man an, Gott habe statt dessen eine von Christen bewohnte Stadt erwählt.) Vor der ewigen Weltherrschaft Christi nahm Hoffman ein eschatologisches Zwischenreich an, an dem die „Auserwählten" – das wurden nun bei ihm wie vorher bei Hut die Getauften – teilhaben würden. Doch hat Hoffman zeitlebens verneint, daß sie das Gottesreich aktiv vorzubereiten hätten, vielmehr müßten sie die Wiederkunft des Herrn abwarten, dürften auch die Verteidigung der auserkorenen Stadt bei ihrer Belagerung durch den „Drachen" nur durch Gebet, nicht aber mit der Waffe unterstützen.

Im April 1530 floh Hoffman aus Straßburg und wandte sich nach Ostfriesland. Die dortigen verworrenen kirchlichen Verhältnisse erlaubten ihm, in Emden ungehindert zu predigen und in kurzer Zeit über 300 Personen aus allen Ständen zu taufen. Diese Emdener Gemeinde wurde zum Ausgangspunkt der täuferischen Mission in den Niederlanden.

Die konsequente Verfolgung durch die habsburgische Zentralregierung hatte dort die Bildung von lutherischen Gemeinden verhindert. Der neue von den täuferischen Missionaren ausgehende Impuls stieß auf starkes Verlangen nach evangelischer Verkündigung; in vielen Orten entstanden rasch zum Teil größere „melchioritische" Gemeinschaften. Während sich die städtischen Magistrate häufig nachsichtig verhielten, bestand die Zentralregierung auf strengster Bestrafung der „Ketzer". Schon im März 1531 wurde ein Täufer in Leeuwarden hingerichtet, am 5. Dezember 1531 im Haag zehn Mitglieder der Amsterdamer Gemeinde, die sich zum Teil geradezu zum Martyrium gedrängt hatten. Das veranlaßte Hoffman zu der Weisung an seine Anhänger, für zwei Jahre – also bis Ende 1533 – das Taufen einzustellen, um unnötige Blutopfer zu vermeiden. Sein Gebot scheint auch befolgt worden zu sein, während die heimliche Mission weiterging; er selbst kehrte nach Straßburg zurück.

So war die Glaubenstaufe wahrscheinlich seit über einem Jahr von den Melchioriten nicht mehr ausgeübt worden, als Rothmann und seine Kollegen sich in Münster theoretisch dazu durchrangen. Nach herrschender Meinung sollen die Wassenberger Prädikanten Rothmann die melchioritischen Anschauungen einschließlich des Taufverständnisses vermittelt haben, doch hatte keiner von ihnen die Glaubenstaufe empfangen oder geübt. Indessen ergibt ein Vergleich der Ausführungen Hoffmans über die Taufe in seiner dafür wichtigsten Schrift „Die Ordonnantie Godts“ von 1530 mit der Argumentation der münsterischen Theologen in der „Widderantwort“: Für Hoffman ist die Taufe das öffentliche Zeichen eines Bundes zwischen Gott und dem Gläubigen, vergleichbar der Verbindung von Bräutigam und Braut. Das Bundeszeichen ist nur für Erwachsene gedacht, weil nur sie die Unterweisung durch die Sendboten des Herrn begreifen können, deren Aufgabe ist, dem Herrn die Auserwählten in dieser letzten Zeit durch die Taufe zuzuführen. Bei den Münsteranern fehlt der für Hoffman elementare Bundesgedanke völlig, und es gibt noch keine Anklänge an den Vergleich mit der Braut oder an die eschatologische Einordnung. Daß einige Kernaussagen des Neuen Testaments über die Taufe von beiden zitiert werden, liegt in der Natur der Sache. Die Begründung in der „Widderantwort“ ist selbständig erarbeitet, eine gedankliche Abhängigkeit von Hoffman ist nicht greifbar [vgl. 749: Goeters, Taufaufschub, S. 311].

Darum ist es im Grunde unerheblich, wer den Anstoß zur Beschäftigung Rothmanns mit dem seit acht Jahren in der Theologie virulenten Problem gegeben hat. Wichtiger ist die Nachricht, daß die Diskussion über die Kindertaufe in Münster längere Zeit beansprucht und Rothmann sich zunächst ablehnend verhalten habe. In der Tat erfuhr seine reformatorische Konzeption dadurch eine grundlegende Änderung, mit der Folge, daß bisherige Weggenossen sich von ihm trennten: Brictius tom

Darstellung der Erwachsenentaufe in einem Kupferstich aus dem 17. Jahrhundert. Die Taufe wurde entweder in einem Haus oder unter freiem Himmel vollzogen

Norde, Glandorp und der Ratsherr Johann Langermann. Von mehreren Quellen wird Roll als der Urheber der Taufdiskussion in Münster genannt, obwohl die Tauffrage in seiner oben genannten Schrift über das Abendmahl einen ganz untergeordneten Stellenwert hat; er mag der wichtigste Gesprächspartner gewesen sein, doch überzeugt hat Rothmann – das zeigen alle seine Begründungen der Taufe in der Folgezeit – der biblische Befund.

Rat und Gesamtgilde mußten auf die „Widderantwort" reagieren, denn die Aussagen über die Taufe lagen eindeutig jenseits der Grenzen des geltenden Reichsrechts, das seit einigen Jahren nicht nur die Praxis der Erwachsenentaufe, sondern auch Verweigerung der Kindertaufe und öffentliche Kritik an ihr als „Wiedertäuferei" unter schwerste Strafen stellte. Auch mußte bei Bekanntwerden dieser Position mit neuerlichem Eingreifen des Landesherrn gerechnet werden. Nach dem Wortlaut des Abkommens vom 15. Juli 1532 gab es aber nur den einzigen Weg, durch theologische Widerlegung Rothmann zur Aufgabe seiner Auffassung zu zwingen, wobei seine Gegner beweispflichtig waren. Zu diesem Zweck wurde kurzfristig eine Disputation anberaumt.

Schlaglichtartig erhellt diese Rathaus-Disputation vom 7. und 8. August 1533 die heikle Situation, in welche die Stadt durch Rothmanns neue Position geraten war. Veranstalter waren Rat und Gesamtgilde, aber „von wegen der gantzen gemein", wenn man auch auf allgemeine Öffentlichkeit verzichtete. Die Mehrheit des Rates war entschlossen, in Glaubensfragen als Obrigkeit Entscheidungen zu treffen, um den religiösen Konsens in der Stadt zu sichern. Aber wie sollte der Konflikt gelöst werden, in dem innerhalb der reformatorischen Bewegung zwei Auslegungen aufeinanderprallten, die beide für sich beanspruchten, schriftgemäß zu sein? Es konnte nur eine politische Entscheidung gefällt werden.

In seiner Eröffnungsrede führte der Syndikus Wyck aus: Um des Wohles der Stadt willen müßten Rat und Gesamtgilde verhindern, daß man sich reichsrechtlich strafbar mache oder daß der Dülmener Vertrag verletzt werde. Geltendes Reichsrecht sei die Kindertaufe. Das Marburger Gutachten habe aufgezeigt, auf welch gefährlichem Wege sich einige Prediger in Münster befänden. Gegen Rothmann und seine Freunde traten Glandorp, Wirtheim und zwei Fraterherren an, zu ihrer Unterstützung hatte man den alten Humanisten Hermann Buschius aus Dülmen geholt. Eigentlich sollten beide Sakramente behandelt werden, doch wurde nur über die Taufe gesprochen. Ausgangspunkt waren einige polemisch zugespitzte Sätze in Predigten von Rothmann, Staprade und Roll, insbesondere die auch bei Hoffman vorkommende Formulierung, die Kindertaufe sei vor Gott ein Greuel. Obwohl Rothmann diese Aussage aufrechterhielt, verlangte er doch noch keine erneute Taufe, sondern nur die Abstellung des als falsch erkannten Ritus – den aus Unwissenheit Handelnden habe Gott vergeben; aber er betonte, wie zur Zeit der Apostel müßten Glaubensbekenntnis und Bekehrung der Aufnahme in die Gemeinde der Christen vorausgehen. Zur Kernfrage, dem Schriftbeweis für die Kindertaufe, gaben Buschius und seine Mitstreiter mehrere Stellungnahmen ab, mit denen Rothmann aber leicht fertig wurde [vgl. 721: Brecht, Theologie Rothmanns, S. 66]. Da die Gegenseite nach seiner ausführlichen Entgegnung am zweiten Tag wegen Ermüdung lieber schriftlich antworten wollte, durfte sich Rothmanns Gruppe als noch nicht widerlegt betrachten. Der Rat gebot, bis zu seiner endgültigen Entscheidung die Auseinandersetzung nicht öffentlich weiterzuführen. (Kerssenbrock verfälschte das zu einer Disputationsniederlage Rothmanns.) Eine von Glandorp und Wirtheim Ende August eingereichte Antwort hat der Rat nicht weitergeleitet.

Anfang September kam es zum Eklat. Kerssenbrock gibt an, Staprade, der Rothmann als Prediger an St. Lamberti zur Seite stand, habe die Taufe einiger Kleinkinder verweigert und dabei auch Ratsherren brüskiert. Außerdem vertraten Rothmann und die anderen ihre Ansicht wieder öffentlich. Der Rat reagierte auf die Mißachtung seiner Anordnungen mit ihrer Absetzung als Prediger und drohte die Ausweisung an; ihre Kirchen wurden geschlossen. Dagegen protestierten Rothmann und seine Freunde am 17. September 1533 unter Berufung auf ihren göttlichen Auftrag und mit der zusätzlichen Begründung, in den verflossenen sechs Wochen seien sie weder schriftlich noch öffentlich vor der Gemeinde widerlegt worden, der in grundsätzlichen Lehrfragen allein das Urteil zustehe. Sie bestritten dem Rat also das Recht zur Entscheidung über ihre Lehre und bewerteten sein Vorgehen als Unterdrückung der Wahrheit.

Durch Vermittlung der Gesamtgilde kam am 3. Oktober doch noch ein Kompromiß zustande. Rothmann erklärte sich bereit, um des Friedens willen über die strittigen Sakramentsfragen bis zu ihrer näheren Erläuterung und zusätzlicher Erkenntnis nicht mehr predigen zu wollen – eine allerdings schwammige Formel. Da die Lamberti-Gemeinde sich anscheinend mehrheitlich gegen ihn gestellt hatte, wurde ihm nun die kleinste Pfarrkirche, St. Servatii, zugewiesen. Das Predigtverbot gegen die Wassenberger blieb bestehen.

In diesen Wochen dürfte sich der Kern der späteren Täufergemeinde vorgebildet haben. Die Angabe mehrerer Quellen, die Prädikanten hätten heimlich in den Häusern gepredigt, paßt am besten für diese Zeit, als ihnen die Kanzeln versperrt waren. Gleichzeitig erarbeitete Rothmann seine erste größere theologische Abhandlung, das „Bekenntnis von den beiden Sakramenten Taufe und Abendmahl", deren Vorrede von seinen Freunden mitunterzeichnet wurde. Darin sind nicht nur eingehende und verständliche Begründungen der Glaubenstaufe sowie des Abendmahls als Gedächtnisfeier der Gläubigen enthalten, sondern auch Grundzüge eines neuen Gemeindeverständnisses. Kirche ist definiert als die Gemeinde der Bekennenden und ihren Glauben in der Tat Beweisenden [669: Schriften Rothmanns, S. 156, 192]. Hervorgehoben ist die Bedeutung der Taufe als „enge Pforte zur Kirche und zum Himmelreich", die nach dem Wort Christi nur von wenigen durchschritten wird. Durch die Einführung der Kindertaufe sei die Pforte zerstört worden, was zur „Verwüstung" der Kirche geführt habe. Erst wenn die enge Pforte wieder aufgebaut sei, werde die Verkündigung des Evangeliums in Deutschland Frucht tragen und das Reich Gottes kommen können. Manche Interpreten hören in diesem letzten Gedanken einen eschatologischen Ton. Doch ist festzuhalten, daß Rothmann auch jetzt die Konsequenz der süddeutschen Täufer nicht gezogen hat, sondern beim Taufaufschub geblieben ist. Folglich hätte der Neubau der Gemeinde noch etwa eine Generation dauern müssen.

Im Sinne der damaligen Definition war es zutreffend, wenn Rat und Syndikus nach dem Erscheinen des „Bekenntnisses" Mitte November Rothmann und seine Anhänger als „Wederdoper" bezeichneten. Es kam zu einer dramatischen Zuspitzung, zumal Rothmann nun auch deutlich die Trennung von den Lutheranern vollzog, als er in einer Predigt am 2. November die „sogenannten Evangelischen“ angriff; er vermißte bei ihnen die Früchte des Glaubens in Gestalt eines veränderten, gereinigten Lebenswandels.

Gründe und Verlauf des November-Konflikts sind infolge der einseitigen Berichterstattung nicht völlig erhellt. Der Rat sah sich wohl in Zugzwang durch eine Aufforderung des Bischofs vom 28. Oktober, die von auswärts in die Stadt „eingedrungenen Prädikanten“, die den gemeinen Mann mit der „verbotenen Schwärmerei der Wiedertaufe“ verführten, unverzüglich auszuweisen. Franz von Waldeck sah eine Chance, der Stadt wieder den Herrn zu zeigen. Da Rothmann mit seiner Predigt nicht nur große Unruhe unter den Bürgern ausgelöst, sondern auch entgegen seiner Zusage die Sakramente wieder in polemischer Weise behandelt haben soll, beschloß der Rat jetzt durchzugreifen. Mit seiner Ausweisungsabsicht stieß er aber bei einem Teil der zur Beratung zugezogenen Gesamtgilde auf Widerstand, die zwar die Wassenberger preisgab, nicht aber Rothmann. Mißverständnisse führten dazu, daß sich einen Tag lang drei Gruppen bewaffnet gegenüberstanden: Katholiken, die „Rothmannisten“ und Anhänger des Rates. Die von den Katholiken erhobene Forderung nach Revision des Dülmener Vertrags und ihre Verstärkung durch bewaffnete Bedienstete des Domkapitels schien den Anhängern Rothmanns aber so bedenklich, daß sie dem Rat ihre Unterstützung anboten. Wyck brachte dann eine Vereinbarung zustande: Die Wassenberger mußten die Stadt verlassen, nachdem der Bischof ihnen auf Fürsprache des Domkapitels Geleitbriefe ausgestellt hatte; Rothmann erhielt Predigtverbot; die Ordnung des städtischen Gottesdienstes wurde den soeben eintreffenden, vom Landgrafen von Hessen geschickten evangelischen Pfarrern Fabricius und Lening anvertraut.

Die beiden hessischen Geistlichen hatten vom Landgrafen den Auftrag, durch Gespräche mit Rothmann die theologischen Streitigkeiten in Münster beizulegen. Rat und Syndikus hingegen hielten das bereits für aussichtslos und verfolgten darum die Idee, der Landgraf möge ihn zur theologischen Aussprache nach Hessen einladen; ihres geistigen Leiters beraubt, würden seine Anhänger dann wohl zur Ruhe kommen. Daß Fabricius doch längere Gespräche mit Rothmann führte und danach von der Kanzel verkündete, in den meisten Fragen seien sie einig, nur nicht über das sekundäre Problem der Kindertaufe bzw. des richtigen Zeitpunkts der Taufe überhaupt, erwies sich als taktischer Fehler. Denn nun verlangten Rothmanns Anhänger, das Predigtverbot gegen ihn aufzuheben, da seine Lehre doch korrekt sei, und kritisierten die Ausweisung der Wassenberger als unberechtigt. Folgen der Kritik dürften die von Kerssenbrock für Dezember berichteten Gottesdienststörungen gewesen sein, ebenso Rothmanns Mißachtung des Predigtverbots und vielleicht auch die Rückkehr der Wassenberger zum Jahresende.

Jedoch war es ein beachtlicher Erfolg des Rates, daß am 30. November mit Zustimmung der Gesamtgilde die neue Kirchenordnung in Kraft gesetzt werden konnte – sie ist nicht erhalten – und außerdem Fabricius sich bewegen ließ, zu bleiben und den Gottesdienst in St. Lamberti zu versehen. Zudem hatte der Landgraf signalisiert, Rothmann einladen zu wollen. Obwohl der Bischof das Wirken der beiden hessischen Prediger in Münster als Einmischung in die inneren Angelegenheiten seiner Herrschaft bewertete und bei seiner Drohgebärde blieb, schienen die Weichen für die Konsolidierung der lutherischen Ordnung in Münster endlich gestellt.

Der Prophet Jan Mathys. Kupferstich von Christoffel van Sichem (Phantasieporträt 1605/06)

4. Münsters Täufer erwarten den Herrn

Während sich diese Vorgänge in Münster abspielten, wurden die Melchioriten in den Niederlanden von einer Welle eschatologischer Erregung erfaßt. Noch im Vorjahr hatte Melchior Hoffman bekräftigt, daß Ende 1533 der Termin für Christi Wiederkunft sei. Nun ging das Jahr zu Ende, und in Straßburg, dem Neuen Jerusalem seiner Prophezeiung, rührte sich nichts. Das dürfte die beunruhigende Frage ausgelöst haben, welche Voraussetzungen wohl nicht erfüllt wären. Die Antwort, die der Bäcker Jan Mathys aus Haarlem als Henoch, d. h. als zweiter prophetischer „Zeuge" nach Apk 11, darauf fand, wurde zur neuen aufrüttelnden Botschaft: Die Taufe müsse unverzüglich wieder aufgenommen werden, damit die Schar der Auserwählten am Tag des Herrn, den Mathys um dreieinhalb Monate hinausschob und nun für Ostern 1534 voraussagte, bereit sei.

Soweit wir die Entwicklung in Münster bislang verfolgt haben, war keine Beeinflussung durch die Prophezeiungen Hoffmans festzustellen. Die Äußerungen Rothmanns enthielten keine Hinweise auf die Naherwartung, und die erzählenden Quellen berichten bis zum November 1533 nichts von einer endzeitlichen Erregung in der Stadt. Gleichwohl waren Hoffmans Thesen Ende 1533 in Münster bekannt, auch kursierte die Falschmeldung, Straßburg habe seine Lehre angenommen; das mag Anlaß gewesen sein, sich mit den eschatologischen Fragen mehr zu befassen. Die im

Lukas-Evangelium aufgeführten Warnzeichen der Endzeit, nämlich Krieg, Seuchen, Teuerung, waren für jedermann in den Angriffen der Türken, im damals grassierenden „englischen Schweiß" und in den seit mehreren Jahren steigenden Kornpreisen erkennbar. Ja sogar die vorhergesagten Himmelszeichen waren durch astronomische Ereignisse gegeben: Zwischen 1517 und 1533 haben drei Sonnen- und fünf Mondfinsternisse stattgefunden, außerdem waren mindestens drei Kometen zu beobachten, die damals meist als unheilvolle Vorzeichen angesehen wurden [794: Kirchhoff, Phänomen des Täuferreiches, S. 384ff]. Das stärkte die Überzeugung, in den „letzten Zeiten" zu leben, und insofern war der Boden für die Botschaft des Jan Mathys vorbereitet.

Auf melchioritische Einflüsse deutet ein Vorfall im Dezember hin: Ein Laie, der Schmiedegeselle Johann Schröder, predigte zweimal auf dem Lambertikirchhof. Der Rat ließ ihn verhaften und beschuldigte ihn, Fabricius angegriffen, Aufruhr gestiftet und seine „Träume" verbreitet zu haben. Da die Festnahme ohne Zustimmung der Gesamtgilde erfolgt war, erzwang die Gilde der Schmiede durch einen Auflauf Schröders Freilassung, wobei sie argumentierte, seine Bestrafung könne Gottes Zorn auf die Stadt lenken. Die Autorität des Rates erhielt dadurch eine herbe Einbuße: Tatenlos wurden danach Störungen des lutherischen Gottesdienstes hingenommen, bei denen sich mehrere Frauen, unter ihnen auch einige Nonnen, hervorgetan haben sollen; auch die Rückkehr der ausgewiesenen Prädikanten um Weihnachten wurde geduldet. Am Neujahrstag predigte Roll wieder in der Aegidiikirche, die der Rat daraufhin schließen ließ. Es ist möglich, daß insbesondere Roll, der nach seiner Ausweisung das „Bekenntnis" nach Amsterdam gebracht haben und dort mit Jan Mathys und anderen Melchioriten in Kontakt getreten sein soll, die eschatologische Erwartung in Münster gefördert hat; jedoch bleibt die Frage offen, warum er nicht schon in den Niederlanden die Taufe empfangen und dann in Münster damit begonnen hat.

Am 5. Januar 1534 trafen zwei von Jan Mathys ausgesandte Missionare in Münster ein. Kern ihrer Botschaft war – nach der späteren Zusammenfassung durch Bernd Krechting, ehemals Pastor von Gildehaus bei Schöppingen und später Rat Jans van Leiden –, daß nur diejenigen zum Volk des Herrn gehörten und im bevorstehenden göttlichen Strafgericht über die Welt verschont bleiben würden, die mit dem Zeichen „Tau" versiegelt seien. Das beruhte auf einer Verknüpfung von Ez 9,4ff mit Apk 7,3f und 14,1: Ezechiel sieht, daß ein Beauftragter Gottes den Gläubigen ein Zeichen auf die Stirn macht (in der Vulgata heißt es: das Zeichen „Tau"), und nur die Gezeichneten entgehen dem Gericht; in der Offenbarung des Johannes ist von 144 000 Versiegelten die Rede. Die Kombination der beiden Stellen findet man schon bei Hoffman; doch hat Mathys deutlicher als er die Taufe zum äußeren Zeichen der Versiegelung erklärt. Diese Botschaft gab in Münster den entscheidenden Anstoß; denn wenn der Gerichtstag des Herrn so nahe und die wahre Taufe so bedeutungsvoll war, dann war keine Zeit mehr zu verlieren. Nach dem Zeugnis von Klopriß hat es keine Diskussionen wie über die Kindertaufe gegeben: Die biblischen Belege schienen demnach eindeutig. Rothmann und die Wassenberger ließen sich taufen und haben in der nächsten Woche wohl die meisten ihrer Anhänger ebenfalls getauft, während die Boten weiterwanderten. Als am 13. Januar ein zweites von Mathys geschicktes Apostelpaar eintraf, Jan van Leiden und Gert tom Kloister, fanden sie eine große Gemeinde Getaufter vor; Jan van Leiden hat später die Zahl 1400 angegeben.

Vom inneren Leben der neuen Täufergemeinde wissen wir nur wenig. Die Täufer sonderten sich von „der Welt" ab und pflegten bevorzugt Umgang mit den Brüdern und Schwestern. Die Lutheraner wurden als Gottlose, der Papst als der Antichrist betrachtet. Die Störungen der Gottesdienste hörten auf, denn Jan van Leiden hatte die Weisung des Propheten Jan Mathys mitgebracht, nicht mehr in die Kirchen zu gehen. Man versammelte sich in Privathäusern oder Betsälen; viele Taufen haben im Hause Knipperdollincks oder in der Wohnung Rothmanns stattgefunden. Doch wurde die Mission nicht völlig eingestellt, denn Rothmann hat noch einige Zeit öffentlich gepredigt. Erkennbar wird eine Orientierung am Vorbild der neutestamentlichen Urgemeinde in Spenden zur Unterstützung armer Gemeindeglieder, die durch zwei Diakone verteilt wurden. Das biblische Zins- und Wucherverbot wurde ernst genommen; so haben einige Wohlhabende durch Rückgabe oder Vernichtung der Schuldscheine auf ihre Rentenansprüche verzichtet. Mit der unmittelbaren Parusieerwartung mag die Hoffnung verbunden gewesen sein, daß es dann weder Armut noch Eigentum mehr geben werde. Angeblich sollten die Getauften keine öffentlichen Funktionen über Ungetaufte ausüben – ein in süddeutschen Täufergruppen verbreiteter Zug –, doch ist nicht bekannt, ob männliche Mitglieder innegehabte Ämter niedergelegt haben. In der Gemeinde scheint die Zahl der Frauen die der Männer überwogen zu haben; einige Frauen haben wegen ihrer Taufe von ihren Ehemännern handgreifliche Reaktionen zu spüren bekommen. Grundsätzlich war man bereit, Verfolgung ohne Gegenwehr zu erleiden. Als indessen deutlich wurde, daß nicht von den Mitbürgern, sondern vom Bischof Gefahr drohte, siegte der Bürgersinn über die Leidensbereitschaft.

Spätestens zwei Wochen nach dem Beginn der Taufe in Münster war der Bischof über die neue Wendung informiert. Für ihn bestand nicht nur von Reichsrechts wegen die Notwendigkeit, gegen die Täufer mit allen Mitteln vorzugehen, er erkannte auch die Chance, jetzt die Unterstützung des Landgrafen von Hessen gegen die Stadt zu gewinnen, denn zugunsten der Täufer konnte Philipp nicht intervenieren. Am 23. Januar erließ Franz von Waldeck einen Fahndungsbefehl gegen Rothmann und die Wassenberger und kündigte allen, die sie schützten oder duldeten, das Geleit. Infolgedessen konnte Rothmann, der noch am 12. Januar die Einladung nach Hessen angenommen hatte, Münster nicht mehr verlassen.

Indessen waren weder die Gilden noch die Ratsmehrheit bereit, eine große Zahl ihrer Mitbürger dem Zugriff des Fürsten preiszugeben. Zum 3. Februar hatte Franz einen Landtag nach Wolbeck einberufen, für den Fall eines – nicht geplanten – Handstreichs also in gefährlicher Nähe der Stadt. Ende Januar entstand das Gerücht, er ziehe Truppen zusammen und habe die Ritterschaft aufgeboten, um sich der Stadt mit Gewalt zu bemächtigen, und es gebe in Münster Leute, die ihm die Tore öffnen wollten. Die wertvollste Quelle dazu, eine tagebuchartige Aufzeichnung eines Bürgers, läßt deutlich erkennen, daß nun die Gesamtgilde in der üblichen Weise die Bürgerinteressen vertreten hat; dadurch wird Kerssenbrock widerlegt, der glauben machen wollte, die Täufer hätten einen im letzten Moment abgebrochenen Putschversuch unternommen. Unter Führung des Aldermanns Hinrich Redeker kam es am 28. Januar zu einem Auflauf mit zwei Ergebnissen: Erstens übertrug der Rat für ein paar Tage den Gilden die Bewachung der Tore. Zweitens wurde, und zwar ausdrücklich zu dem Zweck, das Mißtrauen zu beseitigen und das harmonische Zusammenleben zu fördern, zwischen Rat und Gesamtgilde am 30. Januar die Vereinbarung getroffen, „einen jderen by synen geloven tho laten, so lange dat eth got bettert“ [614: Detmer, Ungedruckte Quellen, S. 99]. Der Rat setzte sich damit über das landesherrliche Gebot vom 23. Januar und den Reichsabschied von 1529 hinweg, denn die Täufer waren nun, da sie nicht ausgeschlossen wurden, innerhalb der Stadt als religiöse Gruppe anerkannt – im Reich zweifellos ein unerhörtes Novum!

Während Münsters Delegation zu den Landtagsverhandlungen nicht mehr zugelassen wurde, erließ Bischof Franz in Wolbeck nun wirklich den Befehl an die Ritterschaft, sich für einen militärischen Einsatz bereitzuhalten, und an seine Amtsleute die Anweisung, alle erwiesenen Täufer in ihrem Bezirk gefangenzusetzen.

Vermutlich hat die Nachricht von der Tolerierung der Täufergemeinde in Münster Jan Mathys zu der Überzeugung gebracht, hier sei das von Gott erwählte Neue Jerusalem. Klopriß hat ihn später als den Urheber dieses Glaubens benannt, der in Münster außergewöhnliche Aktivität auslöste. Erstmalig am 8. Februar verkündeten einige Frauen laut auf der Straße, Münster sei das Neue Jerusalem, und forderten zu Buße und Bekehrung auf; führende Gemeindeglieder, vor allen Knipperdollinck und Jan van Leiden, folgten ihrem Beispiel. Die Bußrufe dokumentieren eine Steigerung der melchioritischen Endzeiterwartung in der Stadt, die auch in dem öffentlichen Auftritt der Frauen zum Ausdruck kommt; sie hatten die Funktion, die Umwelt nachdrücklich zu warnen. Als dann wenige Tage später im letzten Moment die Gefahr abgewendet wurde, daß der Bischof die Stadt in seine Gewalt bekam, war für Münsters Täufer die Auserwähltheit überzeugend bestätigt. Diese beiden Elemente sind Kern der Botschaft, die Jakob Hufschmidt nach Mitte Februar den Glaubensgenossen am Niederrhein überbringen sollte: Nur in Münster werde es während des bis Ostern sich vollziehenden schrecklichen Strafgerichts über die Gottlosen Frieden und Sicherheit geben, denn dort werde der Herr seine Herde sammeln, und für hinzuwandernde Geschwister sei alles vorbereitet.

In die durch die Bußrufe aufgewühlte Situation warf ein Fremder am 9. Februar die Falschmeldung, der Bischof rücke mit 3000 Mann heran. Das wurde geglaubt und führte zu einer deutlichen Spaltung in der Bürgerschaft. Wieder eilte Redeker zum Rathaus, um die Schließung der Tore zu bewirken, was der Rat auch bewilligte. Wieder strömten bewaffnete Bürger auf dem Prinzipalmarkt zusammen. Daß die Täufer sich nun als geschlossene Gruppe zeigten – die Glaubensbrüder standen beisammen –, scheint die anderen Bürger verunsichert zu haben. Doch hatten sie keine aggressiven Absichten, denn Knipperdollinck erneuerte den Bußruf, und die ganze Gruppe kniete zum Gebet um Bewahrung nieder. Der Rat und seine Anhänger wichen nach Überwasser aus und besetzten zwei Stadttore; den das Liebfrauentor bewachenden Ratsherrn Johann Pallick, einen mit den Täufern sympathisierenden Schmied, nahmen sie gefangen, später auch einige der Wassenberger Prädikanten und endlich Knipperdollinck, der sich unbewaffnet nach Überwasser gewagt und nochmals zur Bekehrung aufgefordert hatte. Beide Seiten fühlten sich bedroht und brachten gegeneinander leichte Geschütze in Stellung; die Brücken über die Aa wurden abgeworfen. Ohne Wissen des Rates schrieben einige katholische Bürger an den Bischof; nach Kerssenbrock planten sie einen Angriff auf die Täufer. Mit Wissen des Ratsherrn Langermann ging ein Hilfsgesuch an den Drosten von Wolbeck. Offenbar bezweifelten die nicht zu den Täufern gehörenden Bürger, daß man die Stadt gegen den Fürsten halten könne: Strohkränze an ihren Häusern als Erkennungszeichen sollten sie und ihr Eigentum bei einer Einnahme schützen; das ist ein Indiz für ein geheimes Einverständnis zumindest eines Teils mit dem Bischof. Beide Seiten waren aber noch gesprächsbereit; dabei machten die Täufer deutlich, daß sie Frieden wünschten, und gaben zu bedenken, eine bischöfliche Besetzung der Stadt werde allen Bürgern zum Nachteil gereichen. Das Argument wurde am nächsten Tag vom Bürgermeister Tilbeck aufgegriffen, nachdem der Droste von Wolbeck mit einigen Rittern und einem Aufgebot von Bauern in das Überwasserviertel eingerückt war; auch der Bürgermeister Jodefeld stimmte ihm zu, obwohl er sich vom Drosten hatte versichern lassen, daß der Bischof weiter den Dülmener Vertrag halten und nur die Täufer strafen wolle. Den Ausschlag für den Stimmungsumschwung scheint die briefliche Ankündigung des Fürsten bewirkt zu haben, er sei mit Reiterei im Anmarsch; vielleicht hat man sich auch an das Schicksal Paderborns im Herbst 1532 erinnert. Die beiden Parteien in der Stadt tauschten Geiseln aus und bekräftigten nach kurzen Verhandlungen die Gültigkeit des Toleranzabkommens vom 30. Januar. Der Droste wurde mit der Erklärung, man bedürfe keiner Hilfe mehr, zum Abzug veranlaßt. Die Tore blieben geschlossen, die Schlüssel wurden im Haus des Ratsherrn Kibbenbrock deponiert, der offenbar beiden Seiten als Vertrauensperson galt. (Zwei Wochen später wurde er Bürgermeister.) Der Zorn des Bischofs über diese Wendung der Dinge ist nicht verwunderlich.

Während des Abzugs der Bauern sahen – nach den Angaben von Jakob Hufschmidt, Gresbeck und Rothmann – die Täufer seltsame Himmelserscheinungen, die sie als göttliche Ermutigung und als Warnung für ihre Feinde interpretierten. Unter den anderen Bürgern hingegen kam trotz der Bestätigung des Toleranzabkommens das Gerücht auf, die Täufer wollten sich an ihnen rächen. Als deren Zahl in den nächsten Tagen sowohl durch Hinzutreten von Bürgern als auch durch Zuzug von außen anwuchs, mag diese Sorge einige bewogen haben, die Stadt bis auf weiteres zu verlassen. Andere mögen gegangen sein, weil sie den Kurs der Konfrontation nicht mittragen wollten. Bemerkenswert ist, daß viele diesen Schritt vor der kurz bevorstehenden Ratswahl taten, damit auch auf ihr Wahlrecht verzichteten und so die Möglichkeit einer politischen Kurskorrektur preisgaben. Doch haben nicht „die Reichen" die Stadt verlassen – wie Dorpius vereinfachend meinte –, sondern derjenige Teil der Bürgerschaft, der sich in der Minderheit sah, gab den Kampf in Münster auf, unter ihnen der Bürgermeister Jodefeld. Das Hauptmotiv für den Exodus dürfte indessen die Furcht vor dem zu erwartenden Krieg gewesen sein.

Der Bischof verstärkte die Anfang Februar angeordneten Rüstungsvorbereitungen. Am 18. Februar stellte er Hauptleute zur Anwerbung von Söldnern ein, die Ritterschaft sollte von der nächsten Woche an einsatzbereit sein. Ebenso begann der noch amtierende Rat, Verteidigungsmaßnahmen gegen die Belagerung zu treffen; die Niesinck-Schwestern erhielten Befehl, unverzüglich ein Gartenhaus und einen Zaun abzubrechen. Man gab sich also über die bischöflichen Absichten keinen Illusionen hin, zumal seit man von der Gefangensetzung des Syndikus von der Wyck erfahren hatte.

Spätestens mit der Bestätigung des Toleranzabkommens war Wycks Politik endgültig gescheitert. Anscheinend ist er bei den Verhandlungen gar nicht mehr beteiligt gewesen. Auch er verließ Münster, fiel aber unterwegs den Bischöflichen in die Hän-

Bernd Knipperdollinck. Gemälde von Anthonis Mor, einem der bedeutendsten Porträtisten des 16. Jahrhunderts (1549). Nach einer – möglicherweise von Heinrich Aldegrever stammenden – unbekannten Originalzeichnung

de. Am 20. Februar ersuchte der Rat der Stadt um seine Freilassung – vergebens. Franz von Waldeck hat seinen stadtpolitischen Gegner des letzten Jahres ohne jedes Verfahren hinrichten lassen.

Seit Mitte Februar gelangten aus den Städten des Stifts, zum Beispiel aus Schöppingen, Coesfeld und Warendorf, und bald auch aus den Niederlanden täglich Einwanderer nach Münster (in den Quellen werden letztere „Holländer und Friesen" genannt). Die Münsterländer kamen, weil sie von der Verhaftungsanordnung des Bischofs bedroht waren. Die Ankömmlinge aus den habsburgischen Niederlanden standen seit langem unter Verfolgungsdruck der Behörden. Für diese an die nahe Wiederkunft des Herrn glaubenden Menschen kann die wunderbare Bewahrung ihres Refugiums Münster vor dem Zugriff des Bischofs nur eine zusätzliche Bestätigung gewesen sein. Die Täufergemeinde in Münster sah es genauso und lud die auswärtigen Glaubensgenossen durch Boten wie Jakob Hufschmidt oder brieflich zu sich ein. Auch Jan Mathys, dem Knipperdollinck und Jan van Leiden geschrieben hatten, setzte seine Reise in das Neue Jerusalem fort, die er in Deventer unterbrochen hatte, als er von den letzten Unruhen erfahren hatte. Dagegen hat Roll Münster aus ungeklärten Gründen verlassen und ist bis zu seinem Märtyrertod im September 1534 in Maastricht nicht zurückgekehrt, hatte auch keine Verbindung mehr mit Münster.

Für die am 23. Februar turnusgemäß anstehende Ratswahl hatten die Neuankömmlinge kein Stimmrecht. Das Votum der verbliebenen Urwähler aber dokumentierte ihr Verlangen nach einer Stadtführung, die anders als der in den letzten Auseinandersetzungen offensichtlich uneinige alte Rat wieder einmütige Politik machen sollte. Mindestens acht der diesjährigen Kurgenossen gehörten später zu den Täufern, und sie wählten ausschließlich Männer, die zuletzt gegen den Bischof bzw. auf seiten der Täufer gestanden hatten oder als ihre Sympathisanten gelten mochten. Das brachte eine ähnlich große Personenablösung wie im Vorjahr: Von den alten Ratsmitgliedern wurden nur sechs wiedergewählt, die anderen achtzehn waren sämtlich Neulinge im Rathaus. Gresbeck kommentierte das Wahlergebnis, „dat sie wolden einerlei luede sein" [607: Berichte der Augenzeugen, S. 18]. Bei der Bürgermeisterkür am folgenden Tag wurde neben Gerd Kibbenbrock, der schon dem vorigen Rat angehört hatte, der neugewählte Bernd Knipperdollinck, der in der letzten Zeit als ein führendes Glied der Täufergemeinde in den Vordergrund getreten war, zum Bürgermeister erhoben. Nur einer von diesen 24 Ratsherren hat den Übergang zur Täuferherrschaft nicht mitvollzogen, ein zweiter ist später geflüchtet, die meisten sind ihrem Glauben und der Stadt bis zum Tode treu geblieben.

Obwohl so binnen zwei Jahren das gesamte städtische Führungspersonal ausgewechselt worden war, war damit doch kein gesellschaftlicher Umsturz erfolgt. Untersuchungen zur Vermögenslage der in Münster eingesessenen Täufer haben erwiesen, daß die täuferischen Ratsherren denselben Schichten entstammten wie ihre Vorgänger und daß das Verhältnis von Wohlhabenden und Mitgliedern unterer Vermögensklassen dem in den früheren Gremien entsprach [797: Kirchhoff, Täufer in Münster]. Die Etablierung der Täuferherrschaft war keine soziale Revolution, wie es auch kein Programm zur Veränderung der Sozialverhältnisse gegeben hat und nicht zu geben brauchte, wenn in wenigen Wochen Christus kommen und alles neu machen würde.

Am 23. Februar richtete der Bischof in Telgte sein Hauptquartier ein, ernannte Befehlshaber und verhängte Straßensperren gegen Münster, um die Nahrungsmittelzufuhr abzuschneiden. Tags darauf begann auch die Stadt mit Kampfhandlungen. Anscheinend hat der erste öffentliche Auftritt von Jan Mathys mit dazu beigetragen. Er ermahnte die vor dem Rathaus auf das Ergebnis der Bürgermeisterkür wartende Menge, der Obrigkeit gehorsam zu sein; das war gleichsam ein Vertrauensvotum im Namen der Zugewanderten für den neuen Rat. Außerdem ermutigte er zum Widerstand gegen die Belagerung – die Vorbereitungen des Bischofs werden ihm auf seiner Reise nicht entgangen sein – und nahm damit den Täufern das schlechte Gewissen, zum Schwert gegriffen zu haben. Rothmann hat später angemerkt, der Prophet habe sie gelehrt und aus der Schrift nachgewiesen, daß sich die Christen in der Zeit des göttlichen Zorns über die Gottlosen gegen deren Angriffe verteidigen dürften [669: Schriften Rothmanns, S. 280ff]. Mathys ist damit einen Schritt weiter gegangen als Melchior Hoffman, aber im Unterschied zu Straßburg hatte Münster nun auch eine „gerechte" Stadtobrigkeit erhalten, und zwar ganz legal – ein weiteres Indiz für die geglaubte Auserwähltheit der Stadt.

Noch am 24. Februar begann mit dem Eindringen einer größeren Menge in den Dom ein „Bildersturm", der auf die anderen Kirchen ausgedehnt und ein paar Wochen später fortgeführt worden ist. Ihm sind wertvolle Kunstwerke zum Opfer gefallen, darunter die Orgel, die astronomische Uhr, Altäre, Gemälde und Schnitzereien. Dennoch richtete sich die Zerstörung keineswegs wahllos gegen alle Kunstwerke, sondern hat nach den Beobachtungen von Max Geisberg neben bestimmten Heiligenfiguren und Madonnen vor allem die Wahrzeichen der bischöflichen Herrschaft getroffen. So wurden Skulpturen der Apostel Paulus und Petrus sowie von Bischöfen entweder ganz zerschlagen – zum Beispiel entfernte man die Reihe der Bischöfe aus dem Figurenprogramm des Rathausgiebels – oder teilweise demoliert, um sie verächtlich zu machen; ebenso wurden Grabmäler der den Bürgern verhaßten Domherren gezielt beschädigt. Auch das große Stadtsiegel wurde zerbrochen. Die Kleinodien aus Edelmetall hingegen wurden im Rathaus zusammengetragen und dienten später als Teil des „Goldschatzes" der Täufer zur Begleichung der Unkosten im Verkehr mit der Außenwelt oder als Material für eigene Kunstwerke.

Bilderstürme hat es im 16. Jahrhundert vorher und nachher an verschiedenen Orten gegeben. Ein wesentliches Motiv lag in der Verwerfung der Bilderverehrung durch die Reformatoren als Götzendienst; deshalb wandte sich das evangelisch gewordene Bürgertum davon ab. „Die Bilderstürmer waren die Bilderstifter" [2203: Heimpel, Wesen des deutschen Spätmittelalters, S. 134]. Darum ist es falsch, eine besondere Barbarei oder gar einen kriminellen Charakter der Täufer daraus ableiten

Während des Bildersturms beschädigter Grabstein einer Äbtissin im Ostquerschiff des Doms (aus dem 13. Jahrhundert)

zu wollen, wie es seit Kerssenbrock üblich ist; auch war es nicht die Aktion eines „rasenden Pöbels“. Ein im Sommer 1534 entstandenes Kampfgedicht von mehreren tausend Versen, das „Bichtbook“, das den Täufern alle denkbaren Schlechtigkeiten anlastet, behauptet, am Bildersturm hätten sich auch Nichttäufer beteiligt.

Am 25. Februar zerstörten die Münsterischen durch einen Ausfall St. Mauritz. Die Verantwortung für diese der Sicherung des Vorfeldes dienende Maßnahme dürfte beim Rat gelegen haben, dessen Mitgliedern die strategische Bedeutung der Anlage bei einer Belagerung wohl bewußt war.

Die Zerstörung von St. Mauritz machte jedermann in Münster klar, daß man sich im Krieg befand. Und nun nötigten die Täufer alle anderen Einwohner zu einer eindeutigen Entscheidung. Am frühen Morgen des 27. Februar liefen bewaffnete Täufer durch die Straßen und forderten die Ungetauften mit lauten Rufen und Schlägen an ihre Haustüren auf, sich schleunigst entweder zu bekehren oder die Stadt zu verlassen, sonst werde Gott sie bestrafen, manchmal deutlicher: töten. Die Aktion hatte die gewünschte Wirkung: Teile der Bevölkerung begaben sich zum Prinzipalmarkt, um dort als sichtbares Zeichen ihrer Bekehrung die Taufe zu empfangen und sich anschließend von den Bürgermeistern registrieren zu lassen. (Leider sind diese Listen nicht erhalten; Gresbeck spricht von etwa 300 Männern und 2000 Frauen.) Andere zogen trotz des gräßlichen Wetters aus der Stadt, durften aber keine Habe, insbesondere keinen Proviant, mitnehmen. Viele Familien teilten sich; häufig blieben die Frauen zurück, um Haus und Besitz zu wahren. Viele der Emigranten mögen angenommen haben, ihre Abwesenheit werde nur von kurzer Dauer sein. Taufen und Auswanderung zogen sich über drei Tage hin. Dann erging eine Verfügung des Rates, die bei Androhung der Todesstrafe etwa zurückgebliebene Ungetaufte sofort auswies. Ob dieser vom Ratsdiener bekanntgemachte Beschluß so durchgeführt worden ist, erscheint jedoch zweifelhaft; daß jemand in Münster unter dem Vorwurf, nicht getauft zu sein, hingerichtet worden wäre, wird in keiner Quelle ausdrücklich gesagt.

In dem wohl bald nach Ostern verfaßten „Bekenntnis des Glaubens und Lebens der Gemeinde Christi zu Münster“ hat Rothmann die Austreibung der Taufunwilligen als eine notwendige Reaktion auf die Belagerung erläutert: Deswegen habe man in der Stadt keine potentiellen Gegner mehr dulden können, und darum hätten sie auch im Unterschied zu den früher Ausgewanderten nichts mehr mitnehmen dürfen. Danach wäre die Ausweisung Ergebnis militärisch-politischen Kalküls gewesen, was angesichts der Blockade einleuchtet. Mit dem jüngsten Toleranzabkommen war sie allerdings unvereinbar. Sie diente in rigoroser Weise der Wiederherstellung der innerstädtischen Solidarität, die dringlich war und dauerhaft sein mußte. Wer sich taufen ließ, bekannte sich damit zu der neuen Gemeinschaft. Aber er stand nun auch außerhalb der Gesellschafts- und Rechtsordnung des Reiches.

Die Androhung des göttlichen Zorns über die Taufunwilligen zeigt indessen, daß die Aktion auch eine eschatologische Komponente hatte. Die Endzeiterwartung lieferte die geistliche Begründung für die radikale Maßnahme, obwohl sie interessanterweise in Rothmanns „Bekenntnis“ völlig fehlt. Erst in seiner nächsten Schrift, der „Restitution“ vom Herbst 1534, hat er aus der Rückschau die Austreibung unter Berufung auf den Propheten und die Bibel als eine den „rechten Christen“ innerhalb des göttlichen Heilsplans erlaubte und gebotene Gewaltanwendung gegen die Gottlosen interpretiert. Dionysius Vinne hat ausgesagt, die Alternative Taufe oder Auszug sei von Mathys ausgegeben und als von Gott gewollte Reinigung der Stadt begründet worden. Kerssenbrock hat wegen seiner Neigung, vor allem die Holländer zu belasten, Mathys' Anteil besonders ausgeschmückt. Die beste Quelle, das erwähnte Tagebuch, weist aber Knipperdollinck die führende Rolle zu, also dem Bürgermeister, und auch Gresbeck hat nichts von Mathys' Mitwirkung berichtet. Daher ist anzunehmen, daß Mathys die Verjagung anregte, der Rat aber sie nicht nur duldete und am Ende sanktionierte, sondern auch mittrug. Die ältere Auffassung, Mathys habe sofort nach seiner Ankunft den Rat beiseite gedrängt und alle obrigkeitliche Gewalt beansprucht, ist inzwischen widerlegt.

Nach den sorgsam begründeten Schätzungen Kirchhoffs haben etwa 2000 Einwohner Münster im Frühjahr 1534 verlassen. Auch wenn man annimmt, daß etliche Hundert schon in den Wochen vorher emigriert sind, ist die Zahl der von der Austreibung Betroffenen sehr hoch. Geblieben sind demnach etwa 5000 bis 5500 Einwohner (ca. 800–1000 Männer, 3000–3300 Frauen, 1200 Kinder) [797: Kirchhoff, Täufer in Münster, S. 24f]. Über tausend Personen hat Kirchhoff durch Auswertung von Besitz- und Abschwörlisten identifizieren können, darunter sicher fast alle, die während der Täuferherrschaft Einfluß besessen haben. Der sehr hohen Dunkelziffer sind wahrscheinlich viele Angehörige der bekannten Hausbesitzer und ihr Gesinde zuzurechnen. Die Zahl der Zuwanderer soll die der Emigranten etwas überstiegen haben (ca. 700–800 Männer, 1500–1600 Frauen); von ihnen kennen wir nur die wenigen mit Namen, die eine gehobene Stellung eingenommen haben oder sonst besonders hervorgetreten sind. Über die sozialen Schichten, aus denen sie kamen, kann kaum mehr gesagt werden, als daß sicher viele Arme unter ihnen gewesen sind, denn in den Niederlanden herrschte damals eine Wirtschaftskrise mit hoher Arbeitslosigkeit. Ebenso sicher aber haben viele um ihres Glaubens willen Haus und Hof aufgegeben. Auch einige Adelige haben sich den Täufern angeschlossen, zum Beispiel Gerlach van Wullen und Dorothea von der Recke aus Drensteinfurt mit Töchtern.

In Münster wurden die Zuwanderer zunächst gruppenweise nach ihrer Herkunft in den größtenteils leerstehenden Klöstern untergebracht, später auch in geräumten Häusern. Die interne Raumverteilung wurde wohl den Gruppen selbst überlassen, auch scheinen sie „Sprecher" gehabt zu haben, so die Coesfelder den mit ihnen gekommenen ehemaligen Wassenberger Prädikanten Heinrich von Tongeren gen. Slachtscap.

Die Einwanderung hielt den ganzen März 1534 hindurch an. Die Resonanz auf Mathys' Botschaft war in den Niederlanden beträchtlich, zumal Ende März in Holland die Frist ablief, die ein Amnestieerlaß Täufern für den Widerruf gesetzt hatte. Die anlaufende Belagerung behinderte zu dieser Zeit den Zuzug nur wenig; die im März eingerichteten Reiterlager bei Haus Nevinghoff und Haus Lütkenbeck sowie in Roxel (alle drei im heutigen Stadtgebiet gelegen) bedeuteten noch keine Blockade. Es dauerte bis zum Mai, ehe die Stadt von sieben Söldnerlagern in etwa gleichmäßigen Abständen und jeweils etwa zwanzig Minuten von der Mauer entfernt umgeben war. Kleinere Gruppen konnten immer noch durchschlüpfen. Die Sammlung größerer

Scharen aber konnte kaum geheim bleiben und löste Gegenmaßnahmen der Behörden aus. Ende März wurden mehrere mit Täufern aus Holland besetzte Schiffe bei Zwolle aufgebracht, und die Vereinigung von womöglich ein paar tausend Melchioriten (darunter mindestens die Hälfte Frauen und Kinder) zu einem gemeinsamen Zug unter Führung eines „Propheten Jeremias" aus dem Stift Utrecht nach Münster wurde durch habsburgische Truppen verhindert. Obwohl diese Leute bewaffnet waren – in einem Handzettel war dazu aufgefordert worden –, hatten sie doch keine aggressiven Absichten und leisteten keinen Widerstand, weil sie alle Aktivität von den himmlischen Mächten erwarteten.

Das alles verstärkt die Wahrscheinlichkeit, daß man den Umschwung in Münster von der friedlichen Täufergemeinde zur waffenführenden täuferischen Stadtherrschaft primär als Reaktion auf die bischöfliche Bedrohung erklären muß. Eine besondere Rechtfertigung wurde darin gefunden, daß die „auserwählte Stadt" bis zum unmittelbar bevorstehenden Erscheinen Christi verteidigt und als Neues Jerusalem im Inneren rein erhalten werden müsse. Alles, was in der Stadt in den nächsten Wochen geschah, ist unter dem Aspekt der Vorbereitung auf die Wiederkunft Christi zu sehen. Dabei wirkten die politische Führung und die geistliche Leitung zusammen.

Die „Heiligung" des Volkes im Neuen Jerusalem konnte nur der Inhaber einer besonderen göttlichen Vollmacht lenken: der Prophet Jan Mathys, nach Gresbeck ein Mann von großer Statur und mit mächtigem schwarzen Bart. Meistens hatten im melchioritischen Gemeindeverständnis apostolische Sendboten oder Propheten eine größere Autorität als die örtlichen Gemeindevorsteher, und das ist nun auch in Münster zu beobachten. Das wenige, was wir von Mathys wissen, deutet auf einen Mann mit außerordentlichem Sendungsbewußtsein und Durchsetzungswillen. Schon in Amsterdam hatte er Kritiker durch Androhung göttlichen Gnadenentzugs zum Schweigen gebracht, und in Münster scheute er auch vor Gewaltanwendung nicht zurück. Als der Schmied Hubert Rüscher seine prophetische Qualität vor anderen angezweifelt hatte, erhob Mathys vor der ganzen Gemeinde gegen ihn Klage wegen Lästerung, verlangte die – im Alten Testament dafür vorgesehene – Todesstrafe und vollzog das Urteil eigenhändig, indem er den Beschuldigten tödlich verwundete. Auch dieser brutale Gewaltakt wurde als Reinigung deklariert. Den Einspruch einiger Ratsherren und Alderleute, die ein übliches Gerichtsverfahren verlangten, überwand Mathys, indem er sie verhaften ließ und ihnen Gottes Zorn androhte. Das verdeutlicht, wie die Trennung zwischen politischem und kirchlichem Bereich in der endzeitlichen Gemeinde in Münster verwischt wurde, wobei der Prophet gegenüber dem Rat das Übergewicht gewann. Möglich war das erst nach der Austreibung, als nur noch Menschen in der Stadt waren, die der göttlichen Gnade teilhaftig werden wollten. Mathys' Charisma haben sich auch Rothmann und die Wassenberger Prädikanten rasch untergeordnet – später ebenso dem das Prophetenamt übernehmenden Jan van Leiden –, fordert doch der Apostel Paulus, die Weissagung zu achten (1. Thess 5,20). Rothmann hat diese Rolle nie beansprucht und auch keine Visionen gehabt.

Anscheinend ist Mathys erst im nachhinein klar geworden, daß man mit der Massentaufe Ende Februar viele unsichere Mitläufer in die Gemeinde aufgenommen hatte. Im Vergleich zu der sonstigen hohen Wertschätzung des Taufbegehrens innerhalb der Täuferbewegung bedeutete jene Nötigung zur Taufe ohnehin eine erstaunliche Abweichung, ja Wertminderung, auch wenn die Täuflinge ein Bekenntnis abzulegen hatten und ermahnt wurden, „dat sie dat boese solden laten und doin dat guet“ [607: Berichte der Augenzeugen, S. 20]. So mochten Bedenken aufkommen, ob diese Neugetauften die Wiederkunft Christi ernst genug nahmen, und ebenso mochten sie am ehesten für Zweifel an Mathys' prophetischer Legitimation anfällig erscheinen. Das könnte die massive Einschüchterung dieser Gruppe erklären, die Mathys gemeinsam mit Jan van Leiden und einigen anderen Prädikanten vorgenommen hat. Eines Tages wurden die betroffenen Männer von der bewaffnet versammelten Gemeinde abgesondert, mußten ihre Waffen ablegen und sich nach der Eröffnung, ihre Teilhabe an der göttlichen Gnade sei fraglich, einer mehrstündigen demütigenden Buße unterwerfen, ehe sie doch Zusicherung der Gnade erhielten. Die neugetauften Frauen mußten sich tags darauf derselben Buße unterziehen.

Die notwendigen Maßnahmen zur Verteidigung oblagen dem Rat. Die Bürgermeister regelten und kontrollierten den Wachdienst, wobei Jan van Leiden sie begleitete. Die Befehlshaber der einzelnen Mauerabschnitte scheinen gewählt worden zu sein, außerdem wurden sechs „Wallmeister“ ernannt. Die Befestigungsanlagen wurden verstärkt, wobei man zerschlagene Statuen und Grabplatten aus den Kirchen verwendete; bei diesen Arbeiten mußten alle mithelfen, später wurden beim Schanzdienst wohl vornehmlich die Zugewanderten, auch die Frauen, eingesetzt. Vermutlich auf Knipperdollincks Vorschlag wurden im April die Helme mehrerer Kirchtürme gekappt, um auf den Plattformen Geschütze aufstellen zu können – eine Maßnahme, die sich militärisch sehr bewährte. Die üblichen regelmäßigen, infolge der Einschließung stark reduzierten Geschäfte waren wie früher unter die Ratsmitglieder verteilt.

Sehr rasch sind aus gemeinsamen Beratungen zwischen Prophet, Prädikanten und Rat Beschlüsse hervorgegangen, die eine gleichmäßige Versorgung sicherstellen sollten. Der Anstoß scheint von Mathys gekommen zu sein. Die Vorräte der Emigranten und der Klöster an Nahrungsmitteln und Kleidung wurden beschlagnahmt, wodurch Plünderungen vorgebeugt werden konnte, und einem Fonds zugeführt, aus dem die Bedürfnisse der Zugewanderten befriedigt und die gemeinsamen Mahlzeiten der Wachmannschaften bestritten wurden. Zu seiner Verwaltung wurden mehrere Diakone eingesetzt, die sich außerdem Überblick über die in den Haushalten vorhandenen Ressourcen zu verschaffen hatten. Zu den namentlich bekannten Diakonen gehörten neben mehreren Münsteranern auch ein oder zwei Auswärtige. Ferner wurde die Bevölkerung aufgefordert, alles Geld und Edelmetall abzuliefern, mit der Konsequenz, daß die Herstellung der notwendigen Konsumgüter unentgeltlich zu geschehen hatte. Die Aufsicht über die Gelder wurde einem Gremium von vier Männern übertragen. Diese Maßnahmen waren sämtlich sinnvoll, um ein Versorgungsgefälle zwischen den Eingesessenen und den Zugewanderten, die ja weder Vorräte noch Produktionsmittel besaßen, zu verhindern. Produktion über den unmittelbaren Bedarf hinaus erschien nicht mehr erforderlich, und für viele Gewerbe gab es infolge der Blockade kaum noch einen Markt. Ideologiekritisch kann man alles als militärische Notstandsmaßnahmen erklären, keinesfalls aber als Langzeitprogramm für eine neue Wirtschaftsordnung; Vorbild war vielmehr die ja auch in der Parusieerwartung

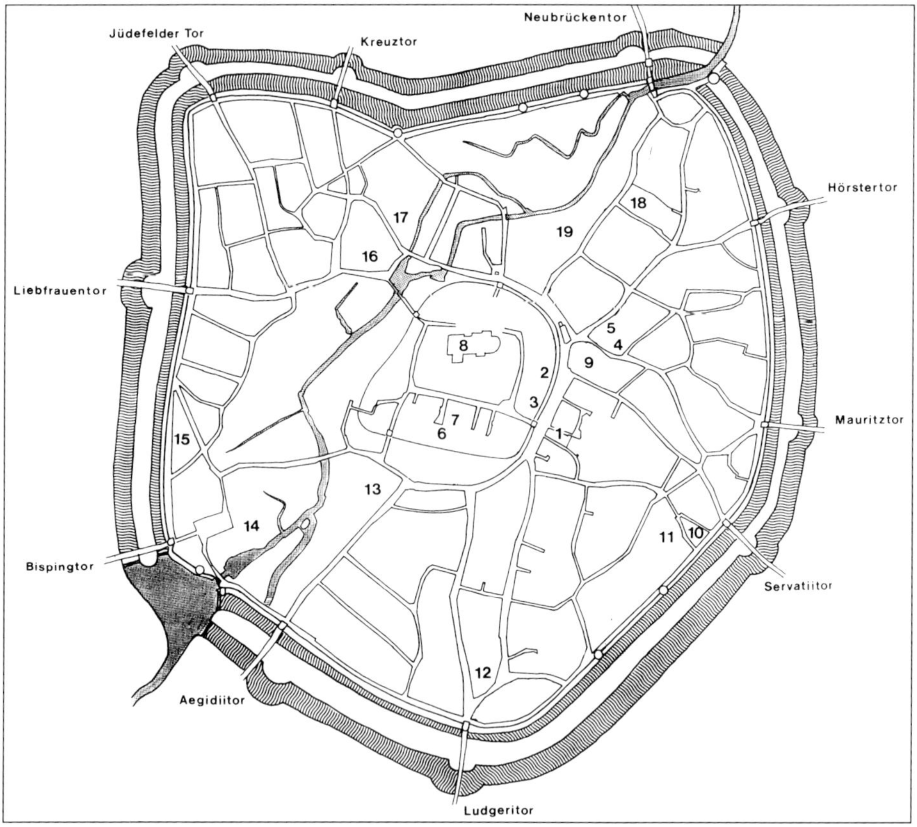

Münster zur Zeit der Täuferherrschaft

1 Rathaus
2 Haus Knipperdollincks (Prinzipalmarkt 41)
3 Haus Kibbenbrocks (Prinzipalmarkt 29)
4 Haus der Kramergilde (Wohnung Rothmanns)
5 Haus der Gesamtgilde (Schohaus)
6 Hof des Jan van Leiden (Domhof des Melchior von Büren)
7 Wohnhaus der Frauen des Königs
8 Dom
9 St. Lamberti
10 St. Servatii
11 Kloster Niesinck (Unterkunft der friesischen Täufer)
12 St. Ludgeri
13 St. Aegidii
14 Georgskommende (Unterkunft der Coesfelder Täufer)
15 Fraterherrenhaus (Unterkunft der holländischen Täufer)
16 St. Marien-Überwasser
17 Kloster Rosental (später Gefängnis für Frauen)
18 St. Martini
19 Minoritenkirche

lebende Urgemeinde. Begründet wurden die Anordnungen für jedermann faßlich damit, auch zur Zeit der Apostel sei das Gut gemeinsam verwaltet worden, jeder solle erhalten, was er brauche, so viel haben wie die anderen und am Nötigen keinen Mangel leiden. Darum fürchtete man auch keine Eigentumsdelikte und konnte die Haustüren unverschlossen lassen. Die meisten Gläubigen sind den Aufrufen willig gefolgt; bei Zögernden ist wohl mit dem Hinweis auf das schreckliche Beispiel von Ananias und Saphira (Apg 5) nachgeholfen worden.

Wohl auf Mathys' Geheiß wurde im März die Reinigung der Stadt von „weltlichem Tand" fortgesetzt. Mit Ausnahme der Bibel wurden sämtliche Bücher verbrannt, wobei die wertvolle Sammlung Rudolf von Langens vernichtet worden ist, außerdem Musikinstrumente und Noten, Karten- und Würfelspiele. Als Ergebnis von Bußpredigten hat es solche Verbrennungen von „Eitelkeiten" schon im 15. Jahrhundert anderenorts gegeben. Ebenso wurden alle Schuldscheine, Akten und Urkunden einschließlich der städtischen Privilegien verbrannt – man glaubte ihrer also nicht mehr zu bedürfen. Im Zusammenhang damit steht auch die Aufkündigung des Dülmener Vertrags, den die Täufer an den Schweif eines Pferdes gebunden haben, das ins feindliche Lager gejagt wurde.

In den ersten Monaten blieb die Stadt von Angriffen der Belagerer verschont. Einige erhaltene Briefe von Täufern an auswärtige Angehörige spiegeln Begeisterung über die neuen Verhältnisse und Sorge um das Seelenheil der Verwandten, die aufgefordert wurden, eilends auch nach Münster zu kommen. Kurz vor Ostern steigerte sich die erwartungsfrohe Stimmung noch. Den Karfreitag beging die Gemeinde mit Umzügen unter Glockengeläut mit Fackeln und Lichtern, wollte Gott sie doch sichtlich bis zu seinem Tag bewahren!

Um so härter mußte es die Gläubigen erschüttern, als am Ostersonntag, dem 5. April 1534, statt der Erfüllung ihrer Erwartungen der Prophet Jan Mathys bei einem mit ganz wenigen Begleitern unternommenen Ausfall vor ihren Augen in der Nähe des Ludgeritors von den feindlichen Söldnern getötet und grausam verstümmelt wurde. Kerssenbrock wollte die militärisch sinnlose Aktion damit erklären, daß Mathys sich als neuer Simson gefühlt und geglaubt habe, mit wenigen Mitstreitern alle Feinde mühelos besiegen zu können. Das ist kaum richtig. Ein Hinweis bei Gresbeck, Mathys sei schon ein paar Tage vor Ostern sehr gedrückter Stimmung gewesen, habe aber seine Bereitschaft betont, den Willen des Vaters geschehen zu lassen, macht folgende Deutung wahrscheinlicher: Der Zeuge Henoch der Apokalypse, als der sich Mathys verstand, muß vor der Wiederkunft Christi einen gewaltsamen Tod erleiden; es könnte sein, daß Mathys, als sich am Ostersonntag nichts bewegte, seinem Tod als einer eschatologischen Notwendigkeit entgegengegangen ist.

Der Tod des Jan Mathys wurde zur ersten Stunde des Aufstiegs von Jan van Leiden. Damit begann eine neue Phase in der Geschichte der Täuferstadt, die geprägt ist von einem neuen Überdenken der eschatologischen Aussagen, das nötig war, nachdem die wichtigste Prophezeiung sich nicht erfüllt hatte, und zu schrittweisen Veränderungen führte, bis im Spätsommer 1534 das neue Gebäude mit dem Königtum vollendet war und in Rothmanns Traktat von der „Restitution" die theoretische Begründung vorlag.

5. *Die Täuferstadt als Vorstufe des Gottesreiches*

Jan Bockelson aus Leiden war damals 26 Jahre alt. Über sein Vorleben hat er selbst ausführlich Auskunft gegeben. Sein Vater war Unterschultheiß in einem Dorf in der Nähe von Leiden gewesen, seine Mutter stammte aus dem Amt Horstmar im Stift Münster. Jan war in Leiden zur Schule gegangen und hatte das Schneiderhandwerk erlernt. In seinen Wanderjahren hatte er in Flandern und in England gearbeitet, später, als er durch die Ehe mit einer Gastwirtin in Leiden zu etwas Kapital gekommen war und sich als Kaufmann versuchte, hatte er auch Lissabon und Lübeck besucht. Er war also ein weltoffener und unternehmungsfreudiger Mann. Die Art, wie er später als König auftrat, läßt vermuten, daß er einen scharf beobachtenden Blick für das Treiben der Großen dieser Welt hatte. Im Sommer 1533 hatte er sich mehrere Wochen in Münster aufgehalten und dabei das Wachsen der evangelischen Gemeinde und die aufbrechende Diskussion über die Tauffrage miterlebt – nach Dorpius soll er sie sogar entfacht haben. Er hatte mehrere Schriften Melchior Hoffmans gelesen und verfügte über gute Bibelkenntnisse; außerdem besaß er rhetorische Fähigkeiten. Anfang November 1533 war er, als Mathys mit der Taufe wieder begann, von ihm als einer der ersten in seinem eigenen Haus getauft und bald danach auf Missionsreise in andere holländische Städte geschickt worden. Als er im Januar 1534 in Mathys' Auftrag nach Münster kam, fand er die Täufergemeinde schon etabliert vor. Er wohnte bei Knipperdollinck und gewann ein recht vertrautes Verhältnis zu ihm. Während der bisher beschriebenen Entwicklung ist er nur selten und nicht führend hervorgetreten; an den von Frauen im Februar begonnenen Bußrufen hatte er sich beteiligt. Nach der Ankunft von Mathys gehörte er wohl zu dessen engsten Mitarbeitern und wurde von manchen bereits als „zweiter Prophet" angesehen.

Wohl noch am Osterabend konnte Jan van Leiden durch eine Predigt die Verwirrung in der Gemeinde beenden und sie mit neuem Glaubensmut erfüllen; zugleich erbrachte er einen Nachweis, durch Offenbarungen erleuchtet zu sein, so daß er als Prophet Anerkennung fand. Nach Gresbeck führte er Mathys' Tod auf Gottes Ratschluß zurück; seine Aufgabe sei erfüllt gewesen, und Gott könne alsbald einen neuen Propheten erwecken. Nach seiner eigenen Aussage hat Jan van Leiden der Gemeinde ferner mitgeteilt, in einer Vision sei ihm schon eine Woche zuvor Mathys' bevorstehender Tod offenbart und bedeutet worden, daß er selbst mit der Fortführung von Mathys' Mission beauftragt werde; er habe seinen Hauswirt Knipperdollinck davon informiert. Der Bürgermeister hat das öffentlich und auch später im Verhör bestätigt. Außerdem deutete Jan van Leiden eine neue Perspektive an: Er nannte zwar keinen neuen Parusietermin; aber von Münster aus solle die Heiligung des Erdkreises erfolgen, und die Gemeinde, die ja bisher nur zu warten gehabt hatte, werde aktiv daran beteiligt sein. Die Stimmung schlug um, die Spannung entlud sich in ekstatischen Tänzen und Umzügen – die Krise war abgewendet.

In der nächsten Zeit trafen die Täufer einige für längere Fristen berechnete Maßnahmen. Für die Kinder wurden mehrere Schulen eingerichtet, in denen Mädchen und Jungen im Lesen, Schreiben, Gesang deutscher Psalmen und auch in Religion unterrichtet wurden. Auf den enger werdenden Belagerungsring reagierten sie mit weiterer Verstärkung der Verteidigungsanlagen, mit Ausfällen und gezielter Behin-

Münze der Täufer mit der Aufschrift „Dat Wort is Fleisch geworden" (Vorder- und Rückseite)

derung der gegnerischen Schanzarbeiten. Am 16. April gelang es ihnen, mit Wolbeck einen Stützpunkt des Bischofs in Brand zu stecken. Durch mündliche Propaganda und durch Flugschriften, die in die Lager geschossen wurden, versuchten die Täufer nicht ganz erfolglos, dem Bischof Soldaten abspenstig zu machen: Sie warnten die Söldner, gegen die Gemeinde Christi einen ungerechten Krieg im Auftrag des Antichrists zu führen, und forderten dazu auf, sich selbst davon zu überzeugen, daß sie in Münster nur das Reich Christi suchten. Auch waren sie jetzt bereit, ihrerseits Landsknechte in Dienst zu nehmen – in den ersten Wochen hatten ihre Theologen das abgelehnt. Zur Anwerbung sollten neugeprägte Münzen dienen, deren Aufschriften ihre Auserwähltheit und eine missionarische Aussage prägnant zusammenfaßten: „Dat Wort is Fleisch geworden un wanet under uns".

Die wichtigste Neuordnung aber betraf die Verfassungsstruktur der Stadt. Ihre Kernpunkte waren:

1. die Konstituierung eines neuen Gremiums von zwölf „Ältesten", das an die Stelle des Rates trat und sämtliche obrigkeitlichen Funktionen erhielt: Beratung der städtischen Angelegenheiten, Leitung der Verteidigung, Gerichtsbarkeit;
2. die „Ordnung der 12 Ältesten";
3. ein aus der Bibel zusammengestellter Katalog von Vergehen, die künftig mit dem Tod bestraft werden sollten. Beide Dokumente brachten in ihren Präambeln das neue Selbstverständnis zum Ausdruck: In der heiligen Stadt Münster lebe ein neues Volk Israel, das sich grundsätzlich an Gottes Geboten orientieren sollte.

Die Zusammensetzung des neuen Leitungsgremiums trug den großen Veränderungen in der Einwohnerschaft Rechnung. Neben sechs Einheimischen, die sämtlich über Erfahrung in der Stadtverwaltung verfügten – vier hatten dem letzten (täuferischen) Rat, von ihnen drei sowie die beiden übrigen dem Rat von 1533 angehört (so der frühere Bürgermeister Tilbeck) –, saßen ein Adeliger (Gerlach van Wullen), zwei aus den Städten des Stifts Zugewanderte und drei Niederländer oder Friesen. Ihren Beratungen sollten außerdem beiwohnen der Prophet Jan van Leiden – das Amt wurde damit institutionalisiert –, der die Beschlüsse bekanntzugeben hatte, und als Schriftführer der ehemalige bischöfliche Gograf Heinrich Krechting aus Schöppingen; anscheinend sah man eine Notwendigkeit, auch einen Rechtskundigen dabei zu haben. Knipperdollinck erhielt als „Schwertträger" Polizeifunktionen: Ihm war die Zuverlässigkeitsprüfung von Neuankömmlingen anvertraut, außerdem hatte er bei Vergehen die Befugnis zur Anklageerhebung und bei Überführung auf frischer Tat zur sofortigen Bestrafung. Wegen seiner Beteiligung an den Exekutionen nach dem Mollenhecke-Aufstand hat Klopriß im Verhör behauptet, er sei zum Scharfrichter ernannt worden, und daraus wurde bei Kerssenbrock und anderen die Degradierung des Bürgermeisters zum Henker. Berücksichtigt man das Selbstverständnis als neues Volk Israel, so geht diese Einschätzung fehl, denn bekanntlich war im alten Israel der Vollzug der Todesstrafe nichts Ehrenrühriges, sondern Sache der ganzen Gemeinde. Ferner wurden die Zuständigkeiten für die Nahrungsmittelversorgung, die handwerkliche Produktion und für Spezialbereiche der Verteidigung namentlich genannten Personen übertragen, die fast alle aus Münster stammten, darunter mehrere ehemalige Ratsherren, Kurgenossen und Alderleute; unter den vier „Aufsehern des Schatzes" beispielsweise waren drei Ratsherren. Diese Regelungen machten die Gilden endgültig funktionslos.

Die Ältesten waren nicht gewählt worden, sondern galten als von Gott eingesetzt im Unterschied zu der bisherigen von Menschen bestimmten Obrigkeit – auch damit wurde ein Bruch mit der Vergangenheit zum Ausdruck gebracht. Der Prophet gab ihre Namen bekannt und führte sie durch Überreichen eines Schwertes in ihr Amt ein. Dorpius und Kerssenbrock folgerten daraus, Jan van Leiden sei der Urheber der Änderung gewesen, die ihm den Weg zum Königtum hätte bahnen sollen. Gresbeck dagegen wußte nichts von einer Initiative Jans van Leiden; er führte die Neuerungen viel schlichter auf Beratungen der „Propheten und Prädikanten" und die „Herrschsucht" der Fremden zurück. In einer Flugschrift, die wesentliche Teile der „Ordnung" wiedergibt und kommentiert, heißt es, Rothmann habe die Neuordnung in einer Predigt begründet. Wie groß der Anteil einzelner daran gewesen ist, läßt sich nicht mehr aufhellen. Wichtiger ist, daß Münsters Täufer von der unmittelbaren Parusieerwartung Abschied genommen und ihr Gemeinwesen in enger Anlehnung an die Bibel als Volk eines Neuen Bundes in ethischer Hinsicht sehr rigoros, in zeitlichen Fragen durchaus praktisch zu ordnen gesucht haben.

Wie damals üblich gehörten auch Kleidervorschriften zu der neuen Ordnung. Modische Kleidung und Luxus wurden verboten. Gresbeck berichtet, zwei kleine Mädchen hätten mehrere Wochen lang diejenigen Leute denunziert, die dagegen verstoßen hätten. Auf Betreiben eines neu auftretenden Propheten, des Goldschmieds Dusentschuer aus Warendorf, wurde geregelt, wieviele Kleidungsstücke und wieviel Bettzeug jeder besitzen durfte, alles andere wurde von den Diakonen eingesammelt, um Bedürftige versorgen zu können.

Recht wenig wissen wir über ein regelmäßiges gottesdienstliches Leben. Nach Gresbeck wurde täglich am Morgen in jedem Kirchspiel in einem Haus gepredigt; die Kirchen, von denen mehrere als „Steinkuhlen" für den Befestigungsbau benutzt wurden, waren für Versammlungen nicht mehr tauglich. Bei besonderen Anlässen wurde für die ganze Gemeinde auf dem Prinzipalmarkt Predigtgottesdienst gehalten, zumal in oder nach Predigten wichtige Entscheidungen bekannt gegeben und begründet wurden. Gern wurde der Choral „Allein Gott in der Höh' sei Ehr" gesungen. Bei den gemeinsamen Mahlzeiten der Wachmannschaften fanden Lesungen aus der Bibel statt. Manchmal wurden große gemeinsame Abendmahlsfeiern unter freiem Himmel veranstaltet. Die Tauffrage war mit der Massenaktion Ende Februar erledigt; wer danach noch kam, war – mit Ausnahme überlaufender Söldner – in der Regel schon getauft. Kerssenbrock behauptet, die Täufer hätten einen „Bischof" erwählt, einen Friesen namens Julius, zu dessen Aufgaben Unterweisung und Taufen gehört hätten; er wird hereingekommene Landsknechte und gelegentlich auch Heranwachsende getauft haben. Ehen konnten von ihm oder den Prädikanten eingesegnet, aber auch vor anderen Bürgern geschlossen werden. Angesichts der Überzahl von Frauen wurde anscheinend alleinstehenden Männern die Ehe nahegelegt; so fanden auch mehrere ehemalige Nonnen Ehepartner.

Mitte Mai hatte Bischof Franz seine politischen und militärischen Vorbereitungen zur Niederwerfung der Stadt, für die seine eigenen Kräfte nicht ausreichten, zu einem gewissen Abschluß gebracht. Schon am 17. März hatte der Landtag des Stifts Münster in Hiltrup die Aufnahme von Kriegsanleihen bewilligt und eine Kommission eingesetzt, die während des Krieges notwendige Entscheidungen, vornehmlich finanzieller Art, treffen sollte. In der Folgezeit wurden mehrere Kriegssteuern ausgeschrieben. Für Schanzarbeiten wurden Bauern auch aus dem Niederstift dienstverpflichtet. Von befreundeten und benachbarten Fürsten leistete Philipp von Hessen konkrete Hilfe durch Zusendung von Truppen und Geschütz. Maria, die Regentin der habsburgischen Niederlande, die wegen der Bewegung unter den dortigen Täufern, zuletzt durch das Auftreten der zur Buße rufenden täuferischen „Schwertläufer" in Amsterdam Ende März aufgeschreckt war, stellte größere Mengen Pulver und ein Darlehen zur Verfügung. Beider Engagement jedoch ließ die nächsten Nachbarn des Bischofs mit der Hilfe zögern. Die Herzöge von Jülich und von Geldern sowie der Erzbischof von Köln sahen das Ausgreifen Hessens in den nordwestdeutschen Raum mit Unbehagen; noch mehr befürchteten sie – der Landgraf ebenso –, Franz von Waldeck beabsichtige, gegen eine Pension die weltliche Herrschaft über das Stift Münster an Kaiser Karl V. als Erbherrn der Niederlande zu übergeben, wie es 1528 der Bischof von Utrecht getan hatte. Das Gerücht fand, obwohl Franz mehrmals dementiert hat, immer wieder Nahrung wegen seiner Kontakte mit niederländischen Offizieren, die im Fall des erhofften raschen bischöflichen Sieges die dann frei werdenden Truppen für die Habsburger anwerben wollten. Zwar versprachen Köln und Jülich Anfang Mai bei einem Treffen der Fürsten in Neuss Geld und Truppenhilfe, blieben aber mit der Leistung in Verzug. Die erste Bestürmung Münsters mußte der Bischof fast nur mit eigenen Kräften unternehmen.

Die neugeordnete Stadt bestand ihre Bewährungsprobe, als sie diesen Sturmangriff zu Pfingsten (25. Mai) erfolgreich abwehrte. Vorausgegangen war eine viertägige Beschießung, doch konnten die angerichteten Schäden an Wällen und Mauern durch unermüdlichen Einsatz vor allem der Frauen in den Nächten ausgebessert werden. Weil eine Abteilung betrunkener Landsknechte mehrere Stunden zu früh losbrach und dadurch den gegen das Jüdefelder Tor gerichteten Angriffsplan in Verwirrung brachte, scheiterte das Unternehmen. Die Zahl der Todesopfer bei den Täufern gab Jan van Leiden später mit ungefähr fünfzig an, doch war ein Ältester darunter. Der Bischof bezifferte seine Verluste auf 200 Tote. Die Folgen der Niederlage waren für ihn erheblich: Er mußte sich auf eine länger dauernde Belagerung umstellen und dafür weitere Hilfsquellen erschließen, denn eine schnelle Wiederholung des Angriffs war bei den demoralisierten Söldnern nicht durchzusetzen. Mehrere Landsknechte liefen zu den Siegern über, angeblich über hundert, wurden aber in ihren Erwartungen auf besseren Verdienst enttäuscht und überdies mit der Forderung konfrontiert, sich taufen zu lassen. Durch sie entstand in der Täuferstadt ein Element der Unsicherheit und Unzufriedenheit. Es ist schwerlich ein Zufall, daß schon nach kurzer Zeit einige Landsknechte in Münster wegen in Trunkenheit begangener Übertretungen der Ordnung zum Tode verurteilt worden sind.

Wie sehr manche Glieder der Gemeinde die Identifizierung mit dem Vorbild Israel nachvollzogen haben, dokumentiert der Versuch der schönen Friesin Hille Feicken, die Tat der alttestamentlichen Judith zu wiederholen: Sie wollte sich dem Bischof unter Einsatz ihrer weiblichen Reize nähern, um ihn umzubringen und dadurch Gottes Volk von der Belagerung zu erlösen. Die Ausführung mißlang, weil der Bischof

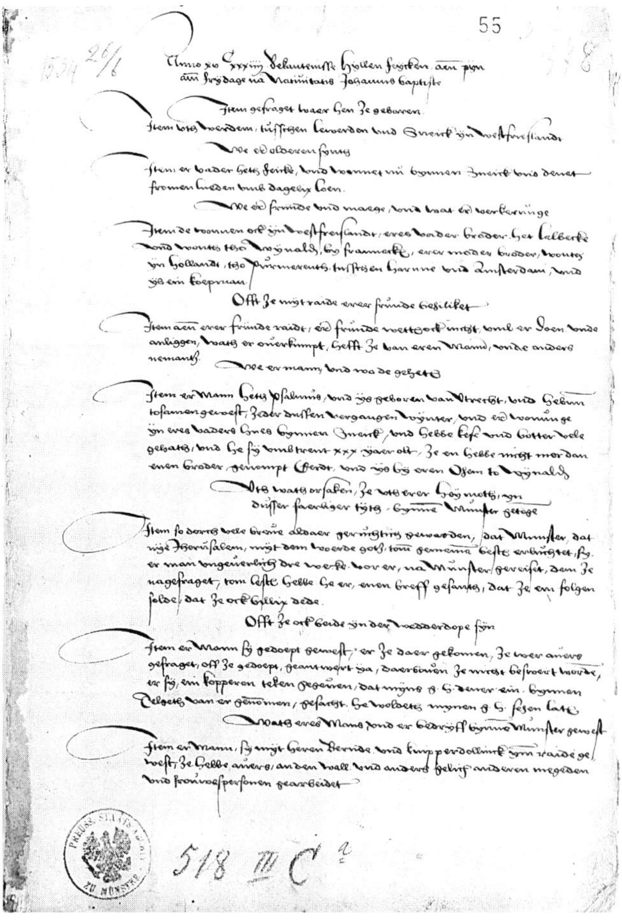

Verhörprotokoll der Hille Feicken vom 26. Juni 1534

von einem übergelaufenen Bürger gewarnt wurde. Ihre Verhörsaussagen charakterisieren Hille als eine gläubige Täuferin, die mit ihrem Mann dem Ruf ins Neue Jerusalem gefolgt war und darum Heimat und Besitz aufgegeben hatte, die neuen Lebensformen in Münster bejahte und willig ihren Dienst an den Wällen versehen hatte. Zu dem Attentat sei sie von niemandem angestiftet worden, sondern habe nach längerem inneren Ringen auf Rat einer Freundin die Sache Knipperdollinck, Jan van Leiden und einigen anderen vorgetragen, die sie dann mit den erbetenen Kleidern und Schmuck ausgestattet hätten. Die Genannten und auch Klopriß haben später ausgesagt, von dem Plan zunächst abgeraten zu haben; sie haben dann aber wohl dem Drängen der Frau, den Willen Gottes erfüllen zu müssen, nachgegeben. Der Bischof ließ Hille Feicken enthaupten.

Wenige Wochen später wurde jene Maßnahme beschlossen, die wie kaum eine andere den Ruf der Täufer von Münster bis heute belastet, sie moralisch angreifbar machte, ja den Tatsachen vorauseilende Anwürfe nachträglich zu bestätigen schien: die Polygynie, im Volksmund „Vielweiberei" genannt. Jeder Mann sollte berechtigt sein, mehrere Frauen zu haben, und jede geschlechtsreife Frau sollte mit einem Mann verheiratet sein. Auch diejenigen Frauen, deren Ehemänner aus Münster emigriert waren, sollten wieder einen Mann nehmen, und dasselbe galt für sicher viele zugewanderte Frauen, die ihre Männer verlassen hatten, denn Ehen zwischen einem „gläubigen" und einem „ungläubigen" Partner wurden unter Berufung auf Paulus als nichtig betrachtet. Mehrere Tage lang wurden der Gemeinde in Predigten als wesentliche Gründe dargelegt: Die Ehe sei nur dazu da, den paradiesischen Segen „Seid fruchtbar und mehret euch!" zu realisieren, nicht zur Befriedigung sonstiger Lüste. Gottes Wille sei das Wachstum seines Volkes für seine neue Welt; durch die Mehrehe könne der Mann, falls seine Frau schwanger oder unfruchtbar sei und er sie darum in Ruhe zu lassen habe, mit einer zweiten und weiteren Frauen dazu beitragen, statt der Versuchung zu außerehelichem, also unzüchtigem bzw. verbotenem Geschlechtsverkehr zu erliegen. Die Beispiele der alttestamentlichen Patriarchen und israelitischen Könige wurden bemüht, um zu erweisen, daß die Heilige Schrift der Neuerung nicht entgegenstehe, deren Unerhörtheit wohl nicht nur Rothmann bewußt gewesen ist. Zusätzlich zu den gepredigten Begründungen hat er im Herbst in der „Restitution" hervorgehoben, auf diesem Weg sei in Münster die biblische Ordnung wiederhergestellt worden, nach der die Frau ihrem Mann als ihrem Haupt untertan sein solle, statt ihn – wie es anderswo häufig der Fall sei – zu kommandieren; in Münster sei jede Frau einem Mann in Gehorsam unterstellt.

Nach einigen Berichten führte die Anordnung zunächst zu chaotischen Zuständen. Längst nicht allen Frauen war es möglich, einen ledigen Mann zu finden. Manche Männer sollen die ledigen Frauen und Mädchen als willenlose Beute angesehen haben, so daß eiligst Bestimmungen erlassen werden mußten, die den Frauen eine dreitägige Bedenkzeit – und damit das Recht, einen Freier abzuweisen – einräumten. Den „alten" Ehefrauen wurde zugemutet, die neuen Partnerinnen ihrer Männer in den Haushalt aufzunehmen. Daß es dadurch zu vielen Streitigkeiten in den Häusern kam, ist begreiflich; ihre Schlichtung oder Ahndung wurde zu einer wichtigen Beschäftigung der Ältesten und später des Königs. Sogar in der Pubertät stehende Mädchen wurden zur Ehe genötigt; einige mußten wegen dabei erlittener gesundheitlicher Schäden von einer Ärztin, der Knupperschen, behandelt werden oder sind daran gestorben. Die Verbindung einer Frau mit mehreren Männern galt dagegen weiterhin als Ehebruch bzw. Hurerei; eine Frau ist deswegen Ende September zum Tode verurteilt worden.

Die Polygynie bedeutete eine Abwendung von der bisher eher partnerschaftlichen Eheauffassung, wie sie Rothmann im „Bekenntnis des Glaubens und Lebens" beschrieben hatte, nämlich der Ehe als Abbild der Beziehung zwischen Christus und seiner Gemeinde mit Betonung der gegenseitigen Stützung der beiden gläubigen Gatten. Damals hatte Rothmann eindeutig an der Einehe festgehalten und sich gegen Behauptungen verwahrt, die Frauen seien Gemeingut oder es würden Ehebruch und Blutschande geduldet.

In der Forschung werden die mutmaßlichen Motive für die Polygynie immer aufs neue diskutiert. Treibende Kraft ist wohl Jan van Leiden gewesen, der die Einwände der meisten Theologen erst in mehrtägigen Diskussionen durch Schriftbeweise überwinden konnte. Kerssenbrock fand mit einer einfachen, aber sicher ungenügenden Erklärung viel Gefolgschaft: Er sah schlicht in einem abnormen Sexualtrieb Jans van Leiden die Ursache, zumal der Prophet unmittelbar danach Divara, die schöne Witwe seines Vorgängers Mathys, als zweite Frau genommen – seine erste Gemahlin war, obwohl auch getauft, in Leiden geblieben – und schließlich als König sich einen Harem zugelegt hatte. Jüngst ist unter Einsatz von tiefenpsychologischen Erwägungen vorgetragen worden, die Polygynie sei aus dem rigorosen Streben nach Reinheit bzw. Vermeidung der Sünde, dem asketischen Zug der Frömmigkeit in der Täuferbewegung, abzuleiten und stelle den radikalen (und mißlungenen) Versuch dar, „mit den relativ laxen sittlichen Zuständen der Zeit zu brechen und die Normen der patriarchalisch-sexualfeindlichen Tradition ernst zu nehmen" [756: Hennig, Askese, S. 39]. Ferner wird erwogen, auf diese Weise hätten die weit in Überzahl befindlichen Frauen fester in die durch das Vorbild Israel vorgegebene patriarchalische Ordnung eingebunden werden und ihre Versorgung besser gesichert werden können. Auf Rothmanns nachgeschobene Begründung wird die These gestützt, die Polygynie habe die in der Täuferbewegung angelegten Tendenzen zu mehr Gleichberechtigung in Münster verschüttet. Jedoch sollte man vorsichtig sein, aus dem Umstand, daß in der Frühphase viele Frauen vor ihren Männern, also aus eigenem Entschluß die Taufe begehrt haben, abzuleiten, anfangs hätten die Frauen in der Täufergemeinde eine höhere Wertschätzung genossen als später oder in der Taufe sogar eine emanzipatorische Chance gehabt. Alle täuferischen Gruppen haben aus der Bibel die Unterordnung der Frau unter den Mann begründet. So wenig wie die Reformation hat das Täufertum die allgemeine Stellung der Frau in der frühneuzeitlichen Gesellschaft verbessert.

Die Argumente der Prädikanten haben keineswegs alle überzeugen können. Sowohl Frauen als auch Männer haben sich dagegen aufgelehnt, so daß es zu einer schweren inneren Krise gekommen ist. Widerstand von Frauen äußerte sich vor allem in individueller Verweigerung, eine Zeitlang auch in öffentlicher Ironisierung des Gebotes, ihre Männer als „Herren" zu titulieren. Um den ehemaligen Aldermann Hinrich Mollenhecke, einen Schmied, bildete sich eine Oppositionsgruppe, welche Polygynie und Gütergemeinschaft ablehnte, den starken Einfluß der Fremden kritisierte, Wiederherstellung der Rats- und Gildenverfassung und Rückruf der Emigranten anstrebte, vielleicht auch zur Kritik an der Taufe gelangte und darum eventuell die Übergabe der Stadt an den Bischof beabsichtigte. Doch kam man zu keiner klaren Strategie, sondern schwankte zwischen Verschwörung mit dem Ziel eines Putsches und öffentlicher Anmeldung der Beschwerden. Gresbeck berichtet von einer Auseinandersetzung zwischen Mollenhecke und Knipperdollinck auf der Straße, bei der ersterer in Form eines Gebetes Kritik an den Zuständen in Münster geübt habe. Aber dieser Legitimierungsversuch wirkte offenbar nicht; Mollenhecke war kein Prophet. Anlaß zum Losschlagen soll die Verhaftung einer Frau gewesen sein, die wegen der Polygynie aus Münster fliehen wollte. Am 29. Juli nahm die recht große Gruppe (angeblich 120 bis 200 Mann, also ca. 10 bis 15 Prozent der Waffenfähigen; neben Eingesessenen gehörten auch Zugewanderte und Landsknechte dazu) Jan van Leiden, Knipperdollinck und einige Prädikanten in einer nächtlichen Aktion gefangen und besetzte Rathaus und Prinzipalmarkt. Weil die beteiligten Landsknechte die im Rathaus verwahrten Gelder plünderten, wurde versäumt, wenigstens ein Tor einzunehmen und auch die Ältesten zu verhaften – zwei gravierende Fehler, denn so konnte nicht mit der Öffnung des Tores gedroht werden, und die Ältesten organisierten unter Leitung des erfahrenen Tilbeck die Gegenmaßnahmen, nachdem ihr Gesprächsangebot abgelehnt worden war. Bemerkenswerterweise halfen mehrere Frauen mit, ein Geschütz zur Bekämpfung der Opposition zum Prinzipalmarkt zu schaffen. Von der Übermacht ins Rathaus zurückgedrängt, mußten die Aufständischen nach hartem Kampf kapitulieren. Das Strafgericht, das vor den Ältesten durchgeführt wurde, war hart: Nur wer beweisen konnte, nicht zum ursprünglichen Kern gehört zu haben, wurde begnadigt; 47 Teilnehmer wurden in den nächsten Tagen hingerichtet. Die Urteile wurden nicht allein durch Knipperdollinck, sondern auch von anderen vollstreckt.

Gescheitert ist der Mollenhecke-Aufstand an mangelhafter Vorbereitung und geringem Rückhalt in der Bevölkerung. Eine Folge seines Mißlingens war die strenge Durchführung der Polygynie mit hartem Vorgehen gegen jene Frauen, die sich sträubten oder ihren Männern nicht den geforderten Gehorsam leisteten. Sie wurden im Kloster Rosental eingesperrt, und gegen mehrere sind ab September Todesurteile verhängt worden, beispielsweise wegen mehrfacher Verweigerung der „ehelichen Pflichten". Schließlich sah man jedoch ein, daß drakonische Strafen den Frieden in den Häusern nicht erzwingen konnten. Im Spätherbst wurde den Frauen, die sich zur Ehe gezwungen fühlten, gestattet, sich wieder scheiden zu lassen; über hundert sollen davon Gebrauch gemacht haben. Bestehen blieb die Verpflichtung, sich unter den Schutz eines Mannes zu stellen, der dann für die Versorgung zuständig war.

Die Belagerer haben Ende Juli wohl bemerkt, daß in der Stadt etwas Ungewöhnliches vorging, aber erst hinterher durch einige Flüchtlinge Genaueres erfahren. Die Gelegenheit, den Zwist zu einem Angriff zu nutzen, wurde so verpaßt.

Seit Wochen schon wurden Vorbereitungen für einen zweiten Sturm getroffen. Neu ausgeschriebene Steuern lösten viele Proteste und eine Empörung der Bauern im Amt Vechta aus; es gab später Fragen an gefangene Täufer, ob sie dazu angestiftet hätten. Aus Sorge vor größeren Unruhen unter den niederländischen Täufern gewährte die Regentin Maria Franz von Waldeck nochmals ein Darlehen. Das bewog die Fürsten von Köln und Jülich endlich zu stärkerem finanziellem Engagement, um den Bischof politisch enger an sich zu binden und den Einfluß Habsburgs und Hessens auf ihn zu mindern. Diese Gelder ermöglichten es Franz, die Söldner zu halten und die nötigen Erdarbeiten zu finanzieren. Dafür wurden einige tausend Bauern aus dem Stift Münster dienstverpflichtet und aus den Stiften Osnabrück und Minden angeworben. Beabsichtigt war, aus dem äußeren Wallgraben das Wasser abzulassen, um den Sturm zu erleichtern, doch ist das aufwendige Vorhaben nicht wie geplant gelungen. Am 25. August wurde die Stadt erneut vergeblich zur Kapitulation aufgefordert, danach begann die Beschießung. Der Sturm am 31. August richtete sich diesmal gegen sechs Tore, aber die tapfer kämpfenden Täufer und Täuferinnen schlugen mehrere Angriffswellen erfolgreich ab. Anscheinend hat Jan van Leiden die Absichten der Belagerer richtig erkannt und die Organisation des Abwehrkampfes mitgeleitet, was sein Ansehen noch erhöhte. Die Verluste der Söldner wurden auf die wohl überhöhte Zahl von 3000 Toten geschätzt, während die Täufer nach der – schwerlich richtigen – Angabe von Klopriß nur 16 Mann verloren haben sollen.

Der Abwehrsieg bedeutete für die Täufer eine neue Bestätigung, das auserwählte Volk Gottes zu sein, und wurde mit Dankesliedern gefeiert. Den Versuch, die bischöfliche Niederlage durch einen Gegenangriff zu vervollständigen, haben sie nicht unternommen. Der Abzug von Teilen der Söldner und die Auflösung der Reiterlager in den nächsten Tagen dürfte bei ihnen die Hoffnung auf baldige Aufhebung der Belagerung, also die Erlösung von ihren Feinden, genährt haben.

Die bedeutsamste Folgerung, die in Münster aus dem Sieg gezogen wurde, war die Erhebung Jans van Leiden zum „König auf dem Stuhl Davids". Nach der Mehrzahl der Quellen wurde die Verfassungsänderung der Gemeinde von dem Propheten Dusentschuer als Offenbarung mitgeteilt, der ausersehene König von ihm vorgestellt und in sein Amt eingeführt, nachdem Jan erklärt hatte, von seiner Erwählung bereits durch eigene göttliche Erleuchtung gewußt zu haben, was er aber geheim gehalten habe, bis ein anderer sie bestätige. Nur Gresbeck weiß nichts von der Mitwirkung Dusentschuers, vielmehr habe Jan sich selbst unter Berufung auf eine Offenbarung zum König proklamiert. Die Ältesten mußten ihre Schwerter und damit ihre Kompetenz zurückgeben.

Die Errichtung des Königtums war sicher keine ganz spontane Aktion, wenn auch Jan van Leiden den schon von Zeitgenossen geäußerten Verdacht eines abgekarteten Spiels mit Dusentschuer stets zurückgewiesen hat. Eine Absprache der führenden Leute, die Gresbeck vermutete, wäre mit ihrem Glauben an eine göttliche Erleuchtung durchaus vereinbar. Für vorhergehende Beratungen spricht auch die schnelle und sehr ausgewogene Besetzung der wichtigsten Positionen in dem neuen Hofstaat, den Jan van Leiden alsbald einrichtete; nach Klopriß hat Rothmann sie von einer Liste abgelesen. Knipperdollinck wurde zum „Statthalter", Rothmann zum „Worthalter", Heinrich Krechting zum Kanzler, Tilbeck zum Hofmeister ernannt; dazu traten noch vier Räte des Königs: Bernd Krechting, der ehemalige Aldermann Hinrich Redeker, der frühere Ratsherr Gerd Reininck und Jans Begleiter als Apostel des Mathys, Gert tom Kloister. Auch die militärischen Kommandos wurden neu geordnet: Hauptmann über das Fußvolk wurde der frühere Ratsherr Cord Kruse, die Mehrzahl der anderen höheren Offiziere kam von auswärts. Bei den Aufsehern über die Vorräte überwogen die Einheimischen. Insgesamt benennt die „Hofordnung" 148 Personen, davon stammten 66 Männer aus Münster, von denen 25 früher ein städtisches Amt bekleidet hatten. Insgesamt waren Einheimische und Zugewanderte gleichmäßig berücksichtigt, doch gerade in den führenden Positionen saßen wieder

Jan van Leiden nach einer um 1535 entstandenen Kreidezeichnung von Heinrich Aldegrever

mehrere wohlhabende Münsteraner. Jan van Leiden hat also seine Herrschaft keineswegs vornehmlich auf die „Holländer und Friesen" gestützt.

Als König legte Jan van Leiden Wert auf eine äußere Prachtentfaltung, die von der puritanischen Lebensführung der Täufer in auffallender Weise abstach. Er nahm Wohnung in einem der schönsten Domherrenhöfe am Domplatz, der nun „Berg Zion" hieß. Die Königin und seine drei anderen Frauen – später stieg die Zahl bis auf sechzehn – wurden im benachbarten Haus untergebracht. Er trug reich verzierte

Kleider aus wertvollen Stoffen. Die Goldschmiede erhielten Auftrag zur Herstellung von königlichen Insignien: Kronen für den König und die Königin Divara, Szepter, Siegelring und ein als Reichsapfel gedeuteter Anhänger zu einer Halskette in Gestalt einer mit einem Kreuz geschmückten und von zwei Schwertern durchstoßenen Kugel. Das Motiv der verzierten Kugel kehrt im Königssiegel Jans wieder, und Aldegrever hat auf seinem bekannten Porträt des Königs dargestellt, wie das Schmuckstück ausgesehen haben könnte. Erhalten sind die Kleinodien nicht. Meistens erschien der König hoch zu Roß und mit großem Gefolge. Bei den Gottesdiensten auf dem Prinzipalmarkt oder als Gerichtsherr saß er auf einem geschmückten erhöhten Sessel, umgeben von Angehörigen des Hofstaats und flankiert von zwei Knaben, die eine Bibel und ein Schwert hielten. Die Übernahme dieser beiden Attribute des Stiftspatrons, des Apostels Paulus, könnte bedeuten, daß das Ende der Bischofsherrschaft über die Stadt sichtbar gemacht werden sollte. Die Mitglieder des Hofstaats trugen Kleider in modischem Schnitt, der bis dahin verboten war, die Dienerschaft einheitliche mehrfarbige Gewänder mit aufgesticktem Emblem des Königs; die Torwächter hatten anstelle der Kugel einen Schlüssel, die Trabanten des Statthalters Knipperdollinck ein Schwert. Manchmal lud der König die Würdenträger zur Tafel mit musikalischen Darbietungen – er hatte auch einen Hoforganisten –, und alle vier Wochen war im Königshof Tanz. Alle Pferde wurden requiriert, einige für den Hof, die anderen für eine Reitertruppe, mit der auch Turniere und Ringelstechen veranstaltet wurden.

Münsters Täufer haben die Errichtung des Königtums als einen heilsgeschichtlich notwendigen Schritt zur Erfüllung der endzeitlichen Aussagen in der Bibel dargestellt. Grundlage für diese zweite Verfassungsänderung in der Stadt waren mehrere Stellen bei den Propheten Jeremia (Kapitel 23, 30 und 33) und Ezechiel (Kapitel 34 und 37), aus denen herausgelesen wurde, daß „in der letzten Zeit" ein neuer König David auf Erden herrschen solle. Dementsprechend sind in den sicher verbürgten Selbstbezeichnungen Jans van Leiden als König zwei Komponenten von Bedeutung: 1. Das

Nachzeichnung eines Abdrucks vom Siegelring des Königs Jan van Leiden (vergrößert)

Divara von Haarlem. Holzschnitt nach Heinrich Aldegrever

mehrmals verwendete Attribut „der Gerechte" ist aus der biblischen Aussage abgeleitet, der neue David werde ein gerechter Herrscher sein. Auch die Aufschriften auf den Münzen, die Jan hat prägen lassen, bringen die Gerechtigkeit des Königs zum Ausdruck. Johann Klopriß erklärte im Verhör, „des Kunigs Ambt sie nichtz anders, dan naich deme Worte Gotz der Gerechtigkeit furzustehen" [398: Niesert, Urkundensammlung, S. 133]. 2. Alle Selbstbezeichnungen haben den eschatologischen Bezug, er sei König *in* dem Neuen Tempel oder auf dem Stuhl Davids und als solcher Diener Gottes; beides sind Umschreibungen für das Neue Jerusalem, von dem aus Christus die Welt beherrschen wird. Wie das zu verstehen sei, hat Rothmann in der „Restitution", die als offiziöse Darstellung gewertet werden muß, und in dem etwas später verfaßten „Bericht von der Wrake" erläutert: Im Zuge der göttlichen Restitution, d. h. der Wiederherstellung der Verhältnisse, wie sie nach Gottes Willen eigentlich sein sollten, sei in Münster auch die Obrigkeit restituiert worden in Gestalt des Königreichs des neuen David, dem der wahre Friedensfürst Salomo folgen werde. Der neue Salomo sei Christus – in der „Wrake" bezeichnete Rothmann die übliche Auslegung, Christus sei der neue David, als Irrtum. Der neue David sei schon da. (Die ausdrückliche Identifizierung mit Jan van Leiden hat Rothmann unterlassen.) In beiden Schriften wird deutlich, daß das Königreich in Münster nur als ein Vorläufer für die Königsherrschaft Christi über die Erde betrachtet wurde. (Auch bei Gresbeck ist das noch erkennbar, wenn er sagt, Münster als das Neue Israel sollte ein Vorbild für die ganze Welt sein.) Die Vorbereitungsphase sei durchaus noch Reinigungs- und Leidenszeit, die Belagerung der Stadt bedeutete daher keine Anfechtung, sondern

Bestätigung; doch solle in dieser Zeit auch die Strafe an den Gottlosen durch Beauftragte Gottes vollzogen werden. Weder in den Ausführungen Rothmanns noch in Jans Titeln ist ein Anspruch Davids auf Weltherrschaft ausgedrückt; die bleibt Christus-Salomo vorbehalten, dessen Regierung nicht erst nach dem Jüngsten Tag beginnen werde, sondern in kurzer Zeit, noch während der lebenden Generation. Infolgedessen ist die Regierung Jans van Leiden nirgends mit dem apokalyptischen Tausendjährigen Reich gleichgesetzt: Worthalter und König gingen davon aus, daß seine Aufgabe in kurzer Zeit erfüllt sein werde.

Außerhalb Münsters scheint die Errichtung des Königtums erst Mitte Oktober bekannt geworden zu sein. Begreiflicherweise hat die Erhebung eines Schneiders zum König großes Aufsehen erregt und ist in mehreren Flugschriften als Infragestellung der herkömmlichen ständischen Ordnung interpretiert worden, während später Kerssenbrock das täuferische Königtum mit nachhaltigem Erfolg einerseits als groteskes Theater disqualifiziert und andererseits der These Vorschub geleistet hat, es habe in unerhörter Anmaßung die Weltherrschaft erstrebt. Diese Behauptung geht sehr wahrscheinlich auf einen Renegaten zurück, den im Oktober 1534 in Osnabrück verhafteten Heinrich Graes: Seine ausführliche Schilderung der Verhältnisse in Münster enthielt unter anderem die angebliche Ankündigung des Königs, man wolle nächstens aus Münster ausfallen und die ganze Welt einnehmen. Für den Bischof war das eine neue Variante für seine alte Aufruhrthese, die er ab sofort ausnutzte, um bei anderen Fürsten Hilfe einzufordern: Die Täufer beabsichtigten, „in kortz aller werlt hersschung up sick to brengen" [607: Berichte der Augenzeugen, S. 285]. Um weitere Beweise zu erhalten, ließ er von nun an gefangene Täufer entsprechend befragen – häufig unter Einsatz der Folter. Intelligente Leute wie der ehemalige Kaplan Johannes Beckmann oder der frühere Pastor in Warendorf, Hermann Regewart, sollen ausgesagt haben, Jan van Leiden verstehe sich als Herr über die ganze Welt und glaube, den Auftrag zu haben, alle anderen Obrigkeiten auszurotten. Dionysius Vinne, der die biblische Grundlage für das Königtum genau anzugeben wußte, interpretierte den „Reichsapfel" König Jans, „dat he herrschen sal aver der gantzen werelt" [607: Berichte der Augenzeugen, S. 277]. Insofern kann man fragen, ob sich darin und auch bei Gresbeck ein vereinfachtes Verständnis des Königtums unter durchschnittlichen Täufern widerspiegelt – im Unterschied zu Rothmanns subtilen theologischen Erklärungen. Die Verhörprotokolle sind Kerssenbrock und vermutlich auch Dorpius bekannt gewesen und von ihnen vergröbernd ausgewertet worden. Ebenso hat Gresbeck die am Bischofshof herrschende Meinung, Jan habe König über die ganze Welt sein wollen und neben ihm hätte es keine Obrigkeit mehr geben sollen, mehrmals zum Ausdruck gebracht.

Anfang Oktober vollendete Rothmann seine – schon öfter genannte – bedeutendste Schrift, die „Restitution rechter und gesunder christlicher Lehre", wie man den komplizierten Titel abkürzen kann. Sie gewährt wertvolle Einblicke in das Denken der geistigen Elite unter Münsters Täufern und enthält die nach dem Scheitern von Mathys notwendig gewordenen neuen Deutungen, insbesondere die Einordnung der Entwicklung in Münster in den göttlichen Heilsplan und damit verbunden die Rechtfertigung ihrer singulären Züge vor allem vor den auswärtigen Glaubensgenossen, denn sie sind in erster Linie angesprochen. Rothmanns Grundgedanke ist folgender: Was sich in der Geschichte schon etliche Male ereignet hat, daß nämlich

Gott die von ihm gewollte, aber durch den Abfall der Menschen zerstörte Ordnung wiederhergestellt hat, vollzieht sich jetzt erneut; nach dem vom Apostel Paulus befürchteten, im 2. Jahrhundert eingetretenen letzten und schrecklichsten Abfall – dessen sichtbare Manifestation die römische Papstkirche ist – hat Gott endlich durch Erasmus von Rotterdam, Luther und Zwingli mit der Restitution seines Reiches begonnen und sie durch Melchior Hoffman, Jan Mathys und nun auch Jan van Leiden weitergeführt; sie wird in Kürze vollendet sein, „dat wy des deelhafftig werden, unde yn herlicheit beschouwen" [669: Schriften Rothmanns, S. 220]. Auf diesem Generalnenner werden die verschiedenen besonderen Erscheinungen in Münster wie die Gütergemeinschaft, die Rothmann als eine große Errungenschaft feiert, weil sie die Ausbeutung der Armen beseitigt habe, die Polygynie, das Königtum, die Verteidigung mit Waffengewalt gegen die Angriffe der Gottlosen, was Israel ja auch erlaubt gewesen sei, ebenso erläutert wie die Glaubenstaufe, die Abendmahlspraxis und das Gemeindeverständnis. Insofern ist die „Restitution" auch ein missionarischer Traktat. Sie konnte ebenso dem Landgrafen Philipp von Hessen als Dokument für die friedlichen und schriftgemäßen Ziele der Täufer von Münster zugeschickt werden, damit er die Unterstützung des Bischofs einstelle, wie einem aus der Grafschaft Mansfeld gekommenen Mann mitgegeben werden. Wie wichtig diese Schrift den Täufern war, zeigt der Umstand, daß sie zwei Auflagen gedruckt haben.

Als Ausfluß der Endzeiterwartung, wie sie die „Restitution" prägt, ist auch die Aussendung der 27 Apostel am 13. Oktober 1534 zu sehen: Sie sollten Christi Missionsbefehl, aller Welt das Evangelium zu predigen, in die Tat umsetzen, sich dazu in alle vier Himmelsrichtungen begeben und ihre Arbeit in den vier Städten Osnabrück, Warendorf, Soest und Coesfeld beginnen. Initiator war der Prophet Dusentschuer, der anscheinend auf größere Aktivität drängte, um die Belagerung durch Einsatz geistlicher Waffen zu überwinden, und selbst nach Soest mitgegangen ist. Als einziges rationales Motiv kann man erwägen, ob auf diese Weise das nähere Umland zum Anschluß an Münster gebracht werden sollte. Das war naheliegend und wurde vom Bischof schon im September erwartet. Jedoch ist die eschatologische Sicherheit, im Namen und unter dem Schutz des Herrn zu gehen, wohl vorherrschend gewesen. Irgendeine Vorbereitung in jenen Städten gab es nicht, man hatte allenfalls ein paar Kontaktadressen; und geradezu naiv mutet die Anweisung an, im Falle der Ablehnung sollten sie die verstockte Stadt dem Gericht Gottes übergeben und einfach weiterziehen, als ob man nichts von der Kriminalisierung der Täufer im Reich gewußt hätte.

Folgt man Gresbeck, so war die Missionsaktion eine „kleine Alternative" zu der von Dusentschuer zunächst verfochtenen Idee, die ganze Gemeinde solle Münster verlassen und in „das gelobte Land" ziehen. Diesen allgemeinen Auszug hat Jan van Leiden unterbunden, obwohl angeblich alle dazu bereit waren. Demnach hatte der Prophet in diesen Wochen neben dem König bedeutenden Einfluß. Bemerkenswert ist, daß fast alle namentlich bekannten Prediger von Dusentschuer zu Aposteln berufen wurden und den Auftrag widerspruchslos übernommen haben. Jan van Leiden hingegen scheint auch die Sendung der Missionare skeptisch beurteilt zu haben, hat sie aber nicht verhindert, was ihm den Vorwurf späterer Interpreten eingetragen hat, er habe sich auf diese Weise potentieller Konkurrenten für seine Machtposition entledigt. Mitteilung des Plans und Berufung der Apostel erfolgten während eines gemeinsamen Liebesmahls der ganzen Gemeinde auf dem Domplatz, bei dem das Königspaar und andere Würdenträger den Tischdienst versahen und anschließend Brot bzw. Kuchen und Wein zur Abendmahlsfeier austeilten. Die 27 Apostel passierten am Abend ohne Mühe die Belagerungslinien und erreichten in den nächsten Tagen ihre Zielorte.

Nur in Warendorf fanden die Apostel positive Resonanz – anscheinend waren im Frühjahr nicht alle Sympathisanten der Täufer von dort nach Münster gezogen. In den drei anderen Städten wurden die Missionare sofort festgenommen. In Soest wurden sie schon neun Tage später zum Tode verurteilt und enthauptet. Osnabrück lieferte sie umgehend dem Bischof aus, Coesfeld zögerte damit, bis der Fürst die städtischen Privilegien bestätigt hatte. Gegen Warendorf ging Franz militärisch vor, die Stadt mußte kapitulieren und verlor ihre Privilegien; die Täufer sowie einige ihrer Förderer wurden hingerichtet. Mit Ausnahme von Heinrich Graes aus Borken, der sein Leben rettete, weil er sich erbot, dem Bischof künftig als Spion zu dienen, erlitten also alle Missionare den Märtyrertod. Verurteilt wurden sie als Aufrührer, denn Franz von Waldeck wertete ihre Aktion als Versuch, die anderen Städte aufzuwiegeln. Nur Klopriß, der an den Kölner Erzbischof ausgeliefert wurde, ist als Ketzer verbrannt worden.

6. *Niedergang und Ende*

Die Katastrophe der Apostel bedeutete den ersten Erfolg des Bischofs und eine schwere Niederlage für die Täuferstadt. Der erhoffte Anschluß des näheren Umlandes war nun ausgeschlossen, vielmehr befand es sich fester als zuvor in der Hand des Fürsten. Bislang hatten die Abwehrsiege den Glauben an Münsters Auserwähltheit bestätigen können, jetzt bewirkte die Schreckensnachricht in der Stadt eine tiefe Depression, die der König mühsam durch Predigten über Gottes unerforschlichen Ratschluß zu überwinden suchte. Es stellt sich die Frage, wie weit Jan van Leiden und seine Berater die eschatologische Erwartung noch geteilt oder sie nurmehr instrumentalisiert haben für mehr oder weniger realistische politische und militärische Pläne, die Belagerung zu sprengen und dem von ihnen geleiteten Gemeinwesen das Überleben zu sichern. Deutlich lassen einige Aktionen politisches Kalkül erkennen, während andere Verhaltensweisen, insbesondere die Bereitschaft zum Durchhalten unter größten Entbehrungen, entweder aus einem Anklammern an die Hoffnung auf Gottes Eingreifen oder von Fatalismus genährt zu sein scheinen.

Entsatz konnte nur noch von den Täufern in den Niederlanden kommen, was aber voraussetzte, sie noch einmal in großen Massen zu mobilisieren. Im Winter 1534/35 haben die Münsterischen erhebliche Anstrengungen unternommen, um die niederländischen Brüder zu Hilfsaktionen zu bewegen. Mehrere Boten sind ausgesandt worden, um die Führung derer zu übernehmen, die Münster zu Hilfe kommen wollten; wenn sie dann in die Nähe des Belagerungsrings gekommen wären, wollte man sich durch einen Ausfall mit ihnen vereinigen. Bevorzugte Ziele der Sendungen waren Friesland, Amsterdam und Deventer, sicherlich Hochburgen der Melchioriten. Die Boten aus Münster konnten freilich keinen Gehorsam für König Jan einfordern; der Erfolg ihrer Werbungen war davon abhängig, wie weit die Täufer in den Niederlanden vom Status Münsters als Gottesstadt zu überzeugen und ob sie zum Gebrauch des Schwertes bereit waren; nicht nur der Bischof der Amsterdamer Täufergemeinde, Jacob van Campen, lehnte Angriffsaktionen ab. Immerhin haben die Boten bei vielen Täufern Bereitschaft zum Erwerb von Waffen wecken können. Auch ist von Plänen die Rede, einige Städte, vor allem Deventer und Amsterdam, mit Gewalt einzunehmen und so das Signal zu einem größeren Aufstand zu geben. Jedoch ist fraglich, ob man die verschiedenen Aktivitäten als eine von Münster zentral gelenkte Aufwiegelung der Melchioriten mit dem Ziel, zu einem bestimmten Zeitpunkt loszuschlagen, betrachten kann, wie es die Behörden damals getan haben. Bemerkenswert oft ist in den Verhören niederländischer Täufer davon die Rede, daß sie ihrerseits auf Unterstützung aus Münster warten wollten, also anscheinend die irreale Vorstellung hatten, die dortigen Täufer würden in Kürze zur Eroberung der Niederlande schreiten.

Als Argumentationshilfe haben mehrere der münsterischen Sendboten die im Dezember 1534 fertiggestellte neue Broschüre Rothmanns „Ein tröstlicher Bericht von der Wrake" (= Vergeltung) mitgeführt. Diese Agitationsschrift sollte sowohl zur Überwindung des Tiefs in der eschatologischen Erwartung innerhalb und außerhalb Münsters beitragen als auch zur Unterstützung der bedrängten Gottesstadt auffordern. Die entscheidenden Aussagen Rothmanns waren: 1. Die Zeit der Erlösung ist angebrochen, denn jetzt ist das Wüten des Teufels am schlimmsten; 2. Erlösung und Gericht über die Gottlosen gehören untrennbar zusammen. Zum Beweis der ersten These rechnete Rothmann vor, daß eben jetzt Höhepunkt und Ende der dritten und längsten Zeit des Abfalls von Gott gekommen seien, nämlich 1400 Jahre nach dem schon in der „Restitution" auf das Jahr 133 n. Chr. festgelegten Beginn (1400 = 20 × 70 – 70 Jahre dauerte die babylonische Gefangenschaft Israels –, 70 = 20 × 3,5 – dreieinhalb Jahre dauerte der erste Abfall Israels zur Zeit des Propheten Elia) [669: Schriften Rothmanns, S. 292]. Die dem Beweis der zweiten These dienende Zusammenstellung aller Bibelstellen, die vom Strafgericht über die Gottlosen handeln, wirkt besonders aggressiv; sie gipfelt in der Aussage, der neue David, der vor der Wiederkunft Christi (als Salomo) das Gericht vollziehen müsse, sei schon da und wie sein alttestamentliches Vorbild von geringer Herkunft. Rothmann schloß mit dem Aufruf, unangebrachte Gewissensskrupel abzulegen und zum Panier des Herrn zu eilen.

Diese Broschüre war durchaus geeignet, die wiederholten Behauptungen des Bischofs über aufrührerische und auf Beseitigung aller etablierten Herrschaft zielende Absichten der Täufer zu bestätigen. Den Vorbehalt, daß die Täufer nur auf ein eindeutiges Zeichen Gottes hin zur Aktion schreiten würden, konnte man leicht überlesen. Auftrieb erhielt diese Einschätzung außerdem durch die Mitteilungen des Heinrich Graes. Er war als bischöflicher Agent nach Münster zurückgekehrt, hatte durch eine der Befreiung Petri aus dem Kerker (Apg 12) nachgebildete Geschichte eine wunderbare Errettung vorzutäuschen verstanden und so als besonders Begnadeter das Vertrauen des Königs gewonnen. Das Gelingen dieser so durchsichtig erscheinenden Täuschung ist ein wichtiges Indiz für die immer noch starke eschatologische Erwartung in Münster. Graes erreichte durch eine Prophezeiung, in den Niederlanden werde sich ein Entsatzheer versammeln, daß er selbst mit einer Sendung nach Wesel und Deventer, wo er „ein Fähnlein fliegen" lassen sollte, beauftragt wurde, und konnte, ausgestattet mit 200 Goldgulden, Münster zur Jahreswende wieder verlassen. Nach seinen Angaben, die der Bischof umgehend an die mit ihm verbündeten Fürsten weitergab, erwarteten Münsters Täufer Hilfe vorwiegend aus Holland und Friesland, aber auch aus Brabant und dem Bistum Lüttich, von Wesel, Köln und sogar Straßburg. Die Weseler Gemeinde hat Graes dann ausspioniert und dadurch ihre Vernichtung ermöglicht.

Am größten war die Bereitschaft zur Hilfeleistung anscheinend in Westfriesland. Dort haben sich zweimal größere Scharen nach Münster aufmachen wollen. Ende Januar 1535 wurde im Groninger Land die Versammlung von angeblich fast tausend Täufern durch die Verhaftung eines „Propheten" und einiger anderer verhindert. Zwei Monate später besetzten mehrere hundert Täufer die gut befestigte Abtei Oldekloster (bei Sneek); unter ihren Anführern war einer der zwölf Ältesten Münsters, der aus jener Gegend stammende Peter Symonson. Nach blutigen Kämpfen wurde das Kloster von habsburgischen Regierungstruppen erstürmt und die Täufergruppe vernichtet. Die Nachricht von ihrem Untergang ließ in Münster bei vielen die Hoffnung auf baldigen Entsatz wohl endgültig schwinden, zumal nun auch der von Jan van Leiden mehrmals vorhergesagte Erlösungstermin Ostern 1535 verstrichen war und der König zu der wenig überzeugenden Umdeutung griff, er habe eine geistliche Erlösung gemeint. Am 10. Mai scheiterte auch der Versuch einer Täufergruppe, Amsterdam durch einen Handstreich in ihre Gewalt zu bekommen; einer ihrer Anführer war Jan van Geel, der Münster Ende 1534 verlassen hatte. Jedoch ist wenig wahrscheinlich, daß ein Erfolg das Schicksal Münsters noch hätte wenden können.

Während die Boten unterwegs waren, konnte man in Münster nur warten. Die für das Frühjahr vorauszusehende Verknappung der Nahrungsmittel erforderte Maßnahmen, die vorhandenen Vorräte noch genauer zu erfassen – später haben die Diakone sogar Haussuchungen nach Proviant durchgeführt – und zu ergänzen. Noch immer scheint es kleinen Trupps gelungen zu sein, bei Bauern in Nienberge und Altenberge Lebensmittel zu ergattern und durch die Belagerungslinien zu bringen. Einige Boten hatten auch den Auftrag, Schwefel und Salpeter für die Herstellung von Schießpulver zu besorgen. Militärische Übungen und Arbeiten zur Verstärkung der Befestigungsanlagen sollten die Bevölkerung beschäftigen; dazu gehörte auch die Einrichtung einer mit Geschützen ausgerüsteten Wagenburg für den Ausfall. Am Wach- und Waffendienst nahmen jetzt auch Frauen teil. Sportliche Wettkämpfe, Spiele, sogar eine Theateraufführung der Geschichte vom reichen Mann und dem armen Lazarus im Dom sollten von den alltäglichen Sorgen ablenken.

Bereits Anfang November 1534 erschien als Gesandter des Landgrafen Philipp und mit Genehmigung des Bischofs Fabricius in Münster. Er hatte den Auftrag, den Täufern ihre isolierte Lage zu verdeutlichen und ihnen die Rückkehr zur evangelischen Lehre nahezulegen, damit der Landgraf dann zwischen Stadt und Bischof vermitteln könne. Seine Ausführungen über die militärische und politische Lage und die Forderung, Königtum und Polygynie preiszugeben, wirkten aber als Aufforderung zur Kapitulation und wurden zurückgewiesen. Anscheinend hat sein Vortrag bei der täuferischen Führung den Eindruck erweckt, der Landgraf sei über ihr geistliches Anliegen nicht richtig informiert. Anfang 1535 versuchten „Regenten und Gemeinde" von Münster, Philipp aus der Front der Gegner herauszubrechen. Sie erinnerten ihn an seine frühere wohlwollende Haltung gegenüber der Stadt, suchten ihm klarzumachen, daß er auf der falschen Seite, nämlich bei den Feinden des Evangeliums

Landgraf Philipp von Hessen (1504–1567). Kupferstich von D. Custos

fechte, schickten ihm Rothmanns „Restitution“, damit er sich authentisch über ihren Glauben unterrichten könne, und bekräftigten, daß die Errichtung des Königtums nicht auf ihrem Mutwillen, sondern auf göttlichem Geheiß beruhe. Philipp würdigte die „Restitution“ einer gründlichen Lektüre und verfaßte eine eingehende ablehnende Stellungnahme. Im Gegenzug erhielt er eine neue Abhandlung Rothmanns „Von Verborgenheit der Schrift des Reiches Christi und von dem Tage des Herrn“, in der Rothmann nochmals wichtige Aspekte der Endzeiterwartung darlegte, es aber ausdrücklich ablehnte, auf die Frage nach dem Tausendjährigen Reich einzugehen. Philipp überließ diesmal die Widerlegung seinen Theologen. In einem letzten, unvollständig erhaltenen Traktat „Von irdischer und zeitlicher Gewalt“ hat Rothmann gegen den Vorwurf, die Täufer maßten sich wider die göttliche Ordnung obrigkeitliche Befugnisse an, das auf Römerbrief 13 gestützte Gottesgnadentum der Fürsten einer grundsätzlichen Kritik unterzogen.

So wenig wie Fabricius' Mission haben spätere Appelle der Belagerer an die Bevölkerung Münsters, den König und seinen „nächsten Anhang" auszuliefern, erkennbare Wirkung gehabt. Es hat bis zum Ende keine ernsthafte Opposition gegen den König gegeben, der in den erzählenden Quellen immer stärker zum absoluten Alleinherrscher stilisiert wird, obwohl im Schriftverkehr mit „der Welt" stets ein Kollektiv „Verordnete und Regenten" als Leitungsgremium der Stadt erscheint und das kleine Stadtsiegel verwendet wurde. Zu diesen Nachrichten über Herrscherallüren Jans gehört, er habe sich die Namengebung der neugeborenen Kinder – in der Reihenfolge des Alphabets – vorbehalten und die Umbenennung der Straßen und Stadttore verfügt, was aber auch der Dokumentation, daß die Täuferstadt Münster eine ganz neue Kommune sei, dienen mochte. Auch hat er als König zur Demonstration seiner Gewalt über Leben und Tod Hinrichtungen vorgenommen, erstmals beim großen Abendmahl im Oktober 1534 auf dem Domplatz, als er einen Landsknecht, der auf die Frage nach seinem Glauben eine törichte Antwort gegeben haben soll, als „Gast ohne hochzeitliches Kleid" (Mt 22,11ff) eigenhändig köpfte.

Nur von Knipperdollinck scheint die Position Jans van Leiden einmal in Frage gestellt worden zu sein. Seine Ziele sind aber nicht recht faßbar, zumal wir den Vorgang nicht sicher genug datieren können. Anscheinend hat er den Vorwurf erhoben, die Täufer handelten nicht schriftgemäß, weil sie dem Einwirken des Heiligen Geistes zu wenig Raum ließen (befürchtete er eine Erstarrung in einem „Buchstabenchristentum"?), und für sich beansprucht, neben Jan van Leiden ein „geistlicher König" zu sein. Sein Vorgehen, die erstrebte Änderung als durch göttliche Erleuchtung inspiriert zu motivieren und die Gemeinde durch Spendung einer besonderen „Heiligung" zu beeindrucken, fand aber kaum Resonanz. Nach Gresbeck überließ ihm der König für kurze Zeit den Platz – vielleicht um sich zu vergewissern, wie groß Knipperdollincks Anhang war –, brachte ihn dann aber mühelos zum Schweigen und erklärte dem Volk, jener sei nicht bei Sinnen. Knipperdollinck wurde ein paar Tage lang eingesperrt, bis er zu der Einsicht kam, einer Einflüsterung des Teufels erlegen zu sein. Er behielt sein Amt, ist danach aber nicht mehr hervorgetreten. Vielleicht hat er sich zum Sprecher einer spiritualistischen Richtung gemacht, die es unter den Melchioriten immer gegeben hat, denn Gresbeck behauptete, Holländer hätten ihn unterstützt. Seine Aktion vernachlässigte den Grundsatz, daß alle Prophetie durch die Schrift abgesichert sein mußte; kein Prädikant oder sonstiger Würdenträger ist auf seine Seite getreten.

Knipperdollincks „Putsch" hat einige Spuren in dem zur Jahreswende 1534/35 vom König erlassenen „Artikelbrief" hinterlassen, seinem einzigen erhaltenen legislativen Akt. Die Mehrzahl der Vorschriften könnte man als militärische Lagerordnung zusammenfassen, denn sie setzten Strafen für Fehlverhalten beim Wachdienst usw. fest; auch die Behandlung von übergelaufenen taufunwilligen Söldnern wurde geregelt. Besonders wichtig sind die ersten sechs Artikel, die Kompetenzüberschreitungen jeder Art verboten: Falsche Schriftauslegung stand unter Strafe, falsche Propheten sollten getötet werden, ohne daß die erkennende Instanz und die Kriterien bezeichnet wären. Das sicherte die Position des Königs gegen Konkurrenten oder Infragestellung durch eventuell neu auftretende Propheten. So sollte der „Artikelbrief" einerseits der Aufrechterhaltung der Disziplin dienen und andererseits Vorsorge im Blick auf den erhofften neuen Zustrom aus den Niederlanden treffen.

Seit dem abgeschlagenen zweiten Sturm bemühte sich Franz von Waldeck um stärkeren Beistand durch Nachbarn und das ganze Reich. Ein von König Ferdinand und Kaiser Karl V. zunächst ins Auge gefaßter Reichstag wurde aber wegen anderer politischer Prioritäten nicht einberufen. Die Regentin der Niederlande war zu weiteren Darlehen an den Bischof nicht mehr bereit, doch leisteten ihre Beamten durch die Verhinderung größerer Zuzüge von Täufern nach Münster indirekt wirksame Hilfe. Nach langwierigen Verhandlungen des Bischofs mit einzelnen Fürsten und dem Niederrheinisch-Westfälischen Reichskreis trafen im Dezember 1534 in Koblenz Mitglieder der drei nächstgelegenen Reichskreise zusammen. Sie beschlossen die Übernahme der Kriegskosten für ein halbes Jahr ab Mitte Februar 1535, veranschlagten die Beiträge aber zu niedrig, so daß die finanzielle Hauptlast weiter von Franz von Waldeck und dem Stift Münster getragen werden mußte. Der Bischof mußte die Berufung eines den Kreisständen verantwortlichen Oberbefehlshabers mit weitreichenden Vollmachten und die Einsetzung eines Kollegiums von kreisständi-

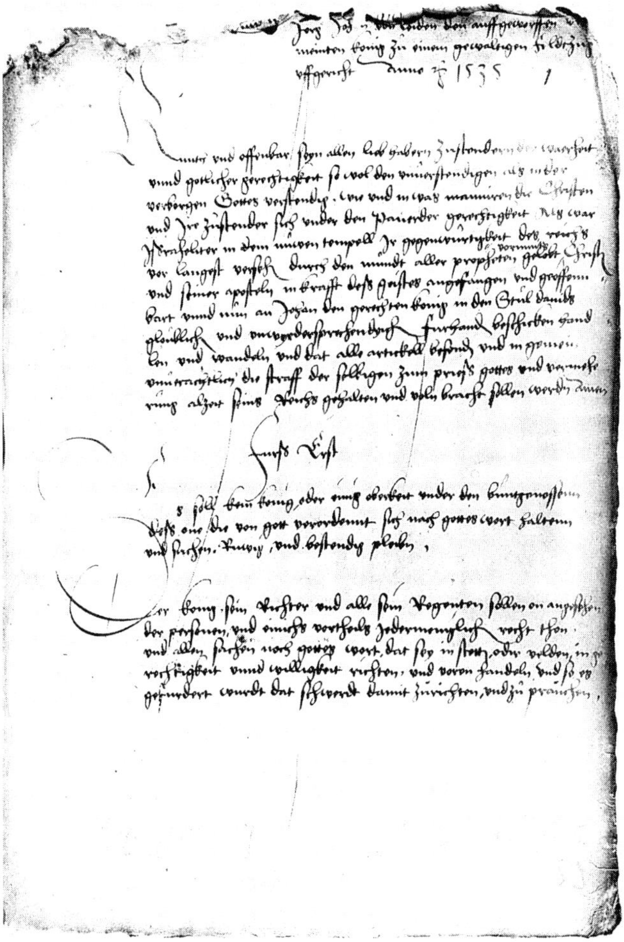

Auszug aus dem Artikelbrief des Jan van Leiden

schen Kriegsräten zugestehen und sich verpflichten, nach dem Sieg keine Neuordnung in der Stadt Münster ohne Vorwissen der Kreisstände vorzunehmen. Ferner sollte er bei König Ferdinand die Einberufung einer Versammlung aller Reichsstände erwirken, um eine weitere Verteilung der Kriegslasten zu ermöglichen. Im April 1535 kam diese Konferenz in Worms zustande und beschloß eine Reichshilfe für sechs Monate unter Bestätigung der dem Bischof auferlegten Bedingungen. So stand in den letzten Wochen nominell fast das ganze Reich im Krieg gegen die Täufer, aber wie üblich gingen die Zahlungen so langsam ein, daß die effektive Hilfe des Reiches gering geblieben ist und zum Sieg des Bischofs nicht wesentlich beigetragen hat.

Der neue Oberbefehlshaber, Graf Wirich von Daun, übernahm am 10. Januar 1535 das Kommando vor Münster. Seine Aufforderung zur Kapitulation wurde nicht nur abgewiesen, die Täufer wandten sich auch mit einem Aufruf direkt an die Landsknechte, auf ihre Seite zu treten. Das damit verknüpfte lukrative Soldangebot dürfte für die mangelhaft bezahlten Söldner eine größere Versuchung gewesen sein als die Mahnung, nicht gegen Gottes Wort zu kämpfen. Nun erst wurde die längst als notwendig erkannte lückenlose Zernierung energisch in Angriff genommen. Im Herbst waren rings um die Stadt sieben befestigte Lager, sogenannte Blockhäuser, errichtet worden, die insgesamt mit etwa 3000 Söldnern belegt waren. Sie lagen sämtlich im heutigen Stadtgebiet, und zwar innerhalb oder knapp außerhalb des zweiten Ringes. In noch größerer Entfernung gab es sieben Reiterlager für ungefähr 300 Berittene, deren Hauptaufgabe war, durch Kontrolle der Straßen nach Münster die Zufuhr zu unterbinden, was bislang nie völlig gelungen war. Graf Daun hielt mit den vorhandenen Kräften einen neuen Angriff für aussichtslos und wünschte eine Verstärkung der Söldner auf 4000 Mann. Als Alternative blieb wegen der unzureichenden finanziellen Mittel nur die Aushungerung; dafür wurden am 11. Februar die Erdarbeiten für einen Verbindungsgraben und -wall mit Palisaden zwischen den Blockhäusern begonnen. Trotz größter Schwierigkeiten, die erforderlichen Arbeitskräfte heranzubringen, wurde das Werk bis Anfang April weitgehend fertiggestellt, zuletzt beschleunigt wegen der Sorge, das von den Täufern zu Ostern (28. März) erhoffte Entsatzheer könnte tatsächlich kommen. Erst jetzt war Münster wirklich von der Außenwelt abgeschnitten.

Schon vorher hatte die schärfere Einschließung spürbare Auswirkungen auf die Lebensmittel- und Viehfutterversorgung in der Stadt. Der Pferdebestand wurde drastisch vermindert, neben Pferdefleisch wurden später auch Hunde, Katzen und anderes Getier zur Nahrung verwertet, wie das zu allen Zeiten bei Aushungerungen geschehen ist. Bis in den Mai hinein gelang es den Täufern, eine Herde von etwa 150 Kühen zu erhalten, so daß die Versorgung der Kleinkinder mit Milch möglich blieb. Erst dann verhinderten die Belagerer, daß das Vieh im Niemandsland zwischen Stadtmauer und Blockhäusern weiden konnte. Die Anpflanzung von Kohl und Gemüse auf den freien Flächen in der Stadt hätte erst im Sommer Nutzen gebracht. Entscheidend wurde, daß im letzten Herbst keine ausreichenden Vorräte an Brotgetreide hatten angelegt werden können. Das häusliche Backen und Brauen war verboten. Ob der König, wie Gresbeck und andere behauptet haben, für seinen Hof Nahrungsvorräte gehortet hat, muß offen bleiben.

Die Fortschritte der Belagerungsarbeiten und der Nahrungsmangel hatten allmählich ein Anwachsen von Fluchtversuchen zur Folge. Nachdem die Vernichtung der

Täufer in Oldekloster in Münster bekannt geworden war, scheinen die Verzweiflung so groß geworden und die Versorgungslage schon so angespannt gewesen zu sein, daß erstmalig – vielleicht als Test – einige Tage lang kleinen Gruppen von Frauen mit Kindern sowie Alten gestattet wurde, aus der Stadt zu ziehen, nicht ohne diese Menschen als vom Glauben Abtrünnige zu diskriminieren. Daneben suchten andere auf eigene Faust zu entweichen. Die Belagerer jedoch versagten vor diesem ersten deutlichen Schwächezeichen vollständig, obwohl es sich zunächst nur um einige hundert Personen gehandelt haben dürfte. Die Männer wurden fast alle von den Söldnern getötet, die Frauen trieb man zurück und ließ sie tagelang im Niemandsland umherirren. Wer nicht milde Gaben von einzelnen Soldaten oder Marketenderinnen erlangte, verhungerte; endlich nahmen die Söldner wenigstens die Kinder auf. Der Bischof ließ vier gefangene Täufer hinrichten und ihre Leichen in Sichtweite der Stadt auf Rädern ausstellen – das sollte von Flucht abschrecken und die Kapitulationsbereitschaft erhöhen, dürfte aber in Münster zunächst als Beweis, wie sich Kleinmut im Glauben rächte, gewirkt und den Widerstandswillen bei manchen kurzfristig gestärkt haben. Noch immer zeigten die Täufer bei Scharmützeln Kampfesmut, im April verloren die Belagerer zwei hohe Offiziere.

Für diese Phase der sinkenden Hoffnung auf Errettung häufen sich Nachrichten über vom König verhängte Todesurteile. Das deutet auf Schwierigkeiten unter den Belagerten hin. Nun war die Strafjustiz im 16. Jahrhundert und lange danach allgemein hart und grausam, ein Leben galt nicht viel. Die Täufer in ihrer prekären Situation und in ihrem Streben nach Reinheit als heiliges Volk waren nicht weniger rigoros, Verräter und andere für schuldig Erachtete „auszutilgen"; doch verzichteten sie beim Vollzug auf längere Quälereien und beschränkten sich auf rasch zum Tode führende Exekutionsarten. Die Vergehen der jetzt zum Tode verurteilten Frauen und Männer reichten von verräterischen Beziehungen zu den Belagerern, darunter ein Versuch, ihnen die unersetzliche Kuhherde zuzutreiben, über Fluchtversuche unter Mitnahme von Proviant und Geld – bei waffenfähigen Männern wurde das als Desertion bewertet –, Unterschlagungen und allgemeinen Defätismus bis zu direkter Kritik am König selbst. Letzteres war der Grund für die berüchtigte, von Jan van Leiden eigenhändig ausgeführte Enthauptung der Else Hardewick gen. Wantscherers am 12. Juni 1535, die ein halbes Jahr lang eine seiner Frauen gewesen war und nun Münster hatte verlassen wollen.

Als weiteres Indiz für wachsende Unruhe in Münster und als Versuch des Königs, die Bevölkerung schärfer zu kontrollieren und Opposition zu ersticken, bewerteten die Belagerer die am 3. Mai vorgenommene Straffung der Militärorganisation. Für jedes Tor und zwei wichtige Befestigungsabschnitte wurde in einem Wahl- und Losverfahren ein Verantwortlicher als „Herzog" bestimmt – Gresbeck hielt die Ergebnisse für vom König manipuliert. Ob die Herzöge sämtlich Jan van Leiden besonders ergebene Männer gewesen sind, sei dahingestellt, doch auch in diesem letzten Kollegium behaupteten die Einheimischen ihren Anteil. Die Ernennung wurde mit einer feierlichen Verpflichtung der Verteidiger zum Ausharren verbunden. Nach der verfehlten Reaktion der Belagerer auf die erste Fluchtwelle war der Zeitpunkt für das neue Treuegelöbnis geschickt gewählt.

Als indessen im Mai in Münster Brotmangel eintrat, schwoll der Strom der Flüchtlinge weiter an. Ihre grellen Schilderungen der Not in der Stadt ließen Graf Daun

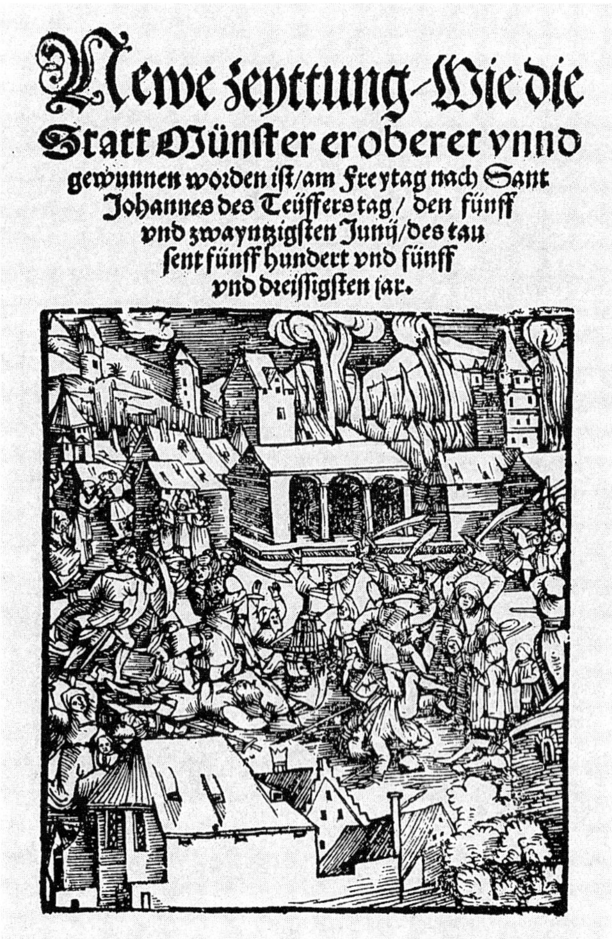

Titelblatt einer Flugschrift mit der Darstellung der Einnahme einer Stadt (allerdings nicht Münster!). Aus solchen Flugschriften wurde die damalige Öffentlichkeit über das Geschehen im Sinne der Belagerer informiert

schon am 13. Mai die Hoffnung äußern, der Krieg werde wohl bald zu Ende sein. Acht Tage später berichtete der als Kriegsrat im Lager weilende Frankfurter Bürgermeister Justinian von Holtzhausen von Hungerödemen bei den Flüchtlingen, die allerdings durch ihr tagelanges Vegetieren zwischen den Fronten verstärkt worden sein dürften. Der Bischof und seine Verbündeten benötigten über vier Wochen, um eine Regelung zu finden, was mit den Geflohenen, die ja größtenteils Nichtkombattanten waren, geschehen sollte; neben der Scheu, die Entscheidung zu verantworten, war ein weiterer Grund die Furcht, die Flüchtlinge könnten im Hinterland den täuferischen Glauben verbreiten. Ende Mai endlich wurden etwa 300 Frauen in einem Lager bei Dyckburg zusammengefaßt; von ihnen wurden vierzehn hingerichtet, die überwiegende Mehrzahl war zum Widerruf bereit und wurde, wenn Verwandte für sie Bürgschaft übernahmen, zu diesen entlassen. Am 1. Juni ließ Graf Daun die Belagerten offiziell warnen, wer vor einer Kapitulation die Stadt verlasse, werde ohne Ansehen der Person als Feind behandelt. Die Antwort der Täufer am folgenden Tag ordnete noch einmal die Geschehnisse eschatologischen Aussagen der Bibel zu: Wenn es denn Gottes Wille sei, wären sie bereit, sich von den Füßen des vierten Tieres (Dn 7,7), das sie ausdrücklich mit dem Reich identifizierten, vor dessen sicherem Untergang zerstampfen zu lassen [669: Schriften Rothmanns, S. 441f].

Am 23. Mai war der Schreiner Heinrich Gresbeck geflohen, war gefangen worden und hatte sich zur Kollaboration erboten. Als seine detaillierten Angaben über Schwachstellen in der Befestigung von dem gleichzeitig geflüchteten Landsknecht Hans von der Langenstraten, der eine Zeitlang im Belagerungsheer als Schanzmeister gedient hatte und so als Fachmann bekannt war, bestätigt wurden, beschlossen die von ständiger Sorge vor einer Meuterei ihrer seit zwei Monaten unbesoldeten Knechte geplagten Befehlshaber, auf dieser Basis den Versuch zu einer Überrumpelung der Stadt zu wagen. Nach gründlichen geheimen Vorbereitungen wurde der Schlag am Abend des 24. Juni von Coerde aus unter tatkräftiger Mitwirkung der beiden Überläufer ausgeführt. Gresbeck zog schwimmend eine Laufbrücke über den Graben vor dem Rondell am Kreuztor, Langenstraten führte das Überfallkommando auf den

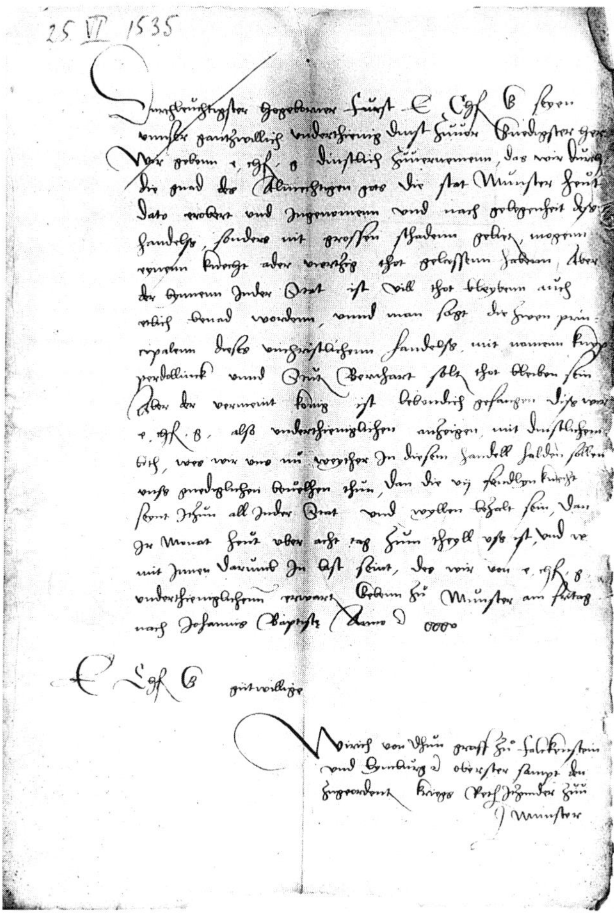

Bericht des Kriegsobristen Graf Wirich von Daun über die Eroberung der Stadt und das Schicksal führender Täufer (25. Juni 1535)

Grabplatte Heinrich Krechtings in der Pfarrkirche Dykhausen in Ostfriesland

Wall. Die schwache Wachmannschaft wurde niedergemacht, doch vergaßen die beutegierigen Söldner der etwa 500 Mann starken Vorhut, das Tor zu sichern; es wurde während der folgenden Straßenkämpfe von den Täufern wieder geschlossen, ehe die Hauptmacht der Belagerer eindringen konnte. Erst am Morgen gelang die Öffnung des Jüdefelder Tores. Nach heftigen Kämpfen ergab sich der König gegen Mittag der Übermacht, wobei anscheinend eine Waffenstreckung der Täufer vereinbart wurde, was die Landsknechte dann aber ignoriert haben; sie richteten zwei Tage lang in der Stadt ein Blutbad an. Nach Schätzungen eines hessischen Rates sind bei und nach den Kämpfen 650 täuferische Männer getötet worden, sicherlich die große Mehrzahl der noch Kampffähigen. Erst am 27. Juni konnte Graf Daun dem Morden ein Ende setzen. Knipperdollinck, Bernd Krechting, der „Herzog“ Christian Kerckerinck und der „Feldherr“ Gerlach van Wullen waren gefangen, Tilbeck und Kibbenbrock erschlagen worden, Rothmann blieb verschollen, wahrscheinlich ist er umgekommen. Einer kleinen Gruppe um Heinrich Krechting, die sich hartnäckig in der Wagenburg verteidigt hatte, bewilligte ein Offizier freien Abzug, der auch respektiert worden ist; Krechting entkam nach Oldenburg und ist als geachteter Bürger in Ostfriesland gestorben.

Am 29. Juni zog der Bischof in die eroberte Stadt ein, in deren Straßen und Häusern noch die Leichen der Getöteten und Verhungerten herumlagen. Als Trophäen überreichten ihm die Soldaten einige Insignien des Täuferkönigs und die Stadtschlüssel, die fünf vornehmsten Gefangenen wurden ihm ausgeliefert. Die etwa 4000 überlebenden Frauen und Kinder hatten binnen drei Tagen die Stadt zu verlassen. Bauern mußten die Toten in Massengräbern bestatten. Anfang Juli wurden alle Frauen, die sich noch in der Nähe Münsters aufhielten, auf den Domplatz befohlen und aufgefordert, ihrem Glauben abzuschwören. Die meisten weigerten sich und wurden ausgewiesen. Am 7. Juli wurden die Königin Divara, die Frau und die Schwiegermutter Knipperdollincks und einige andere „besonders eifrige" Täuferinnen enthauptet.

Um aus dem Sieg politischen Gewinn ziehen zu können, ignorierte Franz von Waldeck die Auflage der Konferenzen von Koblenz und Worms, die Neuordnung der Verhältnisse in Münster gemeinsam vorzunehmen. Sowohl das Gericht über die Frauen als auch die Begnadigung von Widerrufenden erfolgten in seiner Regie. Nach einigen heftigen Auseinandersetzungen mit den Söldnern wegen der Beute – sie fühlten sich betrogen, zumal sich der sagenhafte Goldschatz der Täufer nicht auffinden ließ – zahlte Franz die Truppen aus und entließ sie ohne Beteiligung des Oberkommandierenden; zwei Fähnlein behielt er als Besatzung der Stadt weiter im Dienst. Die Vertreter der Kreisstände schob er beiseite und verständigte sich in getrennten Verhandlungen mit seinen wichtigsten Verbündeten. Für den Plan, in Münster eine Festung zu errichten, um künftig Selbständigkeitsregungen gleich ersticken zu können, gewann er rasch die Zustimmung des Landgrafen. Auch Köln und Jülich ließen ihm freie Hand gegen die Verpflichtung, das Stift keinesfalls abzutreten oder zu säkularisieren, die katholische Ordnung wiederherzustellen und nur mit ihnen gemeinsam an eine Kirchenreform heranzugehen – das sollte zur Beschwichtigung Philipps von Hessen dienen, der die Zulassung evangelischen Gottesdienstes in Münster wünschte –, endlich sie an dem Prozeß gegen die Anführer der Täufer zu beteiligen. Schon im August begann der Umbau von Zwinger und Neuwerk zu die Stadt beherrschenden Zwingburgen, nachdem der Landtag des Stifts dafür Mittel bewilligt hatte. Die im Februar 1534 vertriebenen bzw. geflohenen Bürger durften nun zurückkehren, auch solche, die dem Täufertum abgeschworen hatten und Bürgen für ihren Gesinnungswandel stellen konnten. Das Regiment in der Stadt führte ein Statthalter. Häuser und Grundbesitz der Täufer beanspruchte der Bischof als Kriegsbeute. Eine Kommission registrierte und beschlagnahmte Immobilien im Gesamtwert von fast 100 000 Goldgulden, doch erbrachte der Verkauf insgesamt nur 15 Prozent dieser Summe und half daher nur wenig zur Minderung der Kriegsschulden.

Zwar beschloß eine letzte Konferenz der Reichskreise in Worms im November 1535, daß die Stadt ihre Privilegien behalten solle. Aber trotz der Proteste der Reichskommission, die im Frühjahr 1536 die Einhaltung kontrollieren sollte, setzte Franz am 30. April eine neue Satzung in Kraft, durch die Münster die wichtigsten städtischen Freiheiten verlor, während die Sonderrechte des Domkapitels und der Klöster voll restituiert wurden. Die jährliche Ratswahl wurde abgeschafft, statt dessen ein Rat aus zwölf Erbmännern und zwölf „frommen begüterten Bürgern" vom Bischof auf Lebenszeit ernannt, die Gilden wurden als Herd aufrührerischer Gesinnung verboten, ein dem Fürsten verpflichteter „Gewaltmeister" sollte mit sechs Untergebenen die Einhaltung von Ruhe und Ordnung überwachen. Die fürstliche Territorialgewalt hatte einen wichtigen Sieg über ihre politisch-soziale Bedrohung errungen, der städtische Selbstbehauptungswille war unterlegen.

Die fünf Hauptgefangenen sollten Ende Juli von einer gemeinsamen Kommission der Sieger in Haus Dülmen verhört werden, aber schon vorher ließ der Bischof nach einem Schnellverfahren Kerckerinck hinrichten; Gerlach van Wullen wurde von ihm begnadigt. Die drei anderen blieben bis Anfang 1536 im Kerker. An ihren wesentlichen Glaubensüberzeugungen haben Jan van Leiden, Krechting und Knipperdollinck allen Bekehrungsversuchen gegenüber festgehalten. Am 22. Januar 1536 wurden sie in Münster nach Verurteilung wegen Kirchenschändung, Einführung einer falschen Religion, Erregung von Aufruhr, Beraubung der Ausgetriebenen, Tötung Unschuldiger und anderer Delikte auf dem Prinzipalmarkt in einer vier Stunden dauernden Exekution mit glühenden Zangen zu Tode gemartert, ihre in eiserne Körbe gesteckten Leichen am Turm der Lambertikirche aufgehängt. Die besonders grausame Hinrichtung entsprach geltenden Strafrechtsvorschriften, und die Ausstellung zur Abschreckung war damals üblich.

Mit ihrem Glauben, Christus werde in ihrer Stadt wiederkehren, hatten sich die Täufer in Münster und alle, die ihnen zuströmten, selbst von ihrer Umwelt isoliert. Mit den Folgerungen, die sie daraus zogen, insbesondere mit ihrem Streben, dem Herrn die Stätte auch mit Waffengewalt freizuhalten, und den Veränderungen, die sie in ihrem Zusammenleben vornahmen und die teilweise gegen allgemeine Moralvorstellungen verstießen, haben sie ihre Isolierung in einer für die Zeitgenossen nicht mehr tolerierbaren Weise verstärkt und mußten darum scheitern. Unter dem Gegendruck der sich bedroht sehenden alten Ordnungsmächte ist es im täuferischen Münster auch zu schlimmen und bösen Handlungen gekommen, und religiöser Fanatismus hat hier wie anderswo um der „reinen Lehre“ willen das Leben von einzelnen mißachtet. Es sollte aber deutlich geworden sein, daß nicht aufrührerische Gesinnung oder gar kriminelle Veranlagung die charakteristischen Züge der Täufer von Münster gewesen sind. Auch war für viele das Leben in der Täuferstadt die längste Zeit gewiß nicht härter als zuvor in der ständischen Gesellschaftsordnung. Am Ende des 20. Jahrhunderts sollte man überlegen, ob es angemessen ist, ihren Versuch, aus der Feudalordnung auszubrechen, grundsätzlich oder darum, weil sie sich von den herrschenden kirchlichen Meinungen abwandten, zu verwerfen. Manche Stadt ist stolz auf Phasen ihrer Geschichte, in denen Kritik und aktiver Widerstand gegen die bestehende Herrschaft gewagt wurden, auch wenn sie gescheitert sind.

Das melchioritische Täufertum lebte nach dem Untergang der Täuferstadt weiter. In den nächsten Jahren wurden im Münsterland mehrmals einzelne Täufer oder kleine Zirkel aufgespürt, von denen manche noch immer an ein baldiges Gottesreich in Münster glaubten. Unter Führung des Adeligen Jan van Batenburg entstand eine größere Gruppe, die den Kampf gegen die Gottlosen aktiv führen wollte, jedoch rasch zu einer das westliche Münsterland und Teile der Niederlande terrorisierenden Räuberbande degenerierte und nach ein paar Jahren vernichtet wurde. In Friesland sammelte Menno Simons in Abkehr von allen Gedanken an eine menschliche Vorbereitung des Reiches Christi viele Melchioriten zu betont pazifistischen Gemeinden; in ungebrochener Tradition besteht die mennonitische Glaubensgemeinschaft noch heute.

Für die Reformation in Westfalen bedeuteten die Täuferherrschaft und ihre Niederlage einen herben Rückschlag. Die gedemütigte Stadt Münster konnte keinen zweiten Versuch einer „Stadtreformation" mehr wagen. Nur falls der Landesherr sich zu Übertritt und Säkularisierung entschließen sollte, war ein Anschluß Münsters sowie seines Umlandes an die evangelische Richtung noch möglich. Nachdem Franz von Waldeck in den vierziger Jahren mit seinen Plänen gescheitert war, wurde Münster nach dem Tridentinum ganz auf die Seite der katholischen Kirche zurückgeführt.

Quellen und Literatur

Die wichtigsten zeitgenössischen Berichte (Dorpius, Gresbeck, Kerssenbrock) sind oben charakterisiert. Die Schriften Bernhard Rothmanns sind 1970 von Robert Stupperich ediert worden [669: Schriften Rothmanns]. Lesbare ausführliche Darstellungen findet man bei Alois Schröer [2658: Reformation in Westfalen], der aber den erzählenden Quellen etwas arglos folgt und die Tradition der ausschließlich negativen Wertungen weiterführt, und bei Richard van Dülmen [2063: Reformation als Revolution], der den Akzent auf die Frage legt, wieweit der Täuferherrschaft eine revolutionäre Bewegung zugrunde lag. Einen Gesamtüberblick über die Entwicklung des Täufertums im 16. Jahrhundert in Deutschland bietet Hans-Jürgen Goertz [2147: Täufer]. Als Bestandteil einer demokratischen Revolution im 16. Jahrhundert wollte Carl Adolf Cornelius, Pionier der modernen Täuferforschung und Herausgeber des Berichts von Gresbeck, die Täuferherrschaft interpretieren. Sein Werk [726: Geschichte des Münsterischen Aufruhrs] ist Torso geblieben; die beiden der Vorgeschichte gewidmeten Bücher, die die Entwicklung in der nordwestlichen Region bis Ende 1533 mitbehandeln, sind erschienen und noch heute mit Gewinn zu lesen; die Darstellung der Täuferherrschaft 1534/35 fehlt. Die Einordnung in die sogenannte frühbürgerliche Revolution hat Gerhard Brendler [723: Täuferreich] konsequent durchgeführt. Indessen ist dieser Deutung durch die Untersuchungen von Karl-Heinz Kirchhoff [797: Täufer in Münster] der Boden entzogen worden. Kirchhoff hat die Ergebnisse seiner weiteren Arbeiten zuletzt im Rahmen des Werkes „Der Raum Westfalen" zusammengefaßt [794: Phänomen des Täuferreiches]. Darin findet man den von ihm sehr wesentlich mitbestimmten Stand der Forschung; neben dem sozialen Charakter der Bewegung und der Einordnung in die stadtpolitischen Konflikte ist besonders die Bedeutung der Endzeiterwartung herausgearbeitet. Dem Gedankenaustausch mit Dr. Kirchhoff verdanke ich eine Vielzahl von hilfreichen Anregungen.

Zu Einzelfragen seien folgende Studien hervorgehoben: Parallelen und Unterschiede zwischen den Unruhen von 1525 und der Entwicklung ab 1531 arbeitet Heinz Schilling [878: Aufstandsbewegungen] heraus. Den Anteil der Gilden diskutieren, sich meist bestätigend und ergänzend, Karl-Heinz Kirchhoff [790: Gilde und Gemeinheit; 491: Gesamtgilde und Gemeinheit] und Taira Kuratsuka [810: Gesamtgilde und Täufer].

Rothmanns Theologie untersuchte zuerst der Amerikaner Jack W. Porter anhand systematischer Fragestellungen [859: Rothmann]; Martin Brecht hat stärker die Entwicklung in seinem theologischen Denken herausgearbeitet [721: Theologie Rothmanns]. Zum Einfluß der Wassenberger Prädikanten auf Rothmann führt am weitesten Johann Friedrich Gerhard Goeters [749: Taufaufschub]. Eine wichtige Einzelfrage zum Taufverständnis erörtert Werner O. Packull [2512: The Sign of Thau]. Das Standardwerk von Klaus Deppermann über Melchior Hoffman [2048: Hoffman] ist in seinen Folgerungen zu Münster anfechtbar.

Die erste Phase der Täufergemeinde in Münster beleuchtet grundlegend Karl-Heinz Kirchhoff [798: Friedliche Täufergemeinde], die eschatologischen Elemente erläutert er in einer weiteren Studie [788: Endzeiterwartung]. Zur Rolle von Mathys vgl. meinen Aufsatz [820: Jan Mathys und die Austreibung], in dem die Legende von einem Mordplan an den Taufunwilligen widerlegt wird. Zum Bildersturm als wohlbedachte Aktion Martin Warnke [915: Durchbrochene Geschichte?].

Die Politik des Bischofs und die Beteiligung der benachbarten Mächte verfolgt auf Grundlage der münsterischen Archivalien Karl-Heinz Kirchhoff [786: Belagerung]. Für die Beurteilung der Einwirkung des hessischen Landgrafen ist die ungedruckte Dissertation von Friedrich Krapf unentbehrlich [2351: Landgraf Philipp]. Die Anteilnahme des Reiches untersucht Helmut Neuhaus [843: Reich und Wiedertäufer]. Die Verbindungen zu den Niederlanden hat Albert Fredrik Mellink in mehreren Arbeiten behandelt, doch werden der politische Einfluß Jans van Leiden auf die holländischen Täufer und die Gerüchte, die Habsburger wollten Münster in ihren Besitz bringen, zu hoch bewertet.

Die Stufen der Verfassungsentwicklung diskutiert Eike Wolgast [916: Herrschaftsorganisation]. Das Problem der Gütergemeinschaft hat Hans-Dieter Plümper [858: Gütergemeinschaft] eingehend für alle täuferischen Gruppen des 16. Jahrhunderts erörtert. Zur Polygynie äußerte sich zuletzt Matthias Hennig [756: Askese].

Erst nach Abschluß des Manuskripts wurde mir der jüngste Versuch einer Gesamtdeutung, die Hamburger Dissertation von Ralf Klötzer [800: Täuferherrschaft], bekannt.

Den Gang der Forschung bis zur Gegenwart stellte jüngst eingehend Kirchhoff [794: Phänomen des Täuferreiches] dar (dort auch ein umfassendes Schrifttumsverzeichnis). Vor ihm behandelte Brendler [723: Täuferreich] die Abhängigkeit der Täuferforschung vom gesellschaftlichen Standort der Historiker. Innerhalb der vom Stadtarchiv und vom Stadtmuseum Münster veranstalteten Vortragsreihe zur Vorbereitung des Stadtjubiläums habe ich Entstehung und Tradierung des landläufigen Geschichtsbildes nachzuzeichnen versucht [224: Wirkung auf die Nachwelt].

HEINZ DUCHHARDT

Protestanten und „Sektierer“ im Sozial- und Verfassungsleben der Bischofsstadt im konfessionellen Zeitalter

1. Die Anfänge der reformatorischen Bewegung in Münster – 2. Wiederherstellung der konfessionellen Ausgangslage – 3. Phase der konfessionellen Toleranz – 4. Einzug der Jesuiten – 5. Durchsetzung der Katholizität und Abbau städtischer Autonomie – 6. Konflikte um das kirchliche Begräbnis – 7. Ende der Überkonfessionalität

Das gute halbe Jahrhundert zwischen 1525 und ca. 1580 war für die meisten deutschen Städte, ob sie landesherrlichen oder reichsunmittelbaren Status hatten, eine Phase des (verdeckten oder offenen) Nebeneinanders beider Konfessionsgruppen, des Suchens nach dem „richtigen“ religiösen Weg. In diesem langen Prozeß intensiver theologischer Diskussion und religiös-organisatorischer Selbstfindung und Identitätsbestimmung wurde, selbst in vielen Bischofsstädten, keine Seite von vornherein und grundsätzlich ausgegrenzt. Nichts wäre falscher als die Annahme, der Austausch der theologisch-dogmatischen Grundsatzpapiere auf dem Augsburger Reichstag von 1530 habe die Kommunen generell zu dieser oder jener Festlegung mit bindendem Charakter gezwungen, so sehr durch die Wiederinkraftsetzung des Wormser Edikts und entsprechende Mahnschreiben der Kaiser die Kommunen auch zu einer Festlegung im altgläubigen Sinn zu drängen suchte. Da zudem bis wenigstens zum Abschluß des Trienter Konzils, dessen Ergebnisse im übrigen in den deutschen Territorien nur mit viel Zögern und Abwarten rezipiert wurden, die Grenzen zwischen den Konfessionsparteien generell durchaus unscharf waren und präzise Unterscheidungsmerkmale sich erst im Verlauf der ersten Visitationen herauskristallisierten, kann die faktische Gemischtkonfessionalität in den Kommunen überhaupt nicht erstaunen.

1. Die Anfänge der reformatorischen Bewegung in Münster

Wenn man mit Bernd Moeller [2447: Zeitalter der Reformation, S. 83ff] und der neueren Forschung die Reformation als ein ihrem Wesen nach „städtisches Ereignis“ versteht, das dadurch charakterisiert war, daß die rechtlich und sozial meist benachteiligten Zünfte gegen die (patrizische) Oberschicht engagiert die Anliegen der Reformatoren aufgriffen und mit deren Instrumentalisierung bei dieser Gelegenheit zugleich ihren Anteil am Stadtregiment zu stärken suchten, so trifft dieses typische Verhaltensmuster mutatis mutandis auch auf Münster zu. Vor allem die Anfänge der reformatorischen Bewegung lassen diesen Zusammenhang von sozialen, verfassungspolitischen und religiösen Momenten und Komponenten deutlich erkennen. Die tumultuarischen Übergriffe von Gildehandwerkern auf die geistlichen Institutionen der Stadt, unter anderem wegen deren gewerblichen Tätigkeiten, wurden 1525 begleitet von einer Fixierung der sozialen und kirchlich-kirchenorganisatorischen Forderungen unter geistiger Assistenz eines lutherischen Kaplans (34 Artikel) und dem fast ultimativen und letztlich dessen Autorität untergrabenden Druck der Gemeinheit auf den Rat, diese Forderungen – die im übrigen zumindest bis nach Osnabrück ausstrahlten und einem dortigen Gravaminakatalog als Vorlage dienten – anzunehmen. In der Folge begannen dann aber die verfassungspolitischen und die sozialen Konfliktbereiche gegenüber den religiös-kirchlichen deutlich zurückzutreten: Die Reformation in der Stadt Münster ist nicht aus dem Gegeneinander, sondern letztlich aus dem Zusammenspiel von Gilden und Rat erwachsen. Man könnte vielleicht sogar die These vertreten, daß über der Konfessionsfrage die typischen verfassungspolitischen Dissense zwischen den Sozialgruppen der Stadt überlagert wurden von einem neuen Suchen nach einem Fundamentalkonsens, der es auch erlaubte, dem Fürstbischof geschlossener und entschlossener entgegenzutreten.

Aus den Reaktionen auf die Stadtunruhen von 1525 ist zu erschließen, daß die lutherische Bewegung über einen gewissen Resonanzboden bereits verfügte, wurden damals doch nicht weniger als vier Kapläne an den münsterischen Pfarrkirchen entlassen oder zur Rekonversion gezwungen. Das war allerdings eher ein Augenblickserfolg der altgläubigen Seite, denn in den ausgehenden 1520er Jahren rückten erneut Geistliche, die mit der neuen Lehre sympathisierten oder sich offen zu ihr bekannten, in Pfarreien und Kaplaneien ein, nicht zuletzt indirekt begünstigt auch durch die der neuen Lehre gegenüber nicht unfreundliche Haltung Fürstbischof Wieds. Auch daß „Multiplikatoren" wie der tief vom Humanismus geprägte Konrektor der Martinischule, Adolf Clarenbach, oder der Konrektor der Ludgerischule, Gerhard Schlipstein, sich offen oder der Sache nach mit der lutherischen Bewegung identifizierten und gegen die Mißstände der alten Kirche Stellung bezogen, ist ein Indiz für eine gewisse Bereitschaft in der Stadt, sich der „Philosophie" der neuen „Konfession" zu öffnen. Insofern kann es nicht erstaunen, daß bis zur Wende zum neuen Jahrzehnt der Protestantismus in den 17 münsterischen Gilden nicht nur Fuß faßte, sondern daß etliche Gilden sich fast geschlossen ins reformatorische Lager begaben, insbesondere gerade deren führende Männer, die Gildenältesten und Kurgenossen, die Ratsherren und Gemeindevorsteher. Typisch für Münster wurde es freilich, daß die anderenorts in tumultuarischen Formen sich vollziehende Reform- und Protestantisierungsbewegung hier in quasi-legale Bahnen gelenkt werden konnte, wobei ein gewisses Zusammenspiel von – patrizisch dominiertem – Rat und Gesamtgilde unübersehbar ist, etwa durch gemischte Ausschüsse, die bestimmte Vorfälle untersuchten und dadurch Situationen entspannten; das Klischee, die Gilden seien von Anfang an und durchgängig das verfassungspolitisch zu allem entschlossene und reformbesessene Element in der Stadt gewesen, das seinen „Machtkampf" mit dem Patriziat eben auch noch theologisch „unterfüttert" habe, läßt sich für Münster so kaum halten.

An Brisanz und Dramatik gewann der Kampf um die Reformation in der Hauptstadt des Fürstbistums dann eigentlich erst wieder – ähnlich wie in Osnabrück und Paderborn – seit der Sedisvakanz von 1532, seit die Protestanten in die Wahl des unter anderem von Philipp von Hessen gestützten Franz von Waldeck – verfrüht und bei weitem zu optimistisch – die Hoffnung einer raschen und vollständigen Protestantisierung von Stadt und Stift zu setzen begannen und zugleich in Münster die reformatorische Bewegung sich radikalisierte und auseinanderdriftete.

Diese Radikalisierung des münsterischen Protestantismus ist untrennbar mit dem Namen Bernhard Rothmann verbunden, der seit 1529 als Prediger am St.-Mauritz-

Stift vor den Toren der Stadt tätig war und 1531 auf einer von münsterischen Honoratioren finanzierten Bildungsreise unter anderem mit sektierereischen Randgruppen der Reformation und vor allem in Straßburg mit dem zwinglianischen Kirchenwesen in Kontakt kam. Die Anfangs- und „Sturmjahre“ der Reformation waren ja nicht nur generell von einem extrem hohen Grad an Sensibilisierung für theologische Fragen, sondern im besonderen für die den Menschen am unmittelbarsten sichtbare Form und das rechte Verständnis des Abendmahls geprägt, und gerade in dieser Hinsicht klaffte zwischen Wittenberg und Zürich, dem inzwischen fast schon etablierten Luthertum und dem Zwinglianismus, die große theologische Kluft. Seit seiner Rückkehr in die Pfarrei des Stifts begann Rothmann unter immer heftigeren Ausfällen gegen Rat und altgläubige Prediger in der Stadt nicht nur als unbiblisch eingestufte Glaubenselemente wie das Fegfeuer mit ätzender Kritik und Spott zu überziehen, sondern auch der Glaubensverkündigung und -organisation einen unverkennbaren Anstoß in Richtung Zwinglianismus zu geben. Nach seiner Amtsenthebung durch den Bischof suchte Rothmann in der Stadt selbst, und zwar im Schutz der Gilden im Krameramtshaus, Zuflucht – eine entscheidende Wendemarke insofern, als die Glaubensfrage damit unwiderruflich in das Spannungsfeld Stadt – Landesherr hineingeriet und die geistliche Autorität des Bischofs indirekt und direkt in Frage gestellt wurde. Es war zwar kein Automatismus, daß sich die Gilden gewissermaßen in die Pflicht genommen und zur demonstrativen Solidarität gezwungen fühlten – noch im April 1532 bestätigte beispielsweise die Gesamtgilde zusammen mit dem Rat das bischöfliche Predigtverbot, das Rothmann faktisch seit dem Februar in Lamberti längst unterlief. Aber ein gewisser „Druck von unten“, so scheint es, hat die lange eher vorsichtigen Gilden dann wieder auf die Bahn des vollen Engagements für den Protestantismus zurückgebracht. Ohne die These von der „revolutionären Bewegung“ hier wiederauffrischen zu wollen, ist es keine Frage, daß es die unzweideutig für die neue Lehre und für Rothmann Partei ergreifende Gemeinheit war, die die Gilden, sicher auch unter dem Eindruck von Rothmanns erfolgreicher Disputation vom Mai 1532, zu einer eindeutig protestantischen Haltung veranlaßte und die dann zu der in der Folgezeit von der altgläubigen Propaganda liebevoll gepflegten perhorreszierenden Gleichung „‚Gildendemokratie‘ gleich ‚neue Lehre‘“ führte. Diese „protestantische Allianz“ war es dann auch, die den münsterischen Rat im Hochsommer 1532 bewog, der reformatorischen Bewegung voll das Feld zu überlassen und die sechs Pfarrkirchen der Stadt mit evangelischen Predigern zu versehen. Den mehrheitlich keineswegs lutherischen Rat überzeugte offenbar die Argumentation der Gilden, daß die Lehre und Predigt der reformatorischen Prediger von niemandem widerlegt und als falsch erwiesen worden sei – auch dies ein alles andere als unübliches Verlaufsmuster. Der konfessionelle Status der Stadt stand für den Rat – trotz des starken Drucks von vielen Seiten – spätestens seit dem Frühherbst 1532 nicht mehr zur Diskussion; dem ganz entsprechend, wurde im Minoritenkloster umgehend auch eine evangelische Schule (mit Glandorp als Rektor) eingerichtet.

Eine besondere Situation entstand in Münster dann aber dadurch, daß sich diese protestantische Bewegung mit täuferischen Elementen durchsetzte und dadurch nicht nur an Durchschlagskraft verlor, sondern auch auf lange Zeit, letztlich für alle Zukunft im *Ancien Régime*, diskreditiert wurde. An und für sich waren die Perspektiven des münsterischen Protestantismus allen äußeren Bedrohungen zum Trotz

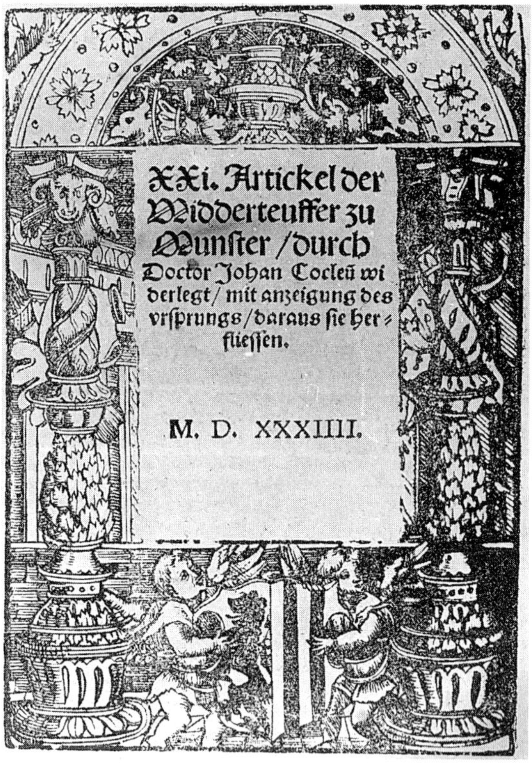

Titelblatt der „21 Artickel" zur Widerlegung der Täufer von Johann Cochlaeus (Dresden 1534)

nicht schlecht: In der Stadt herrschte ein weitgehender Konsens in religiösen Fragen, die Pressionen des Bischofs – unter anderem in Gestalt von Güter- und Straßensperren – bewirkten eher ein noch engeres Zusammenrücken der Bürgerschaft als das Gegenteil. Der Zusammenschluß zu einer förmlichen Schwurgemeinschaft und die ersten Bemühungen, sich durch „Zuchtordnungen" (Frühjahr 1533) und die Einsetzung von Examinatoren eine feste organisatorische Basis zu geben, waren weitere Faktoren, um die Entscheidung von Rat, Gilden und Gemeinheit für die neue Lehre irreversibel zu machen. Der Rat beschloß ganz konsequent unter dem Einfluß des Syndikus Wyck sogar, um die Aufnahme in den Schmalkaldischen Bund nachzusuchen. Der Dülmener Vertrag mit dem Fürstbischof und dem Domkapitel, in dem sich – „ein einmaliger Vorgang in der Reformationsgeschichte des Reiches" [2658: Schröer, Reformation in Westfalen 2, S. 391] – geistliche Instanzen offiziell mit der neuen Lehre einverstanden erklärten, und die Ratswahl vom März 1533, die erstmals ein protestantisches Übergewicht in diesem Gremium schuf, schienen diesen Prozeß der Sicherung und Verfestigung des Protestantismus in Münster gewissermaßen abzuschließen und zu krönen.

Freilich waren theologische Spannungen zwischen Rat und Gilden sowie Rothmann schon länger spürbar, die sich zunächst an Rothmanns Affinität zum Zwinglianismus entzündeten und die unter anderem auch schon in seinen (heute verschollenen) Entwurf einer Kirchenordnung einflossen, und diese Spannungen verschärften sich schlagartig noch, als mit Rothmanns Abwendung von der Kindertaufe seine Theologie nun eine ganz neue Dimension gewann. Der Rat versuchte – durch disziplinarische Maßnahmen gegen täuferische Prädikanten und auch durch eine (ebenfalls nicht erhaltene) Kirchenordnung vom 30. November 1533 – lange, sich gegen sektiererische Fehlentwicklungen zu schützen. Das Anschauungsbeispiel der umliegenden Landstädte (Coesfeld, Warendorf, Dülmen) lag gewissermaßen vor den Augen und vor der Tür, wo von Bernhard Rothmann ausgewählte und entsandte sektiererische Prediger den landesherrlichen Beamten einen nur zu gern wahrgenommenen Vorwand lieferten, um – schon bis zum Herbst 1533 – den ganzen dortigen Reformationsvorgang wieder rückgängig zu machen. Um so gravierender und wirklich einschneidend war der Prozeß der Auflösung der protestantischen Bewegung in Münster in konträr einander gegenüberstehende Richtungen und des Übergangs eines beachtlichen Teils der Lutheraner in das täuferische Lager – ein Faktum, das auch nach dem Ende des Täuferreichs nie mehr wettzumachen war und das letztlich die reichsrechtliche Handhabe bot, um mit der ganzen Massivität von Schwert und Feuer mit den Täufern zugleich auch den münsterischen Protestantismus wieder zu Fall zu bringen. Wie sehr nicht nur die zeitgenössische altgläubige Publizistik (Cochlaeus, Pelargus u. a.), sondern auch die bischöflichen Beamten seit 1535 den Eindruck zu festigen suchten, daß das Täufertum direkt und geradezu organisch aus der evangelischen Bewegung erwachsen sei, mag auch dadurch beleuchtet werden, daß die Täuferkäfige keineswegs zufällig gerade an St. Lamberti aufgehängt wurden, dem Zentrum und Ausgangspunkt der bürgerlichen Reformationsbewegung. Der unmittelbare und unauflösliche Zusammenhang von lutherischer und täuferischer Bewegung wurde geradezu zu einem tragenden Pfeiler des lokalen altgläubigen Geschichtsbildes und damit auch der einschlägigen Geschichtsschreibung; Kerssenbrock beispielsweise vertrat um 1570 dieses Interpretationsmodell ganz entschieden.

An Durchschlagskraft verlor die lutherische Bewegung insbesondere aber auch durch den gewaltigen Aderlaß an Menschen, die sich, aus welchen Gründen auch immer, den Täufern anschlossen und mit ihrem Reich zugrunde gingen. Das galt für die weitaus meisten der achtzig führenden Lutheraner in der Stadt, die in einer Liste von 1532 namentlich erfaßt wurden; das galt auch für viele Männer und Frauen aus dem zweiten Glied, die dem Inferno von 1535 zwar entkamen und sich auf dem flachen Land ansiedelten, aber natürlich immer wieder in den Verdacht des Täufertums gerieten und, nun ohne den besonderen Rechtsschutz der Stadt, von den bischöflichen Beamten konsequent verfolgt, angeklagt und häufig genug zum Tod verurteilt wurden. Im Hochstift (unter Ausklammerung der Stadt Münster) traf dieses Schicksal zwischen 1533 und 1546 immerhin etwa hundert Männer und Frauen. Für die Bischofsstadt selbst ist man auf eher zufällige Hinweise in den verschiedenen seriellen Quellen angewiesen, die beispielsweise für 1544 den Feuertod des Batenburger Täufers Gerd Eilkemann, der den Decknamen Peter von Noerig benutzte, enthüllen (ob Jacob ton Sulen 1537 eines Kapitalverbrechens oder seines Täufertums wegen der Exekution anheimfiel, ist dagegen auch nach Quellenbefund wohl umstritten). Die Quellen lassen zugleich aber auch erahnen, wie rasch, etwa wegen Vernachlässigung der österlichen Pflichten, die Menschen in den Geruch des Täufertums geraten konnten. In Ansätzen wurde hier bereits das Strukturproblem erkennbar, das für das gesamte 16. Jahrhundert seine Gültigkeit behielt: Die offizielle reichsrechtliche Ächtung und die mentalen Affekte gegen die Täufer hatten einen solchen Sättigungsgrad erreicht, daß der bloße Vorwurf oder Verdacht des Täufertums oft genügte, um auch Menschen, die „bloß" lutherischen Positionen anhingen, ohne Mühe bzw. zumindest besonders schnell in die Position des Angeklagten zu bringen, wobei die förmlichen generellen Ratsbeschlüsse zugegebenermaßen immer eher auf Ausweisung denn auf Todesurteil zielten; immerhin scheint bei Personen, die des Täufertums verdächtigt wurden, ein anderes (fiktives oder tatsächliches) Kapitalverbrechen vielleicht rascher als im „Normalfall" zu entsprechendem Schuldspruch geführt zu haben. Die Beharrlichkeit, mit der die bischöflichen Funktionsträger bis gegen Ende des Jahrhunderts immer wieder mit dem Täufermenetekel argumentierten, legt diese Annahme jedenfalls sehr nahe. Die Tendenz der Behörden, einen Protestanten in die Nähe des Täufertums zu rücken und ihn damit zu identifizieren, war in Münster, auch vor dem Hintergrund eines relativ intakten sozialen Netzwerks, das beispielsweise selbst prominente Protestanten die besondere Fürsorge und Vormundschaft von Täuferwaisen übernehmen ließ, immer gegeben und für die Betroffenen oft verhängnisvoll.

Damit soll keineswegs in Abrede gestellt werden, daß der Anabaptismus für Münster und das Münsterland ein Problem blieb, geheime Konventikel sich in Stadt und Land hielten, die Grundidee des – im übrigen sich schnell in eher pazifistische und radikale Richtungen auffächernden – Täufertums gerade auch im Adel und bei den Erbmännern nach wie vor eine beachtliche Resonanz fand, Frauen von Täufern nicht selten wieder Wohnrecht gewährt wurde und von der Dramatik der Ereignisse von 1534/35 her ein gewisses Trauma und Angstsyndrom der Behörden auch nicht völlig abwegig erscheint. Wenn die neuere Literatur feststellt, daß „nach 1540 [. . .] das Gespenst einer erneuten Täuferrevolution endgültig" verschwunden sei [765: Hsia, Gesellschaft und Religion, S. 8], so ist das objektiv zwar richtig, subjektiv stellte sich die Sache den bischöflichen Beamten aber noch ganz anders dar. Der Rat wurde bis in die 1590er Jahre hinein immer wieder auf diese Thematik verwiesen und geriet mehr als einmal in Zugzwang, den Vorwurf der Begünstigung des Täufertums zurückzuweisen.

2. *Wiederherstellung der konfessionellen Ausgangslage*

Rechtlich bedeutete die „Restauration" von 1535 für die in die Stadt zurückkehrenden Protestanten – von den achtzig in der erwähnten 1532er Liste erfaßten Männern war das immerhin ein Viertel – den Übergang zu einer Existenz in einer merkwürdigen Grauzone – sofern sie nicht, was im übrigen keineswegs generell auf einen bedenklichen Charakter oder puren Opportunismus hindeuten muß, in den Schoß der alten Kirche zurückkehrten, wie es etwa für Ludger tom Ring angenommen werden kann. Die katholische und damit auch landesherrliche und gegen den Rat gerichtete Reaktion setzte sich zwar zunächst auf der ganzen Linie durch und führte unter faktischer Annullierung des alten Dülmener Vertrags durch einen neuen Dülmener Vertrag (22. Juli 1535) nicht nur zur politischen Entrechtung der Protestanten und zu ihrem Ausschluß von allen Verfassungsämtern, sondern auch, übrigens im direkten

Widerspruch zum Koblenzer Kreisabschied vom Dezember 1534, in dem sich die Stände auf die Wiederherstellung des konfessionellen Status quo ante in Münster geeinigt hatten, zum Verbot des öffentlichen Glaubensbekenntnisses. Der Gegensatz zur Situation von 1532/33, als der protestantische Gottesdienst flächendeckend fast die ganze Stadt beherrscht hatte und „staatlicherseits“ ja auch anerkannt gewesen war, konnte schärfer gar nicht sein. Diese Linie wurde lange auch recht konsequent durchgehalten, so wenn beispielsweise der bloße Gesang eines lutherischen Kirchenliedes in einem Privatgarten vom neu konstituierten Rat bereits mit einer empfindlichen Geldbuße belegt wurde. – Ob das von Schröer aufgrund eher vager Indizien vermutete Simultaneum in St. Ludgeri wirklich noch eine Zeitlang praktiziert wurde, ist nicht völlig auszuschließen, erscheint vor dem Hintergrund der politischen Gesamtsituation in der Stadt aber doch eher zweifelhaft.

Aufsatz des ehemaligen Johannisaltars im Dom mit der bildlichen Darstellung der Heilsgeschichte. Das Retabel – eine Arbeit des münsterischen Malers Kilian Wegewort – wurde 1537 von Domvikar Hermann Mersmann gestiftet

Andererseits aber sind Maßnahmen des durch die „Neue Ordnung" von 1536 verfassungsrechtlich nachhaltig gestärkten Bischofs oder des jetzt ausnahmslos altgläubigen Rates, das protestantische Element völlig aus den Stadtmauern zu verbannen, nicht nachzuweisen (und wären wohl auch nicht durchsetzbar gewesen); der Bischof liebäugelte nach wie vor und wenigstens bis zu seinem berühmten Reformationsversuch von 1544 mit dem Protestantismus, und dem Rat war weit stärker an der Wiederverfestigung des konfessionsgrenzenüberschreitenden städtischen Sozialgefüges als an konfessioneller Ausgrenzung gelegen. Man kann davon ausgehen, daß in den Handwerker- und Kramerkreisen – die Gilden existierten seit 1535 zunächst nicht mehr, die Gesamtgilde war sogar ausdrücklich verboten (in der verfassungsgeschichtlichen Perspektive eine ganz gewaltige Gewichtsverschiebung zugunsten des Rates) – die Protestanten nach wie vor einen bedeutenden Faktor darstellten, auch wenn sie sich mit gutem Grund nicht jeden Tag öffentlich zu ihrem Glauben bekannten. Hinzu kam eine beachtliche demographische Fluktuation, die nicht zuletzt den Protestanten zugute kam; denn ob sich unter den Zuwanderern, die seit den späten 1530er Jahren aus den Niederlanden nach Münster kamen (und hier bei Vorliegen der formalen Voraussetzungen anstandslos auch mit dem Bürgerrecht bedacht wurden), nur strenggläubige Katholiken befanden, muß mit gutem Grund wohl eher bezweifelt werden. Die angesprochene „Grauzone" meint deswegen, daß Existenz und Bürgerrecht von Protestanten faktisch ungestört blieben, andererseits jede öffentliche Artikulation des Bekenntnisses untersagt war und wegen des 1541 noch einmal bekräftigten Verbots der Gilden die Protestanten auch vom politischen Leben ausgeschlossen blieben. Dieses durch den erzwungenen und durch die reduzierte Restitution von 1543 nur höchst bedingt modifizierten Rückzug der Gilden und der protestantischen Kramer und Handwerker aus der Kommunalpolitik entstandene Vakuum füllte zusehends dann eine neue bürgerliche Oberschicht dezidiert katholischen Bekenntnisses aus, die nicht ganz zu Unrecht als „zweites Stadtpatriziat" (Hsia) bezeichnet worden ist und die ihr Entstehen dem gewaltigen demographisch-sozialen Umbruch im Gefolge des Täuferreichs verdankte (erheblicher Bevölkerungsverlust, Verschwinden alter Eliten, Besitzumschichtungen, Zuzug vom flachen Land usw.). Dieses katholische „zweite Stadtpatriziat" behielt dann auch bei den ersten Wahlen nach der durch äußeren Druck erzwungenen Wiederzulassung der Gilden 1554 deutlich die Oberhand.

Das entscheidende Moment bei dieser in ihrem organisatorischen Ablauf nun sehr viel komplizierter gewordenen und tendenziell eher das Patriziat begünstigenden Ratswahl war quer durch die beiden Konfessionsparteien hindurch mit Bestimmtheit die Genugtuung über die Wiedergewinnung der traditionellen kommunalen Rechte; die Wahl durfte zuallerletzt der Demonstration konfessionellen Selbstbewußtseins der Handwerker und Kramer dienen, die mit einiger Wahrscheinlichkeit den Fürstbischof erneut auf den Plan gerufen und den gerade errungenen verfassungsrechtlichen Erfolg wieder gefährdet hätte. Insofern war es auch nur natürlich, daß in die Polizeiordnung von 1551 der ausdrückliche, an sich reichsrechtlich selbstverständliche, hier aber ganz deutlich der Beruhigung der landesherrlichen Obrigkeit dienende Passus Aufnahme fand, daß fortan kein ehemaliger Täufer eine rechtliche Funktion in der Stadt übernehmen dürfe.

Ratsherr Bernhard von Detten der Ältere und seine Frau Meta im Jahr 1583. Zwei Söhne und eine Tochter des Paares stifteten 1599 einen Stipendienfonds für Schüler des Jesuitenkollegs

3. *Phase der konfessionellen Toleranz*

Muß man für das Jahr des Augsburger Religionsfriedens von einer immerhin beachtlichen protestantischen Minderheit in der Stadt ausgehen – exakte Zahlen liegen bekanntlich nicht vor und dürften in ihren absoluten und relativen Größen auch sehr schwer zu rekonstruieren sein –, so sieht das für andere Stichdaten, etwa das Jahr des Ausbruchs des Dreißigjährigen Krieges, völlig anders aus. Nicht zufällig sprachen die *Litterae Annuae* des 1588 begründeten Jesuitenkollegs, die wenige Jahre vorher noch – subjektiv sicher auch berechtigt – über die Vergiftung des katholischen Glaubens in Münster durch die Protestanten geklagt hatten, für 1596 dem Orden, also sich selbst, das Lob aus, die „Ruinen der Kirche an diesem Ort“ wiederaufgerichtet zu haben. Das war, wie zu zeigen sein wird, sicher zu euphemistisch, aber zumindest die Tendenz des Rechenschaftsberichts der Patres ging doch in eine richtige Richtung. Wie kam es zu dieser (Re-)Katholisierung der Stadt?

Bei allen Maßnahmen des Rates gegen demonstrativen Protestantismus in den späten 1530er und den 1540er Jahren war nach der Rückkehr zu den Stadtfreiheiten das öffentliche Leben in der Kommune weit stärker von einem undramatischen Nebeneinander der Konfessionen, ja von Toleranz geprägt als von der Konfrontation. Der „Fall" eines Domvikars (Anton Tünneken), der aus einem durchaus lutherisch-täuferischen familiären Umfeld heraus 1539 neben anderen zwei unbezweifelbare Lutheraner mit der Aufsicht über die Erziehung seiner drei natürlichen Kinder betraute, kann dies schlaglichtartig erhellen [StadtAM, Testamente I, 494; vgl. 206: Kohl, Domstift 3, S. 166]. Das mag, wie es angenommen worden ist (Hsia), mit einem Generationenwechsel zusammenhängen, aber sicher auch damit, daß sich die Konfessionen noch deutlich überlappten und der katholische Gottesdienst in Münster auch nach 1535 mit unverkennbar protestantischen Elementen (wie etwa der *communio sub utraque specie* und auch mit Luthers Kirchenliedern) durchsetzt war, die es zu einer scharfen theologischen Abgrenzung überhaupt nicht kommen ließen. Schließlich wird man zu gewichten haben, daß in den 1530er und 1540er Jahren auch Protestanten in nicht unbeträchtlicher Zahl zugezogen und auch schon vor der Polizeiordnung von 1551, die auf jedes Konfessionserfordernis verzichtete, mit dem Bürgerrecht bedacht worden waren, sich also das demographisch-konfessionelle Profil trotz des tiefen Einschnitts von 1534/35 doch wieder zu ihren Gunsten verändert hatte; auch ist zu berücksichtigen, daß eine Handelsstadt wie Münster sich religiöse Intoleranz nur schwer leisten konnte, weil für den Handel im nordwesteuropäisch-hansischen Raum, wo die Protestantisierung inzwischen deutlich dominierte, jede Ab- und Ausgrenzung fatale Folgen haben mußte. So mag es insgesamt gar nicht abwegig sein, die Aufzeichnungen der münsterischen Jesuiten seit den frühen 1590er Jahren über die nichtkommunizierenden und nicht zur Beichte gehenden Bürger in ihren Ergebnissen bereits in die 1560er Jahre zurückzuprojizieren: sehr bruchstückhafte Listen und Mitteilungen, die sich meist mit der Nennung der wichtigsten Gegner der Jesuiten begnügten, die aber doch wohl, in Verbindung mit anderen Indizien, etwa gelegentlichen Erwähnungen in den Ratsprotokollen, die Annahme von einigen hundert protestantischen Menschen in Münster zulassen.

Die zahlenmäßige Größe der münsterischen Protestanten-„Gemeinde" bleibt indessen ein methodisches Problem, weil die genannten Quellen ausnahmslos von der „Gegenseite" stammen, also keinen völlig unanfechtbaren Quellenwert besitzen, und weil das offizielle Verbot des protestantischen Bekenntnisses nicht dazu angetan war, seinen Glauben auf dem offenen Markt zu vertreten. Die systematische Untersuchung der Bürgertestamente könnte einen Erkenntnisfortschritt erbringen und hat auch bereits – allerdings unter dem Stichwort „Wie katholisch war Münster?" – zu plausiblen Ergebnissen geführt (Hsia). Dabei muß man sich zugleich aber auch darüber im klaren sein, daß keineswegs jeder Bürger ein Testament hinterließ und protestantische Gesinnungen allenfalls e silentio – also zum Beispiel aufgrund des Faktums der Nichtanrufung der Heiligen – erschlossen werden können, mit allen methodischen Schwierigkeiten, die auch dieses Verfahren birgt.

Unter diesen protestantischen Bürgern befanden sich in den 1560er Jahren wie in den frühen 1530er Jahren etliche Ratsherren und Gildeführer, wobei eine soziologische Auswertung der fragmentarischen Quellen (Hsia) die Interpretation nahelegt, daß Protestanten vor allem in der Kramergilde und im – Tuch bzw. Leder verarbeitenden – Bekleidungsgewerbe eine größere Rolle spielten, also in den älteren, angesehenen Handwerkergilden, wenig oder kaum dagegen in den mit der Landwirtschaft (Bäcker, Fleischer, Brauer usw.) verbundenen Gilden, auch nicht in den unterbürgerlichen Schichten und natürlich auch weniger im Patriziat und im kaufmännischen „zweiten Patriziat“. Die Stadt hat jedenfalls nach 1553 für mehr als ein halbes Jahrhundert bewußt davon Abstand genommen, den Zugang zum Rat konfessionell zu beschränken, sondern sich bei den Qualifikationserfordernissen immer mit allgemeinen Kriterien wie „ehelich“ und „häuslich gesessen“ (Ratsprotokoll vom 19. Februar 1565) begnügt; es sollte der Gegenreformation wittelsbachischer Couleur nach der Jahrhundertwende vorbehalten bleiben, den Rat in dieser Hinsicht unter Druck zu setzen.

Es versteht sich von selbst, daß diese sozial geachtete protestantische Minderheit, die nach wie vor aufgrund der einschlägigen Verfügung Bischof Waldecks von 1541 den öffentlichen Gottesdienst entbehren mußte, in besonderer Weise miteinander verbunden war, wie das für ausgegrenzte konfessionelle Gruppen ja immer gilt. Das gemeinsame Bekenntnis erzeugte Freundschaft und soziale Geflechte, die essentiell waren und sich insbesondere im Heiratsverhalten niederschlugen. So waren in den 1560er Jahren die führenden Protestanten, ausnahmslos Gildenalderleute, Ratsherren und Kaufleute – Dickmann, Wilckinghoff, Block, Forckenbeck, Greving und Stoltenkamp –, jeweils durch Konnubium miteinander verknüpft. Besonders anschaulich ist das Beispiel Heinrich Dickmanns, der in erster Ehe mit einer Forckenbeck, in zweiter mit einer Wilckinghoff und in dritter mit einer Hesseling aus Warendorf verheiratet war; aus dieser letztgenannten Familie nahm auch der – wohl kalvinistische – Ratsherr Johann Block seine Frau. Dieses und andere Beispiele zeigen zugleich, daß für die relativ kleine protestantische „Gemeinde“ in Münster der enge Kontakt mit den Protestantengemeinden des Umlandes, etwa in Warendorf oder Burgsteinfurt, unverzichtbar war, wo gelegentlich wohl auch ein faktisch protestantischer Gottesdienst eines dort amtierenden Pfarrers besucht wurde. Ebenso wichen die münsterischen Protestanten für den Schulunterricht ihrer Kinder gelegentlich ins Umland aus, so zum Beispiel auf das Burgsteinfurter Gymnasium Arnoldinum; andererseits machte es aber auch in Münster – es wird darauf zurückzukommen sein – nie Schwierigkeiten, Lehrer zu finden, die mit dem Protestantismus zumindest sympathisierten.

Von theologischen Spannungen in der münsterischen Gemeinde ist nichts bekannt. Das mag quellenbedingt sein; sofern größere Konflikte ausgebrochen wären, hätten das die Chronisten aber mit Gewißheit nicht unterschlagen. Man muß davon ausgehen, daß die münsterischen Protestanten eine theologisch recht heterogene Gruppe gewesen sind. Der obige beiläufige Hinweis auf den kalvinistischen Ratsherrn Block mag das punktuell unterstreichen. Zuzug von außen war seit den späten 1530er Jahren durchweg aus kalvinistischen Regionen oder Gemeinden – den Niederlanden, Burgsteinfurt, Emden, Bremen – erfolgt und stellte für die „Alt-Protestanten“ aus der Zeit vor dem Täuferreich und deren kollektive Tradition ganz gewiß eine große theologische Herausforderung dar. Es mag hier nur daran erinnert werden, wie auf Reichsebene die theologisch-politischen Differenzen zwischen Lu-

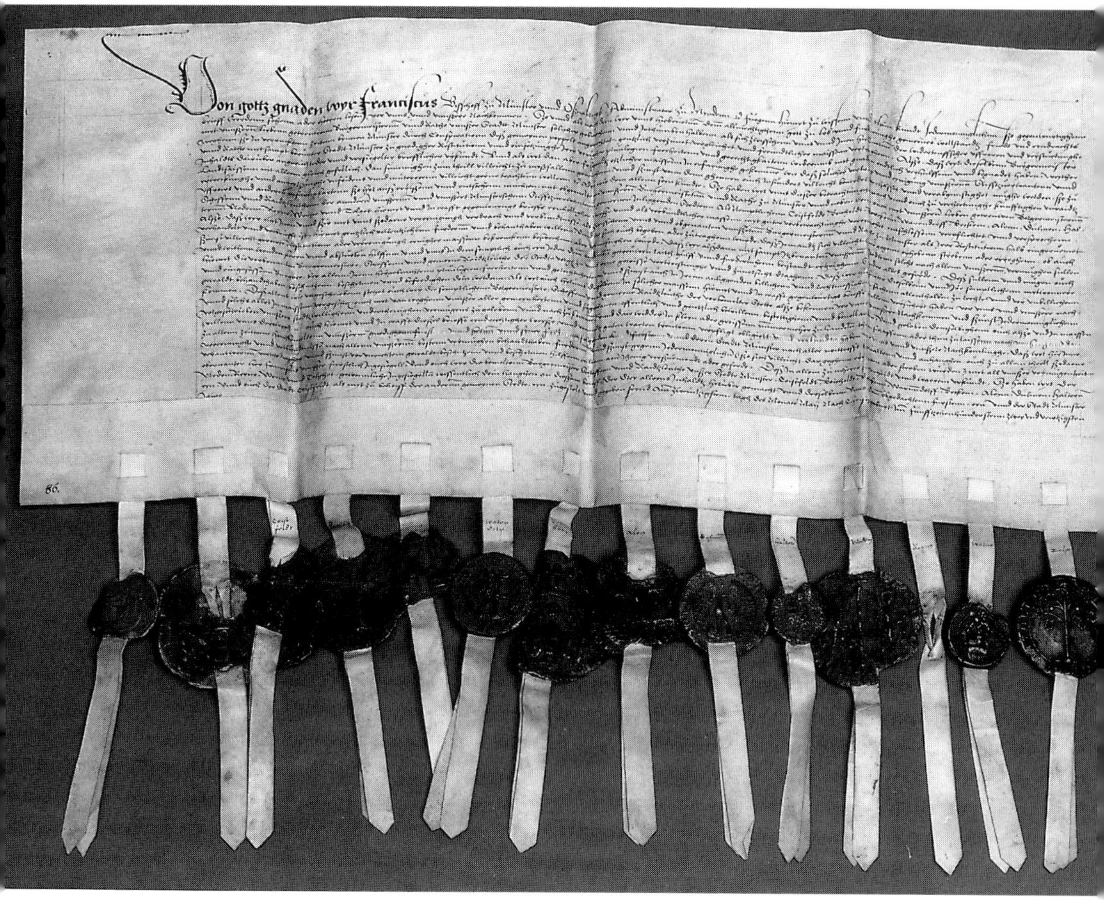

„Verbundtsbrieff" des Bischofs Franz von Waldeck mit der Stadt Münster und sämtlichen Stiftsstädten gegen alle, die sich der Restitution nach Niederwerfung der Täufer widersetzen (20. Mai 1542)

theranern und Reformierten eskalierten und die Lutheraner sich häufig weit eher den Altgläubigen anzunähern suchten und verbunden fühlten als den Kalvinisten. Daß der innerprotestantische Streit um theologische Positionen und Interpretationen auch den münsterischen Neugläubigen an sich keineswegs unbekannt war, mag die Diskussion um Rothmanns zeitweise propagierten Zwinglianismus erhellen.

Nach 1535 kam es indes in Münster, wie gesagt, zu solchen theologischen Reibungen, Reibungsverlusten und Friktionen offenbar nicht mehr. Da ein förmlicher öffentlicher Gottesdienst ja auch untersagt blieb, sich das immer mit dem Geruch einer Art Geheimverschwörung verbunden bleibende „Gemeindeleben“ der münsterischen Protestanten vielmehr auf die *devotio domestica* in Privathäusern und nächtlichen Konventikeln und gelegentliche Besuche von Wanderpredigern reduzierte, also kaum über die Privatsphäre hinausragte, lag die Versuchung, sich in Fragen der Lehre und der Form der Verkündigung in die Haare zu geraten, sicher auch nicht auf der Hand. Daß der Rat bei seiner gelegentlichen Beschäftigung mit dem konfessionell-religiösen Leben in der Stadt in den 1560er Jahren hauptsächlich außer gegen täuferische gegen kalvinistische Aktivitäten Stellung bezog, beispielsweise 1567 gegen kalvinistische Buchdrucker und Buchhändler und deren Erzeugnisse, lag auf einer anderen Ebene, war politisch aber nicht ungeschickt, weil das reichsrechtlich gewissermaßen vorgegeben war und damit innerstädtisch auch am wenigsten Porzellan zerbrochen wurde (Ratsprotokoll vom 30. Mai 1567). Daß aus dem von der neueren Forschung (Hsia) zusammengetragenen prosopographischen Material für die Zeit zwischen etwa 1570 und 1610 eine ganze Reihe von kalvinistischen Ratsherren nachgewiesen werden kann, widerspricht diesem gelegentlichen Aktivwerden des Rates keineswegs, sondern beleuchtet eher seine grundsätzliche Tendenz zur konfessionellen Integration und Harmonisierung.

Dieses relativ undramatische Neben- und Miteinander der protestantischen Minderheit und der altgläubigen Mehrheit in der Stadt und eine höchst bemerkenswerte, ihrerseits toleranzfördernde theologische Überlappung, die sich zum Beispiel darin niederschlug, daß der Rat der Stadt über die Konfessionsgrenzen hinweg einmütig die Drucklegung von Kerssenbrocks Täuferabhandlung, deren Veröffentlichung neue Gräben aufzureißen geeignet gewesen wäre, von Entschärfungen und Korrekturen abhängig zu machen suchte (einschlägiges Material in den Ratsprotokollen der Jahre 1574 und folgende), wurde seit den ausgehenden 1580er Jahren dann aber doch mehr und mehr in Frage gestellt.

4. *Einzug der Jesuiten*

Bevor nach den Gründen dieses konfessionspolitischen Umschwungs gefragt wird, muß das Faktum einer im wesentlichen von Konfessionskonflikten freien, mehr als ein Vierteljahrhundert umfassenden Phase der Stadtgeschichte im konfessionellen Zeitalter hier aber noch einmal unterstrichen werden. Wenn man nach den politischen Rahmenbedingungen und Voraussetzungen dieses weitgehend konfliktfreien Nebeneinanders fragt, wird man die Situation des Hochstifts allgemein nicht aus dem Auge verlieren dürfen, wo seit Friedrich von Wieds Zeiten kein Fürstbischof mehr die Praxis der *communio sub utraque specie*, also den Laienkelch, in Frage gestellt und eine „Mischreligion“ nach Art des Augsburger Interims Platz gegriffen hatte, wo – wie häufig – der Antiklerikalismus, der sich unter anderem an der mangelnden Sittenzucht vieler Geistlicher und an der Überhöhung und fragwürdigen Ausweitung der kirchlichen Gebühren entzündete, eine beachtliche Breitenwirkung und Resonanz erzielte, wo ein Bischof (Wilhelm von Ketteler) die antikurialen Affekte seiner Zeit bis zur Verweigerung des päpstlichen Obedienzeides umsetzte, wo ein anderer (Bernhard von Raesfeld) trotz einer unbestreitbar altgläubigen Grundhaltung vor der Aufgabe der entschlossenen Rekatholisierung des Stifts nach kurzer Zeit kapitulierte und wo schließlich nach Hoyas Tod ein intrigenreiches, rein machtpolitisch geprägtes langes Tauziehen um den Bischofsstuhl einsetzte, das das öffentliche Leben lähmte und sicher nicht geeignet war, die Attraktivität des alten Glaubens zu erhöhen.

Den Umschwung in der Stadt seit den 1580er Jahren bewirkten dann andere, endogene und exogene Faktoren. Der eine dieser Entwicklungsstränge war wirtschaftlich-sozialer Art. Es wurde darauf hingewiesen, daß die meisten Protestanten der Schicht des traditionellen Kaufmanns- und Handwerkerstandes angehörten. Charakteristisch – und keineswegs für Münster spezifisch – war ausgangs des 16. Jahrhunderts nun ein allgemeiner Niedergang des Handels, der mit dem niederländischen Krieg, mit den Strukturproblemen der Hanse, mit dem Aufkommen neu-

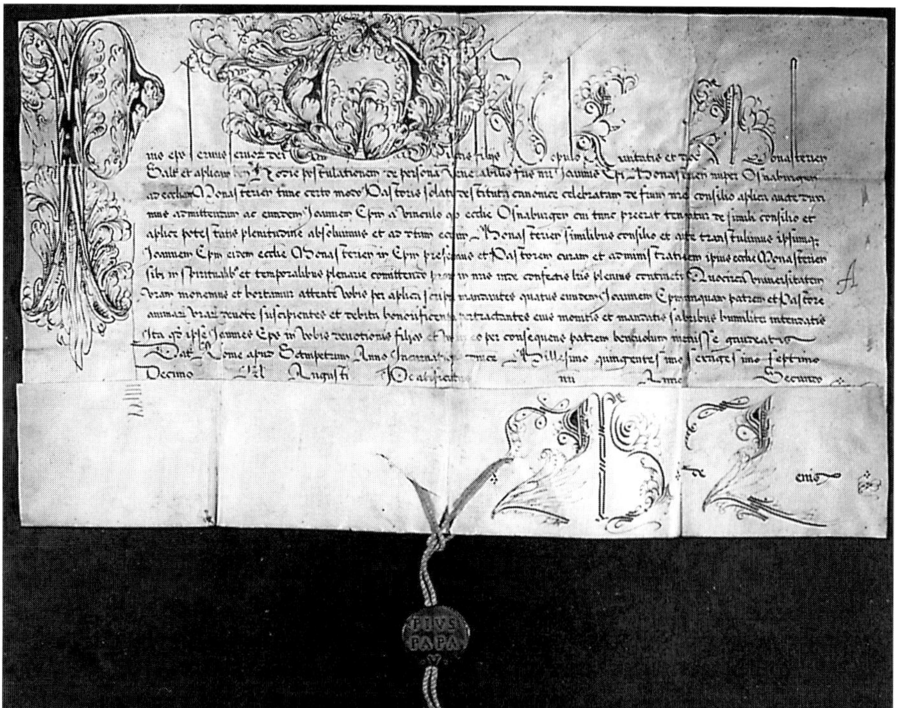

Papst Pius V. teilt der Stadt und der Diözese Münster 1567 die Bestätigung des Bischofs Johann von Hoya und seine Versetzung von Osnabrück nach Münster mit

er Handelswege und -interessen und anderem zusammenhing. Das alles betraf zwar zunächst einmal eher den Fernhandel, in dem die münsterischen Protestanten wohl eher ausnahmsweise engagiert waren. Aber das mittelbare und unmittelbare Ausgreifen des niederländischen Bürgerkriegs über die eigentliche Konfliktzone hinaus machte sich doch auch für die im westfälischen Bereich handelnden Kramer zunehmend nachteilig bemerkbar: die Unsicherheit der Straßen, Überfälle auf Jahrmärkte mit beachtlichen Vermögensverlusten und ähnliches. Strukturprobleme für die Gilden der Textilgewerbe kamen hinzu – kurzum: Gerade die Wirtschaftsbereiche, die eine Domäne der Protestanten waren, gerieten mehr und mehr in die Defensive und standen manchmal sogar schon vor der Existenzfrage.

Parallel dazu vollzog sich ein Aufschwung einer neuen sozialen Schicht, der dem relativen Abstieg der Kramer und der Handwerkergilden noch mehr Gewicht und Brisanz verlieh. Es gehört zu den allgemeinen Erscheinungen der deutschen Stadtgeschichte, daß in der zweiten Hälfte des 16. Jahrhunderts die Juristen und die städtischen Beamten ein immer größeres Sozialprestige erlangten – vor dem Hintergrund der Verrechtlichung des gesamten öffentlichen Lebens war das die Schicht, von der man das zukünftige Wohl und Wehe der Stadt abhängig glaubte und die man auch für die intensivierte Verwaltung, die sich vermehrenden Rechtsstreitigkeiten und die Außenbeziehungen der Stadt benötigte. In Münster war gerade das nun eine Schicht, die eindeutig dem alten Glauben anhing: Zugewanderte etwa aus dem (katholischen) Rheinland, aber auch Angehörige der alten kaufmännischen Oberschicht, die dem Fernhandel den Rücken kehrten und sich in die akademischen Berufe hinein veränderten. An den Familien Wedemhove, Heerde und Plönies ist das im einzelnen exemplifiziert worden (Hsia).

Diese sozialen Verschiebungen zum Nachteil der protestantischen Kramer und Handwerker wurden potenziert durch die konsequente Gegenreformationspolitik der Jesuiten, die auf eine von keinen konfessionsfremden Elementen gestörte konfessionsuniforme Kommune abzielte. Daß es in den münsterischen geistlichen Institutionen mit der Kirchendisziplin und der „unverfälschten" Lehre keineswegs zum besten stand, daß vielmehr die Rezeption protestantischer Lehrelemente und Lebensformen weit vorangeschritten war, hatte bereits die von Bischof Hoya veranlaßte Visitation in den frühen 1570er Jahren gezeigt. Konsequenzen aus dem – aus altgläubiger Sicht – mehr oder weniger deprimierenden Ergebnis dieser Visitation – mehr als die Hälfte der Pfarrgeistlichkeit lebte in eheähnlichen Verhältnissen! – waren aber nicht gezogen worden, wie überhaupt das beachtliche Reformpotential Bischof Hoyas nach seinem frühen Tod wieder völlig in sich zusammengebrochen war. Daß vor diesem Hintergrund die Patres in der Stadt Münster eine wirkliche intellektuelle und theologische Herausforderung sehen mußten, liegt auf der Hand; die ersten Bemühungen Kaspar Groppers um Errichtung eines Jesuitenseminars datieren dementsprechend auch bereits vom Herbst 1573 [2127: Gegenreformation 1, Nr. 301], waren dann aber offenbar von der Stipendienstiftung des Weihbischofs Kridt zugunsten von münsterischen Jugendlichen, die das Kölner Gymnasium Tricoronatum besuchen sollten, überlagert worden.

Nachdem bezeichnenderweise noch 1582 ein Vorstoß des zelotischen Domdechanten Gottfried von Raesfeld, das schwach besetzte Franziskanerkloster in ein Jesuitenkolleg zu verwandeln, von dem nach Harmonie und Toleranz tendierenden

Johann von Hoya (1529–1574) begann mit der Umsetzung der Reformbeschlüsse des Trienter Konzils im Hochstift Münster – Grabplatte im Dom

Rat abschlägig beschieden worden war, stimmte der Rat 1588 trotz des Protestes der Alderleute der Zulassung der Jesuiten mehrheitlich zu, denen damals die wichtigste Schule in der Stadt, die Domschule, überantwortet wurde. Die Patres begannen ihre Tätigkeit in Münster am Gymnasium Paulinum, die vor allem in der Anfangsphase von heftigen Konflikten mit den Gilden und deren Repräsentanten geprägt war und sich in der Resistenz der Kramer und Handwerker gegenüber jeder finanziellen Unterstützung der Societas Jesu spiegelte, dann auch ganz symptomatisch nicht nur mit dem demonstrativen Bau einer neuen Kirche, sondern vor allem mit einer „Säuberung" unter den am Gymnasium tätigen Lehrern. Unter ihnen, von denen ihrer Funktion als „Multiplikatoren" wegen Erfolg und Durchschlagskraft der Gegenreformation entscheidend mit abhing, überwog in der Tat allem Anschein nach der Anteil offener Protestanten bzw. Kryptoprotestanten und religiös indifferenter Männer. Ein dezidierter und auch leidenschaftlicher Katholik wie Hermann Kerssenbrock scheint diese Regel als Ausnahme nur zu bestätigen. Zukünftige Forschungen müssen gerade dieses Feld noch weiter erhellen, aber es scheint schon so gewesen zu sein, daß die protestantischen Tendenzen im Lehrkörper des Gymnasiums und der anderen Schulen seit der Visitation von 1572 die verschiedenen Gremien immer wieder beschäftigten, etwa wenn Lehrer starben, ohne vorher gebeichtet und kommuniziert zu haben. Besonders erhellend ist der „Fall" Johann Bloccius, der gar im Wissen um seine lutherische Konfession als Lehrer an der Martini-Pfarrschule angestellt wurde – ein Indiz dafür, wie offen die münsterische Gesellschaft lange war. Eine Intervention des Bistumsadministrators Johann Wilhelm von Kleve mit dem Ziel, ihn wegen der Verwendung „verdächtiger Autoren" im Unterricht zu entlassen, rief lebhaften Widerstand der Angehörigen des Pfarrbezirks hervor, die natürlich ebenso wie der Rat ein Gespür dafür hatten, daß solche Konfliktsituationen eine Art Einfalltor darstellten, um sich mittels konfessioneller Gravamina an der Verstärkung landesherrlicher Einflußnahme auf die städtische Autonomie immer und immer wieder zu versuchen. Am Ende hatte hier – ein erstes Indiz, daß in die Kommune ein kälterer Wind einzuziehen begann – der beschuldigte Lehrer (und damit die Kräfte, die sich für ihn verwendet hatten) das Nachsehen; Bloccius mußte 1583 vorzeitig den Dienst quittieren. Ob ihn das bei der in den Quellen altgläubiger Provenienz wiederholt monierten großen Zahl seiner Privatschüler freilich sehr schmerzte oder gar in seiner Existenz bedrohte, ist wohl eher zu bezweifeln; bei anderen kann aber Entlassung bzw. Suspendierung durchaus die soziale Existenz in Frage gestellt haben. Dabei geht es gar nicht um die Frage, ob die Jesuiten nicht vielleicht wirklich und objektiv die „besseren" und damit auch erfolgreicheren Lehrmethoden praktizierten; entscheidend für unseren Zusammenhang ist, daß die Jesuiten mit einer offenbar beachtlichen Konsequenz gerade auf diesem Feld der schulischen Personalpolitik aktiv wurden.

Der Kampf der Jesuiten gegen die protestantischen, kryptoprotestantischen und religiös indifferenten Lehrer an den Schulen der Stadt trug relativ rasch Früchte und wirkte sich, was nicht zu unterschätzen ist, eben auch „multiplikatorisch" aus, zumal er durch einschlägige, vom Rat wiederum als Eingriff in seine Rechtskompetenz empfundene landesherrliche Maßnahmen wie das Verbot aller nichtgenehmigten Texte für den Schulgebrauch (1591) nachhaltig abgestützt wurde. Überhaupt gewinnt man aus den Quellen den bestimmten Eindruck, daß die bischöfliche Regierung seit den frühen 1590er Jahren die konfessionspolitischen Chancen des „richtigen" Schulunterrichts und des Schulbuchs voll erkannte. Ob die Predigttätigkeit der Jesuiten im Umland und in der Stadt unter dem Strich ähnlich erfolgreich war, kann mit Fug und Recht wohl bezweifelt werden. Röchell vermerkt nicht ohne Grund, daß selbst die Altgläubigen nach der Übernahme der Dompredigt durch die Jesuiten in Scharen – vielleicht auch aus sprachlichen Gründen, weil die Patres das Niederdeutsche entweder nicht beherrschten oder nicht benutzten! – wegblieben [1: Münsterische Chroniken, S. 98f]. Generell sind die Beziehungen zwischen der großen

Masse der städtischen Bevölkerung und den Jesuiten immer eher gespannt geblieben, was sich an etlichen grundsätzlichen Konflikten wie etwa dem Streit um die Weinakzise und damit Steuerbefreiung belegen ließe. Sicher sind vereinzelt Protestanten in den Schoß der alten Kirche zurückgeführt worden, aber auf die meisten Protestanten werden die Missionspredigten der Patres eher den umgekehrten Effekt – Verhärtung und Bestärkung – erzielt haben. Entscheidender für den Prozeß der Marginalisierung der Protestanten in Münster war aber zweifellos etwas anderes.

5. *Durchsetzung der Katholizität und Abbau städtischer Autonomie*

Den Ausschlag gab das neue Durchsetzungsvermögen „des Staates", der nicht nur seit dem sich durch die vorsichtig-zögerliche Haltung des Stiftsregiments nach der Postulation noch einmal um einige Jahre verschiebenden Übergang der Bistumsregierung an Ernst von Bayern entschieden an konfessioneller Schlagkraft gewann, sondern der nun unter dem Leitthema der Zurückdrängung städtischer Autonomie den Konflikt mit der Stadtobrigkeit und die Kraftprobe um die konfessionelle Homogenisierung geradezu suchte. Können die eben geschilderten Konflikte mit den Jesuiten cum grano salis noch der Rubrik der üblichen innerstädtischen Auseinandersetzungen zwischen Rat und geistlichen Institutionen zugeordnet werden, so unterschieden sich die Maßnahmen des Landesherrn um Infragestellung und Abbau der städtischen Autonomie von früheren Bemühungen dieser Art durch die Intensität und Konsequenz, mit der der frühmoderne Territorialstaat Verdichtung gewissermaßen zu demonstrieren suchte. Beide Konfliktbereiche luden sich durch ihr Zusammenspiel und das neue Konfessionsmoment zusätzlich auf und potenzierten sich gegenseitig. Freilich war grundsätzlich und überall, auf protestantischer wie katholischer Seite, die Konfessionalisierung – und das bedeutete faktisch religiöse Intoleranz – ein wesentliches, wenn nicht konstitutives Element der Staatsbildung. Für protestantische wie katholische Fürsten gleichermaßen galt auch, daß sie sich eines ganz bestimmten Instrumentariums bedienten, um die konfessionelle Geschlossenheit ihres Territoriums zu gewährleisten; typisch war zudem überall, wie eng der staatliche und der kirchliche Apparat zusammenarbeiteten, um konfessionelle Homogenität zu erzielen.

Der Weg des Fürstbistums zur Rolle des nordwestlichen Eckpfeilers der Gegenreformation war ja lange überhaupt nicht absehbar gewesen, nachdem die Protestantisierung des Stifts schon unter den Bischöfen Waldeck und Ketteler als ernsthafte Möglichkeit empfunden worden war und Mitte der 1560er Jahre dann jenes mit Unterbrechungen fast zwei Jahrzehnte umgreifende diplomatische Spiel eingesetzt hatte – das aus der Kellerschen Quellensammlung im übrigen gut nachzuvollziehen ist –, das Stift mittels der zeitweise gegebenen Mehrheit protestantischer oder indifferenter Mitglieder des Domkapitels einem protestantischen Kandidaten, dem Herzog Heinrich von Sachsen-Lauenburg oder dem Grafen Karl von Mansfeld, zu überantworten. An Bischof Hoyas Loyalität zur alten Kirche konnte zwar überhaupt nicht gezweifelt werden – sein programmatischer Hirtenbrief vom März 1568 spiegelt das deutlich wider [2127: Gegenreformation 1, Nr. 274] –, aber in dem beachtlichen Reformpaket, das er zu verwirklichen suchte, nahmen sich die Eingriffe in das Kirchenwesen

Ernst von Bayern (1554–1612), Kurfürst von Köln, Fürstbischof von Lüttich, Hildesheim und Münster (seit 1585). Stich von J. A. Zimmermann

doch eher noch bescheiden aus. Immerhin zeigte die von ihm angeordnete Diözesanvisitation schlaglichtartig, wie tief protestantisches Gedankengut (Laienkommunion *sub utraque specie,* deutsche Kirchenlieder – sieht man von der nicht nur reformatorisch bedingten verbreiteten Priesterehe hier einmal ganz ab) in den Gemeinden, insbesondere des Niederstifts und des westlichen Oberstifts, auch ohne förmliche Annahme eines reformatorischen Bekenntnisses sich durchgesetzt hatte. Auch wenn man bei den vielen Klagen von altgläubiger Seite aus den 1570er und 1580er Jahren über den Zustand von Kirche und Frömmigkeit im Hochstift Münster quellenkritisch eher vorsichtig sein muß, kann wohl doch kein Zweifel bestehen, daß das Fürstbistum damals von den theologisch-organisatorischen Zielvorstellungen des Tridentinums meilenweit entfernt war.

Nach dem langen faktischen „Interregnum“ begann dann aber die bischöfliche Regierung Ernsts von Bayern mit einer relativ konsequenten, vom Domkapitel übrigens nicht immer abgestützten Politik, um das protestantische Element aus Stift und Stadt definitiv und unwiderruflich verschwinden zu lassen: das Beispiel von Stadt und Stift Osnabrück lag immerhin direkt vor den besorgten Augen. Wie sehr die katholischen Kräfte im Hochstift geradezu darauf warteten, endlich wieder einen entschlossenen und handlungsfähigen Fürstbischof hinter sich zu wissen, kann daraus ersehen werden, daß und wie im unmittelbaren Vorfeld der Wahl Ernsts die aus Glaubensgründen aufrührerische Stadt Borken zur konfessionellen Räson und zur

Aufgabe des Protestantismus zu bringen versucht wurde. Auch die Art und Weise, wie der des Übertritts zum Kalvinismus verdächtigte Servatii-Pfarrer Heinrich Lichius 1592 seines Amtes entsetzt wurde, verdeutlicht die neue Entschlossenheit der Stiftsregierung, das Prinzip des *cuius regio eius religio* voll durchzusetzen. Den eigentlichen Kern des evangelischen Elements sahen der neue Bischof und seine Beamten – völlig zu Recht – in den Städten, deren Autonomie dem von einem durchaus frühabsolutistischen Staatsdenken geprägten Wittelsbacher so untragbar erschien, daß neben seinen Kampf für religiöse Konformität dies, die kommunale Autonomie zu Fall zu bringen, als absolut gleichrangiges zweites Ziel trat. Man wird diese Verschränkung – die Erzwingung katholischer Rechtgläubigkeit über die Beschneidung der herkömmlichen städtischen Freiheiten – geradezu als den Nukleus der Regierung Bischof Ernsts im Hochstift Münster einstufen können: Selten liegt das Ineinandergreifen von Gegenreformation und territorialer Staatsverdichtung so klar auf der Hand wie hier, selten auch wurde der säkulare Gegensatz „kommunaler Republikanismus versus Frühabsolutismus“ so manifest wie in diesem Teil Nordwestdeutschlands.

Die Kraftproben zwischen dem Rat und den geistlichen Institutionen einschließlich Bischof waren zwar beileibe nicht neu und können geradezu als ein Leitthema der Stadtgeschichte des 16. Jahrhunderts apostrophiert werden – die Röchell-Chronik belegt das mit vielen Beispielen. Jetzt, seit den ausgehenden 1580er Jahren, vor allem seit 1588 die protestantische Opposition im Domkapitel faktisch mundtot gemacht worden war, häuften sich die landesherrlichen Reaktionen indes, und sie gewannen eine reichsrechtlich zwar abgedeckte, aber mit der bisherigen Praxis scharf kontrastierende neue Qualität: 1590 wurde auf dem Verordnungsweg die Katholizität des gesamten Schulwesens wiederhergestellt und die Entlassung ausnahmslos al-

Titelblatt der 1551 bei Gottfried Tzwyvel gedruckten münsterischen Polizeiordnung

ler dem Protestantismus zuneigenden Geistlichen verfügt, was im übrigen in bezug auf den Personalaustausch neue Probleme aufwarf, weil tridentinisch ausgerichtete Männer gar nicht in genügender Anzahl zur Verfügung standen. Es wurden erste Maßnahmen eingeleitet, um – insbesondere in Gestalt des Geistlichen Rates – den Prozeß der Rekatholisierung zu bürokratisieren, um Überwachungsmechanismen zu schaffen und die für Teile des Niederstifts zuständigen osnabrückischen Archidiakone wieder zu aktivieren, natürlich im katholischen Sinn. Seit Mitte der 1590er Jahre wurde im Anschluß an den – gleich noch zu erwähnenden – Konflikt um das Begräbnis des Hofgerichtsprokurators Seveker in Verschärfung entsprechender, aber offenbar bisher nicht konsequent praktizierter Bemühungen von allen Anwärtern für Beamtenpositionen – zunächst am Gericht, dann an allen Behörden – der Nachweis des katholischen Glaubens gefordert, unter anderem auch, um konfessionelle Vorbilder und zugleich verläßliche Informanten zu gewinnen, die nichtbeichtende und nichtkommunizierende Bürger anzeigten – der zeitgenössische Begriff des „Policeystaats“ erhielt hier fast schon seine moderne Konnotation.

Aus der Sicht der bischöflichen Regierung waren diese und die vielen anderen Maßnahmen gegen den wuchernden Protestantismus in hohem Maß notwendig und nach den lähmenden Auseinandersetzungen um die Nachfolge im Hochstift längst überfällig, wollte man verhindern, daß das Stift konfessionell völlig aus dem Ruder lief und weiter und gar noch mehr als bisher negativ auf die Region ausstrahlte („Münster wäre als ein Ziel, daran viel gelegen wegen anderer beiliegender Stifter“ [2127: Gegenreformation 2, Nr. 313]). In ihren Augen gab es eine solche Fülle von Auflösungserscheinungen und Krisensymptomen, daß ein energisches Eingreifen das Gebot der Stunde schlechthin war: Mönche und Nonnen verließen nach wie vor ihre Klöster; so trat der ehemalige Minoritenguardian Winand Alstorff zum Protestantismus über, nachdem er in einem Streit mit den Observanten suspendiert und später exkommuniziert worden war. In den Städten des Münsterlandes und in der Hauptstadt war der Gottesdienst mit protestantischen Elementen weitgehend durchsetzt, so daß eine Stadt wie Ahaus beispielsweise die *communio sub utraque specie* nicht nur stillschweigend duldete, sondern 1591 sogar um förmliche Aufhebung des Verbots nachsuchte [2127: Gegenreformation 2, Nr. 285]. Die Priesterehe war fast zur Regel geworden, Täufer wurden geduldet, antikatholische Flugschriften riefen – horribile dictu – geradezu zum Übertritt zum Kalvinismus auf, und die Protestanten nahmen in den Verfassungsgremien der Städte an Zahl und Gewicht eher zu als ab. Für einen engagierten Katholiken schrillten um 1585 die Alarmglocken unüberhörbar laut, für ihn konnte die noch 1590 artikulierte Haltung von Domkapitel und Statthaltern, daß in der Religionsfrage „so eilfertig nicht remedirt werden könne“ [2127: Gegenreformation 2, Nr. 279], einfach nicht mehr akzeptabel sein.

6. *Konflikte um das kirchliche Begräbnis*

Das Feld, auf dem sich der Übergang von einer bemerkenswerten Offenheit im Sozialleben der Stadt zu einer aggressiver werdenden Gegenreformation und zugleich zur Infragestellung der städtischen Autonomie am augenfälligsten vollzog, war das Begräbniswesen. Zu einem ersten Konflikt zwischen Klerus und Rat kam es

Nicolaus Arresdorff, Pfarrer an St. Lamberti und Weihbischof in Münster. Das Gemälde aus dem ehemaligen Minoritenloster befindet sich seit 1812 im Besitz der Pfarrei St. Lamberti

bereits 1587 beim Tod des oben (ohne Namensnennung) erwähnten, unter ausdrücklicher Verweigerung von Beichte und Kommunion verstorbenen Domschullehrers Bernt Cappellaen, dessen Bestattung auf dem Pfarrkirchenfriedhof der Dechant von St. Martini zu verhindern suchte; hier konnte sich der Rat mit der Begründung, der verstorbene Schulmeister sei „gein Anabaptista noch Schismaticus odder Calvinista" gewesen (Ratsprotokoll vom 16. November 1587), noch relativ leicht durchsetzen. Im übrigen – und das war natürlich auch ein Gebot politischer Klugheit – hat sich der Rat zugunsten der Begräbnisse offener oder verkappter Täufer in der Tat nie engagiert; im Fall des täuferischen Evert von Dorpen zum Beispiel ließ er 1584 statt der abgelehnten Beisetzung auf dem Friedhof „das Corper ahn den Dwenger S. Martini hingraben" (Ratsprotokoll vom 13. April 1584). Seit der Mitte der 1590er Jahre nahmen solche Konflikte dann an Zahl und Brisanz erheblich zu. Das Verhaltensmuster wiederholte sich fast stereotyp: Ein staatlicher oder kommunaler Funktionsträger stirbt, ohne vorher bei einem katholischen Geistlichen gebeichtet und die Kommunion *sub una specie* empfangen zu haben, die Geistlichkeit der betreffenden Pfarre verweigert das kirchliche Begräbnis und das Läuten der Kirchenglocken, der Rat interveniert, in aller Regel mit Unterstützung der Gilden, indem er seine Kompetenz und Rechtsbefugnis in allen das bürgerlich-städtische Leben betreffenden religiösen Angelegenheiten geltend macht; dagegen wenden sich, vor allem mit der Argumentation der aus dem Archidiakonat abgeleiteten kirchlichen Jurisdiktion, Domkapitel und bischöfliche Regierung, und es war durchaus unterschiedlich, wer sich im Verlauf dieser politischen Konfrontation am Ende durchsetzte.

Dieses „Konfliktmodell" gilt beispielsweise für den „Fall" des Hofgerichtsprokurators Dietrich Seveker 1597 und den des Kaufmanns und Kurgenossen Wilhelm Niehues (Neuhaus) 1604. Letzterer ist auch insofern von Bedeutung, als nach der von den Söhnen des Verstorbenen und einigen prominenten protestantischen Bürgern gegen den Widerstand des Pfarrers von St. Lamberti, Nicolaus Arresdorff, erzwungenen Beisetzung des Leichnams in der Lambertikirche an der Seite seiner Frau, wo er zu Lebzeiten eine Begräbnisstätte gekauft hatte, die bischöfliche Regierung das zum Anlaß nahm, um im Frühherbst 1604 ein Edikt zu erlassen, das die Bestattung von Nichtkatholiken auf den Kirchhöfen generell und strikt untersagte – ein Akt der Sozialdisziplinierung, gegen den sich die parallele Verfügung an alle Pfarrer, Register über ihre Pfarrkinder zu führen und (worin zumindest ein Teil der Pfarrgeistlichkeit offenbar große Zurückhaltung übte) Verdächtige zur Anzeige zu bringen, vergleichsweise harmlos ausnahm (aber für den Historiker ein markanter Einschnitt ist, weil die seither geführten Kirchenbücher für ihn eine unentbehrliche Quelle sind). Die protestantische Partei im Rat, die immerhin noch etwa zehn Männer zählte – wobei die Frage, ob alle wirklich überzeugte Protestanten waren, hier auf sich gestellt bleiben mag –, erwirkte daraufhin eine Protestresolution, die das bischöfliche Edikt für die Stadt kurzerhand und unmißverständlich für unverbindlich erklärte.

Die Auseinandersetzungen spitzten sich im Gefolge dieses Edikts und der Reaktion des Rates nun entschieden zu und trieben immer deutlicher in Richtung auf den offenen Konflikt. 1606 wurde eine neue Stufe der Eskalation erreicht, als gleich mehrere protestantische Bürger verstarben und der Fürstbischof seinen „Begräbniserlaß" erneuerte, andererseits – wie etwa nach dem Tod des protestantischen Ratsherrn Melchior Steinhoff – Rat und Bürger erneut zur Selbsthilfe schritten und mit Gewalt oder nachgemachten Schlüsseln die Bestattung in der Martinikirche in Eigenregie vornahmen.

Vor diesem Hintergrund und im Licht der gewaltsamen Rekatholisierung in den (hochstiftischen bzw. in anderen Territorien gelegenen) Nachbarstädten, denen im Zuge paralleler Maßnahmen zugleich wesentliche Autonomierechte entzogen wurden, begann der münsterische Rat seine Politik des bloßen Reagierens von Fall zu Fall zu überdenken und auf einen grundsätzlichen Entscheid zuzusteuern. Er glaubte in den sich verdichtenden Streitigkeiten mit den bischöflichen Behörden mehr und mehr das Moment zu erkennen, daß die Auseinandersetzungen um das Begräbnisrecht nur benutzt wurden, um die städtischen Freiheiten ganz umfassend einzuschränken, und er entschloß sich deswegen – der Literatur zufolge (Hsia) – 1606, an das Reichskammergericht zu appellieren, was dem ganzen Konflikt nun eine neue Qualität verleihen mußte. Über das Schicksal dieser Appellation in Speyer ist nichts bekannt; sie erscheint auch nicht unter den in Regestenform zugänglichen münsterischen Reichskammergerichtsprozessen, so daß es insgesamt eher zweifelhaft erscheint, ob sie überhaupt angenommen wurde, zumal der Bischof zur gleichen Zeit einen förmlichen Prozeß gegen die Stadt am mit dem Reichskammergericht konkurrierenden Reichshofrat anstrengte. Dieser Gegenschlag des – wahrscheinlich durch einen heftigen Protest der Ritterschaft gegen den Begräbniserlaß zusätzlich aufgeschreckten – Fürstbischofs bewirkte 1607 dann ein kaiserliches Pönalmandat gegen den Rat, in dem die Kommune daran erinnert wurde, daß sie als landsässige Stadt unter der vollen geistlichen und weltlichen Jurisdiktion des Bischofs stehe und folglich allen Anordnungen des Stadtherrn – nach seiner Interpretation also insbesondere dem Begräbniserlaß und dem Verbot der Wahl von Nichtkatholiken zum Rat – Folge zu leisten habe.

Damit war in der Tat nun der Kern der Auseinandersetzungen beim Namen genannt, denn gerade das sah der Rat ja völlig anders; mit Blick auf den Begräbniserlaß ließ er etwa in Konsequenz seiner bisherigen Haltung verlautbaren, daß niemandem, der nicht förmlich der Ketzerei angeklagt oder verurteilt worden sei, Verläuten und Begräbnis versagt werden könnten. Der Rat nahm in dieser kritischen Situation Zuflucht zu dem ganz exzeptionellen Mittel der Einberufung einer allgemeinen Bürgerversammlung, die ihm wie erhofft bei der Ignorierung der bischöflichen Edikte den Rücken stärkte, was er dann auch in ein in der Sache bestimmtes Antwortschreiben an den Kaiser einfließen ließ, mit dem eine eigene Delegation zur Vertretung des städtischen Rechtsstandpunkts nach Prag geschickt wurde. Es war immerhin ein Erfolg, daß eine sofortige Sentenz des Reichshofrats nicht erfolgte, der Prozeß sich vielmehr noch bis wenigstens in die 1620er Jahre hinzog.

Der Streit hatte damit 1607 einen toten Punkt erreicht. In den folgenden Jahren brachen die Meinungsverschiedenheiten beim Tod eines jeden protestantischen Bürgers und jedes zufällig in der Stadt verstorbenen Fremden mit großer Regelmäßigkeit wieder auf: Gewaltsame Beisetzungen, Ermahnungen und Proteste lösten einander ab. Tragikomische Momente sind dabei nicht zu übersehen, so wenn etwa 1605 beim Tod eines zufällig in Münster weilenden Nürnberger Kunsthandwerkers und der üblichen Verweigerung der Beisetzung die Gildenführer drohten, den Leichnam im Haus des Pfarrers oder auf dem Lamberti-Hochaltar aufzubahren, bis der Gestank eine Sinnesänderung erzwänge; letztlich blieb der Streit aber bis 1621, als der Rat in Übereinstimmung mit einem 24köpfigen Bürgerausschuß beschloß, dem kaiserlichen Mandat Gehorsam zu leisten (Ratsprotokoll vom 26. Juli 1621), in der Schwebe. In Konsequenz dieses Beschlusses wurde im Herbst desselben Jahres dann erstmals förmlich die kirchliche Beisetzung eines Bürgers, des Ritterschaftssyndikus Dr. Goddert Grotegeß, verweigert und die Familie des Verstorbenen auf einen auswärtigen Begräbnisplatz verwiesen (Ratsprotokoll vom 18. Oktober 1621).

Bemerkenswert ist auch bei diesem Konflikt um das Begräbnisrecht, wie konsequent und fast stereotyp die katholische Seite immer wieder den Vorwurf des Täufertums erhob und wie energisch der Rat allen Versuchen, die in den Mauern der Stadt lebenden Protestanten mit den Täufern in einen Topf zu werfen, die Grundlage zu entziehen suchte: Die Unterstellung, der Rat begünstige das Täufertum, gehörte gewissermaßen zur Standardargumentation der bischöflichen Regierung. Mit dem Vorwurf des Sektierertums ließ sich in Münster am allerbesten Innenpolitik machen, und manche Quellenstücke [2127: Gegenreformation 2, Nr. 291] assoziieren auch durchaus eine Strategie der bischöflichen Regierung, die Täufer nur als Feigenblatt für die viel umfassenderen und grundsätzlicheren Bemühungen *pro exstirpanda haeresi* zu benutzen! Der Rat suchte demgegenüber säuberlich zu trennen und wies wiederholt Täufer aus der Stadt aus, um danach unter Bezugnahme auf den Augsburger Religionsfrieden das Prinzip der Gewissensfreiheit lutherischer Bürger desto energischer vertreten zu können. Auch in dem erwähnten Brief an den Kaiser vom 18. Januar 1608 spielte dieser Gesichtspunkt – der Rat dulde in der Stadt keine Täufer, Lutheraner aber lebten, bisher auch unwidersprochen, seit dem Augsburger Reli-

Das Jüngste Gericht. Gemälde von Hermann tom Ring (um 1555)

gionsfrieden und auf seiner Rechtsgrundlage in der Stadt, und das könne auch gar nicht anders sein, weil die Kommune ja in einem evangelischen Umfeld liege – eine beträchtliche Rolle: eine Reaktion auf den kaiserlichen Vorwurf, die Stadt erkühne sich wie einst 1533, gegen den klaren Religionsbann und die Rechtsomnipotenz des Landesherrn „neue Kirchen-Satzungen anzuordnen und dem Bischoflichen Amt einzugreifen“ [2127: Gegenreformation 2, Nr. 359]. Das Täuferreich war zur politischen Zuchtrute geworden.

Immerhin: Bei aller Aufbauschung des Sektiererproblems durch die bischöflichen Beamten darf natürlich nicht das Faktum an sich übersehen werden, daß auch ein halbes Jahrhundert nach dem Ende des Täuferreichs und trotz jahrzehntelanger Ächtung und Ausgrenzung nach wie vor friedliche Täufer in der Stadt Münster lebten. So spiegeln die Ratsprotokolle von 1598 beispielsweise das Schicksal eines Täufers namens Urwercker wider, der nach einer Lepraerkrankung vergeblich um die Übertragung einer Pfründnerstelle im Leprosenhaus Kinderhaus nachsuchte (Ratsprotokoll vom 5. Juni 1598). Ein gutes Jahr früher wurde der Täufer Johann Dirickmann nach seiner Abschwörung und Konversion „zu dieser Stadt Religion" wieder „in Gnaden" angenommen (Ratsprotokoll vom 27. März 1597); für sein zukünftiges „christliches und catholisches" Verhalten bürgten zwei Berufsgenossen des Bäckers (Ratsprotokoll vom 14. April 1597). Die im gleichen zeitlichen Umfeld erwähnten beiden stadtbekanntesten Täufer Heinrich Knoest und Adam Greshoff, für deren Ehefrauen bei nachweislich katholischem Verhalten übrigens eine Ausnahmeregelung vorgesehen war, waren bereits früher mindestens einmal (1585) der Stadt verwiesen worden und hatten den Rat seit den frühen 1580er Jahren immer wieder beschäftigt. Am Fall des Heinrich Knoest könnte im übrigen exemplifiziert werden, daß und wie Täufertum immer eine sehr individuelle Entscheidung war und keineswegs auch die Familienangehörigen präjudizierte oder gar stigmatisierte, die unter der Voraussetzung eines anderen Bekenntnisses in Münster einen höchst „normalen" Lebensweg beschritten (Ratsprotokoll vom 28. Juli 1586). Man gewinnt aus den Akten zwar nicht den Eindruck, daß der Rat trotz wiederholter individueller Verweisungen in den 1570er und 1580er Jahren (Nottelmann u. a.) immer energisch und konsequent gegen die Täufer vorgegangen ist – 1584 begnügte er sich zum Beispiel damit, „verdächtige" Personen an die zuständigen Pfarrer zwecks Ablegung eines Glaubensbekenntnisses zu verweisen (Ratsprotokoll vom 16. April 1584) –, muß aber wohl andererseits anerkennen, daß in seinen Augen das Problem eher marginal und im übrigen auch jederzeit überschaubar war. In den Landstädten des Hochstifts, in Bocholt oder Vreden etwa, wo die sozial führenden Schichten ganz wesentlich täuferisch geprägt waren und wo zudem ein ständiger auch personeller Austausch mit den Niederlanden stattfand, war das Problem vergleichsweise viel gravierender.

7. Ende der Überkonfessionalität

Die ständigen Nadelstiche der bischöflichen Regierung wegen der Begräbnisse protestantischer Bürger blieben à la longue ganz sicher nicht ohne Wirkung, und anderes kam hinzu, um die Luft für die Protestanten dünner werden zu lassen. Die spanischen Truppen, die, von der Regierung ausdrücklich willkommen geheißen, nach vielen früheren Übergriffen 1598 und 1599 Winterquartiere im Hochstift nahmen, verstärkten den psychologischen Druck auf die Protestanten, zumal sie an einigen Orten die Rückkehr zum katholischen Gottesdienst förmlich erzwangen. Ihre Ausgrenzung aus den „staatlichen" Berufen, für die generell jetzt das katholische Glaubensbekenntnis sowie der Nachweis regelmäßiger Beichte und Kommunion gefordert wurden, ging weiter und wurde, nicht zuletzt durch den seit 1598 geplanten und 1601 ins Leben getretenen Geistlichen Rat, dazu viel stärker als bisher bürokratisiert und überwacht. Zudem versuchte die Regierung seit der Wende zum 17. Jahrhundert auch, sie aus der städtischen Selbstverwaltung herauszudrängen, selbst um den Preis der Negierung alter städtischer Privilegien und Freiheiten. Hier stand natürlich erneut die Autonomie der Stadt auf dem Prüfstand, die durch eine wahre Flut von Prozessen geistlicher Institutionen gegen Stadt und Rat vor den Reichsgerichten ohnehin immer mehr in die Defensive gedrängt wurde; gerade die Protestanten der „zweiten Stunde", die jetzt allmählich in die Jahre kamen, hatten aus ihrer Erfahrung in den 1550er Jahren her diesen Zusammenhang immer mit besonderer Schärfe – und deutlicher vielleicht als ihre Söhne und Enkel – gesehen. Am Anfang stand hier 1601 ein bischöfliches Edikt, das für das gesamte Hochstift die Wahl von Nichtkatholiken zu Ratsherren verbot [2127: Gegenreformation 2, Nr. 328]. So wie sich die kleineren Städte im Hochstift, die sich im Hochsommer 1600 mit der Haupt- und Residenzstadt zu einem Städtebund mit der alleinigen Zielsetzung der Wahrung ihrer Rechte und Freiheiten gegen obrigkeitliche Zumutungen zusammengeschlossen hatten [2127: Gegenreformation 2, Nr. 320], ausnahmslos über die Anordnung des Fürstbischofs hinwegsetzten – die Ahlener Kurgenossen argumentierten 1602 beispielsweise, „der Religion halber könnten sie niemands ins Herz sehen" [2127: Gegenreformation 2, Nr. 331] –, so ignorierte auch der münsterische Rat den Erlaß zunächst und ließ die landesherrlichen Beamten auf deren Rückfrage dann wissen, zum einen gehe das Edikt die Stadt Münster überhaupt nichts an und zum anderen kümmerten sich die Kurgenossen nicht um die Konfessionszugehörigkeit eines Ratskandidaten [2127: Gegenreformation 2, Nr. 343]. Daß sich die Regierung mit dieser Bescheidung nicht zufriedengab, sondern stereotyp die Befolgung des fürstbischöflichen Mandats anmahnte, versteht sich von selbst. Ebenso stereotyp aber rieten vor den Wahlen die Stadtväter den Bürgern, es zu ignorieren, ja, ließen wohl gelegentlich die diesbezüglichen Befehlsschreiben der Regierung sogar ungeöffnet und damit ungelesen wieder zurückgehen [2127: Gegenreformation 3, Nr. 496]. Das Konfliktpotential, das sich auch hier anstaute, war beträchtlich und konnte erahnt werden aus den heftigen Reaktionen der Stadtbevölkerung gegen die 1603 vorgesehene (und auch durchgeführte) Prozession aus Anlaß des päpstlichen Jubiläumsjahres. 1605 und 1606 waren jeweils noch neun der 24 Ratsherren Protestanten.

Erst in den Jahren ab 1610 scheint die Zahl der Protestanten im zentralen Verfassungsgremium der Stadt allmählich abgenommen zu haben, vor allem zwar aus biologischen Gründen, aber sicher auch deswegen, weil die Sodalitäten und andere altgläubige Zirkel die Ratswahlen zu „politisieren" begannen und die konfessionell „richtigen" Männer zu lancieren suchten. Der biologische Zufall wollte es, daß innerhalb weniger Jahre eine ganze Reihe protestantischer Ratsherren verstarb – so Melchior Steinhoff 1606, Johann Block 1627, Andreas Wilckinghoff 1612, zum Teil von heftigen Turbulenzen um das Begräbnis begleitet, die Kapitel und Stiftsregierung nicht ohne Grund den Ausbruch eines allgemeinen (antikatholischen) Aufstandes in der Stadt befürchten ließen. Parallel dazu schob sich die neue Generation der von den Jesuiten erzogenen Führungskräfte mehr und mehr in den Vordergrund, die zwar sicher nicht alle der zelotischen Partei zugerechnet werden können, aber das Gewicht der Altgläubigen insgesamt eben doch deutlich verstärkten. Während die Protestanten in den Jahren nach 1610 nur noch jeweils fünf bis zwei Ratsherren stellten, bewegte sich die Zahl der „Klerikalen" mehr oder weniger kontinuierlich nach

Dr. Heinrich Vendt (1521–1609) amtierte zwischen 1561 und 1604 über zwanzig Jahre als Bürgermeister. Totenbild von Nikolaus tom Ring

oben und erreichte 1615 und 1618 erstmals ein Drittel der 24 Ratssitze. So punktuell solche Zahlen sind und sowenig sie das Fehlen des Protokolls der Visitation der Landeshauptstadt von 1613/14 aufwiegen können, so lassen sie doch zumindest eine Tendenz erkennen.

Die Abstützung durch fürstbischöfliche Erlasse, die sich ihrerseits auf das kaiserliche Pönalmandat von 1607 berufen konnten, tat ein Übriges, um diesen Prozeß zu beschleunigen und unumkehrbar zu machen. Gerade weil im Rat der Stadt die Konfessionszugehörigkeit in der Vergangenheit keineswegs das ausschlaggebende Kriterium für Besetzung und für politische Entscheidungen gewesen war, war das ein untrügliches Indiz dafür, daß das Gewicht der Protestanten im öffentlichen Leben der Kommune erkennbar zurückging. Reaktionen der Betroffenen, bevorzugt in Gestalt von antijesuitischen Exzessen zur Karnevalszeit, blieben nicht aus und nahmen an Wucht seit 1608 unverkennbar zu. Der Fastnachtsumzug der „Ipsenbrüder“, einer Gesellschaft von (überwiegend sicher noch dem Protestantismus zuneigenden) Kaufleutesöhnen, die 1608 mit einer beweglichen Figur zugleich den Fürstbischof wie die Jesuiten zu verspotten suchten, mag dies illustrieren. Durchaus vergleichbar mit der Eskalation der konfessionellen und verfassungsrechtlichen Gegensätze auf Reichsebene, glich Münster seit etwa 1604/5 einem Pulverfaß voll Aggressionen und Emotionen, in dem ein Ereignis wie die Verhängung des Interdikts wegen des „verbotenen“ Begräbnisses eines Protestanten (Wilhelm Neuhaus) einen potentiell jederzeit zündbaren Funken darstellen konnte und in dem die Stimmung durch Schmähschriften des protestantischen Adels oder auch durch den öffentlichen Anschlag des kaiserlichen Pönalmandats vom 3. Mai 1607 noch weiter angeheizt wurde. Münster schien vor einer konfessionellen Eruption größten Ausmaßes zu stehen.

Diese Befürchtung drängte sich um so eher auf, als sich in der Stadt nach zwanzig Jahren gegenreformatorischer Aktivitäten nun doch die religiöse Militanz des Fürstbischofs, seiner Regierung, der Jesuiten und der anderen neuen Orden, deren Ansässigmachung in Münster Rat und Gilden nicht mehr zu verhindern vermochten, mehr und mehr durchsetzte und die traditionelle bürgerliche Frömmigkeit, die sich weniger an Dogmen und den oft Kritik herausfordernden Formen der Volksfrömmigkeit als vielmehr an der Rationalität des Glaubens und am negativen Einfluß der geistlichen Korporationen auf das Sozial- und Wirtschaftsleben der Stadt orientierte, in den Hintergrund drängte. Diese Militanz konnte am Ende auch vom Domkapitel, das sich in der Vergangenheit mehr als einmal um Abschwächung und Mittelwege bemüht hatte, nicht mehr ausbalanciert werden. Die bürgerliche Gesellschaft Münsters war bis etwa 1610 in einem ganz erstaunlichen Maß überkonfessionell, erst dann setzte sich die von außen in die Stadt hineingetragene Konfessionalisierung definitiv durch, die nun auch den in der Vergangenheit immer an Sachentscheidungen und am Moment der Wahrung der bürgerlich-städtischen Freiheiten orientierten Rat mehr und mehr auf das konfessionelle Gleis sachfremder Polemik und „ideologischer“ Aufspaltung führte – auch wenn sich diese „Konfessionalisierung“ lange eher im Atmosphärischen denn in rigiden Ratsbeschlüssen niedergeschlagen haben mag. An Episoden wie dem Zensuredikt Fürstbischof Ernsts von 1609, das eindeutig konfessionalistischen Charakter hat, oder den Statuten der 1608 konstituierten Buchbinderbruderschaft, die zwar erst für 1648 überliefert sind, vermutlich aber bereits in dieser Fassung auf ihr Gründungsjahr zurückgehen und in denen sich alle Mitglieder verpflichteten, keine lutherischen, kalvinistischen oder „ketzerischen“ Bücher einzubinden, kann dieser Umschwung exemplarisch veranschaulicht werden.

Dieser Prozeß, der durch Krankheit und Tod Ernsts von Bayern nur kurzzeitig unterbrochen wurde, beschleunigte sich unter seinem wittelsbachischen Nachfolger und Neffen Ferdinand nochmals entschieden, der noch weit weniger Skrupel als sein Onkel hatte, die städtischen und ständischen Freiheiten in Frage zu stellen, der sich auch von Interventionen der Generalstaaten zugunsten der münsterländischen und emsländischen Protestanten nicht aus der Bahn der konsequenten Rekatholisierung werfen ließ und der seit seiner großen Instruktion vom 1. Juli 1612 [2127: Gegenreformation 3, Nr. 282] mit einem präzise aufeinander abgestimmten konfessionspolitischen Programm – Entlassung evangelischer Geistlicher und Lehrer, geistliche Prozesse bis hin zu Exkommunikationen, erneute Visitation (1613) – die beachtliche protestantische Minderheit in Hochstift und Stadt Münster mundtot und führerlos zu machen und in den Schoß der alten Kirche zurückzuführen suchte und sich dabei auch von der wenig Begeisterung verratenden Haltung selbst des Domkapitels und des Sekundarklerus nicht mehr beeindrucken ließ. Es bedurfte freilich erst der militärischen Bedrohung durch die Spanier, die Ligatruppen und den Krieg, um diesen Prozeß der Rekatholisierung zumindest formal abzuschließen – 1628/29 wurden die nichtkatholischen Bürger vor die Alternative „Konfessionsänderung oder Auswanderung“ gestellt –, was indes nicht ausschloß, daß auch in den 1630er und 1640er Jahren und selbst nach der Galen-Ära gegen Ende des 17. Jahrhunderts in Stadt und Stift noch Relikte protestantischen Lebens und evangelischer Lebensformen nachzuweisen waren, die von der katholischen Propaganda indes sicher erheblich überschätzt wurden.

Aufsatz des ehemaligen Paulusaltars im Dom mit der Darstellung der Bekehrung des Saulus – um 1570/80 von Albert Reining ausgeführt

Ihre Katholizität ist der Stadt somit in einem mehr als ein Vierteljahrhundert währenden Prozeß von dritter Seite aufoktroyiert worden; dem Wesen des Bürgertums waren konfessionelle Aus- und Abgrenzungen eher fremd. Hätte Münster den Weg zur Reichsfreiheit erfolgreich – wie andere Städte – abschließen können, wäre das Paradigma einer gemischtkonfessionellen, toleranten und liberalen Reichsstadt durchaus vorstellbar gewesen. So aber kam es, ziemlich genau hundert Jahre nach den ersten Regungen des Luthertums in Münster, aufgrund des jahrzehntelangen politischen Drucks in den 1620er Jahren zu einem faktischen Ende der frühen münsterischen Protestanten-„Gemeinde", das vor allem daraus resultierte, daß der Rat 1628/29 die Befolgung der landesherrlichen Mandate zusagen mußte. Auch wenn Ausweisungen aufgrund von notorischer Nichtbereitschaft zur Konversion bisher nur in Einzelfällen bekannt geworden sind, muß – vor allem vor dem Hintergrund der noch nicht untersuchten Wanderbewegung von münsterischen Protestanten in die benachbarten Niederlande – wohl doch davon ausgegangen werden, daß die Protestanten in Münster seit den 1630er Jahren personell zu einer quantité négligeable zusammenschrumpften.

Quellen und Literatur

An ungedruckten Quellen wurden für die Darstellung herangezogen die – für die Zeit ab 1564 erhaltenen – Ratsprotokolle im Stadtarchiv Münster, deren neuerliche Durchsicht die weitgehende wissenschaftliche Solidität der Monographie von Ronnie Po-chia Hsia [765: Society and Religion] im übrigen bestätigte; in einigen anderen Beständen des Stadtarchivs Münster wurden gezielt weitere Recherchen durchgeführt. An gedruckten Quellen sind von besonderer Wichtigkeit die dreibändige Aktenedition von Ludwig Keller über die Gegenreformation am Niederrhein und in Westfalen [2127: Gegenreformation] – trotz einiger in jüngster Zeit vorgebrachter Bedenken hinsichtlich der wissenschaftlichen Solidität des Werkes – sowie die Röchell-Chronik [1: Münsterische Chroniken]. Für die Stiftsgeschichte zwischen 1547 und 1585 enthält die Arbeit von Augustin Hüsing einen umfangreichen Aktenanhang [631: Kampf um die katholische Religion].

Die grundlegende Darstellung der Sozial-, Verfassungs- und Mentalitätsgeschichte Münsters im konfessionellen Zeitalter stammt von dem Amerikaner R. Po-chia Hsia; sie liegt seit kurzem auch in deutscher Übersetzung vor [765: Gesellschaft und Religion]. Die Reformation und die Gegenreformation in Westfalen werden in materialreichen Werken von Alois Schröer behandelt [2658: Reformation in Westfalen; 2657: Kirche im Zeichen der Erneuerung], die unter anderem den älteren Aufsatz von Klemens Löffler [825: Reformationsgeschichte] ersetzen. Zur Verfassungsgeschichte der Stadt und zur Täufergeschichte nach dem Täuferreich sind die Arbeiten Karl-Heinz Kirchhoffs unverzichtbar [2314: Täufer im Münsterland; 789: Exekutivorgane und Rechtspraxis], ebenso die älteren Studien Ernst Hövels aus den 1930er Jahren [761: Beitrag zur Bewegung; 627: Bürgerbuch].

Nach Erstellung der Erstfassung des Manuskripts im Frühjahr 1991 hat Herr Dr. Helmut Lahrkamp neue Studien zur Problematik der konfessionellen Gegensätze in der Stadt Münster im 16./17. Jahrhundert durchgeführt, die im Band 142 (1992) der „Westfälischen Zeitschrift“ publiziert werden. Einzelergebnisse dieser Forschungen konnten bei der Revision des Manuskripts bereits berücksichtigt werden. Ich danke Herrn Dr. Lahrkamp für diese Hinweise und für die akribische Durchsicht meines Manuskripts.

ALWIN HANSCHMIDT

Zwischen bürgerlicher Stadtautonomie und fürstlicher Stadtherrschaft (1580–1661)

1. Die Landesherren

Nach dem Tod Fürstbischof Johanns von Hoya (1566–1574) wählte das münsterische Domkapitel den zwölfjährigen Herzog Johann Wilhelm von Kleve zum neuen Fürstbischof. Da sich nach dem Tod von dessen Bruder Karl Friedrich, des klevischen Erbprinzen (1575), ergab, daß Johann Wilhelm später die Nachfolge seines Vaters antreten und somit auf das Hochstift Münster verzichten würde, entspann sich ein zehn Jahre dauernder „Wahlkampf" um den münsterischen Bischofsstuhl. Als Bewerber standen sich dabei Herzog Heinrich von Sachsen-Lauenburg, 1574 postulierter Erzbischof von Bremen und Bischof von Osnabrück, 1577 außerdem von Paderborn, und Herzog Ernst von Bayern, Bischof von Freising (1565), Hildesheim (1573), Lüttich (1581) und seit 1583 Erzbischof und Kurfürst von Köln, gegenüber. Nachdem der Lutheraner Heinrich von Sachsen-Lauenburg am 3. Mai 1585 gestorben war, wählte das Domkapitel am 18. Mai einstimmig den Katholiken Ernst von Bayern zum Bischof von Münster. Ernsts Nachfolger wurde 1612 sein Neffe Ferdinand von Bayern, der bis 1650 regierte. Auch er war Landesherr von fünf geistlichen Territorien (Köln, Lüttich, Münster, Paderborn, Hildesheim).

Den 65 Regierungsjahren dieser beiden Landesherren aus dem bayerischen Haus der Wittelsbacher folgte Christoph Bernhard von Galen aus dem münsterischen Stiftsadel (1650–1678). Das für die Stadt Münster folgenreichste Ereignis seiner Regierungstätigkeit war ihre völlige Unterwerfung unter die Botmäßigkeit des Landesherrn im Jahr 1661. Fortan war die Stiftshauptstadt Münster, die eine Zeitlang mit dem Status einer freien Reichsstadt geliebäugelt hatte, bis zum Ende der fürstbischöflichen Zeit (1802) eine ihrer alten Privilegien beraubte Stadt. Sie verlor ihren Rechtsrang als zwischen Landesstadt und Reichsstadt stehende „gemischte" Stadt, behielt aber ihre Bedeutung als Verwaltungs- und Residenzstadt des Fürstbistums Münster.

Im Zuge des Ringens um die Nachfolge des Erbherzogs Johann Wilhelm von Kleve, den der Papst 1579 ungewöhnlicherweise auch zum weltlichen Administrator des Hochstifts Münster ernannt hatte, erlebte die Stadt Münster im April und Mai 1580 bewegte Tage. Am 24. April 1580 war Heinrich von Lauenburg mit über 140 Reitern in Münster eingezogen, um seiner Bewerbung bei dem vom Domkapitel angesetzten Wahltermin Nachdruck zu verleihen. Am Tag darauf kam Graf Johann VI. von Nassau-Dillenburg unter der Angabe, ein *secretarius* zu sein, unerkannt in die Stadt und warnte die Regierung und den Stadtrat, eine Wahl Ernsts von Bayern zuzulassen, da die Unierten Provinzen der Niederlande dies nicht dulden würden und mit dem Einmarsch niederländischer Truppen in das Stift zu rechnen sei. Auf diese Nachricht hin schlossen die Bürger die Stadttore und verstärkten ihre bewaffneten Wachen, übten aber auch Druck auf den Rat aus, Regierung und Domkapitel zur Absetzung des Wahltages zu bewegen. Wegen der Gefahr einer militärischen Intervention zugunsten des Lauenburgers „mochten die Burgern und Gemeinheit zu solcher Unruhe beweget werden, daß ein Rath alsdann sollichs nicht hette zu steuren" [2127: Gegenreformation 1, Nr. 489], so daß die Ratsherren und die Alder- und Meisterleute der Gilden die Regierung baten, die Wahl aufzuschieben.

Der Bitte wurde entsprochen, zumal Herzog Wilhelm von Kleve mit seinem Sohn, dem Administrator Johann Wilhelm, seinen Einzug in Münster angekündigt hatte. Am 7. Mai 1580 trafen beide mit etwa 300 Reitern in Münster ein, wo sie von über 2200 Bürgern unter Gewehr empfangen wurden. Herzog Wilhelm, der zunächst die sofortige Wahl seines Neffen Ernst von Bayern verlangte, ließ sich schließlich durch die Regierung und die beiden weltlichen Stände, also die Ritterschaft und die Städte mit Münster an der Spitze, dazu bewegen, auf eine Neuwahl zu verzichten. Zuvor hatten die beiden Parteien des Domkapitels sich damit einverstanden erklärt, dem inzwischen achtzehn- und damit volljährigen Erbherzog die Administration Münsters zu übertragen. Sein Verzicht auf das Bistum im Mai 1585 machte dann nach dem Tod des Lauenburgers den Weg frei zur Wahl Ernsts von Bayern.

Die Vorgänge im Frühjahr 1580 und die Wahl Ernsts von Bayern 1585, die in der Bürgerschaft anscheinend auf starke Vorbehalte stieß, zeigen, daß von der Landesherrschaft und ihrer „Politik" gefährliche und belastende Folgen auf die Landeshauptstadt zukommen konnten. Denn in dem Ringen um den münsterischen Bischofsstuhl waren nicht nur dynastisch-hauspolitische Interessen wirksam, sondern auch konfessionelle Motive. Beide Motivstränge waren außerdem verflochten mit dem Spanisch-Niederländischen Krieg (1568–1609), der auch in westfälischen und insbesondere münsterländischen Gebieten seine verheerenden Spuren hinterließ.

2. *Streitpunkte zwischen der Stadt und Fürstbischof Ernst von Bayern*

Während Münster von unmittelbaren Kriegswirren verschont blieb, da es weder belagert noch besetzt wurde, hatte sich die Stadt der konfessionellen Frage seit dem Ende der 1580er Jahre unausweichlich zu stellen. Denn Kurfürst Ernst, der wegen fehlender Bischofsweihe das Hochstift Münster nur als Administrator regieren konnte, war entschlossen, das seit dem Augsburger Religionsfrieden von 1555 den Landesherren zustehende Religionsbestimmungsrecht in seinen Territorien zugunsten des katholischen Bekenntnisses entschieden anzuwenden. In der Religionsfrage mußte es folglich zu Konflikten zwischen dem Landesherrn und der Stadt kommen, die zwar offiziell katholisch war, in der aber eine geduldete, alle bürgerlichen Rechte – bis hin zur Wahl in Rats- und Gildeämter – genießende protestantische Minderheit lebte. Diese gehörte zwar gemäß den offiziellen Verlautbarungen der Stadt gegenüber dem Fürstbischof und dem Kaiser der Augsburgischen Konfession, also dem

Luthertum, an, war aber stark mit Kalvinisten durchsetzt [765: Hsia, Gesellschaft und Religion, S. 100ff].

Während der Regierungszeit Fürstbischof Ernsts blieb das grundlegende Rechtsverhältnis zwischen Münster und dem Landesherrn in der Schwebe. Der übliche Akt der Huldigung der Stadt an den Landesherrn und die ihr folgende Bestätigung der Privilegien der Stadt durch diesen sind nicht vollzogen worden. Das lag zum einen daran, daß Bischof Ernst das Hochstift Münster überwiegend durch Statthalter regieren ließ und sich nur wenige Male besuchsweise in Münster aufgehalten hat. Der andere Grund war ein ab etwa 1600 immer deutlicher hervorgekehrtes Selbstbewußtsein der Stadt, die sich in bestimmten Fragen (Begräbnis von Nichtkatholiken, Wahl von Nichtkatholiken in den Rat und die Gildeämter) weder von landesherrlichen noch von kaiserlichen Mandaten beeindrucken ließ. Die unterbliebene Privilegienbestätigung hatte allerdings auch ein andauerndes Mißtrauen der Stadt gegenüber dem Landesherrn zur Folge, weil sie den Entzug bestimmter Rechte befürchtete.

Eine Sonderstellung Münsters wurde nämlich seit den 1590er Jahren vom Landesherrn und seiner Regierung entschieden bestritten. Die von der Stadt zum Beweis ihres Vorrangs vor den kleineren Stiftsstädten angeführten Rechte, namentlich „ihre Oberhoftätigkeit und ihre Teilnahme an den Visitationen des Hofgerichts, die Tatsache, daß sie neben dem Domkapitel die Landtage mit ausschreibe und die Landtagsrezesse für die Städte mit besiegle, daß sie in allen Landtagsausschüssen vertreten sei und im Notfall von den übrigen Städten zur Beratung zugezogen würde“ [519: Meckstroth, Verhältnis der Stadt zu ihrem Landesherrn, S. 181f], wurden ihr abgesprochen. In einer Klageschrift des Fürstbischofs und des Domkapitels von 1598 wurde behauptet, daß der Rat die Schlüssel der Stadttore nicht aus eigener Hoheit besitze, sondern nur vom Landesherrn zur Aufbewahrung erhalten habe.

Dies war der erste Angriff auf das von der Stadt seit 1278 ausgeübte *ius praesidii* (Besatzungsrecht, Bewaffnungsrecht), um das es später auch in der Auseinandersetzung mit Christoph Bernhard von Galen vornehmlich gehen sollte. Die Stadt verhielt sich daher bei Aufenthalten des Fürstbischofs Ernst in ihren Mauern betont vorsichtig und förmlich. Als er am 6. Februar 1590, ohne dem Domkapitel und dem Stadtrat vorher Nachricht zu geben, erstmals in die Stadt kam, wurde er „zimlich trotzig“ empfangen [2732: Tagebücher Kaspars von Fürstenberg 1, S. 377]. Bei seinen Besuchen in den Jahren 1606, 1607 und 1608 beschloß der Rat, ihn nur durch das Aegidiitor einzulassen, nicht aber durch das Ludgeritor und über die Königsstraße, den Weg des feierlichen Einzugs, weil ihm noch nicht gehuldigt sei. Nur ein reitender Ratsdiener zog ihm entgegen, nicht aber der Rat selbst. Außerdem warb man 1608, als der Streit zwischen dem Fürstbischof und der Stadt einen Höhepunkt erreicht hatte, eigene Soldaten an und bat die Städte Ahlen und Rheine um je 25 gute Schützen, um vor einem eventuellen Handstreich sicher zu sein. Für gewöhnlich residierte Ernst von Bayern bei seinen Aufenthalten im Lande in Wolbeck.

Die Stadt Münster hatte am Spanisch-Niederländischen Krieg, der nur einmal in ganz bedrohliche Nähe rückte, als Ende 1590 das Leprosorium in Kinderhaus von spanischen Truppen geplündert wurde, vor allem durch Kontributionen und Steuern zu tragen, die der Landesherr zu Verteidigungszwecken erhob. Nachdem die Städte des Hochstifts, deren Sprecherin auf dem Landtag die Stadt Münster war, sich 1593 und 1597 gegen die Einführung von Akzisen (Warensteuern) erfolgreich gewehrt

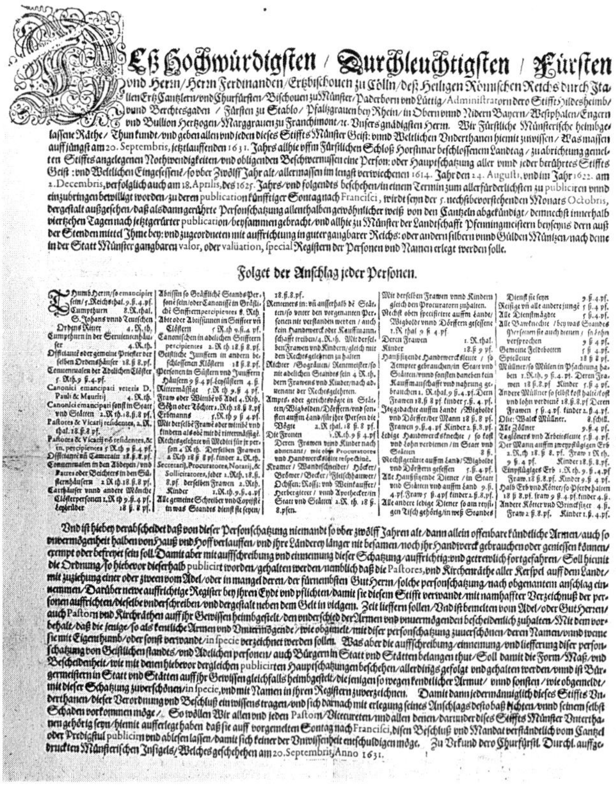

DEß Hochwürdigsten / Durchleuchtigsten / Fürsten vnd Herrn / Herrn Ferdinanden / Ertzbischouen zu Cölln / deß Heiligen Römischen Reichs durch Italien Ertz Cantzlern / vnd Churfürsten / Bischouen zu Münster / Paderborn vnd Lüttig / Administratorn dero Stifft Hildesheimb / vnnd Berchtesgaden / Fürsten zu Stablo / Pfaltzgrauen bey Rhein / in Obern vnnd Nidern Bayern / Westphalen / Engern vnd Bullion Hertzogen / Marggrauen zu Franchimont / rc. Vnsers gnädigsten Herrn. Wir Fürstliche Münsterische heimbgelassene Räthe / Thun kundt / vnd geben allen vnd jeden dieses Stiffts Münster Geist: vnnd Weltlichen Vnderthanen hiemit zuwissen / Was massen auff jüngst am 20. Septembris, jetztlauffenden 1631. Jahrs allhie vffm Fürstlichen Schloß Horstmar beschlossenem Landtag / zu abrichtung gemelten Stiffts angelegenen Nothwendigkeiten / vnd obligenden Beschwernussen eine Person: oder Hauptschatzung aller vnnd jeder berührtes Stiffts Geist: vnd Weltlichen Eingesessene / so vber Zwölff Jahr alt / allermassen im lengst verwiechenen 1614. Jahr den 24. Augusti, vnd im Jahr 1622. am 2. Decembris, verfolglich auch am 18. Aprilis, des 1625. Jahrs / vnd folgendts beschehen / in einem Termin zum allerfürderlichsten zu publiciren vnnd einzubringen bewilligt worden / zu deren publication künfftiger Sontag nach Francisci, wirdt seyn der 5. nechstbevorstehenden Monats Octobris, dergestalt außgesehen / daß alsdann gerührte Personschatzung allenthalben gewöhnlicher weiß von den Cantzeln abgekündigt / demnechst innerhalb viertzehen Tagen nach jetztgerürter publication / beysammen gebracht / vnd allhie zu Münster der Landtschafft Pfenningmeistern beyseyns dern auß der Stenden mittel Jhme bey: vnd zugeordneten mit auffrichtung in guter gangbarer Reichs: oder andern silbern vnnd Gülden Müntzen / nach deme in der Statt Münster gangbaren valor, oder valuation, special Registern der Personen vnd Namen erlegt werden solle.

Folget der Anschlag jeder Personen.

Vnd ist hiebey verabscheidet daß von dieser Personschatzung niemandt so vber zwölff Jahren alt / dann allein offenbare kündtliche Armen / auch so vnvermögenheit halben von Hauß vnd Hoff verlauffen / vnd jhre Länderey länger nit besamen / noch jhr Handwerck gebrauchen oder geniessen können / exempt oder befreyet sein soll. Damit aber mit auffschreibung vnd einnemung dieser Schatzung / auffrichtig: vnd getrewlich fortgefahren / Soll hiemit die Ordnung / so hiebevor dieserhalb publicirt worden / gehalten werden / nemblich daß die Pastores, vnd Kirchenräthe aller Kerspel auff dem Lande / mit zuziehung einer oder zween vom Adel / oder in mangel deren / der fürnembsten GutHerrn / solche personschatzung / nach obgenantem anschlag einnemmen / Darüber newe auffrichtige Register bey jhren Eydt vnd pflichten / damit sie diesem Stifft verwandt / mit namhaffter Verzeichnuß der personen auffrichten / dieselbe vnderschreiben / vnd dergestalt neben dem Gelt in vielgem. Zeit lieffern sollen / Vnd ist bemelten vom Adel / oder GutHerren / auch Pastorn vnd Kirchräthen auff jhr Gewissen heimbgestelt / den vnderschied der Armen vnd vnuermögenden bescheidenlich zuhalten / Mit dem vorbehalt / daß die jenige / so als kentliche Armen vnd Vnuermögende / wie obgemelt / mit diser personschatzung zuuerschönen / deren Namen / vnnd weme sie mit Eigenthumb / oder sonst verwandt / in specie verzeichnet werden sollen. Was aber die auffschreibung / einnemung / vnd liefferung diser personschatzung von Geistlichen standes / vnd Adelichen personen / auch Bürgern in Statt vnd Stätten belangen thut / Soll damit die Form / Maß / vnd Bescheidenheit / wie mit denen hiebevor dergleichen publicirten Hauptschatzungen beschehen / allerdings gefolgt vnd gehalten werden / vnnd ist Bürgermeistern in Statt vnd Stätten auff jhr Gewissen gleichfalls heimbgestelt / die jenigen so wegen kendtlicher Armut / vnnd sonsten / wie obgemeldt / mit dieser Schatzung zuverschönen / in specie, vnd mit Namen in jhren Registern zuverzeichnen. Damit dann jedermänniglich dieses Stiffts Vnderthanen / dieser Verordnung vnd Beschluß ein wissens tragen / vnd sich darnach mit erlegung seines Anschlags desto baß richten / vnnd seinem selbst Schaden vorkommen möge / So wöllen Wir allen vnd jeden Pastorn / Vicecureten / vnd allen denen / darunder dises Stiffts Münster Vnderthanen gehörig seyn / hiemit aufferlegt haben daß sie auff vorgemelten Sontag nach Francisci, disen Beschluß vnd Mandat verständtlich vom Cantzel oder Predigstul publiciren vnd ablesen lassen / damit sich keiner der Vnwissenheit entschuldigen möge. Zu Vrkund dero Churfürstl. Durchl. auffgedruckten Münsterischen Insigels / Welches geschehen am 20. Septembris, Anno 1631.

Edikt Ferdinands von Bayern zur Personenschatzung des Jahres 1631

hatten, publizierte der Fürstbischof am 23. Februar 1600 eine auf dem Landtag von den Vorderständen (Domkapitel und Ritterschaft) gegen die Stimme der Städtekurie beschlossene Akzise und Mahlsteuer. Ein Protest der Städte bei den fürstlichen Statthaltern im März und eine Petition an den Landesherrn im Juni 1600 fruchteten nichts. Da die Eintreibung der beiden Steuern, von denen die eine stärker die Städte, die andere mehr das Land traf, streng und mit Zwangsmitteln (zum Beispiel Schließung von Mühlen) durchgeführt wurde, schlossen die 13 Städte des Oberstifts (Münster, Coesfeld, Warendorf, Bocholt, Borken, Beckum, Ahlen, Rheine, Dülmen, Haltern, Vreden, Werne und Telgte) am 15. Juli 1600 in Münster ein gegenseitiges Schutzbündnis [2127: Gegenreformation 2, Nr. 320]. Der Vertrag diente „zur Defension und Rettung Leib, Lebens, Hab, Güter, Frei-, Rechts- und Gerechtichaiten". Die Städte wollten „getreulich bei einander halten, die zugefugte Thatlicheit [. . .] abkeren und einer den andern verthedigen und verthedigen helfen". Sie erneuerten damit einen 1570 geschlossenen Bündnisvertrag. Bereits im Mai hatten sie Klage beim Reichskammergericht gegen den Fürstbischof und seine Statthalter eingelegt.

Als Domkapitel und Ritterschaft auf dem Landtag im Januar 1604 beide Steuern erneut beschlossen – diesmal, um eine vom Kaiser geforderte Türkenhilfe aufzubringen –, protestierten die Städte wiederum beim Reichskammergericht. Sie wurden allerdings abgewiesen, und zwar nicht zuletzt wegen des Gegenvorschlags, den sie gemacht hatten. Sie wünschten nämlich statt der Akzise und der Mahlsteuer eine Schornstein- oder Kirchspielschatzung, bei der allerdings, wie von landesherrlicher Seite vorgerechnet wurde, allein die vier Kirchspiele Altenberge, Greven, Nottuln und Wadersloh mehr als alle 13 Städte zusammen hätten aufbringen müssen. So wurde dieser Gegenvorschlag als städtischer Eigennutz gegenüber dem Land entlarvt. Der Prinzipienstreit jedoch, ob den Städten, die sich auf die bis 1593 üblich gewesene Einstimmigkeit der Landtagsbeschlüsse beriefen, ohne ihre Zustimmung ausgeschriebene Steuern abverlangt werden könnten, wurde 1609 durch ein Mandat des Reichskammergerichts, das den Städten im Weigerungsfall die Strafe der Verdoppelung der geforderten Steuern androhte, zugunsten des Landesherrn und der Vorderstände entschieden.

3. Ratswahl und Religionsfrage

In der Frage der freien Ratswahl dagegen, einem für das Selbstverständnis der Stadt entscheidenden Punkt, hat Münster sich behaupten können. Im Grundsätzlichen ging es darum, ob der Landesherr wie bei den Landesstädten des Stifts auch in Münster das Recht der Bestätigung der gewählten Ratsherren habe. Aus landesherrlicher Sicht konfirmierte der fürstliche Stadtrichter oder ein anderer Beamter „von wegen landesfürstlicher Obrigkeit die Wahl" [60: Offenberg, Bilder und Skizzen NF, S. 50]. Auf eine entsprechende Anfrage gab der Stadtrichter dagegen 1593 an, daß er bzw. seine Amtsvorgänger niemals den Rat bestätigt hätten [StadtAM, A II 3]. Trotzdem maßten die fürstlichen Statthalter sich bis 1595 an, die Ratswahl durch ein Schreiben zu bestätigen, das der neugewählte Rat aber jedesmal zurückschickte.

Einen neuen Vorstoß, auf die Ratswahl Einfluß zu nehmen, unternahm der Landesherr im Jahr 1601, wobei er nun mit dem landesherrlichen Religionsbestimmungsrecht argumentierte. Weil bereits früher erlassene Befehle bezüglich der Ratswahl in den Stiftsstädten nicht beachtet würden, trugen die fürstlichen Räte in einem Erlaß vom 23. Dezember 1601 den Richtern und Beamten auf, die Kurgenossen, also die Ratswähler, zu ermahnen, „keinen zum Rathsstand zu kiesen, er sei dann der Römischen katholischen Religion, wie dieselbe in diesem Thumbstift bis auf heutige Stunde herbracht, zugethan und anhängig" [2127: Gegenreformation 2, Nr. 328].

Während der Erlaß in den Stiftsstädten faktisch kaum befolgt wurde, lehnte Münster es ab, ihn überhaupt zur Kenntnis zu nehmen. Die Stadt gewährte dem Stadtrichter Leisting, wie dieser später berichtete, „in solcher Gelegenheit [. . .] zur Audientz keinen Zutritt", sondern entgegnete ihm, „man hätte Privilegien, politische Ordnung und lobliche Gewohnheiten für sich, vermog deren in Wahl und Chur sie sich verhalten mußten und wollen ohne meine Einrede und Zuthun, wie sulchs von undenklichen Jahren hero geschehen". Erst beim dritten Anlauf erreichte der Stadtrichter durch Vermittlung von „etzliche furnehmste catholische Rathspersonen", daß das entsprechende Befehlsschreiben des Drosten zu Wolbeck vor dem Stadtrat verlesen wurde. Es wurde dem Stadtrichter aber am 21. Januar 1603 vom Ratssekretär zurückgegeben mit dem schriftlichen Vermerk: „Wurd nicht geglaubt, daß dies Schreiben die Stadt Münster concernire“ [2127: Gegenreformation 2, Nr. 343]. Auch ein Jahr später wiesen die Ratsherren das Edikt förmlich zurück.

Der Landesherr blieb bei seiner Auffassung, daß seine Befehle wegen der Wahl katholischer Ratsherren auch für die Stadt Münster gälten, und holte sich dafür beim Kaiser Unterstützung. In dem Pönalmandat, einer mit Strafandrohungen verbundenen Anordnung an die Stadt Münster vom 3. Mai 1607, das am 8. Juli 1607 durch einen kaiserlichen Notar in der Stadt publiziert wurde, bekräftigte Kaiser Rudolf II. das Verbot des Landesherrn, nichtkatholische Bürger und Einwohner in der Stadt zu begraben, und dessen Befehl, „keine andern dann allein katholische Bürger [. . .] in den Rat und Ämter zu erwählen“. Er begründete das mit dem Reichsrecht, demzufolge nur Reichsstände als reichsunmittelbare Obrigkeiten das Recht der Bestimmung und Ordnung der Religion besäßen. Alle anderen aber, die nicht dem Kaiser unmittelbar, sondern anderen Obrigkeiten unterworfen seien, sei es „zum höchsten verboten, sich in Religions-Sachen ihrer Obrigkeit zu widersetzen“. Wer sich den Religionsanordnungen seiner Obrigkeit „Gewissens halber“ nicht fügen könne, dem stehe gemäß dem Religionsfrieden das Recht zu, „den Abzug zu begehren und sich auf solche Orter zu begeben, da ihrem Gewissen gemäß die Religion offentlich exercirt, gelehrt und gepredigt wird“ [2127: Gegenreformation 2, Nr. 359]. Dieser Argumentation bedienten sich die münsterischen Landesherren fortan, wobei sie dann allerdings das Auswanderungsrecht der Untertanen in der Praxis vornehmlich als

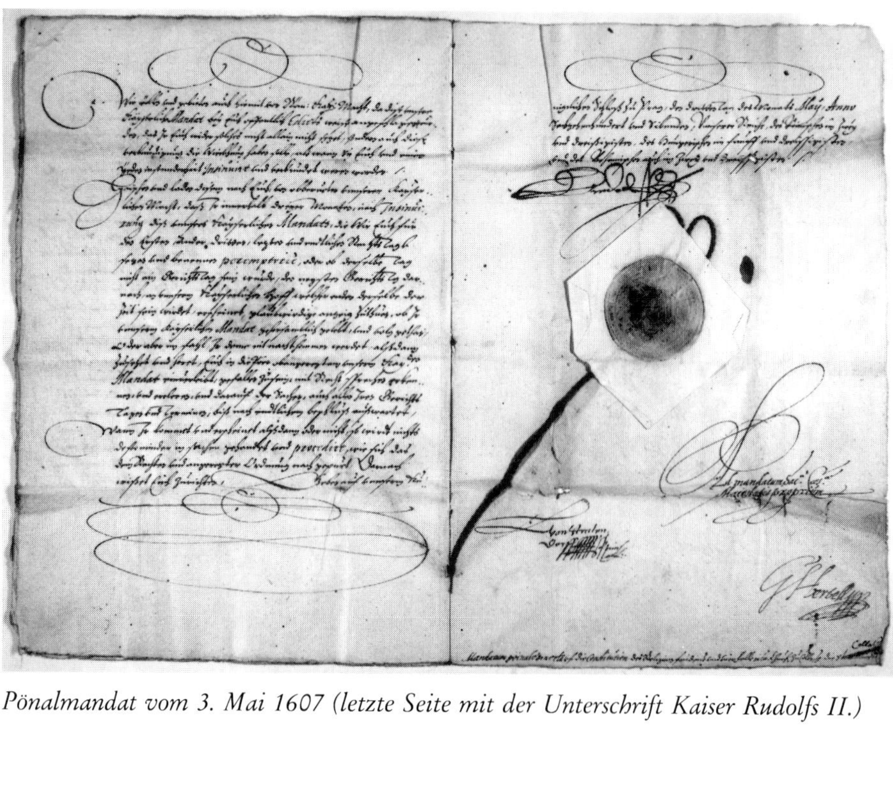

Pönalmandat vom 3. Mai 1607 (letzte Seite mit der Unterschrift Kaiser Rudolfs II.)

deren Auswanderungspflicht auslegten, die erzwungen werden konnte, wenn die konfessionelle Einheit des Territoriums es aus landesherrlicher Sicht erforderte.

Die Stadt Münster und ihre Bürger, die durch das kaiserliche Mandat eindeutig als Untertanen des Fürstbischofs eingestuft wurden, wollten das weder bezüglich des Begräbnisses noch der Rats- und Ämterwahl „Unkatholischer" hinnehmen. Nachdem der Rat sich in einer Versammlung der Bürgerschaft, die als ein außergewöhnliches Forum der städtischen Meinungs- und Willensbildung nur selten einberufen wurde, breitester Zustimmung versichert hatte, legte er in einem an den Kaiser gerichteten Gegenbericht ausführlich seine Auffassung dar [765: Hsia, Gesellschaft und Religion, S. 141f]. Die Stadt sei dem Fürsten nicht absolut unterworfen, sondern habe ihre eigenen alten Rechte. Seit dem Augsburger Religionsfrieden (1555) habe die Stadt Angehörige des Augsburgischen Bekenntnisses (Lutheraner) sowohl in den Zünften wie in der gemeinen Bürgerschaft (Gemeinheit) geduldet, sie auch zu Gildeämtern und zum Ratsstand zugelassen, ohne daß die Landesherren dagegen Einspruch erhoben hätten. Seit dieser Zeit seien auch ohne jemandes Widerspruch Augsburgische Konfessionsverwandte wie die Katholischen in geweihter Erde begraben und beläutet worden. Eingeschlichene Wiedertäufer dagegen habe der Rat als Obrigkeit aus der Stadt entfernt. Hinsichtlich der Wahl von Nichtkatholiken in den Rat wurde außerdem ein praktisches Argument angeführt. Da die Kurgenossen in der Ratskammer eingeschlossen seien, bis die Wahl vollzogen sei, hätten sie gar keine Gelegenheit, sich bei den Pfarrern zu vergewissern, ob einer, den sie wählen wollten, katholisch sei oder nicht [60: Offenberg, Bilder und Skizzen NF, S. 56ff].

Nach der Gegenvorstellung des Rates wurde ein Prozeß um die freie Ratswahl und das Begräbnis Unkatholischer am Reichshofrat geführt, blieb jedoch liegen und wurde erst 1620 auf Betreiben Fürstbischof Ferdinands wiederaufgenommen. Kaiser Ferdinand II. forderte die Stadt am 27. Oktober 1620 auf, sich in dem wiederaufzunehmenden Prozeß um das „Mandatum sine clausula in Puncto Religionis die Sepulturam in specie betreffend" von 1607 binnen vier Wochen durch Erscheinen am kaiserlichen Hof zu äußern [2127: Gegenreformation 3, Nr. 508]. Da nach dem Stand des Prozesses ein *decretum paritionis* – d. h. ein Spruch, demzufolge Gehorsam zu leisten sei – vorbereitet wurde, sah sich die Stadt vor der Frage, ob sie sich dem Mandat von 1607 beugen wollte oder nicht.

Im Januar 1621 mochte der Rat sich anscheinend noch nicht zu einer uneingeschränkten und endgültigen Gehorsamserklärung bereit finden, da er lediglich eine „erclerung loco paritionis" verabschiedete und seinen Agenten am Kaiserhof außer mit der Instruktion mit „dem Eventual documento paritionis" ausstattete (Ratsprotokolle vom 25. und 29. Januar 1621). Im Sommer 1621 konnte er sich dann aber einer eindeutigen Entscheidung nicht mehr entziehen und erklärte den Gehorsam der Stadt gegenüber dem Mandat.

Wegen der Wichtigkeit der Sache wurden auf Antrag der Alder- und Meisterleute auch die Erbmänner zum Rat eingeladen und 24 Deputierte aus der Gemeinheit (vier aus jeder Leischaft), von denen mindestens acht graduierte Juristen waren, hinzugezogen. Alder- und Meisterleute waren sich zwar grundsätzlich mit dem Rat darin einig, daß „parirt" werden müsse. Sie wollten aber nach Möglichkeit den Punkt der Ratswahl, da er „ein pur lauter weltlich were" (Ratsprotokoll vom 6. August 1621), aus der Gehorsamserklärung herauslassen, zumal die Zitation zur Wiederaufnahme des Verfahrens ihn nicht erwähne und hauptsächlich von Religionssachen spreche. In der Begräbnisfrage wünschten sie die Zustimmung zum Mandat zu verbinden mit einer Zusage des Rates und der fürstlichen Räte, daß „denen, so nit der Catholischen Religion, gleichwohl ehrliche leute, ad Sepulturam einen ungeweiheten ehrlichen Ortt zu weißen" (Ratsprotokoll vom 16. Juli 1621). Auch müsse nach Meinung der Alder- und Meisterleute gewährleistet sein, daß das *merum et mixtum imperium* der Stadt, ihre Gerichtshoheit und innerstädtische obrigkeitliche Gewalt, nicht eingeschränkt werde. Die juristisch gebildeten Gemeinheitsvertreter wiesen darauf hin, daß der Landesherr als Reichsfürst über die stärkere rechtliche Position verfüge, so daß Ausnahmen vom Konfessionsprinzip bei der Bürgeraufnahme und der Ratswahl vom *merum et mixtum imperium* her nicht stichhaltig begründet werden könnten. Sie hielten es für besser, „zu zeiten zu pariren", als sich durch einen zweiten Befehl „zur parition dringen zu lassen" (Ratsprotokoll vom 26. Juli 1621). Ein Prozeß verspreche wenig Erfolg.

Der Rat sah sich durch die Argumente der Gemeinheitsvertreter in seiner Haltung bestätigt, dem kaiserlichen Mandat uneingeschränkt zu gehorchen. Er konnte die Bedenken der Alder- und Meisterleute allerdings nicht ganz ausräumen, wobei diesen insbesondere die Zuweisung eines weltlichen Bestattungsplatzes für die nichtkatholischen Bürger und Einwohner wichtig war, damit bei einem Todesfall keine Unruhe entstehe. Um die Gildevertreter in diesem Punkt zu beruhigen, erklärte der Rat, daß er für eine Lösung sorgen werde, falls die deswegen gefragten fürstlichen Räte [2127: Gegenreformation 3, Nr. 527] sich dazu nicht erklären würden (Ratsprotokoll vom 6. August 1621).

Am 6. August 1621 beschloß der Rat förmlich, sich dem kaiserlichen Mandat zu unterwerfen. Er gab vor einem Notar in Gegenwart der Provisoren der Kirchen, die vermutlich gleichzeitig auf das Mandat verpflichtet wurden, eine entsprechende Erklärung ab. Am selben Tag erklärte die Stadt durch ihren Syndikus Heinrich Witfeld in Anwesenheit der Alderleute Heinrich Meinertz und Christoph Hesse den fürstlichen Räten, daß sie dem Mandat gehorchen wolle, jedoch mit dem Vorbehalt, daß der Rat die Resolution der fürstlichen Räte einholen werde, falls nichtkatholische Personen stürben. Ein bezüglich der Formulierung eingehend beratenes Schriftstück mit der Gehorsamserklärung wurde an den Kaiserhof nach Wien geschickt.

Nach 14 Jahren haben sich somit Rat, Gemeinheit und Gilden – letztere mit bestimmten Vorbehalten – dem Mandat von 1607 gebeugt und darin eingewilligt, daß gemäß dem Willen und dem Rechtsanspruch des Landesherrn nur Katholiken als Bürger aufgenommen und in den Rat gewählt werden konnten. Lediglich die Frage, ob die Konfessionsbindung auch auf die Gildeämter zu beziehen sei, schien noch offen – vielleicht bewußt offengelassen worden – zu sein. Denn Kaiser Ferdinand II. schrieb in einem an Bürgermeister und Rat der Stadt gerichteten Reskript vom 30. März 1622, in dem er auf eine Bittschrift der Stadt antwortete, er habe aus dieser entnommen, „waßmassen Ihr Euch in Sachen Mandati, die Religion: auch der uncatholischen Sepultur unnd Rathswaahl betreffend, gehorsamist erclärt, daß Ihr nemblich, sowohl wegen der Religion, noch Sepultur halber Euch weiter nichts anmaßen, auch was die Rathswahl und die Ämbter anraicht, bey fürgehender Rathswahl, Eurn Burgern, bey welchen solche beschehen, obanregt Kaiserliches Mandatum vorstellen, und an gepürend schuldiger volziehung nichts ermanglen lassen wollet, unnd bene-

Ferdinand von Bayern, Kurfürst von Köln und Fürstbischof von Münster (1612–1650). Kupferstich von C. Waumanns

bens über das wortt Ämbter declaration und Erclärung gehorsamest pitten tuet". Auf diese Anfrage, ob die Religionsklausel auch für die Alder- und Meisterleute der Ämter (Gilden) gelte, antwortete der Kaiser, das sei der Fall, und befahl, darauf zu achten, daß die Gildeämter „mit Catholischen wolqualificirten Subiecten besetzet" würden [StadtAM, A II 5c].

Nicht alle Gilden haben sich sofort an diesen kaiserlichen Befehl gehalten. So wurde 1624 und 1625 der Protestant Laurenz Epping zum Gildemeister der Pelzer gewählt, was die Forderung der fürstlichen Räte nach dessen Absetzung zur Folge hatte. Am 28. Januar 1625 erklärten sich die Alder- und Meisterleute jedoch bereit, der Mahnung des Stadtrichters, die der Stadtrat bekräftigte, zu folgen und bei der Wahl der Aldermänner und ihrer Kurgenossen nur Katholiken zu berücksichtigen. Die Kramer haben trotzdem am Tag darauf den Protestanten Christoph Schmeddingh zu ihrem Gildemeister wiedergewählt [BistumsAM, Generalvikariat II A 18]. Sie beschlossen am 5. Dezember 1625 mit Ausnahme weniger, es bei der Wahl der Kurgenossen und der Gildemeister „beim alten prauch und statuten, nemblich bei einer freien wal" zu belassen [13: Krumbholtz, Gewerbe, Nr. 28d]. Noch 1632 waren zwei Kurgenossen dieser Gilde „nicht der catholischen Religion zugethan" (Ratsprotokoll vom 18. Dezember 1632).

Bezüglich der Ratswahl hatten der Stadtrichter oder der Droste zu Wolbeck nach dem kaiserlichen Mandat von 1607 und einem gleichgerichteten fürstbischöflichen von 1608 den Rat wie schon vorher Jahr für Jahr ermahnt, die katholische Konfession bei der Wahl der Ratsherren zu beachten. Diese Praxis wurde auch nach der Gehorsamserklärung des Rates von 1621 bis Ende der 1650er Jahre beibehalten. Bei der ebenso beharrlichen Zurückweisung der stadtrichterlichen Mahnschreiben durch den Rat läßt sich jedoch ein Argumentationswechsel feststellen. Während bis 1621 gesagt wurde, die Anordnung betreffe Münster nicht, wurde 1625 und 1627 zwar die Zuständigkeit des Stadtrichters bestritten, nicht aber die Sache selbst zurückgewiesen; „dan sie [= die Ratsherren] sich für sich selbsten des Kay[serlichen] Mandati wohl eingedenck werden zu verhalten wissen" [StadtAM, A II 5a]. Von einer Bestätigung der Ratswahl, wie Fürstbischof Ernst sie angestrebt hatte, ist später nicht mehr die Rede. Nachdem Fürstbischof Ferdinand sein landesherrliches Religionsbestimmungsrecht in der Stadt durchgesetzt hatte, hat er die freie Ratswahl der münsterischen Bürgerschaft – einen wesentlichen Bestandteil ihres Selbstbewußtseins – nicht weiter eingeschränkt.

4. Die Begräbnisfrage

Die beim Einschwenken der Stadt auf die landesherrliche Linie ungeklärt gebliebene Begräbnisfrage wurde bereits gut zwei Monate nach der Gehorsamserklärung der Stadt akut. Auf die Anfrage des Rates vom 30. Juli 1621 an die fürstlichen Räte, wie mit dem Begräbnis von Protestanten zu verfahren sei, hatte der Fürstbischof anscheinend eine Auskunft gegeben, mit der der Rat nicht zufrieden sein konnte, der er aber nicht zu widersprechen beschloß. Nach Ansicht des Rates sollte es mit dem Begräbnis nichtkatholischer Personen so ablaufen: Es sei von den Freunden der Verstorbenen, ohne daß man den Rat vorher frage *(irrequisito Senatu)*, „mit dem begrebnüß sine singulari pompa [= ohne besonderen Aufwand] und ohne beleutung, wie von Alters zu verfahren"; sollte dies von den Geistlichen verboten werden, dann wolle man „die notturfft" bedenken und Rat schaffen. Dies teilten die Ratsherren den Alder- und Meisterleuten mit (Ratsprotokoll vom 10. September 1621).

Diese kompromißhafte Vorgehensweise, bei der der Rat die alte Begräbnispraxis mit Ausnahme der Beläutung anscheinend stillschweigend dulden wollte, indem er, wenn er von den einzelnen Fällen nichts wußte, seiner Pflicht zur Durchsetzung des Mandats ausweichen konnte, ließ sich jedoch bereits beim ersten anstehenden Begräbnisfall nicht verwirklichen. Als nämlich am 15. Oktober 1621 Dr. Goddert Grotegeß, Bürger der Stadt und Syndikus der münsterischen Ritterschaft, ein Lutheraner, gestorben war, verbot der Dompropst als für die Stadt diesseits der Aa zuständiger Archidiakon dem Propst, den Provisoren und dem Küster von St. Aegidii dessen Beläutung und Begräbnis auf dem Kirchhof. Die Freunde und Verwandten des prominenten Toten klagten dies dem Rat, „da biß anhero das beleuten und begrebnüß anderen der Augspurgischen Confession promiscue [= gewöhnlich] widerfaren". Einem solchen Wunsch glaubte der Rat jedoch unter Hinweis auf seine Gehorsamspflicht gegenüber dem kaiserlichen Mandat nicht entsprechen zu können. Daraufhin bedrängten die Alder- und Meisterleute ihn, er solle sich seines erst kürzlich gemachten Angebotes erinnern und „einen ehrlichen Platz zur Sepultur" anweisen. Nachdem eine Ratsdeputation sich bei den fürstlichen Räten erkundigt hatte, ob Gründe des geistlichen oder weltlichen Rechts dagegen sprächen, zur Beerdigung einen profanen Ort innerhalb oder außerhalb der Stadt anzuweisen, beschloß der Rat, daß die Verwandten und die Alder- und Meisterleute „sich umb einen Platz außerhalb dieser Stadt bewerben, denselben außsehen und an sich bringen mögten, zu Verordnung ad Sepulturam". Sollte dies aber beim Domkapitel oder bei dessen Gografen auf Widerstand stoßen, dann wolle der Rat sie nicht daran hindern, „daß sie einen weltlichen Platz hiebinnen an sich bringen".

Mit der Bemerkung, daß die Alder- und Meisterleute diesen Beschluß und die Erklärung des Rates „acceptirten" und sich entsprechend bemühen wollten, endet der Bericht über diesen Fall (Ratsprotokoll vom 16. Oktober 1621). Wo der Ritterschaftssyndikus begraben wurde, ist nicht bekannt. Der Rat jedoch verabschiedete bereits eine Woche später ein Schriftstück zum Begräbnis von Nichtkatholiken, das offenbar den fürstlichen Räten zur Stellungnahme übergeben werden sollte, wie aus der Reaktion der Alder- und Meisterleute zu entnehmen ist. Diese äußerten nämlich die Auffassung, „Senatus bedürfe des Consulirens [= des um Rat Fragens] nicht, sondern hette bei sich selber macht, alhie in civitate crafft habenden meri et mixti Imperij einen weltlichen platz zu assigniren" (Ratsprotokoll vom 23. Oktober 1621). Der Rat hatte zu diesem Zeitpunkt also anscheinend die Absicht, für die verstorbenen Protestanten einen eigenen Begräbnisplatz in der Stadt zu bestimmen. Daraus scheint jedoch nichts geworden zu sein.

1623 haben einige protestantische Bürger versucht, sich durch den Kauf eines Hauses und des zugehörigen Hofplatzes an der Mauritzstraße einen eigenen Friedhof zu schaffen. Dieses Unterfangen wurde offenkundig von den Gilden unterstützt, deren beide Alderleute bei dem Kauf zugegen waren. Der Rat aber äußerte starke Bedenken dagegen und befragte Verkäufer und Käufer des Hauses eindringlich nach den mit dem Eigentumswechsel verbundenen Absichten. „Dweil wir alhie under einem Catholischen Landtsfürsten, da sich die Underthanen ihres Landtsfürsten Religion zu conformiren", könnte, so argumentierte der Rat, die Anlage eines protestantischen Begräbnisplatzes dem Landesherrn einen Vorwand liefern, beim kaiserlichen Hof- oder Kammergericht ein *mandatum de migrando,* einen Auswanderungsbefehl also, zu erwirken. Der Rat mahnte die Käufer daher – gewissermaßen in ihrem eigenen Interesse –, „sich besser zu bedencken und dergleichen nicht zu tentiren". Die Käufer gaben daraufhin zu verstehen: „Wan es consensu Senatus [= mit Zustimmung des Rates] hette zulangen mögen, daß alßdan der Platz zur Sepultur gebraucht werden solte, sonsten aber werde es wol verpleiben" (Ratsprotokolle vom 27., 29. Mai und 9. Juni 1623).

Diesmal war die Bemühung um einen eigenen Friedhof ausgelöst worden durch den Fall einer in Münster gestorbenen nichtkatholischen Frau, die in Ladbergen beerdigt wurde. Das habe bewirkt, „daß etzliche von der Religion eiffrige Calvinisten wolten wissen, whoe sie sollen begraben werden" (Domkapitelsprotokoll vom 2. Juni 1623). Auf einem eigenen Friedhof in der Stadt ist es nicht geschehen, da der Rat um diese Zeit äußerst besorgt war, deswegen mit dem Landesherrn in Konflikt zu geraten. Denn dieser bestand „steyff und fast" auf einem Begräbnis außerhalb der Stadt. Vermutlich sind sie daher außerhalb Münsters bestattet worden, wobei 1623 das Amt Wolbeck und Ladbergen in der protestantischen Grafschaft Tecklenburg als mögliche Begräbnisorte genannt wurden (Domkapitelsprotokolle vom 20. Juni und 5. Juli 1623). Anfang 1624 war zwischen dem Landesherrn, dem Domkapitel und der Stadt noch keine verbindliche Vereinbarung über das Begräbnis von Nichtkatholiken getroffen. Am 19. Februar 1624 schrieb der Fürstbischof nämlich an seine münsterischen Räte, daß das Domkapitel zwar der Meinung sei, „daß die Bürger und Einwohner dahin vermögt und ahngehalten würden, Ihre uncatholische Haußgenoßen oder Inquilinos, so derendts versterben möchten, außer Unserm Stifft Münster zur Begräbnuß zu verschaffen; Und mueste darüber vorerst solche ordnung ahngestellt und mit dem Magistrat bestendig abgeredet werden, daß bey fürfelligen occasionen ahn deßen vollenziehung khein Zweiuell gemacht". Damit wäre die Angelegenheit aber noch nicht völlig geregelt, da auch für das Begräbnis in der Stadt gestorbener nichtkatholischer „Handel und wanders Leuth" eine „bestendige verordnung nothwendig zu verfügen" sei [StaatsAM, Fürstentum Münster, Landesarchiv 28–8c].

Epitaph für Christoph Klute in der Lambertikirche (1603)

Ob man sich in Münster, wo die Zahl der Protestanten schließlich nur noch verhältnismäßig klein gewesen sein dürfte, an die Formulierung gehalten hat, die am 6. März 1625 im Domkapitelsprotokoll bezüglich des Begräbnisses von Nichtkatholiken eingetragen ist: „So viele die Begrebnuß anbelanget, müßen sich die geistliche lassen unterweisen, daß sie humaniter darmitt umbgahn“, entzieht sich der Kenntnis.

5. *Konversion oder Ausweisung*

In den Ratsprotokollen werden in den Jahren 1624 bis 1632 etwa zwanzig „uncatholische“ Personen namentlich genannt. Nimmt man für sie durchschnittlich vier Familienangehörige (Frau und Kinder) an, so kommt man für die zweite Hälfte der 1620er Jahre auf eine Zahl von etwa hundert stadtbekannten Protestanten. Wie stark ein vermutlich um diesen Kern gelagerter Kreis nicht öffentlich bekannter Protestanten in Münster damals gewesen ist, läßt sich nicht sagen.

Am 14. November 1624 erließ Fürstbischof Ferdinand für das Hochstift Münster ein Religionsedikt [2616: Sammlung der Gesetze 1, Nr. 83], dessen Durchführung dem Generalvikar Petrus Nikolartius (1621–1631) übertragen wurde. Dieses Edikt, gemäß dem die Rückführung zum katholischen Bekenntnis hauptsächlich durch Unterrichtung erreicht werden sollte, enthielt auch die Bestimmung, daß diejenigen nichtkatholischen Untertanen, die jede Unterweisung ablehnten und im Glaubensirrtum verharrten, gemäß dem Reichsrecht das Hochstift verlassen müßten. Anfang 1625 versuchte Nikolartius den Fürstbischof zu bewegen, auch von der Stadt Münster die völlige Rekatholisierung zu verlangen, weil dies eine positive Wirkung auf die Landesstädte haben würde. Doch hierauf scheint sich der Landesherr zu diesem Zeitpunkt nicht eingelassen zu haben [877: Schafmeister, Ferdinand von Bayern, S. 81f]. Anscheinend erst seit dem Herbst 1627 hat Fürstbischof Ferdinand auch die münsterischen Protestanten nachdrücklich vor die Wahl gestellt, sich zur katholischen Religion zu bekennen oder Stadt und Stift zu verlassen. Der Rat hatte die entsprechenden landesherrlichen Befehle durchzusetzen.

Wer der Ausweisung aus der Stadt entgehen wollte, hatte sich der landesherrlichen Weisung entsprechend dem katholischen Bekenntnis zu „accommodiren“, was er dem Rat gegenüber durch ein Zeugnis seines zuständigen Pfarrers oder von „catholischen glaubwürdigen Priesteren“, daß er sich zur Beichte und Kommunion eingefunden hatte, nachweisen mußte. Dabei waren in den Jahren 1628 und 1629, als dieser Gegenstand auf der Tagesordnung des Rates stand, Fristverlängerungen und Aufschübe fast die Regel. Diese waren teils darauf zurückzuführen, daß die Betroffenen die gesetzten Termine verstreichen ließen, teils darauf, daß der Landesherr Aufschub gewährte, teils aber auch darauf, daß die Pfarrer den Rat wissen ließen, bei bestimmten Personen bestehe „noch gute Hoffnung conversionis“ (Ratsprotokoll vom 25. September 1628). Es kam auch vor, daß Ausgewiesene sich „ohne eins E[hrbarn] Rhats Gleid wieder eingeschlichen“ hatten und erkühnten, „sich uff offner gaßen und straßen finden zu lassen, Ja auch ihr Handtwerck öffentlich zu exerciren, gleichsam [. . .] zum Veracht und Elusion [= Spott]“ des Rates (Ratsprotokoll vom 1. September 1628). Nach dem 5. Oktober 1629, als der Rat drei Bürgern die Ausweisung ankündigte, weil sie sich trotz mehrerer Aufschübe „zur catholischen Religion nit qualificirt", verliert sich die Angelegenheit in den Ratsprotokollen.

Wie viele Protestanten sich „accommodiert" haben und wie viele auf Dauer aus der Stadt „ausgebracht" worden sind, läßt sich nicht feststellen. Jedenfalls finden sich zwei Mitglieder des Krameramtes, die zum „Ausweichen" aufgefordert worden waren, noch 1632 als „uncatholische" Kurgenossen ihrer Gilde. Das könnte ein Hinweis darauf sein, daß die den Protestanten vom Landesherrn gestellte Alternative Konversion oder Emigration nicht mit letzter Konsequenz verwirklicht worden ist. Es könnten also in den folgenden Jahrzehnten noch als solche bekannte Protestanten in der Stadt gelebt haben. Daß Neigungen zum Protestantismus wiederbelebt und politisch instrumentalisiert werden konnten, sollte sich in den 1650er Jahren während der Auseinandersetzung der Stadt mit Christoph Bernhard von Galen zeigen, als vor allem die Gilden ein Bündnis mit den kalvinistischen Niederlanden anstrebten.

6. *Gerichtsbarkeit*

Nachdem Fürstbischof Ferdinand sein landesherrliches Hoheitsrecht in der Religionsfrage in den 1620er Jahren in Münster durchgesetzt hatte, bildete die Blutsgerichtsbarkeit („Peinliches Gericht") der Stadt – ihr Recht, Leibes- und Lebensstrafen zu verhängen – noch einen Bereich, der der uneingeschränkten landesherrlichen Hoheitsausübung entzogen war. Das *merum et mixtum imperium,* so die lateinische Bezeichnung für die hohe und niedere Gerichtsbarkeit, war in seinem ersten Bestandteil, dem *merum imperium,* ein vom König verliehenes Regal, das nur Reichsständen zustand. Daß Münster über diese Hochgerichtsbarkeit verfügte, war für die Stadt ein wichtiges Privileg, das sie über den Rang einer Landesstadt, die lediglich die auf zivile Sachen beschränkte niedere Gerichtsbarkeit besaß, deutlich emporhob. Die Hochgerichtsbarkeit war in Münster zwischen der Stadt, die sie durch den Rat als Schöffenkollegium ausübte, und dem Fürstbischof geteilt. Der vom Fürstbischof ernannte Stadtrichter, der am Peinlichen Gericht beteiligt war, hatte seinen Eid folglich auf den Landesherrn und auf die Stadt zu leisten.

1584 äußerte der Landesherr die Sorge, daß der Rat der Stadt dieses Gericht mit der Zeit „nitt halb, sonder heill [. . .] wie dan merum et mixtum imperium und omnimodam Jurisdictionem [= jede Art von Gerichtsbarkeit], und alßo die gehele Regalia und Landtfürstliche Obrigkeit sich zu äignen, und allein anmassen wöllen" [StaatsAM, Fürstentum Münster, Landesarchiv 388–15]. Der Landesherr begegnete einem vom Hochgerichtsregal möglicherweise herzuleitenden Anspruch auf Reichsstandschaft, den Münster mit der Behauptung stützte, „furzeitz [. . .] Ein frie Reichs Stadt gewiesen" zu sein, mit dem Hinweis auf folgende Sachverhalte: Die Stadt huldige ihm als Landesherrn, sie stehe nicht in der Reichsmatrikel und sie zahle keine Reichssteuern, sondern Landessteuern. Und zugleich setzte er der vermuteten Ausweitungstendenz der Stadt seinen eigenen Anspruch entgegen, aufgrund seiner Regalien über die städtische Gerichtsbarkeit ganz verfügen zu können.

Dieser Anspruch ließ sich jedoch nicht durchsetzen. „Die Stellung des Bischofs als Gerichtsherrn der Stadt kam nur noch in wenigen Formalien zum Ausdruck, die

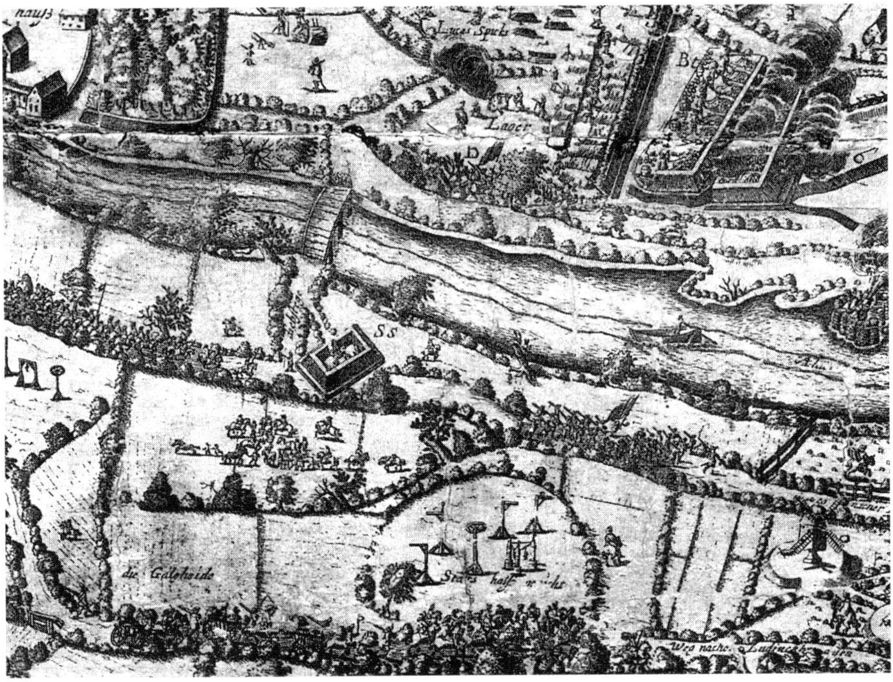

Die Galgheide vor den Toren der Stadt diente dem Rat als Richtplatz. Ausschnitt aus dem Belagerungsplan von Everhard Alerdinck und Nikolaus Knickenberg (1657)

hinter dem Übergewicht der Tatsachen verschwanden“ [519: Meckstroth, Verhältnis der Stadt zu ihrem Landesherrn, S. 166]. Faktisch schwächte sich die landesherrliche Position weiter, weil Fürstbischof Ernst 1592 dem Stadtrichter die Teilnahme am Peinlichen Gericht verbot, da die Stadt es ablehnte, ihn zur Tortur (Geständniserzwingung durch Folter) hinzuzuziehen. Die Abwesenheit des Stadtrichters dauerte schließlich bis 1635, ohne daß die Gerichtsbarkeit der Stadt dadurch zum Erliegen gebracht oder beeinträchtigt worden wäre. Denn nun nahmen die beiden aus den Reihen der Ratsherren gewählten und im Gegensatz zum Stadtrichter nur auf die Stadt vereidigten Richtherren die ihnen zukommenden Funktionen im Verfahrensgang allein wahr. Eine Ausnahme bildete die Teilnahme des Stadtrichters am Aufsehen erregenden Prozeß gegen den der Münzfälschung überführten Bürger und Kurgenossen Peter Köplin, der am 4. Dezember 1599 auf der Galgheide vor dem Aegiditor nach vorheriger Erdrosselung verbrannt wurde [845: Offenberg, Münzmeister Köplin, S. 164]. Seit dem Ende des 16. Jahrhunderts wählte der Rat ausschließlich Juristen zu Richtherren, eine Praxis, die lediglich von 1598 bis 1612 dadurch eingeschränkt war, daß einer der Richtherren dem Wandschneideramt, also einer Gilde, angehörte.

Einem Landesherrn, der seine Territorialhoheit uneingeschränkt ausüben wollte, mußte eine – *materialiter* einem Regal gleichende – stadtmünsterische Strafjustiz als schwer erträgliche Begrenzung erscheinen. So versuchte Fürstbischof Ferdinand seit dem Ende der 1620er Jahre, der Stadt das *merum et mixtum imperium* streitig zu machen. Er und seine Räte argumentierten dabei, wie es schon gut vierzig Jahre vorher geschehen war: Da der Fürst das *totum,* das Ganze, nämlich „totam diocesin und drüber Regalia et Jurisdictionem hette, müste er auch partes haben" (Ratsprotokoll vom 30. Oktober 1628). Ein solcher dem Zugriff seiner Landes- und Gerichtshoheit über die ganze Diözese entzogener Teil war das Ratsgericht. Die Stadt konnte ihr *merum et mixtum imperium* jedoch behaupten. Ab 1635 ließ der Fürstbischof den Stadtrichter wieder am Peinlichen Gericht teilnehmen, in dessen Verfahrensschritten diesem außer dem Vorsitz lediglich zwei Aufgaben zukamen: Er hatte zusammen mit den Richtherren dem Angeklagten den endlichen Rechtstag anzukündigen, auf dem dieser das im peinlichen Verhör abgelegte Geständnis noch einmal zu wiederholen hatte, und das vom Rat gefällte Urteil öffentlich zu verkünden. An den anderen Prozeßschritten (Festnahme, Klageerhebung, Tortur, Urteilsfindung, Strafvollstreckung) war er nicht beteiligt.

Da die Richtherren während der jahrzehntelangen Abwesenheit des Stadtrichters dessen Funktionen wahrgenommen hatten, war in dem Formular, mit dem der endliche Rechtstag angekündigt wurde, zwischenzeitlich („vor 20. 30. und mehr, ja vor, undencklichen Jaren") die Wendung, daß dies auf Befehl von „Hoher Obrigkeit" geschehe, um den Zusatz „alß Bürgermeister und Rhat" erweitert worden. Diese Neuerung, durch die seine Legitimation allein von der Ratshoheit hergeleitet werde, könne er als landesherrlicher Beamter nicht dulden, bekundete der damalige Stadtrichter Dr. Römer, und ließ dem Rat mitteilen, daß er „zum Peinlichen Gericht nit erscheinen wolle, daruff den Richteherren der actus committirt" (Ratsprotokoll vom 7. Juni 1636). Es sollte fünf Jahre dauern, bis die Frage der Ladungsformel, die grundsätzliche Positionen berührte, zwischen Stadt und Bischof bereinigt werden konnte. Am 13. Mai 1641 beschloß der Rat, auf den die „Hohe Obrigkeit" interpretierenden Zusatz „Bürgermeister und Rat" um „mehrer eynigkeit erhaltung willen" zu verzichten, da dadurch weder sein *merum et mixtum imperium* noch sein *ius gladii* (Schwertrecht als Ausdruck der Blutsgerichtsbarkeit) geschmälert würden. Von da ab nahm der Stadtrichter wieder am Peinlichen Gericht teil.

Der Rat war auch Appellationsinstanz für Niedergerichte, und zwar sowohl für das münsterische Stadtgericht wie für die Gerichte der münsterländischen Landesstädte. Diese Zuständigkeit geriet mit der Errichtung des landesherrlichen Weltlichen Hofgerichts (1571) in Gefahr, weil diesem alle weltlichen Untertanen des Stifts, also auch die Bürger in den Städten, in erster Instanz unterworfen sein sollten. Obwohl die fürstliche Regierung den landtagsfähigen Städten 1579 zugesagt hatte, „daß sie künftig nicht mehr in erster Instanz an das Hofgericht evoziert werden sollten" [519: Meckstroth, Verhältnis der Stadt zu ihrem Landesherrn, S. 170], beharrte der Hofrichter darauf, daß nicht nur die Bürger Münsters, sondern sogar Bürgermeister und Rat seinen Ladungen zu folgen hätten. Da die Stadt diesen Anspruch selbstverständlich zurückwies, blieben Streitigkeiten darüber bis zur Mitte des 17. Jahrhunderts nicht aus.

Die vom Rat ausgeübte Appellationsgerichtsbarkeit war durch das Hofgericht auch gefährdet, da dieses die zweite Instanz für die Appellationen aller Niedergerichte im Bistum sein sollte. Die Appellationsgerichtsbarkeit des Rates wurde von landesherrlicher Seite im Sinne einer bloßen Konsultation umgedeutet. Diese Auffassung machten sich auch die Landesstädte zu eigen. Sie erkannten Münster zwar als Oberhof in Fragen der Stadtverfassung und des Stadtrechts an, behaupteten aber seit etwa 1590, daß sie in gerichtlichen Sachen dem münsterischen Rat ihre Akten nur zu Konsultationszwecken, nicht aber als dem Richter in zweiter Instanz zuschickten. Sie begründeten dies damit, daß Münster keine über die anderen Stiftsstädte emporgehobene Hauptstadtstellung besitze, sein Rat folglich auch nicht Appellationsinstanz für sie sein könne.

Der Rat konnte allerdings seine angefochtene Appellationsgerichtsbarkeit verteidigen. Darüber hinaus versuchte er die Einschaltung des Hofgerichts, an das die Appellation für die vom Rat in zweiter Instanz gefällten Urteile laut Vertrag mit dem Landesherrn von 1563 zu erfolgen hatte, möglichst zu umgehen, „indem er auf Appellation von seinem Urteil unmittelbar an das Reichskammergericht bestand" [519: Meckstroth, Verhältnis der Stadt zu ihrem Landesherrn, S. 174]. Außerdem durfte gemäß einem 1561 erneuerten kaiserlichen Privileg *de non appellando* bei Ratsurteilen bis zur Summe von 200 Gulden nicht appelliert werden. Bei höheren Summen war die Appellation über den Landesherrn unverzüglich an das Reichskammergericht weiterzureichen, so daß dieser nicht als ordentliche Instanz in den Appellationszug eingeschaltet war. Das nahmen er bzw. das Hofgericht aber bald für sich in Anspruch. Auch in solchen Fällen dürfte der Rat jedoch auf unmittelbarer Appellation an das Reichskammergericht bestanden haben.

Da das ältere Geistliche Hofgericht (Offizialat) auch nach Errichtung des Weltlichen Hofgerichts weiterhin weltliche Gerichtsbarkeit beanspruchte und praktizierte, der alle Bürger einschließlich Bürgermeister und Rat unterworfen bleiben sollten, mußte der münsterische Rat seine Gerichtskompetenzen auch gegen diesen Konkurrenten verteidigen, was zu andauernden Auseinandersetzungen – auch in der Form mehrerer Reichskammergerichtsprozesse – führte.

Die Immunität der Geistlichen und die damit verbundene Freiheit von allen städtischen Lasten, Pflichten, Abgaben und Steuern (Exemtion) hatten eine finanzielle und eine jurisdiktionelle Seite. Da der Rat der Stadt über die Geistlichen wegen deren *immunitas personalis* kein Gerichtsrecht besaß und die Exemtion der Geistlichen auch für deren Personal sowie Wohnhäuser und sonstige Gebäude galt, beanspruchten die auf dem Domhof und den anderen geistlichen Immunitäten wohnenden Laien ebenfalls das Privileg der Freiheit von städtischen Steuern und Lasten und von der städtischen Gerichtsbarkeit. Sie leiteten dieses vorgebliche Recht von der *immunitas localis* her und verweigerten die Ablegung des Bürgereides, durch den sie sich den Bürgerpflichten unterworfen hätten. Die Stadt konnte dies sowohl wegen der dadurch für die übrige Bürgerschaft wachsenden sächlichen (Abgaben) wie persönlichen (Wachdienst, Stadtverteidigung) Belastung als auch wegen der Einschränkung ihrer Gerichtsbarkeit nicht hinnehmen. Nach langem Drängen erhielt sie 1640 das Recht, von den weltlichen Bewohnern der Immunitäten eine feste monatliche Abgabe zu erheben, deren Höhe jedoch deutlich unter derjenigen der Bürger lag. Mit ihrem Versuch, diese Personengruppe auch der städtischen Jurisdiktion zu unterwerfen, gelangte die Stadt dagegen nicht zum Ziel. Ihr Anspruch, daß die Bestrafung von auf den Immunitäten begangenen Straftaten durch das Stadtgericht und den Rat zu geschehen habe und daß der Rat auf Immunitäten geflohene Verbrecher verhaften lassen dürfe, wenn die Geistlichen sie nicht auslieferten, wurde zurückgewiesen.

Trotzdem hat der Rat bei vorliegenden Fällen so gehandelt und damit natürlich Konflikte – vornehmlich mit dem Domkapitel – hervorgerufen, zum Beispiel 1588 bei der Ermordung des Komturs Melchior Droste zu Senden durch zwei adelige Domherren [899: Steinbicker, Komtur] oder bei der Tötung des Rittmeisters Klencke 1637 auf der Domimmunität [653: Lahrkamp, Kriminalfall].

Diese knappen Darlegungen zu einigen Feldern der ungeheuer verwickelten Jurisdiktionsverhältnisse zwischen der Stadt, dem Landesherrn und dem Domkapitel, zwischen dem Rat, dem Weltlichen und dem Geistlichen Hofgericht zeigen, daß Stadt und Rat sich in der Defensive befanden. Sie versuchten nicht nur, unverbriefte und verbriefte alte Privilegien zu behaupten, sondern auch die Verbindlichkeit des im mittelalterlichen Rechtsdenken wurzelnden, „seit unvordenklichen Zeiten" geltenden Gewohnheitsrechts. Der Stadt standen der Landesherr und seine Räte und Gerichte gegenüber, deren Argumentation und Verfahrensweise von römisch-rechtlichem Denken geprägt waren und die im Zuge der zunehmenden Verschriftlichung des frühneuzeitlichen Verwaltungs- und Rechtshandelns „die Beibringung eines eindeutig schriftlichen Beweises" verlangten, wogegen sich die in der Stadt fortlebende „mittelalterliche Vorstellung von der Kraft des Gewohnheitsrechtes auf die Dauer nicht halten" konnte [519: Meckstroth, Verhältnis der Stadt zu ihrem Landesherrn, S. 168].

7. Zaubereiprozesse (Hexenprozesse)

Vor dem Rat wurden jene für das 16. und 17. Jahrhundert zeittypischen Prozesse geführt, die gewöhnlich als „Hexenprozesse" bezeichnet werden, die man aber in der Stadt Münster besser „Zaubereiprozesse" nennen sollte. Diese Bezeichnung bietet sich sowohl aus begrifflichen wie sachlichen Gründen an. In den münsterischen Prozeßakten kommt das Wort „Hexe" nämlich kaum vor, vielmehr ist durchweg von „Zauberschen" die Rede. Meistens ging es um Schadenzauberei (zum Beispiel Krankheit, Tod), wobei „wesentliche Bestandteile der Hexenlehre fehlten" und vor 1618/19 „nicht einmal das Element des Teufelspaktes zur Sprache" kam [704: Alfing, Hexenjagd und Zaubereiprozesse, S. 128].

Der Rat ermittelte zwischen 1552 und 1644 in 29 Verfahren gegen vierzig Personen wegen des Verdachts der Zauberei, wobei es zu einer Häufung der Prozesse in den Jahren 1627 und 1635 kam. Es handelte sich dabei um voneinander unabhängige Einzelprozesse, nicht um Ketten- oder Massenprozesse. In fast allen Fällen wurde ein Zaubereiverfahren nach einer meist anonymen Denunziation eingeleitet. Wie die der Zauberei verdächtigten Personen fast ausnahmslos aus niedrigen Sozialschichten stammten, so kamen auch die Verdächtigungen und Vorwürfe zumeist aus der Unter- und Mittelschicht. Der Rat war durchweg darum bemüht, die Anklage nicht nur auf ein einziges Indiz zu stützen, sondern möglichst mehrere belastende Punkte zusammenzutragen und sich dabei an den einschlägigen Vorschriften der *Constitutio Criminalis Carolina,* dem von Kaiser Karl V. 1532 erlassenen Strafgesetzbuch des Reiches („Halsgerichtsordnung"), zu orientieren.

Das Verfahren lief folgendermaßen ab: Nach der Festnahme des oder der Angeklagten – von den insgesamt vierzig Personen waren dreißig Frauen – nahmen die

Des Allerdurchleuchtigsten/ Großmechtigsten/ Vnüberwindtlichsten Kaiser Caroli des Funfften/ vnnd des Heiligen Römischen Reichs Peinlich Gerichts Ordnung/ auff den Reichstägen zu Augspurg vnnd Regenspurg In Jharen xxx. vnd xxxij. gehalten/ auffgerichtet vnnd beschlossen.

Vnd jetzo durch den Hochwürdigen in Gott Fürsten vnnd Herren/ Hern Johan Bischoffen zu Münster / vnnd Administratorn der Stifften Oßnabrugk vnnd Paderborn etc: In Irer F: G: Stifft Münster/ derselben wurcklich nachzusetzen/ publicirt. Im Jhar M. D. LXXI.

Die „Constitutio Criminalis Carolina“, die sogenannte Peinliche Halsgerichtsordnung Karls V. vom 25. Juli 1532 (abgebildet ein in Münster gedrucktes Titelblatt aus dem Jahr 1571)

Richtherren als erstes ein gütliches Verhör vor. Sodann vernahmen sie die Zeugen, die nur vereidigt wurden, wenn ihre Aussagen prozeßentscheidend waren. Ein Verteidiger wurde nur in einem einzigen Fall hinzugezogen; das Fehlen von Verteidigern dürfte sich hauptsächlich aus der Armut der Beklagten erklären. Hatte das gütliche Verhör kein Geständnis erbracht, wurden die Beklagten dem peinlichen Verhör (Tortur, Folter) unterzogen. Dieses wurde in der Regel frühmorgens zwischen 5 und 7 Uhr im Niesingturm oder im Ludgeritor vom Scharfrichter im Beisein der Richtherren, der Gerichtsschreiber und mehrerer Botmeister (Bedienstete, die den Bürgern die „Gebote“ und Befehle des Rates zu überbringen hatten), manchmal auch eines Geistlichen, vollzogen. Die Frau des Scharfrichters behandelte die Verletzungen der Gefolterten, von denen drei die Tortur nicht überlebt haben [704: Alfing, Hexenjagd und Zaubereiprozesse, S. 104]. Schließlich wurden auf dem öffentlichen „endlichen Gerichtstag“ das freiwillige oder erpreßte Geständnis des oder der Angeklagten, das vom Rat gefällte Urteil und die von ihm festgesetzte Strafe verkündet.

In den stadtmünsterischen Zaubereiprozessen wurde sechsmal die Todesstrafe ausgesprochen, die nach Artikel 9 der *Carolina* Tod durch Verbrennen bedeutete. Bei den drei im 17. Jahrhundert wegen Zauberei hingerichteten Frauen machte der Rat jedoch von seinem Begnadigungsrecht Gebrauch und ließ sie vor der Verbrennung enthaupten oder erhängen. Vollzugsort war die Galgheide. Die am häufigsten – nämlich achtzehnmal – ausgesprochene Strafe war die Verweisung aus der Stadt. Außerdem wurden Ehren- und Körperstrafen verhängt: Stehen am Pranger („Kaeck"), Tragen der Schandsteine, Schlagen mit Ruten, Abschneiden eines Ohrs. In keinem Fall ist es zur Einziehung des Vermögens eines Verurteilten gekommen. Bei den meisten hätte es auch nicht viel zu konfiszieren gegeben, da sie mittellos waren und das städtische Gruetamt die Kosten des Verfahrens tragen mußte. Acht Personen wurden freigesprochen; das kam jedoch ab 1627 nicht mehr vor, als in allen Fällen mindestens die Strafe der Stadtverweisung verhängt wurde, was „auf eine Verschärfung in der Behandlung von Zaubereiverdächtigen seitens des Rats" hindeuten könnte [704: Alfing, Hexenjagd und Zaubereiprozesse, S. 111].

Bei der Frage nach den Betreibern der Zaubereiverfolgung und -prozesse fällt der Blick auf die Landesherren, die Geistlichkeit, den Rat und die Bevölkerung. Die Fürstbischöfe waren in Münster keine „treibende Kraft der Hexenverfolgung". Der Pfarrklerus spielte „eine nur sehr untergeordnete Rolle bei der Verbreitung der Hexenlehre", am ehesten kamen hierfür noch die Orden, vor allem die volksnahen Kapuziner, in Frage. Nach Alfing deutet „jedoch nichts darauf hin, daß die Mitglieder der Münsteraner Orden mehr als im Rahmen der Zeit üblich im Hexenglauben befangen waren. Fanatische Hexen-Verfolger hat es in den Reihen des Klerus nicht gegeben." Die großenteils juristisch gebildeten Ratsherren teilten anscheinend „trotz der Milde ihrer Haltung den Zauber- und Hexenglauben der Zeit". Hinter dem häufig ausgesprochenen Urteil der Stadtverweisung dürfe man die Absicht des Rates vermuten, die Verbreitung des Zaubereiglaubens in der Stadt zu unterbinden [704: Alfing, Hexenjagd und Zaubereiprozesse, S. 134ff]. Da die im Rat repräsentierte städtische Elite sich nicht bedroht gefühlt habe, sei es in Münster nicht zu einer ausufernden Hexenverfolgung gekommen. In der Bevölkerung schließlich könne ein Bedürfnis nach Verfolgung und Bestrafung von „Zauberschen" angenommen werden, da die meisten Verfahren aufgrund von Denunziation eingeleitet wurden. Es muß nicht ausgeschlossen sein, daß gelegentlich vorgekommene „Lynchjustiz" gegenüber den der Zauberei Verdächtigen auch in „Unzufriedenheit mit der Verfolgungspraxis der Stadtobrigkeit" ihren Grund hatte [704: Alfing, Hexenjagd und Zaubereiprozesse, S. 151].

Mag auch das Motivgeflecht der an Zaubereiglauben und -verfolgung beteiligten Personen und Gruppen nur begrenzt durchschaubar sein, so zeigen allein schon die zahlenmäßigen Verhältnisse (40 angeklagte Personen in 29 Prozessen während eines Zeitraums von über neunzig Jahren), daß in Münster keine Stimmung der Hysterie herrschte, die einem massenhaften Hexenwahn mit seinen mörderischen Folgen günstig gewesen wäre, wie er damals in mancher Stadt und Landschaft gewütet hat.

8. Rat – Gilden – Gemeinheit

Der Rat war die Obrigkeit in der Stadt, die für Gesetzgebung (im Rahmen des Reichs- und Landesrechts), Verwaltung und Gerichtsbarkeit zuständig war. Die Verwaltung nahm der Rat durch zwölf jeweils doppelt besetzte Ämter – von den Bürgermeistern über die Kämmerer, Weinherren, Richtherren, Gruetherren, Stuhlherren, Hospitalherren, Sterbherren, Bierherren, Kinderhausherren und Kapellenherren bis hin zu den Ziegelherren – wahr. Die „Ordnungh und pollicey der Stadt Munster"

Die münsterische Stadtverfassung 1553–1661 (nach Gerd Dethlefs):

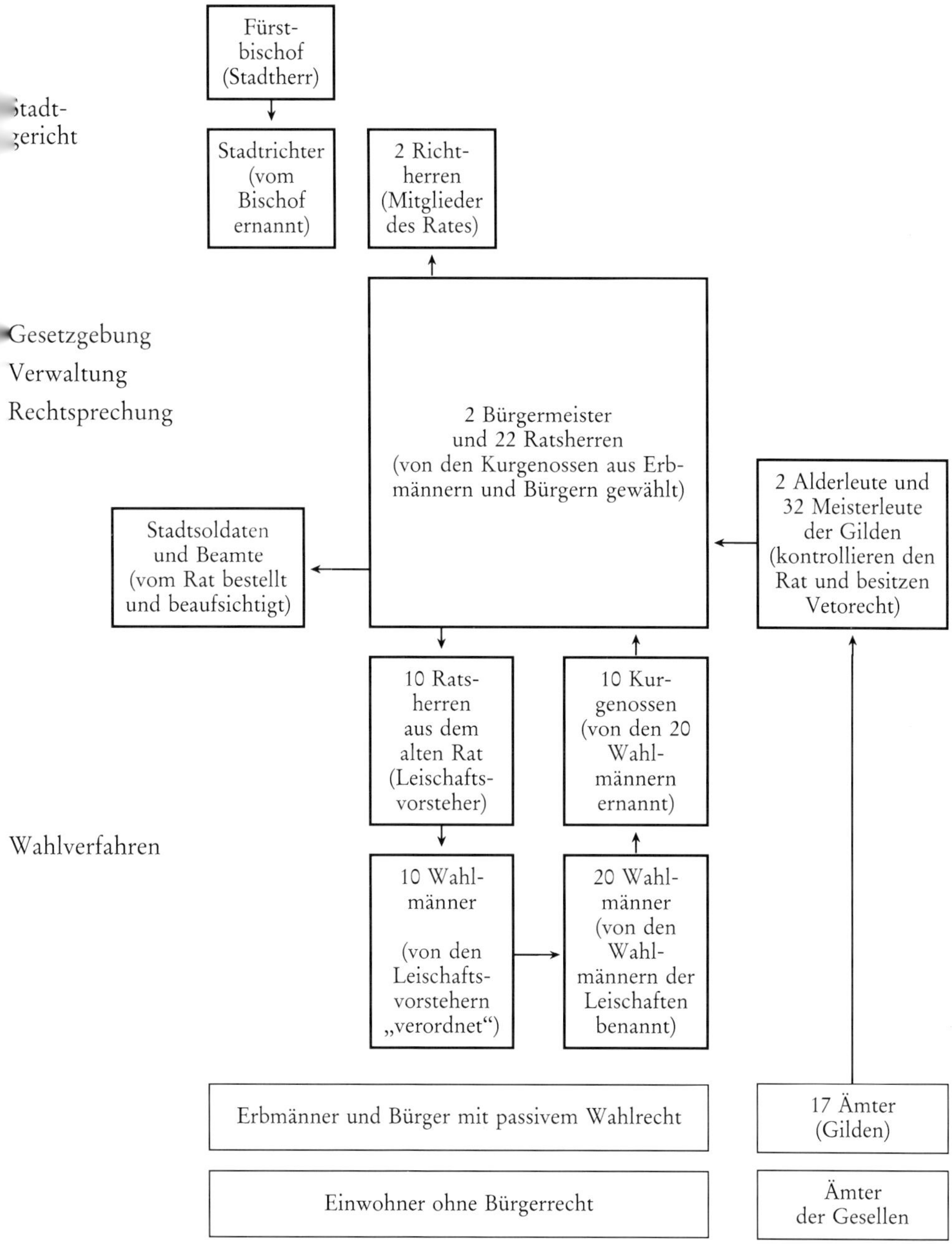

Quelle 56: Münster 800–1800, S. 167

von 1551 diente dabei als Grundlage. Die 17 Gilden der Stadt waren durch ihre 34 Meisterleute, aus denen zwei Alderleute als Sprecher der Gesamtgilde gewählt wurden, an der Gesetzgebung und Verwaltung beteiligt. Sie mußten zu allen wichtigen Fragen vom Rat gehört werden und konnten ihr Veto einlegen. Sie kontrollierten auch die Stadtrechnungen. Während Rat und Gesamtgilde mit ihren Amtsträgern dauerhaft institutionalisiert waren, verfügte die „Gemeinheit“, womit die gesamte dem Rat gegenüberstehende Bürgerschaft gemeint war, nicht über eine feste, aus regelmäßigen Wahlen hervorgehende Vertretung. Vielmehr wurden bei besonders wichtigen, einschneidenden und folgenreichen Entscheidungen Vertreter der Gemeinheit aus den Leischaften hinzugezogen.

Während die Gilden prinzipiell für sich in Anspruch nahmen, die gesamte Bürgerschaft gegenüber dem Rat zu vertreten, also auch jene Bürger, die nicht den Gilden angehörten, wurde dieser Alleinvertretungsanspruch anscheinend seit etwa 1600 in wachsendem Maße bestritten. Die nichtgegildeten Bürger bestanden auf eigenen Deputierten aus den Leischaften. Wie es den Leischaften 1588/89 gelungen war, durch Einführung der Rottenwacht (Einteilung in Fahnen) das Monopol der Gilden für die Stadtwacht und -verteidigung zu brechen, so gab es anscheinend generell eine Tendenz, dem in den Gilden verkörperten korporativen Prinzip der politischen Teilhabe das durch die Gemeinheitsvertreter aus den Leischaften personifizierte territoriale Prinzip möglichst gleichberechtigt zur Seite zu stellen.

Rat

Der Rat sah sich in einer doppelten Verpflichtung. Auf der einen Seite stand er der Bürgerschaft gegenüber in der Pflicht, aus der er in einem mehrstufigen – oligarchische Abschließung begünstigenden – Wahlverfahren gewählt wurde. Der Rat hatte die städtischen Privilegien zu verteidigen und die Bürger zu schützen. Andererseits war er dem Landesherrn gegenüber verpflichtet, dem er aufgrund des Huldigungseides Gehorsam schuldete, gegen den er aber nicht selten zugleich die Stadtfreiheit zu verteidigen hatte. Da der Rat gegenüber den Bürgern und Einwohnern nicht nur eine Schutz-, sondern auch eine Obrigkeitsfunktion auszuüben hatte, konnte er in der Wahrnehmung seiner Rechte, Pflichten und Interessen leicht in Konflikte mit beiden Seiten, der Bürgerschaft und dem Landesherrn, geraten. Die doppelte Loyalitätsbindung konnte daher die Meinungs- und Entscheidungsfindung des Rates, aber auch die Durchsetzung seiner Beschlüsse mitunter sehr erschweren.

Die Zusammensetzung des 24köpfigen Rates war durch einen hohen Grad von Kontinuität gekennzeichnet. Von 1600 bis 1653 wurden im Durchschnitt jährlich drei Ratsherren ausgewechselt, 1654 bis 1661 – in den Krisenjahren der Auseinandersetzungen mit Fürstbischof Christoph Bernhard von Galen – sechs bis sieben jährlich. 1656 wurden sogar zehn neue Ratsherren gewählt, darunter entschiedene Gegner des Bischofs [1181: Thesmann, Auseinandersetzungen, S. 140]. Die damalige Aufgewühltheit der Stimmung und das Mißtrauen gegenüber dem Rat zeigten sich auch in der 1656 und 1658 von den Kurgenossen, also den Wählern der Ratsherren, erhobenen Forderung, Einsicht in die Ratsprotokolle zu nehmen. Bürgermeister und Rat wiesen dies entschieden zurück.

Kennzeichnender als solche situationsbedingten Kontinuitätsbrüche waren die langfristigen Veränderungen in der sozialen Zusammensetzung des Rates. Man kann die Ratsherren in vier Gruppen einteilen: die patrizischen, aber nach dem Stiftsadelsrang strebenden Erbmänner, die „Honoratioren", die Akademiker (Juristen) und die Gildebürger. Unter den Honoratioren konnte man Angehörige solcher Familien verstehen, „die seit Generationen der städtischen Führungsschicht angehörten und sich in ihrem sozialen und ökonomischen Verhalten (Erwerb von Grundbesitz und Landgütern in der Umgebung der Stadt) den Erbmännern näherten" [56: Münster 800–1800, S. 195]. Trotz der sozialen Verflechtung zwischen Honoratioren, reichen Gildefamilien und Akademikern, die nicht selten aus Honoratioren- und Gildefamilien stammten, aber durch das Bildungsmerkmal deutlich abgehoben waren, läßt sich unter bestimmten Kriterien eine Unterscheidung von Honoratioren und Gildebürgern vornehmen. Auch bei einer Herkunft aus dem Gildebürgertum machten langjährige Ratszugehörigkeit, Ausübung eines bedeutenden Ratsamtes (zum Beispiel Bürgermeister, Gruetherr, Kämmerer, Richtherr) und „Vererbung" des Ratssitzes an Familienangehörige einen Ratsherrn zum Honoratioren.

Die Zusammensetzung des Rates 1580–1665 (nach Gerd Dethlefs):

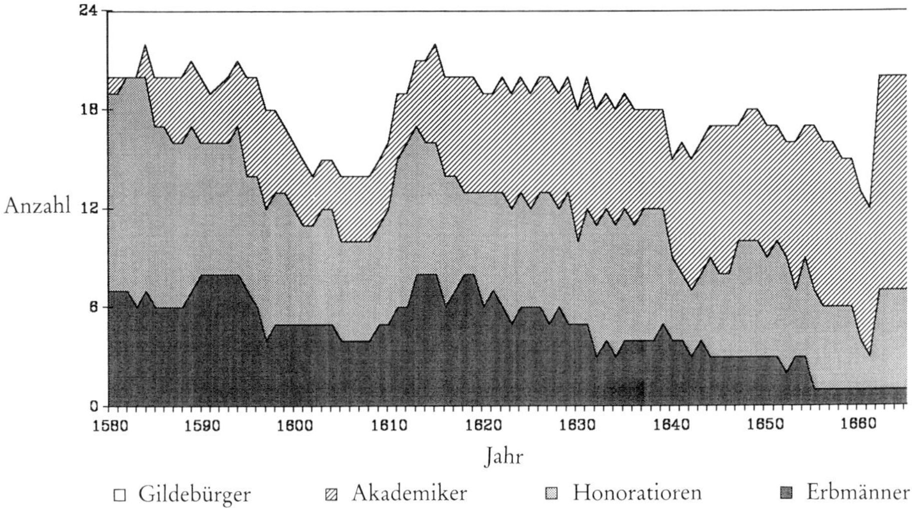

Quelle 56: Münster 800–1800, S. 196

In den hundert Jahren von 1565 bis 1665 ging der Anteil der Erbmänner, auf deren Mitgliedschaft der Rat des Ansehens halber sehr bedacht war, am stärksten zurück. Zwischen 1575 und 1595 stellten sie durchschnittlich sechs bis acht Ratsherren, von 1600 bis 1630 schrumpfte ihre Zahl auf meist fünf bis sechs; seitdem lag sie bis 1655 bei drei bis vier. In den Jahren des Konflikts mit dem Landesherrn seit 1655 war schließlich nur noch ein Erbmann im Rat vertreten. Die Erbmänner nahmen, was wegen ihrer Wohnsitze auf dem Land verständlich ist, nicht regelmäßig an den Ratssitzungen teil. Sie wurden bei besonders wichtigen Angelegenheiten eigens eingeladen *(convocirt)*, vor allem wohl um die Stellung des Rates gegenüber den Gilden zu stärken.

Auch der Anteil der Honoratioren, die in Spitzenzeiten 16 bis 18 Ratsherren gestellt hatten, schrumpfte ab etwa 1595 auf durchschnittlich sechs bis acht, ab 1640 auf fünf bis sechs.

Die Ratssitze der ausscheidenden Erbmänner und Honoratioren nahmen anfangs vor allem Gildebürger ein, die ihren Anteil von vier bis fünf Sitzen für ein gutes Jahrzehnt (etwa 1598 bis 1610) auf maximal zehn Sitze steigern konnten. Dies waren die Jahre, als sich der Konflikt zwischen der Stadt und Fürstbischof Ernst von Bayern auf dem Höhepunkt befand und zugleich die Zahl der Protestanten im Rat von zwei (1600) auf neun (1605/06) stieg, um danach bis 1618 allmählich auf vier abzusinken [765: Hsia, Gesellschaft und Religion, S. 147]. 1615/16 auf zwei Sitze zurückgefallen, konnten die Gildebürger ihren Anteil danach bis etwa 1655 wieder auf sechs bis acht steigern. In der Endphase der Auseinandersetzung mit Christoph Bernhard von Galen konnten sie zwölf Ratssitze, also die Hälfte der Ratsstühle, erringen, um dann im ernannten Rat nach 1661 auf vier Sitze zurückgestuft zu werden.

Langfristige Hauptgewinner aber waren die juristisch gebildeten Akademiker, eine Berufsgruppe, die mit der wachsenden Bedeutung des römischen Rechts in der landesherrlichen und städtischen Justiz und Verwaltung zahlenmäßig wuchs und politisch-administrativ einflußreicher wurde. Mitglieder dieser Berufsgruppe konnten ihre Fachkenntnisse ohne Schwierigkeit verschiedenen „Dienstherren" anbieten, etwa der Stadt und dem Landesherrn, wie der Wechsel zwischen Stadtsyndikat und fürstlicher Ratsstelle in den 1650er Jahren belegt. In den dreißig Jahren von 1585 bis 1615 im Besitz von durchschnittlich vier Ratsstühlen, stieg der Anteil der Akademiker seitdem bis Ende der 1650er Jahre auf acht bis zehn, ehe sie dann im ernannten Rat seit 1661 über 13 Sitze – also die absolute Mehrheit – verfügten. Die studierten Juristen brachten ihre Rechtskenntnisse in die Arbeit des Rates ein, was dessen Fähigkeit, sich in Auseinandersetzungen mit dem Landesherrn und seinen Justiz- und Verwaltungsbehörden – aber auch vor den Reichsgerichten – zu behaupten, gewiß gestärkt hat, zumal dadurch der rechtsgelehrte Stadtsyndikus nicht mehr der einzige Fachmann auf diesem Feld war. Da die Juristen aber zugleich Vertreter des „modernen", schriftlich kodifizierten römischen Rechts waren, lagen Reibungen mit den Gilden und innerhalb des Rates mit Ratsherren aus den Gilden nahe, die sich stärker überkommenem genossenschaftsrechtlichen Denken und dem Gewohnheitsrecht verbunden fühlten und in Konflikten mit dem Rat häufig auch von dieser Grundlage her argumentierten.

Nach der Unterwerfung wurde Münster das Recht der freien Ratswahl 1661 durch Christoph Bernhard von Galen entzogen. Erst zwanzig Jahre später (1681) erhielt die Stadt es von dessen Nachfolger Ferdinand von Fürstenberg (1678–1683) zurück.

Die Bürger waren zur Anwesenheit bei der Ratswahl verpflichtet. Nicht alle aber sind dieser Pflicht immer selbstverständlich gefolgt. Das wird erklärlich, wenn man bedenkt, daß sie an der Ratswahl nicht unmittelbar aktiv beteiligt waren. Sie konnten lediglich von zwei durch die Leischaftsvorsteher „Verordneten" als Wahlmänner (vier aus jeder Leischaft) ausgewählt werden, die die Kurgenossen als die eigentlichen Ratswähler zu bestimmen hatten. Der Rat sah sich – zumindest hin und wieder – gezwungen, die Anwesenheit der Bürger mit Strafandrohung zu erreichen. So kündigte er am 19. Januar 1632 den Bürgern mit der Einberufung zur Ratswahl am fol-

Policey-Ordnung
Der
Haupt- und Residentz-Stadt
Münster in Westphalen/
Juxtà Exemplar sub manu Weyland Stadt-Secretarii BERNARDI HOLLANDT.

Getruckt bey vormahl Raeßfeldt / nun Koerdinck.
ANNO M.D.CC.XL.

Nach 1553 wurde die münsterische Polizeiordnung mehrfach revidiert. In ihrer neuen Fassung konnte sie erst 1740 zum Druck gebracht werden

genden Tag durch die Botmeister zugleich an, daß Fernbleibende, die von den Ratsherren „kein Urlaub erhalten" hätten, eine empfindliche Strafe von zehn Mark zu zahlen hätten. Die Alder- und Meisterleute hatten „in solche der Poen erhöhung" eingewilligt.

Die Bürger hatten auch jedes Jahr von neuem „die Policey Ordnung dieser Statt" zur Kenntnis zu nehmen, wozu sie sich kurz vor Weihnachten nach Ladung und „vorangegangenen gewönlichen Glockenzeichen" vor dem Rathaus einzufinden hatten. Dort wurde die Polizeiordnung in Anwesenheit des Rates und der Alder- und Meisterleute „öffentlich abgeleßen" (Ratsprotokoll vom 20. Dezember 1632).

Nur zu solchen obligatorischen Gelegenheiten und wenn sie vom Rat ausdrücklich geladen war, durfte die Bürgerschaft sich versammeln. So beriefen Bürgermeister und Rat und Alder- und Meisterleute im August 1607 eine Versammlung der Bürgerschaft ein, um sich möglichst weiter Unterstützung für die Zurückweisung des kaiserlichen Mandats über die konfessionelle Einschränkung der Ratswahl und des Begräbnisses zu versichern [765: Hsia, Gesellschaft und Religion, S. 141f]. Wenn dagegen Bürgerversammlungen aus eigener Initiative zustande kamen, griff der Rat ein, weil er solche als Eingriff in seine obrigkeitlichen Befugnisse ansah.

Als es im Dezember 1655 zu einer Versammlung von beinahe hundert Bürgern in Anwesenheit der Alderleute kam, auf der über die Befreiung des vom Landesherrn festgehaltenen Stadtsyndikus Lic. Bernhard Viertenhalben beraten werden sollte, verbot der Rat diese, sobald er davon erfahren hatte. Obwohl der Wortführer der Versammlung beteuerte, man habe die Absicht gehabt, den Rat über die Beratungsergebnisse der Versammlung zu unterrichten, habe somit nicht gegen den Bürgereid verstoßen, verurteilte der Rat das Verhalten schärfstens und ermahnte die Alderleute und Gemeinheitsvertreter nachdrücklich, künftig solche „Conventionen" der Bürger zu verhindern.

Wenn er zur Begründung darauf verwies, daß solche Zusammenkünfte „schlecht ausgedeutet" werden könnten, so meinte er damit, daß dem Landesherrn Anlaß zum Eingreifen in der Stadt gegeben werden könnte, sofern der Eindruck entstehe, daß der Rat nicht in der Lage sei, seine obrigkeitliche Gewalt in der Stadt durchzusetzen. Denn gemäß dem Restitutionsvertrag von 1553 hatte der Landesherr das Recht, bei Nichteinigung zwischen Rat und Gilden in den Streit einzugreifen. Bei Rücktritt des Rates oder bei seiner Absetzung durch Gilden und Gemeinheit ging die obrigkeitliche Gewalt in der Stadt gemäß Reichsrecht auf den Landesherrn über [1181: Thesmann, Auseinandersetzungen, S. 126ff, 145f].

Die Allzuständigkeit des Rates als Obrigkeit brachte es mit sich, daß er sich mit Angelegenheiten auf allen Gebieten des städtischen öffentlichen Lebens zu befassen hatte. Das reichte von den grundlegenden Privilegien der Stadt (Hochgerichtsbarkeit, Besatzungsrecht und Schlüsselgewalt, Münzrecht, Steuererhebungsrecht usw.) bis zu banal-alltäglichen Sachen. Zu diesen gehörte etwa die wiederkehrende Mahnung an die Bürger, die Straßenreinigung nicht zu vernachlässigen, „alle mistfälde, so an etlichen orten am graben oder wällen befunden worden, [...] bei poen 10 m[a]r[k] ab- und wegzuschaffen" und die Wälle mit Zäunen („frechten") zu versehen, damit „keine Schweine, Geissen oder Ziegen hinuff gelangen können, die wälle zu verderben" (Ratsprotokoll vom 2. April 1629), oder „daß niemand sein schweine uff den straßen oder auß den Hoforten gehen lassen, sondern in den ställen einsperren sollen, damit bei ietzigen offenen Gärten die Bürgere unbeschädigt pleiben" (Ratsprotokoll vom 3. März 1634). Die beiden letzten Anordnungen verraten einiges über den noch stark ackerbürgerlich-selbstversorgerischen Charakter der damals etwa 10 500 Einwohner zählenden Stadt.

1592, 1615 und 1636 legten Feuersbrünste Teile der Stadt in Schutt und Asche. So mußte der Rat den Bürgern die Bereithaltung der damals noch beschränkten Mittel der Brandbekämpfung wiederholt einschärfen: Sie sollten „ein kübben mit wasser gefüllet uffen balcken hin setzen und stehen lassen" (Ratsprotokoll vom 23. April 1635). Oder es wurde bestimmt, „daß ein ieder zu dießer truckenen zeitt wasser für die Thüren vorsetze, umb im unversehenen nohtfall des brands, Gott verhüte, zur handt in bereitschafft zu haben" (Ratsprotokoll vom 13. August 1638). Als am 30. Juni 1652 der „Pulverthurn nechst an der Büttelei" infolge Blitzschlags explodierte, wobei es zwölf Tote, zahlreiche Verletzte und große Sachschäden gab, interpretierte der Rat dieses Unglück als „große Straf auß ungezweifelter Verhengknuß Gottes wegen vielfältiger Mißetathen". Er ließ daher durch die Botmeister allen Bürgern und Einwohnern Haus für Haus ankündigen und „daneben per publica edicta" anschlagen, „daß ein ieder von allen sünden, alß Hurerei, Ehebrecherei, Hoffart, Uppicheit, und allen wucherlichen und unbillichen contracten, Item fluchen, schweren, und allerlei Gotteslästerungen, ubermäßig fressen und sauffen, auch vom Fleischessen uff gebottene Fasttagen gentzlich enthalten, dahingegen aber die Sonn- und

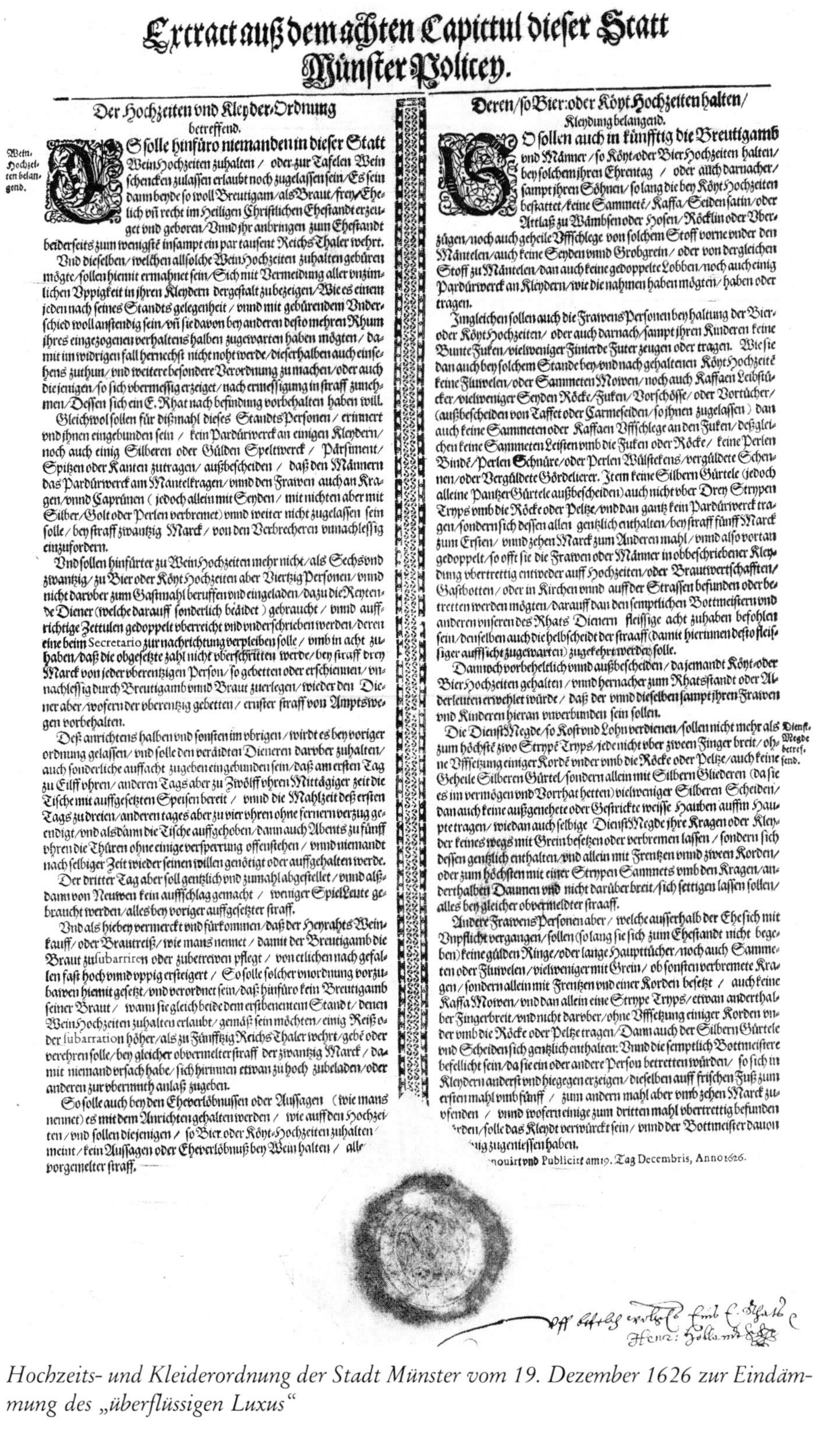

Extract auß dem achten Capittul dieser Statt Münster Policey.

Der Hochzeiten vnd Kleyder-Ordnung betreffend.

Wein. Hochzeiten belangend.

DO solle hinfüro niemanden in dieser Statt Wein Hochzeiten zuhalten / oder zur Tafelen Wein schencken zulassen erlaubt noch zugelassen sein/ Es sein dann beyde so woll Breutigam/ als Braut/ frey/ Ehelich vñ recht im Heiligen Christlichen Ehestandt erzeuget vnd geboren/ Vnnd jhr anbringen zum Ehestandt beiderseits zum wenigstẽ insampt ein par tausent Reichs Thaler wehrt.

Vnd dieselben/ welchen allsolche Wein Hochzeiten zuhalten gebüren mögte/ sollen hiemit ermahnet sein/ Sich mit Vermeidung aller vnzimlichen Vppigkeit in jhren Kleydern dergestalt zubezeigen/ Wie es einem jeden nach seines Standts gelegenheit / vnnd mit gebürendem Vnderschied woll anstendig sein/ vñ sie davon bey anderen desto mehren Rhum jhres eingezogenen verhaltens halben zugewarten haben mögten / damit im widrigen fall hernechst nicht noht werde/ dieserhalben auch einsehens zuthun/ vnd weitere besondere Verordnung zu machen/ oder auch diejenigen/ so sich vbermessig erzeiget/ nach ermessigung in straff zunehmen/ Dessen sich ein E. Rhat nach befindung vorbehalten haben will.

Gleichwol sollen für dißmahl dieses Standts Personen / erinnert vnd jhnen eingebunden sein / kein Pardürwerck an einigen Kleydern/ noch auch einig Silberen oder Gülden Speltwerck / Pärsiment/ Spitzen oder Kanten zutragen/ außbescheiden / daß den Männern das Pardürwerck am Mantelkragen/ vnnd den Frawen auch an Kragen/ vnnd Caprünen (jedoch allein mit Seyden / mit nichten aber mit Silber/ Golt oder Perlen verbremet) vnnd weiter nicht zugelassen sein solle / bey straff zwantzig Marck / von den Verbrecheren vnnachlessig einzufordern.

Vnd sollen hinfürter zu Wein Hochzeiten mehr nicht/ als Sechs vnd zwantzig/ zu Bier oder Köyt Hochzeiten aber Viertzig Personen/ vnnd nicht darvber zum Gastmahl beruffen vnd eingeladen/ dazu die Reytende Diener (welche darauff sonderlich beäidet) gebraucht / vnnd auffrichtige Zettulen gedoppelt vberreicht vnd vnderschrieben werden/ deren eine beim Secretario zur nachrichtung verpleiben solle / vmb in acht zuhaben/ daß die obgesetzte zahl nicht vberschritten werde/ bey straff drey Marck von jeder vberentzigen Person/ so gebetten oder erschienen/ vnnachlessig durch Breutigamb vnnd Braut zuerlegen/ wieder den Diener aber/ wofern der vberentzig gebetten / ernster straff von Amptswegen vorbehalten.

Deß anrichtens halben vnd sonsten im vbrigen / wirdt es bey voriger ordnung gelassen/ vnd solle den veräidten Dieneren darvber zuhalten/ auch sonderliche auffacht zugeben eingebunden sein/ daß am ersten Tag zu Eilff vhren/ anderen Tags aber zu Zwölff vhren Mittägiger zeit die Tische mit auffgesetzten Speisen bereit / vnnd die Mahlzeit deß ersten Tags zu dreien/ anderen tages aber zu vier vhren ohne fernern verzug geendigt/ vnd alsdann die Tische auffgehoben/ dann auch Abents zu fünff vhren die Thüren ohne einige versperrung offenstehen / vnnd niemandt nach selbiger Zeit wieder seinen willen genötigt oder auffgehalten werde.

Der dritter Tag aber soll gentzlich vnd zumahl abgestellet / vnnd alßdann von Neuwen kein auffschlag gemacht / weniger Spiel Leute gebraucht werden/ alles bey voriger auffgesetzter straff.

Vnd als hiebey vermerckt vnd fürkommen/ daß der Heyrahts Weinkauff/ oder Brautreiß/ wie mans nennet / damit der Breutigamb die Braut zu subarriren oder zubetrewen pflegt / von etlichen nach gefallen fast hoch vnnd vppig ersteigert / So solle solcher vnordnung vorzubawen hiemit gesetzt/ vnd verordnet sein/ daß hinfüro kein Breutigamb seiner Braut / wann sie gleich beide dem erstbenentem Standt/ denen Wein Hochzeiten zuhalten erlaubt/ gemäß sein möchten/ einig Reiß oder subarration höher/ als zu Fünfftzig Reichs Thaler wehrt/ gebẽ oder verehren solle/ bey gleicher obvermelter straff der zwantzig Marck / damit niemand vrsach habe/ sich hirinnen etwan zu hoch zubeladen/ oder anderen zur vbermuth anlaß zugeben.

So solle auch bey den Eheverlöbnussen oder Aussagen (wie mans nennet) es mit dem Anrichten gehalten werden / wie auff den Hochzeiten / vnd sollen diejenigen / so Bier oder Köyt-Hochzeiten zuhalten meint / kein Aussagen oder Eheverlöbnuß bey Wein halten / alle vorgemelter straff.

Deren/ so Bier: oder Köyt Hochzeiten halten/ Kleydung belangend.

SO sollen auch in künfftig die Breutigamb vnd Männer / so Köyt-oder Bier Hochzeiten halten/ bey solchem jhren Ehrentag / oder auch darnacher/ sampt jhren Söhnen/ so lang die bey Köyt Hochzeiten bestattet/ keine Sammetẽ/ Kaffa/ Seiden satin/ oder Attlaß zu Wämbsen oder Hosen/ Röcklin oder Vberzügen/ noch auch geheile Vffschlege von solchem Stoff vorne vnder den Mäntelen/ auch keine Seyden vnnd Grobgrein / oder von dergleichen Stoff zu Mäntelen/ dan auch keine gedoppelte Lobben/ noch auch einig Pardürwerck an Kleydern/ wie die nahmen haben mögten/ haben oder tragen.

Jngleichen sollen auch die Frawens Personen bey haltung der Bieroder Köyt Hochzeiten/ oder auch darnach/ sampt jhren Kinderen keine Bunte Fuken/ vielweniger Finierde Futer zeugen oder tragen. Wie sie dan auch bey solchem Stande bey-vnd nach gehaltenen Köyt Hochzeitẽ keine Fluwelen/ oder Sammeten Mowen/ noch auch Kaffaen Leibstücker/ vielweniger Seyden Röcke/ Fuken/ Vorschösse/ oder Vortücher/ (außbescheiden von Taffet oder Carmeseiden/ so jhnen zugelassen) dan auch keine Sammeten oder Kaffaen Vffschlege an den Fuken/ deßgleichen keine Sammeten Leisten vmb die Fuken oder Röcke/ keine Perlen Bindẽ/ Perlen Schnüre/ oder Perlen Wülstekens/ vergüldete Schennen/ oder Vergüldete Gördelierer. Jtem keine Silbern Gürtele (jedoch alleine Pantzer Gürtele außbescheiden) auch nicht vber Drey Strypen Tryps vmb die Röcke oder Peltze/ vnd dan gantz kein Pardürwerck tragen/ sondern sich dessen allen gentzlich enthalten/ bey straff fünff Marck zum Ersten/ vnnd zehen Marck zum Anderen mahl / vnnd also vortan gedoppelt/ so offt sie die Frawen oder Männer in obbeschriebener Kleydung vbertrettig entweder auff Hochzeiten/ oder Brautwertschafften/ Gastbotten / oder in Kirchen vnnd auff der Strassen befunden oder betretten werden mögten/ darauff dan den semptlichen Bottmeistern vnd anderen vnseren des Rhats Dienern fleissige acht zuhaben befohlen sein/ denselben auch die helbscheidt der straaff (damit hierinnen desto fleissiger auffsicht zugewarten) zugekehrt werden solle.

Dannoch vorbeheltlich vnnd außbescheiden / da jemandt Köyt-oder Bier Hochzeiten gehalten / vnnd hernacher zum Rhatsstandt oder Alderleuten erwehlet würde / daß der vnnd dieselben sampt jhren Frawen vnd Kinderen hieran vnverbunden sein sollen.

Die Dienst Megde/ so Kost vnd Lohn verdienen/ sollen nicht mehr als zum höchstẽ zwo Strypẽ Tryps/ jede nicht vber zween Finger breit/ ohne Vffsetzung einiger Kordẽ vnder vmb die Röcke oder Peltze/ auch keine Geheile Silberen Gürtel/ sondern allein mit Silbern Gliederen (da sie es im vermögen vnd Vorrhat hetten) vielweniger Silberen Scheiden/ dan auch keine außgenehete oder Gestrickte weisse Hauben auffm Haupte tragen/ wie dan auch selbige Dienst Megde jhre Kragen oder Kleyder keines wegs mit Grein besetzen oder verbremen lassen / sondern sich dessen gentzlich enthalten/ vnd allein mit Frentzen vnnd zween Korden/ oder zum höchsten mit einer Strypen Sammets vmb den Kragen/ anderthalben Daumen vnd nicht darüber breit/ sich settigen lassen sollen/ alles bey gleicher obvermeldter straaff. Dienst. Megde betreffend.

Andere Frawens Personen aber / welche ausserhalb der Ehe sich mit Vnpflicht vergangen/ sollen (so lang sie sich zum Ehestandt nicht begeben) keine gülden Ringe/ oder lange Haupttücher/ noch auch Sammeten oder Fluwelen/ vielweniger mit Grein/ ob sonsten verbremete Kragen/ sondern allein mit Frentzen vnd einer Korden besetzt / auch keine Kaffa Mowen/ vnd dan allein eine Strype Tryps/ etwan anderthalber Fingerbreit/ vnd nicht darvber/ ohne Vffsetzung einiger Korden vnder vmb die Röcke oder Peltze tragen/ Dann auch der Silbern Gürtele vnd Scheiden sich gentzlich enthalten: Vnnd die semptlich Bottmeistere befellicht sein/ da sie ein oder andere Person betretten würden/ so sich in Kleydern anderst vnd hiegegen erzeigen/ dieselben auff frischen Fuß zum ersten mahl vmb fünff / zum andern mahl aber vmb zehen Marck zu vfenden / vnnd wofern einige zum dritten mahl vbertrettig befunden [...]rden/ solle das Kleydt verwürckt sein/ vnnd der Bottmeister davon [...]nig zugeniessen haben.

[...]nouirt vnd Publicirt am 19. Tag Decembris, Anno 1626.

Hochzeits- und Kleiderordnung der Stadt Münster vom 19. Dezember 1626 zur Eindämmung des „überflüssigen Luxus“

heilige tage nach dem gebott Gottes hochfeierlich halten und mit andacht vermittels underlaßung aller knechtlicher Arbeit verehren, fleißig zur Kirchen gehen, das ambt der heiligen mess und Gottes Wort mit geziemender andacht und eiffer anhören, und sich in Gottes forcht und allen tugenden üben sollen, damit Gott der Allmechtig fernere strafen unß abwenden möge" (Ratsprotokolle vom 1. und 5. Juli 1652).

Auch für das sittliche und religiöse Leben der Bürger als einer Bedingung des Gemeinwohls sah der Rat sich also zuständig. Daß er den Münsteranern einen solchen Lasterkatalog mit Buß- und Umkehrmahnung vor Augen hielt, hing mit dem schweren Explosionsunglück zusammen und war wohl nicht die Regel. Eine Unmenge „polizeilicher" Anordnungen aber, die in der Verantwortung des Rates für das friedliche und gesittete Zusammenleben der Bürger und Einwohner ihren Grund hatten, bestimmte die alltägliche Arbeit des Rates neben seiner zivil- und strafrechtlichen Untersuchungs- und Spruchtätigkeit und der „hohen Politik".

Gilden

Die Gilden waren bestrebt, ihren Einfluß auf die hohe Politik auszuweiten, insbesondere wenn es um Belastungen durch Steuern, Kontributionen und militärische Besatzung ging – was während der Zeit des Spanisch-Niederländischen (1568–1609) und des Dreißigjährigen Krieges (1618–1648) häufig genug vorkam. Seit alters waren sie durch ihre Alderleute beteiligt, wenn der Rat der Stadt in Landesangelegenheiten tätig wurde. Im ausgehenden 16. Jahrhundert nahmen Alder- und Meisterleute, im frühen 17. Jahrhundert die beiden Alderleute an den Landtagen teil [491: Kirchhoff, Gesamtgilde und Gemeinheit, S. 251ff]. Die Gilden – die sich als Gesamtgilde im Schohaus trafen – versuchten, auch auf die Personalentscheidungen des Rates Einfluß zu nehmen, wenn es etwa um das Amt des Kommandanten der Soldaten ging, welche die Stadt aufgrund ihres *ius praesidii* (Besatzungsrecht, Bewaffnungsrecht) halten konnte, oder um die Stelle des Stadtsyndikus (zum Beispiel bei der Einstellung von Lic. Nikolaus Drachter 1656).

Darüber hinaus strebten die Gilden danach, besonders während des Konflikts mit Galen, neben bestimmten vom Rat besetzten Ämtern eigene Ämter einzurichten. 1655 verfolgten sie den Plan, einen eigenen Schohaussyndikus anzustellen, um den juristisch gebildeten Ratsherren Paroli bieten zu können; sie ließen diesen Plan aber fallen, um dem Landesherrn keinen Vorwand zu bieten, wegen Minderung der Ratsautorität einzugreifen. Als die Kosten der Auseinandersetzung mit Fürstbischof von Galen 1658 nach Auffassung des Rates neue städtische Verbrauchssteuern unabwendbar machten, forderten die Gilden, den für die städtische Finanzverwaltung hauptsächlich zuständigen Ratsämtern (Gruetherr, Kämmerer, Weinherr) Gildevertreter ständig beizuordnen, um das Ausgabeverhalten des Rates zu überprüfen. Dieser wies das mit dem Bemerken zurück, wenn man ihm mißtraue, möge man bei der nächsten Ratswahl andere Ratsherren wählen [1181: Thesmann, Auseinandersetzungen, S. 135ff]. Eine besonders dreiste Herausforderung sah der Rat im selben Jahr in der Tatsache, daß der umtriebige Walter Klute sich in der Inschrift auf einem Glasfenster als „Regirender Aldermann der Statt Münster" bezeichnete. Als die Alder- und Meisterleute auf die Entfernung des Glasfensters durch den Rat mit der Behaup-

Porträt eines münsterischen Honoratioren. Der Überlieferung nach handelt es sich um den Bürgermeister Dr. Heinrich Frie-Vendt († 1635)

tung reagierten, daß sie „das Regiment Senatui pure allein nicht" zugestehen wollten, wies der Rat diesen Mitregierungsanspruch der Gilden mit der Feststellung zurück, „der Regimentsstab seye Senatui einmahl anvertrawet, Senatus habe privative das gebott und verbott" (Ratsprotokoll vom 12. September 1658).

Gemeinheit

Eine „innenpolitische" Folge der Auseinandersetzung der Stadt mit dem Landesherrn in den 1650er Jahren war wachsendes Mißtrauen in der Bürgerschaft gegenüber dem Rat. In dieser Situation meldete sich neben den Gilden auch die Gemeinheit verstärkt zu Wort. Dabei kam es manches Mal zu einer gemeinsamen Front von Gilden und Gemeinheit gegenüber dem Rat – eine Konstellation, die für das Verhältnis beider zueinander nicht unbedingt selbstverständlich und typisch war, da sie in der Frage der Vertretung der Bürgerschaft auch Konkurrenten waren. 1659 setzten Gilden und Gemeinheit gegenüber dem Rat durch, daß die nach Wien zu entsendende städtische Delegation um Lic. Jacob Temming, einen der Gemeinheitssprecher, erweitert wurde, obwohl das Gesandtschaftswesen der Stadt eigentlich ausschließlich in die Zuständigkeit des Rates fiel [1181: Thesmann, Auseinandersetzungen, S. 134f]. Ein Jahr später zwangen Gilden und Gemeinheit den Rat zu einem Hilfsgesuch an die Niederlande.

In den ersten Jahrzehnten des Jahrhunderts war eine Allianz von Gilden und Gemeinheit eher selten gewesen. Am 13. Juni 1614 richteten die „aus den leischaften verordneten bürgere von der Gemeinheit" eine Beschwerde an den Rat, daß die Alder- und Meisterleute und die Gildegenossen, obwohl sie „in anzahl und vermögen dan die löbliche gemeinheit geringer“ seien, sich angemaßt hätten, „uber gepur der gemeinheit einzugreifen, selbige zu beschweren“, „auch zu zeiten etlicher hochwichtiger hoher obrigkeit angehoriger, ihnen [= den Gilden] aber nicht angehender Sachen sich underfangen“ hätten. Dadurch hätten sie „das gemeine best mehr zurück gehalten als befurdert“. In Ratssitzungen hätten sie sich des öfteren unterstanden, zum „unleidlichen praejudiz und nachteil“ der Gemeinheit den „platz zu vertretten“, obwohl ihnen dieses vom Rat nicht anbefohlen, „viel weiniger von wohlgedachter gemeinheit ihnen sonderlich mitgeteilten gewalt und vollmacht zugelassen“ sei. Der Anspruch der Gemeinheit zielte also darauf ab, daß die Gesamtgilde mit ihren Alder- und Meisterleuten die Gemeinheit nicht automatisch gegenüber dem Rat vertreten konnte, sondern nur aufgrund einer speziellen Vollmacht, daß die Gemeinheit also eine eigenständige Größe neben der Gesamtgilde sei. Konkret wünschten die Gemeinheitsvertreter als Sprecher der nichtgegildeten Bürger, der Rat möge dafür sorgen, daß die Zurückdrängung der Gemeinheitsangehörigen durch die Gilden in der „ordnung der fahnenwacht und verwahrung der pfortenschlüsseln“ ersetzt werde durch ein Verhältnis „in aller gleichheit“ zwischen beiden [13: Krumbholtz, Gewerbe, Nr. 29]. Die Gemeinheit wünschte somit nicht nur Eigenständigkeit, sondern auch Gleichberechtigung mit den Gilden.

Unter den 22 Gemeinheitsvertretern, die die Beschwerde von 1614 unterschrieben hatten, waren sieben Juristen (Doktoren bzw. Lizentiaten), zwei Erbmänner und zahlreiche Honoratioren [765: Hsia, Gesellschaft und Religion, S. 145; 491: Kirchhoff, Gesamtgilde und Gemeinheit, S. 278]. Als der Rat 1621 24 Gemeinheitsdeputierte (vier aus jeder Leischaft) zur Beratung über Annahme oder Ablehnung des die Religionsfrage betreffenden kaiserlichen Mandats von 1607 heranzog, waren unter diesen acht mit dem Doktor- oder Lizentiatsgrad ausgestattete Juristen, ein Notar und zwei Erbmänner. Acht Gemeinheitsvertreter des Jahres 1621 waren schon 1614 als solche hervorgetreten. Zweierlei läßt sich daraus entnehmen: Obwohl die Gemeinheitsvertretung anscheinend kein dauerhaft institutionalisiertes Gremium war, sondern bei Bedarf zusammengerufen wurde, gab es doch eine gewisse Kontinuität in der personellen Zusammensetzung. Der Anteil der Juristen unter den Gemeinheitsdeputierten lag bei etwa einem Drittel, was ungefähr dem damaligen Anteil dieser akademischen Berufsgruppe im Rat entsprach. Wichtiger als diese Anteilsgleichheit der Juristen im Rat und in der Gemeinheitsvertretung dürfte aber deren gemeinsame berufsbedingte Denkmethode und „Sprache“ gewesen sein. Diese konnten eine Affinität zwischen beiden Gremien bewirken, die zwischen Gemeinheit und Gesamtgilde und zwischen Rat und Gesamtgilde so nicht gegeben war. Das konnte eine „Koalition“ von Gemeinheitsjuristen und Ratsjuristen gegenüber den Gilden erleichtern.

Andererseits konnte es auch zwischen den Gemeinheitsdeputierten und dem Rat zum Konflikt kommen, wie ein Vorgang aus dem Jahr 1640 zeigt. Wegen kriegsbedingter hoher steuerlicher Belastung – die Monatsschatzung war verdoppelt worden – hatten „etliche auß der Gemeinheit“ dem Rat eine von 41 Personen unterzeichnete Beschwerde- und Bittschrift eingereicht. Diese war, wie die Befragung Beteiligter durch den Rat zutage förderte, bei einer Zusammenkunft „etlicher Gelehrten“ abgefaßt und dann in einem Umlaufverfahren den übrigen Supplikanten zur Unterschrift vorgelegt worden (Ratsprotokoll vom 23. Juli 1640). Wegen dieses Entstehungsmodus machte der Rat den herbeizitierten Supplikanten den Vorwurf, „gleichsam rottierend und quasi per speciem rebellionis“ gehandelt und dem Rat Mißtrauen und Tadel bezeigt zu haben. Der Sprecher der Unterzeichner wies dies zurück und betonte, daß sie „allein gütlichen bericht und information“ begehrten, um vielen in der Gemeinheit die Entscheidung über die Mittelbeschaffung für die Stadtsoldaten leichter zu machen. Daraufhin gestand der Rat ihnen zu, daß sie durch einen Deputierten aus ihrer Mitte die vom Gruetherrn vorzulegende „total rechnung der Soldaten halber“ anhören könnten. Als am Tag darauf zwölf namentlich genannte („auß ieder Leischaft ihrer Zween deputirt“) Gemeinheitsvertreter, von denen sechs graduierte Juristen waren, vor dem Rat erschienen und erneut den Verdacht der „rotterei und rebellion“ zurückwiesen, wurde ihnen geantwortet, „daß Senatus solche particulares conventiones [. . .] ungern vermerkt“; denn geheime Zusammenkünfte seien stets verdächtig und durch die Polizeiordnung ausdrücklich verboten; außerdem sei, „wie es bei der widertaufer Zeiten per privata conventicula ein anfang genommen, noch im gedechtnuß“. Durch diesen Hinweis auf die gut hundert Jahre zurückliegende Täuferzeit, für deren Überwindung 1635 in einer Zentenarfeier gedankt worden war, rückte der Rat die Gemeinheitsbeschwerden erneut in die Nähe einer Rebellion (Ratsprotokolle vom 13. und 14. Juli 1640).

Der Sprecher der Gemeinheitsdeputierten ging auf diese Bewertung nicht ein, sondern erinnerte den Rat daran, daß bereits zwei Jahre zuvor eingereichte Beschwerdeartikel noch unerledigt seien. Außerdem brachte er vor: „Uffm Schohause solten sich zwölff stellen befinden, zum platz 12. personen auß der gemeinheit, so in Vorjaren solten mit berufen sein worden“; da diese Hinzuziehung zu den Beratungen der Gesamtgilde „aber in vielen Jaren nachpliben“ sei, werde man es den Gemeinheitsdeputierten hoffentlich nicht verdenken, daß sie mit ihren Gravamina wegen der vielfältigen, sich häufenden Schatzungen „an die Oberkeit ihre Zuflucht“ nähmen, sich also an den Rat wendeten. Zwei Tage später erklärten sich Rat und Alder- und Meisterleute mit dem Begehren der Gemeinheitsdeputierten einverstanden, „Inen zuzulassen, daß sie bei die Alder- und Meisterleute tretten und mit denselben (wie sie in vorjaren vermög schobuchs breuchlich zu sein angeben) über ihre motiven communiciren mögten“ (Ratsprotokoll vom 16. Juli 1640). Damit war die Angelegenheit, die der Rat als mit dem Ruch einer Konventikelrebellion behaftet verurteilt hatte, in geordnete Bahnen gelenkt.

Die von der Gemeinheit vorgebrachte Begründung für die gemeinsame Beratung mit der Gesamtgilde läßt erkennen, daß es hierfür offenbar bereits institutionalisierte Formen gegeben hatte, die aber aus der Übung gekommen waren, wie die Gemeinheit beklagte. Daß diesmal zwölf Gemeinheitsdeputierte bestellt wurden – und nicht 24 wie 1621 –, dürfte mit Bezug auf die zuvor gegebene Vertretungsstärke der Gemeinheit bei ihren Beratungen mit der Gesamtgilde geschehen sein. Ob späteres Zusammengehen von Gemeinheit und Gesamtgilde wieder in dieser quantitativ geregelten Form vonstatten gegangen ist, entzieht sich der Kenntnis. Überhaupt bedarf das „Dreiecksverhältnis“ von Rat, Gilden und Gemeinheit noch genauerer Untersuchung.

9. Kriegslasten und Pestzeiten

Als 1592 und 1598 während des Spanisch-Niederländischen Krieges die Spanier mehrere Städte im Hochstift Münster eroberten, ließ der Rat der Stadt Münster Söldner anwerben, um die Stadt gegen einen eventuellen Angriff verteidigen zu können. Diese Söldner wurden nach vorübergegangener Gefahr wieder entlassen. Vom Jahr 1606 an aber „befanden sich ständig Soldtruppen in Münster und bildeten einen wesentlichen Teil der städtischen Kriegsmacht" [828: Marré, Wehrverfassung, S. 140]. Als der Dreißigjährige Krieg 1621/22 mit den Streifzügen Herzog Christians von Braunschweig (des „Tollen Christian") und Graf Ernsts von Mansfeld auch Westfalen und das Münsterland erfaßte, mußte sich die Stadt Münster 1622 trotz Widerstrebens zur Aufnahme von Landschaftssoldaten des Stifts bequemen.

Hierbei war die Frage berührt, ob das Bewaffnungs- und Besatzungsrecht *(ius praesidii)* in der Stadt dem Rat oder dem Landesherrn zukomme. Im Oktober 1622 erreichte die Stadt von den fürstlichen Räten das Zugeständnis, daß die Stiftstruppen unter dem Oberbefehl und damit dem Eid des Rates stehen sollten, nachdem Fürstbischof Ferdinand anfangs auf seinem Kommando über diese Soldaten bestanden hatte [804: Klümper, Landesherr und Städte, S. 71f]. Durch diese Lösung – Stiftstruppen in der Stadt, aber auf den Rat vereidigt – konnte die Stadt ihr Besatzungsrecht behaupten und zugleich ein einvernehmliches Verhältnis zum Landesherrn erreichen. Dieser hielt sich 1622 zum letztenmal im Hochstift Münster auf und war am 25. Juli von der Stadt feierlich empfangen worden.

Wohl als Gegenleistung für das ihr überlassene Kommando versuchte die Stadt auf dem Ausschußtag der Landstände Anfang Dezember 1622 im Sinne des Landesherrn die ablehnenden Stiftsstädte zur Aufnahme von Ligatruppen unter dem Kommando des Grafen von Anholt zu bewegen. Selbst aber war Münster im Frühjahr 1623 nicht bereit, diese Truppen aufzunehmen; die Stadt wollte lieber weitere Soldaten auf eigene Kosten anwerben (Ratsprotokoll vom 29. März 1623). Der Fürstbischof erklärte sich nicht nur damit einverstanden, sondern erwirkte der Stadt 1623 darüber hinaus einen kaiserlichen Freibrief, der sie von der Einquartierung von Reichstruppen ausnahm. Dieser Freibrief wurde 1637 und 1638 erneuert [804: Klümper, Landesherr und Städte, S. 73]. Trotzdem mußte die Stadt 1634 tausend kaiserlich-ligistische Soldaten in ihre Mauern einlassen. Dies geschah allerdings in einer Situation höchster Bedrohung, in der Rechtsgesichtspunkte hinter dem Schutzinteresse zurücktreten mußten.

Während das Münsterland, „die ländliche Umgebung und die benachbarten Städte [...] vielfach geplündert und erobert" wurden, „ist Münster als einzige Stadt Westfalens im ganzen Kriege niemals in Feindeshand gefallen". Nur ein einziges Mal (1633/34) war die Stadt „ernsthaft gefährdet" [819: Lahrkamp, Münsters Verteidigung 1633/34, S. 273]. Landgraf Wilhelm V. von Hessen, der im Bündnis mit Schweden stand, forderte am 28. Februar 1633 aus dem kurz zuvor eroberten Coesfeld die Stadt Münster zur Übergabe auf. Von diesem Zeitpunkt an begannen im Zusammenwirken von fürstlicher Regierung, Stadt und Domkapitel äußerst kostspielige Verteidigungsanstrengungen. Die vor allem für die Anwerbung von Soldaten erforderlichen Finanzmittel brachten die Bürger an den Rand ihrer Leistungsfähigkeit, so daß es bisweilen zu scharfen Spannungen zwischen dem Rat und den Alder- und Meisterleuten kam.

Der Sold für die angeworbenen Einheiten verschlang weit über die Hälfte der Gesamteinkünfte der Stadt. Der Rat mußte daher auch auf außergewöhnliche Finanzierungswege sinnen, vor allem um Vorräte an Korn beschaffen und bezahlen zu können. So einigte er sich unter ausdrücklichem Verweis auf diesen Zweck mit den Alder- und Meisterleuten darauf, daß auf das Tragen silberner Gürtel ein Zuschlag von einem Reichstaler, bei Perlengürteln und goldenen Ketten von zwei oder drei Reichstalern zu erheben sei (Ratsprotokoll vom 10. Juni 1634). Am 11. Juni 1634 wurde beschlossen, daß die Bürger der Stadt zu „eylfertiger gelts uffbringung“ auf ein Jahr einen zinslosen Kredit zur Verfügung stellen sollten. Dabei sollten „etwan 100. oder mehr der fürnembisten“ Bürger mindestens 25 Reichstaler „gratis vorstrecken“, die Bürger mit geringerem Vermögen zehn oder fünf Reichstaler.

Am 31. Mai 1634 lagen die vereinigten lüneburgischen, schwedischen und hessischen Truppen unter dem Oberbefehl Herzog Georgs von Braunschweig-Lüneburg, der sein Hauptquartier in Amelsbüren nahm, vor Münster. Unter den Belagerern setzte sich jedoch schon bald die Einsicht durch, „Münster sei als Hauptwaffenplatz der Katholischen vorzüglich bewaffnet, befestigt und ausgerüstet, demnach fast uneinnehmbar“ [819: Lahrkamp, Münsters Verteidigung 1633/34, S. 287f]. Da ihnen außerdem für eine förmliche Belagerung und Bestürmung der Stadt die technische Ausrüstung fehlte, zogen die feindlichen Truppen in der zweiten Julihälfte von Münster ab. Die Stadt war gerettet. Sie wurde auch im weiteren Kriegsverlauf nicht mehr ernsthaft gefährdet. Das hieß allerdings nicht, daß sie damit aller vorsorglichen und akuten Verteidigungsanstrengungen ledig gewesen wäre. Erst als Münster 1641 zur Stadt der Friedensverhandlungen ausersehen und infolgedessen 1643 für neutral erklärt wurde, brauchte man in militärischer Hinsicht nichts mehr zu befürchten. Das Münsterland dagegen, in dem die Hessen die Stadt Coesfeld bis zum Ende des Krieges behaupten konnten, und das Niederstift, in dem die Schweden sich festsetzten, blieben weiterhin den Drangsalen des Krieges ausgesetzt.

Auf eine andere Art als Kriege war die Pest zu damaliger Zeit eine dauernde Bedrohung der Menschen. Auch die Stadt Münster blieb in keinem der acht Jahrzehnte von 1580 bis 1660 von dieser Seuche verschont. Für die Jahre 1588/89, 1599 bis 1602, 1605, 1617, 1620, 1624/25, 1628, 1630 bis 1632, 1634 bis 1637, 1648 und 1656 ist sie in den Quellen erwähnt. Da es kein medizinisches Mittel gegen die Krankheit gab, konnte sie nur durch Isolierung der von ihr Befallenen eingedämmt werden. Hierfür die nötigen Vorkehrungen zu treffen, gehörte zu den Aufgaben des Rates. Zwei Ratsherren führten als „Kinderhausherren“ die Aufsicht über das städtische Leprosenhaus Kinderhaus vor den Mauern der Stadt. Die „Sterbherren“ waren für die Armenhäuser zuständig, aber auch für die „Elenden“-Häuser in der Stadt, in denen mittellose Pestkranke untergebracht und versorgt wurden.

Damit von den Befallenen möglichst keine Ansteckungsgefahr ausging, mußten sich diese bestimmten Verhaltensregeln unterwerfen, die in den Ratsprotokollen als „Pestordnung“ bezeichnet wurden. Am 5. September 1631 etwa ordnete der Rat unter Verweis auf entsprechende Maßnahmen in früheren Jahren an, „daß an den inficijrten Heuseren stroekrentzlin ausgehangen, Item durch die ausgehende leute weisse stöcke getragen und dan die pludden oder plünden, so aus den heuseren außgetragen

Das Bistum Münster auf einer Karte aus dem Brüsseler Atlas des Christian s'Groten (1573). Nördlich von Münster das als „Lazarie“ bezeichnete Leprosorium Kinderhaus (Faksimiledruck von 1959)

werden wollen, nit so nahe vor den Pforten oder vorne uff den Brochöfen nieder, sondern in die dazu verordnete grube alles geworfen und verbrentt werde“. Über die Einhaltung dieser Bestimmungen hatten die Botmeister zu wachen. Da den Bestimmungen nicht durchweg Folge geleistet wurde, ergänzte der Rat am 20. Oktober 1631, daß die „strookrentzlin so auß- und angehangen werden, daß die sichtbar sein mögen“. Bei Nichtbefolgung sollte den Vermögenden eine Strafe von 25 Reichstalern auferlegt werden, die „nach ausgang der sechs wochen zu exequiren“ war; Unvermögenden wurde die Verweisung aus der Stadt als Strafe angedroht, die auch galt, wenn Pestkranke außerhalb ihrer Häuser den vorgeschriebenen weißen Stock nicht trugen. Diesen mußten auch Gesunde, die mit Pestkranken im selben Haus lebten, sechs Wochen lang tragen (Ratsprotokoll vom 6. November 1634). Personen, bei denen Verdacht auf Aussatz bestand, konnten sich in Köln untersuchen lassen; die Reisekosten wurden mitunter aus Mitteln des Leprosoriums Kinderhaus bestritten (Ratsprotokolle vom 25. September 1628 und 5. Mai 1636).

Da Menschenansammlungen die Ausbreitung der Pest besonders begünstigten, mußten solche in Pestzeiten möglichst unterbleiben. Die Jesuiten schlossen daher während der Pest im Jahr 1617 ihr Gymnasium, das damals von fast 1400 Schülern besucht wurde, für drei Monate. 1635 mußten Teile des Jesuitenkollegs wegen Befalls mit der Pest geräumt, 1656 das Schuljahr vorzeitig beendet werden. In diesem Jahr, in dem die Pest besonders im Überwasserkirchspiel verbreitet war, traf der Rat außer den üblichen (Strohkranz, weißer Stock) noch weitere Anordnungen: Die Pestkranken und -verdächtigen sollten Kirchen und „offentliche conventiones" meiden; die Toten sollten nur eine Stunde verläutet und möglichst bald beerdigt werden; auf den Straßen herumlaufende Schweine sollten als mögliche Infektionsträger vom Scharfrichter konfisziert, gekennzeichnet, aus der Stadt getrieben und nicht wieder hineingelassen werden. Ab Michaelis sollten „die Hochzeiten, Gästereyen und Petri Bruderschafften abgeschaffet und eingestellet sein" (Ratsprotokolle vom 29. August, 1. und 6. September 1656). Als der Rat erfuhr, daß infizierte Personen trotz Verbotes „der gesunden leuten commercium nicht scheuen, sondern in Kirchen und anderen Haußeren sich finden laßen", kündigte er ein schärferes Mittel an: Bei weiterer Mißachtung des Kontaktverbotes würden „ihre Haußer wie an anderen orten geschicht außwendig zugesperret". Außerdem zog der Rat „in mehrer erwegung, die prediger und Theologi offentlich aussagen dörffen, daß solche leute gleichsamb für morder und todtschläger, in deme sie andere muthwilliger weise anzünden, zu halten" (Ratsprotokoll vom 12. September 1656).

Wollte der Rat durch solche handgreiflichen und moralischen Mittel die Ansteckungsgefahr mindern, so erschwerte andererseits Ansteckungsfurcht in der Bevölkerung die Einrichtung eines Pflegehauses für Pestkranke. Die Jesuiten hatten angeboten, einen ihrer Patres, der „bereits von langer Zeit den Kranken uffgewartet, zu exponiren, umb den Kranken in diesen gefehrlichen nohtzeiten zur seelen und leibs besten aufzuwarten". Die Stiftung des Lic. Dietrich zum Sande sah vor, „daß dazu ein bequemes Hauß außgesehen und geheuret werden solle", wozu „Bispings hoff uffm alten Steinweg" vorgesehen war. Dieser Plan ließ sich aber wegen des starken Widerspruchs der Nachbarn und schließlich auch der Erben nicht verwirklichen. Daraufhin beschloß der Rat, daß wegen „der hohen notturfft" das Häuschen „an der Witthöver Steggen", das bereits in früheren Pestzeiten ein inzwischen verstorbener Jesuitenpater ebenfalls zum Zweck der Krankenpflege bewohnt hatte und gegen dessen erneute entsprechende Nutzung keinerlei Widerspruch der Nachbarn laut geworden war, für die Pflege Pestkranker durch einen Jesuiten zur Verfügung stehen sollte, was der Gerichtsschreiber „gestracks zu effectuiren" hatte (Ratsprotokoll vom 6. September 1656).

Hier sei angefügt, daß der Rat auf mangelnde oder unzureichende Bereitschaft der Bürger zu tätiger Mitwirkung, wie sie sich bei den Maßnahmen zur Eindämmung der Pest zeigte, auch bei einem anderen Problem stieß: der Bekämpfung der Bettelei und einer geregelten Versorgung der Armen (was miteinander zusammenhing). Die Armenfürsorge in Münster beruhte hauptsächlich auf Einrichtungen der Kirchspiele

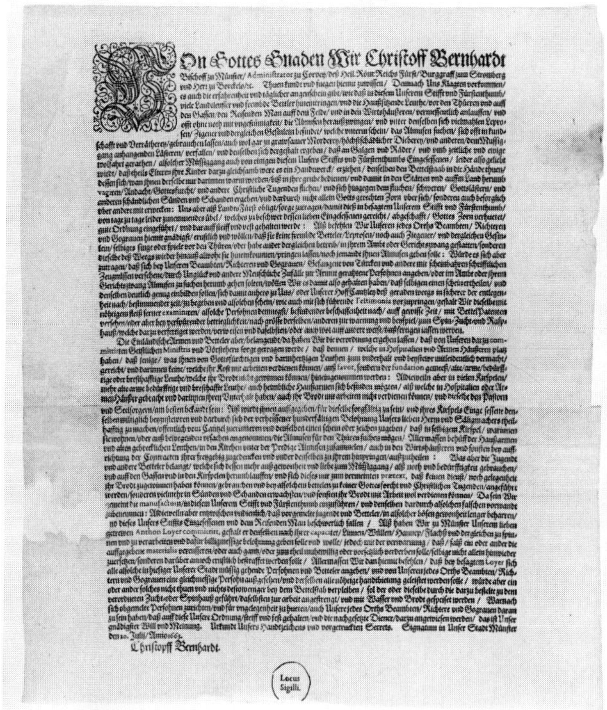

Von Gottes Gnaden Wir Christoff Bernhardt Bischoff zu Münster/ Administrator zu Corvey/ deß Heil. Röm. Reichs Fürst/ Burggraff zum Stromberg vnd Herr zu Borckelo/ ꝛc. Thuen kundt vnd fuegen hiemit zuwissen/ Demnach Uns Klagten vorkommen/ es auch die erfahrenheit vnd täglicher augenschein gibt/ wie daß in diesem Unserem Stifft vnd Fürstenthumb/ viele Landleuffer vnd frembde Betteler hineintringen/ vnd die Haußsitzende Leuthe/ vor den Thüren vnd auff den Gassen/ den Reisenden Man auff dem Felde/ vnd in den Wirtshäuseren/ vermessentlich anlauffen/ vnd offt ohne noth mit vngestümigkeit/ die Almusen herauß zwingen/ vnd vnter denselben sich vielmahlen Leprosen/ Zigeuner vnd dergleichen Gesindlein befindet/ welche vnterm schein/ das Almusen suchen/ sich offt in kundschafft vnd Verrätherey/ gebrauchen lassen/ auch wol gar zu grawsamer Morderey/ höchstschädlicher Dieberey/ vnd anderen/ dem Mussiggang anhangenden Lästeren/ verfallen/ vnd denselben sich dergestalt ergeben/ daß am Galgen vnd Räder/ vnd vmb zeitliche vnd ewige wolfahrt gerathen/ alsolcher Müssiggang auch von einigen diesem Unsers Stiffts vnd Fürstenthumbs Eingesessenen/ leider also geliebt wirdt/ daß theils Elteren ihre Kinder darzu gleichsamb were es ein Handtwerck/ erziehen/ denselben den Bettelstaab in die Hände thuen/ dessen sich/ wan ihnen derselbe nur darinnen warm werden/ biß in ihre grube bedienen/ vnd damit in den Stätten vnd auffm Land herumb vagiren/ Andacht/ Gottesfurcht/ vnd andere Christliche Tugenden fliehen/ vnd sich hingegen dem fluchen/ schweren/ Gottslästern/ vnd anderen schändlichen Sünden vnd Schanden ergeben/ vnd dardurch nicht allein Gotts gerechten Zorn vber sich/ sonderen auch besorglich vber andere mit erwecken: Uns aber alß Landts Fürst obligt/ sorge zu tragen/ damit dieß in besagtem Unserem Stifft vnd Fürstenthumb/ von tage zu tage leider zunemmendes übel/ welches zu beschwer dessen lieben Eingesessenen gereicht/ abgeschafft/ Gottes Zorn verhuetet/ gute Ordnung eingeführt/ vnd darauff steiff vnd vest gehalten werde: Alß befehlen Wir Unseren jedes Orths Beambten/ Richteren vnd Gograuen hiemit gnädigst/ ernstlich vnd wöllen/ daß sie keine frembde Betteler/ Leprosen/ noch auch Ziegeuner/ vnd dergleichen Gesinlein/ selbiges singe oder spiele vor den Thüren/ oder habe ander dergleichen betreib/ in ihrem Ambt oder Gerichtszwang gestatten/ sonderen dieselbe deß Weegs wider hinauß alwohe sie hineinkommen/ pringen lassen/ noch jemandt ihnen Almusen geben solle: Würde es sich aber zutragen/ daß sich bey Unseren Beambten/ Richteren vnd Gograuen/ Gefangene von Türcken vnd andere mit scheinbahren schrifftlichen Zeugnissen versehene/ durch Unglück vnd andere Menschliche Zufälle zur Armut gerathene Persohnen angeben/ oder im Ambt oder ihrem Gerichtszwang Almusen zu suchen herumb gehen solten/ wöllen Wir es damit also gehalten haben/ daß selbigen einen schein ertheilen/ vnd denselben deutlich genug einbilden sollen/ sich damit anhero zu Uns/ oder Unserer Hoff Cantzley deß geraden weegs in sicherer der entlegenheit nach/ bestimmender zeit/ zu begeben vnd alsolchen schein/ wie auch mit sich führende Testimonia vorzupringen/ gestalt Wir dieselbe mit nöhtigem fleiß ferner examiniren/ alsolche Persohnen demnegst/ befindender beschaffenheit nach/ auff gewisse Zeit/ mit BettelPatenten versehen/ oder aber bey verspürender betrieglichkeit/ nach grösse derselben/ anderen zur warnung vnd beyspiel/ zum Spin- Zucht- vnd Raspհauß/ welche darzu verfertiget werden/ verweisen vnd daselbsten/ oder auch wol auff andere weise/ abfertigen lassen werden.

Die Einländische Armen vnd Bettler aber/ belangendt/ da haben Wir die verordnung ergehen lassen/ daß von Unseren darzu committirten Geistlichen Ministris vnd Vorstehern sorge getragen werde/ daß denen/ welche in Hospitalien vnd Armen Häusseren platz haben/ daß jenige/ was ihnen von Gottsfürchtigen vnd barmhertzigen Leuthen zum vnderhalt vnd beysteür mitleidentlich vermacht/ gereicht/ vnd darinnen keine/ welche ihr Kost mit arbeiten verdienen können/ auß favor, sonderen der fundation gemeeß/ alte/ arme/ bedürfftige oder bresthafftige Leuthe/ welche ihr Brodt nicht gewinnen können/ hineingenommen werden: Alldieweiln aber in vielen Kirspelen/ mehr alte arme bedürfftige vnd bresthaffte Leuthe/ auch heimbliche Haußarmen sich befinden mögen/ alß welche in Hospitalien oder Armen Häußer gebracht vnd darinnen ihren Unterhalt haben/ auch ihr Brodt mit arbeiten nicht verdienen können/ vnd dieselbe den Pastorn vnd Seelsorgeren/ am besten bekandt sein: Alß wirdt ihnen auffgegeben/ für dieselbe sorgfältig zu sein/ vnd ihres Kirspels Eingesessene denselben willigklich beyzusteüren vnd dardurch sich der verheissener hundertfältigen Belohnung Unsers lieben Herrn vnd Säligmachers theilhafftig zu machen/ offentlich vom Cantzel zu ermahnen vnd denselben einen schein oder zeichen zugeben/ daß in selbigem Kirspel/ warinnen sie wohnen/ oder auß bewegenden vrsachen angenommen/ die Almusen für den Thüren suchen mögen/ Allermassen behüff der Haußarmen vnd alten gebrechlichen Leuthen/ in den Kirchen vnter der Predige Almusen zusammelen/ auch in den Wirtshäusseren vnd sonsten bey auffrichtung der Contracten ihrer freygebig zugedencken vnd vnder denselben zu ihrem hinpringen/ außzutheilen: Was aber die Jugendt vnd andere Betteler belangt/ welche sich dessen mehr auß gewonheit vnd liebe zum Müßiggang/ alß noth vnd bedürfftigkeit gebrauchen/ vnd auff den Gassen vnd in den Kirspelen herumblauffen/ vnd sich dieses nur zum vermeinten praetext, daß keinen dienst/ noch gelegenheit ihr Brodt zugewinnen haben können/ gebrauchen vnd bey alsolchem betelen zu keiner Gottesforcht vnd Christlichen Tugenden/ angeführt werden/ sonderen vielmehr in Sünden vnd Schanden erwachssen/ vnd sonsten ihr Brodt mit Arbeit wol verdienen können/ Da sein Wir gemeint die manufacturn/ in diesem Unserem Stifft vnd Fürstenthumb einzuführen/ vnd denselben dardurch alsolchen falschen vorwandt zubenemmen: Alldieweiln aber entzwischen vndienlich/ daß vorgemelte jugendt vnd Betteler/ in alsolcher bösen gewonheit lenger beharren/ vnd dieses Unsers Stiffts Eingesessenen vnd dem Reisenden Man beschwerlich fallen/ Alß haben Wir zu Münster Unserem lieben getrewen Anthon Loyer committirt, gestalt er denselben nach ihrer capacitet/ Linnen/ Wüllen/ Hannep/ Flachß vnd dergleichen zu spinnen vnd zu verarbeiten vnd dafür billigmessige belohnung geben solle vnd wolle/ jedoch mit der verwarnung/ daß/ faß ein oder ander die auffgegebene materialia veräusseren/ oder auch gantz/ oder zum theil muhtwillig oder vorsetzlich verderben solle/ selbige nicht allein hinwieder zuersetzen/ sonderen darüber annoch ernstlich bestraffet werden solle/ Allermassen Wir dan hiemit befehlen/ daß bey besagtem Loyer sich alle alsolche in hiesiger Unserer Stadt müssig gehende Persohnen vnd Betteler angeben/ vnd von Unseren jedes Orths Beambten/ Richteren vnd Gograuen eine gleichmessige Persohn außgesehen/ vnd derselben alle nöhtige handtbietung geleistet werden solle/ würde aber ein oder ander solches nicht thuen vnd nichts destoweniger bey dem Bettelstab verpleiben/ sol der oder dieselbe durch die darzu bestelte zu dem verordneten Zucht- oder Spinhauß geführt/ daselbsten zur arbeit angestrengt/ vnd mit Wasser vnd Brodt gespeiset werden/ Warnach sich obgemelte Persohnen zurichten/ vnd für vngelegenheit zu hüten/ auch Unsere jedes Orths Beambten/ Richtere vnd Gograuen daran zu sein haben/ daß auff diese Unsere Ordnung/ steiff vnd fest gehalten/ vnd die nachgesetzte Diener/ darzu angewiesen werden/ das ist Unser gnädigster Will vnd Meinung. Urkundt Unsers Handtzeichens vnd vorgetruckten Secrets. Signatum in Unser Stadt Münster den 20. Julii/ Anno 1663.

Christopff Bernhardt.

Locus Sigilli.

Bischöfliche Verordnung gegen das Betteln vom 20. Juli 1663

(„Armenkörbe") und auf privaten Almosen. Daß die insgesamt beschränkten Armenmittel an die wirklich Bedürftigen gelangten, war das Ziel von Armenordnungen, die der Rat 1584/85 und 1599 erließ. Nach diesen Ordnungen war den anerkannten und durch Armenzeichen gekennzeichneten Armen das Betteln zu bestimmten Zeiten erlaubt [1045: Hanschmidt, Armenpolizei]. Da die Bettelei der Bevölkerung jedoch lästig fiel und außerdem viele – oft junge und gesunde – Personen, die zudem häufig Fremde waren, unerlaubterweise bettelten, beschloß der Rat 1616/17 eine Ordnung der Armenversorgung, die das Betteln ganz verbot. Diese Ordnung ließ sich aber nur verwirklichen, wenn die Bürger und Einwohner Münsters bei regelmäßigen Sammlungen so viel spendeten, daß die erforderlichen Armenmittel zur Verfügung standen. Dieser Versuch ist mißlungen, da die Bürger, wie der Rat des öfteren beklagte, nicht genug spendeten. So mußte der Rat 1618 bestimmten berechtigten Personengruppen das Betteln zu bestimmten Zeiten und in bestimmten Bezirken wieder erlauben. Immer wieder hatte er sich in den folgenden Jahrzehnten mit den daraus erwachsenden Problemen, vor allem mit dem nicht unterdrückbaren Mißbrauch des Bettelns, zu befassen, bis ihm auch dieser Zuständigkeitsbereich 1661 vom Landesherrn entzogen wurde.

10. Stadt und Jesuiten

Die Jesuiten waren die wichtigsten Träger der kirchlichen Erneuerung im Sinne des Konzils von Trient (1545–1563). Sie waren Werkzeuge der inneren Festigung des katholischen Bekenntnisses und damit zugleich der konfessionellen Abgrenzung. Als „Konfessionalisierung“ werden der Vorgang und die Form bezeichnet, in denen die drei Konfessionen der Katholiken, der Lutheraner und der Kalvinisten sich ihrer jeweiligen Rechtgläubigkeit und religiös-lebenspraktischen Eigenart zu versichern und diese mit bestimmten Unterscheidungsmerkmalen zu verdeutlichen und zu festigen suchten. Da die Konfessionalisierung sich in Übereinstimmung mit dem landesherrlichen oder stadtobrigkeitlichen Kirchenregiment – gleich welcher Konfession – vollzog, war sie stets eine sowohl kirchliche wie politische Angelegenheit. Wie die Konfessionalisierung in anderen Territorien und Städten im protestantischen Sinne verlief, so im Hochstift und in der Stadt Münster im katholischen Sinne, weil beide nach Reichsrecht und landesherrlichem Recht katholisch waren. In Stift und Stadt Münster bedeutete diese Konfessionalisierung faktisch zugleich eine „Rekatholisierung“, da es – vor allem in den Städten und im Adel – eine zeit- und teilweise beträchtliche protestantische Minderheit gab. Dieser Rekatholisierungsprozeß zog sich im Hochstift Münster bis in die letzten Jahrzehnte des 17. Jahrhunderts hin.

Die Jesuiten konnten sich 1588 gegen anfänglichen und teilweise auch weiter fortdauernden Widerstand des Rates und der Gilden in Münster niederlassen. Ihre von den Landesherren Ernst und Ferdinand von Bayern unterstützte Aufgabe bestand darin, das katholische Bekenntnis nicht allein in der Stadt Münster ganz durchzusetzen und zu festigen, sondern auch im Hochstift, wovon die vielen Missionen des Ordens in Orten außerhalb der Stadt zeugen. Daß dabei die Protestanten ihre sozusagen „natürlichen“ Gegner waren, die es zu bekehren oder zu verdrängen galt, kann bei den territorialstaatlich-konfessionalistischen Auffassungen der Zeit nicht überraschen.

Da die Jesuiten nicht nur vom Landesherrn gefördert wurden, sondern ihre Gebäude (Petrikirche, Kolleg, Gymnasium) auf dem Boden der Domimmunität standen, für die das Domkapitel zuständig war, konnten sie in den Augen des Rates und der Bürgerschaft Münsters leicht als Parteigänger des Landesherrn und des Domkapitels gelten, vor denen man auf der Hut zu sein habe. Wenn dann etwa ein Jesuitenpater, wie 1604 geschehen, behauptete, der Stadt stehe das *ius gladii* nicht zu, mußte der Rat alarmiert sein, da hier ein zentraler Bestandteil seiner Gerichtsbarkeit in Frage gestellt wurde. In seinem Protest gegen die Einmischung in städtische Angelegenheiten tadelte der Rat die Jesuiten daher, sie „sollten sich erinnern, daß ihnen bisher vom Rathe, als einer ehrliebenden frommen Obrigkeit, in billigen Sachen Schutz und Schirm geboten sei, und habe man sich deshalb solcher unbilligen Nachreden nicht versehen gehabt; sie sollten billig ihres Berufes warten und den Rath in seinem officio [. . .] unbetadelt lassen“ [60: Offenberg, Bilder und Skizzen NF, S. 34]. Weniger über eine Grundsatzfrage dieser Art, wohl aber über die Frage, ob der Rat oder die Jesuiten die strafrechtliche Zuständigkeit für die Schüler des Gymnasium Paulinum besaßen, ist es des öfteren zu Auseinandersetzungen gekommen (zum Beispiel 1613, 1638, 1646). Während die Jesuiten die Stadt aus den Disziplinar- und Strafmaßnah-

Ein Kupferstich von Matthäus Merian zur Illustration des „edlen Geistes" für die 1637 in Nürnberg erschienene „Sciographia Cosmica" von Paul Fürst zeigt die Ansicht der Stadt Münster

men, ohne die unter den meist mehr als tausend Schülern keine Ordnung gehalten werden konnte, möglichst heraushalten wollten, sahen sie sich doch gelegentlich gezwungen, den Rat um Hilfe anzugehen, wenn sie ausufernder Disziplinlosigkeit ihrer Schüler allein nicht Herr werden konnten (zum Beispiel 1646 und 1649).

Das Verhältnis zwischen der Stadt und den Jesuiten war allerdings keineswegs allein und überwiegend von Reibereien an der empfindlichen Stelle der Gerichtsbarkeit bestimmt, ebensowenig von der Meinungsverschiedenheit über die Frage, ob der Orden die Weinakzise zu zahlen habe. Es gelang den Patres, allmählich in der Bürgerschaft, besonders auch in deren Führungsschichten, Fuß zu fassen. Hier wirkte sich neben ihrer Predigttätigkeit im Dom und ihrer Katechese in den Pfarrkirchen vor allem ihre Lehrtätigkeit am Gymnasium aus, zu der das öffentlichkeitswirksame Schultheater gehörte, dessen Aufführungen die Honoratioren der Stadt und der landesherrlichen Behörden besuchten. Die Wirksamkeit ihrer Arbeit ließ sich etwa ablesen an der zunehmenden Zahl von Bürgersöhnen, nicht zuletzt aus Ratsfamilien, die der Societas Jesu beitraten [765: Hsia, Gesellschaft und Religion, S. 73]. Schließlich wirkten die Jesuiten durch die Sodalitäten, in denen sie nicht nur ihre Schüler organisierten. 1618 gab es zwei Sodalitäten – die eine mit Latein, die andere mit Deutsch als Verkehrssprache – für die Bürger und Einwohner der Stadt. Der wichtigsten von ihnen, der Bürgersodalität, gehörten in zunehmender Zahl auch Ratsherren an, wenn auch die in den landesherrlichen Behörden und Gerichten tätigen juristisch gebildeten Beamten – zumindest anfangs – die Mehrheit bildeten [765: Hsia, Gesellschaft und Religion, S. 108ff].

Diese Zusammensetzung zeigt einerseits eine Annäherung der Jesuiten an die städtische Führungsschicht, andererseits bot sie aber auch die Möglichkeit des Kontakts zwischen dem Rat und der Spitzengruppe der landesherrlichen Beamtenschaft auf der Grundlage gleicher religiöser Gesinnung. Später gelang den Jesuiten auch die Gründung einer Handwerkersodalität, was deshalb von Bedeutung war, weil in den Gilden die Zurückhaltung gegenüber dem Orden am stärksten ausgeprägt war. In der *Historia Collegii Monasteriensis* ist 1646 von der Erneuerung dieser Handwerkersodalität und 1647 von deren starker Beteiligung an der Großen Prozession die Rede. Die Organisationsform der auf bestimmte Berufs- und Bevölkerungsgruppen zugeschnittenen Sodalitäten läßt erkennen, daß die Jesuiten die stadtmünsterische Gesellschaft mit dem Modell der „Standesseelsorge" zu durchdringen suchten. Wenn solche Vorgehensweise unter der Zielsetzung und den Rahmenbedingungen der landesherrlich angeordneten Rekatholisierung auch „politisch" war – letztlich blieb „das Ziel der Jesuiten die Religion, nicht die Politik" [765: Hsia, Gesellschaft und Religion, S. 76].

Trotzdem konnten sie in politische Konflikte hineingeraten. Das sollte sich 1654 zeigen, als sich während eines Tumultes um den abgesetzten Domdechanten Bernhard von Mallinckrodt zerstörerische Tätlichkeiten auch gegen die Jesuiten richteten, weil man sie verdächtigte, die Partei des Landesherrn zu vertreten. Daß „Volkswut" diese Richtung und Form nehmen konnte, zeigt, daß bei allen Erfolgen, die die Jesuiten bei der katholischen Umprägung Münsters verzeichnen konnten, doch Vorbehalte gegen sie geblieben waren.

11. Der Konflikt mit Christoph Bernhard von Galen und die Unterwerfung der Stadt

Für die Dauer des Friedenskongresses war Münster vom Kaiser neutralisiert worden und hatte dadurch einen Status faktischer Unabhängigkeit von der Hoheitsgewalt des Landesherrn erlangt. Den zeitweilig erwogenen Gedanken, den Kaiser um die Verleihung des Rechtsstatus der Reichsunmittelbarkeit zu bitten, hat der Rat der Stadt am 1. April 1647 fallengelassen. Gesichert zu sehen wünschte Münster aber die Qualität einer zwischen Reichsstadt und Landesstadt stehenden „gemischten" Stadt. Dabei ging es ihm vor allem um das Besatzungsrecht, aber unter anderem auch um die Münzhoheit. Daß Münster keine einfache Landesstadt wie die anderen Städte des Hochstifts sei, lasse sich, so argumentierten Rat, Gilden und Gemeinheit immer wieder, schon daraus entnehmen, daß die Stadt in früheren Zeiten Verträge mit den Fürstbischöfen abgeschlossen habe. Auch daß sie als Landeshauptstadt zusammen mit dem Fürstbischof die Ladungen zum Landtag unterzeichnet hatte, war ihnen Beweis für eine Sonderstellung. Früher erteilte Privilegien vom Kaiser bestätigen, womöglich auch ausweiten zu lassen, war daher das erklärte Ziel Münsters, als nach dem Ende des Friedenskongresses mit seiner europaweit auf die Stadt gelenkten Auf-

Bernhard von Mallinckrodt (1591–1664), münsterischer Domdechant von 1625 bis 1655. Teil eines Gemäldes aus dem Umkreis des Anselm van Hulle

merksamkeit wieder eine Zeit der „Normalität" zu beginnen schien. Es sollte jedoch anders kommen.

Ein Anzeichen für eine möglicherweise gefährliche Entwicklung, das man in der Rückschau als eine Art Vorzeichen zu deuten geneigt sein könnte, erörterte der Rat am 19. Dezember 1650. Jüngst in Holland hergestellte „Tafeln und Abrisse der Statt Münster cum inscriptione *Civitas Episcopalis*" könnten sich für die Stadt als „ein merckliches praeiudicium auswirken", „wan man deme also stillschweigend zusehen und nicht contradiciren würde". Bisher habe man der Bezeichnung als „bischöfliche" – also dem Landesherrn unterworfene – Stadt bei den Eingaben an den Kaiser „ieder Zeit [. . .] außtrücklich und bestendiglich wiedersprochen". Man müsse folglich auf alle dienlichen Mittel und Wege bedacht sein, „wie solchem gefehrlichen praeiudicio zu begegnen" sei. Ob die Stadt bei den Kartenherstellern etwas gegen ihre statusmindernde Bezeichnung unternommen hat, ist nicht bekannt. In dem folgenden Jahrzehnt jedoch wurde die vom Rat gesehene Gefahr einer Herabdrückung Münsters auf die Ebene einer landesherrlichen Stadt Wirklichkeit. Ab 1661 gab es keinen von den Bürgern gewählten Rat mehr, sondern nur noch einen vom Fürstbischof Christoph Bernhard von Galen ernannten. Als Verwaltungsinstrument hatte er den politischen Willen des Landesherrn durchzusetzen.

Nach dem Tod Kurfürst Ferdinands von Bayern (13. September 1650) setzte sich bei der Bischofswahl am 14. November 1650 der Domküster Christoph Bernhard von Galen gegen den Domdechanten Bernhard von Mallinckrodt durch. Die von diesem unverzüglich betriebene Anfechtung der Wahl spielte wenige Jahre später eine auslösende Rolle für die Auseinandersetzung zwischen Galen und der Stadt

Münster. Zunächst war das Verhältnis zwischen dem neuen Landesherrn und der Stadt allerdings gut. Bei der Huldigung Ende September 1652 verehrte sie Galen „nach altem Gebrauch zum underthenigsten Willkommen" einen großen vergoldeten Pokal, ein Pferd, zwei Fuder Hafer, Wein und „eine ansehnliche Portion Fische" (Ratsprotokoll vom 18. September 1652).

Nach diesem Geschenk mußte die Stadt sich jedoch schon wenige Monate später bequemen, 4500 Reichstaler für die Reise Galens zum Reichstag nach Regensburg zu zahlen. Schon im Jahr 1652 gab es auch Signale einer selbstbewußten Hoheitsausübung Galens, die Rechte oder Rechtsansprüche Münsters berührte: die Verkündung einer neuen Münzordnung, ein Pfändungsverbot für Pferde und Zugochsen, die Einlieferung der Meldezettel bei fürstlichen Beamten. Dadurch sah die Stadt ihr Münzrecht, ihre Gerichtskompetenz und ihr beanspruchtes Besatzungsrecht *(ius praesidii et armorum)*, wozu Wachtwesen und Melderecht gehörten, eingeschränkt. Das *ius praesidii* bildete den Kernpunkt des seit 1654 mit rechtlichen, diplomatischen und schließlich auch militärischen Mitteln geführten Streites zwischen Galen und der Landeshauptstadt.

Bevor die Auseinandersetzung sich jedoch auf das Besatzungsrecht zuspitzte, hatte Münster eine Demütigung als mitausschreibender Landtagsstand hinzunehmen und sich der Beschneidung eines zentralen Bereichs seiner Gerichtszuständigkeit zu erwehren.

Die Landtage wurden durch den Fürstbischof einvernehmlich mit dem Domkapitel und der Stadt Münster einberufen. Domdechant und Domkapitel, Bürgermeister und Rat der Stadt verschickten eine gemeinsame Einladung. Daher mußte es von Münster als beleidigende Herausforderung empfunden werden, daß Galen die Stadt Ende 1653 durch den Drosten von Wolbeck, einen fürstbischöflichen Beamten, zum Landtag einladen ließ. In seinem Protest wies der Rat darauf hin, daß „diese Statt ein außschreibender Standt für sich selbsten" sei und außerdem nicht zum Amt Wolbeck gehöre. Seit dem ausgehenden 16. Jahrhundert war es üblich geworden, die Landtage zwar noch auf dem Laerbrock (zwischen Bösensell und Havixbeck) zu eröffnen, dann aber nach Münster zu verlegen. Nach dem letzten Landtag auf dem Laerbrock (1602) war Münster Versammlungsort der Stände des Hochstifts. Als Christoph Bernhard daher gegen die Bedenken seiner Räte den Herbstlandtag 1654 nach Horstmar einberief, wo er 1631 schon einmal getagt hatte, bestand Münster protestierend auf der bisher üblichen Verfahrensweise, daß der Landesherr schon vor dem Landtag mit den Ständen über Ort und Tagesordnung der Versammlung Einvernehmen zu erzielen habe. Da der Konflikt um die von Galen geforderte Auslieferung des Domdechanten Mallinckrodt durch die Stadt in diesen Wochen seinem Höhepunkt entgegentrieb, gab es in der Landtagsfrage natürlich keine Einigung, obwohl auch die Ritterschaft über das eigenmächtige Vorgehen des Fürstbischofs ungehalten war.

Im August 1654 plante Galen die Gefangennahme des inzwischen von seinen Ämtern suspendierten Mallinckrodt. Der Rat der Stadt beschloß, dies zwecks Wahrung der eigenen Jurisdiktionsgewalt zu verhindern. Die Ausführung des am 3. September 1654 ergangenen bischöflichen Befehls, Mallinckrodt festzunehmen, verweigerte der Rat mit der doppelten Begründung, daß man als weltliche Obrigkeit mit dem Streit zwischen Galen und Mallinckrodt nichts zu tun habe, der Bischof außerdem in Kriminalsachen in der Stadt nicht zuständig sei. In seiner Verweigerungshaltung wurde der Rat ferner dadurch gestützt, daß der Subdelegat des päpstlichen Nuntius zu Köln, Lic. iur. utr. Johann Philipp Mockel, ihn durch Mandat vom 23. September 1654 aufforderte, als *brachium saeculare* (= „weltlicher Arm“) den Schutz des Domdechanten zu gewährleisten, falls der Fürstbischof gegen diesen Gewalt anwende. Neben diesen rechtlichen Gründen waren die Ratsherren bei ihrer Ablehnung aber nicht zuletzt von der Furcht bestimmt, die Verhaftung Mallinckrodts könne zu einem Aufruhr unter den Bürgern führen. Am 21. September 1654 äußerten sie gegenüber dem Nuntius die Befürchtung, daß aus dem als Ärgernis empfundenen Streit zwischen Galen und Mallinckrodt bei der unkundigen Menge *(apud imperitam multitudinem)* ein großer Brand *(magnum exinde incendium)* entstehen könne [947: Korrespondenz des Fürstbischofs von Galen, Nr. 54; vgl. Nr. 56, 57, 62, 63, 64].

Diese Sorge war nicht unbegründet, wie sich am 7. Oktober 1654 zeigte, als bischöfliche Leibgardisten in die Kurie Mallinckrodts auf dem Domhof eindrangen, um ihn zu verhaften. Während Stadtsyndikus Lic. Bernhard Viertenhalben und Stadtsekretär Bernhard Hollandt ohne Erfolg zu vermitteln versuchten, gelang es Mallinckrodt, in dem Gedränge der Menschenmenge, die sich inzwischen vor seinem Haus versammelt hatte, auf den Prinzipalmarkt, also städtisches Jurisdiktionsgebiet, zu fliehen. Danach kam es zu Ausschreitungen, bei denen in mehreren Domherrenkurien und im Jesuitenkolleg Fenster zerschlagen, bei letzterem außerdem eine Mauer niedergebrochen, der Garten verwüstet und einige Patres bedroht wurden.

Der Rat geriet durch diesen Tumult in arge Verlegenheit, da der Bischof nun noch entschlossener die Auslieferung Mallinckrodts und außerdem die Bestrafung der Tumultuanten forderte. Im zweiten Punkt leitete der Rat eine Untersuchung ein. Bezüglich der Auslieferung dagegen suchte er sich dadurch aus der Klemme zu ziehen, daß er Mallinckrodt zur heimlichen Ausreise aus der Stadt aufforderte, weil diese durch seine Anwesenheit größter Gefahr ausgesetzt sei. Doch mit der Abreise des Domdechanten nach Köln im November 1654 war der Streit zwischen Bischof und Stadt um die Jurisdiktions- und Polizeigewalt in der Stadt nicht beendet. Er wurde vielmehr künftig von beiden Seiten als Frage von grundsätzlicher Bedeutung behandelt.

So sah es vor allem das Gildebürgertum, in dessen Reihen Mallinckrodt bemerkenswerterweise beachtliche Unterstützung fand, obwohl er sich zur Regierungszeit Kurfürst Ferdinands keineswegs als Freund der Stadt und Wahrer ihre Rechte aufgeführt hatte. Mallinckrodt, dem es auch jetzt nicht um die Sache der Stadt, sondern um seine eigene ging, konnte „für die münstersche Bürgerschaft eine Art Symbolfigur des Widerstandes gegen den Fürstbischof“ werden [1181: Thesmann, Auseinandersetzungen, S. 38], weil man die von diesem verlangte Verhaftung des Domdechanten als selbstherrlichen und willkürlichen Eingriff in die alte Stadtfreiheit einschätzte.

Das Scheitern der Festnahme Mallinckrodts am 7. Oktober 1654 und die nach Galens Auffassung zu lasche strafrechtliche Verfolgung der an dem Tumult Beteiligten und Schuldigen ließen den Bischof nicht ruhen. War ihm der Domdechant entkommen, so sollte nun die ganze Stadt Münster in einem Handstreich genommen werden. Nachdem der Landtag ohne Teilnahme Münsters am 12. Januar 1655 in Coesfeld eröffnet worden war, wo die fürstlichen Räte sich bereits aufhielten, wurden noch im Januar 1655 auch das Weltliche und das Geistliche Hofgericht aus Münster dorthin verlegt. Die Stadt sollte systematisch ihrer Hauptstadtfunktion entkleidet werden. Die am 4. Februar 1655 vorgesehene „Entreprise“ Münsters scheiterte jedoch, weil ein Knecht des Pfarrers von Kinderhaus den Bürgermeistern verriet, daß sich bischöfliche Truppen vor der Stadt versteckt hielten, die ein abends mit einigen Reitern unerkannt eingeschlichener Offizier am nächsten Morgen durch das Liebfrauentor in die Stadt einlassen sollte.

Da der mißlungene Überfall reichsrechtlich als Landfriedensbruch angesehen werden konnte, beschwerten sich die Bürgermeister unverzüglich beim Kaiser in Wien. Zugleich aber war der Rat realistisch genug einzusehen, daß die Stadt einer ernsthaften Belagerung durch den Fürstbischof nicht hätte standhalten können. Die Ratsherren ließen sich daher auf Verhandlungen mit diesem ein, zögerten sie aber möglichst hinaus, weil sie auf ein baldiges der Stadt günstiges Mandat des Kaisers hofften. Dieses Mandat vom 24. Februar 1655, in dem Christoph Bernhard Verzicht auf jede Gewaltanwendung und Beilegung des Streites auf dem Rechtsweg geboten wurde, traf allerdings erst Mitte März ein. Da war der Schönefliether Vertrag (25. Februar 1655) zwischen Stadt und Bischof bereits abgeschlossen.

In der städtischerseits vom Rat und von sämtlichen Einzelgilden gebilligten Vereinbarung wurde festgelegt, daß 450 Mann zu Fuß und 100 Reiter als Besatzungstruppe in die Stadt gelegt, allerdings auf den Bischof *und* die Stadt vereidigt werden sollten. Durch diesen Kompromiß blieb die umstrittene Frage des Besatzungsrechts offen. Das konnte die Stadt als einen Erfolg werten. Ihre Zuversicht wuchs, als nach einer Mission des Stadtsyndikus Viertenhalben nach Wien der Reichshofrat vorläufig

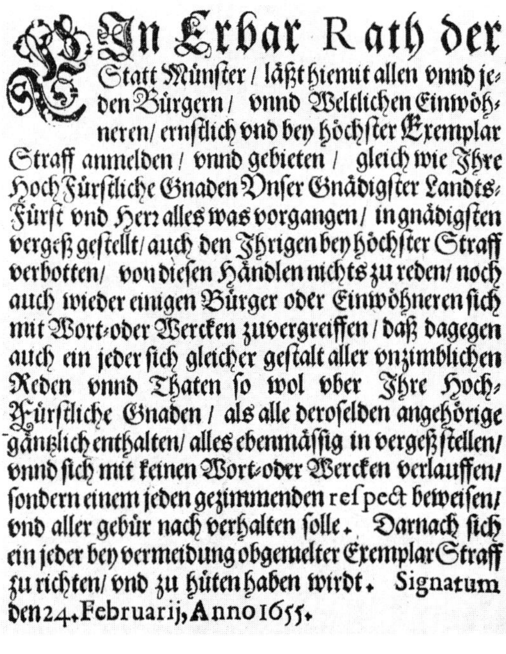
Ein Erbar Rath der
Statt Münster / läßt hiemit allen vnnd jeden Bürgern / vnnd Weltlichen Einwöhneren / ernstlich vnd bey höchster Exemplar Straff anmelden / vnnd gebieten / gleich wie Ihre Hoch Fürstliche Gnaden Vnser Gnädigster Landts-Fürst vnd Herr alles was vorgangen / in gnädigsten vergeß gestellt / auch den Ihrigen bey höchster Straff verbotten / von diesen Händlen nichts zu reden / noch auch wieder einigen Bürger oder Einwöhneren sich mit Wort- oder Wercken zuvergreiffen / daß dagegen auch ein jeder sich gleicher gestalt aller vnzimblichen Reden vnnd Thaten so wol vber Ihre Hoch-Fürstliche Gnaden / als alle deroselben angehörige gäntzlich enthalten / alles ebenmässig in vergeß stellen / vnnd sich mit keinen Wort- oder Wercken verlauffen / sondern einem jeden gezimmenden respect beweisen / vnd aller gebür nach verhalten solle. Darnach sich ein jeder bey vermeidung obgemelter Exemplar Straff zu richten / vnd zu hüten haben wirdt. Signatum den 24. Februarij, Anno 1655.

Bekanntmachung des Rates vor dem Abschluß des Vertrags von Schöneflieth am 25. Februar 1655 mit der Verpflichtung der Bürger zu friedlichem Verhalten gegenüber dem Fürstbischof

Auf einer anonymen zeitgenössischen Karikatur ist Fürstbischof Christoph Bernhard von Galen halb als Soldat und halb als Geistlicher dargestellt

eine Gleichberechtigung der streitenden Parteien bezüglich des Besatzungsrechts annahm und vor einer Entscheidung weitere Klärungen forderte. Dem sollte eine vom Kaiser nach Köln einberufene Untersuchungskommission dienen.

Im Juli 1655 zog Christoph Bernhard seine Soldaten aus der Stadt ab. Wenn es auch zu häufigen Reibereien zwischen Bürgern und bischöflichen Soldaten gekommen war, so daß der Rat die Bürgerschaft des öfteren ermahnen mußte, die Truppen weder zu reizen noch sich von ihnen provozieren zu lassen, so war die finanzielle Belastung der Stadt durch diese Soldaten doch gering im Verhältnis zu dem, was mit der Tranksteuer im Herbst 1655 auf sie zukam. Diese Akzise war vom Domkapitel und von der Ritterschaft gegen das Votum der Städte auf Antrag Christoph Bernhards beschlossen worden. Er wollte damit den Bau einer neuen Residenz außerhalb der Hauptstadt, der Ludgerusburg in Coesfeld, finanzieren. Trotz einer von Münster beim Reichskammergericht erwirkten einstweiligen Verfügung gegen die Erhebung dieser Steuer erzwang Galen ihre Zahlung. Die Verbitterung der Stadt, die unter Bruch eines von ihr behaupteten Zustimmungsrechts bei Steuererhebungen für eine neue Residenz zahlen sollte, war groß und erklärlich.

Die Zeichen standen also auf Konfrontation und Verhärtung, nicht aber auf Ausgleich, als am 22. März 1656 die Kölner Konferenz begann. Auf ihr standen sich mit dem neuen Stadtsyndikus Lic. Nikolaus Drachter und dem fürstlichen Rat Lic. Bernhard Wydenbrück zwei Beamte gegenüber, die beide das Lager gewechselt hatten. Drachter war nach fast dreißigjähriger Tätigkeit als fürstlicher Rat (1626–1655) von

Galen entlassen worden und hatte Anfang 1656 das Amt des Stadtsyndikus übernommen. Wydenbrück dagegen war nach fünfjähriger Tätigkeit als Stadtsyndikus Ende 1650 in den Dienst Christoph Bernhards getreten. Diese personelle Konstellation erleichterte die Verhandlungen nicht, die Ende April 1656 erfolglos abgebrochen wurden.

Wydenbrück und Drachter trafen sich im Juni 1656 in Wien wieder, wo beide Seiten erneut ihre Standpunkte und Forderungen vortrugen. Dabei lief die Forderung Münsters diesmal auf Reichsunmittelbarkeit hinaus. Diese wurde vom Kaiser am 28. Juli 1656 abgelehnt; Ferdinand III. räumte der Stadt allerdings am 9. Dezember 1656 ein, binnen sechs Monaten stichhaltige Beweise für das von ihr behauptete uneingeschränkte Besatzungsrecht beizubringen. Bis dahin sollte es beim Landesherrn liegen, der allerdings bei einer Entscheidung über dessen konkrete Anwendung die Landstände hinzuzuziehen hatte.

Die Stadt hatte sich bis zu diesem Zeitpunkt zur Durchsetzung ihrer Rechtsansprüche hauptsächlich an den Kaiser und die Reichsgerichte gewandt, außerdem am 8. September 1656 erstmals direkt an Papst Alexander VII. (Fabio Chigi), der die Stadt aus seiner Tätigkeit als Vertreter der Kurie beim Westfälischen Friedenskongreß persönlich kannte [947: Korrespondenz des Fürstbischofs von Galen, Nr. 76]. Sie hatte sich 1655 aber auch ihrer Mitgliedschaft in der Hanse besonnen und im Oktober die Hansestädte Köln, Lübeck, Hamburg, Bremen und Braunschweig um Unterstützung ihrer Position bezüglich des Besatzungsrechts auf der bevorstehenden Kölner Konferenz gebeten. Während die Reichsstadt Köln sich dort im Namen Lübecks für Münster einsetzte, verwies die Hanse Münster im Frühjahr 1657 lediglich auf die Niederlande und antwortete auf weitere Gesuche der Stadt mit Schweigen. So wurden die Generalstaaten der Niederlande seit 1657 zur großen Hoffnung der bedrängten Stadt.

Die Hanse hatte Münster empfohlen, durch Beitritt zum hansisch-niederländischen Bündnis von 1646 die Gunst und womöglich den Beistand der Generalstaaten zu erlangen. Als Stadtsyndikus Drachter, begleitet vom Aldermann Henrich Zur Mühlen, im April 1657 nach Den Haag reiste, wobei er zugleich die Städte Amsterdam, Deventer, Kampen und Zwolle besuchen und „umb fernere vertrawliche nachbarliche Correspondentz" bitten sollte (Ratsprotokoll vom 13. April 1657), lautete seine Instruktion noch nicht, Aufnahme in das hansisch-niederländische Bündnis zu beantragen. Der vorsichtige Stadtrat wollte nämlich nicht das Risiko eingehen, daß ein Bündnis mit einer ausländischen Macht womöglich als Verstoß gegen das Reichsrecht angesehen werden und somit die Stellung der Stadt in ihrem Kampf um das Besatzungsrecht schwächen könnte. Erst nachdem Drachter eigenmächtig den Bündnisbeitritt beantragt hatte, ließ sich der Rat – nicht zuletzt unter dem Druck der Gilden – widerwillig zu dem nicht einstimmigen Beschluß bewegen, Drachters Antrag zu billigen. Doch die Generalstaaten vermieden sowohl jetzt wie im Juli 1657, als Drachter erneut – diesmal mit der Vollmacht zum Bündnisbeitritt ausgestattet – nach Den Haag reiste, eine klare Parteinahme zugunsten der Stadt. Enttäuscht trat Drachter die Heimreise an. Beim Grenzübertritt ließ Galen ihn am 9. August bei Gronau festnehmen. Als die mit Empörung aufgenommene Nachricht davon in Münster eintraf, schloß die Stadt unverzüglich die Tore.

Die – erfolglose – Belagerung der Stadt Münster durch Christoph Bernhard von Galen im September 1657.

Einen Tag vor der Verhaftung Drachters hatte Christoph Bernhard dem Domkapitel seine feste Absicht mitgeteilt, die Stadt mit Waffengewalt zum Gehorsam zu zwingen und nach der Eroberung eine Zitadelle vor ihren Mauern zu errichten. Ein von der Stadt bei den Reichsvikaren – der Kaiserthron war nach dem Tod Ferdinands III. am 2. April 1657 vakant – erwirktes Mandat an den Bischof, das die Freilassung des Stadtsyndikus und die Unterlassung aller Tätlichkeiten gegen die Stadt anordnete, ließ Galen unbeachtet. Am 20. August 1657 begann er die förmliche Belagerung der Stadt.

Wie Merians eindrucksvoller Stich von der Bombardierung Münsters im August/September 1657 zeigt, setzte Christoph Bernhard vor allem auf seine Artillerie und von dieser verwendete Feuerkugeln. Große Schäden richtete die Beschießung besonders im Martiniviertel an. Einer Aufforderung zur Übergabe am 6. September, der Galen durch ein Warnschreiben der mit ihm verbündeten Kurfürsten und Fürsten zusätzlichen Nachdruck verschaffen wollte, folgte die Stadt nicht. Sie verwies darauf, daß die Reichsvikare und auch die münsterische Ritterschaft auf ihrer Seite stünden, und warf dem Landesherrn vor, daß er „mit redlichen Kriegsgebräuchen widerstrebenden Instrumenten und Feuerzeug dergestalt grausamblich und erbärmlich" gegen die Stadt vorgehe [zit. nach 1100: Kohl, Christoph Bernhard von Galen, S. 111].

Die Bürger konnten sich militärisch behaupten und erhielten aus den Niederlanden ermutigende Nachrichten. Durch Vermittlung der Ritterschaft kam es auf Haus Geist zu Verhandlungen. Der Fürst forderte wiederum das Besatzungsrecht und

Teil einer Radierung von Caspar Merian für das „Theatrum Europaeum" (Frankfurt a.M. 1667)

außerdem die Schlüsselgewalt über die Stadt. Diese war zur Aufnahme fürstlicher Soldaten bereit, falls sie auf den Fürsten, die Stadt und die Landschaft zugleich vereidigt würden. Als niederländische Truppen in das Stift einzumarschieren drohten, bequemte Galen sich zu einem Vergleich mit der Stadt. Dieser wurde im Geister Vertrag vom 21. Oktober 1657 besiegelt.

Der Vertrag bedeutete eine empfindliche Niederlage für den Landesherrn. Er konnte weder das unbeschränkte Besatzungs- noch das Schlüsselrecht durchsetzen, mußte den Stadtsyndikus Drachter aufgrund einer Amnestie freilassen, den Eid der auf Landeskosten in die Stadt zu legenden kleinen Besatzung mit der Stadt teilen und außerdem zur Kenntnis nehmen, daß die am 30. Oktober in die Stadt einziehenden niederländischen Gesandten von der Bürgerschaft unter mächtigem Jubel feierlich empfangen wurden. Er selbst dagegen mußte Anfang Dezember 1657 beim Einritt in die Stadt einen abweisenden, demütigenden Empfang durch die Bürger erleben. Nicht nur die sich zeigende emotionale Ferne zwischen Stadt und Bischof machte ein künftiges einvernehmliches Neben- oder gar Miteinander unwahrscheinlich. Hinzu kam, daß die rechtlichen Fragen weiterhin ungeklärt waren.

Sowohl der Fürstbischof (1. November 1657) als auch die Stadt (15. Februar 1658) legten dem Papst die Vorgänge des Jahres 1657 aus ihrer jeweiligen Sicht dar, wobei der Rat Zeugnisse des Pfarrers Johannes Wichartz von St. Lamberti und des Minoritenkonvents über die katholische Rechtgläubigkeit der Stadt vom Scheitel der Bürgermeister und Ratsherren bis hin zur Ferse des Handwerkervolkes *(a vertice consu-*

lari et senatorio ad calcem opificis vulgi) beifügte [947: Korrespondenz des Fürstbischofs von Galen Nr. 91, 93]. Dem Rat waren solche Bezeugungen wichtig, weil Galen die Stadt nicht nur des Ungehorsams und der Rebellion, sondern auch des Häresieverdachtes zieh.

Auf Anregung von Stadtsyndikus Drachter beschloß die Mehrheit des Rates am 19. Februar 1658 gegen ernste Bedenken der beiden Bürgermeister, Lic. Johannes Timmerscheidt und Lic. Henrich Bünichmann, wieder Verbindungen mit den Niederlanden zu knüpfen. Hierfür setzten sich vor allem die Alder- und Meisterleute der Gilden ein. Während eine gemäßigte Ratsherrengruppe um Bürgermeister Timmerscheidt die Meinung vertrat, ein auf dem Landtag mit dem Fürstbischof auszuhandelnder Vergleich sei dem Stadtwohl am förderlichsten, lehnten die beiden Aldermänner Walter Klute und Arnold Deitermann Verhandlungen mit dem Bischof ab und forderten eine Gesandtschaft nach Den Haag.

Obwohl der Rat Klute ausdrücklich von der Beteiligung an einer Deputation ausgeschlossen hatte, reiste dieser – angeblich auf Wunsch sämtlicher Meisterleute der Gilden – Anfang März 1658 heimlich in die Niederlande. Das brachte den Rat in den Zwang, die für den offiziell deputierten Stadtsyndikus Drachter bestimmte Instruktion nachträglich auch auf Klute auszuweiten. In diesem Vorfall deutete sich bereits Streit in der Zuständigkeits- und Machtfrage zwischen Bürgermeistern und Rat einerseits und Aldermännern und Gilden andererseits an, der in den folgenden Jahren das innerstädtische politische Klima stark belasten sollte. Drachter, Klute und der ihnen noch nachgereiste Graf Adrian Gustav von Flodorff – ein Mitglied der münsterischen Ritterschaft, Rittmeister in niederländischen Diensten und trotz Zweifels an seinem katholischen Bekenntnis gerade erst im Februar 1658 als Bürger aufgenommen – kehrten Anfang Mai 1658 ohne Ergebnisse aus den Niederlanden zurück.

Auch diesmal legten Bürgermeister und Rat Wert darauf, der Kurie in einem Schreiben an den Nuntius (zwischen dem 4. und 18. Juli 1658) zu versichern, daß sie fest zum katholischen Glauben ständen, mit den Generalstaaten keinen Bündnisvertrag geschlossen, sondern lediglich im Rahmen der Hanse deren Angebot angenommen hätten, die Stadt erforderlichenfalls bei der Verteidigung ihrer Rechte gegen den Landesherrn zu unterstützen [947: Korrespondenz des Fürstbischofs von Galen, Nr. 96].

Trotz der Vergeblichkeit der Unternehmung vom Frühjahr 1658 wurde ein solcher Akt der „Geheimdiplomatie der Gilden" [1181: Thesmann, Auseinandersetzungen, S. 73] im September 1659 wiederholt. Diesmal reisten ohne Wissen der Bürgermeister Walter Klute (inzwischen wieder Ratsherr) und der auf Betreiben der Gilden Anfang des Monats zum zweiten Stadtsyndikus bestellte Dr. Joachim Ferdinand von Eitzen, ein erst wenige Wochen zuvor in der Stadt aufgetauchter und hinsichtlich seiner Identität zweifelhafter Mensch, in die Niederlande. Auch dieses Unternehmen blieb ohne Ergebnis, obwohl Klute sich dort so hatte verlauten lassen, als habe die Mehrheit der Münsteraner sich bereits dem reformierten Bekenntnis angeschlossen und warte dringlich auf einen Anschluß an den Nachbarstaat. Das war zwar maßlos übertrieben, besaß aber insofern einen realen Anhaltspunkt, als gemäß einer Äußerung Drachters gegenüber Klute in Kreisen der Bürgerschaft Pläne bestehen sollten,

Notmünze („Klippe") der Stadt Münster aus dem Belagerungsjahr 1660

die Stadt durch Flodorff zu einem Stützpunkt der Generalstaaten machen zu lassen.

Im Sommer 1659 konnte die Stadt sich noch der Einschätzung hingeben, im Streit mit dem Landesherrn gleichberechtigt mit diesem zu sein, da ein Reichshofratsspruch vom 9. Juli „praktisch den bestehenden gemischten Zustand im Besatzungsrecht bestätigte" [1100: Kohl, Christoph Bernhard von Galen, S. 140f]. Im Winter 1659/60 dagegen sprach der Kaiser der Stadt das Besatzungsrecht ab, verbot ihr die Nachsuche um ausländische Unterstützung und wies sie durch Mandat vom 10. Januar 1660 bei Androhung der Reichsacht an, die Verhandlungen mit den Generalstaaten abzubrechen. Die Stadt ließ sich jedoch durch den neuen reichsrechtlichen Bedingungsrahmen nicht beeindrucken und lehnte im Mai 1660 ein aus Den Haag kommendes „Vergleichsprojekt" ab, das unter Beteiligung von Vertretern des Bischofs, des Kaisers, der Niederlande und Brandenburgs zustande gekommen war und in die gleiche Kerbe schlug.

Nachdem Christoph Bernhard, der erneut auf eine militärische Lösung setzte, am 22. Juli 1660 die Belagerung begonnen hatte, traf wenige Tage später eine niederländische Gesandtschaft in Münster ein, um eine Vermittlung zu versuchen. Nach mehrwöchigen ergebnislosen Gesprächen machten die Gilden im September 1660 ein weiteres Mal ohne Wissen des Rates „Außenpolitik" auf eigene Faust. Sie ließen die Gesandtschaft wissen, daß sie lieber den Generalstaaten „die gantze handt alß dem Fürsten einen Finger geben" wollten [zit. nach 1181: Thesmann, Auseinandersetzungen, S. 85]. Als die Abreise der Gesandten bevorstand, forderten die Gildevertreter vom Rat, er solle das Angebot der Gilden billigen und sich mit einem entsprechenden förmlichen Gesuch an die Niederlande wenden. Auch die Vertreter der Gemeinheit schlossen sich diesem Begehren an, dem die Ratsmehrheit nicht zustimmen wollte. Doch sie wurde dazu gezwungen, indem eine Menge von „lauter gemeinem und geringem Volcke" am 16. September 1660 den Gruetsaal, in dem der Rat zusammen mit den Alder- und Meisterleuten tagte, belagerte und den Ratsherren androhte, es werde „hälße kosten", wenn sie sich nicht zu einem offiziellen Hilfsgesuch an die Generalstaaten bereit fänden. Nur unter Protest wegen der Nötigung durch den Tumult ließ der Rat daraufhin einen Gesuchstext abfassen, der am Tag darauf durch Vertreter von Gilden und Gemeinheit in eine revidierte Endfassung gebracht wurde. Nachdem das Schriftstück besiegelt und öffentlich verlesen worden war, wurde es den Gesandten in deren Quartier übergeben. Dabei schauten Bürger durch die Fenster kontrollierend zu.

In den Niederlanden stand man dem Begehren durchweg wohlwollend gegenüber. Da aber das einflußreiche Holland als einzige der niederländischen Provinzen eine militärische Unterstützung Münsters verweigerte, kam diese mangels Einmütigkeit nicht zustande.

Ohne Hoffnung auf Entsatz war die Stadt nun innerhalb des Belagerungsringes der bischöflichen und verbündeten Truppen auf sich allein gestellt. Das Getreide wurde knapp, der Sold für die Stadtsoldaten konnte nicht mehr aufgebracht werden. Um Weihnachten brachte Galen die Münsteraner durch eine Überschwemmung, die er durch Aufstauung der Aa hervorrief, in zusätzliche Bedrängnis. Daraufhin streckte die Stadt am Neujahrstag 1661 erste Fühler in Richtung Landesherr aus, indem sie den Pfarrer von St. Lamberti, einen Franziskaner und einen weltlichen Deputierten nach Coesfeld schickte, damit sie wegen Verhandlungen unter Vermittlung der Ritterschaft sondierten. Christoph Bernhard wies die Abordnung schroff ab und ließ die Stadt wissen, sie solle ihre Wünsche nicht durch Geistliche vortragen lassen, sondern durch eigene Leute.

Der Stadt blieb nichts anderes übrig, als sich dieser Weisung zu beugen. Am 31. Januar begab sich eine Abordnung mit Bürgermeister Timmerscheidt an der Spitze nach Wolbeck an den bischöflichen Hof. Christoph Bernhard empfing sie nicht, sondern verlangte durch den Rat Wydenbrück, daß sie die Bereitschaft erkläre, die Stadtschlüssel abzugeben und eine bischöfliche Besatzung aufzunehmen. Am 12. Februar erklärte daraufhin eine Ratsdelegation am bischöflichen Hof zu Coesfeld die Bereitschaft der Stadt zum Gehorsam und zur Aufnahme einer Garnison. Bis zu einem kaiserlichen Entscheid, dem die Stadt sich unterwerfen werde, wünsche man die Stadtschlüssel jedoch zu behalten. Galen entgegnete, das ihm vom Kaiser zugesprochene uneingeschränkte Besatzungsrecht schließe auch die Schlüsselgewalt ein. Er war und blieb unnachgiebig in seinen Forderungen, auch wenn er gegenüber kaiserlichen Kommissaren, die wenige Tage später noch eine Vermittlung versuchen und dabei eine Amnestie für die Stadt erreichen wollten, kurzzeitig den Anschein von Bereitschaft zu einer Vergleichslösung zeigte.

Nachdem bereits Ende Februar 1661 Gerüchte über eine bald bevorstehende Unterwerfung der Stadt in Deutschland und in den Niederlanden umliefen, wurden die entsprechenden Erklärungen beider Seiten am 26. März 1661 in Münster unterzeichnet. Die Stadt verzichtete darin auf auswärtige Verbindungen, versprach den Abbruch der bestehenden zu den Niederlanden und verpflichtete sich zur Zahlung eines Aussöhnungsgeldes von 45 000 Reichstalern und zur Abtretung der halben Multersteuer in der Stadt und im Gogericht Senden. Umgekehrt sagte der Bischof der Stadt zu, ihr diejenigen Privilegien zu bestätigen, die nicht mit dem Besatzungsrecht zusammenhingen.

Mochte eine solche Privilegienbestätigung für die Stadt die Hoffnung bergen, Teile ihrer alten Selbständigkeit retten zu können, so sollte sich doch schon bald zeigen, daß Christoph Bernhard vom Besatzungsrecht eine uneingeschränkte Verfügungsgewalt über alle städtischen Einrichtungen und die in ihnen tätigen Personen herleitete. Die Stadt hatte es von da an nicht mehr – wie in den Jahrhunderten zuvor und zuletzt noch in den Verträgen von Schöneflieth und Haus Geist – mit einem Vertragspartner zu tun, sondern mit einem „absoluten" Landesherrn.

Quellen und Literatur

Die Ratsprotokolle werden aufbewahrt im Stadtarchiv Münster unter der Signatur A II 20, die Domkapitelsprotokolle im Staatsarchiv Münster. Für die Kenntnis des profan- und kirchengeschichtlichen Umfeldes der Geschichte der Stadt Münster sind – neben einschlägigen Editionen [947: Korrespondenz des Fürstbischofs von Galen] – heranzuziehen: die Beiträge der „Westfälischen Geschichte" [2335: Kohl, Zeitalter der Glaubenskämpfe; 2833: Wolf, 17. Jahrhundert] und das zweibändige Werk von Alois Schröer [2657: Kirche in Westfalen]. Immer noch nützlich sind die Arbeiten Heinrich August Erhards [110: Geschichte Münsters] und Heinrich Offenbergs [60: Bilder und Skizzen NF].

Außer den im Text genannten Titeln wurden für einzelne Fragen die Gesamtdarstellung von Duhr [2061: Jesuiten], die Spezialstudien von Heger [755: Landespolitik Herzog Ernsts von Bayern], Foerster [1028: Kurfürst Ferdinand von Köln], Haas [1043: Gerichtsverfassung] (vorhanden im Stadtarchiv Münster) und Silvia Dethlefs [99: Geschichte der Friedhöfe] sowie die Beiträge von Helmut Lahrkamp [219: Wirtschaftliche Führungsschichten; 1117: Galens städtische Widersacher] herangezogen.

In die Darstellung sind Forschungsergebnisse des Projekts C 5 „Die Auswirkungen der Gegenreformation und der kirchlichen Erneuerung auf soziales Gefüge, Verfassung und Selbstverständnis der frühneuzeitlichen Stadt" im Sonderforschungsbereich 164 „Vergleichende geschichtliche Städteforschung" eingeflossen.

Forschungsdesiderate sind die Auswertung der im Haus-, Hof- und Staatsarchiv in Wien aufbewahrten Akten über die Auseinandersetzungen zwischen der Stadt, dem Landesherrn und dem Domkapitel und die Auswertung der Quellen jesuitischer Provenienz *(Historia Collegii Monasteriensis* und *Litterae Annuae Collegii Monasteriensis).*

HELMUT LAHRKAMP

Münster als Schauplatz des europäischen Friedenskongresses (1643–1649)

1. Vorbereitung des Kongresses und Ankunft der Gesandten – 2. Der Verlauf der Verhandlungen und das Leben in Münster – 3. Der Friedensschluß und die Situation der Stadt nach Ende des Kongresses

Die Münsteraner feierten am 21. Februar 1649, einem Sonntag, ihr großes Freudenfest anläßlich der soeben erfolgten Ratifikation der Friedensverträge. Nun stand endlich fest, daß der Krieg beendet und damit die Voraussetzung für die Überwindung der Kriegsschäden geschaffen war. Nach dreißig Jahren sinnlosen Blutvergießens hatten die Gesandten des Kaisers und der Kronen Frankreich und Schweden am 18. Februar die Vertragsurkunden ausgetauscht. In allen Kirchen Münsters fanden Dankgottesdienste statt, die Glocken läuteten, unter großer Beteiligung zogen Prozessionen durch die geschmückte Stadt; nachmittags paradierten die bewaffneten Bürgerfahnen und die Stadtsoldaten und gaben aus ihren Musketen Freudenschüsse ab. Auf den Wällen wurden siebzig Geschütze losgebrannt und am Abend gab es vor dem Rathaus und vor dem Dom eindrucksvolle Feuerwerksvorführungen. Bis in die Nacht dauerte das Spektakel, „vieltausend Menschen“ beglückwünschten sich zum Frieden und ließen die Friedensgesandten und ihre Souveräne hochleben.

Das „Westfälische Friedenswerk“ brachte für die Zukunft Gleichberechtigung der Konfessionen, stellte die Landeshoheit der deutschen Reichsstände unter europäische Garantie und hat das Völkerrecht bis zur französischen Revolution bestimmt. Für Münster war der Kongreß ein besonderes Ereignis, das die Stadt in den Blickpunkt der Öffentlichkeit rückte. Bereits im Sommer 1641 wurde der Rat inoffiziell davon in Kenntnis gesetzt, daß auf Ansuchen Schwedens während des Reichstags zu Regensburg die Städte Münster und Osnabrück zu Tagungsorten der geplanten Friedensverhandlungen ausersehen seien. Die räumliche Trennung des als Einheit gedachten Kongresses sollte die sonst üblichen Rangstreitigkeiten vermeiden. In Münster würde der Kaiser mit Frankreich, in Osnabrück mit Schweden verhandeln; beide Mächte hatten sich verpflichtet, nur gemeinsam Frieden zu schließen. Dazu sollte in Münster unter Vermittlung der römischen Kurie und der Republik Venedig auch über eine Beendigung des Kampfes zwischen Spanien und Frankreich verhandelt werden. Der spanische König war dem verwandten habsburgischen Kaiserhaus früh zu Hilfe geeilt, stand aber seit langen Jahren in der Auseinandersetzung mit den Generalstaaten der nördlichen Niederlande, die eine förmliche Anerkennung ihrer Unabhängigkeit verlangten.

1. Vorbereitung des Kongresses und Ankunft der Gesandten

Kaiser Ferdinand III. stimmte im Hamburger Präliminarvertrag vom 25. Dezember 1641 zu, daß Münster und das benachbarte Osnabrück auf Kongreßdauer neutralisiert würden und daß die Truppen der kriegführenden Mächte aus ihnen abzögen.

Bis zum Kongreßbeginn verging freilich noch längere Zeit. Erst am 27. Mai 1643 entband der Reichshofrat Johann Krane in feierlicher Zeremonie auf der Ratskammer die Stadt Münster von ihren Verpflichtungen gegen das Reich und die Landesregierung; der Magistrat übernahm damit die Verantwortung für die Sicherheit des Kongresses. Der in Bonn residierende Landesherr, Kurfürst Ferdinand von Köln aus dem Hause Wittelsbach, hatte eingewilligt, erwartete jedoch große Schwierigkeiten, weil die Unterbringung einer großen Menge fremder Gäste in Münster kaum möglich schien. Hatte doch Krane angedeutet, es würden wohl 10 000 bis 12 000 Menschen ankommen, an deren Unterbringung man zeitig denken möge. Der Rat war zwar über die finanziellen Vorteile eines derartigen Fremdenzustroms durchaus im Bilde, befürchtete aber, den eintreffenden Diplomaten und ihrem Gefolge nicht in ausreichendem Maße alle erforderlichen Lebensmittel liefern zu können. Münster selbst hatte im Krieg kaum gelitten, weil die starke Stadtbefestigung und die verteidigungsbereite Bürgerschaft es vor ernsthaften Belagerungen bewahrt hatten; nur im Juni 1634 war die Stadt zeitweise gefährdet gewesen. Aber die ländliche Umgebung war vor allem durch die Streifzüge der hessischen Besatzungen in Coesfeld, Bocholt und Borken ausgeplündert. Die Söldner der hessischen Landgräfin, die im Bunde mit Franzosen und Schweden stand, galten als gefürchtete Feinde und trieben von den Bauern und Adeligen willkürliche Kontributionen ein, weshalb der münsterische Rat auf kaiserliche Pässe zur ungehinderten Zufuhr großen Wert legte. Er verstärkte die angeworbenen Stadtsoldaten auf 1200 Mann und bestellte einen Stadtkommandanten in der Person des kaiserlichen Obristen Johann de Reumont, eines Wallonen aus der Gegend um Lüttich, der mit einer münsterischen Bürgerstochter verheiratet war und bisher die Garnison in Dorsten befehligt hatte. Ihm unterstanden fortan auch die wehrfähigen Bürger, die in Bürgerfahnen straff organisiert waren und bei Gefahr zur Bewachung der Tore und Wälle aufgeboten wurden. Die Besoldung der Garnison erfolgte aus Landesmitteln, die aber unregelmäßig eingingen. Heimliche Werbungen von Kriegsvolk in der Stadt wurden untersagt. Reumont, der ein Jahresgehalt von tausend Talern erhielt, versah seine Funktionen zur vollen Zufriedenheit des Rates, der ihm jeweils als Neujahrsgeschenk einen silbernen Pokal oder auch einen fetten Ochsen verehrte.

Nur langsam und in großen Zeitabständen fanden sich zahlreiche Gesandte in Münster ein. Sie wurden an der Stadtgrenze durch den Stadtkommandanten begrüßt, die Karossen der bereits in der Stadt weilenden Diplomaten fuhren ihnen entgegen und kamen in ihrem Gefolge zurück. Bürgeraufgebot und Stadtsoldaten bildeten in den Straßen Spalier, freilich nur bei den Vertretern der Großmächte und der Kurfürsten, die von den Bürgermeistern mit einer lateinischen Rede begrüßt wurden und ein Ehrengeschenk in Form von Wein und Fischen erhielten. Die Unterbringung richtete sich nach der Struktur und Größe der jeweiligen Vertretungen; die besten Häuser in günstiger Wohnlage standen den Ranghöchsten zu. So bewohnten der kaiserliche Prinzipalgesandte Graf Nassau die Kurie des Domdechanten von Mallinckrodt, der Osnabrücker Fürstbischof Franz Wilhelm Graf Wartenberg, der den Kölner Kurfürsten, seinen Vetter, vertrat, die Galensche Domkurie. Seinen reichsfürstlichen Rang betonte er durch üppige Ausstattung seiner Räume, in denen über 130 Gemälde hingen, dazu kostbare Wandteppiche mit antiken und biblischen Motiven. Zwar setzte der Rat eine Wohnungskommission ein, die Quartiervorschläge machte, doch schien ihm eine direkte Quartiervermittlung bedenklich, weshalb man die Vermietung der freien Vereinbarung überließ. Mietstreitigkeiten waren selten und wurden vielfach gütlich geschlichtet. Geeignete Klöster, Adelshöfe und Domkurien wurden von größeren Legationen gemietet, die Wirtshäuser zunächst nur für Durchreisende offen gehalten. Die kleineren Vertretungen der Reichsstände und Städte fanden Unterkunft in Bürgerhäusern, die zumeist in Eichenfachwerk ausgeführt waren und mit Tenne, Küche und Stallungen für das Vieh den westfälischen Bauerngehöften ähnelten. Es scheint, daß in Münster alle fremden Gäste nach und nach in den vorhandenen Räumlichkeiten Platz fanden, wenn auch mitunter über drangvolle

Der 1648 von Simon Beckenstein verlegte Vogelschauplan führt viele Gesandtenquartiere in der Stadt auf

Fabio Chigi, der spätere Papst Alexander VII., nahm als Apostolischer Nuntius an den Friedensverhandlungen teil. Gemälde von Anselm van Hulle (um 1648)

Enge und Schmutz Klagen laut wurden. Jedenfalls ist die Stadt, die nur rund 10 000 Einwohner zählte, mit der Beherbergung dieses ersten großen europäischen Friedenskongresses der Neuzeit erstaunlich gut fertig geworden.

Auf die ankommenden Fremden machte die Stadtsilhouette mit ihren zahlreichen Kirchtürmen und der starken Befestigung Eindruck. Sie bewunderten auch das Rathaus, den Dom und die Bogengänge des Prinzipalmarkts mit den reichen Fassaden der Kaufmannshäuser. Andererseits ärgerten sich die Ausländer über den Gestank und den Dreck, den die von den Bürgern zahlreich gehaltenen Schweine auf den Straßen verbreiteten. Der Hausgeistliche des Herzogs von Longueville verglich Münster mit Orléans, fand aber, es gäbe hier soviel Schweine auf den Straßen wie Hunde in Paris. Der Rat sah sich genötigt, allen Bürgern Haus für Haus durch die Polizeidiener kundzutun, jeder möge sein Borstenvieh im Stall halten; Klagen wegen abgestochener oder durch Ohrabschneiden beschädigter Schweine werde der Rat künftig nicht annehmen, sondern solche Tiere den Stadtarmen übergeben.

Die ersten Quartiermacher der Franzosen waren schon 1643 bei der Neutralisierung in Münster erschienen. Freilich fand der wählerische Legationssekretär Eustache de Meulles von 150 besichtigten Häusern für seine Vertretung keines so recht geeignet, denn hinter dem schönen Äußeren würden sich schlechte Zimmer verbergen. Bei dem Fehlen von Tapeten half man sich durch aufgehängte Gobelins und ließ zur Schaffung weiterer Zimmer große Räume durch Bretterwände aufteilen. Die neuen Mieter nahmen auf ihre Kosten Umbauten und Reparaturen vor, woran die ansässigen Handwerker nicht wenig verdienten. Wie übel der Gebäudezustand sein konnte, zeigt die Tatsache, daß im Hof Ketteler zu Assen auf dem Breul, den die

Alvise Contarini, Botschafter der Republik Venedig. Gemälde von Jan Baptista Floris nach van Hulle

kurbayerische Gesandtschaft gemietet hatte, unerwartet ein Teil der Hauswand einstürzte, so daß plötzlich Silberservice, Registratur und Teppich im Freien lagen!

Diplomatische Ansprechpartner des Rates waren in erster Linie die beiden Friedensvermittler, der päpstliche Nuntius und der Botschafter der Republik Venedig, denen man als Italienern Unparteilichkeit zutraute und die bemüht waren, die Gegensätze der europäischen Mächte auszugleichen. Der Nuntius Fabio Chigi, später Kardinal und unter dem Namen Alexander VII. Papst, kam am 19. März 1644 nach Münster und nahm mit seinem Gefolge, das aus 15 Personen bestand, im Minoritenkloster Wohnung. Er war in Siena geboren, beherrschte mehrere Sprachen und trug den Titel eines Bischofs von Nardo; seit 1639 hatte er in Köln als Nuntius die Interessen der Kurie wahrgenommen und war deshalb mit den deutschen Verhältnissen bestens vertraut. Chigi verkehrte als Kenner und Liebhaber der lateinischen Dichtkunst mit einem Freundeskreis humanistisch gebildeter Männer, die er in Mußestunden bei sich versammelte. Es fehlte ihm nicht an Humor, so daß seine den Alltagserlebnissen in Münster gewidmeten Verse uns ein höchst interessantes Bild von Land und Leuten vermitteln.

Sein Verhältnis zu seinem Kollegen, dem Venezianer Alvise Contarini, war vertrauensvoll und wurde nie durch Mißhelligkeiten getrübt. Dieser entstammte einem der ältesten Adelsgeschlechter der Markusrepublik und hatte seine Heimatstadt als Gesandter in Den Haag, London, Paris, Rom und Konstantinopel vertreten. Während Chigi sich auf die Vermittlertätigkeit zwischen den katholischen Mächten beschränken mußte und jeglichen Verkehr mit den Protestanten vermied, war Contarini nicht so an Weisungen gebunden und konnte sich auch bei den Verhandlungen

Henri d'Orléans, Herzog von Longueville, Prinzipalgesandter des französischen Königs. Gemälde von Jan Baptista Floris nach van Hulle

mit den Schweden in Osnabrück einschalten. Venedigs Interessen erforderten einen baldigen Friedensschluß, um die Kräfte Europas gegen die Türkengefahr zusammenzufassen, eine Bedrohung, über die Contarini infolge seiner fast fünfjährigen Tätigkeit am Bosporus gut informiert war. Seine Beredsamkeit und Kenntnis der diplomatischen Geschäfte wurden gerühmt, und man tat ihm die Ehre an, seine unermüdliche Vermittlertätigkeit später im Friedensvertragstext lobend zu erwähnen.

Die Krone Frankreich wurde zunächst durch die Grafen d'Avaux und Servien vertreten, die am 18. März und am 3. April 1644 in Münster eintrafen. Ihr Gefolge war recht zahlreich; Listen des Personals sind uns erhalten. Der Haushalt von d'Avaux umfaßte 200, der von Servien 119 Köpfe – führten sie doch neben dem unentbehrlichen Kanzlei- und Küchenpersonal, den adeligen Begleitern und dem Fuhrpark noch persönliche Diener, Gardisten, Geistliche, Ärzte, Trompeter und Kuriere mit. Mit dem Einzug des Hauptbevollmächtigten, des Herzogs von Longueville, am 30. Juni 1645 wuchs die Zahl der Franzosen noch um etwa das Doppelte an. Hinzu kamen 33 Portugiesen und 20 Katalanen, die im Schutz der Franzosen lebten, weil sie von den Spaniern als „Rebellen" nicht offiziell anerkannt wurden. Für die Bezahlung eines so großen Gefolges reichten die hohen Jahresbezüge der Gesandten kaum aus, so daß sie aus eigenen Mitteln zulegen mußten. Longueville war im Auftrag des Kardinals Mazarin nach Münster geschickt worden, um die internen Streitigkeiten zwischen d'Avaux und Servien beizulegen; er hatte vor seiner Ankunft bereits hundert mit Wein beladene Karren nach Westfalen vorausgeschickt. Servien ließ über die Niederlande soviel Wein einführen, daß die Holländer annahmen, er wolle am Ort damit

Der spanische Gesandte Graf Peñaranda. Gemälde von Gerard Ter Borch

Handel treiben, was er entschieden bestritt. Wein war in Münster damals teuer und beständigen Kostenschwankungen ausgesetzt.

Fast alle Gesandtschaften waren doppelt besetzt. Die Großmächte wurden bei der Fülle der Geschäfte, die der Kongreß erledigen mußte, von mehreren Diplomaten vertreten; aber auch die kleineren Fürsten entsandten mindestens zwei, wobei ein Adeliger die Repräsentationspflichten wahrnahm, während ein bürgerlicher Jurist den Schriftverkehr besorgte. Dieser führte meist die eigentlichen Verhandlungen. Als kaiserliche Bevollmächtigte hielten sich in Münster Graf Nassau und Dr. Isaak Volmar auf, in Osnabrück Graf Lamberg und Reichshofrat Krane. Nachdem bereits seit Oktober 1643 spanische Diplomaten minderen Ranges in Münster anwesend waren, traf am 5. Juli 1645 als Prinzipalgesandter Don Gaspar de Bracamonte y Guzman, Conde de Peñaranda, mit einem Gefolge von 112 Köpfen ein; die aus acht Gesandten bestehende Abordnung der Generalstaaten der Vereinigten Niederlande kam erst im Januar 1646 und wurde im Krameramtshaus untergebracht. Jede der sieben Provinzen hatte einen Vertreter geschickt, Holland zwei. Die schwedische Gesandtschaft in Osnabrück bestand aus 165 Personen unter der Leitung des Grafen Johan Oxenstierna, dem Sohn des Reichskanzlers, und des Hofrates Johan Adler Salvius; in Münster logierte der Resident Freiherr Schering Rosenhane mit 14 Begleitern im geräumigen Haus des Stadtarztes Dr. Rottendorff. Anwesend waren hier als Kongreßbeobachter auch ein Resident des Königs von Polen und Vertreter der italienischen Fürsten und Republiken Florenz, Mantua, Genua und Savoyen sowie für die Schweizer Eidgenossenschaft der Bürgermeister von Basel, Johann Rudolf Wettstein.

Franz Wilhelm Graf Wartenberg, Fürstbischof von Osnabrück. Gemälde von Floris nach van Hulle

Zunächst hatten sich die Gesandten der deutschen Kurfürsten eingefunden. Nach der Zulassung der übrigen Reichsstände (1645) kamen zahlreiche rechtskundige Räte. Wir kennen über 200 Namen – ließen sich doch 140 Reichsstände und 38 andere Interessierte aus dem Reichsgebiet vertreten. Allerdings entsandten nur 66 Reichsstände, 40 Mitglieder des Fürstenrates und 18 Reichsstädte eine eigene Gesandtschaft; die übrigen beauftragten andere mit der Führung ihres Votums. So verfügte etwa der Osnabrücker Fürstbischof Franz Wilhelm Graf Wartenberg über zahlreiche Stimmen im katholischen Fürstenrat, desgleichen der streitbare Prior Dr. Adam Adami aus dem Benediktinerkloster Murrhardt, der als Gesandter der Reichsabtei Corvey auch die „Reichsprälaten des Schwäbischen Kreises" vertrat. Er verfaßte ein Memoirenwerk, die einzige zeitgenössische Darstellung der verwickelten Friedensverhandlungen aus der Feder eines Mithandelnden, betitelt *Arcana Pacis Westphalicae,* die auch eine Beschreibung der Stadt Münster enthält [600: Adami, Relatio historica]. Sie darf als offiziöses Quellenwerk gelten, weil dem Autor amtliche Dokumente zur Verfügung standen; er hat seine Niederschrift 1652 abgeschlossen. Von den evangelischen Bevollmächtigten verdient der tüchtige Jurist Dr. Jakob Lampadius, ein Bauernsohn aus dem Herzogtum Braunschweig-Lüneburg, Erwähnung, der als Staatsrechtslehrer berühmt war. Er starb in Münster am 20. März 1649 und hinterließ ein zweibändiges handschriftliches Tagebuch, von dem sich eine Abschrift im Stadtarchiv Münster befindet. Der bedeutendste Mann des Kongresses war indes der mit geheimen Sondervollmachten des Kaisers Ferdinand III. versehene Maximilian Graf von Trauttmansdorff, der am 29. November 1645 in Münster ankam; von seiner Ankunft erwartete man endlich Entscheidungen im schleppenden Gang der Verhandlungen, die vorwiegend schriftlich geführt wurden.

2. *Der Verlauf der Verhandlungen und das Leben in Münster*

Es gab keine Vollversammlung und keine förmliche Kongreßeröffnung. Die Parteien überreichten den Vermittlern ihre Schriftsätze, gaben dazu mündliche Erläuterungen ab und nahmen Gegenvorschläge entgegen. Anfänglich erschwerten Protokoll- und Rangstreitigkeiten, die außerordentlich wichtig genommen wurden, das zügige Fortschreiten der Verhandlungen, die in den Quartieren der jeweiligen Vertreter reihum geführt wurden. Diese Differenzen entsprangen nicht so sehr persönlichen Eitelkeiten, sondern bezeichneten eine Stufe in der Entwicklung der Diplomatie, war es doch keine Frage der Höflichkeit, vielmehr des Herrscherprestiges und der völkerrechtlichen Stellung, wenn jedes öffentliche Auftreten zum Präzedenzfall werden konnte, der Konsequenzen für die Zukunft nach sich zog. Wer dem anderen den Vortritt oder die Ehrenseite geben mußte, wer ihn die Treppe hinauf oder herab begleitete, die Reihenfolge der Unterschriften – all diese Fragen gingen ins Protokoll ein oder mußten durch Kompromisse entschieden werden. Noch im letzten Kongreßjahr gab es Zank darüber, ob die städtischen Vertreter den Vorträgen der kaiserlichen Gesandten stehend oder sitzend, bedeckten oder entblößten Hauptes beizuwohnen hätten. Vermutlich sind viele Differenzen bei Treffen unter vier Augen geschlichtet worden. Über 800 Einzelkonferenzen soll der Nuntius in Gegenwart des Botschafters Contarini abgehalten haben. Über die Mediatoren liefen alle Unterhandlungen zwischen Franzosen und Spaniern. Die Gesandten waren nur Vertreter, nicht aber Leiter ihrer Regierungspolitik und an Weisungen aus dem Kabinett ihres Herrschers gebunden, was viel Zeitverlust bedingte.

Ein öffentlicher Anschlag hatte den münsterischen Bürgern am 24. März 1644 eingeschärft, jeder möge den Gesandten und deren Dienern mit Respekt begegnen und niemanden übervorteilen. Energisch ging der Rat gegen Bürger vor, die ihre eingegangenen Verpflichtungen nicht erfüllten. Im kaiserlichen Auftrag richtete der Generalpostmeister Graf Thurn und Taxis ein Reichspostamt ein, das mindestens einmal wöchentlich den regelmäßigen Briefverkehr nach allen Richtungen sicherstellte. Zweimal in der Woche ging die Post nach Unna ab, das an der Köln-Hamburger Postlinie lag; seit 1646 gab es auch eine direkte Verbindung nach Brüssel über Roermond. Die Brieflaufzeit von Münster nach Paris dauerte zehn bis elf Tage, nach Wien waren Schreiben fünfzehn Tage unterwegs, so daß es einen vollen Monat dauerte, bis eine Antwort von dort eintreffen konnte. Die Post nach Madrid dauerte rund vier Wochen. Kuriere ritten die Strecke hin und zurück günstigenfalls in vierzig Tagen. Die Länge dieser über ganz Europa verteilten Postwege muß man bedenken, wenn man die lange Kongreßdauer kritisch beurteilt. Es galt als Rekord, wenn ein kaiserlicher Kurier im Oktober 1648 in 19 Tagen von Münster nach Wien und zurück ritt. Schutzbriefe und strenge Befehle an die Heerführer sicherten die zuverlässige Postversorgung, ohne die der Kongreß, dessen regelmäßige Berichte und Anfragen in die europäischen Metropolen gingen, nicht funktionsfähig war; zu Beginn sind nicht selten Kuriere und Postkutschen von plündernden Soldaten abgefangen worden. Da die Stadt Osnabrück die schwedische Hauptgesandtschaft aufgenommen hatte, waren häufige Reisen nach dort nötig. Eine solche Fahrt dauerte einen vollen Tag; man fuhr früh zwischen 5 und 6 Uhr ab, machte meist Station in Lengerich und langte am späten Abend in der zweiten Kongreßstadt an.

Münsterische Bürger übernahmen die Wechselgeschäfte für die Friedensgesandten. Wir kennen vier Münsteraner, die sich durch Geldwechsel ein durchschnittliches Agio von zwei bis vier Prozent verdienten; es waren Christoph Poll, Henrich tom Nienhaus, Henrich Schmits und Anna Körler, die Witwe Soons. Vom Kölner Kurfürsten Ferdinand erhielt der fürstliche Buchdrucker Bernhard Raesfeld das erbetene Privileg, alle für den Bedarf der Bevollmächtigten bestimmten Lieferungen von Büchern und Schreibmaterialien ungehindert und abgabenfrei einführen zu dürfen – er hat dann 1648 in Münster auch die ersten Drucke der Friedensverträge publiziert. Der rührige Verleger brachte auch die Gelegenheitsgedichte des holländischen Juristen Dr. Johannes Cools de Tetrode heraus, der die Gesandten als „Architekten des Friedenstempels“ feierte und sich als Historiograph der spanisch-niederländischen Verhandlungen verstand. Die beiden Bürgermeister erhielten vom Rat wegen erhöhter Beanspruchung auf Kongreßdauer eine Sondergratifikation von hundert Talern jährlich bewilligt. Adam Adami rühmte die Tätigkeit der Bürgermeister Heinrich Herding und Johann Timmerscheidt, die beim Abschluß des Friedens im Amt waren und mit den fremden Gästen gut umzugehen wußten. Sie wurden von den Diplomaten häufig zum Bankett geladen und erfüllten reihum ihre Repräsentationspflichten. Diese Einladungen galten oft einem Anliegen der Veranstalter, die in vertraulicher Runde Zwischenfälle beilegen wollten. Bei historischen „Haupt- und Staatsaktio-

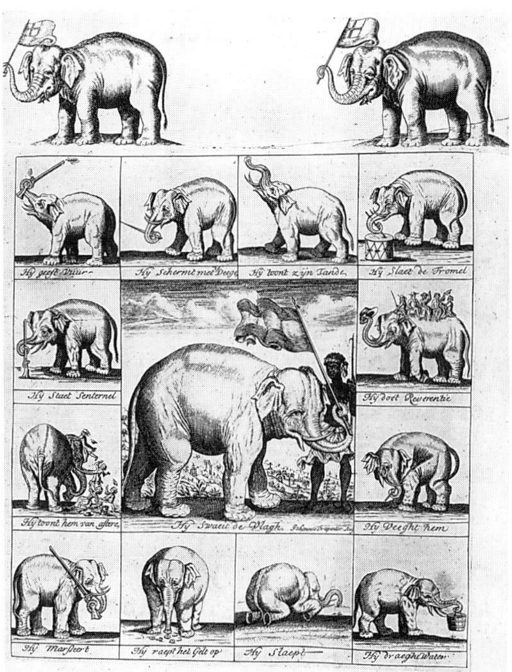

Der dressierte Elefant, der am 7. Dezember 1646 der Herzogin von Longueville vorgeführt wurde. Ein Kupferstich von Johann Drapentier zeigt die Kunststükke, die er auf der Neujahrsmesse in Leipzig vollführte (1650)

nen" ging es nicht ohne viele Statisten und Inszenierungskünste ab. Natürlich nahm die Kriminalität am Kongreßort zu, es gab Handgreiflichkeiten und Messerstechereien. Schon bei Kongreßbeginn verbot der Rat den Verkauf von Gesichtslarven und Masken während der Karnevalszeit sowie die üblichen „Zechen" der Bruderschaften. Die Polizeidiener übten scharfe Aufsicht über fremde Bettler und „leichtfertige Weibspersonen", die Stadtverweisung traf. Im Winter 1646 sah sich der Rat veranlaßt, eine abendliche Sperrstunde für Mägde und Gesinde anzuordnen, doch konnte gegen Straßenbettelei und Prostitution keine Abhilfe gefunden werden. Regelmäßig wurden die Herbergen visitiert, auch in jedem Stadtviertel Nachtwächter bestellt, um frühzeitig auf etwa ausbrechende Brände zu achten. Die Brandbekämpfung in Münster nötigte den Franzosen Respekt ab, auch die Wächter auf dem Lambertiturm fanden Beachtung. Aus Wesel wurde ein kunstfertiger Meister berufen, um neue kupferne Feuerspritzen zu gießen. Der Rat begrenzte den Umlauf ungewohnter Münzsorten und bewilligte zur Unterhaltung der Gäste eine Art Lotterie, den „Glückshafen", den ein auswärtiger Pächter betrieb. Fahrendes Volk strömte nach Münster, wo englische und holländische Komödianten ihr Publikum fanden, dazu Schausteller und Seiltänzer; eine besondere Attraktion war die Vorführung eines dressierten Elefanten.

Kraft des Präliminarvertrags war der Rat zum Schutz der Gesandten verpflichtet, jedoch nicht befugt, Gerichtsverfahren gegen Mitglieder der Legationen durchzuführen, die Immunität genossen. Es war eine Ausnahme, daß im November 1646 mehrere Franzosen einen Kammerdiener des Grafen Peñaranda tödlich verwundeten, was dazu führte, daß der Herzog von Longueville die Verdächtigen durch Beauftragte der Stadt verhören ließ. Der Rat stellte ihm zwei Stadttore als Gefängnis für seine Untergebenen zur Verfügung. Im April 1648 kam es zu einem ernsthaften Zusammenstoß zwischen den verfeindeten Spaniern und Portugiesen, der elf Verletzte gefordert haben soll. Der Sturm auf das Quartier der Portugiesen blieb für die Täter aber ohne Folgen, weil der spanische Graf seine Leute nicht der städtischen Justiz auslieferte.

Den ländlichen Charakter der Stadt Münster mochten manche Besucher aus den Großstädten jener Zeit, wie Paris, Amsterdam oder Wien, belächeln, gab es doch innerhalb des zweifachen Mauerrings zahlreiche Schweine, Rindvieh, Geflügel und Pferde; für die vielen Zug- und Reitpferde der Gesandtschaften mußten zusätzliche Stallungen errichtet werden. Vor den Toren – es waren elf, von denen drei stets geschlossen blieben – befanden sich die Obst- und Gemüsegärten der Bürger, die vielfach Selbstversorger waren, wie Adami berichtete. Aus den Ratsprotokollen erfahren wir von den Bemühungen des Rates um geregelte Lebensmittelzufuhr. Er setzte die Fleischpreise fest, überwachte den Verkauf auf den öffentlichen Plätzen und richtete neben den gewohnten Verkaufsständen unter den Bogen des Prinzipalmarkts Buden für Fisch, Butter, Käse und Eier her. Größere Gesandtschaften stellten eigene Einkäufer ein, die sich auch im Umland mit frischen Nahrungsmitteln versorgten. Fast alle beköstigten ihr Personal selbst und zogen die Eigenversorgung der Bewirtung in Wirtschaften oder Garküchen vor. Die Kaufleute klagten über die Licenten (Erlaubnisgelder für die Durchfuhr von Waren), die von den kriegführenden Parteien in ihren Garnisonen erhoben wurden und die Einfuhr verteuerten, während die Lieferungen an die ausländischen Gesandtschaften zollfrei erfolgten. Eingaben der Stadt

Anne-Geneviève de Bourbon-Condé, Herzogin von Longueville

um Erleichterungen bei den Kontributionen blieben ohne Wirkung, obwohl der Rat 1646 ein gemeinsames Vorgehen gegen die Licenten mit den Städten Osnabrück und Wesel vereinbarte und die Beschwerden auch unter Anknüpfung an die alten Hansebeziehungen den stadtkölnischen und lübischen Bevollmächtigten vortrug. Für die Zubereitung ihrer Speisen beschäftigten die vornehmsten Gesandten eigene Köche und Bäcker. Graf Nassau hatte unter dem Personal einen „Hühnerfänger", der für ihn Jagd auf Rebhühner und Fasanen machte, Graf d'Avaux besoldete zwölf Köche, acht Bäcker und einen Mundschenk, Graf Servien verfügte über einen Kuchen- und zwei Pastetenbäcker. Die Mieten vermittelten den Fremden den Eindruck, Münster sei die teuerste Stadt Deutschlands. Manche Gesandte, die sich auf längeres Bleiben in der Stadt eingerichtet hatten, ließen ihre Familien nachkommen. Ein besonderes Ereignis war der prachtvolle Einzug der Herzogin von Longueville, Anne-Geneviève de Bourbon-Condé, die in Begleitung ihrer Stieftochter am 26. Juli 1646 in Münster eintraf; der dabei entfaltete Prunk der Franzosen übertraf alle anderen feierlichen Empfänge. Die Herzogin blieb bis zu ihrer Abreise am 27. März 1647 der gesellschaftliche Mittelpunkt des Kongresses.

Die Stadtbevölkerung merkte vom Kriegsgeschehen nur wenig, wenngleich über die Streifzüge der hessischen Besatzung im Münsterland geklagt wurde. Hessische

Söldner aus Coesfeld hatten 1644 das Stift St. Mauritz geplündert und auch das Dorf Lengerich nicht verschont, wo sie die für die Gesandten bestellten Quartiere ausraubten. Der Rat sah sich vorübergehend zu Verteidigungsmaßregeln genötigt, als im Juli 1647 arme Bauern mit ihrem Vieh in die Stadt strömten, die vor den Schweden des Generals Königsmarck flüchteten „und durch ihr Geschrei, das sich mit dem Brüllen ihrer Herden vermischt, alle Einwohner in Schrecken setzen", wie ein Franzose überlieferte. Im September des gleichen Jahres machten kaiserliche Truppen die Umgebung unsicher. Nach derselben Quelle wurde der Pastor von St. Lamberti durch Soldaten in seinem Garten, nur 500 Schritte von der Stadtmauer entfernt, gefährlich verletzt [659: Ogier, Journal du Congrès, S. 238f; 613: Depping, Reise]. Solche Fälle von Mord und Straßenraub ereigneten sich unmittelbar vor den Toren.

Bei Kongreßbeginn hatte der Domdechant Bernhard von Mallinckrodt, der mit der Bürgerschaft nicht immer in bestem Einvernehmen stand, die Ankunft der Gesandten zum Vorwand nehmen wollen, um den Domplatz wenigstens zur Nachtzeit für den öffentlichen Verkehr zu sperren. Rat und Gilden reagierten mit der entrüsteten Drohung, ihrerseits dann Gegenpforten zu errichten. Der alte Streit um die Domimmunität und die Vorrechte des Kapitels flammte zeitweilig wieder auf, doch mußte der Domdechant am Ende nachgeben. Die Bürger fanden am abwechslungsreichen Bild des Kongreßlebens Gefallen und kamen gut mit ihren Mietern aus. Vom verwickelten Gang der Verhandlungen erfuhren sie recht wenig, so daß manche Gerüchte Glauben fanden und mitunter eine Auflösung oder Verlegung des Kongresses befürchtet wurde. Gebietsabtretungen im Elsaß oder in Pommern mochten die Münsteraner gleichgültig lassen, sie wünschten einen schnellen Friedensschluß und den Abzug der fremden Soldaten aus dem Reich. Die Kirchenbucheintragungen aller Pfarreien überliefern Patenschaften der auswärtigen Gäste, die besonders gesucht waren, weil der Täufling üblicherweise ein Taufandenken erhielt, das dem Rang des Taufpaten angemessen war. Graf d'Avaux und die Gräfin Servien hielten den Sohn des Christoph Poll über das Taufbecken, auch der spanische Graf Peñaranda verschmähte nicht die Annahme der Patenstelle beim Sohn des Stadtadjutanten. Die Gattin des kurbayerischen Gesandten von Haslang, eine geborene von Fürstenberg aus westfälischem Adel, hat neunmal diese Funktion ausgeübt; daneben finden wir evangelische Paten wie den Basler Bürgermeister Wettstein oder Willem Ripperda, den Vertreter der Provinz Overijssel.

Eine erste Bittprozession zur Erflehung eines allgemeinen Friedens hatte schon bei Kongreßbeginn am 10. April 1644 stattgefunden. Man wird nicht sagen können, daß die Diplomaten in Münster nicht mit einem Gefühl ihrer großen Verantwortung ans Werk gingen. Als Graf d'Avaux zum Kongreß anreiste, machte er in Reims Station und hielt hier vor dem versammelten Domkapitel eine Ansprache, worin er die Geistlichkeit zur Fürbitte für den Frieden aufforderte. Ihn begleitete ein bekannter Pariser Kanzelredner, François Ogier, den er als Freund und Hauskaplan mitnahm. Berühmt wurde Ogiers Karfreitagspredigt vom 30. März 1646 in der Minoritenkirche in Gegenwart der Vermittler und zahlreicher Bevollmächtigter, an die er einen aufrüttelnden Friedensappell richtete [599: Actions publiques]. Er verlangte eine konkrete Verwirklichung des christlichen Glaubens bei den Verhandlungen, bei denen menschliche Klugheit göttlicher Weisheit, Vernunft dem Glauben, Politik der Religion weichen müsse, denn es sei völlig unwichtig, ob Spanien eine weitere Fe-

Johann Rudolf Wettstein, Bürgermeister von Basel, nach einem Gemälde von Samuel Hofmann (1639)

stung gewinne oder Frankreich eine Stadt an den Nachbarn abtrete; beide Staaten seien reich und mächtig genug. Eine weitere programmatische Predigt zum Friedensthema hielt Ogier, der ein interessantes Tagebuch über seinen Aufenthalt führte [659: Journal du Congrès], am Gedächtnistag des französischen Nationalheiligen, des Königs Ludwig IX., im August 1646. Darin vertrat er die Notwendigkeit eines raschen Friedensschlusses, um die Machtmittel Europas gegen die Türken zur Verteidigung des Abendlandes zusammenzufassen. Er nahm keine Rücksicht auf die Empfindlichkeiten seiner Zuhörer, denen er streng ins Gewissen redete.

Ganz ähnliche Gedankengänge vertrat der einzige Münsteraner, der seine Meinung schriftlich ausgedrückt hat. Der Stadtarzt Dr. Bernhard Rottendorff beherbergte in seinem Hause den schwedischen Residenten und betreute zahlreiche Diplomaten als Patienten. Er brachte 1646 in einem Amsterdamer Verlag ein Buch über die Blumenzucht heraus, das ein italienischer Jesuit verfaßt hatte, und widmete es dem Osnabrücker Fürstbischof. Diese Widmung an den Vertreter des Kölner Kurfürsten, der selbst die katholischen Maximalforderungen verfocht, nahm Rottendorff zum Anlaß, an die versammelten Kongreßbevollmächtigten einen Friedensappell zu richten, den er 1647 erneut in lateinischer und deutscher Sprache drucken ließ, um ihm weitere Verbreitung zu verschaffen [648: Lahrkamp, Friedensappell]. Er schilderte darin anschaulich die verzweifelte Lage der Christenheit, die Verheerung aller deutschen Länder durch den Bürgerkrieg, Not und Niedergang des Reiches und tadelte die Machtbegierde der Potentaten und ihr Trachten nach nichtigen Titeln und weltlicher Herrschaft. Auch wenn der Anschein eines Krieges wegen der Religion gewahrt werde, wüßten es Eingeweihte doch besser. Er erinnerte die Gesandten an Gottes Gericht und ihr Seelenheil. Werde in Münster der Frieden geschlossen, wolle man das Lob der Bevollmächtigten aller Welt kundtun und ihre Tugenden durch Druckschriften preisen. Sollten sie die Stadt aber unverrichteter Dinge verlassen, würden ihnen Trauer und Wehklagen folgen, und der Tag ihres Aufbruches werde bis ans Weltende verflucht. Sei es doch höchste Zeit, der Republik Venedig im Kampf gegen die Türken Beistand zu leisten, die bereits auf der Insel Kreta gelandet wären. Er erinnerte an das Vordringen der Türken auf dem Balkan, die früher versäumten Gelegenheiten, den Christen in Byzanz beizuspringen, und warnte vor dem Wechsel des launischen Kriegsglücks. Es sei Gewissenspflicht, die bluttriefenden Waffen abzulegen und einen allgemeinen Friedensbund zu schließen. Er ermahnte die anwesenden Gesandten: „Wann ihr auch gleich keine Deutsche seid, so solltet ihr doch Christen sein, deren größtes und vornehmstes Gesetz ist, Liebe gegen Gott und den Nächsten zu üben. Setzet doch dem zweifelhaften Sieg nicht weiter nach, höret auf, die Glieder des Herrn Christus so häßlich zu verletzen und mit Unterdrückung der Armen groß Geld und Gut oder Ruhm zu suchen. Das sind wahrlich traurige Siegeszeichen, welche mit unserer Mitbürger Zähren und Blut erbaut werden!" Rottendorff unterhielt als Ratsmitglied gute Kontakte zu den wichtigen Legationen und pflegte auch wissenschaftliche Beziehungen zu auswärtigen Gelehrten, denen er seine Friedensdenkschrift zugänglich machte.

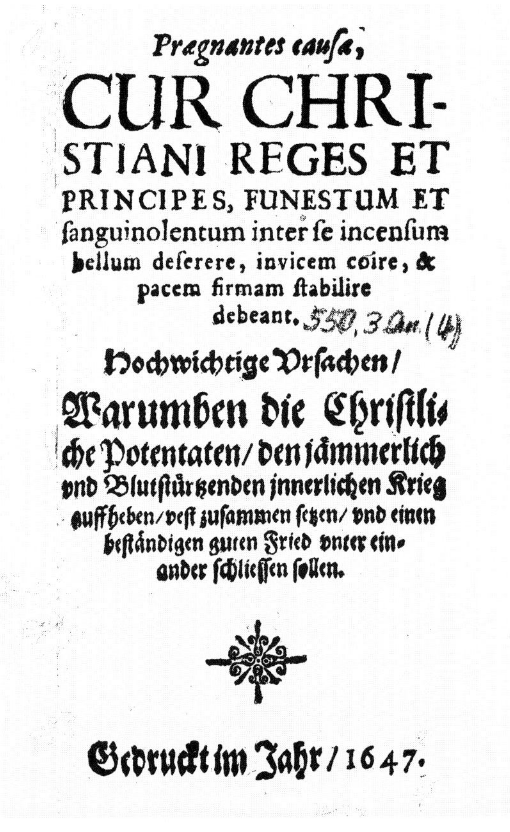

Praegnantes causae,
CUR CHRISTIANI REGES ET PRINCIPES, FUNESTUM ET sanguinolentum inter se incensum bellum deserere, invicem coire, & pacem firmam stabilire debeant.

Hochwichtige Vrsachen/ Warumben die Christliche Potentaten/ den jämmerlich vnd Blutstürtzenden innerlichen Krieg auffheben/ vest zusammen setzen/ vnd einen beständigen guten Fried vnter einander schliessen sollen.

Gedruckt im Jahr / 1647.

Der Friedensappell Rottendorffs. Titelseite des im Jahr 1647 gedruckten deutschen Textes

Maximilian Graf Trauttmansdorff, bevollmächtigter Minister des Kaisers Ferdinand III. Gemälde von Floris nach van Hulle – daneben das Wappen Trauttmansdorffs aus einer Sammlung der Gesandtenporträts (1648)

Die vielfach beklagten Verzögerungen ergaben sich aus der wechselnden militärischen Lage. Mal behielt die schwedisch-französische Partei, mal die kaiserlich-kurbayerische die Oberhand. Der Prior Adami meinte: „Sonsten sind wir schon gewohnt, im Winter zu traktieren und im Sommer zu lavieren“, und Ogier schrieb einem Pariser Freunde: „Die Friedensverhandlungen erwärmen sich im Winter und kühlen sich im Frühjahr ab. Dann gehen wir wieder zu unserer gewöhnlichen Ruhe über, die Generale rücken ins Feld und nehmen die Sache in die Hand. So haben die Männer des Krieges und des Friedens abwechselnd ihre Beschäftigung.“ An Grausamkeit und zunehmender Verwüstung weiter Landstriche übertraf diese letzte Periode des Dreißigjährigen Krieges alle früheren Feldzüge auf deutschem Boden. Die erhoffte Annäherung zwischen Frankreich und Spanien kam trotz aller Vermittlungsbemühungen Chigis nicht zustande. Kaiser Ferdinand III. mußte nach der Katastrophe der Schlacht von Jankau (6. März 1645), in deren Folge die Schweden seine Hauptstadt Wien bedrohten, Frankreich und Schweden Konzessionen machen. Erst mit der Ankunft des Ministers Graf Trauttmansdorff Ende 1645 kam wieder Bewegung in den stockenden Kongreßverlauf. Es gelang seinem diplomatischen Geschick, die durch innenpolitische Schwierigkeiten beunruhigten Franzosen zu Separatverhandlungen zu verleiten, weshalb die Schweden schließlich ihre Maximalforderungen verringern mußten. Trauttmansdorffs unkonventionelle Verhandlungsführung schuf bei den evangelischen Reichsständen eine vertrauensvolle Atmosphäre. Die konkreten Gebietsansprüche der fremden Mächte gingen allerdings über die Erwartungen der kaiserlichen Partei weit hinaus. Immerhin konnte am 13. September 1646 in Gegenwart der Friedensvermittler ein Vorvertrag mit Frankreich abgeschlossen werden, der grundsätzlich die Frage der französischen Entschädigung entschied und ihm das Elsaß zusprach. Um einen Kompromiß zwischen dem Kaiser und den Schweden hat sich vor allem der gewandte Graf d'Avaux bemüht, der nach beiden Seiten ausgleichend wirkte, jedoch gerade dadurch die Feindschaft des Kardinals Mazarin erregte, der ihn wenige Monate vor der Vertragsunterzeichnung in Ungnade abberief. Avaux hatte Trauttmansdorff einmal erklärt, Mazarin führe den Krieg nur weiter, um den französischen Adel auf dem Schlachtfeld zu opfern und sich so seiner inneren Gegner zu entledigen. Am 18. Februar 1647 kam es zum Abschluß eines Vorvertrages mit Schweden, das Vorpommern mit der Insel Rügen, Stettin und Wismar, dazu die Bistümer Bremen und Verden als Reichslehen erhielt; damit war die zweite große Aufgabe gelöst. Viel komplizierter waren die Regelung der innerdeutschen Religions- und Verfassungsfragen und die kostspielige Abfindung der schwedischen Söldnerarmee. Die extremen Vertreter beider Religionsparteien sträubten sich gegen die notwendigen Konzessionen, so daß Trauttmansdorff am 16. Juli 1647 vorzeitig den Kongreß verließ. Der münsterische Rat schenkte ihm zur Abreise ein Pferd aus dem Ratsstall. Den Bürgermeistern, die seinen Rat erbeten hatten, wie sich die Stadt im Falle eines Scheiterns der Verhandlungen zu verhalten habe, bedeutete er, man möge nicht an weitere Neutralität denken, sondern sich kaisertreu erweisen; das Reichsoberhaupt sei jederzeit in der Lage, der Stadt gegen alle Feinde beizustehen. Durch ihr zeitweiliges Zusammenwirken hatten Trauttmansdorff und d'Avaux die Grundlagen einer friedlichen Verständigung gelegt.

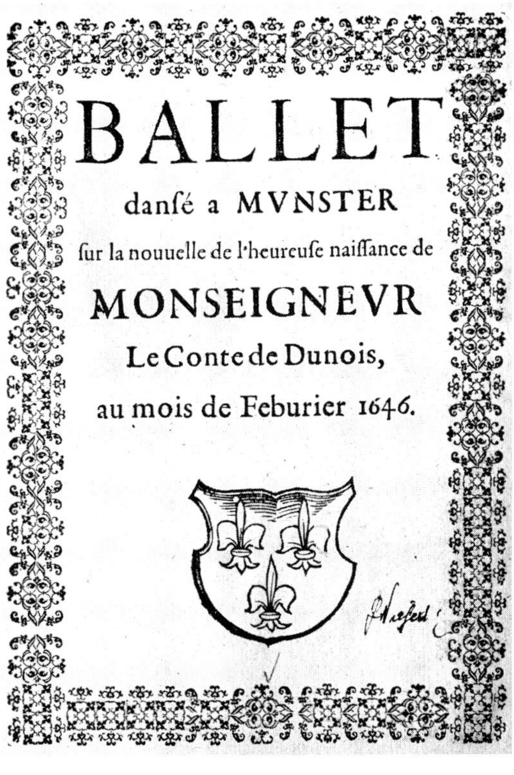
BALLET
danſé a MVNSTER
ſur la nouuelle de l'heureuſe naiſſance de
MONSEIGNEVR
Le Conte de Dunois,
au mois de Feburier 1646.

Titelblatt des Texthefts zum Freudenballett der Franzosen vom Februar 1646

Die lange Dauer des Kongresses, der sich über Jahre hinzog, führte dazu, daß man sich an die fremden Gäste gewöhnte, die aus ihrem Zwangsaufenthalt das Beste machen mußten. Viele Einzelheiten erfahren wir aus den erhaltenen Tagebüchern, etwa des Nuntius Chigi, des Grafen Lamberg oder Ogiers. Die Edelleute der französischen Gesandten vertrieben sich die Langeweile mit Musik und Tanz. Für sie verfaßte Ogier den Text zu einem „Friedensballett" und legte Vortragsfolge und Dialoge der Beteiligten fest. Es wurde erstmals am 26. Februar 1645 im Quartier des Grafen Servien aufgeführt und fand solchen Anklang, daß es bei den Kaiserlichen und beim Fürstbischof von Osnabrück wiederholt wurde. Am 28. Februar wurde es dann im Rathaus vor den Honoratioren gegeben; es bot eine bunte Mischung aus Pantomime, Deklamation, Gesang und Tanz, untermalt durch Geigenspiel. Alle Damenrollen wurden von Männern gespielt, was die Komik erhöhte. Der Reiz dieser hier neuartigen Darbietung beruhte auf den burlesken Verkleidungen der Pagen und Edelleute, die in verschiedenen Rollen paradierten. Die Chansontexte behandelten die Überwindung der Zwietracht durch den Frieden, ein großes Ballett, in dem die Teilnehmer gemeinsam auftraten, bildete den Abschluß. Eine galante Huldigung an die Münsteranerinnen fehlte nicht. Ein zweites „Freudenballett" verfaßte Ogier zur Feier der Geburt eines Sohnes des Herzogs von Longueville, der den Titel eines Comte de Dunois erhielt. Es wurde im Februar 1646 veranstaltet und im Rathaus wiederholt [814: Lahrkamp, Ballettaufführungen]. Das Textbuch enthielt Anspielungen auf das aktuelle Zeitgeschehen in Münster und bot den Franzosen Gelegenheit, durch prächtige Kostüme und phantastische Masken der Bevölkerung zu imponieren. Vermutlich überboten sie die Jesuitenschüler des Paulinums, die mehrfach vor den Gesandten und ihrem Gefolge Jesuitendramen erbaulichen Inhalts aufführten. Im Jahr 1647 spielten die Franzosen nur intern eine Komödie, und 1648 ließ Graf Peñaranda am Fastnachtsdienstag für sein Gefolge ein spanisches „Mantel-und-Degen-Stück" über die Bretter gehen. Er bewohnte im Observantenkloster an der Bergstraße einen neu erbauten Flügel, für dessen Errichtung er seinen Gastgebern die beträchtliche Summe von 4400 Talern zugeschossen hatte.

Die gute Schulbildung der Münsteraner rühmte der Prior Adami, der auch vermerkte, daß sich bei der Frauenwelt neuere Moden einbürgerten. Anerkennend erwähnten die Franzosen die reichhaltige Bibliothek der Jesuiten und die Büchersammlung des Domdechanten. Maler und Kupferstecher, die Aufträge erhofften, fanden sich am Ort ein. Der aus Gent gebürtige Anselm van Hulle kam 1646 auf Wunsch des Prinzen von Oranien, um die Gesandten zu porträtieren. Er arbeitete dann mit mehreren Gehilfen auf eigene Rechnung und betrieb seine Kunst fast fabrikmäßig. Einer seiner Helfer war Jan Baptista Floris aus Antwerpen, von dem der Rat der Stadt Münster 1649 zum Stückpreis von zehn Talern 34 Porträts für die Ratskammer erwarb. Fast alle Bevollmächtigten ließen sich malen und kauften auch Bilder ihrer Kollegen. Die Nachfrage nach Porträts war so groß, daß van Hulle sie in Kupferstichen vervielfältigen ließ und ein Schutzprivileg gegen Nachdrucke erwirkte. Sein Konkurrent, der Niederländer Pieter Holsteyn der Jüngere, der sich ebenfalls 1646 in Münster eingefunden hatte, erfuhr mit der gleichen Bitte eine Ablehnung und hat nur drei Porträts des Malers Gerard Ter Borch in Kupfer gestochen. Seine Ölskizzen ließ van Hulle durch namhafte Stecher aus Antwerpen reproduzieren und zu einem gesuchten Sammelwerk vereinigen, das er dem Rat der Stadt am 4. September 1648 präsentierte. Nicht weniger als 61 dieser Brustbildnisse stammten von Pieter de Jode dem Jüngeren, einem namhaften Spezialisten aus dem Rubensumkreis. Das Werk trägt den stolzen Titel *Pacificatores orbis Christiani*.

Der Osnabrücker Fürstbischof beschäftigte einen Hofmaler, den Italiener Andrea Alovisii, der in Münster den päpstlichen Nuntius porträtierte, doch sind seine Gemälde verschollen. Ungleich bedeutender war Gerard Ter Borch, von dem ein Reiterbildnis des Herzogs von Longueville, mehrere Gesandtenporträts – so des Grafen Peñaranda – und zwei berühmte Historienbilder erhalten sind. In städtischem Besitz befindet sich der „Einzug des niederländischen Gesandten Adriaen Pauw in Münster“ mit der Stadtsilhouette im Hintergrund, die ein anderer Maler geschaffen hat. Ter Borch hat Pauw und seine Gattin Anna van Ruytenburgh auch in zwei Miniaturbildnissen der Nachwelt überliefert, die vermutlich zu seinen frühesten Auftragsarbeiten in Münster gehörten. Der Gesandte war der Führer der Friedenspartei in der Abordnung der Generalstaaten und ein erfahrener Diplomat.

3. *Der Friedensschluß und die Situation der Stadt nach Ende des Kongresses*

In schwierigen Verhandlungen gelang es dem Grafen Peñaranda, die Niederlande aus dem französischen Bündnissystem herauszulösen und den achtzigjährigen Krieg zu beenden. Am 16. Januar 1648 lag der spanisch-niederländische Vertrag fertig und gesiegelt vor und wurde am 30. Januar im Quartier der Niederländer, dem Krameramtshaus, unterzeichnet.

Für die feierliche Zeremonie der Ratifikation des Vertrages, in dem Spanien die volle Souveränität der nördlichen Niederlande anerkannte und auf Breda, Maastricht, Bergen-op-Zoom und Hertogenbosch mitsamt der Scheldemündung verzichtete, hatte Graf Peñaranda für den 15. Mai die Überlassung der Ratskammer im Erdgeschoß des Rathauses erbeten, die deshalb später den Namen „Friedenssaal“ erhalten hat. Der Maler Ter Borch hat den Moment der Beschwörung des Vertrages durch die beiden Parteien in allen Einzelheiten historisch genau festgehalten, nur daß er den Kreis der handelnden und zuschauenden Personen zum Betrachter hin geöffnet hat. Trompeter auf dem Lambertiturm verkündeten den großen Augenblick, fünf Kompanien Bürger und Soldaten waren auf dem Prinzipalmarkt angetreten und gaben bei Ankunft und Abfahrt der Prunkkarossen Ehrensalven ab.

Am Tage darauf wurde vor dem Rathaus von einer Bühne herab der Wortlaut des geschlossenen Friedens, gegen den die Provinz Seeland vergebens protestiert hatte, verlesen. Die Kirchenglocken läuteten, und Spanier und Niederländer empfingen die Glückwünsche der befreundeten Legationen. Für den 5. Juni ordnete der Rat die Ausschmückung der Stadt, Kanonensalut und Feuerwerksaufführungen an. Die Spanier spendeten vor dem Quartier Peñarandas Freitrunk aus einem Weinbrunnen, die Niederländer stellten auf der Treppe des Krameramtshauses eine Nachbildung des „Manneken Pis“ auf, durch das der Rebensaft in die Becher der Münsteraner rann. Die Bevölkerung nahm großen Anteil, war man doch wegen des ungestörten Handelsverkehrs mit den Holländern in Münster am Abschluß dieses Teilfriedens besonders interessiert. In der Erinnerung der Bürgerschaft hat dieser Vertrag die Unterzeichnung der endgültigen Vertragsinstrumente mit Frankreich und Schweden in

Beschwörung des spanisch-niederländischen Friedens im Rathaus zu Münster. Gemälde von Gerard Ter Borch

den Schatten gestellt. Da die Lage des Kaisers und seiner Bundesgenossen verzweifelt war – Schweden und Franzosen verwüsteten Bayern, und General Königsmarck schickte sich zum Sturm auf die Prager Altstadt an – wurde am 6. August 1648 in Osnabrück der Frieden durch Handschlag vereinbart. Besiegelung und Unterschriftsleistung erfolgten am 24. Oktober in Münster in den jeweiligen Gesandtschaftsquartieren. Die Reichsstände unterschrieben im Bischofshof am Domplatz. Am Abend gegen 9 Uhr verkündeten Glocken und Kanonendonner den ersehnten Abschluß des Friedens, über dessen Formalitäten man noch am letzten Tage uneins gewesen war.

Am 25. Oktober fanden in den Kirchen Dankgottesdienste statt. Die evangelischen Gesandten versammelten sich im schwedischen Quartier, die Reformierten beim kurbrandenburgischen Gesandten Graf Wittgenstein. „Bey den Herren Schweden weineten viel Leuthe aus Freuden", so heißt es im Tagebuch Lampadius'. Der münsterische Rat hatte angeordnet, daß ein Heerpauker und acht Trompeter den Stadtsekretär zu Pferd begleiteten, der öffentlich eine Bekanntmachung verlas und das *Instrumentum Pacis* dem Volke zeigte. Am Abend wurden wiederholt die Kanonen auf den Wällen losgebrannt, doch war die Anteilnahme der Bevölkerung offenbar geringer als beim Abschluß des niederländisch-spanischen Friedens. Der Osnabrücker Fürstbischof, der in Münster den Landesherrn vertreten hatte, mußte sich mit der Aussicht auf einen Nachfolger aus dem evangelischen Herzogshause Braunschweig-Lüneburg abfinden und verweigerte für Kurköln seine Unterschrift. Der Apostolische Nuntius Chigi sah sich zu einem Protest gegen jene Bestimmungen genötigt, die den bisherigen Rechten der Kirche und des päpstlichen Stuhls zuwiderliefen – war es doch zur Säkularisierung von zwei Erzbistümern und sechs Fürstbistümern gekommen, die im „Normaljahr" 1624 im Besitz der Protestanten waren. Die Vertragspartner hatten indessen bereits lange vorher jeden Protest für ungültig erklärt und ihre Staatsinteressen über die Ansprüche der katholischen Kirche gestellt.

So war es verständlich, daß die „Jesuiten und Mönche" in Münster „keine sonderlichen Freudenzeichen" abgaben und der Gesandte Adami, ein scharfer Gegner der Konzessionen, sich abschätzig über den Vertrag äußerte. Wie Eingeweihte wußten, waren wichtige Entscheidungen nur durch Bestechung erreicht worden, so die Abtretung des Bistums Minden an Kurbrandenburg erst nach großzügigen Zahlungen an die schwedischen Bevollmächtigten. Am äußeren Bild des Kongresses änderte sich lange nichts, da die meisten Diplomaten noch am Ort blieben, um die Ratifikation der Verträge abzuwarten. In vielen Gegenden ging ein jahrelanger Kleinkrieg gegen die räuberische Soldateska weiter, im Rheinland bestand noch bis zum Pyrenäenfrieden (1659) Kriegszustand. Die schwedische Armee, die sich größtenteils aus deutschen Söldnern zusammensetzte, mußte mit 5 Millionen Talern abgefunden werden. Während der Kaiser sich beeilte, die Verträge zu ratifizieren – ein kaiserlicher Kanzlist kehrte schon am 3. Dezember mit den vollzogenen Urkunden aus Wien zurück – begannen in Frankreich die ersten Frondeunruhen, über die der vormalige Resident Rosenhane aus Paris seine Königin Christine von Schweden informierte. Mazarin erwog sogar Truppenhilfe von der in Deutschland stehenden schwedischen Armee.

Am 18. Februar 1649 erfolgte der Austausch der besiegelten Ratifikationsurkunden in ähnlicher Form wie die Unterzeichnung in den Quartieren der beteiligten Mächte. Jetzt erst beschloß der Rat, in Münster ein großes „Freudenfest" zu feiern, dessen Abhaltung der Rat als seine schuldige Pflicht ansah, nachdem darüber ein Gutachten von der kaiserlichen Gesandtschaft eingeholt worden war. Davon berichtet auch eine Frankfurter Flugschrift, die auf den Straßen durch Ausrufer verkauft wurde. Nach und nach reisten die Bevollmächtigten ab, viele begaben sich direkt nach Nürnberg, wo schon im April neue Verhandlungen über den Abzug und die Abdankung der schwedischen Truppen begannen – die letzte besetzte Festung, Vechta im Niederstift Münster, wurde erst 1654 von ihnen geräumt. Zuletzt verließen die Friedensvermittler die Stadt, die sich beim Rat noch für die Zulassung der aus Lothringen vertriebenen Klosterfrauen des hl. Augustinus einsetzten, die eine Schule für die weibliche Jugend einrichten wollten. Der venezianische Botschafter wurde im September verabschiedet; der Nuntius, der fünfeinhalb Jahre im Minoritenkloster gewohnt hatte, fuhr erst im Dezember 1649 nach Aachen, um hier weiter

Originalausfertigung des Friedensvertrags zwischen dem Kaiser und Frankreich – hier die Unterschriftenseite mit den Siegeln der bevollmächtigten Vertreter Graf Nassau, Graf Servien und Dr. Volmar sowie der kurfürstlichen Gesandten

zwischen Spanien und Frankreich zu vermitteln. Münster kehrte zur Normalität zurück, und der Rat beschloß die Verringerung der städtischen Garnison. Der Stadtkommandant, der inzwischen zum Generalwachtmeister avanciert war, wurde erst am 5. April 1651 abgedankt.

Münster war durch die Neutralisierung in einen Zustand faktischer Unabhängigkeit von der landesherrlichen Gewalt gekommen, freilich nur für die Dauer der Friedenstagung. Im Rat stellte man Überlegungen an, wie diese Stellung der Stadt dauernd zu sichern sei. Der Gedanke, beim Kaiser um Aufnahme in die Reichsmatrikel nachzusuchen kam zwar auf, doch wurden auch Bedenken laut, die zu erwartenden hohen Kriegssteuern der Reichsstädte könnten Münsters Finanzkraft übersteigen. Entgegen der landläufigen Meinung war das städtische Gemeinwesen durch den Kongreß nicht reicher geworden, weil die Lieferungen an die Fremden zollfrei erfolgten und die Gesandtschaften vielfach eigenes Personal beschäftigten, weshalb die üblichen Akzisen und Abgaben weitgehend ausfielen. So erging bei einer Ratssitzung am 1. April 1647 die Entscheidung dahin, daß in Wien nicht um die Reichsunmittelbarkeit nachzusuchen sei; wohl aber versuchte man, früher erteilte Privilegien durch den Kaiser erweitern zu lassen. Nun bat Münster, Ferdinand III. möge alte Rechte bestätigen und ausweiten, wie die Münzhoheit und das Besatzungsrecht, was bereits erheblich in die überkommenen Befugnisse des Fürstbischofs eingriff. Aufschlußreich für diese Bestrebungen der Stadt ist eine Instruktion für die Deputierten, die 1649 nach Bonn zum Kurfürsten Ferdinand abgesandt wurden. Erst damals setzte man den Landesherrn offiziell über die bereits 1647 vom Kaiser erbetenen Gnaden ins Bild. Die Stadtväter waren der Überzeugung, angesichts der stets kaisertreuen Haltung der Stadt während der Kriegsjahre sei das Reichsoberhaupt außerdem moralisch verpflichtet, der Bürgerschaft als Entschädigung für beträchtliche Ausgaben zum Nutzen des Kongresses einen „Gnadenrecompens" anzuweisen. Es gelang den geschickt agierenden Bürgermeistern, den Kölner Kurfürsten zu einem Empfehlungsschreiben zu bestimmen, und auch die beiden Mediatoren Chigi und Contarini scheinen ähnlich interveniert zu haben. Auf eine Bittschrift vom 8. Mai 1649 erfolgte aus Wien ein vertröstender Bescheid, der große Hoffnungen wachrief. Am 15. September 1650 erneuerte Münster seine Bitte um Milderung der Schuldenlast, die auf „etliche hunderttausend Thaler" angestiegen sei, doch blieb eine Antwort aus. Einen letzten Versuch unternahm der Rat am 3. Januar 1653, als er schriftlich nochmals um eine „Ergötzlichkeit" anhielt und den Ratsherrn Dr. Rottendorff zum Reichstag nach Regensburg schickte, um auch mündlich das Anliegen Münsters dem Monarchen vorzutragen. Obwohl er eine Audienz erhielt und durch Aufmerksamkeiten seine Sache zu fördern suchte, wurde durch kaiserliches Reskript vom 25. Oktober das Gesuch rundweg abgeschlagen, weil eine solche Gewährung einen Präzedenzfall darstellen würde, der angesichts der leeren Kassen und noch ausstehenden Zahlungsverpflichtungen nicht zu verantworten sei. Wohl oder übel mußte sich Münster fügen. Das Selbstbewußtsein der Bürger war durch den Kongreß wesentlich gesteigert worden, wie sich etwa in den Schautalern und Medaillen auf den Westfälischen Frieden ausdrückte, die der Rat der Stadt an einflußreiche Persönlichkeiten verschenkte, deren Wohlwollen er gewinnen wollte.

Quellen und Literatur

Eine umfassende Bibliographie zur Geschichte des Westfälischen Friedens hat Hans Thiekötter zusammengestellt [700: Bibliographie]. Die neuere Literatur bis 1984 verzeichnet Fritz Dickmann [733: Westfälischer Friede].

Die Quellen zum Friedenkongreß werden seit 1962 in einer eigenen – noch nicht abgeschlossenen – Reihe, den *Acta Pacis Westphalicae,* publiziert. In drei Serien enthält sie – teils im Wortlaut, teils in Regestenform – die wichtigsten Instruktionen, Korrespondenzen, Diarien, Protokolle und Akten der Friedensverhandlungen. Bisher liegen 20 von 45 vorgesehenen Bänden vor. Weitgehend abgeschlossen ist zum Beispiel die Edition der Protokolle und Diarien sowie der schwedischen Korrespondenzen. Die wichtigsten städtischen Akten zum Friedenskongreß sind innerhalb der „APW" in einem eigenen Band zusammengefaßt [602: Stadtmünsterische Akten]; weitere Stücke sind ergänzend dazu in den „Quellen und Forschungen zur Geschichte der Stadt Münster" publiziert [655: Lahrkamp, Nachlese; 647: Dokumentation].

Die Verträge sind abgedruckt bei Konrad Müller [637: Instrumenta Pacis Westphalicae] und in einem anläßlich des 300-Jahre-Jubiläums von Ernst Hövel herausgegebenen Sammelband [847: Pax optima rerum]. Wichtige neuere Darstellungen stammen von Franz Bosbach [718: Kosten] und Karsten Ruppert [2609: Kaiserliche Politik].

Die beiden Kataloge des Stadtmuseums Münster enthalten nicht nur zahlreiche Abbildungen aus der Kongreßzeit [693: Westfälischer Frieden 1], sondern auch Fotos der Münzen und Medaillen zur Feier des Friedensschlusses [693: Westfälischer Frieden 2].

NORBERT REIMANN

Die Haupt- und Residenzstadt an der Wende zum 18. Jahrhundert

1. Das Ende der städtischen Freiheit unter Christoph Bernhard von Galen – 2. Landesherrliche Fürsorge und kirchliches Reformwirken Christoph Bernhards – 3. Konsolidierung der Verhältnisse unter Ferdinand von Fürstenberg und Maximilian Heinrich von Bayern – 4. Ansätze zur Ausbildung einer Residenzstadt

1. Das Ende der städtischen Freiheit unter Christoph Bernhard von Galen

Obgleich bereits im Februar 1661 Gerüchte wissen wollten, daß für die Stadt Münster angesichts der militärischen Übermacht des Bischofs und der Versagung der Unterstützung durch die Niederlande eine Unterwerfung unter die Macht des Landesherrn unausweichlich sei, hatte man allgemein nicht mit einem so baldigen Ende der Kämpfe gerechnet. Vielmehr waren die bischöflichen Räte noch am 18. März von der Möglichkeit einer längeren Belagerung ausgegangen und hatten die Sorge geäußert, der Kaiser könne währenddessen seine Haltung noch ändern. So kam die Kapitulation der Stadt am 26. März trotz ihrer wenig hoffnungsvollen Lage überraschend.

Eine städtische Deputation, bestehend aus dem Bürgermeister Johannes Timmerscheidt, den Ratsherren Dietrich Kemner und Johann Knippenberg, dem Stadtsekretär Bernhard Hollandt, den Gildevertretern Johann Schwick und Jobst Modersohn sowie dem Lizentiaten Jakob Temming (als Vertreter der Gemeinheit), begab sich zum Fürstbischof und leistete diesem „fußfällig Abbitte". Christoph Bernhard von Galen sprach eine allgemeine Amnestie aus, von der nur solche Personen ausgenommen sein sollten, „welche hinegst benennt und ihrer Specialverbrechung halber zwarn nicht am Leben, sondern uff eine andere Weise [. . .] gebueßfertigt werden sollen" [1117: Lahrkamp, Galens städtische Widersacher, S. 249f].

Vielleicht war es bezeichnend, daß der Fürstbischof – anders als 1655 bei den Verhandlungen auf Haus Schöneflieth und 1657 auf Haus Geist – es jetzt nicht für erforderlich hielt, mit der Stadt einen förmlichen Kapitulationsvertrag zu schließen. Vielmehr blieb den Vertretern der Stadt nichts anderes übrig, als die vom Landesherrn diktierten Bedingungen zu akzeptieren, die auf eine vollständige Beseitigung der städtischen Selbstverwaltung hinausliefen.

Ausdrücklich behielt sich der Fürst das Recht vor, jedwede ihm nötig erscheinende Maßnahme zur Aufrechterhaltung von Ruhe und Ordnung in der Stadt zu treffen und dafür Sorge zu tragen, „daß zu den ersten Aemtern der Stadt ehrsamere, wahrhaft katholische und Uns als Fürsten aufrichtig zugethane Männer befördert; und hingegen die stürmischen und unruhigen, auch Uns oder unsern Nachfolgern ungetreue und widerwärtige davon ausgeschlossen werden". In dem von der Stadt ausge-

Bürgermeister Johannes Timmerscheidt (1603–1677). Kupferstich von Matthäus Borrekens nach einem Gemälde von Anselm van Hulle (1649)

stellten Revers bekannte diese ihre Schuld, erklärte den feierlichen Widerruf aller gegen den Landesherrn gerichteten Abmachungen und versprach, daß „zu ewigen thagen keine frembde Hülff, Succurs oder Bundnüß nicht gesuchet, angenohmen, weniger auff andere weiß dergleichen Verpflichtungen understanden, vorgenohmen und attendirt werden solle". Ausdrücklich erklärte die Stadt zudem den Verzicht auf jegliche Einrede gegen die akzeptierten Kapitulationsbedingungen [1184: Tücking, Geschichte des Stifts, S. 91ff].

Das Entgegenkommen des Fürstbischofs war demgegenüber nicht viel mehr als eine Farce: Er erklärte sich bereit, die Stadt nun wieder „in Gnaden aufzunehmen" und ihre Privilegien zu bestätigen, soweit diese nicht das *ius praesidii,* das Besatzungsrecht, das der Bischof nun vollständig für sich in Anspruch nahm, berührten [StaatsAM, Fürstentum Münster, Urkunden 4544, 4545, 4546; 2616: Sammlung der Gesetze 1, Nr. 136].

Für den Bürgermeister Johannes Timmerscheidt, der dieses Amt über lange Jahre (von 1647 bis 1659 und wieder 1661) innegehabt hatte und der – wie sein Amtskollege Henrich Bünichmann – zu den gemäßigten und besonnenen Ratsvertretern zählte, war dieser Gang sicherlich besonders bitter, war er doch stets für einen Ausgleich mit dem Landesherrn eingetreten, nicht zuletzt deshalb, weil er befürchtete, daß eine Trennung von Stift und Stadt für letztere wirtschaftliche Nachteile bringen würde. Vielmehr waren es hauptsächlich die Gilden, die die Konfrontation mit dem Landesherrn auf die Spitze getrieben hatten.

Hauptwidersacher des Bischofs innerhalb der städtischen Administration war der Stadtsyndikus Nikolaus Drachter. Nicht zuletzt sein persönlicher Haß gegen Galen wird dazu beigetragen haben, daß er sich schon bald gerade bei den Gilden eine Vertrauensposition erwerben konnte und in den darauffolgenden Auseinandersetzungen mit dem Fürstbischof zum entschiedensten Verfechter der kompromißlosen Haltung der Gilden wurde.

So war es nach der Kapitulation nur folgerichtig, daß Drachter am 31. März sein Amt als Stadtsyndikus zur Verfügung stellte. Bei dem Versuch, die Stadt am folgenden Tag in Begleitung einiger Barfüßermönche zu verlassen, wurde er von den bischöflichen Soldaten verhaftet und nach Wolbeck gebracht. Die Stadt distanzierte sich daraufhin bald von ihm, beschlagnahmte sogar sein Vermögen und ließ seine in amtlicher Funktion erstellten Schriften ins Archiv überführen. Von fürstbischöflicher Seite wurde ein belastender Brief gegen ihn herangezogen, den er im November 1659 an den Weinhändler und Aldermann Walter Klute gerichtet hatte und der in die Hände des Bischofs geraten war. Da die darin enthaltenen Vorschläge auf eine Besitznahme der Stadt durch die Generalstaaten hinausliefen und somit den Tatbestand des beabsichtigten Hochverrats erfüllten, stellte ihn Drachter jetzt als nicht ernstgemeinten Scherz hin.

Die vom Bischof eingesetzte Untersuchungskommission, bestehend aus den Juristen Dr. Batz, Dr. Zurmühlen und Dr. Heerde, verlangte vom Rat, die führenden Köpfe des städtischen Widerstandes gegen den Bischof selbst zu benennen. Der Rat entledigte sich dieses peinlichen Auftrags, indem er eine Liste übergab, die fast ausschließlich unbedeutende Namen aus den Reihen der Handwerkerschaft enthielt [1117: Lahrkamp, Galens städtische Widersacher, S. 251]. Von dieser Liste machte die Kommission verständlicherweise keinen Gebrauch, sondern ließ am 4. Juli von sich aus die Alderleute Deitermann und Klute, den Kramer Jobst Brochtrup sowie den Ratsherrn Lic. Johann Keppel festnehmen.

Nun wurden der Domküster Matthias von Korff-Schmising und der Domherr Wilhelm von Fürstenberg mit der Untersuchung beauftragt, denen der Rat sogleich *ad captandam benevolentiam* je drei Ohm Wein zukommen ließ, zweifellos auch ein Zeichen dafür, wie sehr man einzig und allein darauf setzte, dem Fürstbischof und seinen Bevollmächtigten untertänigen Gehorsam zu demonstrieren.

Fürstbischof Christoph Bernhard von Galen ging nun daran, seine Herrschaft auch militärisch zu sichern. Zunächst inspizierte er am 28. März seine Truppen auf dem Felde bei der Geist: 12 000 Mann zu Fuß und 2600 zu Pferde. Nachdem er die städtischen Soldaten abgezogen hatte, legte er vorläufig 2000 Fußsoldaten und 200 Reiter in die Stadt. Dem neuernannten Stadtkommandanten General von Pleuren mußten die Schlüssel der Tore ausgehändigt werden. Am 12. April besichtigte er die Festungswerke und entschied, daß als ständige Besatzung fortan zwölf Kompanien Fußsoldaten zu je 100 Mann und 300 Reiter bei den Bürgern einquartiert werden mußten. Aus den übrigen Truppen bildete er ein Regiment von 2000 Fußsoldaten und stellte es dem Kaiser zum Kampf gegen die Türken zur Verfügung. Ende April berief er die Landstände nach Sassenberg ein und holte sich deren Einverständnis,

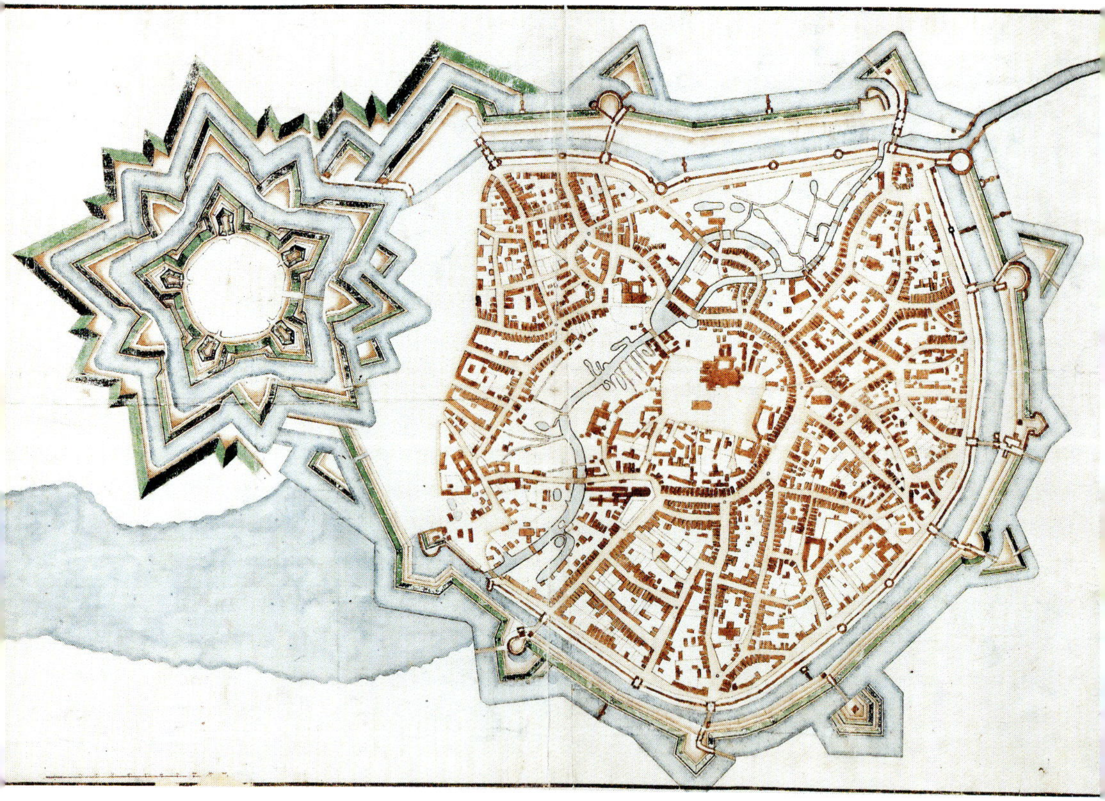

Stadt und Zitadelle. Zeichnung von Peter Pictorius dem Älteren (um 1680)

zur Sicherung seiner Herrschaft über die Stadt im Westen eine starke Zitadelle zu errichten. Mit dem Bau wurde umgehend begonnen. Die Bauleitung lag in den Händen des bischöflichen Ingenieurs Bernhard Spoede, die noch übriggebliebenen Soldaten, etwa 3000 an der Zahl, wurden für die Bauarbeiten eingesetzt.

Zu diesem Zweck wurde die bisherige Stadtmauer im Westen der Stadt niedergelegt und daran westlich anschließend eine sternförmige Festung mit breiten Gräben und Erdwällen gebaut. Für den Fürstbischof entscheidend und für die Stadt erniedrigend war der Umstand, daß der Landesherr von dieser Festung aus freies Schußfeld in die Stadt hatte, ein Zeichen dafür, daß sie weniger gegen eine Bedrohung von außen als vielmehr zur Absicherung der bischöflichen Herrschaft nach innen angelegt war. Daß der Fürstbischof innerhalb der Befestigung eine dem hl. Paulus geweihte Kapelle errichtete und der Gesamtanlage den Namen „Paulsburg" gab, so wie er die Zitadelle in Coesfeld „Ludgerusburg" genannt hatte, ist zwar eine Hinweis auf seine unbestrittene Frömmigkeit, minderte aber keineswegs die von dort für die Stadt ausgehende Bedrohung.

Es versteht sich, daß für den gewaltigen Bau enorme Summen aufgewendet werden mußten, die angesichts der Tatsache, daß die Landeskassen durch die voraufgegangenen Kriege weitgehend leer waren, nur durch zusätzliche Steuern beschafft werden konnten. So bewilligten die Stände schon im Mai eine Personenschatzung (Kopfsteuer) wie auch eine neue Verbrauchssteuer. Um die korrekte Eintreibung der Kopfsteuer zu gewährleisten, wurden die Pfarrer verpflichtet, eine detaillierte Aufstellung aller Pfarrangehörigen der bischöflichen Verwaltung vorzulegen. Auch in den folgenden Jahren waren zusätzliche steuerliche Belastungen der Einwohner des Stifts, so auch Häuser- und Viehschatzungen, an der Tagesordnung, da sich Fürstbischof Christoph Bernhard von Galen insbesondere wegen seiner kriegerischen Unternehmungen gegen die Niederlande ständig in großer Geldverlegenheit befand.

Die Bürgerschaft wurde durch den Bau der Zwingburg noch zusätzlich belastet, weil der Bischof den dafür erforderlichen Grund und Boden größtenteils entschädigungslos einzog. Das Domkapitel hingegen, in dessen Gogerichtsbezirk Bakenfeld ein beträchtlicher Teil des Terrains lag, erhielt als Entschädigung dafür vom Bischof im Jahr 1663 das Gogericht Senden, das Christoph Bernhard der Stadt bei der Kapitulation abverlangt hatte.

Des weiteren nutzte Fürstbischof Christoph Bernhard von Galen die Zeit, um seinen feierlichen Einzug in die Stadt vorzubereiten. Dieser wurde auf den 10. Juli festgesetzt und sollte mit einem dreitägigen Fest begangen werden. Zunächst begab sich der Fürst auf die Zitadelle, wo Rat und Bürgerschaft ihm in einem Zelt den neuen Huldigungseid leisten mußten. Dieser enthielt neben der allgemeinen Verpflichtung zur Treue gegenüber dem Landesfürsten und – für die Zeit der Vakanz – dem Domkapitel vor allem die Zusicherung, „keine frembde Verbundtnuß noch ahnhang zu suchen, weniger einzugehen und sich sonst in allem zu verhalten, wie getreuen underthanen eignet und gebühret“ [1184: Tücking, Geschichte des Stifts, S. 95]. Der Fürst begnadigte daraufhin die noch in Haft befindlichen Anstifter des Widerstandes. Sein Hauptgegner, Nikolaus Drachter, zog es allerdings vor, ins Exil nach Straßburg zu gehen, kehrte jedoch kurz vor seinem Tod 1664 nach Münster zurück.

Von der im Bau befindlichen Zitadelle aus begab sich der Fürst unter feierlichem Geleit von Geistlichkeit, Adel und Bürgern, dem Geläut der Glocken und dem Donner der Geschütze in die festlich geschmückte Stadt. Am folgenden Tag schloß sich die besonders aufwendig gestaltete Große Prozession an, während der dritte Tag für weltliche Feiern bestimmt war. Die zeitgenössischen Berichte über die Jubelfeiern geben sicherlich nicht die allgemeine Stimmung in der Stadt wieder. Gleichwohl dürfte aber einem großen Teil der Einwohnerschaft die Beseitigung der allzu dominierenden Stellung der Gilden, die letztlich die Katastrophe mitverursacht hatten, nicht unwillkommen gewesen sein.

Der Fürstbischof ließ im gleichen Jahr einen Siegestaler prägen, der auf der einen Seite das fürstbischöfliche Wappen, auf der anderen Seite eine Stadtansicht trägt mit der Legende MONAST[ERIVM] · WESTPH[ALIAE] · AD OBED[IENTIAM] · REDVCTVM (Münster in Westfalen zum Gehorsam zurückgeführt). Die auffallende Ähnlichkeit dieser Seite der Medaille mit einer früheren, 1648 beim Abschluß des Westfälischen Friedens geprägten, war sicherlich kein Zufall.

Absolutistische Umformung der Verfassung

Nachdem die fürstbischöfliche Herrschaft über die Stadt militärisch gesichert und nach außen eindrucksvoll demonstriert worden war, erfolgte als nächster Schritt die Umgestaltung der städtischen Verfassung in absolutistischem Geist. Am 19. August 1661 wurde der bisherige Rat formell verabschiedet. Die beiden Bürgermeister Timmerscheidt und Bünichmann, die vergeblich versucht hatten, die radikalen Kräfte in der Bürgerschaft zu mäßigen, traten als fürstliche Räte in den Dienst des Bischofs. Auch der Stadtsekretär Bernhard Hollandt wechselte die Seite und stieg zum fürstlichen Geheimsekretär auf. Die bisherige, durch ein kompliziertes Verfahren geregelte Ratswahl wurde vom Fürsten vollständig aufgehoben. Statt dessen wurden die Ratsmitglieder von ihm auf Lebenszeit ernannt.

Als neue Bürgermeister bestellte der Fürstbischof Ernst Melchior Höfflinger und Dr. Heinrich Römer. Ihre Funktionen beschränkten sich fortan im wesentlichen auf die Einberufung des Rates und die Erstellung der Ratsvorlagen. Den Vorsitz bei den Ratssitzungen mußten sie hingegen an den fürstlichen Stadtrichter abtreten, der nun die wichtigste Stellung im Stadtregiment einnahm. Ihm mußten auch außerordentliche Ratssitzungen einen Tag vorher angekündigt werden. Er hatte darauf zu sehen, daß der Rat keine Beschlüsse faßte, die gegen die Interessen des Landesherrn oder die öffentliche Sicherheit (nach dem Verständnis desselben) gerichtet waren. Am Ende eines jeden Quartals mußte er die Ratsprotokolle dem Fürsten vorlegen, damit sich dieser selbst ein Bild von der Tätigkeit der städtischen Gremien machen konnte. Es ist sicher kein Zufall, daß sich aus der Zeit von 1662 bis 1677 überhaupt keine Ratsprotokolle in Reinschriften im Stadtarchiv erhalten haben. Entweder hat die fürstliche Regierung diese zurückbehalten, oder aber sie wurden gar nicht mehr in

Der 1661 geprägte Siegestaler Christoph Bernhards von Galen mit dem Hinweis auf die Niederlage Münsters (Vorder- und Rückseite)

der üblichen Form angefertigt. Beide Möglichkeiten sind ein Hinweis auf die geringe Bedeutung, die dem Rat nach 1662 noch zukam.

Das Rathaus, Symbol des Bürgerstolzes, diente fortan als landesherrliche Hauptwache. Starke Palisaden auf dem Prinzipalmarkt sollten es vor feindseligen Aktionen aus der Bürgerschaft schützen, waren aber tatsächlich eher als Provokation gedacht und wurden von den Bürgern auch als solche empfunden. Darüber hinaus hatte der Stadtrichter den Vorsitz im Freigericht, im Kriminalgericht und im Zivilgericht inne. Schließlich oblag ihm auch die Kontrolle über den für die Fortentwicklung der Stadt so wichtigen Bereich der Neubürgeraufnahme. In einer landesherrlichen Instruktion vom 18. August 1661, die 1670 modifiziert wurde, legte der Fürstbischof die Kompetenzen von Bürgermeister, Rat und Stadtrichter im einzelnen fest.

In direktem Zusammenhang mit den Eingriffen des Landesherrn in die Ratsverfassung müssen seine Maßnahmen gegen die Autonomie der Gilden gesehen werden. Schon einmal, nach der Niederwerfung der Täuferherrschaft, hatte sich der damalige Landesherr Bischof Franz von Waldeck im Jahr 1536 veranlaßt gesehen, den Gilden jegliche politische Mitwirkung zu untersagen. Die Gesamtgilde, der Zusammenschluß der Einzelgilden, wurde damals bereits aufgelöst. Doch schon 1553 war den Gilden die vollständige Wiederherstellung ihrer korporativen und politischen Rechte gelungen. Rat und Gesamtgilde übten seitdem praktisch die Herrschaft über die Stadt zusammen aus, was unter anderem an der Tatsache erkennbar war, daß sie gemeinschaftlich über die Schlüssel zu den Stadttoren verfügten. Zu einer institutionalisierten Mitwirkung der „Gemeinheit", also der nicht den Gilden angehörenden Bürger, an der Gesamtregierung der Stadt war es, von Einzelfällen abgesehen, nicht gekommen. Seit Anfang des 17. Jahrhunderts waren das Mißtrauen und die Unzufriedenheit der nichtgegildeten Bürger mit diesem Zustand in dem Maße gestiegen, wie unter ihnen der Anteil der Wohlhabenden und vor allem der akademisch Gebildeten zugenommen hatte [491: Kirchhoff, Gesamtgilde und Gemeinheit, S. 269ff].

So konnte Fürstbischof Christoph Bernhard von Galen sicherlich auf die Zustimmung eines erheblichen Teils der Bürgerschaft rechnen, als er am 22. August 1661 ein neues „Regulament, wonach sich Alder- und Meisterleute der Stat Münster zu richten", erließ. Deren Aufgabe wurde darin dahingehend festgelegt, daß „jeder sein arbeit, hantwerk und hantierung [. . .] wol in acht nehme". Die entscheidenden Bestimmungen aber waren diejenigen, durch die den Vorstehern der Gilden jegliche politische Betätigung untersagt sowie der Zusammenschluß der Einzelgilden zur Gesamtgilde verboten wurde: „Und sollen dieselbe hinfüro in keine andere ihre zunftsachen nicht betreffende politische und regierungs sache sich keineswegs einmischen. [. . .] Und also alle zünfte und ämpter inskünftig uf einmal und zugleich [. . .] zu versammeln keine macht haben sollen, es sei denn mit vorwissen und belieben I[hrer] H[ochfürstlichen] G[naden]." Auch die 17 Einzelgilden durften nur dann zusammentreten, wenn die Bürgermeister vorher informiert worden waren und zugestimmt hatten. Die Wahl der Gildevorsteher sollte zwar nach dem bisherigen Verfahren erfolgen; die Gewählten bedurften jedoch der fürstlichen Bestätigung und hatten diesem einen Treueid zu leisten [13: Krumbholtz, Gewerbe, S. 139f]. Am darauffolgenden Tag bereits wurden die Gildemeister und Alderleute in die Ratskammer zitiert, um dort vor dem Stadtrichter den erwähnten Treueid zu leisten, der inhaltlich dem der Ratsmitglieder entsprach.

Diesen rechtlichen Verfügungen ließ Christoph Bernhard von Galen auch praktische Maßnahmen folgen: Die wichtigsten Gildehäuser wurden beschlagnahmt; das Schohaus wurde zum Zeughaus umfunktioniert, im Krameramtshaus wurden bischöfliche Truppen einquartiert. Das Schohaus am Alten Fischmarkt war als Versammlungsort der Gesamtgilde und somit als Zentrum des Widerstandes gegen die fürstliche Herrschaft dem Bischof ein besonderer Dorn im Auge. Bald nach der Unterwerfung der Stadt soll – so berichtet der Chronist Corfey – ein die Jahreszahl 1661 enthaltendes Chronogramm an die Hauswand geschrieben worden sein: ne sVtor VLtra CrepIDaM (Schuster, bleib bei deinem Leisten). Tags darauf sei jedoch darunter ein weiteres Chronogramm zu lesen gewesen: MaLeDICtVs annVs (Verfluchtes Jahr! = 1661).

Bald folgte ein weiterer Schlag, der die Gilden in ihrem Selbstbewußtsein schwer getroffen haben dürfte: Am 20. Oktober dekretierte der Fürstbischof, daß die Gilden und Ämter ihre Amtsbücher, Rollen und sonstige ihre Ordnung und Verfassung betreffenden Urkunden dem Stadtrichter Lic. Bernhard Brummer einzureichen hätten, und zwar jeweils im Original und in einer Kopie. Während die Originale nach einer Überprüfung zurückgegeben wurden, sollten die Kopien bei der bischöflichen Verwaltung verbleiben. Diese Anordnung war insofern besonders gravierend, als die Verfassung der Gilden und Ämter bislang als deren innere Angelegenheit angesehen worden war und der Inhalt dieser Urkunden Außenstehenden nicht offenbart wurde. Durch die genaue Kenntnis der Bestimmungen war nun die bischöfliche Obrigkeit viel eher in der Lage, das Verhalten der Gilden zu kontrollieren und gegebenenfalls reglementierend einzuschreiten.

Die ansteigende Akademisierung der Bürgerschaft hatte sich aber nicht nur in wachsendem Mißtrauen gegenüber der Vorherrschaft der Gilden ausgewirkt, sondern auch zu einer allmählichen Umstrukturierung in der Zusammensetzung des Rates geführt. Bereits seit der Mitte des 16. Jahrhunderts war das „gelehrte Beamtentum" als neue städtische Führungsschicht im Vordringen, parallel zum Rückzug des patrizischen Erbmännerstandes aus den städtischen Ämtern. Um 1660, also unmittelbar vor der Unterwerfung der Stadt, stellten die Juristen bereits etwa die Hälfte der Ratsmitglieder. Sicherlich hatte der Gegensatz der Gildebürger zu dieser neuen Schicht die ersteren noch stärker in eine extreme, dem Landesherrn feindliche Position getrieben.

Die Verfassungsänderung des Jahres 1661 führte endgültig zu einer deutlichen Dominanz dieser neuen Führungsschicht, die die bisherige Honoratiorenschicht aus Kaufmannsfamilien und Gilden weitgehend ersetzte. Neben den politischen Ereignissen in den Jahren zuvor waren insbesondere soziale Umstände dazu angetan, diese Gruppe dem Landesherrn als neue städtische Führungsschicht zu empfehlen. Genealogisch rekrutierten sie sich nämlich zu einem nicht unbedeutenden Teil aus nichtehelichen Nachkommen der Adeligen geistlichen Standes, also insbesondere von Angehörigen des Domkapitels und bedeutender Stiftskapitel. Da ihnen der Zugang zu den Gilden verwehrt war, wandten sich diese „Papenkinder" vielfach akademischen Berufen zu. Ihre Verwendung als fürstliche Beamte bot sich geradezu an, ebenso die Übertragung wichtiger Stellen im städtischen Rat und bei den Ratsämtern seit 1661. Da sie im Gegensatz zu der alten Honoratiorenschicht oder gar zu den patrizischen Erbmännern aus ihren Beamtenstellungen ihre materielle Existenz-

Fürstbischof Christoph Bernhard von Galen (1650–1678) – im Hintergrund die Silhouette der Stadt Groningen, die von ihm 1672 vergeblich belagert wurde. Gemälde von Wolfgang Heimbach (1674)

grundlage bezogen, waren sie in der Regel dem Landesherrn besonders fest verbunden. Gleichzeitig bemühten sie sich, ihre Ämter in der Familie zu halten und bei Gelegenheit an ihre Nachkommen zu vererben. So überrascht es nicht, daß zwischen 1661 und 1802 in der Liste der Bürgermeister – mit zwei Ausnahmen (aus dem Erbmännerstand) – ausschließlich Namen von Akademikern zu finden sind [220: Lahrkamp, Patriziat, S. 202f].

Unruhige Jahre

Mit der Unterwerfung der Stadt Münster hatte Fürstbischof Christoph Bernhard von Galen das größte Hindernis ausgeräumt, das einer uneingeschränkten, absolutistischen Landesherrschaft im Weg stand. Vom Domkapitel und den Landständen hatte er, der er ja selbst dem westfälischen Adel entstammte, keine grundlegende Opposition zu befürchten, allenfalls gewisse Interessenkonflikte mit ihnen auszutragen. Die nach dem Westfälischen Frieden zunächst noch im Lande stehenden ausländischen Truppen waren gleichfalls abgezogen. Seine Erwählung zum Administrator der bedeutenden Reichsabtei Corvey am 13. November 1661 brachte ihm zweifellos einen Gewinn an Einfluß und Ansehen. Somit hätte der Weg frei sein können, die Beseitigung der Kriegsschäden in Angriff zu nehmen und alle Kräfte für den Auf- und Ausbau des Landes einzusetzen. Möglicherweise haben derartige Hoffnungen in Münster mit dazu beigetragen, den Verlust der städtischen Autonomie zu verschmerzen und sich zu einem loyalen Verhältnis zum Landesherrn durchzuringen. Gleichwohl wurden solche Erwartungen, wenn sie denn bestanden haben, bald enttäuscht. Christoph Bernhard von Galen sah vielmehr in der Festigung seiner Machtposition im Inneren die Voraussetzung dafür, die ihm drängend erscheinenden außenpolitischen Fragen zu lösen.

Daß der Bischof durch ein Dekret im Juli 1664 die Ausfuhr sämtlicher Metalle aus dem Fürstentum verbot, war sicherlich ein Hinweis auf die laufenden Kriegsvorbereitungen, wurden diese Materialien doch für die Herstellung der erforderlichen Geschütze („Kanonenbischof“) dringend benötigt. Wer Kupfer, Zinn, Blei oder Bronze verkaufen wollte, mußte dieses einem vom Fürstbischof benannten Kupferschlägermeister in der Stadt Münster anbieten [2616: Sammlung der Gesetze 1, Nr. 147].

Seine Gegner sah der Bischof zuerst und vor allem in den niederländischen Generalstaaten. Hierfür gab es verschiedene Gründe. Das Paktieren der Niederländer mit der aufrührerischen Stadt Münster konnte der Fürst Mitte der 1660er Jahre zweifellos noch nicht vergessen haben. Auch gab es einige territoriale Streitpunkte, so die 1664 erfolgte Vertreibung münsterischer Truppen von der Dieler Schanze in Ostfriesland durch holländische Truppen und die dem Stift entfremdete und in die Provinz Geldern eingegliederte Herrschaft Borkelo (im westlichen Münsterland bei Vreden). Das Hauptmotiv für die jahrelangen, letztlich aber vergeblichen Kämpfe des Bischofs gegen die Niederlande dürfte allerdings im konfessionellen Bereich gelegen haben. Galen, der die Pflicht zur Verteidigung des katholischen Glaubens persönlich so ernst nahm wie sicherlich kein anderer zeitgenössischer Politiker, sah in den kalvinistisch geprägten Niederlanden eine stetige Bedrohung der katholischen Sache. Wie leicht der Funke der Reformation auch jetzt noch überspringen konnte, hatte sich ja in Münster noch in den Auseinandersetzungen um 1660 angedeutet. Insgesamt hat es den Anschein, als habe sich hieraus bei Galen ein tiefes Haßgefühl gegen die Niederländer entwickelt.

Den Verlauf der kriegerischen Auseinandersetzungen im einzelnen zu schildern, ist hier nicht der Ort; eine kurze Skizzierung, die die Auswirkungen auf die Geschikke der Stadt Münster erklärt, muß genügen. Nachdem Galen den Kaiser durch seine Unterstützung im Kampf gegen die Türken 1664 für sich eingenommen hatte, dem Mainzer Kurfürsten im Kampf gegen die aufrührerische Stadt Erfurt beigestanden hatte, ihm von England vertraglich die Zahlung von Subsidien zugesichert worden war und er sich um einen Ausgleich zwischen Brandenburg und Pfalz-Neuburg im Westfälischen Kreis bemüht hatte, glaubte er, den Boden politisch für einen Angriff auf die Generalstaaten bereitet zu haben. Am 14. September 1665 marschierte er in die niederländischen Provinzen Overijssel und Geldern ein. Die erhoffte Unterstützung durch die genannten Mächte blieb weitgehend aus. Der brandenburgische Große Kurfürst, der in diesem Krieg einen Schlag gegen die protestantische Sache sah, ergriff sogar offen für die Niederländer Partei und nötigte den Bischof von Münster am 18. April 1666 zu einem Friedensschluß, der einer Niederlage gleichkam.

Die Erstürmung von Coevorden 1672. Gemälde von P. Wouwermans

Militärischer Hintergrund dieser Intrige von seiten Galens war die Überlegung, daß er das zwischen dem Hochstift und den Niederlanden gelegenene Territorium Bentheim als Ausgangsbasis für einen erneuten Angriff auf die Generalstaaten benutzen wollte. Dieser erfolgte auch in der Tat im Frühjahr 1672, im Bündnis mit französischen und kurkölnischen Truppen. Die Angreifer hatten zunächst große Erfolge und besetzten alle Provinzen mit Ausnahme von Holland und Westfriesland; die münsterischen Truppen drangen nach Overijssel, Drente und Borkelo ein und eroberten am 12. Juli 1672 schließlich die Festung Coevorden. Vor Groningen trat jedoch eine Wende ein. Am 27. August sah sich Christoph Bernhard gezwungen, die Belagerung abzubrechen.

So entsprach es keineswegs den tatsächlichen Verhältnissen, daß sich der Bischof bei seiner Rückkehr am 15. Oktober in Münster als Sieger im Dom feiern ließ. Neben der durch den Krieg hervorgerufenen steuerlichen Belastung von Stadt und Stift Münster hatte der Konflikt auch gravierende Auswirkungen auf die Wirtschaft der Stadt. Schon am 18. Mai 1672 verbot der Fürstbischof jeglichen Handelsverkehr mit den Niederlanden, eine Maßnahme, durch die die Stadt Münster wirtschaftlich schwer geschädigt wurde. Nur mit Mühe konnten die angeordneten Steuern aufgebracht werden, nicht zuletzt auch deshalb, weil ein erheblicher Anteil der Haushaltungen (insgesamt 450) nicht zur Besteuerung herangezogen werden konnte, da die Bewohner als Geistliche, Adelige, fürstliche Beamte oder Soldaten von der Besteuerung befreit oder wegen Armut zahlungsunfähig waren [1117: Lahrkamp, Galens städtische Widersacher, S. 253].

Eine weitere Maßnahme des Bischofs war noch mehr dazu geeignet, die Handelsbeziehungen mit den Niederlanden grundlegend zu stören: Er befahl am 19. November, feindliches – gemeint war niederländisches – Eigentum zu konfiszieren, um mit dem Erlös seine Truppen im Feld angesichts der bevorstehenden Winterkälte neu einzukleiden. Der Stadtrichter Dr. Dietrich Rave und der Syndikus Lic. Johann Caspar Bisping erhielten den Auftrag, zu diesem Zweck sämtliche Schuldforderungen niederländischer Gläubiger zugunsten der Staatskasse einzuziehen. Die Kaufleute aus Münster und Warendorf waren entsetzt, hatten sie doch ihrerseits Warenbestände von hohem Wert bei ihren Handelspartnern in den Niederlanden liegen. Die Schulden der Kaufleute aus dem Hochstift in den Niederlanden sollten demgegenüber keine 200 Taler betragen. Ein Verhör sämtlicher Kaufleute im Gruetsaal der Stadt brachte keine weiteren verborgenen niederländischen Forderungen zutage. Der empörte Landesherr verlangte daher von der Stadt, sie solle innerhalb von acht Tagen 10 000 Reichstaler für die Monturen seiner Soldaten aufbringen, da sie als einzige Stadt des Stifts den Verpflichtungen nicht nachgekommen sei. Stadtrichter und Syndikus befahl er, dieses Geld bei den vermögenden Bürgern der Stadt einzutreiben, notfalls mit Hilfe militärischer Exekution. Über den Ausgang der Sache berichten die Quellen leider nichts. Als die Niederländer die Festung Coevorden am 30. Dezember des gleichen Jahres zurückeroberten, wurde der vollständige Mißerfolg des Krieges offenbar.

Der Anschlag des Adam von der Kette

Daß die Lage des Bischofs durch diese Maßnahmen auch innenpolitisch kritischer wurde, zeigte ein Vorfall im darauffolgenden Frühjahr: Am 22. Februar 1673 wurde in Münster ein junger Mann namens Adam von der Kette, Sohn des münsterischen Bürgers und ehemaligen kaiserlichen Offiziers Jakob von der Kette, unter dem Verdacht verhaftet, einen Anschlag auf den Fürstbischof vorbereitet zu haben. Ganz offensichtlich aus persönlichen Motiven veranlaßt – der Familie war die Besitzergreifung des von Fürstbischof Ferdinand von Bayern versprochenen Gutes Tegederhof Eickrot in Aulendorf bei Billerbeck verweigert worden –, hatte Adam von der Kette dem kaiserlichen Hof den Vorschlag unterbreitet, Bischof Christoph Bernhard, der durch sein eigenmächtiges Vorgehen in den Niederlanden die kaiserliche Politik störte, gefangenzunehmen und tot oder lebend in die Gewalt kaiserlicher oder brandenburgischer Truppen zu bringen. Daß der eigentliche Urheber dieses Plans der bischöfliche Rat Schulenborg gewesen sein dürfte und weitere Mitwisser aus der Umgebung des Bischofs ausgemacht wurden, zeigt, in welchem Umfang sich der Bischof inzwischen in Stadt und Stift neue Feinde gemacht hatte.

Auch am kaiserlichen Hof war der Plan Kettes offenbar auf Sympathie gestoßen. In Wien hatte der Reichshofratssekretär von Abele Kette sogar mit Zustimmung des Hofkanzlers von Hocher mit einem kaiserlichen Schutzbrief ausgestattet, in dem versichert wurde, daß er in einem „geheimen negotio“ unter dem Schutz des Kaisers tätig sei. Von dort kam er über Paderborn, wo er sich im kaiserlichen Feldlager aufhielt und sich einen Paß ausstellen ließ, nach Münster und nahm bei seinem Schwager Dr. Göckmann Wohnung. Etwa ein Dutzend einflußreiche Personen, mit denen Kette Kontakt aufnahm und die zumindest Mitwisser des Plans waren – darunter der Syndikus der Ritterschaft Lic. Wittfeld, Aldermann Klute, drei Oberste der fürstlichen Truppen und vor allem Johann Ludwig, Wild- und Rheingraf zu Daun, kommandierender General der münsterischen Truppen, samt seinem Oberstwachtmeister Göcking –, sind allein in Münster namentlich bekannt. Am 21. Februar suchte Kette den Stadtkommandanten Toller auf und forderte die Herausgabe der Schlüssel zur Zitadelle, die er bis zur bevorstehenden Ankunft des kaiserlichen Generalfeldmarschalls Alexander Herzog von Bournonville in Verwahr nehmen wollte. Toller zögerte und ließ in der Zwischenzeit Christoph Bernhard, der sich in Cappenberg aufhielt, unterrichten. Der Bischof gab umgehend den Befehl zur Verhaftung Kettes und seines Schwagers Dr. Göckmann, die tags darauf erfolgte, obwohl Göckmann in der Domimmunität wohnte. Der Wild- und Rheingraf flüchtete mit seinem Oberstwachtmeister Göcking nach Osnabrück und von dort auf seine Stammburg Daun. Wittfeld, Klute, Schulenborg und andere Mitwisser wurden verhaftet.

Adam von der Kette wurde bald darauf der Prozeß gemacht. Die Einwände der Verteidigung, daß Kette als kaiserlicher Gesandter nicht in Münster vor Gericht gestellt werden dürfe, ließ man nicht gelten. Kette gab zu, im Auftrag des Kaisers die Übergabe der Stadt Münster und der Befestigungen des Stifts an den Kaiser beabsich-

Den
AENSLAGH
Op
MUNSTER
Ontdeckt.
Ofte een
Pertinent verhael van het gepasseerde binnen de Stadt Munster, den 23 en 24 February 1673. voorgevallen.
Uyt het Hooghduytsch origineel exemplaer getrouwelijck vertaelt.

t'Amsterdam by JAN CLAESZ. ten HOORN, Boeckverkooper over 't Oude Heere Logement. ANNO 1673.

Titelblatt eines niederländischen Berichts über den Anschlag des Adam von der Kette auf Fürstbischof Christoph Bernhard von Galen (1673)

tigt zu haben, und bestätigte, daß er sich zu diesem Zweck auch der Person des Bischofs habe bemächtigen wollen. Als Mittel zur Erreichung dieser Ziele habe er aber keine Gewaltanwendung beabsichtigt, sondern dies nur kraft der kaiserlichen Vollmachten erreichen wollen. Diesen Einlassungen schenkte das Gericht keinen Glauben. Erst als im Rathauskeller die Folter im dritten Grad angewendet wurde, gestand Kette, demjenigen, der ihm den Fürstbischof tot oder lebendig ausliefere, eine Belohnung von 10 000 Reichstalern zugesichert zu haben. Diese Aussage widerrief er später, anerkannte sie aber erneut, als ihm eine weitere Tortur angedroht wurde. Am 23. März wurde er zum Tod durch Enthaupten und anschließender Vierteilung verurteilt. Wegen des bevorstehenden Ludgerifestes (26. März) erfolgte die Vollstrekkung auf dem Marktplatz erst am 8. April.

Die gleiche Strafe wurde gegen den Kommandanten der Festung Coesfeld, Obristleutnant Johann Franz von Fißnack, verhängt, der Kette erklärt hatte, einem entsprechenden kaiserlichen Befehl zu Übergabe der Ludgerusburg nachkommen zu wollen. Fißnack wurde am 22. April exekutiert, ebenfalls auf dem Marktplatz zu Münster. Den anderen Verdächtigen, soweit sie sich nicht durch Flucht in Sicherheit gebracht hatten, konnte eine direkte Beteiligung nicht nachgewiesen werden. Göckmann und Klute blieben bis 1675 in Haft, Wittfeld bis 1678.

Zwar war der Anschlag somit vollständig gescheitert, blieb aber dennoch nicht ohne Folgen. Er hatte deutlich gemacht, wie stark die Opposition gegen den Fürstbischof war. Christoph Bernhard von Galen mußte erfahren, daß er selbst seinen eigenen Leuten nicht trauen konnte. Die nicht zu übersehende Tatsache, daß der Anschlag gegen ihn vom kaiserlichen Hof mit Wissen des Kaisers geplant worden war, muß ihn tief getroffen haben. Dennoch äußerte der Bischof an der Person des Kaisers kaum öffentliche Kritik, sondern war weiterhin bestrebt, mit ihm zu einem Ausgleich zu kommen.

Dessen Politik war jedoch von zwei Zielen bestimmt: Zurückdrängung der französischen Expansionsbestrebungen und Abwendung der Türkengefahr. Für Religionskriege war die Zeit vorbei. Im August 1673 kam es zu ersten Verhandlungen zwischen bischöflichen und kaiserlichen Gesandten in Köln. Daß wenige Wochen später die münsterische Belagerung von Coevorden scheiterte, weil ein heftiger Sturm die von den Belagerern errichteten Dämme, durch die man die Festung überschwemmen wollte, zum Einsturz brachte und dadurch das eigene Lager überflutet wurde, erschien den Beteiligten auf beiden Seiten als eine Art Gottesurteil. Dem Bischof, der der festen Überzeugung war, für eine gerechte Sache, nämlich den katholischen Glauben, zu kämpfen, muß das Geschehen unfaßbar erschienen sein. Noch am gleichen Abend wies er seine Unterhändler in Köln an, bei den Verhandlungen Entgegenkommen zu zeigen.

Durch massiven kaiserlichen Druck kam es am 22. April 1674 in Köln zu einem Vertragsabschluß mit dem Kaiser wie auch zum endgültigen Friedensschluß mit den Vereinigten Niederlanden: Fürstbischof Christoph Bernhard von Galen sicherte dem Kaiser Truppenhilfe im Reichskrieg gegen Frankreich zu und verzichtete den Niederlanden gegenüber auf alle eroberten Gebiete. Lediglich seine Ansprüche auf Borkelo gab er nicht auf, obgleich keine Chance mehr bestand, diese zu realisieren. Wilhelm Kohl, der sich so intensiv wie sonst keiner in unserem Jahrhundert mit der Politik Galens befaßt hat, sieht in diesen Verträgen die entscheidende Zäsur im Leben des Bischofs und glaubt, daß dieser hier selbst „das Ende seiner so lange gehegten Großmachtsbestrebungen“ gefühlt habe. Seinem Hauptziel, die protestantischen Mächte, insbesondere die Niederlande, deutlich zu schwächen, war er keinen Schritt nähergekommen. Die militärischen Maßnahmen der nächsten Jahre, insbesondere der Krieg gegen Schweden 1675, verfolgten keine große Linie, dienten vielmehr dem Zweck, Subsidien für die vorhandene beträchtliche Armee zu erlangen, um diese überhaupt unterhalten zu können. Aus dem „Religionspolitiker“ wurde ein „routinierter Militärpolitiker“ [1101: Kohl, Grundzüge der Politik, S. 129].

In den Reichskrieg gegen Schweden, das auf Veranlassung Frankreichs in Brandenburg eingefallen war, ließ sich Christoph Bernhard noch einmal hineinziehen, da er sich Gewinne aus der Eroberung der Stifte Bremen und Verden erhoffte. Bei den Friedensverhandlungen, die im Herbst 1678 in Nimwegen zwischen den beteiligten Mächten Reich, Frankreich, Schweden und Münster aufgenommen wurden, zeigte sich bald, daß auch die in diesem letzten Krieg erzielten territorialen Gewinne des Bischofs nicht zu halten waren. Noch während der Verhandlungen starb Bischof Christoph Bernhard am 17. September 1678 in Ahaus. Die Unterzeichnung des Friedensvertrags vollzog bereits sein Nachfolger Ferdinand von Fürstenberg am 29. März 1679.

2. *Landesherrliche Fürsorge und kirchliches Reformwirken Christoph Bernhards*

Christoph Bernhard von Galens Hauptinteresse hatte zweifellos auf außenpolitischem Gebiet gelegen. Dennoch sollte nicht übersehen werden, daß er sich im Sinne der absolutistisch verstandenen landesherrlichen Fürsorgepflicht auch in mannigfaltiger Weise um die innere Ordnung und Wohlfahrt seines Landes und der Stadt Münster kümmerte, soweit die äußeren Umstände dies zuließen. Insbesondere in Münster selbst schaltete er sich nach der Entmachtung der städtischen Selbstverwaltung in viele Bereiche der öffentlichen Daseinsvorsorge aktiv ein. So verordnete er der Stadt bereits 1662 eine neue Brandschutzordnung, 1665 eine Fremdenordnung zur Erhöhung der öffentlichen Sicherheit, erließ 1669 gegen den Widerstand des Domkapitels ein Edikt zur Erleichterung der Rechtspflege und Vermeidung unnötiger Prozesse. Im gleichen Jahr erließ er ein Verbot der Holzausfuhr, da die heimischen Wälder durch Kriege und Brände „devastiert“ seien. Dem Wiederaufbau des Landes und der Städte diente ein Edikt aus dem Jahr 1670, das darauf zielte, die Wiederherstellung und Wiederbesetzung wüster Hausstellen zu erleichtern.

In die Zukunft weisend war zweifellos die von Fürstbischof Christoph Bernhard von Galen im Jahr 1665 erlassene „Wagen-Postordnung“ [StaatsAM, Fürstentum Münster, Landesarchiv 49–20], durch die die erste Fahrpost für den Personenverkehr im Stift eingerichtet wurde. Drei Linien sollten regelmäßig von Münster aus nach Paderborn, Rheine und Wesel verkehren, mit Anschlüssen nach Frankfurt, Amsterdam und Köln. 1668 kam noch eine direkte Verbindung nach Köln hinzu. Die mit dem Betrieb verbundenen Schwierigkeiten ließen sich jedoch nicht endgültig ausräumen, so daß der Betrieb allmählich wieder zum Erliegen kam.

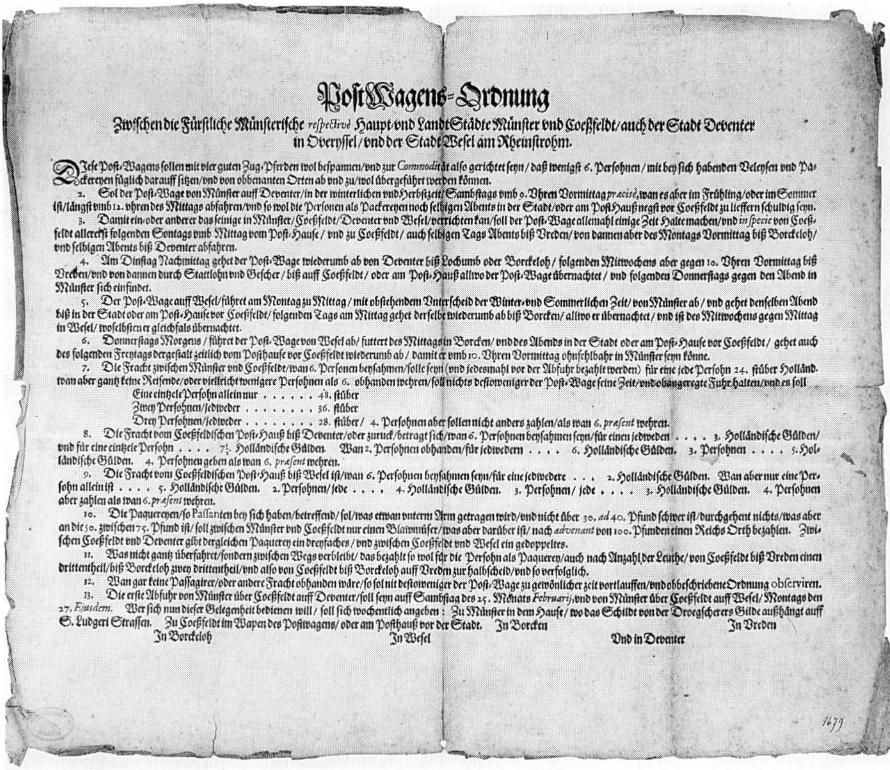

Post-Wagens-Ordnung

Zwischen die Fürstliche Münsterische *respective* Haupt- und LandtStädte Münster und Coeßfeldt/ auch der Stadt Deventer in Overyssel/ und der Stadt Wesel am Rheinstrohm.

Diese Post-Wagens sollen mit vier guten Zug-Pferden wol bespannen/ und zur *Commodit*ät also gerichtet seyn/ daß wenigst 6. Persohnen/ mit bey sich habenden Veleysen und Packereyen füglich darauff sitzen/ und von obbenanten Orten ab und zu/ wol übergeführt werden können.

2. Sol der Post-Wage von Münster auff Deventer/ in der winterlichen und Herbstzeit/ Sambstags umb 9. Uhren Vormittag *præcisè*, wan es aber im Frühling/ oder im Sommer ist/ längst umb 12. uhren des Mittags abfahren/ und so wol die Personen als Packereyen noch selbigen Abents in der Stadt/ oder am PostHauß negst vor Coeßfeldt zu lieffern schuldig seyn.

3. Damit ein- oder anderer das seinige in Münster/ Coeßfeldt/ Deventer und Wesel/ verrichten kan/ soll der Post-Wage allemahl einige Zeit Halte machen/ und *in specie* von Coeßfeldt allererst folgenden Sontags umb Mittag vom Post-Hause/ und zu Coeßfeldt/ auch selbigen Tags Abents biß Vreden/ von dannen aber des Montags Vormittag biß Borckeloh/ und selbigen Abents biß Deventer abfahren.

4. Am Dinstag Nachmittag gehet der Post-Wage wiederumb ab von Deventer biß Lochumb oder Borckeloh/ folgenden Mittwochens aber gegen 10. Uhren Vormittag biß Vreden/ und von dannen durch Stattlohn und Gescher/ biß auff Coeßfeldt/ oder am Post-Hauß allwo der Post-Wage übernachtet/ und folgenden Donnerstags gegen den Abend in Münster sich einfindet.

5. Der Post-Wage auff Wesel/ führet am Montag zu Mittag/ mit obstehendem Unterscheid der Winter- und Sommerlichen Zeit/ von Münster ab/ und gehet denselben Abend biß in der Stadt oder am Post-Hause vor Coeßfeldt/ folgenden Tags am Mittag gehet derselbe wiederumb ab biß Borcken/ allwo er übernachtet/ und ist des Mittwochens gegen Mittag in Wesel/ woselbsten er gleichfals übernachtet.

6. Donnerstags Morgens/ führet der Post-Wage von Wesel ab/ futtert des Mittags in Borcken/ und des Abends in der Stadt oder am Post-Hause vor Coeßfeldt/ gehet auch des folgenden Freytags dergestalt zeitlich vom Posthause vor Coeßfeldt wiederumb ab/ damit er umb 10. Uhren Vormittag ohnfehlbahr in Münster seyn könne.

7. Die Fracht zwischen Münster und Coeßfeldt/ wan 6. Personen beysahmen/ solle seyn (und jedesmahl vor der Abfuhr bezahlt werden) für eine jede Persohn 24. stüber Holländ. wan aber gantz keine Reisende/ oder vielleicht wenigere Persohnen als 6. obhanden wehren/ soll nichts destoweniger der Post-Wage seine Zeit/ und obangeregte Fuhr halten/ und es soll

Eine eintzele Persohn allein nur . . . . . . 48. stüber
Zwey Persohnen/ jedweder . . . . 36. stüber
Drey Persohnen/ jedweder . . . . 28. stüber/ 4. Persohnen aber sollen nicht anders zahlen/ als wan 6. *præsent* wehren.

8. Die Fracht vom Coeßfeldischen Post-Hauß biß Deventer/ oder zuruck/ betragt sich/ wan 6. Persohnen beysahmen seyn/ für einen jedweden . . . . 3. Holländische Gülden/ und für eine eintzele Persohn . . . . 7½. Holländische Gülden. Wan 2. Persohnen obhanden/ für jedwedern . . . . 6. Holländische Gülden. 3. Persohnen . . . . 5. Holländische Gülden. 4. Persohnen geben als wan 6. *præsent* wehren.

9. Die Fracht vom Coeßfeldischen Post-Hauß biß Wesel ist/ wan 6. Persohnen beysahmen seyn/ für eine jedwedere . . . 2. Holländische Gülden. Wan aber nur eine Persohn allein ist . . . . 5. Holländische Gülden. 2. Persohnen/ jede . . . . 4. Holländische Gülden. 3. Persohnen/ jede . . . . 3. Holländische Gülden. 4. Persohnen aber zahlen als wan 6. *præsent* wehren.

10. Die Paquereyen/ so Passanten bey sich haben/ betreffend/ sol/ was etwan unterm Arm getragen wird/ und nicht über 30. *ad* 40. Pfund schwer ist/ durchgehent nichts/ was aber an die 50. zwischen 75. Pfund ist/ soll zwischen Münster und Coeßfeldt nur einen Blawmüser/ was aber darüber ist/ nach *advenant* von 100. Pfunden einen Reichs Orth bezahlen. Zwischen Coeßfeldt und Deventer gibt dergleichen Paquerey ein dreyfaches/ und zwischen Coeßfeldt und Wesel ein gedoppeltes.

11. Was nicht gantz überfahret/ sondern zwischen Wegs verbleibt/ das bezahlt so wol für die Persohn als Paquerey/ auch nach Anzahl der Leuthe/ von Coeßfeldt biß Vreden einen drittentheil/ biß Borckeloh zwey drittentheil/ und also von Coeßfeldt biß Borckeloh auff Vreden zur halbscheid/ und so verfolglich.

12. Wan gar keine Passagirer/ oder andere Fracht obhanden wäre/ so sol nit destoweniger der Post-Wage zu gewönlicher zeit vortlauffen/ und obbeschriebene Ordnung observiren.

13. Die erste Abfuhr von Münster über Coeßfeldt auff Deventer/ soll seyn auff Sambstag des 25. Monats *Februarij*, und von Münster über Coeßfeldt auff Wesel/ Montags den 27. *Ejusdem*. Wer sich nun dieser Gelegenheit bedienen will/ soll sich wochentlich angeben: Zu Münster in dem Hause/ wo das Schildt von der Droegscherers Gilde außhängt auff S. Ludgeri Strassen. Zu Coeßfeldt im Wapen des Postwagens/ oder am Posthauß vor der Stadt. In Borcken In Vreden In Borckeloh In Wesel Und in Deventer

1679

Postwagenordnung für die Verbindung zwischen Münster, Coesfeld, Deventer und Wesel aus der Regierungszeit Ferdinands von Fürstenberg (1679)

Die Quellen enthalten immer wieder Klagen darüber, daß wohlhabende Bürger und Einwohner die Stadt verließen und aufs Land zogen, um sich den städtischen Lasten zu entziehen. Beliebte Zufluchtsorte waren Lüdinghausen, Ascheberg, Billerbeck, Ahaus und Harsewinkel. Andere Bürger gaben ihr Gewerbe, das keine ausreichenden Einkünfte mehr garantierte, auf und traten als Soldaten oder bischöfliche Beamte in fürstliche Dienste. Als Mitträger der städtischen Lasten fielen auch sie damit aus. Eine weitere Verschlechterung der Lage brachte die durch die Galensche Außenpolitik bedingte Störung des Handels, insbesondere mit den Niederlanden, mit sich. Entlassene Soldaten, Invaliden und zurückgebliebene Soldatenwitwen mit ihren Kindern vermehrten die städtische Unterschicht. Das größte Ärgernis aber war, daß etwa ein Drittel der Einwohnerschaft durch fürstliche Privilegien von der städtischen Besteuerung ausgenommen war. All dies führte dazu, daß sich in der Stadt Not und Armut weiter ausbreiteten.

Traditionell erfolgte die Armenfürsorge in Münster wie auch in anderen Städten durch Armenstiftungen in den verschiedensten Formen, die entweder der Aufsicht des Rates bzw. der Kirche unterstanden oder sich nach dem Willen des Stifters selbst verwalteten. Vielfach besaßen diese Stiftungen ein nicht unerhebliches Vermögen.

Dies dürfte der Anlaß dafür gewesen sein, daß Fürstbischof Christoph Bernhard von Galen in einem Dekret vom 9. November 1661 von den Pfarrern neben einer Aufstellung über alle Pfarrangehörigen auch eine solche über die Einkünfte aus allen Stiftungsgütern verlangte.

Eine Stiftung besonderer Art war das städtische Leprosenhaus Kinderhaus außerhalb der Stadtmauern. Für seine eigentliche Aufgabe – die Aufnahme von Leprosen – wurde es kaum noch benötigt, da diese Krankheit stark zurückgegangen war. Der Rat hatte sich daher auch nicht gescheut, die Einnahmen aus dem Vermögen dieser Stiftung für den Ausbau der Befestigungen und den Kampf gegen den Bischof zu verwenden. Nach der Niederwerfung der Stadt unterstellte Christoph Bernhard die Stiftung Kinderhaus einer direkten landesherrlichen Kontrolle. Aus einer Verbindung von landesherrlicher Fürsorge und merkantilistischen Vorstellungen wurde die Idee geboren, das Leprosenhaus in ein Werkhaus für verwahrloste Kinder und Jugendliche umzuwandeln. 1663 wurde durch ein bischöfliches Edikt verfügt, bettelnde Kinder in die geplante Manufaktur, erwachsene Bettler aber in Arbeitshäuser einzuweisen. Für die erforderlichen Umbauten in Kinderhaus gab der Bischof mehrfach Zuschüsse aus seinem eigenen Vermögen. Aber erst 1672 wurden die ersten 26 Kinder aufgenommen, die mit einem Webstuhl eine Wollmanufaktur betreiben sollten. Klagen darüber, daß die Kinder dort nicht ordentlich versorgt würden, führten zu einer Entlassung des Meisters Valentin Nothnagel. 1675 wurde der ehemalige Hauptmann der fürstbischöflichen Armee Foppe Jacobs mit der Weiterführung der

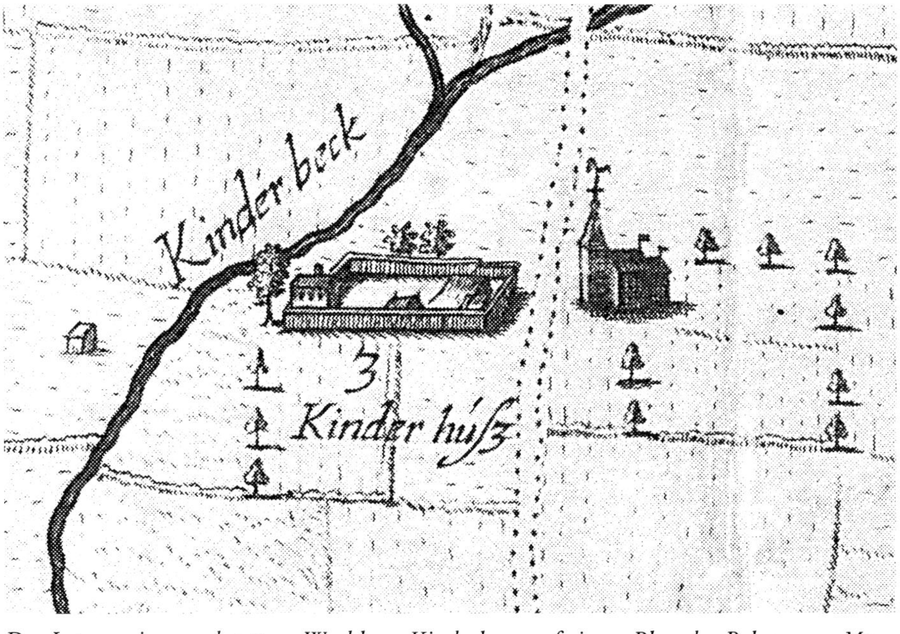

Das Leprosorium und spätere Werkhaus Kinderhaus auf einem Plan der Belagerung Münsters von H. van Lennep (1661)

Einrichtung beauftragt, der gleichzeitig im Schmiedeamtshaus ein „Zuchthaus“ für Bettler und Arbeitsscheue betrieb [1018: Dethlefs, Leprosenhaus].

Die Hoffnung, mit der neuen Einrichtung in Kinderhaus den betroffenen Kindern das Erlernen eines Handwerks zu ermöglichen und gleichzeitig durch die Manufaktur Handel und Gewerbe zu fördern, erfüllte sich jedoch nicht. Ein wesentlicher Grund hierfür war, daß die stadtmünsterischen Handwerker und Kaufleute der Einrichtung feindlich gegenüberstanden und damit eine Integration in die heimische Wirtschaft verhinderten. Noch 1678 hatte sich Foppe Jacobs seine Privilegien von Fürstbischof Ferdinand von Fürstenberg bestätigen lassen. 1682 wurde der Versuch jedoch endgültig aufgegeben.

Im Zuge der unter Ferdinand von Fürstenberg erfolgten Wiederherstellung der städtischen Autonomie erhielt der Rat 1683 auch die Aufsicht über Kinderhaus zurück. Er beschloß, das Vermögen der Stiftung von nun an direkt zur Unterstützung der Armen zu verwenden. Diese sollte insbesondere alten, unvermögenden Bürgern zukommen, die während ihres aktiven Lebens lange Zeit die städtischen Lasten mitgetragen hatten. Als Gegenleistung sollten diese nur verpflichtet sein, nach Möglichkeit an den Gottesdiensten in der Kirche der Stiftung teilzunehmen, ohne jedoch dort ständig wohnen zu müssen. Auf Verlangen des Generalvikars mußte die Stiftung 1686 jedoch in ein Armenhaus mittelalterlicher Prägung umgestaltet werden: Die Almosenempfänger mußten nun ständig in Kinderhaus wohnen, entsprechend der Residenzpflicht von Pfründeninhabern. Die damals erlassene Hausordnung blieb im wesentlichen bis zur Mitte des 19. Jahrhunderts in Kraft.

Am nachhaltigsten und für die Stadt Münster zweifellos als segensreich erwiesen sich die fürstbischöflichen Anordnungen im Zusammenhang mit der letzten Pestepidemie, von der die Stadt heimgesucht wurde. Als im Sommer 1664 bekannt wurde, daß die Seuche sich in verschiedenen niederländischen Städten ausgebreitet hatte, ordnete der Fürstbischof in einem Dekret genaue Kontrollen des Reise- und Güterverkehrs an, um eine Ausweitung auf das Stiftsgebiet zu verhindern. Ein Übergreifen der Krankheit konnte tatsächlich noch für längere Zeit vermieden werden. Im Sommer 1666 waren aber schließlich auch größere Teile des Fürstbistums befallen. Vermutlich hatten Soldaten, die aus dem niederländischen Krieg zurückkehrten, die Seuche eingeschleppt. Die Stadt Münster blieb jedoch zunächst noch verschont.

Am 15. Juli dieses Jahres erließ Christoph Bernhard dann von Ahaus aus eine fürstbischöfliche Pestordnung, die detaillierte Vorschriften für den Umgang mit der Erkrankung enthielt. Neben der Anordnung von täglichen Bittgottesdiensten zur Abwendung der Krankheit und Fürbitte für die Verstorbenen bildeten die Bestimmungen den Kern der Verordnung, nach denen jede Erkrankung anzuzeigen, die Erkrankten sofort aus ihren Wohnungen zu entfernen und auf besondere Krankenstationen zu verbringen sowie die Hausgenossen und die Häuser der Erkrankten unter strenge Quarantäne zu stellen seien. Die Leichen der Verstorbenen mußten von bestellten Leichenbestattern außerhalb der Städte und Dörfer – ohne Trauerzug und nur in Begleitung des Geistlichen – beigesetzt werden. Zahlreiche hygienische Vorschriften zeigen, daß man über die Verbreitungsart der Krankheit durchaus zutreffend informiert war und Unreinlichkeit als wichtigste Ursache der Infektion angesehen wurde.

Im August 1666 hatte die Seuche dann auch die Stadt Münster erreicht. In den Elendenhäusern der Kirchspiele wurden Krankenstationen eingerichtet. Ein Pestmeister wurde bestellt, der alle notwendigen Maßnahmen anzuordnen und zu kontrollieren hatte. Ärzte, Krankenpfleger und Geistliche wurden mit der Betreuung der Erkrankten beauftragt. Für die Verpflegung der Kranken und Genesenden mußten die Nachbarschaften sorgen. Auch der Bischof selbst soll aus seinem Vermögen erhebliche Zuschüsse geleistet haben. Vor dem Servatiitor und zwischen dem Jüdefelder und dem Neubrückentor wurden zwei zusätzliche Friedhöfe für die Pesttoten angelegt. Alle öffentlichen Versammlungen, Prozessionen, Feste und dergleichen wurden verboten. Zuwiderhandlungen gegen die Bestimmungen der Pestordnung wurden streng geahndet.

All diese Maßnahmen blieben offenbar nicht ohne Erfolg. Bereits im März 1667 flaute die Krankheit in Münster wieder ab. Nach einem erneuten Aufflackern im Sommer 1667 und 1668, das allerdings nicht zu einer epidemischen Ausbreitung führte, war die Krankheit endgültig erloschen. In Münster selbst hatte die Pest nach Aussage der Quellen ca. 650 Todesopfer gefordert, was etwa 8 Prozent der Gesamtbevölkerung der Stadt entsprechen dürfte – ein Wert, der gemessen an früheren Epidemien und den Opfern in anderen Städten relativ niedrig lag. Die landesherrlichen Anordnungen scheinen also durchaus Wirkung gezeigt zu haben.

Dies war sicherlich kein Zufall, stand hinter diesen Dekreten doch der fachliche Rat eines der bedeutendsten Ärzte der Zeit, nämlich Dr. Bernhard Rottendorffs (1594–1671). Schon sein Vater, der ebenfalls in Münster als Arzt praktizierte, hatte sich bei der Bekämpfung der Pest im Jahr 1599 Verdienste erworben. 1621 hatte sich auch der Sohn hier als Arzt niedergelassen. Bald zählten zu seinen Patienten hohe Adelige und Geistliche des gesamten Stifts und der benachbarten Territorien. Während des Friedenskongresses war Rottendorff ein begehrter Arzt der ausländischen Gesandten, so etwa des Nuntius Chigi, des späteren Papstes Alexander VII., der ihm sogar ein launiges Gedicht widmete. Daß er darüber hinaus vielseitig gebildet war und sich als lateinischer Dichter, Philologe und Botaniker einen Namen gemacht hatte, sei hier nur nebenher erwähnt. Auch in der Selbstverwaltung der Stadt hat er sich lange Jahre engagiert: Seit 1642 gehörte er fast ununterbrochen dem Rat der Stadt an. Obgleich er mit dem Domdechanten Bernhard von Mallinckrodt, dem Hauptwidersacher Galens, befreundet war, nahm dieser ihn auch bald nach seinem Regierungsantritt in Münster als Leibarzt an, wie auch der Paderborner Fürstbischof Ferdinand von Fürstenberg zu seinem Freundes- und Patientenkreis zählte. Auch nach 1661 ernannte ihn Galen weiterhin zum Ratsherrn. Seine Erfahrungen im Umgang mit der Pest hat Dr. Bernhard Rottendorff in einer Schrift *Consilium pestifugum* („Beratung der die Pest Fliehenden") niedergelegt, die im Pestjahr 1666 in Münster erschienen ist [vgl. 812: Lahrkamp, Arzt und Dichter].

Seine gesamte Politik hat Fürstbischof Christoph Bernhard von Galen in den Dienst der Sicherung und Ausbreitung des katholischen Glaubens gestellt. Vor diesem Hintergrund ist auch die Unterwerfung der Stadt Münster zu sehen: Zum einen waren auch in den münsterischen Gilden reformatorische Bestrebungen nicht zu übersehen, zum anderen hätte eine Hauptstadt mit reichsstadtähnlichem Status seine Landesherrschaft weitgehend ausgehöhlt und damit die Gefahr der Säkularisation

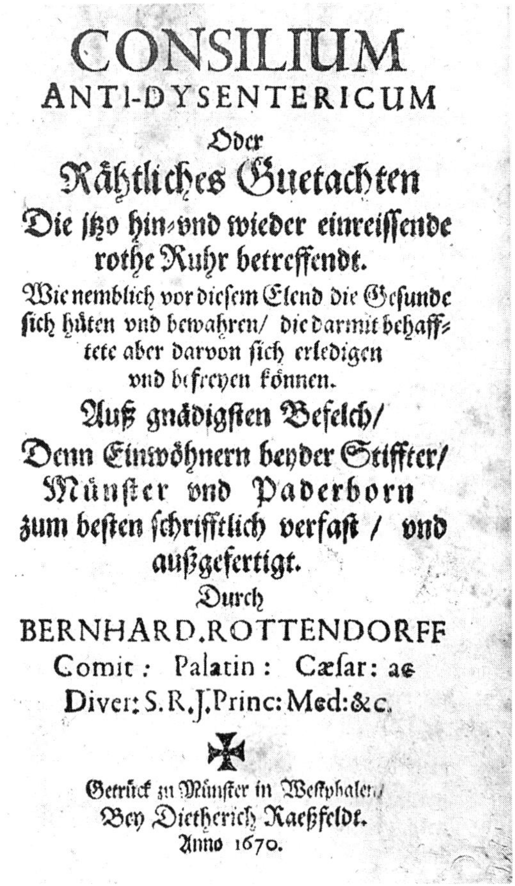
CONSILIUM
ANTI-DYSENTERICUM
Oder
Rähtliches Guetachten
Die itzo hin- und wieder einreissende
rothe Ruhr betreffendt.
Wie nemblich vor diesem Elend die Gesunde
sich hüten und bewahren/ die darmit behaff-
tete aber darvon sich erledigen
und befreyen können.
Auß gnädigsten Befelch/
Denn Einwöhnern beyder Stiffter/
Münster und Paderborn
zum besten schrifftlich verfast / und
außgefertigt.
Durch
BERNHARD.ROTTENDORFF
Comit: Palatin: Cæsar: ac
Diver: S.R.J.Princ: Med:&c.
Getrückt zu Münster in Westphalen/
Bey Dietherich Raeßfeldt.
Anno 1670.

Das „Consilium anti-dysentericum“ aus dem Jahr 1670 – ein medizinisches Gutachten des Stadtarztes Bernhard Rottendorff, in dem er den Ausbruch von Seuchen auf Planetenzusammenstöße, Wetterveränderungen, Erdbeben und andere Naturereignisse zurückführte

des Fürstbistums heraufbeschworen. Seine Maßnahmen zur Verbesserung der wirtschaftlichen und sozialen Lage seines Territoriums waren dagegen zwar sicherlich aus bester Absicht heraus entstanden und wiesen auch vielfach in die richtige Richtung. Allein die äußeren, durch seine Politik vorgegebenen Rahmenbedingungen standen einer nachhaltigen Wirkung im Weg.

Bedeutendste Leistungen, auch hinsichtlich ihrer Dauerwirkung, vollbrachte Fürstbischof Christoph Bernhard von Galen dagegen zweifellos im innerkirchlichen Bereich. Als zutiefst gläubiger und von der Verpflichtung seines geistlichen Amtes durchdrungener Mensch nahm er seine geistlichen Pflichten in einem Maße wahr, wie es für einen Bischof seiner Zeit keineswegs selbstverständlich oder üblich gewesen ist. Er gilt somit als einer der großen Reformbischöfe des 17. Jahrhunderts, dem das Hauptverdienst der Umsetzung der Beschlüsse des Konzils von Trient zukommt. Daß der Gegensatz zwischen der Kriegspolitik einerseits und dem Bewußtsein seiner geistlichen Aufgabe andererseits nur ein scheinbarer ist, wenn man die geistige

Grundhaltung Galens in Betracht zieht, hat Kohl mehrfach überzeugend dargelegt [vgl. 1101: Kohl, Grundzüge der Politik, S. 103ff].

Das kirchliche Reformwirken Galens erstreckte sich natürlich auf den gesamten Bereich seiner geistlichen Jurisdiktion, wurde aber in der Bischofsstadt selbst besonders deutlich. Seine weltliche Residenz verlegte er – sehr zum Leidwesen und wirtschaftlichen Nachteil der Stadt – auch nach ihrer Unterwerfung nicht nach Münster zurück. Meist regierte er von der Ludgerusburg in Coesfeld aus oder aber von seinen Nebenresidenzen in Ahaus und Sassenberg. In Münster selbst verfügte er nur über eine provisorische Bleibe im Fraterhaus, so daß es ganz den Anschein hat, als habe er den Aufenthalt in der Stadt, die ihm so erbitterte Gegnerschaft entgegengebracht hatte, wenn eben möglich zu vermeiden gesucht.

Gleichwohl war und blieb die Stadt kirchliches Zentrum des Bistums. Hier stand die bischöfliche Kathedrale, die sein geistliches Amt symbolisierte, hier hatten die geistlichen Institutionen ihren Sitz, auf die er bei der Verwaltung des Bistums zurückgreifen mußte. Den Chorumgang des Doms bereicherte er durch die drei nach ihm benannten Galenschen Kapellen, die den Heiligen Joseph, Ludgerus und Maximus geweiht wurden. Am 24. Juli 1663 erfolgte die Grundsteinlegung der Josephskapelle, die beiden anderen folgten bald darauf. Als Baumeister war für ihn Bernhard Spoede tätig, dem auch die Verantwortung für den Bau der Zitadelle übertragen worden war. Die konservative, an der älteren Kreuzkapelle orientierte gotische Architektur der Josephskapelle macht deutlich, wie stark sich Fürstbischof Christoph Bernhard von Galen der mittelalterlichen Erscheinungsform der Kirche innerlich verbunden fühlte.

Sein eifriges Bemühen um die Durchführung von Diözesansynoden, die zweimal jährlich im Dom zu Münster abgehalten wurden, und um die Visitationen, durch die er nachdrücklich zur Besserung der kirchlichen Verhältnisse im Sinne des Tridentinums beitrug, kann hier nicht dargestellt werden. Für die Stadt Münster waren vor allem die Maßnahmen zur Hebung der Bildung von Geistlichen und Laien von Bedeutung, da die dazu erforderlichen Einrichtungen in der Stadt zu errichten gewesen wären.

Eine wesentliche Forderung des Trienter Konzils war die Einrichtung von Priesterseminaren. Alle Diözesanbischöfe waren hierzu verpflichtet, um eine ausreichende theologische Bildung der Geistlichen sicherzustellen. Die ausdrückliche Verpflichtung war zudem noch in der päpstlichen Bestätigungsurkunde für Christoph Bernhard aus dem Jahr 1651 enthalten. Dennoch ist es zur Gründung eines solchen Seminars unter ihm nicht gekommen. In seiner Wahlkapitulation hatte er auch die Gründung einer Universität zugesagt. Diese Verpflichtung wurde ebenfalls nicht erfüllt. Die Gründe mögen vielfältiger Art gewesen sein: Für eine konsequente Verwirklichung solcher Pläne fehlte ihm offenbar nicht nur das Geld, sondern auch der notwendige geistige Freiraum, beides Folgen des permanenten Kriegszustandes bzw. Kriegsvorbereitungszustandes. Zudem hat es den Anschein, als habe ihm der unmittelbare persönliche Zugang zu diesen Einrichtungen gefehlt. Becker-Huberti mutmaßt denn auch, „daß Galen die Einrichtung einer für die Ausbildung der Kleriker notwendigen Universität zwar für wünschenswert, nicht aber für unabdingbar gehalten hat“ [989: Tridentinische Reform, S. 192].

Anders war seine persönliche Einstellung zu einer ähnlichen Einrichtung: Er betrachtete mit Sorge, daß sich große Teile der Ritterschaft von der katholischen Kirche abgewendet hatten oder im Begriff waren, sich von ihr zu trennen. Um diesem Trend durch eine gebildete katholische Führungsschicht entgegenzuwirken, hatte er bereits 1653 in Münster ein Konvikt zur Erziehung von Adelssöhnen gestiftet. Hier konnten sogar protestantische Adelige aufgenommen werden, wenn diese bereit waren, sich den Regeln des Kollegs zu unterwerfen. Als er im Zuge der Auseinandersetzungen mit der Stadt seine Residenz 1655 nach Coesfeld verlegte, folgte auch das Adelskonvikt dorthin, sicher ein Hinweis auf das Interesse, das der Landesherr dieser Einrichtung persönlich entgegenbrachte. Nach Beendigung des letzten niederländischen Krieges kehrte das Konvikt Mitte der 1670er Jahre nach Münster zurück und wurde im Bispinghof untergebracht, den er zu diesem Zweck von Grund auf umbauen ließ. Galens Fürsorge für diese Einrichtung wird auch in seinem Testament deutlich, in dem er dem Konvikt ein Legat in Höhe von 18 000 Reichstalern vermachte. Wie sehr dieses Haus in Münster auch einem Bedürfnis von seiten des Adels entgegenkam, zeigt die Tatsache, daß es bis zum Jahr 1906 bestanden hat [989: Becker-Huberti, Tridentinische Reform, S. 43ff; 132: Geisberg, Stadt Münster 3, S. 352ff].

3. Konsolidierung der Verhältnisse unter Ferdinand von Fürstenberg und Maximilian Heinrich von Bayern

Fürstbischof Ferdinand von Fürstenberg und die Wiedereinführung der Ratswahl

Der Tod des Fürstbischofs Christoph Bernhard von Galen am 19. September 1678 bildet nicht nur eine Zäsur in der Geschichte des Fürstbistums, sondern auch in der Geschichte der Stadt Münster. Mit ihm endet die Zeit, in der von Münster aus „große Politik“ gemacht worden ist, wenn auch eher zum Schaden für Stadt und Stift.

Die Wahl eines Nachfolgers durch das Domkapitel erübrigte sich, war doch bereits seit 1667 der Paderborner Fürstbischof Ferdinand von Fürstenberg zum Koadjutor des Bistums Münster mit dem Recht der Nachfolge bestellt. Dieser Akt war seinerzeit unter Fürstbischof Galen keineswegs ohne komplizierte Verwicklungen vor sich gegangen. Zunächst einmal war die Kurie sehr daran interessiert, die Nachfolgefrage rechtzeitig in ihrem Sinne geregelt zu wissen. Der päpstliche Nuntius Fabio Chigi hatte während der Teilnahme am Friedenskongreß dort den gerade zwanzigjährigen Ferdinand von Fürstenberg kennen- und schätzengelernt. Beide verbanden außerordentlich intensive Interessen humanistischer, historischer und allgemeingeistiger Art. 1652 rief Chigi Fürstenberg nach Rom, wo letzterer hohe Ämter bekleidete, besonders nachdem Chigi 1655 als Alexander VII. den päpstlichen Stuhl bestiegen hatte. Fürstenberg empfing 1659 in Rom die Priesterweihe und wurde bald danach als päpstlicher Legat nach Deutschland gesandt. Hier traf er mit Fürstbischof Christoph Bernhard von Galen während der Belagerung der Stadt Münster zusammen, einem Vorgehen, das zweifellos auch die Billigung Fürstenbergs fand, der persönlich ebensowenig wie Galen ein „Freund städtischer Freiheiten“ war [1109: Lahrkamp, Ferdinand von Fürstenberg, S. 41].

Im Jahr darauf wurde er im Alter von nur 35 Jahren zum Bischof von Paderborn gewählt, was um so bemerkenswerter ist, als sein Gegenkandidat kein geringerer als der Kölner Erzbischof Herzog Maximilian Heinrich von Bayern war. In Paderborn entfaltete Fürstenberg ein segensreiches Wirken. Er widmete sich intensiv dem Wie-

Ferdinand von Fürstenberg, Fürstbischof von Paderborn (1661–1683) und Münster (seit 1678), mit Heinrich Daemen, dem Sohn einer befreundeten Familie. Gemälde von Nicolaes Roosendael

deraufbau des durch den Dreißigjährigen Krieg stark in Mitleidenschaft gezogenen Landes, wobei merkantilistische Vorstellungen durchaus deutlich wurden. In der Ausübung seiner geistlichen Funktionen war er nicht minder eifrig und stand hierin dem geschilderten Bemühen seines münsterischen Amtsbruders sicherlich nicht nach. Obgleich durchaus politisch begabt, wandte er im Gegensatz zu diesem jedoch sein Hauptinteresse nicht der Politik, sondern der Förderung von Kunst und Wissenschaft zu. Bedeutende poetische und historische Werke aus seiner Feder, so die 1669 erstmalig erschienenen *Monumenta Paderbornensia,* sind uns überliefert. Zweifellos war er der gelehrteste deutsche Bischof seines Jahrhunderts. Als Bewunderer des französischen Königs Ludwig XIV. neigte er stärker als der persönlich bescheiden lebende Christoph Bernhard von Galen zu barocker Prachtentfaltung. In Paderborn entstanden bedeutende barocke Bauwerke (zum Beispiel das Franziskanerkloster und die Jesuitenkirche), die das Gesicht der Stadt noch heute prägen.

Für die Kriegspolitik Christoph Bernhards hatte Ferdinand von Fürstenberg wenig Sympathie und mißbilligte dessen Angriff auf die Generalstaaten im Herbst 1664, sah sich aber dennoch genötigt, diesem ein Hilfskontingent von 500 Mann zu Fuß und 75 Reitern zur Verfügung zu stellen, denn seine Bestellung zum Koadjutor Galens war damals bereits im Gespräch.

Die aus Galens Sicht unzureichende Unterstützung in diesem Krieg dürfte aber der Grund dafür gewesen sein, daß sich die Verwirklichung dieser Pläne noch bis 1667 hinauszögerte. Entscheidende Voraussetzung dafür, daß Christoph Bernhard die Wahl Ferdinands zum Koadjutor nun endlich voll unterstützte, war der Umstand, daß letzterer am 18. Mai 1667 in einem Revers ausdrücklich zugesagt hatte, sich zu

Lebzeiten Galens in keiner Weise in dessen Politik einzumischen. Bei der Abstimmung im Domkapitel kam es jedoch zu ernsten Schwierigkeiten, weil ein nicht unerheblicher Teil der Domherren unter Führung des Domdechanten Edmund von Brabeck den Kölner Kurfürsten Maximilian Heinrich von Bayern als Koadjutor sehen wollte. Die Wahl Ferdinands erfolgte am 19. Juli 1667 unter beträchtlichen Turbulenzen mit den Stimmen von 17 Domherren, während die andere Partei mit 16 Stimmen für den Kölner Erzbischof votierte, der sich somit zum zweitenmal nicht gegen den Fürstenberger hatte durchsetzen können. Obgleich wenige Wochen zuvor Papst Alexander VII., der väterliche Freund Ferdinands, gestorben war, gelang es, am 30. April 1668 die päpstliche Bestätigung der Wahl Ferdinands durch Klemens IX. zu erlangen.

In den folgenden Jahren wurde deutlich, daß Ferdinand von Fürstenberg zwar deutliche Distanz zu Christoph Bernhard hielt, aber dennoch darum bemüht war, dessen Politik nicht zu unterlaufen, sondern nach außen hin eine wohlwollende Neutralität zu wahren. Zu Beginn des zweiten Krieges gegen die Niederlande verpflichtete er sich am 7. April 1672 in einem Geheimabkommen Frankreich gegenüber zur Neutralität und ließ sich diese Haltung durch eine Subsidienzusage von monatlich 3000 Talern belohnen. Gleichzeitig versprach er Fürstbischof Christoph Bernhard von Galen die Stellung von 200 Reitern zur Unterstützung. Zwei Tage später schloß er auch mit den kaiserlichen Abgesandten eine geheime Defensivallianz. Der kaiserliche Oberbefehlshaber Graf Raimondo Montecuccoli nahm daraufhin sein Hauptquartier im Fürstentum Paderborn. Auch im Krieg gegen Schweden unterstützte Ferdinand den Bischof von Münster, indem er ihm tausend Paderborner Söldner zur Verfügung stellte, sicherte sich aber zugleich in einem Geheimabkommen mit dem französischen König zur Gegenseite hin ab.

Die Unruhe, die die Regierung Christoph Bernhards dem Land fortwährend gebracht hatte, hatte zur Folge, daß sein Tod am 19. September 1678 zu einem allgemeinen Aufatmen führte. Auch im Domkapitel und bei den Ständen hatte sich im Laufe der Jahre zunehmende Unzufriedenheit über den Kurs und den Stil der Regierung Galens verbreitet. So sah man dem Regierungsantritt des neuen Landesherrn mit großen Hoffnungen – insbesondere auf friedlichere Zeiten – entgegen. Schon am 3. November übernahm der Paderborner Bischof die Regierung des Stifts Münster. Eine seiner ersten Anordnungen betraf den Rückzug der zuvor von Christoph Bernhard gestellten münsterischen Hilfstruppen aus Dänemark. In die laufenden Friedensverhandlungen in Nimwegen schaltete sich Ferdinand zwar mit dem Bemühen ein, zu einem baldigen Abschluß zu kommen, verstand es aber dennoch, die Interessen seines Landes soweit wie möglich durchzusetzen. Um dem französischen König bei aller Sympathie, die er für ihn hegte, dennoch seine Entschlossenheit zu zeigen, ließ er noch im Februar 2000 Reiter und fünf Regimenter zu Fuß anwerben. Am 29. März 1679 kam es zum Vertragsabschluß: Frankreich verpflichtete sich zu einer Kriegsentschädigung von 50 000 Reichstalern, Schweden sogar zu einer von 100 000. Von Schweden erhielt er bis zur Bezahlung dieser gewaltigen Summe die Herrschaft Wildeshausen zum Pfand. Seine Außenpolitik geriet von da an zunehmend unter französischen Einfluß.

Große Hoffnungen auf bessere Zeiten hegten auch die Bürger der Stadt Münster. Gleich zu Beginn des Jahres 1679 hatte der Rat die beiden Bürgermeister und den

Stadtsyndikus zur Residenz des Fürstbischofs auf Schloß Neuhaus bei Paderborn gesandt, um diesem ein Willkommenspräsent in Höhe von 350 Reichstalern in Dukaten in einem mit den Stadtfarben verzierten Beutel zu übergeben. Bei dieser Audienz konnten die Delegierten gleichzeitig dem neuen Landesherrn die drückenden Sorgen der Stadt vortragen, insbesondere die Belastung der Bürgerschaft durch Einquartierung und Verpflegung der Soldaten, die durch den hohen Anteil der von den städtischen Lasten befreiten Einwohner unerträglich gesteigert wurde. Im April ernannte der Fürstbischof den neuen Rat der Stadt, der zwanzig Mitglieder zählte.

Im Herbst wurde dann der feierliche Einzug des Fürstbischofs in die Landeshauptstadt Münster vorbereitet. Ratsherr Dr. Sack erhielt den Auftrag, beim Hof zu sondieren, welche Vorstellungen dort hinsichtlich des Zeremoniells vorlägen. Über den Ablauf dieser Zeremonie, bei der Ferdinand von Fürstenberg alle Mittel der barocken Prachtentfaltung zur Anwendung kommen ließ, sind wir durch einen detaillierten Bericht des fürstlichen Hofarchitekten Peter Pictorius des Älteren eingehend unterrichtet [1036: Gimpel, Einzug Fürstenberg]. Leider ist die von ihm angefertigte zeichnerische Darstellung des Festzuges nicht erhalten geblieben. Der Goldschmied Johann zum Hülse wurde mit der Herstellung eines Inaugurationspräsents beauftragt: eine vergoldete Waschschüssel mit Kanne, aus zehn Pfund Silber gefertigt. Eine Inschrift nach Matthäus 8,25 – *Salva nos, domine, perimus* (Herr, rette uns, wir gehen zugrunde) – sollte auf den desolaten Zustand der Stadt aufmerksam machen. Für das Festessen wurden 600 Hühner, 200 Truthähne, 60 Gänse, 50 Fasanen, 20 Pfauen und 100 Kapaunen bereitgehalten; der städtische Zinngießer mußte zusätzliches Geschirr fertigen und die Gilden und Bruderschaften mußten ihr eigenes Geschirr leihweise zur Verfügung stellen. Auf ausdrückliches Ersuchen der Stadt hin ließ der Fürst-

Prachtvoller Einzug des Fürstbischofs Ferdinand von Fürstenberg in Münster am 13. November 1679

bischof noch vor seinem Einzug in Münster die Palisaden auf dem Prinzipalmarkt abräumen, die 18 Jahre lang ein Ärgernis für die Bürgerschaft dargestellt hatten.

Am 9. November war der Bischof mit seinem großen Gefolge in der Residenz Schloß Neuhaus aufgebrochen und über Sassenberg nach Wolbeck gezogen, wo er sich bis zum 12. November aufhielt. Am frühen Morgen des folgenden Tages zog er weiter bis Hiltrup. Hier erwarteten ihn zwei münsterische Kavallerieregimenter und Vertreter der Ritterschaft, die den neuen Landesherrn willkommen hießen, ebenso wie wenig später das Domkapitel. Kurz vor der Stadt verließ der Fürstbischof seine Kutsche, um den eigentlichen Einzug in die Stadt zu Pferd vorzunehmen. Bürgermeister und Rat erwarteten ihn zu Fuß, der Stadtsyndikus hielt eine Begrüßungsrede. Unter Glockengeläut und Geschützdonner ritt Ferdinand von Fürstenberg durch das Ludgeritor in die Stadt ein. Die Bürger und die Junggesellen bildeten Spalier für den langen Zug, der nach den Berichten der Quellen allein über tausend Pferde umfaßt haben soll. Nach einem Gebet im Dom begab sich der Fürstbischof in das Kapitelhaus, um die Wahlkapitulation zu unterzeichnen und den Eid abzulegen.

Am nächsten Tag mußte der Rat im Dom einem feierlichen Hochamt beiwohnen. Anschließend wurden die Bürgermeister in der Paradieshalle des Doms zur Treue auf den Landesherrn und (nach dessen Ableben) auf das Domkapitel vereidigt. Der Artillerieobrist Lambert Friedrich Corfey der Ältere brannte im Auftrag des Fürsten am Abend des dritten Festtages ein großes Feuerwerk auf der Zitadelle ab.

Knapp zwei Jahre später zeigte Ferdinand von Fürstenberg, daß es ihm ernst darum war, ein gutes und einvernehmliches Verhältnis zur Stadt herzustellen: Er gab der Stadt das Recht zur jährlichen Wahl des Rates nach dem bis 1661 geltenden Verfahren zurück. In einem fürstlichen Indult vom 10. Oktober 1681 heißt es, „daß mehrgemelter Bürgerschaft unserer Stadt Münster bis uff anderwertte unsere und unserer Nachkommen gnädigste Verordtnung die jährliche neue Rhats-Wahl folgender Gestalt auß fürstlicher Milte und Clementz wieder erlaubet und verstattet sein solle“ [2616: Sammlung der Gesetze 1, Nr. 180].

Im einzelnen werden in dem Dekret folgende Bedingungen und Einschränkungen festgelegt:

1. Die Wahl hat im Namen des Landesfürsten zu erfolgen. Die Ratsherren müssen weiterhin vom Fürsten bestätigt werden und vor einem fürstlichen Rat und dem Stadtrichter auf den Bischof und – für den Fall einer Sedisvakanz – auf das Domkapitel schwören.
2. Die Wahl soll nach dem althergebrachten Modus jeweils am Dienstag nach dem Dreikönigsfest (6. Januar) erfolgen. Die Kurgenossen sind vorher durch den Stadtrichter zu vereidigen.
3. Da die Ratsherren von städtischen Lasten befreit sind, wird ihre Zahl – zum Besten der Stadt – auf 14 Stellen einschließlich der Bürgermeister reduziert. Diese haben auch die landesherrlich festzusetzenden Ratsämter gegen Gehalt wahrzunehmen.
4. Die rechnungspflichtigen städtischen Beamten müssen jährlich vor der neuen Ratswahl ihre Rechnung vor den dazu deputierten landesherrlichen Räten, den Bürgermeistern, dem Rat und Abgeordneten der Gilden und der Gemeinheit darlegen.

5. Der Rat hat das Recht, den Stadtsyndikus und den Stadtsekretär zu bestellen. Diese müssen gleichfalls vom Landesherrn bestätigt werden und diesem einen Treueid leisten.
6. Der Stadtrichter soll allen Ratssitzungen im Namen des Landesherrn beiwohnen und das landesfürstliche und allgemeine Interesse wahrnehmen, entsprechend der ihm zu erteilenden Weisungen.
7. Die gewöhnlichen Ratssitzungen sollen nur zweimal wöchentlich stattfinden. Außerordentliche Sitzungen müssen dem Stadtrichter vorher angezeigt werden.

Damit war formell das überlieferte Ratswahlverfahren wiederhergestellt. Die Bürgerschaft hatte wieder die Möglichkeit, Personen ihres Vertrauens städtische Funktionen zu übertragen. An der absolutistischen Herrschaft des Fürstbischofs über die Stadt hatte sich gleichwohl nichts geändert: Das Wahlrecht war eine – jederzeit widerrufbare – landesherrliche Gnade, ja die Wahl erfolgte ausdrücklich im Namen des Fürsten, Ratsmitglieder und Bürgermeister mußten vom Stadtrichter bestätigt werden. Von der städtischen Autonomie, wie sie vor 1661 bestanden hatte, war der neugeschaffene Rechtszustand weit entfernt. Die politischen Rahmenbedingungen hatten sich eben seitdem grundlegend geändert und waren nicht mehr umzukehren.

Gleichwohl ist die Bedeutung dieser Entscheidung Ferdinand von Fürstenbergs nicht geringzuschätzen: Die Wiederherstellung der alten Ratswahlform war zum einen eine wichtige psychologische Voraussetzung dafür, wieder zu einem erträglichen Vertrauensverhältnis zwischen Bürgerschaft und Landesherrn zu kommen. Zum anderen ist beachtenswert, daß der landesfürstliche Stadtrichter zwar nach wie vor an den Ratssitzungen teilnahm, dort aber nicht mehr, wie unter Christoph Bernhard, den Vorsitz führte. Auch ist nicht mehr davon die Rede, daß er regelmäßig die Protokolle der Ratssitzungen dem Landesherrn zur Kontrolle vorzulegen hatte.

Als Zeichen des wiedergefundenen gegenseitigen Vertrauens ist es sicher auch zu werten, daß der wegen seiner Verstrickung in den Anschlag des Adam von der Kette von 1673 bis 1678 von Galen in Haft gehaltene Peter Wittfeld bei der ersten freien Ratswahl am 14. Januar 1682 wieder (wie schon 1660) das Amt des Bürgermeisters übernehmen konnte und dieses bis 1688 innehatte.

Noch ein weiteres Mal stellte Bischof Ferdinand von Fürstenberg unter Beweis, daß er die ihm von der Stadt vorgetragenen Sorgen ernst nahm: Am 13. Mai 1683 erließ er ein Reglement, das den Rechtszustand der zahlreichen Exemten – d. h. der von den städtischen Lasten Befreiten – näher regelte und die ungleiche Lastenverteilung zumindest abschwächen sollte. Die Exemten wurden von nun an in vier Klassen eingeteilt: Nur die erste Klasse, zu der die höchsten, einzeln benannten fürstlichen Beamtenstellen gehörten, war völlig von den städtischen Abgaben befreit; die Angehörigen der zweiten Klasse hatten nur den Brauschilling und die Wagenzeichen zu entrichten; die dritte Klasse mußte zusätzlich die Multersteuer zahlen und hatte Einquartierungen zu übernehmen; die vierte Klasse war schließlich nur von der Einquartierung ausgenommen. Gegenüber dem früheren Zustand, bei dem etwa ein Drittel der Gesamtbevölkerung sich nicht an den städtischen Lasten beteiligen mußte, war diese Regelung ein bedeutender Fortschritt. Außerdem war damit eine exakte und nachprüfbare Rechtsgrundlage für die Exemtion geschaffen worden [vgl. 921: Bevölkerung um 1685, S. 2ff].

Niels Stensen (1638–1686), dänischer Naturwissenschaftler, von 1680 bis 1683 Weihbischof in Münster. Gemälde von Chr. Aug. Lorentzen (um 1800)

Bei der Verkündigung dieser landesherrlichen Verordnung am 17. Mai 1683 im Rat wurde gleichzeitig von dem schlechten Gesundheitszustand des Fürstbischofs berichtet. Diese Nachricht nahmen die Ratsherren, wie im Protokoll festgehalten ist, „mit großer Condolentz" zur Kenntnis. Im darauffolgenden Monat bereits starb Ferdinand von Fürstenberg am 26. Juni in seiner Residenz auf Schloß Neuhaus. Er wurde im Chorraum des von ihm gestifteten Franziskanerklosters in Paderborn beigesetzt.

Der Tod des Fürstbischofs löste auch in Münster allgemeine Trauer aus. In den wenigen Jahren, in denen er als Landesherr des Stifts Münster tätig sein konnte, waren bedeutende Ansätze gemacht worden, um Stadt und Stift aus der Talsohle herauszuführen, in die sie unter der Regierung Galens geraten waren. Noch vor seinem Tod hatte Bischof Ferdinand im Jahr 1682 eine große Missionsstiftung errichtet: Mit einer Summe von 100 000 Reichstalern sollten 33 Jesuitenmissionare in den damals bekannten Missionsgebieten, darunter auch in China und Japan, unterhalten werden. In seinem am 29. April 1683 aufgesetzten Testament verfügte er über weitere 180 000 Taler, die für die unterschiedlichsten Zwecke, unter anderem auch für die Klöster und die Armen in Münster, aber auch zur Förderung von Kunst und Wissenschaft verwendet werden sollten. Dies zeigt, daß seine Finanzen vorzüglich geordnet waren.

Nachzutragen ist noch eine wichtige Maßnahme aus dem geistlichen Verantwortungsbereich des Fürstbischofs, die sich zwar nicht direkt auf die Stadt bezog, aber dazu führte, einer bedeutenden Persönlichkeit der Zeit den Weg nach Münster zu weisen: Am 23. März 1680 richtete Ferdinand von Fürstenberg ein Gesuch an Papst Innozenz XI. und bat darum, ihm den berühmten Gelehrten und Bischof Niels Stensen, der damals die kleine Gemeinde am Hof des katholischen Herzogs Johann Friedrich von Braunschweig-Lüneburg betreute, als Weihbischof von Münster zur Verfügung zu stellen. Den Kontakt zu Stensen hatte Fürstenberg vermutlich über den Philosophen Gottfried Wilhelm Leibniz hergestellt, mit dem er schon lange bekannt war und der seinerseits in Hannover enge Beziehungen zu Stensen pflegte. Niels Stensen machte sich gleich nach Erhalt der päpstlichen Genehmigung auf den Weg und kam bereits Ende Juni 1680 über Paderborn nach Münster.

Die ihm vom Fürstbischof verliehene Stiftsdechanei an St. Ludgeri in Münster gab er schon bald wieder auf, um für seine eigentliche Aufgabe frei zu sein. Er widmete sich in erster Linie den Visitationen und der Spendung des Firmsakraments. Beides war in den letzten Jahren der Regierung Christoph Bernhards vernachlässigt worden. In den drei Jahren seiner Tätigkeit im Bistums Münster besuchte er fast 200 Pfarreien. Die Überzeugungskraft seiner Worte und seine persönliche Askese hinterließen überall einen tiefen Eindruck. In der Stadt Münster bemühte er sich besonders um die Hebung der Zustände in den Klöstern Ringe und Rosenthal sowie um das Kloster der Lotharinger Chorfrauen. Im letztgenannten Konvent war sein Bemühen jedoch vergeblich. Oberin und Schwestern weigerten sich, seinen Anordnungen zur Hebung der Klosterdisziplin nachzukommen und erreichten beim Domkapitel, daß dieses ihm nach dem Tod des Fürstbischofs das weitere Wirken im Kloster verbot. Auch sonst stieß er bei seiner Arbeit zunehmend auf Widerstand, insbesondere beim Domkapitel. Solange jedoch der Fürstbischof das Wirken seines Weihbischofs deckte, konnte das Kapitel nur wenig gegen ihn ausrichten. Nach dem Tod Ferdinands zögerte Domdechant Torck keinen Augenblick, Niels Stensen die Weiterführung der Visitationen zu verbieten [1166: Schröer, Niels Stensen; 983: Aschoff, Stensen].

Wahl und Amtszeit Maximilian Heinrichs von Bayern

Der Kölner Erzbischof und Kurfürst Maximilian Heinrich von Bayern hatte zweimal hinter Ferdinand von Fürstenberg zurückstehen müssen, zuerst bei der Bischofswahl in Paderborn 1661 und zum zweitenmal bei der Wahl des Koadjutors in Münster 1667. Obgleich er inzwischen alt war und neben Köln noch die Diözesen Lüttich und Hildesheim in seiner Hand vereinigte, war allgemein bekannt, daß er auch jetzt noch zusätzlich Bischof von Münster werden wollte. Im Domkapitel zeigte man dazu zunächst wenig Neigung. Aussichtsreicher Kandidat des Kapitels war Friedrich Christian von Plettenberg. Andererseits konnte man davon ausgehen, daß der Kölner Kurfürst die Regierung des Stifts weitgehend dem Kapitel überlassen würde. Der französische Gesandte warb nachdrücklich für Erzbischof Maximilian Heinrich, der sich stets als getreuer Gefolgsmann Frankreichs erwiesen hatte. Ausschlaggebend dürfte gewesen sein, daß der kurkölnische Bevollmächtigte Dücker die ungeheure Summe von 60 000 Reichstalern bereitstellte, um die Domherren zur Wahl seines Kurfürsten zu bewegen. Dieses Geld verfehlte seine Wirkung nicht. Die Anhänger Plettenbergs ließen sich nach und nach umstimmen. Auch der kaiserliche Gesandte konnte das Kapitel nicht mehr beeinflussen.

Die für den 1. September vorgesehe formelle Wahl hatte nach Stensens Überzeugung eindeutig simonistischen Charakter. Bereits am 20. Juli 1683 hatte er daher einen entsprechenden Bericht nach Rom gesandt, in dem er die Zustände im Bistum Münster ohne Beschönigung darlegte. Ihm als Weihbischof wäre die Aufgabe zugefallen, am Morgen des Wahltages ein Hochamt zum Heiligen Geist im Dom mit dem versammelten Kapitel zu zelebrieren. Er entzog sich dieser Verpflichtung dadurch, daß er in aller Frühe die Stadt verließ und dem Domdechanten ausrichten ließ, er könne den Beistand des Heiligen Geistes nicht für eine Wahl erflehen, die bereits feststehe. Tatsächlich wurde Maximilian Heinrich in seltener Einmütigkeit vom Kapitel einstimmig zum neuen Bischof von Münster gewählt.

Am 5. September meldete das Kapitel die Wahl nach Rom und ersuchte mit Unterstützung des Kölner Nuntius um päpstliche Bestätigung. Hier waren jedoch inzwischen die Berichte des Weihbischofs Niels Stensen bekanntgeworden. Daß jedoch tatsächlich die Intervention Stensens ausschlaggebend dafür war, daß sich Papst Innozenz XI. weigerte, die Bestätigung zu erteilen, ist nicht erwiesen. Mehrfach forderte er den Gewählten zum Verzicht auf das angemaßte Bistum auf. Die Verweigerung der päpstlichen Bestätigung hatte jedenfalls die Folge, daß Maximilian Heinrich von Bayern das Bistum Münster nie in Besitz nehmen konnte, sondern es lediglich als Administrator von Köln aus regierte. Niels Stensen wurde übrigens wenig später an den Hof des zum katholischen Glauben konvertierten Herzogs von Mecklenburg-

Max Heinrich von Bayern, Kurfürst von Köln, Fürstbischof von Lüttich, Hildesheim (1650–1688) und Münster (seit 1683). Kupferstich von Michael Natalis (1660)

Schwerin berufen und starb dort 1686 im Alter von nur 46 Jahren. Im Jahr 1988 wurde er vom Papst seliggesprochen.

Kurfürst Maximilian Heinrich von Bayern hatte eine glänzende kirchliche Karriere aufzuweisen: Bereits im Alter von einem Jahr erhielt er seine ersten Pfründen in Köln, mit acht Jahren war er unter anderem auch bereits Domherr in Münster. 1650 gelang es ihm, gleichzeitig Erzbischof und Kurfürst von Köln wie auch Bischof von Lüttich und Hildesheim zu werden. Dies ist schwer zu verstehen, da er gleichzeitig als menschenscheu und mißtrauisch galt und eine ausgesprochene Neigung zeigte, sich seinen landesherrlichen Pflichten nach Möglichkeit zu entziehen. So lebte er von 1674 bis 1684, also auch während seiner Wahl zum Bischof von Münster, zurückgezogen im Kölner Kloster St. Pantaleon [vgl. 2016: Braubach, Einsiedler von St. Pantaleon].

In Münster selbst hat sein Wirken kaum Spuren hinterlassen. Die Verwaltung des Landes übte die fürstliche Regierung in Münster aus. Die wenigen aus seiner Regierungszeit überlieferten Verordnungen hielten sich ganz im üblichen Rahmen der Zeit und betrafen unter anderem das Münz- und Prozeßwesen, Maßnahmen zur öffentlichen Sicherheit und die Einschränkung des Aufwands bei Hochzeiten. Für die Stadt Münster von Bedeutung war die fürstliche Verfügung vom 20. Dezember 1683, mit der das Verfahren der Erhebung der städtischen Multersteuer (zur Finanzierung des Türkenkriegs) neu geregelt wurde. Sämtliche landesherrlichen Verordnungen sind im übrigen von den westlichen Territorien aus ergangen (Bonn, Köln oder Lüttich). Weder die Stadt Münster noch das Stift hat er in seiner Eigenschaft als Fürstbischof jemals betreten. Nach nur fünfjähriger Regierungszeit starb Maximilian Heinrich von Bayern am 3. Juni 1688 in Köln. Wenn sich dieser Fürstbischof auch zweifellos keine besonderen Verdienste um das Stift Münster erworben hat, so ist zumindest festzuhalten, daß er die unter Ferdinand von Fürstenberg begonnene Friedenspolitik nach innen und außen weitergeführt und damit auch zu einer allmählichen Konsolidierung der Verhältnisse in der Stadt Münster beigetragen hat.

Diese Friedensperiode scheint die unter der Herrschaft Christoph Bernhards einsetzende Talfahrt der städtischen Wirtschaft mit allen Folgeproblemen relativ bald gestoppt zu haben. Durch die Auswertung der Leischaftsregister aus dem Jahr 1685 konnte Helmut Lahrkamp annehmen, daß in diesem Jahr die Gesamtbevölkerung Münsters etwa 11 000 Einwohner umfaßt haben dürfte und somit keine nennenswerten Einwohnerverluste zu verzeichnen waren. Münster war damit die bei weitem größte Stadt Westfalens und hat diese Stellung erst im Gefolge der Industrialisierung im 19. Jahrhundert an Dortmund abtreten müssen.

4. *Ansätze zur Ausbildung einer Residenzstadt*

Perspektivenreiche Entwicklung unter Friedrich Christian von Plettenberg

Auch bei der Wahl des Nachfolgers mischten sich die politischen Mächte tatkräftig ein. Kandidaten waren der aus dem Sauerland stammende Domdechant Friedrich Christian von Plettenberg sowie der Fürstbischof von Breslau, Franz Ludwig von Pfalz-Neuburg. Mit Unterstützung Brandenburgs und Frankreichs konnte das Kapitel am 29. Juli 1688 zur einstimmigen Wahl des Domdechanten Friedrich Christian von Plettenberg bewogen werden, obgleich der Pfalz-Neuburgische Gesandte hohe Geldzahlungen angeboten haben soll.

Es sollte sich bald zeigen, daß das Kapitel hiermit aus der Sicht des Landes und der Stadt Münster keine schlechte Wahl getroffen hatte. So dürfte man es in Münster mit ganz besonderer Freude zur Kenntnis genommen haben, daß die Wahlkapitulation, die der neue Bischof beschworen hatte, die Empfehlung enthielt, die Zitadelle in Münster abzureißen und an ihrer Stelle eine Residenz zu errichten, sobald friedlichere Zeiten es zuließen. Die Ludgerusburg in Coesfeld hatte das Kapitel bereits während der Sedisvakanz schleifen lassen. Obwohl sich die Errichtung einer Residenz unter der Regierung Friedrich Christian von Plettenbergs noch nicht erfüllen sollte, so war dieser sehnliche Wunsch der Stadt zum erstenmal offiziell ausgesprochen und vom Landesfürsten prinzipiell anerkannt worden.

Obgleich die Zeiten seiner Regierung keineswegs friedlich waren – von 1688 bis 1697 wütete in Deutschland der Pfälzische Erbfolgekrieg, und die Türken bedrohten das Reich weiterhin –, gelang es dem Fürstbischof, sein Land selbst aus allen kriegerischen Verwicklungen herauszuhalten. Hierzu bedurfte es einer geschickten, manchmal in nicht unbedenklichem Maße auf die eigene Interessenlage abgestellten Diplomatie, die Friedrich Christian von Plettenberg vorzüglich beherrschte. Er unterhielt bzw. schuf erneut eine starke Landesarmee, die viel zu groß und für das insgesamt bescheidene Territorium zu kostspielig war. Diese Truppen führte er jedoch nie selbst in einen Krieg, sondern stellte sie anderen Mächten gegen Zahlung hoher Subsidien zur Verfügung. Zuvor verpflichtete er sich in einem Geheimvertrag vom 25. März 1691 Frankreich gegenüber zur Neutralität bzw. indirekten Unterstützung und ließ sich mit jährlichen Zahlungen von 750 000 Pfund dafür belohnen. Während das Erzstift Köln mit seinen westfälischen Besitzungen – Herzogtum Westfalen und Vest Recklinghausen – schon zu Beginn des Krieges von französischen Truppen besetzt wurde, blieb das Stift Münster unbehelligt.

Im Jahr darauf stellte er dem Kaiser Truppen für den Türkenkrieg zur Verfügung, wofür er insgesamt eine Summe von mehr als 180 000 Reichstalern kassierte. Als der französische König im Laufe des Jahres 1695 in Zahlungsschwierigkeiten kam, zögerte Friedrich Christian von Plettenberg nicht lange, diesem den Rücken zu kehren und der Haager Allianz zwischen dem Kaiser, dem König von England und den Generalstaaten beizutreten. Weitere Subsidienzahlungen waren die Folge.

Als bald nach der Jahrhundertwende der Spanische Erbfolgekrieg (1701–1714) den Frieden erneut bedrohte, konnte Friedrich Christian von Plettenberg seine diplomatische Kunst erneut unter Beweis stellen. Jetzt stand er von Anbeginn auf seiten des Kaisers und der Seemächte. Am 17. Oktober 1701 schloß er mit den Generalstaaten einen Vertrag, wodurch ihm für die Gestellung von 2000 Soldaten Subsidien in Höhe von 150 000 Reichstalern zugesagt wurden. Zu Beginn des Jahres 1703 wurde dieser Vertrag erweitert, bis Friedrich Christian im Mai des gleichen Jahres der Allianz direkt beitrat. Das Gebiet des Stifts Münster blieb aber auch jetzt von einer direkten kriegerischen Bedrohung verschont.

Die hierdurch eingenommenen Gelder verwendete der Fürst zumindest zu einem wesentlichen Teil zum Auf- und Ausbau seines Territoriums. Nicht minder wichtig war, daß der Landesherr endlich wieder im Land selbst regierte. Friedrich Christian von Plettenberg hat sein Stift nur selten – und stets nur für kurze Zeit – verlassen. Er

Friedrich Christian von Plettenberg, Fürstbischof von Münster (1688–1706). Gemälde eines unbekannten Künstlers

übte sogar seine Regierung weitgehend wieder in der Landeshauptstadt Münster aus. Die meisten seiner zahlreichen Dekrete, durch die er die inneren Angelegenheiten seines Landes und seiner Hauptstadt im Sinne absolutistischer landesherrlicher Fürsorge regelte, sind in Münster selbst datiert. Zum erstenmal seit der Blütezeit der Stadt während des Friedenskongresses bestand somit die Chance, wirksame Schritte zur Wiederbelebung von Handel und Gewerbe in Gang zu bringen.

Die von ihm eingeleiteten Maßnahmen betrafen fast alle Bereiche der damals üblichen Daseinsvorsorge: Daß er bald nach seinem Regierungsantritt ein Verbot fremder Truppenanwerbungen erließ, geschah sicherlich in erster Linie aus seiner eigenen Interessenlage heraus. Im Jahr 1693 verfügte er, daß für alle weltlichen Einwohner der Stadt, die über keinen privilegierten Gerichtsstand verfügten, das Stadtgericht als erste Instanz zwingend zuständig sein sollte. Die fürstlichen Edikte gegen das Bettelunwesen durch Fremde, gegen die Verunsicherung der Straßen durch abgedankte Soldaten sowie zur Bekämpfung von Gartendiebstählen durch Frauen und Kinder und anderen Störungen der öffentlichen Ordnung unterscheiden sich nicht wesentlich von obrigkeitlichen Anordnungen der Zeit in anderen Territorien.

Dagegen zeugt die am 20. Juli 1692 erlassene Medizinal- und Arzneiordnung von einem außerordentlich hohen und geradezu modern anmutenden Verständnis von den Aufgaben und Pflichten der Heilberufe: So wurde zum Beispiel verfügt, daß die innere Heilkunde ausschließlich von akademisch ausgebildeten und landesherrlich approbierten Ärzten ausgeübt werden durfte. Die Apotheker wurden verpflichtet, die erforderlichen Substanzen stets frisch und unverdorben vorrätig zu haben. Sie unterlagen einer strengen Kontrolle durch die „Leib- und Landes-Medici". Ihnen war verboten, eigenmächtig Medikamente an die Kranken zu verabreichen; dies durfte nur auf ärztliche Verordnung hin geschehen. Sie mußten zudem stets persönlich anwesend sein oder sich durch fachkundige Gehilfen vertreten lassen.

Auch die am 13. Februar 1693 verfügte Erneuerung und Ergänzung der bereits unter Fürstbischof Christoph Bernhard von Galen erlassenen Kirchen- und Schulordnung, durch die unter anderem die Wiedereinrichtung der in den Wirren der letzten Jahrzehnte eingegangenen Schulen in kleineren Bauerschaften angeordnet wurde, dürfte dem Wohl des Landes außerordentlich förderlich gewesen sein.

Einen guten Einblick in die hygienischen Verhältnisse der Stadt Münster gibt die Verordnung des Landesherrn zur Reinhaltung der Straßen in der Stadt vom 26. November 1691: Sie bestimmte zunächst, daß alle Straßen, in Distrikte eingeteilt, regelmäßig von den städtischen Behörden visitiert werden mußten. Etwaige Schäden mußte der Hauseigentümer bis zum nächsten Frühjahr auf seine Kosten beheben lassen. Alle Misthaufen vor den Haustüren hatten zu verschwinden; die Kothaufen sollten alle 14 Tage weggefahren werden. Die Abflußrinnen und Kanäle waren regelmäßig durch die Hauseigentümer zu reinigen und instand zu halten. Das Wegwerfen verendeter Kälber, Schweine, Hunde und Katzen in die Aa oder auf die Straßen und Plätze wurde mit Gefängnisstrafe bedroht. Auch die zulässigen Preise wurden festgesetzt und der Fleischverkauf in der Stadt genau geregelt. Volkskundlich interessant ist schließlich das fürstliche Edikt, durch das das Abbrennen von Freudenfeuern am Fest des hl. Martin (11. November) in der Stadt Münster aus feuerpolizeilichen Gründen untersagt wurde [2616: Sammlung der Gesetze 1].

Große Verdienste erwarb sich der Fürstbischof um den Straßen- und Brückenbau im Land. Bedeutend verbessert wurde die verkehrsmäßige Erschließung der Stadt Münster durch die Wiedereinrichtung und den Ausbau des schon unter Christoph Bernhard begonnenen, dann aber wieder eingeschlafenen Postwagenverkehrs. Zweimal wöchentlich verkehrten die Postkutschen von Münster aus nach Amsterdam/Zwolle, Bielefeld/Paderborn, Wesel und Osnabrück. Durch Anschlußverbindungen in den genannten Orten konnten – neben allen wichtigen Städten der Niederlande – auch weit entfernte Ziele wie zum Beispiel Kopenhagen, Hamburg, Danzig, Berlin, Hannover, Kassel, Frankfurt und Nürnberg von Münster aus für damalige Verhältnisse bequem erreicht werden. Nicht nur für Handel und Gewerbe, sondern auch für die Stellung Münsters als Verwaltungs- und Kulturzentrum war dieses Verkehrsnetz zweifellos von großer Bedeutung.

Einer besseren Steuergerechtigkeit diente eine Verordnung der fürstlichen Regierung vom 22. Dezember 1696, in der verfügt wurde, daß solche Personen, die aufgrund ihrer Stellung persönlich von der Besteuerung befreit waren, im Fall des Erwerbs schatzpflichtiger Immobilien die darauf entfallenden Lasten weiter zu entrichten hätten. Hiermit war erneut der Tendenz entgegengewirkt, die Steuerlast durch zunehmende Exemtionen auf immer weniger Steuerpflichtige zu verteilen – ein Ärgernis, das insbesondere in den Städten stets zu Unmut geführt hatte.

In besonderer Weise als verantwortungsbewußter Landesfürst zeigte sich Friedrich Christian in den Jahren 1698 bis 1700, als infolge von Mißernten die Getreidepreise in der Stadt explodierten. Statt der üblichen 5 Reichstaler kostete der Malter Weizen im Jahr 1699 24 Reichstaler. Besonders die ärmeren Einwohner mußten ihr Hab und Gut verkaufen, nur um am Leben zu bleiben. In dieser Not ordnete Friedrich Christian von Plettenberg an, im Ausland Getreide aufzukaufen, um es kostenlos an die Ärmsten in den Kirchspielen zu verteilen. Schon 1697 hatte der Fürstbischof angesichts der sich bereits abzeichnenden Getreideknappheit das Branntweinbrennen strikt untersagt.

So kann aus der Sicht der Stadt Münster – wie auch aus der des Landes – die Gesamtbeurteilung der Regierung dieses Fürstbischofs nur positiv ausfallen. Während die Amtszeit Ferdinand von Fürstenbergs zu kurz war, um nachhaltig auf die weitere Entwicklung Einfluß zu nehmen, brachte die Herrschaft Friedrich Christians eine Wende zum Besseren für die Stadt. Mit ihm beginnt sich der Charakter Münsters als vom Adel geprägte Residenzstadt, als Verwaltungszentrum und als geistig-kultureller Mittelpunkt einer größeren Region herauszubilden. Daß auch die Zeitgenossen seine Regierungszeit in diesem Sinne beurteilten, wird aus der Inschrift auf seinem Epitaph – ursprünglich im Hochchor, heute im nordöstlichen Querhaus des Doms – deutlich, auf dem er als *princeps pacis* (Friedensfürst) bezeichnet wird.

Prachtentfaltung und Finanzierungsprobleme unter Franz Arnold von Wolff-Metternich

Um die Wiederbesetzung des durch den Tod Friedrich Christians von Plettenberg vakant gewordenen Bischofsstuhls rankt sich ein Gewirr von Intrigen, das auch heute noch nicht restlos aufgeklärt ist. Der Kaiser unterstützte die Kandidatur Herzog Karls von Lothringen, des Bischofs von Osnabrück. Um die Wahl zu befördern, beauftragte er den Paderborner Bischof Franz Arnold Wolff-Metternich zur Gracht, der auch ein Domkanonikat in Münster hatte, für die Wahl des Osnabrücker Bischofs tätig zu werden. Auch der Osnabrücker Bischof schickte einen Gesandten nach Paderborn. Beiden war jedoch nicht bekannt, daß Franz Arnold sich schon 1704 ein „Wählbarkeitsbreve" für Hildesheim und Münster vom Papst hatte ausstellen lassen und somit offensichtlich schon länger persönliches Interesse an diesem Amt hegte. Franz Arnold stellte den kaiserlichen und Osnabrücker Gesandten tatsächlich in Aussicht, sich für die Wahl des Herzogs von Lothringen einzusetzen. Später erklärte er, alle von ihm angesprochenen Domherren hätten zu erkennen gegeben, daß sie nicht geneigt seien, diesen zu wählen, und ihn gebeten, persönlich für das Amt zu kandidieren. Daher könne er sich dieser Bitte nicht verschließen. Das Domkapitel war jedoch geteilt; die Mehrheit hielt zu Franz Arnold, die Minderheit zum Herzog von Lothringen.

Der Kaiser versuchte durch Drohungen, den Paderborner Bischof von seiner Kandidatur abzubringen. Schließlich erklärte er am 26. Juli 1706 offiziell seine „Exclusiva" gegen diesen, d. h. eine – allerdings rechtlich umstrittene – Ausschließungsverfügung für diesen Kandidaten. Am vorgesehenen Wahltag, dem 29. Juli, traf dann noch per Eilboten ein Breve des Papstes Innozenz XI. ein, durch das die Verschiebung der Wahl um einen Monat angeordnet wurde. Die gewonnene Zeit führte zu keinerlei Annäherung der Parteien. Versuche des preußischen Königs, den Kaiser umzustimmen, blieben ebenfalls ergebnislos. Als man am 30. August erneut zur Wahl schreiten wollte, traf eine weitere Verfügung aus Rom ein, die einen Aufschub der Wahl be-

Franz Arnold von Wolff-Metternich, Fürstbischof von Paderborn (1704–1718) und Münster (seit 1706). Gemälde eines unbekannten Künstlers

zweckte, aber von der Mehrheit nicht befolgt wurde. Vielmehr wählte dieser Teil des Kapitels den Paderborner Bischof Franz Arnold Wolff-Metternich zur Gracht. Die andere Partei wählte vier Wochen später den Osnabrücker Bischof. Beide Seiten bemühten sich um die päpstliche Anerkennung. In Rom neigte man zwar zu Franz Arnold, scheute sich aber, diese Entscheidung mit Rücksicht auf den Kaiser zu verkünden. Dies geschah erst am 11. Mai 1707, und zwar in einer außergewöhnlichen Form: Der Papst erklärte beide Wahlen für ungültig, ernannte dann aber Franz Arnold *ex plenitudine potestatis* (kraft seines Amtes) zum neuen Bischof von Münster. Kaiser Joseph I. weigerte sich noch mehrere Jahre lang, den Bischof mit den Regalien – also den weltlichen Herrschaftsrechten – zu belehnen.

Die Fragwürdigkeit des gesamten Verfahrens liegt – abgesehen von der kirchenrechtlich bedenklichen politischen Einmischung unterschiedlicher Mächte, die aber durchaus üblich war – in dem Umstand, daß ganz offensichtlich zur Beförderung der Wahl Franz Arnolds sehr viel Geld an die Mitglieder des Domkapitels gezahlt worden ist. Verdächtig erschien schon den Zeitgenossen, daß Franz Arnold unmittelbar vor der Wahl bei den Generalstaaten einen Kredit in Höhe von 150 000 Gulden aufgenommen hatte. Dies dürfte der Hauptgrund dafür gewesen sein, weshalb er vor seinem Tod so hoch verschuldet war, daß sogleich der Konkurs über sein Vermögen eröffnet werden mußte. Politisch bemühte sich Franz Arnold, die Linie seines Vorgängers fortzusetzen. So erneuerte er 1709 den Beitritt zur Haager Allianz gegen Frankreich. 1713 schloß er einen weiteren Subsidienvertrag mit dem Kaiser ab, in dem er sich für 190 000 Gulden zur Gestellung von fünf Bataillonen Fußsoldaten und zwei Eskadronen Reiterei verpflichtete.

Auch innenpolitisch versuchte er, den von seinem Vorgänger so erfolgreich eingeschlagenen Weg zur Förderung der Wohlfahrt seiner Länder fortzusetzen. Die Verkehrsanbindung der Stadt Münster wurde weiter verbessert. Durch einen Vertrag mit Kursachsen wurde im Jahr 1712 eine zusätzliche Postverbindung von Leipzig über Paderborn und Münster nach Amsterdam eingerichtet. Besonders verdienstvoll war es zweifellos, daß Franz Arnold endlich den noch auf Christoph Bernhard von Galen zurückgehenden Streit um die Grafschaft Bentheim-Steinfurt beilegte. Stadt und Kirchspiel Steinfurt wurden zu einer Reichsgrafschaft mit eigener Landeshoheit erhoben. Die übrigen Orte des Kirchspiels Steinfurt verblieben unter der Oberhoheit des Bischofs, während der Graf dort unterherrliche Rechte ausübte. In der Vorstadt von Steinfurt wurde eine katholische Kirche gebaut.

Auch die ordnungspolizeilichen Maßnahmen schlossen sich an jene seines Vorgängers an: So wurden weitere Dekrete gegen Bettler und Vagabunden erlassen. Studenten, Schreibern und Handwerksburschen wurde in der Stadt Münster das Tragen von Degen untersagt, da es in der Vergangenheit immer wieder zu nächtlichen Tumulten und Unruhen gekommen war. Weiterhin verbot der Landesherr das bei Bürgern und Handwerkern beliebte Vogel- und Scheibenschießen und die damit verbundenen Schwelgereien. Wer Lust zum Schießen hatte, sollte sich der Schützenbruderschaft anschließen, die allerdings ein großes Schützenfest auch nur alle drei Jahre veranstalten durfte. Auf der anderen Seite wurde aber auch untersagt, den Ratsmitgliedern, Bürgermeistern und höheren Beamten zu ihrer Wahl bzw. Ernennung weiterhin die üblichen Geschenke an Wein zu machen, da auch diese Gewohnheit überhandgenommen hatte und sich nach Ansicht des Fürsten zum Nachteil der Allgemeinheit auswirkte [vgl. 1012: Dahl, Innere Politik].

In die Zeit der Regierung Franz Arnolds fällt eine Entscheidung des Reichskammergerichts, die für die Sozialgeschichte der Stadt Münster von nachhaltiger Bedeutung war: Seit dem 16. Jahrhundert war es zu einer immer stärkeren Abgrenzung zwischen dem Adel und den stadtmünsterischen Erbmännerfamilien gekommen. Während letztere mehr und mehr versuchten, den adeligen Lebensstil nachzuahmen, indem sie sich zum Beispiel feste Häuser und Landsitze außerhalb der Stadt bauten und sich aus städtischen Funktionen mehr und mehr zurückzogen, grenzte sich der Adel immer stärker gegen sie ab. Dies wird am deutlichsten durch die Verdoppelung der Zahl der ritterbürtigen Ahnen von acht auf sechzehn, welche für die „Aufschwörung“ erforderlich waren, um Aufnahme in das Domkapitel finden zu können. Die Erbmänner wiederum hielten sich zur Aufnahme in diese Kapitel berechtigt und lehnten auf der anderen Seite die Übernahme städtischer Ämter – selbst das des Bürgermeisters – in zunehmendem Maße ab. Seit 1575 war in dieser Sache ein Streit vor dem Reichskammergericht anhängig. 1685 war eine erste Sentenz zugunsten der Erbmänner ergangen. Das Domkapitel mißachtete diese jedoch und weigerte sich, den vom Papst für eine dortige Pfründe providierten Johann von der Tinnen aufzunehmen. Wie wichtig die Sache den Erbmännern war, geht daraus hervor, daß sie vertraglich gemeinsam ihr Vermögen verpfändeten, um den Prozeß weiterführen zu können. 1709 entschied Kaiser Joseph I. erneut zugunsten der Erbmänner; dennoch dauerte es bis zum Dezember 1717, ehe die ersten Erbmänner Heinrich Droste zu

Hülshoff, Johann Ludwig Kerckerinck zu Stapel, Jobst Stephan Kerckerinck zur Borg, Gottfried von der Tinnen und Jobst Albert Clevorn von der münsterischen Ritterschaft aufgeschworen wurden [264: Oer, Erbmänner; 220: Lahrkamp, Patriziat, S. 202f; 1019: Dethlefs, Rudolph von der Tinnen].

Hatte sich Franz Arnold schon bei seiner Wahl erheblich verschulden müssen, so gelang es ihm während seiner Regierungszeit in Münster nicht, diese Schulden abzutragen. Als Ursache hierfür wird gemeinhin seine überaus große Vorliebe für barocke Prachtentfaltung angesehen, die vielfach bezeugt ist und in keinem Verhältnis zu den relativ bescheidenen Möglichkeiten seiner kleinen Länder stand. Sogar die Gesandten aus Kursachsen und Preußen wunderten sich in den Berichten an ihre Landesherrn über den Aufwand und die Großzügigkeit, mit denen sie von Fürstbischof Franz Arnold Wolff-Metternich zur Gracht empfangen und bewirtet wurden. Für das gesellschaftliche Leben in Münster war dies sicherlich eher ein Vorteil. Es führte zumindest dazu, daß die unter Friedrich Christian einsetzende Aufwertung der Stadt in gesellschaftlicher Hinsicht und in ihren positiven Auswirkungen auf das Stadtbild nicht zurückging, obgleich der Landesherr auf Schloß Neuhaus bei Paderborn residierte. Daß er sich daneben aber auch häufig in der Stadt Münster aufgehalten hat, beweisen die zahlreichen dort ausgestellten Urkunden und Dekrete.

1718 war der Schuldenberg des Fürsten auf die astronomische Höhe von 300 000 Reichstalern angewachsen. Um sich dieser Last zu entledigen, verhandelte Franz Arnold mit Kurbayern: Er ließ seine Bereitschaft durchblicken, Philipp Moritz von Bayern als Koadjutor zu erwählen, wenn sich das Haus Wittelsbach verpflichtete, seine Schulden in dieser Höhe zu übernehmen. Zum Abschluß einer Übereinkunft kam es jedoch nicht mehr, weil Bischof Franz Arnold Wolff-Metternich am Weihnachtstag des Jahres 1718 plötzlich in der bischöflichen Residenz zu Ahaus verstarb. Er wurde in der Jesuitenkirche zu Coesfeld beigesetzt. Daß der Inschrift auf seinem Grabmal *Hic bene latet, qui bene fecit et vixit* (Hier liegt gut, der gut handelte und lebte) bewußt ein Doppelsinn im Hinblick auf seine barocken Lebensgewohnheiten unterlegt worden sein könnte, ist gewiß nicht auszuschließen [2015: Brandt/Hengst, Bischöfe und Erzbischöfe von Paderborn, S. 266].

Während des Friedenskongresses war in Münster europäische Politik gemacht worden. Unter der Regierung Christoph Bernhards von Galen scheiterte der Versuch, dem Fürstbistum einen festen Platz unter den europäischen Mächten zu erobern. Seine Nachfolger Ferdinand von Fürstenberg, Maximilian Heinrich von Bayern, Friedrich Christian von Plettenberg und Franz Arnold von Wolff-Metternich schufen jedoch durch die Stabilisierung der inneren Verhältnisse und die konsequente Friedenspolitik die Voraussetzungen dafür, daß die Landeshauptstadt Münster sich im 18. Jahrhundert zu einem bedeutsamen Zentrum der Kunst, der Wissenschaft, der Verwaltung und des gesellschaftlichen und kirchlichen Lebens entwickeln konnte. Dadurch war die Stadt prädestiniert und in der Lage, zu Beginn des 19. Jahrhunderts die Rolle der Hauptstadt der Provinz Westfalen zu übernehmen.

Quellen und Literatur

Unter den Beständen des Stadtarchivs Münster ist das „Alte Archiv" (Ratsarchiv) hervorzuheben, in dem die Ratsprotokolle aufbewahrt werden. Im Staatsarchiv Münster befindet sich die Überlieferung des Fürstentums Münster, darin (im sogenannten Landesarchiv) auch die Urkunden und Akten der fürstbischöflichen Regierung. Weitere archivalische Quellen finden sich unter anderem im Bistumsarchiv Münster (Bestand „Generalvikariat").

Darüber hinaus werden in den verschiedenen Familienarchiven – zum Beispiel im Archiv des Grafen von Galen (Haus Assen) und im Archiv des Freiherrn von Fürstenberg (Schloß Herdringen) – private Korrespondenzen jener Bischöfe aufbewahrt, die dem westfälischen Adel entstammten. Beide Familienarchive sind über das Westfälische Archivamt (Münster) benutzbar.

Zu den wichtigsten gedruckten Quellen über die Politik Christoph Bernhards von Galen gehört eine von Wilhelm Kohl besorgte Aktenedition [918: Außenpolitik Christoph Bernhards]. Das kirchliche Wirken Galens beleuchtet Alois Schröer [947: Korrespondenz des Fürstbischofs von Galen]. Auch die fürstlichen Dekrete liegen – gekürzt – in gedruckter Form vor [2616: Sammlung der Gesetze]. Quellen zum münsterischen Gildewesen enthält die umfangreiche Edition von Robert Krumbholtz [13: Gewerbe].

Eine kurze und anschauliche Überblicksdarstellung für die Zeit Christoph Bernhards liefert Hans Galen [971: Durchsetzung des Absolutismus]. Eingehender ist die Geschichte der Stadt in dem behandelten Zeitraum ebenfalls nur für die Regierungszeit Christoph Bernhards von Galen dargestellt. Hier sind vor allem die Aufsätze von Helmut Lahrkamp [1117: Galens städtische Widersacher], Theodor Bading [984: Innere Politik Christoph Bernhards] und die Monographie von Karl Tücking [1184: Geschichte des Stifts] zu nennen. Für die Gesamtbeurteilung der Politik Galens sind nach wie vor die Arbeiten von Kohl grundlegend [1100: Christoph Bernhard von Galen; 1101: Grundzüge der Politik]. Das kirchliche Wirken Galens behandelt Manfred Becker-Huberti [989: Tridentinische Reform]. Huldigungsgedichte des Arztes und Dichters Dr. Bernhard Rottendorff an Galen und Ferdinand von Fürstenberg sind jüngst ediert worden [940: Hugenroth, Rottendorff].

Über die Bischofswahlen 1683, 1688 und 1706 berichtet Friedrich Keinemann [1083: Domkapitel im 18. Jahrhundert].

Über Ferdinand von Fürstenberg liegen – mit jeweils unterschiedlichen Akzentsetzungen – zwei Kurzbiographien von Helmut Lahrkamp vor [2371: Geistliche Söhne; 1110: Fürstenberg in seiner Bedeutung für die zeitgenössische Geschichtsforschung]. Zur Persönlichkeit Maximilian Heinrichs von Bayern liefert Max Braubach biographische Anmerkungen [2016: Einsiedler von St. Pantaleon]. Die politische Leistung Friedrich Christians von Plettenberg wird in den Arbeiten von Friedrich Scharlach [1157: Münsterische Politik im Koalitionskriege] und Anton Joseph Völker [1189: Innere Politik des Fürstbischofs Plettenberg], das politische Wirken Franz Arnold Wolff-Metternichs von Wilhelm Dahl [1012: Innere Politik] und Friedrich Keinemann [1082: Beurteilung des Fürstbischofs Franz Arnold] gewürdigt. Eine neubearbeitete Biographie Niels Stensens stammt von Max Bierbaum [994: Stensen].

Die Bevölkerungsstruktur und die Wirtschaftsverhältnisse Münsters im Übergang vom 17. zum 18. Jahrhundert behandeln Helmut Lahrkamp [220: Patriziat; 219: Wirtschaftliche Führungsschichten; 921: Bevölkerung um 1685], Rudolfine Freiin von Oer [264: Erbmänner] und Thomas Küster [1106: Krameramt]. Auf Fragen der Seuchenbekämpfung und landesherrlichen Fürsorge gehen Otto Hellinghaus [1058: Pestepidemie] und Gerd Dethlefs ein [30: Soldaten und Bürger; 1018: Leprosenhaus; 29: Pest und Lepra].

RUDOLFINE FREIIN VON OER

Residenzstadt ohne Hof (1719–1802)

1. Barock und Merkantilismus in Münster – 2. Münster im Siebenjährigen Krieg – 3. Die Anfänge der Fürstenbergischen Reformen – 4. Wiederaufbau nach dem Siebenjährigen Krieg, Wirtschaft und Bevölkerungsstruktur – 5. Städtisches Leben nach dem Siebenjährigen Krieg – 6. Die Koadjutorwahl von 1780 und die Anfänge der Regierung Max Franz' von Österreich – 7. Münster und die Französische Revolution

Das 18. Jahrhundert zählt sicher nicht zu jenen Zeiträumen, denen sich die münsterische Stadtgeschichtsforschung und -schreibung bisher in besonderem Maße zugewandt hätte. Zumeist wird der hier zu behandelnde Zeitraum aus der Perspektive der sich anschließenden politischen Umbrüche in der deutschen und europäischen Geschichte gesehen: „Letzte Blüte und Ende des Hochstifts", so überschreibt etwa Joseph Plaßmann (1925) diese Zeitspanne der Geschichte Münsters. „Münster unter den drei letzten Kurfürsten von Cöln", so hatte schon Heinrich Erhard (1837) dieses Kapitel der Stadtgeschichte zusammengefaßt. Beide Autoren geben Fürstbischof Clemens August von Bayern (1719–1761) wegen seiner Parteinahme gegen Brandenburg-Preußen die Schuld an den Schäden des Siebenjährigen Krieges, um anschließend nur den Fürstenbergischen Reformen noch einige Aufmerksamkeit zuzuwenden. „Stadt des Adels" (d. h. doch *nicht des Bürgertums*) – so charakterisiert eine moderne Darstellung Münster am Beginn des 18. Jahrhunderts, während die Sammlungen des Stadtmuseums auf die Qualität des hiesigen Handwerks wie auf das sich vor allem in Porträts äußernde Selbstbewußtsein münsterischer Bürger dieses Zeitraums hinweisen [36: Geschichte der Stadt Münster, S. 98]. Das Verfassungsleben der Stadt im 18. Jahrhundert hat bisher, vermutlich zu Recht, wenig Interesse gefunden. Hofräte besetzten seit den Reformen der Fürstbischöfe Christoph Bernhard von Galen und Ferdinand von Fürstenberg die führenden Positionen im münsterischen Magistrat. Beachtlich ist jedoch, was die Kunstgeschichte uns seit Geisberg an Einsichten in das Schaffen von Künstlern in Münster, ihren Bildungshorizont und die Art ihrer Rezeption vor allem west- und südeuropäischer Vorbilder vorlegt; über den politischen, sozialen und wirtschaftlichen Hintergrund ihres Schaffens sind wir immer noch nur bruchstückhaft und unzureichend informiert. Zwar gibt es besser untersuchte Perioden wie den Siebenjährigen Krieg und die Zeit der Fürstenbergischen Reformen, ein Gesamtbild oder auch nur ein Register der wichtigsten Forschungsdefizite fehlen bisher. Hier nicht radikal Abhilfe zu schaffen, jedoch ein paar Schritte weiterzukommen, kann allein die begrenzte Zielsetzung dieses Beitrags sein.

Es scheint, daß für die Zustände zwischen Westfälischem Frieden und Französischer Revolution das Urteil Johann Hermann Hüffers, des langjährigen Oberbürgermeisters (1842–1848), Abgeordneten der Stadt im Provinziallandtag seit 1826 und in der preußischen Nationalversammlung 1848, bis heute bestimmend geblieben ist: „Im Münsterland beruhte alles auf uraltem Herkommen; es wurde wenig regiert, wenig gefordert, wenig gezahlt. [...] Die Landstände bestanden aus dem Domkapitel, der Ritterschaft und den Bürgermeistern der zwölf landtagsfähigen Städte. Da die beiden ersten Stände gemeinschaftlichen Ursprung und in der Regel gleiches Interesse hatten, so war die Vertretung der Städte meist illusorisch; das platte Land oder die Bauern hatten keine eigene Vertretung. Domkapitel und Ritterschaft bestanden aus Adeligen, die 16 Ahnen nachweisen mußten und dadurch von den andern Ständen streng abgesperrt waren. Durch Hochmut und Anmaßung machten sie sich häufig verhaßt und bildeten, wiewohl durch Kenntnisse und Ausbildung wenig dazu berechtigt, den ausschließlichen Umgang des Fürsten. Die Stellen im Domkapitel, deren 40 waren, dienten vorherrschend als Versorgung der nachgeborenen Söhne des Adels, da nur der Erstgeborene die Stammgüter erbte"; und nach einem Hinweis auf die Versorgung der nichtheiratenden adeligen Töchter in den Damenstiften kommt Hüffer zu dem Schluß: „In dem Beamten- und Bürgerstand war ebenfalls ein mäßiger, zum Teil auch bedeutender Wohlstand verbreitet, der aber mehr auf Ersparen als auf Erwerben beruhte. Ersteres wurde befördert durch eine im allgemeinen geregelte Lebensweise und dadurch, daß gewöhnlich, namentlich in dem höheren Bürgerstand, von jeder Familie nur ein paar Kinder heirateten; die andern fanden in den Kollegiatstiftern und Klöstern Unterkommen; manche vermehrten dann durch bedeutenden Nachlaß den Wohlstand der Familie. Bei den Handwerkern sicherte das Zunftverhältnis das Bestehen und Gedeihen des Gewerbes, wenn es nur einigermaßen tüchtig betrieben wurde" [1223: Lebenserinnerungen, S. 48ff].

Abgesehen von offenkundigen Unrichtigkeiten – der Autor zählte 18 Jahre, als die fürstbischöfliche Zeit in Münster endete, und schrieb seine Erinnerungen erst gegen Ende seines Lebens nieder (es gab – mit Münster – 13 landtagsfähige Städte im Hochstift und 41 Domherrenpräbenden, die nicht selten gerade mit den Erstgeborenen aus den stiftsfähigen Familien besetzt wurden) – wissen wir heute, wie lange Urteile des 19. Jahrhunderts diejenigen über das 18. bestimmt haben und wie sehr sie Antagonismen in eine Zeit zurückprojizieren, in welcher adelige und bürgerliche Lebensstile sich einander vielfältig anglichen, wofür Hüffer selbst mit dem Hinweis auf die Versorgung Unverheirateter in kirchlichen Instituten einen Hinweis gibt. Sollte nicht heute auch die münsterische *Stadtgeschichtsforschung* dem 18. Jahrhundert eigenes Gewicht zuerkennen, wie es die Kunstgeschichte seit langem tut?

1. Barock und Merkantilismus in Münster

Unstreitig dürfte sein, daß keine Epoche zwischen Mittelalter und 19. Jahrhundert das Erscheinungsbild der münsterischen Innenstadt noch heute stärker prägt als eben jenes 18. Jahrhundert, die Wirkungszeit so hervorragender Baumeister wie Peter und Gottfried Laurenz Pictorius, Corfey und vor allem Johann Conrad Schlaun.

Wie in den Jahrhunderten zuvor, so blieb Münster auch im 18. Jahrhundert Haupt- und Residenzstadt des an Ausdehnung größten geistlichen Territoriums im Reich. Es bedeutete dies Anwesenheit der Landesbehörden, wenn auch nur selten des Landesherrn, der jedoch in Münster vom Domkapitel gewählt und inthronisiert wurde, der dort Lehnstage abhielt und die Landtage des Hochstifts regelmäßig nach Münster berief. Der – inzwischen nicht mehr als angemessen betrachtete – fürstbischöfliche Hof befand sich am Domplatz, eine komfortablere, jedoch provisorische

Residenz hatte sich schon Christoph Bernhard von Galen im Fraterherrenhaus „Zum Springborn“ eingerichtet; ab 1767 entstand auf dem Gelände der Zitadelle des 17. Jahrhunderts ein repräsentativer Schloßbau für den Bischof und Landesherrn. Der hierdurch gesetzte städtebauliche Akzent dürfte das anschaulichste Indiz dafür sein, daß auch im letzten Drittel des 18. Jahrhunderts die Landstände – unter ihnen die Stadt Münster – bestrebt blieben, den Fürsten und Bischof häufiger als bisher in den Mauern der Haupt- und Bischofsstadt zu sehen und damit das zu sein, was die blühenden Städte des Reiches im 18. Jahrhundert zu allermeist waren: Residenzen, d. h. Bühnen barocker höfischer Prachtentfaltung. Dem standen freilich im geistlichen Wahlstaat Münster erheblichere Hindernisse als in den Zentren der weltlichen Erbfürstentümer entgegen: Seit dem Tod des Fürstbischofs Friedrich Christian von Plettenberg im Jahr 1706 hat kein Landesherr und Bischof das Hochstift Münster als einziges oder auch nur wichtigstes regiert. Franz Arnold von Wolff-Metternich (1706–1718) residierte bevorzugt im – politisch und wirtschaftlich weniger bedeutenden – Hochstift Paderborn, Clemens August von Bayern (1719–1761) hielt sich zumeist in den kurfürstlich kölnischen Residenzen Brühl und Bonn auf, und wenn er seine westfälischen Hochstifter aufsuchte, so zog es ihn eher in die Jagdreviere um die Nebenresidenzen Ahaus und Clemenswerth. Auch seine beiden Nachfolger, die Kölner Kurfürsten Max Friedrich von Königsegg-Rothenfels (1762–1784) und Max Franz von Österreich (1784–1801) regierten ihr Nebenland Münster von Bonn oder Brühl aus. Max Friedrich setzte immerhin Fürstenberg als eine Art Statthalter in Münster und Vertreter dieses Hochstifts in seiner Bonner Regierungskonferenz ein.

Fürstenbergs Reformwerk – insbesondere der in seiner Amtszeit eingeführten Brandversicherung und den Personenschatzungen – verdanken wir relativ genaues Zahlenmaterial zu den Gebäuden der Stadt und den Personen, die sie bewohnten. Versichert wurden nach der „Brand-Assecuranz“ von 1768 in Münster 2055 Gebäude, in denen etwa 10 000 bis 10 500 Personen lebten. Die Bevölkerungszahl differiert nicht wesentlich von der für den Beginn des 18. Jahrhunderts ermittelten. Stagnierte mit der Bevölkerungsentwicklung in Münster im 18. Jahrhundert auch das wirtschaftliche und kulturelle Leben wie in so vielen alten Kaufmannsstädten der Zeit? Ein unverdächtiger Zeuge, der spätere Maréchal de France und siebte Herzog von Croy, bereiste in den Jahren 1741/42 das Reich, vermutlich in militärischem Auftrag. Der damals etwa 23jährige französische Offizier schreibt über seine Reise: „Die Stadt Münster ist groß und schön. Die meisten Häuser haben nur eine Etage. Sie ist nicht so bevölkert wie es den Anschein hat, nur etwa 10 000 Seelen.“ Von der freien Reichsstadt Köln sagt derselbe Zeuge: „man kann sagen, daß es eine traurige, große Stadt ist“ [Archiv des Herzogs von Croy (mitgeteilt und übersetzt von Elisabeth Hergeth)]. Croy dürfte damit den Unterschied zwischen den reichsunmittelbaren und den Residenzstädten im Reich des 18. Jahrhunderts ziemlich repräsentativ beschrieben haben. Auf die Frage, wie Münsters Entwicklung in diesem Zeitraum verlaufen wäre, hätte es sich gegen den Fürstbischof Christoph Bernhard von Galen durchsetzen können, kann nur: „mit Sicherheit anders, als es sich die Geschichtsschreibung des 19. Jahrhunderts vorstellte“, geantwortet werden. Stadt und Stift erlebten unter Christoph Bernhards drittem Nachfolger, Friedrich Christian von Plettenberg, eine wirtschaftliche und kulturelle Blüte.

Fürstbischof Clemens August von Bayern im Alter von 19 Jahren. Das Porträt wurde 1719 im Auftrag des Rates von Johann Martin Pictorius angefertigt

Im Gegensatz zum Fürstbischof Plettenberg hinterließ dessen Nachfolger Franz Arnold von Wolff-Metternich beträchtliche Schulden. Auch das Münzwesen war in Unordnung geraten, das *sede vacante* regierende Domkapitel zog zu leicht geprägte Münzen ein und ließ die Schuldigen bestrafen. Aus ihren „Brüchten" wurde nach dem Bericht des Baumeisters und Chronisten Corfey bei Nobiskrug eine Brücke über die Werse errichtet.

Eine Chance sah der Münchener Hof in der hohen Verschuldung des Hochstifts Münster. Noch regierte im Kur- und Metropolitanstaat Köln Joseph Clemens von Bayern; das seit dem späten 16. Jahrhundert vom Haus Wittelsbach behauptete Kurköln auch weiterhin und dazu noch möglichst viele andere geistliche Territorien im Nordwesten des Reiches zu besetzen, mußte Ziel auch des bayerischen Kurfürsten

Max Emmanuel sein. Die Generalstaaten, die traditionell lieber einen Adeligen der Region als einen Prinzen aus mächtigem Hause an ihren Grenzen sahen, zögerten wegen leerer Kassen mit Angeboten, Hannover-England konnte nicht mithalten, und so erreichte der Abgesandte des Münchener Hofes, Graf Seyboltstorff, unterstützt vom Neffen des Fürstbischofs Friedrich Christian, Ferdinand von Plettenberg, zunächst in Paderborn (14. März 1719) und dann auch in Münster (21. März 1719) die Wahl des bayerischen Prinzen Philipp Moritz zum Nachfolger Franz Arnolds in den beiden westfälischen Hochstiftern. Nur wenige Tage nach der Wahl in Münster stellte sich freilich heraus, daß man einen Verstorbenen gewählt hatte. Die Domkapitel von Paderborn wie Münster waren jedoch dem Münchener Hof bereits so sehr verpflichtet, daß es Seyboltstorff unschwer gelang, den jüngeren Bruder des Kandidaten, den erst achtzehnjährigen Clemens August, für den Verstorbenen zu substituieren. Niemand in Münster dürfte damals mehr über den im August 1700 zu Brüssel geborenen Sohn Max Emmanuels und der Theresia Kunigunde Sobieska gewußt haben, als der bayerische Wahlmacher berichtete. Heute vermutet man in traumatischen Jugenderlebnissen des Prinzen – Flucht und Ächtung des Vaters im Spanischen Erbfolgekrieg, Quasi-Geiselhaft in Österreich, ungefragte Bestimmung zum geistlichen Stand durch den Vater und plötzlicher Tod des älteren Bruders, dessen Ausbildung der Jüngere geteilt hatte – Ursachen für die zeit seines Lebens zu beobachtende hohe Sensibilität und Unstetigkeit. Der Münchener Hof und Studienjahre in Rom hatten jedoch ein lebendiges Interesse an allen Künsten in Clemens August geweckt. Im Herbst 1719 reiste der am 27. März Gewählte von München über Köln in seine westfälischen Stifte. Ferdinand von Plettenberg empfing ihn an der Grenze des Stifts bei Herten, auf Schloß Nordkirchen unterhielt er den jungen Landesherrn mit Feuerwerken und anderen Lustbarkeiten. Am 14. Dezember 1719 erlebte die Stadt Münster den wohl prächtigsten Einzug eines neuen Landesfürsten von der Antoniuskapelle in Hiltrup durch das Ludgeritor über die Königsstraße und die Rothenburg „durch die an beiden Seiten in Gewehr stehende Bürgerschaft“ zum Domplatz [zit. nach 2177: Hanschmidt, Niederstift, S. 29]. Bis zum April des folgenden Jahres hat Clemens August sich im Hochstift Münster aufgehalten mit dem Fraterhaus in Münster als „Standquartier“. Wie seine Vorgänger seit Jahrhunderten, so übernahm auch Clemens August die Regierung nicht bedingungslos. Schon am Tag nach seinem prächtigen Einzug bekräftigte er die von Seyboltstorff mit dem Domkapitel ausgehandelte Wahlkapitulation durch seine Unterschrift. Er bestätigte darin die Privilegien der Stände, vor allem des Domkapitels, sowie dessen Verfügungen während der Sedisvakanz.

Für die Stadt Münster von Interesse war die Übernahme der Verpflichtung zur Demolierung der Zitadelle und Schließung der Stadtmauer ihr gegenüber, zur Errichtung einer festen Residenz aus landesherrlichen und Landesmitteln, zur Einschränkung von Neugründungen der Bettelorden und zur Rückführung in geistlichen Besitz übergegangener Grundstücke in die säkulare – d. h. der Stadt leistungspflichtige – Hand. Auch durfte der angewachsenen Bevölkerung der Gebrauch der um die Stadt liegenden Kämpe nicht verwehrt werden; Bettler waren zur Arbeit anzuhalten und überhaupt Handel und Produktion zu fördern. Münster sollte eine effektive Brandordnung erhalten und die hygienischen Verhältnisse in der Stadt modernen Anforderungen angleichen. Ferner mußte die Zahl der im Hochstift „verge-

Außführliche
RELATION
Und
Vorstellung
Ihrer Hoch-Fürstl. Durchl. Herrn/
HERRN
Clement
Augusten
Bischoffen zu Münster und Paderborn/ in Ober-
und Nieder-Bäyeren/ auch der Obern Pfaltz
Hertzogen rc.
Höchst-beglückten Ankunfft
In Dero Hoch-Stifft Münster und gehaltenen
staatlichen Einzugs in Ihre Residentz-Stadt daselbst.
Gedruckt zu Münster in Westphalen:
Bey den Erben Raeßfeldt.

Bericht über den Einzug des neuen Fürstbischofs Clemens August von Bayern in Münster (1719)

leiteten", d. h. vom Landesherrn mit einem sogenannten Geleitsbrief versehenen Juden auf den 1683 vereinbarten Stand zurückgeführt werden; es sollte ihnen weder innerhalb der Stadt noch auf der Zitadelle „häusliche Wohnung" gestattet sein.

Von Münster aus ergriff der neue Fürst von seinen Nebenresidenzen in den fürstlichen Landesburgen Wolbeck, Ahaus und Sassenberg Besitz. Nach dem Einzug auch in sein zweites westfälisches Hochstift, Paderborn, ist Clemens August schon im Juli und dann wieder im August desselben Jahres nach Münster zurückgekehrt. Ein Lehnstag mußte abgehalten werden, zudem bereiste der neue Landesherr im August und September 1720 das Niederstift, dessen Wildreichtum bald sein lebhaftes Interesse finden sollte. Nur kurzfristig hat Clemens August in seiner mehr als vierzigjährigen Regentschaft die Haupt- und Bischofsstadt Münster wieder aufgesucht, bis 1734 fast alljährlich, dann erst wieder 1738 und nach 1753 gar nicht mehr.

Die immer größer werdenden zeitlichen Abstände zwischen den fürstlichen Besuchen in Münster erklären sich nicht nur aus der Zunahme geistlicher Würden – 1723 folgte Clemens August seinem Onkel Joseph Clemens als Kurfürst von Köln, 1724 wählte ihn das Domkapitel von Hildesheim zu seinem Bischof, 1728 folgte Osnabrück, und 1732 wurde er Hochmeister des Deutschen Ordens. Die Präsenz des „Herrn Fünfkirchen" war nun vielerorts zwischen Mergentheim und Osnabrück gefordert – hinzu traten Reisen an den Münchener Hof, nach Italien, Frankreich und in die Niederlande. Herausragendes Ereignis seiner an Festlichkeiten reichen Regierung sollten die Wahl und Krönung seines Bruders Karl Albert, des Kaisers Karls VII.

(1742–1745), in Frankfurt 1742 werden. Trotz des in der Wahlkapitulation enthaltenen Versprechens, in Münster eine Residenz zu errichten, ist nur ein kleiner Teil der großangelegten Planung, das Kloster und Hospital der Barmherzigen Brüder, in den Jahren 1745 bis 1753 zur Durchführung gekommen. Anlaß des letzten Aufenthalts Clemens Augusts in Münster im Oktober 1753 war die Weihe der Hospitalkirche, seiner ureigensten Stiftung für die Stadt. Münster erhielt so das erste eigentliche Krankenhaus, das vor allem Auswärtige, freilich nur Männer, aufnahm, zumal solche, die keinerlei Ansprüche auf Versorgung durch Verwandte oder städtische Stiftungen hatten. Der von Clemens August in Münster angesiedelte Orden der Barmherzigen Brüder galt damals als führend in der Krankenpflege.

Ein weiteres Projekt des Landesherrn für Münster sollte die Stadt und ihren Handel an die überregionale Entwicklung anschließen: die Herstellung einer Kanalverbindung zum Wasserstraßennetz der Niederlande. Impulse dazu sind offenbar sowohl von niederländischen wie von münsterischen Kaufleuten ausgegangen. Am 9. Mai 1724 tat Clemens August feierlich den ersten Spatenstich, ob mit Mitra und in bischöflichem Ornat, wie dargestellt, muß fraglich bleiben; die Bischofsweihe empfing er erst drei Jahre später. Im Dezember 1725, Oktober und November 1727 hat der Landesherr Fahrten auf dem Kanal, seinem Lieblingsprojekt, unternommen. Dem an sich damals modernen Vorhaben blieb nur ein mäßiger Erfolg beschieden,

Erster Spatenstich zum Ausbau des Max-Clemens-Kanals durch den Bischof (19. Mai 1724). Zeitgenössische Phantasiedarstellung

Schaumedaille zum Baubeginn des Kanals von Georg Wilhelm Vestner nach einem Entwurf von Lambert Friedrich Corfey (Vorder- und Rückseite)

angesichts sich häufender Schwierigkeiten – Wassermangel und Überschwemmungsschäden – erlahmte das Interesse des Landesherrn.

Wenn auch dem Wirken geistlicher Wahlfürsten engere Grenzen gesteckt waren als den zeitgenössischen weltlichen Erbfürsten, Bestrebungen, damals „moderne“ Wirtschaftspolitik zu betreiben, hat es auch in Münster gegeben. Es gilt dies zum Beispiel für die Errichtung oder Förderung von Zucht- und Arbeitshäusern. Mit dieser Maßnahme sollten die Zunahme des Bettels und der Kleinkriminalität eingeschränkt und die Arbeitsfähigen unter den mittellos Herumstreichenden nützlicher Beschäftigung zugeführt werden. Auch dieser Einrichtung fehlte nicht die, wie wir sagen würden, „sozialpolitische Komponente“: Lehrlinge konnten nach vierjähriger Lehrzeit in der Wollweberei des Zuchthauses die „Zunftmäßigkeit“ erreichen. Dagegen scheinen Versuche, den Auszug des Handwerks auf das Land durch dirigistische Verbote zu steuern, wenig erfolgreich gewesen zu sein.

In der Stadt wurde auch sonst die Bautätigkeit der Kirche und des Adels seit den ersten Jahrzehnten des Jahrhunderts fortgeführt. Weniger wissen wir darüber, ob und in welchem Umfang das münsterische Bürgertum am „Bauboom“ der ersten Hälfte des 18. Jahrhunderts teilgenommen hat. Erhalten ist davon kaum mehr als der wohl ursprünglich als Bürgerhaus konzipierte spätere Hof von Beverfoerde zu Stokkum, dann Oer zu Egelborg. Es zeigt jedoch das Bestreben des münsterischen Bürgertums, sich dem in den ritterschaftlichen Familien maßgeblichen Lebensstil anzugleichen. Landsitze erwarben unter anderen auch die Familien Hüffer und Olfers; in der Logik dieses Wandels lag für mehrere münsterische Familien die Nobilitierung [1397: Lahrkamp, Napoleonische Zeit, S. 45f Anm. 220, S. 539f].

Man wird kaum fehlgehen in der Vermutung, daß das münsterische Handwerk in diesem Zeitraum an der regen Bautätigkeit verdient hat, vereinzelt wurden bereits dreigeschossige Häuser errichtet, die Werkstatt des Meisters Caspar Zwenhoff lieferte intarsierte Möbel von hoher Qualität. Doch immer noch regulierten Gildeordnungen die wichtigsten Zweige des Handwerks. Obwohl seit Christoph Bernhard von

Galen politisch entmachtet, kontrollierten die „Ämter" Produktion und Vertrieb der handwerklichen Erzeugnisse. Ungeklärt blieb weiterhin der Instanzenzug der Handwerksgerichtsbarkeit, auch die von Clemens August 1732 für Münster verkündete Reichszunftordnung schaffte hierin keine eindeutigen Verhältnisse, wenn sie auch die Stellung des Magistrates stärkte, indem sie dessen Strafbefugnisse gegenüber den Mitgliedern der Zünfte bekräftigte.

Noch schwieriger werden gesicherte Aussagen, wenn wir in der sozialen Stufung weiter nach unten zu steigen versuchen. Angehörige der Unterschichten sind im 18. Jahrhundert in aller Regel nur als Objekte obrigkeitlicher Fürsorge oder polizeilicher Maßnahmen dokumentiert. Selbstzeugnisse dieser weitgehend illiteraten Schichten konnten gar nicht erst entstehen. Aus den Patientenlisten des Clemenshospitals erfahren wir von Tiroler Bauhandwerkern, dänischen und schwedischen Hutmachern, italienischen Kaminfegern und böhmischen Glashändlern in Münster. Die Bindungen dieser Arbeiter und Händler an die westfälische Region waren offenbar so stark, daß ihre Wanderbewegung nach siebenjähriger Kriegspause bald wieder einsetzte und zum Beispiel Tiroler Maurer auch am münsterischen Schloßbau mit-

Ferdinand von Plettenberg (1690–1737), „Wahlmacher" und Minister des Kurfürsten Clemens August. Gemälde im Besitz des Klosters Witten

Clemens August von Bayern, der „Herr Fünfkirchen“, Kurfürst von Köln (1723–1761), Fürstbischof von Münster und Paderborn (1719), Hildesheim (1724) und Osnabrück (1728). Gemälde von Georg Desmarées (um 1754 für das Schloß Ruthe bei Hildesheim angefertigt)

wirkten. Wenn auch Münster in der Friedenszeit, die die erste Hälfte des 18. Jahrhunderts für Stadt und Region brachte, sicher nicht der bedeutendste Umschlagplatz im Nordwesten des Reiches gewesen ist, so herrschte doch reger Handel und Wandel, etwa aus Anlaß des damals zweimal jährlich stattfindenden und von Clemens August 1720 von drei auf acht Tage verlängerten Sends. Allzu losem Treiben beim Abbrennen von Osterfeuern und der Errichtung der Maibäume glaubte der neue Landesherr durch ein Verbot Grenzen setzen zu müssen. Feuerpolizeiliche Vorsorge spricht aus einer Verordnung von 1756, die eine zweimal jährliche Kaminreinigung in allen Städten, Dörfern und Wigbolden des Landes gebot und die Löhne dafür festlegte. Schließlich galt auch der Hygiene in der Stadt die Erneuerung alter Verbote gegen Verunreinigung der Straßen durch Kot und zur Beseitigung von Tierkadavern, die man oft einfach in die Aa warf. Zweifellos hätte es der Stadt manchen Nutzen gebracht, wären Schlauns Pläne von 1741 zur Regulierung der Aa, um die „exorbitanten inundationes" einzudämmen, verwirklicht worden; vermutlich ist dies an Kostengründen gescheitert.

Wenn auch bei weitem nicht alles, vor allem nicht der Residenzbau, aus den Vorhaben zu Beginn der Regierungszeit Clemens Augusts realisiert werden konnte, so wurde doch manches angefangen und einiges, vor allem das Clemenshospital und das Zuchthaus, vollendet. Die letzten Jahre dieser so glanzvoll begonnenen Regierungszeit überschatteten jedoch Ereignisse, auf deren Ablauf der Landesherr wenig Einfluß haben sollte.

2. *Münster im Siebenjährigen Krieg*

Während in der ersten Hälfte des 18. Jahrhunderts eine rege Bautätigkeit innerhalb des münsterischen Befestigungsrings zu beobachten war, hören wir wenig von der Verstärkung der Wälle und Bastionen oder vom Ausbau der immer noch unvollendeten Paulsburg auf der Zitadelle. Über den Abbruch dieses kostspieligen Objekts schien Einigkeit zwischen Stadt und Landesherrn zu bestehen. Der schon zitierte spätere Herzog von Croy fand die Stadt „nicht stark, aber bei guter Verteidigung könnte sie einige Tage Belagerung aushalten". Auf der Höhe der Zeit befand sich das Befestigungssystem nicht mehr, trotzdem war Münster zwischen Wesel und Minden der einzige feste Platz, und dies bestimmte das Schicksal der Stadt in dem 1756 ausbrechenden Krieg zwischen Preußen/England und Österreich/Frankreich ganz wesentlich. Strategisch hatte sich Münsters Lage gegenüber vorhergehenden europäischen Auseinandersetzungen durch die Thronbesteigung des hannoverischen Kurfürsten in London 1714 grundlegend verändert. Zwischen dem Stammland des britischen Königshauses und der „rheinischen Verkehrsschiene" wurde der Besitz Münsters für jede Kriegspartei von erheblicher militärischer Bedeutung.

König Friedrich II. von Preußen gab seine klevischen Besitzungen gleich zu Beginn des Krieges auf, ließ die Außenbastionen der Festung Wesel schleifen und zog die Besatzung ab. Da die Regierung in Münster den erbetenen freien Durchmarsch verweigerte, marschierten die preußischen Truppen entlang der Lippe nach Osten. Münsters Bürger, die schon ihre Schätze vergraben und Lebensmittelvorräte gehortet hatten, konnten noch einmal kurz aufatmen. Doch im Januar 1757 erklärte auch das

24. MAY 1757.

QUARTIER GENERAL DE MUNSTER.

Monſieur le Marechal - - - - chés Mr. Vorhelm, rüe Saltz-Straſs.
Monſeigneur le Duc d'Orleans - - - chés le Grand-Doyen, à la Cour de Domhof.
Monſeigneur le Prince de Condé - - chés le Baron de Werries, rue Königſtraſs.
Monſeigneur le Comte de la Marche, chés la Comteſſe de Plettemberg, rüe Pferde-Straſſe.
Monſieur l'Intendant - - - chés le Baron Schmiſing, rüe Neubrüggen-Straſſe.
Monſieur le Prince de Turenne - - chés Mr. de Böſelager, Domhof.
Monſieur le Duc de Chevreuſe - - - chés Mr. le Comte de Merfeld, rüe Ludgeri.
Monſieur le Comte de Maillebois - chés le Baron de Reck de Heeſſen, rüe Alter Steinweg.
Monſieur de Cornillon - chés le vieux General Schorlemmer, rüe Neubrücken-Straſſe.
Monſieur le Chevallier de Chabo - - - chés Mr. le Doyen Caſtel, ſur le Chapitre.
Mr. le Treſorier - - - - chés Mr. de Nagel, proche le Cimetiere de St. Martin.
Le Munitionnaire General Mr. de Bourgade - chés le Docteur Zureick, rüe de Ludgeri.
Mr. de Peyre - - - chés le Bourguemeſtre Schweling, rüe de Ludgeri.

Lieutenants Generaux.

Mr. de Berchiny - - - chés le Baron de Spiegel. Chapitre.
Mr. de Villemur - - - chés Mr. Hölſcher, rüe St. Ludgeri.
Mr. de Contade - - - chés Madme de Borg, rüe de Biſpinghoff.
Mr. le Duc de Chaulnes - - - chés Mr. le Droſt Twickel, rüe Salz-Straſſe.
Mr. de Guerchy - - - chés Mr. de Croſſard, Königs-Straſs.
Mr. de St. Perne - - - chés Mr. ~~de Schmiling, ſur le Domhof.~~
Mr. le Duc Duras - - - chés Mr. Wachtendonck; Chanoine.
Mr. Danleſi - - - chés rue Königs-Straſs.
Mr. de Valliere - - - chés le Commandeur Mengerſen, Biſpinghof.
Mr. de Beaufremont - - - chés le Droſt de Senden, Königs-Straſs.
Mr. de la Salle - - - chés Mad. de Wettendorf, rue Ludgeri.

Marechaux de Camp.

Mr. de Dombale - - - - chés le Grand Prevot Metternich, Chapitre.
Mr. de Ruffée - chés le Préſident Twickel, Préſident de la Chambre, ſur le Chapitre.
Mr. de Champignelle - - - chés Mr. Menſinck, rüe Königs-Straſs.
Mr. des Corail - - - chés Mr. de Boucholtz. Chapitre.
Mr. de la Maſſais - - - chés Mr. de Aſcheberg. Chapitre.
Mr. de Voyer - - - - chés Mad. Kerckering de Stapel, Judefelderſtraſs.
Mr. le Prince de Beauvau - - - chés Monſieur le Baron de Vehlen, Ægidii Straſs.
Mr. le Chr. de Pons - - - - chés Mr. le Baron de Ketteler. Chapitre.
Mr. le Chr. de Fontenay - - - chés le Baron de Schmiſing, Domhof.
Mr. le Chr. de Dreux - - - chés Mr. Schwick, Marchand de vin, rue Alter Steinweg.
Mr. d'Egmond, - - - chés Mr. Oſthoff, rue Ludgeri.

Aides Marechaux Generaux des Logis, de l'Armée.

Mr. le Marquis de Vögué - - - chés Mr.
Mr. de Baye - - - - chés le Bourguemeſtre Olfers, rüe St. Servas.
Mr. de Corſac - - - - chés la veuve Lobeck, Cimetiere Uberwaſſer.
Mr. Damezaga - - - - chés Mr. le Conſeiller Rave, rüe Saltz-Straſs.
Mr. de Montazet - - - - chés Madme Meſchede, rue
Mr. de Ganay - - - - chés Mr. le Droſſard Fiſchering. Chapitre.
Mr. Domgermain - - - - chés Mr. Oedinger, à la Cour d'Holande, rüe Voſſtege.
Mr. du Metz - - - - chés le Canonicus Homeyer, rüe Ludgeri.
Mr. de Valogny - - - - chés le Cancelier Schücking, rue Alter Steinweg.
Mr. de Montchenu - - - - chés Mr. de Rave, Syndic auf dem Bulte.
Mr. de Marbœuf - - - - chés Mr. Orſet, rue Notre Dame.
Mr. de Rihiner - - - - chés Mad. de Kuckelsheim, rue Saltz-Straſs.
Mr. de Lieuré - - chés Mr. le Secretarius Bourgraf, Paroiſe St. Martin, Hörſter Str.
Mr. de Mangeville - - - - chés
Mr. Dhennery - - - - chés Mad. la Conſeillere Hellweg, rue St. Ægidii.
Mr. de Malvoiſin - - - - chés
Mr. de Melfort - - - - à la Cour d'Aſcheberg, rue Rothembourg.
Mr. Dangé - - - - chés Mr. Cruſeman, Neubrügger Port.
Mr. de Puyſſegur - - - - chés Mad. Hoſius, la Jeune, rue Alter Steinweg.
Mr. de la val de Montmorency - - - - chés Mr. Ribbers, ſur l'arcade.
Mr. le Duc de Mazarin - - - - chés Mr. Schwick, auf der Königs-Straſs.
Mr. le Duc de Fronſac - - chés Mr. le Conſeil. Baron de Stockum, rue Königs-Str.
Mr. de Montau - - - - chés Mr. le Docteur Lindenkamp, rue Ludgeri.
Mr. de Baudouin - - - - chés Mr. de Vinen de Lorchofman, rue Steinweg.
Milord Talow - - - - chés Mr. Witt, Banquier, rue Fiſchmarkt.
Mr. de Niſpen - - - - chés la veuve Krechter, Cimetiere St. Martin.

Aides Majors Generaux.

Mr. de Sebourg - - - - chés
Mr. de Caupenne - - - - chés Mr. Hofrath Heerde, rue Neuenbrügg.
Mr. de Feillens - - chés Mr. l'aſſeſſeur Stuve, vis-à-vis le Cimetiere de Notre Dame.
Mr. de Surlaville - - - - chés Mr. Hartman, rue Rothembourg.
Mr. de Boiſſemont - - - - chés Mad. Scheffer, rue de Neubruggen.
Mr. de Longaunay - - - - chés Mr. Aſſeſſor Southof. rue Berg-Straſſe.
Mr. de Neuſcar - - - - chés Mr. de Twickel, le plus jeune, au Domhof.
Mr. de Puyſſegur - - - - chés Mad. Hoſius, la Jeune, rue Alter Steinweg.
Mr. de Narbonne Pellet - - - - chés Mr. le Pape, ſur la Cour du Chapitre.
Mr. le Chr. de Chatellus - - - - chés Mr. Woesman, proche les Jeſuites.
Mr. de Micault - - - - au College Detenianum, rue Krumtimpen.
Mr. de Rochambault - - - - chés Mr. le Docteur Huls, rue Krumtimpen.
Mr. du Roure - - - - chés Mr. rue Neubruck-Straſs.
Mr. de Salus - - - - chés Mr. Waldeck, rue Königs-Straſs.
Mr. le Chr. de la Tour du Pin - - chés Mr. le Conſeil. Zurmuhlen, Holiember-Straſs.
Mr. de St. Elix - - - - chés Mr. Homayer, conſeiller, rue Rothembourg.
Mr. de Balleroy - - - - Doctrine, rue de ſel.

Brigadiers d'Infanterie.

Mr. de Gayon - - - à la Cour de la vielle Comteſſe de Plettemberg, rue St. Egidie.
Mr. du Blaiſel - - - - chés Mr. le Conſeiller Hoſius, rue St. Egidie.

Aides Marechaux Generaux des Logis, de la Cavallerie.

Mr. Dhumieres, Major Gen. des Dragons - . au Tinnenſchen Hof, Leerſtraſs.
Mr. de St. Sauveur - - - - chés Mr. Stöve, Conſeiller, rue Krumentimpen.
Mr. du Porail - - - - chés Mr. le Amtsverwalter Zurmuhlen, rue Krumentimpen.
Mr. de Preſſac - - - - chés Mr. de Reck, à la Cour d'Althuſen, rue Sand-Straſs.
Mr. des Couloubres - - - - chés le Sr. Honekamp, rue Judefeld.
Mr. de Rochemont - - - - chés Mr. le Conſeiller Lindenkamp, rue St. Egidie.
Mr. de St. Martin tourampré - - - - chés Mr. le Capitaine Ganshorn, Uberwaſſer.
Mr. de Telles - - - - chés Mr. le Syndic de la ville Haaſe, Uberwaſſer.
Mr. Devry - - - - chés Mr. Kettler, ſur le Marché au Blés.
Mr. le Chev. Darq - - - - chés Mr. le Comte de Merveld, ſur le Chapitre.
Mr. de Feuquieres - chés Mr. le Curé de St. Servays, près des peres de la Miſericorde
Mr. de la Fayette - - - - chés le Regiſtrateur Sethe, rue St. Egidie.
Mr. de Bernis - - - - chés Mr. Detten, dans la rue Notre Dame.
Mr. de Bouville - - - - chés Mr. rue Alter Steinweg.
Les Ingenieurs Geographes - - - chés le Chanoine Schlüter, St. Martin.

Le Grand Prevot, & la Connetablie, chés Mr. le Baron de Graes, rue
Le Regiſſeur des Fourages, chés
Le Regiſſeur des viandes, chés rue Saltz-Straſs.
La Poſte - - chés Mad. Vergues, rue Fismarkt.

Les Commiſſaires des Guerres.

Mr. Longon, Commiſſaire Imperial - - chés
Mr. Baudouin Ordonnateur - - - - chés le Conſeiller Wenner, Königs-Straſs.
Mr. Briſſon - - - à la Cour de Heimesborg, à coté de Mons. le Comte de Maillebois.
Mr. Dholaſſary - - - à la Cour de Mad. Schorlemmer, rue St. Egidie.
Mr. Vaudricour - - - chés le Sr. Buchter, rue Lutke Stege.
Mr. Gayot - - - chés Mr. Zumbrinck, ſur la place du Dome.
Mr. du Vivier - - - chés Alter Steinweg.
Mr. de Willeman - - - chés Saltz-Straſs.

Mrs. les Deputés du Palatinat, - - - chés Mr.
Mrs. les Deputés de Cologne, - - - chés Monſieur ~~le Lieutenant Colonel Thelen~~ Schmits.
Mr. Kinkel, Commiſſaire Imperial, - - - chés Mad. Sprikman, rue Krummentimpen.
Mr. Hebrail, Waguemeſtre General, - - - chés l'Abé Bock, Berg-Straſs.
Capitaine des Guides, - - - chés rue Saltz-Straſs.

Mr. Poiſſonnier, Premier Medecin, - - - chés Mr. Burgard, ſur la place.
Deux Medecin - - - chés
Mr. Desports, Chirurgien Major, - - - chés Mr. Kumpers, près de l'Hopital.
Mr. Andouillet, Chirurgien Conſultant - - chés J. Dam, vis-à-vis l'Hopital.
Mr. Pottier - - - rue Alter Steinweg.
Apoticaire Major - - - chés Mr. Gograve Groninger.
Les Aumoniers de l'Armée, - - - aux Dominicains & aux Franciſcains.
Le Bureau des descomtes des Vivres, - chés le Commiſſ. des Guerres Vanray, Ludgeri.
Le Bureau des Fourages, chés

Französische Quartierliste für die Stadt Münster vom Mai 1757

Reich dem preußischen Friedensstörer den Krieg, kein Reichsstand durfte nun etwa den bequemeren Neutralitätsstandpunkt beziehen. Clemens August, als Wittelsbacher dem französischen Hof schon traditionell verpflichtet, oblag jetzt auch als Reichsfürst die Verpflichtung zur Stellung des münsterischen Militärkontingents und zur Parteinahme für Österreich/Frankreich. Gegen den Widerstand der Landstände drängte Clemens August auf Verstärkung der Miliz und Ausbau der Befestigungswerke. Im April 1757 rückte die verbündete französische Armee vom Rhein her in Münster ein, um die Stadt als Operationsbasis gegen Hannover zu befestigen und zu verproviantieren. In die stattlichen, zum Teil neu errichteten Domherrenkurien und Adelshöfe zogen nun französische Offiziere; der Erbdrostenhof diente dem jeweils ranghöchsten militärischen Befehlshaber zum Quartier, als erstem dem Marschall d'Estrées. Kirchen und Klöster wurden mit Getreidesäcken gefüllt; die Nonnenkonvente mußten Bettzeug liefern, die Mannschaften kampierten auf der Mauritzheide. Für alle Lieferungen an die Truppe waren Marktpreise zugesagt, die große Nachfrage ließ jedoch die Preise steigen. Es wurde eng und teuer in der Stadt, aber man wußte sich von einer befreundeten Macht geschützt, insbesondere, als preußische und hannoverische Einheiten plündernd bis Harsewinkel vordrangen. Ihrem weiteren Vormarsch wurde Ende Juni 1757 durch den Sieg der Franzosen bei Hastenbeck an der Weser zunächst Einhalt geboten. Doch im November/Dezember des

Jahres wendete sich die militärische Lage nach den Siegen Friedrichs II. bei Roßbach und Leuthen über die Österreicher und das Reichsheer, in dem auch ein münsterisches Kontingent kämpfte. Herzog Ferdinand von Braunschweig wurde nun Friedrichs Oberbefehlshaber auf dem westlichen Kriegsschauplatz; im Sommer 1758 zogen sich die Franzosen vor ihm über den Rhein zurück. Auf dem Rückmarsch brachten sie die gefürchtete Ruhr in die Stadt; wer konnte, floh nun aufs Land, während vor allem Franziskaner und Jesuiten die Kranken in Münster versorgten.

Die Seuche hinderte die preußischen Truppen nicht, im März 1758 Münster zu besetzen; nun nahm Herzog Ferdinand von Braunschweig Residenz im Erbdrostenhof. Zu den Preissteigerungen kamen nun hohe Kontributionsforderungen einer feindlichen Armee auf Münsters Bürger und die Landeseinwohner zu. Regierung und Landtag sahen keine andere Möglichkeit, das Geld zusammenzubekommen, als eine Landesanleihe zu vier bis fünf Prozent auszugeben. Auch so gingen die geforderten Summen nicht pünktlich ein; die Besatzungsmacht belegte daher die Mitglieder der Regierung und die Bürgermeister der Stadt Münster mit militärischer Exekution, d. h. Einquartierung in ihre Häuser und Forderung von hundert Reichstalern, die sich mit jedem Tag verdoppeln sollten. Mittels Hausdurchsuchungen versuchte man, an Verpflegung aufzutreiben, was in der Stadt vorhanden war; insbesondere die Vermögenden – auch die Domherren – hatten unter diesem Vorgehen zu leiden. Den „Vicedominus" Goswin Anton von Spiegel holte man sogar Anfang Juni 1758 nächtens aus seiner Kurie und verbannte ihn als eine Art Geisel auf die Festung Stade, weil man ihn für das am wenigsten gefügige Mitglied der münsterischen Regierung hielt.

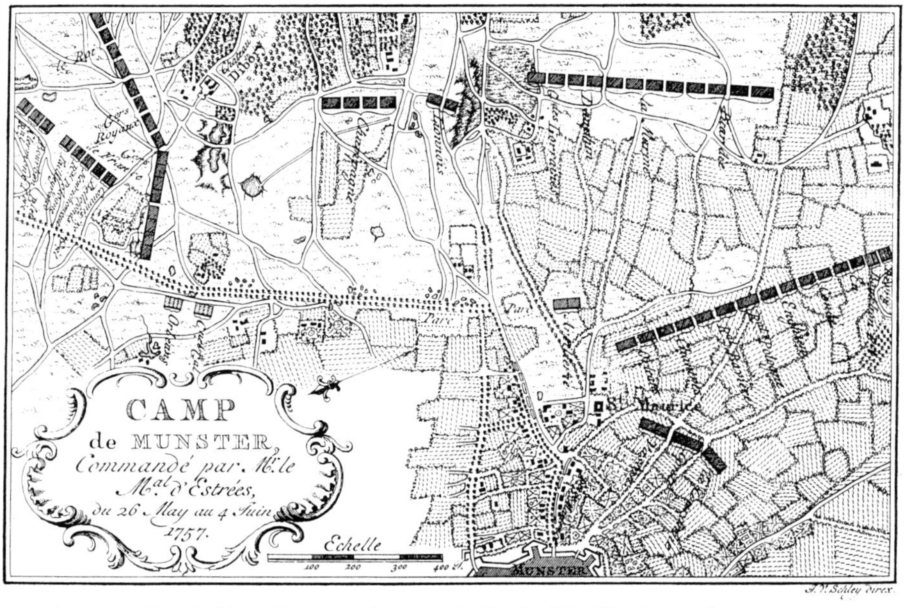

Die französischen Soldatenlager in der Mauritzheide (Mai/Juni 1757)

Offenbar breitete sich auch sonst Unmut im Lande aus, die Regierung hielt ein Verbot, „von gegenwärtigen Zeitläuften zu raisoniern", für notwendig; die Besatzungsmacht ordnete zeitweise die vollständige Entwaffnung der Landeseinwohner an. Der Sommer 1758 brachte dem Münsterland fast unaufhörlichen Regen und große Überschwemmungen. Die Soldaten wurden vom überfluteten Zeltplatz in die Stadt verlegt, bis zu zwölf Mann mußte ein einzelner Haushalt aufnehmen und verpflegen. Im folgenden Winter brach der Typhus in Münster aus. Obwohl man sich der Hilfe jüdischer Hoffaktoren bediente, reichten Zahlungen und Lieferungen an die Besatzer nicht hin. Daher übernahm das alliierte Heer die Eintreibung der Forderungen in eigene Regie, auf Nachsicht war nun nicht mehr zu rechnen. Die verbliebenen Mitglieder der münsterischen Regierung – der Domdechant Franz Egon von Fürstenberg, der Freiherr Droste zu Vischering und Graf Merveldt – sprachen bei allen Generälen vor, auch an die hannoversche Regierung und König Georg II. von Großbritannien wandte man sich vergeblich. Die Landesanleihe wurde nur zögernd gezeichnet; schon im Dezember entschloß man sich zu einer Sondersteuer auf die Vermögen der von der gewöhnlichen Schatzung Befreiten – des Klerus und der Ritterschaft. Bei der nächsten Personenschatzung im Januar 1759 nahm man auch ungemünztes Silber, jetzt ging es an das Erbgut der münsterischen Familien. Wieder erfolgte militärische Exekution gegen die Bürgermeister Schweling und Zurmühlen, während der Herzog von Braunschweig den Geburtstag Friedrichs des Großen am 24. Januar 1759 im Erbdrostenhof mit einem „herrlichen Ball" feierte. Weitere Beschwer für Münsters Bürger brachten Zwangsarbeiten an den Befestigungsanlagen und zur Reinigung der Straßen in der überbelegten Stadt. In Münster empfand man Erleichterung, als das Gros der alliierten Besatzung im März 1759 plötzlich abzog. Nur in der Zitadelle verblieb eine hannoversche Besatzung. Zur Erleichterung von deren Verteidigung mußten die Münsteraner das Glacis freischlagen, d. h. ihre Obstbäume und Sträucher abholzen und die dort errichteten Gartenhäuschen niederreißen. Tatsächlich hielten Stadt und Zitadelle einem ersten französischen Angriff im Juli 1759 stand; noch hatten die Belagerer ihr schweres Geschütz nicht heranschaffen können, so daß die Festungsartillerie und die von den Bürgern mit Eisenstangen und Mist verbarrikadierten Stadttore den Angriff abfingen. Fast alle obrigkeitlichen Funktionen übernahm nun der hannoversche General Zastrow, dem Magistrat verblieb nur die Sorge für die Bereitstellung von Löschwasser gegen eine befürchtete Feuersbrunst. Nach Eintreffen der schweren Belagerungsartillerie begann am 22. Juli morgens um drei Uhr die Beschießung der Stadt. Die Franzosen richteten ihre Geschütze auf den Wall zwischen Neubrücken- und Hörstertor, doch manches Geschoß verirrte sich in die Innenstadt. Schon gegen acht Uhr erkannte Zastrow die Unhaltbarkeit der Stadt und ließ auf die Zitadelle bringen, was noch an Vorräten und Munition in der Stadt lagerte, alle Vorräte an Heu und Stroh sollten angesteckt werden; zum Teil konnten die Bürger und der münsterische General von Wenge dies verhindern. Als am Mittag des 22. Juli als erstes ein Schweizerregiment durch das Neubrückentor in die Stadt rückte, riefen die Bürger: „Es lebe der Kaiser, es lebe der König von Frankreich!" Am 25. Juli begann die Beschießung der Zitadelle. Auch hier hatten die Franzosen bereits nach wenigen Stunden Erfolg mit einem Treffer ins Pulvermagazin der Belagerten. Zwischen acht und neun Uhr ließ Zastrow weiße Fahnen hissen, noch am Abend desselben Tages unterzeichnete er die Kapitulation. Am

28. Juli marschierten etwa 3600 Hannoveraner aus dem Neutor und ließen sich entwaffnen.

Die Erleichterung der Münsteraner währte freilich nicht lange, die Stadt mußte aufgeräumt und die beschädigten Wälle erneut befestigt werden. Schlimmer noch, am 1. August schlug Herzog Ferdinand die Franzosen bei Minden, und die Reste ihrer Armee flüchteten ohne Disziplin durch Münster zum Rhein. Schon am 11. August begann eine erneute Beschießung der Stadt, diesmal durch die Alliierten. Auch jetzt fehlte noch das schwere Geschütz, ohne das Münsters Wälle nicht zu bezwingen waren. Nachdem es endlich eingetroffen war, erfolgte am 3. September das eigentliche Bombardement. Doch während die Franzosen sich bemüht hatten, nur die Wälle zu demolieren, um eine Bresche zu schießen, war das Ziel des alliierten Angriffs jetzt die eigentliche Stadt. An den abgefeuerten glühenden Granaten und Pechkränzen konnten die Bürger die Absicht erkennen, Münster in Brand zu schießen. Um die Mittagszeit brachen die ersten Feuer bei den Lotharinger Chorfrauen und in einem Bäckerhaus der Martini-Leischaft aus, gegen Abend brannten an die 200 Häuser. Es gab Tote und Verletzte. In der Nacht loderte das Feuer aus dem Martinikirchturm. Erst nach 24stündigem Bombardement trat eine Feuerpause ein. Tausende von Geschossen, die Quellen sprechen von 2000 bis 10 000, hatten die Stadt getroffen, über 200 Familien ihr Obdach verloren. Wieder stiegen die Lebensmittelpreise, die Franzosen nahmen sich, was sie brauchten. Nicht einmal mehr Kiepenkerle drangen jetzt durch die feindlichen Linien. Als dennoch der Freiherr von Nagel zu Ittlingen als Abgesandter des Landesherrn sich nach Münster durchschlug, erschollen Vivatrufe auf Clemens August, sein Emissär wurde „schier umhalst", weil man sein Eintref-

Beschießung des Martiniviertels am 3. September 1759 durch hannoversche Artillerie. Zeitgenössisches Gemälde

fen als Zeichen eines nahenden französischen Entsatzheeres deutete. Anfang Oktober 1759 begann eine erneute scharfe Blockade, die wehrhafte Stadt sollte ausgehungert werden. Zudem wurde Brennholz rar; alle Bäume der öffentlichen Plätze und der Friedhöfe wurden verheizt; was noch an Gehölzen vor den Toren erreichbar war, schleppte man in die Stadt. 400 Kühe und 200 Schweine konnte man noch in Stadtnähe auftreiben und nach Münster schaffen. Offenbar unzufrieden mit dem Befehlshaber der Belagerer, General Chr. von Imhof, ersetzte Ferdinand von Braunschweig diesen im Winter 1759/60 durch einen der führenden Artilleristen der Zeit, den Grafen Wilhelm von Schaumburg-Lippe. Dieser leitete die Belagerung mit ebenso hervorragender Sachkenntnis wie Humanität. Die Geschütze richteten sich nun wieder auf „militärische Ziele", die Zitadelle und bestimmte Teile des Walls, besonders im Norden der Stadt. Mit Mörsergranaten gelang es, das Pulvermagazin der Zitadelle zu treffen, eine ungeheure Explosion erschütterte Münster. Ein französisches Entsatzheer drang unterdessen kurzzeitig bis Senden vor.

In dieser für beide Seiten nicht ganz überschaubaren Situation begannen Verhandlungen zwischen den Kriegsparteien auf Haus Wilkinghege. Am 20. November unterzeichneten die Franzosen die Kapitulation. Sie erreichten dabei bessere Konditionen, als sie selbst im Juli den Alliierten eingeräumt hatten: Abzug mit Waffen und Ehrenzeichen sowie vier verdeckten Wagen gewährte Schaumburg-Lippe – wie es hieß, aus Hochachtung für den Brigadier de Gayon, der die Verteidigung geleitet hatte. Die Franzosen drängten darauf, Stadt und Hochstift der Verwaltung durch die eigenen Behörden zurückzugeben sowie Religion und Eigentum der Bürger unter besonderen Schutz zu stellen. Schaumburg-Lippe konnte nur zusagen, dies dem Herzog von Braunschweig vorzutragen. Am 22. November 1759 zogen die Franzosen „mit klingendem Spiel und fliegenden Fahnen" zum Neutor hinaus [1070: Huppertz, Siebenjähriger Krieg, S. 240]. Der neue Kommandant, Oberst de la Chevallerie, versuchte, Disziplin in der Truppe durchzusetzen, wenn auch nicht immer mit Erfolg.

Voll Sorge beobachteten die Bürger die Wiederherstellung der Zitadelle und der Befestigungen; dies ließ sie bis zum Ende des Krieges eine erneute Belagerung befürchten. Dienste und Kontributionsleistungen erschöpften die Münsteraner auch weiter. Clemens August konnte immerhin die Übernahme der verbleibenden münsterischen Reichstruppen in kaiserlichen Sold erreichen, nachdem er, wie er klagte, schon mehrere 100 000 Reichstaler aus eigenen Mitteln zu ihrem Unterhalt vorgeschossen hatte. Auch der Herzog von Braunschweig bemühte sich, die Situation der Münsteraner zu erleichtern; trotzdem blieben monatlich 133 500 Reichstaler und hohe Naturalleistungen für die Besatzungsmacht aufzubringen, d. h. an Geld etwa ein Drittel des jährlichen Steueraufkommens des gesamten Hochstifts in Friedenszeiten. Wieder trafen Haft und militärische Exekution bekannte Münsteraner, als die Leistungen nicht pünktlich eingingen, zum Beispiel den Hofrat Johann Werner Josef Olfers; wieder gingen Gesandtschaften der münsterischen Regierung an den Kaiserhof und den Herzog von Braunschweig. Man erreichte kaum mehr als die Verschonung der Abgebrannten von Kontributionsforderungen. Die steigende Not ließ die öffentliche Ordnung verfallen, Diebereien, besonders von Lebensmitteln, nahmen zu. Zu Zwangsdiensten und Kontributionen trat nun die zwangsweise Rekrutierung münsterischer Landeseinwohner – Vorbote einer Annexion? Mancher Münsteraner wird damals Hoffnungen auf das erneut anrückende französische Heer unter dem Herzog de Broglie gerichtet haben, war es doch mit 140 000 Mann der alliierten Westarmee mit ihren 80 000 Mann weit überlegen. Doch der Winter 1760/61 brachte nur wiederum Quartierslasten, die Kontributionsforderungen ließen nicht nach, wieder mußten Kopf- und Rauchsteuern auch von Klerus und Adel entrichtet werden.

Mitten in dieser Bedrängnis brachte ein Kurier aus Bonn am 9. Februar 1761 die Nachricht vom drei Tage zuvor erfolgten Tod des Landesherrn. Daß mit seinem Tod zugleich fünf geistliche Reichsterritorien disponibel wurden, sahen Weiterblickende sogleich. Bereits 1743 war – nicht nur leise – über weitere Säkularisationen geistlicher Territorien im Reich nachgedacht worden. Das münsterische Domkapitel übernahm, wie üblich, die Regierung des Hochstifts *sede vacante* und ordnete ein sechswöchiges Trauergeläut an. Der alliierte Befehlshaber de la Chevallerie ließ die Wahl eines neuen Landesherrn verbieten und dem kaiserlichen Wahlkommissar die Einreise verweigern. Dem Domkapitel blieb nur ohnmächtiger Protest, nicht einmal die Gründe für diesen schwerwiegenden Eingriff in seine Rechte wurden ihm mitgeteilt. Die Vermutung, König Friedrich II. wolle sich für die Friedensverhandlungen eine Dispositionsmasse schaffen, lag nahe. In dieser Unsicherheit verblieb man über eineinhalb Jahre, eine Zeit, in der im wesentlichen nur „kleiner Krieg“ in Westfalen geführt wurde. Die Lasten für das besetzte Münster und sein Umland verminderten sich jedoch nicht, Münsters Magistrat war nurmehr Befehlsempfänger der Alliierten. Wieder suchte eine Seuche, die „Rote Ruhr“, die überfüllte Stadt heim, eine Viehseuche reduzierte die lebenden Vorräte. Preußisches Geld mit vermindertem Silbergehalt kam in Umlauf, von den Münsteranern „Lumpengeld“ oder „Polacken“ geschimpft. Die Inflation brachte insbesondere Gehalts- und Rentenempfänger in Not. Silbergerät aus Haushalten und sogar aus dem Domschatz wanderte in die Münze. Wer noch etwas besaß – Bürger in der Stadt, aber auch Mitglieder der Ritterschaft, Rentmeister und Kirchspielrezeptoren –, sah sich von Repressalien bedroht, wenn Stadt und Umland das Geforderte nicht lieferten.

Obwohl alle diese Vorgänge im Grunde dank der Untersuchung von Aegidius Huppertz [1070: Siebenjähriger Krieg] schon seit 1908 bekannt sind, ist diese schwerste Katastrophe für die Stadt zwischen Täuferreich und Zweitem Weltkrieg im Bewußtsein der Münsteraner erstaunlich wenig präsent. Die Erklärung scheint darin zu liegen, daß man sich mehr an die Interpretationen von Huppertz als an die von ihm aufgearbeiteten Tatsachen gehalten hat. Diesem Historiker, der im Wilhelminischen Reich schrieb, war es erkennbar peinlich, daß die Münsteraner 1759 eher den König von Frankreich als Friedrich den Großen hochleben ließen und daß sie zu ihrem als Wittelsbacher und Reichsfürst mit Frankreich verbündeten Landesherrn Clemens August von Bayern gehalten haben, obwohl er wenig zur Erleichterung der Stadt tun konnte. Und doch liefert gerade Huppertz ganz offenkundig die Erklärung für diese Haltung der Münsteraner. Schließlich war es die preußisch-hannoversche Partei, die das Martiniviertel in Brand geschossen hat, und dies erkennbar in voller Absicht. Auch manches Geschoß aus französischen Kanonenrohren verfehlte die militärischen Ziele und richtete in Kirchen und Wohnbauten Schaden an. Aber man hatte sich doch auf die Wälle und Stadttore konzentriert und nur deren Zerstörung beabsichtigt. Die Feindseite war jedoch in einer um Humanisierung des Krieges bemühten Epoche auf – wie man es in Münster empfinden mußte – die Methoden des

Maximilian Friedrich Graf von Königsegg-Rothenfels, Kurfürst von Köln und Fürstbischof von Münster (1761/62–1784). Gemälde von Anton Stratmann

vorausgegangenen Jahrhunderts zurückverfallen. So bleibt als von Huppertz selbst nicht gezogenes Fazit seiner Untersuchung, daß die preußisch-britische Armee in Münster die weitaus größten Zerstörungen anrichtete und daß sie dies nicht nur als Feindesmacht tat, sondern zudem mit Methoden, die nicht als militärisch notwendig betrachtet wurden. Wie gesagt, Huppertz zieht diese sich aufdrängende Konsequenz aus den eigenen Untersuchungen nicht; es wäre wohl auch im Wilhelminischen Deutschland, in welchem er forschte und schrieb, kaum verstanden und akzeptiert worden.

3. *Die Anfänge der Fürstenbergischen Reformen*

Erste Gerüchte über beginnende Friedensverhandlungen weckten im Sommer 1762 wieder Hoffnungen. Im September gab König Georg III. von Großbritannien auf Drängen der Niederländer die münsterische Bischofswahl frei. Der kaiserliche Kommissar und ein Vertreter der Generalstaaten trafen in Münster ein; ersterer zog in den Erbdrostenhof (das alliierte Oberkommando war nach Hildesheim verlegt worden). Eine Einigung zwischen den Niederlanden, Kurköln und dem Kaiserhof führte dazu, daß der bereits im April 1761 in Kurköln gewählte Landesherr jetzt auch Bischof und Fürst in Münster wurde: Maximilian Friedrich von Königsegg-Rothenfels. Ausschlaggebend für diesen Wahlausgang war die finanzielle Unterstützung der Niederlande, keiner der münsterischen Domherren aus dem Stiftsadel konnte jetzt noch mithalten. Am 16. September mittags stand die Wahl des Kölner Kurfürsten fest. Die Glocken läuteten, sogar Geschütze durften in der besetzten Stadt abgefeuert werden. Nach langer Bedrängnis herrschte wieder Freude, am Abend des Tages wurde illuminiert, die Münsteraner riefen „Vivat Max Friedrich", weshalb „besonders alle Preußen für unwillen die Zehne aufeinander bissen" [1070: Huppertz, Siebenjähriger Krieg, S. 324].

Schließlich hatten alliierte Besatzungstruppen noch „das Sagen" in der Stadt, doch mit der Wahl eines neuen Landesherrn war die zeitliche Begrenzung dieses Zustandes absehbar; man konnte sich auf den Fortbestand des Hochstifts mit der Hauptstadtfunktion Münsters einrichten und Friedenszeiten entgegensehen. Dies wird auch aus der Wahlkapitulation des neuen Fürstbischofs deutlich. Fast bruchlos knüpft sie an diejenige seines Vorgängers Clemens August von 1719 an: Wahrung der Landesprivilegien, d. h. der Privilegien der Stände, vor allem des Domkapitels, der Ritterschaft, aber auch der Haupt- und Residenzstadt Münster. Für diese wurde eine Bestimmung von besonderem Gewicht übernommen, die Verpflichtung des neuen Landesherrn und der Stände zum Bau einer fürstlichen Residenz. Die Realisierung der Pläne zu diesem Bau hatte man wegen der Kriegswirren aufgeben müssen; aber am Konzept einer Residenz hielt man über vierzig ereignisreiche Jahre lang fest. Daß man dieses Ziel angesichts der Kriegszerstörungen und angesichts der Tatsache, daß auch der neue Landesherr zugleich Kurfürst von Köln war und daher – wie sein Vorgänger – dem höheren Rang dieser Fürstenwürde vermutlich Rechnung zu tragen haben werde, nicht aufgab, dürfte ein Hinweis darauf sein, wie kontinuierlich das Leitbild einer Residenzstadt und eines Hoflebens in Münster bestand.

An eine schnelle Realisierung des Plans war freilich in der besetzten Stadt noch nicht zu denken, ebensowenig an einen baldigen Einzug des neuen Landesherrn. Max Friedrich bestellte daher zunächst einen leitenden Minister oder Stellvertreter: Franz von Fürstenberg. Max Friedrich hatte einen guten Griff getan. Zusammen mit der Fürstin Amalie von Gallitzin bildete Fürstenberg den Mittelpunkt des weit über Westfalen bekannten „Kreises von Münster", mit seinem Namen verbinden sich eine der bedeutendsten Bildungsreformen der Zeit und nicht zuletzt die Gründung der münsterischen Universität.

Die Voraussetzungen dazu schienen zunächst nicht günstig, die Kassen waren erschöpft. Das Land hatte allen Grund dazu, ein wachsames Auge auf die Finanzen des Landesherrn zu werfen, übernahm dieser doch aus der Kriegs- und sogar noch aus der Vorkriegszeit eine Schuldenlast von ca. 3,8 Millionen an Kapitalien und rückständigen Zinsen bei einem jährlichen Haushalt von rd. 300 000 Reichstalern, d. h. etwa einem Zwölftel der Gesamtschulden. Es erklärt dies, warum finanzielle Momente so ausschlaggebend für die Wahl des Kölner Kurfürsten gewesen sind; vor allem aber stellte es den neuen Minister in Münster vor kaum lösbare Aufgaben. Fürstenberg tat nun, was auch heute in ähnlichen Situationen gemacht wird: Er führte einen Währungsschnitt durch und entwertete mit dem Geld zugleich auch die Schulden und Zinsen um zwei Drittel, die Preise waren entsprechend zu senken. Erst 1778 konnte eine Kopfsteuer, gegen die vor allem die Städte sich gewandt hatten, durchgesetzt werden; damit begann die Schuldentilgung im Hochstift – abgeschlossen werden konnte sie bis zu dessen Ende nicht.

In der Stadt Münster blieben vor allem diejenigen Bürger von der Kopfsteuer ausgenommen, deren Häuser und Wohnungen bei der Beschießung 1759 zerstört worden waren. Doch Fürstenberg beließ es nicht bei Schutzmaßnahmen für die wirtschaftlich so bedrängten Stiftseinwohner; er erkannte sehr wohl den Zusammenhang zwischen einer günstigen „Infrastruktur" und wirtschaftlichem Nutzen. Für die Stadt Münster war die Wiederherstellung der Straße nach Hamm, dem Verwaltungszentrum der preußischen Grafschaft Mark, von besonderer Bedeutung. Unter Fürstenbergs Regiment wurde auch das Kanalprojekt Clemens Augusts wieder aufgegriffen. Immerhin hatte es zeitweise geringe Gewinne abgeworfen; während des Krieges jedoch wurde vor allem die Verproviantierung für die durchziehenden Armeen auf dem Kanal befördert. Fürstenbergs Plan sah eine Fortsetzung des unter Clemens August begonnenen Kanalbaus durch das Bourtanger Moor bis nach Zwolle vor, realisiert wurden freilich nur sechs weitere Kilometer bis zur Straße Metelen–Rheine, wo „Maxhafen" angelegt wurde. Dies sollte das Ende des seither als Max-Clemens-Kanal bekannten Wasserweges sein, der noch heute als Bodendenkmal die Landschaft nördlich von Münster schnurgerade durchzieht.

Neben der Landwirtschaft bildete das Textilgewerbe traditionell den wichtigsten Produktionszweig im Hochstift. In der Stadt Münster waren nur die Wülner, d. h. Wollweber, zünftig organisiert. Zentren der Leinenherstellung lagen im Westmünsterland bis Coesfeld und vor allem in Warendorf. Der Leinenhandel ist, soweit wir das bis jetzt übersehen, im wesentlichen an Münster vorbeigegangen. Es gingen damit aber auch die Schwierigkeiten an Münster vorbei, die mit der schon vor 1800 beginnenden Umstellung vom Leinen- auf das Baumwollgewerbe einsetzten. Fürstenbergs Bemühen um „ausländische Investoren" hatten jedoch keinen Erfolg, sein Bestreben, eine Londoner Tuchfabrik für Münster zu interessieren, scheiterte ebenso wie sein Werben um Investitionen einer englischen Gerberei. Offenbar hat Fürstenberg, der selbst England nicht kannte, den Vorsprung der englischen Industrie durchaus gesehen, aber die Möglichkeiten des verkehrsmäßig nicht genügend erschlossenen Raumes setzten seinen Bemühungen enge Grenzen. Das Land blieb von den niederländischen Händlern abhängig. Fürstenbergs Finanz- wie Wirtschaftspolitik ist nach dem Urteil Hanschmidts „nur bruchstückhaft verwirklicht" worden [1046: Hanschmidt, Fürstenberg, S. 124].

Welche militärischen Schlußfolgerungen waren für Münster nach 1763 aus der erlebten jüngsten Geschichte zu ziehen? Fürstenbergs Pläne zur Rekrutierung von Landeskindern und zur Verjüngung der münsterischen Truppen fanden wenig Gegenliebe im Land. Erst im zweiten Anlauf (1765) drang er mit seinen Vorstellungen auf dem Landtag durch. Domkapitel und Ritter stimmten zu, die Städte machten, da nicht betroffen, keine Schwierigkeiten. Tatsächlich wird man urteilen dürfen, daß Fürstenbergs militärische Überlegungen auf der Höhe der Zeit standen, d. h. der Vorteil einer Armee aus „Landeskindern" vor dem überkommenen Söldnerheer wurde durchaus gesehen. Nach Hanschmidt waren Fürstenbergs Konzepte „ziviler und auch gerechter" als die preußische Kantonspflicht [1046: Hanschmidt, Fürstenberg, S. 164]. Sie bedeuteten aber auch eine stärkere staatliche Durchdringung des Territoriums, beginnend mit der Zunahme zentraler Information über Bevölkerung und Personenstand bis hin zur Verfügung über Personen, die bisher wesentlich ihren Grundherrschaften zugeordnet waren.

Spottbild auf die westfälische Landesmiliz: Der Erbdroste (zu Pferde) und Minister von Fürstenberg nehmen einen Appell der Landmiliz ab, die jedoch – nach der Darstellung im Hintergrund – von feindlichen Truppen in die Flucht geschlagen wird (um 1779/80)

4. *Wiederaufbau nach dem Siebenjährigen Krieg, Wirtschaft und Bevölkerungsstruktur*

Berührte Fürstenbergs Heeresreform die Landesmetropole nur indirekt, so waren ihre Interessen von einem anderen Projekt ganz wesentlich betroffen: der Schleifung der Befestigungsanlagen und dem Residenzbau. Soweit bekannt, erging spätestens 1766 der neue Auftrag an Schlaun, Pläne auszuarbeiten. Schon im Januar 1767 genehmigte der Landesherr die Vorschläge. Der nun schon siebzigjährige Schlaun wurde mit der Leitung des Schloßbaus betraut. Die Residenz sollte vor dem Gelände der Zitadelle stehen, das Gelände selbst zu einem barocken Garten umgestaltet werden. Der Landtag, dessen Zurückhaltung in finanziellen Fragen beim Militäretat offenkundig war, erwies sich hier weit großzügiger: 1767 wurden 12 500 und für die nächsten vier Jahre je 25 000 Reichstaler zum Schloßbau bewilligt. Auf den 26. August des Jahres lud der Kurfürst das Domkapitel, die Ritterschaft und die Bürger der Stadt zur Grundsteinlegung. Sie erfolgte am linken Flügel, in welchem die Schloßkapelle vorgesehen war. In feierlichem Geleit wurde der Kurfürst vom Fraterhaus abgeholt, das noch immer ein provisorisches Quartier für den Landesherrn bildete. Nach dem Kurfürsten legten auch die Domherren und Ritter einzelne Steine – Symbol ihrer Teilhabe an der Landesherrschaft –, „und die Damen klopften mit dem Silberhammer darauf“, so zitiert Geisberg [132: Stadt Münster 1, S. 384 Anm. 35] eine alte Chronik. Die Arbeiten wurden mit Nachdruck vorangetrieben. Im Juli 1773 hat Max Friedrich das Schloß bezogen. Schlaun erlebte diesen für ihn sicher erhebenden

Nordostansicht des zwischen 1767 und 1773 von Johann Conrad Schlaun erbauten Schlosses – im Vordergrund Marstall und Remise

Augenblick gerade noch, im Oktober desselben Jahres verstarb er im Alter von 78 Jahren. Die Stadt Münster gewann durch den Schloßbau einen neuen städtebaulichen Akzent. Den Damaligen freilich wird der Abriß der Zitadelle wichtiger gewesen sein, jener „Brille", die Christoph Bernhard der Stadt „auf die Nase" setzen wollte und die seither ungeahnte Kosten und ein Vielfaches an Dienstleistungen erfordert hatte. Brachte der Schloßbau den münsterischen Handwerkern auch Aufträge? Wie schon vor dem Siebenjährigen Krieg fanden sich auch jetzt wieder im Frühjahr Tiroler Maurer in Münster ein, um im Herbst zu ihren Familien zurückzukehren. Der Landesherr bzw. seine Baumeister stellten Ansprüche, die das münsterische Handwerk nicht erfüllen konnte. Die Kaminfassungen mußten in Bonn angefertigt werden, die Spiegel bestellte man in Frankfurt, die Kachelöfen kamen aus Köln. „Lipper beklagte sich mehrmals, daß in Münster für solche Arbeiten die passenden Meister fehlten" [1011: Bußmann, Planungs- und Baugeschichte, S. 186]. Massive Proteste münsterischer Handwerker wegen Nichtberücksichtigung beim Schloßbau waren die Folge [1049: Hanstein, Handwerk, S. 57].

Noch vor Vollendung der Anlage verstarb im April 1784 Max Friedrich im Alter von 66 Jahren; die Bautätigkeit am Residenzschloß kam zum Erliegen. Erst Ende 1787 war der stark vereinfachte Garten, ein Kompromiß zwischen Schlauns Barockgarten und dem jetzt in Mode kommenden Landschaftsgarten, fertiggestellt. Der neue Landesherr gab ihn dem münsterischen Publikum frei.

Nur kurzfristig hat Kurfürst Max Friedrich Freude an dem unter seiner Regierung errichteten Residenzbau gehabt; doch sein erster Minister, Fürstenberg, lebte während mehrerer Jahre im Schloß. Die äußere Gestalt des Baues präsentiert sich nicht so schlicht, wie es der Bauherr wohl ursprünglich vorgesehen hatte. Neben Schlauns Bildprogramm dokumentieren vor allem die Wappen der drei Landstände an den Stirnseiten der Flügel die Beiträge des Landes zu diesem Bau; die Städtekurie wird durch das Wappen der Stadt Münster repräsentiert. Mit dem Schloßbau war aber nur ein Teil der Wünsche von Stadt und Ständen des Hochstifts erfüllt, vor allem die gleichzeitige Beseitigung der ungeliebten Zitadelle stand noch aus. Max Friedrich hatte bei seinem Regierungsantritt weit mehr versprochen – nämlich, wie es in der schon zitierten Chronik heißt, „daß die Vestungen so bald es immer thuenlich wie hernechst gemeldet, geschleiffet und demoliret werden". Das Domkapitel, das diese Forderung in der Wahlkapitulation 1762 aufgestellt hatte, benannte auch gleich die Gründe für diese Forderung: Es waren dies nicht allein die Unterhaltungskosten, vielmehr wurde hier auch das Fazit aus den Erfahrungen des zu Ende gehenden Krieges gezogen, die Festungen seien „für den Feind oder doch ohnfreundliche Anfälle zu beschützen nicht vermögend gewesen [. . .] aber den kriegenden Theilen nur Anlaß geben sich darinn wechselweise fest zu setzen". Nicht nur die Zitadelle sei abzubrechen; dies solle ebenso mit den Festungswerken der Stadt und deren Ausbauten durch die Franzosen geschehen. Auch sollten den Eigentümern „die darin vergrabene obsonst gebrauchbar gemachten Gründe hinwieder zum ohnbeschränkten freien Gebrauch überlassen" werden [132: Geisberg, Stadt Münster 1, S. 245]. Betroffen war von dieser Bestimmung also das gesamte Befestigungssystem. Da hier nicht wie bei den äußeren Forts die ehemaligen Grundstückseigner bekannt waren, bestand die Chance zu einheitlicher Planung. Nachdem offenbar schon 1764 mit dem Abbruch der Befestigungsanlage begonnen worden war, wurden die Kosten für dieses Unternehmen Zielscheibe der Kritik, vor allem jedoch, daß „man so gar große Summen zur Verschönerung der Stadt, zur Anlage der neuen Promenaden und dergleichen" verwendete. „Man hätte freilich besser getan, wenn man den Landeskredit erhalten und die Creditoren ehender befriedigt, als Verschönerungen angelegt hätte." Fürstenbergs bzw. Sprickmanns Gegenschrift rechtfertigt die Anlagen mit dem Argument, daß der Großteil der Kosten in die Demolierung der Befestigungsanlagen gegangen sei und nur ein verhältnismäßig kleiner Anteil in die Verschönerungen: „Wem wird es einfallen eine Zierde der Stadt von dieser Art als gleichgültig anzusehen?" [132: Geisberg, Stadt Münster 1, S. 246].

Nach Ausweis eines im Staatsarchiv erhaltenen Plans stammt die Idee der Anlage von Johann Conrad Schlaun: der Gedanke, die Stadt mit einer vierzeiligen Lindenallee zu umgeben, auf der Reit-, Fahr- und Fußverkehr getrennt werden konnten [1160: Schlaun als Soldat, Abb. 92]. Etwa fünfzig bis hundert Mann hatte die Stadt zu diesen Arbeiten täglich zu stellen; es wurde mit Augenmaß vorgegangen, Teile der Befestigungen, etwa an der Aegidiischanze und der Kreuzschanze, blieben erhalten. Unter Max Franz ist an der Promenade weitergebaut worden, 1802 war sie immer noch nicht ganz fertig. Auch die Durchfahrten unter dem Wall blieben an mehreren Stellen noch lange bestehen, eine bis heute auf dem Gelände des I. Korps.

Noch einen weiteren Bau konnte Schlaun nach dem Siebenjährigen Krieg errichten: den Neubau des Klosters und der Kirche der sogenannten Lotharinger Chorfrauen, von dem nur die ehemalige Kirche, das heutige Stadtarchiv, erhalten ist. Schlaun bzw. seine Werkstatt erstellten dazu die Pläne; Kloster und Kirche der Lotharinger Chorfrauen bildeten sozusagen Schlauns Vermächtnis an die Stadt.

Nach der Betrachtung einiger herausragender Beispiele für Münsters Wiederaufbau nach dem Siebenjährigen Krieg muß auch nach dem Schicksal jener etwa 200 Haushalte gefragt werden, die in der Beschießung von 1759 ihr Obdach verloren. Nach einer Liste, die offenbar der damalige Stadtschreiber anlegte, handelte es sich um 225 Häuser, von denen 139 in der Martini-Leischaft lagen, 80 in St. Lamberti und sechs in Jüdefeld. Es waren 120 Schatzbare und 19 Befreite, letztere vor allem Beamte und Geistliche. Von den in schatzbaren Häusern Wohnenden (Besitzer und Mieter) entfällt die größte Gruppe auf weibliche Einzelpersonen, Witwen, Jungfern, „Devotessen". Die zweitgrößte Gruppe ist als „Operarius", „Arbeiter" oder Tagelöhner bezeichnet (14), sie gehörten der breiten unterzünftigen Schicht an; auch von den Handwerkern sind es eher die am unteren Rand der sozialen Skala Angesiedelten, die der Verlust ihrer Häuser, Wohnungen und Werkstätten traf. Insgesamt zeigt die Liste, daß man gerade im Martiniviertel seit einiger Zeit enger zusammengerückt war und – wir wissen nicht, zu welchem Zeitpunkt – Grundstücke geteilt oder sogar geviertelt hatte. Handelte es sich um ein heruntergekommenes Viertel, um ein Viertel, um dessen Bausubstanz es nicht schade war, das jedoch nur schwerlich einen Wiederaufbau finanziell bewältigen konnte? Bei der Kopfsteuer allerdings sollte sich zeigen, daß manche Bewohner des Martiniviertels zu den höchsten Leistungen herangezogen wurden. Es liegt dies an den vielen sonst nicht besteuerten Geistlichen und den Inhabern von Adelshöfen, die hier in enger Nachbarschaft zur ärmeren Bevölkerung wohnten.

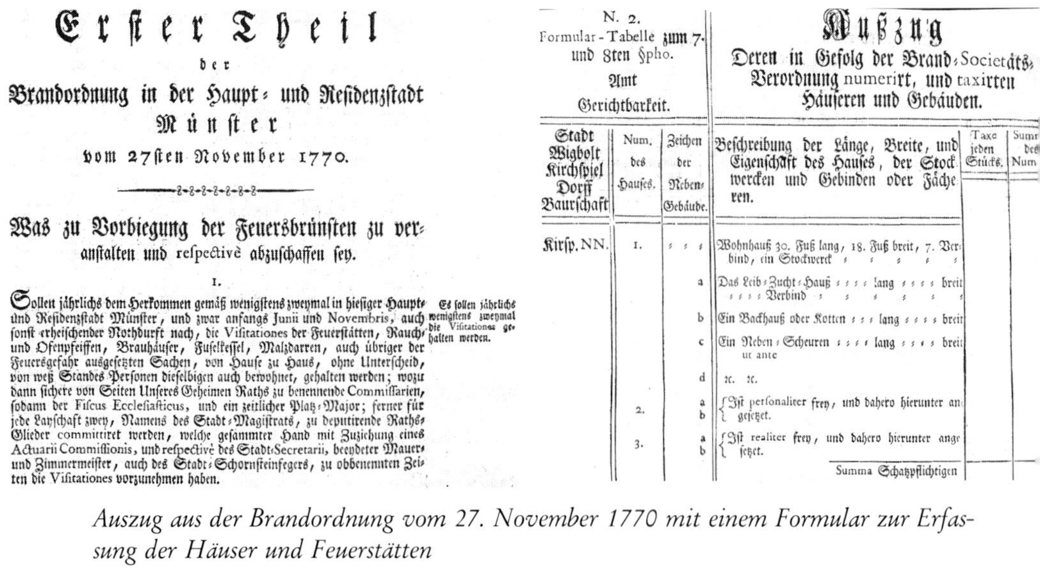

Erster Theil

der

Brandordnung in der Haupt- und Residenzstadt Münster

vom 27sten November 1770.

Was zu Vorbiegung der Feuersbrünsten zu veranstalten und respective abzuschaffen sey.

1.

Sollen jährlichs dem Herkommen gemäß wenigstens zweymal in hiesiger Haupt- und Residenzstadt Münster, und zwar anfangs Junii und Novembris, auch sonst erheischender Nothdurft nach, die Visitationes der Feuerstätten, Rauch- und Ofenpfeiffen, Brauhäuser, Fuselkessel, Malzdarren, auch übriger der Feuersgefahr ausgesetzten Sachen, von Hause zu Haus, ohne Unterscheid, von weß Standes Personen dieselbigen auch bewohnet, gehalten werden; wozu dann sichere von Seiten Unseres Geheimen Raths zu benennende Commissarien, sodann der Fiscus Ecclesiasticus, und ein zeitlicher Platz-Major; ferner für jede Layschaft zwey, Namens des Stadt-Magistrats, zu deputirende Raths-Glieder committiret werden, welche gesammter Hand mit Zuziehung eines Actuarii Commissionis, und respective des Stadt-Secretarii, beeydeter Mauer- und Zimmermeister, auch des Stadt-Schornsteinfegers, zu obbenennten Zeiten die Visitationes vorzunehmen haben.

Es sollen jährlichs wenigstens zweymal die Visitationes gehalten werden.

N. 2.
Formular-Tabelle zum 7. und 8ten §pho.
Amt
Gerichtbarkeit.

Außzug
Deren in Gefolg der Brand-Societäts-Verordnung numerirt, und taxirten Häuseren und Gebäuden.

Stadt Wigbolt Kirchspiel Dorff Baurschaft	Num. des Hauses.	Zeichen der Neben-Gebäude.	Beschreibung der Länge, Breite, und Eigenschaft des Hauses, der Stockwercken und Gebinden oder Fächeren.	Taxe jeden Stücks.	Summ des Num
Kirsp. NN.	1.	- - -	Wohnhauß 30. Fuß lang, 18. Fuß breit, 7. Verbind, ein Stockwerck - - - - -		
		a	Das Leib-Zucht-Hauß - - - - lang - - - - breit - - - - Verbind - - - - - -		
		b	Ein Backhauß oder Kotten - - - lang - - - - breit		
		c	Ein Neben-Scheuren - - - - lang - - - - breit ut ante		
		d	&c. &c.		
	2.	a b	Ist personaliter frey, und dahero hierunter angesetzet.		
	3.	a b	Ist realiter frey, und dahero hierunter angesetzet.		
			Summa Schatzpflichtigen		

Auszug aus der Brandordnung vom 27. November 1770 mit einem Formular zur Erfassung der Häuser und Feuerstätten

Wir wissen dies so genau, weil im Jahr 1770 ein detaillierter Brandkataster angelegt wurde, der der 1768 eingeführten „Brand-Assecuranz", der ersten hochstiftmünsterischen Brandversicherung, dienen sollte. Die Initiative ging wiederum auf Fürstenberg zurück. Nach dem Edikt vom 15. April 1768 wurde eine Pflichtversicherung für alle Schatzbaren eingeführt, die auch den Befreiten – der Geistlichkeit, den Rittergutsbesitzern und den Schulen – zu freiwilligem Beitritt offenstand. Der zu entrichtende Beitrag sollte sich nach dem amtlich taxierten Wert oder der eigenen Angabe richten. Entschädigungen wurden nach dem Taxwert in drei Terminen – bei Baubeginn, bei Halbfertigstellung und bei der Bedachung – ausgezahlt. Die Landespfennigkammer, die Steuerkasse des Landes, schoß die Versicherungsleistungen vor; über die dem jeweiligen Schaden angepaßten Jahresbeiträge sollte das Geld wieder hereingeholt werden. Die übliche Steuerermäßigung für Brandgeschädigte wurde auch weiterhin gewährt, Brandkollekten aber fortan verboten. Entschädigung erhielt freilich nur, wer wiederaufbaute. Den Lokalbehörden oblag die feuerpolizeiliche Aufsicht: Kontrolle der Löschgeräte; Strohdächer wurden nun auch in den kleineren Städten und Wigbolden verboten, in Münster sollten zudem die zur Abdichtung der Ziegeldächer verwendeten Strohdocken allmählich verschwinden.

Im November 1770 erhielt die Stadt Münster eine zusätzliche eigene Brandordnung, die die Hausbesitzer einer noch strengeren Kontrolle unterwarf. Zweimal jährlich erfolgte eine „Visitation" der Feuerstätten und Kamine. Bei den – schriftlich festzuhaltenden – Mängeln wird der Hausbesitzer zur Abstellung unter Androhung von fünf Reichstalern Strafe verpflichtet; im Verweigerungsfall wird das beanstandete Gerät (Darre, „Fuselkessel", Ofenpfeife) unbrauchbar gemacht. Im Winter zweimal, im Sommer einmal waren die Kamine zu fegen, und jeder Kamin mußte besteigbar sein, sonst drohte seine „Destruktion". Backöfen, Darren, Braupfannen, Branntweinkessel und Essen der Schmiede bedurften jetzt einer Anzeige bei der Stadt und einer Visitation durch die „geschworenen Stadt-Maurer und -Zimmerleute". Auch wurde verboten, Feuerstätten in „verblendeten Holzwänden" anzulegen, Schornsteine auf Balken zu legen oder Balken durch Kamine zu ziehen; Maurermeister, die solch gefährliche Konstruktionen errichteten, riskierten den Entzug ihres Meisterrechts. Bei Feuerschäden an Häusern mit verdockten Dächern sollte nur die Hälfte des Schadens ersetzt werden. Asche und Kohlen durften nicht in Holzeimer, sondern nur in steinerne oder eiserne Gefäße gefüllt werden. Besonders verwarnt wurden die Tabakraucher; auf den öffentlichen Straßen und an Orten, an denen leicht brennbare Materialien lagerten, war das Rauchen ganz verboten. Tischlern, Maurern, Zimmerleuten und Dachdeckern untersagte man das Rauchen während der Arbeit bei mindestens fünf Reichstalern Strafe. Auch beim Einfahren des Korns und beim Dreschen war das Rauchen verboten, ebenso auf Böden, in Ställen und Deelen und besonders in den Wirtshäusern: Denunzianten stand ein Drittel des Strafgeldes zu, die Geheimhaltung ihrer Namen wurde ihnen zugesagt. Eigens vermahnt wurden die Soldaten zur Vorsicht beim Umgang mit Licht. Ein besonderes Verbot galt auch der Verarbeitung von Flachs in beheizten Räumen. Brennende Kohlen sollten nicht in offenen Schüppen oder anderen Gefäßen über die Straße getragen werden. Die Mitglieder des Krameramts durften nicht mehr als 15 Pfund Pulver in ihren Häusern verwahren, und das auch nur oben und „wohl verwahret". Dreschen bei Licht wurde gänzlich verboten; in Ställen und in Bansenräumen durfte nur mit Laternen, nicht bei offenem

Licht gearbeitet werden. Der „Turmbläser" von St. Lamberti und die beiden Nachtwächter hatten die Turmhaube alle halbe Stunde zu umrunden und bei Tag und Nacht auf etwa ausbrechende Brände zu achten. Ebenso mußten die Notbrunnen in der Stadt halbjährlich kontrolliert und gegebenenfalls ausgebessert werden.

Bei ausbrechendem Feuer war die Brandglocke von St. Lamberti zu läuten, zugleich mußte bei Tag eine Fahne, bei Nacht eine Laterne vom Turm die Richtung anzeigen, aus welcher die Gefahr drohte. Dorthin sollten sich die Stadteingesessenen „zur nöthigen Hülfeleistung ohnverweilt" begeben. Es sollten dann Doppelketten gebildet werden und das Wasser in Ledereimern von Hand zu Hand bis zur Feuerspritze, die Eimer dann leer zurückgereicht werden. Die Leitung der Löscharbeiten oblag „nach altem Herbringen" den Stadtgerichtsassessoren und Stadtkämmerern, die sich sofort nach Ertönen der Brandglocke am Feuerherd einfinden sollten. Bei den dem Brandherd am nächsten gelegenen Häusern sollten die Strohdocken entfernt und auf den Dachböden Wasser bereitgehalten werden. Auch das münsterische Militär hatte Hilfestellung zu leisten, insbesondere gegen Diebe und andere „Mutwillen" Verübende. Ferner mußten die Schüttmeister an den Schüttwehren der Aa den Fluß stauen, damit genügend Wasser in der Stadt zur Verfügung stand. Am Tag des Apostels Thomas (21. Dezember) hatte die Bürgerschaft insgesamt auf dem Rathaus zu erscheinen; hier wurden die Feuerordnung öffentlich verlesen und die Dienste an den Feuerspritzen und Pumpen eingeteilt. Die Brandwache nach dem Feuer war von der Bürgerwehr zu stellen und von deren Offizieren einzuteilen. Kein Schatzpflichtiger durfte sich diesem Dienst entziehen, bei Abwesenheit mußte ein Vertreter gestellt werden.

Diese detaillierten Regelungen zeigen, welche weiteren Konsequenzen man in Münster aus den Erfahrungen der Feuersbrunst des Jahres 1759 zog; das war zum einen die Schaffung einer Solidargemeinschaft mit Zwangsmitgliedschaft in der neuen Feuerversicherung. Im reichsweiten Vergleich lag Münster damit zeitlich keineswegs vorn. Eine Versicherung für ein ganzes Territorium, wie sie jetzt in Münster entstand, war aber auch in den preußischen Provinzen nicht älter. Der Text des münsterischen Edikts zeigt freilich, wie sich mit dieser „Sozialdisziplinierung" der Zugriff der Obrigkeit auf den einzelnen Bürger verstärkte. Offenbar hat es dagegen Widerstände gegeben, sonst würden die energischen Strafandrohungen vermutlich fehlen. Das Edikt erlaubt auch einen Blick auf die innerstädtischen Gliederungen. Im Ernstfall sollte jeder wissen, was er zu tun hatte. Zu ihrem Glück blieb der Stadt die Probe auf diesen Fall, jedenfalls im Umfang des Brandes von 1759, über fast 200 Jahre erspart.

Noch auf einem weiteren Gebiet sollte sich der Zugriff der Obrigkeit zur Abwehr äußerer und hausgemachter Gefahren in der Stadt Münster verdichten: im Hinblick auf die Hygiene und Gesundheitsvorsorge. Wichtigster Mitarbeiter Fürstenbergs im Medizinalwesen wurde – vergleichbar Overberg bei den pädagogischen Reformen – der aus Rheda gebürtige und in Jena promovierte Arzt Christoph Ludwig Hoffmann. Es gab bereits eine städtische Kotabfuhr, die die von den Anwohnern an den Hauswänden zusammenzufegenden Kothaufen regelmäßig zu beseitigen hatte. Immer noch lagen Misthaufen am Straßenrand, jedenfalls wurde ihr Verbot von 1691 erneuert. Für das „Entsorgen" von verendetem Vieh an den Straßen und in die Aa erhöhte man die Geldstrafen oder drohte mit Gefängnis.

Christoph Ludwig Hoffmann (1721-1807). Fürstbischöflicher Leibarzt und Direktor des münsterischen Medizinalkollegiums

Die münsterischen Hygieneverordnungen stehen in engem Zusammenhang mit Versuchen staatlicher Gesundheitsvorsorge; auch auf diesem Gebiet gab es bereits eine lange Tradition. Vor allem während der mittelalterlichen und frühneuzeitlichen Pestzüge hatte es immer wieder landesherrliche Anweisungen zur Vermeidung oder Einschränkung von Ansteckung gegeben. Auch die Apotheken sowie die Impfung gegen „Kinderblattern" wurden öffentlicher Aufsicht unterstellt. 1773 errichtete die Landesregierung das münsterische Medizinalkollegium, dessen Aufgabe die Zulassung aller im Hochstift praktizierenden Ärzte, Chirurgen, Apotheker und Hebammen war. In Seuchenfällen bei Mensch und Vieh hatten die auswärtigen Ärzte zu berichten. 1779 wurde eine darauf bezogene Verordnung aus dem Jahr 1732 verschärft und die Verheimlichung ansteckender Krankheiten bei Pferden und Hornvieh mit strengen Sanktionen belegt. „Die Münstersche Medicinal-Ordnung [. . .] war [. . .] die erste und vorzüglichste ihrer Art in Deutschland", so urteilte damals der preußische Diplomat Christian Wilhelm Dohm [925: Denkwürdigkeiten 1, S. 322f].

Feuerschutz und Gesundheitsvorsorge des 18. Jahrhunderts stellen den Beginn bis heute weiterentwickelter Maßnahmen und Institutionen dar. In Münster bewegten sie sich durchaus auf der Höhe des Erkenntnisstandes der Zeit. Sie gingen jedoch auf Initiativen der Regierung und des Landes, nicht der Stadt, zurück, auch wenn sie – wie die Brandordnung – eigens und nur für Münster geschaffen wurden. Die Frage, ob die Stadt in ihrer in vielem noch mittelalterlichen Verfassungsstruktur zu so zukunftsweisenden Reformen befähigt und angesichts ihrer eingeschränkten innerstädtischen Exekutive zu ihrer Durchsetzung in der Lage gewesen wäre, ist bisher nicht gestellt, geschweige denn einer Beantwortung nähergebracht worden.

Der Einführung der Brandversicherung in Stadt und Hochstift Münster 1768 verdanken wir die schon erwähnte Aufstellung über Münsters Häuser und ihren

Schätzwert. Zusammen mit den Listen der Kopfschatzung von 1770 ergeben sie die bis dahin beste statistische Übersicht über die Stadt und ihre Bewohner. Im Vergleich mit den anderen Stiftsstädten, die ja derselben Brandversicherung unterlagen, errechnet sich für Münster ein Schätzwert aller Gebäude von 810 975 Reichstalern. In weitem Abstand folgte Warendorf mit einem Gesamtwert der Häuser von 122 835 Reichstalern [922: Bevölkerung und Topographie, S. 2]. Auch hierdurch wird Münsters Stellung im Hochstift deutlich, der Abstand zu den kleineren Städten ist groß; die Frage, ob er durch Münsters Entwicklung im 18. Jahrhundert vergrößert wurde, ist noch nicht untersucht.

Mit der Brandversicherung hängt auch die Numerierung aller Häuser in Stadt und Stift Münster zusammen. In der Stadt Münster war diese schon 1768/69 abgeschlossen. Bisher gab es den alten „Umgang" des Steuereinnehmers, der nun nicht mehr galt, nach dessen System jedoch im ganzen weiter verfahren wurde. Daraus erklärt sich, daß in Münsters Innenstadt die Häuser noch heute fortlaufend numeriert sind und nicht, wie in den Neubaugebieten, die geraden und ungeraden Zahlen einander gegenüberliegen. Mit seiner mittleren Bevölkerungsdichte von 87,2 Einwohnern je Hektar erscheint Münster gegenüber Düsseldorf (167) oder Braunschweig (150) zurückgeblieben, wobei darauf hingewiesen werden muß, daß beide genannten Städte im 18. Jahrhundert ebenfalls Nebenresidenzen gewesen sind. Es muß jedoch auch an die „Kontinuitäten" wie die Großflächen der Klöster und Adelshöfe und vor allem die damals nicht bebaubaren Überschwemmungsgebiete der Aa hinter der Domschule und bei den Johannitern gedacht werden. Für die Weltgeistlichkeit in Münster kommt man auf insgesamt ca. 200 bis 210 Personen. Schwierigkeiten bereiten dabei die gerade in der Geistlichkeit – aber nicht nur dort – zu beobachtenden Ämterkumulationen, die keineswegs nur bei Landesherren und Domkapitularen vorkamen.

Interessant wäre es, den Altersaufbau der Bevölkerung Münsters von damals genauer zu kennen. Die Zahlen lassen aber nur sehr vage Aussagen zu. Immerhin lag der Anteil der Kinder 1769 bei 30,8 Prozent. Es bedeutet dies, daß in den damaligen Familien, soweit diese erfaßt sind, im Schnitt kaum mehr Kinder als in den heutigen lebten. Dabei ist jedoch zu berücksichtigen, daß Kinder damals mit etwa zwölf Jahren eine Lehre oder ein Dienstverhältnis begannen und in den Haushalt der Meister- oder dienstgebenden Familie überwechselten. In vielen Familien gab es Kinder aus zwei Ehen, weil die erste Ehefrau früh verstorben war. So sind durchaus Männer mit bis zu neun Kindern notiert. Auffallend ist andererseits die hohe Zahl der Ehen ohne Kinder: 28,5 Prozent. 1685 hatte die durchschnittliche Kinderzahl übrigens etwas höher gelegen; insgesamt wird die Stadt Münster 1685 wie 1770 als eher „kinderarm" bezeichnet [1170: Siekmann, Münster um 1770, S. 104f, 109ff].

In der Statistik des Jahres 1770 sind weiterhin Angaben über die Verteilung der Erwerbstätigkeit in Münster enthalten. Danach dominierten Handwerk und Gewerbe mit 21,5 Prozent. Bei den Dienstboten und Tagelöhnern ist ein Anstieg gegenüber den Verhältnissen am Ende des 17. Jahrhunderts zu beobachten, auch die Zahl der in Handel und Verkehr Tätigen hat zugenommen. In Verwaltung und Rechtswesen ist der Prozentsatz gesunken, die Zahlen sind jedoch absolut angestiegen, wie für den Sitz einer Landesregierung zu erwarten.

In Münsters Detailhandel ist im 18. Jahrhundert eine Spezialisierung zum Beispiel auf Gewürze und Speziallebensmittel oder auf Textilien und Kurzwaren zu beobachten. Gegenüber den Luxusgütern war für geistige Bedürfnisse mit nur einem Buchladen eher spärlich gesorgt, auch wenn vielleicht noch die beiden Buchdrucker oder die Buchbinder nebenher Bücher verkauften. Erst gegen Ende des 18. Jahrhunderts wurden die ersten selbständigen Banken in Münster gegründet; immerhin bestand schon seit 1609 die erste Bank nördlich der Alpen in Amsterdam, nach deren Vorbild die Hamburger 1619 ihre Bank einrichteten. Münster schloß sich nicht eben früh an diese Entwicklung an, das Kreditgeschäft wurde lange eher nebenbei – zum Beispiel von den vermögenden Kaufleuten, aber auch von geistlichen Instituten – getätigt. Erstaunlich gering war die Zahl der Gastwirte: nur sieben, darunter eine „Kaffeeschenkerin"; dabei ist zu berücksichtigen, daß die meisten Bäcker das Gastwirtsgewerbe nebenher betrieben und oft auch Übernachtungsgäste aufnahmen. Zudem haben die Weinhändler (25) vermutlich auch ausgeschenkt, ebenso wie die elf innerstädtischen „Fuselbrenner". Man sah aber offenbar weniger hier als im sich ausbreitenden Kaffee- und Teegenuß eine Gefahr für die Moral und Wirtschaftskraft der weniger bemittelten Untertanen. 1766 wurde den Dienstboten und Armen das Tee- und Kaffeetrinken bei drei Reichstalern Strafe verboten, allenfalls konnte man für zwei Reichstaler einen Erlaubnisschein einlösen. 1785 wurde dieses Edikt außer Kraft gesetzt, ob es je voll durchgesetzt werden konnte, bleibt zu bezweifeln. Rind- und Schweinehaltung gehörte in Münster um 1770 noch zu vielen Haushalten, um 1795 wurden in der Stadt erheblich mehr Stück Hornvieh (587) als Pferde (316) gezählt [1170: Siekmann, Münster um 1770, S. 153].

Faßbar als Arme sind ca. 11 Prozent der städtischen Bevölkerung; sie zahlten überhaupt keine Steuern: 261 Haushalte mit 440 Personen. Bettler hat es aber offenbar weniger als hundert Jahre zuvor gegeben – Erfolg der landesherrlichen Armenpolitik?

Aus dem Kataster der Brandversicherung geht auch die Verteilung von Kirchenbesitz über das ganze Stadtgebiet hervor. Die Kirche war nicht nur personell, sondern vor allem mit zumeist lastenfreiem Grundbesitz innerhalb der Stadt in hohem Maße vertreten. Zu den repräsentativsten Gebäuden der Stadt zählten ferner die Adelshöfe (aufgeführt sind damals 32), deren Wert im Kataster eher hoch angesetzt wird, der Erbdrostenhof mit 5500 Reichstalern. Wie sehr er aus der Menge der versicherten Gebäude heraustrat, zeigt die Tatsache, daß für die größte Häusergruppe (etwa 75 Prozent) nur bis zu 200 Reichstaler Wert angegeben sind. Die Mobilität des Grund- und Hausbesitzes in Münster war eher hoch; zwischen 1771 und 1784 konnte ein Besitzwechsel bei 41,8 Prozent der Häuser der Stadt festgestellt werden, wobei Erbgänge in offenkundig männlicher Erbfolge nicht mitgezählt sind.

Es ist eine Fülle von Ergebnissen, die sich aus den Listen des ersten Brandkatasters und der bald darauf in Münster erhobenen Kopfsteuer ergeben. Zusammenfassend sei auf die „Multifunktionalität" der westfälischen *metropolis* hingewiesen, die sich keinem bestimmten Städtetypus zuordnen läßt. Unter anderem charakterisiert sich die Stadt als Regierungssitz eines geistlichen Territoriums und Verwaltungsstadt mit massiertem geistlichen Grund- und Hausbesitz sowie zunehmendem Beamten- und Juristenanteil und als zeitweilige Residenz, die freilich, wie auch andere Residenzen, den Adel des Umlandes in großer Zahl saisonal in ihre Mauern zog. Besitzkontinuität knüpfte hier zum Teil an den Grund- und Hausbesitz des alten Patriziats – der Erbmännerfamilien – an, von denen die zwei verbliebenen seit dem für sie günstigen

Armenbüchse der seit 1756 abgehaltenen wöchentlichen Almosensammlung unter Aufsicht des Stadtrichters (1763)

Urteil Kaiser Josephs I. von 1709 in den Stiftsadel integriert und in Ritterschaft und Domkapitel aufgenommen worden waren: die Kerckerinck und die Droste-Hülshoff. Zwar gab es lokale Massierungen von Wohnsitzen der höheren Geistlichkeit und des Landadels (Bispinghof, Königsstraße, Salzstraße), doch deren Höfe lagen auch über die Stadt verstreut und teilweise sogar in sonst weniger bevorzugten Stadtvierteln, zum Beispiel Martini oder Aegidii. Es heißt dies, daß sozial ganz unterschiedliche Gruppen in denselben Stadtvierteln oft nahe beieinander lebten; häufig bauten die Eigentümer der Adelshöfe in deren Nähe Gademe für ihre Bediensteten. Dabei hören wir jedoch wenig von sozialen Spannungen; das so hochdifferenzierte Sozialgefüge scheint damals weniger in Frage gestellt worden zu sein, als man im 19. Jahrhundert annahm. Allenfalls richteten sich – wie schon im 17. Jahrhundert – Animositäten gegen den Grunderwerb durch geistliche Institutionen.

5. Städtisches Leben nach dem Siebenjährigen Krieg

Über Münsters gesellschaftliches Leben urteilte Fürstenberg in einem undatierten Brief an Fürstbischof Max Franz: „Diese Stadt [hat] einen eigenen Geist von Wohlleben und Gemächlichkeit. Einerseits mag die Schlaffheit des Klimas eine gewisse Gutmütigkeit, eine gewisse plauderhafte und zeitvertreibende Geselligkeit und Unthätigkeit befördern, andererseits mag auch dazu beitragen, daß der größte Teil der Einwohner ein hinlängliches Auskommen hat, um das Leben zu genießen. Die übrigen thun es diesen nach, ohne gerade sich ängstlich darum zu bekümmern, wer am Ende zahlen soll, und daher denn so viele Bankerotte kommen" [932: Fürstenberg, S. 193]. Gleichwohl hat der Minister selbst recht rege an Geselligkeiten teilgenommen.

Fürstenberg sammelte in den siebziger Jahren des 18. Jahrhunderts einen literarisch geselligen Kreis um sich, in welchem man die neuere Literatur, aber auch mancherlei Reformprojekte diskutierte. In brieflichem Kontakt stand dieser Kreis mit anderen Zentren der Aufklärung. Der Plan entstand, auch in Münster ein Theater zu gründen. Fürstenbergs Augenmerk fiel dabei auf die sogenannte Alte Fleischscharne am Roggenmarkt, eigentlich das Verkaufshaus der Fleischer. Nach zähen Verhandlungen und dem Aufbau eines ausgeklügelten Abonnementsystems, Umbau und Verschönerung des Gebäudes konnte Münsters erstes Theater am 12. Oktober 1775 eröffnet werden.

Angezogen durch Fürstenbergs pädagogische Reformen zog 1779 die Fürstin Amalie von Gallitzin mit ihren beiden Kindern nach Münster. Neben Fürstenberg wurde sie bald Mittelpunkt des „Kreises von Münster", den seine Gegner nach der religiösen Wende der Gallitzin als *Familia sacra* verspotteten. An der engen geistigen Verbindung eines zölibatären Domherrn – wenn auch nicht Priesters – und einer verheirateten Dame, die, zumeist von ihrem Mann getrennt, jedoch finanziert, in Münster ein recht „emanzipiertes" Leben führte, hat damals offenbar zunächst niemand Anstoß genommen. Erst als der „Kreis" sich von philosophisch-literarischen Themen ab- und verstärkt religiöser Innerlichkeit zuwendete, meldete sich Kritik.

Neben dem „Kreis von Münster" entstand zu Fürstenbergs Zeit und offenbar mit seiner Billigung die Freimaurerloge „Friedrich zu den drei Balken". Eine Geschichte des Freimaurerwesens in Münster ist jedoch schwer zu erstellen. Hindernisse bilden die strikte Geheimhaltung der Riten und Ränge sowie, besonders in Deutschland, die Vernichtung oder Verschleppung der Archive durch die Nationalsozialisten. Dies gilt auch für die 1778 in Münster gegründete Loge. Man weiß aber, daß Fürstenberg hier als Gast verkehrte und andere Domherren reguläre Mitglieder wurden. Die münsterischen Maurer entstammten dem Bildungsbürgertum, den Beamten aus Verwaltung und Justiz, aber auch der Geistlichkeit und dem Landadel. Eines ihrer Ziele, Personen unterschiedlicher Herkunft und Tätigkeitsbereiche zusammenzubringen, hat Münsters Loge damals erreicht. Das bereits 1738 ausgesprochene päpstliche Verbot hinderte offenbar wenige katholische Münsteraner daran, sich der Loge anzuschließen; allerdings blieb die münsterische Loge die einzige im katholischen Westfalen.

Schon drei Jahre zuvor war in Münster eine andere gesellschaftliche Vereinigung konstituiert worden, die sich in vielem mit den auch sonst verbreiteten Aufklärungsgesellschaften vergleichen läßt, der (noch heute bestehende) Civilclub. Soweit bekannt, beschlossen am Lichtmeßtag des Jahres 1775 fünf Herren, in Münster eine „Erholungs-Gesellschaft" zu gründen, in der man sich zu Kartenspiel, Lektüre von Zeitschriften und Büchern zusammenfand. Hazardspiele sowie das Tabakrauchen waren, dem landesherrlichen Edikt von 1772 folgend, verboten, die Ehefrauen von Mitgliedern hatten von Beginn an Zutritt, aber auch Witwen und „Demoisellen" wurden Mitglieder. Praktisch alle Gründer gehörten der fürstlich-münsterischen Beamtenschaft an, man spricht daher von einem „Hofratsklub"; etliche von ihnen waren untereinander verwandt oder verschwägert. „Ebenso wie man nur Domherr werden konnte, wenn man 16 ritterbürtige Ahnen aufzuweisen hatte, so hätte auch hier wohl fast jeder der Civilclubsmitglieder bis zu den Groß- und Urgroßeltern seine Abstammung von akademisch vorgebildeten, zur hohen fürstlich münsterischen Beamtenschaft gehörenden Juristenfamilien nachweisen können" [1173: Steinbicker, Gründer des Civilclubs, S. 15]. Exklusivität wurde durch Aufnahme nur bei einstimmiger Ballotage gewährleistet. Nach 1802 hat man auch preußische Beamte aufgenommen, womit – eher beiläufig – die katholische Geschlossenheit endete. Die Mitgliedschaft im Civilclub deckte sich teilweise mit der der Loge, ausgeschlossen die Damen. Nach dem Einmarsch der Franzosen 1806 sind auffallend viele Adelige dem Club beigetreten, auch französische Beamte hat man nach 1810 aufgenommen.

Gleichsam als adeliges Pendant zum Civilclub rief Fürstenberg 1782 den „Adelichen Club" ins Leben, der jedoch nicht lange Bestand haben sollte, im Gegensatz zum 1796 gegründeten Zwei-Löwen-Club, der bis heute besteht, im Gegensatz auch zum Adeligen Damen-Club, der jüngsten Clubgründung dieser Zeit in Münster, die ebenfalls noch als geselliger Verein fortlebt. Die Mitgliedschaft blieb dem einheimischen Adel vorbehalten, eingeladen werden konnten jedoch auch Auswärtige, auch Nichtadelige. Die münsterischen Clubs blieben ständisch bestimmt, die gesellige Verwischung der Standesgrenzen findet sich anfänglich nur in der Loge.

Gern wüßten wir mehr über das gesellige Treiben der anderen Schichten der städtischen Bevölkerung, doch hierzu fließen die Quellen spärlicher. 1775 schien es notwendig, gewissen Freiheiten durch landesherrliche Verordnung vorzubeugen. Zu mehr Sparsamkeit sollte eine im selben Jahr erlassene Trauerordnung ermahnen, in welcher einem allzu großen Aufwand entgegengesteuert wurde. Dasselbe gilt für die bereits ein Jahr nach Beendigung des Siebenjährigen Krieges erlassene und 1765 erneuerte, 1791 aber endgültig suspendierte Verordnung gegen um sich greifenden Kleiderluxus.

Schon ehe der Bruder des als „kaiserlicher Sakristan" bekannten Joseph II. in Münster Regierung und Bischofsamt antrat, erfolgten auch hier Eingriffe in den kirchlichen Kalender, der zugleich Kalender der arbeitsfreien Festtage war. Etliche bisher nach dem Jahreskalender gefeierte Feste wurden 1770 auf die nächsten Sonntage verlegt: Maria Heimsuchung, St. Joseph, St. Ludgerus. Völlig abgeschafft wurde die Feier – und damit auch die Verpflichtung zum Kirchgang – am Osterdienstag, Pfingstdienstag und an St. Johannes Evangelist, man hatte also an den drei christlichen Hochfesten bisher jedesmal drei Tage lang gefeiert! Ferner wurden fünfzehn weitere Heiligenfeste zu gewöhnlichen Werktagen erklärt, dem Bistum verblieben insgesamt 16 von 37 Feiertagen neben den Sonntagen, dazu jeder Gemeinde das Fest ihres Kirchenpatrons. Offenbar gab es Widerstände gegen diesen landesherrlichen Eingriff, denn 1772 wurden Geldstrafen für Arbeitsverweigerung an den aufgehobenen Feiertagen verhängt. Sogar noch zu Beginn des Jahres 1802, wenige Monate vor dem Ende des Hochstifts, sah sich das – *sede vacante* – regierende münsterische Domkapitel zur Einschränkung der Fastnachtsbräuche veranlaßt. Auch gegen nach Ansicht der Regierung ausufernde Feiern bei den Osterfeuern ergingen Verbote, ebenso gegen das Hochzeitsschießen auf dem Land und in den Dörfern und Wigbolden. Kann man daraus schließen, daß die Lebensfreude in Stadt und Land zurückgekehrt war und daß man wieder zu feiern verstand, ungeachtet der hohen öffentlichen und zweifellos vielfach auch privaten Schulden? Insgesamt wird man sagen können, daß doch bemerkenswert ist, was in Stadt und Stift Münster nach den Schäden des Siebenjährigen Krieges an Neuem geschaffen und an Reformen vorangetrieben wurde, wie zum Beispiel die Einführung der Straßenbeleuchtung in Münster.

Langsam setzte auch die private Bautätigkeit wieder ein. Zwar hören wir immer noch von wüsten Plätzen, besonders im Martiniviertel, doch in Geisbergs Inventar sind – nach der Unterbrechung durch den Krieg – seit den siebziger Jahren des 18. Jahrhunderts Neubauten beschrieben worden, von denen allerdings nur ein Bruchteil bis in unsere Tage erhalten blieb. So finden sich zum Beispiel an der Hörsterstraße einige Bürgerhäuser, die den Bautyp der Zeit in etwa dokumentieren; auch in der Aegidiistraße haben bis zum Krieg eine Reihe von Häusern aus dieser Zeit gestanden. Mehr wissen wir dank der Untersuchungen von Geisberg [132: Stadt Münster 3] und Eugen Müller [245: Adelshöfe] über die nach dem Siebenjährigen Krieg errichteten Adelshöfe, von denen jedoch nur einer, und dieser nur in seiner Fassade, erhalten ist: der Druffelsche Hof in der Königsstraße, dazu die Ruine der Gartenfront des Hofes von Romberg, die in das moderne Theater eingegliedert wurde. Die Druffel waren keine ritterschaftliche Familie wie die Rombergs, sondern eine geadelte Beamten- und Juristenfamilie. Johann Gerhard Druffel wurde Geheimer Staatsreferendar und damit eine der wichtigsten Persönlichkeiten in der münsterischen Verwaltung im letzten Jahrzehnt des Fürstbistums, ein anderes Familienmitglied Kanoniker, ein drittes Arzt und Professor an der Universität.

Problematisch blieb nach wie vor die öffentliche Sicherheit, die eine besondere Überwachung der Wirte und nächtliche Patrouillen in den Straßen erforderlich machte. Es scheint an manchen Orten Äußerungen von Judenfeindlichkeit gegeben zu haben, auf die ein Edikt Max Friedrichs von 1768 reagierte. 1773 wurde das in diesem Jahr erloschene Hauptgeleit für die stiftischen Juden auf zehn Jahre erneuert und die Zahl ihrer Familien von 188 auf 200 angehoben. Für die Stadt Münster änderte sich damit freilich nichts, es blieb beim hergebrachten Ausschluß der Juden von der Ansiedlung in Münster; nur vorübergehend durften sie sich aufhalten und ihren Geschäften nachgehen.

6. *Die Koadjutorwahl von 1780 und die Anfänge der Regierung Max Franz' von Österreich*

Das den geistlichen Staaten des Reiches nicht günstige „geistige Klima" sowie die Überlegung, durch Bindung an das Haus Österreich der Ausdehnung preußischer Macht im Nordwesten des Reiches Schranken setzen zu können, dürften die Koadjutorwahl des Jahres 1780 ganz maßgeblich bestimmt haben. Der damals 24jährige Erzherzog Max Franz war das sechzehnte und letzte Kind der Kaiserin Maria Theresia und des Kaisers Franz I. Ein gesundheitlicher Zusammenbruch während des Bayerischen Erbfolgekrieges, zu dem er seinen älteren Bruder und Lehrmeister, Kaiser Joseph II., begleitete, bestimmte seine Mutter, dem kurkölnischen Koadjutorprojekt zuzustimmen und möglichst auch Münster für den jungen Erzherzog zu gewin-

Maximilian Franz von Österreich, jüngster Sohn der Kaiserin Maria Theresia, letzter Kurfürst von Köln und Fürstbischof von Münster (1784–1801). Das Ölgemälde aus dem Besitz des Gymnasium Paulinum wurde im Zweiten Weltkrieg zerstört

nen. „Die Ausgaben werden nicht klein sein, desgleichen meine Skrupel über die geplante Handlungsweise", äußerte Maria Theresia, die voraussah, daß sowohl Kurfürst Max Friedrich wie die jeweils wählenden Domherren finanzielle Zusagen erwarteten. In Köln wurde Max Franz am 7. August 1780 und am 16. desselben Monats in Münster zum Koadjutor mit dem Recht der Nachfolge gewählt; sein Gegenkandidat in Münster, Fürstenberg, mußte seine Demission einreichen.

Der Plan schien auf Dauer angelegt, angesichts der Kinderzahl Erzherzog Leopolds in Florenz war ein personeller Engpaß im Hause Habsburg, vergleichbar dem des Hauses Wittelsbach beim Tod Clemens Augusts, nicht zu erwarten. In Rom gab es keine Schwierigkeiten, weder wegen der Kumulation eines Erzbistums mit einem Bistum noch wegen des erbetenen Aufschubs der Verpflichtung zur Priester- und Bischofsweihe. Wenige Tage vor den Wahlen in Köln und Münster war Max Franz die Hochmeisterwürde im Deutschen Orden durch den Tod Karls von Lothringen zugefallen, dessen Koadjutor er schon mit zwölf Jahren (1769) geworden war.

Am 15. April 1784 verstarb Kurfürst Max Friedrich, schon am 27. desselben Monats traf der junge Koadjutor in Bonn ein. Am 6. Mai besuchte der neue Landesherr die Hauptstadt seines zweiten Territoriums, Münster, zum erstenmal, und am 11. und 12. Oktober desselben Jahres kam er erneut zur feierlichen Huldigung. Über diese Besuche Max Franz' in Münster erfahren wir wenig; wir wissen auch nicht, inwieweit er sich über die dortigen Zustände bis dahin informiert hatte. Wahrschein-

Johann Gerhard Druffel (1759–1834), als Geheimer Staatsreferendar und Leiter der Kabinettskanzlei höchster fürstbischöflicher Beamter während der Revolutionszeit. Gemälde von Johann Christoph Rincklake

lich jedoch kannte er die Denkschrift des Freiherrn Clemens August Maria von Kerckerinck zur Borg, die dieser westfälische Offizier in österreichischen Diensten 1780 für den Koadjutor verfaßt hatte. Über die Stadt Münster konnte Max Franz darin lesen: „Der größte Theil der Burgerschaft der Stadt Münster ist bemittelt. Die Stadt aber an sich selbst arm an Einkünften und hat viele Schulden, welche noch zum Theil von denen Zeiten herrühren, wo sie der Oberherrschaft des Fürsten nicht unterworfen zu sein praetendierte. [. . .] Der Burgerstand der Stadt Münster könnte viel reicher seyn, wenn nicht seit einigen Jahren sich die bemittelte Persohnen zu schämen schienen, Burger zu sein und die ihnen übrig bleibende, sonst ausgeliehene Gelder durch Pracht in Kleidung, Meublen, Tafel und sonstige überflüssige Ausgaben selbst verzehrten, worüber ihre Fonds nicht vermehret und sie außer Stand gesetzet werden, Fabriquen zu errichten.“ Auch Kerckerinck weist auf die fortdauernden Nachwirkungen des Siebenjährigen Krieges hin, der das Land „am Rande des Untergangs führte“, erst in etwa 19 Jahren könnten die Schulden aus der Zeit „preußischer Bedrückung“ abgetragen sein; dann aber könne Münster „das glücklichste Land in Teutschland“ werden. Allerdings gelte es, ein Auge auf die münsterischen Cliquen zu haben, Hofräte wie Adel seien „schier alle miteinander verwandt“ [927: Erler, Denkschrift, S. 413ff].

Max Franz trat seine Regierung sicher mit den aufgeklärtesten Absichten an. Personell hatte er in Münster relativ freie Hand, die Position Fürstenbergs war schon von seinem Vorgänger nach der Koadjutorwahl 1780 bis auf das Generalvikariat beschnitten worden. Max Franz ernannte für Münster keinen Nachfolger im Ministerrang; mit einem Arbeitseifer ähnlich dem seines Bruders Joseph II. versuchte er, möglichst viele Entscheidungen selbst zu treffen. Max Franz teilte die Aversion seines kaiserlichen Bruders und Präzeptors gegen adeligen Einfluß; dem Domdechanten Spiegel schrieb er im Jahr 1800: „Ich wünschte aber, daß Sie mir Adelige vorführten, welche im Justizfache einem Scheffer, Olfers und Lindenkampf beikämen, oder Arbeiter, wie Forkenbeck und Druffel wären. Insolange der Adel sich nicht bestreben wird, sich ebenso, wo nicht noch mehr, als bürgerlicher Stand zu Geschäften und durch Studien und Applikationen zu qualifizieren und in der Konkurrenz von Verdiensten und Eigenschaften den Sieg davonzutragen, insolange der Adel die Dikasterialgeschäfte als Nebenfach betrachtet, wird der Zivil- und Gelehrtenstand täglich mehr Fortschritte gegen den Adel machen und in der öffentlichen, sowie den Privatmeinungen gewinnen" [1081: Katz, Jahrzehnt, S. 62f]. Nicht einen Fürstenberg oder Spiegel, sondern den „Arbeiter" Johann Gerhard Druffel (1759–1834) ernannte Max Franz im Juli 1789 zum „Geheimen Staatsreferendar", d. h. zu seinem verlängerten Arm in Münster.

Max Franz hat die letzten Jahre seines Wirkens vor allem in Bonn – weniger in Münster – zu Reformen in Verwaltung, Justiz, im kirchlichen Bereich, aber auch im kulturellen Leben genutzt. Er hat mäßigend im sogenannten Nuntiaturstreit auf die beiden geistlichen Kollegen im Kurfürstenrat eingewirkt. Nicht zuletzt als Bischof von Münster erkannte Max Franz, daß die Kurfürsten und Erzbischöfe eine Erweiterung ihrer Jurisdiktion zu Lasten der ihnen nachgeordneten Suffragane betrieben; damit geriet er selbst in einen unauflösbaren Widerspruch. Der von Trier, Mainz und Würzburg ausgehenden theologischen Richtung des „Febronianismus", der – ähnlich dem Gallikanismus – eine größere Distanz der Reichskirche zu Rom historisch und theologisch zu begründen trachtete, stand Max Franz abwartend bis skeptisch gegenüber. Da Fürstenberg in Münster seine Professorenschaft praktisch selbst heranzog, blieb eine Auseinandersetzung mit dieser damals „modernen" Richtung in der katholischen Theologie zumindest hinausgeschoben.

7. Münster und die Französische Revolution

In der Stadt Münster verfolgte man die Ereignisse in Frankreich mit lebhaftem Interesse; nach Ausweis des Verkaufsverzeichnisses der Theissingschen Buchhandlung [StadtAM, Handschriften 110] nahm die Bestellung der darüber berichtenden Zeitschriften erheblich zu. Man las vor allem die konservativen Kritiker der Revolution wie Edmund Burke in der Übersetzung des Friedrich Gentz oder die Hannoveraner Brandes und Rehberg.

Max Franz teilte die Ansicht vieler Deutscher, daß das französische Volk sich nun selbst erkämpfe, was die Reformen des aufgeklärten Absolutismus in etlichen deutschen Territorien bereits bewirkt hätten. Als aber seine Schwester Marie Antoinette und Ludwig XVI. im Juni 1791 auf der Flucht in Varennes, nahe der Reichsgrenze, aufgegriffen und unter Hohn und Spott nach Paris zurückgeführt wurden, schrieb Max Franz an den österreichischen Gesandten Franz Georg Metternich: „Ich gestehe, daß dieser Schlag mich ganz aus der Fassung gebracht hat" [zit. nach 1000: Braubach, Max Franz, S. 261]. Gleichwohl ist Max Franz nicht für militärisches Eingreifen eingetreten, sondern hat strengste Neutralität gegenüber Frankreich gefordert. Vor allem gegenüber den französischen Emigranten, die bald ins Rheinland strömten, nahm er diese Haltung ein. Emigranten aus dem französischen Adel suchte er ganz von seinen Grenzen fernzuhalten, doch die seit der Aufhebung der Klöster – Februar 1790 – und der Zivilverfassung des französischen Klerus – Juli 1790 – scharenweise aus Frankreich flüchtenden Geistlichen nahm er in seinen Landen auf.

Aus der Pariser „Gesetzgebenden Versammlung" ergingen nicht nur scharfe Gesetze gegen die Emigranten, sondern auch Drohungen gegenüber den deutschen Fürsten, die ihnen Asyl gewährten und darüber hinaus die Aufstellung von militärischen Emigrantenverbänden zuließen. In diesem unsicheren Moment – am 30. März 1792 – verstarb zu Wien Kaiser Leopold II. (1790–1792), der sich bemüht hatte, einen mittleren Weg zwischen Provokation der Franzosen und Aufgabe von Reichsrechten zu suchen. Am 20. April erklärte Frankreich dem „König von Böhmen und Ungarn" den Krieg; es war dies der älteste Sohn Leopolds, Franz, seit Juli 1792 deutscher Kaiser, der zweite dieses Namens. Die Folge war zunächst, daß in Kurköln und Münster – wie in vielen anderen deutschen Territorien – die Zensurbestimmungen verschärft wurden, was den Auszug mehrerer Bonner – nicht münsterischer – Professoren auslöste. Österreichische Erfolge in den Niederlanden hielten den französischen Vormarsch im Frühjahr 1792 noch auf und ermöglichten die Feier von Wahl und Krönung Kaiser Franz' II. in Frankfurt, an welcher der münsterische Landesherr als Kurfürst – und Onkel – beteiligt war. Im Herbst folgte der wenig erfolgreiche Feldzug nach Frankreich, der bei Valmy endete. Im Gegenstoß eroberten die Revolutionstruppen unter Custine die Pfalz und stießen über den Rhein vor. Kurfürst Clemens Wenzel von Trier und seine Schwester Kunigunde, die Fürstäbtissin von Essen, kamen als Flüchtlinge über Bonn nach Münster. Auch in Bonn packte man bereits zusammen, der münsterische General von Wenge wurde nach Düsseldorf beordert, um die bis dort auf dem Wasserwege transportierten Archive und Pretiosen des Erzstifts in Empfang zu nehmen. Der Landesherr selbst kam am 18. Dezember, aus Bonn geflüchtet, nach Münster.

Max Franz fand an der von seinem Vorgänger errichteten Residenz in Münster wenig Gefallen. Statt der fürstlichen Suite im Schloß ließ er sich die sogenannte „Siegelkammer" an der Stelle des heutigen Fürstenberghauses am Domplatz herrichten; etwa im August 1793 hat er sie bezogen. Aber auch diese „Residenz" nutzte er nur kurzfristig. Sehr wohl gefühlt hat er sich in Münster offenbar nie, obwohl er sich dort großer Beliebtheit erfreute. Den größeren Teil des Sommers 1794 brachte Max Franz wieder in Bonn zu, bis er es am 3. Oktober 1794 endgültig verlassen mußte. Sein erstes Ziel war jedoch nicht die Hauptstadt des ihm noch intakt verbliebenen zweiten Territoriums, Münster, sondern Dorsten, das zum Vest Recklinghausen und somit noch zu Kurköln gehörte; es empfahl sich auch wegen der politischen Lage. Nach den Erfolgen Pichegrus in den nördlichen Niederlanden bestand Gefahr für das Fürstbistum Münster. Der Landesherr befahl, auch in Münster Fluchtvorbereitungen zu treffen, um Archive, Möbel und Wertgegenstände in Sicherheit bringen zu können. Druffel mußte in Dorsten diesbezügliche Anweisungen in Empfang nehmen: Verpacken, doch noch keine Absendung. Als die Front sich Ende Oktober 1794 zu stabilisieren schien, reiste Max Franz – ohne münsterischen Boden betreten zu haben – nach Mergentheim. In Münster nahm die Aufregung zu, weil Pichegru die zugefrorene Waal überschreiten konnte und die englisch-hannoversche Armee sich hinter die Ijssel zurückzog. Max Franz schärfte seinen münsterischen Beamten ein, solange wie möglich auf ihren Posten zu verharren und sich im Ernstfall nach Vechta im Niederstift abzusetzen. Im Februar 1795 gingen die ersten Wagenladungen aus Münster und Recklinghausen nach Minden, Emden, Kassel und Bremen ab. Inzwischen besetzten österreichische Truppen das Münsterland, englisch-hannoversche das münsterische Niederstift und ernährten sich aus dem Land. Max Franz konnte den münsterischen Landständen nur raten, einen billigen Vergleich mit den auswärtigen Mächten zu suchen. Diese einigten sich inzwischen über den Kopf des machtlosen Landesherrn hinweg über die Aufteilung des westelbischen Reiches: Preußische Truppen marschierten vom Mittelrhein nach Norden, Österreicher rückten dafür an den Main. Anfang April 1795 reiste Max Franz nach Arnsberg, um auf dem Landtag des Herzogtums Westfalen anwesend zu sein. Dort erreichte ihn die Nachricht von dem am 5. des Monats zu Basel zwischen Franzosen und Preußen abgeschlossenen Sonderfrieden. Am 17. Mai einigte man sich über eine Demarkationslinie, hinter welcher Preußen die Garantie der norddeutschen Neutralität übernahm. Diese Linie schloß Münster ein, teilte jedoch das hochstiftische Territorium. Der Sommer verging in der Hoffnung, nun auch für das Reich zu einem erträglichen Frieden mit Frankreich zu kommen. Die beginnende innere Befriedung in Frankreich brachte jedoch kein Ende der auswärtigen Kriege. Belgien wurde Teil Frankreichs, bei Düsseldorf stießen französische Truppen über den Rhein. Max Franz, gerade in Münster, mußte befürchten, von den ihm verbleibenden kurkölnischen Territorialteilen und von Mergentheim abgeschnitten zu werden. Gedrängt von seiner Umgebung, entsandte er einen Offizier zum österreichischen Oberbefehlshaber Clerfayt, um die Entlassung der münsterischen Truppen zu erreichen. Wenigstens gegen Marodeure könne das kleine Kontingent doch nützlich sein, so argumentierte er; tatsächlich wollte man den Franzosen keinerlei Anlaß zum Eingreifen geben; Clerfayt lehnte ab. Auch in Münster ging Max Franz' Rolle als Landesherr de facto zu Ende, noch ehe er es verlassen hatte. Am 20. September 1795 ist der Fürstbischof abgereist, endgültig, was er damals sicher nicht beabsichtigte. Er ist aber mit Druffel in Kontakt geblieben; der Geheime Referendar hat Max Franz noch kurz vor dessen Tod im Juli 1801 in Wien aufgesucht.

Die Abreise des Landesherrn brachte keinen Machtzuwachs für die münsterischen Stände und Landesbehörden, eher das Gegenteil, denn nun lag preußisches Militär zum Schutz der norddeutschen Neutralität im Land. Es bedeutete dies, daß die finanziellen Lasten des Hochstifts weiter stiegen, obwohl die Preußen diesmal nicht, wie im Siebenjährigen Krieg, Kontributionen erhoben. Als Schutzmacht kamen sie jetzt vermutlich mit längerfristiger Perspektive. „Mir ahndet Pläne, daß der einfache Adler Absichten auf uns hegen könnte", so schrieb Druffel damals an den Landesherrn [zit. nach 1345: Hartlieb von Wallthor, Druffel, S. 92]. Die Aufbringung der erhöhten Forderungen rief – keine Einzelerscheinung in solchen Fällen – eine verschärfte Diskussion auf den damit befaßten Landtagen hervor. Mit naturrechtlichen Argumenten begründeten die Städte eine stärkere Beteiligung von Klerus und Adel an den steuerlichen Lasten: eine Forderung, die sie teilweise durchsetzten. Die von einem sauerländischen Revolutionsanhänger, dem Ex-Prämonstratenser Georg Friedrich Pape, in einem Pamphlet behauptete Existenz eines Jakobinerclubs in Münster hat der preußische Diplomat Christian Wilhelm Dohm energisch bestritten [2418:

Mainz zwischen Rot und Schwarz, S. 331ff; 2556: Quellen zur Geschichte des Rheinlandes 2, S. 838].

Äußerten sich in manchen Diskussionen durchaus Anklänge an revolutionäre Gedanken, so brachte auch in Münster die „Schreckensherrschaft“ bald Ernüchterung. Mit der Königin Marie Antoinette bestieg im Oktober 1793 die Schwester des Landesherrn in Paris das Schafott – in Münster verblieb bis heute nur die von ihr dem Bruder geschenkte rote Kapelle des Domschatzes. Bald konnte man sich auch direkter als durch Presseerzeugnisse über die Vorgänge in Frankreich informieren, durch die Berichte von Augenzeugen und Betroffenen: die Emigranten. Wie in Kurköln, so unterschied Max Franz auch in Münster die – unwillkommenen – Adeligen von den aufzunehmenden Geistlichen. Wir wissen, nicht zuletzt aus der Schilderung Goethes, der auf der Rückkehr von der Kampagne des Herbstes 1792 die Fürstin Gallitzin in Münster besuchte, wie überfüllt die Stadt schon zu diesem Zeitpunkt war. Der Dichter fand nicht einmal ein Bett in einem Gasthaus und verbrachte die erste Nacht auf einem Stuhl, bis ihn die Fürstin am nächsten Morgen in ihr Haus aufnahm. Der Strom der Emigranten verstärkte sich nach der Eroberung der österreichischen Niederlande durch die Revolutionstruppen im Sommer 1794, weil dorthin viele Franzosen zunächst geflüchtet waren. Es entwickelte sich so etwas wie eine „Arbeitsteilung“ zwischen den geistlichen und den brandenburgisch-preußischen Territorien in

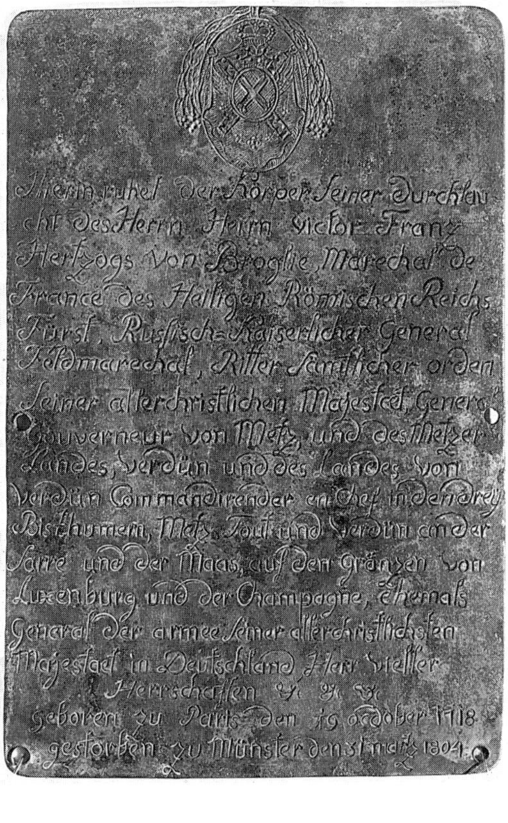

Tafel aus dem Grab des Marschalls von Frankreich Victor François Herzog de Broglie († 1804) in der Lambertikirche – Zustand nach der Restaurierung

Westfalen. In ersteren fanden geistliche Flüchtlinge bevorzugt Aufnahme, in letzteren möglichst „nützliche Subjekte“, wie Handwerker und Gewerbetreibende, aber auch die Brüder Ludwigs XVI. Bis zum Ende des Jahres 1793 war Hamm Sitz der französischen Exilregierung, zu welcher auch der bereits als Marschall im Siebenjährigen Krieg in Westfalen bekannte Herzog de Broglie gehörte, der 1804 in Münster verstarb und in der Lambertikirche beigesetzt wurde. (Erst 1967 ließ Präsident de Gaulle diesen „Maréchal de France“ in den Pariser Invalidendom umbetten.) In Münster sammelte sich dagegen eine Anzahl hochgebildeter, aber bescheiden lebender Geistlicher, aus denen die Kardinäle de La Rochefoucauld und Montmorency besonders hervorragten. Es waren nicht wenige Hochbetagte und Gebrechliche unter den Flüchtlingen, eine Reihe von ihnen ist in Münster verstorben. Im Juli 1794 ordnete Max Franz eine Kollekte für die „schwachen, nackender aus Frankreich wegen Beharrlichkeit der Religion vertriebenen [. . .] unglücklichen Priester“ im Bistum Münster an [964: Veddeler, Französische Emigranten, S. 160].

Als Generalvikar setzte sich Fürstenberg tatkräftig für die französischen Geistlichen ein. Pater Henry aus Clarholz berichtete darüber: „Dieser Herr, den der heiligste Eifer für das Haus Gottes immer beseelte und dessen Andenken bei dem gallikanischen Clerus stets im Segen sein wird, that für die französischen Priester, welche die Verfolgung nach Westfalen vertrieb, Wunder der Großmuth; er nahm die unglückliche Tugend auf, wischte ihr die Thränen ab und half wo er nur konnte. Da er reich war, so schätzte er sich nur darum glücklich, weil er mittheilen konnte und er setzte seiner Liebe keine anderen Grenzen, als die seines Vermögens. Man kann sogar sagen, daß er durch so viele Freigiebigkeit und Wohlthaten gegen die nothdürftigen Priester arm wurde.“ Für die Jahre 1795/96 sind über 2000 Geistliche im Hochstift Münster bezeugt, über 400 allein in der Stadt Münster; unter ihnen zwei Kardinäle, ein Erzbischof und dreizehn Bischöfe. Kaplan Lepping von der Lambertikirche notierte: „Wegen der Menge der Emigranten wurde in der Minoritenkirche französisch gepredigt und nachher von einem frommen französischen Dominikaner in der St.-Servatii-Kirche“ [964: Veddeler, Französische Emigranten, S. 45, 51]. Ein aus Reims geflüchteter Karmeliterinnenkonvent verrichtete seinen Gottesdienst in der Überwasserkirche. Was aus den aktenkundigen Plänen zweier französischer Unternehmer wurde, die in Münster eine Puder- und in Warendorf eine Seifenfabrik errichten wollten, ist nicht bekannt.

Fürstenberg begrüßte den Einfluß dieser Emigranten: „Ich bemerke mit Zufriedenheit, daß die Erscheinung dieser Priester, die Gelegenheit ihnen Gutes zu thuen, bey vielen die Gefühle der Religiositaet anreget. [. . .] Eine gewisse Gleichgültigkeit, fast Annäherung zu den Jacobinischen Grundsätzen schien allgemach sich einzuschleichen, [. . .] die Gegenwart und das Elend dieser Priester würket diesem gefährlichen Übel sehr entgegen“ [964: Veddeler, Französische Emigranten, S. 43]. Nicht in allen Fällen, jedoch bisweilen lassen sich auch die Gastgeber dieser Geistlichen ausmachen. Es waren dies nicht nur münsterische Geistliche und Klöster, sondern auch bekannte Einwohner wie die Bankiers Primavesi und Luzzano, die Baronin Maria Anna Ketteler, geb. Galen oder die bekannten Familien Münstermann, Detten, Coppenrath, Kerckerinck, die Fürstin Gallitzin. Seitdem das Direktorium in Frankreich eine liberalere Religionspolitik betrieb, kehrten aus vielen Gegenden des Reiches Emigranten zurück; die in Münster Lebenden zögerten. Als der Kardinal de La Rochefoucauld im September 1800 in Münster verstarb, kamen nicht weniger als 300 Leidensgefährten zu seiner Beisetzung im Alten Chor des Doms. (Seine und einiger anderer französischer Bischöfe Gebeine wurden 1875/76 nach Frankreich überführt.) Der letzte Emigrant, Abbé Meurillon, verstarb erst 1842 in Münster; er hatte in fast fünfzigjährigem Exil sich durch Unterricht am Paulinum nützlich zu machen gesucht, wie auch sonst manche der Geistlichen die ihnen gewährte Gastfreundschaft durch Unterricht entgalten. Mit einem langen Dankschreiben im Stil der Zeit verabschiedeten sich die Emigranten von den Einwohnern der Stadt und des Stiftes Münster, dem „besten und barmherzigsten unter den Völkern" [964: Veddeler, Französische Emigranten, S. 239ff].

Nach, teilweise auch zeitgleich mit den französischen Emigranten stellte sich eine andere Folge der Französischen Revolution in Münster ein: preußische Truppen. Die Hauptquartiere befanden sich zunächst in Emden (Blücher) und Osnabrück (Möllendorff). Es galt, französische Übergriffe aus den Niederlanden abzuwehren. Zu Recht sah man sich – Regierung, Stände und vermutlich auch die Bevölkerung – nur mehr als Objekt auswärts getroffener politischer Entscheidungen. „Die preußischen Offiziere wundern sich sehr", so schrieb Druffel Ende April 1795 aus Münster an Max Franz, „daß man hier keinen größeren Anteil an dem Frieden nimmt; sie finden es sonderbar, daß die ganze Stadt darüber so wenig Teilnahme und muntere Freude bezeigt" [1007: Büschleb, Westfalen und die preußischen Truppen, S. 56]. Doch da schon die Demarkationslinie der norddeutschen Neutralität das Hochstift durchschnitt, mochte man auch in Münster befürchten, daß mit diesem Territorium verfahren werde, wie man es soeben mit Polen getan hatte. Und: Wie zuverlässigen Schutz boten die Preußen, die ihre linksrheinischen Lande offenbar leichten Herzens den Franzosen überlassen hatten? Zwar wurde die Schutztruppe im Sommer 1795 und mit ihr die Lasten für die Bevölkerung reduziert; der nach den Niederlanden orientierte Handel belebte sich trotzdem wegen der scharfen Grenzkontrollen nicht. Ein Reibungsfeld blieben die Lebensmittelpreise, ein Problem, das Blücher durch Dezentralisierung der Truppenversorgung zu lösen sich bemühte.

Im Dezember 1795 übernahm Blücher den Oberbefehl und verlegte sein Hauptquartier nach Münster, seine Residenz wurde der neuerbaute Romberger Hof. Blüchers leutselige Art trug ihm in Münster manche Sympathien ein. Als Freimaurer verkehrte er in der Loge und führte dort zeitweilig den Hammer; er selbst bewahrte jedoch kühle Distanz zu den Münsteranern: „Die ganze Brut von Menschen in diesem Pfaffenlande taugt nicht", so äußerte er sich [2023: Blüchers Briefe, S. 25].

Bereits im August 1796 wurde in Berlin eine geheime Konvention mit den Franzosen abgeschlossen, die als Entschädigung für Kleve, Moers und die preußischen Teile Gelderns das Fürstbistum Münster und das Vest Recklinghausen vorsahen. Die Befürchtungen der Münsteraner bestätigten sich; allerdings wissen wir bisher nicht, ob und was davon wann in Münster bekannt wurde. Doch bald nach dem Beginn des Kongresses in Rastatt am 16. Dezember 1797 erkannte man auch in Münster, daß – wie 1648 – die geistlichen Staaten als Entschädigungslande dienen würden. Ein vielverurteilter „Länderschacher" begann; eine Fülle von Projekten beschäftigte die Diplomaten, unter anderem auch das, aus den Max Franz verbleibenden westfälischen Gebieten ein neues Kurfürstentum Münster anstelle des linksrheinischen Köln zu bilden. Ehe man zu einer Einigung kam, wurden im April 1799 die Verhandlungen

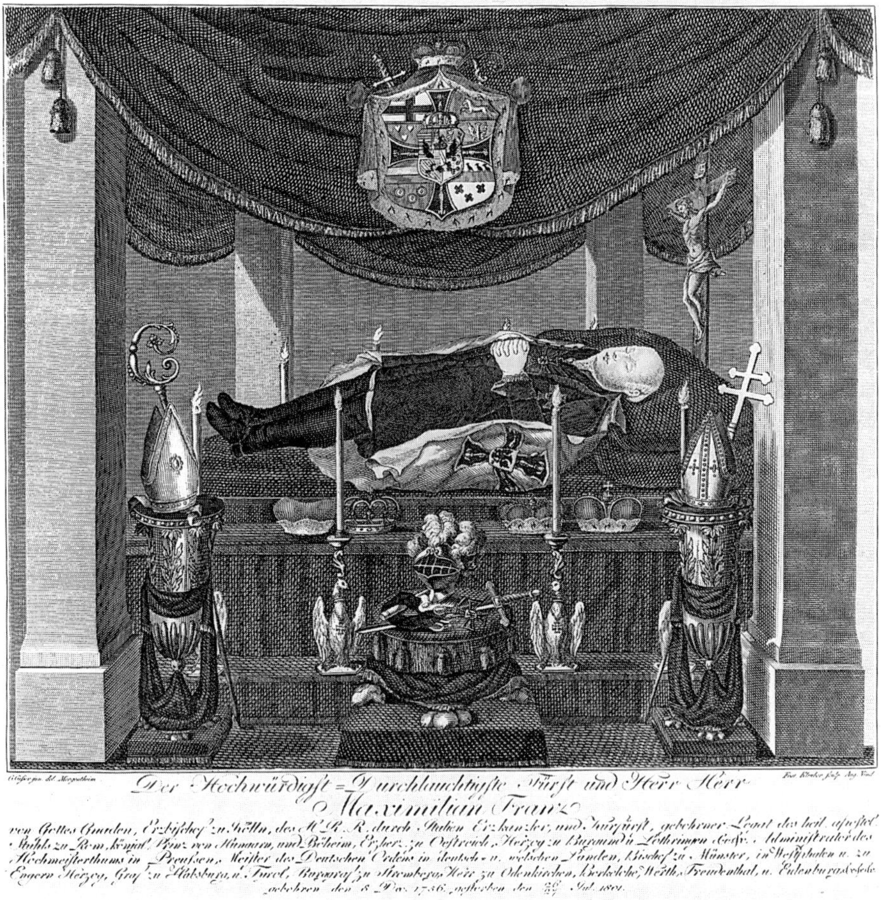

Kurfürst Maximilian Franz auf dem Totenbett. Kupferstich der Brüder Klauber nach G. Gißer (1801)

zu Rastatt unterbrochen, und der zweite Koalitionskrieg gegen Frankreich brach aus.

Preußen war, wie in Basel festgelegt, neutral geblieben; Norddeutschland, auch Münster, blieben die Schrecken des Krieges in diesen Jahren erspart. Im Frieden von Lunéville (9. Februar 1801) wurde keine Entscheidung über Gebietsverteilungen getroffen. Zu ihrer Regelung bestimmte der Reichstag eine Deputation aus Kurmainz, Kursachsen, Kurböhmen und Kurbrandenburg, aus Bayern, Württemberg, dem Deutschen Orden und Hessen-Kassel. Aber nicht der münsterische Landesherr, Max Franz, wurde als Hoch- und Deutschmeister Mitglied der Deputation; am 26. Juli 1801 war er in Wien verstorben. Sein Tod gab der münsterischen Regierung und dem Domkapitel Anlaß zu einer eigenen – der letzten – politischen Willensäußerung. Der – wohl wegen des seit längerem schlechten Gesundheitszustandes des Landesherrn – bereits in Wien anwesende Domherr Matthias von Ketteler sondierte sogleich die

Haltung des Hofes zur Frage der Nachfolge eines Neffen in Münster, eines jüngeren Bruders des Kaisers Franz. Erste Reaktionen verstand Ketteler als Ermutigung, und so wählte das münsterische Domkapitel, ungeachtet der drohenden Haltung Preußens, am 9. September 1801 den Erzherzog Anton Viktor zum Bischof und Landesherrn. Wie sehr es sich mit diesem Akt in Einklang mit der Haltung der Münsteraner befand, zeigte der feierliche Empfang, den diese dem kaiserlichen Wahlbotschafter, Graf Clemens August von Westphalen, bereiteten, und noch mehr das ausgelassene Fest in und vor dem Schloß am Abend des Wahltages, bei dem Westphalen applaudiert und ein preußischer Offizier ausgepfiffen wurde [1084: Keinemann, Fürstbischofswahl, S. 229f]. Doch der Überbringer der Wahlbotschaft nach Wien, der Bruder des Domherrn Ketteler, Clemens August, stieß dort auf eine veränderte Haltung. Am 19. Oktober 1801 erklärte Erzherzog Anton Viktor, daß er sich außerstande sehe, die Regierung in Münster zu übernehmen. Die letzte Fürstbischofswahl in Münster blieb Episode; sie dokumentiert jedoch über Standesgrenzen hinweg die politische Option für den Fortbestand der alten Verhältnisse und zugleich eine grundlegende Fehleinschätzung der veränderten politischen Lage.

Denn inzwischen handelten nicht die Vertreter der zur Reichsdeputation benannten Reichsstände die neuen Gebietsverteilungen im Reich aus; ihnen wurde vielmehr im Spätherbst 1802 ein französisch-russischer Entschädigungsplan vorgelegt, den sie mit nur wenigen Modifikationen annahmen. Grundlage dieses Plans bildeten die zweiseitigen Verträge der deutschen Territorien mit Frankreich wie der französisch-preußische Vertrag vom Mai 1802.

Der Reichsdeputationshauptschluß von 1803 gilt vielfach als große „Flurbereinigung" im Reich, weil eine Fülle von Zwergterritorien, vor allem unter reichsritterschaftlicher und reichsstädtischer Hoheit, mediatisiert wurden und daher die deutschen Mittelstaaten an Geschlossenheit ihrer Herrschaftsgebiete gewannen. Für das Hochstift Münster traf das Gegenteil zu, es wurde mehrfach geteilt. Das bisher von Münster aus regierte Niederstift erhielten teilweise der Herzog von Oldenburg und teilweise der Herzog von Arenberg, das Verbindungsstück entlang der Ems sollte ein eigenes Fürstentum Rheina-Wolbeck unter dem Herzog von Looz-Corswarem bilden; und das westliche Münsterland wurde hinter einer Linie von Burgsteinfurt nach Haltern unter die linksrheinisch enteigneten Grafen Salm-Kyrburg, Salm-Salm, die Wild- und Rheingrafen und den Herzog von Croy aufgeteilt.

Münster verlor damit einen beträchtlichen Teil seines Hinterlandes, Gebiete, deren Zugehörigkeit zum Hochstift bis in das späte und hohe Mittelalter zurückreichten. Welche Folgen sich für die Stadt hieraus ergeben mußten, hat der Leiter der preußischen Spezialorganisationskommission, der Freiherr vom Stein, schnell erkannt. Schon wenige Tage nach seinem Eintreffen in Münster, am 15. Oktober 1802, äußerte er dazu Vorschläge: Die Universität dürfe man „nicht fallen lassen, sie ist gut besetzt. Meyer als Pandectist liest jetzt Landrecht, Sprickmann Geschichte [. . .] den Schloßgarten kann man zum botanischen Garten einrichten und auch ein mineralogisches Cabinet anlegen, es befinden sich hier schöne Bibliothequen, collegium anatomicum, die Universität ist reich dotiert, Münster kann für Westphalen sehr interessant werden, da Bonn, Maynz, Trier eingegangen und es auf 40 Meilen weit an einer catholischen Universität fehlt. Man muß suchen, diese Stadt zu halten, die durch die Zerstückelung einen heftigen Stoß leidet, sie hört auf, der Vereinigungspunkt der Geschäfte von p.p. 320/m. S[eelen] zu seyn. [...] Ein großer Theil des Adels, Advokaten, Geistlichen hört auf zu existiren oder verliehrt ein Motif, sich hier aufzuhalten. Läßt man ständische Versammlungen, litterarische Institute sinken, so wird der Ort ganz verödet" [2708: Stein, Briefe und amtliche Schriften 1, S. 575]. Auch Bischofssitz müsse Münster bleiben, mit dem Schloß, „mit dem man nichts zu machen weiß", als bischöflicher Residenz. Die Verdrängung der „Moorgrafen" aus ihrer Landeshoheit und damit die politische Wiedervereinigung wenigstens des alten Oberstifts unter Preußen hat Stein von Beginn an erstrebt, erreicht wurde sie erst auf dem Wiener Kongreß.

Versucht man, Münsters Entwicklung im 18. Jahrhundert – trotz aller Forschungsdefizite – vorläufig zu charakterisieren, so dürfte die Parallelität zweier ansteigender Linien in der ersten und zweiten Hälfte des Jahrhunderts, unterbrochen durch den tiefen Einschnitt des Siebenjährigen Krieges, besonders auffallen. Geprägt wurden beide Aufstiegsphasen vom Bemühen der Stadt und des Landes, Münster zur Residenzstadt werden zu lassen, um den Landesherrn und höfisches Leben nach Münster zu ziehen. Begleitet wurde dieses Bemühen der Stadt und des Landes von reger Bautätigkeit der Geistlichkeit und des Adels, aber auch von einem Erstarken der bürgerlichen Beamtenschaft und einer Blüte zumindest von Teilen des Handwerks; die Auswirkungen auf Münsters Handel sind noch wenig untersucht. Und obwohl das Ziel nur kurzfristig erreicht wurde, scheint eine heftige Sogwirkung gegenüber Personen und Kapital von Münster im 18. Jahrhundert ausgegangen zu sein. Die Frage, ob dieser Sog zu Lasten des Umlandes und vor allem der kleinen Städte ging, wie viele Familiengeschichten des münsterischen Bürgertums, aber auch die Schätzwerte der Brandversicherung vermuten lassen, bedarf noch quantitativer Untersuchungen; es würde jedoch Beobachtungen an anderen Residenzstädten entsprechen. Da Geistlichkeit und Ritterschaft nach wie vor die bedeutendsten Grundeigentümer innerhalb des Befestigungsringes und zu großen Teilen von den städtischen Lasten exemt waren, vollzogen sich die Umschichtungen nicht ohne Reibungen zwischen den Ständen. In der Geistlichkeit wurden Spannungen zwischen den adeligen Kapiteln und dem bürgerlichen *clerus secundarius* offengelegt; der Adel des Landes sah sich zwischen die Anforderungen traditioneller Herrschaftsansprüche und eines rationalen Leistungsprinzips gestellt, das Bildungsbürgertum stand in Spannung zwischen Imitation und Aversion gegenüber dem Adel. Es gab aber, insbesondere unter Max Franz, Anzeichen für einen Rückgewinn von Funktionen und Positionen, die in der städtischen Selbstverwaltung verlorengegangen waren, nun aber auf Landesebene wieder besetzt werden konnten, und damit Zunahme an Einfluß dort, wo die Probleme der Daseinsvorsorge nun gelöst wurden – nicht zuletzt auch mit dem Blick auf die Unterschichten, die nicht mehr nur Objekte obrigkeitlicher Maßnahmen waren und deren Äußerungen man nun vermehrt wahrzunehmen begann.

Quellen und Literatur

Abgesehen von der – nicht vollständigen – Ediktensammlung von Johann Joseph Scotti [2616: Sammlung der Gesetze] fehlen Quellenpublikationen und -bearbeitungen für die erste Hälfte des 18. Jahrhunderts fast ganz; wichtige Ausnahmen sind die Veröffentlichungen von Helmut Lahrkamp [920: Aufzeichnungen Corfeys] und Klaus Gimpel [1038: Neubürger]. Für die zweite Hälfte des 18. Jahrhunderts liegen die wertvolle Bearbeitung von Helmut Lahrkamp [922: Bevölkerung und Topographie] sowie die kommentierte Edition einer „Liste der 1759 verbrannten Häuser" von Mechthild Siekmann vor [980: Brand im Martini-Viertel]. Die Zustände in Stadt und Hochstift Münster um 1780 sind in der von Georg Erler schon 1911 edierten Denkschrift des Reichsfreiherrn von Kerckerinck zur Borg beschrieben [927: Denkschrift]. Zu Fürstenberg und dem „Kreis von Münster" ist auf die Edition von Siegfried Sudhof [948: Kreis von Münster] zurückzugreifen; als Rückblick anregend auch die Lebenserinnerungen von Johann Hermann Hüffer [1223: Lebenserinnerungen].

Einen knappen darstellenden Überblick bietet Udo Grote im Katalog des Stadtmuseums Münster [36: Geschichte der Stadt Münster]. Zu Clemens August ist die biographische Studie von Anton Schindling [1159: Kurfürst Clemens August] heranzuziehen. Das Wirtschaftsleben untersuchen Gerhard Deter [2051: Handwerksgerichtsbarkeit] und Thomas Hanstein [1049: Handwerk]. Für den Siebenjährigen Krieg ist immer noch die Darstellung von Aegidius Huppertz [1070: Siebenjähriger Krieg] maßgebend, zur Militärgeschichte die Monographie von Reginald Savory [2621: His Britannic Majesty's Army]. Einen Querschnitt für die Jahre um 1770 bietet Mechthild Siekmann [1170: Münster um 1770]; dazu auch ihr Aufsatz [2682: Brände, Brandkollekten]. Grundlegend für die Reformen Fürstenbergs ist die politische Biographie von Alwin Hanschmidt [1046: Fürstenberg]; Einzelfragen zur Biographie Fürstenbergs behandeln Friedrich Keinemann [1085: Fürstenberg] und Siegfried Sudhof [1178: Von der Aufklärung zur Romantik].

Für die Zeit des Max Franz gilt noch immer die Biographie von Max Braubach als maßgebend [1000: Max Franz]; ergänzend dazu liegt auch eine Biographie Druffels vor [1345: Hartlieb von Wallthor, Druffel]. Das gesellige Leben behandeln Clemens Steinbicker [1173: Gründer des Civilclubs] und Theodor Förster [117: Loge „Zu den drei Balken"].

Weitere Einzelaspekte behandeln Hermann Büschleb [1007: Westfalen und die preußischen Truppen], Peter Veddeler [964: Französische Emigranten], Friedrich Keinemann [1084: Fürstbischofswahl] und Rudolfine von Oer [2499: Säkularisation und Kreditwesen]. Unter modernen sozialgeschichtlichen Fragestellungen untersucht Heinz Reif den westfälischen Adel [2580: Westfälischer Adel]. Vergleichbare Studien zum münsterischen Bürgertum sind noch Desiderate; einen vorläufigen Zugriff bieten Helmut Lahrkamp [220: Patriziat] und Clemens Steinbicker [1172: Beamtentum in den geistlichen Fürstentümern].

2.

Strukturen und ihre Veränderungen

GABRIELE ISENBERG

Stadtarchäologie als Sicherung und Erschließung historischer Boden- und Baubefunde

1. *Grundsätzliche Überlegungen zur Stadtarchäologie*

Begriff und Aufgaben der Stadtarchäologie

Gegenstand der stadtarchäologischen Betrachtung ist die Stadt in ihren gegenwärtigen Grenzen. Bei dem Phänomen Stadt handelt es sich um die Sonderform einer Siedlung, die mit besonderen Privilegien ausgestattet ist und mit Merkmalen, die sich auch in ihrem äußeren Erscheinungsbild widerspiegeln. Jede Stadt kann zudem auf eine mehr oder weniger lange Geschichte zurückblicken. Dennoch ist sie kein in vergangenen Strukturen erstarrtes Gebilde, sondern ein höchst lebendiger Organismus, der zu jeder Zeit seiner Existenz den jeweiligen Bedürfnissen städtischen Lebens gerecht werden mußte, um keinen Bedeutungsverlust zu erleiden.

Dazu gehört zunächst einmal, daß die Stadt mit ständig wachsender Bevölkerungszahl gezwungen war, sich räumlich mehr oder weniger stark zu erweitern. Während sich im Mittelalter der Begriff „Stadt" auf den durch Wall und Graben befestigten Bereich bezog, ist dieser in der erweiterten Stadt der Gegenwart nur noch als Stadtzentrum, Innenstadt oder Stadtkern vorhanden. Die moderne Stadt bezieht den ehemaligen Ortskranz der Umgebung weiträumig mit in ihre Grenzen ein. Ihre Erweiterung, ausgehend vom ersten befestigten Siedlungsbereich bis zu ihren gegenwärtigen Grenzen, vollzog sich mit – in verschieden großen Zeitabständen erfolgenden – unterschiedlich raumgreifenden Schüben. Beginnend bei der frühesten Befestigung der Kernsiedlung, verlief sie über mehrere Phasen eines wachsenden Raumanspruchs im Früh- und Hochmittelalter bis zur spätmittelalterlichen Ummauerung, griff dann im neuzeitlichen Bereich mit der Errichtung von Festungsanlagen in der Regel nur geringfügig über das mittelalterliche Stadtgebiet hinaus, um den ganz großen Sprung im 19. Jahrhundert mit der Errichtung der Vorstädte zu tun, dem dann im 20. Jahrhundert mit den jüngsten Kommunalreformen die Einverleibung bäuerlicher Siedlungen und Dörfer an ihrer Peripherie folgte. Daß diese Entwicklung allerdings nicht immer ein kontinuierliches Drängen in den städtischen Außenbereich war, läßt sich mit genügend Beispielen belegen, in denen spätmittelalterliche Vorstadtanlagen in der frühen Neuzeit wieder aufgegeben wurden und man ihre Bewohner im alten Stadtgebiet unter Inanspruchnahme der noch vorhandenen Freiflächen unterbrachte, also aus wirtschaftlichen oder strategischen Überlegungen eine räumliche Reduktion der Stadt vornahm. Trotz dieser zeitbedingten Rückschritte, die auch andere Ursachen wie Pestepidemien oder Feuer haben konnten, ist der Trend langfristig auf eine räumliche Expansion ausgerichtet, wobei mit jedem neuen Ausdehnungsschub durch die der Stadt eigene Siedlungsform das jeweils alte Umland überbaut und verändert wurde; dieses hatte bislang notwendige Einrichtungen zur Ver- und Entsorgung der Stadt, wie etwa Mühlen, Verkehrswege, Fischteiche, Feldfluren, Gärten aufgenommen oder aber Institutionen Platz geboten, die aus den verschiedensten Gründen in der Stadt selbst nicht untergebracht werden konnten, wie etwa Siechen- und Leprosenhäuser oder Judenfriedhöfe. In der jüngeren Vergangenheit waren auch dörfliche Ansiedlungen und Adelssitze sowie Einzelhofanlagen von der Erweiterung der Stadt betroffen, die noch im Mittelalter in erheblicher Entfernung gelegen hatten, aber dieser doch wiederum so nah waren, daß es zu ständigen Wechselbeziehungen zwischen beiden kam.

Die Expansion der Stadt hatte natürlich auch Rückwirkungen auf die Binnenstruktur des alten Kerns. Hier lassen sich deutliche Umgewichtungen in der Funktion der einzelnen Siedlungseinheiten besonders im Hinblick auf die Wirtschafts- und Sozialtopographie feststellen. Wohnen und Arbeiten trennten sich oder fanden wieder zusammen, Verwaltungszentren und wirtschaftliche Schwerpunkte veränderten ihre Lage und städtische Ver- und Entsorgungseinrichtungen wechselten ihre angestammten Plätze.

Es ist dieser Wandel, den die moderne Stadtarchäologie im Auge hat. Daher ist sie gezwungen, den gesamten städtischen Raum von den Anfängen bis in die jüngste Erweiterung hinein im Blickfeld zu behalten. Hier geht es um mehr als nur um die archäologische Erforschung eines räumlich begrenzten Ausschnitts im Herzen der Stadt, die für die ältere Bodenforschung ausschließlich die Suche nach der Urzelle der städtischen Entwicklung bedeutete. Sind die Begriffe „Wandel", „Entwicklung", „Veränderung" Themen moderner stadtarchäologischer Forschungen, dann hat das auch Konsequenzen für den zu behandelnden Zeitraum. Analog zu den räumlichen Vorstellungen von der ganzen Stadt, d. h. von ihren Anfängen bis zu ihrer gegenwärtigen Ausdehnung, hat bei einer ganzheitlichen Betrachtung der zeitliche Rahmen des Blickfeldes eine ähnliche Spannweite anzunehmen.

Von diesen Überlegungen ausgehend, müßte jede Stelle des gegenwärtigen Stadtgebiets für eine stadtarchäologische Untersuchung gleichzeitig in Frage kommen. Daß das aber nur theoretisch der Fall ist, liegt wiederum in der Tatsache begründet, daß es sich bei jedem städtischen Gemeinwesen eben um einen höchst lebendigen, stets im Wandel befindlichen Organismus handelt. Und daher gehört es zu seinem ureigensten Wesen, daß es von seinem ältesten Siedlungskern bis an seine gegenwärtigen Grenzen nicht etwa den jeweiligen Entwicklungsabschnitten entsprechend sein Erscheinungsbild bewahrte – sozusagen mit jeder Erweiterung unveränderbare Jahresringe ansetzte –, sondern mit Umschichtungsvorgängen im Inneren wie durch Eingriffe von außen, zum Beispiel durch die Zerstörung infolge eines Krieges, auch einen Wandel in der äußeren Gestalt herbeiführte. Die modernste Bebauung kann also heute im ältesten Kern vorgefunden werden, während die gründerzeitlichen Suburbien ihre ursprüngliche Gestalt mehr oder weniger treu bewahrt haben. Dieser Vorgang läßt sich gelegentlich sogar im kirchlichen Bereich feststellen, der sonst noch am ehesten das traditionelle Erscheinungsbild pflegt. Je moderner aber das Erscheinungsbild ist, um so tiefgründiger sind in der Regel die Bodeneingriffe, die die Zugeständnisse an moderne Bauweisen verlangen.

Etwa von der Gründerzeit an wird die Gesamtunterkellerung von Gebäuden durchgehend ausgeführt, und je jünger die Bauten werden, je kleiner das Raumangebot und je größer der Bedarf an Lager- und Stellkapazitäten ist, desto weiter reichen durchweg die Eingriffe in den Boden hinein und desto gründlicher vollzog sich damit die Zerstörung der Spuren städtischer Vergangenheit. Selbst der Straßenuntergrund zeigt sich durchgängig wegen der Vielzahl der dort verlegten Versorgungsleitungen derartig stark gestört, daß kaum noch ein Abschnitt unversehrten Schichtenaufbaus erfaßbar ist, dem Auskunft über das Alter und den ursprünglichen Verlauf des Verkehrsweges abgerungen werden könnte. Nur an den Stellen, an denen noch ältere, nur teilweise oder gar nicht unterkellerte Gebäude – vor allem Bauten aus der Zeit vor der Mitte des 19. Jahrhunderts – überlebt oder wo sich unter Garagen, Lagerhallen und Parkplätzen intakte ältere Boden- und Mauerbefunde erhalten haben, läßt sich archäologisch noch einigermaßen erfolgreich arbeiten.

Je mehr Freiräume oder Baudenkmäler aus der Zeit vor dem 19. Jahrhundert sich in einer Stadt befinden, um so eher besteht die Chance, zur älteren städtischen Vergangenheit vorzudringen. Aber selbst hier gibt es Einschränkungen. Viele Baudenkmäler bestehen nur noch als Larve, die innen vollständig entkernt und modern bis zur vollständigen Unterkellerung durchgebaut sind. Die Schätzungen darüber, was in den Städten im Schnitt heute noch für archäologische Untersuchungen brauchbar ist, liegen etwa bei fünf Prozent der Fläche. Diese Zahlen können zwar geringfügig variieren, aber es gibt nicht wenige Städte, in denen wegen starker Kriegszerstörungen oder grundlegender Neugestaltung in den fünfziger und sechziger Jahren fast nur noch in den Innenräumen der Kirchen die Möglichkeit besteht, Stadtgeschichte auf archäologischem Weg zu erfassen, da diese in der Regel mit ihrer lange währenden baulichen Tradition gleichsam schützend über den Überresten der städtischen Vergangenheit gestanden haben.

Aussagequalität stadtarchäologischer Befunde

Nun ist es aber durchaus nicht der Fall, daß die restlichen 95 Prozent der städtischen Fläche unbeobachtet von der Archäologie zerstört wurden. Besonders in der Phase des Wiederaufbaus nach dem Zweiten Weltkrieg sind in vielen Städten archäologische Untersuchungen durchgeführt worden, deren Intensität und Umfang ganz wesentlich von den jeweils vor Ort arbeitenden Forscherpersönlichkeiten abhingen. Zu besonderen Grabungsaktivitäten kam es im norddeutschen Raum unter anderem in Lübeck, Hannover, Hamburg, Emden, aber auch in Paderborn und Münster. Symptomatisch für diese frühe Phase der Stadtarchäologie ist, daß sie eigentlich eine Stadtkernarchäologie war, d. h. sie befaßte sich in der Regel nur mit der Urzelle der städtischen Entwicklung, deren erster Befestigung und ihrem engsten Umfeld. Bisweilen schenkte man höchstens noch der mittelalterlichen Ummauerung seine Aufmerksamkeit – alles aber, was zwischen Siedlungskern und Befestigungsanlagen lag, blieb sozusagen außen vor.

Erschwerend kommt hinzu, daß selbst für eine systematische Stadtkernarchäologie in jener Zeit die finanziellen Mittel und die personellen Kapazitäten kaum in ausreichender Form bereitgestellt werden konnten, denn es ist unbestritten, daß archäologische Untersuchungen in der Stadt zu den fachlich kompliziertesten und aufwendigsten Disziplinen der Feldarchäologie überhaupt gehören. Nicht unterbewertet werden sollte auch der Zeitfaktor. Denn die ununterbrochene Existenz der Stadt bis in unsere Gegenwart hinein brachte es mit sich, daß eine große Anzahl an Men-

Spuren der ursprünglichen Nutzung der Parzelle Alter Steinweg 12: Gruben zur Abfallentsorgung (11./12. Jahrhundert) zwischen jüngeren Mauerzügen (14.–19. Jahrhundert)

schen in Dutzenden von Generationen auf einer begrenzten Fläche ihre Spuren hinterlassen hat. Auch wenn es nur ein paar Abfallgruben waren, die eine Familie des 12. Jahrhunderts zur Entsorgung ihres Hausmülls im Hinterhof ihres Hauses angelegt hat, so läßt sich dieser Vorgang bei einer fachgerechten archäologischen Untersuchung des betreffenden Geländes noch durchaus nachzeichnen, erst recht, wenn es sich sogar um die Errichtung eines Gebäudes oder einer ganzen Häuserzeile handelt. Nun wäre das alles sehr einfach, wenn nach jeder Generation deren Spuren zugeschüttet worden wären und ihre Nachfolger neue Gebäude, Hofräume und Abfallanlagen darauf gesetzt hätten. Diese Situation begegnet jedoch dem Archäologen höchst selten, eigentlich immer nur dort, wo die Stadt in einer sumpfigen Talaue gegründet wurde, oder wenn eine zeitweilige Klimaverschlechterung bei einem hochwassergefährdeten Areal größere Niveauerhöhungen erforderlich machte. In der Regel schneidet aber die Hinterlassenschaft der jüngeren Generation in die der älteren ein, wobei diese Bodeneingriffe allerdings der geringeren technischen Möglichkeiten wegen viel weniger tiefgründige Störungen herbeigeführt haben, als das durchweg nach der Mitte des 19. Jahrhunderts üblich wird.

Aber gerade diese kleinteilige Vielfalt, die dadurch entsteht, daß von allem noch etwas, aber nichts mehr vollständig erhalten ist, gestaltet die Spurensuche in der Stadt so schwierig und macht das Aufgefundene oft so schwer deutbar. Man könnte daher jede Ausgrabung in der Stadt als ein Puzzle von höchstem Schwierigkeitsgrad ansprechen, das der Archäologe zu einem Bild zusammensetzen muß. Je größer die zur Untersuchung anstehende Grabungsfläche ist, desto besser sind die Möglichkeiten, genaue Aufschlüsse über die historische Entwicklung eines Orts zu erhalten. Ist der Ausschnitt für die archäologische Beobachtung groß genug, läßt sich ein durch mehrere jüngere Eingriffe gestörter Befund auf dem Weg der Zusammensetzung vorhandener mit der Rekonstruktion fehlender Teile leichter ansprechen; ist der Aufschluß aber gering, trifft man möglicherweise nur Störungen oder unklare Spuren, die nicht oder lediglich fehlerhaft gedeutet werden können. Dies soll mit einem Beispiel verdeutlicht werden.

Nach der Anlage eines Grabungsschnitts auf einer innerstädtischen Parzelle in Minden zeigte sich unterhalb einer sehr detaillierten Fußbodenstratigraphie als Relikt von Gebäuden des 12. bis 14. Jahrhunderts über dem anstehenden Boden eine graue, nach unten unregelmäßig begrenzte, von Schwemmzonen durchsetzte „Kulturschicht", die, allein nach dem Profilbild zu urteilen, zweifelsfrei die mehrfach durch Hochwasser betroffene alte Oberfläche des angeschnittenen Bereichs darstellen mußte. Als diese Schicht dann in der Fläche untersucht werden konnte, ergab sich, daß sie die mit Brandschutt gefüllten Pfostengruben eines Gebäudes des

Stratigraphie im westlichen Innenraum der münsterischen Überwasserkirche. Bei den dunklen Streifen in der Mitte handelt es sich um Fußböden eines älteren Kirchenbaus

10. Jahrhunderts überlagerte, das im 11. Jahrhundert durch ein Feuer zerstört worden war. Nach offenbar recht sorgfältiger Entfernung des Brandschutts in der Fläche und einer nachfolgenden, etwa dreißig Jahre andauernden Brache entstand unter Mithilfe des nahegelegenen Flusses jene graue Schicht, die zunächst ganz anders gedeutet worden war. Hätte man es an dieser Stelle bei der Beurteilung des Profilschnitts belassen, dann wäre das Gebäude des 10. Jahrhunderts nie entdeckt worden. In allen späteren Arbeiten zur Stadtgeschichte hätte man zur Siedlungsentwicklung in dem betreffenden Bereich lesen können, daß vor dem 12. Jahrhundert wegen latenter Hochwassergefahr eine Bebauung nicht stattgefunden habe. Das Beispiel belegt, daß die Verläßlichkeit der historischen Aussage mit der Größe der für die Untersuchung zur Verfügung stehenden Grabungsfläche steigt. Aber die Ausdehnung der Fläche allein genügt nicht. Es kommt auch auf die stadtarchäologische Erfahrung des Ausgräbers an, denn es gibt hier – viel weniger als zum Beispiel bei sakral genutzten Gebäuden – kaum bestimmte durch Liturgie oder kirchliche Rechtsvorstellungen vorgegebene Regelmäßigkeiten, die den Grundrahmen für die Interpretation des Grabungsbefundes abgeben. Vielmehr muß der Ausgräber hier wesentlich häufiger mit Unerwartetem, bisher nicht Gesehenem rechnen, für dessen Deutung ihm eine höchst sorgfältige Beobachtung und möglichst offene Annäherung an den Befund sowie der ständige Blick auf dessen Beziehung zu seinem Umfeld abverlangt werden; er muß sich ständig die Frage stellen, ob dieser Teil überhaupt in das Gesamtpuzzle paßt. Eine wichtige Grundlage für eine solche Betrachtungsweise bietet eine Grabungsmethode, deren Wert zwar allgemein Anerkennung gefunden hat, die aber nur von wenigen Archäologen konsequent angewandt wird, selbst wenn die Bedingungen dafür ausreichend vorhanden sind. Gemeint ist das sogenannte Graben in natürlichen Schichten. Unter diesem Begriff wird das genaue Verfolgen der einzelnen Befunde wie in einem rückwärts ablaufenden Film von der Gegenwart bis zum Zeitpunkt der ersten Geländenutzung verstanden. Erst dieses alles zusammen erlaubt, die Verläßlichkeit der Aussage eines archäologischen Befundes für die Stadtgeschichte als sehr hoch anzusiedeln. Das bedeutet im Klartext: Je verläßlicher das Ergebnis einer archäologischen Untersuchung in der Stadt für deren Geschichte sein soll, desto größer muß die für die Ausgrabung zur Verfügung stehende Fläche sein. Das aber wiederum heißt, daß mit der Größe des Grabungsareals die Vielteiligkeit des Puzzles, das es zusammenzusetzen gilt, erheblich zunimmt. Je vielteiliger aber nun dieses Puzzle ist, um so mehr bedarf es einer besonderen Erfahrung und methodischen Sorgfalt, es richtig zusammenzusetzen. Und das alles zusammen erfordert vor allem Zeit.

Nun liegt es gerade im Wesen der Stadt, daß hier entweder keine ausreichend großen Flächen zur Verfügung standen und stehen oder für deren Untersuchung nicht genügend Zeit angeboten wird. Waren auch in der Nachkriegszeit im Vorfeld des Wiederaufbaus in noch reichlichem Maße parzellenübergreifende Areale für großflächige Ausgrabungen vorhanden, so fehlten damals angesichts der Notwendigkeit, für viele heimatlos und obdachlos gewordene Menschen Wohnraum und Arbeitsmöglichkeiten schaffen zu müssen, die finanziellen Mittel und vor allem die Zeit, die von Schuttbergen überdeckten und mit einsturzgefährdeten Ruinen bestandenen Gelände in angemessener Form zu untersuchen, ganz abgesehen davon, daß sich damals das fachliche Interesse ohnehin nicht auf das gesamte Stadtgebiet, sondern nur auf den Kern bezog.

Blick auf das Grabungsgelände zwischen Altem Steinweg, Asche, Bült und Kirchherrngasse (1989)

Heute sind große freie Flächen innerhalb der Stadt rar geworden, die eine parzellenübergreifende Ausgrabung erlauben würden. Und wenn es sie noch gibt oder sie durch Abbruch von nicht erhaltenswerter Altbausubstanz geschaffen werden, dann ist es nun erneut die Zeit, die wiederum eine hervorgehobene Rolle spielt. Denn in der Regel kommt es durch die Dominanz wirtschaftlicher Interessen, meist noch getragen durch ortsfremde Investoren, denen das nächste Weihnachtsgeschäft wichtiger ist, als etwas über die Vergangenheit der betreffenden Stadt zu erfahren, zu starkem Druck, so daß sich die Archäologie trotz gesetzlicher Handhaben mit Profilschnitten, der Erfassung von Einzelbefunden wie Brunnen und Kloaken oder – was noch weniger ergiebig ist – mit der Beobachtung von Baustellen begnügen muß. Zwar sind solche Unternehmen nicht von vornherein aussichtslos, aber ihre Ergebnisse sollten mit erheblich größerer Vorsicht übernommen werden, wie das bereits angesprochene Beispiel gezeigt hat. Aussagen, die aufgrund solcher Aufschlüsse gemacht werden können, beschränken sich weitgehend auf Feststellungen zur natürlichen Geländesituation und auf Unterscheidung der verschiedenartigen Nutzungsmöglichkeiten des städtischen Raumes, wie zum Beispiel für Häuser, Hofräume, Gärten, Plätze, Straßen, Befestigungsanlagen, sowie die Beobachtung des Wechsels zwischen ihnen.

Viel seltener aber gelingt es bei dieser Art von archäologischen Aufschlüssen, zu einer zeitlichen Ansprache der beobachteten Befunde zu kommen oder zu Erkenntnissen über Umfang und Aussehen der jeweiligen Nutzung vorzudringen, etwa Hinweise auf die Gestalt der Gebäude und den Beruf ihrer Bewohner, den Verlauf einer Straße, die Einteilung eines Hofraums oder die Art und Weise der Bearbeitung eines Gartens zu erhalten. Aber die Beantwortung solcher Fragen gehört nun einmal dazu, wenn man verläßliche Aussagen über den Siedlungsbeginn und die Weiterentwicklung oder etwa den Wandel in der Wirtschafts- und Sozialtopographie eines innerstädtischen Areals zu gewinnen sucht. Ist auch die Ausbeute bei der Befundaussage in der Regel recht mager, so ergeben Baustellenbeobachtungen und Profilschnitte im Vorfeld von Baumaßnahmen oft ein ausgesprochen reiches Fundgut, vor allem dann, wenn sie die wenig zeitaufwendigen, fachlich nicht besonders komplizierten Einzeluntersuchungen von Brunnen und Kloaken miteinbeziehen. Städtische Museumsdirektoren schätzen durchweg diese Vorgehensweise, weil viele der Fundgegenstände unbeschädigt und gut konserviert erneut das Licht der Öffentlichkeit erblicken; doch wird auch hier übersehen, daß in den meisten Fällen das Material ohne Untersuchung des Fundumfeldes eine nur sehr dünn rieselnde historische Quelle ist, die für die Stadtgeschichte nicht wirklich zum Sprechen gebracht werden kann. Zu den Ausnahmen zählen etwa die Skulpturenfunde in den Auffüllbereichen der münsterischen Torrundelle, die man dem Zerstörungswerk der Täufer zuordnen und teilweise auch aufgrund stilistischer Vergleiche den Kirchenräumen, aus denen sie stammten, zuweisen konnte.

Leistungen der Archäologie zur Erfassung städtischer Vergangenheit und zur Planung städtischer Zukunft

Wenn man soviel Wert auf eine möglichst verläßliche historische Auswertung archäologischer Untersuchungen legt, dann muß man sich zunächst vor Augen halten, daß der archäologische Befund und seine Deutung ja durchaus nicht die einzige Quelle zur Stadtgeschichte ist, sondern neben der archivalischen Überlieferung und der immobilen wie mobilen Sachüberlieferung als dritte Möglichkeit, historische Erkenntnisse zu gewinnen, steht. Doch läßt sich ebenso feststellen, daß alle drei Überlieferungszweige den Bereich der Stadt weder räumlich noch zeitlich vollständig erfassen können, sondern jeder von ihnen seine besonderen Schwerpunkte besitzt. Allgemein wird zwar die Ansicht vertreten, daß mit der Intensivierung der archivalischen Überlieferung und der höheren Dichte der Zeugnisse im Bereich der mobilen und immobilen Sachkultur die Archäologie überflüssig wird. Diese Vorstellung allerdings muß, wie die stadtarchäologische Erfahrung lehrt, erheblich differenziert werden.

Es bleibt unbestritten, daß sich die Frühzeit einer Stadt weitgehend nur auf archäologischem Weg erschließen läßt, während die anderen Überlieferungszweige dafür, wenn überhaupt, lediglich magere Hinweise bieten können – und das auch nur für die Bereiche, in denen sich Institutionen angesiedelt haben, deren Mitglieder einerseits des Schreibens mächtig waren, andererseits ein besonderes Interesse daran hatten, ihre gegenwärtigen Unternehmungen ebenso wie wichtige Stationen ihrer Vergangenheit in schriftlicher Form zu fixieren. So stellt sich uns der bischöfliche Bereich in Münster für seine Frühgeschichte verhältnismäßig gut dar, während die sich jenseits der Domburg vollziehende Ausdehnung der frühesten Kaufmannssiedlung weitgehend „sprachlos“ blieb, es sei denn, sie fand durch Zufall Erwähnung.

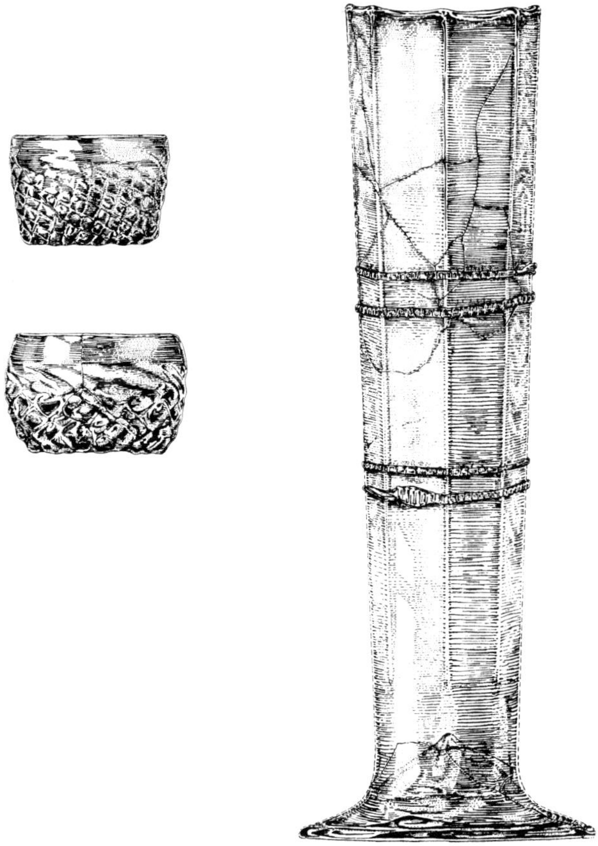

Glasfunde aus den Abfallgruben des 15./16. Jahrhunderts: Maigelein und Stangenglas mit Fadendekor (Grabung auf dem Gelände Alter Steinweg/Asche)

Das ändert sich im Verlauf des Mittelalters; die archivalische Überlieferung wird dichter, weil auch Teile des Bürgertums in den Kreis der Schriftkundigen eintraten und mit dieser Fähigkeit ihre Belange festzuhalten in der Lage waren. Selbst hier sind es aber wiederum nur bestimmte Gruppen des Bürgertums, die sich schriftlich äußern konnten und davon auch Gebrauch machten; dazu zählten sicherlich die Kaufleute und die in höherem Ansehen stehenden Vertreter der Handwerkerschaft. Der kleine Handwerker blieb weitgehend stumm, und erst recht blieben es die vielen Randgruppen der städtischen Gesellschaft. In ähnlicher Weise hat auch die nicht im Boden überkommene sachliche Hinterlassenschaft einer Stadt nur für bestimmte Kreise Zeugniswert. Und selbst für diese belegt sie nicht einmal deren Alltagskultur. In den Sammlungen der einschlägigen Museen finden bedeutende Zeugnisse kirchlicher und bürgerlicher Kunst einer Stadt ihre Beachtung, die man von Generation zu Generation sorgfältig bewacht, gepflegt und weitergegeben hat. Das gleiche gilt für die immobile Hinterlassenschaft dieser Kreise. Meist aus soliderem Material erbaut, überlebten Kirchen, städtische Adelssitze, bürgerliche Verwaltungsmittelpunkte sowie Gebäude des gehobenen Bürgertums die Zeiten und wurden selbst nach Kriegszerstörungen mit hohem Aufwand wieder aufgebaut, während die baulich anspruchsloseren, meist aus vergänglicherem Material errichteten Gebäude, die durchweg – wenn auch nicht ausschließlich – die Behausungen weniger einflußreicher Gruppen der städtischen Gesellschaft darstellten, aufgrund ihrer dürftigeren Bauweise schneller verschwanden. Die sachliche Hinterlassenschaft städtischer Randgruppen, zu denen Bader, Barbiere, Tagelöhner, Henker, Dirnen, Schinder gehörten, ist erst jüngst in den Blickpunkt musealer Konzepte gerückt, seit stärker sozialgeschichtliche Fragestellungen auch in die Museen Einzug halten. Dieses späte Interesse hat es bewirkt, daß vom Mittelalter bis weit ins 19. Jahrhundert hinein ohne Hilfe der Archäologie kaum eine vertretbare Präsentation der Lebensweise städtischer Unterschichten möglich ist.

Nun ist überdies darauf hinzuweisen, daß die Aussagen der drei Überlieferungszweige zur Stadtgeschichte nicht unbedingt beliebig austauschbar sind, sondern alle ihre je eigene Qualität besitzen. Das bedeutet, daß selbst wenn einer von ihnen eine besondere Dichte an Informationen für einen bestimmten Zeitraum bereithält, die anderen nicht schon gänzlich überflüssig sind. Betrachtet man die Aussagequalität der archivalischen Überlieferung im Unterschied zur archäologischen, dann fällt zuerst ins Auge, daß schriftliche Quellen eher personengeschichtliche Auskünfte geben oder genau datierte Einzelereignisse beschreiben, während der archäologische Befund die sachliche Hinterlassenschaft erfaßt, ohne daß diese in der Regel auf bestimmte Personen bezogen oder präzise zeitlich angesprochen werden können. Dafür sei ein Beispiel angeführt. Im Jahr 1062 entstand bei einem Besuch Heinrichs IV. in Minden als Folge eines Streites zwischen seinen Gefolgsleuten und Bürgern in der Stadt ein Brand. Die Überlieferung besagt nun, daß dieses Feuer die gesamte damalige Unterstadt in Schutt und Asche gelegt habe. Bei Ausgrabungen in der Unterstadt konnte eine Häuserzeile des späten 10. Jahrhunderts ermittelt werden, für die aufgrund des Fundmaterials in den Abbruchhorizonten festzustellen war, daß sie in der zweiten Hälfte des 11. Jahrhunderts durch ein Feuer zerstört worden sein dürfte. Hier liegt natürlich der Gedanke nahe, daß es sich dabei um den Brand von 1062 gehandelt hat, doch erlauben es der nur drei Parzellen umfassende archäologische Befundausschnitt einerseits und die mit Hilfe des Fundmaterials nur annäherungsweise mögliche Zeitansprache des durch Spuren im Boden erfaßten Brandes andererseits nicht, eine eindeutige Verbindung zwischen dem überlieferten Feuer von 1062 und dem auf archäologischem Weg nachgewiesenen Brand zu ziehen. Es läßt sich nämlich nicht mit letzter Sicherheit ausschließen, daß die Vernichtung der Häuserzeile durch Blitzschlag bei einem Unwetter oder eine nicht berichtete Auseinandersetzung feindlicher Gruppen vor oder nach 1062 verursacht wurde. Die Skepsis ist auch deswegen angebracht, weil Ausgrabungen im Mindener Dom, der damals ebenfalls den Flammen zum Opfer gefallen sein soll, ergaben, daß dieser in so starkem Maße gar nicht betroffen gewesen sein kann, da im östlichen Teil des Gebäudes die Umfassungsmauern sowie größere Bereiche des Westbaus aller Wahrscheinlichkeit nach weitgehend unversehrt blieben. Was der archäologische Befund dagegen deutlich zeigt, und zwar durch den Nachweis einer Häuserzeile, die giebelständig eine befestigte Straße säumte, ist, daß es um die Mitte des 11. Jahrhunderts im Bereich der durch die Wesernähe stark hochwassergefährdeten Unterstadt offenbar schon ein relativ dichtes, geordnetes Siedlungsgefüge gegeben haben muß. Deshalb konnte der Ausbruch eines Feuers als höchst gefährlich empfunden werden. Daraus ergibt sich, daß der archäologische Befund kulissenartig das Ereignis von 1062 illustriert. Es ist aber höchste Vorsicht geboten bei dem Versuch, den Vorgang selbst auf den archäologisch erfaßten Brand zu beziehen, so verführerisch auch dieses Angebot sein mag. Denn das als „Stadtbrand" überlieferte Feuer könnte – ebenso wie im Dom – große, aber nicht alle Teile betroffen haben. Diesem Beispiel ließen sich beliebig viele anfügen. Damit soll gezeigt werden, daß beide Überlieferungszweige unterschiedliche Aussagequalitäten haben und nicht beliebig austauschbar bzw. zu verbinden sind: Der archäologische Befund illustriert in der Regel einen archivalisch überlieferten einzelnen Vorgang und stellt ihn in einen größeren Zusammenhang, ohne daß er sich jedoch mit ihm unmittelbar verknüpfen läßt.

Ein Bindeglied zwischen beiden Überlieferungszweigen stellt, weil es mit einigen Einschränkungen eine ähnliche Funktion wie der archäologische Befund erfüllt, das kartographische Quellenmaterial dar, das auf uns gekommen ist. Nur steht dieses erst vom Spätmittelalter an zur Verfügung und zunächst nur in Form von Ansichten und Vogelschauen unterschiedlicher Güte. Münster ist mit Everhard Alerdincks 1636 aufgenommener Vogelperspektive wegen der Ortskundigkeit ihres Schöpfers und seiner präzisen Arbeitsweise sicherlich besser bedient als zum Beispiel Dortmund, das 1610 in einem recht skizzenhaften Plan von Detmar Mülher festgehalten wurde. Doch selbst bei der größten Sorgfalt muß immer der perspektivischen Darstellungsweise Rechnung getragen werden, so daß es zu Verzerrungen, manchmal sogar zu Verfälschungen der wirklichen Situation kommen konnte. Auch wenn es in der Folgezeit vermehrt zur Aufnahme von Stadtgrundrissen kommt – nach großflächigen Bränden als sogenannte Brandkataster notwendig geworden oder militärisch-strategischen Zwecken dienend –, gelten mit wenigen Ausnahmen erst die zu Beginn des 19. Jahrhunderts erstellten Urkataster als die frühesten, wirklich maßstabsgerechten Aufnahmen der Städte. Sie geben, da sie glücklicherweise vor den großen Veränderungen der Siedlungsstrukturen des fortschreitenden 19. Jahrhunderts erfolgten, im wesentlichen den Zustand der spätmittelalterlich-frühneuzeitlichen Stadt wieder, auch wenn man sicher nicht davon ausgehen darf, daß sie das Ergebnis einer stetigen topographischen Entwicklung von den Anfängen bis ins frühe 19. Jahrhundert darstellen.

Zusammenfassend läßt sich sagen, daß es allein der archäologischen Erforschung des städtischen Untergrundes gelingt, die erfahrungsgemäß nicht gerade seltenen Brüche in der Siedlungsentwicklung der älteren Zeit zu ermitteln. Das gleiche gilt für den Wandel in der städtischen Wirtschafts- und Sozialtopographie. Mit dem Einsetzen einer größeren Dichte der archivalischen Überlieferung und der auf nichtarchäologischem Weg tradierten sachlichen Hinterlassenschaft früherer Generationen wird die archäologische Arbeit in der Stadt aber keineswegs überflüssig. Sie erbringt im Gegenteil einen Kommentar zur besseren Erklärung stadtgeschichtlicher Zusammenhänge. Und solange es keinen vollständigen Ersatz gibt, etwa durch zuverlässige topographische Quellen und ergänzende Verwaltungsunterlagen, muß dieser stadtgeschichtliche Kommentar wohl oder übel ergraben werden. Das bedeutet, daß die Stadtarchäologie bei ihrer Arbeit teilweise auch noch das frühe 19. Jahrhundert im Blickfeld haben muß. In den Fällen, in denen sich schon ältere topographische Quellen von verläßlicher Aussage mit der archivalischen Überlieferung wirklich und nicht nur auf der Grundlage von Hypothesen verbinden lassen, ist die Stadtgeschichte für den betreffenden Zeitraum gut bedient; man kann es darum bei exemplarischen archäologischen Untersuchungen belassen, um etwa durch Fundgutbergung die Vorgänge der Zeit anschaulicher zu illustrieren. Aber vor dem frühen 19. Jahrhundert gibt es in der Regel keine Kontinuität in der Erstellung von verläßlichem topographischem Material. Insgesamt läßt sich feststellen, daß die Vernachlässigung der Stadtarchäologie stets in ihren Auswirkungen sichtbar wird, wenn es gilt, eine Stadtgeschichte zu schreiben, die auf allzu viele Spekulationen und Hypothesen verzichten will. Und wenn man bedenkt, daß nur noch etwa fünf Prozent des archäologischen Quellenmaterials in den Städten erhalten ist, dann muß festgestellt werden, daß man in der Vergangenheit sehr leichtfertig mit diesem für die Stadtgeschichte wichtigen Überlieferungszweig umgegangen ist – ein Verlust, der sich nicht wiedergutmachen läßt.

Diese negative Bilanz ist insofern gravierend, als neben dem in die Vergangenheit gerichteten Blick stadtarchäologischer Arbeit auch noch ein zukunftsorientierter Aspekt von Bedeutung ist. Es geht um die Rolle, die das Ergebnis stadtarchäologischer Forschungen bei der Stadterneuerung spielt. Die Stadtarchäologie ist in der Lage – vorausgesetzt ihr stehen zur Untersuchung größere Flächen zur Verfügung – durch ihren Blick auf Siedlungsentwicklung sowie Wirtschafts- und Sozialtopogra-

Reste des Schlaunschen Abwassersystems aus Baumberger Sandstein im Vorhof des Erbdrostenhofs

phie das Wachsen der städtischen Strukturen sichtbar zu machen. Sie kann infolgedessen Aussagen über deren Kontinuität und deren Wandel treffen sowie die Gründe dafür aufspüren. Vorstellbar wäre es durchaus, die Vergangenheit bei der Planung der Stadt von morgen völlig außer Betracht zu lassen. Konsequenterweise müßte dann aber auch alles Bestehende in der Stadt niedergelegt werden, um „auf der grünen Wiese" von Grund auf eine ganz neue Stadt entstehen zu lassen. Ansätze zu einem solchen Denken hat es durchaus hier und da nach den Zerstörungen des Zweiten Weltkriegs gegeben; dieses Denken steht in der Tradition, Städte nach Feuer- oder Kriegszerstörungen neu durchzuplanen und großflächig zu verändern. Mittlerweile hat sich aber eine gegenteilige Konzeption durchgesetzt. Die Stadt wird mehr denn je als historisches Wesen verstanden und auch akzeptiert. Dafür spricht zum Beispiel die liebevolle Pflege historischer Stadtbilder und deren sensible Ergänzung mit moderner Architektur. Man hat begriffen, daß die Vergangenheit einer Stadt die Grundlage für ihr gegenwärtiges Selbstverständnis bildet.

In diesem Zusammenhang sind die Vorgaben der stadtarchäologischen Forschung für die zukünftige Stadtentwicklung von besonderem Wert, weil es ihr gelingt, die Herkunft, die Kontinuität oder den Wandel städtischer Strukturen sichtbar zu machen, die mehr oder weniger verschüttet sind. Die Stadtplanung muß dabei nicht notwendig den traditionellen Strukturen folgen, sondern kann sich für den erneuten Wandel entscheiden. Solche Freiheiten hat es auch schon früher gegeben. Der Erbdrostenhof in Münster, zwischen 1753 und 1757 nach den Entwürfen von Johann Conrad Schlaun (1695–1773) als Adelshof in einer städtebaulich ansprechenden Ecklösung errichtet, ersetzte eine Häuserzeile, die nach Alerdincks Plan aus mehreren Einzelgebäuden bestand, und zwar solchen, die hofartig auf das Eckgrundstück Servatiistraße/Loergasse zurückversetzt waren, jedoch traufseitig mit der Flucht der Servatiistraße (heute Salzstraße) korrespondierten. Aber diese Veränderung stellt lediglich eine städtebauliche Einzellösung dar und ist nicht das Ergebnis einer Stadtplanung im modernen Sinne, die im Hinblick auf die zukünftige Gestalt das gesamte Stadtbild im Auge haben sollte.

2. *Archäologie in Münster*

Schon vor dem Krieg begann man in Münster, die Archäologie zu Hilfe zu nehmen, um über die Geschichte, insbesondere die Frühgeschichte der Stadt Aufschluß zu gewinnen. Dabei bezogen sich die Aktivitäten naturgemäß vor allem auf den Dombereich, den Theodor Wieschebrink 1936/37 bei seiner Fahndung nach den Anfängen der Bistumsgründung in begrenzten Grabungsaufschlüssen auf dem Domherrenfriedhof und im Kreuzgang untersuchte. Von Interesse aber waren auch die mittelalterlichen Befestigungsanlagen der Stadt, derer sich Max Geisberg – vor allem im Bereich des Kreuztors – schon Ende des vorigen Jahrhunderts annahm.

In den folgenden Beiträgen zur Stadtgeschichte werden nun diese älteren Grabungsergebnisse verwertet, wiewohl sie – den Möglichkeiten der damaligen Zeit entsprechend – nur recht fragmentarische Ergebnisse geliefert haben; man verband sie ohne kritische Betrachtung über den Aussagewert der Befunde mit der spärlichen archivalischen Überlieferung und komponierte beides zu einem an sich plausiblen

Bild, das stellenweise noch bis heute in mehreren Varianten die gängige Meinung beherrscht. Wesentlich intensiver waren dann die archäologischen Aktivitäten, die sich in Münster nach dem Zweiten Weltkrieg im Zuge des Wiederaufbaus beobachten lassen. Die damaligen Schwerpunkte – deren Auswahl einerseits von den Möglichkeiten, archäologisch tätig zu werden, andererseits von den zeitbedingten fachlichen Interessen bestimmt war – blieben bis in die Gegenwart bestehen, da mit der zügigen Wiedererrichtung der zerbombten Stadt die Chancen für eine Veränderung der damals vorgenommenen Gewichtung in dem Maße schwanden, in dem immer mehr innerstädtische Freiflächen bzw. nicht oder nur teilweise unterkellerte Altbaubereiche überbaut wurden. Infolgedessen sind damals insgesamt fünf Schwerpunkte festgelegt worden, zu denen an erster Stelle die Domburg zu zählen ist, die wohl Gegenstand der intensivsten Bodenforschung in Münster war und ist. Es folgt der Bereich nordöstlich der Domburg, in dem die früheste Kaufmannssiedlung vermutet wird; in deren Zentrum steht als erste Pfarr- und Marktkirche Münsters St. Lamberti. Im Blickfeld archäologischer Beachtung stand weiterhin, wenn auch in wesentlich begrenzterem Maße das Stift Liebfrauen-Überwasser und seine Umgebung. Viel stärker zogen dagegen die mittelalterliche Stadtbefestigung und ihr frühneuzeitlicher Ausbau das Interesse der Archäologie auf sich. Und nicht zuletzt gehört auch das vor den Mauern der Stadt gelegene, um 1070 gegründete Kanonikerstift St. Mauritz noch in die Reihe der archäologischen Schwerpunkte in Münster.

Die Domburg

Bis auf die Untersuchungen Theodor Wieschebrinks im Bereich des Domherrenfriedhofs und des nördlichen und westlichen Kreuzgangflügels im Jahr 1936 gehören die meisten Grabungsaktivitäten innerhalb der ehemaligen Domburg der Nachkriegszeit an. Hier kommt vor allem Wilhelm Winkelmann das besondere Verdienst zu, im Rahmen des Angebots an Grabungsmöglichkeiten bedeutende Arbeit geleistet zu haben. Dennoch muß festgestellt werden, daß selbst die Domburg, die einerseits eine durchaus begrenzte Fläche darstellt, andererseits von der Archäologie im Gegensatz zur übrigen Stadt mit ganz besonderem Interesse bedacht worden ist, keinesfalls erschöpfend untersucht werden konnte. Betrachtet man eine Kartierung der im Bereich der Domburg erfolgten Grabungsaktivitäten, so machen die wenigen sorgfältig untersuchten Flächen in bezug auf das Gesamtareal etwa ein Zwanzigstel aus. Schwerpunkte der archäologischen Untersuchungen waren hier wiederum der Domherrenfriedhof, der Horsteberg und der Michaelisplatz, der Verlauf der Burgbefestigung im Norden, Osten und Süden mit ihren Zugängen, wohingegen der heutige Domplatz mit wenigen Ausnahmen und der zur Aa hin gelegene Abschluß vollkommen ohne archäologische Untersuchung geblieben sind. Die für diesen Bereich vorliegenden Darstellungen der Begrenzung und der von dieser Seite her erfolgenden Zuwegungen gehen weitgehend auf die Interpretation kartographischer Quellen zurück.

Bemerkenswert ist aber vor allem, daß der Innenraum des heutigen Doms selbst einen weitgehend weißen Fleck darstellt. Und es zeigt sich sehr bald bei dem Versuch, aus den vorhandenen Grabungsergebnissen ein auch nur einigermaßen aussagekräftiges Bild zu Gründung und Baugeschichte des Doms wie zur Nutzung des Domburgareals zu gewinnen, daß genau an dieser Stelle ein ganz entscheidendes De-

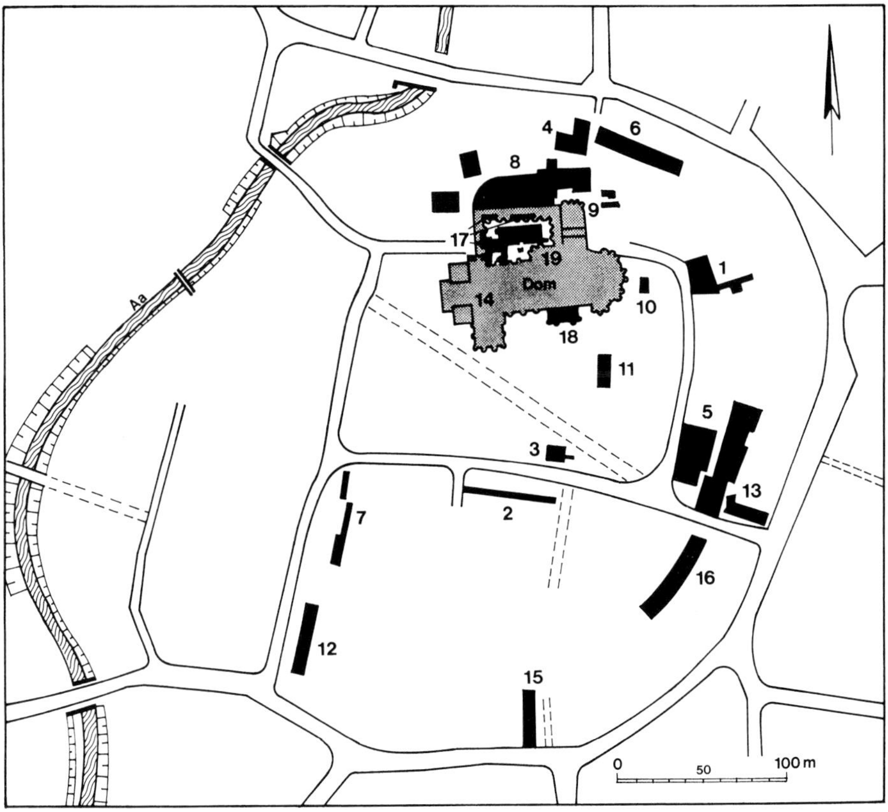

Karte der Grabungsflächen im Bereich der Domburg von 1953 bis 1989

1 Domgasse (1953)
2 Baugelände Post (1954)
3 Domplatz gegenüber der Post (1955)
4 Horsteberg-West (1958)
5 Michaelisplatz (1958, 1960)
6 Horsteberg-Ost (1959)
7 Suchschnitt Margarethenstiege (1960)
8 Baugelände Domschatzkammer (1962/64, 1967, 1978/79)
9 Baugelände Darlehenskasse (1962/64, 1975)
10 Baustelle Transformatorenhaus (1964)
11 Löschwasserbecken (1941)
12 Suchschnitt Pferdegasse/Baustelle Landesmuseum für Vor- und Frühgeschichte (1949, 1967)
13 Neubau Coppenrath (1950)
14 Baustelle Bischofsgruft (1956)
15 Neubau Rothenburg 41/42 (um 1965)
16 Neubau Regierung (1966)
17 Kreuzgang (1981)
18 Johannischor (1987)
19 Domherrenfriedhof (1987/89)

Gesamtansicht der Grabung im südlichen Ostquerhaus des Doms mit barocken Grüften und älteren Erdbestattungen (Ansicht von Osten)

fizit liegt, das alle Deutungs- und Lokalisierungsversuche weitgehend hypothetisch bleiben läßt.

Die Untersuchungen, die Theodor Wieschebrink in den Trümmern des bombenzerstörten Doms – auf sehr begrenzte Flächen im Südosten und Westen des Innenraums beschränkt – durchführen konnte, boten die Grundlage für die bis heute die Diskussion bestimmende Rekonstruktion für den Vorgänger des bestehenden Baus aus dem 13. Jahrhundert: Sie geht von einer mit doppeltem Querschiff, Westturm und Dreiapsidenchor ausgestatteten Großbasilika aus, deren Baugestalt den Großbauten der ottonisch-salischen Zeit im sächsischen Raum entsprochen habe. Zwei Daten aus der archivalischen Überlieferung befand man für zeitlich vereinbar mit einer derartigen Rekonstruktion: den Hinweis einer Quelle des späten 14. Jahrhunderts, die von einer Überführung der Geistlichen durch Bischof Dodo (993) *de veteri ecclesia ad alia* weiß, und eine Weihenachricht für das Jahr 1090. Nun ergaben aber jüngste, wenn auch flächenmäßig ebenso begrenzte Untersuchungen im Nordteil des westlichen Querhauses und im Südabschnitt des östlichen Querhauses, daß sich die aufgrund der Wieschebrinkschen Grabungsergebnisse erfolgte Rekonstruktion nicht mehr länger aufrechterhalten läßt, ohne jedoch ihrerseits eine konkrete Neudatierung für den Vorgänger des heutigen Doms vornehmen zu können. Fest steht allerdings, daß er kein Ostquerhaus gehabt hat. Durch die Grabungen im Westbau des Doms durch Philipp R. Hömberg und die Bauforschungen von Uwe Lobbedey am spätromanischen Westbau deutet sich sogar die Möglichkeit an, daß auch der Westabschluß des Vorgängers vielleicht erst das Ergebnis einer weiteren Bauperiode sein könnte, ein älteres Querhaus also nicht auszuschließen ist; das bedeutet, daß der Vorgängerbau nicht in einem Zuge entstanden sein muß, wobei eine zeitlich konkrete Ansprache der einzelnen Bauphasen oder auch der Beweis des Gegenteils nur mit Hilfe einer großangelegten Flächengrabung zu erreichen sein wird.

Noch bemerkenswerter aber erscheint die Beobachtung eines älteren Friedhofs unterhalb dieses Vorgängers und seiner gleichmäßig dichten Belegung auch weit nach Süden hin. Denn dieser Friedhof muß einer Kirche zugeordnet werden, die nach den bisherigen Vorstellungen, begründet durch Hinweise in der archivalischen Überlieferung und scheinbar bestätigt durch die Grabungsergebnisse Wieschebrinks auf dem Domherrenfriedhof, nördlich neben dem heutigen Dom gestanden haben soll. Es geht um den Gründungsbau des Doms, der Liudger zugeschrieben wird. Die dichte Belegung des Friedhofs in einem Bereich, der später vom Südabschnitt des staufer-zeitlichen Ostquerhauses überdeckt wurde, also relativ weit von jenem vermuteten Gründungsbau entfernt, zwang jedoch in Erwägung zu ziehen, ob er nicht doch eher einem Kirchengebäude zuzurechnen wäre, das näher lag; daraus folgt, daß dieses eher im Bereich des bestehenden Doms gesucht werden müßte. Eine Flächengrabung, die zwischen 1987 und 1989 im Domherrenfriedhof durchgeführt werden konnte, erhärtete die Hypothese. Dort ließ sich der von Theodor Wieschebrink angeschnittene, aufgrund der archivalischen Überlieferung der Gründung Liudgers zugeschriebene „Alte Dom“ als ein Kirchengebäude fassen, das trotz mehrfachen, der Modernisierung und Vergrößerung dienenden Umbauten nie von dem abwich, was

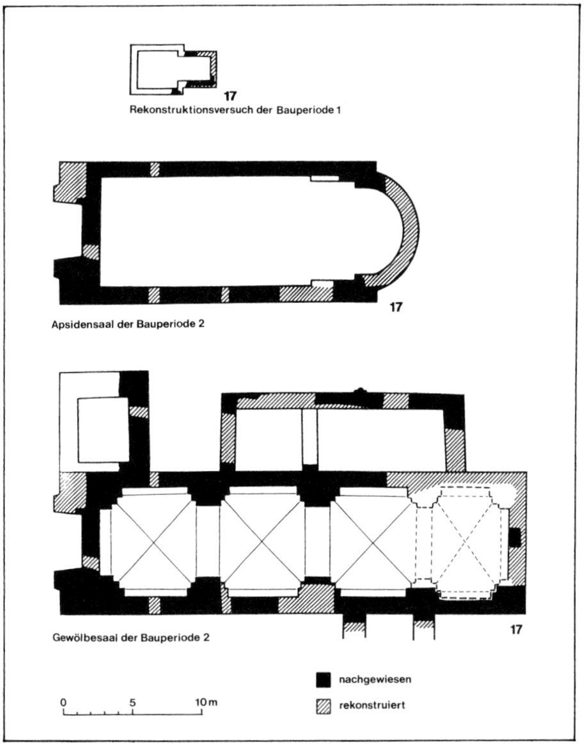

Abfolge der Kirchenbauten auf dem Domherrenfriedhof mit der Rekonstruktion der einzelnen Bauperioden (nach Manfred Schneider)

der Größe einer Pfarrkirche oder grundherrlichen Eigenkirche entsprach, der aber auch im entferntesten nicht die Deutung als frühe Kathedralkirche zuließ. Denn diese hat neben repräsentativen Ansprüchen auch ganz bestimmte Funktionen liturgischer Art, zum Beispiel die Priesterweihe, zu erfüllen, die ein gewisses Raummaß voraussetzt. Daß der in der ersten Bauperiode als ungewölbter einschiffiger Saalbau mit leicht eingezogenem Apsidenchor errichtete Kleinkirchenbau ein solches wohl kaum vorweisen kann, spricht gegen seine Nutzung als erste Kathedralkirche Münsters. Der Bischofssitz stände übrigens mit einem über 200 Jahre genutzten Kathedralbau von Kleinkirchengröße in der Reihe der westfälischen Dome einmalig da, seitdem durch eine Nachgrabung erwiesen werden konnte, daß der Mindener Dom – von dem aufgrund früherer archäologischer Untersuchungen ebenfalls angenommen worden war, er sei in den ersten anderthalb Jahrhunderten seiner Existenz ein Saalbau schlichtester Machart gewesen, allerdings in erheblich größeren Ausmaßen als die Kirche auf dem Domherrenfriedhof – bereits im 9. Jahrhundert als dreischiffige Basilika mit Ostquerhaus und Umgangskrypta bestanden haben dürfte.

Eine weitere Beobachtung unterstützt diesen Befund. Die besagte Kirche schnitt mit ihren Fundamenten in den Randbereich eines vermutlich durch Zaun abgegrenzten älteren Friefhofs, der christliche Bestattungen barg. Diese Kirche muß jünger sein als drei Gräber unmittelbar östlich ihrer Westwand, von denen das mittlere durch einen glücklichen Münzfund aus seiner Verfüllung in die Zeit nach 792/94 datiert werden konnte. Da ebenfalls nachgewiesen werden kann, daß das Kirchengebäude nicht sofort nach der Anlage der Gräber errichtet wurde, kommt eine Identifikation des Baus auch mit der Gründung der Kirche des *monasterium* durch Liudger 792/93 nicht in Frage. Vielmehr weist die Existenz des älteren christlichen Gräberfeldes auf das Vorhandensein einer weiteren Kirche hin, die diesem Friedhof zugerechnet werden muß und die aufgrund von dessen Ausdehnung im Bereich des heutigen Doms zu suchen ist.

An dieser Konstellation entzündet sich nun die Frage nach der Aufgabe, die beide Kirchen zu erfüllen hatten. Die bereits in Gang gekommene Diskussion zeigt, daß sich hier verführerisch plausible Deutungen anbieten, die jedoch, da die flächenmäßige archäologische Untersuchung des heutigen Doms noch aussteht, im Bereich mehr oder weniger begründeter Hypothesen bleiben müssen. Von der Beantwortung dieser Frage hängt aber auch die erneute Bewertung der Befunde ab, die von Wilhelm Winkelmann und Philipp R. Hömberg im Bereich des heutigen Kreuzgangs sowie nördlich und nordöstlich davon auf dem Horsteberg ergraben werden konnten und deren Interpretation noch unter der Vorgabe der Lage des Ludgerusdoms im Bereich des heutigen Domherrenfriedhofs erfolgte. Die zeitliche Abfolge bleibt jedoch davon unberührt.

Spuren eines karolingischen Kreuzgangs ließen sich, wenn auch nur in wenigen Resten, im Westen des hochmittelalterlichen Nachfolgers finden. Dieser und die dazugehörigen Stiftsgebäude konnten im Nordosten des heutigen spätmittelalterlichen Kreuzgangs für das 10./11. Jahrhundert ermittelt werden, wobei er im früheren 12. Jahrhundert auf gleichem Grundriß noch einmal wiederaufgebaut wurde, nach einer Zerstörung, die man mit dem Datum 1121, der Einnahme der Domburg durch Lothar von Süpplingenburg, in Verbindung bringt, aber letztlich nicht beweisen kann. Die Gründe für die Verlegung des hochmittelalterlichen Kreuzgangs ließen

Gesamtansicht des Grabungsgeländes auf dem Domherrenfriedhof von Süden

sich ebensowenig klar erkennen wie die Ursachen der verschiedenen Ostungen der einzelnen Gebäude oder Gebäudekomplexe innerhalb des Dombezirks. Überdies hängt die Interpretation anderer Bauten im Westen des heutigen Kreuzgangs, von denen ebenfalls seit Wieschebrink immer wieder Spuren erfaßt werden konnten, im wesentlichen davon ab, wie die Frage nach den Aufgaben der beiden Kirchen beantwortet wird.

Entscheidend besser und eindeutiger ist der Kenntnisstand zur Befestigung der Domburg, da vor allem deren Nord-, Ost- und Südseite in größeren Abschnitten archäologisch erfaßt werden konnten. Die Entwicklung der baulichen Gestaltung dieser Befestigungsanlage und ihre zeitliche Ansprache widersprachen allerdings mit ziemlicher Deutlichkeit der durch die Darstellung der Bischofschronik des 14. Jahrhunderts genährten Vorstellung, Bischof Burchard (1098–1118) habe einen Neubau der Befestigung und eine Erweiterung des Burgareals im Süden vorgenommen. In der Tat ließ sich in diesem Fall mit Hilfe der Archäologie belegen, daß die hochmittelalterliche Befestigung ohne wesentliche Veränderung ihrer Linienführung seit dem späten 8. Jahrhundert vorhanden und die ursprüngliche Holz-Erde-Mauer mit abgebermtem vorgelagertem Graben durch eine Steinmauer in gleicher Flucht schon früher, vermutlich um die Wende des 9. zum 10. Jahrhundert, ersetzt worden war, auch wenn für diese Datierung bisher ein eindeutiger Beleg fehlt. In der Frage der Zugänge zur Domburg sind nur eindeutige Torbefunde in der Domgasse – der ältesten Befestigungsperiode zugehörig – und am Horsteberg (Nicolaitor) – der ersten Steinmauer-Periode zuzurechnen – belegt. Für die vorkarolingische Zeit ist die Fortsetzung einer Furt über die Aa durch einen mit Geröll befestigten Weg von Westen her auf die Domburg ermittelt worden. Über seine Fortexistenz in späterer Zeit können jedoch keine genauen Angaben gemacht werden.

Mit vielen Fragezeichen versehen ist auch die Geschichte der Besiedlung des Domhügels, wiewohl diese in ihren wesentlichen Grundzügen faßbar wird. An fast allen Stellen, an denen man dort in den Boden ging, ließen sich ähnlich lautende Ergebnisse zur Vorbesiedlung des Areals und ihrer Kontinuität gewinnen. Besondere Schwerpunkte konnten für das späte 2. und 3. Jahrhundert, später dann noch einmal für das 7./8. Jahrhundert ausgemacht werden, bevor ein Brand die sächsische Siedlung zerstörte, der unmittelbar Liudgers Gründung des *monasterium* folgte. Doch fehlen trotz der interessanten Einzelergebnisse über die Zusammensetzung der Siedlung weitgehend klare Erkenntnisse zu ihrer Gesamtstruktur und über ihre Ausdehnung; aufgrund einiger Hinweise ist ein Übergreifen über die spätere karolingische Domburg hinaus nach Osten zu vermuten.

Eine vergleichbare Feststellung kann aber auch zum bisherigen Kenntnisstand über das Siedlungsbild der Domburg selbst getroffen werden. Es ist vor allem Wilhelm Winkelmanns Verdienst, mit seinen Untersuchungen des Innenareals der Domburg die Vorstellungen von dem großen freien Raum um das Domstift revidiert zu haben. In größeren Aufschlüssen entlang der Süd- und Ostflanke der karolingischen Befestigung und einigen räumlich und zeitlich sehr begrenzten Einsichtsmöglichkeiten in der östlichen Hälfte des heutigen Domplatzes konnte durch den Nachweis von palisadenumzäunten Häusern, die in ihrer Ausrichtung dem Verlauf der Befestigung folgten, eine überraschende Siedlungsdichte mit recht konstantem und regelmäßig ausgebildetem Parzellenraster sowie mit einer ursprünglich als Knüppeldamm befestigten mauerbegleitenden Straße ermittelt werden; für die handwerkliche Nutzung der Gebäude gibt es eindeutige Belege. Doch Fragen zum Gesamtbild des inneren Aufbaus der Siedlung, zur Ausbildung des Wegenetzes und zur Wirtschafts- und Sozialtopographie, vor allem aber zur räumlichen Beziehung zwischen Siedlung und Domstift sind noch ohne Antwort. Sicher ist nur durch die jüngsten archäologischen

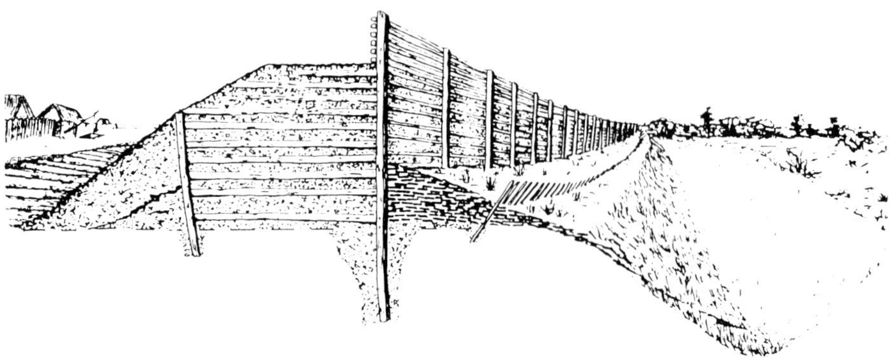

Der Wall der karolingischen Domburg (Rekonstruktion nach Wilhelm Winkelmann)

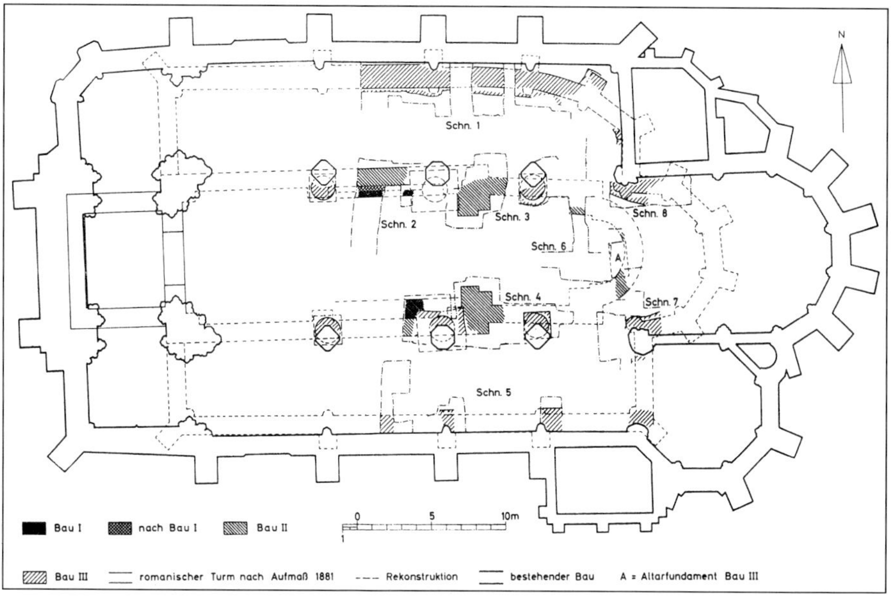

Plan der Grabung von St. Lamberti

Untersuchungen im Dom selbst, daß die Siedlung nicht bis an den Südteil des heutigen Ostquerhauses herangereicht haben kann, da sich dort als ältester Befund nur ein Friedhof ermitteln ließ.

St. Lamberti und die Siedlungsentwicklung am Alten Steinweg

Ein weiterer Schwerpunkt stadtarchäologischen Interesses bildete sich, zunächst durch zahlreiche Baustellenbeobachtungen, im Bereich der frühesten Marktsiedlung außerhalb der Domburg. Doch der Versuch von Joseph Prinz, mit Hilfe von Fundmaterial aus Baugruben im Zuge des Wiederaufbaus des im Krieg stark in Mitleidenschaft gezogenen Bereichs um die Lambertikirche die Ausdehnung der ersten Marktsiedlung am Rand der Domburg festzustellen [543: Prinz, Mimigernaford-Münster, S. 155f], ist sicher nicht unproblematisch. Denn archäologisches Fundgut – zumal von geringem Umfang – hat ohne Feststellung des stratigraphischen Bezugs keinen präzisen Aussagewert für die Siedlungsentwicklung eines Areals. Vereinzelte Scherben können durch den Transport von Erdmaterial aus einer älteren in eine jüngere Siedlungszone gelangt sein oder umgekehrt. Ohne Beobachtung des gesamten Umfelds sind sie daher praktisch wertlos. Das in der Folgezeit dann schnell wieder dicht bebaute Gebiet bot zuletzt nur noch wenige Möglichkeiten, Versäumtes nachzuholen. Eine besondere Gelegenheit, im Innenraum der ersten Pfarr- und Marktkirche St. Lamberti zu graben, ergab sich 1976 im Vorfeld einer Erneuerung der bestehenden Heizungsanlage.

Die Gründung dieser Kirche dürfte als sicheres Zeichen eines erwachten Zusammengehörigkeitsgefühls und eines neuen Selbstverständnisses der sich außerhalb der

Domburg ansiedelnden Handwerker und Kaufleute zu werten sein. Zwar war die Baugeschichte von St. Lamberti schon 1949 Gegenstand einer archäologischen Untersuchung in der durch Bomben in ihrem Ostteil schwer beschädigten Kirche gewesen, doch hatten in der von Hans Thümmler durchgeführten Ausgrabung überwiegend kunst- und bauhistorische Aspekte das Vorgehen bestimmt. Im Gegensatz zur Untersuchung in der Nachkriegszeit konnten 1976 durch das freundliche Entgegenkommen der Kirchengemeinde über die geplanten Trassen der Heizungskanäle hinaus größere Flächen bearbeitet werden, wobei es das erklärte Ziel war, Aufschlüsse über die Vorbesiedlung des Areals zu erhalten, die Gründung der Kirche zeitlich genauer zu bestimmen und schließlich die Baugeschichte in bezug auf die sich entwickelnde Stadt zu kommentieren.

In der Tat ließ sich für die Zeit vor der Gründung der Kirche an der betreffenden Stelle eine Siedlungstätigkeit nachweisen, die sich außer in „Fetzen" von Laufhorizonten, kleineren Gruben und Pfostenspuren auch in drei größeren Bodeneingriffen zeigte, die in ihrer Form an Abgrabungen erinnerten, wie sie häufig in den Hinterhöfen mittelalterlicher Häuser zur Gewinnung von Material für die Lehmausfachung der Wände beobachtet werden können, deren wirkliche Funktion sich aber letztlich nicht ermitteln ließ. Ihre mit Holzkohle und verziegeltem Flechtwerklehm durchsetzte Füllung weist wie ihre Anlage selbst auf eine Siedlungstätigkeit in der Nähe hin. Doch verhinderten die insgesamt erheblichen Störungen, die jüngere Baumaßnahmen und vor allem die zahlreichen mittelalterlichen und neuzeitlichen inner-

Grabung in der Lambertikirche (1976)

Fundamente des gotischen Choreingangs von St. Lamberti (Ansicht von Nordwesten)

kirchlichen Bestattungen verursacht hatten, genauere Aufschlüsse bezüglich der Siedlungsstruktur. Unter dem gleichen Problem litt auch der Versuch, die frühen Siedlungsspuren und die erste Kirchengründung an dieser Stelle zu datieren. Zwar enthielten die größeren Gruben Fundmaterial des 9. bis frühen 11. Jahrhunderts, so daß sich hier oder gleich in der Nähe seit dem 9. Jahrhundert ein Siedlungsvorgang feststellen ließ; die Gründung von St. Lamberti dürfte also frühestens in der ersten Hälfte des 11. Jahrhunderts erfolgt sein. Doch gerade die zeitliche Einordnung des ersten Kirchenbaus ist mit Fragezeichen zu versehen. Denn die oben angesprochenen Gruben wurden zwar von den untersten – zur frühesten Lambertikirche gehörigen – Mörtelhorizonten unmittelbar überzogen; doch war der Befundausschnitt derartig klein, daß nicht sicher entschieden werden kann, ob die betreffenden Mörtelniveaus nicht bereits einen späteren Flicken im ursprünglichen Fußboden über einem erst nach Errichtung der Kirche erfolgten Bodeneingriff darstellen. Daher bleibt die Datierung der Kirche des Gründungsbaus von St. Lamberti nach wie vor unsicher. Sicherer läßt sich dagegen sagen, daß er mit einer Breite von 6,80 Metern noch bescheidenere Ausmaße besaß als die Kirche, die auf dem Domherrenfriedhof ergraben werden konnte, obwohl er dieser – bis auf die Chorform – in seiner äußeren Baugestalt ähnlich sah.

Die äußere Baugestalt änderte sich auch nicht grundlegend, als um 1150 ein Neubau die alte Kirche ersetzte. Doch wies dieser – mit einer Breite von 18,80 × 8,80 Metern zwar nur wenig größer als der Vorgänger – eine wesentlich qualitätvollere

Bauart und Ausstattung auf. Die vielfarbige Ausmalung und das aufwendig gearbeitete Mauerwerk sprechen für einen Bau, der gegenüber seinem Vorgänger erheblich besser repräsentativen Ansprüchen entsprach, selbst wenn die äußere Baugestalt noch sehr bescheidene Ausmaße hatte, und das zu einer Zeit, in der die Bauherren so mancher ländlichen Eigenkirche bereits zur Dreischiffigkeit übergegangen waren. Dreischiffigkeit kam erst beim dritten Neubau der Lambertikirche zur Ausführung, nun aber in einer Größenordnung, die das vorhandene Platzangebot beinahe sprengte und die Erbauer veranlaßte, bei der äußeren Baugestalt Kompromisse einzugehen, die durch das bereits bestehende Straßennetz diktiert wurden. Aus diesem Grund ist der nördliche Nebenchor der um 1270 in der damals modernsten Form einer dreischiffigen Halle errichteten dritten Lambertikirche als dreiseitiges, etwas gedrücktes Polygon auf rund geführtem Fundament gestaltet, wohingegen die Südseite auf der Höhe des Hauptchoransatzes eine gerade Abmauerung zeigte. Diese ungleichmäßige Gestaltung der beiden Nebenchöre berücksichtigte ganz offenbar den zu diesem Zeitpunkt bereits festgelegten Alten Steinweg im Norden und Nordosten der Kirche, während der auf der Südseite gelegene Friedhof keine größeren Bauhindernisse ergab. Daß man den mehr als doppelt so großen gotischen Bau nicht – wie das heutzutage üblich wäre, um Kompromisse bei der Architektur zu vermeiden – weiter nach Süden in den zur Verfügung stehenden Friedhofsbereich verschoben hat, entsprach mittelalterlichem Denken. Ohne Not wurde damals die traditionelle Längsachse einer Kirche nicht aufgegeben. Lieber ging man einen Gestaltungskompromiß ein, der im übrigen auch noch in dem bestehenden spätgotischen Nachfolger nachwirkt. So zeigt sich die gotische Kirche als erste in der Folge aller an dieser Stelle errichteten Gebäude in ihrer Architektur als ein Kompromiß zwischen der Achtung bestehender Strukturen und dem Wunsch des Bauherren, in der Größe des Raumes und der Modernität der Baugestalt eine seinem Selbstbewußtsein adäquate Repräsentationsform zu finden.

Die Festigung der Straßenführung im Gebiet um die Lambertikirche dürfte spätestens im 12. Jahrhundert erfolgt sein. Das war eines der Ergebnisse der Ausgrabungen auf dem Parkplatz Asche, deren Ziel es war, Aufschlüsse über die Siedlungsentwicklung auf dem nach Nordosten abfallenden Gelände zwischen Altem Steinweg, Kirchherrngasse, Mauritzstraße und der Asche zu gewinnen. Durch das Entgegenkommen der Stadt konnte im Vorfeld des Neubaus der Stadtbücherei eine großangelegte Flächengrabung an dieser Stelle durchgeführt werden, deren Erfolg nur dadurch gemindert wurde, daß das Niveau des 14. Jahrhunderts der heutigen Geländeoberkante entsprach, folglich alle jüngere Stratigraphie entfiel. Nur das, was an Überresten der jüngeren Zeit unterhalb des Fußbodenniveaus gelegen hatte, wie Keller und Abfallgruben, ließ sich erfassen und deuten.

Der gänzlich unerwartete Befund ließ erkennen, daß der Alte Steinweg im 12./13. Jahrhundert längst nicht die beherrschende Bedeutung gehabt hat, die ihm aufgrund seines Namens und seiner Lage in der einschlägigen stadtgeschichtlichen Literatur zugesprochen wird. Nicht der Alte Steinweg, sondern der Alte Fischmarkt bestimmte die Richtung der Siedlungsentwicklung östlich von St. Lamberti. Denn erst westlich der Salzstraße ändert sich die Richtung der Straßenzüge und die Orientierung der Parzellen. Von dieser Linie an wird der Prinzipalmarkt richtungsweisend. Als erste östliche Parallelstraße zum Alten Fischmarkt entstand – vielleicht schon im 11., ganz sicher aber im frühen 12. Jahrhundert – die heutige Kirchherrngasse, zeitweilig auch Kerckeringstiege genannt, mit einer Ostzeile von giebelständigen, teilweise unterkellerten Häusern. Der Raum dahinter wurde entweder mit kleineren Hütten besetzt, in denen ganz offenbar handwerklichen Tätigkeiten nachgegangen wurde, oder man benutzte ihn zur Entsorgung, zur Materialentnahme (Sand) und als Gartenland. Die dann nach Osten hin folgende Parallelstraße, die Asche oder Buckstiege, wie sie zeitweilig auch genannt wurde, veränderte dann allerdings ihre Flucht gegenüber dem Alten Fischmarkt ohne bisher erkennbaren Grund. Sie entstand gegen Ende des 12. oder Anfang des 13. Jahrhunderts. Daß der Alte Steinweg zu dieser Zeit bereits existierte, zeigt die Aufsiedlung des Areals zwischen der östlichen Häuserzeile der Kirchherrngasse und der Asche im Verlauf des 13./14. Jahrhunderts mit drei Bürgerhäusern und einer Hofanlage sowie einer kleinteiligen Hinterhofbebauung. Die dortigen Häuser richteten sich giebelständig zum Alten Steinweg hin aus, doch pendelten sich die Fluchten ihrer Parzellen erst weiter zum Osten hin vorsichtig auf den Verlauf dieses Straßenzugs ein.

Die Entstehung der drei Großparzellen entlang des Alten Steinwegs, wie sie uns im Urkataster entgegentreten, verlief in unterschiedlichen Zeitstufen. Das westliche der drei Großgrundstücke entstand im 13./14. Jahrhundert durch die Zusammenle-

Gesamtansicht der Grabung auf der Parzelle Alter Steinweg 8 (westlicher Teil des Gebäudes) mit Gebäuderesten aus dem 12. bis 19. Jahrhundert

Mauerreste und Fundamentausbruchgruben eines Kellers, der dem älteren Nordflügel des spätmittelalterlichen Winkelhauses (um 1300) zuzurechnen ist. Der Riemchenfußboden dürfte aus dem 15./16. Jahrhundert stammen

gung der beiden südlichsten Parzellen der östlichen Häuserzeile entlang der Kirchherrngasse. Dieser Vorgang wurde ausgelöst durch einen Brand, der den Weg für ein etwas großzügiger gestaltetes, hofartiges Winkelgebäude freimachte. Die mittlere Großparzelle entstand ebenfalls durch ein Feuer, das gegen Mitte des 18. Jahrhunderts die zum Alten Steinweg hin giebelständigen Bürgerhäuser zerstörte und dem Weinhändler Schwick die Möglichkeit eröffnete, dort in großzügiger Umgebung ein großes Haus zu bauen. Nur die östliche der drei Großparzellen bestand in ihrer Ausdehnung vermutlich vom Zeitpunkt der Aufsiedelung des Geländes an. Ihre Bebauung mit einer im Zentrum des Grundstücks errichteten Hofanlage dürfte sich im Kern nicht wesentlich verändert haben, wenn auch im Lauf der Jahrhunderte zusätzliche Gebäude und mehrfache Umbauten hinzukamen.

Mit dem Abriß des hofartigen spätmittelalterlichen Winkelgebäudes auf der westlichen Parzelle und dem Neubau eines repräsentativen Geschäftshauses durch den Gewandschneider Storp unmittelbar an der Straße erhielt der Alte Steinweg im späten 18. Jahrhundert eine neue Gewichtung als gehobene Geschäftsstraße – eine Entwicklung, die bereits ein halbes Jahrhundert vorher durch den Bau der Schwickschen

Weinhandlung auf der mittleren Parzelle eingeleitet worden war. Vorher war das Areal durch eine Mischung aus Stadthofanlagen und Bürgerbebauung bestimmt gewesen, was ihm die für spätmittelalterliche bürgerliche Stadtviertel typische Enge nahm, in denen die Gebäude auf handtuchförmigen, relativ schmalen Grundstücken die Straßenzüge säumten. Für diese Periode ist hier Besitz von Erbmännern und vom westfälischen Landadel zu verzeichnen. Angefangen aber hatte es im 11./12. Jahrhundert durchaus mit einer engzeiligen Bürgerhausbebauung, deren Hauptzutritt über die Kirchherrngasse erfolgte. Welcher Tätigkeit die Hausherren nachgingen, konnte auf archäologischem Weg nicht sicher geklärt werden. Hinweise auf handwerkliche Berufe fehlten weitgehend. Umgekehrt sprechen die für die Zeit auffallend großen Kelleranlagen und ihre Erreichbarkeit über Hofeinfahrten und Eingangsrampen eher für Bewohner, die der Kaufmannschaft zuzurechnen sind, da die Vorhaltung von umfangreichem Vorratsraum an erster Stelle bei ihnen zu suchen sein dürfte.

Das Stift Liebfrauen-Überwasser

Das Stift Liebfrauen-Überwasser als einen Schwerpunkt stadtarchäologischer Arbeit in Münster zu bezeichnen, erscheint recht hochgegriffen, betrachtet man Anzahl und Umfang der Untersuchungen, die in den vergangenen Jahrzehnten diesem Bereich gegolten haben. Im wesentlichen geht es um zwei Maßnahmen, die im Innen-

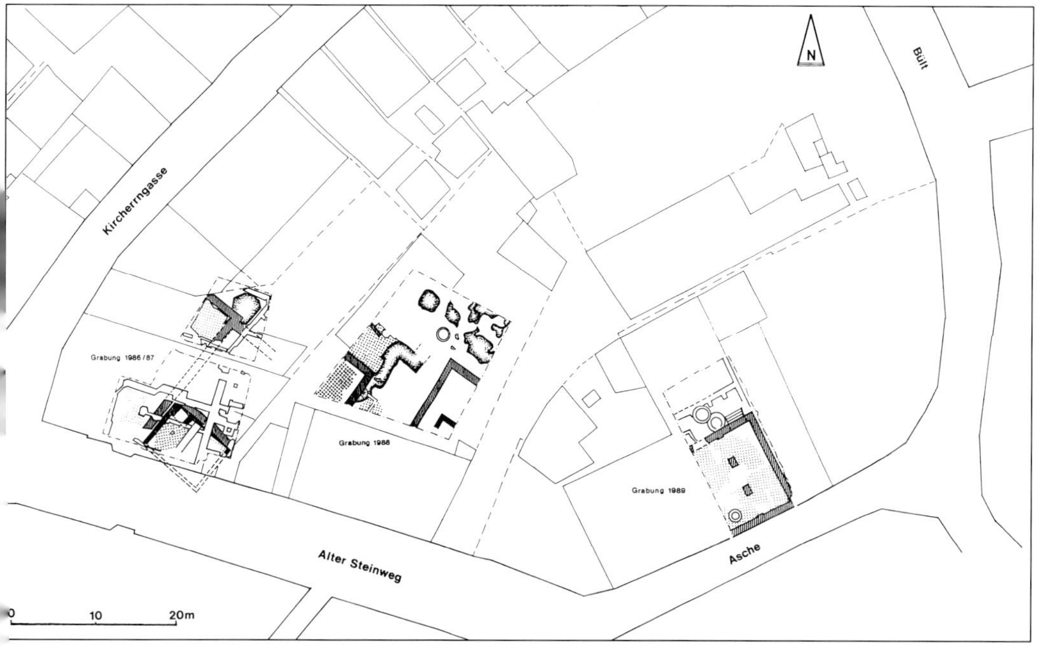

Gesamtplan der Befunde auf dem Grabungsgelände Alter Steinweg/Asche

raum der Kirche und nördlich von dieser im Bereich der Klausur des ehemaligen Damenstifts durchgeführt werden konnten. Fundamentsicherungen, die von 1980 an durch eine baulich bedingte Grundwasserabsenkung am Kirchengebäude vorgenommen werden mußten, erlaubten sehr begrenzte Einblicke in den stratigraphischen Aufbau des Innenraums. In den schmalen, tiefen Schächten zeigten sich unterhalb des ursprünglichen Fußbodens der bestehenden Kirche, einer dreischiffigen Halle aus der Zeit zwischen 1340 und 1346, zwei nur knapp übereinanderliegende ältere Fußböden unterschiedlicher Bauart, die bereits von der Baugrube für die Fundamente des heutigen Baus abgeschnitten wurden. Wegen des geringen Befundausschnitts blieben sie undatierbar. Es gab lediglich Hinweise, daß sie möglicherweise als Ergebnis von Umbaumaßnahmen einem einzigen Gebäude zugerechnet werden müssen. Bemerkenswerterweise folgte dann, wie im Westteil der Kirche beobachtet werden konnte, unterhalb einer hohen bauschutthaltigen Auffüllung ein weiterer Schichtenkomplex, der unmittelbar den anstehenden Boden überzog und Reste von Wandputz enthielt. Da auf diesem Niveau keine Fußböden nachgewiesen werden konnten, dürften wir uns an dieser Stelle zwar außerhalb, aber in unmittelbarer Nähe eines Steingebäudes befunden haben, von dessen Umbau oder Abbruch diese Wandputzreste stammen müßten. Da dieser Schichtenkomplex ebenfalls undatierbar blieb und in den Schächten auch keinerlei eindeutig zuzuweisendes Mauerwerk ermittelt werden konnte, ist eine präzise Deutung des Befundes unmöglich. Mit aller gebotenen Vorsicht läßt sich lediglich feststellen, daß mindestens zwei Vorgänger der heutigen Kirche vorhanden gewesen sein müssen, von denen der jüngere im Westen die Ausdehnung der nachfolgenden Halle gehabt haben dürfte, der ältere aber nicht die gleiche Länge gehabt haben kann.

Über die Grundrißgestalt der Vorgänger ließen sich bei den archäologisch beobachteten Sondierungen im Innenraum ebenfalls keine präzisen Aufschlüsse gewinnen. Max Geisbergs Rekonstruktion, die für den zweiten Bau der Liebfrauenkirche 1085/88 eine dreischiffige, mit Apsidenchor, Westquerhaus und einem zweitürmigen Westriegel ausgestattete Basilika annimmt, deren Mittelachse überdies weiter nördlich als die der nachfolgenden Hallenkirche vermutet wird, konnte durch keinen Befund in den vorgegebenen Aufschlüssen bestätigt oder auch korrigiert werden. Das gleiche gilt für den dreischiffigen Gründungsbau. Schon gar keine Hinweise gab es auf den Bau jener Marienkapelle, der Liudger aufgrund einer verfälschten Urkunde zugeschrieben wird und den Geisberg im Bereich der späteren Liebfrauenkirche suchte. Hinweise auf einen Brand, sei es in Form von aufgefülltem Brandschutt, sei es in Form von unmittelbarer Feuereinwirkung, fanden sich in den zur Verfügung stehenden Befundausschnitten ebenfalls an keiner Stelle. Mauerabschnitte, die älter sein mußten als der bestehende Bau, konnten weder mit Hilfe individueller Baumerkmale noch aufgrund stratigraphischer Beobachtungen in einen Zusammenhang gebracht werden. Auch jüngere Einbauten blieben im Hinblick auf ihre Funktion nur bruchstückhaft erkennbar und ergaben kein eindeutiges Gesamtbild.

1969 hatte eine Grabung dem Stiftsbereich nördlich der Kirche gegolten, die im Vorfeld von Drainagearbeiten in einem knapp sieben Meter breiten Streifen entlang des östlichen Abschnitts der nördlichen Langhauswand in je nach Befund flächig erweiterten Schnitten durchgeführt wurde. Eines der wichtigsten Ergebnisse dieser sorgfältig dokumentierten archäologischen Untersuchung von Uwe Lobbedey ist der

Kopfnischengräber im Bereich des Überwasserstifts (Ansicht von Osten)

Nachweis gewesen, daß die Nordwand der gotischen Halle ausschließlich dieser Kirche zuzurechnen ist. Die Mauerverstärkung wurde vermutlich gewählt, um zum *claustrum* hin auf die raumgreifenden Strebepfeiler verzichten zu können. Damit war dem Rekonstruktionsversuch Geisbergs, der in dieser Wand, die gegenüber den anderen in doppelter Stärke ausgebildet war, Reste der Gründungsbasilika von 1040 entdeckt zu haben glaubte, eines der grundlegendsten Argumente entzogen; daher sind die vermutete Achsenverschiebung zwischen den Vorgängerbauten und der gotischen Halle sowie die zeitliche Ansprache der Ludgeruskapelle als Rest des Westriegels der Kirche von 1085 wieder sehr in Frage zu stellen. Darüber hinaus gelang es, zumindest abschnittsweise die Vorgänger des 1837 abgebrochenen Klausurgebäudes bis in die Zeit der Entstehung des Stifts – also bis 1040 – zu verfolgen; allerdings war der zur Verfügung stehende Beobachtungsausschnitt nicht so groß, daß die komplizierte Abfolge von Bau- und Umbaumaßnahmen in ihren Zusammenhängen und den ihnen zugewiesenen Aufgaben vollständig hätte erfaßt werden können.

Ein archäologisch weißer Fleck aber blieb vor allem auch das *suburbium* Überwasser – jene Vorstadt, die sich nördlich und westlich des Sumpfgebiets der Aa um das 1040 im Beisein Heinrichs III. geweihte Liebfrauenstift ausbildete und mit eigener Befestigung, Gericht, Markt und Rathaus ausgestattet war, bevor sie in die im späteren 12. Jahrhundert begonnene Ummauerung der Gesamtstadt einbezogen wurde. Einige wenige Baustellenbeobachtungen, vornehmlich in Kanälen für Versorgungsleitungen, erbrachten keinerlei sicher deutbare Anhaltspunkte für die Struktur der Besiedlung des *suburbium* und dessen Befestigung.

Die mittelalterlichen und neuzeitlichen Befestigungsanlagen

Im Gegensatz zur Umwehrung des *suburbium* Überwasser ist die Befestigung der Gesamtstadt, die – im 12. Jahrhundert begonnen und 1278 abgeschlossen – in einem Rahmen erfolgte, der im wesentlichen (trotz verschiedener Ausbauphasen) bis in die zweite Hälfte des 18. Jahrhunderts Bestand haben sollte, auch ohne den archäologischen Nachweis ausreichend belegt. Grundlage dafür bieten eine günstige kartographische Überlieferung seit 1534 und ein – verglichen mit anderen Städten – relativ sorgfältiger, traditionsbewußter Umgang mit der Parzellenstruktur im Bereich der Befestigungsanlagen nach der Schleifung 1764 sowie schließlich die Tatsache, daß mit Buddenturm und Mauerteilen am Aegidiiwall Abschnitte der ursprünglichen Befestigung – mit Neuwerk, Zwinger und Resten der äußeren Wassergräben Zeugen des spätmittelalterlich-frühneuzeitlichen Befestigungsausbaus – auch obertägig überlebt haben.

Reste eines sogenannten Wasserbärs in der Baugrube für die Erweiterung der Gerichtsgebäude am Stadtgraben. Die Schleuse wurde zwischen 1680 und 1695 im Zuge der Umgestaltung von Außenwall und Neuwerk in einen Hofgarten für den Fürstbischof aufgegeben

Dennoch hat aber gerade das Befestigungswerk in Münster ein bemerkenswert großes archäologisches Interesse auf sich ziehen können, wenn es sich dabei weitgehend auch nur um Baustellenbeobachtungen und kaum um ausgedehntere Untersuchungen gehandelt hat. Es lassen sich eine große Anzahl von archäologischen Sondierungen im Bereich des Befestigungswerks auflisten. Im Vordergrund der Arbeiten standen in der Regel neben einer maßstabsgerechten Aufnahme der Befunde Fragen nach einer genauen zeitlichen Bestimmung von Baubeginn und -verlauf und nach dem jeweils verwendeten Baumaterial. Gerade in diesem Zusammenhang sollen die aufregenden Funde farblich gefaßter Skulpturenfragmente und Skulpturen im Bereich des Kreuztorrundells 1898 und im Bereich des Hörstertorrundells 1979/80 besondere Erwähnung finden, da sie einerseits eindrucksvoll den Bildersturm der Täuferzeit, andererseits die Verstärkung der Befestigung durch Torrundelle in den Jahren zwischen 1530 und 1536 belegen. Nach Lage der Tore wird die Provenienz der Skulpturen den jeweils benachbarten Kirchen zugeschrieben. Daher konnte Max Geisberg die Kreuztorfunde als Portalfiguren von Liebfrauen-Überwasser identifizieren, während die ursprüngliche Heimat der Hörstertor-Skulpturen in der Minoriten- oder der Martinikirche angenommen wird.

Was jedoch die Grundstrukturen des Befestigungswerks hinsichtlich Verlauf und Ausbau betrifft, so erhält man mit Hilfe der zahlreichen archäologischen Beobachtungen nur wenig Zugewinn an neuen Erkenntnissen. Doch ging diese Konzentration auf die Befestigungsanlage der Gesamtstadt zu Lasten der Beobachtung von Sicherungsmaßnahmen, die zwischen dem 9. und 12. Jahrhundert zum Schutz von Siedlungsbereichen und Hofanlagen außerhalb der Befestigung der Domburg vorhanden gewesen sein dürften. Archäologische Zeugnisse für die Befestigung der Marktsiedlung, die sich seit dem 9. Jahrhundert nordöstlich und östlich der Domburg entwickelte, und für den südwestlich davon gelegenen bischöflichen Hauptwirtschaftshof, den Bispinghof, der bis zur Fertigstellung der gesamtstädtischen Befestigungsanlage in der zweiten Hälfte des 13. Jahrhunderts eine eigene Umwehrung gehabt haben dürfte, sind ebenfalls nicht vorhanden. In diesen Fällen gibt es bis heute keine genauen Erkenntnisse über den Verlauf und das Aussehen der zugehörigen Wehranlagen, die allein auf archäologischem Weg zu gewinnen wären. Die Begrenzung der einzelnen Siedlungsbereiche, wie sie aufgrund von topographischen Überlegungen und Rückschlüssen aus der archivalischen Überlieferung ermittelt wurden, blieben bislang im Bereich der Hypothese.

St. Mauritz

Ganz ähnlich läßt sich die Situation bei dem vor den Toren der mittelalterlichen Stadt gelegenen Kanonikerstift St. Mauritz beurteilen, einer Gründung des Bischofs Friedrich I. (1064–1084) aus der Zeit um 1070, des Bischofs, der in seiner vermutlich erst vom Nachfolger Erpho (1085–1097) vollendeten Kirche auch seine letzte Ruhestätte fand. Archäologisch untersucht wurde im Zuge einer Erneuerung der Heizung im Jahr 1970 ausschließlich der Innenraum des Gebäudes. Bei dieser Untersuchung gelangen wesentliche Aufschlüsse über die frühe Baugeschichte der Kirche. Den Ausgrabungsergebnissen zufolge bestand der von Friedrich I. begonnene Gründungsbau aus einem einschiffigen, bereits eingewölbten Saal mit apsidialem, durch Türme flankiertem Chorschluß und einem vorhallenähnlichen Vorbau, der später dem romani-

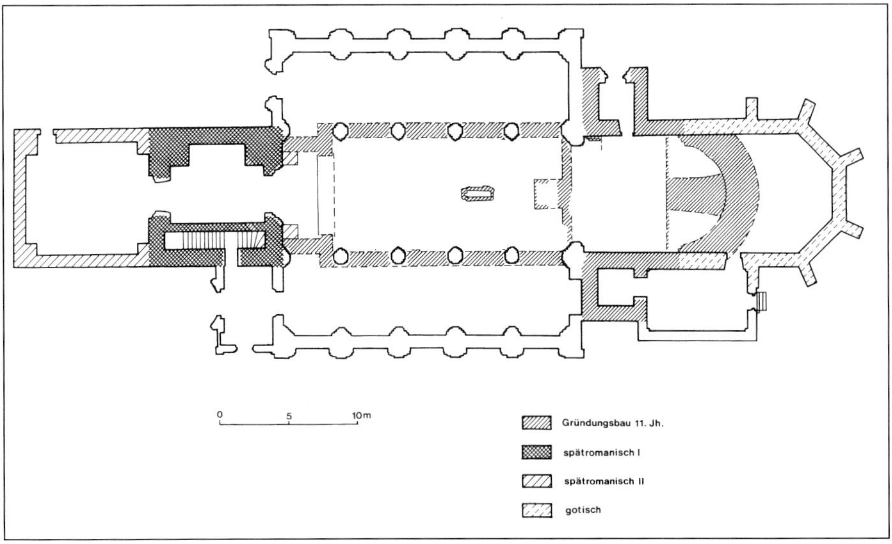

Grundriß von St. Mauritz mit den einzelnen Bauperioden

schen Westturm und der diesem westlich vorgelagerten Erphokapelle weichen mußte. Begonnen wurde mit den Bauarbeiten jedenfalls im Osten, und zwar etwas früher, als bisher allgemein angenommen wurde. Dendrochronologische Daten, die von Holzproben aus Maueranker der beiden Chorflankentürme gewonnen werden konnten, sprechen für deren Fertigstellung spätestens 1068/69, also mindestens ein Jahr vor dem bisher angenommenen Baubeginn. Die Fertigstellung des Langhauses dagegen wird wegen der bereits in der ursprünglichen Bauausführung vorhandenen Einwölbung dem Nachfolger Friedrichs I., Bischof Erpho, zugeschrieben, weil diese Art der Deckengestaltung im westfälischen Sakralbau – selbst im überregionalen Vergleich – sonst als sehr frühzeitig anzusehen wäre. Im Ostteil des Langhauses auf der Längsachse der Kirche konnte das Grab des Gründers aufgefunden werden, eine aus Sandsteinblöcken sorgfältig ausgemauerte Gruft, deren Kopfnische die Umschrift FRITHERICUS EPS trägt. Bei seinen Gebeinen waren trotz einer bereits früher erfolgten Öffnung des Grabes seine priesterlichen und ein Teil seiner bischöflichen Hoheitszeichen (Kelch und Patene sowie die elfenbeinerne Krümme und die eiserne Spitze seines Bischofsstabes) vorhanden. Außerhalb des Innenraums der Kirche gab es keine weiteren archäologischen Untersuchungen größeren Umfangs. Das betrifft nicht nur den eigentlichen Stiftsbezirk, der aufgrund der erst bei der Ausweitung der Stadt im 19. Jahrhundert erfolgten Überbauung relativ verläßlich kartiert wurde und durch bauliche Reste im obertägigen Bereich zumindest für seine jüngere Ausgestaltung noch sichtbare Zeugnisse bereithält. Viel schwerwiegender ist das Fehlen archäologischer Untersuchungen im Bereich der *villa* St. Mauritz, eines sich im Norden und Osten der Stiftsimmunität schon bald nach der Gründung entwickelnden *suburbium*, das bereits 1142 erwähnt wird. Allerdings muß man aufgrund von Hinweisen in der archivalischen Überlieferung annehmen, daß bereits im fortgeschrittenen 12. Jahrhundert eine Reduktionsphase dieser Siedlung eingeleitet wurde, die bis

Gesamtansicht der Grabung in der Mauritzkirche – im Vordergrund des Grab Bischof Friedrichs I. (1064–1084)

ins 16. Jahrhundert fortdauerte. Für dieses *suburbium* läßt sich zwar aufgrund der Urkatasteraufnahme von 1828 eine ehemals rechteckige Anlage und mit Hilfe von Flurnamen und kartographischen Hinweisen sogar eine Befestigung mit Graben und Palisade erschließen, doch ist nichts über die Binnenstruktur, deren Entwicklung und Wandel bekannt. Von noch größerer Bedeutung aber wären archäologische Untersuchungen bei der Klärung der Vorgeschichte des Geländes, auf dem um 1070 St. Mauritz entstand. Denn die urkundliche Überlieferung spricht von einem *predium, quod apud ipsos antiquum dicitur, in cuius parte fundata est ecclesia et site sunt domus claustrales cum aliquot pauperum tuguriis* [2767: Westfälisches Urkundenbuch 2, Nr. 478]. Zwar zeigen ältere topographische Darstellungen im Bereich von St. Mauritz weitere Reste von Gräben und Befestigungen, die man versucht ist, mit jenem *predium* in Verbindung zu bringen, doch erlauben diese Spuren auch gänzlich andere Interpretationen. Aber nicht nur die Lage, auch das Alter – immer wieder wird versucht, dieses *predium* bis in die Karolingerzeit zurückzuführen – und die Ausdehnung des Grundbesitzes bleiben im Bereich von Vermutungen.

3. Stadtarchäologie als Geschichtsquelle?

Ziehen wir die Bilanz aus der stadtarchäologischen Arbeit in Münster, dann ergibt sich ein insgesamt doch recht deprimierendes Bild. Es sollte kein Trost sein, daß die

Stadt sich darin kaum von vielen anderen unterscheidet, ja daß in nicht wenigen Fällen noch wesentlich schlechtere Resultate vorliegen. Es ist schon ein merkwürdiger Gegensatz, daß dort, wo die Archäologie am intensivsten tätig geworden ist und zugleich auch ihre Hilfe am meisten gefragt war, nämlich im Bereich der Domburg mit ihrem großen Vorrat an Auskünften zur Frühgeschichte der Stadt, gerade durch die jüngste Grabung auf dem Domherrenfriedhof eigentlich im Augenblick die meisten Fragen offen sind. Das betrifft in erster Linie den Bereich des Domstifts selbst. Wesentlich günstiger ist dagegen jener Kenntnisstand, der durch die zahlreichen archäologischen Untersuchungen der Domburgbefestigung und der angrenzenden Innenbebauung gewonnen werden konnte. Aber die Binnenstruktur der Domburgbesiedlung insgesamt ließ sich dadurch nicht zu einem verläßlichen Bild zusammenfügen, vor allem nicht ihr Wandel zum hochmittelalterlichen Zustand, wie er sich in der Zusammenschau von jüngeren kartographischen und archivalischen Quellen rekonstruieren läßt.

Der archäologische Blick in die sich am Rand der Domburg entwickelnde Stadt ist nur schwerpunktmäßig und in recht geringen Ausschnitten erfolgt, wobei sogar noch im Vordergrund die Baugeschichte der beiden ältesten Kirchen außerhalb der Domburg stand. Während sich bei der Lambertikirche zwar kein präzises Gründungsdatum fassen, dafür aber eine Bauabfolge erarbeiten ließ, in der sich das Aufblühen bürgerlichen Selbstbewußtseins bis zum Höhepunkt – dem Bau der heute noch bestehenden spätgotischen Kirche – widerspiegelt, konnten die bisherigen Rekonstruktionsversuche der Baugeschichte von Liebfrauen-Überwasser bei gesichertem Gründungsdatum aufgrund archäologischer Nachforschungen als nicht haltbar erwiesen werden, ohne daß allerdings ein Gegenmodell anzubieten wäre. Was jedoch den zugehörigen Siedlungsbereich betrifft, so blieben Verlauf und Aussehen der Begrenzung und die Binnenstruktur des *suburbium* Überwasser zumindest für die Frühzeit im dunkeln. Dagegen gelang es, für einen kleinen Ausschnitt östlich der Lambertikirche einige Aussagen zur Siedlungsentwicklung, zum Beispiel zur Ausbildung und Veränderung des Parzellenbildes, zur Gewichtung des Straßensystems oder zur Wirtschafts- und Sozialtopographie vom 11. bis 19. Jahrhundert zu machen – ohne daß diese jedoch für die anderen Teile der Marktsiedlung die gleiche Gültigkeit besitzen. Deren ursprüngliche Begrenzung und Sicherung sowie die Art und Weise ihres Wachstums konnten auf archäologischem Weg trotz ständiger Bemühungen, auch noch so kleine Bauaufschlüsse in dem betreffenden Bereich für Fragestellungen, wie sie oben angeschnitten wurden, auszubeuten, nicht erfaßt werden. Eine eigenartige Faszination scheinen dagegen die mittelalterliche Befestigung der Gesamtstadt und ihr neuzeitlicher Ausbau auf die Archäologie ausgeübt zu haben. Obwohl sie noch am besten durch eine relativ dichte Abfolge an kartographischen Quellen belegt scheinen, wird immer wieder gerne und oft zum Spaten gegriffen. Aber vielleicht liegt die Anziehungskraft des Befestigungswerks in der beeindruckenden Mächtigkeit der Anlagen, die im städtischen Bauen sonst ihresgleichen sucht, und in den noch heute vorhandenen Resten.

Dagegen sind die Verhältnisse außerhalb dieser mittelalterlich-neuzeitlichen Befestigungsanlage wieder ganz ähnlich gelagert wie im Bereich der mittelalterlichen Stadt außerhalb der Domburg. Neben der Klärung der Baugeschichte der Kirche des Mauritzstifts galten verschiedene Baustellenbeobachtungen außerstädtisch gelegenen

Einrichtungen wie dem Leprosenhaus in Kinderhaus oder dem bei der letzten Kommunalreform eingemeindeten Ortskranz um die Stadt. Doch kam es dort nie zu größeren Grabungsunternehmen, deren Befunde sichere Erkenntnisse zur Entwicklung spezieller Einrichtungen dieser Orte oder überhaupt zu deren Siedlungsgeschichte in größerem Umfang erbracht hätten. Die einzige Ausnahme bildet die großflächige Untersuchung einer frühmittelalterlichen Dorfsiedlung in der Gittruper Heide, die bis ins Hochmittelalter existiert hat und dann wüst gefallen ist. Auf die Ergebnisse der noch laufenden Ausgrabung darf man gespannt sein.

Faßt man die Ergebnisse dieser Betrachtung zusammen, so muß man sich ernsthaft fragen, wie ergiebig die Archäologie als Geschichtsquelle wirklich ist. Haben nicht gerade die jüngsten Flächengrabungen in Münster gezeigt, daß die Archäologie zunächst einmal in altvertraute Vorstellungen zur Stadtgeschichte einbrach, sie störte, ohne selbst einen überzeugenden Ersatz anbieten zu können? Vielmehr scheinen mit der archäologischen Antwort auf alte Fragestellungen hundert neue Fragen aufzutauchen, deren Beantwortung in erheblichem Maße davon abhängt, wieweit die Ausdehnung der archäologischen Untersuchungen in bisher unversehrte Bodenbereiche überhaupt noch möglich ist. Aber auch wenn diese Möglichkeit nicht mehr oder erst in ferner Zukunft bestehen wird, so deutet sich doch an, daß durch die Ausgrabungen ein Anstoß erfolgt ist, die Aussagen der anderen Überlieferungszweige zu dem jeweiligen Thema neu zu betrachten und unter dem veränderten Blickwinkel anders zu bewerten und damit den richtigen Weg zu finden. Ob er es allerdings dann ist, wird sich letztlich doch im Boden entscheiden, wie sich an den Konsequenzen der Ausgrabung auf dem Domherrenfriedhof deutlich zeigt.

Aus diesem Grund versetzt es um so mehr in Erstaunen, daß die meisten Städte zwar für ihre archivalische Überlieferung in eigenen Archiven sorgen und daß für sie außer Frage steht, die sachliche Hinterlassenschaft ihrer Stadt in eigenen Museen mit großem Aufwand zu pflegen. Mit ihrer noch im Boden ruhenden Hinterlassenschaft aber gehen nicht wenige wie mit einem lästigen Ballast um, den man möglichst schnell und ungesehen beseitigen möchte. Versäumtes läßt sich gerade hier nicht wiedergutmachen.

Quellen und Literatur

Zur archäologischen Erforschung der Stadtgeschichte, deren Möglichkeiten und Grenzen haben sich in allgemeiner Form vor allem Günter P. Fehring [2096: Stadtarchäologie in Deutschland] und Hans Georg Stephan [2711: Archäologie und Stadtgeschichte] geäußert. Die speziellen Probleme der Bodendenkmalpflege in der historischen Stadt erläutert Gabriele Isenberg [2270: Bodendenkmalpflege]. Die Geschichte der Stadtarchäologie im europäischen Rahmen wird in einem englischsprachigen Sammelband [2753: European Towns] dargestellt. Über die Entwicklung stadtarchäologischer Aktivitäten im nordwestdeutschen Raum berichten verschiedene Einzelbeiträge und Forschungsberichte [2280: 25 Jahre Archäologie in Lübeck; 2668: Schütte, 5 Jahre Stadtarchäologie; 2606: Rötting, Stadtarchäologie in Braunschweig; 2355: Krause, Stadtarchäologie in Duisburg; 2399: Lobbedey, Stadtkernforschung in Paderborn; 2272: Isenberg, Mittelalter im „Ruhrgebiet"].

Mit der Geschichte des Doms, des Domstifts und der Domburg als Urzelle der Stadt Münster beschäftigt sich Wilhelm Kohl auf der Grundlage der schriftlichen Überlieferung [503: Honestum monasterium; 206: Domstift]. Wesentlich kürzer wird dagegen dieser Bereich bei Joseph Prinz [543: Mimigernaford-Münster; 544: Parochia] behandelt. Die knapp mitgeteilten

Grabungsergebnisse Theodor Wieschebrinks zum Dom und zum Domherrenfriedhof wurden jeweils mit unterschiedlicher Bewertung einbezogen. Für den Domherrenfriedhof sind diese in der Zeitschrift „Westfalen" [593: Dom des hl. Ludgerus] und bei Hans Thümmler [2747: Neue Funde zur mittelalterlichen Baukunst] dokumentiert; hier ist die Grabung im Dom nach der Kriegszerstörung mit eingeschlossen. Auf den Ergebnissen dieser archäologischen Untersuchungen gründeten auch weitgehend die Überlegungen von Franz Mühlen [522: Dom zu Münster]. Anderslautende Grabungsergebnisse einer Flächenuntersuchung im Südteil des Ostquerhauses haben Manfred Schneider [408: Paulus-Dom] und Uwe Lobbedey [395: Jüngste Ausgrabungen] in einem Vorbericht vorgelegt. Eine neue Sicht der Dinge, vor allem, was die Funktion des sogenannten Alten Doms innerhalb des Domstifts anbetrifft, fordern auch die jüngsten archäologischen Untersuchungen auf dem Domherrenfriedhof. Zum Vergleich dazu eignet sich die ebenfalls auf archäologischem Weg erfaßte Baugeschichte der anderen westfälischen Dome [2400: Lobbedey, Ausgrabungen im Dom zu Paderborn; 2268: Isenberg, Ausgrabungen 1986] mit zum Teil erheblichen Korrekturen an den bisherigen Vorstellungen zur Baugeschichte der Kathedralkirchen.

Zur Gestalt des *monasterium* von seinen Anfängen bis zum Hochmittelalter liegen Berichte von Wilhelm Winkelmann [421: Ausgrabungen auf dem Domhof; 2446: Mitteilungen über Ausgrabungen und Funde] und Philipp R. Hömberg [382: Ausgrabungen im Kreuzgang; 383: Münster] vor. Aussagen zur Vorbesiedlung des Domburgareals, zu seiner Befestigung und Innenbebauung in karolingischer und mittelalterlicher Zeit finden sich ebenfalls bei Winkelmann und Hömberg [381: Ausgrabungen auf dem Domhof].

Mit der Entwicklung der Marktsiedlung östlich der Domburg aufgrund der historisch-topographischen Überlieferung haben sich vor allem Joseph Prinz [543: Mimigernaford-Münster] und Karl-Heinz Kirchhoff [496: Methode topographischer Forschung] beschäftigt. Eine gründliche Aufarbeitung der schriftlichen Überlieferung und eine ausführliche baugeschichtliche Darstellung der im Mittelpunkt der Marktsiedlung gelegenen Lambertikirche hat bereits Max Geisberg [4: Kunstgeschichte der Lambertikirche; 132: Stadt Münster 6] vorgelegt. Die archäologischen Untersuchungen der Kirche betrafen vorwiegend die Frage nach Gestalt und Alter der Vorgängerbauten und der Vorbesiedlung des Geländes [2747: Thümmler, Neue Funde zur mittelalterlichen Baukunst; 386: Isenberg, Baugeschichte der St.-Lamberti-Kirche]. Auf dieser Grundlage erfolgte jüngst eine Neubewertung der Baugeschichte der bestehenden Lambertikirche durch Hans Josef Böker [90: Marktpfarrkirche St. Lamberti]. Das Umfeld der Kirche wird in den Untersuchungen von Kirchhoff [488: Bogenhäuser; 490: Erbmänner und ihre Höfe] behandelt. Die Siedlungsentwicklung östlich der Lambertikirche schildert Isenberg aufgrund der Befunde der Ausgrabungen zwischen 1987 und 1989, die ein etwas differenzierteres Bild des Vorgangs darzustellen erlauben [2269: Archäologische Beobachtungen; 385: Asche-Gelände].

Die Geschichte und Baugeschichte des Stifts Liebfrauen-Überwasser ist wiederum grundlegend behandelt bei Max Geisberg [132: Stadt Münster 6]; gegen seinen Rekonstruktionsversuch der Kirche von 1085 sprechen jedoch die Grabungsergebnisse von Lobbedey [2401: Kurze Berichte über Ausgrabungen]. Zu den Ergebnissen im Inneren der Kirche bei der Fundamentsanierung 1980/81 liegt ein Bericht von N.-D. Nydolf [399: Münster] vor. Die Befestigungsanlagen sind in beeindruckender Ausführlichkeit bei Geisberg [132: Stadt Münster 1] behandelt. Ergänzende Untersuchungen – vor allem über den spätmittelalterlichen Ausbau des Verteidigungswerkes – hat Kirchhoff [498: Zwinger und Neuwerk] vorgenommen.

Die Geschichte und Baugeschichte des Stifts St. Mauritz ist wiederum bei Geisberg [132: Stadt Münster 6] grundlegend dargestellt; neuere Untersuchungen zu Geschichte und Baugeschichte des Stifts sind in einer Festschrift [238: Neun Jahrhunderte] zusammengetragen. Die Architektur der Stiftskirche behandeln Hildburg und Uwe Lobbedey [230: St. Mauritz]. Die Geschichte des *suburbium* St. Mauritz und die Frage einer älteren Hofanlage, bei der das Stift errichtet wurde, ist ausführlich bei Prinz [543: Mimigernaford-Münster] erörtert. Über die archäologischen Sondierungen und Baustellenbeobachtungen im Stadtgebiet von Münster wird fortlaufend in der Reihe „Ausgrabungen und Funde in Westfalen-Lippe" sowie im jährlich erscheinenden „Neujahrsgruß" des Westfälischen Museums für Archäologie berichtet. Die vollständige Dokumentation der Untersuchungen ist im Westfälischen Museum für Archäologie (Fachreferat Mittelalter-Archäologie) und im Gebietsreferat Münster vorhanden und dort einsehbar.

KARL-HEINZ KIRCHHOFF

Stadtgrundriß und topographische Entwicklung

1. Topographische Strukturen der Stadt Münster – 2. Die topographische Situation vom 8. bis 12. Jahrhundert – 3. Althöfe im Raum Mimigernaford – 4. Keimzellen der Stadt – 5. Die Topographie der spätmittelalterlichen Stadt – 6. Metropolis Westphaliae – 7. Von der Metropole zur Residenzstadt

Der Grundriß einer Stadt enthält in kartographisch verschlüsselter Form zahlreiche Hinweise auf ihre Geschichte, besonders im Straßennetz und im Gefüge der Parzellen. In Verbindung mit Baudenkmälern und Schriftquellen erlaubt der Grundriß Einblicke in die topographische Entwicklung der Stadt; er weist auf Zusammenhänge und Problemzonen hin und bietet damit Anstöße zur weiteren Forschung.

Die seit dem 16. Jahrhundert überlieferten Ansichten und Pläne der Stadt Münster sind wertvolle Hilfsmittel zur Bestandsaufnahme topographischer Details, doch das Fehlen einer Parzellenaufnahme verhinderte oder erschwerte die Kartographierung der aus Schriftquellen gewonnenen Erkenntnisse zur Geschichte der einzelnen Objekte und Stadtteile. Exakte Karten, die aufgrund einer Vermessung erstellt wurden, liegen für die Festungswerke ab 1647, für das Straßennetz der Innenstadt ab 1786 vor. Der erste Stadtplan aus preußischer Zeit (Veltmann/Overduyn 1817) ist verschollen; die Straßenaufmessungen von Sinderen (1820) erfassen nicht die Parzellengrenzen innerhalb der Baublocks. Erst die parzellenscharfe Karte der Katasteraufnahme 1829/30 ermöglicht genauere Analysen der Grundstücksgrenzen und damit Rückschlüsse auf topographische Entwicklungen, die stellenweise bis in die Anfänge der Stadt zurückverfolgt werden können.

Ein Vergleich zwischen dem ältesten Stadtplan Münsters, dem Vogelschauplan von 1636, und der Katasterkarte von 1839 zeigt die erstaunliche Konstanz im Grundriß der Altstadt. Zwar haben geschichtliche Ereignisse und städtebauliche Entwicklungen Spuren hinterlassen, die im Innern der Altstadt als Veränderungen des Parzellengefüges, an der Peripherie in der Umwandlung der Festungswerke zu Grünanlagen und in der Angliederung des Schloßbezirks sichtbar werden, aber erhalten blieb die Grundstruktur, die man noch im heutigen Stadtplan wiederfindet und die auch auf einem Plan zum Jahr 1200 nicht viel anders darzustellen wäre.

1. Topographische Strukturen der Stadt Münster

Die zentral gelegene Rundung der ehemaligen Domburg ist umgeben von einem 300 bis 400 Meter breiten bebauten Ring, der vor der Linie der Stadtmauer endet. Von Südwesten nach Nordosten durchzieht die Talaue der Aa das Stadtgebiet und trennt den größeren Ostteil mit Domplatz und Prinzipalmarkt von dem Westteil, der, vom Dom her gesehen, jenseits der Aa liegt und die Bezeichnung „Überwasser" bis heute trägt. Deutlich unterscheidet sich der westliche Stadtteil mit nur drei Stadttoren und einer Kirche, mit der im Nordwesten dichten und im Süden lockeren Bebauung von der östlichen Altstadt, die mit sechs Stadttoren, Dom und fünf Pfarrkirchen sowie zahlreichen Großbauten ausgestattet war. Diese unterschiedlichen Strukturen sind Folgen einer vor Jahrhunderten fixierten Situation, die letztlich auf die Trassenführung der frühmittelalterlichen Fernstraßen zurückgeht.

Die Kreuzung der Friesischen Straße mit der Rheinischen bzw. Kölnischen Straße lag auf der östlichen Niederterrasse der Aa. Das Straßenkreuz und die nahe Furt, die im altsächsischen Siedlungsnamen Mimigernaford bezeugt ist, gaben wohl den Ausschlag für die Wahl dieses Standorts, als der friesische Missionar Liudger seit 793 hier ein *monasterium* errichtete, das später zur Bischofsburg wurde. Im Schutz der Domburg entstanden die ersten Kaufmannssiedlungen: Der *mercatus* am Roggenmarkt und das *suburbium* Überwasser bei der 1040 gegründeten Stifts- und Pfarrkirche St. Marien.

Östlich der Aa gruppieren sich im Halbkreis um die Domburg die Pfarrkirchen St. Martini, St. Lamberti, St. Servatii, St. Ludgeri und St. Aegidii mit ihren Kirchspielen. Die kommunale Gliederung der Stadt folgte der naturgegebenen Zweiteilung: Im Ostteil lagen die vier Leischaften Martini, Lamberti, Ludgeri und Aegidii, im Stadtteil Überwasser die Leischaften Jüdefeld und Liebfrauen.

In weitem Bogen umgaben die Stadtmauer und der Kranz der Festungswerke die Stadt; heute bedecken Gärten und Grünanlagen die eingeebneten Gräben und Wälle. Keine Vorstadt oder Neustadt unterbricht die historische Rundform. Der fünfzackige Stern des Schloßgartens ist durch eine langgestreckte Freifläche, den heutigen Hindenburgplatz, von der Stadt abgesetzt; hier trennte ein Glacis 1661 die Zitadelle des Landesherrn von der bezwungenen Bürgerstadt.

Trotz des geschlossenen Bildes, das der Stadtplan bis 1945 bot, lassen sich die Siedlungskerne, die Ende des 12. Jahrhunderts zur Stadt zusammengeschlossen wurden, aus den Strukturen der Straßen und Parzellen ablesen, die in der Katasteraufmessung der Jahre 1829/30 fixiert wurden.

2. *Die topographische Situation vom 8. bis 12. Jahrhundert*

Die Wahl des geeigneten Standorts für ein Missionskloster im Raum Mimigernaford ist vermutlich durch topographische Faktoren beeinflußt worden: durch die Spornlage des Domhügels, die in der Nähe gelegene Furt und durch die Kreuzung mehrerer Fernwege.

Ein Ausläufer des münsterländischen Kiessandrückens (hier 60 Meter über NN) schiebt sich von Osten her in die Talaue der Aa (hier 53 bis 55 Meter) hinein und bildet ein hochwasserfreies, leicht zu befestigendes Siedlungsplateau. Unmittelbar nördlich dieser Verengung weitet sich die Talaue der Aa wieder und ermöglicht die Entstehung einer Furt. Ihre Lage ist nach der Hauptrichtung der Verkehrswege südöstlich der *mansio uppen Berge* im Zuge der Bergstraße zu vermuten.

Die Aaläufe und die Furt

Zwischen der Domburg und der Kirche St. Marien-Überwasser teilte sich die Aa in zwei Arme. Der Verlauf des östlichen Altarms (I–V) ist in der Grenze zwischen den Kirchspielen Überwasser und St. Martini und in der Grenze zwischen den im Spätmittelalter (13. oder 14. Jahrhundert) eingerichteten Leischaften erhalten. Im

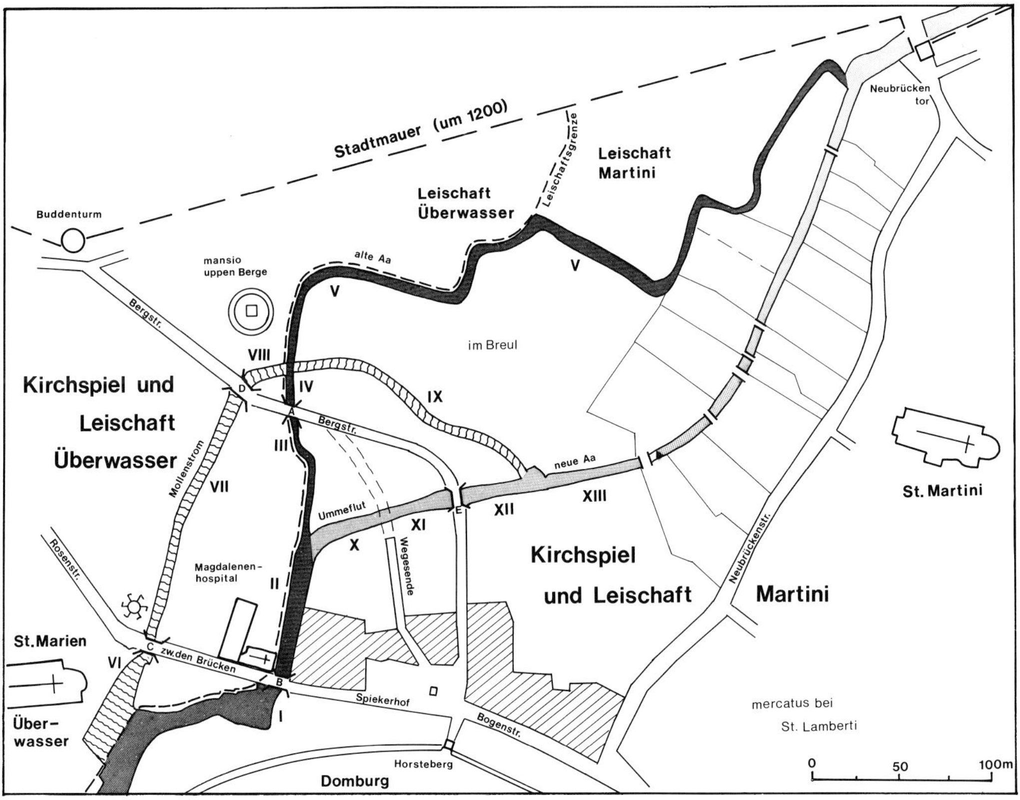

Altläufe der Aa

Abschnitt (III–IV) bei der späteren Brücke (A) wird die Furt gelegen haben. Diese wurde nach Westen durch den Turmhügel der *mansio uppen Berge* geschützt, der von Ministerialen des Stifts St. Marien und nach 1173 von den Edelherren zu Steinfurt als den Vögten dieses Stifts besetzt war; sie überließen den Platz 1282 der Kommende St. Johann. Am Westufer dieses alten Aalaufs, der noch 1265 als *antiquus fluxus* bekannt war, an einem Weg vom *mercatus* am Roggenmarkt zum *suburbium* Überwasser, lag im 11. Jahrhundert ein Hospital, das 1176 eine Kapelle (St. Maria Magdalena und St. Georg) erhielt. Das Grundstück des Magdalenenhospitals reichte bis zur Bergstraße.

Der westliche, nach 1945 verschwundene Arm der Aa (VI–VIII) wurde in Verbindung mit dem Bau der bischöflichen Mühle und einer das Wehr benutzenden Brücke (C) wohl im 11. Jahrhundert angelegt. Dieser sogenannte Mollenstrom erhielt eine Brücke (D) an der Bergstraße und floß unweit des Turmhügels in die alte Aa zurück. Die beiden südlichen Brücken (B und C) sind 1186 schon als Steinbrücken bezeugt und gaben diesem Straßenstück den Namen „zwischen den Brücken", der erst in der Neuzeit vom Namen „Spiekerhof" verdrängt wurde.

Eine erste Verlegung des Aalaufs erfolgte wohl um 1200, als die feuchte Niederung des Breul für den Bau der Stadtmauer entwässert werden mußte. Die alte Aa (III–V) wurde nach Osten in ein neues Bett umgeleitet, wobei das Zwischenstück (III–IV) beiderseits der Furt bzw. der Bergbrücke (A) abgeschnürt wurde und der Altlauf (IV) als Grenzgraben liegenblieb; der neue östliche Strang (X–XIII) erhielt an der Bergstraße eine neue Brücke (E). Der Mollenstrom (VII–VIII) mußte nun in weitem Bogen (IX) bis zur neuen Aa geführt werden; deren Flußlauf (XIII) zerschnitt die langschmalen Grundstücke an der Westseite der Neubrückenstraße, die, wie der Alerdinckplan 1636 zeigt, ihre Gärten im Breul über Stege erreichten. Die Verlegung der beiden Aaläufe ist vor 1230 erfolgt. Der verlängerte Mollenstrom begrenzte die um 1230 zu datierende zweite Phase der Bebauung des Spiekerhofgeländes.

Die Fernstraßen

Die in der älteren Literatur geäußerte Vermutung, die Fernstraßen seien im Innern der Domburg zusammengetroffen, wurde 1960 von Joseph Prinz [543: Mimigernaford–Münster, S. 8ff] widerlegt. Alle Trassen führten an der Domburg vorbei. Die Kreuzung der beiden Hauptstränge lag nördlich der Lambertikirche. Drei Fernstraßen, die von den fränkisch-friesischen Missionsbasen des 8. Jahrhunderts in das Sachsenland hineinführten, benutzten die von dem Turmhügel geschützte Furt: die dem Emstal folgende Friesische Straße, die das Stadtgebiet in der Gegend des späteren Kreuztors erreichte, sowie die von Deventer und die aus dem Berkeltal (Coesfeld–Billerbeck) kommenden Straßen, die durch das Frauentor hereinkamen. Letztere führte mit der Frauenstraße ursprünglich wohl auf die Furt zu, bis die Immunität von St. Marien-Überwasser im Jahr 1040 eine Richtungsänderung erzwang, sie nach Norden umleitete und in den Straßenzug Kreuzstraße–Rosenstraße einmünden ließ. Östlich der Furt fanden diese Trassen ihre Fortsetzung im Zuge von Wegesende/Bergstraße – Bogenstraße – Roggenmarkt und Alter Steinweg. Zwischen Roggenmarkt und Lambertikirche trafen sie auf einen Nebenzweig der von Köln zu den Seehäfen führenden Trasse, deren Hauptlinie wohl östlich von Münster bei Warendorf lag. Diese Kölnische oder Rheinische Straße verlief auf dem Rand der östlichen Niederterrasse der Aa. Im Stadtgebiet ist sie im Straßenzug Aegidiistraße – Rothenburg – Prinzipalmarkt – Alter Fischmarkt – Hörsterstraße erhalten. Mit ihr vereinigten sich am Südausgang des Marktes die von Dortmund und Hamm durch das Ludgeritor hereinkommenden Straßen.

3. *Althöfe im Raum Mimigernaford*

Die lange Zeit unwiderlegte, aber auch nicht bewiesene These von Nikolaus Kindlinger aus dem Jahr 1787 [2309: Münsterische Beiträge 1], die Stadt Münster sei auf dem Grund und Boden von vier bäuerlichen Höfen entstanden, ist 1960 von Joseph Prinz [543: Mimigernaford–Münster, S. 87ff] korrigiert und durch eine Analyse der Siedlungsstruktur in karolingischer Zeit ersetzt worden. Alles hier gelegene Hofland der sächsischen Bauern war nach der fränkischen Eroberung im 8. Jahrhundert im Besitz der Bischofskirche. Es gibt keine späteren Hinweise auf Königsgut oder auf edelfreien Besitz im Raum Mimigernaford–Münster. Alle Besitzrückschreibungen enden bei Titeln des Bischofs oder des Domkapitels, die auf eine um das Jahr 1000 erfolgte Teilung der Kirchengüter zurückgehen. Dabei verblieben die Ländereien des Bispinghofes dem Bischof, das Domkapitel übernahm den Brockhof. Andere, in sich geschlossene Komplexe, so die Domburg und die Althöfe beiderseits der Aa, wurden gesondert geteilt.

Die im späteren Stadtgebiet und außerhalb liegenden Höfe und Ländereien befanden sich im 12. Jahrhundert im Lehnsbesitz von Ministerialen des Bischofs oder des Domkapitels. Einzelparzellen wurden an zuziehende Kaufleute und Handwerker nach Hofrecht verpachtet oder für die Gründung von Kirchen und Klöstern gestiftet. Das *wicbilethe*, d. h. Weichbildrecht, löste das Hofrecht ab. Nun konnten die Pächter das Eigentum an ihrem Hausgrundstück in Erbzinsleihe gegen Zahlung eines geringen Wortgeldes erwerben. Die erste belegte Zahlung eines Wortgeldes datiert aus dem Jahr 1181. Noch im 17. Jahrhundert erhob das Domkapitel Wortgeld von mehr als 300 Grundstücken in der Stadt. St. Marien-Überwasser hatte 54, die Aegidiikirche 51, St. Lamberti 13 und St. Martini 12 Wortgeldzahler. Die letzten „Wortpfennige" konnten 1808/12 unter französischer Herrschaft abgelöst werden. Aus den über Jahrhunderte geführten Listen der wortgeldpflichtigen Bürger läßt sich der Altbesitz dieser Kirchen zwar nicht vollständig, aber doch weit genug rekonstruieren, um daraus die Güterverteilung in der Stadt im 12. Jahrhundert und die Streuung des alten Hoflandes zu erkennen. Auch die ersten Villikationshöfe Bispinghof und Brockhof erhoben Wortgeld von Hausgrundstücken, ebenso die kleineren Höfe Nerdinck, Eschhues und Emesbrock.

Der Bispinghof

Ein Althof, dessen Name nicht überliefert ist, lag südwestlich der Domburg nahe der Aa. Es dürfte sich um den Haupthof einer Villikation von bischöflichen Höfen gehandelt haben. Form und Größe der Hofstätte sind nicht mehr erkennbar, da sie um die Mitte des 12. Jahrhunderts zu einer Burgmannssiedlung für die Ministerialen des Bischofs ausgebaut wurde. Um einen rechteckigen Mittelplatz mit einer Größe von etwa 50 × 70 Metern gruppierten sich die Parzellen der Burgmannshöfe. Trotz starker Veränderungen der Burganlage sind einige Grenzen noch erkennbar. Für den wohl schon im 11. Jahrhundert erfolgten Bau der Mühle, die 1217 das erste Mal belegt ist, wurde die Aa nach Westen umgeleitet. Der neue Aalauf erhielt einen Durchlaß in der Grenzwehr, der mit „Schotten" geschlossen werden konnte. Ihn schützte östlich ein Wehrturm, der Schottporte oder Schüttetor genannt wurde, im Westen übernahm der sogenannte Windmühlenturm die Schutzfunktion.

Der Bispinghof wurde in das Areal der Stadt einbezogen. Die vom Aegidiitor kommende Stadtmauer mußte Anschluß an die südliche Hofwehr gewinnen und bog bei der Schottporte auf ihre Linie ein. Später schnitt dann eine abkürzende Mauer die vorspringende Südwestecke des Hofgeländes ab. Bischof Everhard überließ 1278 Mauern und Tore des Bispinghofes der Stadt. Nun wurde wohl die stadteinwärts liegende Hofwehr beseitigt. Der Charakter einer Burgmannssiedlung war damit aufgehoben, doch aufgrund des besonderen Rechts der Ministerialen blieb der Bispinghof ein Immunitätsbezirk im Stadtgebiet. Nach dem Wegfall der inneren Hofwehr dehnte sich die Immunität nun nach Osten bis zur Aabrücke aus.

Der Ritter von Emesbrock verkaufte 1245 sein im Süden des Bispinghofes gelegenes Grundstück an den Deutschen Orden, Bischof Ludwig gab 1247 einen Platz für eine Kirche hinzu, so daß hier die Kommende St. Georg errichtet werden konnte, die 1444/45 auch die beiden bischöflichen Mühlen übernahm. Nördlich der zur Stadt führenden Straße – heute Bispinghof – lag ein Stadthaus des Stifts Freckenhorst, südlich erstreckte sich das große Grundstück der Erbmänner Kerckerinck zur Borg, deren Zweig sich hier Kerckerinck uppen Bispinghof nannte.

Der Brockhof

In der Güterteilung der Domkirche erhielt das Domkapitel einen Althof östlich der Aa. Er lag bei einer Niederung (niederdt. „Brok"), die nach Norden etwa bis zum Verspoel (Froschteich) reichte. Die Hofstätte blieb bei der Ummauerung außerhalb der Stadtgrenze und galt als Sitz des domkapitularischen Gogerichts „uppen Brockhof", später als Gogericht Bakenfeld bezeichnet. Das Hofland reichte weit in den Ostteil der Stadt hinein, wie die an das Domkapitel zu zahlenden Wortgelder zeigen. Die Wortgeldzahlungen betrafen um 1320 im Kirchspiel Ludgeri 54, in Lamberti 20, in Servatii 17 und in Martini 7 Grundstücke.

Nerdinck/Eschhues

Zwei kleinere Althöfe, die Hofgruppen Nerdinck/Eschhues und Emesbrock/to Ringe, lassen sich durch die Besitzrückschreibung ihrer Teilstücke annähernd rekonstruieren, die südöstlich der Domburg im Kirchspiel Ludgeri lagen. Bis zur Zerstörung Münsters im Zweiten Weltkrieg lagen zwischen Klemensstraße, Stubengasse und Loerstraße zwei große Grundstücke, deren Besitzgeschichte vom 13. Jahrhundert an bekannt ist und erkennen läßt, daß sie aus der Teilung eines Althofes entstanden sind. Dieser Althof könnte als *mansio Nerdinc* zu jener bischöflichen Villikation gehört haben, die um 1080 zur Ausstattung des Stifts St. Mauritz verwendet worden ist. Ackerland des Hofes lag außerhalb der Stadt, aber auch – erkennbar am Wortgeldtermin St. Mauritii, der für 14 Häuser nachzuweisen ist – an Klemens- und Loerstraße, Stubengasse, Alter Steinweg und am Prinzipalmarkt.

Der nördliche Teil des Hofes fiel bei der Teilung an das Domkapitel, das die Nutzung dem Domdechanten überließ; dieser konnte die Immunität der Domdechantsoder Paulifreiheit bis zur Neuzeit bewahren. Alerdincks Vogelschau von 1636 und Lageskizzen von 1690 und 1744 zeigen auf dem Gelände einen von Wassergräben umgebenen Hausplatz und etliche kleine Wohnhäuser. Das Areal wurde in der ersten Hälfte des 13. Jahrhunderts an den Ratsherrn Johann Niconis (Niesinck) verpachtet, der vom Markt hierher zog und dem Platz seinen Namen gab. Als *curia Nicinck* ist er 1357 belegt, auch das Domkapitel sprach von der „friewort zu Nysinck". Im Jahr 1444 ließen sich einige Devotessen hier nieder und gründeten das Beginenhaus Marienthal gen. Niesinck, das 1459 zur Klosterstraße verlegt wurde, den alten Hofnamen aber beibehielt. In der Folgezeit vermietete der Domdechant die zunächst 14 kleinen Häuser auf der Freiheit bevorzugt an Bedienstete des Domkapitels, unter anderem auch an illegitime Familien der Domherren. Der Plan zum Jahr 1744 zeigt 35 Hausstätten und acht Brunnen auf dem Platz, den der Domdechant für 18 000 Taler an den Kurfürsten Clemens August zur Errichtung eines Klosters der Barmherzigen Brüder samt Kirche und Hospital verkaufte.

Der südliche Teil des Althofes, im Winkel zwischen Stubengasse und Loerstraße gelegen, fiel bei der Teilung an den Bischof. Hier entstand eine eigene Hofstelle, zu der weitere Ländereien gehörten. So erhob der Eigentümer noch im Jahr 1468 6½ Schilling Wortgeld von Häusern in Münster, unter anderem an der Grünen Gasse. Bischof Friedrich († 1168) bestimmte die Einkünfte des Hofes für seine Memorie und überließ ihn der Domküsterei, die den Hof noch im 15. Jahrhundert als Lehen ausgab.

Um 1433 vererbte der Lehensträger Brunsten Clevorn zu Alverskirchen den Hof an seinen Sohn Heinrich und die Töchter Merseke und Aleke. Aleke war mit Everd Spaen, Gograf auf dem Brockhof bzw. zum Bakenfeld, verheiratet; dieser wohnte hier im Jahr 1428. Der Erbmann Arnd Bischopinck, 1424 Inhaber der Höfe Everdinchof und Eskhues auf der Geist, kaufte 1441 den Hof von den Clevorns und erwarb 1446 vom Domküster auch die Lehenshoheit und damit das Eigentumsrecht des Hofes, nun ebenfalls „Eschhues“ genannt. Von 1448 bis 1520 war der Hof an die Grafen von Tecklenburg verpfändet; er wurde gelegentlich „Grevenhof“ genannt, blieb aber im Eigentum der Bischopincks, bis Eberhard Bischopinck zur Geist das

Althöfe und ihre Teilungen

Grundstück an den Orden der Kölner Clarissen verkaufte, die hier 1617 ein Kloster errichteten.

Emesbrock/to Ringe

Ein weiterer bisher unbekannter Althof kann zwischen Ludgeristraße und Stubengasse lokalisiert werden, wo im 13. Jahrhundert zwei Grundstücke nebeneinander lagen, deren Größe und Zuschnitt auf die Teilung eines Hofgeländes schließen lassen. Die Besitzrückschreibung, die allerdings nicht so eindeutig wie beim Hof Nerdinck/Eschhues ausfällt, weist den nördlichen Teil als ehemals bischöfliches Gut aus.

Die Eigentümer des nördlichen Hofteils sind, wenn nicht anders, in den oft wechselnden Namen für den Zufahrtsweg überliefert, deren Reihe mit Emesbrockstegge und Rikenstegge beginnt. Die Ritter von Emesbrock waren Lehnsleute des Bischofs, die bis 1304 einen gleichnamigen Hof auf der Wargebecke im Südwesten der Stadt bewohnten. Zu diesem Lehnshof gehörten zahlreiche Grundstücke im Stadtgebiet, darunter auch der Hof an der Ludgeristraße, dessen Zufahrt noch 1387 Emesbrokkerstegge hieß. Auch die direkt benachbarten Hausgrundstücke an der Ludgeristraße werden zu dem Hof gehört haben, denn sie zahlten um 1320 Wortgeld an die Ludgerikirche, an die Ritter Heinrich von Emesbrock (1239–1276) diese Wortgelder verkauft hatte. In der Mitte des 13. Jahrhunderts (vor 1264) erwarb der Patrizier Rike (wohl Gerwinus Rike oder Dives), der bisher am Prinzipalmarkt gewohnt hatte, den Hof Emesbrock. Heinrich Rike war 1317 Eigentümer, zum Hof führte nun die Rikenstegge. Von 1386 an und noch 1434 gehörte der Hof mit der Warendorpstegge den Erbmännern Warendorp, dann folgten die Adelsfamilien von Twist (Twiststegge 1550), von der Recke zu Heeßen (Heessenstiege), der Syndicus Viertenhalben (Viertenhalbenstiege 1656), schließlich das preußische Kreisgericht (Gerichtsstraße 1849).

Der südliche Teil des hier vermuteten Althofes müßte, in Analogie zu anderen Teilungen, dem Domkapitel zugefallen sein, doch gibt es bis ins 13. Jahrhundert keinen Hinweis auf die Eigentümer. Vielleicht hat ein Lehnsmann des Domkapitels das Grundstück erworben und es noch einmal geteilt. Das Stück an der Ludgeristraße soll einer Familie to Ringe gehört haben. Nach der Überlieferung schenkte ein Johann von Ringen die Besitzung seiner Tochter zur Einrichtung eines Beginenhauses. Die Gründung des Hauses to Ringe ist zwischen 1302 und 1320 erfolgt. Die Reihe der kleinen Miethäuser (Gademe) an der Harsewinkelgasse gehörte zum Ringe-Kloster. Östlich des Klostergrundstücks lag an der Loerstraße eine größere Besitzung, die wohl abgeteilt worden ist. Eigentümer waren von 1405 bis 1463 die Erbmänner Warendorp, dann von der Tinnen zu Ebbeling (1653–1721), schließlich der Freiherr von Ketteler zu Harkotten (1770).

4. *Keimzellen der Stadt*

Für die Entstehung und Entwicklung eines städtischen Gemeinwesens waren nicht die ländlichen Höfe wichtig, die später nur als Relikte innerhalb der Bürgerstadt weiterlebten, sondern die kommerziellen Ansiedlungen an der Domburg: zuerst der *mercatus* am Roggenmarkt und das *suburbium* bei der Kirche St. Marien-Überwasser, dann – nach 1121 – die neue Marktsiedlung vor dem Michaelistor mit einer Niederlassung jüdischer Kaufleute.

Die Domburg

Im 8. Jahrhundert lag auf dem späteren Domhügel eine altsächsische Siedlung, die im Zuge der fränkischen Eroberung zerstört wurde. Das eroberte Land überließ der Frankenkönig Karl – wohl bald nach der Einsetzung von Grafen in den sächsischen Gauen im Jahr 782 – seinen Getreuen, den Bischöfen, Priestern, Grafen und anderen Vasallen, wie es die Lorscher Annalen andernorts zum Jahr 799 berichten.

Die Mission in Sachsen oblag dem Abt Beornrad. Nach seinem Ausscheiden aus der Sachsenmission beauftragte der König den Friesen Liudger mit der Mission im Land der westlichen Sachsen, der hier bei einem Ort namens Mimigernaford auf einem Platz, den der König ihm angewiesen hatte, ein *monasterium* errichtete (die Quelle sagt ausdrücklich *construxit*, nicht *fundavit*!). Das Areal der ludgerianischen Domburg ist im Stadtplan bis zur Gegenwart deutlich erkennbar. Die Linie der jüngeren Immunitätsmauer aus dem 13. Jahrhundert blieb in den Parzellengrenzen zwischen dem Dombereich und der Bürgerstadt erhalten, die einen an drei Seiten geschlossenen Kranz von Kaufmannshäusern auf dem ehemaligen Burggraben errichtet hat.

Nach Aufhebung der *vita communis* der Kanoniker des Domstifts und der Teilung des Grundbesitzes zwischen Bischof und Domkapitel um 1000 errichteten die Domherren eigene Häuser, sogenannte Kurien, die mit Gärten und Wirtschaftsgebäuden den Domplatz umgaben und, mit Anwachsen der Präbenden auf über vierzig, im Süden einen zweiten, inneren Halbkranz bildeten. Da die Domkirche bis 1040 Pfarrkirche des ganzen Sprengels Mimigernaford war, mußte der innere Platz für Bestattungen frei bleiben. Hier stand auch die kleine Kirche St. Jakobi für die in der Domburg lebenden Laien. In der nordwestlichen Ecke der Burg lag das *palatium* der Bischöfe, die aber nach 1278 nicht hier, sondern auf ihren Landesburgen residierten. Später diente der „Fürstenhof" (Domplatz 1) am Michaelistor den Bischöfen als Quartier und als Sitz der Landesregierung.

Die Domburg Liudgers hatte ursprünglich wohl nur ein Tor, nämlich im Bereich der heutigen Domgasse; das Nicolaitor am Horteberg (Horsteberg) im Norden mit dem Ausgang zur Furt an der Bergstraße und das an der Pferdegasse, das sich zum Bispinghof und zur Rheinischen Straße öffnete, sowie der Ausgang am Spiegelturm nach Überwasser wurden mit der Entwicklung der Vorsiedlungen angelegt. Erst zu Beginn des 12. Jahrhunderts entstand das Michaelistor, dessen Kapelle Bischof Burchard um 1110 weihte. Die Burgmauer des 9. Jahrhunderts verlor nach der Stadtwerdung in der zweiten Hälfte des 12. Jahrhunderts ihre Bedeutung als Verteidigungsanlage, der Wassergraben versumpfte und wurde von den an den Märkten wohnenden Bürgern überbaut. Ein erster Schiedsspruch des Bischofs im Jahr 1169 teilte die Nutzung der Grabenfläche zwischen Domkapitel und Bürgern je zur Hälfte, ein zweiter Spruch um 1220 wies jeder Partei einen Streifen von 16 Fuß (4,69 Meter) Breite zu. Nach 1264/65 errichteten die Domherren auf der neuen Grenze eine Immunitätsmauer, deren Linie in wesentlichen Teilen bis heute erhalten ist.

Die Kaufmannssiedlung bei St. Lamberti

Sicher waren es auswärtige Kaufleute, fahrende Händler, die an der Straßenkreuzung nahe der Domburg ihre Buden am Straßenrand aufstellten, bis die ordnende Hand des Grundherren, d.h. hier des Bischofs bzw. seines Vogtes, für eine Erweiterung der Straße und die Entstehung eines kleinen Marktes sorgte. Die Anfänge des Marktes sind urkundlich nicht faßbar. In Analogie zu anderen Orten ist ein Marktprivileg um das Jahr 950, eine bischöfliche Münze um 1000 anzunehmen.

Die Hauptrichtung der beiden Fernstraßen läßt eine Form des Kreuzungsbereichs vermuten, die von der späteren Situation abwich. Anfänglich ragten Turm und Kirchhof von St. Lamberti wohl nicht in die Fluchtlinie der Trassen hinein. Am Platz des Altarraums der späteren Kirche könnte eine Kapelle gestanden haben, wie eine den Chronisten Kerssenbrock und Röchell im 16. und 17. Jahrhundert noch bekannte Überlieferung wissen wollte. Erst mit der Gründung der Pfarre St. Lamberti und dem Bau der Pfarrkirche im 11. Jahrhundert mußte das Kirchengrundstück weiter nach Westen in die Straße hinein erweitert und ein Friedhof nach Süden angelegt werden.

Bodenfunde datieren die Ansiedlung am Roggenmarkt in das 10. und 11. Jahrhundert. Die Parzellierung und Verpachtung der Grundstücke an die Marktbeschicker erfolgte durch den Bischof als Grund- und Marktherrn. Einige Grundstücke waren noch im 11. Jahrhundert bischöfliches Eigentum. So konnte Bischof Hermann I. (1032–1042) im Jahr 1040 dem Stift St. Marien-Überwasser einige Parzellen im *mercatus* schenken, deren Eigentümer später – nach Inkrafttreten des Weichbildrechts – ein Wortgeld an die Kirche St. Marien zahlten. Auch die Ludgerikirche erhob Wortgeld von mehreren Häusern.

Der *mercatus* reichte, wie Bodenfunde belegen, im Norden und Nordosten bis zur Linie Voßgasse – Bült – Asche, im Süden und Südosten bis zur Salzstraße – Bolandsgasse. Die Nordwestgrenze lag bei der Neubrückenstraße. Das jenseits gelegene Eckgrundstück (Bogenstraße 18/19) gehörte zu dem erst später aufgesiedelten Areal am Spiekerhof. Für das Bestehen einer größeren Ansiedlung am *mercatus* spricht die Überlieferung, daß es schon in der ersten Hälfte des 11. Jahrhunderts ein Hospital gegeben habe, das als Vorläufer des Magdalenenhospitals gelten kann.

Über die Entwicklung der Pfarrechte östlich der Aa sind wir nur unzureichend unterrichtet. Ob der Pfarrsprengel von St. Lamberti schon vor der Abpfarrung von St. Mauritz gebildet wurde, muß vorerst offen bleiben. Die ursprüngliche, mit einer Breite von 6,80 Meter kleine Saalkirche mit Westturm und umliegendem Friedhof steht auf dem Rand einer Anhöhe bzw. auf dem nach Westen zum Graben der Domburg hin abfallenden Hang, der für den Kirchbau angeschüttet werden mußte. Da nach Südosten mehr Raum für die Kirche zur Verfügung gestanden hätte, ist diese Platzwahl vielleicht durch die Lage einer älteren Kapelle bestimmt worden. Zur Ausstattung der neuen Pfarrkirche stellte der Bischof einen Bauernhof, die Wedemhofe vor dem späteren Frauentor, und Ländereien in der Größe von etwa 50 bis 60 Morgen zur Verfügung. Die Wohnung des Pastors oder Kirchherrn lag an der südlichen Erschließungsstiege des Alten Fischmarkts, der Kerkherrnstegge. Das Patronatsrecht über die Kirche St. Lamberti schenkte Bischof Gerhard (1261–1272) dem Domkapitel.

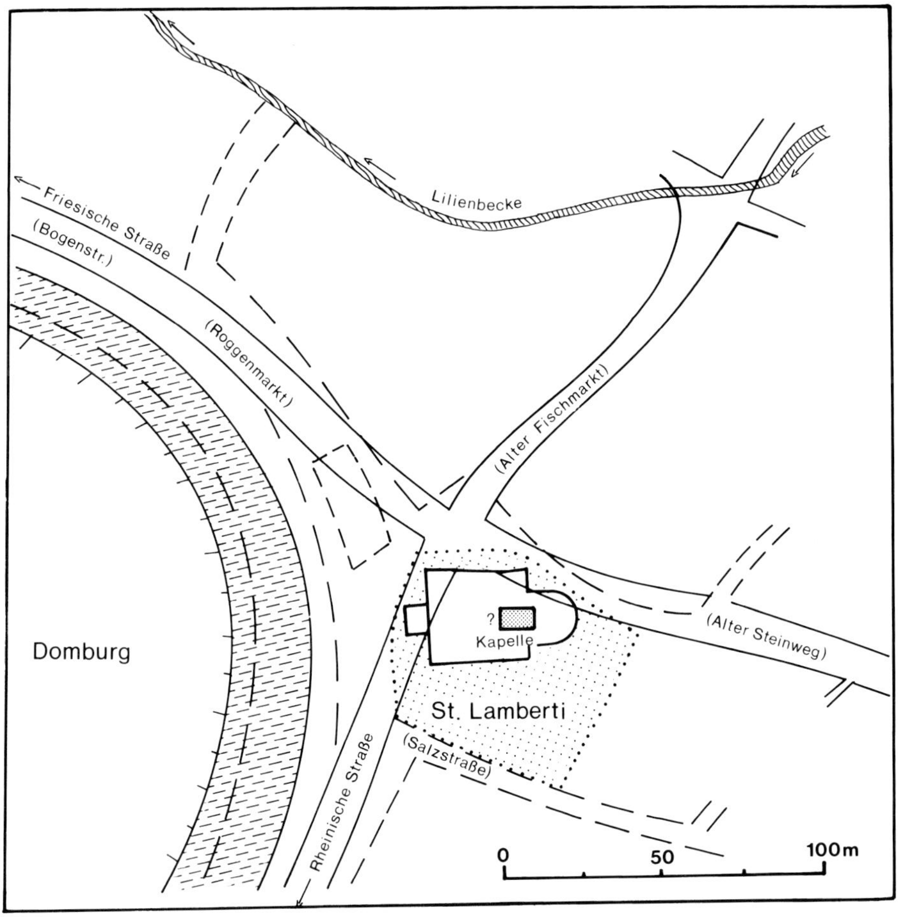

Die Straßenkreuzung bei St. Lamberti

Kirchturm und Kirchhof des Neubaus reichten in die Trassen der Altstraßen hinein und erzwangen eine Verlegung der Kreuzung. Die neue Straßenführung kürzte die Parzellen Alter Steinweg 1–5 und verschob die Ecke beim Haus Drubbel 20, so daß eine etwas verbreiterte Einmündung entstand, auf der später die Fischbänke standen. Die langen und schmalen Parzellen der Marktsiedlung reichten im Norden bis zum Bachlauf der Lilienbecke. Die Rückseiten der Grundstücke, an denen später Scheunen und Ställe nachgewiesen sind, waren über einen Hofweg zwischen den Häusern Roggenmarkt 13 und 14 und über eine Stiege von der Neubrückenstraße her zugänglich. Die langen Parzellen an der Südostseite des Alten Fischmarkts hatten rückseitige Zugänge über die Kerkherrnstegge.

Ob der *mercatus* mit einer Schutzwehr aus Zaun und Graben versehen war, muß offen bleiben. Auch über die bauliche Ausstattung sind keine Angaben möglich, denn beim Angriff des Sachsenherzogs Lothar auf die Domburg im Jahr 1121 ging die Ansiedlung in Flammen auf. Der Wiederaufbau erfolgte wohl gleichzeitig mit der Anlage des neuen, südlich anschließenden Marktviertels, zu dem auch der Neubau der romanischen Saalkirche von St. Lamberti gehörte. Auf dem Randstreifen des Kirchhofs, der durch seine Immunität Schutz und Sicherheit versprach, entstand eine Reihe von Speichern und kleinen Häusern (lat. *lobii, camerae* oder *domuncula*), die von der Kirche verpachtet oder verkauft wurden. Im Jahr 1184 besaß das Magdalenenhospital Anteile an zwei Lobien bei St. Lamberti. Noch im 14. Jahrhundert erhob die Kirche ein Wortgeld von drei kleinen Häusern in der Korduaner- oder Schomek-

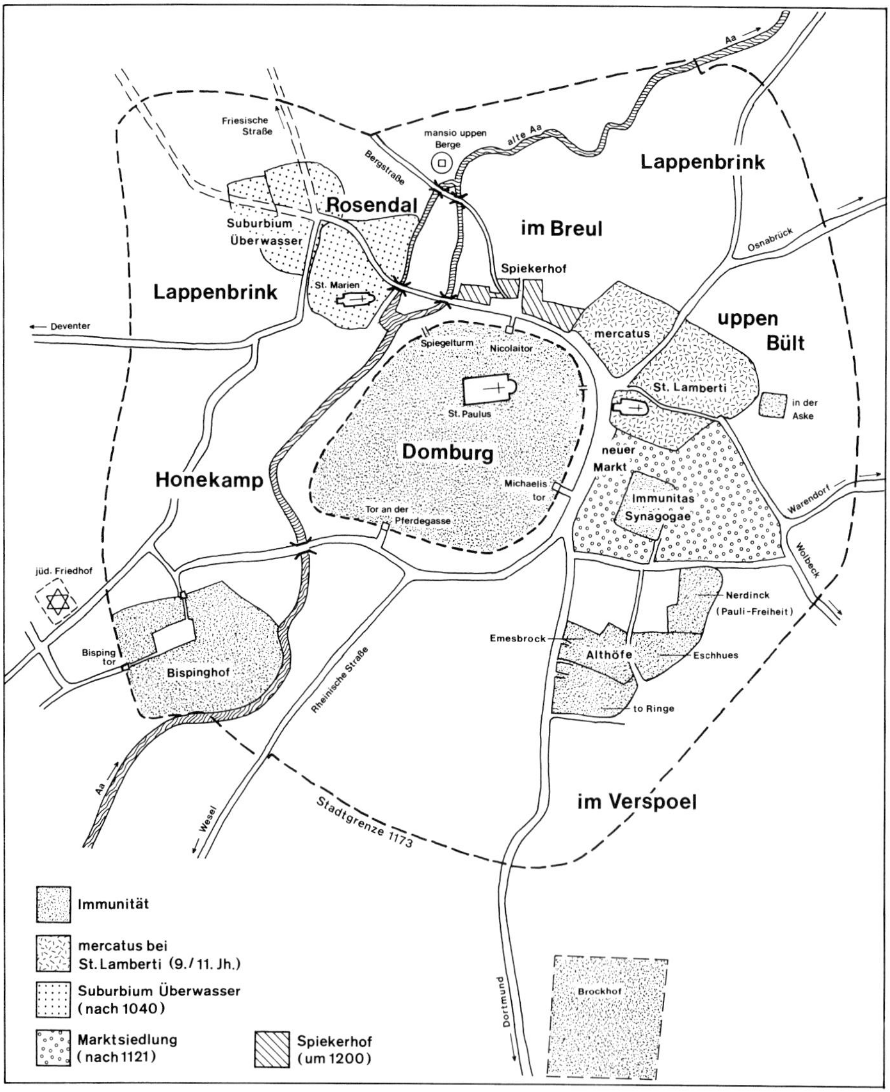

Siedlungskerne im Raum Mimigernaford–Münster

kerriege. Die Häuserreihe, die mit den Erweiterungen der Kirche stetig kleiner wurde, hieß im 16. Jahrhundert „an der Bassen" (Basse = Umfassungsmauer), im 18. Jahrhundert „Hölzernes Wams". Die letzten Häuser wurden 1778/80 abgebrochen, um das Stadtbild zu verschönern.

Neben dem größeren Markt (Prinzipalmarkt) behielten Roggenmarkt und Fischmarkt ihre Bedeutung für die Versorgung der Bevölkerung. Ein Teil des Marktes galt 1444 als Hafermarkt, ein anderer 1517 als Buttermarkt. In nächster Nähe dieses alten Zentrums lagen das „Kerspelhus" (Alter Steinweg 3) der Kaufleute-Gemeinde, das Gildehaus der Bäcker, Pelzer und Böttcher (Alter Steinweg 1-2), das 1320 als „Brothaus" erwähnt wird, das „Schohues" der um 1410 gegründeten Gesamtgilde (Alter Fischmarkt 27) und schließlich 1505 auch das Haus der Kramergilde. Zunächst benutzte die Kramergilde ein Gebäude auf dem Grundstück Alter Steinweg 6, ab 1558 ein Haus auf dem Nachbargrundstück Alter Steinweg 7. 1589 errichtete das Krameramt hier einen Neubau, das Krameramtshaus. Auf dem Roggenmarkt standen, vielleicht schon seit dem 12. Jahrhundert, Haus und Werkstatt des bischöflichen Münzmeisters.

Im Verkehrsschatten südlich des Münzhauses entstand der „Drubbel", eine Doppelreihe von zehn kleinen Häusern, die wie eine Insel mitten auf der Marktstraße lagen. Die Westseite des Roggenmarktes begrenzte der Graben der Domburg, der nach und nach versumpfte und schon 1169 von Buden und kleinen Häusern überbaut worden war, die um 1300 eine geschlossene Häuserfront bildeten. Als diese Häuser um 1330/40 durch vorgesetzte Bogen ihre Wohnflächen vergrößerten, mußte der Bogenbau entlang dem Drubbel unterbleiben, da die Straße zu eng geworden wäre.

Die topographischen Gegebenheiten hatten auch Auswirkungen auf die Bauweise der Häuser an der Ostseite des Roggenmarktes. Das nach Norden zur Bogenstraße abfallende Gelände erlaubte es nicht, das Untergeschoß dieser Häuser ebenerdig anzulegen, – so lagen die Häuser Roggenmarkt Nr. 9–13 „upper Trappen" (1537) und hatten noch im 19. Jahrhundert zwei- bis vierstufige Treppen vor den Haustüren, wie alte Fotos zeigen.

Die Fernhändler und Großkaufleute, die einst das Wirtschaftsleben an den Märkten begründet hatten, gaben im 12. Jahrhundert ihre engen Geschäftshäuser auf und bezogen große Wohnhöfe in ruhigeren Stadtteilen. Als letzte dieser Familien besaßen die Schenckinck und Bischopinck 1302/20 die Häuser Roggenmarkt 9–10 und die Clevorn 1344/82 die Grundstücke Alter Fischmarkt 21–25. Noch 1344 lagen vor dem Haus Nr. 23 drei Gademe, dann verschwanden auch diese Vorhäuser, letzte Zeugen einer großbürgerlichen Bauweise an den alten Märkten.

Das *suburbium* Überwasser

Zweihundert Jahre lang behielt der Ort Mimigernaford–Münster die aus karolingischer Zeit stammende Prägung einer Bischofsburg, gelegen im agrarischen Umland, versorgt durch eigene Höfe und den kleinen *mercatus* am Roggenmarkt. Erst im 11. Jahrhundert erforderte das Anwachsen der Landbevölkerung eine neue kirchliche Organisation. Neue Pfarreien wurden in Handorf, Hiltrup und Coerde eingerichtet.

Bischof Hermann I. gründete auf dem Westufer der Aa ein Stift für adelige Damen, das er mit großem Landbesitz ausstattete. Am 29. Dezember 1040 weihte er in Anwesenheit König Heinrichs III. vier Altäre in der Stifts- und Pfarrkirche *sanctae Mariae virginis*. Statt des korrekten Namens „Marienkirche" setzten sich im Volksmund die Bezeichnungen „Kirche unserer lieben Frau" oder „Überwasserkirche" durch. Noch im 14. Jahrhundert standen beide Bezeichnungen nebeneinander, 1365 wurde die heutige Frauenstraße sowohl *platea beatae Marie virginis* als auch „Unser vrowen strate" genannt. Neben der Frauenstraße bewahrten auch das Frauentor und die Leischaft Liebfrauen den volkstümlichen Namen.

Nachdem die erste Kirche schon 1071 niederbrannte, weihte Bischof Erpho in den Jahren 1085/88 mehrere Altäre des Neubaus. Das Areal des Stifts St. Marien-Überwasser mit Kirche, Kirchhof, Stiftshäusern, Kaplanei und Wirtschaftsgebäuden bildete eine Immunität, die entlang der Aa von der Frauenstraße bis fast zur Bergstraße reichte. Im nordöstlichen Winkel, im Rosendal, lag eine Hofstätte, die mit einer Wiese noch 1232 nach Villikationsrecht verpachtet wurde.

Nahe bei der Immunität des Stifts St. Marien-Überwasser entwickelte sich vom 11. Jahrhundert an die zweite kommerzielle Siedlung in Mimigernaford. Sie wurde 1132 vom Bischof als *suburbium nostrum*, 1137 als *villa* bezeichnet. Die Ansiedlung war wohl mit einem Palisadenzaun umgeben, wie die an der Westseite mehrfach nachgewiesene Ortsangabe „im Katthagen" zeigt, die noch heute in einem gerundeten Straßenstück erhalten ist. Die Begrenzung kann an einer Linie nördlich von Kreuzgasse–Buddengasse gelegen haben, denn sicher lag der westliche Ausläufer der Breulwiesen zwischen Bergstraße und Rosendal außerhalb, ebenso das Gebiet westlich der Wankelgasse mit den Großgrundstücken an der Ostseite der Jüdefelder Straße. Auch die Nordseite der Frauenstraße mit dem großen Eckgrundstück des Alten Doms und dem Lappenbrink gehörten nicht zur ersten Ansiedlung. Die große Friesische Straße, die nördlich am *suburbium* vorbeiführte, war über die Kreuzstraße erreichbar. Ein Ausgang nach Süden öffnete sich zu den Straßen nach Roxel und Coesfeld über die Sandstraße, die spätere Frauenstraße; in südwestlicher Richtung führte der alte Honekamp-Weg am Bispinghof vorbei nach Sentrup und Mecklenbeck.

Die Stadtwerdung vereinte das *suburbium* Überwasser mit den übrigen Siedlungskernen. Beim Bau der Stadtmauer erwies es sich wohl als notwendig, die Alttrasse der Friesischen Straße in eine neue nordwestliche Ausfallstraße umzuwandeln, um günstige Standorte für die Stadttore – Kreuztor und Jüdefelder Tor – zu gewinnen. Neue, rechtwinklig zu den Straßen angelegte Erschließungswege (Kuhstraße, Wankelgasse, Ribbergasse, Brinkstraße) weisen auf eine planmäßige Bebauung außerhalb der Altsiedlung hin.

Im Zentrum gab es einen kleinen Straßenmarkt auf der Kreuzung Rosenstraße – Katthagen – Frauenstraße. Hier lagen der Stadtkeller und die Waage. Das Stift Überwasser besaß schon um 1200 zwei ertragreiche Fleischbänke; eine öffentliche Fleischhalle (Scharne) gab es hier nicht. Der Stadtteil Überwasser hatte ein eigenes Gericht, das in einer Laube an der Rosenstraße tagte. Als Gefängnis diente das Frauentor, als Gerichtsplatz ein Hügel, die sogenannte Tuckesburg vor dem Frauentor, oder der Nubbenberg vor dem Jüdefelder Tor.

Die Häuser im Winkel zwischen Kreuzgasse und Kreuzstraße (Katthagen 19–23 und Kreuzstraße 1–3), wurden gelegentlich als „kleiner Drubbel" bezeichnet, doch

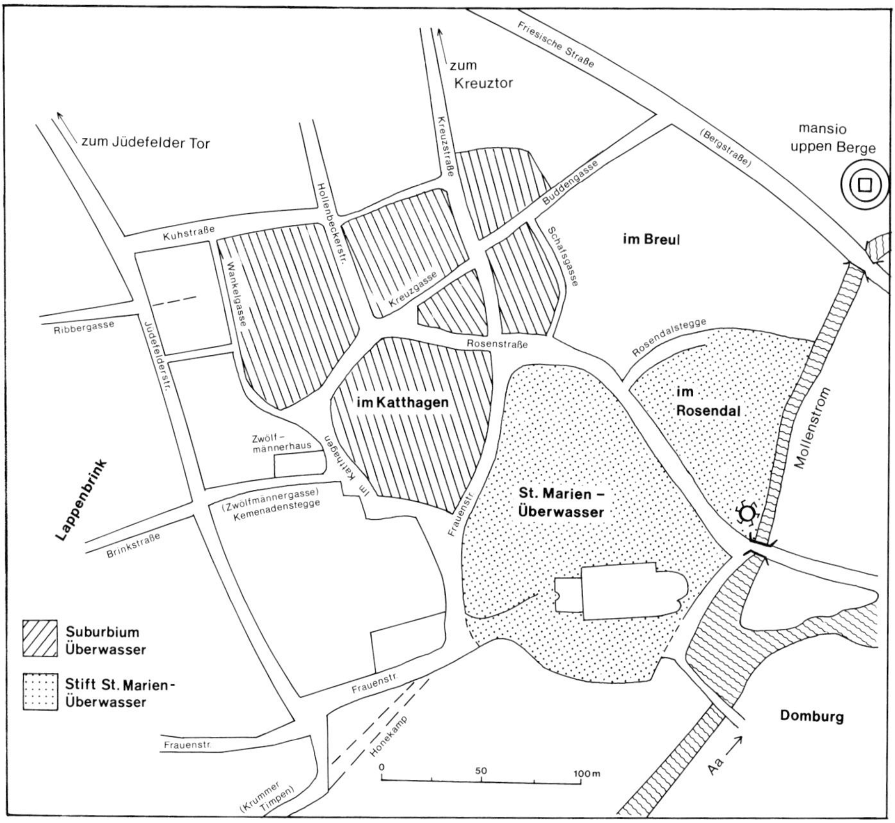

Suburbium Überwasser

standen sie nicht auf dem Markt, wie es beim Drubbel auf dem Roggenmarkt der Fall war, sondern sie bildeten die Nordseite des Marktes. Es handelte sich nicht um eine „Marktbudengruppe", sondern um normale Kurzparzellen, die rückwärtig von einer Stiege, der Kreuzgasse, erschlossen wurden. – Heute liegt auf diesen Grundstücken der Rosenplatz.

Das offene Gelände zwischen Frauenstraße und Bispinghof bewahrte den Flurnamen „Honekamp", der auf die etwas erhöhte Lage der Niederterrasse hinweist. Die von der Frauenstraße nach Südwesten führende Straße (heute Krummer Timpen) hieß bis um 1650 „am" oder „auf dem Honekamp". Der alte Weg wurde beim Bau der Stadtmauer blockiert und zum Bispingtor umgeleitet. Jenseits der Stadtmauer setzte er sich als Hoher Weg oder Teltstiege fort (1786 Himmelreichstiege, 1924 Annette-von-Droste-Hülshoff-Allee). Beim innerstädtischen Ausbau im 13. und 14. Jahrhundert wurde der westliche Honekamp durch mehrere Stiegen erschlossen. Ihre Namen – von Anliegern übernommen – wechselten oft, bis sie im 19. Jahrhundert als Bäckergasse, Wilmergasse, Hoppengasse und Neustraße fixiert wurden. Hier ließen sich im 14. Jahrhundert mehrere Erbmännerfamilien nieder, unter anderen die von der Wyck. Eine Stiftung dieser Familie für das Armenhaus St. Spiritus „upn Honekamp" veranlaßte die Namengebung „Armenhaus zur Wieck". Am Südende des Honekamp stand im Jahr 1400 das erste Haus der Brüder vom gemeinsamen Leben, die 1408/09 das Fraterhaus „Zum Springborn" an der Fraterherrensteg-ge/Neustraße gründeten.

Die kleinere Vorstadt Überwasser konnte den Entwicklungsvorsprung, den der östliche Stadtteil durch seine günstige Lage zu den Fernstraßen und zur Domburg gewonnen hatte, nie wieder aufholen. Dennoch besteht kein Anlaß, das *suburbium* als rückständiges, bäuerlich geprägtes Ackerbürgerviertel einzustufen. Überwasser war bis zum Beginn der Neuzeit mit Handel und Gewerbe, mit Adels- und Erbmännerhöfen, Kirchen- und Klosterbesitz ebenso ausgestattet wie andere Stadtteile. In den Nebenstraßen und Gassen der Jüdefelder Leischaft wohnten im 17. und 18. Jahrhundert Tagelöhner, Soldaten und Witwen wie am Stadtrand in anderen Leischaften. Aber das kommunale, wirtschaftliche und kirchliche Zentrum der Stadt lag im östlichen Teil, und der im 19. Jahrhundert zunehmend deutlicher werdende Abstand im Sozialgefüge bot mancherlei Anlaß zur Häme gegenüber dem „Kuhviertel", wobei zufällige Straßennamen (Kuhstraße, Schafsgasse), falsche Deutungen (Bocksplatz = Ziegenbock, Honekamp = Hühnerkamp) sowie die Beibehaltung überlieferter Haustypen (Deelenhaus) als angebliche Beweise für den ländlichen Charakter des Viertels propagiert wurden.

Die Marktsiedlung nach 1121

In dem 1075 ausgebrochenen Investiturstreit zwischen Kaiser und Papst standen die Bischöfe von Münster auf seiten des Kaisers. So hatte sich Bischof Burchard (1098–1118) dem Aufstand des Sachsenherzogs Lothar von Süpplingenburg gegen Kaiser Heinrich V. im Jahr 1114 nicht angeschlossen. Nach dem Sieg der Aufständischen in der Schlacht am Welfesholz im Jahr 1115 wollte Herzog Lothar auch in Westfalen die Oberhand gewinnen. Er eroberte Dortmund und zwang Bischof Burchard 1116 zum Frieden. Obgleich die Domherren nach Burchards Tod kaisertreu blieben, konnte Herzog Lothar die Wahl seines Vetters, Dietrich Graf von Winzenburg und Zutphen, zum Bischof von Münster (1118–1127) erzwingen – doch wurde dieser von den Ministerialen aus der Domburg vertrieben, als der Kaiser hier 1119 mit seinen Getreuen das Weihnachtsfest feierte. Im nächsten Jahr brachte Herzog Lothar mit militärischer Macht den Bischof nach Westfalen zurück. Die Sachsen gewannen die Burg Haus Dülmen und zogen weiter nach Münster. Bei der Eroberung der Domburg am 2. Februar 1121 entstand ein Brand, dem die Hütten der Vorsiedlung am Roggenmarkt und die Gebäude der Domburg zum Opfer fielen.

Mit dem Wiederaufbau verbunden war die geplante Anlage einer größeren Marktsiedlung, die von Joseph Prinz 1960 [543: Mimigernaford-Münster, S. 170ff] als *civitas* im Sinne von „stadtähnliche Siedlung" bezeichnet wurde. Zu dieser Neuplanung gehörte eine großzügige Erweiterung südlich von St. Lamberti. Als Markt- und Grundherr ließ der Bischof vor dem Michaelistor der Domburg eine breite Marktstraße anlegen, ihre Ostseite parzellieren und das Hinterland durch mehrere Stiegen erschließen (spätere Namen: Syndikatstegge, Gruetstegge, Kaekstegge und Hundestegge). Hier entstand unter dem Schutz des Bischofs, der das königliche Judenregal verwaltete, eine jüdische Siedlung mit Synagoge, Bad und Scharne. Sie unterstand

Englischer Penny aus dem Münzschatzfund an der Salzstraße

nicht dem Marktrecht, sondern galt als Immunität. Der zugehörige jüdische Friedhof lag – wie üblich – im offenen Land westlich des Bispinghofes. An der Westseite des neuen Marktes lag der Graben der Domburg, noch immer eine Verteidigungsanlage, die nicht durch Bebauung beeinträchtigt werden durfte.

Auch der *mercatus* bei St. Lamberti konnte wiederaufgebaut und erweitert werden. Beiderseits des Alten Steinwegs verpachtete man Grundstücke an Ansiedler, vielleicht an Handwerker, die bis 1121 innerhalb der Domburg gewohnt hatten. Ein Anzeichen dafür sind Bodenfunde, die auf eine kleinräumige Bebauung zwischen Kirchherrngasse und Asche hinweisen. Nach der Stadtwerdung zahlten Grundstücke zwischen Mauritzstraße und Salzstraße Wortgelder, deren geringe Ansätze (1–3 Pfennig) auf die Zeit vor 1200 hinweisen. Mit den Grundstücken wurde die Wortgeldpflicht von den patrizischen Fernhändlern übernommen, die am Ende des 12. Jahrhunderts ihre engen Markthäuser aufgaben und hier – wohl durch gezielte Kumulation kleiner Häuser – jene Großgrundstücke erwarben, auf denen später die sogenannten Erbmännerhöfe standen. Diese Konzentration von Großkaufleuten im Osten der Marktsiedlung erklärt wohl auch die Gründung der Kapelle St. Servatii (vor 1197), die – vergleichbar der legendären Kaufmannskapelle als Vorläuferin von St. Lamberti – so etwas wie eine „Eigenkirche" der Erbmänner gewesen sein kann.

Der an der Nahtstelle zwischen dem älteren *mercatus* und der neuen Marktsiedlung nach Osten führende Weg, der die Grundstücke an der Südseite des Alten Steinwegs rückseitig erschloß, wurde nach Süden parzelliert. Die Grundstücke reichten bis zur Hundestegge (Klemensstraße). Auf die hier ansässigen Fernhändler weist der Name „Salzstegge" hin (überliefert 1346 in der lateinischen Form *vicus salis*) sowie ein Münzfund aus der Zeit um 1200/05 mit einem Penny aus Winchester. In der Mitte zwischen den beiden Märkten wurde um 1150 der Neubau der Pfarrkirche St. Lamberti errichtet. Eine Außenbegrenzung der Marktsiedlung ist weder in Schriftquellen noch archäologisch erfaßt worden. Bei vorsichtiger Analyse des topographischen Befundes kann man eine Ausdehnung nach Norden und Nordosten bis über die Voßgasse und bis zur Linie Doetstraße–Bült–Asche annehmen, so daß die Mauritzstraße mit dem kleinen Lehngut „in der Aske" außerhalb liegt. Im Südwesten kann die Schmalstelle zwischen Alter Steinweg und Salzstraße und die Ringoldsgasse, im Süden die Klemensstraße als Außengrenze gelten. Die Hofgruppen Nerding/Eschhues und Emesbrock/to Ringe, die sich als Lehnsgüter nicht gut in eine Kaufmannssiedlung einfügten, blieben außerhalb.

Die Bebauung des Burggrabens

Die günstige Verkehrs- und Geschäftslage der beiden Märkte bei der Domburg zu Münster zog Händler und Kaufleute an, die ihre Verkaufsstände und -buden hier aufschlugen und versuchten, diese zu Wohnungen auszubauen. Der ehemalige Graben der Domburg war im Laufe der Zeit mit den Abfällen der Märkte angefüllt worden und versumpft. Spätere Anwohner wußten, daß um das Jahr 1150 eine sumpfige Vertiefung (*palus et profunditas*) vom Michaelistor bis zum Horsteberg reichte und kein Haus dort gestanden hätte. Als die Markthändler begannen, ihre Buden über den ehemaligen Graben hinweg bis an die Burgmauer heranzubauen, protestierte das Domkapitel. Doch der Bischof, der wohl den florierenden Markt nicht behindern wollte, überließ in einem ersten Schiedsspruch 1169 den Marktleuten die Nutzung des halben Grabens. Die nun einsetzende Bebauung mit Holz- und Steinhäusern führte fünfzig Jahre später zu erneuten Protesten der Domherren. Danach bestimmte ein Schiedsspruch des Bischofs um 1220, daß jede Partei eine Hälfte des Grabens nutzen solle. Die Hinterhäuser und Ställe der Bürger besetzten diesen Grenzstreifen, und bald standen hier auch die ersten Steinhäuser, wie eine erneute Beschwerde der Domherren 1264 besagt, die sogar eine Namensliste der Anlieger beifügten. Die Grenzlinie auf der Grabenmitte wurde nun durch eine hohe Mauer fixiert, die fortan als Immunitätsmauer galt.

5. *Die Topographie der spätmittelalterlichen Stadt*

Die Stadtmauer

Als Abgrenzung gegen das Umland und das dort geltende Landrecht genügten zunächst ein Zaun oder eine Hecke, später Wall und Graben. Nach einem großen Brand 1197 erlaubte Bischof Hermann den Wiederaufbau Münsters mit Mauern und Toren. Im Bewußtsein der Bürger blieb der Graben die Außengrenze, woran noch Jahrhunderte später die Bezeichnung der umlaufenden Gassen „am Graben“ erinnert. Die Lage der Straßendurchfahrten im Wall richtete sich wohl nach den Trassen der Fernstraßen, beim Bau der Stadttore mußte auch die Beschaffenheit des Untergrundes berücksichtigt werden.

Die Stadtmauer umschloß fast kreisförmig die Domburg. Der Radius kann durch die Entfernung zur Südwestecke des Bispinghofes bestimmt worden sein, dessen Areal in das Stadtgebiet einbezogen werden sollte, wie die in leichten Bögen von Norden und Osten her in die Linie der Hofwehr einschwenkende Stadtmauer zeigt. Die Hofstätte des Brockhofes blieb außerhalb liegen; die Eckpunkte im Nordwesten (Jüdefelder Tor) und im Südosten (Ludgeritor) wurden bis zur Höhenlinie 61,50 Meter vorgeschoben.

Die Bruchsteinmauer war in die Frontseite des Walles hineingebaut, so daß an der Innenseite eine Böschung, außen eine Berme lag. Im Nordwestabschnitt endete die vom Kreuztor kommende Mauer mit einer Stärke von 1,25 Meter am Rande der Aaniederung beim Buddenturm. Die Fortsetzung mit geänderter Richtung und Mauerstärke (1,75 Meter) führt über den Breul hinweg. Dieser Abschnitt ist sicher etwas jünger, denn der hier liegende Pulverturm heißt 1265 *nova turris*. Ein in der Nordostecke auf der Linie der Herrenstraße anzunehmender Durchlaß im Wall wurde (um 1200?) zu einer neuen Brücke und zum Neubrückentor verlegt. Die Lage der Tore im Osten der Stadt (Hörster-, Mauritz-, Servatiitor), an der Westseite (Frauentor) und an der Südseite (Ludgeri- und Aegidiitor) richteten sich nach den Trassen der Ausfallstraßen; im Südwesten blieb ein Tor des Bispinghofes (Bispingtor) bis 1537 erhalten.

Auf der Mauerlinie standen nur wenige Türme: drei an der Nordseite (Budden-, Mollen-, Pulverturm), zwei an der Ostseite (Kreuz- oder Niesingturm und der Hengers- oder Büttelsturm), im Südwesten lag der Windmühlenturm an der Aa. Eine Veränderung der Mauerlinie ist nur im Südwesten erfolgt, wo die vorspringende Ecke des Bispinghofes durch eine Abkürzung – von Max Geisberg „Lippers Mauer" genannt – ersetzt wurde, die bis heute erhalten geblieben ist. In einem Vertrag vom 18. Januar 1278 überließ Bischof Everhard die Befestigungen des Bispinghofes der Stadt, die damit die Wehrhoheit über das Stadtgebiet, eine Fläche von 102 Hektar, vervollständigte.

Das Straßennetz

Im Zuge des Wiederaufbaus der Stadt nach dem Brand 1197 wird auch das Straßennetz seine spätere Ausformung erhalten haben. Teile der ältesten Straßen, deren Trassen im Stadtzentrum bereits fixiert waren, blieben sicherlich erhalten: so die Rheinische Straße (im Abschnitt Aegidiistraße – Rothenburg – Markt – Alter Fischmarkt) und die Friesische Straße (Bogenstraße – Roggenmarkt – Alter Steinweg). Die neueren Ausfallstraßen nach Osten und Süden erhielten eine zweispurige Führung, die vor dem Stadttor wieder zusammentraf: Alter Steinweg und Mauritzstraße sowie Ludgeri- und Königsstraße. Im Stadtteil Überwasser ist eine solche Doppelführung,

Aufriß des Neuwerks (in der Mitte) und Schnitt durch „Lippers Mauer" (rechts). Aufmessung aus dem Jahr 1931

die zum Jüdefelder Tor möglich gewesen wäre, nicht erfolgt. Kreuztor und Frauentor lagen so nah am *suburbium*, daß eine zweite Torstraße nicht entstehen konnte. Zwischen den Ausfallstraßen lag offenes Land, wie die stellenweise erhaltenen Flurnamen zeigen: Honekamp, Lappenbrink, Breul, Bült, Verspoel (Vorschepoel = Froschteich). Diese Flächen wurden durch Wege und Stiegen erschlossen.

Die Ausfallstraßen trugen die Namen der zugehörigen Stadttore, die Stiegen erhielten oft, auch wenn es keine Privatwege waren, den Namen eines Anliegers und wechselten ihre Namen mit ihm; zum Beispiel hieß eine Gasse 1447 Schilderinckstrate, 1491 Teilkenstegge, 1636 Wennemarstegge, 1721 Wilmerstegge, später Wilmergasse. Die heutigen Namen der alten Stiegen stammen zum Teil erst aus dem 18. und 19. Jahrhundert, auch das niederdeutsche Wort „Stegge" wurde dann erst durch „Gasse" abgelöst.

Einige – vielleicht die ältesten – Stiegen waren private Stichwege, die zu abseits der Straße liegenden Großgrundstücken führten, zum Beispiel die Emesbrock-, Ringen- und Buckstegge an der Ostseite der Ludgeristraße, die Bischopinckstegge an der Herrenstraße, die Mormannstegge an der Loerstraße, die Kemenaden- und Wankelenstegge (zwischen Jüdefelder Straße und Hollenbeckerstraße) und andere.

Öffentliche Stichwege führten in die Baublocks hinein: so etwa Lobach-, Gruet- und Kaekstegge an der Ostseite des Prinzipalmarkts, Cappenberger Stegge (heute Teil der Johannisstraße) und die Rosendalstegge (nördlich der Rosenstraße). Eine Funktion als Erschließungswege hatten Stiegen, die hinter den Langparzellen einer Hauptstraße verliefen, zum Beispiel die Kerkherrnstegge für die Südseite des Alten Fischmarkts, Lütke Stegge für die Südseite der Rothenburg, Stovenstegge für die Ostseite der Ludgeristraße und die Stumpingstegge, die spätere Krumme Gasse, hinter der Westseite der Königsstraße. Der Erschließungsweg für die Grundstücke an der Südseite des Alten Steinwegs hieß Salzstegge, später Salzstraße. Nach Bebauung der Salzstraße wurde ihre Südseite durch die Hundestegge erschlossen, die spätere Klemensstraße. Alle Stiegen sind in einer späteren Ausbauphase mit kleinen Häusern bebaut worden.

Auch kleinere Verbindungsstraßen zwischen Haupt- und Nebenstraßen hießen Steggen: so die Voßstegge zwischen Neubrücken- und Hörsterstraße, Grone Stegge und Brede Stegge zwischen Aegidii- und Königsstraße, Moer Even Stegge (Marievengasse), Dummenstegge (Harsewinkelgasse), Berninckstegge (Ribbergasse) und andere. Die hinter der Mauer rings um die Stadt laufenden Gassen blieben bis zum 19. Jahrhundert ohne Namen; sie hießen alle „am Graben" mit dem Zusatz „zwischen X-Tor und Y-Tor" (heute Münzstraße, Breul, Lotharinger-, Sonnen-, Winkel-, Kloster-, Schützen- und Mühlenstraße).

Offene Plätze als städtebaulich geplante Freiräume gab es in Münster nicht. Auch die „Märkte" sind nur als Straßenverbreiterungen zu verstehen: Prinzipalmarkt, Roggenmarkt, Fischmarkt. Nur der Spiekerhof war kurze Zeit ein kleiner Platz. Alle früheren und heutigen „Plätze" entstanden durch Brände oder Abbruch. So entstanden beispielsweise der Bocksplatz durch den Brand des Hauses Buck im Jahr 1671, der Kalkplatz durch das Niederreißen der Häuser vor dem Zwinger 1535/36, der Michaelisplatz nach Abbruch des Tores 1778 und der Marienplatz durch den Abriß der Dechanei St. Ludgeri 1896. Der Bombenkrieg im Zweiten Weltkrieg hinterließ weitere Freiflächen, dort, wo sich jetzt zum Beispiel Syndikatplatz, Rosenplatz sowie die Parkplätze Stubengasse, Hörsterstraße und Bispinghof befinden. Bereits wieder bebaut sind der Ascheplatz, Aegidiiplatz und der Tibusplatz. Auf den ehemaligen Bastionen vor den Toren entstanden als Grün- oder Verkehrsflächen der Ludgeriplatz sowie der Hörster- und der Servatiiplatz, der Freiherr-vom-Stein-Platz (vor dem Mauritztor) und der große Neuplatz (Hindenburgplatz) vor dem Frauentor.

Kirchliche Gründungen

Wie die älteren Pfarrkirchen St. Marien, St. Lamberti und St. Ludgeri so entstanden auch die um 1180 gegründeten Kirchen St. Aegidii und St. Martini durch bischöfliche Schenkungen. Lehnsleute des Bischofs stellten Grundbesitz am Rand der Talaue der Aa zu Verfügung. Ein Ritter Wulfhard schenkte 1184 das Areal für ein Kloster der Zisterzienserinnen bei der Aegidiikirche, der Deutsche Orden erwarb 1238/45 Grundstücke auf dem Bispinghof, die Franziskaner-Minoriten ließen sich um 1260/70 an der Neubrückenstraße nieder, die Johanniter bezogen 1282 die Kommende an der Bergstraße. Den späteren Klostergründungen stand kein freies Land mehr zu Verfügung.

Der Spiekerhof

Die Aufsiedlung eines begrenzten Areals mitten in der Stadt ist am Spiekerhof mit Hilfe der lokalisierten Wortgeldzahler gut zu beobachten. Nachdem die Stadtbefestigung den Schutz der Domburg übernommen hatte, konnte der Kornspeicher des Domkapitels samt der Bäckerei verlegt werden. Der Dompropst, dem die Verpflegung des Kapitels bis 1247 oblag – danach war der Domkellner zuständig – stellte das Gelände vor dem Horstebergtor zur Verfügung. Hier wurde ein kleiner rechtekkiger Platz angelegt, auf dem die Domherren-Bäckerei und der Kornspeicher, die sogenannte Kappe, standen. Die Bezeichnung „Kappe" ist wohl aus *granarium capituli* entstanden. Die aus dem Kornspeicher gezahlte Präbende hieß „Kappengeld", die vom Domkapitel jährlich festgesetzte Korntaxe „Kappensate". Die Kurie des Dompropstes am Domplatz mit dem Kornhäuslein, wo das „Korn vermessen wurde", hieß noch um 1685 „die große Cappe".

Der Spiekerhof-Platz hatte zwei Ausgänge nach Norden: die Doppelführung der alten Friesischen Straße zur ehemaligen Furt bzw. zur Bergbrücke. Rings um den Platz ließ der Grundherr etwa 25 kurze Parzellen abteilen, die gegen das übliche Wortgeld in Höhe von ¼ bis 1 Denar (Pfennig) den Ansiedlern überlassen wurden. Von diesen Parzellen stehen noch elf in den ab 1400 erhaltenen Wortgeldlisten des Domkapitels und konnten lokalisiert werden.

Das Areal dieser ersten Bebauung reichte nach Westen bis an die alte Aa, die Grenze zum Kirchspiel Überwasser. Nördlich des Platzes lagen die Grundstücke Wegesende 8, Spiekerhof 47–49, Bergstraße 1–5 und 72–75, im Osten die Häuser Bogenstraße 11–19 und Neubrückenstraße 1–3. Das Eckgrundstück Bogenstraße 18/19 kaufte die Stadt und richtete hier eine Fleischhalle (Scharne) ein, die 1265 als *macellum*, später als „Alte Scharne" belegt ist. Die Stadtkämmerei zahlte für die Scharne 3 Pfennig Wortgeld – d. h. es waren ursprünglich wohl zwei Grundstücke zu je 1½ Pfennig.

Von dieser Erstbebauung hebt sich deutlich eine zweite Phase der Besiedlung ab, die nach Norden über die Ummeflut hinweg bis an die Verlängerung des Mollen-

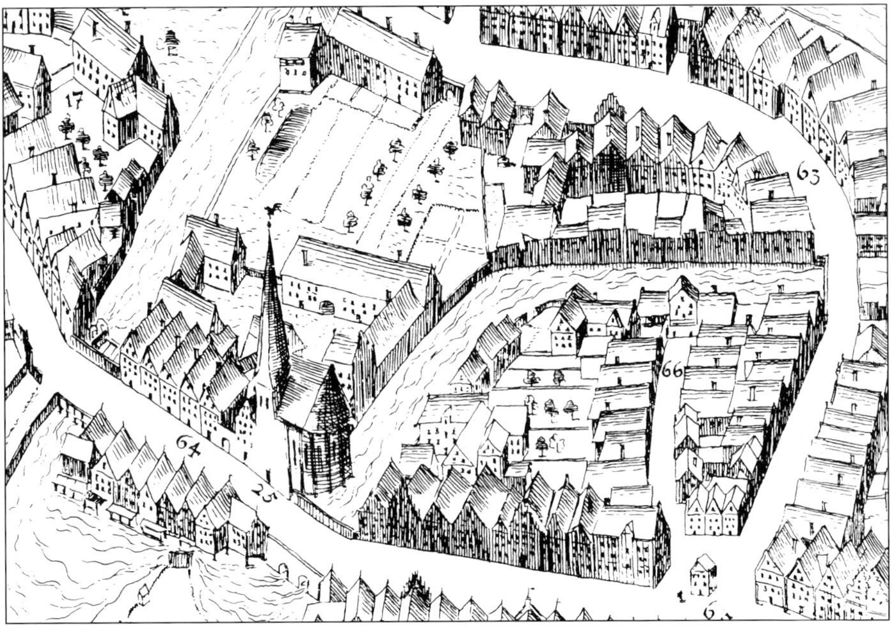

Das Magdalenenhospital „zwischen den Brücken" und der Spiekerhof (Ausschnitt aus dem Alerdinckplan von 1636)

stroms reicht, also wohl nach 1200 zu datieren ist. Das Gelände beiderseits der Bergstraße wurde durch den neuen Mollenstrom und die Ummeflut zur neuen Aa entwässert und mit dem Bodenaushub aufgefüllt. Die Parzellen dieser zweiten Siedlungsphase zahlten Wortgeld in Höhe von durchschnittlich 1½ Schilling (18 Pfennig) bis zu 3 Schilling (36 Pfennig), also ein Vielfaches der Wortgelder der Erstbebauung. Der Höchstbetrag von 12 Schilling (144 Pfennig), den das Armenhaus Elisabeth zur Aa bezahlte, ist aus 4 Parzellen zu je 3 Schilling entstanden. Auch der Westteil des Spiekerhof-Platzes wurde nun bebaut. Die hinter der Herrenbäckerei liegenden Häuser Spiekerhof 42–45 zahlten je 4 Schilling (48 Pfennig) Wortgeld. Die Bezeichnung „Spiekerhof" ging schließlich von dem Platz auf den Straßenzug über, der Kornspeicher selbst wurde 1711 abgebrochen. Die Wortgelder waren bis zum 18. Jahrhundert zumeist abgelöst; eine (wohl letzte) Ablöse eines 4-Schilling-Wortgeldes leistete das Haus Spiekerhof 42/43 am 23. Februar 1811 aufgrund des Code Napoleon (Artikel 530).

Die Immunitäten

Eine Unterteilung des Stadtgebietes in verschiedene abgrenzbare Bereiche entstand schon mit der Stadtwerdung, als die älteren Immunitäten innerhalb der Bürgerstadt bestehen blieben. Entstehung und Topographie der großen geistlichen Immunitäten Domhof, St. Marien-Überwasser, Bispinghof und Domdechants- oder Paulifreiheit wurden schon erwähnt. Ein Sonderfall war die ca. 200 Jahre unter bischöflichem Schutz bestehende *immunitas judeorum* östlich des Marktes, die im Pogrom 1349/50 zerstört und nicht wiederhergestellt wurde. Ebenfalls Immunität genossen die Stifts- und Kirchengrundstücke sowie die Standorte von Klöstern und Kommenden.

Immunität als bischöfliches Lehen beanspruchte der Hof „in der Aske" oder „die Asche", ein Grundstück mit Haus und vier Gademen an der Mauritzstraße. Das Lehen war bis um 1384 in Händen eines Heinrich Bruvering, kam 1387 an die Erbmännerfamilie Clevorn, 1728 an die Herren von Ketteler zu Assen. Die Besitzer beanspruchten Freiheit von bürgerlichen Lasten, wogegen die Stadt um 1630 – wohl vergeblich – protestierte.

Die topographischen Grenzen der Immunitäten waren in Grenzbeschreibungen fixiert und wurden im allgemeinen respektiert. Umstrittene Grenzsäume der Domimmunität gab es am Ostrand, wo die Bürgerhäuser im 12. und 13. Jahrhundert den vorgelagerten Burggraben okkupierten, und im Südwesten, wo das Domkapitel seine Immunität auf neuerworbene, im Kirchspiel Aegidii gelegene Hausgrundstücke ausdehnte. Nicht bestritten wurde die Ausdehnung der Bispinghof-Immunität nach Osten bis zur Aa.

Kirchspiele und Leischaften

Aus den Teilungen des großen Sprengels der Dompfarre entstanden die Umlandkirchspiele St. Marien (um 1040), St. Lamberti (im Laufe des 11. Jahrhunderts) und St. Mauritz (1070/80). Von St. Lamberti wurden später – nun im Stadtgebiet – St. Ludgeri (1173), St. Aegidii und St. Martini (um 1180) und St. Servatii (13. Jahrhundert) abgepfarrt. Auch nach Einführung der Leischaftsordnung blieb die Zugehörigkeit zum Kirchspiel bestimmend für die Adresse eines Bürgers.

Bei der unterschiedlichen Größe der Kirchspiele war es schwierig, allgemeinverbindliche Pflichten – zum Beispiel das Aufgebot gegen Feind und Feuer – auf die Stadtteile so umzulegen, daß kein Bürger und keine Straße über Gebühr belastet wurde. So erfolgte im Laufe des Spätmittelalters eine Aufteilung des Stadtgebiets in Sektoren von annähernd gleicher Größe – die Leischaften. Der Begriff umfaßt eine zueinander gehörige Gruppe (*letscap = collegium*), aber auch den von ihr besetzten Raum (*legiones, vulgariter dictus de leeschap*).

Im östlichen Stadtteil gab es vier Leischaften, deren Sektorenspitzen am Prinzipalmarkt lagen. Sie übernahmen die Kirchspielsbezeichnungen Lamberti-, Martini-, Ludgeri- und Aegidii-Leischaft. Der westliche Stadtteil St. Marien-Überwasser bildete zunächst nur eine Leischaft, die später – vermutlich um 1450 – in die Leischaften Liebfrauen und Jüdefeld unterteilt wurde (vgl. Karte auf S. 531).

Instandhaltung und Verteidigung der Stadtmauer, der Tore und Bollwerke erforderten eine Organisation, die jedem Abschnitt eine bestimmte Anzahl von Männern bzw. Haushaltungen zuwies. Lage und Größe der Leischaften waren entsprechend bemessen, wie trotz der Reduzierung der Häuserzahl durch Zusammenlegungen in Klöstern, Erbmänner- und Adelshöfen noch am Ende des 18. Jahrhunderts in den annähernd vergleichbar großen Anteilen der Sektoren erkennbar ist.

Schanz- und Wachdienst – „staken und waken" – waren Bürgerpflicht, doch konnte man die Pflicht zur Schanzarbeit mit einer Geldzahlung an die Leischaft ablösen. Vom 15. Jahrhundert an organisierten die Gilden den Wachdienst innerhalb der Leischaften, erst 1588 wurde die „Gildenwacht" durch die Rotten- oder Fahnenwacht abgelöst, wobei die Wohnbezirke die militärischen Einheiten („Fahnen") aufstellten. Bei starkem Frost mußte jede Leischaft einen Abschnitt der äußeren Stadtgräben eisfrei halten, wie ein Plan der „Division der Isung" zum Jahr 1679 zeigt.

Anteile der Leischaften an der Mauerlinie (1784):

Leischaft	Länge des Mauerabschnitts (in Metern)		Anzahl der Haushalte	
	absolut	in Prozent	absolut	in Prozent
Martini	600	15,5	335	15,4
Lamberti	530	14,0	418	19,0
Ludgeri	600	15,5	351	16,0
Aegidii	500	13,0	427	19,4
Liebfrauen (mit Bispinghof)	820	21,3	375	17,2
Jüdefeld	750	19,7	288	13,0
	3800	100,0	2194	100,0

Als Einheiten bürgerschaftlicher Organisation stellten die ursprünglich fünf Leischaften zur jährlichen Ratswahl je zwei Kurgenossen; nach der Teilung der Leischaft Überwasser wählten die beiden westlichen Leischaften je einen Kurgenossen. Diese zehn Männer wählten bis 1534 die 24 Ratsherren in direkter Wahl. Auf der Einteilung in sechs Leischaften basierten außerdem die Listen zur Erhebung von Landschatzungen und Steuern, die aber erst vom 16. Jahrhundert an erhalten sind. Die Namen der Steuerpflichtigen sind in der festliegenden Reihenfolge eines „Umgangs" verzeichnet, der 1784 mit einer Numerierung innerhalb jeder Leischaft fixiert wurde. Diese Leischaftsnummern galten als Hausnummern und als Adresse, bis sie 1873 durch eine straßenweise Zählung abgelöst wurden.

6. *Metropolis Westphaliae*

Spätmittelalterliche Bautätigkeit

Verschiedene Anzeichen weisen auf eine rasche Zunahme der Bevölkerung im 14. Jahrhundert hin. So die Gründung von zwei neuen Vikarien an St. Lamberti (1316 und 1336) und die Einrichtung der „Neuen Scharne", einer zweiten Fleischhalle um 1340.

Die wirtschaftliche Bedeutung Münsters beruhte unter anderem auf dem Fernhandel im hansischen Raum zwischen London und Nowgorod. Die kleinen Städte des Oberstifts erkannten Münster, dessen Stadtrecht sie übernommen hatten, als „Overhoved" (Oberhaupt – meist als „Oberhof" übersetzt) an und ließen sich ab 1245 durch münsterische Schöffen auf den Landtagen des Stifts vertreten. Dem überregionalen Ansehen entsprach ein Ausbau der Rechtspositionen im lokalen Bereich in den ersten Jahrzehnten des 14. Jahrhunderts. Münster gewann schon vor 1316 die Freigrafschaft im Gogericht Bakenfeld, einen Anteil am bischöflichen Gogericht zur Meest (1334) und die Pfandschaft über beide weltliche Gerichte im Stadtgebiet (1326).

Wachsender Wohlstand förderte die Bereitschaft der Bürger zu frommen und gemeinnützigen Stiftungen. Neben den Armenkassen der Pfarrkirchen gab es um 1330 ein Hospital, zwei auswärtige Leprosenhäuser und sieben von Bürgern und Erbmännern gestiftete Armenhäuser. Zwischen 1310 und 1344 gründeten wohlhabende Bürgerinnen elf Beginenhäuser, in denen die Frauen in frommer Gemeinschaft lebten. In diesen Jahren stifteten Bürger und Rat ein zweites Hospital vor dem Mauritztor auf einem außerhalb des Stadtgebiets im Kirchspiel St. Mauritz gelegenen Grundstück. Zu diesem Hospital St. Marien – später Antonius-Armenhaus genannt – gehörten eine Kapelle und ein Friedhof.

Reichtum und stolzer Bürgersinn fanden Ausdruck in großen Bauvorhaben. Zwischen 1314 und 1338 kann das neue „Haus der Bürgerschaft" – ab 15. Jahrhundert „Rathaus" – am Markt errichtet worden sein, allerdings zunächst ohne Bogenhalle und Schaugiebel. In den Jahrzehnten um 1320/40 erweiterten die beengt auf dem ehemaligen Domburggraben stehenden Häuser an der Westseite des Marktes ihre Wohnfläche durch ein über die Straße vorspringendes Obergeschoß. Die vorgesetzten neuen Giebel ruhten auf Pfosten oder Steinsäulen, die verlängerten Seitenwände auf gemauerten Bögen, so daß vor den Häusern ein gedeckter Gang entstand, der zwei Generationen später als *sub arcu* oder „unter dem Bogen" zur Adresse der Markthäuser geworden war. Mit Unterbrechungen am Michaelisplatz und am Drubbel reichte der Bogengang von der Rothenburg bis zum Horsteberg. Später übernahmen auch die Häuser an der Ostseite des Marktes mit dem Rathaus diese Bauweise.

Zwei weitere Großbauten fallen in die Zeit um 1330/40: der erste Bauabschnitt der gotischen Kirche St. Marien-Überwasser und die Modernisierung der Stadtbefestigung durch die Errichtung eines Außenwalls mit Graben, der Stadtmauer und Türme gegen die neuen Feuerwaffen schützen sollte. Vor den Ausfahrten der Stadttore errichtete man Bollwerke oder „Blockhueser". Die aufwendigen Arbeiten an dem ca. 4 Kilometer langen Außenwall Münsters dauerten sicher viele Jahre. Die Anlagen nahmen vor dem Stadtgraben einen ca. 40 bis 50 Meter breiten Geländestreifen in Anspruch, den die Stadt von den Grundherren in den umliegenden Kirchspielen erwerben mußte. Durch die Außenwerke verdreifachte sich die Breite des Verteidigungsringes auf ca. 80 Meter, das Stadtgebiet erfuhr eine entsprechende Vergrößerung.

Die Entstehung der Außenwerke ist erst nach ihrer Fertigstellung – um 1350 – an zwei Stellen faßbar. Im Westen der Stadt ging der Außenwall über den Judenfriedhof vor dem Bispingtor hinweg, der entweder durch diese Bauarbeiten oder im Pogrom 1349 zerstört wurde. Verschleppte, andernorts eingemauerte Grabsteine des Judenfriedhofs stammen aus den Jahren 1302 bis 1346. Im Osten der Stadt mußte die Kapelle des Marienhospitals vor dem Mauritztor dem Außenwall weichen. Bischof Ludwig II. (1310–1354) ließ um 1348 diese Kapelle auf dem Friedhof „zwischen den Gräben" der Stadt, d.h. auf dem nun fertigen Bollwerk des Außenwalles, neu errichten, wie eine Urkunde von 1350 nachträglich berichtet.

Jäh unterbrach eine Pestepidemie, die 1349/50 Mitteleuropa heimsuchte, diese Phase des innerstädtischen Ausbaus. Die Bürgerschaft erlitt hohe Verluste, viel später wird eine Chronik von 11 000 Toten sprechen. Wie in anderen Städten kam es auch in Münster zu einem Pogrom, wobei das jüdische Viertel östlich des Marktes zerstört wurde. Der Bischof zog das Areal als Lehnsgut ein und verkaufte den beim ehemaligen Judenbad gelegenen Teil der *emunitas synagogae* 1358 an die Erbmänner Steveninck, die 1380 auch die Grundstücke der ehemaligen Synagoge und der Judenscharne erwarben. Erst 1577 konnte die Stadt einen hinter dem Rathaus liegenden Teil kaufen.

Nach den Katastrophenjahren 1349/50 wird ein Jahrzehnt oder mehr vergangen sein, bis die Wirtschaftskraft der Stadt sich wieder erholt hatte. Die Bautätigkeit setzte nach 1360 wieder ein. Im Jahr 1363 beschloß die Gemeinde St. Marien-Überwasser den Weiterbau der neuen Kirche. Die vielleicht durch die Folgen der Epidemie nötige und wohl 1354 begonnene Neuordnung des städtischen Armenwesens war 1367 mit der Einrichtung des neuen großen Hospitals „bei der Brücke" (Bergstraße 66) für Arme, Kranke, Alte und Fremde abgeschlossen. Hierher verlegte der Rat die Insassen und Einkünfte der ab 1354 aufgehobenen fünf bürgerlichen Armenhäuser (Hoecker, Tylbeck, Butermann, Engelbracht und tor Aa). Die auf 1354 datierte, aber erst 1367 unter den Bürgermeistern Johann Clevorn und Albert von der Wyck ausgestellte Urkunde über die Gründung des Hospitals bzw. Armenhauses „bei der Brücke" (später: Elisabeth zur Aa) nennt als weitere bestehende Armenhäuser die Häuser tor Wieck (am Honekamp), tor Wessede (Herrenstraße) und das Magdalenenhospital (Spiekerhof). Nicht genannt – wohl vergessen – wurden das 1330 gegründete Armenhaus zum Busch (Martinikirchhof) und das neue Marienhospital vor dem Mauritztor.

Den Nordabschluß des Marktes sollte ein Neubau der Lambertikirche bilden, dessen Grundstein 1375 gelegt wurde. Sogar die Bischofschronik betont die Bautätigkeit dieser Zeit. Sie berichtet, Bischof Florenz (1364–1379) habe unter anderem ein neues Münzhaus auf dem Roggenmarkt sowie mehrere Gebäude und Mühlen erbaut. Auch ließ er alte Häuser restaurieren oder neu errichten und gab dafür 1500 Mark aus. Zu den Neubauten gehörten auch die Residenz des Bischofs, die später als „Fürstenhof" bezeichnete Kurie am Domplatz, und der 1377 begonnene neue Kreuzgang am Paulusdom. Das „Haus der Bürger" am Markt erhielt zwischen 1370 und 1400 einen westlichen Vorbau (Bogenhalle) mit einem reichgeschmückten Schaugiebel, der auf fünf Rundsäulen mit kunstvollen Kapitellen ruht.

Die Katastrophen des Jahres 1383, eine erneute Pest und ein großer Brand im Süden der Stadt, brachten gewiß schwere Rückschläge, doch wird der Wiederaufbau, wie meist bei Stadtbränden, bald erfolgt sein. Zu topographischen Veränderungen im Stadtgebiet kam es im 15. Jahrhundert mit der zweiten Gründungsphase geistlicher Konvente, die – ausgehend von Einzelgrundstücken – durch Ankauf benachbarter Häuser größere Besitzkomplexe bildeten. So erwarb eine 1400 gegründete Devoten-Gemeinschaft von 1405 bis 1494 nördlich des Bispinghofes neun Grundstücke, auf denen das Fraterherrenhaus „Zum Springborn" erbaut wurde. Das 1444 auf der Domdechantsfreiheit gegründete Schwesternhaus Niesinck konnte 1451 auf ein größeres Grundstück südlich der Servatiikirche übersiedeln, wo das Haus Marienthal-Niesinck sich weiter nach Süden ausdehnte.

Erste datierbare bildliche Darstellungen aus der Stadt bieten die Tafeln des Marienfelder Altars von Johann Koerbecke (1457), auf denen der Turm der Ludgeri-

Mitteltafel des Amelsbürener Altars von Johann Koerbecke (um 1420–1491) mit der Darstellung der Kreuzigung. Die Szenerie zeigt im Hintergrund den Turm der Ludgerikirche

kirche und zweistöckige Bogenhäuser am Markt zu erkennen sind. Auch eine Tafel des Amelsbürener Altars zeigt den Glockenturm von St. Ludgeri.

Münster im 16. Jahrhundert

Der niederländische Humanist Johannes Murmellius, Konrektor der Domschule in Münster von 1500 bis 1513, schrieb im Jahr 1503 ein lateinisches Gedicht zum Lobe der Stadt: *In urbem Monasteriensem Westphaliae Metropolim*. In der einfühlsamen Übersetzung Hermann Bückers von 1961 [367: Lobgedicht] heißt es im siebten Vers: „Zierde und strahlender Glanz westfälischen Landes stehst du, herrliche Stadt, im Schutze des Paulus."

Ohne auf Einzelheiten einzugehen, zählt der Dichter die Attribute der Stadt auf: stolze Türme, stattliche Häuser, prachtvolle Kirchen, tapfere Männer, schöne Frauen, tüchtige Lehrer und – für ihn das wichtigste – hochangesehene Gelehrte, die er mit Namen nennt. Hauptstadt Westfalens: Der stolze Titel, hier zum erstenmal verliehen, wird die Stadt Münster nun 150 Jahre lang begleiten.

Von reger Bautätigkeit zeugen die bis zum Bombenkrieg erhaltenen Giebelhäuser im Stadtzentrum; 32 Häuser konnte Geisberg in die Baujahre 1500 bis 1535 einstufen. Die Stadtbefestigung wird ausgebaut. Um 1525 errichtet der Stadtmaurermeister einen neuartigen mächtigen Geschützturm am Austritt der Aa, später „Zwinger" genannt. Eine wohl ähnlich geplante Anlage beim Eintritt der Aa, das „Neuwerk" vor dem Bispingtor, von den lutherischen Bürgern 1533 spöttisch „die Engelsburg" genannt, bleibt unvollendet. Erstmalig erhält einer der langen Abschnitte des Außengrabens zwischen den Torrundellen einen zusätzlichen Schutz. Der Baumeister Johann Kerckerinck gen. von Oelde (lat. *Uldanus*) errichtete zwischen Servatii- und Ludgeritor das nach ihm benannte „Uldans-Rundell". Ein ähnliches kleines Rundell baute man vor dem Außengraben zwischen Kreuz- und Neubrückentor. Es wird 1566 als „Gestemar-Rundell" – vielleicht nach einer Familie Gestemmer –, 1622 als „Wantscherer-Rundell" genannt.

Die in der Profan- und Kirchengeschichte Münsters als tiefe Zäsur empfundene Zeit des „Königreichs der Wiedertäufer" 1534/35 hinterließ kaum topographische Spuren. Die vagen Hinweise, daß die Täufer die Stadt zur Festung ausgebaut hätten, hielten einer Prüfung nicht stand. Johann Bockelson von Leiden war keineswegs ein „genialer Festungsbaumeister", sondern er fand im Frühjahr 1534 eine vorzüglich befestigte Stadt vor, die der schweren Belagerung 16 Monate widerstehen konnte. Einen bildhaften Eindruck der Belagerung vermittelt eine nach Augenzeugenberichten des Frankfurter Bürgermeisters Justinian von Holtzhausen 1536 gemalte Ansicht, auf der die Darstellung der Festungswerke besonders realistisch erscheint.

Nach der Eroberung Münsters am 24. Juni 1535 legte der Bischof Franz von Waldeck eine militärische Besatzung in die Festungswerke Zwinger und Neuwerk. Bei dem dazu nötigen Umbau mußten 1536 vor dem Zwinger einige Häuser abgebrochen werden, so daß ein kleiner freier Platz, der spätere Kalkmarkt, entstand. Im Umkreis des Neuwerks wurden 1536/37 das Bispingtor samt einem Stück der Stadtmauer, der Windmühlenturm und drei Burgmannshöfe niedergelegt. Zwar ließ der Rat alsbald nach Restitution der städtischen Freiheit – 1541 und 1553 – beide Anlagen wieder in den Festungsring eingliedern, doch der zerstörte Westteil des Bisping-

Justinian von Holtzhausen und seine Frau Anna Fürstenberg (im Hintergrund die Belagerung der Stadt Münster). Gemälde von Conrad Faber von Kreuznach

hofes blieb unbebaut liegen. Noch im Alerdinckplan von 1636 und einem Plan von 1682 sind hier zwei Teiche als Grabenreste der Zwingburg zu sehen.

Nach dem Täuferkrieg erlebte Münster eine neue Blütezeit, die ihren Ausdruck in der Gründung zahlreicher Klöster und Armenhäuser fand. Von 1542 bis 1621 wurden zwölf neue Armenhäuser, von 1588 bis 1686 acht Klöster gegründet. Besonders die Neubauten der Konvente veränderten die Parzellenstruktur der Altstadt. Die Konvente erwarben durch Schenkung oder Kauf einzelne Grundstücke, erweiterten sie durch Zukauf von Bürgerhäusern und Erbmannshöfen und errichteten dann weitläufige Klosteranlagen mit eigenen Kirchen. Die zum Teil umfangreichen Gebäudekomplexe der Niederlassungen zeigt eine Karte von P. Schmitz zum Jahr 1695. In dieser Zeit entstanden: der Konvent der Jesuiten an der Cappenberger Stiege (1588/90), das Kloster der Klarissen an der Stubengasse (1613/17), das der Franziska-

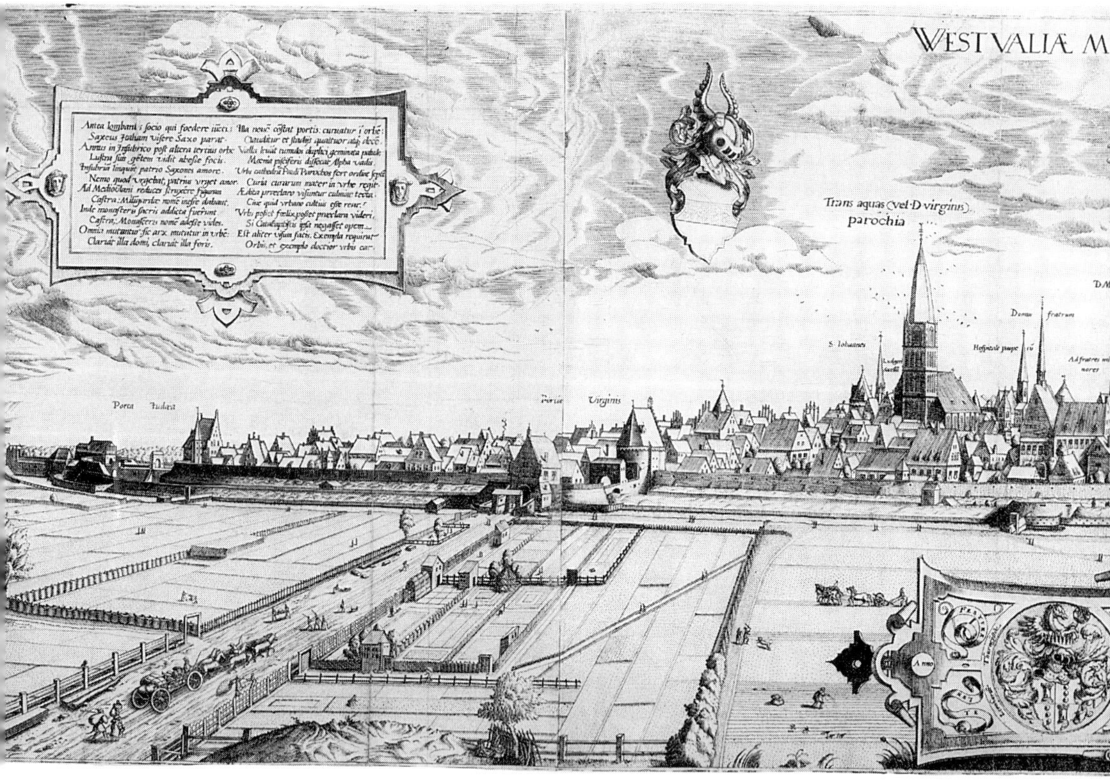

Ansicht der Stadt Münster von Remigius Hogenberg nach einer Zeichnung von Hermann tom Ring (1570).

ner-Observanten südlich der Bergstraße (1614/25) und das Kapuzinerkloster östlich der Aegidiistraße (1619/32). An der Salzstraße entstand 1651/63 ein Dominikanerkloster, die Lothringischen Chorjungfrauen errichteten zwischen 1651 und 1654 ihre Niederlassung an der Lotharingerstraße. Um 1680 kam der Neubau des Klosters Rosenthal nördlich der Rosenstraße dazu, 1686 das Kloster der Dominikanerinnen am Verspoel.

Die 1568/69 von dem Maler Hermann tom Ring gezeichnete, von Remigius Hogenberg 1570 in Kupfer gestochene Ansicht der *Westvaliae Metropolis Monasterium* betont die lebhafte, von spitzen Türmen und Dächern bestimmte Silhouette der Stadt. Topographische Details sind besonders im Vordergrund mit den Gärten vor dem Frauentor und an der Aa und bei den in Seitenansicht gezeichneten Festungswerken vor dem Ludgeritor zu erkennen. Eine Ergänzung findet diese bildliche Darstellung durch die gleichzeitige Beschreibung der Stadt Münster in der Einleitung zur „Geschichte des Aufruhrs der Wiedertäufer“ aus der Feder des Domschulrektors Hermann von Kerssenbrock [640: Anabaptistici furoris historica narratio]. Der orts-

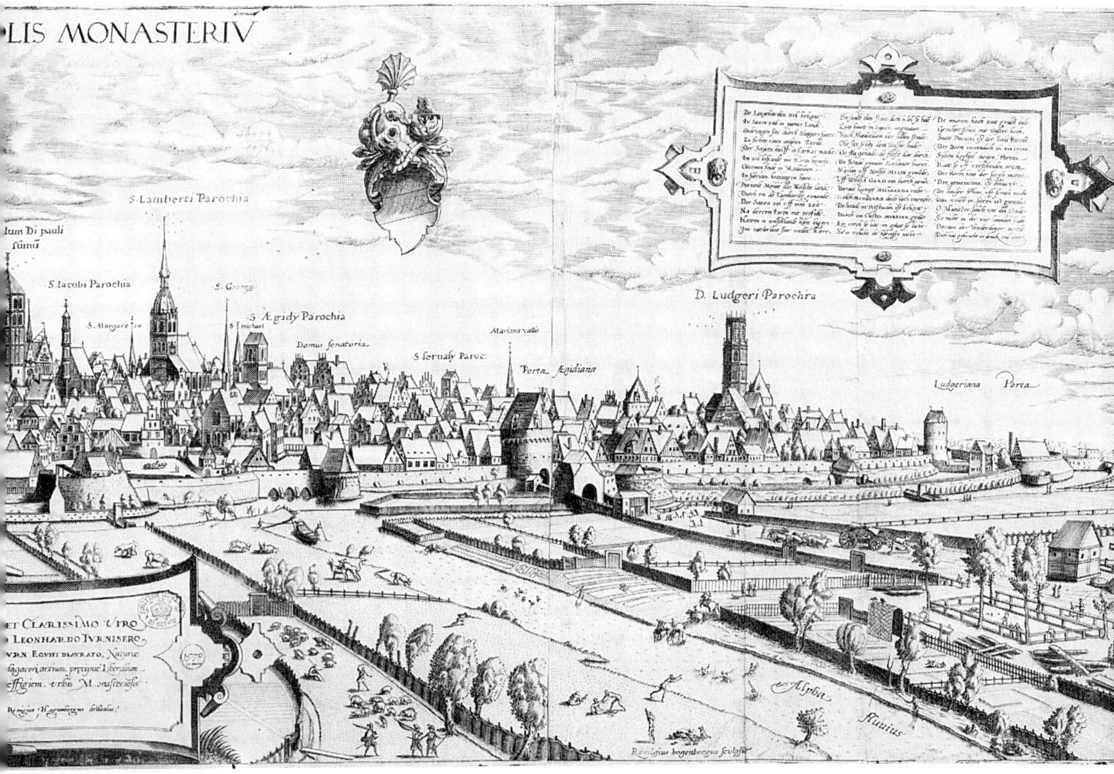

Die Abbildung zeigt das einzige erhaltene Original, das sich heute in der British Library in London befindet

kundige Autor beschreibt ausführlich die Befestigungen mit den Stadttoren, die Kirchen, Klöster und öffentlichen Gebäude, die 4 Märkte, 2 Scharnen, 2 Wassermühlen, 15 Armenhäuser und Hospitäler. Kerssenbrock nennt als erster Autor Zahlen für den Durchmesser der Stadt und für den Mauerumfang. Beide Messungen sind in der Größenordnung beachtlich genau und mit der Karte der Katastervermessung 1829/30 vergleichbar.

Kerssenbrock 1568	Katasterkarte 1829/30
Durchmesser der Stadt 1601 Schritt (= 4000 Fuß) = 1173 m	Durchmesser (Neubrückentor–Aegidiitor) = 1170 m
Mauerumfang 5031 $^{3}/_{7}$ Schritt = 3685 m	Mauerlinie (einschl. Breite der Tore) = 3800 m

Eine neue Periode im Festungsbau der Stadt begann. Schon ab 1580 hatte die Landesregierung durch die Anwerbung ausländischer Ingenieure dafür gesorgt, daß die

Verteidigungsanlagen der Hauptstadt bautechnisch auf dem neuesten Stand blieben. So übernahm die Stadt nach dem Spanisch-Niederländischen Krieg die neuartigen Schanzen oder Bastionen, die vor die Rundelle gelegt wurden. Die erste Bastion in fünfeckiger Pilzform entstand 1595 dicht neben der Nordseite des Mauritztor-Rundells; weitere Anlagen folgten nach Ausbruch des Dreißigjährigen Krieges: 1622 die Johannisschanze vor dem Uldans-Rundell, 1633 die Schanze vor dem Neubrückentor-Rundell, 1632 und 1635/41 das große Hornwerk vor dem Jüdefelder Tor, 1633 die Schanze vor dem Aegidiitor und 1637 die Judenschanze in der Nähe des 300 Jahre zuvor zerstörten Judenfriedhofs. Das für die Neuanlagen benötigte Land mußte die Stadt, die ja kein eigenes Umland hatte, von den Eigentümern erwerben, wie von 1594 bis 1660 mehrfach belegt ist.

Der Alerdinckplan 1636

Die Schriftquellen zur Topographie Münsters können anhand eines Vogelschauplans überprüft und ergänzt werden, den der Maler Everhard Alerdinck der Jüngere (1598–1658) im Jahr 1634 zeichnete und 1636 als Kupferstich drucken ließ. Der Vogelschauplan zeigt Straßen und Stiegen annähernd korrekt in Lage und Richtung, nur die Breiten sind überzogen. Auch die Befestigungen, die Stadtmauer mit Toren und Türmen, die Stadtgräben mit Brücken und Schleusen – den sogenannten Wasserbären –, der Außenwall mit den alten Rundellen und den neuen Bastionen, sind lagemäßig richtig, allerdings in doppelter Breite angelegt. Dem genordeten Plan lag wohl ein Grundriß der Stadt bzw. des Straßennetzes zugrunde, bei dessen Aufmessung Alerdinck dem Ingenieur Knickenberg 1633 geholfen hatte. Zwar ist der Maßstab des Stadtplans ungleich (in der Nord-Süd-Ausdehnung ca. 1:1470; Ost-West ca. 1:1724), aber die Mauerlinie entspricht der ersten exakten Karte des Heinrich von Geldern aus dem Jahr 1647 und einer Karte um 1650.

Der Alerdinckplan ist nur in zwei Exemplaren erhalten, davon wurde einer nachträglich mit einem fremden Ornamentrahmen und dem handgeschriebenen Titel *Monasterium Westphaliae Metropolis* umklebt. Diese Montage ist in einer Neuzeichnung von Heinrich Guttermann (1930) mehrfach nachgedruckt worden. Matthäus Merian (1646) und Simon Beckenstein (1648) benutzten Alerdincks Werk als Vorlage für ihre verkleinerten Nachdrucke.

Obgleich die Stadt für die Friedensverhandlungen seit 1643 durch Neutralisierung vor militärischer Bedrohung geschützt war, ging die Arbeit an den Festungswerken weiter. Zwar wurde der Plan des Ingenieurs Heinrich von Geldern, der mit 14 neuen Bastionen einen geschlossenen Ring um die Stadt legen wollte, nicht verwirklicht, doch verstärkte man die Bastionen vor dem Kreuztor, Neubrückentor, Ludgeritor, Hörstertor und Servatiitor. Anzumerken ist, daß Fürstbischof Christoph Bernhard von Galen (1650–1678) im Jahr 1655 die Bastionen visitierte und einige Kosten übernahm. Zwei Jahre später ließ er die Stadt belagern und beschießen. Bei den Belagerungen zwischen 1657 und 1661 bestanden die Festungswerke ihre Bewährungsprobe – die Stadt konnte nicht erstürmt werden. Die Belagerung von 1657 ist in einem großen Kupferstich von Everhard Alerdinck und Nikolaus Knickenberg festgehalten. Die Stadt kapitulierte schließlich am 26. März 1661 vor der drohenden Zerstörung durch die Artillerie des Fürsten, den seine Gegner „Kanonenbischof“ oder „Bombenbernd“ nannten.

Die Zitadelle

Nach der Kapitulation Münsters ließ der Fürstbischof durch den Ingenieur Bernhard Spoede im Westen der Stadt eine Zitadelle errichten und mit den Stadtbefestigungen zusammenschließen, um Münster zu einer mächtigen Landesburg auszubauen. Die dazu benötigten Ländereien lagen im Kirchspiel Überwasser unter der Jurisdiktion des Gogerichts Bakenfeld. Das Domkapitel wurde für den Verlust mit dem

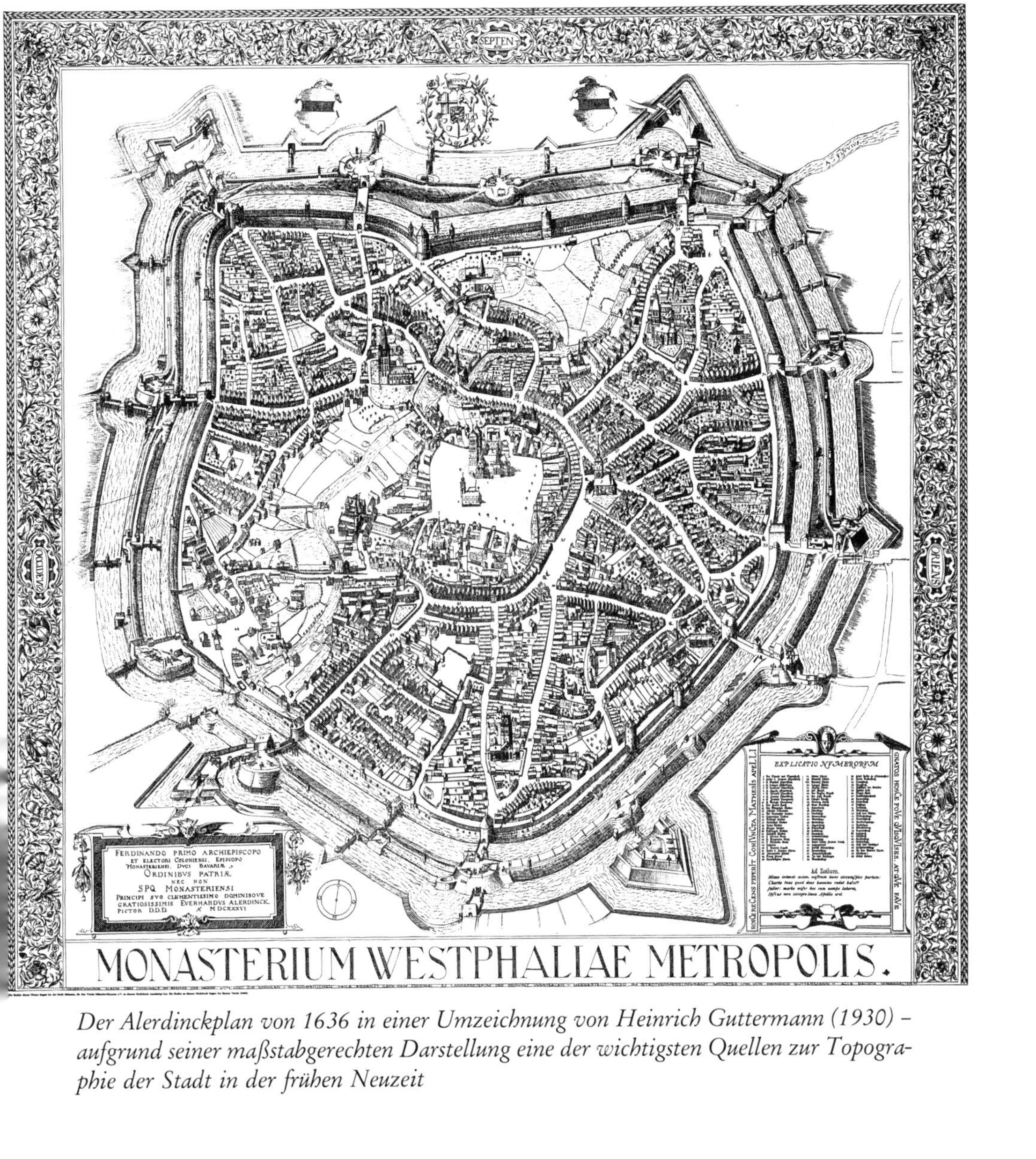

Der Alerdinckplan von 1636 in einer Umzeichnung von Heinrich Guttermann (1930) – aufgrund seiner maßstabgerechten Darstellung eine der wichtigsten Quellen zur Topographie der Stadt in der frühen Neuzeit

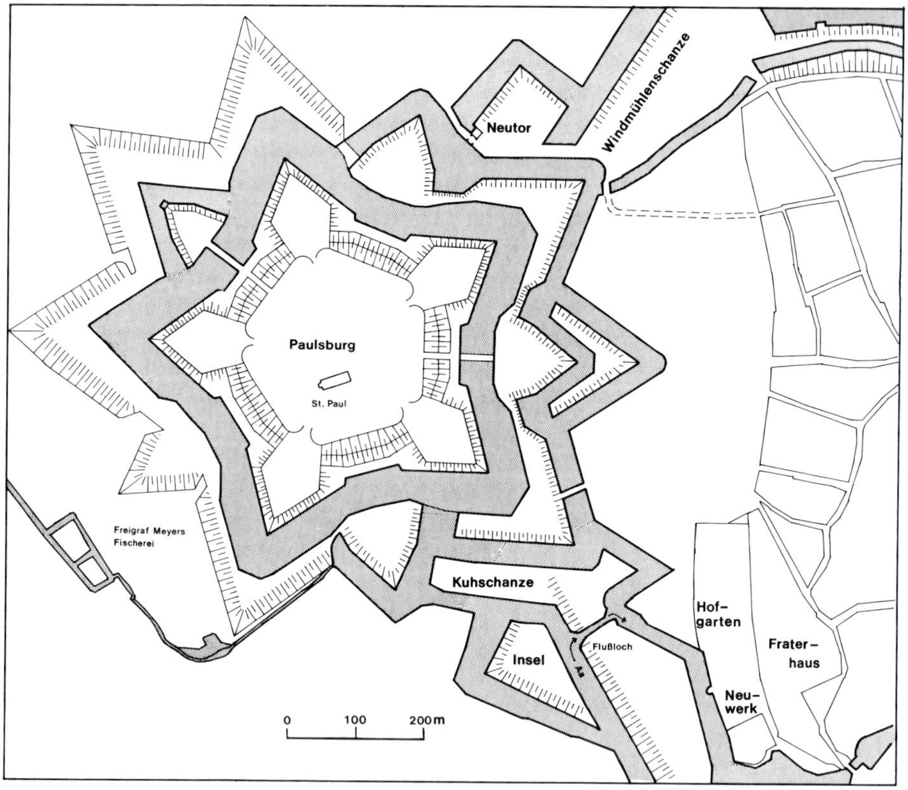

Die nach 1661 unter Leitung Bernhard Spoedes errichtete Zitadelle

Gericht Senden entschädigt, das die Stadt Münster hatte abtreten müssen. Zudem erwarb der Fürst noch das sogenannte Pfahlgericht, einen Landstreifen von 50 Ruten (etwa 188 Meter) Breite vor den äußersten Spitzen der städtischen Bastionen. Da die Grundeigentümer später entschädigt werden sollten, zeichnete Spoede 1680 eine Karte der im Gebiet der Zitadelle gelegenen Grundstücke. Insgesamt erfaßte er eine Fläche von 51 501 Rheinländischen Quadratruten (= 73,054 Hektar).

Im Kern der Zitadelle St. Maria – auch Paulsburg genannt – lag ein fünfeckiger Platz von etwa 200 Metern Durchmesser mit Hauptwache, Zeughaus, Magazinen und einer Kapelle. Die Ecken waren zu fünf Bastionen ausgebaut und durch Wälle und Mauern miteinander verbunden. Um diesen Stern lagen ein breiter Graben und ein geschlossener Ring von Außenwerken mit halbmondförmigen Bastionen – den Ravelins –, östlich davor weitere Gräben mit vorgesetztem Glacis. Letztere fehlen jedoch vor den Ravelins im Südwesten, so daß das Grundstück des Freigrafen Meyer (Kamp, Garten und Fischteiche) verschont blieb.

Drei Ravelins waren gegen die aufgerissene Westflanke der Stadt gerichtet, wo die Stadtmauer und die Außenwerke zwischen Jüdefelder Tor und Judenschanze geschleift wurden. Im Norden stellte die neue Windmühlenschanze eine Verbindung zwischen Zitadelle und Hornwerk her, das Jüdefelder Tor wurde geschlossen, die Ausfallstraße durch die Ribbergasse nach Westen zum Neutor geführt. Im Süden verband ein hoher Wall die neue Kuhschanze mit der Aegidii-Bastion. Die Aa wurde nach Norden zum „Flußloch“, einem Durchlaß im Wall, und zurück zur Schottporte geleitet.

Da auf der Zitadelle ein repräsentatives Gebäude fehlte, nahm der Fürstbischof Residenz im Fraterhaus. Die Wache lag gegenüber an der verbreiterten Fraterstegge. Die westlich der Fraterhaus-Residenz gelegenen Festungswerke wurden eingeebnet und zu einem Hofgarten umgestaltet.

7. Von der Metropole zur Residenzstadt

Erbmännerhöfe und Adelshöfe

Als „Hof“ bezeichnete man in der Stadt Münster eine kleinere unbebaute Fläche hinter dem Wohnhaus oder zwischen anderen Gebäuden, aber auch größere Areale (Domhof, Bispinghof) und Gebäudekomplexe auf Großparzellen, die der Oberschicht als Wohnsitz oder auswärtigen Adligen und Klöstern als Stadtwohnung bzw. Winterquartier dienten. Die außerhalb der Stadt gelegenen, von Wassergräben geschützten Wohnsitze von Erbmännern und Adeligen wurden durchweg als „Häuser“ bezeichnet.

Die städtischen Grundstücke der bürgerlichen Oberschicht – der Erbmänner – unterschieden sich in Lage, Form, Größe und Bebauung von den gleichförmigen lang-

Der 1941 zerstörte Merveldter Hof an der Ludgeristraße

schmalen Parzellen der an den Straßenfronten aufgereihten Bürgerhäuser. Die soziale Exklusivität dieser im Fernhandel reich gewordenen Kaufleute beschränkte ihren Kreis im 14./15. Jahrhundert auf etwa 50, im 16. Jahrhundert auf 36 Familien, die um 1550 mit ihren Nebenlinien 47 große Hausgrundstücke, die Erbmännerhöfe, in der Stadt besaßen. Diese lagen besonders massiert beiderseits von Salzstraße und Alter Steinweg, aber auch an der Neubrückenstraße, Ludgeri-, Königs- und Aegidiistraße und am Honekamp.

Im folgenden Jahrhundert kamen von diesen Höfen etliche an auswärtige Adelige, an Bürger und Klöster, so daß 1668 nur noch etwa 23 Höfe im Besitz der nun als adelig geltenden Erbmänner waren. Auch von diesen Familien wohnten nur noch wenige in den Stadthöfen, die meisten waren nach 1550 auf ihre Landgüter (die „Häuser") im Münsterland gezogen, von denen im Raum zwischen Havixbeck–Appelhülsen und Ostbevern–Alverskirchen für das 16. Jahrhundert mehr als sechzig nachgewiesen sind (vgl. Karte auf S. 506). Nach dem Aussterben der alten Familien gab es 1758/60 nur noch vier Erbmännerhöfe in Münster: zwei der Familie von Kerckerinck zur Borg und je einen der von Kerckerinck zu Stapel und von Schenckinck zu Vögeding.

Im Gegensatz zu den stadtgeschichtlich alten Erbmännerhöfen sind die Adelshöfe eine relativ junge Erscheinung. Im Stadtgebiet liegende Reste adeligen Altbesitzes, wohl aus ehemaligem Lehngut der Ministerialen stammend, waren schon vor 1300 in geistliches oder bürgerliches Eigentum gelangt. Sieht man von den Burgmannshöfen auf dem Bispinghof ab, so gab es um 1500 Adelsbesitz nur noch an der Jüdefelder Straße (Steinfurter Hof) und an der Königsstraße (Davensberger Hof). Vereinzelt nach 1535, verstärkt nach 1661 und im 18. Jahrhundert erwarb der Landadel bürgerliche und erbmännische Wohnhäuser, erweiterte den Besitz durch Ankauf benachbarter Grundstücke und ließ auf den so entstandenen Großparzellen im Stil der Zeit die „Adelshöfe" errichten. Die ab 1665 entstehenden Barockbauten überdeckten bis zu zwanzig kleine Altparzellen und bestimmten mit ihrem Maisonstil und aufwendigen Schaufassaden stellenweise das Stadtbild.

Die Anzahl adeliger Wohnhöfe in Münster wuchs im 16. Jahrhundert von zwei auf acht und erhöhte sich durch Übernahme von Erbmännerhöfen und weitere Ankäufe bis 1668 auf 27 und bis 1760 auf 31. Zusammen mit den vier Höfen der 1709/16 geadelten Erbmänner gab es um 1780 35 Adelshöfe. Diese Zahl nennt 1875 auch das münsterische Adreßbuch.

Die Handels- und Hauptstadt

Als Johann Conrad Schlaun um 1771 den 1695 von P. Schmitz erstellten Stadtplan als „Planum der vornehmen Handels- und Hauptstadt Münster" kopierte, erfaßte er mit diesem Titel den Wandel der politischen Bedeutung der Stadt; mit der Übernahme der seit 1680 kaum veränderten Topographie wurde die Stagnation der städtebaulichen Entwicklung dokumentiert.

Nach dem Tod des Fürstbischofs Christoph Bernhard von Galen (1678) waren einige Außenwerke der Zitadelle demoliert worden, weitere folgten nach 1688, da Aufbaupläne des Fürstbischofs Max Heinrich von Bayern (1683–1688) nicht zum Zuge kamen. So blieb die Festung bis zur Mitte des 18. Jahrhunderts liegen.

Eingriffe in die Parzellenstruktur der Stadt erfolgten durch die Dreiflügelbauten einiger Adelshöfe. Dazu zählten der Beverförder Hof in der Königsstraße (1698), der Merveldter Hof in der Ludgeristraße (1701), der Schmisinger Hof in der Neubrückenstraße (1713) sowie der Landsberg-Steinfurter Hof am Alten Steinweg (1716). Diese Gebäude sowie die Bauten des Fürstbischofs Clemens August von Bayern (1719–1761) – der 1724 begonnene Kanal vor dem Neubrückentor, das Zuchthaus (1734) am Kalkmarkt vor dem Zwinger und das Hospital der Barmherzigen Brüder (1745) mit der Kirche St. Clemens auf dem Areal der ehemaligen Domdechantsfreiheit – sind auf einem Stadtplan von 1759 eingetragen, dazu der Neubau des Klosters Hofringe (1753) an der Jüdefelder Straße und das Haus des Landbaumeisters Johann Conrad Schlaun (1753) an der Hollenbeckerstraße.

Wie schon die frühen Stadtpläne entstanden auch die von 1757 bis 1766 in der Folge kriegerischer Ereignisse, in die Stadt und Stift Münster durch die Landespolitik hineingezogen wurden. Französische und kurhannoversche Truppen, die sich im Siebenjährigen Krieg (1756–1763) als Besatzung in Münster abwechselten, ließen die Außenwerke der Stadt zu einem geschlossenen Ring von Bastionen ausbauen und im Vorgelände mehrere Feldwerke – sogenannte Redouten und Lünetten – errichten. Bei einer Beschießung durch ein kurhannoversches Korps im September 1759 brannten in der Martini-Leischaft 139 Wohnhäuser ab, weitere 86 in anderen Stadtteilen. Das zerstörte Martiniviertel ist in einer Karte von 1760 eingezeichnet.

Die im Verlauf dieses Krieges gemachten Erfahrungen, daß eine Festungsstadt das Land nicht schützt, sondern den Einmarsch des Gegners herausfordert, veranlaßten den Beschluß der Landstände im Jahr 1764, die Bastionen, Mauern und Wälle von Stadt und Zitadelle zu schleifen. Der Abbruch der Stadtmauer und der Stadttore begann 1767. Im gleichen Jahr, am 26. August 1767, wurde der Grundstein für das Residenzschloß gelegt, das die Landstände dem Fürstbischof Maximilian Friedrich (1762–1784) auf der ehemaligen Zitadelle durch Johann Conrad Schlaun errichten ließen. Jetzt erst hätte in Münster eine neue stadtgeschichtliche Epoche als Residenzstadt beginnen können, doch kam es dazu durch die revolutionären Umwälzungen im letzten Jahrzehnt des 18. Jahrhunderts nicht mehr.

Quellen und Literatur

Für die Fläche innerhalb der Stadtmauer, die um 1200 auf der 1173 ausgewiesenen Grenzlinie errichtet wurde, ist von Hermann Rothert [2605: Westfälische Geschichte 1, S. 243] eine (nicht nachprüfbare) Größe von 102 Hektar ermittelt worden. Eine Ausplanimetrierung neueren Datums von Mechthild Siekmann [1170: Münster um 1770, S. 72] ergab eine Fläche von 103 Hektar. Anhand einer rekonstruierten Mauerlinie auf dem Katasterplan 1:5000 (von Manger, 1839) wurde mit Unterstützung des Vermessungsamts mit dem Scheibenrollplanimeter eine Fläche von 102 Hektar gemessen. Durch die wachsende Breite des Festungsringes vergrößerte sich das Areal der Stadt im 14. Jahrhundert (Außenwall mit Graben) auf ca. 138 Hektar, im 16. und 17. Jahrhundert mit Schanzen und Bastionen auf ca. 150 Hektar.

Das Gelände der 1661 erbauten Zitadelle – ab 1767 reduziert auf Schloßplatz mit Schloßgarten und Neuplatz – blieb durch die äußeren Gräben mit dem Stadtgebiet verbunden, unterlag aber nicht der städtischen Verwaltung. Ein Stadtplan von 1792 nennt diesen Zugewinn an Fläche eine „durch Anlage der Citadelle, nun Hofgarten, Schloß und Schloßplatz verursachte Auslage der Stadt Münster" (Ocularplan von J. Schmeddes, 1792) [StadtAM, Karten und Pläne A 30].

Auf Anordnung der großherzoglich-bergischen Regierung sollten 1809 Grenzen und Größe der Stadt ermittelt werden. Anhand einer Karte planimetrierte der städtische Bauinspektor Cruse innerhalb der äußeren Gräben eine Fläche von 754 rheinländischen Morgen und 128 Quadratruten (= rd. 171 Hektar) [StadtAM, Stadtregistratur 101–1]. Diese mit unzulänglichen Mitteln gewonnene Flächenangabe wurde in preußischer Zeit kritiklos von Sigismund [1257: Topographisch-statistische Darstellung, S. 35f] und – durch Druck- und Rechenfehler zusätzlich verfälscht – durch Guilleaume [1219: Beschreibung, S. 3] übernommen. Erst das Adreßbuch der Provinz Westfalen von 1858 (S. 53) nennt das korrekte Flächenmaß der Immediatstadt Münster mit 741 preußischen Morgen (= 189,192 Hektar).

Da die Cruse-Karte den Erwartungen der Regierung nicht entsprach, wurde der Geometer Lieutenant Joseph Ferdinand Sinderen beauftragt, eine Straßenkarte und ein Straßenkataster anzufertigen. Die Akten und das handgeschriebene Kataster befinden sich im Stadtarchiv Münster [Stadtregistratur 65–5]. Die im Dezember 1820 von Sinderen vorgelegte Brouillon-Karte im Maßstab 1:1250 umfaßt das Straßennetz der Innenstadt sowie Neuplatz und Schloßgarten. Die Karte ist in einer Kopie des Geometers Weber von 1860 erhalten und im Besitz des Vermessungs- und Katasteramts der Stadt Münster.

Die für die Neuordnung der Grundsteuer nötige Vermessung erfolgte in der Stadt Münster vom März 1829 bis Mai 1830 unter Leitung der Geometer von Manger und Stiehl. Das Gebiet der „Gemeinde Münster“ war in 18 Fluren eingeteilt; Flur I „Neuer Platz“ mit Schloßgarten wurde im Maßstab 1:1250, alle übrigen mit 1:500 kartographiert. Die Flurkarten sind im Vermessungs- und Katasteramt der Stadt verwahrt. Eine Zusammenzeichnung dieser Flurkarten auf ein handliches Format (1:5000) erfolgte 1831 durch Harsewinkel und 1839 durch von Manger [132: Geisberg, Stadt Münster 1, S. 79f, Nr. 166, 169 und Tafel IX].

Im Auftrag der Historischen Kommission für Westfalen wurde die Karte „Münster 1829/30“ nach den Flurkarten für den „Westfälischen Städteatlas“ neu gezeichnet. Diese Karte (1:2500) bietet nun eine exakte Grundlage für alle Untersuchungen von historisch-topographischen Veränderungen in der Altstadt und im Befestigungsring.

Die Darstellung zur Lage der Aafurt folgt Überlegungen von Joseph Prinz [543: Mimigernaford–Münster], der die Furt im Zuge der Friesischen Straße – Bergstraße vermutet. In diesem Werk werden auch die von anderen Autoren (Geisberg, Ortmann, Winkelmann) vertretenen Lagebestimmungen diskutiert. Zuletzt hat Wilhelm Kohl [206: Domstift] Übergänge an der Steinbrückenmühle am Spiekerhof, zwischen Bispinghof und Johannisstraße und – für die Straße nach Utrecht – südlich des Bispinghofes in die Debatte eingebracht.

Die Rekonstruktion der Besitzverhältnisse der Althöfe, auf die hier nicht weiter eingegangen werden kann, erfolgt abweichend von der Darstellung bei Prinz [543: Mimigernaford–Münster]. Der Verfasser wird an anderer Stelle seine Thesen zu diesem Problemfeld und zu einigen anderen im Zusammenhang mit der Stadttopographie aufgeworfenen Fragen – dazu gehören die Datierung des Marienhospitals und der Bauabschnitte des Rathauses – zur Diskussion stellen.

FRANZ-JOSEF JAKOBI

Bevölkerungsentwicklung und Bevölkerungsstruktur im Mittelalter und in der frühen Neuzeit

1. Die Beschreibung der Stadtbevölkerung durch Hermann von Kerssenbrock und ihr Aussagewert – 2. Demographische Daten für die Zeit um 1600 – 3. Die Bevölkerungsentwicklung vom 14. bis 18. Jahrhundert – 4. Die bürgerschaftlichen Familien- und Verwandtenkreise und ihre Schichtung – 5. Stadtbewohner außerhalb der Bürgergemeinschaft und ihre Einordnung in die Sozialstruktur – 6. Gewerbliche, religiöse und soziale Gemeinschaften

Über die Einwohnerschaft Münsters im 19. und 20. Jahrhundert, über ihre geschlechts- und altersspezifische Zusammensetzung sowie über die Veränderung der demographischen Strukturen sind wir aufgrund detaillierter Bevölkerungslisten und Personenregister sowie der publizierten Statistiken gut unterrichtet. Geburten und Heiraten, Krankheits- und Sterbefälle, Geschlecht und Konfession, Zuzug und Wegzug, Berufsausübung und Gewerbetätigkeit wurden in systematisch geführten Aufzeichnungen erfaßt und ermöglichen eine ziemlich genaue Beschreibung der demographischen Entwicklung von 1815/16 an.

Bevölkerungsstatistik dieser Art ist eine Errungenschaft der modernen staatlichen und der ihr nachgeordneten kommunalen Verwaltung, wie sie im Preußen des 19. Jahrhunderts – seit 1815/16 auch in seinen neuen Westprovinzen Rheinlande und Westfalen – besonders ausgeprägt entgegentritt. Ganz anders stellt sich diese Situation für die alteuropäischen Staats- und Gesellschaftsordnungen der Zeit vor 1800 dar. Für das Fürstbistum Münster und seine Hauptstadt gibt es solche systematischen und umfassenden Bevölkerungsstatistiken als eigenständige Überlieferung nicht. Die demographische und bevölkerungsgeschichtliche Forschung ist deshalb auf andere Quellen – etwa auf die Tauf-, Heirats- und Sterbeeinträge in den Kirchenbüchern der Pfarreien, auf die Bürgerbücher und Zunftregister sowie die städtischen Unterlagen zur Steuererhebung – angewiesen. Je nach Überlieferungssituation können daraus jeweils nur einzelne Elemente eines Gesamtbildes rekonstruiert werden.

Eine differenzierte Beschreibung der Gesamtbevölkerung Münsters in vormoderner Zeit auf der Basis der Personaldaten für alle Einwohner unter Anwendung demographischer Untersuchungs- und Darstellungsmethoden und in Form summarischer Tabellen, Diagramme und Graphiken ist also nicht möglich. Es kann vielmehr grundsätzlich nur um eine qualifizierende Beschreibung der Stadtbevölkerung, ihrer Zusammensetzung in Gruppen, Ständen und Schichten sowie ihrer Entwicklung im Laufe der Phasen und Epochen der Stadtgeschichte auf der Basis der für den Gesamtzeitraum sehr uneinheitlichen Überlieferung gehen. Auch sie ist allerdings beim gegenwärtigen Forschungsstand noch nicht durchzuführen. Die überblicksartige Skizzierung der Bevölkerungsentwicklung und Bevölkerungsstruktur Münsters für die Zeit vor 1800 muß sich also in dem hier vorgegebenen Rahmen größtenteils darauf beschränken, die für verschiedene Zeitebenen und thematische Aspekte bereits publizierten Forschungsergebnisse zu resümieren.

Im folgenden werden zunächst die konstanten Grundgegebenheiten sowie die im Laufe der stadtgeschichtlichen Epochen eintretenden Veränderungen des Sozialgefüges skizziert; daran schließt sich eine Beschreibung der einzelnen Strukturelemente an.

1. Die Beschreibung der Stadtbevölkerung durch Hermann von Kerssenbrock und ihr Aussagewert

Die Grundstruktur der Einwohnerschaft Münsters in vormoderner Zeit hatte sich bereits zu Beginn des 13. Jahrhunderts, in der Entwicklungsphase also, in der man überhaupt erst von der „Stadt Münster" im eigentlichen Sinne sprechen kann, herausgebildet. Sie blieb bis zu den fundamentalen Wandlungsprozessen der ersten Hälfte des 19. Jahrhunderts unverändert bestehen. Die Zusammensetzung der Stadtbevölkerung aus Personengruppen mit sehr unterschiedlichem Rechtsstand und sozialem Status, die damit zusammenhängende Zugehörigkeit zur kleinen Oberschicht, zur breiten Mittelschicht oder zu den Unterschichten, der entsprechende Einfluß von Verwandtschaftskreisen, religiösen, sozialen und gewerblichen Vereinigungen sowie das Eingebundensein in Nachbarschaften, Pfarrbezirke und Stadtviertel, all das blieb über sechs Jahrhunderte als Grundgegebenheit mehr oder weniger konstant. Innerhalb des dadurch vorgegebenen Rahmens vollzogen sich allerdings – und zwar durch von außen einwirkende Faktoren und aufgrund von innerstädtischen Ursachen – erhebliche Veränderungen, vor allem im Hinblick auf die politische Rollenverteilung und die soziale Schichtung.

Besonders gut geeignet, diesen Problemhorizont insgesamt zu öffnen, erscheint die detaillierte Beschreibung der Einwohnerschaft Münsters in der Mitte des 16. Jahrhunderts aus der Feder eines gut informierten Zeitgenossen, die die Grundstruktur in allen Einzelheiten deutlich werden läßt.

Hermann von Kerssenbrock (1519–1585) hat seiner Täufergeschichte, in der er die Ereignisse der Jahre 1525 bis 1553 in ihrem chronologischen Verlauf schildert, ein neun Kapitel umfassendes Einleitungsbuch vorangestellt. In ihm gibt er eine ausführliche Beschreibung des äußeren Erscheinungsbildes der Stadt mit Befestigungsanlagen, Kirchen, Plätzen und Stadtvierteln sowie der Organisation des politischen, sozialen und wirtschaftlichen Lebens in ihren Mauern. Das achte Kapitel handelt von der Bevölkerungsstruktur der Stadt [640: Anabaptistici furoris historica narratio, S. 95ff]. Der Chronist legt dabei, ohne das zu reflektieren oder eigens zu thematisieren, gleichzeitig verschiedene Beschreibungsmodelle zugrunde, die auch für die heutige Stadtgeschichtsschreibung noch aktuell sind.

Die ganze Stadt, so beginnt Kerssenbrock seine Darstellung, umfaßt zwei Arten von Menschen *(duo genera hominum)*, die eine ist die der Religiosen oder Kirchenleute *(religiosorum seu ecclesiasticorum)*, die andere die der Weltlichen oder Laien *(profanorum seu laicorum)*. Die erste Gruppe, auch Klerus genannt, ist unterteilt in den höheren und den niederen Klerus *(primarium et secundarium)*. Zum *clerus primarius* zählen die vierzig ausschließlich adeligen Mitglieder des Domkapitels, die „Domherren" (eine 41. Domherrenstelle wurde später durch Christoph Bernhard von Galen als Familienpräbende gestiftet). Zum *clerus secundarius* gehören die Kanoniker der vier weiteren Stiftskapitel (Alter Dom, St. Ludgeri, St. Martini und St. Mauritz); außerdem die gesamte Pfarrgeistlichkeit an den sechs Pfarrkirchen (St. Lamberti, St. Aegidii, St. Ludgeri, St. Martini, St. Servatii und Liebfrauen-Überwasser) sowie die Nonnen und Mönche der sieben Frauen- (Überwasser, St. Aegidii, Niesinck, Rosenthal, Ringe, Hofringe und Reine) und vier Männerklöster (Georgs- und Johanniterkommende, Fraterhaus und Franziskaner-Minoriten) in der Stadt (in der Zeit der Rekatholisierung und des Barock kamen drei Frauen- und vier Männerkonvente hinzu: Lotharinger Chorfrauen, Klarissen und Dominikanerinnen, Jesuiten, Franziskaner-Observanten, Kapuziner und Barmherzige Brüder).

Das wichtigste Unterscheidungsmerkmal des Klerus gegenüber der sonstigen Stadtgesellschaft sieht Kerssenbrock darin, daß dessen Mitglieder von allen bürgerlichen Lasten befreit sind und bei allen Zusammenkünften, den öffentlichen wie den privaten, den Vorrang *(primatum)* eingeräumt bekommen. Der Chronist bedient sich zusätzlich zum ständischen Modell (Adelsstand für die Domherren, Klerikerstand für alle Geistlichen, Nonnen und Mönche) also auch eines „Schichtungsmodells", nach dem zwischen „oben" und „unten" unterschieden wird.

In weiterer Anwendung dieses Modells ordnet er sodann interessanterweise zwischen den Klerikerstand *(ordo ecclesiasticus)* und den Laienstand *(ordo profanus)* die Lehrer an öffentlichen Schulen *(scholarum publicarum magistri)* ein. Öffentliche Schulen sind für ihn die Domschule (Gymnasium Paulinum) und die beiden Stiftsschulen an St. Ludgeri und St. Martini. Den Berufsstand der Lehrer möchte er nicht aufgrund von Würde und Autorität *(ratione dignitatis et auctoritatis)* so hoch eingeordnet sehen, sondern wegen seiner Funktion und seines allgemeinen Nutzens *(ratione autem ordinis publicae utilitatis)*, weil er nämlich für den gesamten Staatsorganismus *(rei publicae corpus)*, d. h. für beide Stände, die wichtige Aufgabe wahrzunehmen habe, die alten und absterbenden Glieder durch gesunde neue zu ersetzen. „Den Lehrern sollten wir höchste öffentliche Anerkennung zollen", so schließt er, „denn wir werden solche Priester und Bürger haben, wie jene ausbilden" *(nam quales illi educaverint, tales et mystas et cives sumus habituri)*. Sicherlich führt hier Kerssenbrock sein eigenes Selbstverständnis und Selbstwertgefühl als langjähriger Leiter der Domschule die Feder.

Bevor er zur Beschreibung des weltlichen Standes und der politischen Funktionen in der Bürgerschaft übergeht, erwähnt Kerssenbrock noch eine weitere Personengruppe, deren Mitglieder nicht dem Bürgerrecht unterworfen sind: den Adel bzw. Ritterstand *(ordo equester)*. Adelige haben zwar ihre Wohnhöfe in der Stadt, leben aber eigentlich nach je eigenem Recht als einzelne außerhalb der Stadt auf ihren befestigten Landsitzen *(foris passim in suis arcibus receptaculisque munitis singuli sua iura tuentur)*, sind also eigentlich in seinem Sinne gar nicht zur Stadtbevölkerung zu zählen.

Den Laienstand *(profani seu laici)* sieht Kerssenbrock wie den Klerus zweigeteilt: in den *ordo* der Patrizier und den der Plebejer *(in duos ordines scilicet patricium et plebeium)*. Patrizier und Plebejer als die beiden *ordines* oder *genera* unter den Stadtbewohnern bringen aus sich heraus einen dritten *ordo* hervor: den der Ratsherren *(senatorium ordinem)*, dem die gesamten politischen Leitungsfunktionen übertragen sind *(Huic totius urbis politica administratio committitur)*. Diese Gruppe der Amtsträger, zu der er außer den 24 Ratsherren auch die zehn Wahlmänner (Kurgenossen) zählt, setzt sich – das betont Kerssenbrock ausdrücklich – aus Mitgliedern beider bürgerlichen Schichten zusammen, stellt also ein neues Element dar, eine Funktionselite, die nach persönlichem Ansehen und Vermögen politische Macht per Mandat der Mitbürger in einem komplizierten Wahlverfahren übertragen erhält. Nach Beschreibung der Aufgabenteilung innerhalb des Ratskollegiums spricht er diesem als eigenem *ordo* noch einmal besonderes Ansehen zu *(magna est huius ordinis in urbe auctoritas).*

Sodann wendet sich Kerssenbrock dem *plebejus ordo* zu, der in den deutschsprachigen Quellen meist als „Gemeinheit" bezeichnet wird. Es handelt sich um die gesamte bunte Vielfalt *(promiscua turba)* der Stadtbewohner außer den Patriziern und den Ratsherren, und zwar – wie er besonders hervorhebt – um freie wie unfreie *(in qua sunt liberi et servi),* wobei beide vermischt miteinander wohnen *(servi passim inter liberos habitant).* Die unfreien Knechte dürfen allerdings nicht zu den Stadtbürgern *(cives)* im eigentlichen Sinne gezählt werden, die nur dem Rat unterworfen sind; sie stehen vielmehr in der persönlichen Abhängigkeit ihres Herrn *(dominus).* Eine andere Gruppe von Stadtbewohnern zählt Kerssenbrock zwar zu den Freien, sie untersteht aber dennoch nicht der Hoheit des Rates und ist demnach nicht Teil der Bürgerschaft: die sogenannten Paulusfreien *(liberi sancti Pauli),* Personen, die zum Herrschaftsbereich des Domkapitels gehören und ihm als Wachszinspflichtige *(cerocensuales)* jährlich eine Abgabe von zwei Denaren zu zahlen haben. So hat – wie Kerssenbrock betont – zwar jeder aus der *promiscua turba* des *ordo plebejus* seine Obrigkeit, aber es ist ein großer Unterschied, ob er Bürger mit Bürgerrecht, Zinspflichtiger einer geistlichen Herrschaft oder Knecht eines Bürgers ist.

Ausführlich geht Kerssenbrock schließlich noch auf ein weiteres wichtiges Strukturelement der Stadtbevölkerung ein, das nicht wie die bisherigen sozusagen eine vertikale Schichtung ergibt, sondern eine horizontale Aufteilung in Sektoren: die Zunftordnung, durch die außerdem verbindliche Rahmenbedingungen des gewerblichen und wirtschaftlichen Lebens für Kaufleute und Handwerker festgelegt werden. Kerssenbrock zählt die 17 zu seiner Zeit bereits „Ämter" *(curie)* genannten Gilden auf, die einen besonderen, vom Rat anerkannten Rechtsstatus mit einer eigenen, in einer Gilderolle schriftlich fixierten Verfassung haben und denen jeweils zwei gewählte Gildemeister vorstehen (die Fleischer der alten und der neuen Scharne, die Wüllner, die Bäcker, die Wandschneider, die Kramer, die Schmiede, die Lohgerber, die Schneider, die Schuster, die Kürschner, die Goldschmiede, die Weißgerber, die Steinmetze, die Böttcher, die Zinngießer, die Maler, Sattler und Glaser). Hinzu kommen fünf Handwerkervereinigungen, die nicht den vollen Gilde- bzw. Ämterstatus haben, sondern als Bruderschaften vom Rat anerkannt sind (Holzschuhmacher, Zimmerleute, Schreiner, Tuchscherer und Weber) sowie schließlich einzelne Handwerker, die für sich und ohne zünftische Zusammenschlüsse ihrem Gewerbe nachgehen (Sprachlehrer, Barbiere, Färber, Gurtmacher, Taschenmacher, Drechsler, Müller, Bierbrauer, Höcker, Buchhändler, Leineweber, Apotheker, Salbenhändler, Weinhändler und Butterhändler; einige von ihnen – wie etwa die Barbiere und Leineweber – waren später ebenfalls in Bruderschaften organisiert).

Kerssenbrocks insgesamt recht präzise und vollständige Beschreibung, bei der lediglich die außerhalb der ständischen und sozialen Ordnungen lebenden Angehörigen des „fahrenden Volkes" – Gaukler, Bettler, Dirnen, Schinder usw. – fehlen, verdeutlicht, wie sehr die Stadtbevölkerung Münsters im 16. Jahrhundert tatsächlich eine *promiscua turba* war. Deutlich wird auch der fundamentale Unterschied zu der auf einheitlichem Rechtsstatus für alle gründenden Einwohnergemeinde des 19. und 20. Jahrhunderts. Was bei Kerssenbrock ganz fehlt, sind Zahlenangaben, sowohl absolute als auch solche über die Verhältnisse der Bevölkerungsgruppen zueinander – die Informationen also, die moderne Demographie überhaupt erst ermöglichen. Sie sind jedoch aus den unten genannten Quellen gerade für die Zeit Kerssenbrocks relativ genau zu ermitteln und durch eine ältere bevölkerungsgeschichtliche Arbeit in allen Einzelheiten verfügbar gemacht. Deren wichtigste, im folgenden vorgestellte Ergebnisse können als Ergänzung der Beschreibung Kerssenbrocks dienen.

2. *Demographische Daten für die Zeit um 1600*

Die im letzten Drittel des 16. Jahrhunderts verstärkt einsetzende bevölkerungsgeschichtlich auswertbare Überlieferung führt zu Anfang der 1590er Jahre erstmals zu einem Befund, der einen Gesamtüberblick erlaubt, und zwar durch die Schatzungsregister der Leischaften. Sie sind erhalten für das Jahr 1591 aus Aegidii und Lamberti und für 1593 aus Liebfrauen, Jüdefeld und Martini. Aus Ludgeri fehlt zwar das vergleichbare Jahresschatzungsregister, dafür ist jedoch das Register einer Feuerstättenschatzung aus dem Jahr 1596 erhalten, in dem zwar nicht alle in den schatzungspflichtigen Haushalten lebenden Personen, aber doch wenigstens die Haushaltungsvorstände aufgeführt sind.

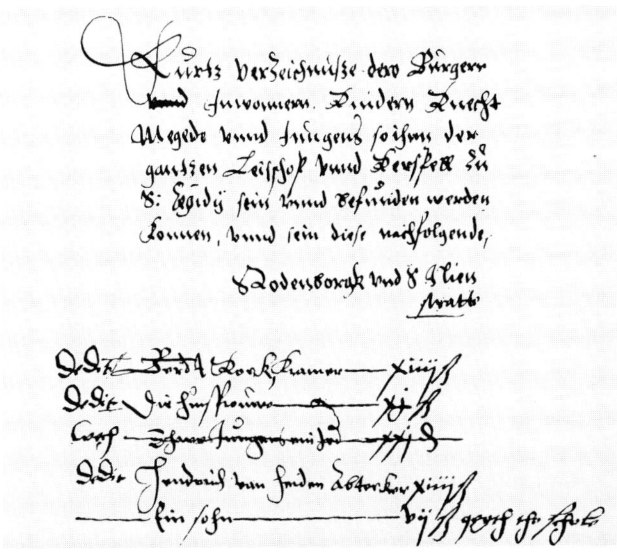

Schatzungsregister der Aegidii-Leischaft von 1591 (Auszug)

Diese günstige Überlieferungskonstellation hat bereits in der ersten Phase der wissenschaftlichen Erforschung der Geschichte der Stadt Münster vor dem Ersten Weltkrieg Franz Lethmate, ein Schüler Alois Meisters, zum Gegenstand einer ungewöhnlich ertragreichen Untersuchung gemacht, deren Ergebnisse bis heute nicht überholt sind und deren Fachmethodik außerordentlich modern anmutet [822: Bevölkerung].

Was von den Registern an Informationen zu erwarten ist und wie verläßlich diese Informationen tatsächlich sind, darüber geben sie selbst hinreichend Auskunft. In dem Heft aus dem Bestand der Aegidii-Leischaft mit der Aufschrift „Schattungs-Regyster uff jedere persone in sannctt Egidii leischafft de anno 1591" [StadtAM, A VIII 259, Nr. 2] findet sich am Anfang des Verzeichnisses die folgende Eintragung: „Kurtz verzeichnisse dero Bürgern, Inwonern, Kindern, Knecht, Megede und Jungens, so ihnn der gantzen Leischop und Kerspel zu S. Egidii sein unnd befunden werden konnen und sein diese nachfolgende." Die Richtigkeit und Vollständigkeit der Angaben wird durch die amtliche Beglaubigung des am Geistlichen und Weltlichen Hofgericht immatrikulierten Notars Johann von Werne bestätigt. In ähnlicher Form ist das auch für die anderen Register der Fall. Franz Lethmate, der die Register in allen Einzelheiten ausgewertet hat, kann zusammenfassend feststellen: „Aufgezeichnet sind also sämtliche Männer, verheiratete, verwitwete und Junggesellen, alle Ehefrauen, Witwen und Jungfrauen, Söhne und Töchter, die zum Haushalt gehörenden Personen, wie Mütter, Väter, unverheiratete Schwestern und Brüder, ledige Schwäger und Schwägerinnen, schließlich Mägde, Knechte, Jungen, Kostgänger und sonstige Aftermieter" [822: Bevölkerung, S. 6].

Eine Auszählung der Register und ein Ausgleich der unvollständigen Angaben (zum Beispiel über die Kinder) mit Hilfe sonstiger Quellen und statistischer Berechnungen führt zu einem genauen Überblick über die darin erfaßten Stadtbewohner, und zwar auf der Basis der steuerpflichtigen Haushalte. Es fehlen dabei natürlich alle Personen, die nicht steuerpflichtig waren: auf der einen Seite die Mitglieder des Klerus und das zu ihren Haushalten bzw. zu den Klöstern gehörende Personal, auf der anderen Seite die Insassen der Armenhäuser, Spitäler und Stiftungen, die von vornherein als Steuerzahler nicht in Frage kamen. Für sie ermittelt Lethmate die Zahlen durch Zusammenstellung verstreuter Belege über Mitgliederstärken der geistlichen Gemeinschaften, über die Stiftskanonikate, die Vikarien an den Pfarrkirchen und die Größe der verschiedenen geistlichen Haushalte sowie über die in den einzelnen Institutionen der städtischen Armenfürsorge verfügbaren Plätze. Auf dieser Basis kommt er schließlich zu einer zahlenmäßigen Übersicht über die gesamte Einwohnerschaft Münsters, die in Form einer nach den wichtigsten Gruppen spezifizierten Tabelle zusammengefaßt ist.

Diese Zahlen, die hier – wie erwähnt – zum allergrößten Teil auf der Auszählung verläßlicher zeitgenössischer Aufzeichnungen beruhen, dürften ein insgesamt zutreffendes Bild von der Zusammensetzung der Stadtbevölkerung und von den Größenordnungen der einzelnen Gruppierungen ergeben. Da die ausgezählten Basisdaten auf den Leischaftsregistern beruhen, läßt sich aus ihnen leicht die Verteilung der Bevölkerung auf die Stadtbezirke ableiten. Die von Lethmate errechneten Prozentzahlen sind in die von Karl-Heinz Kirchhoff erarbeitete topographische Karte der Leischaften (S. 531) eingetragen.

Personengruppe	Anzahl*
Haushaltungsvorstände	2 207
Ehefrauen	1 603
Kinder	3 933
Knechte und Jungen	522
Mägde	755
Zum Haushalt gehörende Personen	124
Aftermieter	516
Insassen der Klöster	213
Weltgeistliche mit Anhang	373
Insassen der Spitale ff.	367
Bevölkerung im Jahr 1591:	10 613

Quelle 822: Lethmate, Bevölkerung, S. 34

* Die einzelnen Zahlen, die zum Teil durch Auszählung der Register, zum Teil durch Berechnungen und statistische Verfahren gewonnen wurden, konnten nicht überprüft werden; das wird erst im Rahmen des unten beschriebenen Forschungsvorhabens „Prosopographie der münsterischen Bürgerschaft" möglich sein.

Die von Lethmate angewandten differenzierten Untersuchungsmethoden haben über diese Basiszahlen hinaus zu einer ganzen Reihe demographischer Einzelergebnisse geführt, die für die Bevölkerungsgeschichte Münsters im Mittelalter und in der frühen Neuzeit grundlegend sind.

Die zentrale Einheit, die bei der Erfassung der Steuerpflichtigen zugrunde lag, also für die Verwaltung die entscheidende Bezugsgröße darstellte, war weder die Einzelperson noch die Familie, sondern der Haushalt, für den jeweils ein Vorstand verantwortlich war. Zählt man den gesamten Klerus und die Insassen der Armenhäuser, Spitäler und Stiftungen sowie die keinen selbständigen Haushalt führenden „Aftermieter" nicht mit, so ergeben sich für Münster um 1600 gut 2200 solcher Haushalte mit ca. 9150 Personen. Daraus resultiert eine durchschnittliche Haushaltsgröße von vier bis fünf Personen. Wie die Tabelle ausweist, darf man diese Vier- bis Fünfpersonenhaushalte keineswegs mit Familien im engeren Sinne gleichsetzen. Zu ihnen können auch unverheiratete Geschwister der Eheleute sowie deren Eltern oder sonstige Verwandte gehören. Die Zahl dieser Personen sowie die Zahl der Einpersonenhaushalte dürfte sich jedoch in etwa ausgeglichen haben, so daß dem statistischen Mittelwert auch die bei weitem am häufigsten vorkommende Variante entsprochen haben wird. Zwei weitere aufschlußreiche Untersuchungsergebnisse bestätigen diese Annahme: die Zahl der im Haushalt lebenden Kinder und die Zahl der im Haushalt beschäftigten abhängigen Personen (Knechte, Mägde, Lehrlinge und Gesellen); sie betrug im Durchschnitt nicht mehr als jeweils ein bis zwei Personen.

Zur Situation der Kinder in der Stadt lassen sich der Überlieferung noch erheblich mehr Informationen entnehmen, und zwar vor allem durch ein singuläres Einwohnerverzeichnis der Aegidii-Leischaft, das auf die Jahre 1658/59 datiert werden kann [822: Lethmate, Bevölkerung, S. 12]. In ihm sind bei den Kindern Altersangaben hinzugefügt. Lethmate hat diese Angaben in einer Tabelle zusammengefaßt, aus der hervorgeht, daß bei den im elterlichen Haushalt lebenden Kindern die Zahl der Jungen und Mädchen in etwa gleich war (298 zu 301). Besonders interessant erscheint außerdem, daß von 599 Kindern nur wenig mehr als 15 Prozent (92) älter als zwölf Jahre waren; von diesem Alter an sind sowohl die Jungen als auch die Mädchen in andere Haushalte eingetreten, sei es als Lehrlinge, sei es als Dienstboten oder auch zur frühen Eheschließung.

Die 1277 Dienstboten (522 Knechte und Jungen, 755 Mägde), die für die bürgerschaftlichen Haushalte zu ermitteln sind, machen ungefähr 12 Prozent der Gesamtbevölkerung aus. Für diese Personengruppe ist bemerkenswert, daß das Gros – und zwar für beide Geschlechter – zwischen zwölf und zwanzig Jahren alt war. Für sie gilt allerdings ein deutliches Überwiegen des weiblichen Anteils von 100 zu 128. Die Verhältniszahl der Haushalte und der Dienstboten weist aus, daß im Schnitt nur jeder zweite Haushalt über einen Dienstboten verfügte und daß nur in ganz wenigen Ausnahmefällen mehr als zwei Dienstboten in einem Haushalt beschäftigt waren; das gleiche gilt auch für die Handwerkerhaushalte unter Einbeziehung von Lehrlingen und Gesellen.

Ein letztes interessantes Beobachtungsfeld stellt die Relation der Geschlechter zueinander dar. Im Hinblick auf die Kinder war bereits festzustellen, daß sich bis zum zwölften Lebensjahr der Anteil der Mädchen und Jungen in etwa die Waage hielt. Das gilt jedoch nicht mehr für die erwachsene Stadtbevölkerung. Aufgrund einer bereinigten Berechnung, für die die Kinder, die Dienstboten und die Geistlichen aus-

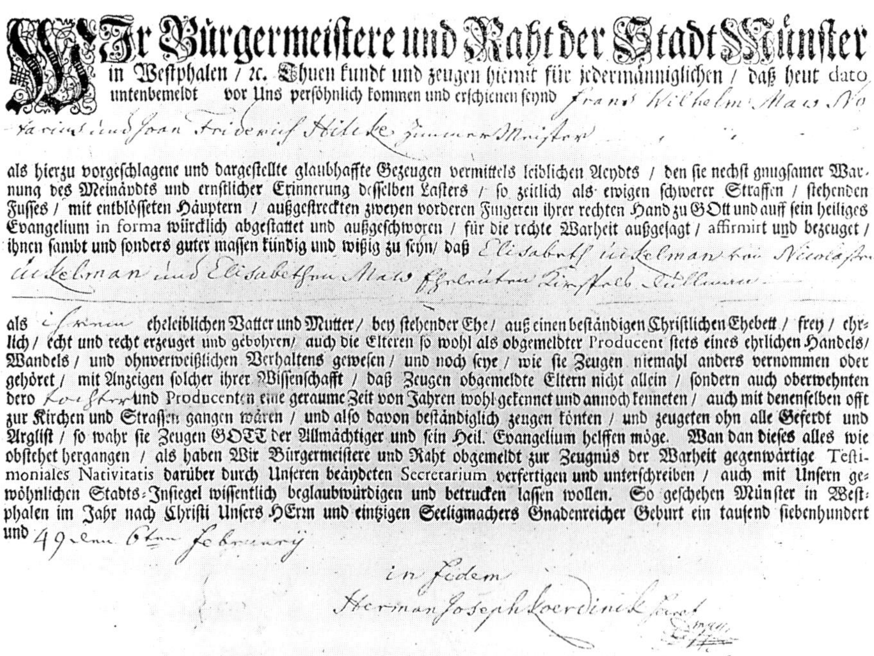
Wir Bürgermeistere und Raht der Stadt Münster in Westphalen / rc. Thuen kundt und zeugen hiemit für jedermänniglichen / daß heut dato untenbemeldt vor Uns persöhnlich kommen und erschienen seynd Franz Wilhelm Maas Notarius und Joan Friderich Hilleke Zimmer Meister

als hierzu vorgeschlagene und dargestellte glaubhaffte Gezeugen vermittels leiblichen Aeydts / den sie nechst gnugsamer Warnung des Meinäydts und ernstlicher Erinnerung desselben Lasters / so zeitlich als ewigen schwerer Straffen / stehenden Fusses / mit entblössten Häuptern / außgestreckten zweyen vorderen Fingeren ihrer rechten Hand zu GOtt und auff sein heiliges Evangelium in forma würcklich abgestattet und außgeschworen / für die rechte Warheit außgesagt / affirmirt und bezeuget / ihnen sambt und sonders guter massen kündig und wißig zu seyn / daß Elisabeth Uckelman von Nicolaßen Uckelman und Elisabethen Maas Eheleuthen Kirspels Dülmen

als ihrem eheleiblichen Vatter und Mutter / bey stehender Ehe / auß einen beständigen Christlichen Ehebett / frey / ehrlich / echt und recht erzeuget und gebohren / auch die Elteren so wohl als obgemeldter Producent stets eines ehrlichen Handels / Wandels / und ohnverweißlichen Verhaltens gewesen / und noch seye / wie sie Zeugen niemahl anders vernommen oder gehöret / mit Anzeigen solcher ihrer Wissenschafft / daß Zeugen obgemeldte Eltern nicht allein / sondern auch oberwehnten dero Tochter und Producenten eine geraume Zeit von Jahren wohl gekennet und annoch kenneten / auch mit denenselben offt zur Kirchen und Strassen gangen wären / und also davon beständiglich zeugen könten / und zeugeten ohn alle Geferdt und Arglist / so wahr sie Zeugen GOTT der Allmächtiger und sein Heil. Evangelium helffen möge. Wan dan dieses alles wie obstehet hergangen / als haben Wir Bürgermeistere und Raht obgemeldt zur Zeugnüs der Warheit gegenwärtige Testimoniales Nativitatis darüber durch Unseren beäydeten Secretarium verfertigen und unterschreiben / auch mit Unsern gewöhnlichen Stadts-Insiegel wissentlich beglaubwürdigen und betrucken lassen wollen. So geschehen Münster in Westphalen im Jahr nach Christi Unsers HErrn und eintzigen Seeligmachers Gnadenreicher Geburt ein tausend siebenhundert und 49 den 6ten Februarij

in fidem
Herman Joseph Koerdinck Secret.

Gedruckter Geburtsbrief aus dem Jahr 1749: Zwei münsterische Bürger bestätigen vor dem Rat die eheliche Geburt der Elisabeth Uckelman aus Dülmen

geklammert wurden, hat Lethmate ein Verhältnis von 1322 heiratsfähigen Frauen auf 1000 heiratsfähige Männer errechnet [822: Bevölkerung, S. 46f]. Der Feststellung, daß statistisch gesehen also fast ein Viertel aller heiratsfähigen Frauen keine Chance auf eine Heirat hatte, entspricht die Tatsache, daß von etwa 1100 alleinstehenden Einwohnern der Stadt insgesamt 217 männlichen und 883 weiblichen Geschlechts waren [822: Bevölkerung, S. 65]. Darunter hatten die Witwen einen großen Anteil (ca. 300); deren Chancen auf Wiederverheiratung waren also noch weiter vermindert. Bezeichnend ist ebenfalls, daß von den ausgezählten 2207 Haushaltungsvorständen der 1590er Jahre 494 weiblich waren. Die Tatsache, daß in den Armenhäusern und Spitälern doppelt so viele Plätze für Frauen vorgesehen waren wie für Männer (206 zu 97), unterstreicht darüber hinaus, daß alleinstehende Frauen sehr viel eher vor unlösbare Probleme der Daseinsvorsorge gestellt waren als Männer.

Trotz dieser modernen Fragestellungen und Ergebnisse Lethmates läßt sich uneingeschränkt auf Münster übertragen, was einleitend in einer der zahlreichen neueren Publikationen zur „Historischen Frauenforschung“ – bzw. besser: zur Erforschung des Verhältnisses der Geschlechter in geschichtlichen Situationen – festgestellt wurde [2111: Frauen in der Ständegesellschaft, S. 7]:

„In jedem historischen Raum agieren Männer und Frauen. In welchem Verhältnis sie jeweils zueinander standen, welchen Anteil an der Wirtschaftskraft einer Stadt beide innehatten und in welchem Maße sie Nutznießer des Wohlstandes waren, was beide Geschlechter gemeinsam oder jedes für sich zur kulturellen, politischen und sozialen Identität einer Stadt beitrugen, wissen wir nicht oder nur ungenügend.“

Leider lassen sich aus den Querschnittsanalysen Lethmates insgesamt keine demographischen Erkenntnisse über das generative Verhalten, über die Lebenserwartung und die Sterblichkeit gewinnen. Dazu müßte man Langzeitreihen aus den statistischen Daten der einzelnen Jahre bilden und sie nach statistischen Methoden aufbereiten und auswerten, wie es Arthur E. Imhof gefordert und exemplarisch vorgeführt hat [2261: Demographische Aspekte]. Die dafür erforderliche systematische Datenerfassung ist jedoch noch nicht geleistet. Immerhin zeigen die Zahlen Lethmates mit der hohen Überzahl erwachsener Frauen bei annäherndem Gleichstand der Geschlechter im Kindesalter, daß die Lebenserwartung der Männer deutlich niedriger gewesen sein muß als die der Frauen. Als weitere grundlegende Einsicht zum Problem der Regeneration der Stadtbevölkerung läßt sich formulieren: „Aus eigener Kraft konnte die Bevölkerung sich nicht auf die Dauer halten. Sie war auf Zuzug von außen angewiesen“ [822: Lethmate, Bevölkerung, S. 67]. Aus den „Geburtsbriefen“, die der Rat seinen Bürgern für den Herkunftsnachweis in anderen Städten ausstellte, läßt sich das in zahlreichen Einzelfällen nachweisen; besonders in der ältesten Schicht (um 1550) wird deutlich, daß mehr als die Hälfte der Genannten woanders geboren wurde [2: Geburtsbriefe, S. 1ff].

3. Die Bevölkerungsentwicklung vom 14. bis 18. Jahrhundert

Da es nicht möglich ist, die bevölkerungsgeschichtlichen Entwicklungsprozesse in Münster während des Spätmittelalters und der frühen Neuzeit über längere Zeiträume hinweg kontinuierlich zu verfolgen und in tabellarischer Form darzustellen, erscheint es um so dringlicher zu überprüfen, inwieweit die qualitativen Aussagen und die demographischen Daten über die Stadtbevölkerung des 16. Jahrhunderts für den Gesamtzeitraum verallgemeinerbar sind. Das muß auf zweierlei Weise geschehen: Zum einen ist zu fragen, inwieweit allgemeine geschichtliche Vorgänge und Ereignisse Auswirkungen auf die Bevölkerungsstruktur gehabt haben, zum anderen sind durch weitere Querschnittsanalysen Vergleichsbefunde zu erheben, die zumindest punktuell und über längere Zeitabschnitte hinweg Kontinuität und Wandel festzustellen erlauben.

Leider sind für die Zeit vor dem Täuferreich weder Bürgerlisten oder Schatzungsregister noch bevölkerungsgeschichtliche Gesamtzahlen überliefert. Die einzigen Angaben, die auf die gesamte Stadtbevölkerung zu beziehen sind, betreffen die Opfer der Pest von 1350 und 1382. In der niederdeutschen Bearbeitung der Bischofschronik des Florenz von Wevelinghoven heißt es: „Und in Monster storven bi XI dusend menschen und het noch manck den luden de groete doet“ [371: Chroniken des Mittelalters, S. 131]. Die Zahl ist sicher zu hoch gegriffen. Die Gesamtzahl der Stadtbewohner dürfte jedoch nach einhelliger Meinung der Forschung in der Mitte des 14. Jahrhunderts kaum kleiner als um 1600 gewesen sein, also ebenfalls mindestens 10 000 betragen haben [1944: Balzer, Grundzüge der Siedlungsgeschichte, S. 243, 257; 543: Prinz, Mimigernaford-Münster, S. 220]. Aus Gesamtanalysen über die Auswirkungen der Pandemie von 1348 bis 1351 in Europa weiß man, daß dem „Schwarzen Tod“ in Städten wie Münster zwischen 40 und 60 Prozent der Bevölkerung zum Opfer gefallen sind. Eine Größenordnung von 5000 Toten und mehr dürfte also durchaus wahrscheinlich sein. Um so erstaunlicher ist, daß die Bischofschronik für 1382, das Jahr der nächsten großen Pestwelle, die Münster heimsuchte, die Zahl der Opfer mit 8000 angibt. Für die Zahl selbst gilt dasselbe wie für die des Jahres 1350 und generell für mittelalterliche Zahlenangaben: Sie sind nicht als präzise quantitative Werte im Sinne heutiger Statistik anzusehen, sondern stehen vielmehr als qualitative Aussagen für generelle Zahlenverhältnisse. Erstaunlich ist jedoch, daß ein Bevölkerungsverlust in einer solchen – der von 1350 vergleichbaren – Größenordnung gerade drei Jahrzehnte später offenbar bereits wieder möglich gewesen ist. Unabhängig von den absoluten Zahlen beweist dieses Faktum, daß die Menschenverluste relativ rasch wieder ausgeglichen worden sein müssen; nach Lage der Dinge war das nur durch Zuzug vom Lande möglich.

Über die Bevölkerungsentwicklung der Zeit vor der „großen Pest“ lassen sich leider überhaupt keine konkreten Angaben machen. Lediglich Rückschlüsse und Hypothesen aufgrund verstreuter Überlieferungshinweise bzw. indirekter Indikatoren sind möglich. So weist zum Beispiel die Schaffung wichtiger städtischer Gemeinschaftseinrichtungen – wie Schöffenkollegium und Hospital, die Gründung neuer Pfarrkirchen und Friedhöfe sowie nicht zuletzt die Ummauerung der Stadt in der Zeit um 1200 – darauf hin, daß sich die Stadt in dieser Phase ihrer Entwicklung, auch was die Größenordnung ihrer Einwohnerschaft betrifft, in einem erheblichen Wachstumsprozeß befunden haben muß. Ein Hinweis in einer Urkunde des Bischofs Hermann II. für St. Lamberti macht das deutlich: Dort wird von der Teilung der großen Stadtpfarre (St. Lamberti) berichtet und als Begründung angegeben, daß die Belange der Seelsorge für eine so große Stadtbevölkerung das erforderlich gemacht und ein einziger Friedhof nicht mehr ausreichend Platz für die Bestattung der Toten geboten habe [543: Prinz, Mimigernaford-Münster, S. 209; 476: Jakobi, Amtszeit Hermanns II., S. 425].

Wichtige Veränderungen in der Bevölkerungsstruktur traten dann im Laufe des 15. Jahrhunderts ein. Im ganzen hatte sich die Bürgerschaft als eigenständige Rechtsgemeinschaft so weit gefestigt, daß sie weit über die Stadtmauern hinaus Gewicht im politischen Kräftespiel der Territorien und Städte der Region erhielt und als Bündnispartner Attraktivität gewann. Das galt zunehmend auch bei den regelmäßig auftretenden Auseinandersetzungen um die Besetzung des Bischofsstuhls. Einen Kulminationspunkt erreichte diese Entwicklung in der Münsterischen Stiftsfehde, in der die Adelsgeschlechter der Grafen von Moers und der Grafen von Hoya, jeweils auf mächtige Bündnispartner gestützt, darum rangen, das bedeutende münsterische Territorium ihrem Herrschaftsbereich einzugliedern. Die Bürgerschaft der Stadt trat dabei nicht nur als politischer, sondern auch als gewichtiger militärischer Faktor in Erscheinung. In der Schlacht bei Varlar vom 18. Juli 1454 unterstützte die Stadt den Grafen Johann von Hoya mit einem Bürgeraufgebot; allerdings konnte dadurch die Niederlage gegen die gegnerische Partei mit dem Kölner Kurfürsten Dietrich von Moers an der Spitze nicht verhindert werden. 118 münsterische Bürger sollen in der Schlacht gefallen sein [519: Meckstroth, Verhältnis der Stadt zu ihrem Landesherrn, S. 132ff]. Karl-Heinz Kirchhoff, der den innerstädtischen Unruhen, die die Stiftsfehde und vor allem das Wirken Johanns von Hoya in der Stadt ausgelöst hatten, eine umfangreiche Studie gewidmet hat, konnte aus der relativ umfangreichen Überlieferung dieser Zeit immerhin 390 Bürger namhaft machen und in das Sozialgefüge einordnen, die während dieser Jahre politisch hervorgetreten sind [497: Unruhen, S. 245ff].

An den gut bezeugten innerstädtischen Kontroversen im Zusammenhang der Stiftsfehde wird jedoch nicht nur deutlich, daß die Bürgerschaft inzwischen in der Territorialpolitik aktions- und bündnisfähig geworden war, sondern auch, daß sich in ihrem inneren Gefüge entscheidende Entwicklungen abgespielt hatten: Neben der geschlossenen patrizischen Oberschicht der Erbmänner hatte sich eine zweite Gruppierung innerhalb der Bürgerschaft als politischer Machtfaktor etabliert und für ihre Repräsentanten Ratsfähigkeit durchgesetzt: die in der Gesamtgilde organisierten Gildebürger. Während die Erbmännerfamilien in der Folgezeit mehr und mehr aus den politischen Funktionen in der Stadt und für die Stadt ausschieden und adelsgleiches Leben auf den Landsitzen im Münsterland anstrebten, trat in der Stadt eine neue Führungsschicht an ihre Stelle, die sich aus wohlhabenden Kaufleuten und Handwerkern rekrutierte und in deren Organisationen Leitungsfunktionen ausübte.

Zwischen den Ereignissen der Münsterischen Stiftsfehde, aus der die städtische Bürgergemeinschaft trotz der Niederlage in der Schlacht bei Varlar gestärkt hervorging, und der Situation um 1590/1600 lag der gravierende Einbruch der Täuferzeit, während der die gesamte gewachsene Ordnung der Stadtgesellschaft – allerdings nur für eine kurze Episode – völlig außer Funktion gesetzt wurde. Auswirkungen auf die Stadtbevölkerung traten auf zweierlei Weise ein: zunächst durch die Vertreibung bzw. den Auszug eines großen Teils der alteingesessenen Bürger sowie den Zuzug vieler Taufwilliger und sodann durch den Tod zahlreicher Mitglieder der Täufergemeinde bei der Eroberung der Stadt am 25. Juni 1535 sowie die Ausweisungen bzw. Verhaftungen und Hinrichtungen in den Monaten danach.

Dank der detaillierten, alle verfügbaren Quellen ausschöpfenden Untersuchungen von Karl-Heinz Kirchhoff stehen für das täuferische wie für das vortäuferische Münster recht genaue demographische Daten zur Verfügung. Allerdings können – anders als sechzig Jahre später – nur diejenigen Personen erfaßt werden, die in der Stadt Besitz, im wesentlichen Häuserbesitz, hatten. „Die Besitzlosen können nur zu einem kleinen Teil namentlich, in der Masse nicht einmal zahlenmäßig exakt erfaßt werden." Mit Namen ermitteln konnte Kirchhoff 769 Personen für das täuferische Münster der Jahre 1534/35 und weitere ca. 350 indirekt als Ehepartner namentlich genannter Bürgerinnen und Bürger; davon waren 459 Männer und 634 Frauen sowie 15 Kinder, deren Geschlecht nicht zu ermitteln ist [797: Kirchhoff, Täufer, S. 85, 93ff]. Er schätzt, daß damit etwa ein Fünftel der einheimischen, durch Besitz in der Stadt ausgewiesenen Stadtbevölkerung erfaßt ist. Nach Kirchhoffs Forschungen ist davon auszugehen, daß in der Stadt etwa 7000 bis 8000 Mitglieder der Täufergemeinde lebten: etwa 1500 bis 2000 Männer, 4500 bis 5000 Frauen und ca. 1000 bis 1200 Kinder. Davon dürften 2000 bis 2500 Zugewanderte gewesen sein, bei denen die Zahl der Frauen etwa um das Doppelte die der Männer überstieg. Ihnen standen ca. 2000 gegenüber, die von den Täufern Anfang 1535 aus der Stadt vertrieben wurden und bei denen der Männeranteil erheblich höher war [797: Kirchhoff, Täufer, S. 22ff]. Da die gesamte Geistlichkeit mitsamt den ihren Haushalten zugeordneten Personen bei den Berechnungen ausgeklammert blieb, ist als Fazit festzuhalten, daß auch um 1530/34 mehr als 10 000 Personen in der Stadt gelebt haben müssen.

Ein weiteres Ergebnis der Untersuchungen Kirchhoffs ist in unserem Zusammenhang ebenfalls von Interesse: Es betrifft die Zusammensetzung der Unterschichten und deren zahlenmäßigen Anteil an der Gesamtbevölkerung. Um die in der älteren Literatur verbreitete These überprüfen zu können, die Täuferbewegung sei durch die Armen und besitzlosen Massen getragen worden, sah er sich veranlaßt, anhand des aufbereiteten Quellenmaterials zu analysieren, welche Personenkreise gemeint sind, wenn in der zeitgenössischen Überlieferung vom „Povel und armen verdorbenen hauffen" die Rede ist (Brief des münsterischen Syndikus Johann von der Wyck an den hessischen Kanzler vom 15. November 1533). Er kommt zu dem Ergebnis, daß der Anteil der als „arm" zu Bezeichnenden in der Täufergemeinde in etwa dem in der Bürgerschaft Münsters ganz generell entsprach und etwa 30 bis 33 Prozent betrug. Als arm galten eben keineswegs nur die Besitzlosen oder gar ein „städtisches Proletariat", sondern alle Bürger und ihre Angehörigen und Hausgenossen, deren Besitz hoch verschuldet („verdorben") war und die am Rande des Existenzminimums lebten.

Der Umsturz der sozialen und politischen Ordnung in der Stadt, bei dem zunächst einmal alle ständischen Privilegien und politischen Vorrechte – sowohl der Geistlichkeit als auch der patrizischen Oberschicht und der Gilden – außer Funktion gesetzt wurden, blieb – wie erwähnt – nur Episode. Der Bevölkerungsverlust, der nicht genau zu beziffern ist, aber insgesamt sicher weit über tausend Personen betragen haben dürfte (seitens der Belagerer werden etwa 650 Erschlagene allein bei der Eroberung angegeben), war wohl schon weit vor 1600 wieder ausgeglichen. Die soziale Schichtung und der rechtliche Status der einzelnen Bevölkerungsgruppen einschließlich der Gildebürger waren bereits in der Mitte der 1550er Jahre wiederhergestellt.

Die nächste Entwicklungsphase für die Stadt mit grundlegenden Veränderungen der politischen Gesamtsituation wird durch die Ereignisse der Jahre 1655 bis 1661 markiert. In den Auseinandersetzungen mit Fürstbischof Christoph Bernhard von Galen verlor die Bürgerschaft Münsters ihre durch die Ratsverfassung geregelten Selbstverwaltungsrechte. Die Stadt wurde dem fürstbischöflichen Territorialstaat als Hauptstadt inkorporiert. In der Folge kamen mit dem fürstbischöflichen Militär und einem verstärkt ausgebauten Beamtenapparat sowie mit der Niederlassung des landsässigen Adels in der Stadt neue Bevölkerungselemente hinzu. In welcher Weise in der zweiten Hälfte des 18. Jahrhunderts die Bevölkerungsstruktur verändert wurde, läßt sich beim gegenwärtigen Forschungsstand wiederum nur durch eine Querschnittsanalyse verdeutlichen, nicht durch statistische Längsschnittreihen.

Bevor jedoch darauf eingegangen werden kann, ist noch ein kurzer Blick auf das bedeutsamste historische Ereignis in der Geschichte der Stadt Münster überhaupt zu werfen, das die Stadtbevölkerung – wenn auch wiederum nur für eine kurze Episode – unmittelbar mitbetraf: die Friedensverhandlungen zur Beendigung des Dreißigjährigen Krieges, die zum Abschluß des Westfälischen Friedens führten. Während des mit Vor- und Nachbereitungen fast sechs Jahre dauernden Kongresses (1643–1649) beherbergte die Stadt eine so große Schar von Gästen in ihren Mauern, daß das alltägliche Leben der Bevölkerung weitgehend davon geprägt gewesen sein muß. Die offiziellen Gesandtschaften der verhandelnden Parteien stellten komplett ausgestattete Hofhaltungen mit entsprechendem Personal dar. Allein die französische Delegation soll ca. 500 Köpfe stark gewesen sein. Hinzu kommen die zum Schutz der Kongreßstadt angeworbenen Söldner unter dem kaiserlichen Kommandanten Johann von Reumont, vier Kompanien mit ca. 1200 Personen (zum Teil mit Familienangehörigen) umfassend. Insgesamt ist die Zahl der Gäste, die unterzubringen und zu versorgen waren, auf mehrere tausend zu veranschlagen; der Reichshofrat Johann Krane hatte bei den Verhandlungen mit der Stadt sogar von 10 000 bis 12 000 gesprochen. Diese Zahl dürfte wohl kaum erreicht worden sein, aber immerhin ist davon auszugehen, daß zeitweilig annähernd soviel Fremde in der Stadt weilten, wie diese Einwohner zählte. Wohl in jedem auch nur einigermaßen geeigneten Bürgerhaus dürften Einquartierungen vorgenommen worden sein [763: Hövel, Quartier und Gastlichkeit; 697: Lahrkamp, Westfälischer Friede, S. 2f].

Da die Stadt für die Zeit der Verhandlungen neutralisiert und von der fürstbischöflichen Landesherrschaft freigestellt, also faktisch für reichsunmittelbar erklärt worden war, hatte sie aus eigener Kraft die gesamte Versorgung sicherzustellen. Daß das trotz der weitergehenden Kriegshandlungen ohne wesentliche Ausfälle gelang, dokumentiert auf eindrucksvolle Weise, wie hoch der Leistungsstand und Organisationsgrad war, den die Stadtbürgerschaft im 17. Jahrhundert erreicht und trotz der bereits seit den 1590er Jahren Westfalen und das Fürstentum Münster heimsuchenden kriegerischen Handlungen des Spanisch-Niederländischen und des gesamteuropäischen Krieges gehalten hatte.

Direkte Auswirkungen auf die Zusammensetzung und Entwicklung der Stadtbevölkerung außer einer geringen Zunahme der unehelichen Geburten und der gelegentlichen Aufnahme Fremder in die städtischen Gilden und Bruderschaften sind nicht zu konstatieren. Nach dem Ende des Kongresses kam es jedoch bald zu folgenschweren Auseinandersetzungen mit dem neuen Landesherrn Christoph Bernhard von Galen. Die daraus resultierende Frage, inwieweit dadurch auch Bevölkerungsentwicklung und Bevölkerungsstruktur beeinflußt wurden, läßt sich wiederum nur mit Hilfe detaillierter Untersuchungen zur Bevölkerungsgeschichte Münsters im 17. und 18. Jahrhundert beantworten.

Im Anschluß an die Arbeit Franz Lethmates hatte bereits 1917 ein anderer Schüler Alois Meisters, Hugo Heidemann, eine weiterführende bevölkerungsgeschichtliche Studie vorgelegt [1056: Bevölkerungszahl]. Die Ergebnisse dieser Arbeit, vor allem die Angaben über die Gesamtzahl der Stadtbewohner, sind jedoch im Gegensatz zu der Lethmates für eine Gesamtbetrachtung der Bevölkerungsentwicklung Münsters unbrauchbar. Heidemann hatte seine Untersuchungen im wesentlichen auf ein Gesamtschatzungsregister aus dem Jahr 1685 gestützt, das zur Erhebung einer vom Landesherrn angeordneten „Türkensteuer" angelegt worden war. Seiner Arbeit liegt ein entscheidender methodischer Fehler zugrunde: Er hat nicht berücksichtigt, daß gegenüber der Zeit um 1600 die Zahl der Nichtsteuerpflichtigen, die in den städtischen Einnahmeregistern nicht vorkommen, erheblich zugenommen hatte. Die von ihm ermittelte Gesamtzahl von ca. 8000 Stadtbewohnern ist also viel zu niedrig. Auch seine Einzelstatistiken beruhen dementsprechend auf unzutreffenden Grundzahlen.

Der fehlerhafte Forschungsstand ist erst spät korrigiert worden. Helmut Lahrkamp hat in seiner 1972 vorgelegten Edition der nach Leischaften geordneten Schatzungsregister des Jahres 1685 die Überlieferung kritisch aufbereitet und neue Berechnungen über die Zahlenverhältnisse in der Stadtbevölkerung durchgeführt. Er kommt auf eine Gesamtbevölkerungszahl von 10 500 bis 11 000 Einwohnern um

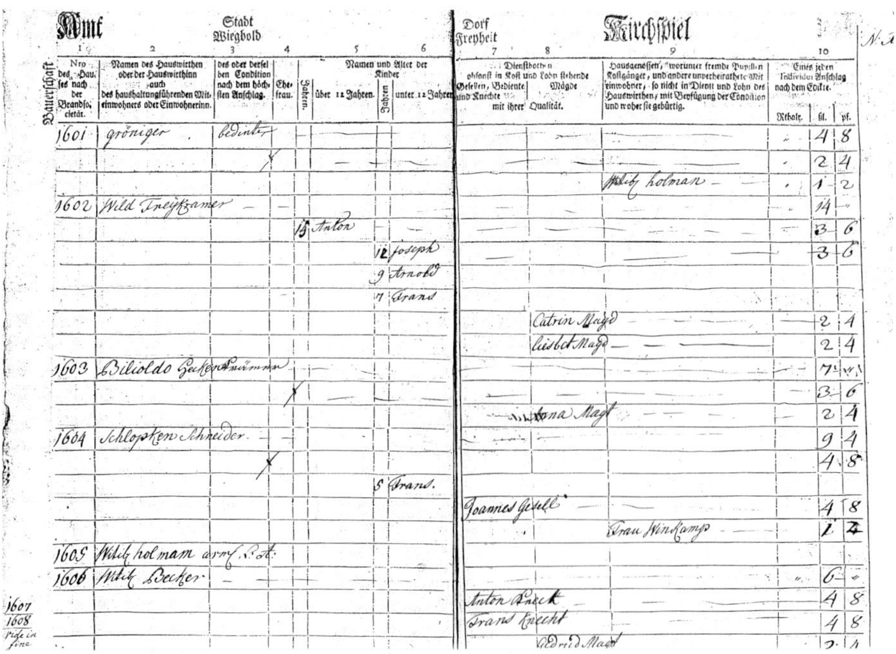

Auszug aus dem Schatzungsregister der Aegidii-Leischaft von 1781

1685 [921: Bevölkerung um 1685, S. 20]. Davon entfielen etwa 1500 bis 2000 auf die ca. 450 exemten Haushaltungen in der Stadt, und weitere etwa 400 waren Angehörige des fürstbischöflichen Militärs. Als bemerkenswert ist festzuhalten, daß die Gesamtzahl der Einwohner Münsters auch über alle Wirrnisse und kriegerischen Ereignisse des 17. Jahrhunderts hinweg fast konstant blieb. Ein neues Kontingent bildeten lediglich das in der Stadt in Garnison liegende Militär und das Personal der ersten adeligen Hofhaltungen in den neu errichteten Stadtpalais. Verändernd ausgewirkt hat sich ansonsten vor allem die Durchbrechung der bürgerschaftlichen Selbstorganisation durch die vom absolutistischen Landesherrn verfügte Exemtion seiner Beamten aus den bürgerlichen Pflichten. Durch sie wurde die Zahl der nicht zur Bürgerschaft zählenden Stadtbewohner noch einmal erheblich ausgeweitet.

Ein bedeutsames politisches Ereignis mit spürbaren Auswirkungen auf die Bevölkerung Münsters war der Siebenjährige Krieg mit der mehrfachen Belagerung und Beschießung der Stadt und der Vernichtung eines Großteils der Häuser in der Martini-Leischaft im September 1759. Bevölkerungsverluste sind dabei allerdings nur in begrenztem Umfang eingetreten. Der Stadtbrand von 1759 dürfte wohl der letzte Anstoß für die Einführung einer „Brandassekuranz“ für das Fürstbistum Münster im Zusammenhang der Reformpolitik des Ministers Franz von Fürstenberg gewesen sein. Zu diesem Zweck wurde auch in Münster erstmals ein Häuserkataster zur Ermittlung des Wertes aller Häuser für den Fall der Erstattung in Auftrag gegeben. Dieses Kataster, in dem die Häuser von 1 bis 1994 entsprechend dem „Umgang“ der Registratoren für die Steuererhebung – allerdings abweichend vom Umgang der Leischaftsregister – aufgeführt sind, wurde im Jahr 1769 aufgestellt. Ein Jahr später wurde eine neue Personenschatzung zur Verminderung der Landesschulden aus dem Siebenjährigen Krieg vorgesehen. In der Stadt Münster wurde dazu ein Gesamtschatzungsregister nach dem bewährten Muster der früheren Leischaftsumgänge angefertigt. Auf der Basis dieser beiden Verzeichnisse läßt sich – ergänzt durch einige andere Quellen – ein Verzeichnis der steuerpflichtigen Bürgerhäuser in Münster und ihrer Eigentümer und Bewohner mit Angaben über deren Familienverhältnisse und Berufstätigkeit anfertigen [922: Bevölkerung und Topographie]. Für dieses Verzeichnis gelten natürlich die gleichen Einschränkungen wie für das von 1685: Die von der Steuer befreiten Einwohner und ihre Haushalte sind darin nicht enthalten. Ansonsten läßt sich aufgrund dieses Personenverzeichnisses eine detaillierte Querschnittsanalyse der Einwohnerschaft Münsters um 1770 anfertigen. Das ist erfolgt durch die Dissertation von Mechthild Siekmann. Ein gewichtiger Teil ihrer Arbeit betrifft die „Bewohner der Stadt und ihre Verteilung“ mit Einzelabschnitten über Bewohner pro Haus und Haushalt, über Familien- und Geschlechterverhältnisse sowie über das Dienstpersonal. Die einzelnen Strukturelemente und Vergleichsparameter, die auch schon bei Lethmate für die Zeit um 1600 angewandt sind, lassen sich also direkt gegenüberstellen. Siekmann kommt nach methodischer Ausscheidung aller Unsicherheiten und Fehlerquellen zu einer auf Auszählung und Hochrechnungen basierenden Gesamteinwohnerzahl ohne Militär von 10 000 bis 10 500 Personen, die sich aus 7042 ausgezählten schatzungspflichtigen, weiteren gut 2000 Privatpersonen einschließlich der Weltgeistlichen und der Bewohner der Immunitäten und schließlich mehr als tausend Bewohnern von Klöstern, Armenhäusern und Kollegien zusammensetzt [1170: Münster um 1770, S. 73ff]. Das Geschlechterverhältnis hat sich gegenüber 1600 und auch 1685 nur unwesentlich verändert: Das Verhältnis der männlichen Erwachsenen zu den weiblichen Erwachsenen betrug 19,5 Prozent zu 25 Prozent, das der männlichen zu den weiblichen Kindern 19,3 Prozent zu 20,7 Prozent. Auch die Familien- bzw. Haushaltsverhältnisse sind erstaunlich stabil: Insgesamt lag die durchschnittliche Kinderzahl pro Familie – die alleinstehenden Frauen und Männer mitgerechnet – bei zwei; die der Dienstboten pro Haushalt ebenfalls bei zwei [1170: Siekmann, Münster um 1770, S. 104ff].

Eine letzte Bestandsaufnahme der Struktur und des Entwicklungsstandes der Stadtbevölkerung in Münster für die Zeit vor der Auflösung der seit Generationen bestehenden sozialen und politischen Ordnung zu Beginn des 19. Jahrhunderts wird durch die ersten Verwaltungsmaßnahmen der neuen preußischen Administration und deren schriftlichen Niederschlag möglich. Bereits im Jahr 1802 scheint eine erste listenmäßige Erfassung aller Bewohner der Stadt durchgeführt worden zu sein; jedenfalls ist die undatierte Abschrift einer solchen frühen preußischen Liste im Staatsarchiv Münster erhalten. Zu ihr treten alsbald weitere statistische Unterlagen hinzu, die erlauben, erstmals ein detailliertes Bild zu gewinnen. Monika Lahrkamp hat sie in ihrer grundlegenden Studie über Münster in napoleonischer Zeit benutzt, um auf der Basis der preußischen Bestandsaufnahme von 1802/3 die Veränderungsprozesse der bewegten Jahre bis zum endgültigen Beginn der preußischen Verwaltungstätigkeit in der neuen Provinzialhauptstadt im Jahr 1816 in allen Einzelheiten nachzuzeichnen. Danach gestaltet sich die Bevölkerungsentwicklung am Anfang des 19. Jahrhunderts folgendermaßen:

Bevölkerungsentwicklung Münsters 1802–1818:

Jahr	Zivil-bevölkerung	Militär (mit Angehörigen)	Einwohner insgesamt
1802	12 797	1 582	14 379
1810	14 098	95	14 193
1812	14 748	?	?
1816	15 088	2 288	17 376
1818	15 158	2 285	17 443

Quelle 1397: Lahrkamp, Napoleonische Zeit, S. 455

Da aus der Zahl der Geburten und Sterbefälle, die sie aus den Kirchenbüchern der Stadtpfarreien ermittelt hat, hervorgeht, daß die Todesfälle bei weitem die Geburten überwiegen – in Zeiten von Krieg und Epidemien kaum verwunderlich, aber auch ein strukturelles Problem seit Jahrhunderten –, bleibt weiterhin gültig, daß nur durch Zuzug von außen Bevölkerungserhalt bzw. Bevölkerungswachstum möglich waren. Der Zuwachs resultierte zu großen Teilen aus der Verstärkung des Militär- und Beamtenapparats.

Der von den revolutionären Ereignissen in Frankreich ausgelöste Emigrantenstrom in die Nachbarländer – eines der Hauptziele der verfolgten Angehörigen des Klerus waren die geistlichen Fürstentümer Westfalens – trug auf seine Weise zur Vermehrung der Einwohner bei. Für Münster wurden ca. 300 Personen mit Gefolge gezählt, die teilweise auch noch nach 1797/98 in der Stadt blieben [964: Veddeler, Französische Emigranten, S. 5ff].

Zusammenfassend ist also festzustellen, daß sich wohl bald nachdem die Stadt Münster mit der Ummauerung, der Festlegung der Hauptstraßenzüge und der Einrichtung der sechs Stadtpfarreien zu Beginn des 13. Jahrhunderts ihre die nächsten sechs Jahrhunderte – die Errichtung der Zitadelle nach 1661 ausgenommen – nicht mehr veränderte topographische Grundgestalt gewonnen hatte, auch die Zahlenverhältnisse und Strukturen der Einwohnerschaft in ihren wesentlichen Elementen ausgebildet haben dürften. In der Stadt lebten – sieht man von Katastrophen und Ausnahmesituationen ab, die durch äußere Faktoren bestimmt waren und die nur kurzfristige Veränderungen zur Folge hatten – etwa vom 14. Jahrhundert an ziemlich konstant ca. 10 500 bis 11 000 Personen. Münster zählte damit für das Mittelalter und die frühe Neuzeit zu den mittleren Großstädten im deutschen und auch im europäischen Maßstab.

4. *Die bürgerschaftlichen Familien- und Verwandtenkreise und ihre Schichtung*

Das wichtigste Merkmal, nach dem die Bevölkerung der Stadt Münster sich in zwei ganz verschiedene Kategorien von Stadtbewohnern aufteilte, war – anders als bei Kerssenbrocks Unterscheidung nach Klerikern und Laien – die Zugehörigkeit oder die Nicht-Zugehörigkeit zur Bürgerschaft. Dem großen Block der bürgerschaftlichen Haushalte, die von den mit vollem Bürgerrecht ausgestatteten Haushaltungsvorständen, deren Familienangehörigen und den mit ihnen in Hausgemeinschaft lebenden Verwandten sowie dem Personal gebildet wurden, standen Angehörige unterschiedlicher Standesgruppen als Einwohner ohne bürgerliche Rechte und Pflichten gegenüber. Ihrem sozialen Status nach waren sie oberhalb, neben oder unterhalb der Bürgerschaft angesiedelt: die Kleriker und die Mitglieder geistlicher Gemeinschaften, die Adeligen mit ihren städtischen Hofhaltungen, die fürstbischöflichen Beamten und Soldaten, die Juden und schließlich die „Außerständischen“, die Vertreter „ehrloser Berufe“, die Bettler und das „fahrende Volk“.

Der bei weitem größte Teil der Stadtbevölkerung gehörte der Bürgerschaft im obigen Sinne an. Die Zahl derjenigen Personen, die schatzungspflichtigen Haushaltungen vorstanden, die also das Bürgerrecht besaßen oder als Witwen verstorbener Bürger deren Rechte und Pflichten wahrnahmen, betrug – wie oben dargelegt – im Jahr 1593 immerhin annähernd 2200; multipliziert mit dem von Lethmate errechneten Faktor 4,25 ergibt das weit über 9000 Personen. Wegen der konstitutiven Bedeutung von Handel, Handwerk und Gewerbe für die innere Organisation der Bürgerschaft konnte diese kein statisches soziales Gebilde sein. Sie war vielmehr gekennzeichnet durch eine sehr ungleiche Verteilung von Macht und Reichtum, Einfluß und Ansehen. Der soziale Status mußte – über längere Zeiträume betrachtet – ständig verteidigt bzw. neu erworben werden. Die Bürgergemeinschaft war somit der Dynamik von Aufstieg und Niedergang unterworfen.

In Münster hat diese Entwicklungsdynamik bereits im Laufe des Spätmittelalters zweimal zur Ausbildung einer Oberschicht geführt: zum Stadtpatriziat der „Erbmän-

Zwei Frauen in münsterischer Tracht. Zeichnung von Gesine Ter Borch (um 1648)

ner“ und zum Zug um Zug an ihre Stelle tretenden Kreis der führenden Gildemitglieder, der sogenannten Honoratioren. Die meisten bürgerschaftlichen Familien hatten jedoch keine Chance, auf Dauer soviel Vermögen anzusammeln, daß ihnen die Übernahme politischer Ämter als Voraussetzung für eine längerfristige Oberschichtenzugehörigkeit möglich gewesen wäre. Im Gegenteil lebte eine nicht gerade kleine Zahl von ihnen ständig an der Armutsgrenze, so daß persönliche oder berufliche Krisen und Unglücksfälle, vor allem Krankheit und Alter, das Absinken in die Armut, d. h. in die Unfähigkeit, selbst für den eigenen Unterhalt zu sorgen, zur Folge hatte.

Noch nicht untersucht ist für die Geschichte Münsters vor 1800 – und das war besonders für die bürgerschaftlichen Familien von Belang – die Frage nach der spezifischen Rolle der Frauen bzw. nach der Rollenverteilung der Geschlechter ganz generell. Während für das 19. und 20. Jahrhundert mit Briefen, Tagebüchern, Fotos und privaten Archivalien Bild- und Textzeugnisse konventioneller Art zur Verfügung stehen, mit deren Auswertung bereits erfolgreich begonnen worden ist, gilt für die vormoderne Zeit, was die Autorinnen des historischen Lesebuches „FrauenLeben in Münster“ als methodische Überlegung voranstellen: „Das wird künftig heißen, noch viel umfangreicher bekannte Quellen gegen den Strich zu lesen und neue Quellen zu erschließen. Frauen waren in der Vergangenheit kaum in Positionen von Chronistinnen oder derjenigen, die Quellen verfaßten, die wir heute nach den Spuren einer Geschichte von Frauen absuchen: sie hinterließen nur selten authentische Quellen“ [118: FrauenLeben, S. 9].

Im Gegensatz zu Städten, für die schon mehr oder weniger umfangreiche Einzelstudien vorliegen – so etwa für Köln [2802: Wensky, Frau in der stadtkölnischen Wirtschaft], für die mittel- und oberrheinischen Städte [2806: Wesoly, Weiblicher Bevölkerungsanteil] oder die Hansestädte Hamburg, Lübeck und Lüneburg [1933:

Arnold, Frauen in den Hansestädten] – ist das Terrain für Münster noch weitgehend unerschlossen. Zu beobachten und zu erforschen wäre dabei nicht einmal in erster Linie ihre Rolle als Außenseiterinnen, in Randgruppen oder vereinzelten Minderheitenpositionen, so wichtig das – wie Untersuchungen über die Hexen- und Zaubereiprozesse für die Erhellung der Frauenbilder einzelner Epochen gezeigt haben [704: Alfing, Hexenjagd und Zaubereiprozesse] – auch sein mag. Die zentrale Bedeutung der Frauen für das städtische Ordnungsgefüge kann nur verdeutlicht werden, wenn man ihre Funktion als gleichgewichtige, aber nicht mit gleichen Rechten und Möglichkeiten der Selbstverwirklichung ausgestattete Partnerinnen bei der existentiellen Daseinsvorsorge und bei der Stabilisierung der sozialen Strukturen zu analysieren und zu beschreiben versucht. Gemeint ist damit vor allem ihr Wirken in den bürgerschaftlichen Haushalten der Handwerker und Kaufleute, in denen sie neben der Sorge für die Kinder in der Regel für die hausinterne Organisation verantwortlich waren. Das entspricht den methodischen Grundsatzüberlegungen Klaus Arnolds, der fordert, nicht immer nur nach der Berufstätigkeit von Frauen in der vormodernen Gesellschaft zu fragen, sondern vielmehr nach den „Verwirklichungsräumen" von Frauen im Rahmen der im Vergleich zu heute völlig anders strukturierten familiären und sozialen Situation der Zeit vor 1800: „Die alleinige Suche nach der entlohnten ‚Frauenerwerbsarbeit' hat immer wieder den Blick dafür verstellt, daß der weitaus größere Teil weiblicher Arbeit – auch in der Vergangenheit – als ‚Schattenarbeit' im Verborgenen geschah: bei der Hausarbeit, bei der Mit- und Zuarbeit zu Handel und Gewerbe des Mannes und in der Erziehung der Kinder" [1933: Frauen in den Hansestädten, S. 88].

Erbmänner

Über das münsterische Stadtpatriziat der Erbmänner, das die Stadtgeschichtsforschung schon seit dem 19. Jahrhundert beschäftigt hat, sind wir trotz einiger neuerer Studien noch immer nur unzureichend unterrichtet. Vor allem ihre Herkunft ist insofern ungeklärt, als es beim gegenwärtigen Forschungsstand nicht möglich ist, für die einzelnen Familien nachzuweisen, ob sie Nachkommen der reichen Fernhandelskaufleute des Früh- und Hochmittelalters waren, die dann bei der Domburg seßhaft wurden, oder ob sie von bischöflichen Dienstmannen aus dem Ritterstand (Ministerialen) abstammten, die in die städtische Bürgerschaft eingetreten sind. Insgesamt sind sicher beide Wurzeln anzunehmen; auszuschließen ist dagegen die ältere These, nach der sie auf eine freie vor-städtische Grundbesitzerschicht im Gebiet der mittelalterlichen Stadt zurückgehen [158: Henkel, Geschichte der Erbmänner; 535: Philippi, Standesverhältnisse]. Der Grundbesitz in der Domburg Liudgers und ihrer näheren Umgebung ist nach den Sachsenkriegen Karls des Großen wohl vollständig dem neugegründeten Bistum übertragen worden.

Wie die Herkunft der einzelnen Geschlechter ist auch die ursprüngliche Bedeutung des Begriffs „Erbmänner" nicht bekannt. Er ist erst im 15. Jahrhundert schriftlich belegt, in einer Zeit also, als die Ausbildung einer Oberschicht aus dem Kreis der Stadtbürger bereits abgeschlossen war. Während die ältere Forschung davon ausging, daß der so bezeichnete Personenkreis über freien Grundbesitz, ein „Erbe", verfügen konnte, gilt seit Zuhorns Arbeiten als herrschende Meinung, was Helmut Lahrkamp so formuliert hat: „Ihr ‚Erbe', das sie mehr als zwei Jahrhunderte wahren konnten,

Geschlechtertafel der Erbmännerfamilie Clevorn (1616)

war das Recht, den Rat der Stadt zu bilden" [220: Lahrkamp, Patriziat, S. 196]. Wilfried Ehbrecht gibt in seinem Beitrag zu erwägen, ob der Begriff nicht vielleicht eher mit dem Adjektiv „ehrbar" zusammenhängen könnte, mit dem der Rat und die Ratsmitglieder bezeichnet wurden.

Ohne ausführliche neue Forschungen zur Prosopographie und Besitzgeschichte der Erbmännergeschlechter ist in den Fragen ihrer Herkunft und Frühzeit nicht weiterzukommen. Fest steht jedenfalls, daß sich bereits im Laufe des 14. Jahrhunderts aus der durch Eid konstituierten Gemeinschaft der Stadtbürger, in der ursprünglich alle mit gleichen Rechten und Pflichten ausgestattet waren, ein Kreis von Personen und Familien herausbildete, die sich aufgrund ihres Reichtums und Ansehens von den übrigen absetzen und die politischen Ämter und Funktionen monopolisieren konnten. Diese Personengruppen stellten schließlich eine ständisch abgeschlossene Oberschicht – d. h. vor allem einen geschlossenen Heiratskreis – dar, der Zugang von unten nicht mehr zuließ, sich vielmehr zunehmend aus der Stadt hinaus und am landsässigen Adel orientierte. Für das 15. und 16. Jahrhundert läßt sich so der durch die vielfältigen Heiratsverbindungen miteinander versippte Geschlechterkreis der münsterischen Erbmänner relativ gut überblicken; das gilt auch für ihre städtischen und außerstädtischen Besitzungen.

Eine erste Liste von 22 Erbmännerfamilien mit Grundbesitz innerhalb und außerhalb Münsters konnte bereits 1877 Theodor Tophoff für das 14., 15. und 16. Jahrhundert aufstellen; es sind die Familien Bischopinck, Bocholt, Buck (Bock), Clevorn, Drolshagen, Droste-Hülshoff, Dusaes, Grael, Kerckerinck, Kleyhorst, Niesinck, Peyck, Rike, Rodelewen, Schenckinck, Steveninck, Tilbeck, Tinnen, Travelman, Warendorp, Wredinck (Wrede), Wyck [330: Gilden, S. 119ff]. Eine ganze Reihe weiterer sind durch die seitherigen Forschungen Andreas Henkels, Friedrich von Klockes, Karl Zuhorns, Karl-Heinz Kirchhoffs und Helmut Lahrkamps hinzugekommen; zu nennen wären etwa die Alebrandinck, Brune, Helpradinck, Lewe, Offerhues, Parvus und Segebodinck.

Nach den jüngsten Untersuchungen von Karl-Heinz Kirchhoff und Mechthild Siekmann düften im 13. Jahrhundert ca. 50 bis 55 Familien das Stadtpatriziat gebildet haben; ein Teil von ihnen ist im Laufe des Spätmittelalters ausgestorben; in der ersten Hälfte des 17. Jahrhunderts gab es noch 36 Erbmännerfamilien mit 55 Wohnhöfen in der Stadt [1091: Kirchhoff, Münster; 1092: Kirchhoff/Siekmann, Münster um 1668].

Ein anschauliches Bild vom geschlossenen Heiratskreis der Erbmänner vom 16. bis 18. Jahrhundert vermitteln zahlreiche Aufschwörungstafeln sowie das berühmte, im Landesmuseum für Kunst und Kulturgeschichte in Münster aufbewahrte, im Jahr 1561 angelegte Stammbuch des Bernhard Schenckinck. Unter den vier Vorfahrengenerationen, die nach adeliger Manier in Form einer farbig ausgeführten Stammtafel mit den jeweiligen Familienwappen aufgeführt sind, finden sich Mitglieder der Familien Buck (Familie der Mutter), Bischopinck, Kleyhorst, Clevorn, von der Wyck, Kerckerinck und Warendorp [56: Münster 800–1800, S.192f].

Über die ländlichen Wohnsitze der 22 von Tophoff nachgewiesenen Erbmännerfamilien hinaus konnte Karl-Heinz Kirchhoff eine ganze Reihe weiterer ermitteln; es sind für die 36 Familien des frühen 16. Jahrhunderts – wie die nachstehende Karte zeigt – über 60. Ihren reichen Grundbesitz haben die Erbmännerfamilien erst in der zweiten Phase ihres Wirkens als „Führungsschicht" in der Stadt erworben; er stellt die krisensichere Anlage größerer Kapitalgewinne wohl vor allem aus lukrativen Handelsgeschäften dar, die sie in der ersten Phase, d. h. im 13. und 14. Jahrhundert, im gesamten Hanseraum tätigten. Über Generationen hinweg lassen sich – wie Helmut Lahrkamp an zahlreichen Beispielen gezeigt hat – die von London über Brügge und Lübeck bis nach Riga und Gotland reichenden Handels- und Familienverbindungen vor allem der Travelman, Bischopinck, von der Tinnen, Buck und Schenckinck verfolgen.

Wegen des geschlossenen Heiratskreises hatten die Erbmänner – wie die meisten Adelsgeschlechter – unter einem fortdauernden biologischen Substanzverlust zu leiden, d. h. sie waren vom Aussterben bedroht. Eine größere Anzahl von ihnen war davon bereits bis zum Beginn des 15. Jahrhunderts betroffen, nämlich die Alebrandinck, Bocholt, Brune, Helpradinck, Lewe, Niesinck, Offerhues, Parvus, Rodelewen, Segebodinck und Wrede [219: Lahrkamp, Wirtschaftliche Führungsschichten, S. 8]. In dem umfangreichen Schriftgut, das im Zusammenhang des berühmten Erbmännerprozesses beim Reichskammergericht (1593–1715) und des vorhergehenden

Rechtsstreits des Erbmannes Johann Schenckinck gegen das münsterische Domkapitel vor der Rota Romana (1577–1593) entstand, sind die 17 folgenden, im 16. Jahrhundert noch blühenden Erbmännerfamilien behandelt: Schenckinck, Buck, von der Wyck, Bischopinck, Warendorp, Clevorn, Droste-Hülshoff, von der Tinnen, Kerckerinck-Borg, Kerckerinck-Stapel, Steveninck, Drolshagen, Travelman, Dusaes, Kleyhorst, Grael und Tilbeck [342: Weikert, Erbmänner, S. 36f; vgl. 263: Oer, Wer waren die Erbmänner?]. Bereits im Laufe des 17. Jahrhunderts waren die Schenckinck, Steveninck, Buck und Warendorp ausgestorben. Als stifts- und landtagsfähige Geschlechter waren nach erfolgreichem Ausgang des Erbmännerprozesses vor dem Reichskammergericht 1717 schließlich nur noch sechs übrig: die Bischopinck, Droste-Hülshoff, von der Tinnen, Clevorn, Kerckerinck und Travelman. Die von der Wyck waren in die Niederlande ausgewandert. Bis heute haben nur vier

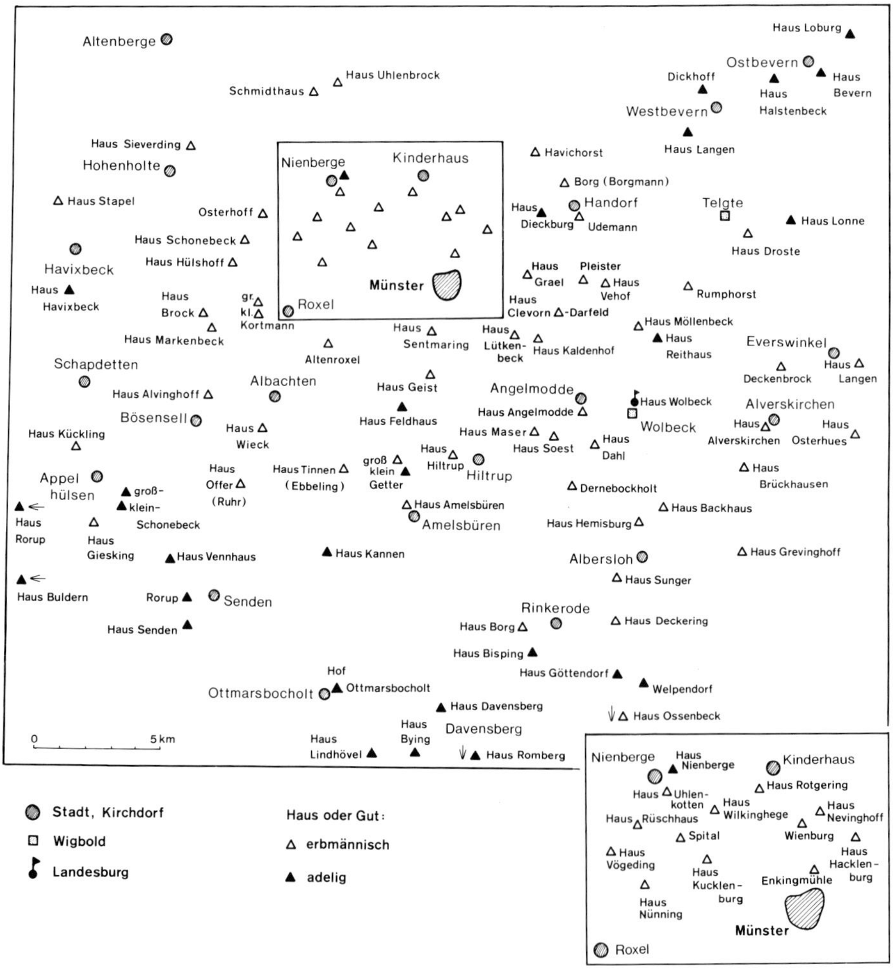

Adels- und Erbmännersitze im Münsterland (Entwurf: Karl-Heinz Kirchhoff)

überlebt: Bischopinck, Droste-Hülshoff, Kerckerinck-Borg und von der Wyck. Mit dem Aussterben der meisten Familien gingen die Häuser – wie aus einer Aufstellung vom Beginn des 19. Jahrhunderts hervorgeht – in den Besitz des Landadels über [1256a: Sigismund, Statistisch-topographisch-historische Nachrichten, S. 23ff].

Honoratioren

Die Anlage der großen Kapitalvermögen in Grundbesitz und Herrensitzen außerhalb Münsters sowie der Übergang zu adeliger Lebensweise führten schon im Laufe des 15. Jahrhunderts dazu, daß sich die Erbmänner mehr und mehr aus den angestammten Führungspositionen in der Stadt zurückzogen. Es kam sogar gelegentlich vor, daß Erbmänner auf sie gefallene Ratsmandate ablehnten, was nach den Statuten der Stadt Münster den Verlust des Bürgerrechts zur Folge haben mußte. Mit dieser Entwicklung ging in der Stadt eine sich verstärkende Aufstiegsbewegung einher, in deren Zuge es einer weiteren Gruppe aus der Bürgergemeinschaft gelang, soviel Reichtum und Ansehen anzusammeln, daß sie die Beteiligung am Stadtregiment durchsetzen und sich schließlich soweit von der „Gemeinheit" absetzen konnte, daß sie eine „zweite Führungsschicht" bildete; in der einschlägigen Forschung bezeichnet man diese Personengruppe meist als „Honoratioren". Diese bürgerschaftliche Führungsschicht rekrutierte sich vor allem aus dem Kreis der in den Gilden organisierten Kaufleute und Handwerker, die – zumeist im lukrativen Fernhandel mit Tuchen, Vieh, Getreide und Luxusartikeln – soviel Reichtümer angesammelt und krisenfest in Grundbesitz und Rentverschreibungen angelegt hatten, daß sie es sich leisten konnten, ehrenamtlich Politik zu betreiben und sich für städtische Ämter und Funktionen zur Verfügung zu stellen, „abkömmlich" zu sein. Zuvor waren sie als Gildemeister und Alderleute der Gesamtgilde hervorgetreten. Spätestens seit der Stiftsfehde in der Mitte des 15. Jahrhunderts besaßen sie die Ratsfähigkeit und machten den Erbmännern den alleinigen Führungsanspruch streitig.

In der städtischen Überlieferung des 16. und 17. Jahrhunderts sind die Honoratiorenfamilien wegen ihres vielfältigen bürgerschaftlichen Engagements und der großen Zahl frommer Stiftungen, die sie tätigten, besser dokumentiert als die Erbmänner, die – wie erwähnt – ihre Interessenschwerpunkte in dieser Zeit bereits nach außerhalb verlagert hatten. Anders als die Erbmänner haben sich die Honoratioren nicht als geburtsständische Schicht abgeschlossen; sie stellten also kein „Stadtpatriziat" dar. Vielmehr waren sie eine „sich mehr oder weniger scharf abgrenzende, aber in ihrer Besonderheit doch deutlich erkennbare, in ihrer Zusammensetzung flüssigere, durch Besitz und Bildung hervortretende bürgerschaftliche Schicht, die *zwischen* dem eigentlichen mittelalterlichen Patriziat (Stadtadel) und dem *übrigen Teil* der Bürgerschaft sich bildet und vor allem ihre Bedeutung dadurch hat, daß sie mit dem zunehmenden Ausscheiden des Patriziats aus dem Stadtregiment immer stärker in dieses einrückt" [597: Zuhorn, Bürgertum, S. 88 Anm. 2].

Karl Zuhorn hat 14 schon vor der Stiftsfehde zu dieser Schicht gehörende Familien nachgewiesen und ihre verwandtschaftlichen Beziehungen sowie ihre politischen, wirtschaftlichen und kulturellen Aktivitäten innerhalb und außerhalb Münsters in einer umfassenden Studie untersucht; es sind die Familien Kemnade, von Unna, Sundesbecke, (von) Grolle, Grove (Grave), Buermann, von Werden, Wulfardes, Hesselmann, Bruse, Brockmann, von Schwarte, Lidermann und – als Kern- und Ausgangspunkt der Zuhornschen Untersuchungen – Kolde.

Die frühe Phase, auf die Zuhorn seine Studien bezieht – sie sind auf den Zeitraum bis zum Jahr 1500 begrenzt –, bringt ganz andere Familien in den Blick als die schon gut zehn Jahre zuvor von Josef Ketteler [783: Geschlechterkreis, S. 422ff] vorgestellten 44, die im wesentlichen die münsterische Honoratiorenschicht des 16. und 17. Jahrhunderts ausmachen; Ketteler führt sie in alphabetischer Reihenfolge auf:

Averhagen, Berninck, Bispinck, Boichorst, Boland, von Detten, Forckenbeck, Frie, Grolle, Grüter, Heerde, Herding, Höfflinger, Holtappel, Huge, Joddefeld (Jüdefeld), Jonas, Körler, Langermann, Leisting, Lennep, Lidermann, Lobach, Mennemann, Meyer, Modersohn, Mumme, Münstermann, von Oesede, Osnabrügge, Otterstedde, Pael, Peick, Plönies, Pöttken, Ralle, Rodde, Scholbrock, Stoeve, Timmerscheidt, Vendt, Volbert, Wedemhove und Wesseling.

Die wichtigsten und für die Stadtgeschichte bedeutsamsten sind nach den Feststellungen Helmut Lahrkamps die Plönies, Grüter, Boland, Heerde, Herding und Höfflinger, die „im 16. Jahrhundert mit den noch existierenden Erbmännergeschlechtern auf einer Stufe stehen" und als „wirtschaftliche Führungsschicht" die Erbmänner abgelöst haben. Im Laufe des 16. Jahrhunderts kamen die Münstermann, Mennemann, Lobach und die mit ihrem Hauptsitz in Dortmund beheimateten von dem Berswordt zum Kreis der Familien hinzu, die „über stattliche Landsitze und ausgedehnten Besitz sowie erhebliche Barvermögen verfügen und fast unausgesetzt städtische Ämter bekleiden und insofern in der Lebenshaltung und Kreditfähigkeit den Erbmännern kaum nachstanden" [219: Wirtschaftliche Führungsschichten, S. 25f].

Die anderen genannten Familien waren stärker auf ihr zünftiges Gewerbe konzentriert, ragten aber immerhin deutlich aus dem Kreis der einfachen Gildebürger heraus. Aus der Wandschneidergilde sind zu nennen die Frie, Körler und Langermann, von Oesede, Otterstedde, Rodde, Stoeve und Wedemhove; reiche und einflußreiche Fleischer waren die Jonas, Modersohn und Mumme; zur Kramergilde gehörten die Forckenbeck, Lennep, Osnabrügge, Overhagen, Ralle, Scholbrock, Volbert und – in diesem Zusammenhang ergänzend zu nennen – Zurmühlen. Zu den Familien, die sich schon früh dadurch hervortaten, daß sie für ihre Söhne ein akademisches Studium ermöglichten und dadurch auf dem juristischen Doktorgrad oder Lizentiat basierende Beamtenkarrieren erreichbar werden ließen, gehören die Boichorst, Leisting, Timmerscheidt, Vendt und Wesseling. Intensiv erforscht sind aus diesem Geschlechterkreis nur wenige Familien. Josef Ketteler hat den Herding bereits 1926 eine Darstellung gewidmet [196: Geschlecht Herding], die Verwandtschaftszusammenhänge des Johannes Münstermann, des von Hermann tom Ring porträtierten Mitglieds dieser Ratsherren- und Bürgermeisterfamilie aus dem 16. Jahrhundert, hat Joseph Prinz aufgezeigt [862: Münstermann], und Clemens Steinbicker, der schon die Bürgermeisterfamilie Timmerscheidt untersucht hatte [898: Timmerscheidt], hat das neuerdings in einer noch nicht veröffentlichten Studie in aller Ausführlichkeit auch für die Plönies getan. Eine besonders die wirtschaftlichen Aktivitäten untersuchende Arbeit hat Elisabeth Esterhues der „Seidenhändlerfamilie" Zurmühlen gewidmet [1027: Esterhues, Zurmühlen].

Wir Bürgermeistere Und Rahtt der Stadt Münster in Westphalen, Thuen hiemitt

Geburtsbrief für den Bürger Jodocus Zurmühlen (1689)

Ähnlich wie das Stammbuch des Johann Schenckinck für eine Reihe von Erbmännerfamilien des 15. und 16. Jahrhunderts gibt die um 1610 abgefaßte Chronik des Wandschneiders Johann Wedemhove Aufschluß über das verwandtschaftliche Beziehungsgeflecht in der Führungsschicht des Bürgertums im 16. Jahrhunderts. Wie die Stammtafeln ausweisen, waren danach die Wedemhove allein in der Generation Johanns, der seines Vaters und der seiner Kinder verschwägert mit den Ossenbrügge, Pael, Jonas, Plönies, Oesede, Vendt, Höfflinger, Langermann, von Detten, Grave und Huge [665: Richtering, Familienchronik Wedemhove, S. 149]. Der Bürgerbrief für Jodocus Zurmühlen, eines der wenigen im Original erhaltenen Exemplare, ist ein weiteres eindrucksvolles Zeugnis für das Selbstbewußtsein und den Familienstolz der Angehörigen dieser Schicht.

Bei den Honoratiorenfamilien tritt ein Merkmal deutlich hervor, das sie von den Erbmännern unterscheidet: Zusätzlich zu Grundbesitz und Geschäftserfolg, zur Wahrnehmung öffentlicher Ämter und zu ihren personalen Verbindungen erwarben viele ihrer Mitglieder eine akademische Bildung. Sie wurde vom Ende des 16. Jahrhunderts an immer mehr zu einer wichtigen Voraussetzung für die Wahrung des sozialen Status.

Bürgerschaftliche Mittelschicht

Den bürgerschaftlichen Führungsschichten der Erbmänner und Honoratioren, die sich in einem mehrstufigen generationenlangen Prozeß herausbildeten, stand seit Beginn der städtischen Autonomie die tendenziell egalitäre Gemeinschaft der Bürger gegenüber. *Magistri scabinorum, scabini, totaque communitas civium Monasteriensium* (Schöffenmeister, Schöffen und die gesamte Gemeinschaft der Bürger Münsters), so lautet einer der frühesten Belege für diesen Sachverhalt aus dem Jahr 1284 [416: Münsterisches Urkundenbuch, Nr. 38]. Diese *civium communitas* bestand zum größten Teil aus den in den Gilden und Handwerkerbruderschaften zusammengeschlossenen Meistern und selbständig Handel treibenden Kaufleuten. Sie waren nicht durch besonderen Reichtum und die Ausübung öffentlicher Ämter ausgezeichnet und bildeten somit eine eigene Schicht der Stadtgesellschaft unterhalb des Patriziats und Honoratiorentums.

In der Überlieferung können die Angehörigen dieser Mittelschicht schon vor Einsetzen der Schatzungsregister in großer Zahl namentlich festgestellt werden. Es finden sich zahlreiche Einzelinformationen über Beruf und Funktionen unterhalb der Ratsmitgliedschaft und der Gildenführung, doch kaum einmal lassen sie sich zu rudimentären Biogrammen bzw. zu Familienkontinuitäten verdichten.

Politisch handelnd tritt die bürgerschaftliche Mittelschicht lediglich als anonyme „Gemeinheit", als *populus* oder *plebs,* niederdeutsch „pofel", in Erscheinung. Nur gelegentlich werden Namen listenmäßig erfaßt, wie im Bericht des Chronisten Arnd Bevergern über die Unruhen in Münster während der Stiftsfehde oder in den gleichzeitig entstandenen Prozeßunterlagen, die Karl-Heinz Kirchhoff untersucht und ausgewertet hat [497: Unruhen]. Erst als Steuerpflichtige tauchen sie dann in den Schatzungsregistern des 16. bis 18. Jahrhunderts namentlich auf und lassen sich in ihren Familienzusammenhängen über die Jahrhunderte hin verfolgen. Die Abgrenzung dieser großen Mittelschicht in der bürgerschaftlichen Stadtgesellschaft ist relativ einfach, wenn man sie nach formalen Kriterien betrachtet. Zur Oberschicht gehörte, wer Reichtum und Ansehen durch öffentliche Ämter besaß und wessen Familie den daraus resultierenden sozialen Status über die Generationen bewahren konnte. Nicht mehr zur Mittelschicht zählte, wer die beiden dafür konstitutiven Voraussetzungen – persönliches Vermögen und das Bürgerrecht – verlor. Die konkrete Fixierung der Schichtenzugehörigkeit ist hingegen schwierig, weil Aufstiegs- und Abstiegsbewegungen für ständige Veränderungen sorgten. Tendenziell stellt die Mittelschicht also in doppelter Hinsicht eine instabile Gruppierung in der Stadtgesellschaft dar. Einerseits konnten die Tüchtigsten und Durchsetzungsfähigsten Reichtum erwerben und allmählich – in Zeiten politischer Unruhen und Veränderung manchmal auch sehr rasch – zu öffentlichen Ämtern und Ansehen aufsteigen, andererseits konnte durch Unglücksfälle und Schicksalsschläge das Absinken oder sogar der Absturz in die Armut und damit in die Unterschichten verursacht werden.

Für den überwiegenden Teil der bürgerschaftlichen Mittelschicht wurde das verhindert und damit eine gewisse Statussicherheit erreicht durch die streng reglementierte Ordnung des Wirtschaftslebens, die die Gilden und die Handwerkerbruderschaften gewährleisteten. Durch sie sollte allen Beteiligten ein geregeltes Auskommen, die „Nahrung", garantiert werden. Daß eine dauerhafte Sicherheit damit auch im Bewußtsein der Zeitgenossen keineswegs gegeben war, kommt in den zahlreichen Stiftungen und testamentarischen Verfügungen zum Ausdruck, die zugunsten der Armenhäuser, Hospitäler, Almosenkörbe und sonstigen karitativen Einrichtungen getätigt wurden. Neben den spezifisch religiös-karitativen Motiven wird dabei immer wieder auch der Gedanke der Vor- und Fürsorge für die eigenen Familienangehörigen und Standesgenossen für den Fall der Not und Hilfsbedürftigkeit formuliert. So legt, um nur ein Beispiel für viele anzuführen, in einem der frühesten Zeugnisse dieser Art, der Stiftung eines Armenhauses durch den münsterischen Bürger Wilhelm de Busche (Armenhaus Zumbusch) im 13. Jahrhundert, der Stifter fest [416: Münsterisches Urkundenbuch, Nr. 99]: *ut mulieres pauperes et infirme, libere tamen a jure servitutis existentes, que hospicium alibi conducere non valent, numero triginta sex ad serviendum deo in ea recipiantur pure propter deum et in ea perpetuam habeant mansionem* (daß arme und kranke Frauen, die sich nicht im Rechtsstatus der Unfreiheit befinden und die anderswo keine Bleibe finden können, dort um Gottes willen und um Gott zu dienen Aufnahme finden und unbefristetes Wohnrecht haben sollen, und zwar 36 an der Zahl).

Solchen Verfügungen entsprachen dann die Aufnahmebestimmungen der städtischen Armenhäuser; so wurde etwa bei der Zusammenlegung von fünf kleineren, von Erbmännern und Bürgern gestifteten Armenhäusern zu einem städtischen Armenhaus an der Bergstraße (später Elisabeth zur Aa) durch den Rat der Stadt am 2. Oktober 1354 bestimmt [416: Münsterisches Urkundenbuch, Nr. 154]: *in quam quidem domum recipiende seu suscipiende sunt tantum pauperes et miserabiles persone utriusque sexus, tam virilis quam muliebris sexus, que ratione senii aut per egritudinem aut quovis alio modo a vigore naturali suorum corporum in tantem sunt destitute, quod mediantibus eorum laboribus suum victum et alia sue vite necessaria nequeant assequi vel adipisci* (In dieses Haus sollen nur arme und kranke Personen beiderlei Geschlechts, männliche und weibliche, aufgenommen werden, die wegen ihres Alters oder wegen

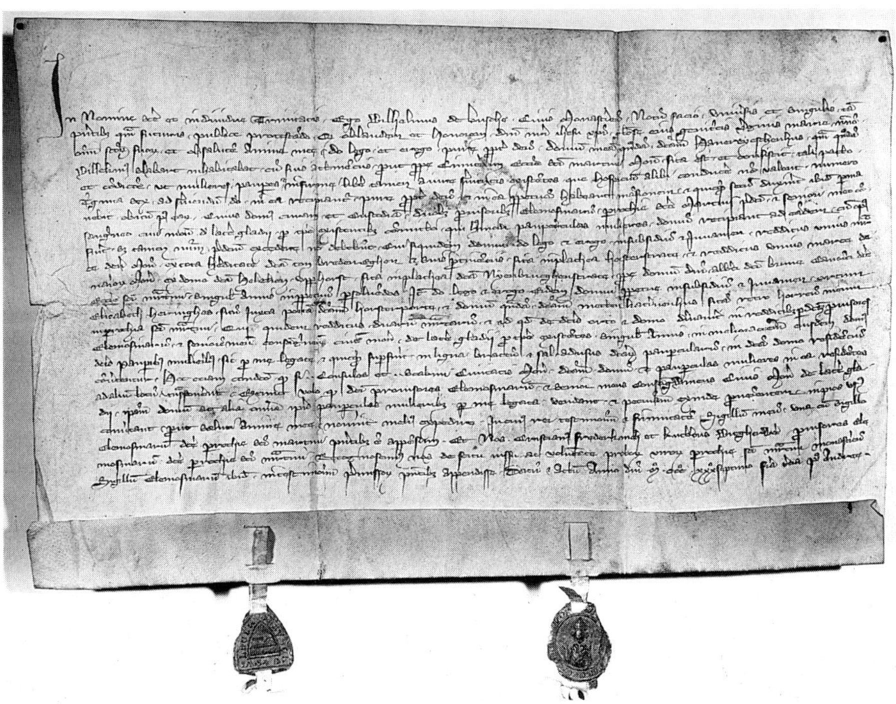

Wilhelm de Busche stiftet das Armenhaus Zumbusch. Urkunde aus dem Jahr 1337

ihrer Hinfälligkeit oder auf irgendeine andere Art und Weise ihre körperliche Leistungsfähigkeit soweit eingebüßt haben, daß sie durch eigene Arbeit das zu ihrem Lebensunterhalt Notwendige nicht beschaffen können).

5. Stadtbewohner außerhalb der Bürgergemeinschaft und ihre Einordnung in die Sozialstruktur

Die gesamte Stadtbevölkerung bestand – wie bereits ausführlich dargestellt – nicht nur aus der durch Eid konstituierten Gemeinschaft der Bürger mit ihren Familien- bzw. Haushaltsangehörigen. Hinzu kamen verschiedene Gruppen von Stadtbewohnern mit je eigenem rechtlichen und sozialen Status.

Die am weitesten zurückreichende Personengruppe bildete der Klerus. Schon seit Liudgers Gründung – also lange bevor von der *civium communitas,* der Bürgergemeinschaft, überhaupt die Rede sein konnte – war eine geistliche Gemeinschaft mit Mimigernaford-Münster verbunden, die als Domkapitel bis zur Säkularisation ungebrochene Kontinuität bewahrte. Der Klerus entwickelte sich im Laufe der Jahrhunderte parallel zur Stadtwerdung und Stadtentwicklung als Standesgruppe mit starker innerer Differenzierung; er war mit der Bürgerschaft teilweise eng verwoben.

Mit der Ausbildung der verfaßten Bürgerschaft und der Fixierung von Bedingungen für den Eintritt und das Ausscheiden war wohl von vornherein auch die Ausgrenzung bestimmter Personen und Personengruppen gegeben, die das Bürgerrecht entweder grundsätzlich nicht erlangen konnten oder nicht dazu in der Lage waren, es zu erwerben; diejenigen also, die „unehrliche Berufe“ ausübten oder zum „fahrenden Volk“ gehörten, bzw. die Unselbständigen, Armen und Unterstützungsbedürftigen, die zu den städtischen Unterschichten gehörten. Im Laufe des Hochmittelalters kamen die Juden als Sondergruppe hinzu.

Erst mit der Haupt- und Residenzstadtfunktion Münsters, verstärkt nach der Errichtung der Herrschaft des Fürstbischofs Christoph Bernhard von Galen über die Stadt, entstanden zwei weitere Sondergruppen von Stadtbewohnern: die Adeligen und die Bediensteten in ihren städtischen Höfen sowie die Angehörigen der fürstbischöflichen Beamtenschaft und des Militärs.

Die Geistlichkeit

Die Gefährten Liudgers und späteren Mitglieder der geistlichen Gemeinschaft in dem von ihm gegründeten *monasterium* stellen den Ursprung des Domkapitels dar, der Oberschicht des Klerus, wie sie Kerssenbrock beschrieben hat. Die Domherren hatten schon im Hochmittelalter das klösterliche Gemeinschaftsleben aufgegeben und führten teilweise in separaten, „Kurien“ genannten Häusern im Immunitätsbezirk der Domburg standesgemäße Haushaltungen. Die adeligen Domherren hielten sich, da es eine Residenzpflicht nicht gab, nur selten, meist sogar nur zu besonderen Anlässen in Münster auf. Dauernd anwesend hatten hingegen die 41 Domvikare zu sein, die den Klerus der Bischofskirche ergänzten. Zu den Bewohnern der Domimmunität, und damit als fester Bestandteil zur Stadtbevölkerung, zählten auch die Bediensteten der Geistlichen, und zwar nicht nur die in den Kurien des Dompropsts, des Dechanten und der 17 ältesten Mitglieder des Kapitels; selbständige Haushalte führten in der Regel auch die übrigen Domherren und die Domvikare. Rechnet man mit Franz Lethmate auf jeden Domherrn im Durchschnitt zwei und auf jeden der sonstigen Geistlichen einen Dienstboten und zählt auch noch die 24 „Kameralen" genannten Mitglieder der Domschola sowie einige sonstige Funktionsträger wie Organisten, Küster, Glöckner usw. hinzu, so hätten zum Dom insgesamt außer den nur gelegentlich anwesenden Domherren immerhin ca. 150 Personen gehört.

Mit diesem Personenkreis sind noch nicht alle erfaßt, die dauernd in der Domimmunität gelebt haben. Hinzuzuzählen sind noch die zehn Stiftsherren und zehn Vikare des Kapitels Alter Dom und ihr Dienstpersonal. Legt man die gleiche Verhältniszahl zugrunde wie beim Domkapitel, so ergibt das noch einmal etwa fünfzig Personen.

Die sonstige Weltgeistlichkeit in der Stadt bestand aus den Stiftsherren der beiden anderen Stiftskapitel, an St. Ludgeri und St. Martini, sowie den Pfarrern, Vikaren, Kaplänen und Rektoren der übrigen Pfarrkirchen und Kapellen. Auch für sie hat Lethmate die Zahlen aus der zeitgenössischen Überlieferung – vor allem aus den Visitationsberichten von 1571 und aus den Schatzungsregistern – ermittelt: Es gab an St. Ludgeri zwölf Stiftsherren, acht Vikare und drei Offizianten; an St. Martini neun Stiftsherren und sechs Vikare, an der Aegidiikirche außer dem Pfarrer sieben Geistliche, an der Lambertikirche außer dem Pfarrer neun, an der Servatiikirche außer dem Pfarrer zwölf und an der Überwasserkirche (einschließlich des Rektorats der Kapelle am Armenhaus Honekamp) außer dem Dechanten zehn; am Magdalenenhospital gab es sieben Stellen für Geistliche.

Über alles gerechnet bestand die Weltgeistlichkeit in der frühen Neuzeit – das Domkapitel einbezogen – aus annähernd 150 Personen; zählt man die aus den oben genannten Verhältniszahlen zu ermittelnde Zahl der Dienstboten hinzu, so umfaßte der durch die Weltgeistlichkeit und ihr Personal gebildete Anteil an der Stadtbevölkerung etwa 370 bis 380 Personen [822: Lethmate, Bevölkerung, S. 33].

Der Anteil der ebenfalls zur Geistlichkeit zu zählenden Personen an der Stadtbevölkerung, die in den klösterlichen Niederlassungen lebten, dürfte kaum geringer gewesen sein. Die Zahlenverhältnisse sind hier jedoch – schon wegen der schwan-

Kurien am Domplatz. Federzeichnung von Anton Steinbicker (1852)

Ludwig Henrich Clute (1713–1790), Stiftskanoniker an St. Ludgeri

kenden Konventsstärken – weniger präzise zu fassen. Die Zahlenangaben bei Lethmate sind für diesen Bereich unbrauchbar, da sie zum größten Teil auf Schätzungen beruhen, nicht alle klösterlichen Gemeinschaften und erst recht nicht die Besitzungen auswärtiger Klöster und geistlicher Institutionen in Münster berücksichtigen; erfaßt sind sie bei Kirchhoff [201: Klöster und Konvente]. Die vier Männer- und drei Frauenklöster (Kapuziner, Dominikaner, Observanten, Barmherzige Brüder; Klarissen, Lotharinger Chorfrauen, Dominikanerinnen), die erst später, im Zuge bzw. nach der Gegenreformation, gegründet wurden, sind natürlich ebenfalls nicht berücksichtigt. Die von Lethmate genannte Zahl von 203 für die Insassen der gegen Ende des 16. Jahrhunderts bestehenden Institutionen muß also erheblich nach oben korrigiert werden.

Immerhin wissen wir aus den Visitationsprotokollen von 1571, daß im Benediktinerinnenkloster St. Aegidii 15 Nonnen, vier Novizinnen und 18 Laienschwestern lebten. Die gleiche Größenordnung dürften in etwa Konvent und Klostergemeinschaft des Überwasserklosters gehabt haben. Die meisten Insassen von allen anderen Frauenklöstern hatte das Niesingkloster, für das der Adreßkalender des Hochstifts von 1778 26 Bewohnerinnen ausweist. Den übrigen Frauengemeinschaften (Rosenthal, Ringe, Hofringe und Reine) gehörten nur sieben bis zwölf Mitglieder an. Von den geistlichen Männergemeinschaften war zweifellos die der Minoriten am größten. Der Adreßkalender von 1778 nennt für das Minoritenkloster 27 Insassen. Für die übrigen mit Ausnahme der Jesuiten (Fraterherren, Georgskommende, Johanniterkommende, Barmherzige Brüder, Observanten, Dominikaner, Kapuziner) wird wie für die kleineren Frauenklöster eine Größenordnung von acht bis zwölf Personen anzunehmen sein. Die Jesuiten waren zeitweise über 70 Köpfe stark.

Auch für diesen Bereich dürfte die Gesamtzahl aller Personen – Mitglieder der geistlichen Gemeinschaften und das Dienstpersonal – ähnlich wie bei den Weltgeistlichen bei 350 bis 380 Personen gelegen haben. Auf den Bereich der Geistlichkeit entfiel bei einer Stadtbevölkerung von ca. 10 500 immerhin ein Anteil von 700 bis 750 Personen.

Unterschichten

Diejenigen, die nicht in der Lage waren, selbst oder durch Familienangehörige ihren Lebensunterhalt zu bestreiten und demnach in der einen oder anderen Form auf Unterstützung oder Vollversorgung aus dem umfangreichen vom Rat oder von kirchlichen Institutionen verwalteten zweckgebundenen Stiftungsvermögen angewiesen waren, wird man zu den bürgerlichen Unterschichten zählen müssen. Zu ihr gehörten also auch die Witwen und Waisen, die Alten und Kranken, ursprünglich Angehörige der bürgerschaftlichen Mittelschicht, die ihren sozialen Status verloren hatten. Sie sind zu unterscheiden von den städtischen Unterschichten, die durch standesrechtliche Ausgrenzungen gebildet wurden, wie die Bettler, das „fahrende Volk" und diejenigen, die „unehrliche Berufe" ausübten. Eine weitere Unterschichtengruppe bildeten die beschäftigungslosen armen und kranken Gesellen, Gehilfen und Dienstboten männlichen und weiblichen Geschlechts, die nicht oder nicht mehr in den bürgerschaftlichen Ober- und Mittelschichthaushalten versorgt waren. Auch für sie boten die Armenhäuser und Spitäler eine gewisse Absicherung.

Insgesamt stellte die Unterschicht also keine standes- oder korporationsrechtlich abgegrenzte Gruppierung innerhalb der Stadtbevölkerung dar, war aber doch eine stets vorhandene reale Größe, die sich aus der Mittelschicht ständig ergänzte. Erich Maschke, der sich in den 1960er und 1970er Jahren intensiv mit den Erkenntnismöglichkeiten wie mit den methodologischen Problemen befaßt hat, die Schichtungsanalysen der mittelalterlichen Stadtbevölkerung bieten, hat als Resümee seiner Forschungen den schwierigen Sachverhalt folgendermaßen zusammengefaßt: „Die Unterschichten der deutschen Städte im Mittelalter waren homogen durch die wirtschaftliche Schwäche, die sie alle kennzeichnet. Weithin besaßen sie nicht das Bürgerrecht. Zu den höheren Schichten führten so zahlreiche Übergänge ökonomischer und rechtlicher Natur, daß eine genaue Abgrenzung nicht möglich ist. Diese Unterschichten bestanden aus verschiedenen Gruppen, die sich in bestimmten Merkmalen voneinander unterschieden, wie sie in anderen übereinstimmten. Jede dieser Gruppen aber war in sich sozial und ökonomisch in hohem Maße differenziert. Das galt daher auch für die Unterschichten im ganzen" [2421: Maschke, Unterschichten S. 69f].

Die Insassen der zahlreichen Armenhäuser und Spitäler – ein relativ großes, gleichbleibendes Kontingent der Stadtbevölkerung – bildeten den eigentlichen Kern der so definierten Unterschichten. Über ihre Anzahl lassen sich anhand der über die Generationen kaum veränderten Plätze in den einzelnen Institutionen einigermaßen genaue Angaben machen. Kerssenbrock nennt in seiner Beschreibung der Stadt 15 Armenhäuser und teilt mit, daß es sich dabei um eine Pilgerherberge, um zwei

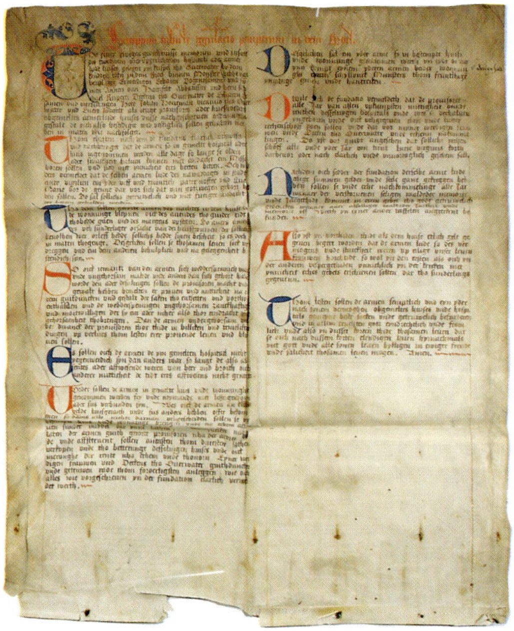

„Hausordnung" des Armenhauses Jüdefeld im Breul aus der Zeit der Äbtissin Anna von Hatzfeld (1552/62) – zehn Artikel mit farbigen Initialen

Armenhäuser für Männer, acht für Frauen und vier für Männer und für Frauen handelt [640: Anabaptistici furoris historica narratio, S. 78]. Franz Lethmate hat für die 13 Armenhäuser im eigentlichen Sinne – die Zwölfmännerarmenhäuser von Überwasser und Ludgeri, die Armenhäuser Prüssen, Verspoel, Zumbusch, St. Johann, zur Wieck/Wegesende, zur Wieck/Honekamp, Bischopinck, Elisabeth zur Aa, zur Westen und Jüdefeld sowie das Antoniusspital – aus zeitgenössischen Quellen insgesamt 224 Plätze ermittelt [822: Bevölkerung, S. 24ff]. Im Magdalenenhospital, das wie das Antoniusspital vom Hospital zum Pfründnerhaus geworden war, gab es zwölf Plätze für Männer und 18 für Frauen. Von Lethmate nicht genannt sind das Gast- und Irrenhaus mit vier Plätzen und das Minoritenarmenhaus. Nach Kerssenbrocks Zeit sind als Neustiftungen hinzugekommen das Armenhaus Grotegese (vier Plätze für Frauen), das Armenhaus Frie-Vendt (vier Männer, acht Frauen), das Armenhaus Zumbrock (sechs Frauen). Insgesamt standen demnach in Münster im 17. Jahrhundert in 18 Häusern über 270 „Heimplätze" für Arme zur Verfügung, und zwar etwa im Verhältnis 1:2 für Männer und Frauen. Für Unterschichtenangehörige, die sich nur vorübergehend in der Stadt aufhielten und dabei erkrankten, standen in den vier „Elenden" genannten Fremdenherbergen in Aegidii, Liebfrauen, Lamberti und Martini noch einmal ca. 120 bis 130 Plätze bereit. Auch wenn es sich um eine Vorsorgemaßnahme handelte, um in Pestzeiten unbekannte Kranke zu isolieren, die Plätze also sicher nicht dauernd zweckentsprechend belegt waren, zeigen diese Zahlen doch, mit welchem Bedarf man gegebenenfalls rechnete.

Summarische Zahlenangaben dieser Art lassen sich über sonstige Personengruppen innerhalb der Unterschichten nicht machen. Es ist jedoch davon auszugehen, daß sich in einer großen Stadt wie Münster, in der es im Laufe des Jahres eine bunte

Folge immerwährender und wechselnder Feste kirchlicher und weltlicher Art gab, in entsprechender Zahl auch „fahrendes Volk" aufgehalten hat; für diese Personengruppe sind jedoch – wie etwa für fahrende Spielleute und Schauspieler – nur gelegentlich Einzelnachrichten überliefert. Ebenso kann man davon ausgehen, daß es eine bestimmte Zahl von Personen gegeben hat, die „unehrliche Berufe" ausübten und deshalb zwar geduldet wurden, jedoch von der Aufnahme in die Bürgergemeinschaft ausgeschlossen waren. Auch sie finden nur gelegentlich Erwähnung in den Quellen. Für die Scharfrichter, sicher die Gruppe mit der größten Kontinuität, sind die Belege durch Klaus Gimpel gesammelt und ausgewertet worden [1037: Nachrichten über die Henker].

Nur bis in die Mitte des 14. Jahrhunderts bildeten die Juden einen festen Bestandteil der Stadtbevölkerung. Über ihre Zahl sind wir jedoch nicht informiert. Immerhin gab es mit Synagoge, Friedhof, rituellem Bad (Mikwe) und Scharne die konstitutiven Einrichtungen für eine Gemeinde, die also über mehrere Generationen Bestand gehabt haben muß. Nach 1350 war Juden die Niederlassung in Münster – bis auf die kurze Episode von 1536 bis 1554 – verboten. Für den gesamten Zeitraum des Spätmittelalters und der frühen Neuzeit konnten sich Juden demnach – versehen mit einem Geleitbrief des Bischofs – jeweils nur für wenige Tage zur Abwicklung von Geschäften in der Stadt aufhalten. Als Bevölkerungsgruppe treten sie also nicht in Erscheinung.

Die Bewohner der Adelshöfe

Schon im 16. Jahrhundert gab es in Münster außerhalb der Immunitätsbezirke geistlicher Institutionen einzelne Gebäude, deren Bewohner von den bürgerlichen Pflichten und Lasten befreit waren. Allerdings ist freier adeliger Besitz in der Stadt für die Zeit um 1500 nach den neuen Forschungen von Karl-Heinz Kirchhoff und Mechthild Siekmann nur für den Steinfurter Hof (Jüdefelder Straße) und den Davensberger Hof (Königsstraße) nachzuweisen. Erst nach 1600 nahm die Zahl der Höfe zu, die als schatzungsfrei galten, weil sie im Besitz geadelter Erbmänner oder von Adeligen waren [1092: Kirchhoff/Siekmann, Münster um 1668]. Wie aus entsprechenden Eingaben an den Rat und daraus resultierenden Aufzeichnungen hervorgeht, mußte die Schatzungsfreiheit allerdings immer wieder beantragt werden.

Erstmals hat Eugen Müller aus solchen Anträgen für die Zeit von 1623 bis etwa 1756 Listen von „Edelleuten" zusammengestellt, die adelige Höfe in Münster besaßen [245: Adelshöfe, S. 233ff]. Eine der ältesten Aufzeichnungen dieser Art trägt die Überschrift: „Etlicher Adelicher und Anderer Personen, so sich oneribus civicis zu eximieren understanden." Von den 22 Antragstellern der Jahre 1623 bis 1640 waren zwölf münsterische Erbmänner. Mit dem Aussterben der meisten dieser Familien fielen ihre Wohnhöfe durch Erbgang oder Kauf an den Landadel.

Zusätzlich zu diesen 22 bzw. 28 Adelshöfen sind inzwischen weitere identifiziert; für die Zeit um 1758/60 sind es 36, darunter fünf ehemalige Erbmännerhöfe, die in einer topographischen Stadtkarte verzeichnet sind [1092: Kirchhoff/Siekmann, Münster um 1668]. Die Anzahl der Adelshöfe blieb danach konstant; das Adreßbuch Münster von 1875 nennt 35 „Rittergutsbesitzer", die ihre Häuser „nur temporär bewohnen". Von ihnen gehörten vier ehemaligen Erbmännerfamilien (zwei der Familie

Droste-Hülshoff, zwei der Familie Kerckerinck-Borg) und einer der erst nach 1800 geadelten Familie von Druffel.

Ein besonders aussagekräftiges Beispiel für die Exemtion eines Adelshofs aus den bürgerlichen Pflichten und Lasten befindet sich im Archiv des Zwei-Löwen-Clubs, der in der Zeit von 1835 bis zum Zweiten Weltkrieg im „Assenhof", dem ehemaligen Adelshof der Freiherren von Galen zu Assen, sein Domizil hatte. In der Urkunde, mit der Fürstbischof Christoph Bernhard von Galen am 30. Januar 1662 seinem Bruder, dem Erbkämmerer Henrich von Galen zu Assen, den von der Stadt am 23. Januar desselben Jahres ausgestellten „Exemtionsbrief" bestätigte, heißt es: „Und wir darinnen auß sonderbahren uns bewegenden Ursachen in gnaden bewilliget, dergestalt das besagte wohnbehausung mit allem Zubehör, wie auch derselben Einwohner von nun ahn bis zu ewigen Zeiten von allen Bürgerlichen personal und patrimonial lasten, alß wacht, dienst, Multersteuer, ordinari und extraordinari Schatzungen, auch andere beschwerden und aufflagen wie die einen nahmen haben, oder auch erfunden werden mögten, gantz und zumahlen eximirt und befreiet sein, und zu ewigen Zeiten auch verpleiben sollen" [zit. nach 245: Müller, Adelshöfe, S. 77].

Auseinandersetzungen wegen der Exemtion mit dem Rat und dem Magistrat der Stadt gab es immer wieder, wenn die Adelsbesitzungen, und vor allem die zugehörigen Beihäuser und Gademen, an Stadtbewohner vermietet waren. Zahlreiche Ratsbeschlüsse und sonstige Aufzeichnungen zeugen davon, daß in solchen Fällen meist kurzfristige Kompromisse ausgehandelt wurden, bis der Streit beim nächsten Wechsel der Bewohner von neuem aufbrach.

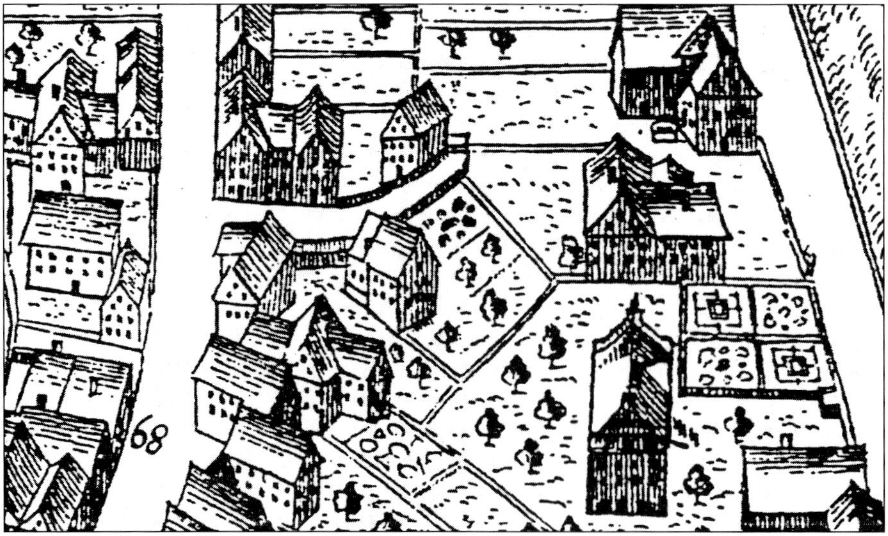

Die Erbmännerhöfe Travelman (mit Ziergarten) und Bischopinck an der Lotharinger Straße (rechts). Ausschnitt aus der Stadtansicht von Everhard Alerdinck von 1636 in einer Umzeichnung von Friedrich Philippi

Wieviel Personal die zum Teil sehr großen Gebäude ununterbrochen bewohnte, also zur Stadtbevölkerung zu zählen ist, läßt sich nicht präzise angeben. Jedenfalls waren die Höfe häufig Orte besonders aufwendiger Festlichkeiten und bedurften schon zu ihrer Erhaltung und Pflege größerer Personalkapazitäten als die größten der bürgerlichen Haushaltungen. Man geht wohl nicht fehl in der Annahme, daß allein die Dienstboten in allen Häusern zusammen die Kopfzahl von 150 bis 200 erreicht haben und damit im 18. Jahrhundert der Bevölkerungsanteil der adeligen Hofhaltungen in der Stadt dem des Klerus in etwa entsprach.

Fürstbischöfliche Beamte und Soldaten

Seit dem systematischen Auf- und Ausbau einer institutionalisierten Verwaltung durch Johann von Hoya (1566–1574) waren in Münster die zentralen Verwaltungsbehörden mit ihren Beamten ansässig: die fürstbischöfliche Regierung (Hofrat) mit der Kanzlei, die Rechenkammer (Hofkammer) sowie das Geistliche (Offizialat) und das Weltliche Hofgericht.

Die Regierung bestand in ihrem ersten Entwicklungsstadium um 1600 zunächst aus sieben Mitgliedern: zwei geistlichen Räten (Mitgliedern des Domkapitels), zwei weltlichen Räten (Mitgliedern der münsterischen Ritterschaft), einem adeligen Kanzler sowie zwei gelehrten Räten (bürgerliche Juristen). Später – in ihrer voll ausgebauten Form während des 18. Jahrhunderts – waren ein Präsident und ein Vizekanzler hinzugekommen und die Zahl der gelehrten Räte auf über zehn angewachsen; hinzu kamen noch einmal so viele gelehrte Räte „von Haus aus", sogenannte *referendarii*, die ohne Sitz und Stimme im Hofrat blieben und nur von Fall zu Fall durch Vortrag oder die Ausfertigung von Schriftsätzen an Entscheidungen mitwirkten. Ausführendes Organ der Regierung war die Kanzlei, deren Amtsgeschäfte von einem Vizekanzler, später auch einem Kanzleidirektor, zwei Sekretären und einer Reihe von Kanzlisten (drei bis sechs) besorgt wurden. Mehrere Boten und ein Pedell standen für die niederen und technischen Dienste zur Verfügung [1163: Schmitz-Eckert, Regierung, S. 61ff].

Die Räte der Hofkammer waren zum großen Teil mit den Räten der Regierung identisch. Ein Präsident und zeitweilig auch ein Direktor standen an der Spitze. Diese Leitungsfunktionen waren auch hier dem Adel vorbehalten. Die Geschäfte führte – ebenfalls als Vorsteher einer Kanzlei – der Landrentmeister, unterstützt durch den Landschreiber, je zwei Sekretäre und Kanzlisten sowie weiteres Dienstpersonal (drei bis sechs Personen) [1074: Jacob, Hofkammer, S. 10ff].

Das Weltliche Hofgericht als oberste Justizbehörde und Appellationsinstanz – der allerdings die Regierung von Anfang an als konkurrierendes Gericht nebengeordnet war – bestand aus dem adeligen Hofrichter, zunächst zwei gelehrten Räten als ordentlichen Beisitzern – die außerordentlichen wurden von Fall zu Fall aus dem Regierungskollegium ergänzt – sowie einer Reihe von Notaren (drei bis vier) unter Leitung eines Protonotars [827: Lüdicke, Zentralbehörden, S. 99ff].

Sowohl beim Hofgericht als auch bei der Regierung als Gerichtsinstanz konnten bzw. mußten sich die Parteien durch Advokaten, Prokuratoren bzw. Agenten vertreten lassen. Das führte zu einer wachsenden Zahl examinierter Juristen in der Stadt, die sozusagen freiberuflich tätig waren, zumeist aber hofften, auf diese Weise den Sprung in eine Beamtenkarriere zu schaffen.

Auch in das Geistliche Hofgericht, das bis ins 16. Jahrhundert ausschließlich von Geistlichen besetzt war, fanden nach den Hoyaschen Reformen der 1570er Jahre zunehmend bürgerliche Juristen Eingang. Es setzte sich zusammen aus dem Offizial, dem Siegler und zwei Assessoren – weiterhin meist Geistliche – sowie dem Hofgerichtsadvokaten, einem Protonotar und drei weiteren Notaren und schließlich dem üblichen Kanzleipersonal (drei bis vier Personen) [891: Schwarz, Reform des Offizialates, S. 169ff].

Anhand dieser Gegebenheiten lassen sich innerhalb der fürstbischöflichen Beamtenschaft der frühen Neuzeit vier Schichten unterscheiden: 1. die hohe Beamtenschaft adeliger Abstammung; 2. die gelehrte Beamtenschaft mit akademischer Bildung; 3. die mittlere Beamtenschaft mit gewöhnlicher gymnasialer und notarieller Ausbildung; 4. die untere Beamtenschaft ohne besondere Vorbildung. Die Leitungsfunktionen und die höchsten Ränge in den Zentralbehörden waren generell dem Adel vorbehalten. Nur gelegentlich gab es Ausnahmen von dieser Regel durch besonders qualifizierte gelehrte Räte bürgerlicher Herkunft; zumeist erfolgte dann – wie etwa im Falle des Kanzlers Christoph Bernhard Engelbert (von) Schücking (1704–1774) – die Nobilitierung. Zur zweiten Schicht gehörten „die Beamten und Richter mit Entscheidungsbefugnis", wobei ein Aufstieg aus der dritten zu Funktionen wie den Hofkammerräten, Gografen und Amtsrentmeistern möglich war. Den Angehörigen der vierten Schicht, den Subalternen im eigentlichen Sinne, kamen lediglich Hilfsfunktionen zu [1172: Steinbicker, Beamtentum, S. 124f].

Besonders in der Funktion der gelehrten Räte war der Eintritt in den fürstbischöflichen Beamtendienst für Angehörige der bürgerlichen Mittelschichten, der Gildehandwerker und Händler also, attraktiv als Medium für den gesicherten sozialen Aufstieg. Als typisches Beispiel kann die Familie des Bürgermeisters Johann Timmerscheidt gelten, der während des Abschlusses des Westfälischen Friedens dieses Amt innehatte. Ein Vorfahr war drei Generationen zuvor aus Düsseldorf nach Münster eingewandert. In der zweiten und dritten Generation war die Familie mit Handwerkerfamilien versippt und stellte bereits Stiftskanoniker und Ratsherren in Münster. Johann Timmerscheidt vertrat die Stadt während der Auseinandersetzungen mit Christoph Bernhard von Galen als Bürgermeister und wechselte dann nach 1661 in den fürstbischöflichen Dienst, wo er als Assessor und zeitweiliger Direktor am Hofgericht tätig war. „Seine Nachkommen waren seither fürstbischöfliche Beamte" [1172: Steinbicker, Beamtentum, S. 140].

Ein zweites großes Rekrutierungsreservoir für die fürstbischöfliche Beamtenschaft waren illegitime Söhne des Adels, der Erbmännerfamilien und von Mitgliedern der Geistlichkeit. Die „Papenkinder" führten dann für ihre Familien oft den Namen des Adelsgeschlechts ohne Adelsprädikat weiter und bildeten bürgerliche Beamtenfamilien mit berühmten Namen (Ascheberg, Büren, Galen, Münster, Bischopinck/Bisping, Droste, Kerckerinck usw.). Da ihnen wegen der illegitimen Herkunft der Zugang zu den Gilden verwehrt war, blieb ihnen zur Existenzsicherung meist nur eine „Beamtenkarriere".

Bei allen fürstbischöflichen Landeskollegien waren nach den Untersuchungen von Monika Lahrkamp gegen Ende ihres Bestehens insgesamt ca. 120 Personen beschäftigt. Hinzuzurechnen sind darüber hinaus ca. 80 Advokaten und Notare. Rechnet man alle Beamtenpositionen der Zentralbehörden mit Ausnahme der dem Adel vor-

Dr. Christoph Bernhard Engelbert (von) Schücking - Kanzler, Lehnkammerdirektor und münsterischer Gesandter am Hof in Wien - wurde 1757 in den Reichsadelsstand erhoben

behaltenen Leitungsfunktionen und Spitzenränge zusammen, so ergibt sich, daß die Zahl der exemten Haushaltungen in der Stadt durch die nicht dem Adel oder der Geistlichkeit zuzurechnenden Beamten während der zweiten Hälfte des 17. und während des 18. Jahrhunderts wohl um mindestens 70 bis 80 erhöht wurde. Multipliziert mit dem für die bürgerschaftlichen Haushaltungen errechneten Faktor ergibt das ca. 300 bis 330 Personen.

Sehr viel stärker fluktuierend als bei der Beamtenschaft ist die Personenzahl beim fürstbischöflichen Militär. Über die Stärke der seit 1661 in Münster stationierten Einheiten sind wir relativ gut unterrichtet. Sie schwankte stark und hing von der Politik der jeweiligen Landesherren bzw. vom Verlauf kriegerischer Auseinandersetzungen ab. Da das in diesem Band an anderer Stelle ausführlich behandelt ist, sollen hier unter dem Aspekt des Anteils an der Stadtbevölkerung lediglich die wichtigsten zahlenmäßigen Veränderungen aufgeführt werden.

Die frühesten Quellenbelege resultieren aus dem Anspruch, den Fürstbischof Christoph Bernhard von Galen gleich nach seinem Regierungsantritt auf das Besatzungsrecht in der Stadt erhob und der dem in jahrhundertelangen Auseinandersetzungen mit den Fürstbischöfen als Stadtherren erkämpften Recht der Bürgerschaft auf die Wehrhoheit zuwiderlief. Im Vertrag von Schöneflieth (1655) mußte die Stadt dem überlegenen Landesherrn jedoch bereits eine Besatzung von 450 Mann Infante-

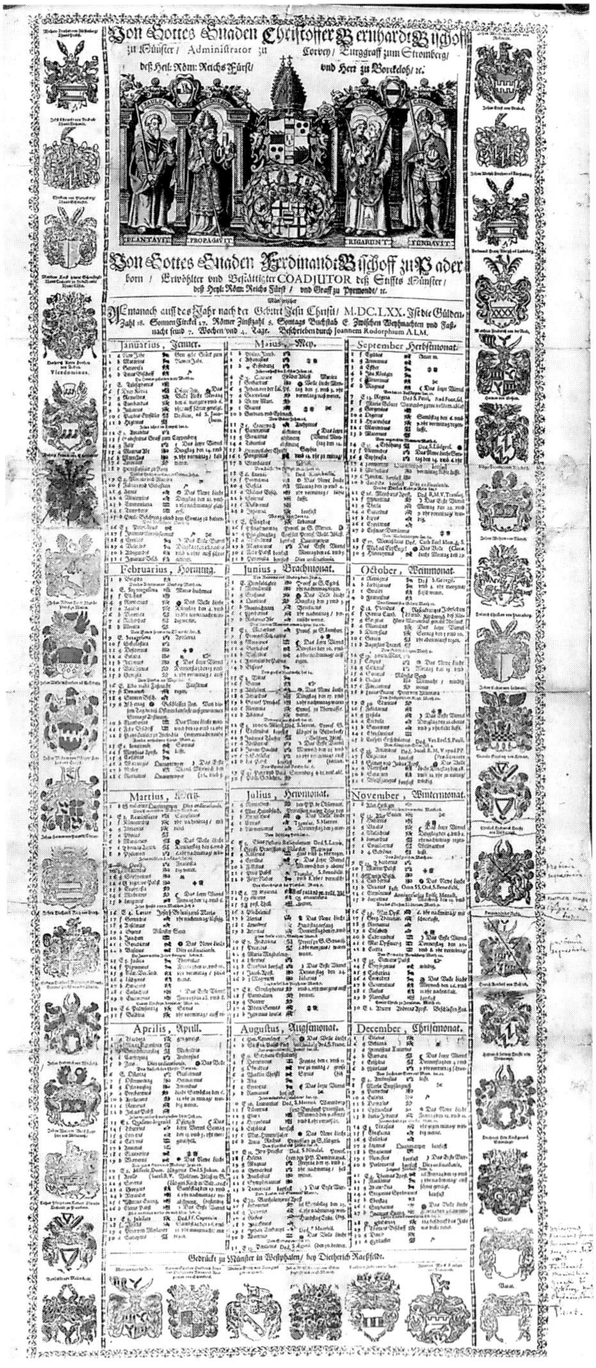

Stiftskalender des Jahres 1670 mit den Wappen des Fürstbischofs Christoph Bernhard von Galen, des Koadjutors Ferdinand von Fürstenberg und der Mitglieder des Domkapitels

rie und 100 Mann Kavallerie zugestehen, bei eigenem Recht auf den Unterhalt von 150 Söldnern. Nach der Niederwerfung der Stadt 1661 und während der weiteren Amtszeit Christoph Bernhards († 1678) belief sich die Besatzung sodann auf 1700 bis 1750 Soldaten; nach Fertigstellung der Zitadelle, die 150 bis 200 Soldaten Quartier bot, reduzierte sich die Zahl entsprechend.

Sonstige spezielle Truppenunterkünfte oder Kasernen gab es in der Stadt nicht. Die Soldaten waren in den schatzungspflichtigen Häusern der Stadt einquartiert. Da sie zu einem großen Teil verheiratet waren und wegen der unbegrenzten Dienstzeit oftmals über lange Jahre in ihren Dienst- und Wohnverhältnissen verblieben, erhöht sich der Bevölkerungsanteil des Militärs noch einmal um mehrere hundert Personen. Spannungen zur bürgerschaftlichen Stadtbevölkerung konnten so nicht ausbleiben. Sie verstärkten sich noch dadurch, daß viele Soldaten nebenbei handwerklichen Tätigkeiten nachgingen oder Handel trieben und so die Zunftprivilegien ausgehöhlt wurden.

Die Schwierigkeiten durch die Einquartierungen wurden nach dem Tode Christoph Bernhards etwas entschärft durch die erhebliche Reduzierung des Militärs. Da jedoch weiterhin der größere Teil in Münster stationiert blieb, wirkte sich das nur bedingt aus. Bis zur Mitte des 18. Jahrhunderts waren weiterhin 900 bis 1000 Soldaten regelmäßig in Münster einquartiert. Erst nach dem Siebenjährigen Krieg – während der Kampfhandlungen um Münster hatte die Stadt mehrfach mehreren tausend Mann Besatzungstruppen Quartier zu stellen – gab es eine weitere Entlastung durch eine erneute Reduzierung des fürstbischöflichen Militärs, doch auch in der zweiten Hälfte des 18. Jahrhunderts blieb Münster die bei weitem wichtigste Garnisonstadt mit 900 bis 1000 Soldaten und einem Bevölkerungsanteil von 1600 bis 1700 Militärpersonen.

Ein zahlenmäßig demgegenüber zwar kaum ins Gewicht fallender, für die sozialen Wandlungsprozesse während des 18. Jahrhunderts aber nicht unwichtiger Aspekt sei zum Schluß noch erwähnt: Die Militärlaufbahn bot Angehörigen der bürgerlichen Ober- und Mittelschichten – ähnlich wie die Beamtenlaufbahn – Aufstiegschancen bis zur Nobilitierung. Beispiele in großer Zahl bieten die Ranglisten und darin häufig vorkommende Namen bekannter Bürgerfamilien wie Boner, Brockmann, Forckenbeck, Geisberg, Giese, Herding, Jungebluth, Lipper und Vagedes [1125: Merx, Geschichte des Militärs, S. 173ff]. Besonders sprechend sind die militärischen Laufbahnen der beiden Barockbaumeister Lambert Friedrich Corfey und Johann Conrad Schlaun, die nacheinander zum General und Befehlshaber der fürstbischöflichen Artillerie avancierten.

6. *Gewerbliche, religiöse und soziale Gemeinschaften*

Familien-, Standes- und Schichtenzugehörigkeit waren wichtige, die Stadtgesellschaft des Mittelalters und der frühen Neuzeit prägende Strukturelemente. Durch sie wurde die Stadtbevölkerung sozusagen vertikal gegliedert. Andere Faktoren von nicht weniger starker Wirkkraft sorgten für eine eher horizontale Aufteilung, für Bindungen und Gruppierungen, durch die die Grenzen zwischen Ober-, Mittel- und Unterschichten, zwischen arm und reich (*pauper* und *potens*) teilweise überbrückt wurden. Zu nennen sind hier vor allem die Pfarreien und Leischaften, durch die nachbarschaftliche und topographische Gemeinschaftsbildungen vorgegeben wurden. Ähnliche Vorbedingungen galten weitgehend auch für die religiösen und sozialen Bruderschaften vom Typus der Nachbarschafts- und Schützenbruderschaften bzw. der Altarbruderschaften, für die eine Heilige oder ein Heiliger als Patronin oder als Patron namengebend wurde. Die wichtigsten von allen aber waren zweifellos die berufsständischen Zusammenschlüsse der Kaufleute und Handwerker, die ebenfalls bruderschaftlichen Charakter hatten.

Gewerbliche Bruderschaften

Auf dem Höhepunkt der Macht der Gilden im 15. Jahrhundert dürfte der bei weitem überwiegende Teil der im Besitz des Bürgerrechts befindlichen Einwohner der Stadt mit Ausnahme der Erbmänner Mitglied einer Gilde oder Handwerkerbruderschaft gewesen sein. Außer den Hauptfunktionen im gewerblichen Leben und in der Stadtpolitik, die an dieser Stelle nicht Gegenstand der Betrachtung sein können, hatten diese Gemeinschaften auch eine enorme soziale Bedeutung. Die 17 in der Gesamtgilde vereinten und vom Rat amtlich zugelassenen Gilden und die fünf Bruderschaften, die Kerssenbrock in seiner Beschreibung aufzählt, bildeten im 15., 16. und 17. Jahrhundert ein flächendeckendes Netzwerk über die gesamte Stadt, in das die bürgerschaftlichen Haushaltungen – also nicht nur die Mitglieder, sondern auch ihre Familienangehörigen, Mitarbeiter und Bediensteten – beinahe vollständig einbezogen waren.

Für die Mitglieder der Gilden und Bruderschaften war jeweils nach eigenständig überwachten Statuten, Normen und Gebräuchen ein großer Teil des Alltagslebens geregelt. Festgefügte Verhaltensnormen und gesellschaftlicher Zusammenhalt bildeten die Rahmenbedingungen für das individuelle wie für das Gemeinschaftsleben. Kindtaufen, Hochzeiten und Totengedenkfeiern sowie die Feste des Jahres, und hier vor allem die Jahresfeste der einzelnen Gilden, bildeten die Höhepunkte.

So wird zum Beispiel in der Gilderolle der Kramergilde von 1553 folgende Heiratsregelung für Gildemitglieder verfügt, die – wie ausdrücklich bemerkt wird – auch bei allen anderen Gilden in Geltung war: „Dat sollen oik unser gilde verwanten sick nicht vorhiliken an enige fruwe ofte juffer der gilde nicht werdich wesende, buten older- und mesterlude raet und willen. So sodanes geschehe, so sall dersolvige mit der gilde quit sin und nimmer wedder dar to gestadet werden“ [13: Krumbholtz, Gewerbe, S. 266].

Das für die Rolle der Frauen im gewerblichen Leben der Stadt sehr bezeichnende Recht der Witwen, den Betrieb nach dem Tode des Mannes weiterzuführen, war im Artikel 32 des „Roten Buches“, in den Statuten für die Gesamtgilde also, für alle Gilden festgeschrieben: „Ock is welich frowe in gilden, der er man affsterwet, desolwe vrowe mach des werkes bruken der gilde, so lange alse se sich nicht verandersatet buten dersulven gilde“ [13: Krumbholtz, Gewerbe, S. 13].

Artikel 16 der Gilderolle der Kramer handelt von den Trauerfeierlichkeiten nach dem Tod eines Mitglieds. Es wird festgelegt, daß die sechs zuletzt eingetretenen Gildebrüder den Leichnam zum Kirchhof zu tragen haben, „in tit boklifliker oik unbekliflicker krankheit“, also gleichgültig, ob der Tote an einer ansteckenden Krankheit wie der Pest gestorben war. Beim Totengeleit sollten die Gildemeister vorangehen und alle anderen Mitglieder sollten folgen [13: Krumbholtz, Gewerbe, S. 275f]. Die berühmte Festversammlung, das „Gildezech", das in der zweiten Hälfte des 16. Jahrhunderts nur noch in jedem vierten Jahr abgehalten wurde, dann aber drei Tage lang dauerte, fand am Sonntag, Montag und Dienstag vor St. Michaelis (29. September) statt. In genau festgelegter Folge der Speisen und Getränke wurde dann auf dem Amtshaus gefeiert.

Als das neue Amtshaus der Kramergilde am 12. November 1589 eingeweiht wurde, zählte sie 82 Amtsbrüder und 24 Witwen [493: Kirchhoff, Kramergilde, S. 82]. Die Kramergilde ist in dieser Zeit die mitgliederstärkste und wohl auch einflußreichste in der Stadt. Ihr neues, bis heute erhaltenes Amtshaus zeugt von Reichtum und Selbstbewußtsein dieser Kaufleutegemeinschaft.

Die anderen 16 Gilden standen dem – auch wenn sie zahlenmäßig zum Teil erheblich kleiner waren – keineswegs nach. Einen Gesamtüberblick zu einem bestimmten Zeitpunkt vermittelt ein Zeugnis aus dem Jahr 1588: Rat und Gesamtgilde trafen nach dem Ausweis der Schohausprotokolle vom 17. November 1588 eine Vereinbarung über den Wachtdienst und die Besetzung der Tore und Schanzen der Stadt im Verteidigungsfall. Die Gesamtgilde übernahm dabei die Gestellung der Wachtmannschaften.

Festungswerk	Gilde	Anzahl
Hörstertor	Kramer	90
Mauritztor	Schmiede	64
Servatiitor	Loh- und Weißgerber	44
Oldenschanze	Wandschneider	33
Ludgeritor	Pelzer, Böttcher und Zinngießer	79
Aegidiitor	Wüllner	74
Neuwerk	Glaser, Maler, Sattler, Goldschmiede, Bruderschaft der Kleinschnitzler (Tischler)	69
Liebfrauentor	Schneider	76
Jüdefelder Tor	Bäcker, Steinhauer	97
Kreuztor	Schuhmacher	57
Neubrückentor	Fleischer, Bruderschaft der Bereider (Tuchscherer)	70

Quelle 13: Krumbholtz, Gewerbe, S. 111ff

Insgesamt stellten die Gilden für die Stadtverteidigung ein Kontingent von 753 Mann aus dem Kreis ihrer Mitglieder. In derselben Vereinbarung verpflichteten sie sich, noch weitere 1000 Bewaffnete aus dem Kreis ihrer Knechte und Gesellen aufzubieten. Die ungegildeten Bürger in der „Gemeinheit" sollten diese „Gildenwacht" mit weiteren 700 Männern verstärken.

Die Gesellen und Knechte der Handwerker- und Kaufmannschaft waren also zahlenmäßig zumindest genauso stark wie die Meister. In den einzelnen Gilden hatten sie, die zu den Versammlungen und Festen der Vollmitglieder ja keinen Zugang hatten, eigene Gesellenvereinigungen, die ein selbständiges gesellschaftliches Leben und Brauchtum praktizierten und wohl unter Aufsicht und Mitwirkung der Gildemeister geführt wurden. Für die Gesellenbruderschaften der Bäcker, Maler-Glaser-Sattler,

Schmiede, Schuhmacher und Tischler haben sich in den Gildeüberlieferungen die ausformulierten Statuten erhalten [13: Krumbholtz, Gewerbe, S. 88].

Eine Besonderheit innerhalb der Handwerker- und Kaufleutebruderschaften, die bereits die fließenden Übergänge zu den nichtgewerblichen verdeutlicht, stellt die St.-Annen-Bruderschaft dar, über deren ausgelassenes Fastnachtstreiben Melchior Röchell in seiner Chronik berichtet [1: Münsterische Chroniken, S. 37ff]. Wie aus seiner Schilderung hervorgeht, bildete sie eine exklusive Vereinigung mit einem eng auf Geselligkeit und persönliche Kontakte begrenzten Zweck und unterschied sich insofern deutlich von den anderen Bruderschaften: „Dar hatten auch der richesten burger sonne eine broderschafft under sich, die wordt auch diessen fastelabend uber gehalten und nomden sie S. Annen broderschafft; ober die broder hette man die cumpanien broder. Diese zereden faken fur den vastelabende zusamen, drieben auch den vastelabendt vielle und mannigeleie boetze und seltzame geckerie. Sie hetten gelichwol under sich strenge gesetze und ordenunge, dar sie sich na holden mosten; wan sie ubertreden, moste solchs ehr buedel entgelden. Sie hetten auch under sich egen renthe und uffkumpste zu dem gelage zum besten, sie bieden auch uf ihr furgelage, die sie alletzeidt den abendt helden, geste, die sie die nacht uber herlichen tracterden. Dit waren, darvon geschrieben wordt, die den tagh in de nacht und die nacht wedder in den tagh verkereden. Dan des nachtes soeffen und freissen sie ohne underlaes, und des taghes slieffen sie, wusten von keinen uffhoeren zu sagen. Dar quamen allhier die jungen koepgesellen von Lubeck, Hamborch und Bremen etzliche und helden diesse cumpanie medde, lust halben."

Altar-, Nachbarschafts- und Schützenbruderschaften

Die nichtgewerblichen Bruderschaften waren in der Stadtöffentlichkeit und im allgemeinen Bewußtsein erheblich weniger präsent als die Gilden und Handwerkervereinigungen. Ihr Wirken auf religiösem, zivilem und karitativem Gebiet geschah eher im engeren Kreis der Mitglieder und ihrer Angehörigen. Zweifellos stellten aber auch sie ein wichtiges Strukturelement von erheblicher integrativer Wirkung dar. Für ihre Bedeutung spricht schon allein ihre große Zahl. Noch zu Beginn des 20. Jahrhunderts bestanden neben den vielen im 19. Jahrhundert neu gegründeten Bruderschaften insgesamt 27, deren Entstehung vor 1800 lag [169: Hüsing, Bruderschaften, S. 99ff].

Die ältesten von ihnen stammen aus dem 14. Jahrhundert; eine zweite Gründungs- bzw. Wiederbegründungswelle erfolgte in der zweiten Hälfte des 16. und in der ersten Hälfte des 17. Jahrhunderts, in der Zeit nach der Wiederherstellung der im Anschluß an die Vernichtung der Täuferherrschaft kassierten städtischen Freiheiten und vor deren endgültiger Beseitigung durch Fürstbischof Christoph Bernhard von Galen.

Die in der gesamten Zeit ihres Bestehens bedeutendste und exklusivste der in Münster existierenden Bruderschaften war die „Großer Kaland" genannte Vereinigung der Domkapitulare, in die später auch Mitglieder des münsterländischen Adels und der Bürgerschaft der Stadt aufgenommen wurden. Ihr Name weist darauf hin, daß sie ihre Zusammenkünfte jeweils am ersten Tag eines Monats (lat. *kalendae*) hielt und daß sie im Vergleich zum „Kleinen Kaland" der Domvikare die ältere und bedeutendere von beiden war. Die Regeln der Gemeinschaft sind in der *Institutio fra-*

ternitatis Beatae Mariae Virginis urbis Monasteriensis et Dominorum de Capitulo aus dem Jahr 1520 festgelegt; von 1595 an sind regelmäßig Mitgliederlisten überliefert [157: Helmert, Großer Kaland, S. 52ff].

Die Entstehung des Kleinen Kaland der Domvikare, der seinen Altar in der Jakobikirche auf dem Domhof, der Pfarrkirche der Bewohner der Domimmunität, hatte, ist durch die Untersuchungen Theodor Helmerts neu bewertet worden. Er ist nicht – wie bislang angenommen – unmittelbar nach dem Großen Kaland, sondern erst im 15. Jahrhundert gegründet worden (die Gründungsnachricht aus dem Jahr 1305 bezieht sich nicht auf ihn, sondern auf den Großen Kaland [157: Helmert, Großer Kaland, S. 59]).

Bis in die Zeit vor der Täuferherrschaft zurück reichen sodann sieben weitere Altarbruderschaften vornehmlich bürgerschaftlichen Charakters; allerdings sind nur für fünf von ihnen die genauen Gründungsdaten überliefert [vgl. 169: Hüsing, Bruderschaften, S. 100ff]: die Katharinenbruderschaft an St. Lamberti von 1330; die Heilig-Geist-Bruderschaft an Liebfrauen-Überwasser von 1398; die Johannisbruderschaft der Kaufleute, deren Entstehungszeit unbekannt ist, von der aber überliefert ist, daß sie 1538 mit einer schon 1408 bestehenden Bruderschaft Unserer Lieben Frau und St. Johann vereinigt wurde; die Liebfrauenbruderschaft an St. Aegidii von 1441; und schließlich die Bruderschaft der Georgsritter von 1511.

Erneuert wurden bald nach der Vernichtung der Täuferherrschaft die Liebfrauenbruderschaft an der Überwasserkirche (1539) sowie die Antoniusbruderschaft am gleichnamigen Hospital (1540). Beide müssen also ebenfalls schon vor 1534/35 be-

Silberschild der Großen Schützenbruderschaft (um 1620 von Goldschmied Henrich Decker gefertigt)

standen haben. Wann die Bruderschaft der Schmerzhaften Mutter am Dom entstanden ist, die 1635 erstmals erneuert wurde, läßt sich dagegen nicht näher feststellen.

Vereinigungen eines ganz eigenen Typs durch ihre Beschränkung auf einen fest umrissenen Personenkreis stellen die Thekla- und die Küsterbruderschaft dar. Die erstere wurde 1433 für alle Inhaber der Klerikerstellen begründet, für die dem Rat der Stadt das Patronatsrecht zustand. In der Gründungsnachricht wird sie als *confraternitas administrationis panis Dominorum Beneficiatorum civitatis Monasteriensis* bezeichnet; seit 1664 führt sie den Namen Theklabruderschaft. Von der Küsterbruderschaft erfahren wir lediglich durch ihre Erneuerung im Jahr 1574 [169: Hüsing, Bruderschaften, S. 102f, 106f].

Ähnlich wie bei den Altarbruderschaften war auch bei den Nachbarschaftsbruderschaften, die den hl. Petrus als Patron hatten, der Zweck der Vereinigung Rat und Hilfe in der Not sowie die Totensorge und der Beistand für die Hinterbliebenen; die Wahrung des nachbarlichen Friedens kam als Spezifikum hinzu. Die älteste Petribruderschaft entstand 1571 am Spiekerhof („Zwischen den zwei Brücken") und hatte ihren jährlichen Gottesdienst in der Kapelle des Magdalenenhospitals. Für den anderen Teil des Spiekerhofs wurde im selben Jahr eine weitere Petribruderschaft gegründet. Es folgten 1579 die vom Roggenmarkt, 1580 die von der Aegidiistraße und 1582 eine an den Märkten; für zwei weitere für diesen Straßenbereich ist das Gründungsdatum nicht bekannt, dafür jedoch ein Erneuerungsakt im Jahr 1645 [169: Hüsing, Bruderschaften, S. 107ff].

Weitere solche Nachbarschaftsvereinigungen bestanden für die Hundestegge (Klemensstraße), für die Hörster- und die Neubrückenstraße sowie für die Salzstraße. Allerdings gibt es keine Nachricht über ihre Gründung.

Wie bei den anderen Bruderschaften setzt die konkrete Überlieferung auch für die Schützenbruderschaften erst nach der Täuferzeit ein. So wurde mit Billigung und Unterstützung des Rates im Jahr 1557 die „Große Schützengesellschaft – Bruderschaft von 1557" gegründet, deren Statuten im Jahr 1773 erneuert und in einem Memorienbuch niedergelegt worden sind. Mit Sicherheit kann man jedoch auch sagen, daß es in der Stadt bereits im 15. Jahrhundert zwei dauerhaft organisierte Schützenbruderschaften gegeben hat. In den Kämmereirechnungen ist 1447/48 ein Vogelschießen der Schützen und 1458/59 die Existenz von zwei Vereinigungen, den „alten" und den „jungen" Schützen, belegt. Letztere erbauten 1514, nun St.-Georgs-Schützen genannt, Schützenhaus und Schießplatz vor dem Ludgeritor, auf dem sogenannten Schützenwall. Eine 1465 an der Lambertikirche bestehende St.-Sebastianus-Bruderschaft veranstaltete zwar jährlich ein Vogelschießen, ist aber nicht als Schützenbruderschaft belegt (Karl-Heinz Kirchhoff).

Aus dem Jahr 1630 stammt die erste Nachricht von der Liebfrauenschützenbruderschaft – der Eintrag auf der alten Königskette *(Confraternitas BMV transaquensis)* und dem ältesten Königsschild: „Henric Trippelvoth, Konning." Ganz ähnlich sind die ältesten Daten dreier weiterer vor 1800 entstandener Schützenbruderschaften im Stadtgebiet überliefert: der Bülter Schützenbruderschaft (1652), der Ludgerischützenbruderschaft (1657) und der Rothenburger Schützenbruderschaft (1680); für die letztere lauten die Inschriften an der mit einem silbernen Vogel verzierten Kette: „Dieser Vogel gehöret der Schutten uffr Rodenburg und umb Aegidiikirchhof ao 1680 uff gerichteter Bruderschafft" [169: Hüsing, Bruderschaften, S. 111].

Schildchen der Königskette der Confraternitas BMV transaquensis

Für die meisten der Altar-, Nachbarschafts- und Schützenbruderschaften sind, ähnlich wie bei den Gilden und Handwerkerbruderschaften, Memorialbücher und Aufnahme- bzw. Mitgliederverzeichnisse erhalten, die die sozialen Gegebenheiten in der städtischen Bürgerschaft und ihre Veränderungen im Laufe der Generationen spiegeln. In eine der älteren und vornehmeren von ihnen aufgenommen zu werden oder gar Ehrenämter und Funktionen zu erlangen, konnte Teil sozialen Aufstiegs sein oder war doch zumindest Bestätigung und Befestigung des sozialen Ranges.

Kirchspiele und Leischaften

In gewisser Hinsicht kann man auch die Kirchspiele, besser gesagt die innerstädtischen Bezirke der sechs Stadtpfarreien, und die Leischaften als Strukturelemente der Stadtgesellschaft ansehen. Anders als die geburts- und berufsständischen Vereinigungen, die Familien- und die Schichtenzugehörigkeit oder die freiwillige Mitgliedschaft in Bruderschaften verbanden sie Menschen durch die Gemeinsamkeit des Wohnens in einem topographisch umgrenzten Stadtareal.

Die Gemeinschaft der Gläubigen in der Pfarrei war konstituiert durch den auch noch im modernen Kirchenrecht (*Codex Iuris Canonici*) enthaltenen Pfarrbann, der den Pfarrer verpflichtete, die Bewohner seines Pfarrbezirks („Kirchspielseingesessene") seelsorgerisch zu betreuen und diese umgekehrt verpflichtete, sich in allen seelsorgerischen Handlungen an den zuständigen Gemeindepfarrer zu wenden. Über diesen seelsorgerischen und kirchenadministrativen Aspekt hinaus entfaltete die Pfarrzugehörigkeit ihre gemeinschaftsstiftende Kraft jedoch in erster Linie durch den gemeinsamen Vollzug des kirchlich-religiösen Lebens. Der Besuch des sonntäglichen Gottesdienstes, die gemeinsame Feier der Kirchenfeste in der Pfarrkirche, die öffent-

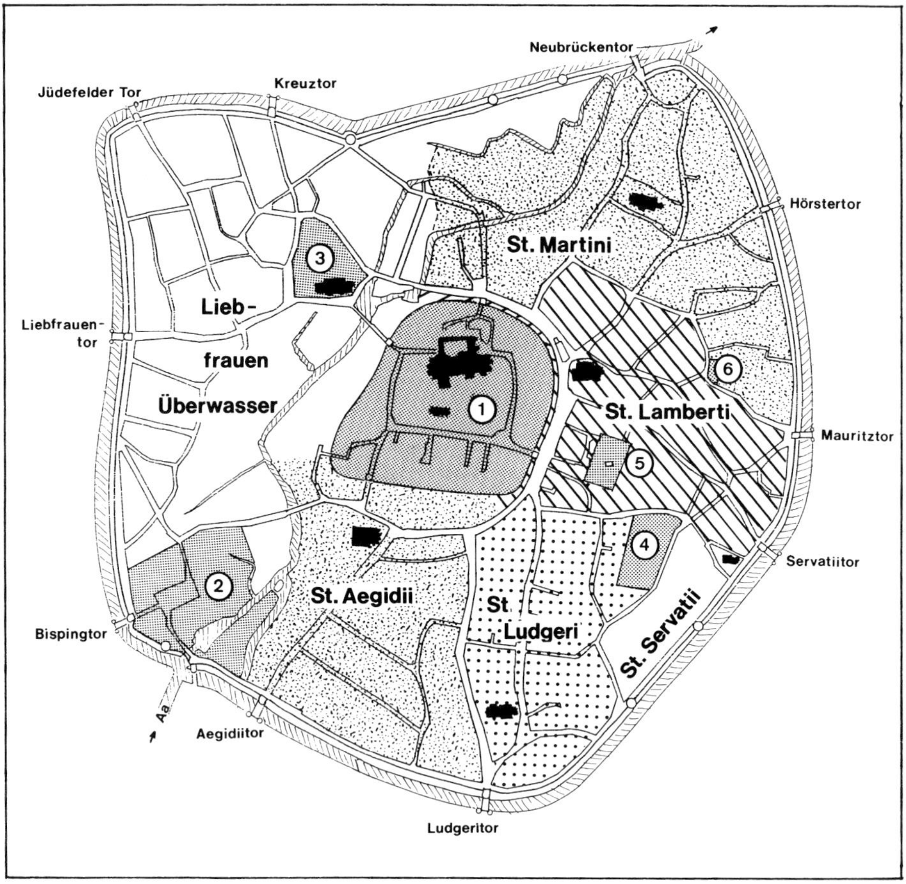

Kirchspiele und Immunitäten (Entwurf: Karl-Heinz Kirchhoff)

1 Domhof
2 Bispinghof
3 St. Marien-Überwasser
4 Domdechantsfreiheit (Niesing-, Paulifreiheit)
5 Immunitas Synagogae (vor 1350)
6 Freiheit „In der Aske"

lichen Manifestationen der kirchlichen Gemeinschaft bei Prozessionen, Kirchweihen sowie schließlich die kirchliche Akzentuierung der Höhe- und Wendepunkte des Gemeinschaftslebens (Taufe, Heirat, Tod) führten zu einer sich ständig erneuernden Gemeinschaft innerhalb der Pfarrei. Diese Pfarreien waren darüber hinaus Strukturelemente von besonderer integrativer Wirkung insofern, als im Vollzug des christlichen Gemeindelebens die trennenden Schranken der Standes- und Schichtenzugehörigkeit zumindest teilweise aufgehoben waren.

In Münster waren die Pfarrbezirke zusammen mit dem gesamten Stadtareal zu Beginn des 13. Jahrhunderts voll ausgebildet. Mit der Abpfarrung von St. Ludgeri, St. Martini und St. Aegidii von St. Lamberti und der wohl etwas später erfolgten Sondergründung von St. Servatii sowie der Integration des *suburbium* Überwasser

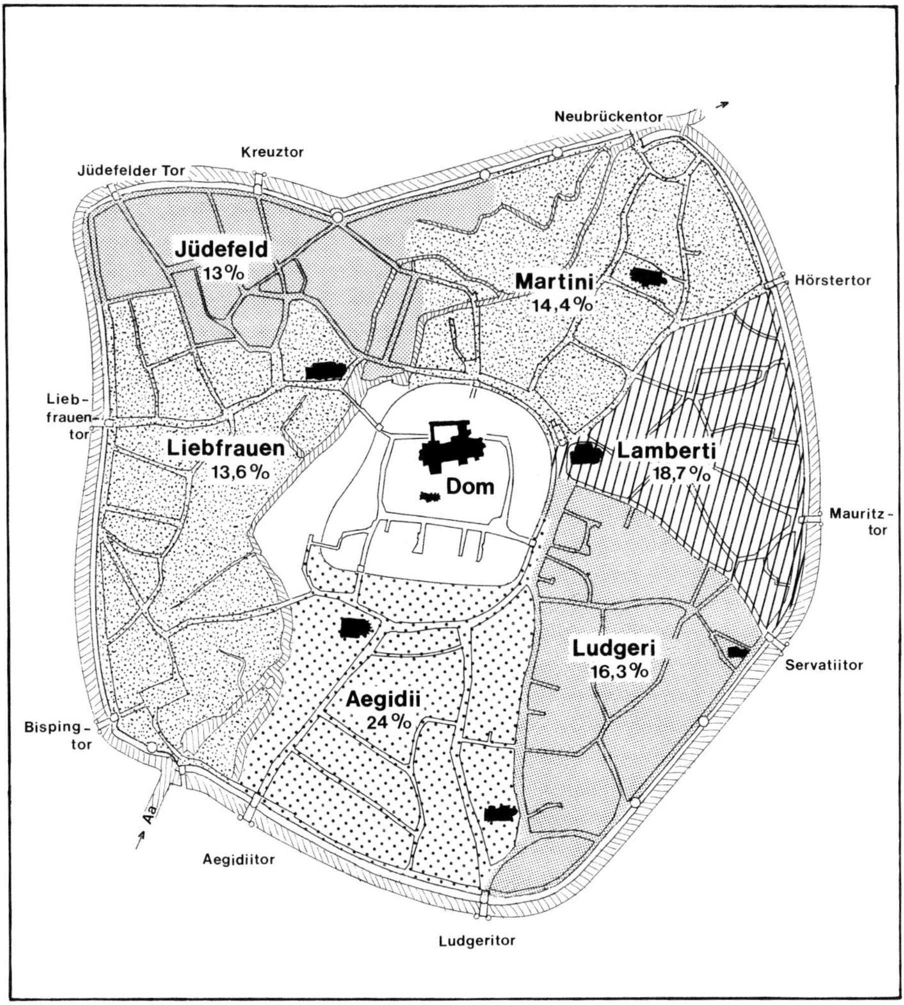

Die Leischaften mit ihrem Anteil an der schatzungspflichtigen Bevölkerung nach der Auswertung von Franz Lethmate (Kartenentwurf: Karl-Heinz Kirchhoff)

mit der Pfarrei Liebfrauen in die vergrößerte und ummauerte Stadt dürften auch die Kirchspielgrenzen festgelegt worden sein. Dabei kam es zu der von allen sonstigen städtischen Gegebenheiten abweichenden Besonderheit, daß zu den Kirchspielseingesessenen der alten Pfarreien Liebfrauen-Überwasser und St. Lamberti, die zusammen mit dem Kirchspiel St. Mauritz bereits bei der Aufteilung der ursprünglichen Dompfarre im 11. Jahrhundert entstanden waren, Bewohner des ländlichen Umlandes der Stadt zählten. Da die Kirchspiele keine rein kirchlichen Institutionen waren, sondern mit ihrem reichen Grundbesitz und den daraus resultierenden Verwaltungs- und Gerichtsfunktionen auch durchaus weltliche Aufgaben zu erfüllen hatten, mag es hier zu Überlagerungen und Spannungen mit den Autonomiebestrebungen der verfaßten Bürgerschaft und der Abschließung eines städtischen Rechtsbezirks gekommen sein.

Möglicherweise ist darin einer der Gründe dafür zu suchen, daß im Laufe des Spätmittelalters für die innerstädtischen Verwaltungsfunktionen in der Stadt weltliche Bezirke, die Leischaften, gebildet wurden, die den Kirchspielen in den Namen, nicht aber in den Grenzen entsprachen. Diese traten bezeichnenderweise zuerst auf, nachdem die Bürgerschaft dem Bischof gegenüber im Vertrag von 1278 die vollständige Wehrhoheit über die Stadt durchgesetzt und sich spätestens in der ersten Hälfte des 14. Jahrhunderts schriftlich fixierte Statuten gegeben hatte [543: Prinz, Mimigernaford–Münster, S. 226f]. Die wichtigsten Funktionen der Leischaften lagen bekanntlich im Bereich der Ratswahl, der Stadtverteidigung und der Steuererhebung: Auf den Leischaftsversammlungen wurden jährlich die zehn Kurgenossen gewählt (je zwei aus der Lamberti-, Martini-, Aegidii- und Ludgeri-Leischaft, je einer aus der Jüdefelder und der Liebfrauen-Leischaft). Diese Leischaften waren auch die Basis für das Bürgeraufgebot und den Wachtdienst. Sie hatten am Ende des 16. Jahrhunderts jeweils zwei Bürgerkompanien zu stellen und damit für ein Aufgebot von mehreren hundert Mann zu sorgen [828: Marré, Wehrverfassung, S. 118ff]. Damit wurde die den Gilden 1588 übertragene Sorge für die Verteidigung der Stadttore abgelöst. Ansonsten dürften für die Regelung des Alltagslebens die Pfarrgemeinde- und die Nachbarschaftsordnungen wirksamer geblieben sein als die politischen Organisationsformen der Leischaften.

Die Bevölkerungsstruktur der vormodernen Stadt mit ihren geburts- und berufsständischen sowie genossenschaftlichen Elementen, mit den schwer zu überschreitenden Schichtgrenzen und dem durch Verwandtschaften und Bruderschaften geknüpften engen personalen Beziehungsgeflecht wurde durch die politischen Ereignisse der Zeit um 1800 mit einem Schlag radikal verändert: Aus der geschichteten Stadtgesellschaft mit dem organisch gewachsenen System unterschiedlicher Rechte für einzelne Personengruppen wurde die einheitliche Einwohnerschaft mit dem prinzipiell geltenden Grundsatz der Gleichheit vor dem Gesetz. Aus dem vielgliedrigen Organismus der Gilden mit seinem festen Rahmen für das gewerbliche wie das gesellschaftliche Leben wurde ein zunächst amorphes Konglomerat von Handwerksbetrieben, Handelsunternehmungen und Dienstleistungsgewerben auf der Basis der Niederlassungsfreiheit. Aus dem einheitlichen, in Pfarrgemeinden und vielfältige religiöse Gemeinschaften fest eingebundenen Kirchenvolk wurde die gemischt-konfessionelle und bald auch überkonfessionelle Stadtbevölkerung mit großen religiösen und weltanschaulichen Gegensätzen.

Global betrachtet begann mit den Wandlungsprozessen der Zeit um 1800 für Münster – und für alle vergleichbaren Städte – der Weg in die Moderne. Es war der Beginn einer Stadtentwicklung, die nicht mehr in erster Linie von den spezifischen Gegebenheiten eines in Jahrhunderten gewachsenen Organismus geprägt war, sondern von den normierenden Rahmenbedingungen der Urbanisierung und Industrialisierung. Wolfgang Köllmann hat diese tiefgreifenden Veränderungsprozesse in einer Gesamtbetrachtung unter dem Titel „Von der Bürgerstadt zur Regional-‚Stadt'" zusammengefaßt. Als spezifische bevölkerungsgeschichtliche Komponente dieses Vorgangs sieht er die „neue Form menschlichen Zusammenlebens" an, die durch die veränderten Existenzbedingungen der Moderne erzwungen wurden:

„Diese neue Form menschlichen Zusammenlebens, gestiftet durch die Industrie, war in ihrer Eigendynamik an die Dynamik der Veränderung industrieller Wirtschaft und industrieller Gesellschaft gebunden. Sie wurde zugleich eher Form globaler Gemeinsamkeit der Erscheinung als alle anderen Formen städtischen Daseins älterer Art. Von Anfang an der Veränderung ausgeliefert, war diese Stadt offener bei früher ungekannter Privatheit des einzelnen in der Anonymität, die erst durch die Trennung von Arbeiten und Wohnen entstand und die Bildung informeller Gruppen, jenes Netz von Organisationen und Institutionen eines sekundären Systems des zwischenmenschlichen Lebens, geradezu forderte" [2338: Köllmann, Bürgerstadt, S. 28f].

Zwar erreichte Münster als Verwaltungs- und Dienstleistungszentrale nie das Stadium der Industriestadt, das hier als Typus gedacht ist, doch die Ausgangsstufe für die Entwicklung zur modernen Großstadt, der Wandel von der Bürgergemeinde zur Einwohnergemeinde, wurde auch hier in den ersten Jahrzehnten des 19. Jahrhunderts verwirklicht. Ein wichtiger Indikator dafür waren das bald nach 1800 einsetzende kontinuierliche Bevölkerungswachstum und das ursächlich damit zusammenhängende Hinauswachsen städtischer Siedlungen ins Umland. Das jahrhundertelang durch den Mauer- bzw. Promenadenring bestimmte Bild der Stadt verlor dadurch auch äußerlich seine festen Konturen.

Quellen und Literatur

Für eine Beschreibung der Bevölkerungsentwicklung und Bevölkerungsstruktur Münsters im Mittelalter und in der frühen Neuzeit sind, was das 16. bis 18. Jahrhundert angeht, aufgrund der Überlieferungssituation die Vorbedingungen vergleichsweise günstig; für die Zeit vor dem Täuferreich stehen hingegen wegen der bekannten Vernichtungsaktionen der Täufer lediglich bruchstückhafte Quellenbestände zur Verfügung, die nur in Form methodisch aufwendiger Rekonstruktionen und Vergleichsanalysen eine rudimentäre Darstellung erlauben. In der zweiten Hälfte des 16. Jahrhunderts setzen dann die umfangreichen und bis 1802 fortgeführten Schatzungsregister ein, die das Stadtarchiv in über 670 Einzelbänden aufbewahrt [StadtAM, A VIII 259]. Sie sind das Ergebnis der Aufzeichnungen über die vom Magistrat einzuziehenden Abgaben; diese wurden nach den in Münster „Leischaften" genannten Stadtbezirken Haus für Haus im Zuge eines regelmäßigen „Umgangs" gefertigt, um die Steuerpflichtigen zu erfassen und die von ihnen zu entrichtenden Abgaben zu vermerken. Hinzu kommen zu diesen Registern diverse Einzelverzeichnisse, die für Sondersteuern des Landesherrn aus bestimmten Anlässen angelegt wurden, Listen und Verzeichnisse aus der Täuferzeit, die die sozialen Umschichtungen und den Wechsel im Häuserbesitz dokumentieren, die Aufzeichnungen über die Neuaufnahmen in die Bürgerschaft und schließlich die Unterlagen für die Aufstellung eines ersten Häuserkatasters bei der Einführung einer Brandversicherung gegen Ende der 1760er Jahre. Alle diese Register und summarischen Aufzeichnungen erlauben bei einer systematischen Auswertung für bestimmte Zeitebenen einen Gesamtüberblick über die Einwohnerschaft Münsters. Sie werden ergänzt durch eine unübersehbare Fülle von Einzelnachrichten zu Personen und Personengruppen in der reichhaltigen Amtsschriftgutüberlieferung des Rates – insbesondere aus seiner Gerichtstätigkeit – sowie der fast fünfzig Stiftungen und Wohlfahrtseinrichtungen in der Stadt. Von besonderem Wert ist die qualitative Beschreibung der Stadtbevölkerung und ihrer Strukturen bei Kerssenbrock [640: Anabaptistici furoris historica narratio, S. 95ff].

Diese komplexe Gesamtüberlieferung hat seit der Mitte des 19. Jahrhunderts die lokale wie die allgemeine Stadtgeschichtsforschung auch unter bevölkerungsgeschichtlichen Fragestellungen immer wieder beschäftigt. Eine umfassende Auswertung etwa entsprechend den in einem grundlegenden Aufsatz von Arthur E. Imhof formulierten Kriterien und Möglichkeiten [2261: Demographische Aspekte] steht allerdings aus. Die dafür unabdingbare Erfassung wichtiger Quelleninformationen über Personen und Personengruppen erfordert den Einsatz moderner technischer Hilfsmittel, wie sie die elektronische Datenverarbeitung bietet. Sie ist im Rahmen eines langfristig angelegten Forschungsvorhabens des Stadtarchivs in Zusammenarbeit mit Historikerinnen und Historikern aus anderen Archiven und Institutionen in Angriff genommen worden unter dem Arbeitstitel „Prosopographie der münsterischen Bürgerschaft in Mittelalter und früher Neuzeit (15.–18. Jahrhundert)“. Bis erste Ergebnisse vorliegen, sind noch erhebliche Vorarbeiten zu leisten. Erst wenn so durch die Erfassung der biographischen Daten möglichst aller in der reichhaltigen Überlieferung bezeugten Personen männlichen und weiblichen Geschlechts die methodischen Voraussetzungen geschaffen sein werden, wird es auch möglich sein, der Frage nach dem Verhältnis und der Rollenverteilung zwischen den Geschlechtern für die Zeit vor 1800 insgesamt nachzugehen. Bislang gibt es dazu lediglich einige Studienabschlußarbeiten und Beiträge in einem Sammelband [118: FrauenLeben] sowie das Buch von Sabine Alfing [704: Hexenjagd und Zaubereiprozesse]. Allgemeine Beiträge zur Bevölkerungsgeschichte Münsters vor 1800 liegen dagegen in großer Zahl vor.

Teilweise sehr detaillierte Gesamtanalysen der Stadtbevölkerung in bestimmten Zeitebenen bieten Kirchhoff [497: Unruhen; 797: Täufer], Lethmate [822: Bevölkerung], Heidemann [1056: Bevölkerungszahl] (methodisch unzureichend und in den Ergebnissen teilweise unrichtig!), Kirchhoff und Siekmann [1092: Münster um 1668], Mechthild Siekmann [1170: Münster um 1770] sowie Monika Lahrkamp [1397: Napoleonische Zeit].

Am besten untersucht von den einzelnen Gruppierungen, Schichten und Vereinigungen innerhalb der Stadtbevölkerung sind die bürgerschaftlichen Führungsschichten der Erbmänner und Honoratioren. Nach älteren, grundlegenden und noch immer unentbehrlichen Arbeiten von Friedrich von Klocke [2318: Patriziatsproblem], Josef Ketteler [783: Geschlechterkreis] und Karl Zuhorn [597: Bürgertum] sind vor allem die Längsschnittstudien von Helmut Lahrkamp [219: Wirtschaftliche Führungsschichten; 220: Patriziat] zu nennen. Einen Überblick über den aktuellen Forschungsstand zum Problemkreis um die Erbmänner bietet die Dissertation von Wolfgang Weikert [342: Erbmänner].

Nur unzureichend sind dagegen die Informationen über die Geistlichkeit in der Stadt, über die es bislang – ausgenommen die monumentale Untersuchung von Wilhelm Kohl über die Domgeistlichkeit [206: Domstift] – keine Gesamtuntersuchung gibt; für die Hofhaltungen des Adels liegt immerhin die materialreiche Arbeit von Eugen Müller vor [245: Adelshöfe], für das fürstbischöfliche Militär und die Beamtenschaft gibt es einige – allerdings mehr problem- als personenorientierte Studien in Aufsatzform [1163: Schmitz-Eckert, Regierung; 1074: Jacob, Hofkammer; 827: Lüdicke, Zentralbehörden; 891: Schwarz, Reform des Offizialates; 1172: Steinbicker, Beamtentum; 1125: Merx, Geschichte des Militärs].

Zur Geschichte der Gilden stellt nach wie vor die fundamentale, auf der Analyse der gesamten umfangreichen Überlieferung beruhende Arbeit von Robert Krumbholtz – zugleich eine Edition der wichtigsten Quellen – die unentbehrliche Basis dar [13: Gewerbe]; die ältere Untersuchung von Theodor Tophoff [330: Gilden] ist dadurch überholt. Für die nichtgewerblichen Bruderschaften hat Augustin Hüsing umfangreiches Material zusammengetragen; seine Untersuchungen aus dem Jahr 1903 sind noch immer unentbehrlich [169: Bruderschaften]. Für die Pfarreien im Stadtgebiet ist die Literatur im Beitrag von Wilhelm Kohl nachgewiesen.

Karl-Heinz Kirchhoff bin ich besonders verpflichtet, weil er mir die noch nicht publizierten Ergebnisse seiner neuesten Forschungen über die Erbmänner und die Adelshöfe zugänglich machte; er und Helmut Lahrkamp haben dankenswerterweise den gesamten Beitrag kritisch durchgesehen.

WILHELM KOHL

Kirchen und kirchliche Institutionen

1. Die Domkirche St. Paulus und der Dombereich – 2. St. Marien-Überwasser – 3. Die Kollegiatkirchen – 4. Die Pfarrkirchen – 5. Die frühen Klosterkirchen – 6. Ritterorden – 7. Minoriten – 8. Devotio moderna – 9. Jesuiten – 10. Niederlassungen weiterer Bettelorden (Kapuziner, Klarissen, Dominikaner, Observanten) – 11. Lotharinger Chorjungfern – 12. Hospitäler und Kapellen

Noch heute empfindet der Besucher der Stadt Münster die beherrschende Bedeutung ihrer Kirchen. Unbeschadet vieler großer Verwaltungs-, Geschäfts- und Bankgebäude im Stadtinnern bilden die Kirchen noch immer Kristallisationspunkte, an denen ihre Bedeutung für die Geschichte der Stadt und ihrer Bewohner abzulesen ist.

Dem kunstgeschichtlich interessierten Betrachter offenbart sich die Verschiedenheit der münsterischen Kirchen auf den ersten Blick. Zwischen dem gewaltigen Baukomplex des freistehenden Doms und der verborgen zwischen Wohn- und Geschäftshäusern stehenden Kirche des hl. Clemens bestehen kaum äußere Beziehungen. Der Ernst des romanisch-gotischen Kathedralbaus liegt weit von der spielerischen Rokokoschönheit der ehemaligen Kirche der Barmherzigen Brüder entfernt. Trotzdem dienten alle bestehenden und untergegangenen Kirchen dazu, und das rückte sie zusammen, Gott, seinem Sohn Jesus Christus, dem Heiligen Geist, der Mutter Maria und den zahlreichen Heiligen der alten Kirche die Verehrung der Gläubigen darzubringen. Nur von diesem Gesichtspunkt aus ist das Wesen der Kirchen zu verstehen.

Nach mittelalterlicher Vorstellung gewann jede Kirche ihre Sicherheit aus dem Besitz von Reliquien der Heiligen. Diese stellten den eigentlichen Kirchenschatz dar, der den Gläubigen an höheren Festen zur staunenden Anbetung gezeigt wurde. Von den Reliquien gingen die hochgeschätzten Wunder aus, die die Menschen noch enger an die Kirche banden und Besucher oft aus weiter Ferne herbeiriefen. Kostbare Monstranzen, Reliquienbehälter, Ostensorien und andere Kunstwerke, die heute die Bewunderung eines kunstverständigen Publikums erwecken, entsprangen doch nur dem Wunsch, den verehrten Reliquien eine angemessene Aufbewahrung zu schaffen, ohne daß die Kunstfertigkeit des Meisters mißachtet wurde. Den „Schatz“ bildete indessen die Reliquie selbst.

Abgesehen von den äußeren Unterschieden dienten die Kirchen aber auch sehr verschiedenen Zwecken. Der Dom stellte die Kirche des Bischofs und des Domkapitels dar. Dieses bestand ausschließlich aus adeligen Mitgliedern, die für die gottesdienstlichen Verrichtungen Domvikare und Offizianten heranzogen. Neben dem Dom bestanden Kirchen, an denen ein Kollegium von Kanonikern tätig war, Klosterkirchen, Kirchen der Kirchspiele und Kapellen an Hospitälern. Waren an den großen Kirchen fast hundert Geistliche bepfründet, ernährten die kleinen oft nur einen einzigen Kleriker, und auch das manchmal nur kümmerlich.

Alle diese Geistlichen unterlagen den hergebrachten Traditionen und beachteten jeweils die ihnen vorgeschriebene Lebensweise. Wie die Bediensteten weltlicher Einrichtungen blieben sie nicht frei von Einflüssen des Zeitgeistes. Wandlungen konnten sich positiv und negativ auswirken. Abweichungen von der Norm ließen sich zuweilen nur schwer rückgängig machen. Visitatoren und Reformatoren bemühten sich immer wieder, Fehlentwicklungen auszumerzen und die Entwicklung in eine bessere Richtung zu lenken. Menschliche Schwächen und Irrtümer machten nur allzuoft ihre Bemühungen zunichte. Es gehört zu den von der Kirchengeschichte offenbarten Wundern, daß menschliche Torheit und Böswilligkeit es niemals vermochten, die Kirche dem Untergang zu weihen, in welche Tiefen sie auch geführt wurde. Aus jedem Fall erhob sie sich mit erstarkter Kraft.

Im Mittelalter war das nicht anders als in der Neuzeit. An dieser Stelle soll jedoch nur die ältere Geschichte von den Anfängen des Christentums in Westfalen bis zum Ende des Fürstbistums Münster im Jahr 1802/03 zur Darstellung kommen. In dieser – ein ganzes Jahrtausend umfassenden – Zeit tritt uns die Vielfalt kirchlicher Entwicklung in einem bunten Bild entgegen. Die münsterischen Kirchen erscheinen als eine im Laufe der Jahrhunderte gewachsene Familie. In ihr zeigen sich sehr verschiedene Charaktere, Begabungen und Rangunterschiede. Reichtum steht neben Armut, Erstarrung neben geistlicher Lebendigkeit in einem ständigen zeitlichen Wechsel.

1. *Die Domkirche St. Paulus und der Dombereich*

Die Anfänge menschlicher Siedlung im Bereich der späteren Stadt Münster lagen auf dem mehrere Meter über das Tal der Aa herausragenden Hügel, auf dem heute der Dom steht. Gegen Ende des 8. Jahrhunderts war die sächsische Siedlung der „Leute des Mimigern an der Aafurt" – das bedeutete der damalige Name Mimigernaford – in den Kriegen gegen die Franken zerstört worden. Die Bewohner waren umgekommen, geflohen oder als Gefangene weggeführt worden. Der bisherige Herr der Siedlung hatte seine Rechte verloren. Sein Besitz ging in die Hände des fränkischen Königs über.

Wahrscheinlich ließ der Eroberer auf dem Aahügel nach dem Jahr 785, als sich der Führer der Westfalen, Widukind, taufen ließ und die Verhältnisse ruhiger wurden, eine Garnison zurück. Innerhalb der Befestigung aus Holz und Erde, von der Reste am Horsteberg wiedergefunden werden konnten, muß es für die fränkischen Soldaten eine Kapelle gegeben haben, in der sie ihren Gottesdienst feiern konnten. Wo diese bescheidene Kirche gestanden hat, ist unbekannt. Wahrscheinlich lag sie an einer Stelle, die unter dem heutigen Dom zu suchen ist.

Die Vermutung, ein Missionar Beornrad habe bereits um diese Zeit und an dieser Stelle eine Kirche begründet [544: Prinz, Parochia], wird neuerdings mit neuen Argumenten von Eckhard Freise vertreten. Beornrad, der wahrscheinlich, wenn auch nicht sicher, mit dem Abt von Echternach und späteren Erzbischof von Sens identisch ist, soll unter anderem auch in Vreden gewirkt haben, das dem fränkischen Machtbereich nahelag. Es ist allerdings sehr die Frage, wann und ob sich in den vom sächsischen Aufruhr erschütterten innersächsischen Gebieten eine Möglichkeit zur Mission bot.

Liudgerdarstellung am Taufstein der Pantaleonskirche in Münster-Roxel (12. Jahrhundert)

Ein Wandel zeichnete sich erst ab, als die Befriedung des Landes nach 785 langsam fortschritt. Die Bevölkerung mußte sich taufen lassen. Sie war damit christlich. Die innere Bekehrung blieb indessen eine große Aufgabe für die Missionare. Angeblich war Beornrad bald nach Erhalt seines Missionsauftrags gestorben. Vielleicht war er auch abberufen worden. Jedenfalls übertrug Karl der Große die Mission im westlichen Sachsen nun dem Friesen Liudger. Mit ihm kam ein an den Schulen von York und Utrecht gebildeter Mann in das Land, der bereits missionarische Erfahrungen in seiner friesischen Heimat gesammelt hatte. Auf einer Italienreise verbrachte er außerdem längere Zeit im Kloster Montecassino, der Wiege des abendländischen Mönchtums. Liudger vertiefte sich in die monastische Lebensweise nach der Regel des hl. Benedikt und scheint sie geschätzt zu haben. Ohne jemals die Gelübde abzulegen, sah er in der benediktinischen Lebensform ein Ideal menschlichen Daseins. Angeblich soll Liudger seit dieser Zeit stets ein Mönchsgewand unter seiner Oberkleidung getragen haben. Als eines seiner Lebensziele betrachtete er die Errichtung eines Klosters.

Den Auftrag des Frankenkönigs zur Missionierung des westsächsischen Landes muß Liudger etwa im Jahr 792 angenommen haben. Er ging sogleich ans Werk und leitete damit den langwierigen Vorgang der inneren Bekehrung der einheimischen

Bevölkerung ein. Die Trennung von den seit Jahrhunderten vertrauten Naturgöttern der Germanen, die Fruchtbarkeit der Felder, des Viehs und der Menschen gewährten, fiel der bäuerlichen Bevölkerung nicht leicht. Spuren der Verehrung alter Götter lassen sich noch Jahrhunderte nach der Einführung des Christentums im Lande nachweisen.

Die Lebensbeschreibung Liudgers – von seinem zweiten Nachfolger und Verwandten Altfrid verfaßt – berichtet, jener habe im Gau Sudhergoe an einem Orte Mimigernaford ein *honestum monasterium sub regula canonica famulantium*, ein ansehnliches Kloster der nach kanonischer Regel Gott Dienenden, begründet. Der Wortlaut der Quelle gibt zum Nachdenken Anlaß. Sie sagt keineswegs, daß in Mimigernaford zu Anfang eine Klerikergemeinschaft nach der Regel Chrodegangs von Metz gelebt habe, wie sie im Fränkischen Reich für die Kanoniker vorgeschrieben war. Nach der von Karl dem Großen im Jahr 789 erlassenen *admonitio generalis* war es durchaus möglich, daß auch eine von Mönchen gebildete Klostergemeinschaft kanonisch – *canonice secundum regulam* – lebte. Es läßt sich nicht einmal ausschließen, daß der ursprüngliche Text der Liudger-Vita Altfrids *honestum monasterium sub regula canonice famulantium* lautete. Dieser Wortlaut würde sich zudem eng an den der *admonitio generalis* anlehnen und gleichzeitig die tatsächlichen Verhältnisse im frühen Münster zutreffend umschreiben.

Aufgrund der geistigen Einstellung Liudgers und unter Berücksichtigung der starken Eindrücke, die ihm der Aufenthalt in Monte Cassino vermittelt hatte, kann es kaum zweifelhaft sein, daß seine Gründung auf dem Aahügel im Jahr 793 ein Mönchskloster gewesen ist. Offen bleibt die Frage nach der Regel, die die Mönche befolgten. Vieles spricht für die Benediktinerregel, doch kommen auch andere Normen in Frage, von denen es damals eine ganze Reihe gab. Vielleicht legte Liudger auch die von seinem Lehrer Alkuin propagierte dritte Möglichkeit zwischen dem Leben eines Mönchs und eines Kanonikers zugrunde.

Ob man aus der Formulierung, Liudger habe ein *monasterium* – ein Kloster – gegründet, ohne daß von einer *ecclesia* – einer Kirche – die Rede ist, schließen darf, eine Kirche sei eben schon vorhanden gewesen, unterliegt Bedenken. Möglich wäre es freilich, daß an eine kleine Kirche der fränkischen Garnison angeknüpft wurde. Die mit der Frühphase der Gründung Liudgers zusammenhängenden Fragen sind in der Forschungsdiskussion noch nicht abschließend geklärt.

Wahrscheinlich berief Liudger die ersten Mönche seines Klosters auf dem Aahügel aus Utrecht. Unter den zwölf Namen, die eine Liste überliefert, erscheinen einige, die auch in der Verwandtschaft Liudgers auftauchen. Sie repräsentieren als erste die einzigartige Erscheinung einer durch ihr geistliches Sendungsbewußtsein zusammengehaltenen Familie, die von den Historikern als die der „Liudgeriden“ bezeichnet wird. Sie gipfelte in mehreren Bischöfen und Äbten, trat aber nach der Erfüllung ihres geistlichen Auftrags nicht mehr in Erscheinung. Die geistliche Aufgabe, nicht aber verwandtschaftliche Beziehungen, hatten das bemerkenswerte *genus sacerdotale* (priesterliche Geschlecht) der Liudgeriden entstehen lassen und bis zur Beendigung der Aufgaben zusammengehalten.

Wir wissen nichts über die zum *monasterium* in Mimigernaford gehörigen Gebäude. Aus gleichzeitigen Bauten ließe sich vielleicht schließen, daß die Klosterkirche sich als dreischiffiger basilikaler Bau darstellte. Er dürfte sich bereits weitgehend mit dem Grundriß der heutigen Kathedrale gedeckt haben. Die Kirche besaß offensichtlich ein westliches Querschiff, jedoch kein Querschiff im Osten. Im Westen erhob sich ein starker Mittelturm. Eine Chorapsis unbekannter Größe schloß den Bau nach Osten ab.

Auffällig ist die Lage der Kirche und des mit ihr verbundenen Klosters, wie sie noch heute im Stadtgrundriß deutlich erkennbar ist. Die Anlage erscheint wie an den nördlichen Rand des Dombereichs, der alten Domburg, gedrängt. Nördlich der Kirche blieb nicht allzu viel Raum für Refektorium, Dormitorium, Infirmarium, Küche, Keller und Wirtschaftsgebäude, wie sie notwendigerweise mit einem Kloster verbunden waren. Der Grund für die beengte Lage ergab sich jedoch daraus, daß der südlich der Kirche liegende Raum der befestigten Domburg in den ersten Jahrhunderten eng mit gewerblichen und bäuerlichen Gebäuden besetzt war. Nach der Errichtung des Klosters ist die kurz zuvor zugrundegegangene sächsische Siedlung mit Sicherheit an dieser Stelle wiedererstanden. Die Bedürfnisse des Klosters erforderten das.

Eine neue Entwicklung bahnte sich an, als Karl der Große daran ging, das unterworfene Sachsenland in Diözesen einzuteilen. Wahrscheinlich gestaltete sich dieser Plan auf dem Reichstag von Paderborn im Jahr 799, zu dem auch Papst Leo III. nach Sachsen gekommen war. Zwischen Osning und Lippe sollte ein Bistum entstehen, das seinen Sitz in Mimigernaford erhielt. Der Grund für diese Ortswahl ist darin zu suchen, daß hier nicht nur bereits eine geistliche Einrichtung bestand, die von einem am Hofe wohlbekannten Mann geleitet wurde, sondern daß an dieser Stelle auch genügend beschlagnahmtes Land in königlicher Hand zur Verfügung stand, wie es für die Dotierung eines Bistums erforderlich war.

Die einzige Schwierigkeit ergab sich durch die Weigerung Liudgers, das Bistum zu übernehmen. Nach den Angaben Altfrids hielt er sich dazu für wenig geeignet und schlug einen seiner Schüler für das Bischofsamt vor. Liudger sah seine Aufgabe weniger in der Verwaltung einer Diözese des Frankenreichs als in der konsequenten Fortführung seiner missionarischen Tätigkeit unter den im Herzen noch längst nicht für das Christentum gewonnenen Sachsen. Die Belastung eines kirchlichen Amtes kam ihm ungelegen. Erst nach Jahren gab er dem Drängen des Königs und dem Zureden des Erzbischofs von Köln nach, die ihn davon überzeugten, daß man dem Willen Gottes auch durch Übernahme eines unwillkommenen Amtes gerecht werden könne. Im Jahr 805 ließ sich Liudger zum Bischof weihen.

Damit entstand die Notwendigkeit, in Mimigernaford einen Bischofssitz zu errichten. Ob dafür neben der bereits bestehenden Kirche der Mönche von 793 eine zweite Kirche als Mutterkirche der neuen Diözese gebaut wurde, in der der Bischof seinen Sitz nahm, muß offen bleiben; es könnte so gewesen sein, wie Liudger die Verhältnisse an seinem Studienort Utrecht kennengelernt hatte: In Mimigernaford wäre dann neben der Klosterkirche (in Utrecht war diese dem hl. Martin geweiht) eine Bischofskirche zu Ehren der Muttergottes entstanden – in Utrecht zu Ehren des Salvators. Salvatorpatrozinium und Marienpatrozinium bilden keinen Unterschied. Dem Erlöser und seiner Mutter waren alle Kirchen der Christenheit geweiht. Andere Heiligenpatrozinien standen daneben und dienten der besseren Unterscheidung der Kirchen voneinander.

Eine Kirche St. Mariae ist historisch bezeugt. Altfrid erwähnt sie als die Stätte, an der der Leichnam Liudgers nach seinem Tod – er starb in Billerbeck am 25. März 809 –

aufgebahrt wurde. Wie Liudger es zu seinen Lebzeiten angeordnet hatte, wurde er von hier zur Bestattung nach Werden gebracht, obwohl dieses Vermächtnis auf heftigen Widerstand der münsterischen Geistlichkeit stieß.

Auch für die Örtlichkeit, an der die Marienkirche gestanden haben könnte, gibt es Hinweise. Ausgrabungen in den letzten Jahren haben eindeutig ergeben, daß nördlich der heutigen Domkirche ein zweiter Kirchenbau stand, der ungefähr acht Meter in der Breite und über zwanzig Meter in der Länge maß. Das Mauerwerk, das sich im Fundament erhalten hat, weist in die karolingische Zeit.

Innerhalb dieser Kirche befindet sich der Rest einer kleinen Kirche von wenigen Metern Ausmaß, die ein Grab beherbergt. Die Datierung ist durch Beigabe einer wenig benutzten Münze aus der Zeit Karls des Großen gesichert. Welche Aufgabe diese kleine Kirche wahrnahm, ist unbekannt. Es kann sich aber eigentlich nur um eine Friedhofskirche gehandelt haben, die bei Bestattungen benutzt wurde. Sie gehörte zu einem Friedhof, der sich nördlich an die alte Klosterkirche anschloß. Die Bestattungen weisen ausschließlich männliche Skelette auf. Daneben liegen nur noch die Gräber von Säuglingen, offensichtlich kurz nach der Geburt mit der Nottaufe versehen und gestorben.

Dieser Friedhof gestattet auch die Datierung der Kirche. Sie schneidet nämlich den Friedhof an, ist also jünger als dieser. Damit ist die Abfolge der Bauten sichergestellt: Zuerst wurde die Klosterkirche – möglicherweise bereits vor Liudger durch Abt Beornrad – erbaut, nördlich davon eine kleine Friedhofskapelle. Um diese herum

Tragaltar aus dem Domschatz mit Perlenstickereien und Silberreliefs (12./13. Jahrhundert)

errichtete Liudger nach 805 eine neue Kirche; sie könnte er der Muttergottes geweiht haben, und in ihr könnte er 809 aufgebahrt worden sein.

Bedenken gegen diese Auffassung basieren im wesentlichen auf der Tatsache, daß diese Kirche kleiner ist, als man es von einer Bischofskirche meint erwarten zu müssen. Das Argument läßt sich in der Tat nicht vom Tisch wischen. Doch ist zu bedenken: Liudger betrachtete, wie hier im einzelnen nicht gezeigt werden kann, nicht Münster, sondern seine Gründung Werden als Hauptwerk seines Lebens, das seiner Missionsaufgabe in Ostsachsen und Nordeuropa als Grundlage dienen sollte; schließlich hatte er ja ausdrücklich angeordnet, nicht in Mimigernaford beerdigt zu werden, sondern in seinem Kloster an der Ruhr.

Auch seine beiden Nachfolger, die seiner Familie angehörten, sahen Werden als den eigentlichen Ort ihrer geistlichen Verwurzelung an. Das Kloster Werden war ihr Eigenkloster. So ließen sie sich dort wie ihr „Stammvater" bestatten. Erst unter dem nicht mehr zu den Liudgeriden gehörigen Bischof Liudbert (849–870) brach die Verbindung zwischen Münster und Werden ab. Liudbert stützte sich nur noch auf Münster. Mit diesen Verhältnissen mag es zusammenhängen, daß in Münster Änderungen im Gefüge der Kirchen eintraten. Liudbert, wenn auch aus einem sächsischen Geschlecht stammend, war doch im ripuarischen Franken aufgewachsen und in einer ganz anderen Weise mit den Einrichtungen der fränkischen Reichskirche verbunden, als es die Liudgeriden gewesen waren. Für ihn galt nicht mehr das angelsächsisch-friesische Ideal monastischen Lebens, unter dessen Zeichen Liudger gelebt hatte. Er knüpfte mehr an die Kanonikertradition des altfränkischen Bereichs an.

Der möglicherweise schon immer ein wenig in Richtung auf das Kanonikertum tendierende Klosterkonvent – wenn wir den erwähnten alkuinischen Einfluß als gegeben annehmen – wandelte sich unmerklich zu einem Kanonikerkapitel oder Domkapitel. Die Pauluskirche hatte die Funktion der Kathedrale übernommen. Die in der kleineren Kirche tätigen Geistlichen feierten wie bisher den Gottesdienst. Die traditionsbewußten Menschen des Mittelalters bezeichneten das bescheidene Kirchengebäude noch jahrhundertelang als „Alten Dom", ja die nach seinem Abbruch in der zweiten Hälfte des 14. Jahrhunderts errichtete Ersatzkirche an einer anderen Stelle übernahm sogar diese Bezeichnung.

Auch die ebenfalls in Betracht zu ziehende Überlegung, die Umwandlung des Klosterkonvents in Richtung auf ein Domkapitel könne zu inneren Konflikten geführt und den Auszug eines Teils der Gemeinschaft in ein zu diesem Zweck neu errichtetes Gotteshaus geführt haben, könnte kaum die Bezeichnung der kleinen Kirche nördlich des heutigen Doms als „Alter Dom" erklären.

Zu bedenken ist lediglich eines: Der Westbau der Domkirche St. Paulus mit dem Alten Chor, auf dem im Mittelalter ein Marienaltar stand, erscheint ungewöhnlich stark betont. So könnte die Möglichkeit ins Auge gefaßt werden, daß die in der Liudger-Vita bezeugte Marienkirche mit diesem Bauteil identisch ist und mit der Pauluskirche unter einem Dach lag. Jedoch erhebt sich dann wiederum die Frage, aus welchem Grund der Alte Dom eben diesen Namen trug. Vielleicht könnte man daran denken, daß der Westbau später den durch Bischof Dodo aus dem Alten Dom in die Pauluskirche umgesiedelten Konvent aufnahm, der im Alten Chor weiterhin ein Sonderdasein geführt haben könnte. Beweise hierfür lassen sich allerdings nicht erbringen.

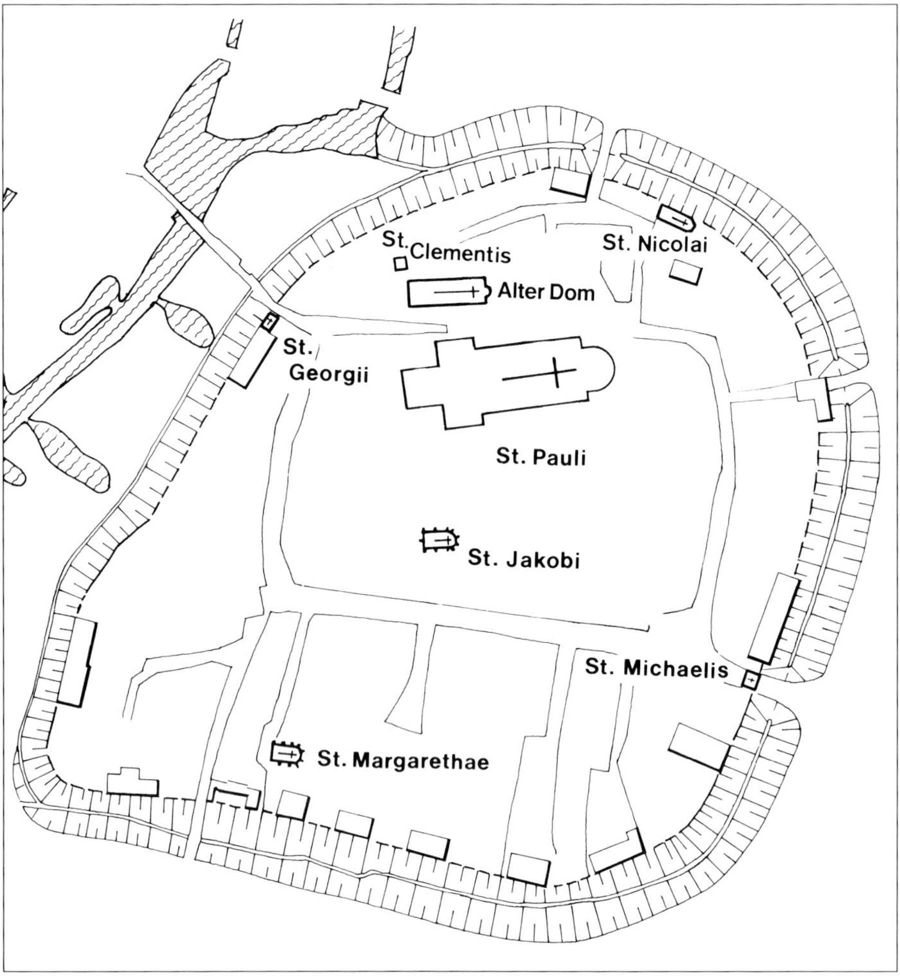

Kirchen und Kapellen auf dem Domhof (um 1300)

An dem frühen Nebeneinander zweier Kirchen und zweier Patrozinien, St. Paulus und St. Marien, läßt sich jedenfalls nicht zweifeln. Sie blieben lange Zeit die einzigen Kirchen der Siedlung Mimigernaford. Erst als der Bischof sich wie in allen Diözesen aus der Gemeinschaft des Konvents löste, wobei der Zeitpunkt noch in das Ende des 9. Jahrhunderts, spätestens aber in das 10. Jahrhundert fallen kann, ergab sich die Notwendigkeit, für den Bischof ein eigenes Palastgebäude zu errichten. Dieser Palast wird aufgrund von Spuren nordwestlich des Doms vermutet. Zu ihm gehörte eine Hauskapelle, die der Jungfrau Maria und dem hl. Clemens geweiht war. Sie dürfte in der Nähe der bischöflichen Wohnung gelegen haben. Als ihr Erbauer wird Bischof

Wolfhelm bezeichnet, der 895 starb. Wolfhelm, der mit dem Domkapitel in Streit geraten war und eine Romreise angetreten hatte, brachte Reliquien des hl. Clemens von dort mit. In dieser Kapelle wurden ebenfalls mehrere Bischöfe bestattet, als letzter Bischof Rotbert († 1063).

Obgleich die Einheit der münsterischen Kirche rechtlich durch die Erbauung der Marienkirche und der Clemenskapelle neben der Pauluskirche nicht aufgehoben wurde, entstand doch durch das Vorhandensein mehrerer Kollegien eine unübersichtliche Situation. Der dem Hause der sächsischen Könige und Kaiser, den Liudolfingern, entstammende Bischof Dodo – der Name ist eine Kurzform für Liudolf – schritt deshalb dazu, eine neue Organisation zu schaffen, die dem wohl auch mit Streitigkeiten verbundenen Nebeneinander ein Ende machen sollte. Er zwang die noch in der liudgerischen Marienkirche tätigen Geistlichen, in den Paulusdom überzusiedeln. Dodo, der im Jahr 993 starb, traf dabei auf heftigen Widerstand. Ein Teil der liturgischen Geräte und Bücher der in der Marienkirche bepfründeten Kleriker wurde von diesen in ihrem Ärger beiseite gebracht und verschwand für alle Zeiten. Damit hörte der Gottesdienst in der Marienkirche vorerst auf. Erst nach mehr als einem Jahrhundert belebte ihn Bischof Burchard aufs neue, wenn auch unter anderen Vorzeichen.

Als Lothar von Süpplingenburg, Herzog von Sachsen, am 2. Februar 1121 mit seinen Bundesgenossen die alte Stadt Mimigernaford oder Mimigardeford, wie sie nun genannt wurde, eroberte, beschränkte sich das Siedlungsareal noch immer

Siegel des Domkapitels mit der Darstellung des Apostels Paulus (13. Jahrhundert)

hauptsächlich auf den Bereich innerhalb der Befestigungen der Domimmunität. Außerhalb gab es nur eine lockere Bebauung im Anschluß an deren Wälle und Mauern, hauptsächlich auf der Ostseite am späteren Prinzipalmarkt und im Westen um die Kirche St. Marien-Überwasser. Bei einem an dem genannten Tage wohl unabsichtlich entfachten Brand gingen alle Häuser zugrunde. Auch der Paulusdom erlitt schwere Brandschäden. Dagegen blieb der geschützt hinter dem Dom liegende Alte Dom verschont. Dieser wird bei der Gelegenheit Kirche St. Ludgeri genannt, weil er eben vom ersten Bischof errichtet worden war. Daß hiermit nicht die spätere Kirche St. Ludgeri im Süden der Stadt gemeint sein kann, ergibt sich schon daraus, daß diese erst mehr als ein halbes Jahrhundert später entstand.

Der Wiederaufbau des Doms scheint sich im alten Rahmen vollzogen zu haben. Erst der rheinische Grafensohn Friedrich von Are († 1168) plante eine Neugestaltung der Westfassade, konnte sie aber vor seinem Tod nicht mehr in Angriff nehmen. Es blieb seinen Nachfolgern Ludwig von Wippra (1169–1173) und dem tatkräftigen Hermann II. von Katzenelnbogen (1174–1203) überlassen, den außerordentlich aufwendigen Westbau mit zwei starken Türmen im großen und ganzen abzuschließen. Ein neuerlicher Brand 1197 hatte den Neubau beschädigt und die Weihe bis in das Jahr 1202 hinausgezögert.

Zur Umgestaltung des alten Kirchenbaus, abgesehen von den inzwischen errichteten Westtürmen, legte Bischof Dietrich von Isenburg 1225 den Grundstein. Es wird vermutet, daß der Bau bei den Türmen ansetzte und von dort nach Osten fortschritt. Nach zwanzigjähriger Bauzeit waren das Westquerschiff und das Langhaus fertiggestellt und erstmalig ein östliches Querschiff hinzugefügt. Nach Vollendung des Ostchors fand die Weihe des neuen Doms am 30. September 1264 statt. Abgesehen von gotischen Umbauten und Veränderungen an der Westfassade und an der Südwand des Ostquerschiffs (des sogenannten Johannischors), blieb der Paulusdom mit einigen neueren Anbauten unverändert bis in die neueste Zeit bestehen.

Um die Kathedrale, die mit ihr verbundene Kapitelskirche Alter Dom und die Clemenskapelle gruppierte sich im Laufe der Jahrhunderte eine ganze Reihe von Kirchen, deren Entstehungszeit im einzelnen oftmals nicht bekannt ist. So waren die Zugänge zur Domburg durch Kapellen geschützt. Am Horsteberg entstand zu unbekannter Zeit eine dem hl. Nikolaus geweihte Kapelle. Der Name deutet darauf hin, daß an ihrer Gründung vielleicht münsterische Kaufleute beteiligt waren. Das kann aber kaum vor dem 12. Jahrhundert gewesen sein.

Bischof Burchard (1098–1118) verstärkte die Befestigung der Domburg und errichtete an den neu eingebauten Toren weitere Kapellen, so gegenüber dem späteren Rathaus der Stadt über dem Michaelistor die dem Erzengel Michael gewidmete Kapelle. Sie spielte bei den feierlichen Einzügen der Bischöfe in die Stadt eine besondere Rolle. Sie wurde 1778 abgebrochen, weil sie den Zugang vom Markt zum Domhof behinderte. An der Pferdegasse, die zum Bispinghof führte, stand auf dem Hof der Stiftsvögte (an der Stelle des heutigen Landesmuseums) als deren Eigenkirche die Kapelle St. Margarethen. Das Patrozinium weist ihre Entstehung in das frühe 12. Jahrhundert. 1811 von der französischen Domänenverwaltung profaniert, diente die Kapelle zuletzt als Ausstellungsraum des Landesmuseums. Ihre Reste, nach der Zerstörung im Bombenkrieg, wurden anläßlich des Neubaus des Landesmuseums abgerissen. Unklarheit herrscht darüber, ob auch am Zugang Spiegelturm (nördlich

Westfassade des Doms und der 1812 abgerissenen Jakobikirche. Aquarell von Hermann Pieter Schouten (1783)

des heutigen bischöflichen Palais) eine Kapelle bestanden hat. Angeblich soll sie dem hl. Georg geweiht gewesen sein, wohl als Entsprechung zur Michaeliskapelle. Ob sie jemals gottesdienstlich benutzt worden ist, bleibt zumindest zweifelhaft.

Um die Wende zum 13. Jahrhundert entstand auf dem seit der Zerstörung der Stadt 1121 unbebauten Domplatz (etwa vor dem heutigen Postamt) eine besondere Pfarrkirche für die auf dem Dombezirk wohnenden Laien und Domchoralen. Sie war dem hl. Jakobus maior geweiht und läßt sich erstmalig im Jahr 1207 mit dem an ihr tätigen Priester Landolfus nachweisen. Sie dürfte unter Bischof Hermann II. von Katzenelnbogen errichtet worden sein, der auch die Jakobikirche in Coesfeld erbaute. Ursächlich hing die Errichtung der Jakobikirche auf dem Domhof zweifellos mit dem seit 1160 laufenden Umbau des Doms zusammen. Sie wurde 1812 abgebrochen, nachdem man allen Ernstes überlegt hatte, ob sie nicht für die kleine Dompfarrei genüge und der Dom abgerissen werden könne.

Nach Abbruch des Alten Doms auf dem heutigen Herrenfriedhof und nach Fertigstellung des neuen Kreuzgangs errichtete Fürstbischof Heidenreich Wolf von Lüdinghausen in den Jahren 1377 bis 1392 an dessen Ostflügel die noch bestehende, schöne Marienkapelle. Sie nahm das früher in der Clemenskapelle aufbewahrte wundertätige Bild der Muttergottes auf und setzte die Tradition der ehemaligen bischöf-

Versammlungsraum des Domkapitels („Kapitelsaal") im Dom

lichen Kapelle des hl. Clemens fort. In der Marienkapelle waren vier Offizianten bepfründet, die eine eigene Burse besaßen. Neben ihr entstand zur selben Zeit die kleine Elisabethkapelle.

Die letzten Kapellenbauten auf der Domimmunität nahm Fürstbischof Christoph Bernhard von Galen (1650–1678) vor. Er errichtete 1664 am Chorumgang des Doms vier Kapellen, die ursprünglich nur von außen zugänglich waren. Nur in einer dieser Kapellen befand sich ein fundierter Altar, der des hl. Joseph. Beim Bau der Kapellen im 17. Jahrhundert wurde übrigens ein alter Friedhof mit Baumsärgen angeschnitten, der auch bei den Grabungen 1989 im Johanneschor zutage trat. Nach der Art der Bestattungen dürfte es sich um eine gehobene Gesellschaftsschicht gehandelt haben, deren Mitglieder hier die letzte Ruhe fanden, wahrscheinlich die rechts der Aa wohnenden münsterischen Ministerialen, denen nachweislich das Recht zustand, bei der Domkirche beerdigt zu werden.

2. St. Marien-Überwasser

Mit der Stiftung des Frauenklosters St. Marien griff die alte, noch immer auf die Domburg beschränkte Siedlung Mimigernaford erstmals über ihre Befestigungen hinaus. Es war gleichzeitig die erste bedeutende Stiftung einer kirchlichen Einrichtung in der Nähe des Dombezirks seit der Gründung des Bistums.

Es war Bischof Hermann I., der bald nach 1032 an einem bisher nicht bebauten Ort jenseits der Aa – daher der Name Überwasser – mit dem Bau eines Frauenklosters und der dazugehörigen Kirche begann. Die Chronik berichtet, daß der Bischof die Stiftung mit seinem Erbgut ausstattete, das im mittleren und östlichen Münsterland lag. Schon nach rund acht Jahren war der Bau soweit fortgeschritten, daß man zur Weihe schreiten konnte. Die Feier gestaltete sich zu einem der glanzvollsten Höhepunkte der älteren münsterischen Geschichte. Nicht nur König Heinrich III. fand sich ein, um mit seinem Hof in Mimigernaford das Weihnachtsfest des Jahres 1040 zu begehen und an der festlichen Weihehandlung teilzunehmen, sondern auch viele Erzbischöfe, Bischöfe und andere Große des Reiches. Zuerst wurde Suitger – der spätere Papst Clemens II. – zum Bischof von Bamberg geweiht, ein Verwandter des früheren münsterischen Bischofs gleichen Namens. Danach fand unter Beteiligung vieler Bischöfe die Weihe der Altäre und Gebäude statt. König Heinrich kam nicht mit leeren Händen. Er stiftete Reichsgüter und vermehrte damit die Grundlagen für das von Arbeit unbelastete geistliche Leben der im Kloster lebenden Jungfrauen. An die Spitze des Konvents trat die Schwester Bischof Hermanns, Bertheidis. Beide gehörten wohl einer Familie an, deren Ursprünge auf die Billunger, andererseits aber auch auf die Ekbertiner zurückgehen. Letztere waren als Stifter von Freckenhorst hervorgetreten.

Liebfrauenkirche und Benediktinerinnenkloster. Der alte Kirchhof diente bis 1770 als Friedhof. Gemälde eines unbekannten Künstlers aus dem 19. Jahrhundert

Einschneidende Bedeutung für die münsterische Kirchengeschichte gewann die Klostergründung Bischof Hermanns dadurch, daß mit dem Kloster ein Kirchspiel verbunden wurde. Es war die erste Beschneidung des alten Domsprengels in einem nicht so leicht zu beschreibenden Vorgang, an dessen Anfang die *parochia sancti Pauli* stand, die das ganze Diözesangebiet umfaßte. Ganz allmählich kristallisierten sich im Land einzelne Kirchspiele heraus, die noch lange reine Personalverbände ohne feste geographische Grenzen bildeten. Das Kirchspiel St. Marien-Überwasser steht sicherlich unter den ersten dieser Art. Im späteren münsterischen Stadtbereich war es das älteste. Zu ihm gehörten weite Bezirke jenseits der Aa. Die Gründung des Kirchspiels dürfte nicht wenig zur inneren Kolonisation dieses Landstrichs beigetragen haben. Allmählich bildete sich um Kloster und Kirche auch eine kleine gewerbliche Siedlung, die Vorstadt *(suburbium)* Überwasser, die lange als selbständige Gemeinde neben der Stadt Münster bestehen blieb.

Es bedarf keiner besonderen Begründung, daß die Meinung, die Aufbahrung Bischof Liudgers habe in eben dieser Marienkirche oder doch zumindest in einer an dieser Stelle gelegenen Kapelle stattgefunden [132: Geisberg, Stadt Münster 6, S. 3], auf einem Irrtum beruht. Der Bericht über die Gründung von Überwasser sagt ganz eindeutig aus, daß der Kirchbau an einer bisher unbebauten Stelle erfolgte. Tatsächlich war der sumpfige Grund im Tal der Aa nicht gerade einladend für einen Kirchbau. In karolingischer Zeit hätte man das Wagnis nicht in Kauf genommen, auch bestand kein Bedürfnis dafür. Daß mit der *ecclesia sanctae Mariae* anläßlich der Aufbahrung Liudgers die Marienkirche auf dem Domhügel gemeint ist, wurde bereits dargelegt.

Die ersten Jahrhunderte brachten für St. Marien-Überwasser schwere Gefahren. Ein großer Brand im Jahr 1071 vernichtete die ganze Anlage. Bald wieder aufgebaut, trug St. Marien bei der Eroberung der Stadt durch Herzog Lothar von Süpplingenburg 1121 abermals schwere Schäden davon. In der zweiten Hälfte des 14. Jahrhunderts entstand ein Neubau, der bis heute Bestand hat, abgesehen von manchen baulichen Veränderungen in der gotischen Stilepoche.

Auch in der neueren Zeit blieb die Kirche mit ihrem Damenkonvent nicht von Schicksalsschlägen verschont. In der Täuferzeit verwüsteten die Anhänger Jans van Leiden die Kirche. Nicht wenige der adeligen Damen benutzten die Gelegenheit, um in das weltliche Leben zurückzukehren, wenn sie sich nicht gar den Täufern anschlossen.

Das Ende des Stifts zeichnete sich in der Zeit der Aufklärung ab, als man, wie schon so oft, in Münster daran dachte, eine Universität zu gründen. Der bildungsbeflissene Landesherr, der Kölner Kurfürst Maximilian Franz von Österreich, ein Sohn der Kaiserin Maria Theresia, und sein münsterischer Minister Franz von Fürstenberg betrieben in Rom den Plan zur Aufhebung von Überwasser. Unbeeindruckt durch den Protest der Stiftsdamen stimmte der Papst zu. Er verfügte am 28. Mai 1773 die Errichtung einer Universität in Münster, deren materielle Ausstattung auf dem Besitz des Stifts Überwasser beruhen sollte. Dazu wurde der Münstersche Studienfonds begründet, aus dem bis heute Mittel für die Bedürfnisse der Universität fließen. Der reiche Grundbesitz des Stifts im Westen der Stadt Münster beförderte die Errichtung mancher Universitätsgebäude in dieser Gegend.

Die Marienkirche diente seit 1773 nur noch als Pfarrkirche für das innerhalb der Stadt Münster liegende Stadtviertel Überwasser und für das große, über mehrere Bauerschaften ausgedehnte Kirchspiel vor den Mauern der Stadt. Der gewaltige, oben flache Turm – der freilich in dieser Form erst seit 1704 besteht – ist eines der Wahrzeichen der Stadt Münster, besonders für den aus dem Westen kommenden Besucher.

3. *Die Kollegiatkirchen*

Die Gründung des Klosters St. Marien-Überwasser wirkte wie eine Initialzündung für die Stiftung weiterer geistlicher Einrichtungen in Münster. Seit dem denkwürdigen Jahr 1040 dauerte es keine anderthalb Jahrhunderte, bis sich zum Dom und seinen umliegenden Kirchen sowie der Marienkirche jenseits der Aa vier Kollegiatkirchen gesellt hatten – Kirchen, an denen Weltgeistliche als Kanoniker aus ihren zugewiesenen Pfründen lebten. Das Armutsgebot galt für sie nicht, auch brauchten sie nicht Priester zu sein, von den Dignitären und bestimmten Amtsträgern abgesehen, für die die Priesterweihe vorgeschrieben war. Alle Kanoniker lebten in eigenen Haushaltungen. Genauso wie an der Domkirche bürgerte sich der Brauch ein, die gottesdienstlichen Funktionen weitgehend Kaplänen und Vikaren zu überlassen, die von bestimmten Altarstiftungen lebten. Häufige Abwesenheit der Kanoniker zu Studien-, aber auch privaten Zwecken war die Regel. Die freie Verfügung über ihre Zeit, kaum eingeengt durch Präsenzpflichten, ermöglichte den Kanonikern, auch in anderen öffentlichen Einrichtungen tätig zu sein, etwa bei den bischöflichen Gerichten und Landesbehörden. Sie zogen ihr Einkommen aus ihren Pfründeneinkünften, da eine allgemeine Besoldung der Bediensteten bei Gerichten und Dikasterien nicht üblich war. Der Bischof und Landesherr erkannte sehr wohl die Möglichkeit, seine Beamten ohne Belastung der Landeskasse auf diese Weise zu versorgen. So hatte er nachweislich bei der Stiftung der Kollegiatkirchen wiederholt seine Hand im Spiel, ja er stiftete sie vorwiegend zu diesem Zweck.

Als erstes Kollegiatstift im Bistum Münster entstand, nahe bei der alten Stadt Münster gelegen, das Stift St. Mauritz. Es wurde von Bischof Friedrich von Wettin (1064–1084) gegründet, der vor seinem Amtsantritt im Bistum Dompropst in Magdeburg gewesen war. Dort hatte er das Patrozinium des hl. Mauritius am Dom kennengelernt. Zu Ehren dieses Heiligen stiftete er das münsterische Kollegiatstift. Das genaue Gründungsdatum ist nicht bekannt. Es liegt eher um das Jahr 1070 als früher. Allerdings scheint der Kirchbau bereits um diese Zeit im Gange gewesen zu sein. Untersuchungen am Bauholz der noch aus dieser Zeit stammenden Türme haben ergeben, daß die Jahresringe der Hölzer eindeutig auf den Herbst des Jahres 1069 hinweisen. Den Entschluß zur Gründung des Stifts muß Friedrich also bald nach seinem Amtsantritt gefaßt haben.

Daß Friedrich seine Stiftung zu Lebzeiten nicht mehr vollenden konnte, hängt wohl weniger mit Schwierigkeiten am Bau als mit der Beschaffung der materiellen Grundlagen des Stiftslebens zusammen. Friedrich von Wettin besaß im Bistum kein Eigengut und mußte es sich erst durch Kauf und Tausch beschaffen. So bestand denn auch der überwiegende Teil der Mauritzer Stiftungsgüter aus ehemals domkapitularischem Besitz. Die Vollendung seines Werkes mußte Friedrich seinem Nachfolger Erpho überlassen. König Heinrich IV. schenkte dem Stift als Dank für die Treue, die ihm Bischof Friedrich in den schlimmen Zeiten des Investiturkampfes bewiesen hatte, das Reichsgut Lenzinghausen bei Herford, dazu das nicht weit davon gelegene Königsbrück.

Vor seiner Einsetzung als Bischof hatte Friedrich das Amt des Reichskanzlers für Deutschland wahrgenommen. Im Dienste des Königs war er weit herumgekommen. So dürfte ihm mit Recht das Verdienst zugeschrieben werden, in Westfalen das früheste Großgewölbe eingeführt zu haben, wie es in St. Mauritz angewendet wurde. Das Vorbild wird der Speyerer Dom abgegeben haben.

Grabmal des Bischofs Friedrich I. (1064–1084) in der Mauritzkirche (1576)

Mauritzkirche um 1830. Gemälde von F. Baumstamm

Auch bei dem Stift St. Mauritz bildete sich eine kleine Ansiedlung wie ehedem beim Kloster St. Marien-Überwasser. Ganz ähnlich wie dort wurde der Neugründung auch das Pfarrecht für weite Gebiete außerhalb der Domburg überwiesen, diesmal das Land rechts der Aa. Dem Dom verblieb nun nur noch die Domburg selbst.

Zu den Mitbegründern des Stifts zählten die Edelherren von Steinfurt, die wahrscheinlich auch aus dem niedersächsischen Bereich stammten und möglicherweise mit Friedrich verwandt waren. Ihrem Einfluß ist es wohl zu verdanken, daß das Stift sich lange Zeit gegen die Bestrebungen des Domstifts verteidigen konnte, die Propstei des Stifts für sich in Anspruch zu nehmen.

In der Täuferzeit erlangte St. Mauritz eine gewisse Berühmtheit. Der theologische Hauptvertreter der Täufer war ein Kaplan des Stifts, Bernhard Rothmann, ein redegewaltiger Prediger, der viele für die täuferische Lehre gewann.

Die nächsten Jahrhunderte verliefen eher ruhig. Soweit nicht der niedere Adel die Pfründen besetzte, kamen die Angehörigen des münsterischen Patriziats und der gehobenen Stände zum Zuge. Im Verlauf der allgemeinen Säkularisation geistlicher Einrichtungen durch die französische Verwaltung erlag auch St. Mauritz am 14. November 1811 den Maßnahmen. Ein großer Teil der Stiftsgebäude verschwand nach und nach. Die Kirche blieb Pfarrkirche für ein gegenüber den Anfängen allerdings stark beschnittenes Kirchspiel außerhalb der alten Stadt. St. Mauritz wurde Mutterkirche für alle späteren Pfarrkirchen östlich der Altstadt im Bereich des heutigen Stadtgebiets.

Erphos Nachfolger, Burchard der Rote (1098–1118), wandte sich wahrscheinlich schon in seinen ersten Regierungsjahren dem Gedanken zu, ebenfalls ein Kollegiatstift zu begründen. Möglicherweise trieb ihn der traurige Anblick, den der liudgerische Alte Dom nach der Vertreibung ihrer Geistlichkeit durch Bischof Dodo bot, zu dem Plan, an ihm ein Kollegiatkapitel zu errichten. Vielleicht waren es aber auch praktische Überlegungen, die zur Benutzung eines schon bestehenden Kirchengebäudes rieten, wenn auch eine Instandsetzung und Erweiterung erforderlich waren. Die Zeiten schienen nicht gerade günstig. König Heinrich IV. lag in schwerem Kampf mit Papst Paschalis II. Jedenfalls errichtete Burchard in der altehrwürdigen Kirche ein Kanonikerstift und unterstellte es dem Patrozinium des hl. Paulus. Auch in der inneren Verfassung bestanden manche Verbindungen zum Dom. Im Volksmund hieß das neue Kapitel „Stift zum Alten Dom". Die von den Ausgräbern festgestellte Erweiterung der alten Kirche durch einen fast quadratischen Anbau nach Osten dürfte in diese Zeit fallen.

Angebliche gegenseitige Störungen im Gottesdienst dienten in der zweiten Hälfte des 14. Jahrhunderts dazu, die Kirche des Stifts Alter Dom abzureißen und an deren Stelle eine großzügigere Kreuzganganlage mit einem Innenhof anzulegen. Die einzigen Überreste der liudgerischen Kirche konnten in den letzten Jahren mehrere Meter unter dem heutigen Niveau auf dem Herrenfriedhof wiederentdeckt werden. Das Kapitel erhielt einen Ersatzbau am westlichen Flügel des Kreuzgangs und benutzte diesen bis zur Aufhebung des Stifts 1811. Die Kirche diente dann lange als Salzmagazin. Im Jahr 1865 kaufte das Domkapitel den Bau auf und ließ ihn 1875/76 abbrechen. Damit konnte eine Wegeverbindung vom Domplatz über den Schmerkotten zum Horsteberg geschaffen werden, die das ständige Durchlaufen des Doms durch Händler und Viehtreiber unnötig machte.

Die dritte Gründung eines Kollegiatstifts in Münster hängt mit der inzwischen erfolgten Stadterweiterung zusammen. Bischof Ludwig von Wippra (1169–1173) erbaute auf dem domkapitularischen Brockhof – das Hofgebäude stand südöstlich des heutigen Ludgeriplatzes – eine angeblich schon von seinem Vorgänger begonnene Kirche und stattete sie mit einem wundertätigen Kreuz mit Liudger-Reliquien aus. Die an vielen Besuchern geschehenen Wunder zeichnete der wahrscheinlich erste an der Ludgerikirche tätige Geistliche in einem Buch auf.

Hermann II. von Katzenelnbogen ersetzte die kleine Holzkirche seines Vorgängers um 1180 durch einen Steinbau und wies ihm den Südteil der Pfarrei St. Lamberti zu. Zugleich begründete er an der Kirche ein Kollegiatkapitel mit zwölf Kanonikern. Auf die Besetzung der Pfründen gewann im 15. Jahrhundert der Papst erheblichen Einfluß. Die Propstei stand stets einem Domkanoniker zu.

Als bedeutendstes Mitglied des Stifts gilt der Humanist Otto Beckmann aus Warburg († 1556), der in Deventer bei dem Westfalen Alexander Hegius studiert hatte, in Wittenberg zum Freundeskreis Luthers gehörte und dort eine Professur für Homiletik bekleidete. Als er sah, daß die Reformation Luthers auf eine Kirchenspaltung hinauslief, zog er sich aus Wittenberg zurück und wirkte seitdem in Münster. Dem redegewandten Kaplan Bernhard Rothmann, der die Täuferlehren verteidigte, zeigte er sich aber nicht gewachsen. Nach 1535 scheint sich eine lutherische Gemeinde an der Kirche erhalten zu haben. Eine Inschrift über der Kirchentür deutet darauf hin.

Auch dieses Stift fiel 1811 der Aufhebung durch die Franzosen zum Opfer. St. Ludgeri behielt seine Rechte als Pfarrkirche.

Das jüngste der münsterischen Kollegiatstifter verdankte seine Entstehung ebenfalls dem tatkräftigen Bischof Hermann II. Auch die Motive für die Gründung des Stifts glichen einander. St. Martini sollte Pfarrkirche für den nordöstlichen Teil der erweiterten Stadt Münster werden. Vermutlich um das Jahr 1187 verband Hermann mit der Kirche das Kollegiatstift gleichen Namens. Es blühte auf und übertraf am Ende der Entwicklung schließlich alle anderen Kollegiatstifter in der Diözese Münster an Zahl der Präbenden. In der Mitte des 14. Jahrhunderts war bereits die Zahl zwanzig erreicht. Die Mitglieder entstammten, abgesehen von einigen Söhnen aus ministerialischen Geschlechtern, meist dem stadtmünsterischen Patriziat und den gehobenen Schichten. Später hatten alle Mitglieder ein Universitätsstudium absolviert, meist das der beiden Rechte.

Mit der Dechanei des Stifts war ein umfangreiches Archidiakonat verbunden. Die Propstei befand sich dagegen stets in den Händen eines Domherrn. Außerdem bestanden an der Kirche St. Martini zehn Vikarien. Der Dechant unterhielt zwei Kapläne. Mit den anderen Kollegiatstiftern ging auch St. Martini im Jahr 1811 zugrunde. Bestehen blieb die Funktion als Pfarrkirche.

Kapitelkreuz von St. Martini (um 1310/30)

Eine letzte beabsichtigte Gründung kam nicht zustande. Als Bischof Ludolf (1226–1248) im Jahr 1246 ein Grundstück am Domplatz zur Errichtung eines Wohnhauses für vier Domvikare zur Verfügung stellte, behielt er sich das Recht vor, das Grundstück zurückzufordern, wenn er darauf eine Kollegiatkirche errichten wollte. Der Bischof starb aber, bevor er seinen Plan verwirklichen konnte.

Ob bei den Gründungen der Kollegiatkirchen ein geographisches Prinzip eine Rolle spielte, das an die Verhältnisse in der Stadt Rom erinnert, wo die großen Ausfallstraßen von solchen Kirchen besetzt sind, läßt sich für Münster nicht erweisen. Auffällig ist es allerdings, daß diese Kirchen in einem Ring um den Dom angeordnet sind und jeweils in Beziehung zu einer aus der Stadt herausführenden Straße stehen. So fand St. Mauritz seinen Platz an der nach Osten und in Richtung Osnabrück führenden Straße, St. Ludgeri an dem nach Süden und nach Osten über Wolbeck in den Osten verlaufenden Weg, St. Martini an der nach Norden zu den Seehäfen führenden Friesenstraße. Nur der Westen war nicht besetzt. Dort lag bereits das Frauenkloster St. Marien-Überwasser. Vielleicht sollte diese Position das von Bischof Ludolf geplante Kollegiatstift einnehmen. Es hätte an der Pferdegasse und damit an der über den Bispinghof in Richtung Nottuln und Vreden zu den IJsselhäfen führenden großen Straße gelegen. Das Stift am Alten Dom neben der Domkirche nahm in dieser Hinsicht eine Sonderstellung ein.

4. *Die Pfarrkirchen*

Die Zerstörung der alten Stadt Münster auf dem Domhof durch den sächsischen Herzog Lothar von Süpplingenburg 1121 war einer der einschneidendsten Vorgänge für die Geschichte der Stadt. Der Wiederaufbau vollzog sich vor der Befestigung der Domimmunität und dehnte sich schnell auf das Gebiet aus, das die Stadt Münster bis ins 19. Jahrhundert bedeckte. Vor der Immunitätsmauer hatte es bisher nur wenige Kaufmannshäuser – wohl aus Holz – gegeben, möglicherweise auch einzelne Häuser von Handwerkern. Die schnelle Zunahme der Bevölkerung erforderte in der zweiten Hälfte des 12. Jahrhunderts Nachdenken über eine zweckmäßige Pfarrorganisation.

Bereits einem Pfarrbezirk zugeteilt war die Vorstadt Überwasser links der Aa. Sie gehörte zur Kirche des Klosters St. Marien. Auch die rechts der Aa außerhalb der Domimmunität gelegenen Flächen waren bereits vergeben. Ob sie zuerst der Stiftskirche St. Mauritz oder bereits vor deren Gründung einer frühen Lambertikirche zugeteilt wurden, wie neuerdings Manfred Balzer meint, erscheint noch ungeklärt. Jedenfalls forderte die sich bildende Stadt für die Aufgaben der Seelsorge eigene Pfarrkirchen. Die auf dem Domhof um 1200 erbaute Pfarrkirche St. Jakobi sollte nur den Laien auf dem Domhof selbst zur Verfügung stehen.

Merkwürdigerweise liegen Zeitpunkt und Umstände der Gründung von St. Lamberti, der Hauptkirche der Stadt, im dunkeln. Sicher ist nur, daß sie auf kirchlichem Boden errichtet wurde, denn der Dompropst besaß später das Kollationsrecht. Einen Anhaltspunkt für die zeitliche Einordnung bietet die Anwesenheit Bischof Heinrichs von Lüttich bei der Domweihe in Münster im Jahr 1090, vielleicht auch, folgt man

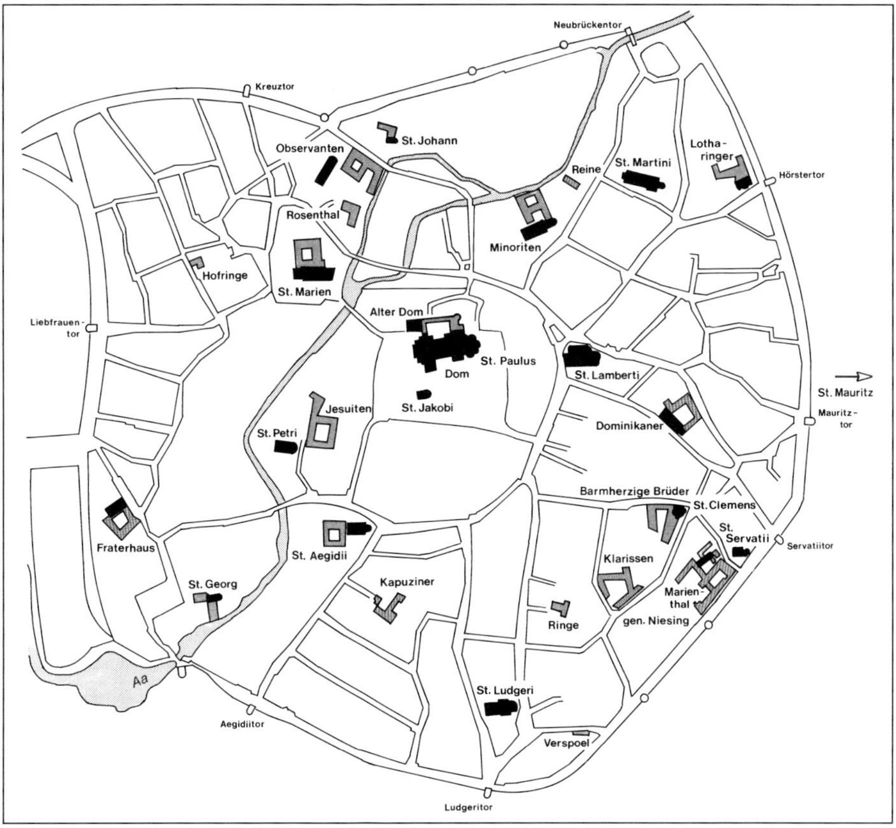

Kirchliche Niederlassungen in Münster im 18. Jahrhundert

den neuen Überlegungen Balzers, die Anwesenheit Bischof Nithards von Lüttich bei der Gründung von Liebfrauen-Überwasser im Jahr 1040. Sie könnten aus ihrer Heimat eine Reliquie des in Lüttich besonders verehrten hl. Lambertus mitgebracht haben. Gleichzeitig oder wenig später gelangte das dem münsterischen Bischof übergebene Gastgeschenk dann an die neue Marktkirche Lamberti. So ist es wahrscheinlich, daß die Kirche noch vor der Zerstörung von Münster im Jahr 1121 ihren Anfang genommen hat, wenn es auch nicht nachzuweisen ist.

Zudem ist die Fixierung auf die Vorstellung, es habe sich hier um die Kirche der Kaufleute gehandelt, abwegig [2012: Börsting/Schröer, Handbuch Bistum Münster 1, S. 150]. Der Charakter von Lamberti als kirchlicher Gründung verbietet die Annahme einer wesentlichen Beteiligung der Kaufleute. Vor allem wird übersehen, daß der größte Teil des Kirchspiels Lamberti außerhalb der Stadtumwallung lag und mehrere Bauerschaften umfaßte. Als schlagender Beweis für ihr Wesen dient aber, daß ihre Kirchräte sich ausschließlich aus bäuerlichen Mitgliedern zusammensetzten, ein un-

Die Lambertikirche nach einer Zeichnung von Rudolf Johann Zumfelde (um 1820/30)

möglicher Zustand, wenn es sich, wie behauptet, um die Kaufmannskirche gehandelt haben soll.

Von der innerstädtischen Pfarrei Lamberti wurden gegen Ende des 12. Jahrhunderts die Kirchspiele St. Ludgeri und St. Martini abgespalten und mit Kollegiatkapiteln verbunden. Etwas älter, aber eindeutig jünger als das kleine Kirchspiel St. Servatii, ist das mit einem Frauenkloster verbundene Kirchspiel St. Aegidii. St. Servatii erscheint noch 1197 als Kapelle, wird aber 1259 als Pfarrkirche erwähnt. Zu ihr gehörten nur wenige Häuser. Es besteht kein Zweifel daran, daß sie aus einer bürgerlichen Stiftung hervorgegangen ist. Auffällig ist die starke Massierung von Erbmännerfamilien auf dem Terrain des ehemaligen domkapitularischen Nerdinghofs, der seit dem 13. Jahrhundert auch Niesinghof genannt wird. Die Servatiikirche stellte also eine „Eigenkirche" dieser Erbmännerfamilien dar. Sie waren es, die die Pfarrei mit ihren nachgeborenen Söhnen besetzten. An St. Servatii war von 1550 bis 1552 Hermann Hamelmann aus Osnabrück († 1595) als Vikar tätig, anfangs ein Gegner, dann Anhänger Martin Luthers, dem die Nachwelt wertvolle Schriften zur westfälischen Gelehrtengeschichte verdankt.

Ein etwas anderes Bild bieten die um die alte Stadt Münster herum auf dem heutigen Stadtgebiet liegenden Kirchen. Sie sind wohl alle im Einzugsgebiet der Mutterkirche der Diözese entstanden, stellen aber überwiegend Kirchen dar, die auf dem Boden des altdeutschen Eigenkirchenrechts ihren Anfang nahmen. Ihre Stiftung ging nicht auf einen zentralen, ordnenden Willen des Bischofs zurück, sondern entsprang dem Willen des Grundherrn. Solche Kirchengründungen dienten sowohl der Intensivierung kirchlicher Präsenz in der Bevölkerung als auch der Stärkung weltlicher Machtausübung des stiftenden Geschlechts, nicht zuletzt auch deren Seelengedächtnis. Der oft benutzte Begriff der Abpfarrung dieser Neugründungen von bestehenden Pfarrbezirken paßt deshalb nicht. Sie bildeten Personalverbände, die sich mit anderen überschneiden konnten. Bei einigen dieser Kirchen ist dieser alte Charakter bis in die Neuzeit erhalten geblieben, als zentrale Maßnahmen der Diözesanverwaltung die alte Unübersichtlichkeit beseitigten.

So gehörte die Kirche St. Petronilla in Handorf zu solchen Eigenkirchstiftungen. Sie rechnete zu den Kirchen, die die edle Frau Reinmodis im ersten Viertel des 11. Jahrhundert aus ihrem Vermögen gründete. Aus nicht ganz durchschaubaren Gründen, die möglicherweise in entgegenstehenden Absichten der Bischöfe zu suchen sind, kam die Stiftung aber nicht zur Auswirkung. Sie wurde erst im dritten Viertel des 13. Jahrhunderts, aber vor 1283, umgesetzt, jetzt wohl unter maßgeblicher Mitwirkung des Domkapitels, denn der Dompropst behielt die Kollationsrechte, der Vice-Dominus das Archidiakonat in Händen.

Zur selben Gruppe von Kirchen, die Reinmodis stiftete, gehörte auch die Kirche in Coerde, zu der die Bauerschaften Uppenberg, Coerde, Sandrup, Sprakel und Gelmer gehören sollten. Die 1123 vollzogene Bestätigung Heinrichs V., daß Coerde als Stiftungsgut des Prämonstratenserklosters Cappenberg anzusehen sei, deutet an, daß Reinmodis in den Verwandtenkreis der Grafen von Cappenberg einzuordnen ist.

Hermann Hamelmann (1526–1595). Vikar von St. Servatii, seit 1553 Anhänger der lutherischen Lehre, Pfarrer in Bielefeld und Lemgo sowie Superintendent in Oldenburg – verfaßte umfangreiche Werke zur westfälischen Kirchengeschichte

Auch diese Pfarrstiftung kam nicht zustande. Hier standen wohl die Pläne im Wege, die mit der Stiftung von St. Mauritz zusammenhingen. So blieben die Pfarrechte der Kirche auf das Haus dieses Namens beschränkt. Ein Prämonstratenser aus Cappenberg diente als Rektor bzw. Pfarrer. Im Jahr 1802 vereinigte man Coerde mit der Pfarrei St. Mauritz. Die Kapelle ging ein.

Nienberge entstand als Eigenkirche der Besitzer des Hofs Nienberge, den der münsterische Vicedominus Benno zur Memorie der Bischöfe Siegfried († 1032) und Hermann († 1042) schenkte. Die Stifter gehörten wiederum zum Kreis der münsterländischen Linie der Billunger. Die Pfarrgründung wird unter Bischof Hermann vermutet. Das Archidiakonat lag nämlich in der Hand der Äbtissin von St. Marien-Überwasser, der Stiftung Hermanns. Der Turm stammt möglicherweise aus der Gründungszeit. Das angebaute Schiff wurde 1499 vollendet.

In Roxel gründeten aus dem Mindischen stammende Ministeriale des Bischofs von Münster, die sich von Koten nannten, gegen Ende des 12. Jahrhunderts eine Kirche auf dem Grund der ihnen vom Domkapitel zu Lehen gegebenen Höfe (heute Höping und Hufelschulte). So kam das Kollationsrecht auch stets einem Domherrn zu, während der Domküster das Archidiakonat besaß. Als Pfarrkirche erscheint Roxel erstmalig 1242. Eine Reliquie des hl. Pantaleon stammt wohl aus dem Kölner Stift dieses Namens und ist aller Wahrscheinlichkeit nach von Bischof Hermann II. bei seiner Anwesenheit 1187 in Köln erworben worden. Ob Roxel tatsächlich, wie behauptet wird, eine Filiale von Albachten ist [2012: Börsting/Schröer, Handbuch Bistum Münster 1, S. 247], mag dahingestellt bleiben, ist aber denkbar, da Roxel im Ausbaugebiet lag, Albachten als domkapitularische Eigenkirche auch ein höheres Alter beanspruchen kann. Später unterstand Albachten dem Pfarrer von Roxel. Auch die Nachricht, vor dem Bau der Roxeler Kirche habe eine Kapelle auf Haus Hülshoff, die in der Münsterischen Stiftsfehde (1450/57) zerstört wurde, den Bewohnern der umliegenden Bauerschaften als Gotteshaus gedient, ist unverbürgt. Bemerkenswert ist in der aus dem 14. Jahrhundert stammenden Kirche ein Taufstein des 11. Jahrhunderts, der mutmaßlich das Bild des ersten Bischofs von Münster, Liudgers, zeigt, der Patron von Albachten war.

Die wahrscheinlich im Bereich der älteren Pfarrei St. Lamberti zu Münster vom Bischof errichtete Kirche in Hiltrup war dem hl. Clemens geweiht. Vermutlich war Bischof Hermann II. der Stifter. Erstmals bezeugt ist die Kirche 1233, das Kirchspiel neun Jahre später. Bischof Ludolf inkorporierte sie 1242 der Thesaurarie des Kollegiatstifts St. Ludgeri, doch behielten die Bischöfe das Kollationsrecht.

Die Kirche in Wolbeck, dem hl. Nikolaus gewidmet, verdankt ihre Entstehung dem Burgbau Bischof Ludolfs (1226–1248) am „Waldbach", angeblich an der Stelle, an der schon die Herren von Meinhövel eine Burg besessen hatten. Diese letztere, in der Volksüberlieferung lebendige Nachricht läßt sich allerdings durch Quellen nicht erhärten. In der Umgebung der Burg bildete sich eine Siedlung der Burgmänner, Kaufleute und Handwerker, für die die Kirche errichtet wurde. Das Kirchspiel Wolbeck erscheint erstmals 1245 urkundlich. Stifter war der Bischof, wie aus seinem Kollationsrecht hervorgeht.

Die Kirche in Amelsbüren entstand auf dem Grund des Schulzenhofs Greving, den Konrad von Rechede 1272 dem Domkapitel verkaufte. Die Herren von Rechede, deren Eigenkirche Amelsbüren war, wechselten im Kollationsrecht mit dem Stift

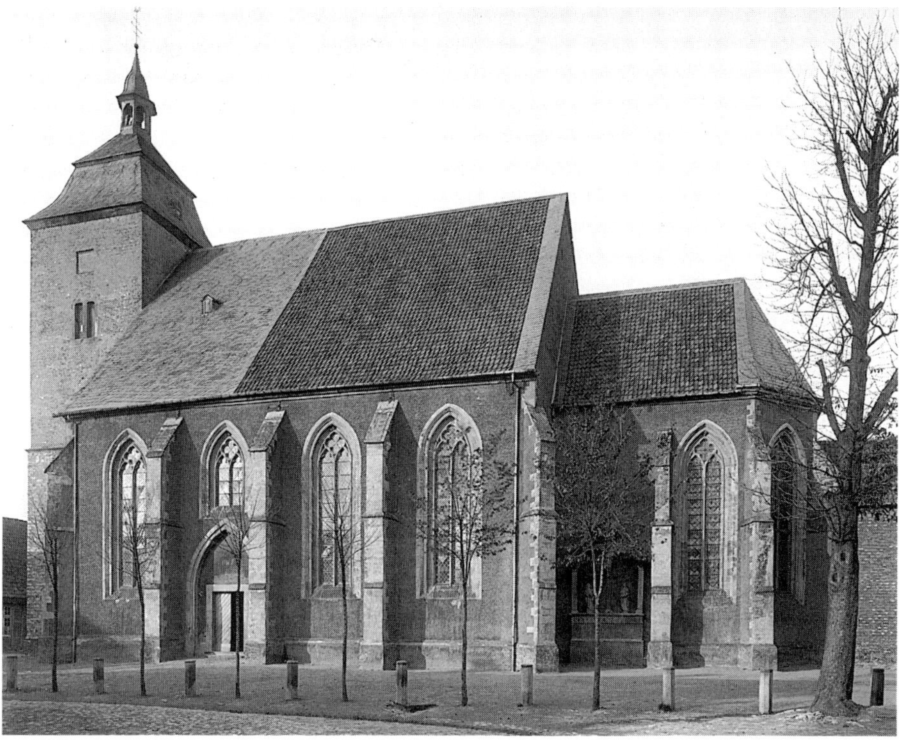

Die Nikolauskirche in Wolbeck (Aufnahme aus dem Jahr 1892)

St. Mauritz ab, das den Amelsbürener Haupthof (später Everding) besaß, auf dem das Pastorat stand. Die Pfarrei wird bereits 1137 urkundlich erwähnt, muß also bereits vorher gegründet worden sein.

Die kleine, in unveränderter Form aus der Gründungszeit stammende Kirche der hl. Agatha in Angelmodde wird als Pfarrkirche erstmals im Jahr 1286 genannt. Doch ist der Bau älter. Man vermutet, daß sie auf dem Hof zu Angelmodde (heute Hoffschulte) vom Dompropst Hermann, einem Verwandten Bischof Hermanns II., gegründet worden ist. Das Patrozinium geht wahrscheinlich auf den Gründer, den Diakon Nithung, zurück. Die Überlieferung, nach der an dieser Stelle die erste christliche Kapelle des Münsterlandes außerhalb von Münster von Bischof Suitger (993–1011) errichtet worden sein soll, ist widerlegt worden [1852: Chronik Angelmodde 1, S. 9ff]. Das Kollationsrecht blieb stets in der Hand der Dompröpste.

Der münsterische Erbmann Udo von der Tinnen hinterließ 1342 das Gut Idenbrock dem kurz zuvor gegründeten Leprosenheim zu Kinderhaus nördlich der Stadt Münster, einer Filiale des städtischen Hospitals St. Mariae Magdalenae. Der Magistrat errichtete in Kinderhaus ein Rektorat mit Pfarrechten über die Insassen des Hauses und einen Friedhof. Das Patronat blieb in den Händen des Rates, während die Investitur des Rektors vom Dechanten zu Überwasser – die Kapelle lag im Kirchspiel St. Marien-Überwasser – ausgeübt wurde. Die ursprünglich der hl. Gertrud gewidmete Kirche unterstellte Fürstbischof Christoph Bernhard von Galen (1650–1678) 1673 dem hl. Joseph.

5. *Die frühen Klosterkirchen*

Gegenüber den Ordensniederlassungen hegten die mittelalterlichen Städte nicht immer freundliche Gefühle. Zum einen waren die Klöster von den allgemeinen bürgerlichen Lasten, so etwa bei der Verteidigung und Instandhaltung der Befestigungsanlagen, beim Straßenbau und bei der Steuerentrichtung, befreit und schwächten damit die Kraft des Gemeinwesens. Zum anderen bildeten sie entweder eine unwillkommene Konkurrenz für die Handwerker, wenn sie in ihren Mauern ein Gewerbe ausübten und dabei noch von der Steuer befreit waren, oder auch, im Fall der Bettelorden, eine nicht unerhebliche Belastung für die Bürger mit sich brachten. Im allgemeinen verhielten sich die Städte deshalb zurückhaltend bei der Niederlassung von Ordenskonventen. Trotzdem wies die Bischofsstadt Münster seit dem 13. Jahrhundert ein sich ständig verbreiterndes Spektrum an monastischen Niederlassungen auf.

Die älteste klösterliche Niederlassung in Münster nach der Stiftung von St. Marien-Überwasser (1040) diente wiederum adeligen Jungfrauen als geistliche Heimstatt. Im Jahr 1184 schenkte der bischöfliche Ministeriale Wulfhard der „neuerrichteten Kirche“ des hl. Aegidius in Münster seine Wohnstätte an der Aa südlich der Domburg. Mit der Kirche war schon drei Jahre zuvor eine Pfarrei verbunden worden. Gleichzeitig oder wenig später wurde daran ein Frauenkonvent des Zisterzienserordens begründet.

Als Glied des 1075 in Molesme im Bistum Langres gestifteten Zisterzienserordens gehörte St. Aegidii zu jener über ganz Europa verbreiteten Klostergemeinschaft, die in strenger Askese und Weltabgeschiedenheit versuchte, auf die ursprünglichen Ideale des Mönchtums zurückzugreifen. Sie lehnte den Besitz von Gütern und Rechten zur Grundlage des materiellen Lebens als unrechtmäßig ab und vertraute auf Selbstversorgung durch landwirtschaftliche oder gewerbliche Tätigkeit. Handarbeit war unabdingbare Pflicht. In Westfalen stellte St. Aegidii das erste Kloster der Zisterzienserinnen überhaupt dar. In der Diözese Münster war es das einzige dem hl. Aegidius geweihte Kloster. Die geistliche Aufsicht über die Jungfern übte der Abt von Marienfeld aus. Im Kloster oblag die Seelsorge einem Propst, der zugleich Pfarrer des Kirchspiels war. Ihn unterstützten mehrere Vikare und Kapläne.

Die erste Äbtissin, Adelheid († 1208), und ihre Nachfolgerin Ermengardis (1209–1219) gehörten sicherlich noch zur Verwandtschaft des Stifters Wulfhard. Auch der geistliche Mitbegründer, ein Priester Ludgerus, dürfte der Familie zumindest nahegestanden haben.

Nach einer Entwicklung, in der die alten Ideale drohten, in Vergessenheit zu geraten, setzte um die Mitte des 15. Jahrhunderts eine Reformbestrebung von ganz anderer Seite ein. Schon 1458 predigte in St. Aegidii der als Prediger hochgeschätzte Observant Johannes Brüggeman aus Kempen († 1473) und mahnte zur Umkehr. In den

Jahren von 1465 bis 1468 sorgte dann Abt Heinrich von Liesborn dafür, daß das Aegidiikloster der benediktinischen Bursfelder Kongregation angeschlossen wurde und deren Reformen übernahm. Der reformeifrige Abt ordnete an, daß von nun an Beichtväter aus Liesborn die geistliche Leitung von St. Aegidii übernahmen. Auch die Äbte des Benediktinerklosters Iburg dienten als Visitatoren.

Die Einführung der strengen Klausur durch die Benediktiner brachte für die Jungfern Schwierigkeiten mit sich, die hauptsächlich in der gleichzeitigen Nutzung der Kirche durch die Pfarrei und den Konvent begründet lagen. Zwar plante man deshalb den Bau einer eigenen Klosterkirche, doch kam dieser niemals zustande. Die Kirche St. Aegidii blieb so, abgesehen von einigen Umbauten und Renovierungen, als Pfarr- und Klosterkirche bis zur Aufhebung des Konvents 1811 bestehen. Danach diente sie weiter als Pfarrkirche.

Der bauliche Zustand war damals ausgesprochen schlecht. Man entschloß sich 1820 zu einer durchgreifenden Erneuerung, doch zwang der zunehmende Verfall im April 1821 zur baupolizeilichen Schließung – gerade rechtzeitig, da schon am 2. Mai der Turm auf das Kirchenschiff stürzte und alles – bis auf die Außenmauern – zerschlug. Damit erledigten sich alle weiteren Überlegungen über die Weiterverwendung des Gebäudes. Die Pfarrgemeinde siedelte in die unbenutzte Kirche der Kapuziner ganz in der Nachbarschaft über, die sie noch heute benutzt. Die Aegidiikirche wurde abgerissen und an ihrer Stelle eine Kaserne errichtet. Heute dient das Gelände dem Aegidiimarkt.

6. *Ritterorden*

Im Gefolge der Kreuzzüge entwickelten sich die Ritterorden aus der Notwendigkeit heraus, die Wege zu den heiligen Stätten in Palästina zu schützen. In ihnen verschmolzen monastische mit ritterlichen Idealen in einer eigenartigen Form. Nach den Templern (um 1119) bildeten sich der Johanniterorden (um 1150/60) und schließlich der Deutsche Orden (1190). In ihnen verkörperte sich die Idee des Kreuzzugsgedankens in „komprimierter Form".

Einen großen Aufschwung erlebte der Johanniterorden im 13. Jahrhundert in Nordwestdeutschland, nachdem sich 1217 zahlreiche norddeutsche und rheinische Ritter zur Teilnahme am fünften, ergebnislos verlaufenden Kreuzzug versammelt hatten. Auch Graf Adolf V. von Berg war dabei, der 1218 vor Damiette in Ägypten fiel. Dessen Vater Engelbert hatte bereits 1185 das Johanniterhaus in Burg an der Wupper gestiftet. Besondere Bedeutung erlangte aber die Gründung der Kommende Steinfurt durch die Edelherren Rudolf und Bernhard von Steinfurt neben ihrer Burg, die wohl schon kurz vor 1200 erfolgte, aber erst 1222 erstmals erwähnt wird.

Die Entstehung der Ballei des Deutschen Ordens in Westfalen scheint dagegen mit den Ereignissen des ersten Drittels des 13. Jahrhunderts im Baltikum und in Preußen zusammenzuhängen. Offensichtlich war es die 1237 vollzogene Vereinigung des hauptsächlich von westfälischen Rittern getragenen Schwertbrüderordens mit dem Deutschen Orden, die die Ordensleitung bewog, auch in Westfalen eine Niederlassung zur Sicherung des Nachwuchses zu begründen. Doch erlangte der Orden in Westfalen niemals die Bedeutung wie in anderen deutschen Ländern.

Nach Münster kam der Deutsche Orden von einem Hof im Kirchspiel Albachten, den er anscheinend schon vor 1238 besaß. Seit 1245 erwarben die Ritter Grundstücke in der Stadt. 1248 bestand ihre Kommende bereits. Um dieser größeres Gewicht zu verleihen, unterstellte man ihr die Ballei Bremen (1248). Mit anderen Kommenden bildete sich daraus die Ballei Westfalen. Seit 1324 bekleidete der münsterische Komtur stets das Amt des Landkomturs von Westfalen. Der Übertritt des Hochmeisters des Deutschen Ordens zum Protestantismus (1525) brachte große Schwierigkeiten für den Orden mit sich. Eigentliche Aufgaben bestanden für ihn nicht mehr. Bei der Beschießung der Stadt Münster durch Christoph Bernhard von Galen (1657) erlitten das Kommendegebäude und die Kirche des hl. Georg schwere Schäden. Als Filiale der Kommende Mülheim, meist unter bürgerlichen Verwaltern, spielte das Deutschordenshaus in Münster bis zur Auflösung im Jahr 1809 nur noch eine bescheidene Rolle. Das gotische Kirchengebäude mit vierjochigem Hauptschiff und einem schmalen Seitenschiff wurde durch einen zweijochigen Chorraum mit Fünfachtelabschluß verlängert. Es diente nach der Aufhebung der Kommende der Militärverwaltung. Im letzten Krieg ist es zugrundegegangen und nicht wieder aufgebaut worden.

Noch später fand sich der Johanniterorden in Münster ein. Er gründete 1282 von Burgsteinfurt aus eine Filiale. Die Niederlassung war durch den Tausch eines Grundstücks gegen den Hof der Edelherren von Steinfurt „uppen Berge“ an der danach

Johanniterkommende und Buddenturm. Sepiazeichnung eines unbekannten Künstlers (um 1800)

benannten Bergstraße ermöglicht worden. Die Bezeichnung deutet darauf hin, daß die Edelherren an dieser Stelle einen Burghügel (Motte) errichtet hatten. Hier begann Fürstbischof Ludwig von Hessen 1311 den Bau einer Kirche mit einer Kommende. Die Anlage wurde in der Münsterischen Stiftsfehde schwer beschädigt, da sich die Kommende für den Bewerber Walram von Moers und damit gegen die Stadt Münster und den Stiftsverweser Johann von Hoya erklärt hatte. Erst 1471 fand sich die Stadt zu einer Wiedergutmachung der angerichteten Schäden bereit.

Der Komtur Bernhard von Schedelich errichtete aus den überlassenen 60 000 Backsteinen Asyle für arme Frauen. Nach den abermaligen Zerstörungen in der Täuferzeit wurde wenig getan, um das Leben in der Kommende neu zu beleben. Sie litt darunter, stets nur als Filiale des Steinfurter Ordenshauses zu gelten. Im Jahr 1614 gestattete der Komtur Everhard von Galen schließlich, daß die Observanten, die in Münster Unterkunft suchten, die Kirche für ihre Zwecke benutzten. Die Observanten nahmen mehrere Umbauten vor und brachten die Kirche wieder in guten Zustand, bis sie zum Bau einer eigenen Kirche schritten (1687/98). Mit Zustimmung des Komturs behielten sie aber auch nach diesem Zeitpunkt den Gottesdienst in der Kirche Johannes des Täufers bei.

Nach der Aufhebung des Ordens im Jahr 1811 diente die Kirche teils als Tabaklager, teils als Gemüsekeller und Heulager. Bis in die jüngere Zeit betrieb dann eine Gärtnerei in ihr ein Gewächshaus. Nach den Zerstörungen des Bombenkrieges wurde die Kirche wieder für gottesdienstliche Zwecke hergerichtet. Sie dient vor allem ökumenischen Veranstaltungen.

7. Minoriten

In eine andere Welt führt die Niederlassung der Minoriten in Münster. Die Söhne des Franz von Assisi hatten sich außerordentlich schnell über Italien und von dort aus auch nach Deutschland ausgebreitet. Ihre volksnahe Frömmigkeit und Anspruchslosigkeit machten sie zu den beliebtesten Mönchen des Mittelalters. Im Gegensatz zu manchen anderen Armutsbewegungen blieben sie dem päpstlichen Stuhl stets in Gehorsam verbunden. In den nordwestdeutschen Raum kamen die *fratres minores* wahrscheinlich schon um 1222; zuerst sind sie in Köln nachweisbar. 1229 sollen sie bereits in Herford gewesen sein, 1232 in Paderborn und 1233 in Soest. Ihre jeweiligen Anfänge lassen sich schwer nachweisen, weil sie versuchten, in einfachen Unterkünften unterzukommen. Sie benutzten Kirchen, die nichtfranziskanischen Besitzern gehörten.

Freilich änderte sich das Bild der Minoriten schon in diesen Anfangszeiten erheblich. Die Ordensleitung begünstigte das Studium auf wissenschaftlichem und theologischem Gebiet. Gerade die für Nordwestdeutschland zuständige Kölner Ordensprovinz entwickelte eine mit einer Universität vergleichbare Ordenshochschule in Köln, an der Minoriten aus allen Provinzen des Ordens zum Studium zusammenkamen. So schlossen sich bald nicht eigentlich Angehörige der sozialen Unterschichten dem Orden an, sondern besser gestellte Angehörige der bürgerlichen Gesellschaft und der Ministerialität, die nach höherer Bildung strebten.

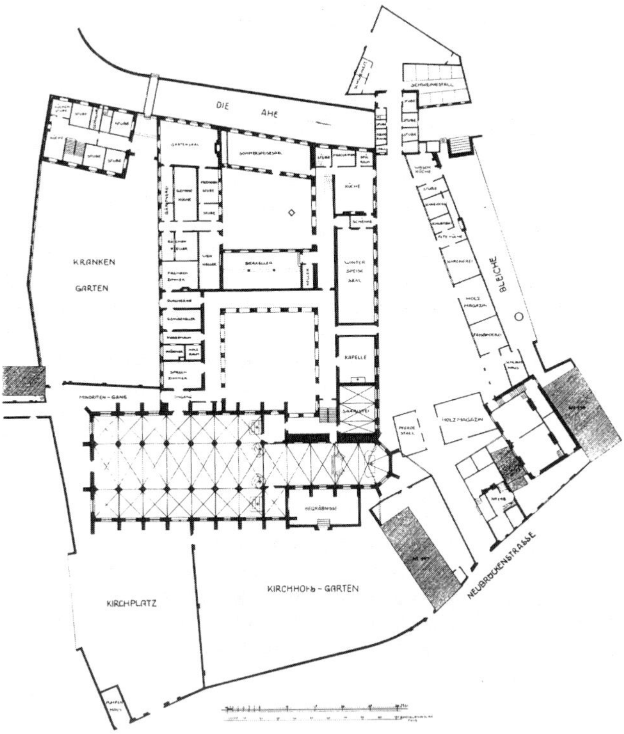

Grundriß des Klosters und der Klosterkirche der Minoriten. Zeichnung von Adolph von Vagedes (1803)

Möglicherweise waren es diese Umstände, die die westfälischen Bischöfe bewogen, den Minoriten Eingang in ihre Städten zu verschaffen. In Münster war es Fürstbischof Gerhard von der Mark, der ihre Ansiedlung in der Stadt begünstigte. Die Stelle ihrer Wohnung, an der die Brüder sich angeblich schon seit 1247 aufhielten, ist unbekannt. Nachweisbar schuf der Bischof aber die Voraussetzungen für die Errichtung eines eigenen Konvents und eines Kirchenbaus, der im Jahr 1270 vollendet war. Der radikale Verzicht auf jeden Besitz machte es den Minoriten nicht leicht, die Tagesfragen zu bewältigen. Ihre Beliebtheit im Volk half aber, manche Schwierigkeiten zu überwinden. Besonders in der Zeit der großen Pestepidemien um die Mitte des 14. Jahrhunderts bewunderte die städtische Bevölkerung die selbstlose Aufopferung der *fratres* für die Kranken und Sterbenden. Ein großer Teil des Konvents mußte seine Fürsorge selbst mit dem Leben bezahlen.

Die Bauformen der Kirche der hl. Katharina, die die Minoriten im Tal der Aa errichteten, weisen in die Zeit Bischof Gerhards von der Mark (1261–1272). Die Konstituierung des Konvents deckt sich mit dieser Zeitangabe.

Das Ansehen der Minoriten in Münster spricht sich vor allem darin aus, daß sie nach der Pest des Jahres 1382, bei der sie sich wieder einmal durch aufopfernde Krankenpflege ausgezeichnet hatten, einen Ehrenplatz vor dem allerheiligsten Sakrament bei der im folgenden Jahr gestifteten Großen Prozession und andere Rechte erhielten. Nach der verlustreichen Schlacht von Varlar am 18. Juli 1454, in der münsterische Bürger gegen das Heer des unwillkommenen Elekten Walram von Moers kämpften, wählten die Bürger zur Bestattung ihrer Gefallenen nicht zufällig den

Friedhof des Minoritenklosters. Zu Ehren der Toten befestigten sie an der Minoritenkirche eine bis heute erhaltene Inschrifttafel.

Auf dem Friedhof der Kirche predigte auch der Täuferkönig Jan van Leiden, wohl weil er wußte, wie beliebt der Ort beim Volk war. In den Jahren von 1643 bis 1648 wohnte im Kloster der päpstliche Nuntius Fabio Chigi, der 1655 als Papst Alexander VII. den Stuhl des hl. Petrus bestieg. Er hat seine nicht durchweg angenehmen Erinnerungen an Münster in Gedichtform hinterlassen, aber auch seiner Dankbarkeit gegenüber den Minoriten für die gastliche Aufnahme durch eine Geldspende für einen neuen Klosterflügel Ausdruck verliehen.

Im Jahr 1804 ergriff die preußische Verwaltung von Kloster und Kirche Besitz. Die Minoriten siedelten in das Dominikanerkloster an der Salzstraße über, bis ihr Kloster 1811 ganz aufgehoben wurde. Die Kirche der hl. Katharina diente seit Anfang des 19. Jahrhunderts der durch den Zuzug von Beamten und Militärpersonen wachsenden Zahl der Evangelischen als Gotteshaus. Sie wurde in „Apostelkirche" umbenannt. In den fünfziger Jahren des 19. Jahrhunderts brach man die Klostergebäude ab. Jedoch erinnern die in neuester Zeit an die Kirche angefügten Gebäude des Kreiskirchenamtes lebhaft an den alten Zustand.

8. *Devotio moderna*

Immer wieder belebten innerkirchliche Erneuerungsbewegungen das geistliche Leben. Sie äußerten sich in besonderen Erscheinungsformen, besonders auch im monastischen Bereich. Wie St. Aegidii der zisterziensischen Bewegung und das Minoritenkloster den franziskanischen Reformen entsprang, so griff gegen Ende des 14. Jahrhunderts von den Niederlanden eine geistliche Erneuerung nach Westfalen über, die gegenüber der Verweltlichung weiter Teile der Kirche auf Verinnerlichung drängte. Ihr geistlicher Vater war Gerhard Groote aus Deventer († 1384). Er hatte in seinem bisherigen Leben als wohlhabender Kanoniker und Gelehrter keine Befriedigung gefunden, wandte sich den Mystikern zu, lehnte die Studien ab und erblickte in der Versenkung in das Leben und Leiden Christi, verbunden mit dem Dienst am Nächsten, die Vollendung seines eigenen Lebens. Anstelle des durch Regeln bestimmten Klosterlebens begünstigte er die Vorstellung von einem freieren Zusammenleben von Klerikern in einer Gemeinschaft ohne die üblichen Gelübde und ohne Klausur, gestützt auf die Liebe zum Nächsten und auf den notwendigen Gehorsam gegenüber dem Oberen der Gemeinschaft. Mit großer Schnelligkeit breitete sich die Bewegung über die Niederlande aus. Ihr bekanntester und auch heute noch gern gelesener Vertreter ist Thomas von Kempen, der 1399 in das Chorherrenstift Agnetenberg bei Zwolle eintrat und dort nach langem Leben 1471 starb. Sein Hauptwerk, die *Imitatio Christi* (Nachfolge Christi), entsprach genau den von der Devotio moderna, wie die Bewegung bezeichnet wurde, aufgestellten Idealen: weg von der Schriftgelehrsamkeit und Versenkung in Christus.

Wahrscheinlich waren es die auf das tägliche Leben ausgerichteten Lebens- und Frömmigkeitsregeln der *humilitas* (Selbsterniedrigung) und *simplicitas* (Einfalt des Herzens), der Verzicht auf wissenschaftliche Leistung, der „freiwillige Gehorsam gegenüber der Autorität", Fleiß bei der Arbeit und häufiges Gebet, die den Übergang von der Laienwelt zur Klosterwelt verwischten und der Allgemeinheit den Zugang zu diesen Idealen so leicht machten. Jedoch wurde die Devotio moderna niemals zu einer umfassenden Volksbewegung. Sie blieb im wesentlichen auf die Häuser der Bewegung beschränkt und fand am ehesten im gebildeten städtischen Bürgertum Widerhall.

Aus den ersten Häusern der Brüder vom gemeinsamen Leben in Deventer, Kampen und Zwolle entwickelten sich die eigentlichen Fraterhäuser mit festeren Statuten und freiwilligen und widerrufbaren Gelübden. Das erste dieser Art in Westfalen entstand unter dem Einfluß des münsterischen Domvikars Heinrich von Ahaus, eines illegitimen Sohns des Edelherrn von Ahaus. Er hatte die Devotio anläßlich eines Besuches bei seiner Tante Jutta im Kloster Diepenveen kennengelernt. Vom Fraterhaus in Deventer brachte er die Erfahrungen mit. Kurz nach der Jahrhundertwende, wahrscheinlich 1401, gab er den Anstoß zur Entstehung des münsterischen Fraterhauses zum Springborn, das zum Zentrum vieler weiterer Häuser auf deutschem Boden wurde. Springborn bildete eine Art Mutterhaus für die anderen Häuser der Bewegung, von denen sich ein Teil im sogenannten Münsterischen Colloquium zusammenschloß.

Selbstverständlich errichteten die Fraterherren zum Springborn auch eine Kirche. Sie lag am Honekamp (heute Krummer Timpen), war einschiffig mit fünf Jochen und einem sechseckigen Chor, entsprechend der Lebenshaltung der Fraterherren einfach ausgestattet. Später näherte sich das Fraterhaus, wenn auch immer ohne Klausur, mehr dem Wesen eines Klosters, verlor dadurch aber viel von seinem alten Frömmigkeitscharakter. Gegen den Willen der Fraterherren bezog Fürstbischof Christoph Bernhard, wenn er in der Stadt weilte, hier Wohnung und machte damit das Frater-

Illustration aus einem Memorienbuch der münsterischen Fraterherren (um 1460/80)

haus zur „dritten Residenz" der münsterischen Fürstbischöfe, ohne daß den Fraterherren der Ruhm willkommen gewesen wäre.

Die Gebäude des Hauses zum Springborn und die Kirche erlitten bei der Bombardierung der Stadt durch Christoph Bernhard von Galen 1657 starke Schäden. Im Jahr 1772 wurde das Fraterhaus, dem nur noch geringe Bedeutung im geistlichen Leben zukam, aufgehoben und das Vermögen mit dem Priesterseminar vereinigt. Die schon baufällige Kirche wurde in französischer Zeit abgebrochen.

Der weibliche Zweig der Devotio moderna konstituierte sich in den Schwesternhäusern vom gemeinsamen Leben. Auch auf deren Entstehung übte Heinrich von Ahaus einen maßgeblichen Einfluß aus. Doch kam zu seinen Lebzeiten eine solche Niederlassung in Münster nicht zustande. Erst im Jahr 1444 begründeten drei Schwestern aus dem Haus in Schüttorf auf einem unbebauten Platz der Paulsfreiheit im Kirchspiel St. Ludgeri das Haus Marienthal, übersiedelten 1451 aber auf ein größeres Grundstück an der Südwestecke des Servatiikirchplatzes, das ihnen die Witwe des Hofmarschalls Hermann von Merveldt geschenkt hatte. Da das Schwesternhaus auf dem Grund des alten Hofes Niesing stand, wurde es später auch danach benannt: Marienthal genannt Niesing. Der Ausbau verzögerte sich in den ungünstigen Zeiten der Münsterischen Stiftsfehde und ging erst nach 1457 besser voran. Die Kirche wurde am 29. September 1458 geweiht.

Trotz der unfreundlichen Haltung des Rates, der keine neue Niederlassung klösterlicher Art wünschte, blühte das Schwesternhaus schnell auf. Nach drei Jahrzehnten Bestehens zählte der Konvent schon hundert Schwestern. Der bedeutendste Rektor des Hauses war Johann Veghe († 1504), Verfasser beliebter kontemplativer Schriften.

Jedoch ging die Blüte des Hauses schnell vorüber. Im Jahr 1525 kam es zu einem Bürgeraufruhr, bei dem unter anderem die Zerstörung der Spinn- und Webstühle gefordert wurde, die die Handwerker als unlautere Konkurrenz betrachteten. 1534 ließen die Täufer das Schwesternhaus räumen. Später kehrten die Schwestern zurück. Ihr Haus erlangte aber nie wieder die alte Bedeutung. Nach manchen Schicksalsschlägen wurde es im Jahr 1811 aufgehoben. Die letzten Reste der Konventsgebäude und der Kirche gingen 1944/45 zugrunde.

Ein anderes Haus, das der Devotio moderna nahestand, lag im Kirchspiel St. Marien-Überwasser: Rosenthal, an dessen Existenz noch die Rosenstraße und der Rosenplatz erinnern, entwickelte sich anders als Marienthal auf dem Boden eines seit 1326 nachweisbaren Beginenhauses. Der Übergang zur Devotio moderna vollzog sich leicht, da die Lebensgewohnheiten der Beginen denen der Schwestern vom gemeinsamen Leben nahestanden. Jedoch prägte die jahrhundertelange Zugehörigkeit zum Beginentum das Schwesternhaus Rosenthal tief und verlieh ihm eine gegenüber den anderen Schwesternhäusern unübersehbare Sonderstellung. Die Augustinerregel, die diese widerstandslos annahmen, kam in Rosenthal nur schwer zur Anerkennung (1507). Eine eigene Kirche besaß das kleine Haus nicht. Die Schwestern konnten aber zum Gebet eine Hauskapelle benutzen, die 1688 geweiht wurde. (Auch das Tertiarinnenkloster Ringe im Kirchspiel St. Ludgeri war ursprünglich ein Beginenhaus, dessen Gründungsdatum vor 1300 anzusetzen ist.)

Mit dem Bau der Kirche des Schwesternhauses Marienthal gen. Niesing und ihrer Weihe 1458 hatte das monastische Leben in der Stadt Münster offensichtlich einen

Darstellung des hl. Ignatius von Loyola auf einem Meßgewand von St. Petri (frühes 17. Jahrhundert)

Sättigungsgrad erreicht, der Neugründungen nicht mehr zuließ. Vielleicht war auch die Einstellung der bürgerlichen Welt hierfür ungünstig. Erstarrung in vielen kirchlichen Institutionen einerseits und aufmerksame Kritik der Laienwelt andererseits boten keinen günstigen Boden für Neuansätze, wenn auch von einem Verfall des geistlichen Lebens in dieser Form nicht gesprochen werden kann. Die auch in Münster zu starkem Einfluß kommende lutherische Reform stand dem Klosterwesen ablehnend gegenüber. Die Täuferherrschaft mit ihren schrecklichen Folgen für die Stadt lähmte auf Jahrzehnte die Gemüter. Nur allmählich konnten die Pfarrkirchen für die katholische Konfession zurückgewonnen werden. Schwieriger noch war die Neubelebung der klösterlichen Einrichtungen.

9. *Jesuiten*

Das eindeutige Verdienst, im Sinne der alten Kirche den Durchbruch erzielt zu haben, gebührt dem Jesuitenorden. In entsagungsvoller und geduldiger Arbeit verschafften die Jesuiten der katholischen Kirche wieder Ansehen und Geltung unter den Bürgern. Anfangs ungern gesehen, vermochten sie aufgrund einer reichen Stiftung des Domdechanten Gottfried von Raesfeld († 1586) in der Stadt Münster Fuß zu fassen. Auch im Domkapitel begegnete man ihnen mit offenem Argwohn, ja Abneigung. Trotzdem gelang es ihnen, die in Verfall geratene Domschule Paulinum zu übernehmen und auf einen Gipfel erfolgreicher Bildungsarbeit zu führen. Die Schülerzahlen stiegen um ein Vielfaches an. Der Einfluß der Jesuiten auf die Bevölkerung erhöhte sich erheblich.

Als geistliche Gemeinschaft von Lehrenden und Lernenden benötigte das Jesuitengymnasium eine Kirche. Am 3. Juli 1590 wurde dazu der Grundstein gelegt. Gleichzeitig errichteten die Patres daneben ein modernes Schulgebäude als Ersatz für das räumlich völlig unzulängliche alte Domschulhaus am Horsteberg, das bis zum letzten Krieg der Druckerei Regensberg als Unterkunft diente. Schon nach drei Jahren, im Oktober 1593, konnte das prächtige Schulgebäude, im Renaissancestil erbaut, eröffnet werden. Im Jahr 1597 war auch die Kirche fertig. Sie wurde dem hl. Petrus geweiht. Nach und nach statteten die Jesuiten die Kirche kostbar aus. Keine andere Kirche in Münster, vom Dom abgesehen, konnte den Besucher mit so reichem Schmuck erfreuen wie die Petrikirche.

Auch nach der Aufhebung des Jesuitenordens durch den Papst 1773 änderte sich an den bestehenden Verhältnissen wenig. Die Kirche unterstand nun der staatlichen Exjesuitenkommission und diente wie zuvor dem Gymnasium als Gotteshaus. Nur vorübergehend wurde die Petrikirche in den Jahren 1805 bis 1809 geschlossen und als Kriegsmagazin verwendet. In dieser Zeit ging ihr großer Silberschatz verloren, den man vor den Franzosen nach Magdeburg gerettet hatte, wo er aber Napoleon in die Hände fiel, der ihn in Paris einschmelzen ließ.

Seit 1843 diente die Petrikirche als Pfarrkirche der katholischen Militärgemeinde. 1933 mustergültig wiederhergestellt, fiel sie im Krieg den Bomben zum Opfer, wurde aber erneut aufgebaut und stellt nun wie ehedem die Gymnasialkirche des Paulinums dar.

10. Niederlassungen weiterer Bettelorden (Kapuziner, Klarissen, Dominikaner, Observanten)

Im Gefolge der Jesuiten kamen nun auch die in derselben Richtung auf eine Neubelebung des katholischen Kirchenwesens hinarbeitenden Mendikantenorden nach Münster. Alle bemühten sich, das bisher kaum bekannte Tridentinum bekanntzumachen und die Geistlichkeit darauf einzustimmen.

Als erste erschienen die Kapuziner in der Stadt (1612). Im Jahr 1617 erwarben sie ein geräumiges Grundstück zwischen der Königs- und Aegidiistraße. 1620 stand bereits eine bescheidene Kirche zur Verfügung, die der hl. Anna gewidmet war. Nach einem Jahrhundert planten die Patres einen schöneren Neubau und schritten 1724 zur Tat. Vier Jahre darauf fand die Weihe der noch heute stehenden Kirche statt. Inzwischen waren auch die Klostergebäude erheblich erweitert worden und wurden weiter ausgebaut. Letztere verfielen nach der Aufhebung des Konvents 1811 dem Abbruch. Die Kirche wurde der Pfarrgemeinde St. Aegidii als Ersatz für deren eingestürzte Kirche überlassen. Sie spielt noch heute dieselbe Rolle.

Ein Jahr nach den Kapuzinern fanden sich Klarissen aus Köln ein. Unter Vermittlung der Observanten erwarben sie 1614 gegen den heftigen Widerstand der Gilden

den Bischopinghof an der Stubengasse. In den Jahren 1617 bis 1619 erbauten die Nonnen eine kleine Kirche. Bei der Explosion des Pulverturms im Jahr 1652 wurde das Kloster stark beschädigt. Nach der Aufhebung ging die Kirche in den Besitz der Militärverwaltung über, die sie als Magazin verwandte. Später war in ihr ein Irrenhaus untergebracht. Einzelne Bauteile blieben bis zur Zerstörung im Bombenkrieg stehen.

Die Dominikaner in Osnabrück, die schon zwischen 1346 und 1590 in Münster eine Terminei unterhielten, entschlossen sich 1641, einen eigenen Konvent einzurichten. Acht Jahre später erlaubte der Fürstbischof den Bau einer Kirche. Jedoch konnte der Orden erst 1651 und 1663 zwei Erbmännerhöfe zwischen der Salzstraße und dem Alten Steinweg kaufen, auf deren Grund 1676 eine erste Kirche errichtet wurde. Der Nachfolgebau wurde bereits 1700 begonnen, konnte aber erst im Februar 1727 geweiht werden. Er war das Hauptwerk des Architekten Lambert Friedrich Corfey, der 1733 in der Dominikanerkirche bestattet wurde. Die durch Bomben im letzten Krieg stark beschädigte Kirche wurde wiederaufgebaut und dient heute als katholische Universitätskirche und zu musikalischen Aufführungen. Die Konventsgebäude sind bis auf einen Rest untergegangen.

Ein nach der Dominikanerregel lebender Frauenkonvent bildete sich 1686 aufgrund des Entschlusses einiger Frauen im Armenhaus Schwering am Verspoel. Er verfügte nur über eine kleine Kapelle und ein Oratorium. Die Aufhebung erfolgte schon im Jahr 1803. Von der Anlage blieb nichts erhalten.

Die schon seit 1614 in der Johanniterkommende wohnenden Observanten bildeten dort seit 1619 einen Konvent. 1625/26 erwarben sie vom Stift St. Marien-Überwasser ein größeres Grundstück südlich der Bergstraße, auf dem 1645 die Konventsgebäude entstanden. Westlich davon errichteten die Observanten eine geräumige Kirche (heute an der Schlaunstraße gelegen), deren Fundamentierung im sumpfigen Aatal große Schwierigkeiten bereitete. Die Kirche wurde 1698 zu Ehren der Dreifaltigkeit, der Jungfrau Maria und des hl. Antonius von Padua geweiht. Nach der Aufhebung des Konvents 1811 dienten die Kirche und das Kloster als Kaserne, seit 1920 als Kulissenmagazin des Theaters. Nach den Kriegszerstörungen wiederaufgebaut, stellt die Kirche heute das Gotteshaus der evangelischen Universitätsgemeinde dar.

11. Lotharinger Chorjungfern

Seit 1642 wohnten schließlich die nach der Augustinerregel lebenden Lotharinger Chorjungfern am Bispinghof zur Miete. 1654 kauften sie einen Erbmännerhof nördlich des Hörstertors am Graben und erweiterten diesen durch Zuerwerb von Grundstücken bis zur Hörsterstraße. Die 1698 errichtete Kirche brannte im Siebenjährigen Krieg mitsamt den Klostergebäuden nieder (1759). Unter der Leitung von Johann Conrad Schlaun entstand 1771/73 ein schöner Neubau. Da die Jungfern eine Schule unterhielten, entgingen sie der Aufhebung. Sie verließen erst 1826 die Stadt. Das Kloster wurde seitdem von der Militärverwaltung genutzt. Zur Linderung der Wohnungsnot erwarb die Stadt 1931 das Gebäude und baute Wohnungen ein. Nach dem letzten Krieg wurde die Kirche wieder im alten Stil hergestellt. Die Klosterbauten

Das als Kaserne genutzte Lotharinger Kloster (um 1910)

verschwanden. Heute ist in der im Inneren umgebauten Kapelle das Stadtarchiv untergebracht.

12. Hospitäler und Kapellen

Das älteste Hospital der Stadt, St. Mariae Magdalenae, befand sich 1176 bereits im Bau. Zehn Jahre darauf wurde es von bürgerlichen Lasten befreit. Es lag „zwischen den beiden Brücken" – deshalb wurde es auch so genannt – am Spiekerhof am Nordufer der Aa. Mit dem Chor der Kirche berührte das Hospital unmittelbar den Fluß. Der Rektor des Hospitals trug den Titel „Pastor", weil er über die Insassen des Hauses Pfarrechte besaß.

1506 begann ein Neubau für die Kirche, wie sie auf dem Alerdinckschen Plan zu erkennen ist. Nach der Zusammenlegung aller Armenanstalten der Stadt verlor das Hospital seine Daseinsberechtigung. Die Kirche wurde 1827/28 beseitigt.

Seit 1733 versuchten die Barmherzigen Brüder in Münster ein Hospital zu errichten. Im Jahr 1745 war der Bau auf einem Platz an der Hundestiege in der Paulsfreiheit im Gange. Schon 1753 war die Kirche des hl. Clemens, im folgenden Jahr das Hospital vollendet. Zu Ehren des Stifters, des Kölner Kurfürsten Clemens August von Bayern, erhielt die Hundestiege nun den Namen Klemensstraße. Der von Johann Conrad Schlaun errichtete Kirchenbau im spätbarocken Stil mit kreisförmigem Innenraum gehörte zu den eindrucksvollsten Bauten dieser Stilrichtung. Die Originalausstattung ging im Bombenkrieg zugrunde, konnte aber vorbildlich wiederhergestellt werden. Leider wurden die ursprünglich an die Kirche angebauten Klosterflügel nicht wieder errichtet. Das von Schlaun gewollte Gesamtbild ging damit verloren. Die Kirche dient heute den ausländischen Mitbürgern zum Gottesdienst, daneben auch musikalischen Darbietungen.

Ein „Gasthaus" für Pilger und reisende Fremde wurde 1350 am Mauritztor gegründet. Zu ihm gehörte eine Kapelle des hl. Antonius des Einsiedlers. Sie lag unmittelbar am Wall neben dem gewölbten Torgang und der Wachstube. Auch ein Friedhof war damit verbunden. 1541 wurde die Kapelle nach ihrer Zerstörung durch die Täufer wieder aufgebaut. Das Patronat über Haus und Kirche besaß die Stadt. Seit dem 17. Jahrhundert nahm die Einrichtung 24 Arme auf. Nach der Zusammenlegung der Armeneinrichtungen verkaufte die Stadt die Kapelle auf Abbruch. Im März 1821 waren Hospital und Kapelle verschwunden.

Auch die im domkapitularischen Gefängnis Hellenburg im Kirchspiel Amelsbüren befindliche Kapelle, an der sich 1794 französische Geistliche niedergelassen hatten, fiel 1816 dem Abbruch zum Opfer.

Auf den Adelshäusern vor Münster befanden sich fast immer Kapellen. Erwähnt werden sollen hier nur die kunstgeschichtlich bedeutenden Kapellen auf dem nach 1700 erbauten Haus Lütkenbeck, die 1740 auf der Dyckburg errichtete Loretokapelle, bei der der Dompropst Friedrich Christian Freiherr von Plettenberg und Johann Moritz Freiherr von Plettenberg als Bauherren auftraten, und die von Joseph Sentrup, dem Besitzer des Hauses Wilkinghege, nach 1773 erbaute Kapelle SS. Antonii et Josephi, an der französische Emigranten 1794 eine Erziehungsanstalt einrichteten.

Quellen und Literatur

Für die Siedlungsentwicklung der Stadt Münster ist weiterhin die Darstellung zur Entstehungsgeschichte Münsters von Joseph Prinz [543: Mimigernaford-Münster], inzwischen in der dritten Auflage, maßgebend. Allerdings haben die Ausgrabungen der letzten Jahre und neuere Forschungen zur kirchlichen Entwicklung der Frühzeit auch zu gelegentlichen Korrekturen gegenüber Prinz geführt [206: Kohl, Domstift 1].

Für die Tätigkeit Beornrads im Münsterland und seine Gleichsetzung mit dem Abt von Echternach hat sich besonders Joseph Prinz in seiner „Parochia des heiligen Liudger" (1948) ausgesprochen [544: Parochia], während sich neuerdings Ulrich Nonn im „Lexikon des Mittelalters" [2493: Beornrad] eher zurückhaltend äußert. Prinz hält außerdem in seinem Beitrag noch weitgehend an der alten Vorstellung von den sogenannten Urkirchspielen fest, die es in Wirklichkeit niemals gegeben hat. Der Vorgang der Herausbildung der Pfarrbezirke auf dem Boden des Eigenkirchenrechts ist sehr viel komplizierter.

Zur Christianisierung der Sachsen, zur Biographie Liudgers und zur Bistumsgründung sind die Aufsätze von Wilhelm Kohl [502: Liudger], Alois Schröer [409: Bischofsweihe], Hans-Dietrich Kahl [2294: Randbemerkungen], Klemens Honselmann [2235: Bistumsgründungen] und Heinrich Schmidt [2637: Christianisierung] sowie die dreibändige Darstellung von Wilhelm Kohl über das Domstift St. Paulus (auch zur weiteren Geschichte des Bistums bis zur Auflösung des alten Reiches) [206: Domstift] heranzuziehen. Über die „Kanonisation" Liudgers und die „Liudgeriden" berichtet Karl Hauck in einem neueren Aufsatz [463: Apostolischer Geist].

Die wichtigsten Quellen zur Gründung und Geschichte des Bistums, unter anderem die *Vitae sancti Liudgeri* und die mittelalterlichen bzw. frühneuzeitlichen Chroniken, sind in der Reihe „Geschichtsquellen des Bistums Münster" abgedruckt [420: Vitae sancti Liudgeri].

Die Baugeschichte des Doms wird außer in den zum Teil bereits genannten Arbeiten auch in dem Beitrag von Franz Mühlen für die „Westfälische Geschichte" (1983) behandelt [2456: Baukunst, S. 696]. Die dort noch einmal geäußerte Vermutung, auch die alte Kirche habe bereits ein Ostquerschiff besessen, ist durch neuere Ausgrabungen revidiert. Anläßlich des Einbaus einer neuen Orgel im Johannischor (1989) stellte sich heraus, daß erst der Dombau des 13. Jahrhunderts ein Ostquerschiff erhalten hat. Vorher lief die südliche Außenwand des Langhauses nicht unterbrochen durch.

Die Kapellen in der Umgebung des Doms werden von Otto Hohgraefe [472: Margaretenkapelle] und – ausführlich und umfassend – von Max Geisberg [132: Stadt Münster 6] behandelt. Prinz [543: Mimigernaford-Münster, S. 146] setzt die Kapelle St. Nicolai mit der 1121 erwähnten Kirche St. Ludgeri gleich, jedoch kann das nicht zutreffen, da diese mit dem liudgerischen Alten Dom identisch sein dürfte. Der von Heinrich Börsting [434: Liudger] unternommene Versuch, die Anfänge der Kapelle in einem Zuge mit dem Nachweis des Nikolauskultes bereits in die Anfangszeit des Bistums zu verlegen, muß als im Ansatz gescheitert angesehen werden.

Die Geschichte der Pfarrkirchen und -gemeinden in Münster wird in verschiedenen Festschriften dargestellt; hier sei insbesondere auf die Sammelbände über Kirche und Stift St. Ludgeri [266: Sancti Ludgeri parochia], St. Martini [184: 800 Jahre St. Martini] und die Apostelkirche [172: 700 Jahre Apostelkirche] verwiesen. Die lutherische Gemeinde in Ludgeri hat Johannes Bauermann in einem kurzen Aufsatz behandelt [606: Neue Lehre].

Max Geisberg [4: Kunstgeschichte, S. 2] datiert den Bau der Lambertikirche in das zweite Viertel des 12. Jahrhunderts, während Prinz [543: Mimigernaford-Münster, S. 153] die Möglichkeit einer früheren Gründung erörtert: Die Kirche könnte bereits um das Jahr 965 gegründet worden sein, als der Lütticher Dom St. Marien und St. Lambertus seinen Grundstein erhielt und der damalige münsterische Bischof Hildebold anwesend war. Doch erscheint der Ansatz sehr früh.

Die von Prinz [543: Mimigernaford-Münster, S. 51 Anm. 30] vorgenommene Datierung der Gründung des Stifts St. Mauritz ist in einer neueren Arbeit von Antonia Bösterling-Röttgermann [435: Kollegiatstift, S. 10] angezweifelt worden. Prinz hat sich mit Rücksicht darauf, daß Friedrich die Stiftung nicht vollenden konnte, für einen späten Zeitpunkt der Stiftung, um 1080, ausgesprochen. Bösterling-Röttgermann begründet die Ansetzung eines früheren Termins.

Die Pfarrkirchen der im 19. und 20. Jahrhundert in das erweiterte Stadtgebiet aufgenommenen Gemeinden sind in dem von Albert Ludorff angefertigten Inventar der Bau- und Kunstdenkmäler des Landkreises Münster aufgeführt [75: Kreis Münster-Land]. Als notwendige Ergänzung zu dieser baugeschichtlichen Übersicht dient das von Heinrich Börsting und Alois Schröer bearbeitete Handbuch [2012: Handbuch Bistum Münster].

Einen umfassenden Überblick über die in Münster und Westfalen tätigen Ordensgemeinschaften bieten die verschiedenen Aufsätze in dem von Géza Jászai herausgegebenen Katalogband [2808: Monastisches Westfalen], hier vor allem die Beiträge von Kaspar Elm [2072: Zisterziensertum], Kunibert Bering [1977: Ritterorden], Dieter Berg [1973: Franziskaner], Erwin Iserloh [2274: Devotio moderna], Wilhelm Kohl [2331: Devotio moderna] und Hubert Höing [2229: Fraterherren]. Zu berücksichtigen sind außerdem die ältere Monographie von Karl Holthaus über die Georgskommende des Deutschen Ritterordens [160: Georgskommende], der von Wolfgang Leesch u.a. herausgegebene Sammelband über die Brüder vom gemeinsamen Leben (Fraterherren) in Deutschland [2452: Monasticon Fratrum Vitae Communis 2] sowie die Monographie über die Schwesternhäuser nach der Augustinerregel von Wilhelm Kohl [207: Schwesternhäuser].

DIETHARD ASCHOFF

Die Juden in der ständischen Gesellschaft

1. Die mittelalterliche Gemeinde – 2. Zwischenspiel im 16. Jahrhundert – 3. Die Judenpolitik der Stadt Münster im letzten Jahrhundert der städtischen Unabhängigkeit – 4. Ständische Gesellschaft und territorialstaatliche Politik gegenüber den Juden (1661–1815)

1. Die mittelalterliche Gemeinde

Glaubt man der Legende, reicht die Geschichte der Juden in Münster bis fast zum Beginn der Stadtgeschichte zurück. Zur Zeit Bischof Altfrids (830–849) soll der gelehrte Palastkanzler Wilhelm zum Judentum übergetreten sein und andere mitgezogen haben. Nach einer auf Betreiben Wilhelms geführten Disputation zwischen Christen und Juden über Eucharistie und Trinität aber seien unter dem Eindruck eines Hostienwunders die meisten Christen wieder zu ihrem alten Glauben zurückgekehrt, dazu viele Juden gewonnen worden, und schließlich sei nach drei Jahren auch Wilhelm wieder Christ geworden.

Wie sich diese Legende mit dem dritten Bischof von Münster verbinden konnte und ob ihr ein historischer Kern zugrunde liegt, ist unbekannt. Die in die Chronik Bischof Florenz' von Wevelinghoven (1364–1378) aufgenommene Geschichte dürfte in der vorliegenden Form erst nach 1200 aufgekommen sein, denn Hostienwunder werden erst nach dem IV. Laterankonzil 1215 häufiger erwähnt.

Immerhin zeigt die in der Chronik auf etwa 840 anzusetzende und damit früheste Erwähnung von Juden in Westfalen die in den Augen der Kirche nie aufhörende Gefährdung des christlichen Glaubens durch das Judentum. Gerade Geistliche scheinen sich in Westfalen im Mittelalter zur jüdischen Religion besonders hingezogen gefühlt zu haben. So traten kurz hintereinander ein aus Lemgo stammender Augustiner 1297 und ein Soester Kanoniker 1298 zum Judentum über. Gewiß nicht ohne Absicht erzählt Heinrich von Herford († 1354), der Gewährsmann für die beiden Glaubensübertritte, vom schrecklichen Ende der beiden früheren Christen [2811: Westfalia Judaica 1, S. 58f, 63f]; mögliche Nachfolger sollten damit abgeschreckt werden. In das Bild paßt, daß Papst Gregor X. am 1. März 1274 Dominikanern und Franziskanern auftrug, gegen Konvertiten als Häretiker vorzugehen, d. h. die Inquisition gegen sie einzusetzen. Doch auch der umgekehrte Weg wurde beschritten. Gleich der erste namentlich bekannte Jude, den Münster in seinen Mauern sah, wurde später Christ, ja sogar Mönch und Propst des Prämonstratenserstifts Scheda südöstlich von Unna, und schrieb zur Erbauung die Geschichte seiner Konversion nieder. Juda ben David halewi war um 1127/28 nach Münster gekommen, um auf Geheiß seiner Eltern eine an Bischof Ekbert ausgeliehene größere Geldsumme einzutreiben. In den fast zwanzig Wochen seines Aufenthalts in Münster bereitete sich in ihm innerlich die Konversion vor, weniger durch Glaubensgespräche, etwa mit dem großen Theologen Rupert von Deutz, als durch den Besuch des neugegründeten

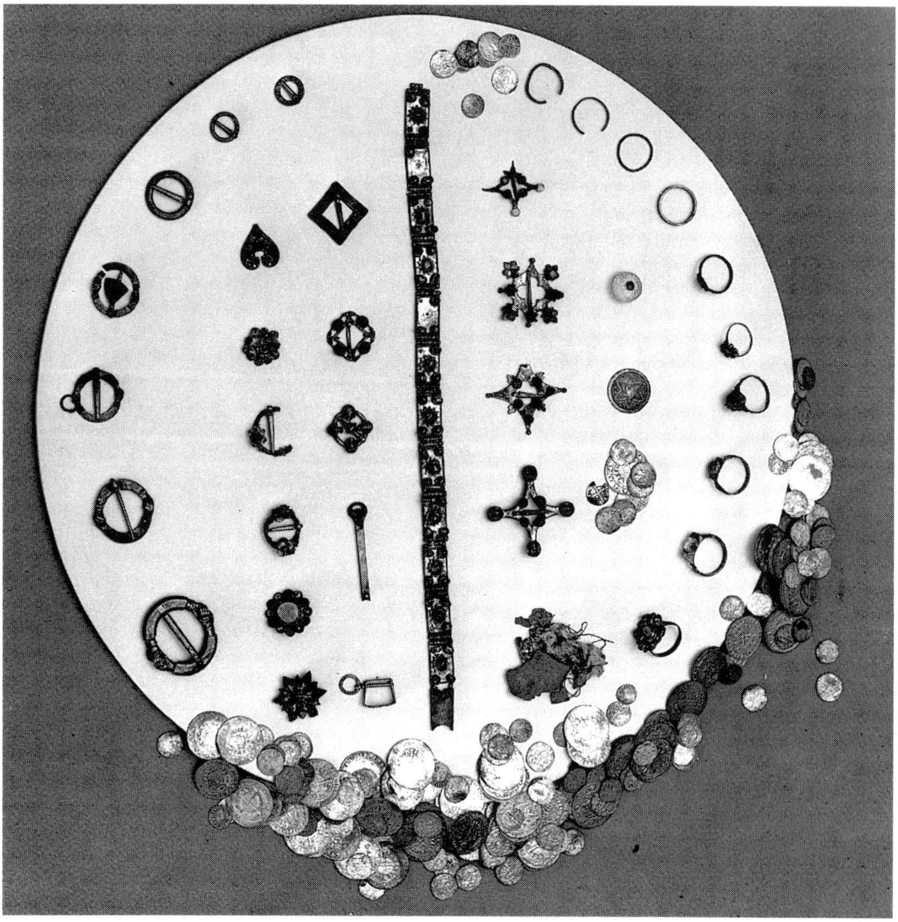

Schmuckstücke und Münzen aus dem Fundament des Stadtweinhauses (vermutlich um 1350 von einem Bewohner des mittelalterlichen Judenghettos eingemauert)

Prämonstratenserstifts Cappenberg, wohin ihn der Bischof gewiß nicht ohne Absicht mitgenommen hatte.

Damals gab es noch keine Juden in Münster. Die Eltern gaben dem jungen Juda gewissermaßen als Aufpasser einen älteren Glaubensgenossen mit, was kaum nötig gewesen wäre, wenn sie ihn damals münsterischen Juden hätten anempfehlen können. In seinem Bericht über Münster berichtet Juda an keiner Stelle über Juden in der Stadt.

Wenig später, wohl schon um die Mitte des 12. Jahrhunderts, dürften sie jedoch schon in Münster gelebt haben. Wie in Köln, wo das Bürgerhaus (Rathaus) *inter Judaeos* („bei den Juden") lag, konnten sie sich auch in Münster bevorzugte Quartiere im Bereich des heutigen Syndikatplatzes hinter Rat- und Stadtweinhaus sichern. Dort befand sich auch die Synagoge, dazu die Mikwe (Frauenbad) und die Scharne, die Verkaufsstätte für das Fleisch rituell geschlachteter Tiere.

Daß Juden im Zentrum der aufblühenden Stadt wohnten, darf als untrügliches Zeichen ihrer damaligen Bedeutung gewertet werden. Sie kamen, wie auch anderswo, nicht als Bittsteller, sondern als umworbene Finanzfachleute und wichtige Steuerzahler. Beruflich dürften sie fast ausschließlich Geldhändler gewesen sein. Der genannte Juda ben David halewi stellte im Zusammenhang seines Kredits an den münsterischen Bischof lapidar fest: „Alle Juden betreiben [solche] Geschäfte“ [2213: Hermannus, Opusculum de conversione, S. 72]. Wenn dies schon für den Anfang des 12. Jahrhunderts behauptet werden konnte, dürfte es mit dem Vordringen des kanonischen Zinsverbots und der allmählichen Verdrängung der Juden aus dem Warenhandel für die spätere Zeit noch mehr gegolten haben.

Juden fanden natürlich nicht nur nach Münster. In ganz Westfalen hatte sich seit dem 12. Jahrhundert jüdisches Leben vielversprechend entfaltet. Im Stift Münster lassen sich außer in der Hauptstadt Juden 1298 in Coesfeld, 1306/08 in Vreden, 1327 in Borken, um 1330 in Burgsteinfurt, 1343 in Beckum, 1343/44 in Rheine und vor 1350 in Warendorf nachweisen. Alle Juden des Münsterlandes waren auf die Metropole ausgerichtet. Nur hier bestanden die für jüdisches gemeindliches Leben notwendigen Einrichtungen wie Synagoge, Mikwe, Scharne und vor allem ein Friedhof. Dieser lag, wie Karl-Heinz Kirchhoff nachwies, unter dem heutigen Paulinum. Von ihm stammt der älteste erhaltene jüdische Grabstein Westfalens aus dem Jahr 1324, neu aufgerichtet auf dem jetzigen jüdischen Friedhof an der Einsteinstraße. Auf ihn hatten auch die Juden aus dem Land ihre Toten zu bringen. Nach jüdischem Herkommen sicherten damals Besitz und Unterhalt eines Friedhofs den Metropolen – neben Münster sind in Westfalen noch Dortmund, Minden, Osnabrück und Soest zu nennen – die Jurisdiktion über die in der Umgebung lebenden Familien. Deren religionsrechtliche Ausrichtung auf die Hauptstadtgemeinde läßt sich daneben noch durch in Münster ausgestellte Scheidebriefe nachweisen, die für Juden in Beckum und Rheine erhalten sind. Ein Scheidebrief („Get“) mußte von einem Bet Din, einem jüdischen Gerichtshof, ausgefertigt und von einem Sofer oder Schreiber geschrieben sein. Für Münster bedeutet dies, daß spätestens in der ersten Hälfte des 14. Jahrhunderts hier eine entsprechende Rabbinatsbehörde und ein autorisierter Schreiber ihres Amtes gewaltet haben müssen. Ein solcher Gerichtshof bestand aus drei Dayanim, gesetzeskundigen Männern, wobei den Vorsitz meist der Rabbiner führte. Neben den beiden erwähnten Scheidebriefen für Beckum und Rheine sind noch zwei für münsterische Ehepaare erhalten. Da wir kaum annehmen dürfen, daß die Zahl der jüdischen Ehescheidungen in der Generation zwischen 1320 und 1350 besonders hoch lag, kann aus den vier Scheidebriefen aus dieser Zeit auf eine größere Anzahl von Juden im Bereich der Rabbinatsbehörde Münster geschlossen werden.

Die Hauptstadt besaß ein eindeutiges Übergewicht. Hier werden Juden zuerst und weitaus am häufigsten genannt: Von den über siebzig Erwähnungen im Münsterland vor der Mitte des 14. Jahrhunderts entfallen nicht weniger als 56 auf die Metropole. Ein Zweites fällt auf: die ungleichmäßige zeitliche Verteilung der Quellennachrichten. Während aus dem 12. Jahrhundert nur zwei Belege stammen, zählen wir im 13. Jahrhundert sieben und in den fünf Jahrzehnten zwischen 1300 und 1350 sechzig Hinweise auf Juden im Stift Münster. Nicht zu übersehen ist die Bedeutung, die Bischof Ludwig von Hessen (1310–1358) für die schnelle Entwicklung des münsterländischen Judentums zukommt. Werden vor Beginn seiner Regierung Juden im Stift nur insgesamt fünfzehnmal genannt, entfallen auf seine lange Regierungszeit nicht weniger als 55 derartige Nachrichten.

Die Quellen lassen erkennen, daß Ludwig den Juden positiv gegenüberstand. Er förderte sie nicht nur als Einwohner, sondern auch als Bürger (zum Beispiel in Coesfeld). Hinter der bereitwilligen Aufnahme von Juden durch Bischof Ludwig dürfte freilich weniger Menschenfreundlichkeit als fiskalisches Interesse gestanden haben. Für diese Auffassung spricht, daß die vielen Kriege des Fürstbischofs die Finanzen des Stifts völlig zerrüttet und ihn in Abhängigkeit von den Ständen gebracht hatten.

Vom Bürgerrecht der Juden in der Stadt Münster ist nur einmal in einer relativ frühen kölnischen Urkunde die Rede – nach 1270 trotz der relativ großen Zahl von Nachrichten über Juden in Münster nie mehr. Vielleicht deutet sich hier schon die Zurückhaltung der Stadt gegenüber Juden an, die im 16. Jahrhundert offenkundig wird.

Daß es den Juden wirtschaftlich gutging, bezeugen nicht nur die zentrale Lage ihres Wohngebiets und ihre steil ansteigende Zahl in der Stadt, sondern auch ein großer Schatzfund von über 2000 Münzen und über dreißig silbernen, meist vergoldeten und mit Halbedelsteinen besetzten Schmuckstücken, der 1951 bei Abbrucharbeiten im bombenzerstörten Stadtweinhaus gefunden wurde. Den Schatz hatte wohl ein Mitglied der jüdischen Gemeinde um 1350 eingemauert, denn im Bereich des heutigen Syndikatplatzes wird das Judenviertel vermutet.

Daß der Schatz damals versteckt wurde, geschah nicht ohne Grund. Die größte Katastrophe, die die europäische Menschheit je betroffen hat, war hereingebrochen, die „große Pest" der Jahre 1348 bis 1351, der wohl ein Drittel der europäischen Bevölkerung zum Opfer fiel. Westfalen wurde von der Pest relativ spät erfaßt, in den Sommermonaten des Jahres 1350. Medizinisch stand man der Epidemie völlig hilflos

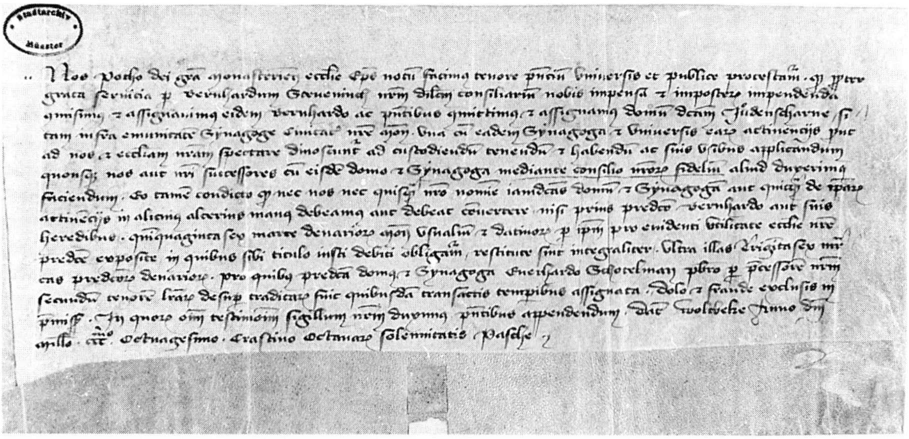

In der Folge der „großen Pest" wurden die Grundstücke der Judengemeinde eingezogen. Judenscharne und Synagoge überließ Bischof Potho am 2. April 1380 seinem Rat Bernhard Steveninck

gegenüber. Man fragte nach Gründen und verfiel zuerst in Südfrankreich, dann auch anderenorts auf den absurden Gedanken, die Juden hätten sich in teuflischem Haß verschworen, die Christen durch Brunnenvergiftung zu vernichten. Folterungen „bestätigten" den Verdacht. Damit war die Minderheit ihren vor Angst fast besinnungslosen, zum Teil aber auch auf ihren Reichtum erpichten Nachbarn ausgeliefert. Bevor die Juden die Pest verbreiten konnten – so dachten viele –, mußten sie totgeschlagen werden.

Ob der Judenmord auch in Münster der Pest vorausging, wissen wir nicht. Hier erfahren wir erst ein Jahrhundert später von einem anonymen Chronisten: „Als man das Jahr 1350 schrieb, kam über die ganze Welt ein großes Sterben. Und in Münster starben an 11 000 Menschen, und es traf noch manch einen der große Tod. Und wie hier wurden allerwegen die Juden getötet, denn man gab ihnen die Schuld an der Seuche" [2811: Westfalia Judaica 1, S. 208]. Vielleicht sind die Juden auch in Münster, wie dies der schon genannte Heinrich von Herford in seiner Chronik zum Jahr 1349 möglicherweise als Augenzeuge voller Bewunderung über ihre todesmutige Haltung berichtet, fröhlich, ja tanzend zur Hinrichtungsstätte geeilt und haben dort, ohne gedrängt zu werden, zuerst ihre Kinder, dann die Frauen, zuletzt sich selbst den Flammen übergeben, „damit nicht", wie Heinrich schließt, „durch menschliche Schwäche etwas gegen das Judentum vorgebracht werden könnte" [2811: Westfalia Judaica 1, S. 291].

Zwanzig Jahre lang fehlt dann jede Spur von Juden in ganz Westfalen. Wir hören nur von Streitigkeiten zwischen Landesfürsten und Städten um die Hinterlassenschaften der Getöteten oder Vertriebenen. Und auch danach finden sich Juden nur zögernd und spärlich wieder im Lande ein; sie erreichen in Westfalen wohl erst über 200 Jahre später, in der zweiten Hälfte des 16. Jahrhunderts, die zahlenmäßige Stärke, die sie vor 1350 gehabt haben müssen.

In der Stadt Münster ging der Bruch noch tiefer. Hier werden Juden erst 1422 anläßlich einer Steuerforderung König Sigismunds wieder erwähnt. Sie sollten für die Hussitenkriege ein Drittel ihres Vermögens abgeben. Erfolg scheint der Reichserbkämmerer Konrad von Weinsberg kaum gehabt zu haben, denn 1434 mußte er Boten in verschiedene westfälische Städte, darunter auch Münster, schicken, weil diese nicht oder nicht voll gezahlt hatten.

Münster stand in jener Zeit nicht allein. In der zweiten Hälfte des 15. Jahrhunderts verschwanden Juden fast völlig aus den westfälischen Quellen. Im „Zeitalter der Vertreibungen", wie der große jüdische Historiker Salo W. Baron diese Epoche der Geschichte seines Volkes kennzeichnete [1951: Baron, A Social and Religious History 11, S. 271], ließ das Interesse der Fürsten und Städte an den Juden in dem Maße nach, in dem diese durch periodisch wiederkehrende Teilenteignungen finanziell immer weniger leistungsfähig wurden und ersetzbar schienen. Ausweisungen aus fast allen Städten des Reiches waren die Folge.

2. *Zwischenspiel im 16. Jahrhundert*

Wurde die erste Gemeinde in Münster durch eine fast europaweite Katastrophe im Zusammenhang mit der Pest in der Mitte des 14. Jahrhunderts vernichtet und stand

Grabstein für eine am 25. Tamus 5084 (= 18. Juli 1324) in Münster verstorbene Jüdin. Das Fragment gilt als ältester erhaltener jüdischer Grabstein in Westfalen

das Verschwinden der kaum sehr zahlreichen münsterischen Juden ein Jahrhundert später im Einklang mit reichsweiten Entwicklungen, so lagen die Ursachen für den Neubeginn im 16. Jahrhundert in Münster selbst. Zugespitzt könnte man sagen: Erst die Täufer haben Juden in Münster wieder möglich gemacht. Der Neubeginn war eine Folge der Katastrophe des täuferischen Münster. Bischof Franz von Waldeck (1532–1553) hatte nach der Eroberung der Stadt einigen Juden in Münster das Aufenthaltsrecht gegeben. Das geschah, „fur der restitution und ehr der rad seine privilegia und gerechticheidt wedder krech", also bevor der Rat seine alten Rechte zurückerhalten hatte, schrieb in klarer Erkenntnis der Rechtslage der Domkantor Melchior Röchell [1: Münsterische Chroniken, S. 234]. Erst die völlige Entrechtung der Stadt nach dem verlorenen Krieg erlaubte es dem als Sieger einziehenden Bischof, Juden in Münster wieder ansässig zu machen. Es war eine Ausnahmesituation. Denn grundsätzlich besaß der Rat, wie aus den zitierten Ausführungen von Röchell hervorgeht, zumindest ein sogenanntes *privilegium de non tolerandis Judaeis,* also das Recht, die Aufnahme von Juden zu verweigern, möglicherweise sogar aus spätmittelalterlicher Zeit das volle Verfügungsrecht über sie.

Für die Juden war die Situation von vornherein ungünstig. Die Stadt mußte ihre Anwesenheit als Symbol ihrer Niederlage betrachten. Klar war, daß der Rat versuchen würde, sie möglichst schnell wieder loszuwerden. Das Schicksal der Juden hing damit unmittelbar davon ab, ob Bischof Franz von Waldeck seine Stellung als Stadtherr würde halten können.

Dieser erteilte nach einem erkennbaren Formular Aufenthaltsgenehmigungen, sogenannte Geleitsbriefe, die die Antragsteller berechtigten, gegen Zahlung einer Bargeldsteuer – des Tributs – für eine bestimmte, unterschiedlich lange Frist mit Familie und Gesinde in Münster zu wohnen und ihren Kredit- und Pfandgeschäften nachzugehen. Die vorgeschriebene Zinshöhe von zwei Pfennigen je Goldgulden pro Woche betrug etwa 41 Prozent. Die uns fast wucherisch erscheinende Höhe dieses in Westfalen üblichen Jahreszinses relativiert sich, wenn man bedenkt, daß Juden nicht nur Steuerlasten und existentielle Unsicherheit zu ertragen hatten, sondern daß darüber hinaus Kredite, wie wir aus den münsterischen Gerichtsprotokollen wissen, meist nur gegen Pfänder geringen Wertes und für eine lediglich nach Wochen bemessene Laufzeit gewährt werden durften.

Die Gründe der Aufnahme waren, wie die Geleitsbriefe eindeutig zeigen, vor allem fiskalischer Natur. Es geht um die Juden als Geldgeber und um ihre für diese Tätigkeit zu entrichtende Bargeldsteuer, nie jedoch um sie als andersgläubige Menschen. Auch in der religiös so bewegten Reformationszeit wurden Juden ausschließlich unter wirtschaftlichen Aspekten betrachtet. Die Geleitsbriefe waren für die Juden unterschiedlich günstig. Je nach der finanziellen Leistungsfähigkeit des einzelnen jüdischen Kaufmanns, seinem Verhandlungsgeschick und der Gunst des Landesherrn schwankten die Höhe der Steuern und die Dauer der Aufenthaltserlaubnis.

Unterschiedlich war auch das, was die einzelnen Juden aus den Geleiten machten. Hier sprechen die Gerichtsprotokolle des Rates eine deutliche Sprache. Wenn man die Häufigkeit, mit der das Stadtgericht bemüht wurde, als Maßstab für wirtschaftliche Aktivität betrachtet, haben die Brüder Jakob und Simon von Korbach ihre in Münster ansässigen Glaubensgenossen geschäftlich völlig an die Wand gedrückt, zumindest in den dreieinhalb Jahren zwischen Juni 1548 und Dezember 1551, in denen wir dies verfolgen können. Von den über 200 Terminen, zu denen Juden als Kläger oder Verklagte in Zivilrechtsangelegenheiten in jenen Jahren geladen waren, hatten Simon und Jakob allein über hundert wahrzunehmen. Es kann freilich nicht ausgeschlossen werden, daß Abraham, Samuel, Salomon von Wasungen und Smoer, die damals ebenfalls in Münster tätig waren, ihre Geschäfte, wie dies auch anderswo vermutet wird, zum Teil unter Umgehung der Gerichtsöffentlichkeit betrieben.

Überblickt man die Geleite des Bischofs Franz von Waldeck im ganzen, sind zwei Feststellungen erlaubt: 1. Alle für Münster ausgestellten Geleite sind vor dem 5. August 1541 gewährt worden – dem Tag, an dem der Rat seine alten Rechte wiedererhielt –, während im Stift, mit Ausnahme von Warendorf und Beckum, alle Aufenthaltsgenehmigungen später ausgestellt wurden. – 2. Die neu zugelassenen Juden stammten offenbar fast ausschließlich aus dem nordhessischen Raum. Für Benedikt, den ersten münsterischen Juden der Neuzeit, hatte sich 1536 Landgraf Philipp von Hessen eingesetzt. Wie wir aus Interventionen ausländischer Landesherren wissen, geschah das nur, wenn die Juden früher in deren Territorien gelebt hatten. Benedikt

Epiphanieszene im Domparadies. Unterhalb der thronenden Madonna zwei Figuren, die das noch nicht bekehrte Judentum und das Heidentum symbolisieren (um 1250)

stammte aus Hessen; das gleiche ist für seine Brüder David und Isaak anzunehmen. Drei andere Brüder, Simon, Bernd und Jakob, kamen aus Korbach in Waldeck, der Heimatgrafschaft des münsterischen Fürstbischofs. Der genannte Salomon von Wasungen kam ebenfalls durch Waldecker Vermittlung in das Stift Münster. Eindeutig bevorzugte Franz von Waldeck jüdische Familien aus seiner Heimat oder benachbarten Territorien.

Dabei zeigt sich ein bemerkenswerter Unterschied zur jüdischen Gemeinde in Münster vor 1350. Diese hatte sich, wie alle anderen westfälischen Gemeinden, zum Niederrhein und nach Köln orientiert.

Daß die neu vergeleiteten Juden mit ihren vor der Pest in Münster ansässigen Glaubensbrüdern nicht vergleichbar waren, zeigt sich auch an den Zahlenverhältnissen. Mit Familien und Gesinde, das fast in jedem Geleitsbrief erwähnt wird, dürften zwischen 1540 und 1550 etwa fünfzig Juden in Münster gelebt haben. Die gewiß stattlichere Zahl ihrer Glaubensgenossen vor 1350 können wir nicht abschätzen, aber sie bildeten – im Gegensatz zu den nach 1535 ins Land gekommenen Juden – eine voll ausgestattete Gemeinde. Es ist nirgends die Rede davon, daß diese das noch vorhandene Friedhofsgelände und die ebenfalls im 16. Jahrhundert noch nachweisbaren gemeindlichen Einrichtungen ihrer mittelalterlichen Glaubensbrüder wieder in Besitz nahmen. Im Gegensatz zu diesen besaßen die Juden der Neuzeit in Münster keinen Grund und Boden mehr. Waren sie vor 1350 im Zentrum der Stadt, dem Areal hinter dem Rathaus ansässig, finden wir sie nun in marktfernen Straßen, wie dies nach der Pestkatastrophe auch anderswo nachzuweisen ist. Sie wohnten auch nicht mehr gemeinsam in einem geschlossenen Bezirk oder in einer Judengasse, sondern trotz zum Teil enger verwandtschaftlicher Beziehungen getrennt voneinander in verschiedenen Stadtvierteln (Leischaften). Die veränderte Wohnlage spiegelt die veränderte berufliche und wirtschaftliche Situation der Juden.

In der frühen Zeit gehörten zumindest einige Mitglieder der Gemeinde, etwa Leo von Münster, zu den bedeutenderen Geldgebern des nordwestdeutschen Raumes. Im 16. Jahrhundert dagegen waren in Münster, wie auch sonst, die Tage des ins Große gehenden jüdischen Geldhandels gezählt. Die Juden der Stadt zahlten in ihren Leischaften zwar Spitzensteuersätze, dürften aber sonst dem „Kleinbürgertum" zuzurechnen gewesen sein. Fürsten und Städte sowie deren „Großbürgertum" waren längst nicht mehr Geschäftspartner der Juden. Mit der Kundschaft hatte sich der Sozialbezug verändert. Es ging nun um die Befriedigung der Bedürfnisse kleiner Leute. Charakteristisch für den Lebenszuschnitt der neu in Münster vergeleiteten Juden dürften die in den Gerichtsprotokollen überlieferten, fast durchweg geringen Darlehns- und Pfandleihgeschäfte gewesen sein. Gewandelt hatten sich auch die innerstädtischen Verhältnisse. Das alte Stadtpatriziat war in der Zwischenzeit zurückgedrängt worden, die Zünfte waren zu politischer Macht gelangt. Wie in den meisten deutschen Städten waren auch in Münster die Gilden die eigentlichen Träger der Judenfeindschaft, was die vom Landesherrn protegierten Juden sofort zu spüren bekamen.

Für diese wurde entscheidend, daß die Stadt Münster das Geleitsrecht grundsätzlich und nach der Restitution des Rates im August 1541 auch tatsächlich besaß. Die neue Rechtslage wurde ein Jahr später aktenkundig. Simon von Korbach war beschuldigt worden, mit einer „Christenfrauenperson" Unzucht getrieben zu haben

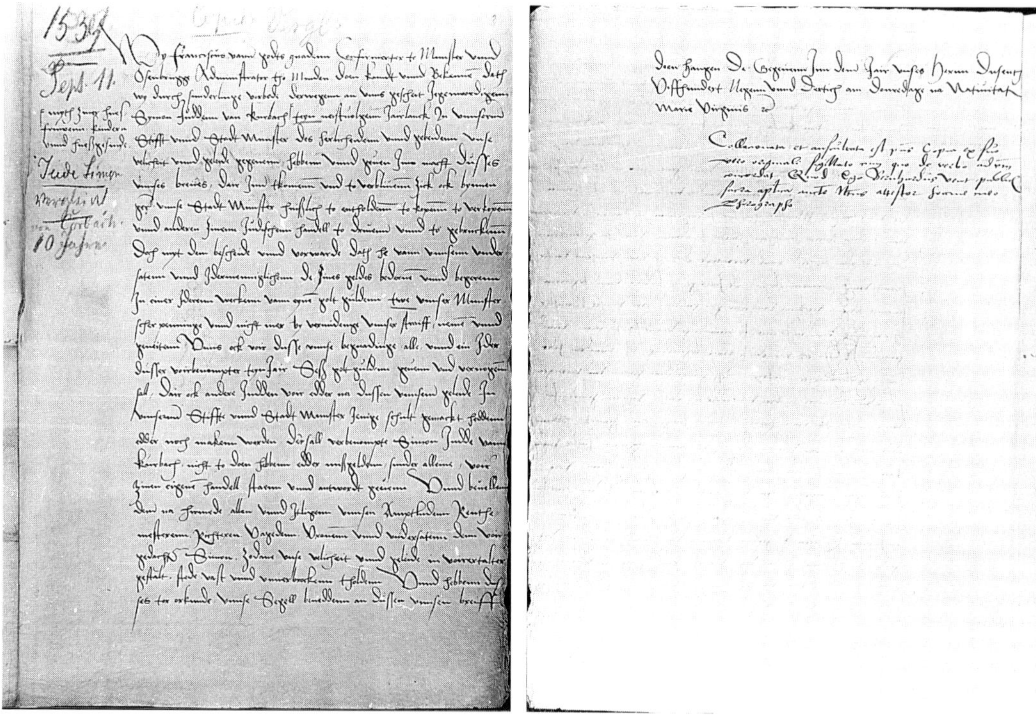

Geleitsbrief des Bischofs Franz von Waldeck für den Juden Simon von Korbach vom 11. September 1539

und Vater eines Kindes geworden zu sein [StadtAM, A VI 8]. Simon mußte sich deswegen vor dem Rat verantworten. Für die Juden in Münster war also nun nicht mehr der bischöfliche, sondern der städtische Gerichtsstand maßgebend. Wenig später nahm die Stadt einige Juden in Haft und weigerte sich, dem bischöflichen Richter Gründe dafür anzugeben, so daß der Bischof selbst nachfragen mußte.

Endgültig hoffnungslos wurde die Lage in den Sommermonaten 1553. Am 17. Mai dieses für die münsterischen Juden schicksalhaften Jahres wurde die Vereinigung der Zünfte in Münster, die Gesamtgilde, wieder als politisches Organ zugelassen. Zwei Monate später, am 16. Juli 1553, starb Franz von Waldeck. Bis zu seinem Tod hielt er die Hand über die von ihm in die Stadt geholten Juden. Am 27. Juni, drei Wochen vor seinem Tod, hatte er die Bürgermeister noch daran erinnern lassen, daß das, „was er den Juden versprochen, gütlich möge gehalten werden" [StadtAM, Handschriften 55]. Wenn Gustav Engel schreibt, Franz sei gestorben, „gescheitert und von niemandem als von seiner zahlreichen Kinderschar betrauert" [2073: Politische Geschichte, S. 153], muß dieses harte Urteil zumindest ergänzt werden. Die Juden des Stifts und besonders die der Stadt Münster haben gewiß ebenfalls um den Landesherrn Trauer getragen. Ihm verdankten sie alles. Unter ihm begann wieder jüdisches Leben im

Stift Münster – vorübergehend nur in der Hauptstadt, auf Dauer jedoch im Münsterland.

Am 15. Februar 1554, ein halbes Jahr nach dem Tod des Bischofs, beschloß der Rat der Stadt Münster im Verein mit den Alder- und Meisterleuten der Gilden, daß die Juden bis zum 8. März ihre Geschäfte abwickeln sollten „und sich danach in dieser Stadt nicht finden lassen wollen“ [1935: Aschoff, Münsterländisches Judentum, S. 175]. Auch wenn mit Rücksicht auf die Schuldner der Juden, die so schnell nicht abrechnen konnten, die Bleibefrist noch mehrfach verlängert wurde, bedeutete der Ratsbeschluß für zweieinhalb Jahrhunderte faktisch das Ende für Juden in der Stadt.

Wie Röchell überliefert, zogen die letzten Juden ins nahe Wolbeck, wo wir Jakob von Korbach noch in den Jahren 1556 bis 1558 finden. Von dort setzte er alle Hebel in Bewegung, um wieder nach Münster zu gelangen. Jakob konnte Heilungserfolge bei Verwandten und Dienern des Domkellners Dietrich von der Recke aufweisen und ihn zum Fürsprecher beim Fürstbischof gewinnen. Dessen prompte Intervention beim Rat hatte Erfolg. In einer Judenliste des Jahres 1560 finden wir Jakob als einzigen Stiftsjuden in der Hauptstadt vor. Als Ende August des Jahres sein Geleit auslaufen sollte, gelang es ihm mit Hilfe des Drosten Heidenreich von Horstmar, des münsterischen Bürgermeisters Dr. Christian von der Wyck und einflußreicher Domkapitulare erneut, die Ausweisung zu verschieben, zunächst bis Ende April 1561 und dann noch einmal um ein Jahr, freilich ohne daß seine Familie ebenfalls bleiben durfte, und nur unter der Bedingung, daß er sich „des wucherens, hir bynnen, auch lasterens, scheldens oder disputierens uff unseren christlichen glaubens etc. allerdings enthalten soll“ und sich ausschließlich medizinisch betätige [StadtAM, A VI 8]. Danach finden wir ihn zum Ärger des Rates, gedeckt durch das Domkapitel, in St. Mauritz vor. Auch später versuchte Jakob immer wieder – zuletzt von Werl aus – in die Stadt zu gelangen, 1573 unter besonderen Umständen noch einmal kurzfristig mit Erfolg. Trotz dieses Nachspiels ging mit Jakob die Episode gebliebene dritte jüdische Ansiedlung in Münster endgültig zu Ende. Über 1564 hinaus hatte sich nur Jakob halten können, begünstigt durch seine medizinischen Fähigkeiten und sein Geschick im Umgang mit hochgestellten Fürsprechern.

3. *Die Judenpolitik der Stadt Münster im letzten Jahrhundert der städtischen Unabhängigkeit*

Auch im Stift Münster gerieten die wenigen Judenfamilien in den sechziger Jahren des 16. Jahrhunderts in eine bedrohliche Krise. Vor dem 28. Februar 1560 faßten die Stände den Beschluß, die Juden innerhalb von sechs Wochen auszuweisen. Zur Begründung wurden Gotteslästerung, Schmähung Jesu Christi, verbotener Wucher, Anstiftung des gemeinen Mannes, des Dienstvolkes und von Kindern zu heimlicher Untreue und schließlich Diebereien angegeben. Wie konkret die Anschuldigungen waren, wissen wir nicht. Vielleicht sind, wie die Reaktion der Betroffenen nahelegt, Einzelfälle verallgemeinert worden.

Die kollektive Bedrohung veranlaßte die Juden des Stifts erstmals zum gemeinsamen Handeln. Sie schickten ein Geschenk an den Fürstbischof mit der Bitte, dem Beschluß nicht zu entsprechen, ohne sie vorher gehört zu haben. Sie seien sich keiner Schuld bewußt, bäten aber um Verzeihung, wenn sich irgendeiner von ihnen ungebührlich verhalten oder jemandes Mißbilligung erregt haben sollte. Vor allem aber ersuchten sie am 15. März 1560 um eine Verlängerung der Bleibefrist, damit sie Schulden und Gegenschulden regeln konnten. Dies wurde ihnen auch gewährt. Über den 29. September 1560 hinaus aber lehnte Fürstbischof Bernhard von Raesfeld unter Berufung auf den einhelligen Ständebeschluß jede weitere Verlängerung des Aufenthalts ab. Wir wissen jedoch, daß wenigstens die Hälfte der zehn Familien, die damals im Stift vergeleitet waren, geblieben sind. Die immer wieder gemachten Versuche, den Ständebeschluß zu exekutieren, scheiterten – ja die Zahl der Juden nahm sogar zu. 1581 waren der münsterischen Regierung Juden in Ahlen, Drensteinfurt, Dülmen, Lembeck, Metelen, Nienborg, Olfen, Warendorf und in der Herrschaft Gemen bekannt. Daneben wissen wir von Juden in Werne.

Im Gegensatz zum Rat der Hauptstadt gelang es den Ständen nicht, die Juden aus dem Münsterland zu verdrängen. Ausschlaggebend für das Überstehen der dreißigjährigen Krisenzeit dürfte letztlich gewesen sein, daß die Stände in der Judenfrage trotz des „einhelligen" Beschlusses von 1560 gespalten waren. Die judenfeindliche Politik wurde ohne Zweifel vor allem von der Hauptstadt getragen. Da sie in der Ständevertretung nach dem Domkapitel die stärkste Stellung innehatte, war sie in der Lage gewesen, auf dem Landtag des Jahres 1560, auf dem sie die Städte vertrat, den Ausweisungsbeschluß durchzusetzen. Münsters Haltung auf der Ständeversammlung entsprach der Einstellung Coesfelds, Rheines und Dülmens, nicht aber der von Telgte und Bocholt. Auf Münsters kompromißlose Haltung in der Judenfrage wirft ein bezeichnendes Licht, daß sich einzelne Städte dann um Rechtsauskunft und Rückendeckung an die Hauptstadt wandten, wenn sie gegen Juden vorgehen wollten, so 1584 und 1599 Warendorf und 1604 Beckum.

Eine einheitliche Linie war in den Städten des Stifts aber nicht durchzusetzen. Während sich in den größeren, wie in Coesfeld, Warendorf und in der Hauptstadt, das Gegenspiel der Zünfte bemerkbar machte, hielt man in anderen offenbar die jüdischen Kleinkredite für unentbehrlich. Auch im Domkapitel haben sich zumindest zeitweise starke Kräfte für den Verbleib einzelner Juden eingesetzt, vor allem solcher, die ärztliche Hilfe bringen konnten. Ähnlich dürfte es bei der Ritterschaft des Stifts gewesen sein, die der gleichen sozialen Schicht angehörte wie die Mitglieder des Domkapitels. Auch hier hören wir von medizinischer Hilfeleistung durch Juden. Mehrfach setzten sich auch sonst Angehörige des Adels für Juden ein.

Daß Juden die Krisenzeit zwischen 1560 und 1590 im Stift Münster überstanden, lag nicht zuletzt daran, daß die Fürstbischöfe durchweg, vor allem aus fiskalischen Gründen, daran interessiert blieben, Juden zu vergeleiten. Auch wenn sie immer wieder von den Ständen gezwungen wurden, Ausweisungsdekrete zu erlassen und zu erneuern – ihr eigener Wille stand nicht voll dahinter. Entsprechend inkonsequent wurde die Vollstreckung des Ständebeschlusses betrieben. Die unterschiedliche Interessenlage von Landesherren und Städten, die Differenzen zwischen den Ständen und die mangelnde Einheitlichkeit des frühneuzeitlichen Territorialstaats gaben den münsterländischen Juden die Chance, die existenzbedrohenden Gefahren für die erste Generation nach der Wiederzulassung in der Neuzeit zu überstehen.

Daß es der Stadt Münster nicht gelang, ihre Judenpolitik auch im Stift durchzusetzen, hatte natürlich Folgen: Die Mehrzahl der Juden, die in den zweieinhalb Jahrhunderten, in denen sie in der Stadt kein Bleiberecht erhielten, mit Münster zu tun hatten, stammte aus dem Münsterland. Hier verhalfen die beiden nacheinander im Stift regierenden wittelsbachischen Kurfürsten Ernst und Ferdinand von Bayern den Juden zu gesicherter Existenz. Nach der Katastrophe der münsterländischen Landstädte von 1623 ging das Judenregal endgültig in die landesherrliche Verfügungsgewalt über. In einem Edikt vom 14. Februar 1628 nahm Kurfürst Ferdinand ausdrücklich und allein das Geleitsrecht gegen alle anderen Gewalten und Instanzen für sich in Anspruch.

Nur Münster konnte noch eine Generation länger eine eigenständige Judenpolitik verfolgen. In der Judenfrage wurde die Stadt stark – vielleicht sogar entscheidend – von den Zunftvertretern bestimmt. Um jedem Vollgenossen die „Nahrung", d. h. ein standesgemäßes Auskommen, zu sichern, hüteten die münsterischen Alder- und Meisterleute eifersüchtig und mit der Tendenz, ihren Einfluß zu erweitern, die Interessen der organisierten Gewerbe, der 17 Gilden der Stadt. Ihr Bestreben, durch Ausschaltung jeder außerzünftigen Konkurrenz ein Monopol herzustellen und zu behaupten, richtete sich gegen potentielle jüdische Konkurrenten in der Stadt. Gerade die Verlagerung der wirtschaftlichen Betätigung vom Geldhandel in größerem Stil auf den mit Pfandleihe und Pfandverkauf verbundenen Kleinhandel ließ den Juden in den Zünften eine Gegnerschaft entstehen, die wir in Münster bis zur Aufhebung der Gilden Anfang des 19. Jahrhunderts beobachten können. Schon bei der Ausweisung der Juden 1554 waren sie entscheidend beteiligt. Immer wieder sehen wir sie gegen das „Einschleichen" von Juden, gegen deren vermuteten Wucher in der Stadt und ihre allzu häufige Aufnahme aktiv werden.

Ganz ohne Grund war das nie erlahmende Mißtrauen der Gildevertreter zumindest in einem Fall freilich nicht. Am 18. August 1623 wurde ein münsterischer Goldschmiedemeister zu einer hohen Geldstrafe verurteilt, weil er für den Juden Jonas von Telgte Silberbecher gefertigt hatte, die nicht den gildeamtlich vorgeschriebenen Silbergehalt aufwiesen. Jonas hatte, wie das Verhör ergab, fälschlich vorgegeben, die Becher nicht im Handel, sondern zu kultischen Zwecken verwenden zu wollen. Die Anklage hatten die Gildemeister des örtlichen Goldschmiedeamtes erhoben.

Trotz der unerbittlichen Gegnerschaft der Gilden blieb Münster nie ganz ohne Kontakt mit Juden. So taucht schon 1563, ein Jahr nach der Ausweisung Jakobs von Korbach, ein Taufwilliger auf, der aus Prag stammte, später nach seiner Taufkirche „Mauritz" genannt wurde und Stammvater einer westfälisch-niederländischen Musikerdynastie werden sollte; 1574 ist als zweiter „Ostjude" Alexander aus Krakau belegt. Gleichzeitig pflegten Münsteraner Verbindungen zu Frankfurter und Lübbecker Juden.

Im letzten Viertel des Jahrhunderts entwickelte sich für Juden eine besondere Form des Einlasses. Der Paßantrag mußte von münsterischen Bürgern beim Rat gestellt werden. Mehrfach gelangten so vor allem jüdische Ärzte in die Stadt, indem sich einflußreiche Bürger für sie einsetzten. Ohne Zweifel weist dies wie schon bei Jakob von Korbach auf die insgesamt schlechte medizinische Versorgung innerhalb der Stadt hin. Neben den „Medizinern" gab es eine Reihe von Juden, die nach Münster kamen, weil sie an den in der Stadt ansässigen Gerichten zu tun hatten.

Eine dritte Gruppe Einlaß begehrender Juden waren die Sendbesucher. Überall im Reich war die Offenheit der Messen und Märkte für Juden eine Lebensfrage, zumal sie angesichts ihrer gegenüber früher erheblich reduzierten finanziellen Möglichkeiten vom Geldhandel immer stärker auf kleine Pfandgeschäfte, Vermittlungen und Trödel ausweichen mußten. Nicht ohne Grund kämpfte Josel von Rosheim, der große „Judenbefehlshaber" zur Zeit Karls V., sein ganzes Leben lang um die für seine Glaubensgenossen seit langem existentiell wichtige Freiheit der Straßen und Märkte.

Wenn Münster hier Schwierigkeiten machte, war dies reichsrechtlich nicht unbedenklich, zumal der Rat 1576 grundsätzlich anerkannt hatte, daß die Juden „zu den freien Märkten durchzuziehen" berechtigt seien (Ratsprotokoll vom 9. November 1576). So ist es sicher kein Zufall, daß zwei Drittel der Aufenthalte von Juden in der Stadt auf die Zeiten des Frühjahrs- und Sommersends fielen. Über den 1603 festgenommenen Juden Moses von Hamm schrieb der Rat seiner Heimatstadt nach Münster, Moses habe „dem gemeinen freien Markt vertraut und um besonderes Geleit nicht geworben" [StadtAM, A VI 8].

Abgelehnt wurden Eintrittsgesuche dann, wenn der Rat Präzedenzfälle fürchtete, so als der später konvertierte Gerson von Recklinghausen einen Geleitsbrief des Landesherrn vorwies. Das erregte Anstoß. Die Anerkennung des fürstbischöflichen Geleites hätte als Präjudiz gewertet und in seiner Folge das mühsam erkämpfte Geleitsrecht der Stadt ausgehöhlt werden können. So wurde Gerson am 26. Juli 1600 durch zwei Botmeister aus der Stadt gebracht.

Das Geleitsverfahren war nicht auf Juden beschränkt. Einholen des Geleits vor dem Betreten einer fremden Stadt war nahezu allgemeiner Brauch. Jüdischen Besuchern wurde nach 1600 Einlaß auch dann gewährt, wenn sie vor den Stadttoren erschienen, ohne vorher über Bürgen einen Antrag gestellt zu haben. Zunächst mußte die Aufnahme noch durch die politische Führung der Stadt gebilligt werden, ab 1616 jedoch erhielten ankommende Juden vom Stadtsekretär einen „Zettul vom gleide", also einen Passierschein (Ratsprotokoll vom 2. September 1616).

Die Einnahmeaufstellungen der Stadt aus dem Judengeleit liegen uns für die Zeit von 1622 bis 1660 lückenlos vor. Wegen der unterschiedlichen Taxen lassen es diese Angaben jedoch nicht zu, Zahl und Verweildauer der in Münster vergeleiteten jüdischen Besucher festzustellen. Im ersten Jahr dürfte, setzt man die preiswerteren Dreitagesgeleite „wie breuchlich" als häufiger voraus (Ratsprotokoll vom 30. Januar 1617), die Gesamtzahl der Paßgewährungen zwischen 60 und 75 gelegen haben. Der Summe von 130 Tagen, die Juden 1622 in Münster insgesamt verbrachten, steht nur eine einzige Nachricht aus anderen Quellen gegenüber, die auf Juden in der Stadt hinweist. Daraus läßt sich ableiten, daß sich Juden um ein Vielfaches häufiger in Münster aufhielten, als aufgrund anderer Überlieferungen zu vermuten ist.

Das folgende Diagramm läßt sich nur vor dem Hintergrund der historischen Gesamtsituation Münsters verstehen. Die ausgewerteten Geleitsabrechnungen fallen in die Zeit des Dreißigjährigen Krieges und in das Jahrzehnt danach. Die Zahl der in der Stadt aufgenommenen Juden nahm in der letzten Phase des Krieges stark zu, fiel aber unmittelbar vor dem Verlust der Selbständigkeit 1661 wieder steil ab. Der Grund für die Zunahme lag darin, daß die Aufnahmegebühren bis Ende der dreißiger Jahre verhältnismäßig niedrig lagen, die stark befestigte Stadt in den unsicheren Zeiten weit und breit den größten Schutz bot und weniger durch den Krieg in Mitleidenschaft gezogen war als die anderen westfälischen Städte. Weil der Friedenskongreß zwischen 1643 und 1648 das Leben in Münster prägte, boten sich zudem für Geschäfte vieler Art günstige Möglichkeiten. Das kam der Stadt manchmal zugute – etwa als sie 1637 von Asar von Telgte 47 Pfund Potgut kaufte, wohl Pottasche zur Pulverherstellung. Hier handelt es sich im übrigen um die erste Erwähnung von Juden als Lieferanten von Kriegsmaterial im Münsterland.

Einnahmen der Stadt Münster aus dem Judengeleit 1622–1660:

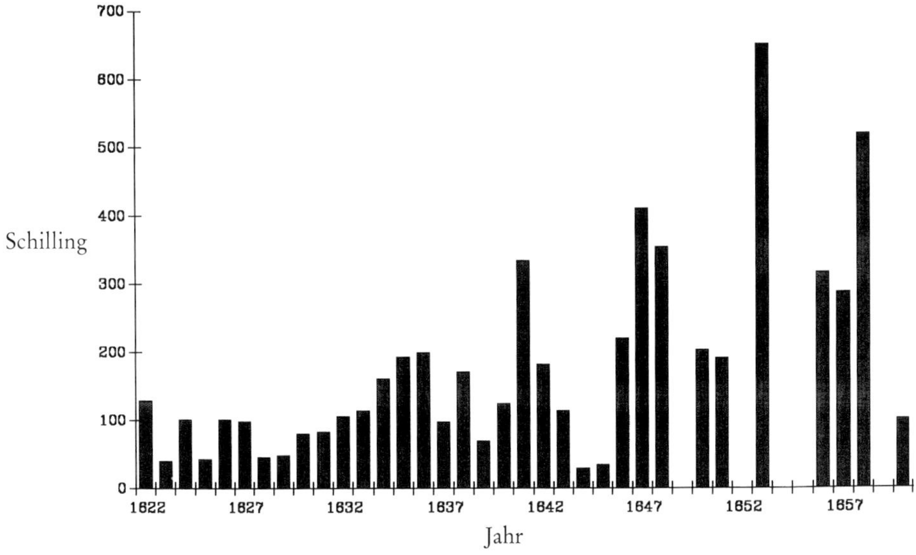

Quelle StadtAM, A VIII 277

Gegen die zunehmende Zahl von Juden erhob sich Widerstand. Er artikulierte sich am 24. November 1639 in einem Ratsbeschluß, der die seit 1621 geltenden Gebühren für ein Dreitagesgeleit um mehr als das Neunfache, für das Tagesgeleit sogar um das Vierzehnfache steigerte. Grund für die exorbitante Erhöhung der Gebühren war nicht der Versuch, die wachsende Finanznot der Stadt zu steuern. Zu den Gesamteinnahmen Münsters trug das Judengeleit nur in sehr bescheidenem Maße bei; es betrug nie mehr als ein Viertel Prozent. Vielmehr sollten Juden von Münster möglichst ferngehalten werden, denn die Maßnahme wurde damit begründet, „daß die Juden ein zeithero heufig hereinkommen, viehe und guet uffgekaufft und wucherlich oder vermuthlich unzimliche händel getrieben" hätten (Ratsprotokoll vom 24. November 1639). Der Abschreckungszweck wurde auch erreicht: 1640 – im ersten Jahr, in dem die neue Gebührenordnung wirksam wurde – lassen sich nur noch 9 bis 13 Tage Gesamtaufenthalt von Juden in Münster errechnen.

Die stets judenfeindlichen Vertreter der Zünfte blieben mißtrauisch; 1641 setzten sie im Rat durch, daß ein Dreitagesgeleit nicht verlängert werden durfte, 1646, daß

Juden nur noch durch das Aegidiitor in die Stadt gelangen konnten und die Kontrolle dem Pförtner des Tores, Jakob Storck, übertragen wurde, einem in städtischen Diensten bewährten Subalternbeamten. Das Paßwesen wurde damit weiter vereinfacht und ohne Zweifel wirksamer gestaltet. Die Kontrolle der Juden blieb freilich immer schwierig, was darin seinen Grund hatte, daß in Westfalen, von Soest abgesehen, Judenkennzeichen – etwa der gelbe Ring – nirgends durchgesetzt werden konnten. Juden waren offensichtlich von anderen Fremden nicht abgehoben. In Sprache, Aussehen und Auftreten müssen sie ausgesehen haben wie andere Stadtbesucher auch. Beim Problem, Juden zu erkennen, konnte der Rat den Torwächtern nie eine wirksame Hilfe bieten. Als er am 26. Juni 1647 beschloß, alle eintretenden Juden sollten „einen Fächer in der Hand zum Abzeichen“ tragen, blieb ungeklärt, wie man sie von anderen unterscheiden sollte, wenn sie sich nicht an diese Bestimmung hielten. Das Problem blieb ungelöst, bis 1661 mit dem Fall der Stadt eine neue Judenpolitik möglich wurde.

4. Ständische Gesellschaft und territorialstaatliche Politik gegenüber den Juden (1661–1815)

Mit Fürstbischof Christoph Bernhard von Galen (1650–1678) begann eine neue Epoche in der Geschichte der Juden im Stift Münster. Das zeigt sich schon in seiner ersten Maßnahme, die Juden betraf, dem Edikt vom 1. Oktober 1651. Orientiert an kurbrandenburgischem Vorbild wurde die Judenschaft des Stifts zu einer Gesamtorganisation zusammengefaßt und an ihre Spitze ein sogenannter Befehlshaber und Vorgänger gestellt, der weitreichende Befugnisse besaß. Seine Verantwortung betraf das jährliche Schutzgeld, die Veranlagung der einzelnen jüdischen Familien, die Regelung der Streitigkeiten der Juden untereinander und die Wahrnehmung ihrer Rechte nach außen.

Bisher hatten in Münster der Fürstbischof oder seine Beauftragten in häufig offenbar persönlich geführten Verhandlungen die schwer bestimmbare finanzielle Leistungsfähigkeit des Antragstellers einzuschätzen gehabt, danach das Geleit offiziell ausfertigen und die Tribute der einzelnen Juden durch die Rentmeister der Ämter einziehen zu lassen. Jetzt wurde lediglich eine bestimmte Summe als Soll der gesamten Stiftsjudenschaft festgesetzt. Alles andere besorgte der Judenvorgänger. Ohne Zweifel bedeutete die neue Regelung eine Vereinfachung, Straffung und Effektivierung des Judenregals. Die zu Zeiten Franz' von Waldeck fast persönlich zu nennenden Beziehungen zwischen Fürstbischof und Juden wurden „rationalisiert“. Der einzelne Jude verschwand in der Stiftsjudenschaft, von dem sich immer höher erhebenden Landesherrn getrennt durch den von diesem eingesetzten und ganz von ihm abhängigen Judenvorgänger, der bald sein „Hofjude“ wurde. Ergänzt und vervollständigt wurde das Edikt über Gesamtgeleit und Judenvorgänger nach langer Vorbereitung durch eine Judenordnung. Am 29. April 1662 publiziert, blieb sie für die Juden des Stifts Münster bis zum Ende des Alten Reiches und darüber hinaus maßgebend.

Im wesentlichen regelte die Ordnung die Geleits- und Paßvergabe und gab den Juden bis in Einzelheiten hinein Verhaltensvorschriften der christlichen Umwelt ge-

Auszug aus der Judenordnung Christoph Bernhards von Galen für das Stift Münster vom 29. April 1662

Juden Ordnung.

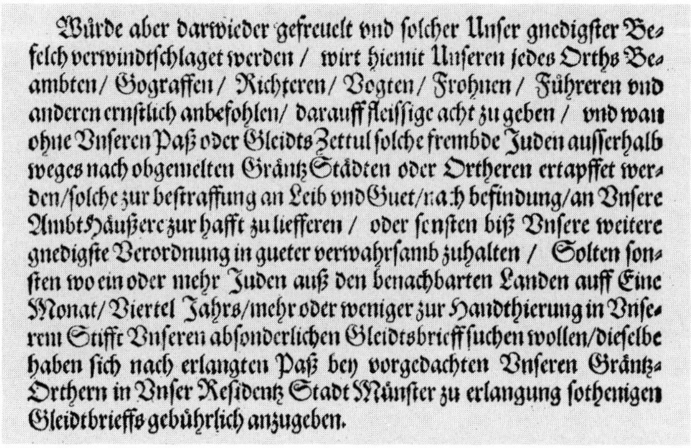

Würde aber darwieder gefreuelt vnd solcher Unser gnedigster Befelch verwindtschlaget werden / wirt hiemit Unseren jedes Orths Beambten / Gograffen / Richteren / Vogten / Frohnen / Führeren vnd anderen ernstlich anbefohlen / darauff fleissige acht zu geben / vnd wan ohne Vnseren Paß oder Gleidts Zettul solche frembde Juden ausserhalb weges nach obgemelten Gräntz Städten oder Ortheren ertapffet werden / solche zur bestraffung an Leib vnd Guet / nach befindung / an Vnsere Ambt Häußere zur hafft zu liefferen / oder sensten biß Vnsere weitere gnedigste Verordnung in gueter verwahrsamb zuhalten / Solten sonsten wo ein oder mehr Juden auß den benachbarten Landen auff Eine Monat / Viertel Jahrs / mehr oder weniger zur Handthierung in Vnserem Stifft Vnseren absonderlichen Gleidtsbrieff suchen wollen / dieselbe haben sich nach erlangten Paß bey vorgedachten Vnseren Gräntz-Orthern in Vnser Residentz Stadt Münster zu erlangung sothenigen Gleidtbrieffs gebührlich anzugeben.

genüber; so durften sie zum Beispiel nicht in der Nähe von Kirchen und christlichen Friedhöfen wohnen. Ihnen wurden Darlehen an Minderjährige verboten, ferner die Annahme von diebstahlverdächtigem Gut sowie von Waffen, Acker- und Kirchengeräten als Pfänder. Die Zinssätze waren, je nach Höhe des Darlehns, dreifach gestaffelt; Immobilienbesitz blieb untersagt. Der Gerichtsstand der Juden sollte ausschließlich vor dem Landesherrn und seinen Kommissaren sein. In der Judenordnung war keine Rede davon, Juden wieder in die Hauptstadt selbst zu vergeleiten, sosehr Christoph Bernhard Juden im wohlverstandenen eigenen Interesse förderte und ihre Zahl sich unter ihm kräftig vermehrte. Im Gegensatz zu Franz von Waldeck in vergleichbarer Situation gab er Juden kein dauerndes Niederlassungsrecht in Münster, obwohl er im Unterwerfungsvertrag vom 26. Mai 1661 die politische Macht der Zünfte in Münster gebrochen hatte und die psychologischen und wirtschaftlichen Voraussetzungen ihres Kampfes gegen die Juden grundsätzlich nicht mehr dieselben waren. Wie tief die ablehnende Haltung Juden gegenüber in der Stadt verwurzelt war, zeigt sich darin, daß der triumphierende Landesherr seiner gedemütigten Hauptstadt gerade in diesem Punkt entgegenkam. Sie bewahrte ihr hergebrachtes Privileg, nicht zur Aufnahme von Juden verpflichtet zu sein.

Bei der technischen Regelung des Verkehrs der Juden in Münster spürt man bis in die Formulierungen hinein den Einfluß der alten Geleitsordnungen der Stadt – etwa darin, wie die Notwendigkeit des Erlasses begründet wurde, wie die Registrierung durchgeführt werden sollte und wie lange die Juden bleiben durften. Interessant ist, daß nicht die Praxis der letzten Jahre aufgegriffen wurde, sondern jenes Verfahren, das bis 1640 geübt worden war. Einlaß begehrende Juden wurden nicht mehr auf das Aegidiitor beschränkt und dort vom Pförtner eingelassen, sondern von Wächtern zu den nun für Juden zuständigen „Aufsehern und Inspektoren" gebracht und von ihnen registriert. Dabei wurden nicht mehr wie vordem nur Name und Aufenthaltsdauer aufgenommen, sondern auch Herkunft und Zweck des Besuchs. Gebühren waren nicht mehr nötig, da die Juden diese entweder schon an den Grenzen des Stifts entrichtet hatten oder in diesem selbst besteuert wurden.

Ohne daß wir für die Zeit zwischen 1662 und 1810 über exakte Zahlen jüdischer Besucher verfügen, ist anzunehmen, daß diese immer häufiger Einlaß begehrten. Das ist wahrscheinlich, weil sich die Zahl jüdischer Familien im Stift Münster von 23 (1667) auf 203 im letzten Zähljahr 1795 nahezu verzehnfachte, bis 1803 weiter anstieg und danach bis zum Beginn der preußischen Zeit noch einmal erheblich zunahm. Entsprechend wurde am 31. Oktober 1765 jüdischen Vieh- und Pferdehändlern gestattet, auch andere Herbergen als die fünf offiziell für sie zugelassenen Gasthäuser zu beziehen.

In jener Zeit traten in Münster mehr Juden zum Christentum über als früher. So sind allein für die 1812 abgerissene Dompfarrkirche St. Jakobi zwischen 1756 und 1777 sechs Judentaufen überliefert. Gleichzeitig wurde den sich in der Hauptstadt aufhaltenden Juden freilich vorgeworfen, hier ihre Religion verbotenerweise auszuüben. Unter dem 26. Januar 1759 wird vermerkt, sie hätten sich im Nagelschen Hof auf der Aegidiistraße zu gottesdienstlichen Zwecken zusammengefunden.

Zum Judenbild der münsterischen Bevölkerung trugen sicher einige Kriminalfälle, in die Juden verwickelt waren, ebenso bei wie ihre starke Beteiligung am Räuberunwesen dieser Zeit. So war der unter vielen Falschnamen auftretende Räuberhauptmann Abraham Picard, ein niederländischer Jude, der nach Polizeierkenntnissen an krimineller Energie den bekannteren Schinderhannes weit übertraf, auch im Stift tätig und saß in Münster im Gefängnis, konnte aber entkommen.

In der Stadt waren die Hauptgegner der Juden wie eh und je die Zünfte. Den Zünften gegenüber standen aufgeklärte höhere Beamte des Stifts, die sich Bestrebungen des Fürstbischofs Max Franz (1784–1801), Geleitsrechte der Juden in Münster einzuschränken, 1788 energisch und mit fortschrittlicher Argumentation entgegenstellten. Juden dürften nicht in einem schlechteren Rechtszustand sein als die übrigen Untertanen. „Wir können", schließen die Hofkammerräte ihr Schreiben an den Kurfürsten, „keine Ursachen ergründen, warum man den Juden ihren hiesigen Aufenthalt und die Betreibung ihrer Geschäfte erschweren wolle" [StaatsAM, Fürstentum Münster, Kabinettsregistratur 474].

In ihr entscheidendes Stadium traten die Verhältnisse in der napoleonischen Umbruchzeit. Bis dahin hatte der Rat alle Anträge auf Einbürgerung der Juden in Münster abwehren können, zuletzt in einer Eingabe vom 17. Dezember 1808 an den Innenminister des Großherzogtums Berg in Düsseldorf. Die Stadt verwies auf ihr uraltes Recht, die Aufnahme von Juden verweigern zu können. Sie äußerte darüber hinaus die Befürchtung, Juden würden so stark in die Stadt drängen, daß die Bürger in den bestehenden krisenhaften Zeiten in Existenznot gerieten, da die Juden infolge „ihrer schlechten Lebensweise" (gemeint ist: ihrer bescheidenen Ansprüche wegen) vor anderen im Vorteil seien. Schließlich „paßten" auch ihre „Religionsgrundsätze [. . .] nicht mit den rechtlichsten" zusammen – im Klartext: Die Juden hätten eine Gaunerreligion. Die vielschichtige Argumentation enthält noch einmal die wesentlichen Gründe, mit denen Münster seit Jahrhunderten Juden ausschloß. Daß die Stadt jetzt aber gegen geltendes Recht verstieß, mußten die Stadtväter zugeben: „nach den kaiserlich französischen Gesetzen" seien den Juden „gleiche Rechte mit den Christen verliehen" [StadtAM, Stadtregistratur 36–1].

Entsprechend stieß die Stadt hier sofort auf grundsätzlichen Widerstand. Am 29. Dezember 1808 lehnte es der zuständige Innenminister Graf von Nesselrode ab, die alten Rechte Münsters zu bestätigen. Auch eine über viele Monate hin versuchte Verschleppungstaktik, die zeigt, wie wichtig der Stadt das Recht war, den Juden den Aufenthalt zu verbieten, blieb erfolglos. Am 13. März 1810 sah sich der Maire, wie der Bürgermeister der Stadt seit Einführung der französischen Munizipalverfassung hieß, gezwungen, dem „Handelsmann" Nathan Elias Metz aus Warendorf die Erlaubnis zum Aufenthalt zu erteilen. Unmittelbar vorher war von diesem noch als von dem „Handelsjuden" Metz die Rede gewesen. Damit war der Bann gebrochen. Schon am nächsten Tag ließ sich ein weiterer Jude in Münster nieder; am 20. Mai 1812 waren bereits 21 Juden in der Stadt ansässig, im September 1816 schon achtzig.

Quellen und Literatur

Die lange Geschichte der Juden in Münster ist unterschiedlich erschlossen und aufgearbeitet. Eine umfassende Darstellung liegt noch nicht vor. Der kurzgefaßte Überblick von Aschoff [24: Juden in Münster] und die Ausstellungsdokumentation einer Arbeitsgruppe der Volkshochschule [72: Geschichte der Juden] können diese nicht ersetzen. Für einen Einstieg in die bisher vorliegende Literatur eignet sich besonders das ausführliche Literaturverzeichnis der Dokumentation.

Zur Geschichte der westfälischen Juden vor 1350 ist grundlegend der von Brilling/Richtering/Aschoff herausgebene erste Band der „Westfalia Judaica" [2811: Westfalia Judaica 1]. Für das Spätmittelalter ist zurückzugreifen auf den Aufsatz von Aschoff [1934: Juden in Westfalen]. Für die Stadt Münster ist auf die Lexikonartikel in der „Germania Judaica" [428: Avneri, Münster; 501: Kober, Münster] zu verweisen. Wesentliche Teile dieses Beitrags stützen sich auf Aufsätze von Aschoff [1935: Münsterländisches Judentum; 706: Münster und die Juden]. Die Zeit zwischen 1650 und 1800 ist demgegenüber durch Archivstudien nur dürftig erschlossen.

LUDWIG REMLING

Brauchtum, Feste und Volkskultur im alten Münster

1. Terminbrauchtum der Advents- und Weihnachtszeit – 2. Frühlings- und Maibrauchtum – 3. Die münsterische Fastnacht am Beginn der frühen Neuzeit – 4. Rat und Jesuiten als Gegner der Fastnacht – 5. Frömmigkeit und städtische Geschichte – 6. Prozessionen durch die Straßen der Stadt – 7. Die Große Prozession als städtisches und kirchliches Ereignis

„Heimat des Regens“ nennt der päpstliche Nuntius Fabio Chigi in einem seiner Gedichte scherzhaft die Stadt Münster. In den sechs Jahren seines Aufenthalts habe er die Stadt an der Aa nicht anders „als triefend von ständigem Regen“ gesehen [610: Gedichte zu seinem Aufenthalt, S. 23]. Es mag die Sehnsucht nach der warmen Sonne des Südens gewesen sein, die den Diplomaten aus Rom zu seinen spöttischen Versen veranlaßt hat, war doch gerade zur Zeit des Friedenskongresses das Leben in Münster alles andere als langweilig und trist. Die zähen und langwierigen Verhandlungen wurden immer wieder von Prozessionen und Aufzügen, zahlreichen Empfängen, Musik- und Tanzveranstaltungen unterbrochen. Zur Unterhaltung der Gäste ließ der Rat Schausteller, Seiltänzer, Akrobaten und Komödianten auftreten, die – angezogen durch das internationale Gepräge der Stadt – aus verschiedenen Ländern anreisten. Für die Münsteraner selbst waren diese Jahre sicher eine interessante, ja aufregende Zeit, sowohl im guten wie im schlechten. Doch nicht alles, was sie damals in ihrer Heimatstadt sahen und erlebten, war neu und voller Überraschungen. Feierliche Gottesdienste und Prozessionen, Geselligkeit und Tanz, Unterhaltung und Kurzweil hatte es seit jeher gegeben, und nächtliche Schlägereien nach ausgedehnten Trinkgelagen, Streit und Verwünschungen, Diebstahl, Mord und Totschlag waren auch früher schon vorgekommen.

Aus dem bunten Kaleidoskop des alltäglichen Lebens im alten Münster sollen im folgenden das Jahresbrauchtum, die Feste und die Prozessionen näher beleuchtet werden. Zeitlicher Rahmen ist überwiegend das 16. und 17. Jahrhundert. Für diese Epoche, in der sich der Übergang vom Spätmittelalter zur Neuzeit vollzog, steht zu den genannten Themenbereichen eine besonders günstige und reichhaltige schriftliche Überlieferung zur Verfügung. Sie verdankt ihre Entstehung nicht allein dem gelehrten Interesse humanistisch geprägter Chronisten, sondern auch und vor allem der zunehmenden Reglementierung des öffentlichen und privaten Lebens durch die städtische Obrigkeit. Die Verordnungen, Vorschriften und Verbote des Rates enthalten zahlreiche Belege und Hinweise, mit denen sich die Berichte in den Chroniken verdeutlichen und ergänzen lassen. Angesichts dieser Quellenbasis ist es allerdings müßig, die Frage nach dem Ursprung und der Kontinuität in den Vordergrund zu stellen. Brauchtum und Volkskultur begegnen in den vorliegenden Quellengruppen weniger als statische Gegebenheiten oder Strukturen von langer Dauer, sondern mehr als historisch bedingte Lebensformen, die dem Wandel unterliegen.

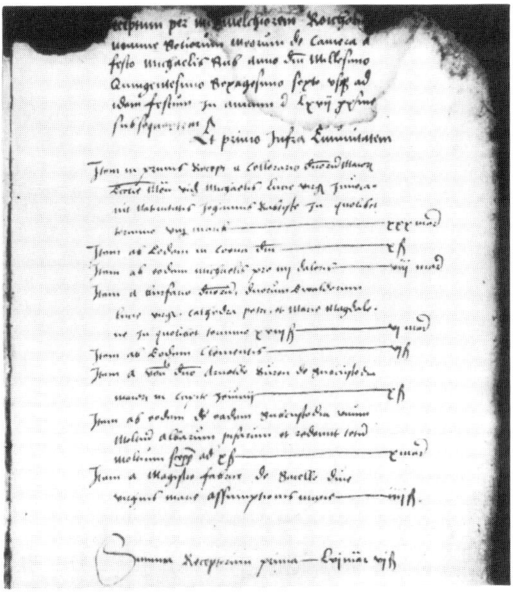

Handschrift des Melchior Röchell, dessen Chronik eine der wichtigsten Quellen zum münsterischen Brauchtum darstellt

1. Terminbrauchtum der Advents- und Weihnachtszeit

Eine erste Übersicht über das in Münster übliche Jahresbrauchtum bietet der Chronist Hermann von Kerssenbrock in seiner „Geschichte der Wiedertäufer". Er strebt allerdings keine Vollständigkeit an, sondern will „etwas von einigen althergebrachten Sitten und Gewohnheiten der Bürger erzählen" [640: Anabaptistici furoris historica narratio, S. 70]. Sein Bericht ist zu ergänzen durch die Angaben in der Chronik des Domvikars Melchior Röchell († 1606). Weitere Hinweise auf Brauchtumstermine und -träger enthalten unter anderem die Chroniken des Jesuitenkollegs, die Ratsprotokolle und die städtischen Rechnungen.

Der Martinstag (11. November) beschloß einst als wichtiger Rechts- und Zinstermin das Wirtschaftsjahr; zugleich markierte er den Winteranfang und bereitete auf die Advents- und Weihnachtszeit vor. Er war in Münster wie anderenorts durch ein vielgestaltiges Brauchtum ausgezeichnet, das allerdings nur in Umrissen überliefert ist. Am 10. November 1617, am Tag vor St. Martin, wurden die städtischen Botmeister (Schutzleute) vom Rat beauftragt, allen Bürgern von Haus zu Haus mitzuteilen, daß kein „Martinfeur wie ein zeithero in Mißbrauch" (Ratsprotokoll) gewesen, angezündet werden solle. Die Domschüler zogen am Martinstag in der winterlichen Dämmerung mit festlicher Ausgelassenheit durch die Stadt und sangen auf den Plätzen und Straßenkreuzungen ein einstimmiges Lied, das sie bei einem Lehrer gelernt hatten. Die Jesuiten schafften diesen Brauch noch 1588 ab. Nicht verhindern konnten sie in diesem Jahr, daß die älteren Schüler wie gewohnt am Vorabend des Martinstages ihr Gelage hielten. Da es keinen freien Nachmittag gab, blieb die Rhetorikklasse fast geschlossen dem Unterricht fern.

Mehr den Vorstellungen der Jesuiten entsprach das lokale Brauchtum am Fest der hl. Katharina (25. November). Wie der Chronist des Kollegs berichtet, feierten die Bewohner Münsters und des Münsterlandes diesen Tag nach uraltem Brauch „mit einzigartiger Frömmigkeit und Feierlichkeit" zum Dank für die guten Fortschritte ihrer heranwachsenden Jugend. Schon früh am Morgen weckten die Eltern ihre Kinder und führten sie zur Kirche, wo für die dichtgedrängte Menge eine Messe mit Predigt gehalten wurde.

Das Brauchtum des Weihnachtsfestkreises war gekennzeichnet durch gegenseitige Geschenke und gemeinsame Gastmähler. Am ersten Sonntag im Advent trafen sich die Alder- und Meisterleute der Handwerker zum Adventszech, der sich bis Montag oder Dienstag hinzog. Der Nikolaustag war ein Fest der Kinder. Sie erhielten am Vorabend Geschenke. An der Domschule und den Stiftsschulen von Ludgeri und Martini fanden Bischofsspiele statt. Aus der Mitte der Domschüler wurde ein „Bischof" gewählt, den die ganze Schule mit Fackeln und Lichtern feierlich auf den Domplatz geleitete. Vor dem zahlreichen Volk, das dort anwesend war, sangen die Schüler einige Lieder; anschließend versammelten sie sich zu einem Festschmaus. An der Martinischule war das Bischofsspiel mit den liturgischen Tagzeiten verbunden. Die 1573 erneuerte Ordnung sah vor, daß sich die Schüler am Vorabend des 6. Dezember zwischen vier und fünf Uhr in der Schule zur Wahl des „Bischofs" und der beiden bischöflichen Kapläne versammelten. Danach geleitete die Schülerschar den mit einem Bischofsornat gekleideten Neugewählten samt seinen beiden „Assistenten" mit Lichtern und Fackeln über den Friedhof in die Kirche und nahm unter den Klängen der Orgel im Mittelschiff Aufstellung. Der Kinderbischof bestieg seinen Thron und stimmte die Vesper an, die unter Leitung eines Lehrers gemeinsam gesungen wurde. Zum Abschluß erteilte der „Bischof" zusammen mit seinen beiden „Kaplänen" allen den Segen. An der Domschule wurde das Bischofsspiel unter Rektor Hermann von Kerssenbrock (1550–1575) abgeschafft; an der Martinischule blieb es noch längere Zeit erhalten.

Auch bei den Handwerksgesellen war das Bischofsspiel offensichtlich nicht unbekannt. Am Nikolaustag 1612 wurden mehrere Schmiedeknechte wegen einer Schlägerei vom Rat verhört. Sie berichteten, daß sie am Abend zuvor nach altem Brauch auf ihrem Krug gewesen, um „den Bischof zu kiesen" (Ratsprotokoll). Da der durch das Los gewählte Geselle sich aber geweigert habe, das Amt anzunehmen, seien sie aneinandergeraten. Inwieweit in anderen Gilden das Bischofsspiel ebenfalls gepflegt wurde, muß offenbleiben.

Auf Mittwinters Abend, am Tag vor dem Weihnachtsfest, versammelten sich Bürgermeister, Ratsherren und städtische Bedienstete und erhielten aus der Gruetkasse ein kleines Geldgeschenk, das sogenannte Offergeld. Dazu wurde ein Quart Lautertrank (mit Gewürz und Kräutern versetzter Wein) mit Zucker und Weißbrot gereicht. Dem Hausgesinde des Fürstbischofs wurde ein ähnliches Offergeld aus der Kämmereikasse überreicht.

Die Zeit zwischen Weihnachten und dem Dreikönigsfest, auch die „Zwölf Nächte" genannt, galt als geheiligte Zeit. Sie genoß ähnlich der „Freiheit" an den Jahrmärkten einen besonderen Rechtsstatus. Wegen der zahlreichen Festlichkeiten und zur Verhinderung von Unfug waren die städtischen Botmeister in den Zwölf Nächten zu besonderer Wachsamkeit angehalten. Schlägereien oder andere Gewalttätigkeiten wurden in dieser Zeit besonders hart bestraft. So erhielten Anfang 1610 mehrere Personen eine erhöhte Geldstrafe, weil die Schlägerei, an der sie beteiligt waren, am Stephans- und Johannistag „in den 12 Nächten so nahe auf das Fest und also in der Freiheit geschehen" war [59: Offenberg, Bilder und Skizzen, S. 135].

Die wichtigsten Brauchtumstermine in den zwölf Nächten waren der Neujahrstag, auch „helsams dag" genannt, und das Dreikönigsfest. Das neue Jahr begann man laut Kerssenbrock mit gegenseitigen Besuchen, Festmählern, Gesängen, Neujahrsgeschenken und deutschen Liedern. Die Menschen wünschten sich, wenn sie einander begegneten, einen glücklichen Anfang des Jahres. Von der Hausmutter wurde für die Familienmitglieder und die Armen eine Art Lebkuchen gebacken. Die Verteilung innerhalb der Familie geschah nach einem besonderen Brauch. Die Hausmutter schlug jedem der Reihe nach mit der geballten Faust auf die Brust und sagte dabei: „Klein Stucke, groiß Glucke. Besser ist der Geist dann der Kuche." Mit den Lebkuchen wurden allerlei Scherze getrieben. Man versuchte, sie um die Wette zu zerbrechen oder nahm sie einander heimlich weg, wobei sich manche durch besondere Geschicklichkeit auszeichneten. Das Trinken wurde dabei nicht vergessen, und mit solchen Beschäftigungen brachte man einen guten Teil der Nacht zu.

Das Dreikönigsfest wurde nicht weniger aufwendig mit Essen und Feiern begangen, auch die Lebkuchen vergaß man dabei nicht. Durch Los wurde ein „König" gewählt, der jedem in der Familie ein Amt übertrug. Alle, die ihre Amtspflichten verletzten, bestrafte er kraft seiner königlichen Vollmacht. Auch der Sternsingerbrauch scheint üblich gewesen zu sein. 1612 wurde dem Rat gemeldet, daß etliche fremde Bettler am Dreikönigstag ohne Erlaubnis „mit einer großen sternen" bettelnd in der Stadt umhergezogen seien (Ratsprotokoll vom 7. Januar 1612).

An Weihnachten und Dreikönig ging das Familienoberhaupt durch das Haus und weihte es mit Weihrauch und Weihwasser, um es von allen Sünden zu reinigen und zu segnen. Dieser Zeremonie, bei der auch geistliche Lieder gesungen wurden, wohnten alle Hausgenossen mit brennenden Kerzen bei.

2. *Frühlings- und Maibrauchtum*

Von einem vielfältigen Brauchtum, das vor allem von der Jugend getragen wurde, waren der Monat Mai bzw. die Zeit um das Pfingstfest geprägt. Den Auftakt bildete der Maigang der Domschule, der bei Röchell ausführlich beschrieben ist. Am Dienstag vor Pfingsten zogen die Domschüler zur Mittagsstunde klassenweise in Zweierreihen vom Domkreuzgang über die Schmale Brücke zum Liebfrauentor hinaus auf die Sentruper Höhe. Vom Stadttor an ging man in zwanglosen Gruppen. Jeder hatte seine Verpflegung bei sich. Vor Ort konnten weitere Getränke bei den Hausmeistern der Schule gekauft werden. Auf der Heide hatten die Schüler am Vortag Hütten gebaut. Diese waren mit Holz und Laub aus dem Sentruper Busch so dicht abgedeckt, daß man nicht hindurchschauen konnte und bei einem Regenschauer geschützt war. Viele Bürger gingen mit hinaus und beaufsichtigten ihre Kinder. Mit allerhand jugendlicher Kurzweil, wie etwa Ballschlagen, vertrieb man sich die Zeit.

Außerdem wurde kräftig getrunken, so daß man, wie der Chronist bemerkt, von den Schülern die wunderlichsten Dinge sah. Der Rektor und die anderen Lehrer ließen an diesem Tag vieles durchgehen; Zügellosigkeiten und das Mitführen von Waffen wurden jedoch nicht geduldet. Auch waren einige stark bewaffnete Männer als Ordnungsdienst aufgestellt, damit alle Streitigkeiten im Keim erstickt werden konnten. Der Rektor wurde von den ältesten Schülern zu einem Trunk eingeladen. Er selbst mußte in seiner Hütte die anderen Lehrer und die geladenen Gäste bewirten. Bei Einbruch der Dunkelheit ging es heimwärts zum Stadttor und von dort wieder in geordnetem Zug – jeder mit einem grünen Zweig in der Hand – am Überwasserkirchhof vorbei über den Spiekerhof und den Markt zum Domkreuzgang. Auf dem Weg durch die Stadt und am Dom wurden geistliche Lieder und Psalmen gesungen. Ein Gebet für Bischof Hermann I. († 1042), dem man die Stiftung des Maigangs zuschrieb, beschloß den Ausflug. Am folgenden Tag war schulfrei. Viele Schüler gingen nochmals zur Heide zum Ballschlagen, „jedoch ein jeder nach seinem Gefallen" [1: Münsterische Chroniken, S. 194].

Neben dem Maigang kannte die Domschule noch zwei weitere Schulfeste: die Feiern anläßlich des jährlichen Examens und das Bischofsspiel am Nikolaustag. Beide hatte Rektor Kerssenbrock abgeschafft. Auch dem Maigang stand er reserviert gegenüber, wie eine entsprechende Bemerkung in seiner Chronik vermuten läßt. Die Lehrer würden lieber einen ganzen Tag dreschen, schreibt er, wenn sie nur von den so ermüdenden Sorgen und Mühen dieses Ausflugs verschont blieben. Es war wohl lediglich das Gedenken an den bischöflichen Stifter und die Rücksicht auf das Domkapitel, die ihn bewogen, den Maigang beizubehalten. Er erwähnt selbst am Ende seines Berichts, daß jeder Schüler jährlich einen Groschen geben mußte, wofür am Jahrtag des Bischofs von den Chorsängern des Doms in der Überwasserkirche ein einpfündiges Wachslicht aufgestellt wurde, damit das Recht auf den Maigang nicht im Laufe der Zeit verlorenginge. Die Jesuiten, denen im Herbst 1588 die Domschule übertragen worden war, hatten weniger Bedenken. Sie verhandelten 1589 erfolgreich mit dem Domkapitel über die Abschaffung des Maigangs. Wichtige Argumente waren dabei die in der Stadt grassierende Pest und das umherstreifende Kriegsvolk aus den benachbarten niederländischen Provinzen. Den Schülern wurden als Ersatz zusätzliche freie Nachmittage im Mai und jährliche Theateraufführungen um die Pfingsttage in Aussicht gestellt. Die Entrichtung des Groschens durch die Schüler entfiel fortan ebenfalls.

Der Maigang der Handwerkergesellen übertraf den der Domschüler an Prachtentfaltung und Aufwand um einiges. Er war mit einem Zechgelage verbunden, das sich über mehrere Tage hinzog und zu dem Meistertöchter und Mägde eingeladen wurden. Eine detaillierte Beschreibung des Festes ist nicht überliefert; aus den zahlreichen Einzelhinweisen lassen sich jedoch Gestalt und Ablauf rekonstruieren.

Für den Maigang der Gesellen gab es keinen einheitlichen Termin. Die Schmiedegesellen etwa hielten ihn am Maitag (1. Mai), die Schneider-, Wüllner- und Bäckergesellen am Guten Montag (Montag nach Trinitatis). Diese Tage zählten zu den in Münster üblichen arbeitsfreien Pflichttagen, an denen die Gesellen oder „Knechte" in ihren Krügen und Herbergen zu Besprechungen und Zechgelagen zusammenkamen. Teilweise zogen die Gesellen schon vor dem Maigang in die Umgebung der

Stadt und schlugen Maigrün oder einen Maibaum. Nach der feierlichen Einholung schmückten sie damit ihre Versammlungslokale.

Der Maigang vor die Tore der Stadt fand vielfach unter Musikbegleitung statt. In verschiedenen Gilden wählten die Gesellen einen Maigrafen, dem „Beigänger" assistierten. Die Schuhmacherknechte stellten ihrem Maigrafen auch eine Meistertochter als „Maigräfin" zur Seite. Bei der Rückkehr vom Maigang wurde der Maigraf mit einem Kranz geschmückt. Die Schneidergesellen vergnügten sich altem Brauch nach am Montag und Dienstag nach Trinitatis mit Ballschlagen auf dem „Ballplatz" vor dem Aegidiitor. Bei den Bäckergesellen war der Maigang anscheinend mit einem Heischeumzug verbunden. Sie trafen sich am Sonntag Trinitatis mit ihren Pferden auf dem Brockhof vor dem Ludgeritor und besuchten die Mühlenherren in der Umgebung der Stadt.

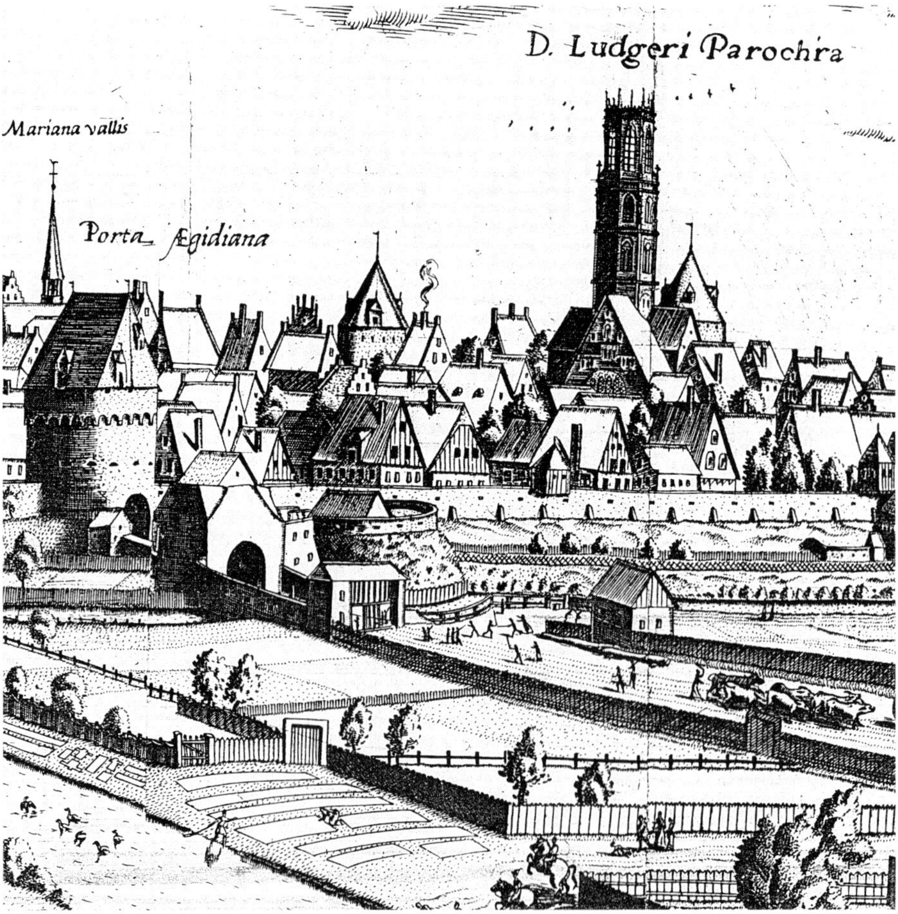

Der Ballspielplatz vor dem Aegidiitor. Ausschnitt aus der 1570 von Remigius Hogenberg gestochenen Stadtansicht

Der Maigang hatte als Bestandteil des Guten Montags die Aufgabe, Bekanntschaft, Friede und Einigkeit unter den Amtsgesellen zu fördern. Er diente zugleich auch der Selbstdarstellung gegenüber den Gesellen anderer Ämter und der nicht zum Handwerk gehörenden Jugend. So ist es nicht verwunderlich, daß er gelegentlich zum Anlaß für Streit und Schlägereien wurde und daß es bei der Gestaltung zu Auswüchsen und Übertreibungen kam. Als die Schneiderknechte 1572 ihrem Maigrafen einen Kranz mit besonders vielen Rosen flochten, so daß er aussah wie ganz aus Rosen gemacht, da wurden sie bei der Rückkehr in die Stadt von den Wüllnergesellen auf dem Markt überfallen; der Kranz wurde ihnen dabei abgenommen. Die Wüllnergesellen verteidigten sich damit, daß es ihnen allein zustehe, ihren Maigrafen mit einem Rosenkranz zu schmücken.

1613 wurden die Schneidergesellen am Dienstag nach Trinitatis auf dem „Ballplatz" vor dem Aegidiitor von vier- bis fünfhundert Schülern, die mit Schlaginstrumenten bewaffnet waren, mit Gewalt am üblichen Ballschlagen gehindert und mußten unter Spott und Beschimpfungen vor der Übermacht weichen. Fünf Jahre später kam es erneut zu einem Zwischenfall beim Maigang. Diesmal behielten die auf den Brockhof vor dem Ludgeritor ausgewichenen Schneidergesellen die Oberhand. Die in der Schlägerei unterlegenen Schüler mußten sich zurückziehen. Gespannt waren stets auch die Beziehungen zwischen den Handwerksgesellen und den Skribenten. Als die Schuhmacherknechte 1626 von Sonntag bis Mittwoch ihren Guten Montag zunächst im Krug und später auf der Straße mit Tanzen begingen, nahmen ihnen die Skribenten als Vergeltung für den dabei gezeigten Übermut den Maibaum weg.

Die Skribenten oder Kopisten waren als Schreiber tätig. Ihre Zahl hatte durch den Ausbau des weltlichen und kirchlichen Gerichtswesens unter Fürstbischof Johann von Hoya (1567–1574) stark zugenommen. Obwohl sie sich immer wieder mit den Handwerksgesellen anlegten, ahmten sie deren Gemeinschaftsbrauchtum nach. Sie trafen sich das Jahr hindurch zu mehreren Zechgelagen und hielten auch einen Maigang.

Für die städtische Obrigkeit galten Maigang und Maizeche der Gesellen und Skribenten seit dem ausgehenden 16. Jahrhundert mehr und mehr als eine Gefahr für die öffentliche Ordnung. Immer wieder griff der Rat regulierend ein, um Auswüchse zu unterbinden. Er fand dabei meist auch die gewünschte Unterstützung durch die Handwerksmeister. Kam es zu Tätlichkeiten, verhängte er empfindliche Strafen. Den Schneider- und Wüllnerknechten wurde 1572 der Maigang auf längere Zeit verboten. Es wurde ihnen 1574 lediglich gestattet, bei ihrer Versammlung „zu einem Pfannekuchen ein Pint Keit zu trinken" [59: Offenberg, Bilder und Skizzen, S. 86]. Als es 1618 wegen des Maikranzes zwischen den Schneider- und Bäckergesellen zu Tätlichkeiten kam, schaffte der Rat das Kranztragen ganz ab. Ab 1601 ging er gegen das übermäßige Maieinholen vor. Die Botmeister mußten darauf achten, daß die Büsche nicht so schnell wie in den vergangenen Jahren verhauen wurden. Einige Jahre später wurde für das Abhauen des Maiengrüns die schriftliche Zustimmung des Besitzers verlangt.

Nach den Vorstellungen des Rates waren beim Maigang „Üppigkeit und Gepränge" unter allen Umständen zu vermeiden. Die ausgedehnten Zechgelage sollten auf zwei Tage beschränkt werden. Der Gebrauch von Trompeten, Pfeifen und Trommeln beim Zug durch die Straßen und Gassen der Stadt wurde untersagt. Lediglich

Saiteninstrumente waren zugelassen; ab 1655 waren auch sie nicht mehr erlaubt. Sonderlich schwerwiegend kann allerdings die Störung der öffentlichen Ordnung durch die Musik mit dem „groben Spielwerck“ nicht gewesen sein, denn nach einer Aufstellung aus dem Jahr 1609 hatten bei den damals gerügten Ämtern nur jeweils zwei Spielleute musiziert (Ratsprotokoll vom 25. Juli 1609).

Die wiederholten Verbote des Rates blieben jedoch ohne durchschlagenden Erfolg. Fast jährlich mußten Strafen wegen des Maigangs verhängt werden. Schließlich kam der Rat 1617 mit den Gildenvertretern überein, daß die Maizechen mit der Zeit abgeschafft werden sollten. Die Gesellen würden im Maigrafen- und Beigängerstand soviel Üppigkeit in Kleidern und sonst gebrauchen, daß sie es nachher im Ehestand noch schmerzlich empfänden. 1623 wurde der Maigang unter Hinweis auf die schwierigen Zeiten vom Rat generell verboten. Es war den Gesellen lediglich erlaubt, in ihren Herbergen und Krügen in Stille und ohne Gepränge „ein trunck zu tun und sich miteinander friedsamlich in etwas zu ergetzen“ (Ratsprotokoll vom 27. Mai 1623). Während des Dreißigjährigen Krieges dürfte der Befehl des Rates weitgehend befolgt worden sein.

Verwandt mit dem Maigang ist der Brauch der Dienstmägde, die Pfingstblumen zu holen; leider gibt es darüber keine genaueren Angaben. 1549 begegnen bereits Verbote; sie werden in der Folgezeit regelmäßig wiederholt. Was den Rat zu seinem Eingreifen veranlaßte, war ursprünglich wohl weniger das Blumensuchen als solches, sondern mehr der Zeitpunkt, an dem es stattfand, nämlich der frühe Morgen des Pfingsttages. Mehrfach wurde in den Verboten die Unordnung angesprochen, die früher wegen der Pfingstblumen an den Stadttoren entstanden sei. 1603 wurde konkret verlangt, daß sich niemand morgens vor drei Uhr bei den Pfingstblumen vor den Pforten finden lassen solle. Weitere Elemente des Brauches waren anscheinend ein Umzug und eine Zusammenkunft. 1601 wurden die Botmeister im Zusammenhang mit den Pfingstblumen beauftragt, den Spielleuten die Instrumente wegzunehmen. Auf die in den Vorjahren „gespürte Üppigkeit“ wurde 1608 und 1611 verwiesen. 1625 gestand eine Magd beim Verhör, daß sie und andere Mägde wegen der Pfingstblumen in einem Haus beisammen gewesen seien. 1626 werden als Brauchtumsträger die „Melkemegde“ genannt. Der Brauch war also um diese Zeit trotz der jahrzehntelangen Verbote noch nicht völlig ausgestorben. Ob mit ihm auch abergläubische Vorstellungen verbunden waren, ließ sich nicht feststellen.

Ein weiterer Brauchtermin der weiblichen Jugend ist bei Kerssenbrock überliefert. Am Fest Johannes Baptista (24. Juni) spannten die Mädchen Stricke quer über die Gassen und hängten daran Kränze auf. Sie boten den Vorübergehenden einen Becher an und nötigten sie freundlich, daraus zu trinken. Nach Meinung des Chronisten taten sie dies nur, um den Leuten Geld abzulocken für ihr gemeinsames Mahl mit Tanz, zu dem auch junge Männer eingeladen wurden. Da dies häufig zur Unzucht Anlaß gegeben habe, sei der Brauch vom Rat verboten worden und inzwischen völlig verschwunden.

Das vielfältige spätmittelalterliche Terminbrauchtum Münsters erlitt im 16. Jahrhundert starke Einbußen. Es wurde teilweise verboten oder wenigstens in seiner Entfaltung eingeschränkt. Im frühen 17. Jahrhundert setzte sich diese Tendenz fort, obwohl sich mit den Skribenten und den nicht gildefähigen Handwerkern neue Brauchtumsträger bemerkbar machten. Was den Jesuiten beim Schulbrauchtum ohne größere Schwierigkeiten gelang, erreichte der Rat beim Maibrauchtum erst nach Jahrzehnten, und auch dann weniger kraft seiner Autorität, sondern mehr dank der ungünstigen Verhältnisse im Dreißigjährigen Krieg. Manches, was beseitigt und überwunden schien, war nur unterdrückt und lebte deshalb später in ruhigeren Zeiten, wenn auch in abgewandelter Form, wieder auf.

Das Vorgehen des Rates gegen verschiedene Brauchtumsfeste darf allerdings nicht isoliert gesehen werden. Es ist eingebunden in dessen umfassenden Kampf gegen alle tatsächlichen und vermeintlichen Beeinträchtigungen und Störungen des allgemeinen Wohls der Stadt und ihrer Bürger. Die zunehmende Reglementierung des öffentlichen und privaten Lebens durch obrigkeitliche Verordnungen und Verbote umfaßte alle Aspekte des alltäglichen Lebens und damit auch das Brauchtum. Bei vielen Bürgern und Einwohnern erfreuten sich jedoch gerade die althergebrachten Brauchtumsfeste einer besonderen Beliebtheit und Wertschätzung. Insofern war der Widerstand gegen ihre Einschränkung und Beseitigung groß und hielt teilweise über mehrere Jahrzehnte an. Das beste Beispiel dafür ist die Fastnacht, die in Münster alle Bevölkerungskreise in ihren Bann zog und fast zwei Wochen dauerte.

3. *Die münsterische Fastnacht am Beginn der frühen Neuzeit*

Nur für wenige Städte Deutschlands sind wir über das frühneuzeitliche Fastnachtsbrauchtum so gut unterrichtet wie in Münster. Während anderenorts Träger und Ablauf der Fastnacht nicht selten mühselig aus obrigkeitlichen Verordnungen und Verboten rekonstruiert werden müssen, ist in den Chroniken von Kerssenbrock und Röchell das bunte Treiben ausführlich beschrieben. Alle wichtigen Elemente des niederdeutschen Fastnachtsbrauchtums sind in Münster vorhanden: Verkleidung, Schau- und Heischeumzüge, Musik, Feuer und Fackeln, Besuche und Bewirtungen, ausgedehnte Gelage, Spiele und Tänze, szenische Darstellungen. Mit Ausnahme des geistlichen Standes war die ganze Stadt daran beteiligt.

Die münsterische Fastnacht begann am Donnerstag vor dem Sonntag Quinquagesima und endete am Montag nach dem ersten Fastensonntag. Brauchtümlich besonders ausgestaltet waren der Dienstag vor und der Donnerstag nach dem Aschermittwoch. Ganz allgemein herrschte an diesen Tagen offensichtlich die Freiheit, zu tun und zu lassen, was man wollte. Die Menschen machten sich durch Vermummung und Verkleidung unkenntlich und tanzten zur Musik verschiedener Instrumente auf den Straßen. Sie drangen in die Häuser ein, aßen und tranken unerkannt mit den Bewohnern und nötigten sie zum Würfelspiel. Lediglich die „guten Leute" legten ihre Masken ab und gaben sich zu erkennen. Unterschiedliche Kostüme waren zu sehen. Die einen verkleideten sich als Türken, Heiden oder Polen, andere zogen als Teufel oder böse Geister umher. Auch der Kleidertausch der Geschlechter war üblich: Männer verkleideten sich als Frauen und umgekehrt. Bisweilen war die Vermummung mit Larven so vollständig, daß die Betreffenden nur mit Hilfe von Metallröhrchen trinken konnten. Selbst kleine Kinder zogen vermummt umher.

Die Gesellen der Gilden hielten an Fastnacht einen Umzug durch die Stadt und ein mehrtägiges Gelage in ihrem Krug. Amtsweise wählten sie den Ansehnlichsten als Fähnrich, der in prächtiger Kleidung die Fahne des Amtes beim Zug mitführte.

Ihn begleiteten paarweise die Lehrlinge und die Gesellen. Mit Musik und Fackelträgern zog so ein jedes Amt durch die Stadt und besuchte die Meisterhäuser. Dort sammelte man Geld, Fleisch und Wurst, wurde bewirtet und tanzte mit dem Gesinde. Zwei starke Männer trugen mit einem Tragbaum die erbettelten Lebensmittel hinter dem Zug her, damit sie jeder sehen konnte. Nach der Rückkehr in den Krug luden die Gesellen für die folgenden Tage die Meistertöchter und -mägde und andere Jungfrauen zu einem mehrtägigen Gelage mit Tanz ein. Wollte sich ein Geselle von dieser Feier absondern oder fernbleiben, wurde er mit Gewalt auf einer Leiter in den Krug geschleppt und mit Wasser begossen, so daß er durch und durch naß wurde. Es wurde kräftig getrunken, und häufig kam es zu Raufereien.

Besonders eindrucksvoll war der Umzug der beiden Fleischhauergilden am Dienstagabend. Gesellen, Lehrlinge und Meister ritten oder gingen durch die ganze Stadt und besuchten alle Meisterfamilien. Die Stadtspielleute mit ihren Instrumenten und zwei Gildemeister mit Fahnen ritten voraus; ihnen folgten ebenfalls hoch zu Roß alle legitimen Fleischhauersöhne. Selbst die Wickelkinder wurden auf Pferden mitgeführt, denn nur durch die Teilnahme am Umzug erwarben die Söhne das Recht auf einen Stapel (Verkaufsstelle) in der Fleischhalle. Nach dieser Gruppe zu Pferd folgten die beiden anderen Gildemeister zu Fuß mit der „Braut“ und paarweise dem Alter nach alle anderen Fleischhauer. Die „Braut“ war die älteste unverheiratete Meistertochter; sie nahm stellvertretend für alle anderen Töchter am Umzug teil. Den Abschluß bildeten die Gesellen und Lehrlinge. Begleitet wurde der Zug von starken Männern, die mit großen Fackeln die Gassen und Straßen beleuchteten. Alle Fleischhauer, besonders aber die Gesellen, hatten eine Schlinge aus Hanf oder Tuch in der Hand. Kamen sie vor das Haus eines Meisters, bildeten sie beim Hineingehen eine lange Kette, indem sie sich bei den Schlingen anfaßten, und „zogen den Schwengel“, d. h. die vordersten Gesellen zogen die ganze Reihe in einem weiten Bogen herum, so daß die letzten abrissen und haufenweise zu Boden fielen. Anschließend wurden Meister und Gesellen reichlich mit Wein und Bier bewirtet, auch die Reiter vor den Türen wurden nicht vergessen. Waren alle Meisterfamilien besucht, zog man auf den Marktplatz vor das Haus der Fleischhauer und führte einen Rundtanz auf. Dabei wurde ein Lied gesungen, das allein die Zunftgenossen verstanden. Abschließend zogen Gesellen und Lehrlinge noch einmal den Schwengel. Damit war der Umzug beendet und jeder ging nach Hause. Die Tage danach aber hielten sie „einen groissen zech midt sauffen und fressen“ [1: Münsterische Chroniken, S. 36].

Wenn am Dienstagabend die Fleischhauer durch die Stadt zogen, ging für das Gesinde auf der Domimmunität die Fastnacht schon wieder ihrem Ende entgegen. Die Bediensteten hatten dort am Donnerstag zuvor damit begonnen, für diejenigen Domherren, die einen eigenen Haushalt führten, auf dem Domhof einen mit brennbarem Material umwundenen Pfahl zu setzen. Anschließend ließen die Domherren diesen Pfahl zum Zeichen dafür anzünden, daß sie ihrem Gesinde Urlaub zur Fastnacht gaben. Während der Pfahl abbrannte, tanzten Knechte und Mägde um ihn herum und vergnügten sich. Das gleiche spielte sich vor dem fürstbischöflichen Hof ab. Die Domherren, die gewöhnlich während der Fastnachtszeit die Stadt verließen, kehrten am Dienstagabend zurück. Dann wurde erneut ein brennender Pfahl aufgestellt und damit angezeigt, daß der Urlaub des Gesindes beendet war. Am gleichen

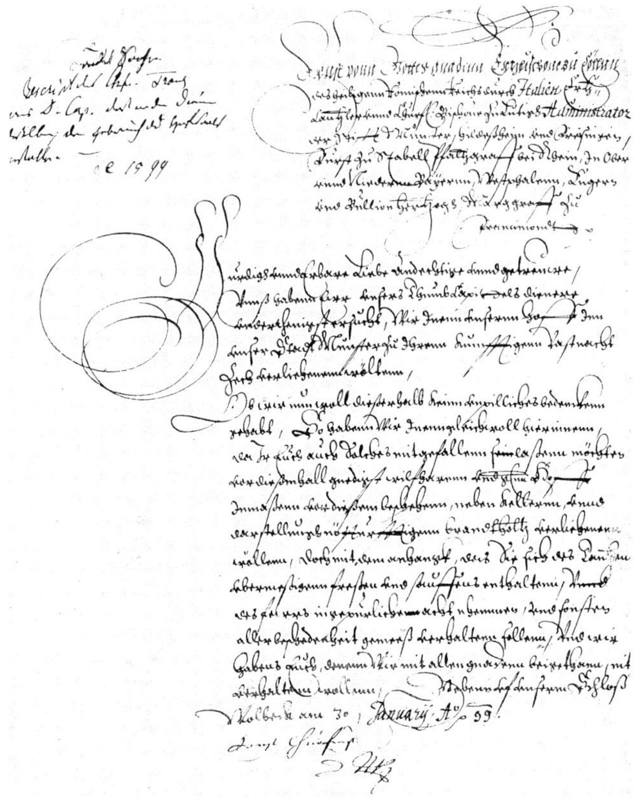

Fürstbischof Ernst gestattet den Dienern des Domkapitels die Benutzung des Bischofshofes zur Fastnachtsfeier (1599)

Abend war die ganze Stadt hell erleuchtet. Überall, besonders auf dem Marktplatz, wurden Teertonnen mit brennbarem Material angezündet.

Waren die Straßen zu eng, stellte man Hülskrabbenbüsche auf, an denen Kränze mit brennenden Kerzen hingen. Bis tief in die Nacht wurde um die Teertonnen getanzt und gefeiert. Während sich fast alle an der münsterischen Fastnacht beteiligten Gruppen mit ihren Umzügen und Gelagen auf die Tage vor dem Aschermittwoch konzentrierten, feierten die in der St.-Annen-Bruderschaft vereinigten Söhne der reichsten Bürger fast zwei Wochen lang. Junge Kaufleute aus Hamburg, Lübeck und Bremen nahmen als Gäste an ihren Veranstaltungen teil.

Eigenen Angaben zufolge wurde diese Bruderschaft, die auch „Große Cumpanei" genannt wurde, „sonderlich von denen Kaufgesellen, so nach Lübeck und der endß zu handlen ghapt umb deswillen angerichtet, damit sie sich die Zeit über, wan die Schiffe nit gingen, durch fröliche beisammenkunft erquickten", solches sei wohl hundert Jahre lang kontinuierlich geschehen [543: Prinz, Mimigernaford-Münster, S. 163]. Es handelte sich also um eine Vereinigung der Ostlandfahrer unter den münsterischen Kaufleuten, die sicher älter als die genannten hundert Jahre gewesen sein dürfte. Die Englandfahrer hatten ebenfalls eine Bruderschaft, die ausgiebig Fastnacht feierte. Sie hießen nach der englischen Stadt Ipswich (Grafschaft Suffolk) die Ipsenbrüder. Über ihr Brauchtum sind kaum Nachrichten überliefert.

Am Donnerstag vor dem Fastnachtssonntag ritten die St.-Annen-Brüder paarweise in einheitlicher, jedes Jahr neu hergestellter bunter Kleidung aus der Stadt und führten einen Wagen mit sich, auf dem versteckt eine leinene, mit Heu und Stroh ausgestopfte Puppe, der Geck, lag. In der Nähe von Kinderhaus holten sie den auch „doctor“ genannten Geck hervor, hießen ihn auf närrische Art willkommen und brachten ihn im Triumph mit dem Wagen in die Stadt zurück. Um jedermann seine Ankunft kundzutun, führten sie ihn feierlich durch die Straßen der Stadt und zuletzt zum Markt. Dort fanden anschließend Reiterspiele für die Cumpaneibrüder statt. An einem Seil quer über den Markt hingen Gänse, die mit den Füßen angebunden waren. Wem es gelang, in vollem Tempo eine Gans mit der Hand zu erwischen und ihr den Kopf abzureißen, der hatte gewonnen. Danach zog die Bruderschaft zu ihrem Haus und feierte die Ankunft des „doctors“ mit einem Gelage.

Von diesem Tag an war das Fastnachtstreiben in der Stadt ganz allgemein. Es begann die Zeit der Vermummungen, Gelage und Spiele. Am Fastnachtsdienstag hielten die St.-Annen-Brüder erneut einen Umzug durch die ganze Stadt. Sie besuchten alle Häuser, aus denen die Mitglieder der Bruderschaft stammten oder die weiblichen Gäste ihrer Gelage kamen, und wurden überall reichlich bewirtet. In dieser Art feierten sie über den Aschermittwoch bis zum ersten Donnerstag in der Fasten. An diesem Tag wurde der „doctor“ angeklagt, an all der Verschwendung und dem Übermaß im Essen und Trinken in den vergangenen Tagen schuld zu sein. Er wurde aus dem Haus herausgeholt und unter Drohungen und Schlägen auf den Markt gefahren.

Auf dem Markt wurden ein Rolandreiten und, ebenso wie am Donnerstag vor Fastnacht, ein Kranzstechen gehalten. Der Roland war eine hölzerne Figur mit einer runden Scheibe in der rechten Hand. Die Figur war so auf einer Stange befestigt, daß sie sich drehen konnte. Traf ein Reiter mit dem Speer die runde Scheibe, drehte sich der Roland um und schlug mit seiner linken Hand nach dem, der den Stoß geführt hatte. Rückte der betreffende Reiter nicht schnell genug zur Seite, bekam er einen derben Hieb auf den Rücken oder in den Nacken und jedermann lachte. Während der Reiterspiele hörte ein „Priester“ dem „doctor“, der nun die Rolle des armen Sünders spielte, die Beichte, wonach der Richter mit zwei Beisitzern sich seiner annahm. Nachdem der Gerichtsdiener seine ausführliche Anklage vorgebracht hatte, wurde der „doctor“ zum Feuertod verurteilt, in ein vorbereitetes Feuer geworfen und verbrannt. Diesem Schauspiel wohnte fast die ganze Bevölkerung der Stadt bei. Nach der Verbrennung begaben sich die St.-Annen-Brüder wieder in ihr Haus und hielten erneut ein Gelage. Am Montag nach dem ersten Fastensonntag veranstaltete die Bruderschaft abschließend noch einmal ein großes Gastmahl. Der Rat der Stadt und andere angesehene Leute wurden dazu eingeladen. In Anwesenheit der Gäste wählte man feierlich die beiden Alderleute, die der Bruderschaft ein Jahr lang vorstanden.

Die jungen Leute, die keiner Gilde oder Bruderschaft angehörten, feierten Fastnacht mit verschiedenen Spielen auf den Straßen und Plätzen der Stadt, vor allem auf dem Markt. Einige versuchten, mit einem Ball durch das Spundloch eines Weinfasses zu werfen, wobei ein lebender Hahn als Preis für den Sieger ausgesetzt war. Andere würfelten um einen lebenden Hahn oder spielten eines der üblichen Würfelspiele. Wieder andere warfen aus einer festgelegten Entfernung mit Knüppeln nach einem lebenden Hahn. Wer das an einer Leine festgebundene Tier bei seinen Würfen tötete, erhielt es als Gewinn. Manche trafen sich auch vor dem Aegidiitor zu einem Reiterturnier.

Kerssenbrock und Röchell schildern in ihren Chroniken den Ablauf der münsterischen Fastnacht um die Mitte des 16. Jahrhunderts. Aus der Zeit vorher fehlen ähnlich ausführliche Berichte. Dennoch darf man mit guten Gründen davon ausgehen, daß das beschriebene Brauchtum bereits im 15. Jahrhundert in all seinen wesentlichen Bestandteilen vorhanden war. Ein so detailliertes Festwesen, wie es uns in den Chroniken vorgestellt wird, kann sich nicht in wenigen Jahren oder Jahrzehnten entwickelt haben. Noch weiter zurück verweisen die Belege in den münsterischen Urkunden. Dort wurden bereits zum Ende des 14. Jahrhunderts die Tage des „luttiken vastavende", des „groten vastavende" und des „mandages to vastavende" erwähnt.

4. Rat und Jesuiten als Gegner der Fastnacht

Die städtische Fastnacht erlebte im 16. Jahrhundert in Westfalen ihren Höhepunkt; gleichzeitig wurde sie zunehmend von der Obrigkeit mit Verordnungen und Verboten eingeschränkt und bekämpft. In Münster setzte diese Entwicklung wohl um 1565 ein. Beide Chronisten berichten, daß der Rat in diesem Jahr das Fastnachtstreiben abgeschafft und mit Strafen belegt habe. Hierbei kann es sich jedoch nur um erste Maßnahmen und noch nicht um ein völliges Verbot gehandelt haben. In Wirklichkeit zog sich der „Kampf gegen die Fastnacht", wie den münsterischen Ratsprotokollen zu entnehmen ist, über mehrere Jahrzehnte hin. Der Rat ging nur schrittweise vor, und erst allmählich gelang es ihm, seine Verbote auch durchzusetzen.

Die Verordnungen des Rates betrafen zunächst nur das öffentliche Fastnachtstreiben. Verboten wurden das Vermummen und Larventragen, das Umherziehen mit lauter Musik, das Würfeln und Kartenspielen in der Öffentlichkeit, das Abbrennen von Teertonnen und Hülskrabben, das Heischen und Sammeln. Bereits 1559 wurden Bürger und Einwohner von den städtischen Botmeistern ermahnt, daß das Vermummen an Fastnacht verboten sei. Die Verordnung von 1565 betraf nicht speziell die Fastnacht. Der Rat regelte damals allgemein das Verhalten bei privaten und öffentlichen Festlichkeiten; er wies hin auf die Völlerei, die unmäßige Zecherei und die sittliche Verderbtheit, die sich allerorten zeigten. 1571 war das Feiern der Fastnacht erlaubt, der Rat bestand allerdings auf Mäßigung. Ein schärferes Vorgehen der städtischen Obrigkeit ist seit den achtziger Jahren zu beobachten, als der Kölner Krieg und die spanisch-niederländischen Auseinandersetzungen nach Westfalen übergriffen. 1582 duldete der Rat, daß die Große Cumpanei „das kleine Gecklein" in die Stadt brachte, bat aber darum, es nicht auf dem Markt zu verbrennen. 1594 war dieser Umzug nicht mehr erlaubt. Als die Cumpaneibrüder in diesem Jahr gegen das Verbot des Rates zur Einholung des „doctors" nach Kinderhaus zogen, wurden ihre Vorsteher und die Musikanten mit einer Geldstrafe belegt. Überhaupt scheinen die Festlichkeiten der Gilden und Bruderschaften erst gegen Ende des 16. Jahrhunderts stärker von den Verbotsmaßnahmen erfaßt worden zu sein. 1601 konnte sich die Große Cumpanei vor dem Rat unwidersprochen darauf berufen, daß sie ihren Umgang am Dienstag seit jeher mit Musik gehalten habe und „mit torsen und ir kledung" zu den Häusern der Mitbrüder gezogen sei (Ratsprotokoll vom 26. Februar 1601).

Mit Beginn des 17. Jahrhunderts dehnte der Rat das Verbot gegen das öffentliche Fastnachtstreiben auf alle ihm unterstehenden Bürger und Einwohner aus. Die Alderleute der Gilden wurden aufgefordert, für die Beachtung des Ratserlasses bei den Gesellen zu sorgen; die Vorsteher der Bruderschaften und Gesellschaften wurden auf das Rathaus geladen und ausdrücklich ermahnt. Außer der Großen Cumpanei und den Ipsenbrüdern werden in diesem Zusammenhang die Skribenten, Kleinschnitzler, Leineweber, Heggekramer, Gewandbereiterknechte, Ochsentreiberknechte, Färberknechte und das Gesinde auf der Legge erwähnt. Auch die Bediensteten auf der Domimmunität vergaß der Rat nicht. Mehrfach versuchte er, das Domkapitel zu einem Fastnachtsverbot für das Domherrengesinde zu bewegen. Außerdem erfolgte eine zeitliche Einschränkung der Fastnacht. 1603 verhandelte der Rat mit den Gildemeistern, daß an Fastnacht „die pflichttage soviel abgestellet werden mögten, daß nit mehr dan ein pflichttag gehalten" werde (Ratsprotokoll vom 31. Januar 1603). Den Skribenten und Handwerksgesellen wird 1607 vorgeschrieben, „lenger nit dan eben drey tag, als son-, mon- und dienstag zu zechen und dan, daß sich niemand post horam octavam uf der gassen oder in den krögen oder zechereien finden" lasse (Ratsprotokoll vom 8. Februar 1607). In der für den Druck vorgesehenen Fastnachtsordnung von 1609 wird diese zeitliche Grenze dann für alle Bürger und Einwohner zur Pflicht gemacht.

Der Rat begründete sein Vorgehen mehrfach mit dem Hinweis auf die beschwerlichen Kriegszeiten. Meistens aber argumentierte er aus seinem obrigkeitlichen Selbstverständnis heraus. Das öffentliche Fastnachtstreiben galt ihm als „unrhat und unwesen", als „unordnung, üppigkeit, tumult" und „üppiges gepräng". An Fastnacht würden „guter leute kinder fast spat in die mitternacht" aufgehalten (Ratsprotokoll vom 18. Februar 1605).

Eine wichtige Etappe auf dem Weg zu einem völligen Verbot markiert die Verspottung des Fürstbischofs und der Jesuiten bei der Fastnacht des Jahres 1608. In Erinnerung an das frühere Brauchtum waren die Ipsenbrüder nach Kinderhaus gezogen und hatten von dort auf einem Wagen den „doctor" in die Stadt geführt. Die Figur, die sie gemacht hatten, trug einen viereckigen Hut auf dem Kopf, von dem zottiges, struppiges Haar und einige Fuchsschwänze herabhingen. Auf der Nase saß eine übergroße Brille, ein Kurfürstenmantel bedeckte die Schultern, und der übrige Körper war von einem schwarzen langen Priestertalar, wie ihn die Jesuiten trugen, umhüllt. Im Inneren der Figur war einer der Ipsenbrüder verborgen und bewegte sie. Er richtete sie auf oder neigte sie bald hierhin, bald dorthin, gleichsam als würde sie Ehrenbezeigungen erweisen und dem Volk den Segen austeilen.

Der Rat reagierte umgehend auf das aufsehenerregende Schauspiel. Er zitierte alle Fastnachtsgesellschaften auf das Rathaus und verbot ihnen für die Zukunft jegliche Form der öffentlichen Fastnacht. Dieser „Generalbeschluß", wie er in den Ratsprotokollen genannt wird, wurde 1609 unter Einbeziehung der Gilden dahingehend ergänzt, daß das gemeinsame Zechen auf die drei Tage vor dem Aschermittwoch begrenzt wurde und nur noch bis acht Uhr abends erlaubt war. Die Fastnacht war damit zwar stark eingeschränkt, das Feiern in bescheidenerem Rahmen aber noch möglich. Das Verbot des öffentlichen Fastnachtsfeierns wurde Ende 1617 mit Zustimmung der Gilden erneuert und in die städtische Polizeiordnung aufgenommen, wodurch es eine stärkere Verbindlichkeit erlangte. 1623 wurde es schließlich unter Hinweis auf die bestehende Kriegsnot insofern erweitert, als fortan auch alle Gelage und Zusammenkünfte an Fastnacht untersagt waren. Damit war jegliche Art von Fastnachtsfeier abgeschafft.

Die Verordnungen und Verbote des Rates hatten freilich erst allmählich und nach zahlreichen Wiederholungen den gewünschten Erfolg. Die Ratsprotokolle sind voll von Hinweisen auf ein Weiterleben der Fastnacht. 1611 wurde die Kramer-Compagnie „des spaten nachttrinkens halben" mit einer Geldstrafe belegt (Ratsprotokoll vom 7. Februar 1611). 1614 erfuhr der Rat auf Umwegen, daß „die kleinschnetzlergesellen sich underwinden sollten, uff bevorstehende faßnacht ein gauckelspiel oder lumpencomedi hie zu spielen und daß sie nun etliche tag und nechten daruf gesof-

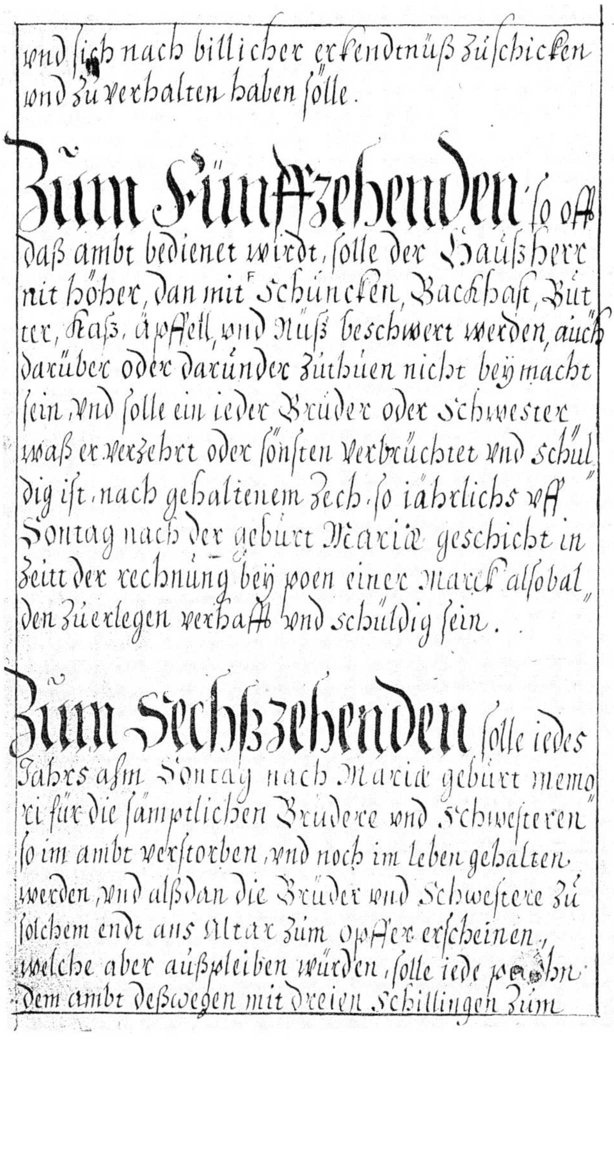
vnd sich nach billicher erkendtnüß züschicken
vnd zü verhalten haben solle.
Züm Fünffzehenden so offt
daß ambt bedienet wirdt, solle der Haüßherr
nit höher, dan mit Schüncken, Backhast, Büt-
ter, Käß, äpffell, vnd Nüß beschwert werden, auch
darüber oder daründer züthüen nicht beÿ macht
sein. Vnd solle ein ieder Brüder oder Schwester
waß er verzehret oder sonsten verbrüchtet vnd schül-
dig ist, nach gehaltenem Zech, so iährlichs vff
Sontag nach der gebürt Mariæ geschicht in
zeitt der rechnüng beÿ poen einer marck alsobal-
den züerlegen verhafft vnd schüldig sein.
Züm Sechßzehenden solle iedes
Jahrs afm Sontag nach Mariæ gebürt memo-
ri für die sämptlichen Brüdere vnd Schwesteren
so im ambt verstorben, vnd noch im leben gehalten
werden, vnd alßdan die Brüder vnd Schwestere zü
solchem endt ans Altar züm opffer erscheinen,
welche aber außpleiben würden, solle iede person
dem ambt deßwegen mit dreien Schillingen züm

Auszug aus der vom Rat genehmigten Amtsrolle der Kleinschnitzler (Tischler) von 1607 mit den Bestimmungen zur jährlichen Gildezech

fen" (Ratsprotokoll vom 4. Februar 1614). Die Schmiedeknechte mußten sich 1618 dafür verantworten, „daß sie nit allein fleisch gesamblet, mit dem britzenbrett umbgangen, sondern auch ihrer etliche die gantze woch oder doch bis donnerstag [nach Aschermittwoch], gesoffen" (Ratsprotokoll vom 9. März 1618). Die St.-Annen-Bruderschaft hielt 1625 ihr Gelage trotz ausdrücklicher Ermahnung durch den Rat. Gegen verschiedene Gesellen wurde im gleichen Jahr vorgegangen, weil sie sich am Fastnachtsdienstag bei einem Kannengießer auf der Rothenburg „in mummen kleideren abends eingestellet" (Ratsprotokoll vom 28. Februar 1625).

Daß sich die Fastnacht so lange behaupten konnte, hatte mehrere Gründe. Noch 1618 vertraten die Gildenvertreter dem Rat gegenüber die Meinung, daß das Verbot des Fastnachthaltens und des Trinkens nach der Abendglocke nur ledige Gesellen, nicht aber haussitzende Bürger betreffe. Auch die Cumpaneibrüder bezogen die Verordnungen des Rates nicht auf sich. Mehrfach wiesen sie auf das alte Herkommen hin. Ihre Feier diene dem Ruhm der Stadt. Bei ihnen werde auf Zucht und Ehrbarkeit geachtet. Außerdem gehörten die Mitglieder der Cumpaneien und ihre Gäste zu den führenden Familien der Stadt. Zum Teil waren sie nahe Verwandte von Ratsherren und konnten mit deren Unterstützung rechnen. Entscheidender aber war, daß mit dem Vorgehen gegen die Fastnacht ein wichtiger Bestandteil des städtischen Zusammenlebens in Frage gestellt wurde. Deutlich wird dies etwa in der Argumentation der Schmiedegesellen, als diese sich 1618 vor dem Rat damit rechtfertigten, daß sie an Fastnacht ihrem Krugvater eineinhalb Taler bezahlen müßten; dafür hätten sie gesammelt. Sie müßten in Pestzeiten die Leichen tragen. Wenn sie da den Fastelabend nicht halten und Fleisch sammeln dürften, wollten sie sich lieber anderenorts Arbeit suchen.

1631 wurden noch einmal Verstöße gegen die Fastnachtsordnung notiert, dann fehlt für mehr als ein Jahrzehnt jeglicher Hinweis in den Ratsprotokollen. Die empfindlichen Strafen und vor allem die Kriegswirren dürften entscheidend dazu beigetragen haben, daß das Verbot des Rates endlich Beachtung fand.

Die Fastnacht der Domherrendienerschaft wurde ebenfalls in den zwanziger Jahren abgestellt. Die zahlreichen Interventionen des Rates (seit 1588) waren zunächst erfolglos geblieben. Mit ausdrücklicher Billigung des Landesherrn feierte das Gesinde die hergebrachte Fastnachtszeche auf dem bischöflichen Hof. Lediglich die Heischegänge bei den Domherren sowie das Tanzen und Trommelschlagen mußten seit Beginn des 17. Jahrhunderts unterbleiben. Erst ab 1620 fand das Domkapitel für seine ablehnende Haltung die Unterstützung des Fürsten und konnte sein Verbot durchsetzen.

Als sich mit Beginn des Friedenskongresses die allgemeine Lage wieder besserte, ging der Kampf um die Fastnacht in eine neue Runde. Schon bald waren neue Fastnachtsverbote notwendig. 1646 und 1647 wurde den Kramern bei Strafe untersagt, zu Fastnacht Masken zu verkaufen. Das Vorgehen des Rates dürfte allerdings kaum auf viel Verständnis gestoßen sein angesichts der ausgedehnten und prunkvollen Fastnachtsfeiern der Gesandtschaften. Deren Ballette und Schauspiele wurden auch für die Allgemeinheit aufgeführt, was sicher nicht ohne Auswirkungen auf die Bevölkerung blieb.

Der dem spanischen Gesandten Graf Peñeranda zugeschriebene Ausspruch „Ganz Münster ist ein Freudenthal" dürfte sich allerdings entgegen der Überlieferung nicht vorrangig auf die Kongreß-Fastnacht bezogen haben. Er diente wohl eher allgemein zur Charakterisierung des sorglosen Lebens in der Stadt angesichts der Kriegsnot im Umland. Der Rat nahm selbst darauf Bezug, als es Anfang Juli 1647 um eine Verschärfung der münsterischen Hochzeitsordnung ging. Er hielt den widerstrebenden Gildevertretern vor, daß nach Meinung der Gesandten „so viel fressen und saufen alhie passierte". Auch hätten etliche auf dem Land gesessene Adelige gesagt, „allem Ansehen nach mögte es hie in der Statt wol heißen im Freudenthal, da es aber außerhalb der Statt leider allenthalben hieße im Jammerthal" (Ratsprotokoll vom 9. Juli 1647).

Der münsterische Rat hatte in seinem jahrzehntelangen Kampf gegen die Fastnacht nicht allein gestanden. 1588 war ihm mit der Errichtung des Jesuitenkollegs – wenn auch ohne sein Zutun – ein wirkungsvoller Bundesgenosse an die Seite getreten. In ihrer ablehnenden Haltung gegenüber dem ausgelassenen Fastnachtstreiben stimmten die gelehrten und frommen Patres trotz mancher Gegensätze auf anderen Gebieten mit den auf Ordnung bedachten Ratsherren durchaus überein. Unterschiedlich waren jedoch die Mittel und Wege, die sie anwendeten. Während der Rat sein Ziel durch Aufrufe zur Mäßigung und durch allmähliche Verschärfung seiner Verbote zu erreichen suchte und letztlich die Fastnacht ersatzlos abschaffte, setzten die Jesuiten an die Stelle der Fastnacht andere „Vergnügungen" und boten als Alternativen aufwendige Theaterspiele und feierliche Gottesdienste an.

Fastnachtsspiele hatte es an der münsterischen Domschule bereits vor dem Eintreffen der Jesuiten gegeben. Für die Amtszeit des Rektors Hermann von Kerssenbrock sind sieben Aufführungen belegt. Die Jesuiten konnten also an eine alte Tradition anknüpfen. Bereits 1589 traten sie mit einer aufwendig inszenierten Komödie an die Öffentlichkeit. Am Tag der Aufführung (Dienstag vor dem Fastnachtssonntag) zogen die Darsteller auf einem Wagen und zu Pferd gegen Mittag in Begleitung von vier Trompetern über die wichtigsten Straßen der Stadt. Das Schauspiel selbst dauerte über vier Stunden und wurde an den beiden folgenden Tagen wiederholt. Gegeben wurde die Geschichte Daniels und der drei Jünglinge im Feuerofen. In den folgenden Jahrzehnten fanden regelmäßig, wenn auch nicht alljährlich, Aufführungen in der Fastnachtszeit statt. Es überwogen religiöse Themen, die den Buß- und Bekehrungsgedanken betonten. Die Elemente der Fastnacht wie Eß- und Trinkgelage, ausgelassenes Treiben, Verkleidung und Würfelspiel kamen in den Stücken zwar vor, wurden jedoch negativ beurteilt und als verabscheuungswürdige Laster dargestellt. Die Bedeutung, die man den Schauspielen beimaß, ist in der Chronik des Kollegs klar ausgesprochen. Sie sollten „die allzu maßlose Freude dämpfen" und die Menschen „von der Zügellosigkeit der Fastnachtstage wegrufen" [664: Remling, Fastnacht und Gegenreformation, S. 64].

Theateraufführungen waren ein wichtiges Element bei der Fastnachtsgestaltung der münsterischen Jesuiten. Schon sehr früh traten jedoch gottesdienstliche Veranstaltungen als eigentlicher Schwerpunkt der Aktivitäten in den Vordergrund, denn nur durch sie konnte man jenem zentralen Anliegen gerecht werden, das bei den Jesuiten für die Beurteilung der Fastnacht bestimmend war: Durch Gebet und Gottesdienste Gott zu versöhnen für all die Beleidigungen, die ihm an den Fastnachtstagen durch die Sünden und Verbrechen der Menschen zugefügt würden. Entsprechend den wachsenden Möglichkeiten des Kollegs wurde das Angebot in dieser

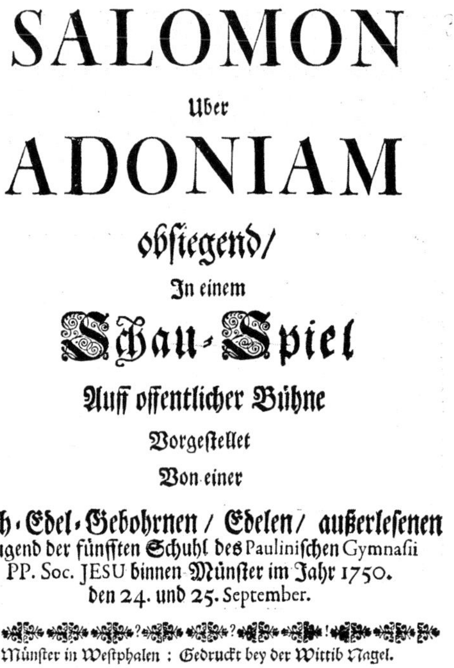
SALOMON
Uber
ADONIAM
obsiegend/
In einem
Schau-Spiel
Auff offentlicher Bühne
Vorgestellet
Von einer
Hoch-Edel-Gebohrnen / Edelen/ außerlesenen
Jugend der fünfften Schuhl des Paulinischen Gymnasii
PP. Soc. JESU binnen Münster im Jahr 1750.
den 24. und 25. September.
Münster in Westphalen : Gedruckt bey der Wittib Nagel.

Titelblatt zu einem von münsterischen Jesuiten verfaßten Theaterstück (1750)

Richtung immer stärker ausgeweitet. In den ersten Jahren versammelten sich die Mitglieder der Sodalitäten an den Fastnachtstagen zu Andachtsstunden. Nachdem 1597 die Kirche des Kollegs fertiggestellt war und die Zahl der Schüler und Sodalen zugenommen hatte, hielt man feierliche Gottesdienste mit Chorgesang und Instrumentalmusik. 1608 führten die Jesuiten das Vierzigstündige Gebet in ihrer Kirche ein. Fortan waren die drei Tage vor dem Aschermittwoch von morgens bis abends mit Gottesdiensten und Gebetsstunden ausgefüllt und wurden wegen der damit verbundenen Ablässe zu einem wichtigen Beicht- und Kommuniontermin.

Um die Bevölkerung für diese Art der Fastnachtsgestaltung zu gewinnen, scheuten die Jesuiten keine Mühen. Man hielt Prozessionen zu den städtischen Pfarrkirchen und feierliche Umzüge im Innenhof des Kollegs. Prachtvolle Gewänder, mehrstimmiger Chorgesang und Instrumentalmusik erhöhten die Festlichkeit der Gottesdienste, die meist vom Weihbischof oder befreundeten Domherren gehalten wurden. Mit immer neuen Überraschungen wurde die Neugier der Menge erregt. 1609 fand eine öffentliche Geißelung in der Kirche statt; 1615 wurden fremde Prediger eingeladen.

Das Vierzigstündige Gebet und die Aufführung geistlicher Schauspiele waren die Antwort der münsterischen Jesuiten auf die Fastnacht. Wie reagierte nun die städtische Bevölkerung auf dieses Alternativprogramm? Nach ihren eigenen Angaben hatten die Jesuiten an den Fastnachtstagen einen großen Zulauf. Bei der Einführung des Vierzigstündigen Gebets im Jahr 1608 soll beinahe die ganze Stadt zur Jesuitenkirche gekommen sein. Gegenüber solch pauschalen Zahlenangaben ist jedoch eine gewisse

Vorsicht angebracht. Zustimmung und Unterstützung fanden die Jesuiten ganz offensichtlich bei reformorientierten Klerikern und Klöstern, bei den landesherrlichen Beamten und bei den Mitgliedern der verschiedenen Kongregationen oder Sodalitäten. Diese Gruppen werden in den Quellen immer wieder ausdrücklich als Teilnehmer genannt. Anders waren dagegen die Verhältnisse bei den Gilden und Bruderschaften der Handwerker und Kaufleute. Als die wichtigsten Träger des Fastnachtsbrauchtums und aufgrund der teilweise in ihren Reihen verbreiteten protestantischen Gesinnung mußten sie sich durch das gegenreformatorische Wirken der Jesuiten in besonderer Weise bedroht fühlen. Das Festhalten am alten Fastnachtsbrauchtum mag deshalb für manche Bürger einen gewissen Symbolcharakter bekommen haben und zum Bestandteil des Kampfes um die alten Freiheiten und Gewohnheiten geworden sein. Es ist sicher nicht zufällig, daß der Umzug der Ipsenbrüder 1608 gleichzeitig mit der Einführung des Vierzigstündigen Gebets stattfand und daß mehrere Protestanten daran beteiligt waren.

Über eine Zusammenarbeit zwischen Rat und Jesuitenkolleg bei den gleichzeitigen Bemühungen um eine Einschränkung und Beseitigung der Fastnacht gibt es keine Hinweise. Der Rat wird auch nicht als Teilnehmer an den gottesdienstlichen Veranstaltungen während der Fastnachtstage erwähnt. Wenn überhaupt, dann kann man nur von einer indirekten Einflußnahme auf die städtische Politik sprechen. Als im Gefolge der Gegenreformation, nicht zuletzt durch die Jesuiten, wieder stärker auf die Einhaltung des kirchlichen Fast- und Abstinenzgebotes gedrungen wurde, unterstützte der Rat als katholische Stadtobrigkeit diese Bestrebungen. Er beschränkte das Fastnachtstreiben auf die Tage vor dem Aschermittwoch. Die Ipsenbrüder und die Kramer-Compagnie wurden von ihm bestraft, als sie 1596 bzw. 1618 am Aschermittwoch bei ihren Gelagen Fleisch auftragen ließen. Andererseits belangte er die Teilnehmer am Umzug des Jahres 1608 entgegen den Wünschen der Jesuiten nicht wegen des Mißbrauchs geistlicher Kleidung, sondern wegen Maskierung („larverei“). Möglichkeiten für eine indirekte Beeinflussung ergaben sich vor allem über die von den Jesuiten betreuten Sodalitäten, denn zu deren Mitgliedern zählten zunehmend auch Ratsherren. Außerdem hatten die Jesuiten schon sehr früh Freunde und Gönner

Siegel des Rektors des münsterischen Jesuitenkollegs mit dem Wappen des Ordens

im Rat gefunden. Durch solche Verbindungen war auch ohne direkte Einwirkungsmöglichkeit gewährleistet, daß die Meinung der Jesuiten im Rathaus berücksichtigt wurde. Ein Beispiel dafür ist aus dem Jahr 1601 überliefert. Als die Cumpaneibrüder den Rat baten, vom allgemeinen Fastnachtsverbot ausgenommen zu werden, befanden sich unter den drei engagiertesten Gegnern einer Ausnahmeregelung zwei überzeugte Gesinnungsfreunde der Jesuiten: Bürgermeister Dr. Heinrich Vendt und Ratssyndikus Lic. Heinrich Wittfeld. Letzterer wies ausdrücklich darauf hin, daß das Vermummen nicht allein nach kirchlichem und weltlichem Recht, sondern auch im Alten Testament verboten sei.

Die Jesuiten selbst sahen durchaus einen engen Zusammenhang zwischen der Politik des Rates und ihren von Erfolg gekrönten Bemühungen um eine religiöse Gestaltung der Fastnachtstage. Die Chronik des Kollegs bemerkt 1618 zur Feier des Vierzigstündigen Gebets: „Aus der Stadt und den benachbarten Orten eilten Menschen aller Stände zusammen und die dem frechen Treiben bestimmten Tage wurden der Frömmigkeit und Mäßigung zugeeignet, weshalb einige voll Bewunderung behaupteten, die Jesuiten würden bewirken, daß an die Stelle der verbotenen Feiertage des Bacchus fröhliche Gottesdienste getreten seien. Hoch sind allerdings diejenigen aus dem Rat zu schätzen, die unser Mühen begünstigten und jenes äußerst nützliche Gesetz für das Volk erließen, daß niemand an diesen Tagen zügellos durch die Stadt schweife oder etwas anderes bestimme, was dieser so heilsamen Einrichtung auf irgendeine Weise entgegenstehe“ [zit. nach 664: Remling, Fastnacht und Gegenreformation, S. 69].

Die weitere Geschichte der münsterischen Fastnacht zeigt, daß der mühsam erkämpfte Erfolg von Rat und Jesuiten nicht von Dauer war. Landesherrliche Verordnungen des frühen 18. Jahrhunderts wiederholten die bekannten Klagen über üppige und ausgedehnte Fastnachtsfeiern, gestatteten den Untertanen aber an den beiden Tagen vor Aschermittwoch eine „ehrbare Ergötzlichkeit“. Die „Ball-Ordnung“ für Maskenbälle aus dem Jahr 1775 forderte schließlich von allen Gästen, soweit sie nicht in Hof- oder Militäruniformen erschienen, das Tragen von Masken. Das in der frühen Neuzeit bekämpfte volkstümliche Vermummen wurde auf den Fastnachtsveranstaltungen der Oberschicht zur Pflicht. Andererseits ist allerdings nicht zu übersehen, daß durch die Maßnahmen von Rat und Jesuiten das öffentliche Erscheinungsbild der Fastnacht und die Gestaltung der Fastnachtstage für lange Zeit entscheidend beeinflußt und verändert wurden. An die Stelle der überschäumenden Ausgelassenheit eines allgemeinen Volksfestes traten tolerierte gesellige Zusammenkünfte in kleinerem Kreis, stets moralisch in Frage gestellt durch parallele gottesdienstliche Veranstaltungen, die zu Gebet und Buße aufforderten.

Am Beispiel der Fastnacht wird somit deutlich, daß der frühneuzeitliche Wandel der Volkskultur in katholischen Städten wie Münster nicht ausschließlich als das Ergebnis obrigkeitlicher Disziplinierungsmaßnahmen gesehen werden darf. Entscheidend dazu beigetragen hat auch die Gegenreformation. Sie verschaffte den kirchlichen Gesetzen in der Öffentlichkeit wieder mehr Beachtung (zum Beispiel Fast- und Abstinenzgebot, Verbot des Mißbrauchs der geistlichen Kleidung und der Nachahmung kirchlicher Zeremonien); gleichzeitig offerierte sie eine breite Palette religiöser volksnaher Veranstaltungen (zum Beispiel prunkvolle kirchliche Feste, Prozessionen, Wallfahrten). Die engen und vielfältigen Verflechtungen zwischen

Totenschild der Schuhmachergilde mit den Patronen St. Crispin und St. Crispinian – eine Arbeit des Silberschmieds Johann Boemer (1668)

dem weltlichen und kirchlichen Bereich wurden wiederbelebt und zum Teil noch ausgebaut, wie die Entwicklung der stadtbürgerlichen Frömmigkeit und des Prozessionsbrauchtums in Münster deutlich vor Augen führt.

5. *Frömmigkeit und städtische Geschichte*

Die Sorge der Ratsherren um das Wohlergehen der Stadt beschränkte sich in früheren Zeiten nicht allein auf die politische Ordnung und das Zusammenleben der Bürger. Sie galt auch der Vermehrung des Gottesdienstes und der Verhinderung „von grober Sünd und Missetat" in der Stadt. Umgekehrt hatten kirchliche Feste und Feiern meist auch ihre weltliche, das städtische Leben und Selbstverständnis berührende Seite.

Bei mehreren Gilden begann das Jahresfest, an dem die Gildevorsteher gewählt wurden, nachweislich mit einem Gottesdienst und Gebeten für die verstorbenen Mitglieder (Vigilie). Die ausführlichsten Nachrichten über diesen Brauch liegen für die Schuhmacher vor. Um 7 Uhr morgens mußten sich sämtliche Gildebrüder bei den Minoriten versammeln. Dort wohnte man bei Kerzenlicht der Messe bei und betete für das Wohlergehen aller lebenden Gildemitglieder. Ferner flehte man zu Gott um tüchtige Gildevorsteher, gedachte der Verstorbenen und derjenigen, die im laufenden Jahr das Zeitliche segnen würden. Dann begab man sich der Ordnung nach zum Versammlungslokal. Dieser Brauch, der bereits vor der Täuferzeit bestanden hatte, wurde 1638 erneuert.

Vor jeder Ratswahl wurden die Bürger von der Kanzel aufgefordert, zu Gott zu beten, daß man solche Personen in den Rat wähle, von denen die Stadt zur Ehre Gottes und zum Wohl der Allgemeinheit regiert werde. Gottesdienste zur Ratswahl wurden im 17. Jahrhundert gestiftet: in der Aegidiikirche ein Amt durch Margaretha

Herding († 1613), die Ehefrau des Ratsherrn Goddert Boland, und ein Hochamt bei den Minoriten aus dem Nachlaß des Ratsherrn Lic. Dietrich zum Sande.

Ein anderer Aspekt städtischer Frömmigkeit waren Gottesdienste und Prozessionen als Erinnerung an stadtgeschichtlich herausragende Ereignisse, etwa kriegerische Auseinandersetzungen, Schlachten und Belagerungen. Auf dem Höhepunkt der militärischen Auseinandersetzungen während der münsterischen Stiftsfehde hatte das städtische Aufgebot am 18. Juli 1454 bei Varlar eine vernichtende Niederlage erlitten. Wie eine steinerne Inschrift im Schiff der ehemaligen Minoritenkirche berichtet, wurden die meisten der gefallenen Bürger auf dem Klosterkirchhof bestattet. 1465 stifteten Rat und Gilden bei den Minoriten am Jahrestag der Schlacht eine Memorie, die jährlich am Fest des hl. Arnulf (18. Juli) zu begehen war. Bei diesem Gottesdienst wurde all derjenigen Bürger gedacht, die „vor Varle dot bleven sint" [zit. nach 2156: Graf, Schlachtengedenken, S. 83]. Das Domkapitel, das mehrheitlich gegen den von den Bürgern unterstützten Johann von Hoya Partei genommen hatte, beging am gleichen Tag in der Domkirche das Gedenken an Varlar als Siegesfeier. Im Memorienbuch des Doms war ein kurzgefaßter Schlachtbericht mit einer Liste der auf der Seite der Sieger Gefallenen eingetragen. Daß 1525 von der Stadt und der Ritterschaft die Aufhebung des Jahrtages im Dom gefordert wurde, unterstreicht den politischen Charakter solchen Schlachtengedenkens. Die öffentliche Vergegenwärtigung von Sieg und Niederlage war ein Teil des latenten Konflikts zwischen Domkapitel und Stadt.

Eine Prozession mit stadtgeschichtlichem Hintergrund fand jährlich am 25. Juni *(altera die sancti Johannis)* statt. Sie wurde 1545 am Dom als Dank für die Befreiung der Stadt von den Täufern gestiftet und führte über den Domplatz. Die Stadtpfarreien und der Rat nahmen daran teil. 1635 wurde diese Prozession im Rahmen der mehrtägigen Festlichkeiten anläßlich der Hundertjahrfeier unter Mitwirkung der Jesuiten besonders prunkvoll gestaltet. Wie bei der Großen Prozession berührte sie auf ihrem Weg alle Kirchen der Stadt. Ratsherren und Gildenvorsteher nahmen teil und trugen brennende Kerzen oder Fackeln. Eine städtische Feier entwickelte sich aus diesem Jubiläum jedoch nicht. In der Folgezeit blieb die Prozession wie zuvor auf den Domplatz beschränkt.

Als Anlaß für eine feierliche Prozession war auch die Eroberung der Stadt durch Christoph Bernhard von Galen vorgesehen. Der siegreiche Fürstbischof hatte am 10. Juli 1661, dem Tag des alten Reliquienfestes (Sonntag nach Oktav von Peter und Paul), seinen Einzug in die unterworfene Stadt mit einer prunkvollen Prozession gehalten. Mitgeführt wurden dabei Reliquien der Heiligen Paulus, Ludgerus und Maximus, die er dem Dom als Ersatz für die von den Täufern verbrannten alten Reliquien geschenkt hatte. Zum Dank „für die Erhaltung der Stadt bei der rechtmäßigen Herrschaft und der katholischen Religion in Münster" sollte die Prozession am Tag des Reliquienfestes jährlich wiederholt werden [280: Remling, Große Prozession, S. 231]. Für die Teilnehmer aus den Reihen des höheren und niederen Klerus in der Stadt und für die Ratsherren waren Präsenzgelder vorgesehen. Zur Finanzierung wurde die halbe städtische Multersteuer verwendet, die Christoph Bernhard sich bei der Kapitulation der Stadt hatte abtreten lassen. Der Weg der Prozession am erneuerten Reliquienfest führte vom Dom zu der im Westen der Stadt neuangelegten Zitadelle und von dort über den Markt wieder zum Ausgangspunkt zurück. Am Fraterherrenhaus, am Jüdefelder Tor und vor der Stadtwaage beim Stadtweinhaus waren unter Zeltdächern Altäre aufgebaut, vor denen musiziert wurde.

Der Versuch des Fürstbischofs, durch die Stiftung einer kirchlichen Prozession bei seinen Untertanen ein neues Bewußtsein zu schaffen, muß jedoch als gescheitert gelten. Die allmähliche Verarmung der Stadt Münster im letzten Drittel des 17. Jahrhunderts ließ die Einnahmen aus der Multersteuer stark schrumpfen. Nach dem Tod Christoph Bernhards wurde die Prozession 1679 auf den Domplatz beschränkt. Die Zahlung der Präsenzgelder mußte den gesunkenen Einkünften angepaßt und verringert werden. Die Prozession am Reliquienfest war nach einem kurzen Intermezzo wieder auf ihren spätmittelalterlichen Umfang zurückgeschraubt.

6. *Prozessionen durch die Straßen der Stadt*

Im Rahmen der stadtbürgerlichen Frömmigkeit kam den Prozessionen durch die Stadt und in das nähere Umland eine besondere Bedeutung zu. Ihre Funktion erschöpfte sich nicht in der religiösen Motivation der Teilnehmer wie Lob und Dank, Bitte und Buße. Mit ihnen konnten auch rechtliche, politische, soziale und repräsen-

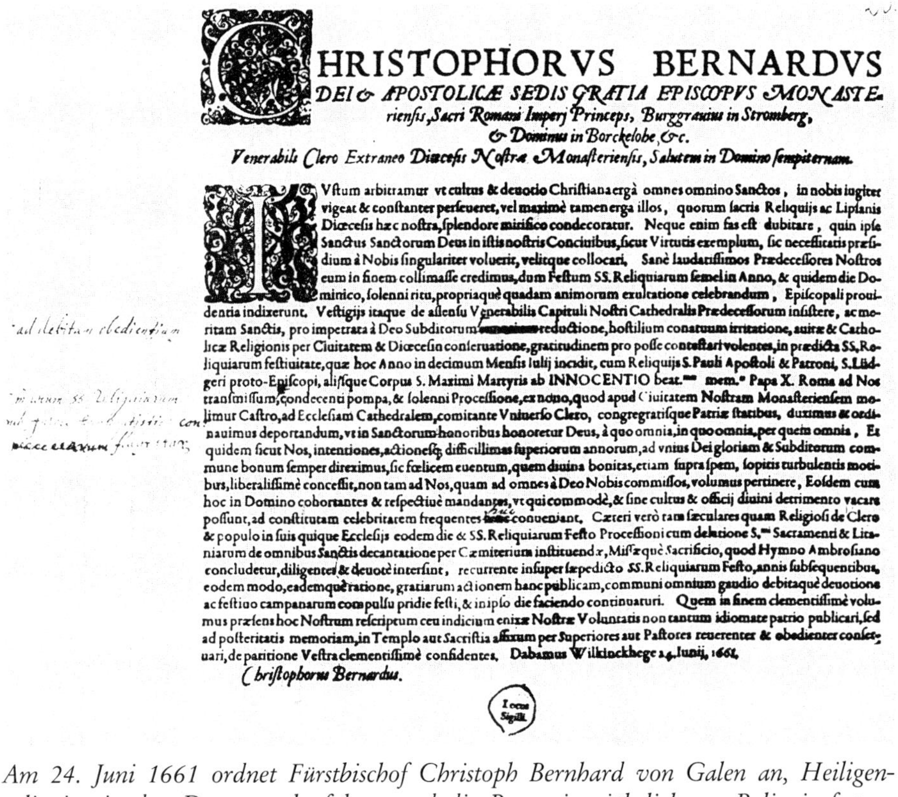

CHRISTOPHORVS BERNARDVS
DEI & APOSTOLICÆ SEDIS GRATIA EPISCOPVS MONASTEriensis, Sacri Romani Imperij Princeps, Burggrauius in Stromberg, & Dominus in Borckelohe, &c.
Venerabili Clero Extraneo Diœcesis Nostræ Monasteriensis, Salutem in Domino sempiternam.

IVſtum arbitramur vt cultus & deuotio Chriſtiana ergà omnes omnino Sanctos, in nobis iugiter vigeat & conſtanter perſeueret, vel maximè tamen erga illos, quorum ſacris Reliquijs ac Lipſanis Diœceſis hæc noſtra, ſplendore mirifico condecoratur. Neque enim fas eſt dubitare, quin ipſe Sanctus Sanctorum Deus in iſtis noſtris Conciuibus, ſicut Virtutis exemplum, ſic neceſſitatis præſidium à Nobis ſingulariter voluerit, velitque collocari. Sanè laudatiſſimos Prædeceſſores Noſtros eum in finem collimaſſe credimus, dum Feſtum SS. Reliquiarum ſemel in Anno, & quidem die Dominico, ſolenni ritu, propriaquè quadam animorum exultatione celebrandum, Epiſcopali prouidentia indixerunt. Veſtigijs itaque de aſſenſu Venerabilis Capituli Noſtri Cathedralis Prædeceſſorum inſiſtere, ac meritam Sanctis, pro impetrata à Deo Subditorum reductione, hoſtilium conatuum irritatione, auitæ & Catholicæ Religionis per Ciuitatem & Diœceſin conſeruatione, gratitudinem pro poſſe conteſtari volentes, in prædicta SS. Reliquiarum feſtiuitate, quæ hoc Anno in decimum Menſis Iulij incidit, cum Reliquijs S. Pauli Apoſtoli & Patroni, S. Lüdgeri proto-Epiſcopi, aliſque Corpus S. Maximi Martyris ab INNOCENTIO beat.mæ mem.æ Papa X. Roma ad Nos tranſmiſſum, condecenti pompa, & ſolenni Proceſſione, ex nouo, quod apud Ciuitatem Noſtram Monaſterienſem molimur Caſtro, ad Eccleſiam Cathedralem, comitante Vniuerſo Clero, congregatiſque Patriæ ſtatibus, duximus & ordinauimus deportandum, vt in Sanctorum honoribus honoretur Deus, à quo omnia, in quo omnia, per quem omnia. Et quidem ſicut Nos, intentiones, actionesq; difficillimas ſuperiorum annorum, ad vnius Dei gloriam & Subditorum commune bonum ſemper direximus, ſic fœlicem euentum, quem diuina bonitas, etiam ſupra ſpem, ſopitis turbulentis motibus, liberaliſſimè conceſſit, non tam ad Nos, quam ad omnes à Deo Nobis commiſſos, volumus pertinere. Eoſdem cum hoc in Domino cohortantes & reſpectiuè mandantes, vt qui commodè, & ſine cultus & officij diuini detrimento vacare poſſunt, ad conſtitutam celebritatem frequentes huc conueniant. Cæteri verò tam ſæculares quam Religioſi de Clero & populo in ſuis quique Eccleſijs eodem die & SS. Reliquiarum Feſto Proceſſioni cum delatione S.mi Sacramenti & Litaniarum de omnibus Sanctis decantatione per Cæmiterium inſtituendæ, Miſſæquè Sacrificio, quod Hymno Ambroſiano concludetur, diligentes & deuotè interſint, recurrente inſuper ſæpedicto SS. Reliquiarum Feſto, annis ſubſequentibus, eodem modo, eademquè ratione, gratiarum actionem hanc publicam, communi omnium gaudio debitaquè deuotione ac feſtiuo campanarum compulſu pridie feſti, & in ipſo die faciendo continuaturi. Quem in finem clementiſſimè volumus præſens hoc Noſtrum reſcriptum ceu indicium enixæ Noſtræ Voluntatis non tantum idiomate patrio publicari, ſed ad poſteritatis memoriam, in Templo aut Sacriſtia affixum per Superiores aut Paſtores reuerenter & obedienter conſeruari, de paritione Veſtra clementiſſimè confidentes. Dabamus Wilkinckhege 24. Iunij, 1661.

Chriſtophorus Bernardus.

Locus Sigilli.

ad debitam obedientiam

Am 24. Juni 1661 ordnet Fürstbischof Christoph Bernhard von Galen an, Heiligenreliquien in den Dom zu überführen und die Prozession jährlich am Reliquienfest zu wiederholen

Lettnerkreuz von Johann Brabender (um 1550)

tative Aspekte verbunden sein. Man erhoffte sich von ihnen Schutz vor inneren und äußeren Gefahren, da durch sie der städtische Lebensraum und Rechtsbereich geheiligt wurde.

Die ältesten Prozessionen Münsters, die über den Domplatz hinausgriffen, waren wohl die beiden Kreuztrachten in der Woche nach Pfingsten bzw. vor dem Fest des hl. Johannes des Täufers. Das Kreuz, das dabei mitgeführt wurde, war ein romanisches Triumphkreuz, das Bischof Friedrich II. (1151–1168) dem Dom geschenkt hatte. Es war mit Silber überkleidet und barg viele Reliquien. Das Jahr hindurch hing es im Dom über dem Lettner, der den Hochchor vom Hauptschiff trennte. Am Pfingstdienstag wurde das Kreuz von Domherren auf den Domplatz hinausgetragen und dort den Armen aus dem Zwölfmännerhaus übergeben. Begleitet von zwei Sängern trugen diese es auf einer Bahre durch die Stadt von Haus zu Haus. „Die Nachbarn nahmen [es] voneinander mit Freuden entgegen, gleichsam zur Bezeugung ihrer Teilnahme an den durch das Kreuz angedeuteten Trübsalen und ihrer gegenseitigen Wünsche, von jeder Betrübnis befreit zu werden, was in der Tat eine starke Aufmunterung zur wechselseitigen christlichen Liebe war“ [329: Tibus, Stadt Münster, S. 123]. Am Mittwochabend kehrte die Prozession zum Dom zurück, nachdem das Kreuz die Nacht zuvor in der Lambertikirche aufbewahrt worden war. Es wurde auf dem Michaelisplatz von den Bürgern mit Wein gereinigt und dann wieder an die Domherren übergeben.

Die andere Kreuzprozession fand am Freitag vor dem Fest des hl. Johannes des Täufers statt. Sie führte durch die vor den Mauern der Stadt gelegenen Bauerschaften des Kirchspiels Überwasser. In der Nacht zum Freitag empfingen Mitglieder der Fleischhauergilden das Kreuz und brachten es vom Dom zur Überwasserkirche, wo eine Messe gehalten wurde. Gegen 3 Uhr morgens trugen die Fleischhauer das Kreuz dann weiter zum Kreuztor, das von dieser Prozession seinen Namen hatte. Dort nahmen es die Bauern in Empfang und fuhren es durch das Kirchspiel, wobei der Wagen unterwegs mehrfach gewechselt wurde. Für die an der Prozession teilnehmenden Gläubigen hielt ein Priester an verschiedenen Stationen jeweils eine Predigt. Bei der Rückkehr in die Stadt wurde das Kreuz am Kreuztor wie üblich mit Wein gewaschen, um es zu reinigen, und wieder den Fleischhauern übergeben, die es unter „disharmonischen verworrenen Gesängen" zum Dom zurückbrachten [329: Tibus, Stadt Münster, S. 124]. Dort wurde das Kreuz wieder über dem Lettner aufgehängt. Nach Kerssenbrock warteten „abergläubische Leute" auf diesen Moment mit besonderer Spannung. Wenn die Kette, woran das Kreuz hinaufgehoben wurde, oft krachte, wurde dies als ein Zeichen für ein fruchtbares Jahr angesehen.

Nach Prinz [543: Mimigernaford–Münster, S. 9] reicht die große Kreuztracht des Doms bis ins frühe 11. Jahrhundert zurück. Er sieht in ihr wohl mit Recht die ursprüngliche Schnatprozession um die zur Dompfarrei bzw. zum Gogerichtsbezirk Bakenfeld gehörenden Bauerschaften. Für eine Stiftung der Prozession nach der Abtrennung der Pfarrei Überwasser oder gar nach der Eximierung der Stadt aus dem Gogericht Bakenfeld hätte „kaum noch ein Grund vorgelegen". Ein Indiz für das hohe Alter ist sicher auch die besondere Rolle der Fleischhauer.

Das von Bischof Friedrich II. gestiftete Domkreuz wurde von den Täufern verbrannt. Obwohl Johann Brabender um 1550 ein neues Lettnerkreuz schuf, wurden beide Prozessionen nach der Täuferzeit nicht weitergeführt. Bei der Kreuztracht durch die Stadt soll allerdings bereits Anfang des 16. Jahrhunderts die frühere Andacht weitgehend gefehlt haben.

Wesentlich jünger als die große Kreuztracht sind die Bittprozessionen am 25. April (Markustag) und an den drei Tagen vor Christi Himmelfahrt. Sie entstanden mit Ausnahme der Prozession am Markustag erst im 14. oder 15. Jahrhundert. Die Stiftskanoniker, der Pfarrklerus und alle Stadtpfarreien („das ganze Volk") nahmen daran teil. Mitgeführt wurden Fahnen, Kreuze, Heiligenstatuen und – bis zu den Täuferwirren – die Reliquien des Doms. Bei den Prozessionen vor Christi Himmelfahrt war der Weg so gewählt, daß im Laufe der drei Tage alle Stifts- und Pfarrkirchen der Stadt wenigstens einmal besucht wurden: am Montag Überwasser und Martini, am Dienstag Lamberti, St. Mauritz und Servatii, am Mittwoch Ludgeri, Aegidii, St. Georg und Überwasser. Ausgangs- und Endpunkt war jeweils der Dom. Die Prozession am Markustag zog noch bis zum Beginn des 14. Jahrhunderts nur über den Domfriedhof, später führte sie zur Überwasserkirche, wo das Bittamt gehalten wurde, und von dort über den Spiekerhof und Markt zum Dom zurück. Fiel der 25. April jedoch auf einen Sonntag oder in die Osterwoche, zog man lediglich über den Domplatz [225: Lengeling, Bittprozessionen, S. 174ff].

Für die übrige Zeit des Kirchenjahres sind nur noch wenige Prozessionen aus dem Spätmittelalter überliefert, die nicht auf den Domplatz beschränkt waren. Am Mauritzfest fand vom Dom aus eine Prozession zur Mauritzkirche statt. Die Minoriten veranstalteten am zweiten Sonntag nach Ostern („Bruderablaß“) eine Prozession, bei der die Martini- und Lambertikirche besucht wurden. 1637 wurde von den Ordensoberen der 2. August (Portiunkulafest) als Termin bestimmt.

Über die spätmittelalterlichen Prozessionen in den münsterischen Stadtpfarreien ist wenig bekannt. Sie bedürfen noch der genaueren Erforschung. Belegt ist eine Kirchspielprozession für die Aegidiipfarrei. 1485 wurde eine Mark Rente an die Aegidiikirche gestiftet für die Heiligentracht, „als men unser leve frouwe umme dat kerspel“ trägt [BistumsA, Pfarrarchiv Aegidii, Kopiar I]. Sollten in den anderen Pfarreien ebenfalls solche Kirchspielprozessionen üblich gewesen sein, sind sie wie in Aegidii infolge der Täuferwirren sicherlich eingegangen.

Das im 16. Jahrhundert dezimierte münsterische Prozessionsbrauchtum erlebte mit dem Einsetzen der katholischen Reform und Gegenreformation innerhalb kurzer Zeit eine neue Blüte. Die wichtigsten Impulse gingen dabei von den Jesuiten aus. Neue Prozessionen wurden eingeführt, die noch bestehenden in gegenreformatorischem Geist umgestaltet. An die Stelle des spätmittelalterlichen Segensumgangs trat die prunkhafte Sakramentsprozession, die zeugnishaft und demonstrativ den öffentlichen Raum suchte. Zu deren Requisiten zählten Kerzen, Fackeln, Fahnen, Kreuze,

Fünfwundenbild aus einem münsterischen Prozessionsgebetbuch von 1660

Heiligenstatuen und -bilder, Musik und Chorgesang, festlich geschmückte Stationsaltäre, Böllerschüsse und Glockengeläut. In „lebenden Bildern" wurden Personen und Szenen aus der Bibel oder der Kirchengeschichte von verkleideten Teilnehmern dargestellt. Die geschmückten Straßen und Plätze der Stadt bildeten Bühne und Kulisse für die dramatischen Inszenierungen gleichenden Prozessionen, bei denen Teilnehmer wie Zuschauer in das Geschehen einbezogen waren. Den Laien – zumal wenn sie einer Bruderschaft oder Sodalität angehörten – bot sich ein breites Feld der Betätigung, jedoch immer angeleitet und unter Aufsicht der kirchlichen Amtsträger.

Im Jahr 1603 fand in Münster erstmals eine sogenannte Jubiläumsprozession statt. Sie war für die Teilnehmer mit dem Gewinn von Ablässen verbunden und wurde in den folgenden Jahren in unregelmäßigen Abständen wiederholt. Die Jesuiten, die diese Sakramentsprozession angeregt hatten, machten dem Domkapitel sehr konkrete Vorschläge über die Gestaltung, etwa über die Begleitung des hl. Sakraments, die Beteiligung von Büßergruppen, die mitzuführenden Kreuze, Fahnen und Heiligenbilder und den Weg (Dom – Überwasser – Minoritenkirche – Martini – Lamberti – Ludgeri – Dom).

Später wurde auch auf Kirchspielebene damit begonnen, Sakramentsprozessionen einzuführen. 1629 fanden sie erstmals in den Pfarreien St. Lamberti (am Sonntag nach Fronleichnam) und St. Ludgeri (am 16. August) statt. 1631 folgte das Aegidii-Kirchspiel (am Sonntag nach Pfingsten). Für das Jahr 1633 ist ein Legat zur „Vortsetzung der Procession im kerspel Martini" erwähnt (am Pfingstmontag) [280: Remling, Große Prozession, S. 228]. Die Pfarrei St. Servatii nahm zunächst vier Jahre lang an der Prozession im Kirchspiel Ludgeri teil, ab 1636 begann man mit einer eigenen Prozession (am Sonntag vor dem 25. Juli). Über die religiösen Motive der Stifter informiert die Fundationsurkunde der Kirchspielprozession Aegidii. Genannt werden: die Verehrung Gottes und des hl. Sakraments, die Abwendung wohlverdienter Strafen wie Hunger, Krieg, Seuchen, Blitz, Ungewitter, Hagelschlag und Feuersbrünste sowie die Erhaltung des göttlichen Segens für die zeitlichen und ewigen Güter. Die Anliegen der gesamtstädtischen Gottestrachten des Spätmittelalters wurden also auf Kirchspielebene aufgegriffen. Der Weg der Prozessionen führte um oder durch das Kirchspiel. Der Stifter der Prozession in der Pfarrei St. Aegidii wünschte, daß das hl. Sakrament „processionaliter umbe des Kirchspels gräntzen" getragen werde [879: Schmidt, Prozessions-Stiftungen, S. 217]. In den kleineren Pfarreien wie Martini und Servatii war es nicht leicht, einen günstigen Weg für die Prozession zu finden. Sie mußten das Gebiet der Kirchspiele Überwasser bzw. Ludgeri durchqueren und bei diesen eine spezielle Erlaubnis einholen. An markanten Stellen des Prozessionswegs wurden Stationsaltäre aufgebaut (in der Regel zwei oder drei).

Über das Alter der Überwasser-Kirchspielprozession, die am Freitag vor dem 24. Juni stattfand, ist nichts Näheres bekannt. Sie wird in der ältesten erhaltenen Kirchenrechnung von 1596 bereits erwähnt [280: Remling, Große Prozession, S. 228]. Anlaß für ihre Stiftung war wohl einer der schweren Brände, von denen das Kirchspiel im 16. Jahrhundert heimgesucht wurde *(propter gravissimum incendium instituta)*. Trotz des gleichen Termins ist sie nicht identisch mit der spätmittelalterlichen Kreuztracht. Ihr Weg führte nicht durch die Bauerschaften, sondern war auf das Pfarrgebiet innerhalb der Stadtmauern beschränkt.

Neben den Jubiläums- und Kirchspielprozessionen wurden im Laufe des 17. Jahrhunderts noch weitere Sakramentsprozessionen eingeführt oder bei besonderen Anlässen gehalten, zum Beispiel während des Friedenskongresses und unter Fürstbischof Christoph Bernhard von Galen. Auffällig ist in diesem Zusammenhang die schlichte Form der Fronleichnamsprozessionen der münsterischen Stifts- und Pfarrkirchen. Soweit es sich überblicken läßt, führte ihr Weg nur um den Kirchhof. Die Fronleichnamsprozession auf der Domimmunität wurde 1655 erstmals mit vier Stationsaltären gehalten. Im Bistum Münster wurde der vierfache Stationssegen gar erst 1712 offiziell eingeführt.

Die Jesuiten beschränkten sich in ihrem seelsorglichen Eifer nicht auf die Einführung oder Anregung von Sakramentsprozessionen. 1616 veranstalteten sie erstmals eine Karfreitagsprozession, die sich wegen ihrer dramatischen Gestaltung schnell großer Beliebtheit bei der Bevölkerung erfreute. Von den Sodalen wurden in lebenden Bildern Szenen aus dem Leiden Christi dargestellt, unter denen auch eine öffentliche Geißelung nicht fehlte. Ausgangspunkt der Prozession war das Jesuitenkolleg. Ihr Weg durch die Stadt führte an allen Pfarrkirchen (einschließlich Minoritenkirche) vorbei und endete an der Petrikirche der Jesuiten. Zur Zeit des Friedenskongresses fanden mehrere Prozessionen in der Karwoche statt. Der französische Gesandtschaftsgeistliche François Ogier notierte in sein Tagebuch, daß er am Karfreitag 1645 eine abendliche Prozession sah, die von den Kapuzinern veranstaltet wurde. Dreißig Teilnehmer geißelten sich, dreißig trugen Holzkreuze, ein Kapuziner stellte den leidenden Christus dar. Bürger trugen eine Statue, ihnen schloß sich das Domkapitel an. Am Karsamstag hielten die Jesuiten eine Prozession, die aus drei Gruppen bestand: zunächst Frauen, die die Leidenswerkzeuge Christi trugen, dann Mädchen, welche die drei trauernden Marien verkörperten, und zuletzt Jesuitenschüler mit Tragkreuzen und symbolischen Darstellungen. Die Karfreitagsprozession der Jesuiten, die üblicherweise um die Mittagszeit begann und mehrere Stunden dauerte, hatte nach dem Jahresbericht des Kollegs ebenfalls stattgefunden, allerdings aus Rücksicht auf die nichtkatholischen Gesandtschaften schlichter als sonst. Die weitere Entwicklung der Prozessionen in der Karwoche, die – wenn auch in anderer Form – teilweise bis ins 20. Jahrhundert üblich waren, bedarf noch der Erforschung.

In der Gegenreformationszeit erinnerte man sich auch gerne wieder der alten Wallfahrtsorte. 1609 unternahmen die Jesuiten mit ihren Sodalitäten erstmals eine Prozession zum Marienvesperbild (Pieta) auf dem Kirchhof im benachbarten Telgte. Weitere Prozessionen sind für die Jahre 1611 und 1614 belegt. Die Wirren des Dreißigjährigen Krieges unterbrachen jedoch die Bemühungen, die fast völlig erloschene Verehrung des spätmittelalterlichen Gnadenbildes neu zu beleben. Bischof Christoph Bernhard von Galen gab dann die entscheidenden Impulse, die Telgte zum beliebtesten Wallfahrtsort für die Bevölkerung Münsters machten. Er beauftragte die Franziskanerobservanten, statt nach Kevelaer jährlich eine Prozession von Münster nach Telgte durchzuführen. Sie wurde erstmals am Fest Mariä Heimsuchung (2. Juli) 1651 gehalten. 160 Jahre lang leiteten die Observanten fortan diese Prozession, mit der die jährliche Wallfahrtssaison in Telgte eröffnet wurde. Am Tag der münsterischen Prozession, am 2. Juli 1657, weihte Christoph Bernhard die neuerbaute Wallfahrtskapelle ein. Von 1658 bis 1663 errichtete der Rektor des Jesuitenkollegs Johann

Bildstock am Prozessionsweg von Münster nach Telgte (1660)

Blankenfort nach eigenen Entwürfen einen Prozessionsweg zwischen Münster und Telgte mit fünf Doppelstationen, auf denen Szenen aus dem Leben Mariens dargestellt waren. Die münsterischen Dominikaner veranstalteten zeitweilig Anfang August ebenfalls eine Prozession nach Telgte. Sie ist für die Jahre 1654 bis 1674 belegt.

Das münsterische Prozessionsbrauchtum des 17. und 18. Jahrhunderts war weithin ein Werk der Gegenreformation. Zum Spätmittelalter lassen sich nur in begrenztem Umfang Kontinuitäten herstellen. Die entscheidenden Innovationen gingen von den Jesuiten aus, doch trugen auch die anderen Orden ihren Teil dazu bei. Mit den Prozessionen und Wallfahrten besetzte die gegenreformatorische Kirche den öffentlichen Raum und füllte das Vakuum, das durch das Verbot bzw. den Abbau der traditionellen Volkskultur entstanden war. Lediglich die Große Prozession – städtisches Fest und kirchliche Veranstaltung zugleich – konnte sich in diesem Wandlungsprozeß behaupten, ja ging daraus gestärkt hervor. Sie mußte sich jedoch Veränderungen in Gestalt und Sinngebung gefallen lassen.

7. Die Große Prozession als städtisches und kirchliches Ereignis

Unter den zahlreichen Prozessionen Münsters nahm die sogenannte Große Prozession aufgrund ihres Weges und des mit ihr verbundenen Brauchtums eine Sonderstellung ein. Sie fand jährlich am Montag vor dem Fest der hl. Margaretha (13. Juli) statt. Klerus und Bürgerschaft begleiteten gemeinsam das hl. Sakrament durch die Straßen der Stadt. Alle im Spätmittelalter vorhandenen Pfarr- und Ordenskirchen wurden besucht. Der Weg der Prozession führte vom Dom aus über den (Prinzipal-)Markt zur Aegidiikirche und über die Aegidiistraße zur Georgskirche auf dem Bispinghof, von dort über den Krummen Timpen zur Überwasserkirche, am Spiekerhof vorbei zur Minoritenkirche (heute Apostelkirche), weiter zur Martinikirche und Lambertikirche und von dort über die Salzstraße zur Servatiikirche; über die Loerstraße ging es schließlich zur Ludgerikirche und von dort über die Königsstraße und Rothenburg wieder zum Dom zurück.

Urkundliche Nachrichten über die Entstehung oder Stiftung der Großen Prozession fehlen. Auch die spätmittelalterlichen Bischofschroniken oder liturgische Quellen hüllen sich in Schweigen. Verschiedene lateinische Chroniken aus dem 17. Jahrhundert enthalten jedoch einen wörtlichen Auszug aus einer älteren, heute nicht mehr vorhandenen Ratschronik der Stadt Münster, der ausführlich über Anlaß und Beginn der Prozession informiert. Nach diesem Bericht, der in niederdeutscher Sprache abgefaßt ist, wurde Münster im Jahr 1382 von einer schlimmen Pest und 1383 von einem großen Stadtbrand heimgesucht. Wegen dieser beiden Unglücke hätten Bischof, Domkapitel und Rat der Stadt gemeinsam eine jährliche Prozession angeordnet. Damit Gott solches Unheil von der Stadt abwende und seine Gnade verleihe, sollte das hl. Sakrament am Montag vor St. Margaretha durch die Straßen der Stadt getragen werden mit Station in allen Kirchen.

Der Stadtbrand des Jahres 1383 ist in dem Chronikauszug näher beschrieben. Am Sonntag, dem 22. November, am Fest der hl. Cäcilia, war die Pelzergilde in einem Haus nahe bei der Servatiikirche zu einem Gastmahl zusammengekommen. Kurz nach Mittag, als man gerade beim Essen war, brach durch Unachtsamkeit des Kochs Feuer aus, das rasch um sich griff und sich bis zur Georgskirche auf dem Bispinghof hinzog. Die Ludgerikirche mit ihren Türmen, die vordere Pforte der Aegidiikirche und über vierhundert Häuser brannten ab. Erst gegen Mitternacht kam das Feuer zum Stillstand.

Die Angaben aus der Ratschronik finden zum Teil an anderer Stelle eine Bestätigung. Die Pest des Jahres 1382 ist auch in den ältesten Bischofschroniken erwähnt. Innerhalb eines halben Jahres sollen damals über 8000 Menschen gestorben sein. An den Stadtbrand erinnerte früher eine bei Röchell überlieferte Inschrift am Gewölbe der Ludgerikirche. Sie nannte als Termin des Brandes, der sich von der Umgebung der Servatiikirche bis zum Bispinghof hinzog, den Tag vor dem Fest des hl. Papstes Clemens (23. November) 1383. Der 22. November fiel, wie ein Blick in den Kalender zeigt, 1383 tatsächlich auf einen Sonntag. Daß die Große Prozession gegen Ende des 14. Jahrhunderts bereits „gewohnheitsmäßig" stattfand, belegt eine Urkunde von 1394. In ihr ist als Zahlungstermin einer Rente der Montag vor St. Margaretha vereinbart, „wan men unses here lichamen drecht umme de kercken in der stat" [280: Remling, Große Prozession, S. 216].

Im Spätmittelalter besaß die Große Prozession einen ausgesprochenen Bußcharakter. Der Klerus trug schwarze liturgische Gewänder. Die Kreuze, die von den Pfarreien mitgeführt wurden, waren „nackt“, d. h. nicht geschmückt. Ein Teil der Gläubigen nahm als Büßer teil. Sie gingen barfuß und trugen weiße Kleider aus Leinen. Im Anschluß an die Prozession fand im Dom ein feierliches Amt statt, in dem um Verzeihung der Sünden gebetet wurde *(cantatur missa pro peccatis).*

Die Reihenfolge der Teilnehmer war genau festgelegt. Der Klerus der Stadt ging vor, die Bürgerschaft mit dem Rat an der Spitze hinter dem hl. Sakrament. Den Ehrenplatz direkt vor dem Priester mit der Monstranz nahmen nicht die Domherren, sondern die Minoriten ein; direkt hinter dem hl. Sakrament folgten die Ratsherren. Nach welcher Reihenfolge die Gilden der Handwerker geordnet waren, ist nicht überliefert. Ein weiteres Privileg genossen die Minoriten bei der *missa pro peccatis* im Dom. Sie hatten ihren Platz im Chorgestühl des Domkapitels und erhielten Präsenz, d. h. den für die Teilnahme vorgesehenen Geldbetrag. Die deutliche Bevorzugung der Minoriten wurde in der konventsinternen Überlieferung mit dem furchtlosen Einsatz der Mitbrüder bei der Pest des Jahres 1382 in Verbindung gebracht. Damals seien alle, die nur konnten, aus der Stadt geflohen. „Nur der Bischof Heidenrich selbst und die Minderbrüder setzten ihre Seelen für ihre Nebenmenschen. Sie stunden den Kranken eben so tröstlich als heldenmüthig bey, und verrichteten in der

Sonnenmonstranz des Meisters Johann Scharlake für die Petrikirche (1676)

hohen Domkirche die göttlichen Dienste“ [zit. nach 280: Remling, Große Prozession, S. 208f].

Die münsterische Große Prozession ist aus überregionaler Sicht keine Besonderheit. Ähnliche Stadtprozessionen gab es etwa in Dortmund, Soest, Minden und Braunschweig. Häufig wurden sie eingeführt zum Gedenken an überstandene Belagerungen, abgewehrte Überfälle oder siegreiche Schlachten, aber auch als Dank für die Errettung aus großer Not. Im jährlich wiederholten Vollzug trat jedoch die „historische“ Erinnerung an das die Stiftung veranlassende Ereignis zurück; es schoben sich neue, zusätzliche sinngebende Momente in den Vordergrund. Man hielt die Prozession, um die Stadt vor Gefahren von innen und außen zu schützen und als Gelegenheit gesamtstädtischer Selbstdarstellung. Diese ahistorische Betrachtungsweise ist zum Beispiel in den Schriften des münsterischen Humanisten und Propstes am Alten Dom Rudolf von Langen deutlich greifbar. Er beschreibt die Große Prozession als Bittprozession, bei der das hl. Sakrament unter Begleitung von Klerus, Rat und Bürgerschaft durch die Stadt getragen wurde, um die Mauern der Stadt zu segnen. Die Teilnehmer sollen Gott demütig bitten, daß er Frieden verleihe, Befreiung von Fehlern und Sünden des Leibes und der Seele gewähre, schwere Krankheit und jähen Tod abwehre. Auf die symbolische Bedeutung des Ehrenplatzes für den Rat direkt hinter dem hl. Sakrament kann hier nur hingewiesen werden. Entsprechend luden Rat und Domkapitel gemeinsam zur Prozession ein. Die hierbei demonstrierte Gleichrangigkeit war für den Rat ein Grundprinzip seines politischen Handelns.

Mit der Großen Prozession war ein reichhaltiges karitatives und geselliges Brauchtum verbunden, das sich zum Teil bis in die Entstehungszeit zurückverfolgen läßt. In der Nähe der Servatiikirche, nach einer anderen Quelle an der Gabelung von Loerstraße und Stubengasse („in vico up stavenstege“) wurden an einen Teil der Prozessionsteilnehmer Präsenzen verteilt. Den dazugehörigen Stiftungsfonds verwaltete der Werkmeister *(structuarius)* des Alten Doms. Die älteste Rente zu den Präsenzen hatte Siffridus Loeff gegeben, von 1375 bis 1385 als Dechant am Alten Dom nachweisbar. Zunächst erhielten nur die teilnehmenden Kleriker Präsenz, je nach Rang drei bis sechs Pfennige. Um das Jahr 1490 empfingen insgesamt 173 Kleriker Präsenzgeld bei der Prozession, eine Mark ging pauschal an die Minoriten. Infolge einer ansehnlichen Zustiftung aus dem Nachlaß eines Kanonikers am Alten Dom waren ab 1523 auch Bürgermeister, Ratsherren, Alderleute und verschiedene städtische Bedienstete in den Kreis der Präsenzberechtigten einbezogen. Sie erhielten ein bzw. zwei Quart Wein, das Quart im Wert von zwanzig Pfennig. Die Präsenzen des Klerus wurden auf sechs bis neun Pfennige erhöht. Mit einer erneuten großzügigen Aufbesserung der Stiftungsmasse sorgte Domkellner Bernhard von Raesfeld im Jahr 1557 dafür, daß die Präsenzen für den Klerus denen der Laien angeglichen werden konnten. Fortan erhielten die fünf Dignitäre des Domkapitels wie die beiden Bürgermeister und der Stadtrichter je zwei Quart Wein, die anderen Kleriker ein Quart oder ein halbes Quart bzw. den entsprechenden Geldbetrag. Den Minoriten gab man zusätzlich einen Gulden für einen Potthast. In dieser Form bestand die Präsenzverteilung unter gelegentlicher leichter Zunahme der Berechtigten bis zum Ende des Alten Reiches. Im Jahr 1811 wurde das Stiftungsvermögen zusammen mit dem Alten Dom säkularisiert und fiel an den Staat.

Während der Hungersnot 1699 wurden von der Stadt Armenmarken für die sechs Kirchspiele geprägt

Eine bürgerschaftlich-städtische Angelegenheit war die allgemeine Spende, bei der am Tag der Prozession an der Lambertikirche an alle Armen der Stadt Brot verteilt wurde. Zuständig waren die Armenprovisoren der sechs städtischen Kirchspiele, die im sogenannten Ring oder Kring zusammengeschlossen waren. Die Leitung im „Kring“ oblag den beiden Sterbherren des Rates, die gleichzeitig Armenprovisoren bei St. Lamberti waren. Das Brot für die Armenspende ließen die Armenprovisoren – jeder seinen Anteil auf Kosten des eigenen Almosenkorbs – in ihrem Kirchspiel backen und sandten es zur Lambertikirche. Zur Finanzierung der Armenspende baten die Armenprovisoren vor ihren jeweiligen Kirchen um ein Almosen. Nach der Prozession trafen sie sich zu einem gemeinsamen Essen, für das die Verwalter der Lamberti-Speckpfründe zu sorgen hatten. Dabei wurden die an diesem Tag fälligen Renten und die am Vormittag gesammelten Almosen in die gemeinsame Kasse gegeben.

Die Armenspende an der Lambertikirche und die gemeinsame Kasse der vereinigten Armenprovisoren lassen sich bis in die Frühzeit der Prozession zurückverfolgen. Sie werden in einer Urkunde von 1394 bereits als bestehend erwähnt und gehörten wohl wie die Präsenzenverteilung an der Servatiikirche von Anfang an zur Großen Prozession. Die Armenspende erforderte im Laufe des 16. Jahrhunderts einen zunehmenden Aufwand. Im Jahr 1599 gab es in Münster über 3000 Arme, die zu den allgemeinen Armenspenden zugelassen waren. In der zweiten Hälfte des 17. Jahrhunderts hatte sich der Kreis der Berechtigten noch einmal erweitert. Inzwischen wurden auch die Bediensteten der Stadt und der Kirchspiele sowie die Mitglieder der verschiedenen Bettelordenskonvente, soweit sie an der Prozession teilnahmen, mit Brot bedacht.

Das gemeinsame Mahl, zu dem die Armenprovisoren nach der Prozession zusammenkamen, war im 15. Jahrhundert bereits üblich. Genauere Angaben sind jedoch nicht möglich. Das Essen wurde in einem Privathaus gehalten. Die übriggebliebenen Speisen erhielten die Turmhüter zu Lamberti. Gegen Ende des 16. Jahrhunderts ließ man das gemeinsame Mahl mehrere Jahre lang ausfallen; statt dessen verteilten die Armenprovisoren einen entsprechenden Geldbetrag unter sich. Nachdem das Mahl seit dem Jahr 1600 wieder regelmäßig stattgefunden hatte, wurde es ab 1690 erneut aufgegeben und nicht wieder eingeführt.

Nicht identisch mit dem gemeinsamen Essen der Armenprovisoren ist die Margarethenzeche, zu der die Ratsherren nach der Prozession zusammenkamen. Das „Margarethengelag", wie dieses Mahl auch genannt wurde, dürfte erst in der zweiten Hälfte des 15. Jahrhunderts üblich geworden sein. In den Kämmereirechnungen von 1447/48 und 1458 finden sich keine Hinweise. Möglicherweise ist es aus dem gemeinsamen Mahl der Armenprovisoren hervorgegangen, denn diese mußten vor der Täuferzeit am Tag der Prozession von den vorbereiteten Speisen zwei gebratene Hühner, eine Schüssel mit Fleisch und einen Schinken an Bürgermeister und Kämmerer abgeben. In der zweiten Hälfte des 16. Jahrhunderts nahmen die Ausgaben für die Margarethenzeche stark zu. Nachweislich seit 1563 sorgten die Stadtspielleute mit ihren Instrumenten für Unterhaltung. 1580 verbrauchte man, als „ein erbar rahdt geterth up Margarethen gelach", für Fleisch, Bier, Brot, Butter, Hühner und all den anderen Vorrat 42 Mark, sechsmal soviel wie 1536 [zit. nach 280: Remling, Große Prozession, S. 220]. Nachweislich seit Ende des 16. Jahrhunderts bereicherten Fische, die von den Schließpförtnern in den Stadtgräben gefangen wurden, den Speisezettel. 1598 betrugen die Kosten für das Mahl, das auf dem Gruethaus gehalten wurde, über 105 Mark; sie waren damit nur um ein Viertel geringer als bei der Ratswahlzeche des gleichen Jahres.

Neben den Armenprovisoren und den Ratsherren kamen auch die städtischen Botmeister nach der Prozession zu einem Mahl zusammen. Aus der Kämmerei erhielten sie dazu eineinhalb Mark, das Brot gaben die Armenprovisoren. 1537 wird die Botmeisterzeche bereits als alte Gewohnheit bezeichnet.

Die Große Prozession war also im städtischen Leben tief verwurzelt und Anlaß für eine Reihe von Bräuchen und Gewohnheiten. Die bereits für das 15. Jahrhundert feststellbare brauchtümliche Ausgestaltung wurde im 16. und 17. Jahrhundert fortgesetzt. Der Montag vor St. Margaretha wurde neben der Ratswahl zum wichtigsten Termin städtischer Selbstdarstellung. An beiden Tagen fanden Festmähler der städtischen Führungsschicht und allgemeine Armenspenden statt, verbunden mit Gratifikationen für die städtischen Bediensteten. Ursache dafür war nicht zuletzt die neue Rolle der Großen Prozession im städtischen Selbstverständnis. Durch ihr Weiterbestehen wurde nicht nur die Rückkehr Münsters zur alten Kirche angezeigt, sondern gleichzeitig auch die Verbindung zur Geschichte und zum Selbstbewußtsein der Stadt vor der Täuferzeit wiederhergestellt.

Eine neue Epoche in der Geschichte der Großen Prozession begann, als sich seit Anfang des 17. Jahrhunderts die Kräfte der katholischen Reform und Gegenreformation in zunehmendem Maße in der Stadt durchsetzten. Die Aufwertung und Förderung der öffentlichen Prozessionen – zumal der Sakramentsprozessionen – im katholischen Bereich konnten nicht ohne gravierende Auswirkungen auf die noch ganz dem Spätmittelalter verhaftete münsterische Gottestracht bleiben. Sie wurde im gegenreformatorischen Sinne umgestaltet und erhielt teilweise eine neue Zielsetzung. Die kirchlichen Aspekte traten wieder stärker in den Vordergrund.

Die Entstehung der Großen Prozession fand von nun an Eingang in die kirchlichen Chroniken und die Bischofskataloge, jedoch unter Ausblendung des städtischen Anteils. Die Stiftung der Prozession und der Präsenzen wurde ausschließlich Bischof Heidenreich (Heinrich) zugeschrieben. Jeder Hinweis auf eine Beteiligung der Bürgerschaft oder des Rates an der Einführung der Prozession fehlte. Auch der Einsatz der Franziskaner bei der Pest und ihr Ehrenplatz bei der Prozession wurden mit keiner Silbe erwähnt. Offensichtlich ließen es das auf Seelsorge ausgerichtete neue Bischofsideal und die Vorbehalte des münsterischen Klerus gegenüber der selbstbewußten Bürgerschaft nicht zu, neben dem Bischof auch der Stadt einen Anteil an der Stiftung zuzuschreiben.

Die Stellung der Großen Prozession im Rahmen des münsterischen Prozessionsbrauchtums veränderte sich durch die Einführung weiterer Sakramentsprozessionen. Der exklusive Charakter ging verloren. Um die Jahre 1620/30 entstand die Bezeichnung „Große Prozession".

Schwerwiegender als diese Veränderungen im Umfeld waren die Eingriffe in die Gestalt der Prozession und die allmähliche Beseitigung der historischen Bezüge. Die ersten Anstöße zur gegenreformatorischen Umgestaltung gingen von den Jesuiten aus. Sie organisierten ab 1602 auf Bitten einiger Domherren vorübergehend die Begleitung des hl. Sakraments neu, um die nach deren Meinung zu „einfache und schmucklose" Prozession zu verschönern. Als Engel gekleidete Schüler trugen die Leidenswerkzeuge Christi voraus und streuten Blumen. Andere Schüler waren mit Blumenkränzen geschmückt und trugen brennende Fackeln. Eine weitere Gruppe von Schülern erfreute mit ihren Musikinstrumenten die Zuschauer und Teilnehmer.

Umgestaltungen größeren Ausmaßes setzten ab 1611 ein. Die Büßer, die bisher unter den Gläubigen verstreut gingen, wurden zu einer Gruppe zusammengefaßt. Gemeinsam mit den von den Jesuiten betreuten Katechismusklassen und den neugegründeten Marianischen Kongregationen wurden sie im vorderen Teil der Prozession beim Klerus eingegliedert. Unterstützt wurden die Jesuiten dabei von Matthäus Tympius, Autor gegenreformatorischer Kampfschriften und Rektor am Collegium Dettenianum. Wie dieser in einem seiner Werke selbst berichtet, begann er 1611 „under den Poenitenten, so in härenen Säcken und Todtenkleydern in grosser anzahl mit giengen, und under den Schulmägdlein" eine gewisse Ordnung zu machen. Er habe nämlich „anno 1610 vermerckt, daß dieselben sampt den Poenitenten von der menge des Volckes, darunder sie zerstrewet giengen, sehr getretten und gedrungen wurden". 1612 gelingt es ihm auch „die Adeliche Männer, Frawen und Jungfrawen" in eine Ordnung zu bringen und als Gruppe „nach der Clerisey und weltlicher Obrigkeit" in die Prozession einzureihen [280: Remling, Große Prozession, S. 223].

Einen guten Eindruck von dem bunten, abwechslungsreichen Bild, das der von den Jesuiten gestaltete Teil der Prozession bot, vermittelt ein Bericht aus dem Jahr 1613. Nach den Worten des Chronisten trugen Mitglieder der Schutzengelkongregation, die mit Engelgewändern bekleidet waren, die Leidenswerkzeuge Christi voraus. Die sich anschließende Kongregation der jüngeren Studenten wurde angeführt von zwei Engeln und der Muttergottesstatue, die von einem Sodalen getragen wurde. Als nächste kamen die mit Blumenkränzen geschmückten Musiker und der Sodalitätschor, die abwechselnd fromme Lieder spielten und sangen. Ihnen schlossen sich in Zweier- bzw. Dreierreihen die Kongregation der älteren Studenten und die übrigen Schüler des Gymnasiums an. Es folgten vierhundert Büßer in weißen Gewändern, an der Spitze zwei in härenen Bußkleidern. Anschließend wurden die verschiedenen Katechismusklassen der Mädchen und Jungen, jeweils hinter der Fahne ihres Patrons, eingereiht. Sie sangen Lieder und stellten durch entsprechende Kleidung die münsterischen Pfarrpatrone und andere Heilige dar. Die Bürgersodalität mit ihren Sängern und einige angesehene Mitglieder der Akademikersodalität bildeten den Abschluß. Ergänzt wurde die beeindruckende Wirkung der Fahnen, Statuen und brennenden Kerzen durch die Lieder und Gesänge, mit denen die verschiedenen Gruppen die Prozession musikalisch umrahmten. Marien- und Sakramentslieder, und zwar meist in deutscher Sprache, standen dabei im Vordergrund. Die schrittweise Ausgestaltung wurde begleitet von einer intensiven Unterrichtung der Bevölkerung über Sinn und Bedeutung der öffentlichen Prozessionen im gegenreformatorischen Verständnis.

Gedenktafel für Matthäus Tympius († 1616) in Borken

Direkt greifbar wird der Vermittlungsprozeß in der Chronik der Bürgersodalität. Für manche Jahre sind nicht nur ein Hinweis auf entsprechende Ansprachen bei den Versammlungen überliefert, sondern auch Thema und Gliederung. So erläutert der Sodalitätspräfekt am Sonntag vor der Großen Prozession des Jahres 1614 ausführlich die verschiedenen Aspekte der Sakramentsprozessionen; sie seien ein Glaubensbekenntnis, Ehrerbietung gegen Gott und Anbetung, eine lebende Predigt, ein Sieg über die Häretiker, eine Einladung zum Empfang des hl. Sakraments, Danksagung und Gebet.

Zu den Mitgliedern der Akademiker- und der Bürgersodalität zählten auch Ratsherren und die meisten landesherrlichen Beamten. Es war deshalb nur eine Frage der Zeit, bis sich die gegenreformatorische Auffassung über die Prozessionen in der städtischen Führungsschicht durchsetzte und deren Verhältnis zur Großen Prozession prägte. Ein Ergebnis dieses Mentalitätswandels war die Kerzen- und Präsenzstiftung des Ratsherrn Lic. Dietrich zum Sande († 1632), der in seinem Testament ein beim Gruethaus angelegtes Kapital von 600 Reichstalern aussetzte. Nach dem Willen des Stifters sollten fortan die beiden Bürgermeister, der Stadtrichter, die Ratsherren, der Ratssyndikus, die beiden Alderleute, der Stadtsekretär, Freigraf, Gerichtsschreiber und Grüter bei der Großen Prozession ein brennendes Windlicht tragen und dafür Präsenz erhalten. Die Kerzen der Bürgermeister sollten aus weißem Wachs, die der übrigen aus gelbem Wachs gefertigt sein. Die Gründe, die Dietrich zum Sande für seine Kerzenstiftung anführte, zeigten deutlich das Selbstverständnis einer gegenreformatorisch geprägten Stadtobrigkeit. Es ging ihm, wie er in seinem Testament betonte, um eine würdigere Verehrung des hl. Sakraments, ein öffentliches Bekenntnis der Ratsherren für ihren „rechteifferig brennenden catholischen glauben", ein „auferbawlichen exempel der getrewen untersassen" und um eine Beschämung der dem hl. Sakrament „sich vergeblich wiedersetzenden feynde" [879: Schmidt, Prozessions-Stiftungen, S. 219].

Angesichts dieser zunehmenden Umgestaltung zur barocken Sakramentsprozession mußten die an den Bußcharakter der Großen Prozession erinnernden Elemente immer mehr als Anachronismus erscheinen. Ihre Beseitigung erfolgte denn auch ohne besondere Umstände. Die schwarzen liturgischen Gewänder des Klerus wurden bei der Prozession des Jahres 1646 erstmals durch weiße ersetzt. Man befürchtete, die zahlreichen ausländischen Gesandten könnten an dieser und anderen Sonderformen des münsterischen Kirchenwesens Anstoß nehmen. Die Privilegien der Minoriten wurden 1651 auf Anregung des Domkapitels durch Bischof Christoph Bernhard von Galen bereits in den ersten Monaten seiner Regierung weitgehend abgebaut. Bei der Prozession tauschten Domkapitel und Minoriten ihre Plätze; beim anschließenden Hochamt im Dom sollten fortan nur noch jeweils zwei Patres auf beiden Seiten des Chores Platz nehmen und Präsenz empfangen. Als Entschädigung wurde dem Minoritenkonvent eine jährliche Rente von vier Molt Roggen zugesprochen. Die *missa pro peccatis* entfiel ebenfalls unter Bischof Christoph Bernhard. Sie wurde durch ein Hochamt zu Ehren des hl. Sakraments *(de venerabili sacramento)* ersetzt. Wann die Büßer aus der Prozession verschwanden, ist nicht überliefert. Während der Kongreßzeit gehörten sie noch zu den Teilnehmern.

Erhalten blieb der Ehrenplatz der Ratsherren direkt hinter dem hl. Sakrament. Er wurde von Christoph Bernhard auch nach der Niederlage der Stadt von 1661 nicht

Kruzifix vor dem Hintergrund einer Ansicht der Stadt Münster. Kupferstich aus dem Verlag der Brüder Klauber (1758)

angetastet. Der Versuch des siegreichen Bischofs, die Große Prozession durch die Aufwertung und Ausgestaltung des Reliquienfestes, das meist auf den Sonntag vor der Großen Prozession fiel, in ihrer Bedeutung zu mindern, scheiterte. Die von ihm gestiftete Dankprozession konnte sich, wie bereits dargelegt, nicht behaupten und blieb im Bewußtsein der Münsteraner ohne bleibenden Niederschlag.

Die gegenreformatorische Umgestaltung der Großen Prozession hatte mit den Veränderungen durch Christoph Bernhard ihren Abschluß gefunden. Aus der spätmittelalterlichen Gottestracht war eine barocke Sakramentsprozession geworden. Dies entsprach dem Lebensgefühl der damaligen Bevölkerung Münsters, nachdem die konfessionelle Einheit in der Stadt wiederhergestellt war. Trotz des Abbaus der historischen Bezüge blieb die Große Prozession tief im städtischen Brauchtum verwurzelt. Die geglückte Verbindung barocker Frömmigkeit mit bürgerlicher Wohltätigkeit und Geselligkeit machte sie zu einem der beliebtesten Volksfeste Münsters bis weit ins 19. Jahrhundert.

Brauchtum, Feste und Volkskultur erlebten im frühneuzeitlichen Münster einen tiefgreifenden Wandel. Die städtische Obrigkeit und die Kräfte der Gegenreformation beeinflußten gemeinsam diesen Prozeß in entscheidender Weise. Erwies sich auch das völlige Ausmerzen der traditionellen Formen des volkstümlichen Brauchtums als unmöglich, so gelang es doch, deren Charakter zu verändern und diese durch die Einführung und Förderung gelenkter kirchlicher Veranstaltungen an den Rand zu drängen. An die Stelle von Fastnacht und Maigang traten barocke Sakramentsprozessionen und die Wallfahrt nach Telgte! Es wäre jedoch falsch, das frühneuzeitliche Münster deswegen als brauchtumsfeindlich zu bezeichnen. Aus der damaligen Vermischung von alt und neu erwuchsen Strukturen, die bis ins 19. Jahrhundert Bestand hatten.

Quellen und Literatur

Jede Untersuchung über Brauchtum, Feste und Volkskultur im alten Münster muß von den Berichten der Chronisten Hermann von Kerssenbrock [640: Anabaptistici furoris historica narratio] und Melchior Röchell [1: Münsterische Chroniken] ausgehen, darf sich jedoch nicht, wie es vielfach geschehen ist, darauf beschränken. Heranzuziehen sind auch die Protokoll- und Rechnungsserien kirchlicher und städtischer Institutionen, die Testamente und Gerichtsakten im Stadtarchiv, die privaten und klösterlichen Chroniken, vor allem die Jahresberichte und sonstigen chronistischen Aufzeichnungen des münsterischen Jesuitenkollegs (Staatsarchiv Münster, Stadtarchiv Münster, Bistumsarchiv Münster). Die beiden Bände von Offenberg [59: Bilder und Skizzen; 60: Bilder und Skizzen NF] können dafür kein Ersatz sein, so anregend und materialreich sie auch sind.

Im vorliegenden Beitrag wurde der Forderung nach einer verbreiterten Quellenbasis auf weiten Strecken entsprochen. Dies war möglich, weil der Verfasser auf eigene Quellenexzerpte und bislang unveröffentlichte Forschungsergebnisse aus dem von Alwin Hanschmidt (Vechta) geleiteten Projekt C 5 „Die Auswirkungen der Gegenreformation und der kirchlichen Erneuerung auf soziales Gefüge, Verfassung und Selbstverständnis der frühneuzeitlichen Stadt" im Sonderforschungsbereich 164 „Vergleichende geschichtliche Städteforschung" der Universität Münster zurückgreifen konnte.

Relativ gut erforscht sind die Fastnacht und die Große Prozession [2249: Humburg, Fastnachtsbrauchtum; 785: Kirchhoff, Kleine Beiträge; 664: Remling, Fastnacht und Gegenreformation; 280: Remling, Große Prozession; 222: Lahrkamp, Tradition und Wandel]. Ähnliches gilt für den Guten Montag [139: Gimpel, Guter Montag], die Bittprozessionen [225: Lengeling, Bittprozessionen] und die Prozession nach Telgte [2117: Freitag, Volks- und Elitenfrömmigkeit]. Hsia hat am Beispiel der Fastnacht und des Guten Montags den Wandel der Volkskultur im frühneuzeitlichen Münster aufgezeigt [765: Gesellschaft und Religion].

Für die übrigen Bereiche des weltlichen und kirchlichen Brauchtums ist man mehr oder minder auf beiläufige Erwähnungen oder Einzelaspekte im lokal- oder regionalgeschichtlichen Schrifttum angewiesen [2010: Börsting, Geschichte des Bistums; 1017: Dethlefs, Frühgeschichte der Hofkapelle; 2156: Graf, Schlachtengedenken; 242: Möbius, Marianische Sodalitäten; 13: Krumbholtz, Gewerbe; 543: Prinz, Mimigernaford-Münster; 2620: Sauermann, Pfingstbraut und Pfingstblume; 879: Schmidt, Prozessions-Stiftungen; 885: Schulze, Minoritenkloster; 329: Tibus, Stadt Münster].

PETER JOHANEK

Handel und Gewerbe

Die Stadt Münster gehört nicht zu den Wirtschaftsmetropolen des Alten Reiches, sie erreicht nicht den Rang von Städten wie Köln, Nürnberg oder Augsburg, wie Frankfurt a. M., Leipzig oder Erfurt, wie Lübeck, Hamburg, Danzig oder Breslau. Sie erscheint nicht in der Reihe der Handelsemporien der europäischen Frühzeit, ist weder im Mittelalter durch herausragenden Export geprägt worden, noch sind hier in der frühen Neuzeit bedeutende Manufakturen begründet worden. Auch als großer Finanzplatz oder als Messestadt ist Münster nicht hervorgetreten.

Dennoch zeugt das äußere Gehäuse der Stadt, zeugen ihre Bauten aus vorindustrieller Zeit, soweit sie bewahrt oder durch Abbildungen erreichbar geblieben sind, von der außerordentlichen Prosperität dieses Gemeinwesens. In der Tat kam Münster wenigstens unter den Städten Westfalens eine führende Rolle zu. Eine solche Behauptung läßt sich zwar nicht durch quantitative Argumente, durch eine mittels Zahlen und Figuren erhärtete Analyse der Wirtschaft Münsters in ihrem geschichtlichen Verlauf belegen, doch ist die Stadt von den Zeitgenossen jeweils in vorderster Reihe der westfälischen Städte genannt worden, wenn es um Wirtschaftsgeltung ging. Münster steht dann in einer Reihe mit Dortmund, Soest und Osnabrück, und gelegentlich scheint es, als fiele gerade der Stadt an der Aa die Führungsposition innerhalb dieser Gruppe zu. So jedenfalls verhält es sich auf dem Höhepunkt der hansischen Geschichte im 15. Jahrhundert und während ihrer Spätzeit. Wenig später sprachen Humanisten und Geschichtsschreiber wie Johann Murmellius und Hermann von Kerssenbrock von Münster als *Metropolis Westphaliae,* und dabei blieb es, selbst wenn dahinter keine politische Realität stand und der wirtschaftliche Glanz verblaßte.

1. Die Anfänge

Wer ein Bild der wirtschaftlichen Entwicklung Münsters zu entwerfen sucht, das auch Erklärungen für eine solche herausragende Stellung der Stadt in Westfalen bietet, hat es schwer, wenn er danach fragt, an welchem Punkt der städtischen Entwicklung seine Darstellung einzusetzen hätte. Der Mangel an Quellen, der für die mittelalterliche Periode Münsters ganz allgemein gilt, macht sich besonders fühlbar, wenn es um Fragestellungen der Wirtschaftsgeschichte geht. Besonders für die Frühzeit, die über die Zerstörung Münsters im Jahr 1121 zurückreicht, bleibt man vielfach auf Analogieschlüsse und Vermutungen angewiesen.

Die wirtschaftliche Entwicklung einer mittelalterlichen und vorindustriellen Stadt wird entscheidend bestimmt durch die Verkehrsströme, die Kraftlinien von Kommunikation und Information, durch naturräumliche Ausstattung sowie durch die herrschaftlichen Verhältnisse. Nun ist es unstreitig, daß die Wirtschaftsgeltung Münsters auf lange Strecken seiner Geschichte hin eng mit der Qualität des Platzes als Bischofssitz und Kathedralstadt verknüpft ist. Das wirft die Frage auf, ob jener Ort, an dem Liudger seine bischöfliche *sedes* errichtete, bereits zuvor eine größere wirtschaftliche Bedeutung, insbesondere eine günstige Verkehrslage besaß.

Die Karolingerzeit definierte als Eignungskriterien der neuen Bischofssitze in Sachsen „natürliche Vorzüge" und „zahlreichen Zulauf des Volkes" *(Translatio Liborii),* also gerade auch lebhaften Verkehr. Nun ist in der Tat das Kernmünsterland in jenem Herzstück Westfalens zwischen Lippe und Teutoburger Wald, das das Bistum Münster ausmacht, der überlegene Siedlungsraum. Nach Meinung der Archäologen scheinen die Funde aus der vorkarolingischen, sächsischen Vorgängersiedlung auf dem Domhügel für eine gewisse wirtschaftliche Zentralität zu sprechen.

Sieht man jedoch näher hin, so wird deutlich, daß die übrigen westfälischen Bischofssitze, die zur Zeit Karls des Großen gegründet wurden – Minden, Osnabrück und Paderborn – an natürlichen Schlüsselstellen früher Verkehrswege liegen. Bei Münster ist dies nicht der Fall. Zwar liegt es an einem offenbar früh wichtigen West-Ost-Verkehrsweg, der hier mit einer Furt, die Münster seinen ersten Namen „Mimigernaford" gab, die Aaniederung überwand. Doch die Nord-Süd-Verbindungen der Region berühren nicht notwendigerweise Münster. Sowohl die Straße von Friesland her die Ems entlang wie auch die Wege von der entscheidenden Verkehrsader des Hellwegs und von der mittleren Lippe nach Norden zielen eher auf Warendorf und seinen Emsübergang. Die Wahl Karls des Großen und Liudgers fiel jedoch – aus welchen Gründen auch immer – auf Mimigernaford trotz seiner zweitrangigen Verkehrslage. Die Kartierung der bekannten Fernverbindungen in Westfalen für spätere Zeit zeigt Münster gleichsam als Spinne im Netz dieser Straßen, doch steht zu vermuten, daß erst der Bischofssitz den Verkehr auf diesen Ort gezogen hat.

Das bedeutet nicht, daß das entstehende Bistum sogleich in der Wirtschaft des Karolingerreichs eine bedeutende Rolle gespielt hätte. Vielmehr scheint es, als ob Mimigernaford bis weit in das hohe Mittelalter hinein abseits der dichter frequentierten Fernverbindungen gelegen habe, denen der Handel des fränkischen und des werdenden Deutschen Reiches folgte. Vor allem lag es abseits größerer Wasserstraßen, denen im früheren Mittelalter besonders hohe Bedeutung zukam. Diese Abseitslage Münsters wird auch darin deutlich, daß der deutsche König, der Westfalen häufig auf dem Hellweg durchzog, diesen Platz nur selten aufsuchte und die Bischöfe von Münster in seiner Umgebung nicht häufig hervortraten.

Dennoch dürfte in Münster die Entwicklung ähnlich verlaufen sein wie in anderen Kathedralstädten Westfalens und im übrigen Reich. Die Könige der Ottonen- und Salierzeit haben den Bischöfen ihres Reiches in großem Umfang Münz-, Markt- und Zollrechte verliehen, die ihnen die Teilnahme am Wirtschaftsleben ermöglichten: Osnabrück erhielt Privilegien dieser Art bereits 952, Minden seit 977 und Paderborn 1027. Das setzt eine gewisse Konzentration von Handel und Verkehr an diesen Plät-

Münsterischer Pfennig (um 1200) aus dem Schatzfund an der Salzstraße

zen voraus, und die Privilegierung bedeutet für die Bischöfe und andere geistliche Herrschaften auch einen Anreiz, solche Entwicklungen zu fördern. So haben die münsterischen Bischöfe mit Sicherheit ebenfalls solche Urkunden erhalten, die dann bei der Stadtzerstörung von 1121 zugrunde gegangen sind. Jedenfalls hat sich offenbar seit dem 10. Jahrhundert im nordöstlichen Vorfeld der Domburg, im Kreuzungsbereich der Fernstraßen, eine Marktsiedlung gebildet, in die der Bischof ordnend eingriff und die wohl kurz nach dem Jahre 1000 in der Kirche St. Lamberti ihren Mittelpunkt fand, deren Patrozinium wiederum auf maasländische Fernverbindungen verweist. Es gibt Indizien dafür, daß sich bereits in dieser Zeit in der Region um Münster die Handelstätigkeit verdichtete. Im Jahr 974 hat das Kloster Werden an der Ruhr sich von Kaiser Otto II. Markt und Münze in Lüdinghausen erwirkt, und bereits 945/46 hat Kloster Corvey in Meppen an der Ems einen Markt eingerichtet, um dort die Überschüsse seiner Grundherrschaft zwischen Ems und Hunte abzusetzen. Die Einrichtung dieser Märkte belegt die Wichtigkeit der von Münster ausstrahlenden Verkehrsverbindungen: einmal zum Rhein, über die Lippe nach Wesel oder über Land nach Duisburg, letztlich aber auf Köln zielend; zum anderen die Emsroute als Verbindung zur Nordsee. Doch stadtartige Siedlungen haben sich in Lüdinghausen und Meppen trotz der frühen Marktprivilegierung erst sehr spät ausgebildet. Hier fehlte die Konsumentengruppe, die der Niederlassung von Kaufleuten und Handwerkern den Weg bereitete und die am Bischofssitz Mimigernaford vorhanden war: Kathedralklerus und weltliche Dienstleute des Bischofs.

Die Quellen zur Stadtgeschichte Münsters verraten bis weit ins 13. Jahrhundert kaum etwas über den Handel, der von den Bewohnern der Marktsiedlung um St. Lamberti getragen wurde, über seine Intensität und Reichweite, noch weniger über das Handwerk und seine Organisation, die erst im 14. Jahrhundert faßbar wird. Doch die topographische Entfaltung der Marktsiedlung, wie sie nach dem Stadtverderben von 1121 in Gang kam, läßt die entscheidende Wende erkennen, die die wirtschaftliche Entwicklung des 12. Jahrhunderts kennzeichnet. Im Zuge des Wiederaufbaus wird die Marktsiedlung beträchtlich vergrößert. Sie erweitert sich vor allem nach Süden, über das zu Beginn des 12. Jahrhunderts angelegte Michaelistor, des neuen Hauptzugangs zur Domburg, hinaus. Hier entstand der Prinzipalmarkt, die wirtschaftliche Mitte der sich nun entwickelnden Stadt, dem die alten Verkaufsplätze der Marktsiedlung als Nebenmärkte zur Seite traten. Auch die Judensiedlung, die an die östliche Häuserzeile des Prinzipalmarkts anschloß, mag um diese Zeit entstanden sein, selbst wenn die ersten urkundlichen Nachrichten über in Münster ansässige Juden erst aus der zweiten Hälfte des 13. Jahrhunderts überliefert sind. Alles in allem: Von den zwanziger Jahren des 12. Jahrhunderts an, mit wachsender Intensität seit der Jahrhundertmitte vollzog sich ein Ausbau der Marktsiedlung Münster, der in die Stadtwerdung mündete und der im Mauerbau nach dem Stadtbrand von 1197 seine mittelalterliche Grenze erreichte [543: Prinz, Mimigernaford-Münster, S. 147ff].

2. *Die Entstehung des hansischen Wirtschaftsraums*

In diesem Ausbau spiegelt sich auch ein Umbruch der wirtschaftlichen Verhältnisse, der das nördliche Europa insgesamt, insonderheit aber auch die Stellung Westfalens im wirtschaftlichen Gefüge des Reiches betraf. Der Handel des deutschen Nordwestens, sofern er auf die See gerichtet war, endete um 1100 an der Westküste der Ostsee, die als skandinavisch-slawisches Binnenmeer bezeichnet werden muß. Als entscheidender Platz darf Köln gelten, und der deutsche Nordseehandel stellte sich im Grunde als Fortsetzung des Rheinhandels dar. Westfalen kam in diesem System keine bedeutende Rolle zu, wiewohl es nicht gänzlich außerhalb blieb. Jene Bauern im Emsland, die im 11. Jahrhundert Pfeffer als Abgaben an das Kloster Werden zu liefern hatten, können nur durch den Nordseehandel an dieses Gut gekommen sein, ebenso wie die Stiftsdamen von Freckenhorst an den Hering, den sie in der Fastenzeit verzehrten.

Diese Lage änderte sich grundlegend mit der Gründung Lübecks im Jahr 1159, die die Anfänge der deutschen Nowgorodfahrt markiert. In dem nun folgenden Jahrhundert bis 1250 entstanden die Stützpunkte der deutschen Ostseeschiffahrt auf Gotland und im Baltikum – Visby, Riga, Reval und Dorpat –, bildete sich unter lübischem Einfluß die Städtekette an der südlichen Ostseeküste, die die älteren slawischen Emporien ablöste: Wismar, Rostock, Stralsund, Stettin, Danzig und Elbing. Um 1250 war das Netz gespannt, das das nordeuropäische Handelssystem von Brügge bis Nowgorod umschloß, in dem sich der Austausch von englischer Wolle, flandrischem Tuch, norwegischem Klippfisch, Hering von der Küste Schonens, Pelzen und Wachs aus Rußland und Getreide aus dem Hinterland der südlichen Ostseeküste vollzog. Das sind die Voraussetzungen für die Entstehung der Hanse, der Gemeinschaft der deutschen Kaufleute, die sich aus den frühen Fernhändlergenossenschaften herausbildete, an den wichtigsten Plätzen jenes Handelssystems Privilegien der jeweiligen Herrscher erhielt – in Brügge, in London, in Bergen, in Schonen und in Nowgorod – und immer stärker durch die Städte und deren Selbstverwaltungskörper repräsentiert wurde, bis Lübeck die Führungsrolle zufiel. Dieses Wirtschaftsgebiet der Ostsee mit seinen regelmäßig funktionierenden Verkehrswegen stellt in der Wirtschaft des europäischen Spätmittelalters und der beginnenden Neuzeit einen dominierenden Faktor dar und damit auch die Kaufleute der „dudeschen Hanse“, die den Handel in diesem Gebiet trugen. Ihre Vorrangstellung erhielt sich so lange, wie es ihnen gelang, ihr Handelsmonopol in der Ostsee zu behaupten und Flamen, Holländer und Engländer von der Ostseefahrt auszuschließen, d. h. bis ins 16. Jahrhundert hinein.

Die Entstehung des hansischen Wirtschaftsbereichs und seine Ausgestaltung vom 12. bis zum 14. Jahrhundert haben das nördliche Westfalen, insbesondere das Münsterland, aus seiner verkehrsgeographischen Abseitsstellung befreit. Es wurde zum wichtigen Durchgangsgebiet zwischen der Handelsmetropole Köln, die auf die Niederlande, Flandern und vor allem England ausgerichtet war, und den Städten an der Nord- und Ostseeküste, allen voran Lübeck. Neben der Städtekette des Hellwegs – Duisburg, Dortmund, Soest, Paderborn –, die immer schon bedeutungsvoll gewesen war, trat nun der Weg vom Rhein über Dortmund, Münster, Osnabrück zum Norden stärker hervor. Jene stürmische Ausbauphase des späteren hansischen Wirtschaftsraums ist von der Gründung Lübecks an ganz wesentlich von westfälischen Siedlern und Kaufleuten getragen worden. Welcher Wachstumsvorgang hinter dieser Entwicklung steht, wird deutlich, wenn man sich klarmacht, daß Westfalen – und mit ihm die Stadt Münster – Menschen in großer Zahl nach Lübeck und in das gesamte Ostseegebiet abgab und gleichzeitig ein großzügiger Ausbau der Stadt Münster selbst erfolgte, wie sich aus den topographischen Daten ablesen läßt. Münster stand dabei nicht allein. Wenn es um 1180 in Westfalen insgesamt 14 Städte und stadtartige Siedlungen gab, so kamen bis 1240 dreißig neue hinzu und bis 1290 noch einmal 31 [2168: Haase, Entstehung westfälischer Städte, S. 32]. Keine dieser Neugründungen erreichte Bedeutung, Fläche und Bevölkerungszahl der Kathedralstädte oder Soests und Dortmunds. Doch auch in den meisten von ihnen spielten sich Wachstumsprozesse ab, die mit den Vorgängen in Münster vergleichbar sind. Dieses Städtewachstum in Westfalen hat gleichzeitig noch Ostsiedlung und Hanseausbau im Ostseebereich mitgetragen, so daß noch am Ende des Mittelalters der westfälische Chronist Werner Rolevinck den Wandertrieb der Westfalen und ihre Tüchtigkeit hervorheben und die Ausstrahlungskraft Westfalens mit der von Venedig vergleichen konnte: „Ich bin umher gekommen in der Welt“, so zitiert er einen seiner Gewährsleute, „aber überall begegnete ich Westfalen“ [2597: Rolevinck, Lob Westfalens, S. 157]. Westfalen hat also teil an der wirtschaftlichen Erschließung des Ostseeraums, an der Ausweitung des nordwesteuropäischen Handels überhaupt, und gleichzeitig bildet sich in Westfalen selbst ein Netz von Städten. Sie agieren nicht unabhängig voneinander, sondern sind in unterschiedlicher Intensität miteinander verflochten und auf größere Zentren dieser Region ausgerichtet. Eines dieser Zentren ist Münster.

Die Wirtschaftskraft Münsters läßt sich für das spätere Mittelalter zunächst am deutlichsten sozusagen von außen her begreifen, in der Betrachtung seiner Einbettung in den nordwesteuropäischen Wirtschaftsraum und der Aktivitäten seiner Bürger in den sich hier eröffnenden ökonomischen Spielräumen. Vor allem setzen die Nachrichten über die wirtschaftlichen Außenbeziehungen Münsters früher ein als über die innerstädtische Entwicklung von Handel und Gewerbe. Die Betrachtung dieser Außenbeziehungen führt also wie von selbst zu der Frage nach der Grundlage, auf der solche weitreichenden Geschäftsverbindungen ruhten.

Es ist gar keine Frage, daß Lübeck, das spätere Haupt der Hanse, die große „Menschenschleuse“ gewesen ist, durch die die westfälischen Zuwanderer und Kaufleute ins Ostseegebiet einströmten. Mustert man die Herkunftsnamen und die übrigen Zeugnisse für die Lübecker Neubürger, so wird deutlich, daß bis 1259 fast jeder dritte Zuwanderer in dieser Stadt aus Westfalen kam. Unter ihnen befanden sich nicht wenige, die aus Münster stammten. Das gilt gerade für eine der bedeutendsten Familien: die Warendorp. Lübeck bildet das wichtigste Sprungbrett für den nordischen Handel, ob er nun die südliche und östliche Ostseeküste, Skandinavien oder Rußland zum Ziel hatte. Auch in den übrigen Ostseestädten stellten die münsterischen Zuwanderer ein starkes Kontingent. In Wismar beispielsweise stammten achtzehn der ersten Bürger aus Münster [2735: Techen, Gründung Wismars, S. 130f], und in Riga wurde das Gildehaus der Kaufleute im 14. Jahrhundert als „Stube von Münster“ bezeichnet [2763: Hansisches Urkundenbuch 3, Nr. 76, S. 38f, 464].

Die Beziehungen münsterischer Bürger zu Lübeck blieben dicht bis ins 16. Jahrhundert; vor allem scheint Lübeck eine Basis gewesen zu sein, von der aus sie im Ostseeraum agierten, gleichgültig ob sie in Lübeck selbst zu Bürgern wurden oder mit Hilfe von dortigen Bürgern Handelsgeschäfte und Finanztransaktionen mit anderen Ostseestädten abwickelten. Wichtig ist, daß der Rat von Lübeck häufig als Vermittler tätig wurde, wenn es um Erbschaftsangelegenheiten von in der Fremde verstorbenen münsterischen Bürgern ging. So bat 1390 der Rat von Münster den Lübecker Rat, dabei behilflich zu sein, die Hinterlassenschaft des in Schonen verstor-

Die „Münsterstube“ im Handelshof der livländischen Stadt Riga diente den münsterischen Fernhandelskaufleuten als Versammlungs- und Lagerraum (Foto aus dem Jahr 1935)

benen Christian Coster dessen Schwestern in Münster zukommen zu lassen [2763: Hansisches Urkundenbuch 4, Nr. 1036], und bereits 1351 hatte Lübeck anläßlich des Todes des münsterischen Bergenfahrers Christian Ravensvingh vermittelt [2763: Hansisches Urkundenbuch 3, S. 97 Anm. 1]. Selbstverständlich gab es auch starken direkten Handel münsterischer Bürger mit Lübeck. An Handelsgütern werden vor allem Eisen, wohl aus dem Sauerland, und Textilien, Tuch und vor allem Leinwand genannt; so ist etwa Bernd Knipperdollinck, der spätere Schwertträger und Statthalter des Täuferkönigs, häufig selbst nach Lübeck gereist, „dieweil [er] midt linnen doke handelte" [1: Münsterische Chroniken, S. 229]. Auch die wichtige Mittlerstellung Münsters zwischen Köln und Lübeck wird deutlich, wenn etwa 1487 der münsterische Bürger Hans Cleyss als Gesellschafter des Kölner Kaufmanns Dietrich Dammert Seide, Taft und Gewürze von der Frankfurter Messe nach Lübeck einführte [2555: Quellen zur Geschichte des Kölner Handels 2, Nr. 1053]. Umgekehrt waren auch Lübecker Bürger und Kaufleute in Münster Gläubiger und Schuldner und suchten die Stadt in Geschäften auf. So bewirtete im Jahr 1535 Jasper Schröderken den Lübecker Johann Knoep in seinem Garten auf dem Breul, und als sie „besechet und lustich waren, heben sie an und singen duesche psalme, so doctor Martinus Lutter verdueschet hatte" [1: Münsterische Chroniken, S. 234].

Doch die münsterischen Kaufleute drangen weit über Lübeck hinaus vor, und gerade die ältesten Zeugnisse zeigen am deutlichsten die enorme Reichweite ihrer Aktivitäten. Im Sommer 1229 schloß Fürst Mstislav von Smolensk einen Vertrag mit den Kaufleuten von Riga und „allen Deutschen, die das Ostmeer befahren". Unter den Zeugen der darüber ausgefertigten Urkunde befanden sich neben Kaufleuten aus Riga, Lübeck, Bremen und Groningen auch Westfalen: je zwei Bürger aus Soest und Dortmund sowie Konrad Scheel und Johann Kind aus Münster [2763: Hansisches Urkundenbuch 1, Nr. 232]. Damit war die Handelsroute von Riga über die Düna bis zum oberen Dnjepr für die westfälischen Kaufleute offen. Jedenfalls war, als Fürst Fedor Rostislawitsch von Smolensk 1284 neuerlich freien Handelsverkehr bestätigte, wiederum ein Kaufmann aus Münster einer der beiden Zeugen, und dieser Helmich von Münster hat mehrfach in Witebsk und Smolensk wie in Riga, Visby und Lübeck Geschäfte getätigt [2763: Hansisches Urkundenbuch 1, Nr. 943, 1015, 1016, 1028]. Auch in Nowgorod sind die münsterischen Kaufleute seit dem 13. Jahrhundert vertreten gewesen [2763: Hansisches Urkundenbuch 1, Nr. 1131f], doch traten sie hier gegenüber anderen stärker zurück. Die älteste Fassung der Schra, der Ordnung des Peterhofs, in dem die deutschen Kaufleute der „gotländischen Gesellschaft" Handel trieben, vertraute die vier Schlüssel zur Geldkiste je einem Aldermann aus Visby, Lübeck, Soest und Dortmund an; ein Händler aus Münster war nicht dabei.

Es war schon die Rede davon, daß Kaufleute aus Münster die skandinavischen Küsten, vor allem Schonen und Bergen, besucht haben. Auch dorthin kamen sie früh und wohl wenigstens zum Teil ohne die Zwischenstation Lübeck, denn die Thidrekssaga, die in Bergen um die Mitte des 13. Jahrhunderts entstand und den Sagenkreis um Dietrich von Bern und die Nibelungen zum Gegenstand hat, berichtet, sie sei nach Erzählungen von Kaufleuten aus Bremen, Soest und Münster aufgezeichnet worden [2136: Geschichte Thidreks von Bern, S. 414].

Das schmälert Lübecks Rolle nicht, und sein Einfluß wird auch sichtbar bei den frühen Verbindungen Münsters zum hansischen Westen, die auf die Dauer ebenso wichtig wurden wie der Handel nach Osten. Im Jahr 1252 hat die Gräfin Margarethe von Flandern den Kaufleuten und Städten des Römischen Reiches – genannt werden Köln, Dortmund, Soest und Münster – Handelsfreiheit in Damme bei Brügge zugesichert und gleichzeitig eine große Zahl von Bestimmungen zum Zollwesen erlassen, die diesen Handel regeln sollten [2763: Hansisches Urkundenbuch 1, Nr. 428, 431ff]. Hier liegen die Anfänge des hansischen Kontors in Brügge. Die Verhandlungen sind von dem Lübecker Bürger Hermann Hoyer geführt worden, der vom Hamburger Ratsnotar Jordan von Boizenburg unterstützt wurde. Münster hat, wie andere Städte auch – etwa Bremen –, im Gegenzug den flandrischen Kaufleuten ähnliche Freiheiten zugebilligt, und das zeigt, daß hinter den Kaufleuten, die hier in Flandern tätig wurden, jeweils deren Heimatstädte standen, die sich gegenseitig informierten und unterstützten und so ein Netz von Verträgen und Privilegien schufen, das den Handel ihrer Kaufleute sicherte. Alle „scheinen darauf vertraut zu haben, daß auch ihre jeweiligen Interessen in den Verhandlungen mit der flandrischen Landesherrin durch den Lübecker Hoyer und den Hamburger Notar Jordan gewahrt würden“ [2209: Henn, Anfänge des Brügger Hansekontors, S. 49]. Münster hat das ebenfalls anerkannt im Bewußtsein, daß sich seinen Kaufleuten der Weg über Flandern hinaus nach Südfrankreich und zur iberischen Halbinsel eröffnete. 1280 erklärte es sich Lübeck gegenüber bereit, die entstehenden gemeinsamen Kosten mitzutragen und mit den übrigen westfälischen Städten darüber zu verhandeln [2763: Hansisches Urkundenbuch 1, Nr. 870]. Sichtbar werden hier die Anfänge der hansischen Organisation und eine gewisse Vorrangstellung Münsters in Westfalen.

Flandern blieb, wie die Niederlande insgesamt, stets im Blickfeld der münsterischen Handelsaktivitäten, aber man blickte doch bald darüber hinaus. Kölns Handel hatte seit eh und je auf England gezielt, und die Westfalen drängten im 13. Jahrhundert ebenfalls dorthin. Bereits 1277/78 nahmen die Deutschen insgesamt bei der Vergabe der Wollausfuhrlizenzen durch den englischen König mit 11,6 Prozent einen beachtlichen Platz ein; 1303 erhalten sie etwa ein Drittel, 1310 knapp über die Hälfte [2179: Hanseakten aus England, Nr. 366]. Der Anteil der deutschen Kaufleute am englischen Wollexport wuchs also kontinuierlich, und unter diesen deutschen Kaufleuten dominierten die Westfalen. Als 1282 im Juni Mayor und Bürger von London mit den Kaufleuten von der *hansa Almanie* Vereinbarungen über die Kostenbeteiligung für die Baumaßnahmen an einem der Stadttore trafen und insgesamt Rechte der Kaufleute festgelegt wurden, da waren unter den sieben Zeugen des Vertrags drei Bürger aus Dortmund, einer aus Münster und zwei Kölner, die jedoch aus Dortmund und Coesfeld stammten. Lediglich ein einziger kam aus Hamburg [2763: Hansisches Urkundenbuch 1, Nr. 902]. Noch einmal macht dieses Kräfteverhältnis die Vermittlerposition deutlich, die Westfalen und mit ihm auch Münster im hansischen System zukam.

Im Londoner Stalhof nahmen unter den Westfalen die Dortmunder die Führungsrolle ein. Auch die münsterischen Kaufleute aber sind offenbar früh nach England gereist, denn schon 1268 erscheint unter den Schöffen der Stadt Münster ein Gotfridus Anglicus, was wohl mit „Englandfahrer“ zu übersetzen ist [2767: Westfälisches Urkundenbuch 3, Nr. 810]. Im übrigen scheinen sie die Häfen der englischen Ostküste bevorzugt zu haben, denn es gab in Münster eine Bruderschaft der Ipsenbrüder, die sich wohl nach Ipswich benannte, so wie es in Soest eine Gilde der Schleswigfah-

Grabplatte des münsterischen Kaufmanns Wisselus (Wessel) Smalenburgh († 9. September 1340) in der St. Botolph's Church in Boston, England

rer und in Attendorn eine Nikolai-Bruderschaft der Englandfahrer gab [543: Prinz, Mimigernaford-Münster, S. 163, 236]. Die Ipsenbrüder sind zwar erst spät, in den Ratsprotokollen des 16. Jahrhunderts bezeugt, doch dürften sie in der Frühzeit des hansischen Englandhandels entstanden sein, denn 1316 werden münsterische Kaufleute an der Küste Norfolks in Gemeinschaft mit anderen Hansekaufleuten aus Köln, Dortmund, Recklinghausen, Osnabrück, Soest, Hamburg und Greifswald erwähnt [2763: Hansisches Urkundenbuch 2, Nr. 291ff, 341]. Präsent aber waren sie selbstverständlich schon früher, ja sie waren etwa in King's Lynn mit Kaufleuten anderer westfälischer Städte in einem eigenen *conventus mercatorum Westfalorum* zusammengeschlossen, der 1303 an die Osterlinge, Kaufleute aus Stralsund, Wismar und Lübeck, appellierte, die Restriktionen zu beachten, die ihnen auferlegt waren. Unter den Zeugen dieses Schreibens findet sich mit Wessel von der Tynnen auch ein Kaufmann aus Münster [2763: Hansisches Urkundenbuch 2, Nr. 40]. Noch weiter nördlich an der Ostküste Englands verstarb 1340 in Boston Wessel dictus Smalenburgh, Bürger und Kaufmann von Münster, und vielleicht ist er ein Nachfahre jenes Odo de Schmaleburg, der schon 1274 Handelsgeschäfte in England tätigte. Wessel Smalenburgh wurde bei den Franziskanern beigesetzt und erhielt ein prächtiges, wohl in Flandern gefertigtes Grabmal [396: Ludat, Zeugnis westfälisch-englischer Beziehungen; 2700: Stalhof in London]. Das schlägt die Brücke zurück nach Flandern, dessen Wollimport aus England diese westfälischen Kaufleute bedienten, während sie gleichzeitig Ostseegüter – hauptsächlich Fisch, Wachs, Honig und Asche – nach England vermittelten.

Wessel von der Tynnen, der in Lynn tätig war, gehörte zum Kreis der münsterischen Erbmänner, deren Tätigkeit im überseeischen Fernhandel damit ebenfalls faßbar wird. Eine Liste, die das Domkapitel sich 1579 von Hansesyndikus Dr. Heinrich Sudermann aus den Akten des Londoner Stalhofs zusammenstellen ließ, zeigt, daß diese Familien – die Drolshagen, Bispinck, Buck, Wick, Schencking, Droste und Heidemann – vom Beginn des 14. Jahrhunderts an bis ins 16. Jahrhundert hinein ständig in London tätig waren [410: Schulte, Londoner Liste]. Das legt nahe, daß andere münsterische Kaufleute es ihnen gleichtaten. Der Direkthandel münsterischer Bürger nach England mit den verschiedensten Waren hat jedenfalls bis ins späte Mittelalter angehalten. Pelze, die wohl aus dem Ostseeraum stammten, gehörten ebenso dazu wie das Färbemittel Krapp aus der Gegend von Soest, das für die englische Tuchindustrie bestimmt war [443: Detten, Westfälisches Wirtschaftsleben, S. 119, 128].

3. Münster und die westfälischen Städte in der hansischen Organisation

Damit ist der Kreis der hansischen Fernhandelsbeziehungen Münsters abgeschritten. Er zeigt seine Kaufleute an den Brennpunkten des Handels der Hanse, und sie erscheinen dort sehr früh. Zumindest in Lübeck und im Englandhandel wird deutlich, daß die führende Gruppe der münsterischen Bürger, die Erbmänner, die die Ratsmannen stellen, daran beteiligt ist. Kein Zweifel bleibt auch, daß die Stadt selbst als Korporation an der Gestaltung der Handelspolitik mitwirkt. Die münsterischen Kaufleute erscheinen überall an herausragender Stelle, und die Stadt ist ganz offenbar bereits im 13. Jahrhundert das Ziel von Zuwanderern gewesen, die das münsterische Bürgerrecht erstrebten, weil sie sich dort günstigere Ausgangspositionen für den Fernhandel erhofften. Das belegen Fälle wie die Warendorp und jener Wessel Smalenburgh, der doch wohl aus Schmallenberg im Sauerland stammt.

So stark die Position von Münsters Kaufleuten unter den Westfalen auch war, die führende Stellung nahmen andere Städte ein. In den Anfängen kam sie wohl den Kaufleuten aus Soest zu, und während des 13. bis ins 14. Jahrhundert schoben sich die Dortmunder immer stärker in den Vordergrund. Sie spielten nicht nur im Ostsee-handel eine herausragende Rolle, sondern sie dominierten vor allem auch im Westen, im Englandhandel. Hier stiegen sie auch in das risikoreiche, aber offenbar gewinnträchtige Finanz- und Kreditgeschäft ein, wie etwa Tidemann Limburg, der Gläubiger des englischen Königs. Diese Führungsrolle Dortmunds gründete sich ganz offensichtlich auf die enge Verflechtung der Stadt mit der Eisenproduktion des Sauerlandes, die wenigstens zum Teil hier und in Soest weiterverarbeitet wurde und offenbar beiden Plätzen wichtige Impulse für die Entwicklung ihres Fernhandels vermittelt hat. Vergleichbares hatte Münster nicht in die Waagschale zu werfen, dennoch trat es Dortmund und Soest gleichberechtigt zur Seite, ja schob sich letztlich an ihnen vorbei in eine Führungsposition. Das läßt sich an der Stellung Münsters im Verband der Hanse ablesen.

Die Hanse war eine relativ lose Vereinigung zur Vertretung von Handelsinteressen und zur Verteidigung von Handelsprivilegien in fremden Ländern. Die einzelnen Städte, die als ihre Mitglieder galten, „wuchsen durch ihre Aktivitäten“ in sie hinein

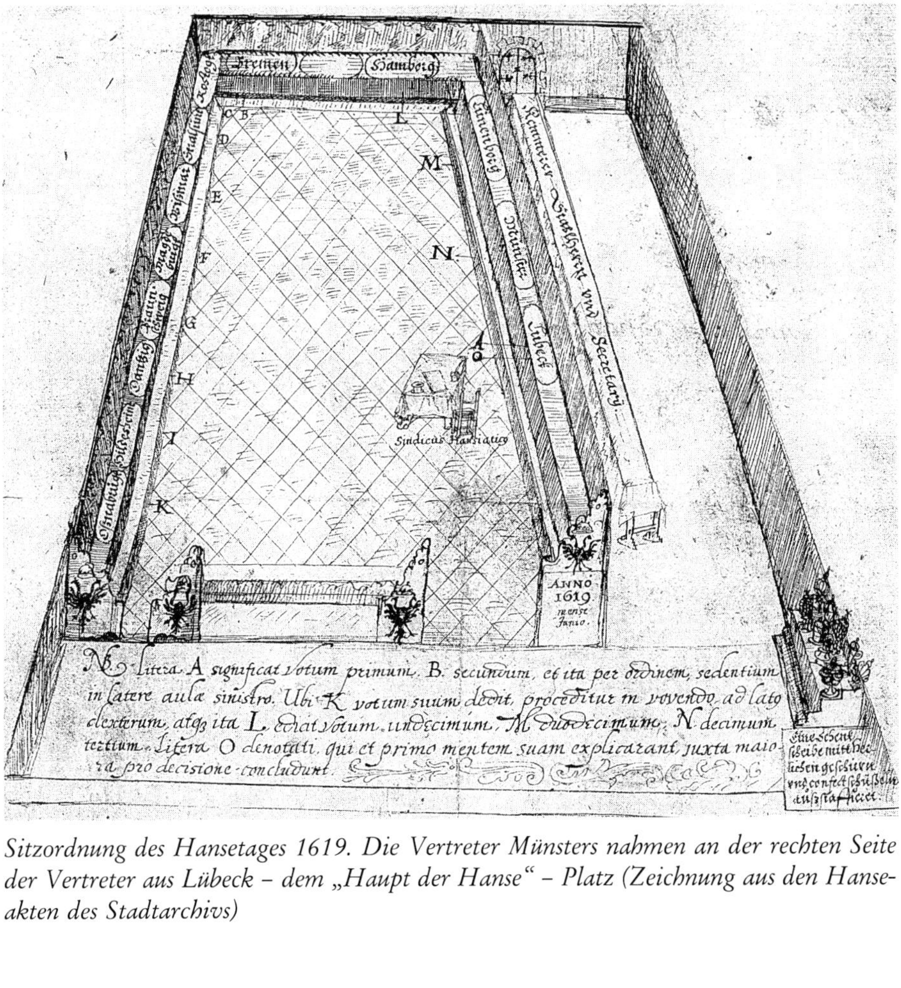

Sitzordnung des Hansetages 1619. Die Vertreter Münsters nahmen an der rechten Seite der Vertreter aus Lübeck – dem „Haupt der Hanse“ – Platz (Zeichnung aus den Hanseakten des Stadtarchivs)

[52: Looz-Corswarem, Hansestadt, S. 7]. Eine feste Mitgliederzahl gab es nicht, ebensowenig wie ein festes Datum für die Aufnahme einer Stadt; auch schwankte die Intensität, mit der eine Stadt sich an hansischen Versammlungen, Beschlüssen und Aktionen beteiligte. Münster hat von früher Zeit an mit den Seestädten, besonders Bremen und Lübeck, in Verbindung gestanden. Im Jahr 1280 hatte es sich erboten, mit anderen westfälischen Städten zu verhandeln, und 1285 bat Wismar Münster zusammen mit anderen westfälischen und holländischen Städten um Entsendung von Boten im Zusammenhang mit der Beilegung des Konflikts des „gemeinen Kaufmanns" mit dem König von Norwegen [2763: Hansisches Urkundenbuch 1, Nr. 996]. Auch wenn Münster sich im letzteren Fall zurückgehalten zu haben scheint, so besuchte es immer häufiger hansische Tagfahrten, und 1368 wird es von König Albrecht von Schweden ausdrücklich unter jenen Städten genannt, die in seinem Reich die hansischen Privilegien genießen sollten [2763: Hansisches Urkundenbuch 4, Nr. 264].

Münster gehörte demnach zu jenem Kernbestand von etwa siebzig Städten, die aktiv in hansischen Angelegenheiten wirkten; dennoch ließ es sich häufig von Soest oder Dortmund auf Hansetagen vertreten. Jedoch die hansischen Privilegien wurden nicht lediglich von diesen aktiven Gliedern der Hanse genutzt, sondern auch von einer großen Zahl kleinerer Städte in Anspruch genommen, die nur selten oder nie die Tagfahrten besuchten, sich von einer benachbarten größeren Stadt vertreten ließen und nur einen finanziellen Beitrag leisteten. Mit ihnen kam die Hanse auf etwa zweihundert Mitgliedsstädte, eine Zahl, die nur schwer zu überschauen war.

Gegen Ende des 14. Jahrhunderts hat die Hanse unter der Führung Lübecks Versuche zu einer festeren Organisation unternommen. Vor allem die Ostseestädte haben auf einen stärkeren bündischen Charakter der Vereinigung gedrängt, und 1430 beschloß eine Tagfahrt, auf der Münster nicht vertreten war, daß jede Hansestadt zum regelmäßigen Besuch der hansischen Versammlungen verpflichtet sei und die kleineren Städte durch eine Umlage zu den Kosten beizutragen hätten. Obwohl die westfälischen Städte sich gegenüber diesen Bestrebungen aus verschiedenen Gründen zögerlich, ja ablehnend verhielten, kam es auch hier zur Zuordnung der kleineren Städte auf Vororte oder Prinzipalstädte. Doch waren diese Zuordnungen im Grunde durch die territorialen Verhältnisse bestimmt, durch die ein System entstand, das auch für hansische Zwecke genutzt werden konnte. So bildeten sich im Hochstift Münster zwei „Quartiere": das Braemquartier, in dem Coesfeld als eine Art Vorort, als Sprecher von Vreden, Bocholt, Borken, Dülmen und Haltern fungierte, und im Osten das Dreinquartier, in dem Rheine, Telgte, Werne, Ahlen und Beckum von Warendorf vertreten wurden. Insgesamt aber waren sie auf Münster ausgerichtet, neben dem noch Dortmund, Soest und Osnabrück als weitere Vororte in Westfalen, jeweils mit einer Anzahl von Beistädten, angesehen wurden.

Regionale Zusammenfassungen vergleichbarer Art hatten in der Hanse Tradition. Seit 1347 faßbar, aber vermutlich schon älter, ist eine Einteilung der Gesamtheit der hansischen Städte in Drittel, wobei die westfälischen zusammen mit den rheinischen, niederländischen und preußischen Städten ein Drittel bildeten. Als dessen Vorort galt zunächst Dortmund, später Köln. Als 1469 Köln wegen seiner Sonderrolle im Konflikt der Hanse mit England aus der Hanse ausgeschlossen wurde, übernahm Münster die Vorortschaft in ganz Westfalen, obwohl es kurz zuvor wegen des Aufruhrs gegen den Rat im Zusammenhang mit der Münsterischen Stiftsfehde 1454 ebenfalls eine Zeitlang verhanst gewesen war. Zwar haben Soest und Dortmund diesen Rang Münsters immer wieder bestritten, sich jedoch im 16. Jahrhundert immer häufiger von Münster auf den Hansetagen vertreten lassen. Jedenfalls ist, seit zu Beginn des 16. Jahrhunderts die Einteilung der Hanse in Viertel sich durchsetzte und wiederum Köln die Führung des rheinisch-westfälischen Viertels übernahm, Münster die Vorortschaft für Westfalen zugefallen. Die Ausschreibungsordnung der Hanse von 1554 bestimmte, daß Münster die Einladungen zu hansischen Versammlungen an die übrigen Städte Westfalens weiterzuleiten hatte. So blieb es während der Spätzeit der Hanse: Das Kräfteverhältnis der alten Konkurrenten hatte sich umgekehrt. Münster war eindeutig die wirtschaftliche Metropole Westfalens.

4. Städtebünde und landesherrliche Politik

Der relativ enge Zusammenhang der westfälischen Städte untereinander, der auch in der Gruppenbildung des frühen Englandhandels sichtbar wird und sie auf die vier Städte ausrichtete, ist insgesamt – wie schon angedeutet – weniger ein Ergebnis der Organisationsbemühungen der Hanse, die in Westfalen nur zögerlich umgesetzt wurden. Er ruht auf älteren Grundlagen, auf der Tradition der westfälischen Städtebünde, die mit dem Bund von Ladbergen 1246 einsetzte. Dieses Bündnis einte damals Osnabrück und Münster, mit Sicherheit auch noch Minden, Herford und Coesfeld. Wenige Jahre später schlossen sich 1253 in gleicher Weise, unter Benutzung derselben Präambel des Vertragstextes, auf der Lippebrücke von Werne die Städte Münster, Dortmund, Soest und Lippstadt zusammen [2767: Westfälisches Urkundenbuch 3, Nr. 450, 553]. Es kam immer wieder zur Erneuerung dieses Bundes, bis sich als sein führender Kern jene „Vierstädte" herausschälten, die auch die hansische Organisation Westfalens trugen: Münster, Osnabrück, Dortmund und Soest.

Die Geschichte dieser Bündnisse ist hier nicht zu verfolgen, aber Münster erscheint von vornherein als treibende Kraft: Es gehörte sowohl dem Ladbergener wie dem Werner Bund an, die dann später in ein umfassenderes Bündnis mündeten. Es ging in diesen Bünden um die Sicherung des Friedens auf den Straßen, die unabdingbare Voraussetzung für ungestörten Handel, d. h. – wie es eine seiner Erneuerungen von 1277 ausdrückt – um den „gemeinen Nutzen unser aller" [2762: Dortmunder Urkundenbuch, Nr. 152]. Die Städte sicherten sich gegenseitig Frieden zu und beschlossen Sanktionen gegen alle, die gegen ihn verstießen. Es liegt auf der Hand, daß hier eine Selbsthilfeorganisation geschaffen wurde, die sich gegen den fehdeführenden Adel und unter Umständen auch gegen die Landesherren richtete. Doch darf nicht übersehen werden, daß auch die letzteren ähnliche Interessen verfolgten. In der Tat trafen sich Territorialfürsten und Städte Westfalens 1298 in einem gemeinsamen Landfriedensbündnis, das der Erzbischof von Köln, der Bischof von Münster, der Graf von der Mark und die Städte Münster, Soest und Dortmund miteinander schlossen, damit „alle allgemein unter dem Schutzschirm des heiligen Friedens den Atem frei zu heben vermögen" [2767: Westfälisches Urkundenbuch 3, Nr. 1615]. Fürstliche Amtsträger und städtische Bürger wurden zusammen zu Konservatoren

Der Ladbergener Vertrag von 1246

dieses Friedens bestellt, der ebenfalls nur den ersten einer langen Reihe darstellt. Auch sie ist hier nicht näher zu betrachten.

Die Sicherung des Handelsfriedens – schlichtweg: die ungehinderte Abwicklung des Fernverkehrs wie der ungestörte Zu- und Abgang zu den regionalen Märkten –, dies war der Punkt, an dem sich die Interessen der Landesherren und der Städte begegneten. Minderungen der Verluste beim Warentransport bedeuteten Erhöhung des Gewinns für den städtischen Kaufmann. Auf der anderen Seite bedeutete die Durchsetzung des Straßenfriedens mit den Machtmitteln des Landesherrn für diesen eine Intensivierung seiner Herrschaft, ganz abgesehen von den fiskalischen Einkünften, die reger Marktverkehr mit sich brachte.

Das Ineinandergreifen dieser Faktoren läßt sich im Herrschaftsbereich des Bischofs von Münster besonders gut beobachten. Seit dem Erwerb der ravensbergischen Besitzrechte zwischen Ems und Hunte 1252 haben die Bischöfe von Münster in energischer, geschickter Politik – verbunden mit Fortune – ihre Herrschaft weit über das Münsterland hinaus ausgedehnt und insbesondere den territorialen Komplex des sogenannten Niederstifts geschaffen. Zwar ist dieser Prozeß erst gegen 1400 in Auseinandersetzung mit tecklenburgischen Ausdehnungsbestrebungen zum Abschluß gekommen, doch zeigen gerade die ersten Jahrzehnte des 14. Jahrhunderts eine intensive Phase der Herrschaftssicherung durch den münsterischen Bischof mit unübersehbaren wirtschaftspolitischen Akzenten. Dabei standen im Mittelpunkt die Ems, deren Kontrolle der Bischof von Münster sich zu sichern wußte, aber auch Vechta, das an der Straße von Münster über Osnabrück nach Bremen einen wichtigen Flußübergang sicherte.

Auf der Ems fuhren die „Seefahrer unter den Bürgern Dortmunds nach Friesland", und Bischof Everhard von Münster nahm sie daher 1281 in seiner „Diözese und seinem Herrschaftsgebiet" unter seinen Schutz und sein Geleit. Seine Amtsträger wies er an, sie zu fördern, ihnen aber auch den Zoll abzunehmen [2762: Dortmunder Urkundenbuch, Nr. 157]. Ähnlich zeigt sich das Ineinandergreifen von Schutz- und Herrschaftsausübung auch in den Konflikten des Bischofs mit den Friesen am Ausgang des 13. Jahrhunderts, die ebenfalls mit ihren Produkten an die Ems und über sie ins Herz Westfalens zu gelangen suchten. In den Verträgen, die der Bischof mit den Friesen schloß und in denen er ihnen Zugang zu den münsterischen Märkten gewährte, sicherte er sich selbst Herrschaftsrechte.

Im gesamten Gebiet zwischen Ems und Hunte, aber besonders an der von Münster kontrollierten Ems selbst, wird von 1300 an ein Netz von periodischen Märkten sichtbar, die offenbar um diese Zeit einen beträchtlichen Aufschwung nahmen. Die münsterischen Amtsleute haben jeweils vor den Marktterminen in Haren, Haselünne, Landegge, Meppen und Vechta Geleitsbriefe an auswärtige Kaufleute verschickt, ja gelegentlich geradezu für den Besuch der Jahrmärkte geworben. Es ist bezeichnend, daß Geleit dieser Art nicht lediglich für die Märkte des münsterischen Herrschaftsgebiets versprochen wurde, sondern auch für auswärtige, wenn der Weg dorthin durch münsterisches Gebiet führte, etwa über Vechta ins bremische Wildeshausen [2765: Urkundenbuch Osnabrück 1301–1400].

Diese energisch wahrgenommene Geleitspolitik sicherte dem Bischof von Münster eine herausragende Schlüsselstellung im Verkehrsnetz Nordwestdeutschlands. Er kontrollierte und sicherte ein Bündel wichtiger Fernwege: von See her die Ems, zu Land die flämische Straße, die von Bremen über Wildeshausen, Cloppenburg und Haselünne ins Niederländische weithin durch münsterisches Gebiet führte, sowie selbstverständlich die Straßen, die von Köln und vom Hellweg über Münster und Osnabrück sich auf Bremen richteten, und diejenigen, die von Münster ins Holländische, vor allem nach Deventer, ausstrahlten. Hinzu trat die Friedens- und Geleitssicherung für die regionalen Jahrmärkte. Deren Termine verteilten sich im festgelegten Rhythmus über das ganze Jahr, so daß der Bischof von Münster eine fast permanente Garantie für den sicheren Handelsverkehr in diesem Raum bot. Das machte ihn dort zur stärksten politischen Kraft. Den Kaufleuten war diese Abhängigkeit der Sicherheit der Wege vom Bischof von Münster wohl bewußt. Als 1409 ein Vredener Kaufmann in Lübeck auf Betreiben des „gemeinen Kaufmanns zu Nowgorod" festgesetzt wurde, drohten seine Brüder mit Repressalien: „Das wird übel für die Nowgorodfahrer, die nach Flandern wollen, denn wir sitzen hier mit meinem Herrn von Münster." Der Bischof selbst, so meinten sie, würde ihnen ebenfalls noch andere Briefe senden, falls sie im Unrecht verharrten [2764: Liv-, Esth- und Curländisches Urkundenbuch 4, Nr. 1785].

Das betrifft den Fernhandel, aber das Bemühen des münsterischen Bischofs richtete sich auch auf den Handel im Nah- und mittleren Fernbereich, auf die Befriedung des bremisch-friesisch-westfälischen Wirtschaftsraums. „De copman zal velich varen in unsen landen umbezad end ungehindert", heißt es in einem Vertrag, den Bischof Heidenreich von Münster 1385 mit Bischof Dietrich von Osnabrück schloß [2763: Hansisches Urkundenbuch 4, Nr. 827]. Darin wird deutlich, daß andere Landesherren ähnliche Anstrengungen unternahmen, doch der Bischof von Münster blieb die führende Kraft, und das kam auch den Kaufleuten seiner Städte, insbesondere denen von Münster zugute. Sie nahmen eine Sonderstellung ein. Für eine Handelstätigkeit in dem beschriebenen Wirtschaftsraum war Münster ein bevorzugter Platz. Hinzu trat der unmittelbare Austausch mit den Niederlanden über das westliche Münsterland, insbesondere mit den IJsselstädten mit ihrem direkten Zugang zur See und zu den messeähnlichen Märkten von Deventer, die seit dem Ausgang des 14. Jahrhunderts ihre Anziehungskraft zu entfalten begannen. Ebenso ermöglichte die günstige Lage an den Verkehrsverbindungen zur alles überragenden nordwestdeutschen Handelsmetropole Köln die ständige Auseinandersetzung mit den dortigen Handelskräften in Kooperation und Konkurrenz. All das hat das kaufmännische Element in Münster gestärkt, ja dürfte immer wieder Kräfte dieser Art aus dem nahen und ferneren westfälischen Umland nach Münster gezogen haben. Zuwanderer wie Einheimische nutzten diese Stadt als Basis, ganz gleich, ob sie als Fernhändler in die Fremde gingen oder sich mit dem Regionalhandel begnügten, der die Güter des Fernhandels auf den Märkten des westfälischen Wirtschaftsgebiets verteilte.

5. *Münsters Kaufmannschaft und ihre soziale Gruppierung im Mittelalter*

Insgesamt wird man die Bedeutung des Regionalhandels für die Stadt selbst wohl noch höher einschätzen müssen als die Geschäfte der Fernkaufleute, selbst wenn hier die größeren Vermögen entstanden. Doch die Fernkaufleute wurden häufig in der Fremde ansässig und starben dort, obwohl sie Bürger Münsters blieben – wie jener Wessel Smalenburgh in Boston. Der Handel, den diese münsterischen Hansekaufleute trieben, mußte Münster nicht unbedingt berühren, wenn sie etwa Güter der Ostseeküsten nach England verfrachteten. So hat erfolgreicher Fernhandel der Stadt Münster sicher auch immer wieder kaufmännische Kräfte entzogen. Doch zeigen das Beispiel der Erbmännerliste aus dem Londoner Stalhof und viele andere Quellen, daß insgesamt große Kontinuität herrschte. Auch wird man hansischen Fernhandel und westfälischen Regionalhandel nicht strikt voneinander trennen dürfen; oft genug dürfte beides in einer Hand gelegen haben.

In der mittelalterlichen Stadt Münster selbst ist den Kaufleuten, wie fast überall, eine führende Rolle zugefallen. An erster Stelle sind die Erbmänner zu nennen. Sie bildeten einen besonderen Kreis von Familien, die bis ins 15. Jahrhundert hinein den Rat gestellt haben und sich wohl seit der Entstehung der Marktsiedlung, wo sie bis ins 14. Jahrhundert am Prinzipalmarkt und Roggenmarkt ihre bevorzugten Wohnplätze hatten, in besonderer Weise im Fernhandel betätigten. Die Abkunft von bischöflichen Ministerialen, die für einige von ihnen zu vermuten oder nachzuweisen ist, steht dem nicht entgegen. Auch für andere Bürgergeschlechter Münsters ist ministerialische Abstammung anzunehmen, und in den meisten der Kathedralstädte des Reiches sind die *meliores,* das ursprünglich handeltreibende Patriziat, wenigstens zum Teil aus der stadtherrlichen Ministerialität hervorgegangen. Bereits Wolfram von Eschenbach hat zu Beginn des 13. Jahrhunderts in seinem „Willehalm" eine Figur in die Handlung eingeführt, die diese beiden scheinbar widersprüchlichen Qualitäten in sich vereinte: „Der koufman hiez Wîmar / der was von ritters art erborn." Gerade in Münster findet sich 1229 ein *Hermannus incisor,* also ein Tuchhändler, unter den Ministerialen des Bischofs [vgl. 2767: Westfälisches Urkundenbuch 3, Nr. 259]. So mögen die Erbmänner, für die diese Bezeichnung erst im 15. Jahrhundert bezeugt ist, auf eine Personengruppe zurückgehen, die während der präurbanen Phase in Diensten des Bischofs Aufgaben der Verwaltung der Marktsiedlung in ihren Händen hielt und in seinem Auftrag Handel trieb. Das mag die herausgehobene, exklusive Stellung erklären, die sie auch später innerhalb der Bürgergemeinde und bei der Besetzung des Rates einnahm. Diese Vorrangstellung beendeten die „Hoyaschen Unruhen" (1450–1457). Schon damals hatten sich die Erbmännerfamilien aus dem Fernhandel zurückzuziehen begonnen und – vielfach auf dem Lande begütert – adeliger Lebensweise angenähert, so wie sie ja auch Pfründen im Domkapitel beanspruchten. Aus der städtischen Wirtschaft schieden sie damit allerdings nicht aus.

Die Kaufmannsgruppe der Erbmänner ist in den insgesamt eher spärlichen Quellen zur spätmittelalterlichen Geschichte Münsters gut dokumentiert, eben weil sie den Rat dominierte. Die übrigen am Handel Beteiligten lassen sich weniger präzise fassen, in Gruppen gliedern und voneinander abgrenzen. Jedoch ist deutlich zu erkennen, daß es auch außerhalb der Erbmännergruppe eine größere Zahl von Kaufleuten gab, unter denen sich auch Fernhändler befanden, die aber zu einem großen Teil den Detailverkauf der Waren des Fernhandels, insbesondere der Textilien, ebenfalls in der Hand hielten: die Wandschneider, die Tuch nach der Elle verkauften, und die Kramer, die wiederum zum Teil mit Geweben und Kurzwaren, vor allem aber mit Gewürzen und anderen Importwaren handelten („de kramer voren over see und sant") [13: Krumbholtz, Gewerbe, S. 47]. Die Güter des Detailhandels mußten sich nicht unbedingt mit jenen decken, mit denen sich diese Kaufleute im Groß- und Fernhandel befaßten. So hat etwa der Kramer Gerd Hagedorn, der in der ersten Hälfte des 16. Jahrhunderts ein Haus am Prinzipalmarkt besaß und als Gewürzhändler im Schatzregister erscheint, im Fernhandel mit Butter, Käse, Honig, Fisch, Teer, Öl, Tran, Leinen, Seide, Spezereien, Glas, Eisen- und Messingwaren, Stahl, Wein, Salz, Feigen, Rosinen und mit Vieh gehandelt. Zum Teil hat er sich dabei mit einem Wandschneider zusammengetan, und dieser Handel spielte sich zwischen Flandern und dem Baltikum, in Lübeck, Nürnberg, Frankfurt a. M., Antwerpen und anderwärts ab [493: Kirchhoff, Kramergilde, S. 68].

Es versteht sich, daß es hier Abstufungen gab, daß im Kramerbereich auch mit bescheideneren Geschäftsvolumen zu rechnen ist, bis hin zu den als Heggekramer bezeichneten Kleinhändlern, die vor allem Kurzwaren feilhielten. Doch insgesamt hatte sich mit der Zeit neben den Erbmännern eine ihr an wirtschaftlicher Potenz

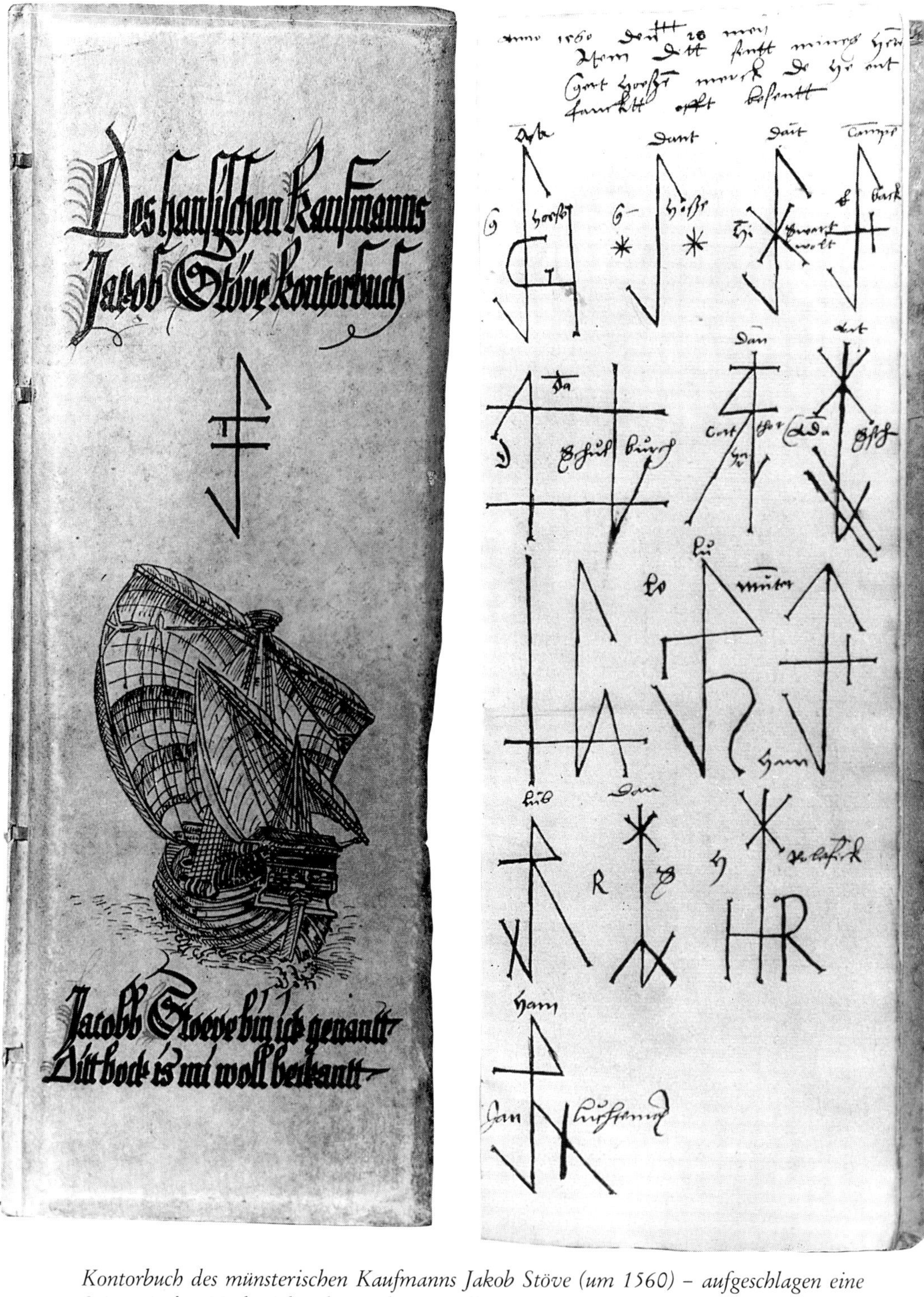

Kontorbuch des münsterischen Kaufmanns Jakob Stöve (um 1560) – aufgeschlagen eine Seite mit den Merkzeichen hansischer Händler

gleichkommende Gruppierung reicher Kaufleute herausgebildet. Sie bestand zu Beginn des 15. Jahrhunderts überwiegend aus Wandschneidern und Kramern, umfaßte etwa 40 bis 45 Familien und strebte ebenfalls nach politischem Einfluß. Man kann sie, um sie von den Erbmännern abzusetzen, als Honoratioren bezeichnen.

Die Fernhändler des Hansebereichs hatten sich in Fahrtgemeinschaften organisiert, und von den münsterischen Ipsenbrüdern war bereits die Rede, die offenbar noch um die Wende vom 16. zum 17. Jahrhundert die Erinnerung an solche Fahrten wachhielten, als diese längst der Vergangenheit angehörten. Man weiß wenig über diese und andere Vereinigungen der Kaufleute, die erst spät – im 16. Jahrhundert – genauer in den Quellen faßbar werden. In dieser Zeit dienten sie offenbar ausschließlich der Geselligkeit, ganz besonders der Feier des Karnevals, bei dem sich neben den Ipsenbrüdern die „Große Cumpanei" hervortat. Ihre Mitglieder waren vor allem reiche Kaufmannssöhne, die am Fastnachtsdienstag allerhand Mummenschanz zu treiben pflegten. Da diese „Große Cumpanei" auch als St.-Annen-Bruderschaft bezeichnet wird, muß sie auch ernsthafteren, religiösen Zielen gedient haben, so wie auch eine Liebfrauen-Bruderschaft bekannt ist, die sich jeweils am Sonntag nach Weihnachten im Dom versammelte und von der es bereits 1408 heißt, sie sei „gestichtet van guden kopluden" [543: Prinz, Mimigernaford–Münster, S. 162].

Das sind nur schwache Hinweise auf Vereinigungen unter den Kaufleuten, und sie betreffen nicht den Kern ihrer beruflichen Tätigkeit, wenn sie auch etwas von der Vielfalt genossenschaftlichen Lebens im ausgehenden Mittelalter und in der beginnenden Neuzeit spiegeln. Doch sind die Zeugnisse damit keineswegs erschöpft. Für das Jahr 1417 ist erstmals eine Kramergilde und 1455 eine Gilde der Wandschneider bezeugt [497: Kirchhoff, Unruhen in Münster, S. 160]. Es sind kaufmännische Vereinigungen, aber die Nennung von Gilden wirft die Frage nach den gewerblichen Korporationen insgesamt auf.

6. *Gilden, Ämter und Bruderschaften vom 13. bis 16. Jahrhundert*

Gilden, Zünfte, Innungen und Bruderschaften prägen im besonderen Maße das soziale Gefüge der mittelalterlichen und frühneuzeitlichen Stadt. In diesen Verbänden organisieren sich die Gruppen der städtischen Gesellschaft quer durch die sozialen Schichten, und ihr auffälligstes Merkmal ist die Orientierung an der beruflichen Tätigkeit ihrer Mitglieder. Die Gilden, Ämter und Bruderschaften – das sind die in Münster gebräuchlichen Bezeichnungen – sind Vereinigungen zur Selbstverwaltung innerhalb des betreffenden Gewerbes. Sie regeln die Zulassung, die Qualitätskontrolle sowie die Konkurrenzbedingungen unter den Mitgliedern, legen Ausbildungsgang und Qualifizierung des Nachwuchses fest, grenzen das Tätigkeitsfeld des Gewerbes gegen andere ab und vertreten seine Interessen nach außen. Vor allem nehmen sie in Anspruch, daß lediglich Gildeangehörigen mit Bürgerrecht in der Stadt ein Handwerk auszuüben und der Verkauf der gewerblichen Produkte gestattet war. Sie standen damit als Korporationen der Obrigkeit gegenüber, die ebenfalls regelnd und kontrollierend in das wirtschaftliche Leben der Stadt einzugreifen suchte, um den

„gemeinen Nutzen" zu wahren und die Interessen der einzelnen Gruppen auszugleichen. So erscheinen diese gewerblichen Zusammenschlüsse, die Gilden, vor allem als Verbände mit wirtschaftlicher Zielsetzung. Ihre Bedeutung greift jedoch weit darüber hinaus. Die Gilde als Genossenschaft war „Trägerin einer alle Genossen erfassenden Rechtssphäre" [2141: Gierke, Genossenschaftsrecht 1, S. 396]. Damit bestimmte sie nachhaltig auch das politische, gesellige und religiöse Leben der Gruppe, regelte ihre Stellung im Wehrverband des Gemeinwesens, ja gestaltete durch die Ausbildung der handwerklichen und zünftigen „Ehre" auch die Lebensformen der Gildeangehörigen ganz allgemein, die sie von anderen sozialen Gruppen – dem Adel, dem Klerus oder etwa den Erbmännern – abhoben.

Hier steht jedoch ihre wirtschaftliche Bedeutung im Vordergrund und vor allem deren Geschichte in der Stadt Münster. Nachrichten über Gewerbetreibende in Münster setzen bereits im 12. Jahrhundert ein: Schuhmacher, Kürschner und Fleischhauer erscheinen 1184 als Besitzer von Grundstücken [416: Münsterisches Urkundenbuch, Nr. 2]. Charakteristischerweise sind es jedoch Angehörige der Nahrungsmittelberufe, die bereits damals herangezogen wurden, wenn es galt, ein Rechtsgeschäft zu bezeugen: Bäcker und Fleischhauer. Sie stehen dann unmittelbar neben hochrangigen Personen, wie etwa 1271 *Wilhelmus pistor,* also ein Bäcker, neben dem Erbmann Johannes Cleyhorst. Das belegt ihre soziale Geltung ebenso wie ihren Reichtum. Denn selbst wenn die Berufsbezeichnung *pistor* hier bereits zum Familiennamen geworden sein sollte, so ist doch an Wilhelms Herkunft aus diesem Handwerk nicht zu zweifeln. Er schenkte 1281 einen Getreidezehnten in Emsbüren an das Aegidiikloster. Seine Enkelin Herburgis war als Nonne im Kloster Vinnenberg untergebracht, und das Aegidiikloster sollte jährlich zu deren Unterhalt drei Molt Weizen liefern [391: Kohl, Urkundenregesten und Einkünfteregister, Nr. 59]. Johannes Cleyhorst bezeugte auch diese Schenkung, und wiederum dokumentiert sich darin die soziale Nähe von Erbmännern und reichen Handwerkern oder Handwerkernachkommen.

Auch andere Berufe werden seit dem 13. Jahrhundert genannt: ein Zimmermann, ein Schmied, ein Goldschmied, ein Maler *(pictor),* ein *tector* (Verputzer?, Dachdekker?), ein *patinarius* (Holzschuhmacher?, Zinngießer?) und die Nadler, die am Horsteberg saßen. Das zeigt die Vielfalt der Berufe und gewerblichen Betätigungen, die in diesem wirtschaftlichen Zentrum Westfalens bereits ausgeübt wurden. So sehr auch diese Nennungen im 14. Jahrhundert zunehmen, so werden doch lange keine gewerblichen Zusammenschlüsse erwähnt. Erst aus dem Jahr 1354 ist ein Ratsbeschluß überliefert, in dem festgesetzt wurde, „dat eine juwelike gilde sall bi eren olden rechte bliven" [416: Münsterisches Urkundenbuch, Nr. 152]. Es müssen also Vereinigungen dieser Art schon längere Zeit bestanden haben, und man darf in Analogie zu anderen Bischofsstädten Deutschlands annehmen, daß es auch in Münster spätestens seit der Mitte des 13. Jahrhunderts zur Bildung von Handwerkerkorporationen gekommen ist. Ausdrücklich als Gilden sind erstmals belegt 1366 die Schneider, 1373 die Fleischhauer, 1417 die Kramer, 1453 die Schuhmacher und Bäcker (wobei für die letzteren allerdings bereits 1320 ein eigenes Haus bezeugt ist), 1455 die Wandschneider, 1457 die Schmiede und 1466 die „ledermaker" (wahrscheinlich die Weißgerber) [497: Kirchhoff, Unruhen, S. 159f]. Im 16. Jahrhundert, um 1525,

Darstellung eines Steinmetzen im Domparadies (um 1250)

sind dann insgesamt 17 Gilden bekannt, die der Chronist Hermann von Kerssenbrock aufzählt; zu den bereits genannten sind noch folgende Handwerke hinzugekommen: die Wüllner (Wollweber), Goldschmiede, Lohgerber, Kürschner, Böttcher, Kannengießer, die Steinhauer, denen sich auch die Meister des Pergamentbereitergewerbes angeschlossen hatten, und die Maler, Glaser und Sattler, die in einer Gilde vereinigt waren. Dafür gab es nun zwei Fleischhauergilden, die jeweils an ihre Verkaufsstätten gebunden waren: die „Alte Scharne" auf dem Roggenmarkt und die „Neue Scharne" auf dem Prinzipalmarkt [13: Krumbholtz, Gewerbe, S. 4]. Diese von Kerssenbrock überlieferte Zahl gilt als der traditionelle Bestand an Gilden, wie ihn auch eine Wappentafel von 1598 zeigt (Abbildung auf S. 141). Diese Tafel verdeutlicht auch eine Rangfolge: voran stehen die beiden Fleischhauergilden, die Wüllner und die Bäcker, die sich in ihren Ordnungen auch als „geschworene Gilde" bezeichnen und deren Vorsteher, die beiden Gildemeister, vom Rat eingesetzt wurden, während sie in den anderen Gilden von den Gildebrüdern gewählt wurden. Das mag das höhere Alter dieser Gilden andeuten und das bei diesen Berufen besonders große Bestreben des Rates, eine Qualitätskontrolle auszuüben, um die Versorgung der Bevölkerung mit den Grundnahrungsmitteln sicherzustellen sowie – im Falle der Wüllner – die Konkurrenzfähigkeit der städtischen Produkte zu erhalten. Es hat aber vor Kerssenbrocks Zeit noch weitere Gilden gegeben, die sich irgendwann mit anderen

Selbstbildnis Hermann tom Rings (1521–1596) – rechts oben das Wappen der Malergilde

vereinigten, zum Beispiel die Holzschuhmacher mit den Schuhmachern und die Altlepper (Schuhflicker) mit den Böttchern. Andere Gilden, wie die Fischhändler, verschwanden. Die Schuhmacher wiederum haben offenbar bis zur Täuferzeit wie die Fleischhauer zwei Gilden gebildet: die Korduaner und die Rinderschuhmacher.

Auch wenn sicher einige dieser Gilden bereits lange vor 1354 entstanden sind, so ist es wohl kein Zufall, daß sich im ausgehenden 14. und im 15. Jahrhundert die Belege für ihre Existenz häufen und wahrscheinlich auch in dieser Zeit neue Gilden entstanden. Zum einen setzte gerade in dieser Zeit eine stärkere Auffächerung und Spezialisierung des Handwerks ein, und gleichzeitig kam es ganz allgemein zu einer stärkeren Reglementierung der Produktionsprozesse wie der wirtschaftlichen Beweglichkeit der einzelnen Angehörigen der Handwerke. Ebenso läßt sich eine stärkere Formalisierung der Ausbildung und Qualifikation beobachten. Kindern von Gildegenossen wurde der Zugang zum Handwerk erleichtert, anderen – besonders Auswärtigen – erschwert. Der nur begrenzt aufnahmefähige Markt für Stadt und Umland wurde zunehmend gegen auswärtige Konkurrenz geschützt und innerhalb der Gilden die Anteile der einzelnen Gildegenossen durch Begrenzung der Produktion und der Zahl der zu beschäftigenden Arbeitskräfte in etwa gleich gehalten. All das hat die Gildenbildung vorangetrieben und bei bereits vorhandenen zur Ausgestaltung ihrer Ordnungen Anlaß gegeben. In Münster läßt sich ein solcher Vorgang nur in Analogie zur allgemeinen Entwicklung erschließen, da die schriftliche Überlieferung der Gilden aus der Zeit vor dem Täuferreich verlorengegangen ist.

7. *Die Gesamtgilde*

Die Bedeutung der Gilden zeigt sich jedoch noch auf einem anderen Feld: Sie drängten in dieser Zeit nach politischer Mitbestimmung, vor allem in Städten, wo sie vom Rat weitgehend ausgeschlossen waren, den in Münster die Erbmänner allein besetzten. Gerade an der Wende vom 14. zum 15. Jahrhundert ist in Köln (1396) und Dortmund (1400), in jenen Städten also, die im Fernhandel zu den engen Partnern Münsters gehörten, den Gilden der entscheidende Vorstoß zur Ratsbeteiligung gelungen. In Münster ist es um diese Zeit, wohl kurz vor 1410, zu einem Zusammenschluß der Gilden zu einer Gesamtgilde gekommen, die ein eigenes Versammlungshaus, das „Schohaus" am Alten Fischmarkt, unterhielt und aus den 34 Gildemeistern zwei Alderleute und andere Amtsträger wählte. Diese Gesamtgilde entwickelte sich zu einer bestimmenden politischen Kraft in der Neugestaltung der Stadtverfassung während des 15. Jahrhunderts. Seit 1432 an Beschlüssen zur Stadtregierung beteiligt, drängte sie während der „Hoyaschen Unruhen" die Erbmänner in die Minderheit und spielte auch in den innerstädtischen Auseinandersetzungen der Reformationszeit an der Schwelle des Täuferreichs eine wichtige Rolle.

Keineswegs aber war in dieser Gesamtgilde, auch wenn sie schon im 15. Jahrhundert alle oder die meisten jener siebzehn Gilden umfaßt haben sollte, das gesamte gewerbliche Spektrum der Stadt Münster vertreten. Der spektakulärste Fall sind die Wandschneider, die erst 1492 in die Gesamtgilde aufgenommen wurden, obwohl sie unzweifelhaft spätestens 1455 als Gilde bezeugt sind. Der Fall steht im übrigen isoliert; es ist nicht bekannt, daß eine andere Korporation nachträglich in die Gesamtgilde aufgenommen worden wäre. Hermann von Kerssenbrock weiß zu berichten, daß es handwerkliche Vereinigungen gegeben habe, die nicht als Gilden bezeichnet wurden, zum Beispiel die Zimmerleute, die Tischler und die Tuchscherer. Sie waren in *sodalitates,* in „Bruderschaften", organisiert. Daneben gab es völlig freie Berufe, die nicht durch gildemäßigen Zusammenschluß gebunden waren, darunter so wichtige Berufe wie die Brauer, die Färber, die Leineweber, aber auch die Drechsler, Barbiere, Gürtler, Taschenmacher, Höcker (Kleinhändler), Butterhändler und andere [640: Anabaptistici furoris historica narratio, S. 110f]. Damit ergibt sich eine abgestufte Gewerbeverfassung, in der nur ein Teil der Handel- und Gewerbetreibenden zur Teilhabe an den politischen Rechten in der Stadt gelangte, die in der Hand der Gesamtgilde lagen. Einige Gewerbe fanden zwar zur Selbstverwaltung in Bruderschaften zusammen, doch kam ihnen die Bezeichnung „Gilde" nicht zu, und sie blieben damit von der politischen Mitwirkung in der Stadtregierung ebenso ausgeschlossen wie diejenigen Gewerbe, die – freiwillig oder unfreiwillig – auf eine Organisation verzichteten. Im ganzen ist über die letzteren für die Zeit vor der Mitte des 16. Jahrhunderts wenig bekannt, doch wird man annehmen dürfen, daß der Rat ihre Tätigkeit kontrollierte und bei Streitigkeiten eingriff, insbesondere wenn es zu Überschneidungen mit gildemäßig organisierten Gewerben kam.

In jedem Fall aber blieb die Gesamtgilde für die wirtschaftspolitischen Entscheidungen ganz allgemein eine entscheidende Kraft, die über die Gewerbepolitik und ihren inneren Regelungsbedarf weit hinausgriff. Das zeigt sich schon in der Tatsache, daß sie in ihr Rechtsbuch, das „Rote Buch" des Schohauses, die Texte des Werner Bundes und seiner Erneuerung von 1268 eintrug [416: Münsterisches Urkunden-

Das Schohaus – Versammlungsort der Gesamtgilde (Alter Fischmarkt 27)

buch 1, Nr. 16, 27]. Auch gestattete sie Bürgern den Eintritt in die Gilden, „de des amptes nicht wilt bruken", die das Handwerk nicht ausüben wollten [13: Krumbholtz, Gewerbe, Nr. 29]. Darin kommt offenbar das Bestreben zum Ausdruck, die Kaufmannschaft, die für die Ausübung des Großhandels keine Gildezugehörigkeit benötigte, in die Gesamtgilde einzubinden. Die Aufnahme der Wandschneider 1492 weist in die gleiche Richtung. Als politisches Instrument erwies sich diese Bestimmung, als im Endstadium der „Hoyaschen Unruhen" 1457 Johann von Hoya das Bürgerrecht erwarb, Mitglied der Schmiedegilde wurde und so in den städtischen Rat gelangte.

Wenn man aus späteren Verhältnissen rückschließen darf, hat sich die Gesamtgilde bemüht, Störungen und Hindernisse des Handels, falls sie auftraten, zu beseitigen. Als 1582 der Kaufmann Kort Staele mit zwei Kähnen Butter und Käse von Emden kommend in Greven von den Amtsleuten des Dompropstes wider die Gewohnheit mit Zoll belegt wurde, haben die Alderleute der Gesamtgilde, wiewohl er „kein gemeinsmann und nicht von gilden [. . .] sich seiner herzlich angenommen" [13: Krumbholtz, Gewerbe, Nr. 26d]. Dieses Einschreiten wird als „alter Gebrauch" bezeichnet und demonstriert den Anspruch der Gesamtgilde auf umfassende Zuständigkeit in Belangen der städtischen Wirtschaftspolitik. Bevor man eine Gesamteinschätzung der wirtschaftlichen Potenz Münsters im ausgehenden Mittelalter und beginnenden 16. Jahrhundert vorzunehmen sucht, tut man gut daran, noch zwei Faktoren zu betrachten, die in der städtischen Wirtschaft einen nicht unbeträchtlichen Einfluß ausübten: die Kirche und das agrarische Umfeld der Stadt.

8. *Kirche und städtische Wirtschaft*

Den kirchlichen Anstalten, Klöstern, Stiften und Höfen auswärtiger Klöster kam in Münster wie auch anderwärts hohe wirtschaftliche Bedeutung zu. Keine andere Stadt im rheinisch-westfälischen Raum – außer Köln – hatte eine so große Zahl geistlicher Institutionen in ihren Mauern aufzuweisen. Zum größten Teil mit Immunität – d. h. mit Befreiung von bürgerlichen Lasten – ausgestattet, die sich auch auf die in diesen Bezirken wohnenden Nichtkleriker erstreckte, hat die wirtschaftliche Betätigung der Kirche insbesondere auf gewerblichem Gebiet häufig zu Reibereien mit der Bürgerschaft und den Gilden geführt. Auch die geistlichen Gemeinschaften selbst haben sich in der gewerblichen Produktion betätigt. So ist bereits für das frühe 13. Jahrhundert eine Dombäckerei bezeugt, die vor allem die Brotversorgung der Domkanoniker zu gewährleisten hatte, sicher aber ihre Erzeugnisse auch in der Domimmunität absetzte. Eine Bäckerei betrieb auch das seit 1401 bestehende Fraterhaus, die sich auf Hostien spezialisiert hatte und sie offenbar an die Geistlichkeit Münsters und des Umlandes vertrieb.

Das Fraterhaus, in dem ja auch die kommerzielle Buchherstellung geübt wurde, hat sich auch der Pergamentherstellung gewidmet; damit gerieten die Brüder vom gemeinsamen Leben in Konflikt mit einem Gildehandwerk. Ebenso verbreitet war die Leinenweberei in den Frauenkonventen, die im 15. Jahrhundert etwa für das Augustinerinnenkloster Niesinck und das Benediktinerinnenkloster Überwasser bezeugt ist, wo die Äbtissin „flassen Laken werken" ließ [441: Darpe, Westfälischer Klosterhaushalt]. Auch diese Konkurrenz geistlicher Konvente trug zur Erhöhung der Spannungen bei, zumal man sich auf der stadtbürgerlichen Seite offenbar weit übertriebene Vorstellungen vom Umfang dieser Aktivitäten machte. In der konfliktgeladenen Situation von 1525 kam das Gerücht auf, im Kloster Niesinck würden hundert Webstühle betrieben; selbst wenn dies nicht wörtlich zu nehmen ist, vermutete man doch eine sehr hohe Zahl. Als man in das Kloster eindrang, fand man ganze elf Stühle, die die Schwestern schließlich behalten durften [607: Berichte der Augenzeugen, S. 421ff]. Allerdings ist zu bedenken, daß dem einzelnen Leinewebermeister – wenigstens nach den Bestimmungen der Leineweberrolle von 1614 – der Betrieb von lediglich vier Stühlen gestattet war, so daß sich ihm das Kloster als Großbetrieb darstellen konnte [13: Krumbholtz, Gewerbe, Nr. 48e].

Die Konflikte zwischen bürgerlichem und klösterlichem Handwerk betreffen nur einen Teilaspekt, der allerdings in den Quellen stark hervortritt. Anderes vollzieht sich weniger spektakulär, fällt aber dennoch nicht minder stark für das ökonomische Gefüge der Stadt ins Gewicht. Zunächst sind die kirchlichen Anstalten in hohem Maße als Kreditgeber am städtischen Finanzmarkt tätig geworden, indem sie als Käufer von Renten auftraten. Sie übten daher in einer wirtschaftlich so aktiven Stadt wie Münster, in der stets ein starker Kapitalbedarf herrschte, eine wichtige Funktion in einer Zeit aus, die wegen des kanonischen Zinsverbots Kreditgeschäfte im wesentlichen nur in der Form des Rentenkaufs abwickeln konnte. Es ist bezeichnend, daß es gerade auf diesem Feld in der Reformationszeit ebenfalls zu Spannungen kam, als man im Fraterhaus und im Kloster Niesinck die Rentenbriefe dieser Gemeinschaften zu konfiszieren suchte.

Weiter verfügten die kirchlichen Institutionen in beträchtlichem Maße über das Eigentum an Produktionsanlagen, insbesondere an den Mühlen. Der Betrieb von Wassermühlen an der Aa im stadtnahen und innerstädtischen Bereich stieß aus wassertechnischen Gründen auf große Schwierigkeiten, und von den drei vorhandenen Mühlen befand sich die wichtigste im Besitz der Deutschordenskommende St. Georg. Auch von den zahlreichen Windmühlen, die im unmittelbaren Vorfeld der Stadt standen, war eine beträchtliche Zahl im kirchlichen Besitz, vor allem der Georgskommende und von Überwasser. Daß die Kapazität insgesamt bei ungünstiger Witterung ungenügend war, geht schon daraus hervor, daß Überwasser gelegentlich das Mehlkorn „um gebrek des windes willen" nach Telgte schicken mußte, wo an der Ems günstigere Bedingungen bestanden. Es ist selbstverständlich, daß die Bürger der Stadt auf die Inanspruchnahme der im geistlichen Besitz stehenden Mühlen angewiesen waren; ja die Georgskommende hat einen Teil ihrer Mühlenanlagen, die Lohmühle, an die Lohgerber- und die Schuhmachergilde verpachtet.

Das größte Gewicht der kirchlichen Anstalten dürfte jedoch in ihrer Rolle als Produzenten und Anbieter agrarischer Produkte gelegen haben. Zumindest das Domkapitel sowie die älteren Stifte und Klöster verfügten über eine umfangreiche Ausstattung an landwirtschaftlich genutztem Grundbesitz im Umland Münsters, der – vor allem in früherer Zeit – im Eigenbetrieb bewirtschaftet wurde und aus dem Naturalabgaben in beträchtlicher Höhe in den Speichern und Scheunen der Kommu-

Der Ausschnitt aus der Stadtansicht eines unbekannten Malers zeigt im Vordergrund die Wellmühle und die Kommendenmühle vor dem Aegidiitor (um 1650)

nitäten zusammenflossen. Für sie war Münster ebenso der zentrale Umschlagplatz wie für die Klöster und Stifte des Bistums, die auf dem Lande lagen. Auch sie setzten die Erträgnisse ihrer Grundherrschaft über Münster ab und bedienten sich dabei eigener, dauerhaft in ihrem Besitz befindlicher Stadthöfe. Das Prämonstratenserstift Cappenberg, das Zisterzienserkloster Marienfeld und das Damenstift Nottuln siedelten sich unmittelbar westlich der Domimmunität am Aaufer an, die Damenstifte Freckenhorst, Hohenholte und Langenhorst in der Nachbarschaft des bischöflichen Bispinghofs, der zusammen mit der Georgskommende des Deutschen Ordens ohnehin bereits einen stark agrarischen Akzent im südwestlichen Bereich der Stadt setzte.

Und schließlich: Die geistlichen Kommunitäten, insbesondere das Domkapitel, die übrigen Kollegiatkapitel und die beiden Ritterorden, stellten aufgrund der sozialen Herkunft ihrer Mitglieder, die dem Stiftsadel oder der städtischen Oberschicht entstammten, auch einen Konsumentenkreis von außerordentlicher Kaufkraft dar, der ebenso wie die bürgerliche Mittel- und Oberschicht die Leistungsfähigkeit der gewerblichen Produzenten und des Importhandels herausforderte. Die Spannungen zwischen Bürgerschaft und Klerus, die für die mittelalterlichen Städte ganz allgemein gegeben sind und die aus der unterschiedlichen Rechtsstellung und der ungleichen Verteilung der städtischen Lasten resultierten, sind nur ein Aspekt des Alltags der mittelalterlichen und frühneuzeitlichen Stadt. Im wirtschaftlichen Bereich jedoch wird man eher von vielfachen Verflechtungen sprechen dürfen, von einer Symbiose, die auch für die Bürgerschaft Vorteile mit sich brachte.

9. Münsters Verflechtung mit dem agrarischen Umland

Die bedeutende Rolle, die die Agrarprodukte geistlicher Grundherrschaften für Handel und Gewerbe Münsters spielten, vermag deutlich zu machen, daß die innerstädtische Wirtschaftstätigkeit nicht an den Stadtmauern endete. Keineswegs auch ist die Verflechtung mit dem Agrarbereich ein Monopol des städtischen Klerus oder der in der Stadt ansässigen Adels- und Ministerialfamilien gewesen, die hier ebenfalls ihre Höfe etablierten. Frühzeitig ist dies für die Edelherren von Steinfurt bezeugt, im ganzen aber ist diese Verflechtung erst eine Erscheinung des ausgehenden Mittelalters und erst recht der Neuzeit [543: Prinz, Mimigernaford–Münster, S. 219f]. Vielmehr ist von Anfang, d. h. vom 13. Jahrhundert an, das Ausgreifen bürgerlicher Kräfte in das agrarische Umland zu konstatieren. Dieser Vorgang ist sicher nicht ausschließlich als Anzeichen beginnender Rentnermentalität in den betreffenden Familien zu werten. Landbesitz gehört ganz offenkundig zur Existenz des Kaufmanns, ganz besonders des Fernkaufmanns. Eine Schrift des 13. Jahrhunderts, die jenem geographischen Bereich entstammt, in dem sich die frühhansischen Kaufleute bewegten, der norwegische „Königspiegel“, enthält auch eine Lebenslehre für den Kaufmann, und hier spielt Besitz an Grund und Boden eine gewichtige Rolle: „und wenn du siehst, daß durch die Handelsreisen dein Vermögen in vollem Ernst groß geworden ist, da nimm du zwei Teile heraus und lege sie in gutem Lande an, denn diese Art des Vermögens scheint doch am ehesten sicher zu sein [. . .] und dann kannst du tun, was dir gut scheint mit dem dritten Teil: dich weiter an Handelsfahrten beteiligen, oder, wenn du willst, das ganze in Land anlegen“ [2340: Königspiegel, S. 40f]. Münsterische Bürger haben augenscheinlich Grundsätze dieser Art seit dem 13. Jahrhundert befolgt. Besonders die Ratsfamilien der Erbmänner erscheinen immer wieder als Besitzer agrarisch genutzter Liegenschaften, die sie an geistliche Institute verkauften oder gegen andere vertauschten [vgl. 2767: Westfälisches Urkundenbuch 3, Nr. 1517, 1518, 1558, 1616; 415: Urkunden des Kollegiatstifts, Nr. 130]. Das deutet auf eine gewisse Mobilität von Immobilienbesitz hin, der so selbst zum Gegenstand von Geschäften wurde, die wohl hauptsächlich der vorübergehenden Kapitalanlage und Kapitalsicherung dienten, während sie bei Bargeldbedarf für Investitionen wieder abgestoßen wurden. Neben den zahlreichen gewöhnlichen Kapitalaufnahmen, in denen die Bürger Immobilien zur Fundierung von Rentengeschäften nutzten, gab es offenbar auch verdeckte Kreditgewährungen, bei denen Grundstücke eine Rolle spielten. So hat 1344 der Knappe Johannes Wetinctorp sein Haus tor Beke im Kirchspiel Altenberge an den münsterischen Bürger Christian Lappe für 25 Mark Münsterischer Pfennige verkauft, mit dem Recht, es binnen zwei Jahren zurückzukaufen. Hier liegt offenbar die Aufnahme eines Notkredits durch den Adeligen vor, denn nicht ganz zwei Jahre später verkaufte Johannes Wetinctorp diesen Besitz an das Kollegiatstift des Alten Doms, und zwar endgültig für 46 Mark Münsterischer Pfennige, die er bereits ausgezahlt erhalten hatte. Man darf vermuten, daß er aus dieser Summe die Schuld bei Christian Lappe beglich, dem inzwischen – gleichsam als Zinsen – zwei Jahre lang die Einkünfte aus dem Gut zugefallen waren [415: Urkunden des Kollegiatstifts, Nr. 76, 79].

Grundbesitz und Immobilienverkehr bildeten demnach zumindest zum Teil die Grundlage der Finanzgeschäfte und der Kapitalbeschaffung stadtbürgerlicher Wirtschaft im ausgehenden Mittelalter und wohl auch noch später. Jedenfalls dient der vielfach bezeugte agrarische Eigenbetrieb oder der Besitz von Gärten innerhalb und außerhalb der Stadtmauern nicht ausschließlich der Selbstversorgung oder als Sicherung für Notsituationen. Grundbesitz, agrarisch genutzt, bildet durchaus einen Teil aktiver Geschäftspolitik von Kaufleuten und Handwerkern. Das gilt auch für die agrarischen Erzeugnisse selbst. Es ist durchaus denkbar, daß für jenen *Wilhelmus pistor* im frühen 13. Jahrhundert bereits nicht mehr die Broterzeugung und deren Verkauf im Vordergrund standen, sondern der Getreidehandel im großen. Handel mit agrarischen Produkten – und hierhin gehören selbstverständlich auch die Rohstoffe für das Textilgewerbe: Wolle, Flachs und Hanf – ist in den Quellen kaum belegt, doch muß er vorausgesetzt werden.

Lediglich für den Handel mit Vieh sind ausreichende Quellen überliefert. Bereits im 14. Jahrhundert gibt es Hinweise für das Engagement westfälischer Kaufleute im Handel mit skandinavischen Rindern [2763: Hansisches Urkundenbuch 4, Nr. 464], und noch vor der Mitte des 15. Jahrhunderts setzt jene Entwicklung ein, die Münster zu einer wichtigen Station im nordwestdeutschen Ochsenhandel werden läßt. Dieser Handel versorgte das Rheinland, insbesondere die große Metropole Köln, teilweise aber auch Brabant, mit Schlachtvieh, dessen Aufzucht auf der jütischen Halbinsel, im friesischen Nordseeküstengebiet, in Oldenburg und zum Teil auch in Westfalen besorgt wurde. Auch an diesem Transithandel von beträchtlichem Umfang, der sich zum Teil auf den gleichen Routen bewegte wie der hansische Handel zwischen Rhein und Ostsee, haben münsterische Händler Anteil gehabt. Die Kölner Quellen vermitteln sogar den Eindruck, daß sie ihn von etwa 1440 an beherrscht haben [2555: Quellen zur Geschichte des Kölner Handels].

Es ging dabei offensichtlich nicht nur um Rindvieh, sondern auch um Schweine. Bereits in der zweiten Hälfte des 15. Jahrhunderts wird westfälischer Schinken auf der Frankfurter Messe gehandelt, und der münsterische Chronist Melchior Röchell vermerkte ausführlich, in welchen Jahren die Mast, d. h. der Ertrag an Eicheln und Bucheckern in den Waldungen um Münster, besonders hoch ausgefallen war. Der Ochsenhandel hat um die Mitte des 15. Jahrhunderts im ökonomischen Gefüge Münsters einen so hohen Stellenwert eingenommen, daß die Sorge um die Erhaltung seiner Rahmenbedingungen die politischen Optionen der Stadt beeinflußte. In der Soester Fehde unterstützte Münster die Stadt Soest und stellte sich damit gegen den eigenen Landesherrn. „Do wort den Monsterschen steden eer ossen genommen op der Markschen strate“, berichtet der Dortmunder Chronist Johann Kerkhörde. Unter diesem Druckmittel zerbröckelte der städtische Verbund, und auch Münster „sprang von einer Wand zur anderen“, wie Kerkhörde süffisant kommentierte [2039: Chroniken der westfälischen Städte, S. 93].

Der nordwestdeutsche Viehhandel, der das Wirtschaftsleben Münsters vom 15. bis ins 17. Jahrhundert so stark beeinflußte, fand sein regionales Zentrum im Bartholomäusmarkt von Greven. Das starke Engagement münsterischer Händler in diesem Geschäft hat auch dazu geführt, daß das unmittelbare Umland der Stadt eine durchgreifende Umgestaltung erfuhr. Aus Ackerland wurden Weiden, die der Fütterung des von weither angetriebenen, zum Teil in Greven umgeschlagenen Viehs zu dienen hatten, bevor es auf den Weg ins Rheinland gebracht wurde. Die Anlage neuer, eingefriedeter Weideflächen durch die großen Grundbesitzer, darunter auch Erbmänner, haben immer wieder zu Streitigkeiten mit den Bürgern geführt, die ihre Huderechte bedroht sahen [vgl. 398: Niesert, Urkundensammlung 3, Nr. 86; 640: Anabaptistici furoris historica narratio, S. 111f]. Das zeigt, daß die Bürgerschaft Münsters in großem Umfang in diesem Geschäft tätig war und daß die Erbmänner, auch wenn sie ihre Aktivitäten auf andere Felder verlagert hatten, am städtischen Wirtschaftsleben intensiv teilhatten. In jedem Fall läßt gerade das Beispiel des Ochsenhandels deutlich werden, daß auch auf der Höhe der hansischen Zeit Münsters die agrarische Komponente aus dem Wirtschaftsleben der Stadt nicht wegzudenken ist.

10. Wirtschaftliche Struktur um 1500

Versucht man nun, den wirtschaftlichen Charakter Münsters am Ausgang des Mittelalters insgesamt zu umreißen, so wird man zunächst festhalten müssen, daß es fest in das Handelssystem der Hanse eingebunden war und eine herausragende Mittlerposition zwischen dem rheinischen Zentrum Köln und den hansischen Seestädten – insbesondere Bremen, Hamburg und Lübeck – einnahm. Die Stadt verfügte über ein außerordentlich stark differenziertes Gewerbe. Keine andere Stadt im rheinisch-westfälischen Hansequartier außer Köln vermochte eine so hohe Zahl gewerblicher Korporationen aufzuweisen wie Münster. Dennoch gab es kein dominierendes Exportgewerbe, von dem der Handel seine Impulse hätte empfangen können, wie es in Köln der Fall war.

In der Stadtlegge und im Stadtkeller am Prinzipalmarkt 17/18 (erbaut 1569/71) wurden die Tuche der Leineweber und das münsterische Hopfenbier unter Aufsicht des Rates kontrolliert und verkauft

Das Textilgewerbe, dessen Erzeugnisse im mittelalterlichen Handel Nordwesteuropas einen bevorzugten Platz einnahmen, scheint auch in Münster gut vertreten gewesen zu sein. Das belegen allein der hohe Rang, den die Wüllner in der Hierarchie der Zünfte einnahmen, und die Tatsache, daß münsterisches Wolltuch bereits 1344 in Köln genannt wird. Doch Westfalen produzierte insgesamt gegenüber den niederländischen, nordfranzösischen und englischen Tuchlandschaften lediglich Tuchsorten mittlerer Qualität [vgl. 1922: Ammann, Deutschland und die Tuchindustrie, S. 16 (Karte)]. Auch gab es Probleme mit der Färbetechnik, die in Westfalen und auch in Münster offenbar nicht hoch entwickelt war. Noch um die Wende vom 16. zum 17. Jahrhundert standen die wenigen Färber, die in Münster arbeiteten, auf dem Standpunkt, ihr Gewerbe sei kein Lehrberuf, sondern „diese wissenschaft und kunst" sei dem „gotlichen glück allein zuzuschreiben" [13: Krumbholtz, Gewerbe, Nr. 61e].

Neben das Wolltuch trat die Leinenweberei. Über die Höhe der Produktion ist zwar nichts bekannt, ebensowenig wie über die Zahl der in der Stadt tätigen Leineweber. Doch gibt es seit der Mitte des 15. Jahrhunderts Hinweise auf die Existenz einer Legge, d. h. einer städtischen Schauanstalt, die die Qualität des vorgelegten Leinens überprüfte, sie durch ein Siegel bestätigte und insgesamt den Handel mit Leinen überwachte [492: Kirchhoff, Hinweise auf die Leinen-Legge, S. 119ff]. So wird man, alles in allem, mit einer beträchtlichen Produktion an Geweben rechnen können, doch keineswegs Münster als Textilstadt bezeichnen dürfen, wie andere, kleinere Städte des Münsterlandes und der angrenzenden Gebiete Westfalens. Eine beherrschende Stellung besaß das Textilgewerbe im wirtschaftlichen Gefüge der Stadt nicht, zumal auch ein ansehnlicher Teil des der Legge vorgelegten und von münsterischen Kaufleuten verhandelten Leinens aus ländlicher Produktion gestammt haben dürfte. Immerhin hat die Textilproduktion Münsters und seines Umlandes sicherlich den stärksten Beitrag zum Fernhandel der Stadt geleistet, auch wenn auf dem Gebiet des Wolltuchs keine Spitzenqualitäten zur Verfügung standen.

Größere Bedeutung hat in Münster offenbar auch das Braugewerbe besessen. Hinweise dafür ergeben sich aus dem im unmittelbaren Stadtumland augenscheinlich verstärkten Gersteanbau seit dem 13. Jahrhundert [vgl. 415: Urkunden des Kollegiatstifts, Nr. 57, 130, 146, 190, 173, 194]. Das Gruetamt, in dem der Monopolverkauf der aus Porße (wilder Rosmarin) und Gewürzen zusammengesetzten Bierwürze stattfand, die man bis ins 16. Jahrhundert hinein statt des Hopfens für das Grüsingbier verwendete, wurde im Laufe der Zeit immer mehr zur zentralen Finanzbehörde der Stadt, und seine Einnahmen müssen bereits 1265/78, als die Bischöfe sie der Stadt überließen, beträchtlich gewesen sein. Doch erst das gehopfte Koitbier, das nach der Aufgabe der Gruetmonopols gegen Ende des 15. Jahrhunderts das Feld zu beherrschen begann, eignete sich wegen seiner größeren Haltbarkeit für den Export. Seine Produktion ist während des 16. Jahrhunderts außerordentlich gestiegen. Vereinnahmte das Gruetamt 1533 für Koit 2063 Mark und für Grüsing 1246 Mark an Akzise, so betrug das Verhältnis 1550 bereits 3144 zu 63. Im Jahr 1597 war Grüsing vom Markt verschwunden, und Koit brachte 8070 Mark ein [141: Grewe, Braugewerbe, S. 42].

Jedoch kann der Export, der sich aus diesen Zahlen indirekt ablesen läßt, keine großen Strecken überbrückt haben. Bier verteuert sich in jener Zeit bei ausschließlichem Landtransport auf hundert Kilometer um etwa 50 bis 70 Prozent, lediglich auf dem Wasserweg war Bierhandel im allgemeinen rentabel. Die für das 16. Jahrhundert genannten Verkaufsorte für münsterisches Bier – Osnabrück, Tecklenburg, Rheda, Ravensberg – liegen etwa fünfzig bis sechzig Kilometer entfernt. Nur Emden macht eine Ausnahme; hier konnte der Wasserweg auf der Ems genutzt werden. Mit dem berühmten Bier der hansischen Seestädte – Hamburg und Wismar –, das auf den niederländischen Märkten großen Absatz fand, konnte sich das münsterische Bier nicht messen. Ähnlich wie im Bereich des Vertriebs heimischer Tuche blieb es beim Handel mittlerer Reichweite.

Textil- und Braugewerbe ruhten auf den agrarischen Produkten des münsterischen Umlandes, und auch der bedeutende Viehhandel hat hier zumindest seine Wurzel. Ins unmittelbare Umland weist noch ein weiteres Exportgut, das eine münsterische Besonderheit darstellt. Der „Baumberger Sandstein" (der zu 75 Prozent aus Kalk besteht) „lest sich woll arbeiden", schreibt der münsterische Chronist Melchior Röchell, „also das die beldensnider und stenhower allerlei beldtwerk und gezirde darvon machen konnen" [1: Münsterische Chroniken, S. 181]. Dieser gelbgrau bis gelblich gefärbte Stein der Berge unmittelbar westlich Münsters ist seit dem 11. Jahrhundert in der weiteren Region genutzt worden und gelangt seit dem ausgehenden 14. Jahrhundert unverarbeitet und verarbeitet zunehmend in den Fernhandel. Der Vertrieb ist offenbar so eng mit Münster verknüpft gewesen, daß er als „Münsterstein" bekannt wurde.

Auch die Bearbeitung ist offenbar zum großen Teil in Münster erfolgt, und die Bedeutung, die diesem Gewerbezweig zukam, erklärt wohl die Zugehörigkeit der

Steinhauer zu den politisch bevorrechtigten Gilden. Fertigteile – Gewölberippen und Fenstersteine – sind 1532 und 1546 nach Wesel geliefert worden [443: Detten, Westfälisches Wirtschaftsleben, S. 131], das an der Lippemündung einen günstigen Umschlagplatz für den Münsterstein darstellte. Um 1500 liegt auch der Höhepunkt der künstlerischen Werke aus Baumberger Sandstein, die in Münster entstanden, deren Auftraggeber jedoch oft in großer Entfernung lebten. Es ist wohl kein Zufall, daß diese Kunstwerke sich in Lübeck häuften und hier besonders früh einsetzten: das Retabel des Altars der patrizischen Zirkelgesellschaft von etwa 1408, die Chorschranken Heinrich Brabenders in der Marienkirche und der Brömsen-Altar des Evert van Roden in St. Jakobi. Nach Wesel und Lübeck waren Stein- und Bildwerke wohl überwiegend auf dem Wasserweg, über Lippe und Ems, zu transportieren. Doch auch über Land gelangten Skulpturen aus Baumberger Sandstein an weit entfernte Bestimmungsorte, wie das wiederum von Brabender geschaffene Grabmal Bernhards VII. zur Lippe und seiner Gemahlin nach Blomberg oder das Sakramenthäuschen, das 1524 die münsterischen Steinhauer Johann und Bernd Buneckemann fertigten und in Einzelteilen nach Korbach lieferten [2297: Karrenbrock, Baumberger Sandstein]. So reicht die Spannweite des münsterischen Steinhauergewerbes von ge-

Grabmal Bernhards VII. zur Lippe und seiner Gemahlin Anna von Schaumburg in der Klosterkirche Blomberg – ein Beispiel für die münsterische Bildhauerkunst des ausgehenden Mittelalters

wöhnlichen Werkstücken bis zu den Spitzenerzeugnissen der Steinskulptur im hansischen Raum, und die personelle Verflechtung der wirtschaftlichen Führungsschichten hat für deren Verbreitung gesorgt.

So glänzend damit die Bilanz für ein Einzelprodukt des Gewerbes ausfällt – und selbstverständlich ist hier Kommerz die andere Seite der Kunst –, so nachdrücklich muß noch einmal betont werden, daß die Handels- und Wirtschaftsgeltung Münsters nicht auf einem städtischen Exportgewerbe beruhte. Münster produzierte für die Region seines Umlandes und zog hochwertige Gebrauchsgüter an sich, für die es zur regionalen Verteilzentrale wurde. Seine bedeutende Stellung im Fernhandel aber verdankte Münster dem Transithandel zwischen zwei Wirtschaftsgebieten der Hanse, wobei es immer stärker auch zum zentralen Punkt wurde, an dem die Exportgüter Westfalens zusammenströmten. Aus dieser Konstellation resultierten Münsters herausragende Stellung in der hansischen Organisation und die personellen Verflechtungen seiner wirtschaftlichen Führungsschicht. Münsters Wirtschaftsgeltung nach außen über Westfalen hinaus gelangte am Ausgang des Mittelalters auf seinen Höhepunkt, und sie hielt offensichtlich im 16. Jahrhundert an. Sie bleibt dabei abhängig von der Funktionsfähigkeit des Wirtschaftssystems der Hanse.

11. Münsters Gewerbeentwicklung vom 16. zum 17. Jahrhundert

In der Geschichte Münsters bedeuten die Reformationszeit, das Täuferreich und dessen Niederwerfung durch Bischof Franz von Waldeck 1535 einen wichtigen Einschnitt. Die Stadt hat Bevölkerungsverluste erlitten, und im Gefolge des Zusammenbruchs des Täuferreichs kam es zu umfangreichen Besitzumschichtungen. Jedoch weder die starke Zuwanderung der auf 1535 folgenden Jahre noch der Besitzwechsel an Immobilien hat die wirtschaftlichen Strukturen und den wirtschaftlichen Gesamtcharakter Münsters grundsätzlich verändert. Man wird es als Element der Kontinuität betrachten dürfen, daß von 631 eingezogenen Immobilien lediglich 146 an Fremde verkauft wurden, dagegen 241, also gut ein Drittel, an begnadigte Täufer oder ihre Verwandten zurückgelangten. Man wird auch annehmen dürfen, daß eine ganze Reihe in die Hände alter, katholisch gebliebener Familien kamen. Ein restauratives Element stellte ganz zweifellos auch der Versuch dar, den Rentenbesitz zu rekonstruieren, für den die dokumentarischen Belege in der Täuferzeit vernichtet worden waren.

Auf den ersten Blick allerdings scheint ein scharfer Einschnitt in der Gewerbegeschichte vorzuliegen. Die Sieger und die öffentliche Meinung schoben die Schuld am Aufruhr den Gilden – insbesondere der Gesamtgilde – zu. Franz von Waldeck hat daher am 30. April 1536 im Zuge der Neuordnung der Stadtregierung bestimmt, daß „gilden in der stat genzlich afgedan, upgehaven und nedergelacht sin“ [13: Krumbholtz, Gewerbe, Nr. 4]. Die Ordnung von Handel und Gewerbe wurde ganz dem Rat im Zusammenwirken mit dem bischöflichen Statthalter übertragen. Es gibt Anzeichen dafür, daß eine Zeitlang eine Art Gewerbefreiheit geherrscht hat, doch dürfte der Rat bald daran gegangen sein, die Verhältnisse im Handwerk zu ordnen. Zu einem unbekannten Zeitpunkt vor 1550 hat er eingehende Regelungen für die Wandschneider, Kramer, Goldschmiede, Kannengießer, Schneider, Schuhmacher und

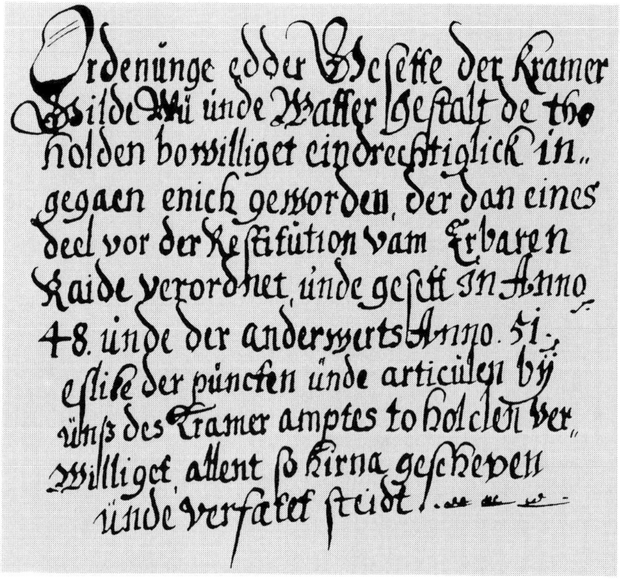
Ordenunge edder Besette der Kramer Gilde unde Wasser gestalt de tho holden bowilliget eindrechtiglick in.. gegaen enich geworden, der dan eines deel vor der Restitution vam Erbaren Raide verordnet, unde gesett in Anno 48. unde der anderwerts Anno 51. etlike der puncten unde articulen by uns des Kramer amptes to holden verwilliget allent so hirna geschreven unde verfatet steidt.

Erste Seite einer Abschrift der Krameramtsrolle (1680). Das Original verbrannte 1759 bei der Beschießung der Stadt durch hannoversche Truppen

Kürschner (also alte Gildegewerbe) erlassen, die die Zulassung zum Gewerbe und dessen Tätigkeitsfelder festlegten. Im Jahr 1550 wird eine Organisation der Einzelgewerbe erkennbar, die unter je zwei Verwesern stand, die der Rat aus der Zahl der Meister bestimmte und die ihm verantwortlich waren. Zulassung und Überprüfung der Qualifikation durch ein Meisterstück lagen ebenfalls beim Rat. Politische Rechte besaßen diese „Ämter“ nicht. Genossenschaftliche Zusammenkünfte – „versamlunge“, „geselschap“ oder „bikumpst“ –, also alles, was an die alte Gildeorganisation erinnert hätte, war ausdrücklich verboten [13: Krumbholtz, Gewerbe, Nrn. 6, 8]. Der Zustand, der hier geschaffen war, hat die Integration der Zuwanderer, die nach den Bevölkerungsverlusten der Täuferzeit in die Stadt strömten, in die Wirtschaft Münsters sicherlich erleichtert, da die Begünstigung der ansässigen Gildebürger für einige Zeit ausgesetzt war.

Die politische Bedrängnis, in die Franz von Waldeck 1553 geriet, hat ihn veranlaßt, gegen ein Hilfsangebot der Bürger- und Handwerkerschaft die alte Verfassung des Rates wieder einzuführen und die Gilden wieder zuzulassen. Der Rat hat gegen die letztere Maßnahme Widerstand geleistet, da sie seinen Einfluß minderte. Doch im Prinzip war der Zustand wiederhergestellt, der vor den Täuferwirren gegeben war. Die siebzehn Gilden, die nun als klar definiert erscheinen, hatten als politisch bevorrechtigte Korporationen an der Stadtregierung teil, während die übrigen gewerblichen Zusammenschlüsse als Bruderschaften ebenso wie die Gilden das Recht der Selbstverwaltung erhielten, das in ihrer „Rolle“, d. h. Handswerksordnung, festgehalten wurde. Die Bezeichnungen „Gilde“ und „Bruderschaft“ heben demnach die Korporationen nach ihrer politischen Qualität voneinander ab, während sich die innere Verfassung, wie sie die nun reich einsetzende Überlieferung der handwerklichen Ordnungen erkennen läßt, kaum unterschied. Die Bezeichnung „Amt“ kann die Organisation des handwerklichen Zusammenschlusses zumindest mitmeinen und wird vor allem vom Rat, aber auch in der Selbstbezeichnung der Gilden als Synonym für „Gilde" gebraucht. Im Grunde aber meint „Amt" das Handwerk selbst, seine Ausübung. Im 17. Jahrhundert wird „Amt" allmählich durch „Handwerk" abgelöst, ebenso wie für „Gilde" nun gelegentlich „Zunft" erscheint.

Die politischen Rechte der Gilden bestanden – trotz gelegentlicher Kritik aus der Gemeinheit – bis zur Unterwerfung der Stadt Münster durch Bischof Christoph Bernhard von Galen fort. Dann wurden diese Rechte am 22. August 1661 beseitigt – mit der Verfügung, sie sollten „hinfüro in keine andere, ihre zunftsachen nicht betreffende politische und regierungssache sich keineswegs einmischen" und „außer ihren zunftsachen und welche commercia betreffen, nichts handeln oder tractiren" [13: Krumbholtz, Gewerbe, Nr. 33].

Für die Geschichte der Gewerbe bedeutete diese Maßnahme Bischof Christoph Bernhards von Galen im Grunde kaum einen Einschnitt, denn den Gilden blieb die innere Selbstverwaltung, und die Handwerkergenossenschaften außerhalb der Gilden blieben von der Maßnahme ohnehin unberührt. Die Ordnungen der einzelnen Gewerbe lassen seit der zweiten Hälfte des 16. Jahrhunderts die zunehmende Tendenz zur Abschließung erkennen, zum Beispiel die Beschränkung der Meisterzahl zur Erhöhung der Schranken gegen Zugang von außen und zur Bevorzugung der Nachkommen von Amtsangehörigen. In der allgemein zu beobachtenden Erstarrung der Zünfte und Gilden im Alten Reich scheint Münster keine Ausnahme zu machen, doch bedeutet das Jahr 1661 hier offenbar keinen Wendepunkt der Entwicklung.

Wohl aber ist es in dieser Zeit zu einer wirtschaftlich rückläufigen Entwicklung gekommen, die am deutlichsten das Textilhandwerk betraf, das einzige Exportgewerbe, das in der Stadt Münster einigermaßen ins Gewicht fiel. Das 16. Jahrhundert hat hier gegenüber der Zeit vor 1535 augenscheinlich eine Periode der Expansion gesehen. Die Wüllner haben zumindest ihre Arbeitsbedingungen verbessert. Sie hatten – wegen der unbefriedigenden Mühlensituation in Münster – ihre Tuche für gewöhnlich zum Walken in die bischöfliche Walkmühle nach Telgte gebracht. Im Jahr 1544, noch in der Zeit des Gildeverbots, begannen Anstrengungen, eine Änderung zu erzielen. Der Versuch, die Mühle der Georgskommende zu nutzen, schlug fehl, doch 1552/55 baute der Erbmann Georg Bispinck eine Walkmühle an der Werse, die Sudmühle, die fortan von den Wüllnern genutzt wurde. Der Weg für die Tuche halbierte sich damit [13: Krumbholtz, Gewerbe, Nr. 54a].

Die Ausfuhr des in Münster gefertigten Tuchs war – ebenso wie der Import vor allem englischer Ware – offenbar beträchtlich, doch die eigentliche Expansion im Textilbereich dürfte sich im Leinengewerbe vollzogen haben. Ein großer Teil der Leinenweberei spielte sich auf dem Lande als bäuerliches Nebengewerbe ab. In der Stadt Münster selbst bildeten die Leineweber nach 1535 keine Korporation, war das „leinen wefen [. . .] ein frei dink" [13: Krumbholtz, Gewerbe, Nr. 48a]. Das hat vermutlich den Zuzug auswärtiger Leineweber begünstigt. Als die Leineweber mit Bürgerrecht sich 1602 zum erstenmal um Anerkennung als Bruderschaft bemühten, bezifferten sie das Verhältnis von Leinewebern mit Bürgerrecht zu Nichtbürgern, die das Handwerk ausübten, mit 13 zu 30. Acht Jahre später beim zweiten Versuch, als sie auch nachdrücklich darauf hinwiesen, daß sie „von alters eine broderschaft in diser stat" gebildet hätten, hatte sich die Zahl insgesamt beträchtlich erhöht: 48 Bürger standen 37 Nichtbürgern gegenüber. Zwischen 1607 und 1632 haben neunzig Leineweber Bürgerrecht in Münster erlangt; kein anderes Handwerk hat einen solchen Zuwachs zu verzeichnen. Im Jahr 1644 erhielten die Hechelmacher, die die Gerätschaften für die Flachszubereitung herstellten, eine eigene Bruderschaftsordnung. Das bezeugt die wachsende Bedeutung des Textilgewerbes ebenso wie die Gründung einer Bruderschaft der Bombasidenmacher (Barchentweber) 1620, die nach flämischem und Weseler Vorbild Leinengarn mit Baumwolle verarbeiteten.

Münster hat sich demnach in vollem Maße in die westfälische Leinenerzeugungslandschaft eingeordnet, die ihre Schwerpunkte im nördlichen Münsterland, um Osnabrück und im ravensbergisch-lippischen Gebiet besaß und für weiträumigen Export produzierte. Die Einnahmen der münsterischen Legge belegen eine beträchtliche Produktion im 16. und 17. Jahrhundert, die nur um 1610 und um 1635 (als die kaiserlichen Truppen während des Dreißigjährigen Krieges Münster besetzt hielten) Einbußen erlebte. In der Endphase des Krieges, der Münster kaum noch berührte und ihm zu den Friedensverhandlungen die Neutralität bescherte, erlebte das Leinengewerbe sogar noch einen außerordentlichen Aufschwung. Die Einnahmen der Legge haben sich damals gegenüber dem in den Jahren vor 1635 erreichten Mittelwert etwa verdreifacht. Selbst wenn ein ansehnlicher Teil des auf der Legge beschauten Leinens dem Landhandwerk entstammt haben sollte, so dürfte doch der Anteil der stadtgesessenen Weber beträchtlich gewesen sein. Überdies floß auch dieses Leinen in den von Münster aus betriebenen Handel ein. Zeitweise zog die münsterische Legge in den vierziger Jahren des 17. Jahrhunderts der Osnabrücker gleich, ja überflügelte sie sogar. Der Leinwandhandel sei – so vermerkte das Ratsprotokoll 1601 – die wirtschaftliche Betätigung, die der Stadt „die meist nahrung geben thete“. Die Absatzgebiete scheinen im ausgehenden 16. Jahrhundert bis nach Süddeutschland, das vor allem über die Frankfurter Messen erfaßt wurde, gereicht zu haben, doch konzentrierte sich der Leinenhandel im 17. Jahrhundert auf England (über Emden abgewickelt) und vor allem auf die Niederlande. Noch 1667/68 betrug der Anteil münsterischen Leinens 22 Prozent der Gesamtausfuhr des Amsterdamer Stapels [857: Planeth, Außerwestfälischer Handel, S. 4ff].

Im darauffolgenden Jahrzehnt allerdings brach diese positive Entwicklung abrupt ab. Im Jahr 1689 kündigte der Legger in Münster, da er von den Einnahmen des Amtes nicht mehr leben konnte; 1737 wird berichtet, die Legge sei in Abgang gekommen, und während des Siebenjährigen Krieges ist sie offenbar gänzlich eingegangen [2571: Reekers, Beiträge zur statistischen Darstellung, S. 124]. Das Textilgewerbe insgesamt hat zwar im Gesamtspektrum der münsterischen Gewerbe einen starken Anteil behalten (1685: 31,8 Prozent; 1770: 19,7 Prozent; 1802: 21,5 Prozent) [1170: Siekmann, Münster um 1770, S. 148], doch hat sich das Gewicht ganz deutlich auf die verarbeitenden Gewerbe verschoben. Die Produktion dagegen ist in Münster bis zum Ende des Alten Reiches drastisch zurückgegangen. Der Herstellung von Wolltuch widmeten sich 1766 in Münster noch ganze vier Meister. In Warendorf waren es immerhin 50, in Telgte 62 und im westmünsterländischen Wigbold Nienborg gar 94 [2571: Reekers, Beiträge zur statistischen Darstellung, S. 132]. Leinen scheint in Münster selbst, außer in der mit Verlust arbeitenden „Leinen Fabrik“ des Zuchthauses, nicht mehr hergestellt worden sein. Dafür waren 1764 in Billerbeck 280 Leineweber (einschließlich Kindern) und in Telgte etwa 107 tätig [2571: Reekers, Beiträge

Eine der ältesten Aufnahmen vom Giebel des Krameramtshauses (1885)

zur statistischen Darstellung, S. 126]. Darin wird deutlich, daß sich die Wolltuch- und Leinenproduktion aus der Metropole Münster auf das Land und in die kleinen Städte verlagert hatte, während sich das Baumwollgewerbe in Warendorf und vor allem im westlichen Münsterland (Bocholt, Gronau) zu konzentrieren begann. Münster selbst dürfte dabei lediglich ein Anteil am Vertrieb der Produktion verblieben sein.

Auch im Handel Münsters haben sich vom 16. zum 17. Jahrhundert starke Wandlungen vollzogen. Das Feld beherrschte zunächst, nach der Niederwerfung der Täuferherrschaft, immer noch der Fernhandel im System der Hanse, wobei eine starke Verflechtung mit Köln nicht zu übersehen ist. Auch die alten Verbindungen in den Ostseeraum blieben bestehen, wobei hier jedoch die Hansekaufleute zunehmend unter den Druck englischer und vor allem holländischer Konkurrenten gerieten. Tradition und Wandel in Münsters Handel lassen sich sehr deutlich am wirtschaftlichen Verhalten einer der führenden Familien der Stadt, der Plönies, beobachten, die zudem zu den Nutznießern der katholischen Restauration gehörten. Im 15. Jahrhundert bereits als Wandschneider bezeugt, verkörperten sie immer noch den Typ der hansischen Kaufmanns- und Ratsherrenfamilie, obwohl sie in Münster bereits in die Positionen der Erbmänner einzurücken begannen. Einer ihrer Angehörigen, Hermann Plönies, Bruder des münsterischen Bürgermeisters Wilbrand Plönies, ging nach Lübeck, wo er 1523 zu den Hauptleuten der Flotte gehörte, die für Gustaf Vasa

Stockholm eroberte; 1531 führte er als Bürgermeister die katholische Partei in den Auseinandersetzungen jener Jahre in Lübeck an. Der bedeutendste Vertreter dieser Familie in Münster war im 16. Jahrhundert der Kaufmann Hilbrand Plönies (1524–1598), der von 1557 an nacheinander alle wichtigen Ämter in Münsters Stadtregiment bekleidete. Sein Sohn Werner ging 1577 als Kaufmann nach Reval, zwei andere hatten Kanonikate am Kollegiatstift Alter Dom, ein dritter im Lübecker Domkapitel inne. Sie alle stammten aus Hilbrands Heirat mit Margaretha, der Tochter des Hammer Bürgermeisters Werner Brechte. Die Brechtes, von ganz ähnlichem Schlag wie die Plönies, hatten bereits im 15. Jahrhundert ihrem Landesherrn, dem Herzog von Kleve, ausgedehnte Kredite gewährt, der ihnen dafür Vorteile im Handel mit Breckerfelder Stahl, einem Spitzenerzeugnis der westfälischen Eisenproduktion, gewährte. Hilbrand Plönies gründete 1568 zusammen mit seinen Schwägern Franz und Johann Brechte eine Handelsgesellschaft. Sie galt vor allem dem Stahlhandel nach England über Wesel, wo Franz Brechte 1565 das Bürgerrecht erworben hatte. Das war wegen des englisch-spanischen Stahlembargos 1568/73 ein riskantes, aber außerordentlich lohnendes Geschäft. Es ist aufschlußreich zu beobachten, wie der Teilhaber Hilbrand Plönies, der als städtischer Amtsträger die ganze politische Kraft Münsters einzusetzen vermochte, die hansischen Privilegien bemühte, wenn es dar-

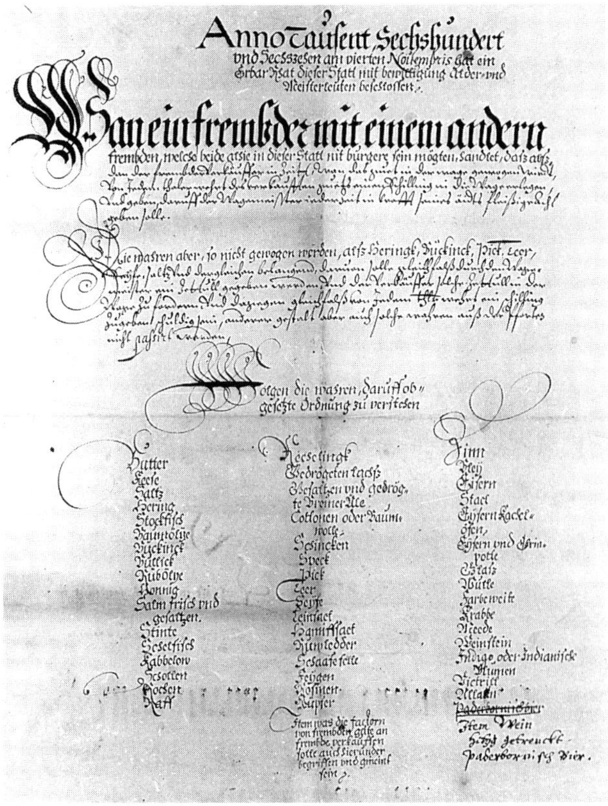
Anno Tausent Sechshundert und Sechszehen am vierten Novembris hat ein Erbar Rhat dieser Statt mit bewilligung Alder- und Meisterleuten beschlossen.

Wan ein frembder mit einem andern frembden, welche beide alsie in dieser Statt nit bürgere sein mögten, handlet, dasz als [illegible]

Die wahren aber, so nicht gewogen werden, alss Heringk, Bückinck, Pick, Teer, [illegible]

Folgen die wahren, darauff obgesetzte Ordnung zu verstehen

Butter
Keese
Saltz
Hering
Stockfisch
Baumölye
Bückinck
Buttick
Rubölye
Honnig
Salm frisch und gesaltzen.
Stinte
Schelfisch
Kabbelow
Gesotten
Rocken
Haff

Heeselingk
Gedrögeten Lachs
Gesaltzen und gedrögte Breiner Ale
Cottonen oder Baumwolle
Gesincken
Speck
Pick
Teer
Seyfe
Leinsaet
Hanniffsaet
Juchtledder
Schaafefelle
Feygen
Rosinen
Kupfer
Item was die factorn von frembden gütte an frembde verkauffen solle auch hierunder begriffen und gemeint sein.

Zinn
Bley
Eisern
Stael
Eysern Kackelofen,
Eysern und Grinpotte
Glass
Butte
Farbeweide
Krabbe
Meede
Weinstein
Indigo oder Indianisch Blumen
Vietriol
Allaun
Paderbornisch Bier
Item Wein
Hispanisch Bier
Paderbornisch Bier.

Ordnung der Stadtwaage aus dem Jahr 1616 mit einer Liste der zollpflichtigen Waren

um ging, die von den Beamten des Herzogs von Alba verhängten Konfiskationen wieder aufzuheben.

So bewegten sich die Plönies und Brechte wie andere münsterische Kaufleute durchaus in traditionellen hansischen Bahnen und nutzten die sich hier ergebenden Vorteile. Sieht man jedoch näher hin, dann ergibt sich, daß diese Kaufleute, und gerade die Plönies, zunehmend dazu übergehen, ihre Geschäfte über einen butenhansischen Platz, nämlich über Amsterdam, abzuwickeln. Sie folgten damit dem Sog, der sich aus dem wachsenden Gewicht der holländischen Städte im nordwesteuropäischen Handel und der sich verstärkenden Aushöhlung der hansischen Privilegien ergab [2648: Schnurmann, Ghen Engellandt]. Als Köln, das von dieser Entwicklung am stärksten betroffen war, 1603 auf Drängen Lübecks zu einem Quartiertag nach Münster einlud, um Gegenmaßnahmen zu erörtern, war die Resonanz zwiespältig [1914: Niederländische Akten und Urkunden 2, Nr. 985ff]. Zwar engagierte sich Münster selbst noch einmal für die hansische Sache, doch ist nicht zu übersehen, daß die kommerziellen Bindungen an Holland, an Amsterdam zumal, ständig enger geknüpft wurden. Unter Führung jener späthansischen Kaufmannsfamilien, wie den Plönies, vollzog sich eine Neuorientierung des münsterischen Handels, gegenüber der die alten Direktverbindungen zum Ostseebereich in den Hintergrund traten. Selbstverständlich blieb der rege Kontakt zu Köln erhalten, ja der Ochsenhandel erlebte um 1600 trotz der Störungen durch den niederländischen Aufstand und die damit verbundenen kriegerischen Auseinandersetzungen einen Höhepunkt, bevor er während des Dreißigjährigen Krieges entscheidend zurückging. Bei jenen Waren, für die Köln den zentralen Umschlagplatz darstellte – wie etwa für Wein aus den rheinisch-moselländischen Anbaugebieten –, funktionierte weiterhin die alte Vermittlerstellung Münsters. Ja, seine Weinhändler und der Rat kauften Wein nun zum Teil sogar noch weiter südlich ein – vor allem in Mainz – und vertrieben ihn nach Bremen und Dänemark, ganz zu schweigen von der Versorgung des westfälischen Umlandes, die sich offenbar stark in Münster konzentrierte [312: Sieglohr, Binnenwestfälischer Weinhandel]. Doch selbst diese bis spät ins 17. Jahrhundert andauernde Vermittlerfunktion auf einem speziellen Teilgebiet des Handels, das zwar hohe Gewinne abwarf, aber im Gesamtvolumen nur eine Randposition einnahm, ist kaum noch als Teilhabe am eigentlichen hansischen Handel zu werten.

12. Münsters Wirtschaft im 18. Jahrhundert

Im Laufe des 17. Jahrhunderts hat sich die Reichweite des münsterischen Handels augenscheinlich entscheidend reduziert, nachdem ihm durch den Friedenskongreß noch einmal eine Blüte beschieden war. Man pflegt den Niedergang der Wirtschaft Münsters mit der Unterwerfung der Stadt durch Bischof Christoph Bernhard von Galen 1661 zusammenzubringen, und in der Tat fallen die Veränderungen im Leinengewerbe mit ihren negativen Auswirkungen für die Stadt Münster zeitlich mit diesem tiefen Einschnitt der Stadtgeschichte zusammen. Man wird jedoch solche Feststellungen relativieren müssen, schon weil die Verlagerung des Leinengewerbes aus den Städten eine weitverbreitete Erscheinung darstellte und nicht auf Münster beschränkt war. Auch für die Reduzierung der Reichweite des münsterischen Handels dürften vielmehr die allgemeinen Entwicklungstendenzen im ökonomischen System Nordwesteuropas den Ausschlag gegeben haben. Dazu gehörte das Erlöschen der Hanse, das sich mit der Schließung des Londoner Stalhofs 1598 abzuzeichnen begann. Zur Zeit des letzten Hansetages 1669 war sie „mehr umbra als res ipsa", wie es ein Schreiben Wismars damals ausdrückte [2055: Dollinger, Hanse, S. 476]. Zwar florierte der Handel der Ostseestädte selbst fast ungebrochen weiter, jedoch das weitgespannte personelle Netz, das Seestädte und Binnenland überspannte, das Geflecht, das noch die erfolgreiche Generation der Plönies im 16. Jahrhundert getragen hatte, war zerrissen. Hinzu kam die sich verstärkende Konfessionalisierung, die die Aktionsmöglichkeiten münsterischer Kaufleute im Ostseegebiet eingeschränkt haben dürfte. Vor allem aber dominierten in der Ostsee die Holländer, die etwa die Hälfte bis zwei Drittel aller Schiffe stellten, die den Sund passierten [2055: Dollinger, Hanse, S. 454]. Münsters Handel war seit langem stark auf Holland ausgerichtet, und in dieser Partnerschaft verschob sich nun das Gewicht maßgeblich zugunsten der Holländer.

Damit sind die Markierungspunkte der veränderten Konstellation bezeichnet, die das Wirtschaftsleben Münsters bis zum Ende des Alten Reiches bestimmten. Im 18. Jahrhundert hat Münster seine Bedeutung als Platz für den Fernhandel verloren. So fehlte beispielsweise ein zentraler Markt für den Leinenexport des Münsterlandes, der von einer großen Zahl kleiner Aufkäufer getragen wurde, die von holländischen Großhändlern abhängig waren. Die Zeitgenossen haben diese Situation deutlich gesehen, und 1785 schlug das „Münstersche Wochenblatt" vor: „Um den Leinwandhandel blühender zu machen, müßte ein Hauptstapellager in Münster angelegt werden." Auch Justus Möser hat in seinen „Patriotischen Phantasien" die überhöhten Gewinne des holländischen Großhandels und die finanzielle Abhängigkeit der westfälischen Produzenten kritisiert [1046: Hanschmidt, Fürstenberg, S. 112].

Ganz ähnlich lagen die Verhältnisse beim Importhandel münsterischer Kaufleute. Im Jahr 1780 hat der Reichsfreiherr Clemens August Maria von Kerckerinck zur Borg dem soeben zum Koadjutor gewählten Erzherzog Maximilian Franz von Österreich eine Denkschrift über den Zustand des Hochstifts Münster vorgelegt, und er konstatierte darin, daß die „Handelsleute" Münsters „im Grunde nur Factoren der Holländer und Frankfurther" seien, auch wenn sie selbst die Versorgung des Umlandes in der Hand hielten. Er verdeutlichte diese Feststellung mit einem instruktiven Beispiel. Der Hanf- und Flachsanbau im Land benötigte große Mengen an Leinsamen, der aus Qualitätsgründen aus den baltischen Ländern, vor allem aus Riga, importiert wurde. Dieser Handel lief über Holland und wurde in Münster von Kommissionären holländischer Handelshäuser besorgt. Bei dem Versuch eines einzelnen münsterischen Kaufmanns, durch Direktbezug über Hamburg eine günstigere Preisgestaltung vorzunehmen, ordneten die holländischen Kaufleute Schleuderpreise an, die ihn aus dem Geschäft trieben [927: Erler, Denkschrift, S. 448ff].

Woran es fehlte, so schien es Kerckerinck zur Borg, waren Persönlichkeiten, die sich an „Entreprisen" wagten, und er ermahnte den künftigen Landesherrn zu fördernden Maßnahmen, insbesondere zur Errichtung von Manufakturen. An Bemühungen dieser Art, die ihren Antrieb aus den Lehren des Merkantilismus zogen, hat es in der Tat seit den Tagen Christoph Bernhards von Galen nicht gefehlt. Vor allem haben die Landesfürsten und ihre politischen Helfer, wie vor allem etwa Franz von Fürstenberg, der Minister Maximilian Friedrichs von Königsegg-Rothenfels, immer wieder Anstrengungen unternommen, die Verkehrsverhältnisse im Bistum zu verbessern. Sie richteten ihr Hauptaugenmerk auf die Wasserwege, und ihre Pläne trafen sich dabei mit den Wünschen der münsterischen Kaufmannschaft, die sich davon eine bessere Anbindung an ihre holländischen Geschäftspartner erhoffte. Die Frucht dieser Projekte waren die Intensivierung der Ems- und Berkelschiffahrt und schließlich der Bau des Clemenskanals, der 1724 unter Fürstbischof Clemens August mit dem Ziel begonnen wurde, entweder die Vechte und damit die Zuidersee bei Zwolle zu erreichen oder ihn nach Norden in die Ems zu leiten und damit die traditionelle Verbindung mit Emden zu erleichtern. Der Kanal erreichte keines dieser Ziele; sein Bau wurde in der Gegend von Wettringen 1731 eingestellt. Zwischen 1766 und 1771 kamen auf Betreiben der münsterischen Kaufmannschaft noch sechs Kilometer Streckenführung hinzu, und dabei blieb es. Die jeweiligen Endpunkte, zunächst Clemenshafen, dann Maxhafen, wurden zu wichtigen Umschlagplätzen für den Post- und Frachtverkehr von Zwolle und Emden nach Münster.

Solange der Kanalverkehr funktionierte – und das war bis zur Säkularisation der Fall – bedeutete er eine beträchtliche Strukturverbesserung im Verkehrswesen des Münsterlandes. Das Straßennetz allerdings blieb gekennzeichnet durch „schier ohnpracticabele Land-Straßen“, wie es ein Edikt des Fürstbischofs Clemens August von 1727 ausdrückt, und der Chausseebau hat erst im 19. Jahrhundert im Münsterland Einzug gehalten.

Die Bemühungen der Fürstbischöfe um Manufakturen schließlich haben wenig gefruchtet, und auch das „Commercien-Collegium“, das Franz von Fürstenberg 1764

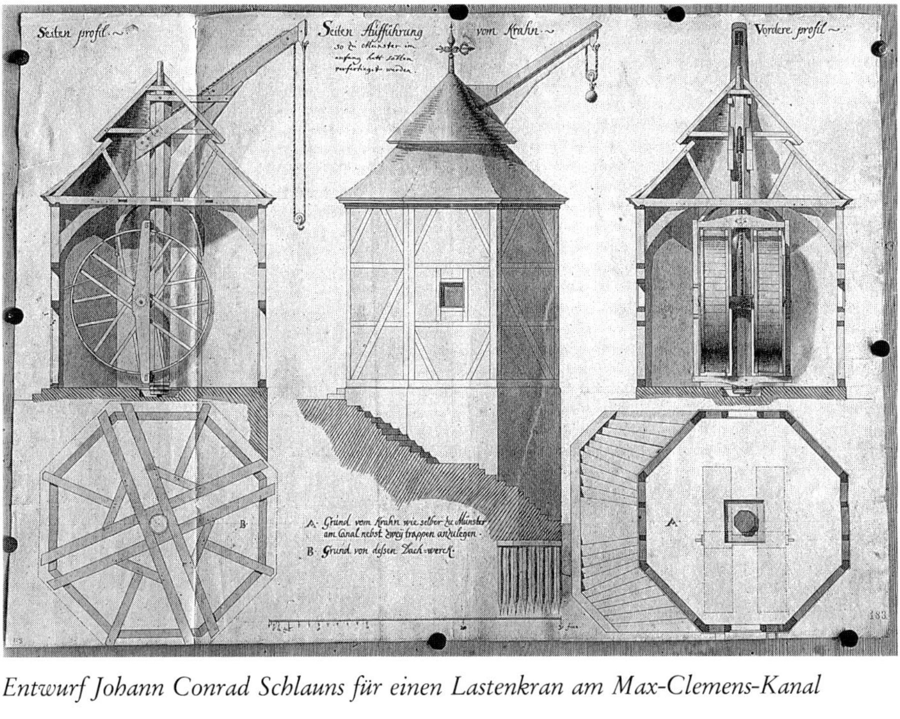

Entwurf Johann Conrad Schlauns für einen Lastenkran am Max-Clemens-Kanal

Anlegestelle des Max-Clemens-Kanals in der Nähe des Zwingers

einsetzte, hat keine entscheidende Wende in der wirtschaftlichen Situation des Bistums und seiner Hauptstadt Münster herbeigeführt. Kerckerinck zur Borg meinte ohnehin, daß in ihm keine „Leuthe von Einsicht und Känntnüß" säßen und es nur dem Namen nach existiere. Alles in allem: Münster blieb ein Ort des Passivhandels, ohne nennenswertes Exportgewerbe und ohne erkennbares Interesse der bürgerlichen Ober- und Mittelschicht an Investitionen im Manufakturwesen.

Dennoch blieb es auch ein wichtiger, ja der zentrale Ort seines Territoriums, und es wäre nicht zutreffend, sich Münster im 18. Jahrhundert als verarmte Stadt im vollständigen Niedergang vorzustellen. Die zeitgenössischen Kritiker der ökonomischen Verhältnisse haben vielmehr eine gewisse Wohlhabenheit konstatiert und ihre Vorwürfe gegen Wohlleben und Prachtentfaltung sowie die daraus resultierende unternehmerische Unbeweglichkeit gerichtet. Zwar hatte Franz von Fürstenberg in seinem „Mémoire sur l'Etat" von 1763 notiert: „Métiers. Mauvais" [1046: Hanschmidt, Fürstenberg, S. 99], doch bezog sich das hauptsächlich auf das Manufakturwesen. Insgesamt verfügte die Stadt über ein leistungsfähiges Handwerk, dessen politischer Einfluß auch durch die harten Maßnahmen von 1661 nicht auf Dauer gänzlich zurückgedrängt war. Den Gilden blieben die Regelung der inneren Angelegenheiten des Handwerks und die gewerbliche wie die soziale Interessenvertretung ihres Standes. Diese fiel um so wirkungsvoller aus, als dem Rat seit 1690 die erstinstanzliche Entscheidung streitiger Handwerksangelegenheiten übertragen wurde. So lag die Aufsicht über die Gilden beim Rat, der in wichtigen Positionen weiterhin mit Gildemitgliedern besetzt war [1015: Deter, Rechtsgeschichte, S. 243]. Darin lag eine gewichtige Stütze für die Fortdauer der zünftigen Verfassung des Handwerks. Zwar gab die Zunftgesetzgebung des Reichsabschieds von 1731 den Landesherren die Handhabe, als schädlich empfundene Erscheinungsformen des Zunfthandwerks zurückzudrängen. Sie wurde in Münster bereits 1732 verkündet, doch kam es erst nach dem Amtsantritt Franz von Fürstenbergs zu energischeren Maßnahmen. Aufs Ganze gesehen fehlten die staatlichen Kontrollorgane, um die eingeschränkte Rolle durchzusetzen, die der Reichsabschied für die Zünfte vorsah. Ein allgemeines Handwerksreglement, das die Aufsichtsfunktionen über die Zünfte vom städtischen Rat auf den fürstlichen Geheimen Rat übertragen sollte, wurde unter dem letzten Fürstbischof Max Franz von Österreich 1785 zwar in Erwägung gezogen, jedoch nicht verabschiedet. Die hergebrachte handwerkliche Gewohnheit ist demnach während des 18. Jahrhunderts in Münster – trotz umfangreicher Eingriffe in den Wortlaut der Gilderollen im Zuge landesherrlicher Neubestätigung – nur wenig verändert worden [1049: Hanstein, Handwerk, S. 135ff].

Dennoch kann von einer vollständigen Erstarrung des münsterischen Handwerks im „überlebten Zunftwesen" nicht die Rede sein. Es ist nicht zu bestreiten, daß die Gewerbedichte in Münster während des 18. Jahrhunderts stetig abgenommen hat. 1685 war ein gutes Drittel der münsterischen Bevölkerung im Handwerk tätig, am Ende des 18. Jahrhunderts noch etwas mehr als ein Viertel [1049: Hanstein, Handwerk, S. 41, 62]. In diesem Vorgang werden sicher auch die Abschließungstendenzen der Zünfte sichtbar. Die Landesherren haben dieser Entwicklung durch die Privilegierung von „Freimeistern" entgegenzuwirken versucht, wodurch auch Personen die Ausübung des Gewerbes gestattet wurde, denen die Korporationen die Aufnahme verweigert hatte. Im Fleischhauerhandwerk gab es nach heftigen Auseinandersetzungen um eine Fleischversorgung zu günstigen Preisen gegen Ende des Jahrhunderts mehr Freimeister als Zunftmitglieder. Dies blieb jedoch die Ausnahme. Im allgemeinen beschränkte sich die Privilegierung von Freimeistern auf jene Fälle, in denen eine Belebung der Konkurrenz notwendig schien. Angesichts der stagnierenden Bevölkerungsentwicklung suchte man eine Übersetzung der Gewerbe auch von landesfürstlicher Seite her zu vermeiden.

Die Gilden und Ämter haben sich jedoch offenbar auch als fähig erwiesen, Neuankömmlinge zu integrieren, zumal es in Münster in keinem Gewerbe zu einer formellen Beschränkung der Meisterzahl kam. Das gilt offenbar vor allem für die Kramer, bei denen es immer wieder zur Aufnahme von Zuwanderern, allerdings vor allem aus dem näheren und weiteren Umland, gekommen ist, wobei die Einheirat eine wichtige Rolle spielte. Bemerkenswert ist hier vor allem auch der hohe Anteil an „Amtsschwestern", d. h. an weiblichen Gildemitgliedern, wobei bei den Neuaufnahmen die Zahl der Frauen gelegentlich der der Männer gleichkam (etwa im Jahrzehnt 1771/80) oder sie gar überstieg (so 1671/80 und 1748/60) [1089: Ketteler, Aufnahmen in die Kramergilde]. Auch Ausländer, wie die aus Italien kommenden Luzano und Primavesi, die zunächst von Clemens August 1748 als Freikramer zugelassen worden wa-

Wir Geschworne und andere Meister des Zunft in der Hochfürst. Haupt- und Residenz-Stadt Münster in Westphalen, bescheinen hiemit, daß gegenwärtiger Gesell, Namens Johan Michael von Münster gebürtig, so 19 Jahr alt, von Statur auch Haaren ist bey Uns allhier 3 Jahr — Wochen in Arbeit gestanden, und sich solche Zeit über treu, fleißig, still, friedsam und ehrlich, wie einem rechtschaffenen Gesellen gebühret, verhalten hat; Ersuchen derohalben alle auswärtige Meister, diesen gegenwärtigen Gesellen nach Handwercks Gebrauch überall zu befördern, welches wir in gleichen Fällen zu erwiedrigen nicht ermangeln werden. Urkund unser eigenhändigen Unterschrift und beygedruckten Siegel. Signatum Münster den 1785

Johan Wilhelm Erhartz
Meister Hans Schöpper gildemeister

Gesellenbrief des Schreiners Johann Michael Wersky mit einem Kupferstich von Friedrich Rein (1785)

ren und in Münster die erste Privatbank gründeten, wurden in ihrer zweiten Generation akzeptiert, heiraten in münsterische Familien ein und erscheinen seit Ausgang der fünfziger Jahre in den Neuaufnahmelisten der Kramergilde.

Auch in den Gewerbegilden hat es größere Fluktuationen gegeben, etwa bei den Goldschmieden, vor allem aber in jenen Gewerben, in denen es größere Zahlen von ärmeren Zunftgenossen ohne Hausbesitz gab, wie bei den Schneidern, Schustern und Altleppern. Andere, schwächer besetzte Gilden, wie etwa die Kürschner, erscheinen dagegen von außerordentlich starker familienbetrieblicher Kontinuität geprägt. Grundsätzlich war es ganz offensichtlich das Bestreben der Korporationen, „den Zugang von außen auf die von ihnen selbst nicht mehr zu erbringende Ergänzung einzuschränken" [1049: Hanstein, Handwerk, S. 91], wobei einige Gilden flexibler verfuhren, bei anderen sich die höhere Fluktuationsrate aus der inneren Sozialstruktur des jeweiligen Gewerbes ergab. Demgegenüber suchten Landesherr und Geheimer Rat mit ihrer Politik der Eingriffe in die Gildeprivilegien und Handwerksgewohnheiten eine andere Ordnungskonzeption zu verwirklichen, ohne daß dieser Konflikt bis zum Ende des Alten Reiches endgültig entschieden werden konnte.

13. *Residenzstadt*

Im Münster des 18. Jahrhunderts waren etwa sechzig Berufe vertreten. Schon darin wird deutlich, daß die Stadt nicht zu den großen Exportgewerbestädten gehörte, die ein weit stärker differenziertes Handwerk aufwiesen. Das Handwerk behauptete trotz der sinkenden Gewerbedichte seine Position als wichtigster Erwerbszweig, doch fehlt ein erkennbares Überwiegen einzelner Gewerbe. Die münsterische Gewerbestruktur spiegelt aufs Ganze den „Normalstand im Handwerk einer größeren Mittelstadt des 18. Jahrhunderts" [1049: Hanstein, Handwerk, S. 43f], wobei die Grundfunktionen Nahrung und Bekleidung stark hervortraten. Doch weist der Katalog der Berufe charakteristische Nuancen auf. Seit 1670/80 gingen im Textilbereich die erzeugenden Gewerbe zugunsten der verarbeitenden zurück, und hinzu trat im Laufe des 18. Jahrhunderts eine deutliche Zunahme der Mode- und Luxusgewerbe: Goldschmiede, Petschierstecher, Bildweber, Klaviermacher, Perückenmacher und Uhrmacher. Die beiden letzten Gewerbe haben, wie auch die ebenfalls dem Bekleidungsbedarf zuzuordnenden Knopfmacher und Hutmacher, noch im 18. Jahrhundert die formelle Gründung und Bestätigung eigener Korporationen angestrebt und durchgesetzt. Als weiteren charakteristischen Zug Münsters wird man es werten müssen, daß die Angehörigen der Baugewerbe und der Innenausstattung zu den gutverdienenden und steuerlich hochveranlagten Handwerkern gehörten (Steinhauer, Zimmerleute, Bildhauer und Schreiner).

In diesen Daten spiegelt sich der faktische Residenzcharakter der Stadt. Es handelte sich um eine Residenz, die fast stets ohne fürstliche Hofhaltung auskommen mußte, da der Fürst anderwärts residierte, ja bis zur Vollendung des Schlosses 1787 über keine eigene Bleibe in der Stadt verfügte, die eine repräsentative Hofhaltung ermöglicht hätte. Dennoch fand sich hier aufgrund der Hauptstadtfunktion im Hochstift eine kaufkräftige Konsumentengruppe, die den Gewerbebranchen des gehobenen Bekleidungs-, Bau- und Ausstattungsbedarfs kräftige Impulse zu geben vermochte. Die alten Konkurrenten Münsters in Westfalen auf dem Felde der Wirtschaftsgeltung – Dortmund und Soest – verfügten über eine solche Konsumentengruppe nicht, auch Hauptstadtfunktionen kamen ihnen nicht zu. Die Einbußen, die sie aufgrund der geschilderten Verschiebungen im Wirtschaftssystem Nordwesteuropas erlitten, vermochten sie daher nicht in der Weise auszugleichen, wie es in Münster möglich war.

Das Gewerbe, das für den gehobenen Bedarf produzierte, und der Handel, der Waren dieser Art vermittelte, befriedigten nicht lediglich den lokalen Bedarf. Allein die Tatsache, daß das münsterische Gewerbe im Jahr 1802 mit 24 Perückenmachern etwa 3 Prozent aller selbständigen Gewerbetreibenden aufzuweisen hatte, läßt das deutlich werden: Auch die zweite Perücke von Kleists Dorfrichter Adam, die er so dringend brauchte, „ist in der Stadt – bei dem Perückenmacher". Die Ausstrahlung in die Region, die zentralörtliche Funktion, die Münster auf diesem Gebiet des gehobenen Bedarfs und der Luxuswaren ausübte, zeigt sich auch dort, wo quantitative Auswertungen möglich sind, etwa in der Kartierung der Kunden der Seidenhandlung Zurmühlen für die Zeit von 1695 bis 1749. Ihre Reichweite überschritt den Bereich des Oberstifts Münster deutlich, bezog das Niederstift und Osnabrück ein und erfaßte auch das Gebiet zwischen Lippe und Ruhr; selbst in Bielefeld, Minden, Rinteln, Paderborn und Corvey fanden ihre Artikel nicht unbeträchtlichen Absatz [1995: Blotevogel, Zentrale Orte, S. 96]. Diese charakteristischen Züge der münsterischen Gewerbestruktur, so darf man resümieren, hoben die Stadt über jenen „Normalstand" einer großen Mittelstadt hinaus.

Nimmt man alle für Münster am Ende des Alten Reiches zu ermittelnden Zentralfunktionen im politisch-administrativen, im kulturellen und im wirtschaftlichen Bereich zusammen, so ergibt sich, daß Münster für das Oberstift das unbestrittene Zentrum darstellte. Aber auch im Niederstift war es das dominierende Zentrum höheren Ranges, und die Bindungen von Stadt und Bistum Osnabrück an Münster stellen sich ebenfalls als stark heraus [1995: Blotevogel, Zentrale Orte, S. 208f].

So erweist sich am Ende des alteuropäischen Zeitalters, ähnlich wie am Beginn des Bistums Münster, noch einmal die prägende Kraft des Landesherrn als der bestimmende Faktor für die Wirtschaftsgeltung Münsters und die Eigenart seiner wirtschaftlichen Struktur. Der im Ausgang des Mittelalters und während des 16. Jahrhunderts gewonnene Vorsprung vor anderen westfälischen Städten ist erhalten geblieben, ja hat sich vergrößert, während Dortmund und Soest aus diesem Wettbewerb ausgeschieden sind. Auch wenn mit Osnabrück, Minden, Paderborn und dem aufstrebenden Bielefeld Städte existierten, die für ihr Umland ähnliche Funktionen ausübten, blieb doch Münster, die künftige preußische Provinzialhauptstadt, die *Metropolis Westphaliae.*

Quellen und Literatur

Eine Gesamtdarstellung der Wirtschaftsgeschichte Münsters existiert bislang nicht. Der allgemeine Rahmen ist in den auf Westfalen bezogenen Arbeiten von Bruno Kuske [2368: Wirtschaftsgeschichte Westfalens] und Albert K. Hömberg [2233: Wirtschaftsgeschichte Westfalens] behandelt. Für das Mittelalter findet sich umfangreiches Material in den älteren Arbeiten von Detten [443: Westfälisches Wirtschaftsleben] und Seeger [2672: Westfalens Handel und Gewerbe]; ebenso hat Joseph Prinz [543: Mimigernaford-Münster] eine Fülle von Beobachtungen zum Thema beigetragen.

Für die Entwicklung und Geschichte der Hanse sind neben der Überblicksdarstellung von Dollinger [2055: Hanse] immer noch instruktiv die wegweisenden Aufsätze von Fritz Rörig [2600: Rheinland-Westfalen; 2599: Entstehung der Hanse] sowie von Ahasver von Brandt [2013: Hanse als mittelalterliche Wirtschaftsorganisation] und Paul Johansen [2288: Hansischer Rußlandhandel]. Neuerdings liegt eine reich bebilderte Summe der Forschung, die für ein breiteres Publikum bestimmt ist, in dem Ausstellungskatalog für die Hanseausstellung in Hamburg 1989 vor [2178: Hanse]. Die Stellung Westfalens und seiner Städte in der Hanse hat Luise von Winterfeld zusammenfassend für das Sammelwerk „Der Raum Westfalen" behandelt [2826: Westfälisches Hansequartier]; dazu ist jetzt der mit weiterführenden Perspektiven angereicherte Forschungsbericht von Wilfried Ehbrecht heranzuziehen [2068: Winterfelds Untersuchung]. Eine Neubewertung der hansischen „Organisation" in Westfalen hat Friedrich Bernward Fahlbusch unter anderem am Beispiel der Stadt Osnabrück und ihrer Beistädte vorgenommen [2090: Osnabrück]. Zu Münster sind heranzuziehen die ältere Arbeit von Johann Jacob Berres [431: Beziehungen zur Deutschen Hanse] und Clemens von Looz-Corswarem [52: Hansestadt].

Die Herausbildung der für die münsterischen Handelsbeziehungen wichtigen landesherrlichen Stellungen ist für das Niederstift Münster bei Wolfgang Bockhorst dargestellt [1999: Niederstift]. Über die Schwerpunkte der wirtschaftlichen Beziehungen Münsters orientieren

Hermann Lübbing [2412: Handelsverkehr], Z. W. Sneller [2684: Deventer] und Franz Irsigler [2265: Wirtschaftliche Stellung der Stadt Köln].

Zur wirtschaftlichen Führungsschicht Münsters sind die Arbeiten von Helmut Lahrkamp unentbehrlich [220: Patriziat; 219: Wirtschaftliche Führungsschichten]. Für die gewerblichen Korporationen sind grundlegend der Überblick von Otto Gerhard Oexle [2504: Zunft als Forschungsproblem] sowie ein von Berent Schwineköper herausgegebener Sammelband [2143: Gilden und Zünfte]. Instruktive Überblicke für die westfälischen Verhältnisse im Mittelalter finden sich in den Arbeiten von Margarete Pieper-Lippe [2536: Westfälische Zunftsiegel; 2534: Geschichte des westfälischen Handwerks; 2533: Alte Bezeichnungen] und Wilfried Reininghaus [2583: Zünfte, Städte und Staat]. Für die Gewerbegeschichte Münsters stellt die Quellenpublikation von Robert Krumbholtz [13: Gewerbe] die Ausgangsbasis dar, doch fehlen vergleichbare Editionen für die Zeit nach 1661; die reichen Bestände des Stadtarchivs sind für die Zeit bis 1802 bislang selten in größerem Umfang herangezogen worden, wie auch nur wenige Gewerbe monographisch behandelt worden sind. Einen knappen Überblick zur Geschichte der Gilden bietet die Mappe von Hans-Dieter Homann aus der Reihe „Geschichte original“ [41: Gilden].

Die Rolle der Kirche in der münsterischen Wirtschaft ist am Beispiel des Fraterhauses mit knappen Hinweisen auf die übrigen Institutionen bei Hubert Höing [473: Kloster und Stadt] dargestellt. Der nordwestdeutsche Ochsenhandel des Spätmittelalters und der frühen Neuzeit hat in letzter Zeit verstärkt Beachtung gefunden [2815: Wiese/Bölts, Rinderhandel; 2266: Irsigler, Kölner Viehhandel]. Eine Fülle von Belegen für die Beteiligung münsterischer Kaufleute finden sich in der Quellensammlung von Bruno Kuske [2555: Quellen zur Geschichte des Kölner Handels] sowie in der Chronik Melchior Röchells [1: Münsterische Chroniken]; Hinweise gibt auch die Studie von Gertrud Susanna Gramulla [2157: Handelsbeziehungen Kölner Kaufleute]. Zum Bartholomäusmarkt in Greven ist die von Joseph Prinz verfaßte Stadtgeschichte Grevens heranzuziehen [2551: Greven].

Zur gesellschaftlichen Entwicklung in Münster während der Täuferzeit und danach sind die Arbeiten von Karl-Heinz Kirchhoff [797: Täufer in Münster] sowie von Ronnie Po-chia Hsia [765: Gesellschaft und Religion] heranzuziehen; dazu ist die amerikanische Ausgabe zu konsultieren [765: Society and Religion], die einen prosopographischen Anhang enthält.

Die Entwicklung des westfälischen Leinengewerbes im Überblick hat Hermann Aubin dargestellt [1938: Westfälisches Leinengewerbe]; in der Arbeit ist auch die ältere Literatur zusammengestellt. Hinzuzufügen ist für Münster noch ein Aufsatz von Ludwig Schmitz-Kallenberg [881: Geschichte des münsterischen Leinwandhandels]. Das Problem der hansischen Kaufmannselite hat zuletzt Friedrich Bernward Fahlbusch behandelt [2089: Bemerkungen zur Führungsgruppe].

Die Wirtschaftspolitik Bischof Christoph Bernhards von Galen ist im Zusammenhang noch nicht dargestellt worden; einige Hinweise finden sich bei Theodor Bading [984: Innere Politik Christoph Bernhards]. Zusätzlich zu der im Text bereits zitierten Literatur sind für das ausgehende 17. und für das 18. Jahrhundert vor allem folgende Arbeiten heranzuziehen: für die landesherrliche Politik die Aufsätze von Stephanie Reekers [1145: Manufakturen], Gerhard Deter [1014: Handwerksförderung], Thomas Hanstein [1049: Handwerk] sowie die ältere Dissertation von Ludwig van der Grinten [1041: Gewerbepolitik] und eine Arbeit von Bettina Schleier über die Entwicklung im östlichen Münsterland [2635: Territorium, Wirtschaft und Gesellschaft]. Die Bemühungen um die Wasserwege sind dargestellt bei Heinrich Knüfermann [1096: Max-Clemens-Kanal] und Hermann Terhalle [2743: Berkelschiffahrt]. Zur Geschichte der Zünfte und Gewerbe im 18. Jahrhundert ist von Bedeutung der Aufsatz von Wilhelm Wegener, der sich mit der sogenannten Reichszunftordnung beschäftigt [2790: Reichsschluß von 1731]. Gisela Wagner hat die Einschätzung des Handwerks durch Justus Möser aufgearbeitet [2783: Möser und das Osnabrücker Handwerk]. Einen Querschnitt der Bevölkerungsstruktur für die Jahre 1685 und 1770 bieten die ältere Dissertation von Hugo Heidemann [1056: Bevölkerungszahl] und die Arbeiten von Helmut Lahrkamp [921: Bevölkerung um 1685; 922: Bevölkerung und Topographie] sowie von Mechthild Siekmann [1170: Münster um 1770]. Für die Endphase des Alten Reiches ist die Monographie von Monika Lahrkamp [1397: Napoleonische Zeit] heranzuziehen. Die Entwicklung der Kramergilde schildert ausführlich Thomas Küster [1106: Krameramt].

BERND SCHÖNEMANN

Die Bildungsinstitutionen in der frühen Neuzeit

1. Die humanistische Reform – 2. Reformation und Konfessionalisierung – 3. Exkurs: Staatliche Schulhoheit als legislatives Postulat. Die fürstbischöflichen Schulordnungen von 1675, 1693 und 1739 – 4. Die münsterische Bildungsreform unter Franz von Fürstenberg (1763–1801) – 5. Übergänge: Die Aufhebung der Universität (1818) und die Einstellung der Normalkurse (1826)

Die frühneuzeitliche Bildungsgeschichte der Stadt Münster hat bislang keine zusammenhängende Darstellung erfahren. Was wir über sie wissen, verdanken wir einer ganzen Reihe älterer und jüngerer Arbeiten, die sich grob in drei Kategorien einteilen lassen. Bei der ersten Gruppe handelt es sich um Untersuchungen zu einzelnen Epochen und Themen der Stadt- oder Landesgeschichte, in denen das Schul- und Hochschulwesen zwar Berücksichtigung findet, aber jeweils nur als Teilaspekt einer umfassenderen Entwicklung in den Blick kommt. Für die zweite Gruppe der spezifisch bildungsgeschichtlichen Überblicksdarstellungen gilt dies natürlich nicht. Sie stellen bildungsgeschichtliche Phänomene und Strukturen explizit in den Mittelpunkt und schildern sie auch in ihren epochenübergreifenden Bezügen, konzentrieren sich dabei jedoch teils auf größere historische Räume (Fürstbistum Münster, Westfalen, Deutschland), teils auf bestimmte Bildungssektoren (Elementarschulen, höhere Schulen, Universitäten), teils auf einzelne Bildungseinrichtungen in der Stadt (Normalschule, Paulinum, alte Universität). Die dritte und größte Gruppe machen schließlich die Spezialstudien aus. Sie sind zumeist epochal begrenzt, entweder verwaltungs-, institutionen- oder ideengeschichtlich akzentuiert und mehrfach mit integrierten oder beigefügten Quellenstücken versehen, so daß der Mangel einer breitangelegten Quellenedition zur Bildungsgeschichte der Stadt Münster zwar nicht kompensiert, aber doch spürbar gemildert wird.

Betrachtet man die bislang vorliegenden Arbeiten im Zusammenhang, dann kommt man nicht umhin, zwei gravierende Forschungsdefizite zu konstatieren – das Fehlen einer Synthese und die dringend der Korrektur bedürftige Einengung des thematisch-methodischen Zugriffs. Letztere hat dazu geführt, daß die Bildungsgeschichte wohl in ihrer verwaltungs-, institutionen- und ideengeschichtlichen Dimension, nicht aber in ihrer Eigenschaft als Teil der Sozial- und Alltagsgeschichte erkennbar geworden ist. Freilich dürften die Fragen nach der Rolle des Bildungswesens als Produkt und Faktor gesellschaftlicher Verhältnisse sowie nach seiner Bedeutung für das alltägliche Leben und die Erfahrungen der Menschen – Fragen, die für das 19. und 20. Jahrhundert relativ gut beantwortet werden können und insbesondere in sozialgeschichtlicher Hinsicht auch schon beantwortet worden sind – angesichts der vergleichsweise dürftigeren Quellenlage für die frühe Neuzeit nur unter großen Mühen zu klären sein. Gleichwohl müssen sie gestellt und bearbeitet werden – allerdings nicht im Rahmen eines Epochenüberblicks über die städtische Bildungsgeschichte (der dies nicht leisten kann), sondern in sorgfältig konzipierten Spezialuntersuchungen. Vorerst kann es nur darum gehen, das Synthesedefizit zu verringern. Der vorliegende Beitrag beansprucht zwar nicht, die Lücke vollständig zu schließen, aber er unternimmt doch den Versuch, die Grundzüge und Hauptentwicklungslinien der münsterischen Bildungsgeschichte zwischen 1500 und 1800 herauszupräparieren und diese zugleich stärker, als das bislang der Fall war, in den historischen Kontext der allgemeinen Schul- und Universitätsgeschichte einzuordnen.

1. *Die humanistische Reform*

Humanismus, Konfessionalisierung und Aufklärung – diese Stichworte bezeichnen die drei großen Bewegungen, die die frühneuzeitliche Entwicklung des münsterischen Bildungswesens ebenso maßgeblich wie nachhaltig geprägt haben. Die erste dieser Bewegungen, die humanistische, entstand bereits im 14. Jahrhundert in Italien, um sich dann im ausgehenden 15. und frühen 16. Jahrhundert zu einer europäischen Bewegung auszuweiten. Schlüsselfigur des italienischen Frühhumanismus war Francesco Petrarca (1304–1374), Mittelpunkt des europäischen Humanismus Erasmus von Rotterdam (1466/69–1536).

Verglichen mit den Bildungsprogrammen des konfessionellen und des aufgeklärten Zeitalters wies der Humanismus den stärksten und unmittelbarsten Bezug zum einzelnen Menschen und seiner persönlichen Vervollkommnung durch Bildung auf. Das bedeutet nicht etwa, daß man in den darauffolgenden Epochen keine individualpädagogischen Absichten mehr verfolgt hätte, aber es ist doch unverkennbar, daß Erziehung und Bildung in späterer Zeit weniger als Selbstzweck denn als Mittel zur Erreichung umfassenderer Ziele begriffen wurden: zur Erneuerung der Kirche und zur Befestigung des rechten Glaubens etwa oder auch zur Beförderung des Gemeinwohls und des Fortschritts in Staat und Gesellschaft. Solch mediatisiertes Verständnis von Bildung lag den Humanisten noch fern. Wenn der Straßburger Rektor Johann Sturm (1507–1589) das humanistische Anliegen auf die bekannte Formel *sapiens atque eloquens pietas* (weise und beredte Frömmigkeit) brachte, dann faßte er damit ein komplexes Bildungsideal zusammen, das sowohl in seiner Gesamtheit wie auch in seinen einzelnen Teilen, also in seiner rhetorischen, seiner philosophischen und seiner religiösen Komponente, vornehmlich auf das Individuum bezogen war. *Pietas* meinte bei Sturm noch nicht die kontroverstheologisch definierte Rechtgläubigkeit, auf die sich die Bemühungen des konfessionellen Zeitalters so sehr konzentrieren sollten. *Pietas* bedeutete vielmehr individuelle, friedfertige christliche Frömmigkeit, die sich im Sinne der sogenannten Devotio moderna vor allem im Diesseits zu bewähren hatte: in tätiger Nächstenliebe, in der Unterordnung unter die göttlichen Gebote und nicht zuletzt im Studium derjenigen Wissenschaften, die als hilfreich für die Führung eines christlichen Lebens galten. *Sapientia* und *eloquentia* (oder: Philosophie und Rhetorik), die beiden anderen Schlüsselbegriffe der Formel, verweisen darauf, daß humanistische Bildung primär und im weitesten Verstande des Wortes Sprachbildung zu sein beanspruchte, nicht bloß Unterweisung in der korrekten Handhabung der Sprachformen, sondern Befähigung zum sachgerechten Umgang mit ihren Inhalten, Anleitung zum überzeugend wirkenden öffentlichen Gebrauch von Wort und Schrift, ja sogar zur geistigen Durchdringung und Ordnung der irdischen wie der jenseitigen Welt. Solch hohen Anforderungen konnte das gängige mittelalterliche Latein in keiner Weise genügen. Die Humanisten hielten es für verunreinigt und barbarisch, und mit ihrer programmatischen Forderung nach Wiedergewinnung der Antike, mit ihrem unablässigen Suchen nach alten Texten und nicht zuletzt mit ihrer immensen Editions-, Übersetzungs- und Kommentierungstätigkeit verfolgten sie vor allem das Ziel, den Originalzustand der alten Sprachen – erst des Lateinischen, später auch des Griechischen – wiederherzustellen und das in ihnen aufgehobene Wissen für die Gegenwart nutzbar zu machen. Die Brückenfunktion der alten Sprachen war dabei von eminenter Bedeutung: Nach Auffassung der Humanisten überspannten sie gleichsam das „finstere" Mittelalter und ermöglichten die direkte Verbindung der Gegenwart mit einer Epoche der griechisch-römischen Antike, die in doppelter Hinsicht als klassisch zu gelten hatte – zum einen, weil sie selbst eine Blütezeit in der Geschichte der antiken Kultur darstellte, in der diese bereits aus ihrem archaischen Frühstadium herausgetreten war, und zum anderen, weil ihre Hervorbringungen normative Kraft und zeitlose Gültigkeit beanspruchen konnten.

Die Rezeption des Humanismus in Münster läßt sich weder monokausal erklären noch zeitlich auf ein punktuelles Ereignis eingrenzen. Wer die Öffnung der westfälischen Metropole für die neue geistige Strömung angemessen verstehen will, der muß sie sich als einen Prozeß vorstellen, auf den eine ganze Reihe von Umständen einwirkte. Zwei Phasen sind in diesem Rezeptionsprozeß zu unterscheiden: eine Art Anlauf- oder Vorbereitungsphase, in der die Reformimpulse im wesentlichen von einzelnen Persönlichkeiten ausgingen und noch keine feste organisatorische Gestalt annahmen, und eine Durchsetzungs- und Konsolidierungsphase, in der das Streben nach Bildungserneuerung institutionelle Konsequenzen zeitigte und damit nicht nur überindividuelle Wirkung zu erzielen vermochte, sondern sich zugleich auch verstetigte.

Für die Vorbereitungsphase waren vor allem drei Faktoren maßgeblich: das Wirken Rudolf von Langens, die literarische Kritik am herkömmlichen Schulbetrieb und die Verbindung mit dem niederländischen Deventer. Letztere wurde bereits mit der Gründung des münsterischen Fraterhauses im Jahr 1401 geknüpft. Mit dieser Niederlassung griff die in Deventer entstandene Brüderbewegung, eine Hauptträgerin der Devotio moderna, auf Nordwestdeutschland über. Zwar übernahmen die hiesigen Fraterherren – anders als ihre Brüder in Deventer, die dort eine bedeutende humanistische Gelehrtenschule unterhielten – keinerlei Schulträgerschaft, aber es besteht kein Zweifel, daß sie dem Humanismus in Münster vorarbeiteten. Zum einen waren sie außerordentlich bibliophil; nicht nur, daß sie ihren Lebensunterhalt durch das Abschreiben und Verkaufen von Büchern bestritten; sie besaßen auch eine vorzüglich ausgestattete Bibliothek, die sie einem größeren Benutzerkreis zugänglich machten. Zum anderen galten sie als gelehrt und in den Wissenschaften bewandert. Wie das Beispiel ihres bedeutendsten Vertreters, Johannes Veghe, zeigt, konzentrierten sich die münsterischen Fraterherren in ihrer schriftstellerischen Tätigkeit zwar auf das Verfassen von Gebets- und Erbauungsbüchern in mittelniederdeutscher Sprache, aber die antike Literatur war ihnen durchaus vertraut, und zumindest einige von ihnen unterhielten rege Kontakte zu zeitgenössischen Humanisten.

Te igitur clementissime pater. per ihesum christum filium tuum dominum nostrum supplices rogamus ac petimus. uti accepta habeas et benedicas hec dona hec munera hec sancta sacrificia illibata. In primis que tibi offerimus pro ecclesia tua sancta catholica. quam pacificare custodire adunare et regere digneris toto orbe terrarum. una cum famulo tuo papa nostro N. et antistite nostro N. et rege nostro N. et omnibus orthodoxis atque catholice et apostolice fidei cultoribus.

Evangelienhandschrift der münsterischen Fraterherren aus dem 15. Jahrhundert

Als literarische Vorboten des münsterischen Humanismus im engeren Sinne wird man sodann zwei Schriften bezeichnen müssen, die sich kritisch mit dem herkömmlichen Unterrichtsbetrieb auseinandersetzten. Die erste stammt aus der Feder eines Rechtsgelehrten namens Heinrich, der im Jahr 1451 für seinen Enkel eine kleine lateinische Kasus- und Moduslehre schrieb, weil er mit der Vermittlung dieser unter anderem auch für die Auslegung und Anwendung der beiden Rechte wichtigen grammatischen Teilgebiete in den gebräuchlichen Übungsbüchern nicht einverstanden war. Bei der zweiten Schrift handelt es sich um eine im Jahr 1485 erschienene lateinische Schulkomödie mit dem Titel *Comoedia Codrus*. Ihr Verfasser, niemand Geringerer als der Rektor der münsterischen Domschule, Johann Kerckmeister, begnügte sich nicht mehr mit Detailkritik. Zielscheibe seines Spotts war jetzt das gesamte ältere Schulwesen, verkörpert in dem ebenso bornierten wie tölpelhaften Schulmeister Codrus, und Kerckmeister ließ keinen Zweifel daran, daß die neue, überlegene Bildung nur die der Humanisten sein konnte.

In die Vorbereitungsphase gehört schließlich auch das Wirken des Domherrn Rudolf von Langen (1438–1519). Anders als manch anderer seiner adeligen Standesgenossen hatte Langen nicht nur pro forma die Universität bezogen, sondern wirklich studiert: 1460 war er in Erfurt zum Magister promoviert worden. Zwei Jahre darauf erfolgte seine Aufnahme ins Domkapitel, wiederum vier Jahre später seine erste und vermutlich auch einzige Italienreise, die ihm trotz des amtlichen Auftrags, den er für den Fürstbischof zu erfüllen hatte, ausreichend Gelegenheit bot, Kontakte zu italienischen Gelehrten zu knüpfen und wertvolle Stücke für seine Bibliothek zu erwerben. Die Verbindung von kirchlichem Amt und weithin anerkannter Gelehrsamkeit machte Langen zur Schlüsselfigur der humanistischen Reform in Münster: Er war es, der das Domkapitel von der Notwendigkeit der Umgestaltung der Domschule in eine humanistische Gelehrtenschule zu überzeugen wußte, und seinen guten Verbindungen nach Deventer war es auch zu verdanken, daß dafür geeignete Lehrkräfte gefunden wurden.

Damit sind wir bereits am Beginn der Durchsetzungs- und Konsolidierungsphase, in der sich das Schwergewicht der Veränderungen von den Einzelpersonen auf die Institutionen verlagerte. Im Mittelpunkt dieser im Jahr 1500 einsetzenden Phase stand die Reform der ältesten Bildungseinrichtung der Stadt, der von Bischof Liudger möglicherweise schon im letzten Jahrzehnt des 8. Jahrhunderts gegründeten Domschule, der *Schola Paulina*. Die Reformmaßnahmen setzten in vier Bereichen an. Zunächst war die humanistische Reform eine Reform des Lehrkörpers: Zwar scheiterte Langens Plan, seinen Jugendfreund Alexander Hegius, als Rektor der Gelehrtenschule in Deventer und Lehrer des Erasmus einer der bedeutendsten Pädagogen seiner Zeit, nach Münster zu berufen. Dennoch konnten vor allem mit Timann Kemener, dem neuen Rektor, und Johannes Murmellius, seinem Konrektor, zwei hervorragend qualifizierte Schulmänner gewonnen werden. Beide hatten die Schule des Hegius in Deventer durchlaufen, bevor sie ihren akademischen Grad an der Universität Köln erwarben, und besaßen, wenn auch in unterschiedlichem Maße, die Fähigkeit, ihrem Unterricht durch die Entwicklung neuer Lehrmittel eine verbesserte Grundlage zu geben. Die humanistische Reform war deshalb – zweitens – auch eine von den Fortschritten der Druckkunst profitierende Reform der Schulbücher. So trat

Kemener mit einer eigenständigen lateinischen Grammatik hervor, die das jahrhundertelang gebräuchliche Doktrinale des Alexander de Villa Dei ablöste. Als wissenschaftlich, literarisch und pädagogisch bedeutsamer erwies sich indes Murmellius. Aus seinem ebenso umfangreichen wie vielfältigen Werk seien hier nur wenige, allerdings wichtige Titel genannt:

- die Auswahl aus Tibull, Properz und Ovid *(Ex elegiis Tibulli, Propertii et Ovidii selecti versus)* aus dem Jahr 1504 mit mehr als achtzig Auflagen bis 1789,
- das Handbuch über die Pflichten der Schüler *(Enchiridion scholasticorum)* aus dem Jahr 1505,
- die zu den wichtigsten Zeugnissen der neulateinischen Poesie zählenden vier Bücher moralischer Elegien *(Elegiarum moralium libri quatuor)* aus dem Jahr 1507,
- das Gesprächs- und Übungsbuch für den Erstunterricht im Lateinischen *(Pappa puerorum)* aus dem Jahr 1513, das bis 1560 mehr als dreißig Auflagen erlebte und dessen Wörterbuchteil mit deutsch-polnischer Übersetzung noch 1666 in Krakau gedruckt wurde,
- schließlich die nicht mehr in Münster entstandene Verslehre *(Tabulae in artis componendorum versuum rudimenta)* aus dem Jahr 1519, die bis 1658 mehr als sechzig Auflagen erreichte.

Drittens war die humanistische Reform eine Reform des Lehrplans. Sehr früh, vielleicht sogar als erste höhere Schule Deutschlands, führte das Paulinum das Griechische als ständiges Unterrichtsfach ein. Von der bemerkenswerten Offenheit, ja Aufbruchsstimmung, die das an der Domschule herrschende geistige Klima geprägt haben muß, zeugen die näheren Umstände dieser Lehrplanerweiterung. Auf Veranlassung von Murmellius war der rheinische Humanist Johannes Caesarius im Spätsommer 1512 mit 300 Exemplaren einer griechischen Grammatik nach Münster gekommen. An seinen sogleich einsetzenden Vorlesungen nahmen nicht nur die Schüler der oberen Klassen, sondern auch der Rektor und das gesamte Kollegium teil. Als Caesarius seine Lektionen gegen Ende desselben Jahres abschloß, hatte der Lehrer der Tertia, Johannes Hagemann, genug gelernt, um den Griechischunterricht selbständig weiterführen zu können.

Viertens schließlich war die humanistische Reform eine Reform der Schulorganisation durch inneren Ausbau. Den bislang vorhandenen drei Klassen wurden, ebenfalls 1512, zwei weitere hinzugefügt – sicher auch eine Reaktion auf steigende Schülerzahlen, in denen sich die herausragende Bedeutung des Paulinums als „Brenn- und Ausstrahlungspunkt des Humanismus in Norddeutschland“ [142: Gymnasium Paulinum, S. 26] auch äußerlich dokumentierte.

Eine Einschränkung ist allerdings nötig. So glänzend sich die Stellung der alten Domschule auch ausnahm, sowenig wird man sie schlicht mit dem münsterischen Schulhumanismus gleichsetzen dürfen. Daß auch die übrigen Lateinschulen der Stadt, die im 12. und 13. Jahrhundert gegründeten Stiftsschulen zu Martini, Ludgeri und Mauritz, von der humanistischen Bewegung erfaßt wurden, ergibt sich allein schon aus der Tatsache, daß mehrfach Lehrer zwischen der Domschule und den Kapitelschulen hin und her wechselten. Murmellius zum Beispiel legte 1508 infolge eines Streites mit Kemener sein Amt als Konrektor der Domschule nieder und übernahm für vier Jahre das Rektorat der Ludgerischule, bevor er dann 1512 noch einmal für ein Jahr auf seine alte Stelle zurückkehrte.

Worin, so bleibt zu fragen, lagen die tieferen Gründe für den Erfolg und die anhaltende Wirkungsmächtigkeit des Humanismus – sowohl in Münster wie auch anderswo? Zweierlei scheint von Belang zu sein. Zum einen die pädagogische Modernität der Humanisten: Sie waren ausgesprochen gute Methodiker, deren Bestreben darauf abzielte, den Unterricht zu systematisieren und zu rationalisieren; daher auch die zahlreichen neuen Lehrbücher, die die – vorwiegend altsprachlichen – Lerninhalte nicht nur philologisch revidierten, sondern sie auch besser einteilten und verständlicher darstellten als zuvor. Zum anderen – und erst daraus resultierte dann die eigentliche „Durchschlagskraft" des Humanismus – korrespondierte seine pädagogische Modernität mit dem, was Anton Schindling treffend als „Strukturwandel der gesellschaftlichen Ausbildungswünsche" beschrieben hat. An der scholastischen Universität, so argumentiert er, seien die Ausbildungszeiten „oft überlang gewesen, da man davon ausging, daß der Scholar und erst recht der Mönch die Wissenschaft als Lebensberuf betreiben würde". Die mittelalterliche Schule habe daher den Lehrstoff noch nicht sosehr unter didaktischen Gesichtspunkten reflektiert oder in Zeiteinheiten aufgeteilt. „Wenn nun jedoch seit dem Spätmittelalter auch Laienkreise zum Studium drängten und die Wissenschaft immer mehr zur Voraussetzung einer weltlichen Karriere in fürstlichen und städtischen Diensten wurde, dann war es erforderlich, den Schulunterricht und das Studium in einer nicht allzu langen Phase des Lebens zusammenzuziehen. Um die Qualität der Ausbildung nicht zu mindern, mußte in der tendenziell kürzeren Studienzeit aber das gesamte wissenschaftliche Pensum bewältigt werden. Eine rationelle Planung der Lehr- und Lernprozesse war daher erwünscht, und eben dies strebte die methodus der humanistischen Studienreformer vor allem an." Der bildungs- und sozialgeschichtliche Wandel, der dem humanistischen Erfolg zugrunde lag, läßt sich idealtypisch wie folgt zusammenfassen: „Es war – vereinfacht gesprochen – die Ablösung der scholastischen Klerikerbildung durch die bürgerliche Laienbildung, die nicht nur den Humanismus im allgemeinen beförderte, sondern die speziell auch die didaktische Theorie der Humanisten, verbunden mit der Methodenproblematik, zu einem weit verbreiteten Anliegen machte" [2634: Humanistische Hochschule, S. 169]. Wer sich diesen grundlegenden Zusammenhang von Gesellschaft und Pädagogik vergegenwärtigt, der wird kaum darüber erstaunt sein, daß sich der humanistische Imperativ methodisch-rationalen Lehrens und Lernens sowohl im protestantischen wie auch im katholischen Gelehrtenschulwesen zu behaupten vermochte. Schindling spricht in diesem Zusammenhang mit Recht von einer durch Reformation und Gegenreformation modifizierten „Kontinuität der humanistischen Reformansätze" nicht nur im 16. Jahrhundert, sondern in der gesamten Periode Alteuropas [2634: Humanistische Hochschule, S. 5f]. Daran anknüpfend, kann man durchaus die Frage aufwerfen, ob für die Entwicklung des höheren Schulwesens nicht dasselbe gilt, was unlängst für den umfassenderen Vorgang der Konfessionalisierung im Reich festgestellt worden ist – daß nämlich die im engeren Sinne theologischen Unterschiede durchaus kontingent blieben, während die sozialgeschichtlichen Gemeinsamkeiten essentiell waren [vgl. 2633: Schilling, Konfessionalisierung, S. 6, 38].

2. Reformation und Konfessionalisierung

Die Zeitgenossen Luthers maßen allerdings nicht den konfessionsübergreifenden Fundamentalvorgängen, sondern den religiösen Auseinandersetzungen die größere Bedeutung bei, ja sie wurden durch sie in eine geradezu existentielle Unruhe versetzt. Wie sich dieser Prozeß in Münster vollzog, wie die reformatorische Bewegung in der Stadt die Oberhand gewinnen und 1532 die Eröffnung eines evangelischen Gymnasiums durchsetzen konnte, wie sodann der schulische Betrieb dieser neugegründeten Anstalt bereits 1534 zusammen mit dem des Paulinums wieder zum Erliegen kam, weil die Täufer die Herrschaft an sich gerissen, alle Nicht-Wiedergetauften aus der Stadt vertrieben und alle Bücher mit Ausnahme des Alten und Neuen Testaments zu verbrennen befohlen hatten, wie schließlich die Täufer selbst eine Art Rumpfschulwesen aufrechterhielten, indem sie – dem Augenzeugenbericht des Schreinermeisters Heinrich Gresbeck zufolge – fünf oder sechs Schulen aufschlugen, in denen die Jungen und Mädchen die deutschen Psalmen, Schreiben, Lesen und „alles von der Taufe" – also gewissermaßen das theokratisch notwendige Minimum – lernen konnten [vgl. 607: Berichte der Augenzeugen, S. 47f]: All dies bedarf hier nicht des ausführlichen Berichts, sondern nur der kurzen Erwähnung, weil es für die Bildungsgeschichte der Stadt letztlich Episode geblieben ist.

Von ungleich größerer Bedeutung sind dagegen die Anstrengungen zur Wiederherstellung und Erneuerung des katholischen Schulwesens, die unmittelbar nach der Niederwerfung der Täuferherrschaft einsetzten und bis in den Dreißigjährigen Krieg hinein fortdauerten. Daß dabei das halbe Jahrhundert zwischen dem Ende des „Neuen Zion" und der Wahl Ernst von Bayerns zum neuen Fürstbischof (1585) bzw. der Ankunft der Jesuiten in der Stadt (1588) keineswegs unterbewertet werden darf, hat Ronnie Po-chia Hsia [765: Gesellschaft und Religion, S. 211ff] in überzeugender Weise deutlich gemacht. Hsia unterscheidet zwei Phasen. Die erste (1535–1585/88) war eine Phase der friedlichen Koexistenz von Katholiken und Protestanten (die ihren Glauben allerdings nicht öffentlich ausüben durften), eine Phase auch des pragmatischen Interessenausgleichs zwischen der Stadt und dem Landesherrn sowie der überwiegenden Orientierung nach innen, auf die Belange der Bürgergemeinde. An diese Phase des traditionellen Katholizismus schloß sich die des „gegenreformatorischen" Katholizismus an (1585/88–1618). In ihr dominierte die Polarisierung, und zwar sowohl innerhalb der Bürgerschaft wie auch im Verhältnis zwischen der Stadt und dem Landesherrn. An die Stelle städtischer Binnenorientierung trat die konfessionelle Außenorientierung, die Perspektive weitete sich vom Partikularen ins Universale.

Traditioneller Katholizismus

Auch für die Bildungsgeschichte ist die Phase des traditionellen Katholizismus ein eigenständiger Zeitabschnitt. Der Wiederaufbau des in den Wirren der Täuferzeit weitgehend zerstörten Schulwesens war zunächst das vorrangige Ziel der Aktivität einzelner Pädagogen, die nicht sosehr vom Ehrgeiz der konfessionellen Erneuerung angetrieben wurden, sondern sich nach Kräften bemühten, den Unterricht wieder auf das Niveau zu bringen, das er in der Blütezeit des Humanismus gehabt hatte. Das sicherlich eindrucksvollste Zeugnis für den Erfolg solcher Bemühungen ist die *Ratio studiorum scholae Monasteriensis* von 1551. Ihr Verfasser Hermann von Kerssenbrock, seit Ostern 1550 amtierender Rektor der Domschule, zuvor Konrektor in Düsseldorf und Rektor in Hamm, kannte das Paulinum noch aus eigener Schülerzeit, hatte es aber 1534 verlassen müssen, als die Täufer die Herrschaft über die Stadt ergriffen. Kerssenbrocks Lehrplan von 1551, dem der Lehrplan des Düsseldorfer Gymnasiums offenbar als Vorbild diente, weist die siebenklassige *Schola Paulina* als humanistische Gelehrtenschule von Rang aus: Der Lateinunterricht setzte bereits in der Oktava ein, das Griechische folgte in der Quarta, und wenn die Schüler die oberste Klasse, die Sekunda, durchlaufen hatten, dann war ihnen die Lektüre Lucians, Vergils und Ciceros ebenso geläufig wie die Homers, Xenophons und des Aristoteles. Das aus heutiger Sicht etwas verwunderliche Fehlen einer Prima erklärt sich schlicht daraus, daß die für ein gewöhnliches geistliches Amt bestimmten Absolventen der Sekunda, die im Gegensatz zu den künftigen Domherren keiner weiteren Schul- oder Universitätsbildung mehr bedurften, in einer gesonderten Abteilung zusammengefaßt und dort in der Liturgie und im Kirchengesang unterwiesen wurden. Diese Sonderabteilung bildete dann die erste Klasse.

Über die Frequenz des Paulinums in der Mitte des 16. Jahrhunderts lassen sich nur Vermutungen anstellen. Bekannt ist lediglich, daß das Domkapitel bei der Berechnung des Mindestgehalts für Kerssenbrock – es belief sich auf hundert Taler pro Jahr – von etwa 375 schulgeldpflichtigen Schülern ausgegangen sein muß. Da das Kapitel sich zur Deckung der Fehlbeträge bis zur Höhe der vereinbarten Mindestsumme verpflichtete, dürfte die Zahl der zahlenden Schüler (zu denen dann noch die armen Schüler hinzugerechnet werden müßten) eher zu niedrig als zu hoch angesetzt sein. Wahrscheinlich wurde die Anstalt um 1550 von etwa 400 bis 500 Schülern besucht.

Bezeichnend für das enge und heute kaum mehr nachvollziehbare Verhältnis von Schule und städtischer Gesellschaft waren die regelmäßig freitags und samstags stattfindenden Disputationen der beiden oberen Klassen über die Pflichtenlehre Ciceros, die Regeln der Dialektik und über Sätze aus der Moral- und Naturphilosophie. Dazu heißt es in der *Ratio studiorum* Kerssenbrocks: „Die Theses werden vorher an die Schulthore angeheftet, und die Disputation selbst geschieht mit bescheidener Für- und Widerrede, dann unter dem Vorsitz des Rektors, dann des Conrektors auf dem öffentlichen Hörsaale. Länger als drei Stunden darf sie nicht dauern, und ein jeder, welcher Interesse für die Wissenschaft hat, darf dabei sein. Der Opponent soll aber nicht mit einem Schwall von Worten den Defendenten überschütten, sondern seine Gründe in fester Beweisform, nach Weise der Dialectiker, vortragen, und wenn der Defendent etwa die Nachweise verlangt, woher die Gegengründe genommen, soll er ihm dieses sagen" [zit. nach 214: Krabbe, Geschichtliche Nachrichten, S. 76]. Aus jenen Bestimmungen läßt sich unschwer zweierlei erkennen. Zum einen dokumentierte die *Schola Paulina* mit den Disputationen ihren Geltungsanspruch als Wissenschaftsinstitution, die über wichtige Instrumente und Systeme der Weltdeutung verfügte. Deshalb wirkte sie als Schule in die Öffentlichkeit hinein und präsentierte sich als wichtiger Bestandteil des gesellschaftlichen Lebens. Zum anderen entsprachen die

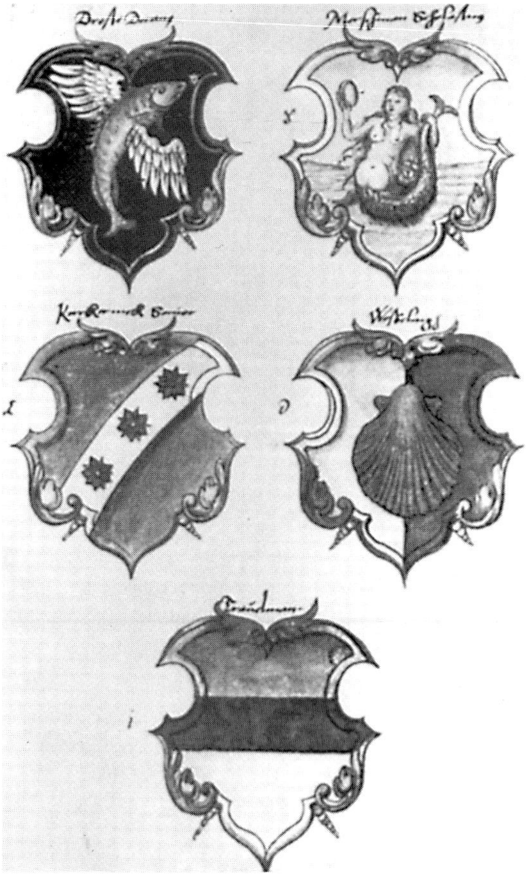

Wappen der residierenden Kanoniker des Kapitels von St. Martini (1571) – links oben das Wappen des Dechanten Everwin von Droste (1564–1604)

Disputationen aber auch ihrem Selbstverständnis als Bildungsinstitution, die es zu ihren vornehmsten Aufgaben zählte, ihre Zöglinge frühzeitig zum angemessenen und wirkungsvollen Gebrauch der öffentlichen Rede zu befähigen. Deshalb holte sie die Öffentlichkeit in die Schule herein und machte sie zu einem integralen Bestandteil des pädagogischen Lebens. Diese ungewöhnlich enge Verzahnung von Schule und Leben war freilich – das darf nicht vergessen werden – gleich an mehrere Voraussetzungen gebunden: an die Dominanz der Rhetorik in den Wissenschaften, an die Begrenztheit des schulischen Fächerkanons und nicht zuletzt an den (zunächst noch steigenden) Bedarf von Kirche, Staat und Gesellschaft an kontroverstheologischer Kompetenz.

Was die übrigen Schulen der Stadt anbelangt, so verdanken wir die wichtigsten Informationen über ihren Zustand den Protokollen einer großangelegten Visitation, die von 1571 bis 1573 im Auftrag des Fürstbischofs Johann von Hoya in der gesamten Diözese Münster durchgeführt wurde. Als vorbereitende Maßnahme zur Durchsetzung der Reformbeschlüsse des Konzils von Trient blieb diese Visitation zwar wirkungslos, denn es folgten ihr keine weiteren Schritte. Als Bestandsaufnahme aber, die dem Landesherrn einen zuverlässigen Überblick über die innere und äußere Verfassung der Kirche und ihrer Einrichtungen vermitteln sollte, erfüllte sie sehr wohl ihren Zweck. Aus den Antworten auf die standardisierten Fragen der Visitatoren ergibt sich für das Schulwesen der Stadt Münster folgendes Bild: Neben der (der Visitation nicht unterliegenden) Domschule gab es die drei seit alters her bestehenden Stiftsschulen von St. Mauritz, St. Ludgeri und St. Martini. Als Trivialschulen, d. h. als Schulen, die mit den Klassen des Triviums (Grammatik, Rhetorik und Dialektik) ausgestattet waren, konnten nur die Ludgeri- und die Martinischule gelten, während die Unterrichtsanstalt in St. Mauritz zu diesem Zeitpunkt zur Kategorie der Elementarschulen gerechnet werden muß. Da die Pfarrkirchen von Aegidii, Lamberti, Überwasser und Servatii keine eigenen Schulen unterhielten und auch die Stadt Münster – anders als etwa die Städte Coesfeld, Bocholt oder Warendorf – selbst keinerlei Schulträgerschaft übernommen hatte, bestand das gesamte öffentliche Schulwesen also aus den vier genannten kirchlichen Anstalten.

Daneben existierte in Münster aber auch noch ein umfängliches Privat- oder Winkelschulwesen. Everwin von Droste, Mitglied der bischöflichen Visitationskommission, Dechant von St. Martini und eifriger Reformer der mit seinem Stift verbundenen Trivialschule, notierte 1586 sechs solcher Winkelschulen: „1. Die von Henrich Deiters auff der breden Stege; 2. die Bökmannsche auf der grönen Stege; 3. die Krukkesche apud sanctum Servatium; 4. die Fleigesche up dem Bülte; 5. Johann in Schomakers Bank; 6. Joann im Broil“ [351: Wiens, Beiträge, S. 103]. Aus der Notiz geht ferner hervor, daß es neben den genannten noch weitere Winkelschulen gegeben haben muß und daß diese teils von männlichen, teils von weiblichen Schulhaltern betrieben wurden.

Den Vertretern des öffentlich-kirchlichen Schulwesens, allen voran Hermann von Kerssenbrock und Everwin von Droste, waren die Winkelschulen verständlicherweise ein Dorn im Auge, weil sie die Schulgeldeinnahmen ihrer eigenen Anstalten minderten und die Stadt von der Einrichtung öffentlicher Elementarschulen abhielten. Aus der Perspektive der Stadt mußte sich das jedoch anders darstellen: Solange die Nachfrage der Bevölkerung nach Elementarbildung vornehmlich von den privaten Winkelschulen abgedeckt werden konnte und alle darüber hinausreichenden Bildungsbedürfnisse von kirchlichen Anstalten erfüllt wurden, brauchte sie sich selbst nicht zu engagieren.

Freilich sollte in dieser Konstellation auch das konfessionelle Moment nicht außer acht gelassen werden. Gerade im Bereich des Schulwesens mehrten sich nämlich bereits seit den 1570er Jahren die Anzeichen dafür, daß die Phase des traditionellen Katholizismus ihrem Ende entgegenging. Zum einen durften konfessionell indifferente oder gar dem lutherischen Glauben anhängende Lehrer nicht mehr darauf hoffen, ihr Amt unbehelligt weiterführen zu können. Die Zwangspensionierung des an der Martinischule unterrichtenden Schulmeisters Johann Bloccius war sicherlich der umstrittenste, aber eben doch nur einer von mehreren Fällen, die in diesem Zusammenhang aktenkundig geworden sind. Zum anderen fanden die Bemühungen um Verschärfung der konfessionellen Disziplinierung ihren Niederschlag in zwei neuen Schulordnungen; zuerst in den *Leges scholae Monasteriensis* für das Paulinum von

1574, sodann in der „Schulverordnung für die lateinisch-deutsche Schule ad S[anc]tum Martinum“ von 1581. Wenn die Verfasser dieser beiden Ordnungen, Hermann von Kerssenbrock und Everwin von Droste, sich als strikte Gegner des Winkelschulwesens profilierten, dann darf man immerhin vermuten, daß sie dies nicht allein des Schulgeldes wegen taten. Zu ihren Beweggründen wird vielmehr auch die Furcht vor den Beeinträchtigungen und Schäden gezählt haben, die dem rechten Glauben der Schuljugend aus einem unkontrollierten privaten Elementarschulwesen erwachsen konnten. Deutlich faßbar wird dieses Motiv bei Michael Ruperti, der als Dechant von Überwasser ebenfalls der Visitationskommission angehörte: Zuverlässig, so gab er zu Protokoll, habe er in Erfahrung gebracht, daß in den Winkelschulen seiner Pfarre zahlreiche verdächtige Bücher in Gebrauch seien, aber er wolle sich nach Kräften bemühen, daß sie durch katholische ersetzt würden [vgl. 603: Akten der Visitation, S. CLVI, 71].

Unser Überblick über die Struktur der stadtmünsterischen Bildungslandschaft vor Ankunft der Jesuiten bliebe unvollständig, würde der Unterricht in den Ordenshäusern nicht bedacht. Neben der gewissermaßen informell erfolgenden Wissensweitergabe von den älteren an die jüngeren Ordensmitglieder, die man in allen Niederlassungen vermuten darf, interessieren hier vor allem die formalisierten Bildungsprozesse, äußerlich faßbar an der Spezialisierung der Lehrfunktion. Aus den Visitationsprotokollen geht hervor, daß es in dieser Hinsicht zwischen den verschiedenen Orden in Münster ein deutliches Gefälle gab. So war mit dem Haus der Fraterherren keine

Kloster Ringe an der Ludgeristraße 25/26 (Aufnahme aus dem Jahr 1930)

Fürstbischof Ernst von Bayern und das münsterische Domkapitel statten das 1588 gegründete Jesuitenkolleg mit Besitz aus

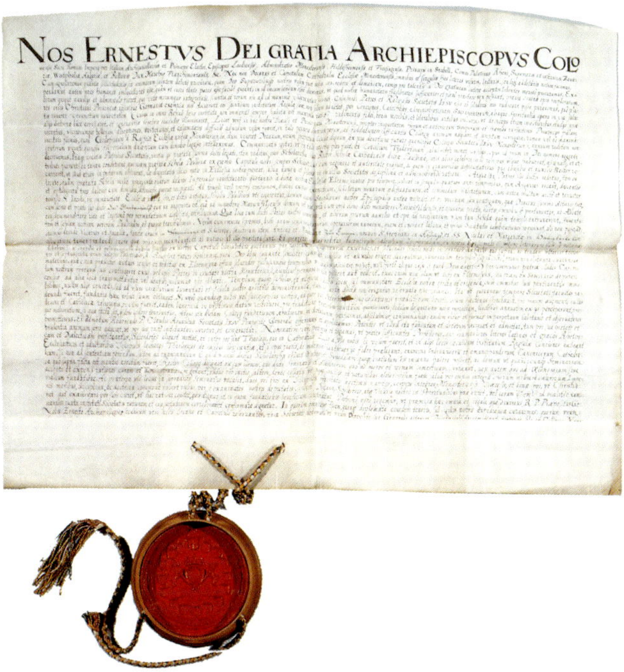
NOS ERNESTVS DEI GRATIA ARCHIEPISCOPVS COLO

eigene Schule verbunden, während im Kloster der Minoriten ein weltlicher Schulmeister den Unterricht der Kleriker besorgte. Von den Frauenklöstern hielten weder die Beginenhäuser Hofringe und Reine noch das Niesingkloster eigene Schulmeisterinnen. Anders der Beginenhof Ringe sowie die Konvente der Augustinerinnen in Rosenthal und der Benediktinerinnen in St. Aegidii: Bei ihnen ist je eine Lehrerin nachweisbar, im Beginenhof Ringe und in Rosenthal nur für das Deutsche, in St. Aegidii auch für das Lateinische. Über die Schulverhältnisse im Überwasserstift erfahren wir bedauerlicherweise nichts. Die Visitation fand zwar im Oktober 1571 statt, aber das Protokoll ist verloren. Immerhin dürfen wir mit einiger Sicherheit annehmen, daß das 1040 gegründete und seit 1483 unter der Benediktinerregel stehende adelige Damenstift für die Ausbildung seiner Zöglinge, die bereits nach vollendetem siebten Lebensjahr aufgenommen werden konnten, Sorge trug. Ob die sogenannten Schulkinder von den älteren Stiftsdamen unterwiesen wurden oder aber in einer internen, unter Leitung der Küsterin stehenden Klosterschule Unterricht erhielten, ist indes ebenso unbekannt wie das Ausmaß der vermittelten Kenntnisse.

Zwar gab es gegen Ende der Phase des traditionellen Katholizismus in Münster bereits erste, von endogenen Kräften getragene Versuche der konfessionellen Erneuerung des Bildungswesens: Wir haben die Schulordnungen Kerssenbrocks (1574) und Drostes (1581) sowie die Reformabsichten Rupertis erwähnt. Die eigentliche Wende wurde dann jedoch von exogenen Kräften herbeigeführt: von den Jesuiten, die im Jahr 1588 die große „Wachablösung" [765: Hsia, Gesellschaft und Religion, S. 65] an der führenden Bildungsinstitution der Stadt, dem Paulinum, vollzogen.

Katholische Reform

Die Berufung der Jesuiten nach Münster erfolgte vergleichsweise spät. Schon 1540, im Jahr der päpstlichen Anerkennung der von Ignatius von Loyola gegründeten Societas Jesu, hatte Petrus Faber als erster Jesuit deutschen Boden betreten; bereits zwei Jahre später hielt er an der Universität Mainz mehrmonatige öffentliche Vorlesungen. 1549 übernahmen dann drei Jesuiten, unter ihnen der für die Geschichte der katholischen Erneuerung in Deutschland so wichtige Petrus Canisius, in Ingolstadt die ersten ordentlichen Lehrstühle; 1556/57 erfolgte die Umgestaltung der zur Kölner Artistenfakultät gehörenden Cucanerburse in ein Jesuitengymnasium (Tricoronatum), dessen Standard sich die beiden anderen Bursen der Fakultät nach und nach anpassen mußten; 1563/64 schließlich wurde in Dillingen, der Residenz des Bischofs von Augsburg, die zehn Jahre zuvor eröffnete Hochschule zur ersten reinen Jesuitenuniversität Deutschlands umgewandelt. Die hier nur anhand weniger, aber wichtiger Beispiele angedeutete Formenvielfalt in der äußeren Lehrorganisation, die in der Ausbreitungsphase des Jesuitenordens sichtbar wird, ist nicht nur ein Zeichen seiner großen Flexibilität, sondern auch und vor allem ein Indiz für sein erst allmählich sich vollziehendes Hineinwachsen in die Rolle eines Schul- und Studienordens, der in den nächsten 200 Jahren im katholischen Europa nahezu den gesamten gelehrten Unterricht bestimmen sollte.

Der Aufstieg der Gesellschaft Jesu verlief allerdings weder geradlinig noch reibungslos; teils schlug ihr der erbitterte Widerstand der alten Universitäten entgegen, teils – so in Münster – wollten starke Kräfte innerhalb der städtischen Bürgergemeinde ihre Zulassung verhindern. Die Beweggründe dafür liegen auf der Hand: Die etablierten Lehrkorporationen fürchteten die Konkurrenz und den Verlust ihrer althergebrachten Privilegien, während die Städte stets bestrebt waren, eine Schwächung ihres Regiments durch die Vergrößerung der autonomen Räume innerhalb ihrer Mauern zu vermeiden. Zu diesen Motiven, die mehr oder weniger im Vorfeld jeder neuen Ordensniederlassung wirksam wurden, kam im Fall der Jesuiten noch erschwerend hinzu, daß sie in konfessionellen Angelegenheiten als kompromißlos galten und in aller Regel als Bundesgenossen des Landesherrn auftraten – Gründe genug also gerade für Städte wie Münster, der Societas Jesu mit Skepsis zu begegnen. Als Gottfried von Raesfeld, Domdechant und Führer der katholischen Partei im Domkapitel, 1582 die Umwandlung des Minoritenklosters in ein Jesuitenkolleg zu erwirken versuchte, nützte ihm auch die Hilfe des bischöflichen Administrators Johann Wilhelm von Jülich-Kleve nichts. Der Rat der Stadt Münster, politisch von den Gildeführern unter Druck gesetzt, verweigerte seine Zustimmung, und so blieb die Angelegenheit zunächst in der Schwebe.

Im benachbarten Paderborn dagegen waren die katholisch gesonnenen Domherren mit dem Dompropst (und späteren Fürstbischof) Dietrich von Fürstenberg an der Spitze gleich im ersten Anlauf erfolgreich. Gegen den Widerstand des Administrators Heinrich von Sachsen-Lauenburg setzten sie 1585 die volle Übertragung des traditionsreichen Gymnasium Salentinianum an die Jesuiten durch. Nicht zuletzt infolge der zahlreichen Schenkungen, mit denen der noch im selben Jahr zum Fürstbischof gewählte Dietrich die Patres bedachte, konnten diese ihr Lehrangebot in den nächsten drei Jahrzehnten stufenweise erweitern – zunächst durch die Eröffnung ei-

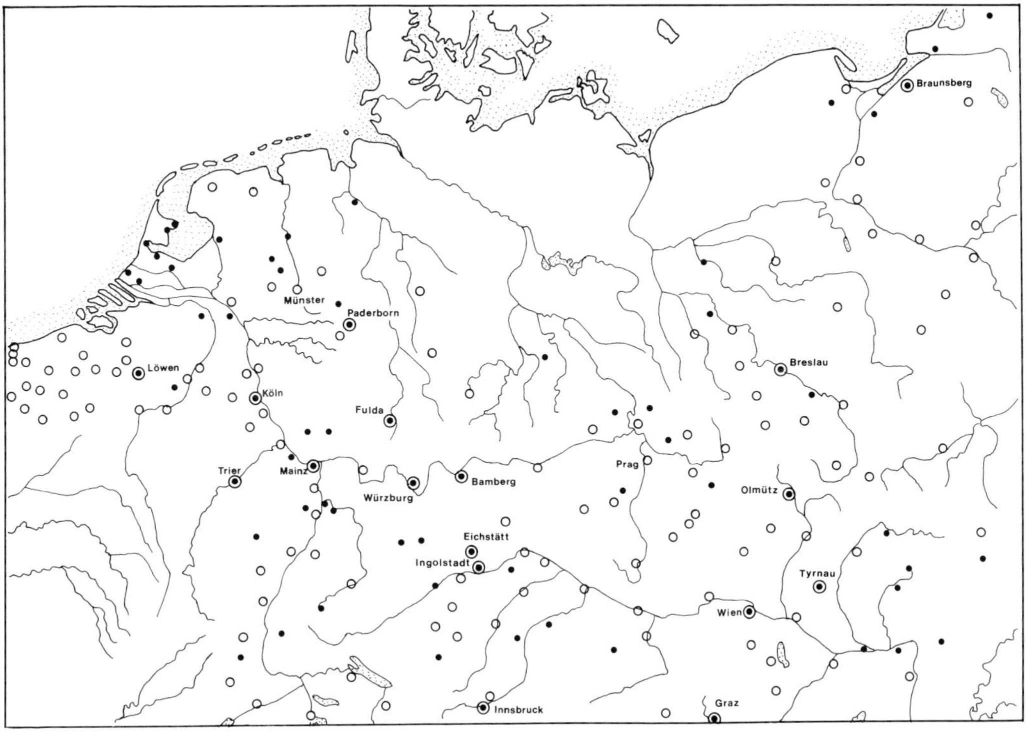

⊙ *Akademien* ○ *Kollegien* ● *Sonstige Niederlassungen*

Unterrichts- und Erziehungsanstalten der Jesuiten 1725 (nach Georg Michael Pachtler)

nes Pastoralkurses, später dann auch durch die Einrichtung eines philosophisch-theologischen Studiengangs. 1615 wurden der als Zwei-Fakultäten-Einrichtung angelegten Paderborner Jesuitenhochschule sowohl die päpstlichen wie auch die kaiserlichen Privilegien verliehen, 1616 erfolgte die feierliche Inauguration. Die *Academia Theodoriana* war damit die erste westfälische Universität in vollem Rechtssinn. Ganz zugeschnitten auf die Bedürfnisse des Fürstbistums Paderborn, diente sie vor allem der Rekrutierung und Sicherung des Priesternachwuchses für die Diözese sowie der Abwehr protestantischer Einflüsse, denen die studierwilligen Landeskinder (und späteren Staatsdiener) zwangsläufig ausgesetzt sein mußten, wenn sie benachbarte Universitäten – etwa das inzwischen kalvinistische Marburg oder die lutherischen Hochschulen zu Helmstedt und Gießen – bezogen. Die in Paderborn beobachtbare Indienstnahme des höheren Bildungswesens zum Zweck der Erneuerung des Glaubens und der Stärkung des landesherrlichen Regiments stellte keinen Einzelfall dar. Vielmehr wurde sie – freilich in unterschiedlichen Formen – allenthalben im Reich praktiziert. Während sich in den katholischen Territorien dazu besonders die Societas Jesu als Instrument und Bündnispartner anbot, waren es in den protestantischen Staaten vornehmlich die neugeschaffenen Landeskirchen, die die erwünschten Disziplinierungs- und Kontrollfunktionen wahrnahmen. Konfessionalisierung und Terri-

Domdechant Gottfried von Raesfeld (1522–1586) förderte die Einrichtung eines Jesuitenkollegs in Münster. Gemälde von Hermann tom Ring (1566)

torialisierung erwiesen sich mithin als eng miteinander verzahnte Prozesse, die einen fundamentalen Strukturwandel der deutschen Universitätslandschaft herbeiführten. Idealtypisch gesehen, waren sie die entscheidende Ursache dafür, daß die „internationale", von Studenten unterschiedlichster landsmannschaftlicher Herkunft besuchte spätmittelalterliche Universität abgelöst wurde von der frühneuzeitlichen Landes- oder Provinzhochschule mit regional begrenztem Einzugsbereich und konfessionell homogener Studentenschaft.

Doch zurück nach Münster. Daß die Jesuiten hier sechs Jahre nach dem erfolglosen ersten Versuch Fuß zu fassen vermochten und den gesamten Unterricht an der alten Domschule übertragen bekamen, ist im wesentlichen auf zwei Faktoren zurückzuführen: zum einen auf die Wahl des streng katholisch orientierten Kölner Erzbischofs Ernst von Bayern zum Fürstbischof von Münster (1585), das dadurch in das System der wittelsbachischen Sekundogenituren im geistlichen Nordwestdeutschland einbezogen wurde, und zum anderen auf ein testamentarisches Vermächtnis des mittlerweile verstorbenen Domdechanten Gottfried von Raesfeld in Höhe von 30 000 Talern, die dieser für die Gründung eines Jesuitenkollegs bestimmt hatte. Landesherrlicher Druck und Sicherstellung eines ausreichenden Startkapitals bewogen die Ratsmehrheit im Februar 1588 dazu, der Niederlassung des Ordens in der Stadt zuzustimmen. Nachdem zuvor die alten Gymnasiallehrer entlassen worden waren, konnten die Jesuiten bereits am 19. Oktober desselben Jahres den Unterrichtsbetrieb am Paulinum aufnehmen.

Quadrum des Jesuitenkollegs. Rekonstruktionszeichnung von O. Weißgerber (1920)

Das wohl hervorstechendste Merkmal, das die äußere Entwicklung der Anstalt in der Folgezeit bestimmte, war der geradezu sprunghafte Anstieg der Schülerfrequenz. Gleich innerhalb der ersten vier Jahre erhöhte sie sich von 300 (1588) auf 1120 (1592). Dieser „Massenandrang" zeugte nicht nur von der Attraktivität der jesuitischen Pädagogik, er hatte auch handfeste materielle Gründe: Die Jesuiten waren durch ihre Ordensregel dazu verpflichtet, den Unterricht unentgeltlich zu erteilen, und so entfielen die bis dahin am Paulinum üblichen Schulgeldzahlungen. Hinzu kam, daß auch die im engeren Sinne nicht zu den Gymnasiasten zählenden Vorschüler, etwa 300 an der Zahl, fortan gratis beschult wurden, da das Domkapitel das Gehalt für ihren (nicht der Societas Jesu angehörigen) „Ludimagister" übernahm – insgesamt eine klare Verbesserung der allgemeinen Bildungschancen, von der insbesondere die ärmeren Schichten der ortsansässigen Bevölkerung profitiert haben dürften. Darüber hinaus verursachte der starke Schülerandrang natürlich Raumprobleme, die die Patres jedoch ebenso rasch wie gründlich zu lösen wußten. Schon 1593 konnten sie den Unterricht aus dem alten Schulhaus am Horsteberg in ein neues Gymnasialgebäude verlegen, das sie, unterstützt durch zahlreiche Spenden aus der Bürgerschaft, an der Aa errichtet hatten. Mit der 1598 eingeweihten Petrikirche und dem 1616 fertiggestellten Kolleg bildete der Schulneubau später einen zusammenhängenden Komplex, der dem Anspruch der Jesuiten auf Erneuerung des Glaubens durch Reform der Bildung auch architektonisch Ausdruck verlieh.

Kommen wir zur „Innenseite" der jesuitischen Erziehung. Was zunächst die organisatorische Verfassung des Lehrbetriebs anbelangt, so nahm sie wenig Rücksicht auf die lokalen Besonderheiten. Wo auch immer die Jesuiten unterrichteten, taten sie dies nach einem einheitlichen Muster, das in der berühmten *Ratio studiorum* von 1599 seine verbindliche Festlegung erfahren hatte. Aus intensiver, nahezu zwei Jahrzehnte währender „Lehrplanarbeit" hervorgegangen und in der Folgezeit nur durch einige wenige Zusätze ergänzt, blieb diese Studienordnung bis zur Aufhebung der Gesellschaft im Jahr 1773 in Kraft – ein Beispiel außergewöhnlicher curricularer Kontinuität, die sich allerdings in dem Maße als problematisch erweisen mußte, in dem die wissenschaftliche Entwicklung voranschritt und die Bildungsbedürfnisse von Staat und Gesellschaft sich veränderten.

Die Bestimmungen der *Ratio studiorum*, denen wir uns damit genauer zuwenden, präsentierten sich als ein streng hierarchisch konstruiertes Regelwerk, das jedem mit der Erziehung und Ausbildung der Jugend befaßten Ordensmitglied – vom Provinzial über den Rektor und die Präfekten der beiden Studienabteilungen bis hinunter zu den Fachvertretern an den höheren Fakultäten und den Klassenlehrern am Gymnasium – detailliert vorschrieb, was zu tun und zu unterlassen war. Bei der Zweiteilung des Studiengangs in die sogenannten *Studia inferiora* und *superiora* (also Gymnasial- und Fakultätsstudien) fällt sofort der Ausschluß der Elementarbildung ins Auge. Der Jesuitenorden beschränkte seine Aktivitäten strikt auf den Bereich des gelehrten Unterrichts und nahm nur solche Schüler in die unterste Gymnasialklasse auf, die in einer Aufnahmeprüfung vor dem Rektor den Nachweis der nötigen Vorkenntnisse erbracht hatten. Der Gymnasialkurs umfaßte fünf Klassenstufen *(Grammatica infima, media, suprema, Humanitas, Rhetorica)* und vermittelte innerhalb von fünf bis sechs Jahren im wesentlichen dieselben Inhalte, die früher bereits von den Humanisten gelehrt worden waren und jetzt die Lehrpläne katholischer wie protestantischer Gelehrtenschulen gleichermaßen prägten. Für ihr Festhalten am humanistischen Bildungskanon wurden die Jesuiten von katholischer Seite interessanterweise noch im 19. Jahrhundert, wenn auch sehr vorsichtig, kritisiert. So schrieb Caspar Franz Krabbe, ein ausgewiesener Kenner der münsterischen Schulgeschichte, im Jahr 1852: „Daß die Jesuiten in ihren Gymnasien das klassische Studium zur alleinigen Grundlage der Bildung machten, mochte bei ihrem ersten Auftreten in der herrschenden Zeitrichtung seinen Grund haben. Die Liebe zu diesen klassischen Studien war nun einmal rege, so mußten sie hieran, als in einer an sich unschuldigen Sache, sich der Richtung der Zeit anbequemen. Ob sie nicht im Laufe der Zeit allmählig den Unterricht und die gesammte Humanitätsbildung mehr auf einen specifisch christlichen Boden hätten verpflanzen müssen, ist eine neuerdings wieder sehr lebhaft angeregte Frage" [214: Geschichtliche Nachrichten, S. 110f]. Was Krabbe hier als herrschende Zeitrichtung beschreibt und kritisiert, war nichts anderes als der bereits ausführlich erörterte „Strukturwandel der gesellschaftlichen Ausbildungswünsche", dem sich auch die Jesuiten nicht zu entziehen vermochten. Deshalb ist es auch müßig, über die Möglichkeiten eines christlich-katholischen Curriculums zu spekulieren. Wenn sich die Jesuiten auf dem Gebiet der Lerninhalte als Traditionalisten entpuppten, dann

Schematischer Plan des Jesuitenstudiums nach der „Ratio studiorum“

Studien- und Fakultäten-Einteilung	Alter der Schüler	Fächer und Klassen	Lehrbücher	Studiendauer
	6–8 Jahre	Infimista (Abc-Klasse)	Lesebücher	1–2 Jahre
Studia inferiora	ca. 9 Jahre	1. Grammatik (infima)	Latein, Griechisch, Hebräisch	
Artistenfakultät	10 Jahre	2. Grammatik (media)		
	11 Jahre	3. Grammatik (suprema)		
	12 Jahre	Humanitas (= Poesis)		
	13 Jahre	Rhetorik		5–6 Jahre
Studia superiora	14 Jahre	Logik	Aristoteles	
	15 Jahre	Physik und Mathematik		
Theologische Fakultät	16 Jahre	Metaphysik und Ethik		2–3 Jahre
	17 Jahre 18 Jahre 19 Jahre 20 Jahre	Scholastische und positive Theologie: Kontroverstheologie, Kasus, Kirchenrecht, Heilige Schrift	Thomas von Aquin Altes und Neues Testament	4 Jahre (+ 2 Jahre im Fall der Promotion)

Quelle: 2207: Hengst, Jesuiten, S. 70

muß die Frage vielmehr lauten, worin denn das spezifisch Neue ihrer Gymnasialpädagogik bestand.

Neu war zunächst zweifellos die sorgsam ausbalancierte Unterrichtsmethodik, in der die Elemente straffer Lenkung und bewußten Gewährenlassens einander die Waage hielten. Auf der einen Seite strenge Gleichförmigkeit des täglichen Unterrichtsablaufs, penible Einhaltung des vorgeschriebenen Pensums, stetige Wiederholung des durchgenommenen Stoffes und regelmäßige schriftliche Leistungskontrollen bis hin zu den alljährlich stattfindenden Versetzungsprüfungen, auf der anderen Seite permanenter Sozialformenwechsel unter Einbeziehung von Partnerarbeit,

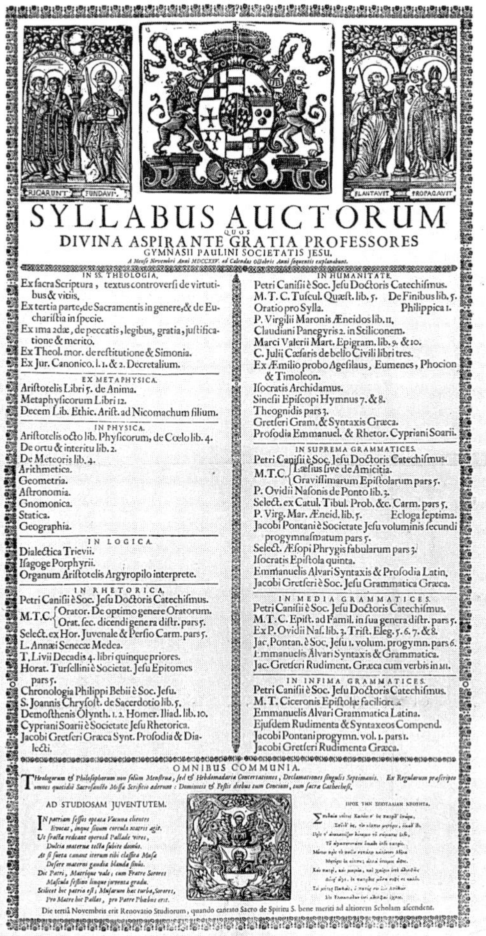
RIGARUNT FUNDAVIT PLANTAVIT PROPAGAVIT

SYLLABUS AUCTORUM
QUOS
DIVINA ASPIRANTE GRATIA PROFESSORES
GYMNASII PAULINI SOCIETATIS JESU.
A Mense Novembri Anni MDCCXXV. ad Calendas Octobris Anni sequentis explanabunt.

IN SS. THEOLOGIA.
Ex sacra Scriptura, textus controversi de virtutibus & vitiis.
Ex tertia parte, de Sacramentis in genere, & de Eucharistia in specie.
Ex ima 2dæ, de peccatis, legibus, gratia, justificatione & merito.
Ex Theol. mor. de restitutione & Simonia.
Ex Jur. Canonico. l. 1. & 2. Decretalium.

EX METAPHYSICA.
Aristotelis Libri 5. de Anima.
Metaphysicorum Libri 12.
Decem Lib. Ethic. Arist. ad Nicomachum filium.

IN PHYSICA.
Aristotelis octo lib. Physicorum, de Cœlo lib. 4.
De ortu & interitu lib. 2.
De Meteoris lib. 4.
Arithmetica.
Geometria.
Astronomia.
Gnomonica.
Statica.
Geographia.

IN LOGICA.
Dialectica Trievii.
Isagoge Porphyrii.
Organum Aristotelis Argyropilo interprete.

IN RHETORICA.
Petri Canisii è Soc. Jesu Doctoris Catechismus.
M.T.C. { Orator. De optimo genere Oratorum. / Orat. sec. dicendi genera distr. pars 5.
Select. ex Hor. Juvenale & Persio Carm. pars 5.
L. Annæi Senecæ Medea.
T. Livii Decadis 4. libri quinque priores.
Horat. Tursellini è Societat. Jesu Epitomes pars 5.
Chronologia Philippi Bebii è Soc. Jesu.
S. Joannis Chrysost. de Sacerdotio lib. 5.
Demosthenis Olynth. 1. 2. Homer. Iliad. lib. 10.
Cypriani Soarii è Societate Jesu Rhetorica.
Jacobi Gretseri Græca Synt. Prosodia & Dialecti.

IN HUMANITATE.
Petri Canisii è Soc. Jesu Doctoris Catechismus.
M. T. C. Tuscul. Quæst. lib. 5. De Finibus lib. 5.
Oratio pro Sylla. Philippica 1.
P. Virgilii Maronis Æneidos lib. 11.
Claudiani Panegyris 2. in Stiliconem.
Marci Valerii Mart. Epigram. lib. 9. & 10.
C. Julii Cæsaris de bello Civili libri tres.
Ex Æmilio probo Agesilaus, Eumenes, Phocion & Timoleon.
Isocratis Archidamus.
Sinesii Episcopi Hymnus 7. & 8.
Theognidis pars 3.
Gretseri Gram. & Syntaxis Græca.
Prosodia Emmanuel. & Rhetor. Cypriani Soarii.

IN SUPREMA GRAMMATICES.
Petri Canisii è Soc. Jesu Doctoris Catechismus.
M.T.C. { Læsius sive de Amicitia. / Gravissimarum Epistolarum pars 5.
P. Ovidii Nasonis de Ponto lib. 3.
Select. ex Catul. Tibul. Prob. &c. Carm. pars 5.
P. Virg. Mar. Æneid. lib. 5. Ecloga septima.
Jacobi Pontani è Societate Jesu voluminis secundi progymnasmatum pars 5.
Select. Æsopi Phrygis fabularum pars 3.
Isocratis Epistola quinta.
Emmanuelis Alvari Syntaxis & Prosodia Latin.
Jacobi Gretseri è Soc. Jesu Grammatica Græca.

IN MEDIA GRAMMATICES.
Petri Canisii è Soc. Jesu Doctoris Catechismus.
M. T. C. Epist. ad Famil. in sua genera distr. pars 5.
Ex P. Ovidii Nas. lib. 3. Trist. Eleg. 5. 6. 7. & 8.
Jac. Pontan. è Soc. Jesu 1. volum. progymn. pars 6.
Emmanuelis Alvari Syntaxis & Grammatica.
Jac. Gretseri Rudiment. Græca cum verbis in MI.

IN INFIMA GRAMMATICES.
Petri Canisii è Soc. Jesu Doctoris Catechismus.
M. T. Ciceronis Epistolæ faciliores.
Emmanuelis Alvari Grammatica Latina.
Ejusdem Rudimenta & Syntaxeos Compend.
Jacobi Pontani progymn. vol. 1. pars 1.
Jacobi Gretseri Rudimenta Græca.

OMNIBUS COMMUNIA.
Theologorum & Philosophorum non solùm Menstruæ, sed & Hebdomadariæ Concertationes, Declamationes singulis Septimanis. Ex Regularum præscripto omnes quotidiè Sacrosancto Missæ Scrificio aderunt: Dominicis & Festis diebus tum Concioni, tum sacræ Cathechesi.

AD STUDIOSAM JUVENTUTEM.

In patriam fessos optata Vacuna clientes
Evocat, inque suum corcula matris agit.
Ut fractæ redeant operosâ Pallade vires,
Dulcia maternæ tecta subite domûs.
At si sueta canant iterum tibi classica Musæ
Desere materni gaudia blanda sinûs.
Dic Patri, Matrique vale; cum Fratre Sorores
Mascula festino linque juventa gradu.
Scilicet hic patria est; Musarum hæc turba, Sorores,
Pro Matre hic Pallas, pro Patre Phœbus erit.

Die tertiâ Novembris erit Renovatio Studiorum, quando cantato Sacro de Spiritu S. bene meriti ad altiorem Scholam ascendent.

Unterrichtsplan des Gymnasium Paulinum von 1725/26

Gruppenarbeit, Diskussion und Debatte, Vermeidung einer Überfrachtung des Unterrichts durch zuviel Lernstoff, Verpflichtung der Lehrer zur Gleichbehandlung aller Schüler und Verbot der körperlichen Züchtigung (die ausschließlich einem nicht dem Orden angehörenden Zuchtmeister vorbehalten blieb), endlich Förderung des grammatisch-rhetorischen Wettkampfeifers durch eine Vielzahl sogenannter Konzertationen und Disputationen in und zwischen den einzelnen Klassen – diese wenigen Stichworte mögen genügen, um einen Eindruck von der Eigenart und dem Variantenreichtum jesuitischer Unterrichtsmethodik zu vermitteln. Das methodische Vorgehen – dies gilt es im Auge zu behalten – war dabei keineswegs dem Geschick und dem persönlichen Temperament des einzelnen Lehrers anheimgestellt, sondern verbindliche, für alle unterrichtenden Ordensmitglieder gültige Norm.

Ein weiteres Charakteristikum, das die jesuitische von der herkömmlichen Pädagogik unterschied, bestand in der Ergänzung des Schulunterrichts durch ein ausdifferenziertes und genau überwachtes System außerunterrichtlicher Aktivitäten, das teils obligatorische, teils fakultative Elemente enthielt und in seiner Gesamtheit darauf abzielte, alle Einflüsse, die den Erziehungsprozeß hätten stören können, von den Schülern fernzuhalten. Obligatorisch war natürlich der tägliche Gang zur Messe, der ebenso streng kontrolliert wurde wie der Besuch der Predigt an Festtagen und das monatliche Ablegen der Beichte. Es ist offensichtlich, daß die Jesuiten diesen Formen praktizierter Religiosität größere Bedeutung beimaßen als dem primär an die Verstandeskräfte appellierenden Religionsunterricht, dessen Anteil am Stundenplan mit eineinhalb Wochenstunden denn auch ziemlich gering ausfiel. Unter den fakultativen Angeboten zur „Freizeitgestaltung" verdienen besonders die Schülerakademien Beachtung. In ihnen fanden sich – getrennt nach Alters- und Bildungsstufen – die besonders Befähigten unter den Schülern und Studenten zusammen, um unter Aufsicht eines dem Lehrkörper oder der Gemeinschaft der Patres angehörenden Moderators regelmäßige wissenschaftliche Privatübungen zu veranstalten. Den Akademiemitgliedern wurden dabei weitreichende Selbstverwaltungsrechte eingeräumt. So durften sie beispielsweise ihre Akademieleitung, jeweils bestehend aus einem Rektor, seinen beiden Stellvertretern und einem Sekretär, aus den eigenen Reihen bestimmen, und zwar in geheimen und gleichen Wahlen, die nach den Vorschriften der *Ratio*

Jesuitendisputation: Thesenblatt der hl. Katharina. Stickerei auf Leinen mit fünf kleinen Ölgemälden von Hermann Veltmann

studiorum alle drei bis vier Monate abgehalten werden mußten. Neben diesen eher nach innen gerichteten Tätigkeiten bot sich den Schülern und Studenten nach wie vor die Möglichkeit des Hineinwirkens in die außerschulische Öffentlichkeit – etwa durch Übernahme einer Rolle in einem der sogenannten Jesuitendramen, die auf der Schulbühne zur Aufführung gelangten, oder durch aktive Beteiligung an einer der großen Monatsdisputationen, zu denen man insbesondere die Honoratioren der Stadt und die Gönner der Gesellschaft Jesu einzuladen pflegte. Die pädagogischen und die sozialen Implikationen solcher „Öffentlichkeitsarbeit" sind bereits im Zusammenhang mit der Kerssenbrockschen Schulordnung von 1551 erörtert worden.

Die Fakultätsstudien gliederten sich in zwei große Abschnitte: Zuerst durchliefen die Studenten einen dreijährigen philosophischen Kurs mit den Schwerpunkten Logik, Physik, Mathematik, Metaphysik und Ethik, dann konnten sie sich einem vierjährigen Theologiestudium zuwenden, dessen Hauptgegenstände die Heilige Schrift, die scholastische Theologie Thomas von Aquins, die Kontrovers- und die Moraltheologie bildeten. Alles in allem ließen sich die Architekten der *Ratio studiorum* bei der Auswahl, Anordnung und Gewichtung der Lehrinhalte und Wissensgebiete vom Prinzip der „pastoralen Nützlichkeit" leiten [2207: Hengst, Jesuiten, S. 57]; deshalb die strenge Orientierung des Gymnasiums und des philosophischen Kurses am Theologiestudium, deshalb die völlige Ausblendung der beiden anderen klassischen Universitätsdisziplinen, der Medizin und des römischen Zivilrechts.

Bleibt die Frage, ob und in welchem Umfang es auch in Münster zur Institutionalisierung von Fakultätsstudien gekommen ist, wie diese rechtlich abgesichert waren und welchen Nutzen Stadt und Fürstbistum daraus zogen. Was zunächst die *Studia superiora* als solche betrifft, so besteht kein Zweifel, daß die Jesuiten ihre bereits im benachbarten Paderborn angewandte Strategie der sukzessiven Ausweitung ihres Bildungsangebots auch in Münster praktizierten: Zwischen 1617 und 1624, also innerhalb von nur sieben Jahren, richteten sie sämtliche von der *Ratio studiorum* geforderten philosophisch-theologischen Vorlesungen ein. Obwohl damit vom Lehrprogramm her alle Voraussetzungen für die Gründung einer Jesuitenuniversität erfüllt waren, wurde dieser letzte noch fehlende Schritt nicht vollzogen – eine auf den ersten Blick ziemlich verblüffende Entwicklung, wenn man bedenkt, welchen Verlauf die Dinge in Paderborn genommen hatten. Bei näherer Betrachtung zeigt sich indes, daß die bildungspolitische Kräftekonstellation in Münster eine andere war. Das jesuitische Minimalmodell einer Zwei-Fakultäten-Universität, das im benachbarten Bistum noch problemlos verwirklicht werden konnte, stieß hier bereits auf Widerstand. Besonders das Domkapitel, aber auch die Landstände und die Stadt Münster selbst favorisierten eindeutig eine „große" Lösung, also die Gründung einer Volluniversität mit vier Fakultäten, und sie wurden darin von der 1622 gegründeten Propagandakongregation in Rom, der nunmehr für Universitätsfragen zuständigen päpstlichen Behörde, unterstützt. Zwischen diesen Positionen bewegte sich der auf pragmatischen Interessenausgleich bedachte Landesherr, Fürstbischof Ferdinand von Bayern, der erst ein Zwei-Fakultäten-Modell (1622/24), dann eine Drei-Fakultäten-Lösung (1625) und schließlich den stufenweisen Ausbau zu einer Volluniversität (1629/30) anstrebte. Es ist hier nicht der Ort, den außerordentlich verwickelten Gang der Verhandlungen nachzuzeichnen, den Inhalt der verschiedenen Suppliken des Fürstbischofs an den Papst und den Kaiser zu referieren oder die daraufhin erteilten Uni-

Aufruf des Dompredigers Matthäus Tympius zur Gründung einer Universität in Münster (1612)

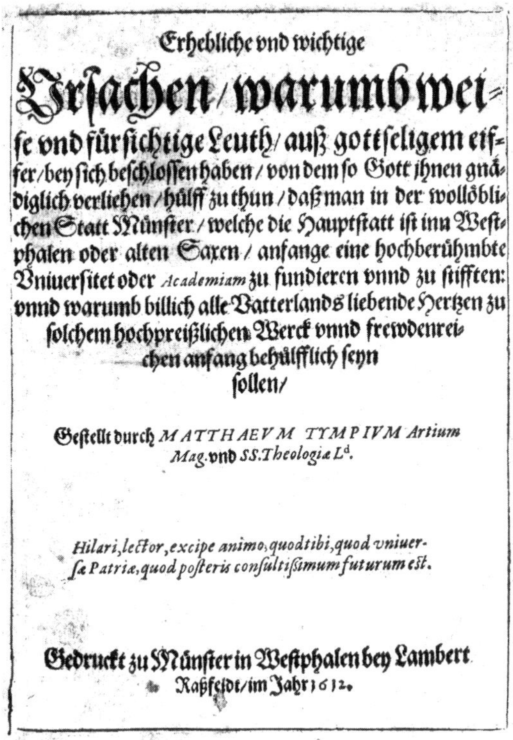

Erhebliche vnd wichtige
Vrsachen / warumb weise vnd fürsichtige Leuth / auß gottseligem eiffer / bey sich beschlossen haben / von dem so Gott jhnen gnädiglich verliehen / hülff zu thun / daß man in der wollöblichen Statt Münster / welche die Hauptstatt ist inn Westphalen oder alten Saxen / anfange eine hochberühmbte Vniuersitet oder *Academiam* zu fundieren vnnd zu stifften: vnnd warumb billich alle Vatterlands liebende Hertzen zu solchem hochpreißlichen Werck vnnd frewdenreichen anfang behülfflich seyn sollen /

Gestellt durch *MATTHAEVM TYMPIVM Artium Mag.* vnd *SS. Theologiae Ld.*

Hilari, lector, excipe animo, quod tibi, quod vniuersae Patriae, quod posteris consultissimum futurum est.

Gedruckt zu Münster in Westphalen bey Lambert Raßfeldt / im Jahr 1612.

versitätsdiplome von 1629 und 1631 näher vorzustellen. Entscheidend bleibt, daß das Projekt nicht realisiert wurde, weil sich die konkurrierenden Konzepte und die hinter ihnen stehenden Kräfte gegenseitig blockierten. Versuche, die Sache noch einmal aufzunehmen, hat es zwar mehrfach gegeben – nicht nur während des Westfälischen Friedenskongresses, sondern auch noch unter Fürstbischof Christoph Bernhard von Galen (1650–1678). Ihnen war jedoch ebensowenig Erfolg beschieden wie den ersten Anläufen zwischen 1622 und 1631.

Das Scheitern der Universitätsgründungspläne im 17. Jahrhundert hatte mindestens drei Ursachen. Die erste – der fehlende bildungspolitische Konsens und die Selbstblockade der Reformkräfte – wurde bereits erwähnt. Die zweite Ursache war teils allgemeinpolitischer, teils finanzpolitischer Natur: Der Dreißigjährige Krieg und die sich daran anschließenden Kriege während der Regentschaft Christoph Bernhards belasteten den Haushalt des Fürstbistums so stark, daß für aufwendige Reformmaßnahmen im Inneren keinerlei Spielraum mehr blieb. Aber erst die dritte Ursache – das Vorhandensein eines funktionsfähigen Provisoriums – macht die Erklärung vollständig. Das Scheitern aller Hochschulprojekte hatte ja keineswegs zur Folge, daß Münster fortan nur noch eine Stadt mit Gymnasium gewesen wäre. Vielmehr gewährleisteten die von den Jesuiten angebotenen Fakultätsstudien, auch wenn sie der rechtlichen Anerkennung entbehrten, daß der Klerus der Diözese eine hinreichende philosophisch-theologische Ausbildung erhielt. Wer also vornehmlich auf die religiös-pastoralen Bedürfnisse des Fürstbistums fixiert war, der konnte sich mit dem Status quo durchaus abfinden. Andererseits zeigt das „Tauziehen" um die verschiedenen Universitätskonzeptionen, daß das jesuitische Bildungsmodell an Akzeptanz verloren hatte. Auch wenn es sich in Münster zu behaupten vermochte; seine Grenzen waren sichtbar geworden.

Nach diesem ausführlichen Bericht über die Aktivitäten der Societas Jesu wenden wir uns nunmehr einem weiteren Unterrichtsorden zu, der sich im Verlauf des konfessionellen Zeitalters in Münster niederließ: dem 1598 gestifteten und 1628 vom Papst anerkannten Orden der Lotharinger Chorfrauen. Ihre Ankunft in der Stadt im Jahr 1642 war – anders als die der Jesuiten ein halbes Jahrhundert zuvor – weder von langer Hand geplant noch von interessierter politischer Seite durchgesetzt worden. Die Chorfrauen kamen als Flüchtlinge, die ihre lothringische Heimat verlassen hatten, als diese zu einem der Hauptschauplätze des Dreißigjährigen Krieges wurde. Münster war nach Trier (1640) die zweite von insgesamt sechs deutschen Städten, in denen der Orden im 17. Jahrhundert Zuflucht fand; bis zum Ende des Heiligen Römischen Reiches erhöhte sich die Zahl seiner Niederlassungen in Deutschland auf dreizehn.

Die Lotharinger Chorfrauen, die bereits 1655 ein größeres Grundstück am Hörstertor erwerben und dort ihre Kloster- und Schulgebäude errichten konnten, widmeten sich ausschließlich dem Unterricht der weiblichen Jugend. Ihre Konstitutionen verpflichteten sie zur unentgeltlichen Unterweisung armer Kinder in sogenannten äußeren Schulen; erst wenn diese gewährleistet war, durften sie zusätzliche innere Schulen für zahlende Pensionärinnen einrichten. Das Unterrichtsangebot der äußeren Schulen umfaßte die Fächer Religion, Lesen, Schreiben, Rechnen und Handarbeit. In den inneren Schulen trat, gewissermaßen als Konzession an die Bildungsbedürfnisse der höheren Stände, die Fremdsprache Französisch hinzu – alles in allem ein zwar schichtenspezifisch modifiziertes, aber überwiegend auf die Vermittlung von Elementarkenntnissen beschränktes Programm weiblicher Erziehung, das nicht annähernd das Niveau des gelehrten Unterrichts für die männliche Jugend erreichte.

Dennoch führten die Lotharinger Chorfrauen eine erhebliche Verbesserung der institutionalisierten aushäusigen Mädchenbildung in Münster herbei. Diese Verbesserung hatte mehrere Aspekte. Der erste betraf das Lehrangebot ihrer Schuleinrichtungen. Sowohl die schulgeldpflichtige „Französische Schule", die von Pensionärinnen und „höheren" Töchtern aus der Stadt besucht wurde, wie auch die schulgeldfreie „Deutsche Schule", die von Anfang an einen starken Andrang zu verzeichnen hatte und schon 1650 an die hundert Schülerinnen zählte, vermittelten ein weitaus umfangreicheres Spektrum an Kenntnissen als die privaten Winkelschulen innerhalb Münsters oder die öffentlichen Elementarschulen auf dem Lande.

Dieser Vorsprung – das ist der zweite Aspekt – resultierte vor allem aus der „Professionalität" der Lehrschwestern: Da der Orden von vornherein nur solche Novizinnen aufnahm, die bereits des Lesens und Schreibens kundig waren, da sich ferner jede Chorfrau durch ein besonderes Gelübde zum Unterricht der weiblichen Jugend verpflichten und erst eine sorgfältige Ausbildung unter Aufsicht der Schulpräfektin durchlaufen haben mußte, bevor sie von der Oberin des Klosters zum Lehramt zugelassen wurde, da die Chorfrauen mithin durch Vorbildung, religiöse Selbstverpflichtung und einen gründlichen Vorbereitungsdienst für ihren pädagogischen Beruf qualifiziert waren, nahmen sie unter den zeitgenössischen Elementarschullehrern eine Sonderstellung ein. Schulehalten, daran gilt es zu erinnern, blieb während der gesamten frühen Neuzeit, zumal auf dem Lande, überwiegend eine Nebenbeschäftigung, ausgeübt von Handwerkern oder Küstern, die sich auf diese Weise ein – zumeist kärgliches – Zubrot verdienten. Daß sich die fachliche Eignung dieser Handwerker-Lehrer bis ins 18. Jahrhundert in sehr engen Grenzen hielt, verdeutlicht ein Visitationsbericht Bernhard Overbergs, der in den Sommermonaten der Jahre 1783 und 1784 im Auftrag seines Landesherrn die Schulen des münsterischen Niederstifts bereist hatte. Einige Schullehrer, so heißt es in diesem Bericht, „können kaum verständlich lesen, schreiben die elendeste Hand und verstehen aus der Religions- und Sittenlehre so wenig, daß ein gewissenhafter Pfarrer Bedenken tragen würde, sie zur ersten Kommunion anzunehmen, wenn sie noch nicht kommuniziert hätten“ [zit. nach 1105: Kuntze, Overberg, S. 18].

Es liegt auf der Hand, daß von solchen Lehrern keinerlei reflektiertes pädagogisches Handeln zu erwarten war. Auch auf diesem Gebiet – und damit ist der dritte Aspekt angesprochen – stellten die Lotharinger Chorfrauen eine Ausnahme dar. Folgt man der nach wie vor einschlägigen Studie von Sophia Inkmann [2263: Pädagogische Grundsätze], dann unterrichteten sie ihre weiblichen Zöglinge nach methodischen Grundsätzen, die denen der Jesuiten auffallend ähnelten. Strenge Gleichförmigkeit des täglichen Unterrichtsablaufs, häufiger Sozialformenwechsel, Verbot der körperlichen Züchtigung durch die Lehrenden, Förderung von Ehrgeiz und Wetteifer – all diese bereits aus der *Ratio studiorum* bekannten Bestimmungen fanden sich auch in den Konstitutionen der Lotharinger Chorfrauen. Die Übereinstimmung war alles andere als ein Zufall: Der Gründer des Ordens, der lothringische Pfarrer Pierre Fourier (1565–1640), hatte seine Ausbildung auf der Jesuitenuniversität Pont-à-Mousson erhalten und sich bei der Abfassung der Konstitutionen von den Patres beraten lassen. Die auf diese Weise entstandene Affinität der Unterrichtsmethoden ist in doppelter Hinsicht von Interesse. Zum einen zeigt sie, daß die jesuitische Pädagogik auch in solche Bildungssektoren hineinwirkte, in denen die Gesellschaft selbst nicht tätig war. Und zum anderen wird deutlich, daß es im Ordensschulwesen des konfessionellen Zeitalters zumindest partielle Gemeinsamkeiten des Lehrens und Lernens gab – unabhängig vom Niveau der vermittelten Kenntnisse und jenseits der zwischen den Geschlechtern gezogenen Grenzen.

3. *Exkurs: Staatliche Schulhoheit als legislatives Postulat. Die fürstbischöflichen Schulordnungen von 1675, 1693 und 1739*

Die vor Beginn der theresianischen Volksschulreform (1770) erlassenen österreichischen Schulordnungen, so hat der Salzburger Pädagoge Rudolf Gönner festgestellt, trugen eher den „Charakter legislativer Postulate und der Erklärung idealer Ziele“ [2152: Österreichische Lehrerbildung, S. 48], als daß sie imstande gewesen

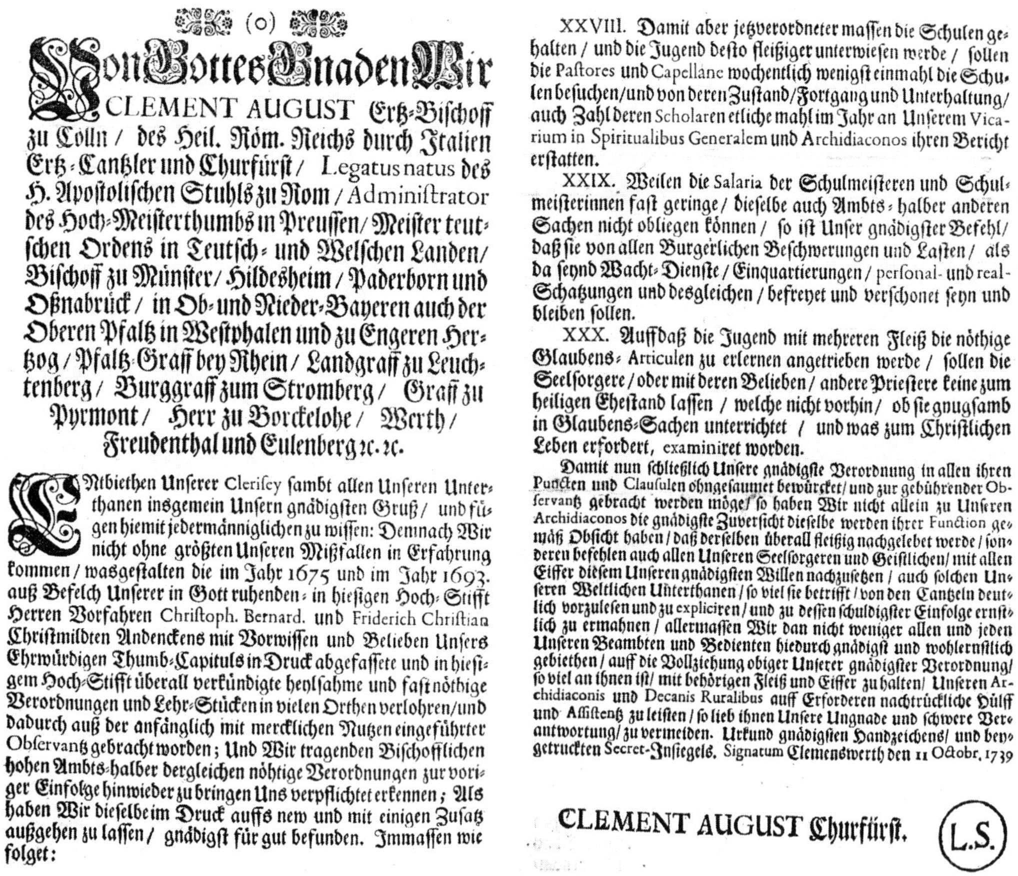

(o)

Von Gottes Gnaden Wir CLEMENT AUGUST Ertz-Bischoff zu Cölln / des Heil. Röm. Reichs durch Italien Ertz-Cantzler und Churfürst / Legatus natus des H. Apostolischen Stuhls zu Rom / Administrator des Hoch-Meisterthumbs in Preussen / Meister teutschen Ordens in Teutsch- und Welschen Landen / Bischoff zu Münster / Hildesheim / Paderborn und Oßnabrück / in Ob- und Nieder-Bayeren auch der Oberen Pfaltz in Westphalen und zu Engeren Hertzog / Pfaltz-Graff bey Rhein / Landgraff zu Leuchtenberg / Burggraff zum Stromberg / Graff zu Pyrmont / Herr zu Borckelohe / Werth / Freudenthal und Eulenberg etc. etc.

ENtbiethen Unserer Clerisey sambt allen Unseren Unterthanen insgemein Unsern gnädigsten Gruß / und fügen hiemit jedermänniglichen zu wissen: Demnach Wir nicht ohne größten Unseren Mißfallen in Erfahrung kommen / wasgestalten die im Jahr 1675 und im Jahr 1693. auß Befelch Unserer in Gott ruhenden- in hiesigen Hoch-Stifft Herren Vorfahren Christoph. Bernard. und Friderich Christian Christmildten Andenckens mit Vorwissen und Belieben Unsers Ehrwürdigen Thumb-Capituls in Druck abgefassete und in hiesigem Hoch-Stifft überall verkündigte heylsahme und fast nöthige Verordnungen und Lehr-Stücken in vielen Orthen verlohren / und dadurch auß der anfänglich mit mercklichen Nutzen eingeführter Observantz gebracht worden; Und Wir tragenden Bischofflichen hohen Ambts-halber dergleichen nöhtige Verordnungen zur vorigen Einfolge hinwieder zu bringen Uns verpflichtet erkennen; Als haben Wir dieselbe im Druck auffs new und mit einigen Zusatz außgehen zu lassen / gnädigst für gut befunden. Immassen wie folget:

XXVIII. Damit aber jetzverordneter massen die Schulen gehalten / und die Jugend desto fleissiger unterwiesen werde / sollen die Pastores und Capellane wochentlich wenigst einmahl die Schulen besuchen / und von deren Zustand / Fortgang und Unterhaltung / auch Zahl deren Scholaren etliche mahl im Jahr an Unserem Vicarium in Spiritualibus Generalem und Archidiaconos ihren Bericht erstatten.

XXIX. Weilen die Salaria der Schulmeisteren und Schulmeisterinnen fast geringe / dieselbe auch Ambts-halber anderen Sachen nicht obliegen können / so ist Unser gnädigster Befehl / daß sie von allen Burgerlichen Beschwerungen und Lasten / als da seynd Wacht-Dienste / Einquartierungen / personal- und real-Schatzungen und desgleichen / befreyet und verschonet seyn und bleiben sollen.

XXX. Auffdaß die Jugend mit mehreren Fleiß die nöthige Glaubens-Articulen zu erlernen angetrieben werde / sollen die Seelsorgere / oder mit deren Belieben / andere Priestere keine zum heiligen Ehestand lassen / welche nicht vorhin / ob sie gnugsamb in Glaubens-Sachen unterrichtet / und was zum Christlichen Leben erfordert, examiniret worden.

Damit nun schließlich Unsere gnädigste Verordnung in allen ihren Puncten und Clausulen ohngesaumet bewürcket / und zur gebührender Observantz gebracht werden möge / so haben Wir nicht allein zu Unseren Archidiaconos die gnädigste Zuversicht dieselbe werden ihrer Function gemäß Obsicht haben / daß derselben überall fleißig nachgelebet werde / sonderen befehlen auch allen Unseren Seelsorgeren und Geistlichen / mit allen Eiffer diesem Unseren gnädigsten Willen nachzusetzen / auch solchen Unseren Weltlichen Unterthanen / so viel sie betrifft / von den Cantzeln deutlich vorzulesen und zu expliciren / und zu dessen schuldigster Einfolge ernstlich zu ermahnen / allermassen Wir dan nicht weniger allen und jeden Unseren Beambten und Bedienten hiedurch gnädigst und wohlernstlich gebiethen / auff die Vollziehung obiger Unserer gnädigster Verordnung / so viel an ihnen ist / mit behörigen Fleiß und Eiffer zu halten / Unseren Archidiaconis und Decanis Ruralibus auff Erforderen nachtrückliche Hülff und Assistentz zu leisten / so lieb ihnen Unsere Ungnade und schwere Verantwortung / zu vermeiden. Urkund gnädigsten Handzeichens / und beygetruckten Secret-Insiegels. Signatum Clemenswerth den 11 Octobr. 1739

CLEMENT AUGUST Churfürst. (L.S.)

Auszug aus der Schulordnung des Fürstbischofs Clemens August von Bayern vom 11. Oktober 1739

wären, Schulwirklichkeit konkret zu gestalten. Im Prinzip gilt dies auch für Münster. Vor der Reform des münsterischen Elementarschulwesens durch Franz von Fürstenberg (1782–1801) traten hier drei Schulordnungen in Kraft: die Kirchen- und Schulordnungen der Fürstbischöfe Christoph Bernhard von Galen (23. Mai 1675), Friedrich Christian von Plettenberg (13. Februar 1693) und Clemens August von Bayern (11. Oktober 1739). Diese Ordnungen dokumentieren zwar, daß der in immer weitere Bereiche des gesellschaftlichen Lebens eingreifende frühmoderne Staat nunmehr auch die Erziehung und Ausbildung seiner Untertanen zu reglementieren beanspruchte, aber sie belegen zugleich, daß seine Mittel zur Durchsetzung dieses Anspruchs außerordentlich begrenzt blieben. Verwirklichung der allgemeinen Schulpflicht, Gewährleistung einer gründlichen Lehrerausbildung und Sicherstellung einer ausreichenden Lehrerbesoldung – dies waren, wie Alwin Hanschmidt mit Recht hervorhebt, die drei Grundvoraussetzungen eines flächendeckend funktionierenden Elementarschulwesens [vgl. 1047: Hanschmidt, Normalschule, S. 11]. Sie bilden daher auch die Meßlatte, die wir an die drei fürstbischöflichen Schulordnungen anzulegen haben.

Was zunächst die allgemeine Schulpflicht anbelangt, so beließ es die Schulordnung von 1675 noch bei dem – recht vage gehaltenen – Grundsatz: „Die Kinder sollen alle von den Aeltern zur Schule geschickt werden“ [2616: Sammlung der Gesetze 1, Nr. 167]. Die flankierenden Bestimmungen fielen ebenfalls dürftig aus. Schulgeldbefreiung für die Armen auf der einen, Strafandrohung für die Säumigen auf der anderen Seite – mehr war am Anfang nicht vorgesehen. Erst die Schulordnung von 1693 brachte eine gewisse Präzisierung, indem sie vorschrieb, „daß alle zu schulfähigem Alter gelangte Kinder schulpflichtig sind, und nur mit Genehmigung des Pfarrers aus der Schule gelassen werden dürfen, bei Strafe doppelter Schulgeldzahlung, jedoch ohne Beeinträchtigung der Befugnis des Adels und der Militair-Offiziere zur Haltung von Privatlehrern“. Die praktische Wirkung dieser Bestimmung, die den eigentlichen Beginn einer staatlich verordneten allgemeinen Schulpflicht im Fürstbistum Münster markiert, sollte freilich nicht überschätzt werden, denn sie hing – besonders auf dem Lande – in entscheidendem Maße davon ab, ob ein ausreichend dichtes Netz von Schulen zur Verfügung stand. Wenn die Schulordnung von 1693 – in Anknüpfung an eine entsprechende Vorschrift aus dem Jahr 1675 – abermals fordern mußte, „daß die in Städten, Flecken, Dörfern und weit entlegenen Bauernschaften vorhandenen Elementarschulen erhalten und die Eingegangenen wieder errichtet werden“ sollten, und wenn sie eigens hinzufügte, „daß die mit besondern Schulen versehenen Bauernschaften, deshalb nicht von ihrer Beitragspflicht zum Unterhalt sowie zum Bau und zur Reparatur der Kirchspiels-Schule befreiet“ seien [2616: Sammlung der Gesetze 1, Nr. 214], dann darf man daraus schließen, daß die für eine Durchsetzung der allgemeinen Schulpflicht nötige institutionelle Basis einstweilen bestenfalls in Ansätzen vorhanden war.

Ein weiteres Problem – das der Lehrerausbildung – wird in den drei Schulordnungen überhaupt nicht angesprochen. Zwar bestand seit 1693 die Vorschrift, „daß nur geprüfte und von den Archidiaconis oder vom General-Vikariate als tüchtig befundene Lehrer und Lehrerinnen angestellt werden“ durften. Nach Angaben über Art und Umfang der nachzuweisenden Kenntnisse und Fähigkeiten sucht man jedoch vergeblich. Tüchtigkeit wird unter diesen Umständen ein sehr relativer, vornehmlich von der jeweiligen „Bewerberlage“ abhängiger Begriff gewesen sein; und es war deshalb nur folgerichtig, daß die Schulordnungen keinerlei Bestimmungen darüber enthielten, was die Lehrer zu vermitteln und die Schüler zu lernen hatten.

Unzureichend, ja geradezu chronisch prekär blieb schließlich auch die Besoldung der Schulmeister. Wenn die Schulordnung von 1675 vorschrieb, daß ihnen für die unentgeltliche Unterweisung der armen Kinder „ihr sonst gesetztes Salarium, oder in dessen Ermangelung eine gewisse Summe aus den Armen-Einkünften angewiesen werden solle“, dann zeigt dies sehr deutlich, in welch ungesicherten finanziellen Verhältnissen die Elementarschullehrer damals zu leben gezwungen waren. Die ebenfalls 1675 ausgesprochene Befreiung von den „gemeinen Lasten“ und die 1693 angeordnete Einführung von Mindestschulgeldsätzen änderten daran im Prinzip nichts: Der Landesherr unterstellte die Schule zwar seiner Gesetzgebungshoheit, und er sorgte auch dafür, daß sie durch die Kirche – vom Generalvikar bis hinunter zum Gemeindepfarrer – beaufsichtigt und kontrolliert wurde. Aber er vermied es sorgsam, sich finanziell zu engagieren. Sobald es – wie bei der Lehrerbesoldung oder bei der Schaffung einer geeigneten Schulinfrastruktur – in die kostenintensiven Bereiche des Elementarschulwesens hineinging, enthielt er sich jeglicher Intervention und übertrug die Verantwortung auf die Gemeinden. Von deren Finanzkraft und Investitionsbereitschaft hing es daher in hohem Maße ab, ob und wie die legislativen Postulate des staatlichen Schulherrn umgesetzt werden konnten. Hinzu kam, daß diese Postulate mehrfach wiederholt werden mußten: Wenn sich große Teile der Schulordnungen von 1693 und 1739 darauf beschränkten, die Bestimmungen von 1675 erneut einzuschärfen, dann wird man dies nicht eben als ein Indiz ihrer hohen Wirksamkeit interpretieren dürfen.

4. Die münsterische Bildungsreform unter Franz von Fürstenberg (1763–1801)

Keine papierenen Absichtserklärungen, sondern reale Reformfortschritte, die Zug um Zug das gesamte Erziehungswesen umgestalteten – das war die Signatur der letzten großen Epoche der frühneuzeitlichen münsterischen Bildungsgeschichte, der „Ära Fürstenberg". Wer die Erziehungspolitik des münsterischen Staatsministers (1762–1780) und Generalvikars (1770–1807) angemessen verstehen will, der muß sich zunächst ihren historischen Kontext vergegenwärtigen: die seit dem Ende des Siebenjährigen Krieges allenthalben zu beobachtende Konzentration der Regierungspolitik auf die inneren Probleme der Staaten; die insbesondere aus der Wahlverfassung und dem Fehlen eines stetigen dynastischen Interesses resultierende „wirtschaftliche, soziale und kulturelle Rückständigkeit und die daraus erwachsende politische Schwäche der Reichsstände der Germania sacra" [1046: Hanschmidt, Fürstenberg, S. 2], die diese zu einem Spielball der „großen Politik" zu machen drohte und sie einer nicht unerheblichen Säkularisationsgefahr aussetzte; sodann die außergewöhnlich hohe Staatsverschuldung des Fürstbistums Münster, die mit 3,8 Millionen Reichstalern mehr als das Zwölffache des jährlichen Haushaltsvolumens erreicht hatte; schließlich die Erkenntnis Fürstenbergs, daß es eines umfassenden Reformprogramms bedurfte, wenn Münster den Vorsprung der weltlichen Staaten wenigstens teilweise aufholen und gewissermaßen aus sich selbst heraus den Beweis seiner Existenzberechtigung antreten wollte. Zu schildern, welche wirtschafts-, finanz- und militärpolitischen Maßnahmen er zu diesem Zweck im einzelnen ergriff und welcher Erfolg ihm dabei jeweils beschieden war, ist hier nicht der Ort. Für unsere Darstellung genügt der Hinweis darauf, daß die Bildungsreform keineswegs isoliert in Gang gesetzt wurde. Sie stand vielmehr von Anfang an in einem funktionalen Bezug zu dem, was man zusammenfassend als das Fürstenbergsche Projekt einer Modernisierung Münsters bezeichnen könnte.

Auch in sich waren die verschiedenen erziehungspolitischen Maßnahmen aufeinander abgestimmt. Fürstenberg berichtete 1802 an die preußische Regierung, „daß die Institute der National-Erziehung im hiesigen Lande ein einziges-systematisch geordnetes Ganze ausmachen, wovon alle Theile in einander eingreifen, und sich wechselseitig voraussetzen" [zit. nach 1026: Esser, Fürstenberg, S. 160]. Dieser Systemcha-

Franz Freiherr von Fürstenberg (1729–1810) leitete als Minister von 1762 bis 1780 die Regierungsgeschäfte im Hochstift und wurde einer der führenden Vertreter der katholischen Aufklärung. Als Generalvikar förderte er die Reform des Schulwesens und die Gründung der Universität. Schabkunstblatt von Johann Gerhard Huck (1806)

rakter des münsterischen Bildungswesens offenbarte sich nicht erst in der Rückschau auf das Reformwerk, sondern er war von Anfang intendiert.

Die Elementarschulreform

Daß die Elementarschulreform als Aufgabe erkannt und auf die politische Tagesordnung gesetzt wurde, ist offenbar vor allem ein Verdienst der Landstände: Ihre auf dem Landtag von 1772 vorgebrachte Kritik an der Unzulänglichkeit des ländlichen Elementarschulwesens, verbunden mit dem Vorschlag, den Lehrern ein schulgeldunabhängiges Mindestgehalt aus der Gemeindekasse zu zahlen, veranlaßte Fürstenberg, sich näher mit der Materie zu beschäftigen. In seinen „Ohnmaßgebliche[n] Vorschläge[n] zur Verbesserung der Schulanstalten auf'm Lande", einer an den Fürstbischof Max Friedrich von Königsegg-Rothenfels gerichteten Denkschrift aus dem Jahr 1773, entwickelte er erstmals die Grundzüge einer durchgreifenden Elementarschulreform. Ausgangspunkt seiner Überlegungen war die Unzulänglichkeit einer bloßen Besoldungsanhebung, wie sie die Landstände vorgeschlagen hatten. Da die Zahl der „wirklich fähige[n] Schulmeister" auf dem Lande „dermalen sehr gering" sei, könne eine solche Maßnahme unter den gegebenen Umständen nur bewirken, „daß Unfähigen oder Trägen [...] das Gehalt vermehret" werde. Der „allererste Grundsatz" sei daher: „a) die Schulanstalten und Lehramt auf'm Lande genau zu bestimmen und die dazu nötigen Lehrbücher, auch Schulreglements verfertigen zu lassen. b) in dessen Vorgang alle Schulmeister successive nicht allein zu prüfen, sondern auch denen, die nicht platterdings unfähig befunden worden, die Anweisung und Anleitung zu der neuen Lehrart zu geben." Daß Fürstenberg die reformstrategische Bedeutung der Lehrerbildung zu diesem Zeitpunkt bereits klar erkannt hatte, zeigen auch seine weiteren Ausführungen: „Die Art, wie die wirklich vorhandenen Schulmeister zu prüfen und zu dem neuen [...] Landschulreglement anzuführen, würde auf ein Schulmeister-Seminarium herauskommen, wie solches in einigen Königlich Preußischen, Kurhannoverschen, Kurmainzischen und anderen Landen eingeführt ist. Es könnte dieses auf folgende Weise anfänglich eingerichtet werden: Man suchte einige fähige Personen, um die Direktion und Inspektion solches Seminarii etwa nach dem Beispiele des Saganischen Seminarii zu führen. Man ließe dahero die Schulmeister [...] etwa im Sommer oder in der etwa zu erweiternden Vakanzzeit anhero ad Seminarium, wo sie den Unterricht zur Schulhaltung empfingen, kommen. Dann müßten die nötigen einzuführenden Schulbücher gedruckt werden, sowohl zum Unterricht der Schulmeister als zum Gebrauch in den Landschulen. Darauf, daß die ohnqualifikabelen Schulmeister durch andere Subjekte nach und nach ersetzet und die vakanten Stellen mit tüchtigen Subjekten besetzt werden können, würde ebenfalls der besondere Bedacht zu nehmen [...] sein" [zit. nach 1104: Krass, Geschichte der Normalschule, S. 13f].

Kein Zweifel: Diese Vorschläge stammten von einem Kenner, der die Entwicklung der zeitgenössischen Pädagogik und die Fortschritte in der Reform des Schulwesens aufmerksam verfolgte. Wenn Fürstenberg das Beispiel Sagan zur Nachahmung empfahl, dann stellte er sich damit in eine Tradition institutionalisierter Lehrerbildung, die im friderizianischen Preußen begründet worden war, aber schon bald über dessen Grenzen hinaus wirksam werden sollte. Am Anfang der „Reform-Genealogie" [2153: Gönner, Felbigers Schulreform, S. 17] stand allerdings nicht das Saganische, sondern das Berliner Lehrerseminar, das Johann Julius Hecker bereits 1748 eingerichtet und mit seiner Realschule verbunden hatte. Das sechzehn Jahre später eröffnete Sagan, auf das Fürstenberg sich berief, war gewissermaßen das katholische Pendant zu Berlin. Mit seiner Gründung verfolgte der Augustinerabt Johann Ignaz von Felbiger das Ziel, die Schulen seines an die Krone Preußen gefallenen niederschlesischen Stifts Sagan mit qualifizierten Lehrern zu versorgen, um der Abwanderung katholischer Schüler an evangelische Schulen Einhalt zu gebieten. Demselben Ziel dienten auch Felbigers Schriften, darunter

- das in Anlehnung an Heckers Generallandschulreglement von 1763 verfaßte „Königlich preußische General-Land-Schul-Reglement für die Römisch-Katholischen in Städten und Dörfern des souveränen Herzogtums Schlesien und der Grafschaft Glatz" (1765),
- das große Werk über „Eigenschaften, Wissenschaften und Bezeigen rechtschaffener Schulleute" (1768) sowie dessen spätere Überarbeitung,
- das „Methodenbuch für die Lehrer der deutschen Schulen in den k.k. Erbländern" (1775).

Der letzte Titel signalisiert bereits, daß Felbiger seine Reformtätigkeit auf das Gebiet der Habsburger Monarchie verlagert hatte. 1774 von Maria Theresia nach Wien berufen, konnte er noch im selben Jahr die Arbeit an der „Allgemeinen Schulordnung für die deutschen Normal-, Haupt- und Trivialschulen in sämtlichen Kayserl.

Königlichen Erblanden" abschließen – ein epochemachendes Werk, das mit Recht als das „grundlegende Dokument der österreichischen Volksschule" und als „Stiftungsurkunde des österreichischen Volksschullehrerstandes" bezeichnet worden ist [2152: Gönner, Österreichische Lehrerbildung, S. 37].

Kernstück der Felbigerschen Reform waren die in jeder Provinz einzurichtenden Normalschulen, die nach § 2 der Schulordnung als „Richtschnur" für alle übrigen Schulen des Landes dienen sollten. In der Normalschule, so hieß es weiter, „müssen die Lehrer für andere deutsche Schulen gebildet, in allen nötigen Dingen wohl unterwiesen oder wenigstens die anderwärts Gebildeten genau geprüfet werden, wenn sie irgendwo in der Provinz wollen angestellt werden. Jede Normalschule muß mit einem Direktor und mit vier bis fünf Lehrern, worunter ein geistlicher Katechet sein soll, besetzt sein" [zit. nach 1047: Hanschmidt, Normalschule, S. 19f].

Seminar oder Normalschule als Bildungsanstalten für Lehrer, Methodenbücher als Leitfäden zum sachgemäßen Schulehalten, allgemeine Schulordnungen als gesetzliche Grundlagen des öffentlichen Elementarunterrichts – dies waren die drei Hauptmerkmale des erst in Sagan und dann in Wien realisierten Reformkonzepts, das über die „Relaisstation" Würzburg [2153: Gönner, Felbigers Schulreform, S. 22] in die katholischen Territorien im Süden und Westen des Reiches gelangte und dort als Modell der Schulerneuerung wirksam wurde. Die für unseren Zusammenhang entscheidende Frage lautet daher, ob und inwieweit die drei Komponenten des Felbigerschen Systems auch die münsterische Elementarschulreform zu prägen vermochten.

Daß diese nach den ersten Anläufen der 1770er Jahre zunächst steckenblieb, erklärt sich aus der vorrangigen Beschäftigung Fürstenbergs mit der Reform der höheren Bildungsanstalten, die seit der Aufhebung des Jesuitenordens im Jahr 1773 zweifellos Priorität besaß. Erst nach Abschluß der Gymnasialreform und Vollzug der Universitätsgründung konnte der 1780 aus dem Ministeramt entlassene, als Generalvikar jedoch weiterhin für das Schulwesen zuständige Fürstenberg sich wieder dem Problem der Elementarschulerneuerung zuwenden. Mit der ersten Reformmaßnahme, der „Provisional-Verordnung, die Landschulen betreffend" vom 7. August 1782 [zit. nach 933: Fürstenbergs Leben], wurden zunächst die vorläufigen rechtlichen Rahmenbedingungen geschaffen. Der allgemeinen Schulpflicht unterlagen nunmehr alle Mädchen und Jungen zwischen dem sechsten und dem vollendeten vierzehnten Lebensjahr (§ 1). Sie hatten den Unterricht zumindest im Winterhalbjahr, von Anfang November bis Ende März, zu besuchen, konnten aber, sofern sie über zehn Jahre alt waren, in den Zeiten „überhäufte[r] Land- und Feldgeschäfte", also in den Monaten April, Mai, August, September und Oktober, auf besonderen Antrag der Eltern sogar im Juni und Juli, zu Hause behalten werden (§ 2). Darüber hinaus enthielt die Schulordnung erstmals genauere Bestimmungen über die Art und den Umfang der zu vermittelnden Kenntnisse und Fertigkeiten. Buchstabieren, deutliches, interpunktionsgemäßes Lesen, deutsche und lateinische Schrift, katholischer Katechismus und Sittenlehre, die vier Grundrechenarten und der Dreisatz, schließlich die „Abfassung eines deutschen Briefes, einer Rechnung und Quittung oder sonst dienlichen Aufsatzes" – dies waren zukünftig nicht nur die verbindlichen Lehrgegenstände der Elementarschule (§ 5), sondern zugleich auch die Prüfungsgebiete derjenigen, die sich bei der Landschul-Kommission zum Lehrerexamen meldeten (§ 17). Bei diesem Examen handelte es sich zwar nicht um ein obligatorisches „General-Examen" für

Der Theologe und Pädagoge Bernhard Overberg, Leiter der Normalschule und nach 1816 Schulrat im Provinzialschulkollegium. Kopie eines Gemäldes von Johann Christoph Rincklake

alle im Dienst befindlichen Schulmeister. Dennoch sorgte die Provisional-Verordnung dafür, daß sich der Kreis der zu Prüfenden allmählich erweitern mußte: Zum einen schrieb sie vor, daß in Zukunft nur noch von der Schulkommission für tauglich befundene Schulmeister eine Stelle bekamen (§ 11). Zum anderen stellte sie Gehaltszulagen aus dem Staatsetat bereit, aber wiederum nur für solche Lehrer, die ihre Lehrbefähigung vor der Landschul-Kommission nachgewiesen hatten (§§ 12–13). „Sollte", so hieß es in der Verordnung weiter, „sich [. . .] bei gedachter Prüfung des sich der Zulage halber dazu stellenden Schulmeisters finden, daß er in demjenigen, was ihm der Vorschrift nach fehlet, leicht unterwiesen und in der Zeit von 3 ad 4 Monaten qualificabel gemacht werden könnte, so mag die Kommission ihm die Anweisung geben, wo und bei wem er sich dazu qualificiren solle" (§ 17).

Wo und bei wem – diese recht vage gehaltene Formulierung signalisierte weiteren Regelungsbedarf, dem die zweite Reformmaßnahme Rechnung trug: die Berufung Bernhard Overbergs zum Normalschullehrer (2. August 1783) und die Eröffnung der Normalschule in Münster (März/April 1784). Overberg (1754–1826), ein junger Kaplan aus Everswinkel, der sich durch seine außergewöhnliche katechetische Begabung für sein neues Amt empfohlen hatte, wurde zum wichtigsten Mitarbeiter Fürstenbergs auf dem Gebiet der Elementarschulreform. Gut viereinhalb Monate nach seiner Ernennung, Ende Dezember 1783, konnte bereits die erste Lehrerprüfung stattfinden. Die Schulkommission, der auch der neue Normallehrer angehörte, befand neun der insgesamt 25 Kandidaten für uneingeschränkt fähig (und damit zulageberechtigt); die übrigen 16 wurden in den ersten Normalkurs geschickt, den Overberg im Frühjahr des darauffolgenden Jahres in Münster abhielt. Nach dem Ende des sechs- bis achtwöchigen Kurses mußten sich die Teilnehmer einer erneuten Prüfung unterziehen. Daß keiner von ihnen durchfiel, war vermutlich auch als vertrauensbildende Maßnahme gedacht, die die Akzeptanz des Examens unter den Landschullehrern erhöhen sollte. Auch die „Pressepolitik" der Schulkommission legt diesen Schluß nahe: Im „Münsterischen Intelligenzblatt" vom 25. Mai 1784 veröffentlichte sie nicht nur die Namen der erfolgreichen Absolventen, sondern auch die Liste der Gegenstände, auf die sich die Prüfung erstreckt hatte. Folgt man den Mitteilungen der Schulkommission, dann bewegte sich das Examen auf einem erstaunlich hohen Niveau. Da die Kandidaten „ihre Fähigkeiten im Buchstabieren, Lesen, Schreiben, Rechnen usw. und ihre Geschicklichkeit, benannte Lehrstücke auf die kürzeste und einleuchtendste Art den Kindern wiederum beizubringen", bereits im Dezember des Vorjahres unter Beweis gestellt hatten, konnte sich die zweite Prüfung auf schwierigere Gebiete konzentrieren: auf die „Pflichten der Schullehrer", auf die „Ordnung [...] bei dem Unterrichte in der christlichen Lehre", aber auch darauf, wie „Begriffe beizubringen" und „Fragen einzurichten" waren, auf welche Weise die „Aufmerksamkeit der Kinder" geweckt und aufrechterhalten werden könne und was zu tun sei, wenn sie „entweder gar nicht, oder unrichtig" antworteten [1104: Krass, Geschichte der Normalschule, S. 28ff].

Wenn man bedenkt, daß die Provisional-Verordnung von 1782 von den Schulmeistern lediglich das verlangte, was sie später auch vermitteln sollten, dann erkennt man unschwer, welcher Fortschritt sich hinter den scheinbar schlichten Fragen der Schulkommission verbarg. Wer sie beantworten wollte, der mußte zumindest über einen Grundvorrat an Reflexionswissen verfügen, das nicht im Lehrplan stand: berufsethische Prinzipien, religionspädagogische Grundsätze, allgemeine unterrichtsmethodische Kenntnisse und Einsichten. Als Institution, die die Prüflinge mit einem solchen Wissensfundus ausgestattet und dadurch zugleich den Erwartungshorizont der Prüfungskommission erweitert hatte, kam nach Lage der Dinge nur der Overbergsche Normalkurs in Frage. In seiner Dauer auf wenige Wochen im Jahr begrenzt und als „Ein-Mann-Betrieb" ohne Übungsschule oder Seminar nur dem Namen nach mit den Lehrerbildungseinrichtungen anderer katholischer Territorien vergleichbar, erwies er sich doch bereits in den ersten Jahren seines Bestehens als das eigentliche Schlüsselinstrument der Elementarschulerneuerung, ohne das die Reformbestrebungen wahrscheinlich abermals auf dem Papier geblieben wären.

Daß es allerdings auch des Papieres bedurfte, um die Reform voranzutreiben, beweist die dritte Maßnahme, die Systematisierung und Veröffentlichung des Normalschulprogramms in Form der bekannten, fast 800 Seiten umfassenden „Anweisung zum zweckmäßigen Schulunterricht für die Schullehrer im Hochstifte Münster", die Overberg nach vierjähriger Arbeit in den Druck geben und schließlich 1793 veröffentlichen konnte. Angeregt und unterstützt worden war das Projekt vor allem von Fürstenberg und von der Fürstin Gallitzin. Aber auch die Landstände hatten höchstes Interesse bekundet: Auf ihren Antrag hin genehmigte Fürstbischof Maximilian Franz von Österreich, daß 500 Exemplare der ersten Auflage auf Staatskosten angeschafft und an die Schulen des Landes verteilt wurden. Ins Niederländische und Französische übersetzt und bis 1915 insgesamt siebenmal aufgelegt, zählt die „Anweisung" sicherlich zu den bekanntesten Schriften der Elementarschulreform. Daß ihr Verfasser freimütig auf einen wissenschaftlichen Apparat verzichtete (und damit die ideengeschichtlich orientierte pädagogische Forschung zu Beginn unseres Jahrhunderts mächtig inspirierte), tat der Verbreitung des Werkes ebensowenig Abbruch wie dessen unambitioniert-schlichter Stil: Overberg schrieb die ersten Kapitel seines Buches zunächst in plattdeutscher Sprache nieder, bevor er sie ins Hochdeutsche übertrug – ein einfacher, aber wirkungsvoller Kunstgriff, mit dem er den Gebildetenjargon vermied und zugleich sicherstellte, daß ihn diejenigen verstanden, auf die es ihm ankam: die Landschullehrer.

Die penibelste der obenerwähnten ideengeschichtlichen Studien [1164: Schröder, Overberg und Fürstenberg] führt einen Mindestbestand von 14 pädagogischen Quellen an, aus denen der Eklektiker Overberg bei der Abfassung seines Methodenbuches geschöpft hat, darunter die Arbeiten Felbigers, Rochows, Villaumes und die braunschweig-lüneburgische Schulordnung aus dem Jahr 1738. Noch wichtiger als das Problem, woher der „Lehrer der Lehrer" seine literarischen Anregungen bezog, scheint uns allerdings die Frage zu sein, auf welche Weise er sich die praktischen Erfahrungen aneignete, von denen seine „Anweisung" zeugt. Die Antwort führt in eine bekannte Institution des münsterischen Bildungswesens: in die Schulen der Lotharinger Chorfrauen. Overberg, der 1785 zum Vikar des Lotharinger Klosters er-

Anweisung
zum
zweckmäßigen
Schulunterricht
für
die Schullehrer
im
Hochstifte Münster.

Von
Bernard Overberg
Lehrer der Normalschule.

Münster,
bey Anton Wilhelm Aschendorf.
1793.

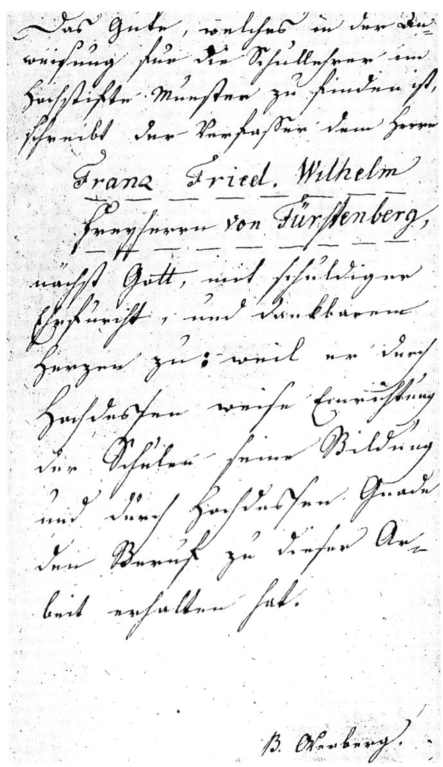
Das Gute, welches in der Anweisung für die Schullehrer im Hochstifte Münster zu finden ist, schreibt der Verfasser dem Herrn Franz Fried. Wilhelm Freyherrn von Fürstenberg, nächst Gott, mit schuldiger Ehrfurcht, und dankbarem Herzen zu: weil er durch Hochdessen weise Einrichtung der Schulen seine Bildung und durch Hochdessen Gnade den Beruf zu dieser Arbeit erhalten hat.

B. Overberg.

Overbergs „Anweisung zum zweckmäßigen Schulunterricht". Titelblatt des ersten Bandes und Widmung an Fürstenberg im dritten Band

nannt worden war und dort auch den Großteil der anfallenden Verwaltungsarbeiten besorgte, unterrichtete hier mehr als 26 Jahre hindurch so gut wie täglich, wenn er nicht durch seine Normalkurse davon abgehalten wurde. Das Vorbild der lehrenden Klosterfrauen und die Grundlage ihrer schulischen Arbeit, die Konstitutionen, haben das pädagogische Denken und Handeln Overbergs zweifellos stark geprägt. Das zeigte sich nicht nur in den methodischen Vorschriften der „Anweisung", die in zahlreichen Punkten mit den Konstitutionen übereinstimmten [vgl. 2263: Inkmann, Pädagogische Grundsätze, S. 68ff]. Das zeigte sich auch in seinem Engagement für die Verbesserung der Lehrerinnenbildung und in seinem Eintreten für den institutionellen Ausbau des münsterischen Mädchenschulwesens.

Die Überzeugung, „daß das weibliche Geschlecht ebensowohl als das männliche eines beständigen Wachstums an Erkenntnis fähig sei" (Denkschrift vom 3. Juni 1786) [zit. nach 1105: Kuntze, Overberg, S. 52], machte Overberg zum entschiedenen Befürworter einer Erweiterung des Bildungsangebots für die weibliche Jugend. Die Eröffnung von Mädchenschulen am Niesing- und am Aegidiikloster (1786) fand daher seine volle Zustimmung. Die Neugründungen ergänzten die drei bereits vorhandenen Anstalten – die beiden Schulen der Chorfrauen am Hörstertor und die private, seit 1690 bestehende „Demoisellen-Schule" im Lamberti-Kirchspiel – und stellten damit sicher, daß die Stadt Münster über ein ausreichend dichtes Netz an Mädchenbildungseinrichtungen verfügte. Mit den übrigen Städten und Gemeinden des Fürstbistums war es in dieser Hinsicht zunächst schlechter bestellt. In § 9 der Verordnung vom 2. September 1801 [1026: Esser, Fürstenberg] schrieb die Schulverwaltung daher ausdrücklich vor, daß „an jedem Orte, wo es nur immer füglich geschehen" könne, besondere Mädchenschulen angelegt werden sollten, da diese „namentlich wegen der größern Tauglichkeit einer Lehrerinn zur Bildung der Mädchen [. . .] sehr nützlich" seien. Parallel dazu erfolgte eine Neuordnung der Lehrerinnenausbildung. Die Schulamtskandidatinnen, die zuvor im Einzelunterricht von besonders tüchtigen Absolventen der Normalschule auf ihren künftigen Beruf vorbereitet worden waren, durften seit 1801 direkt die Normalkurse besuchen, ebenso wie die bereits im Amt befindlichen Lehrerinnen, die in den Genuß einer staatlichen Gehaltszulage kommen wollten (§ 31). Auf diese Weise wurde die Voraussetzung dafür geschaffen, daß das in den nächsten Jahrzehnten rasch expandierende Mädchenschulwesen mit besser qualifizierten Lehrerinnen versorgt werden konnte. Landesweit erhöhte sich die Zahl der Mädchenschulen zwischen 1800 und 1826 von etwa 40 auf 87. Fast jede sechste der rd. 500 katholischen Schulen im Regierungsbezirk Münster war damit eine reine Mädchenschule. Analog dazu stieg der „Frauenanteil" an den Absolventen der Normalkurse: 180 der 627 Lehramtskandidaten, die Overberg zwischen 1816 und 1826 ausbildete, also knapp 30 Prozent, waren angehende Lehrerinnen. Daß sich das ehemalige Hochstift Münster zu einer regelrechten Hochburg der Mädchenschulpädagogik entwickelt hatte, bestätigt ein amtlicher Bericht des preußischen Oberkonsistorialrats Ludwig Natorp vom 14. Oktober 1816: „Die Anstellung von Lehrerinnen an den öffentlichen Schulen, welche eine Eigentümlichkeit der katholischen Bestandteile der Provinz Westfalen ist, hat sich in unserem Regierungsbezirk als praktisch bewährt, und wir haben [. . .] kein Bedenken getragen, diese aus früheren Zeiten herrührende Anordnung beizubehalten. Für die Subsistenz der Lehrerinnen ist leichter gesorgt. Zum Unterrichten, Erziehen und Schulehalten zeigen sie, wie die Erfahrung lehrt, im Durchschnitt mehr Talent als die meistens roheren männlichen Schulamtspräparanden. Und nicht selten haben wir es wahrgenommen, daß in den Schulen von den Lehrerinnen im ganzen bei der Erziehung der weiblichen Jugend mehr geleistet wird als von den Lehrern bei der Erziehung der männlichen" [zit. nach 1105: Kuntze, Overberg, S. 57].

Die „Verordnung für die deutschen und Trivial-Schulen des Hochstifts Münster" vom 2. September 1801 bildete den Schlußstein der Elementarschulreform. In § 1 wurden die Eltern daran erinnert, „daß die zeitliche und ewige Wohlfahrt ihrer Kinder größtentheils von dem Unterrichte abhange, den diese in ihrer Jugend von Gott, von der Religion, von ihren Pflichten und von jenen unentbehrlichen Kenntnissen erhalten, die sie dereinstens in den Stand setzen können, sich selbst, ihren Eltern und ihrem Vaterlande nützlich zu werden". Ziel sei es, sie zu „gottesfürchtigen, tugendhaften, der Kirche und dem Staate nützlichen Gliedern" zu bilden – eine schöne Zusammenfassung des Reformkonzepts, das der Schule eine utilitaristisch-pastorale Doppelfunktion zuwies: Zum einen sollte sie die Individuen dazu befähigen, ihr diesseitiges Leben zum gemeinen Nutzen zu führen und so zum Fortschritt in Staat und Gesellschaft beizutragen; zum anderen sollte sie aber auch auf das Jenseits vorbereiten und den Schülern als Mitgliedern der christlichen Kirche dabei helfen, das ewige Heil zu erlangen.

Von den nachfolgenden Bestimmungen der Verordnung, die dieses Konzept in die Praxis umsetzten, seien nur die wichtigsten erwähnt:

- die Einführung einer im Turnus von drei Jahren zu wiederholenden obligatorischen Lehrerprüfung auch für diejenigen unter den Schulmeistern, die keine staatliche Zulage bezogen (§ 6),
- die Ausdehnung der Jahresunterrichtszeit durch die Begründung von „Sommer-Schulen", in die nunmehr auch die „durch Viehhüten oder sonstige Arbeiten" abgehaltenen Kinder „einige Male in der Woche" geschickt werden sollten (§ 10),
- die Trennung der Schullehrer- von den Küster- und Organistenstellen „bei künftigen Erledigungsfällen überall, wo es nur immer thunlich ist" (§ 14),
- die Stärkung der Kirchspielschulen durch die Schließung nahegelegener Nebenschulen (§ 20),
- die Schaffung von Schulbezirken durch Zuordnung der Elternhäuser zu bestimmten Schulen (§ 21) und schließlich
- die Ausdifferenzierung des Zulagensystems, in das nunmehr auch die Mädchenschullehrerinnen einbezogen wurden (§§ 27–31).

Wenn es in den einleitenden Bemerkungen zur Verordnung von 1801 hieß, daß diese ein „Werk der Erfahrung" sei, dann kann man dem nur zustimmen. Die Reformer hatten die knapp zwanzig Jahre seit Erlaß der provisorischen Bestimmungen von 1782 genutzt, um sich in kontinuierlicher Arbeit einen Überblick zu verschaffen, und zwar über die Schulverhältnisse auf dem Lande, die Overberg bereits während seiner Visitationen im Niederstift (1783/84) genauer erkundet hatte, über die nötigen Mittel, die man brauchte, wenn man die Besoldung der Lehrer wirksam verbessern wollte, und nicht zuletzt über die Hindernisse, die einer Reform entgegenstanden oder ihre Wirksamkeit beeinträchtigen konnten. Das Ergebnis dieses außerordent-

Lehrbuch des Mathematikprofessors am Paulinum Kaspar Zumkley (1732–1794) aus dem Jahr 1779

EXERCITATIONES
ANALYTICO-SYNTHETICÆ
IN
MATHESI PURA:
ILLUSTRANDÆ CUMPRIMIS
GEOMETRIÆ VETERUM;
USIBUS VERO
PHILOSOPHICARUM HUMANIORUMQUE PATRIÆ MONASTERIENSIS SCHOLARUM
ACCOMMODATÆ:
AUTORE
CASPARO ZUMKLEY,
GYMNASII PAULINI MONASTERII WESTPHALIÆ
DIRECTORE, ET MATHESEOS SUBLIMIS
PROFESSORE.

MONASTERII WESTPHALORUM,
TYPIS A. W. ASCHENDORF, TYPOGRAPHI
UNIVERSITATIS. MDCCLXXIX.

lich bedächtigen Vorgehens war eine Schulordnung nach Maß, praxisbezogen und präzise in ihren Einzelbestimmungen, streng und fordernd im Gesamtzugriff. Daß die Elementarschule nunmehr auch im Fürstbistum Münster als Veranstaltung des Staates zu gelten hatte, daran konnte seit 1801 niemand mehr zweifeln.

Die Gymnasialreform

Die zeitlich erste unter den Bildungsreformen Fürstenbergs, die Gymnasialreform (1763–1776), stand in doppelter Hinsicht unter günstigen Vorzeichen. Zum einen war sie im Kern eine Lehrplanreform, die darauf abzielte, die höheren Schulen des Landes durch Revision ihres aus dem 16. Jahrhundert stammenden Fächerkanons an die veränderten Ausbildungswünsche von Staat und Gesellschaft und an die moderne Wissenschaftsentwicklung anzupassen – ein durchaus begrenztes Vorhaben also, das weder übermäßige Kosten verursachte, noch die Neugründung von Bildungseinrichtungen voraussetzte, sondern sich mit vertretbarem Aufwand im Rahmen des bestehenden Institutionengefüges realisieren ließ. Zum anderen gab es keine nennenswerten Widerstände. Die Jesuiten, die seit nahezu drei Jahrhunderten nach dem altsprachlich-humanistischen Programm der *Ratio studiorum* unterrichteten, standen der Reform durchaus aufgeschlossen gegenüber. Das beste Beispiel dafür bot Kaspar Zumkley (1732–1794), ein aus Münster gebürtiger ehemaliger Schüler des Paulinums, der 1749 in die Gesellschaft Jesu eingetreten war. Von Fürstenberg persönlich in die wichtigste der neuen Unterrichtsdisziplinen, die Mathematik, eingeführt, zeigte er sich schon bald in der Lage, seine frisch erworbenen Kenntnisse didaktisch umzusetzen: Zumkley übernahm den mathematischen Unterricht am Paulinum und verfaßte die dringend benötigten neuen Lehrbücher. Daß die Aufhebung der Gesellschaft Jesu seinem Aufstieg in den engsten Mitarbeiterkreis Fürstenbergs keinen Abbruch tat, beweisen seine weiteren Karrierestationen: die Berufung auf den mathematischen Lehrstuhl der neugegründeten Universität (1773), die Beförderung zum Direktor des Paulinums (1774) und schließlich die Ernennung zum obersten Aufsichtsbeamten über das höhere Schulwesen des Fürstbistums Münster (1775).

Am Paulinum wurden die neuen Fächer zuerst eingeführt: Mathematik und Geographie 1763, Geschichte 1766, Deutsch 1768. Danach folgte eine Phase landesweiter Erprobung: Die Verordnung vom 16. September 1768 und die von Kahle wiederentdeckte Schulordnung von 1770 [143: Königliches Paulinisches Gymnasium, S. 82ff] übertrugen die veränderte Lehrverfassung auf sämtliche höheren Schulen des Fürstbistums, beließen ihr aber immer noch den Charakter des Vorläufigen. Erst die am 22. Januar 1776 erlassene „Verordnung, die Lehrart in den untern Schulen des Hochstifts Münster betreffend" [1026: Esser, Fürstenberg] machte aus der provisorischen eine definitive Lehrplanreform, deren Hauptmerkmale wie folgt zusammengefaßt werden können:

1. Zur wichtigsten unter den neuen Disziplinen des Gymnasialunterrichts avancierte die Mathematik. Sie war nicht nur als Lernfach konzipiert, das die Schüler mit nützlichen Kenntnissen für das „gemeine Leben" und für die Arbeit in „andern Wissenschaften" ausstatten sollte. Mathematik wurde vielmehr auch als Denkfach mit propädeutischer Funktion begriffen. Durch die „Evidenz", so hieß es in der Schulordnung, „mit der sie jede ihrer Wahrheiten dem Verstande darbeut, soll der Lehrer das Gefühl des Wahren bei dem Schüler schärfen, daß er auch bei anderen Wahrheiten sich nicht mehr mit dem Ungewissen beruhige, daß er in den Gang seines Nachdenkens und in die Entwicklung seiner Begriffe Deutlichkeit und Zusammenhang bringe, und in seinen Schlüssen und Beweisen von sich selbst Strenge und Gründlichkeit zu fordern lerne".

2. Auch im Sprachenangebot vollzogen sich wichtige Veränderungen. Deutsch wurde nicht nur Unterrichtsfach, sondern auch Unterrichtssprache: „Diese Sprache ist es, in der ein jeder Schüler denken und reden, ein jeder beim künftigen Berufe arbeiten, und insbesondere das künftige Genie sich zeigen soll. Sie vereiniget hiermit die Endzwecke der beiden andern Sprachen, und fordert also den höchsten Grad der Bearbeitung." Analog zur Aufwertung des Deutschen verlagerte die Schulordnung den Schwerpunkt des Lateinunterrichts vom aktiven Spracherwerb auf die Übersetzungspraxis. Der jahrhundertelang übliche Gebrauch der lateinischen Sprache in der Schule war nur noch im Ausnahmefall statthaft – bei öffentlichen und privaten Prü-

Neues

A B C=

Buchstabier=

und

Lese = Buch

nach der

im Hochstifte Münster

eingeführten Lehrart.

Mit Erlaubniß hoher Obrigkeit.

Münster:

bey Anton Wilhelm Aschendorf.

1788.

1788 gab Overberg sein ABC-Lehrbuch heraus, das in 63 Auflagen mit insgesamt 940 000 Exemplaren erschienen ist und den Lehrern im Fürstbistum neue Unterrichtsmethoden vermittelte

fungen in der Mathematik. Eine noch stärkere Zurückstufung traf das Griechische: Es verlor seinen Status als Pflichtfach und wurde nur noch fakultativ angeboten.

3. Die Einführung der beiden gemeinsam zu unterrichtenden Fächer Geschichte und Geographie machte den Paradigmenwechsel im Bildungsprogramm der höheren Schulen komplett: Die historisch-politische Erziehung der heranwachsenden Jugend, die bislang so gut wie überhaupt keine Rolle gespielt hatte, wurde nunmehr ausdrücklich in den Aufgabenkreis des Gymnasiums einbezogen. Die größten Erwartungen richteten sich dabei auf die Geschichte. Sie sollte „dem Jüngling [. . .] den ganzen Werth der Tugend und der Vaterlandsliebe zeigen [. . .], um ihn zum guten Menschen und zum guten Bürger zu bilden“ – eine moralisch-patriotische Zielsetzung, die es geboten erscheinen ließ, Geschichte nicht als „chronologisches Gerippe“ oder „Gallerie von Feldschlachten“, sondern als Sammlung abschreckender und nachahmenswerter Beispiele zu vermitteln. Neben der biblischen und der Kirchenge-

schichte sollte der Unterricht vor allem die griechische und die römische, „am ausführlichsten" aber die deutsche Geschichte behandeln, „damit in dem Herzen der Schüler die Liebe des Vaterlandes angefacht und ernähret werde".

Die Universitätsgründung

In den 1760er Jahren nahmen die Pläne einer Universitätsgründung in Münster abermals konkrete Gestalt an. Ihre Erfolgsaussichten mußten ganz wesentlich davon abhängen, ob es diesmal gelingen würde, die beiden Hauptprobleme zu lösen, an denen das Vorhaben 130 Jahre zuvor gescheitert war: die Herstellung des notwendigen bildungspolitischen Konsenses und die Schaffung ausreichender materieller Grundlagen. Die finanzielle Ausstattung der neuen Einrichtung bereitete die größten Schwierigkeiten, nicht nur der hohen Verschuldung des Landes wegen, sondern auch deshalb, weil die Zeitgenossen des 18. Jahrhunderts das uns heute geläufige Prinzip der Hochschulfinanzierung aus dem laufenden Staatshaushalt noch nicht kannten. „Der damals übliche Weg war, ein Stiftungsvermögen mit Grundbesitz, Renten und Rechten auf Abgaben zur Verfügung zu stellen, aus dessen Erträgen die Gehälter der

Privileg Kaiser Josephs II. zur Einrichtung der Universität vom 8. Oktober 1773

Professoren und die Sachkosten bestritten werden konnten und zu dem auch die Gebäude und Grundstücke gehörten, die man brauchte" [1052: Hartlieb von Wallthor, Münsterscher Studienfonds, S. 29]. Der extrem hohe Bedarf an Gründungskapital, den dieses vergleichsweise statische Finanzierungsmodell „produzierte", war auf normalem Weg schwerlich zu decken. Domkapitel, Ritterschaft und Landesherr verständigten sich daher auf einen ungewöhnlichen Schritt. 1765 beantragten sie die Aufhebung des Überwasserstifts und die Einspeisung seines Vermögens in einen Fonds zur Gründung und Unterhaltung der Universität. Über dieses rechtlich wie politisch brisante Umwidmungsprojekt, dem sich die betroffenen Benediktinerinnen nach Kräften widersetzten, mußte natürlich in Rom und in Wien befunden werden. Bis zur Entscheidung, die im Sinne der Antragsteller ausfiel, vergingen acht Jahre. Erst am 28. Mai 1773 unterzeichnete Klemens XIV. die päpstliche Stiftungsurkunde für die Universität Münster, gut vier Monate darauf, am 8. Oktober 1773, folgte das kaiserliche Gründungsdiplom Josephs II. Der aus den Gütern und Einkünften des Überwasserklosters gebildete Universitätsfonds, der zur Dotation der juristischen und der medizinischen Fakultät diente, stellte indes nur eine Säule des Universitätsvermögens dar. Die andere, der sogenannte Gymnasialfonds, verdankte seine Entstehung ebenfalls einem kirchenrechtlichen Aufhebungsakt: dem im Juli 1773 erlassenen Verbot der Gesellschaft Jesu. Auch als „Exjesuitenfonds" bezeichnet, vereinigte er alle Besitztümer der im Gebiet des Fürstbistums Münster gelegenen Jesuitenniederlassungen. Die Einnahmen aus diesem fortan zur Verfügung des Landesherrn stehenden Fonds wurden nicht nur für die Weiterführung der Gymnasien und für seelsorgerische Zwecke, sondern auch für die Finanzierung der Philosophischen und der Theologischen Fakultät der neuen Universität verwendet.

Daß sich gegen die Einrichtung einer Vier-Fakultäten-Universität kein nennenswerter Widerstand erhob, verweist auf eine gegenüber dem 17. Jahrhundert gründlich veränderte bildungspolitische Konstellation. Erstens hatte das kontroverstheologisch ausgerichtete Hochschulstudium allgemein an Funktionswert verloren: Alle Territorialstaaten brauchten jetzt vornehmlich juristische und medizinische Fachkompetenz für die rasch expandierenden Bereiche Rechtsprechung, Verwaltung und Gesundheitswesen – Fachkompetenz, die die münsterischen „Landeskinder" bislang nur an auswärtigen Universitäten und also mit hohem finanziellen Aufwand erwerben konnten. Senkung der Ausbildungskosten, Verhinderung unnötigen Kapitalexports und Selbstversorgung des Landes mit einer genügenden Anzahl ausreichend qualifizierter Akademiker – all diese Motive bewogen den Fürstbischof und die Landstände, diesmal eine einheitliche hochschulpolitische Linie zu verfolgen. Darin lag der zweite Unterschied. Drittens schließlich verfügte die bereits vor ihrer Aufhebung stark angeschlagene Gesellschaft Jesu nicht mehr über den Einfluß, dessen es bedurft hätte, um das Projekt zu blockieren. Die führende Bildungsmacht des nachtridentinischen Katholizismus schwenkte – jedenfalls in Münster – auf den Reformkurs ein und nahm den Verlust ihres bis dahin behaupteten Studienmonopols hin.

Der äußere Verlauf der Universitätsgründung war zunächst durch ein unterschiedliches Tempo im Aufbau der einzelnen Fakultäten gekennzeichnet. Am raschesten kam der Lehrbetrieb in der Philosophischen und der Theologischen Fakultät in Gang. Bereits 1773 hatte Fürstenberg sieben der insgesamt acht geplanten Lehrstühle besetzt – die für Logik, Physik und Mathematik bei den Philosophen und die für

Anton Matthias Sprickmann (1749–1833) gehörte dem Kreis von Münster an und erhielt 1778 eine Professur für Geschichte und Staatsrecht. Gemälde von Georg Oswald May (um 1784)

Moraltheologie, Pastoraltheologie und Dogmatik (2) bei den Theologen. Mit der drei Jahre später erfolgten Berufung eines Bibelwissenschaftlers war der Lehrkörper der beiden Fakultäten dann vorläufig komplett – ein auf den ersten Blick erstaunlicher Vorgang, der sich jedoch erklären läßt, wenn man die vergleichsweise günstigen organisatorischen und personellen Rahmenbedingungen ins Auge faßt, unter denen Fürstenberg hier operierte. Da es sich bei den philosophischen und theologischen Vorlesungen um „eine Erweiterung jenes Unterrichts handelte, den die Jesuiten bisher am Gymnasium Paulinum in den oberen Klassen bzw. in sogenannten theologischen Klassen für die künftigen Geistlichen gegeben hatten“, konnte er die „Professoren der ersten Generation“ mühelos aus den Reihen der münsterischen Exjesuiten rekrutieren; lediglich im Falle des Bibelwissenschaftlers Zurhorst griff er auf einen Franziskanerobservanten zurück [149: Hegel, Katholisch-Theologische Fakultät 1, S. 54f].

In den anderen Fakultäten gestaltete sich der Aufbauprozeß weitaus schwieriger. Bei den Juristen wurden die beiden ersten Lehrstühle (Institutionen und Pandekten, Natur- und allgemeines Staatsrecht) zwar schon 1774 besetzt, aber bis zum Erreichen der „Sollstärke“ von insgesamt sechs Professuren verstrichen noch 22 Jahre. Diese Verzögerung hatte teils finanzielle, teils berufungspolitische Ursachen. Zum einen waren die juristischen Lehrstühle nicht eben üppig dotiert. Die auf 500 Reichstaler veranschlagten Jahresgehälter lagen zwar weit über dem Niveau der Theologischen Fakultät (100 bis 180 Reichstaler), aber sie boten für auswärtige Gelehrte kaum einen Anreiz, nach Münster überzuwechseln. Wie beengt die finanziellen Verhältnisse der hiesigen Hochschullehrer damals gewesen sein müssen, zeigt der heute eher kurios anmutende Fall des Professors für Natur- und Kriminalrecht Johann Heinrich Waldeck: Offiziell vor die Wahl gestellt, entweder seinen im Nebenerwerb betriebenen Leinenhandel aufzugeben oder seinen Lehrstuhl an der Universität zu räumen, entschied er sich für den Leinenhandel.

Der Mangel an auswärtigen Bewerbern für die karg besoldeten münsterischen Professuren – und damit ist der andere Aspekt berührt – verstärkte die ohnehin vorhandene Neigung Fürstenbergs, möglichst nur „Landeskinder" auf die Lehrstühle der neuen Universität zu berufen. In der Philosophischen und der Theologischen Fakultät funktionierte dieses „Indigenatsprinzip" [1048: Hanschmidt, Universität, S. 17] relativ reibungslos, weil mit den Exjesuiten genügend qualifizierte einheimische Kandidaten zur Verfügung standen. Bei der Etablierung neuer Disziplinen führte ein solches Vorgehen jedoch unweigerlich zu Zeitverlusten, da die von Fürstenberg auserkorenen Talente sich häufig erst noch weiterbilden mußten, bevor sie in der Lage waren, ihr Amt als Hochschullehrer anzutreten. Als Beispiel mag die Besetzung des Lehrstuhls für Reichsgeschichte und Deutsches Staats- und Lehnrecht dienen. „Um einen guten Professor juris publici zu ziehen", so hatte Fürstenberg notiert, „wäre der H. Rath Sprickmann zu sondiren, ob er nicht noch ein Jahr reisen und sich auf Universitäten qualificiren wolle, wo ihm dann die Kösten zu ersetzen wären" [zit. nach 1141: Pieper, Universität, S. 15]. Anton Matthias Sprickmann (1749–1833), gebürtiger Münsteraner, Doktor beider Rechte, Mitglied des fürstbischöflichen Regierungskollegiums und darüber hinaus einer der engsten persönlichen Mitarbeiter des Staatsministers, entsprach dieser Anregung, indem er zunächst für ein Jahr nach Göttingen ging (1775/76) und danach seine prozeßpraktischen Kenntnisse am Reichskammergericht in Wetzlar vertiefte (1777/78). Sprickmanns Bemühungen wurden belohnt: Im Dezember 1778 erhielt er seinen Lehrstuhl.

Die größte Verzögerung ergab sich schließlich beim Aufbau der Medizinischen Fakultät, weil hier zusätzlich zu den personellen Problemen die Schwierigkeit bestand, die vergleichsweise hohen Kosten für die Sachausstattung der Lehrstühle aufzubringen. Die erste Professur (Anatomie, Chirurgie und Geburtshilfe) wurde 1783, also zehn Jahre nach Erteilung der Gründungsprivilegien, eingerichtet, die anderen drei Professuren folgten in der ersten Hälfte der 1790er Jahre (Pathologie und Therapie 1792, Chemie und Pharmakologie 1793, Anthropologie und Physiologie 1795). Daß die über gut zwei Jahrzehnte sich erstreckende Aufbauphase der Hochschule damit beendet war, dokumentierte der „Münstersche Hof- und Adreßkalender für das Jahr 1796". Er vereinte die vier Fakultäten erstmals unter der gemeinsamen Rubrik „Universität".

Das zweite Hauptmerkmal der Neugründung war ihre unvollendete Verfassung. Wenn Fürstbischof Max Friedrich sich darauf beschränkte, Fürstenberg zum Vizekanzler der Universität zu ernennen und die Einsetzung von Dekanen anzuordnen (29. März 1780), dann blieb er damit weit hinter den rechtlichen Möglichkeiten zurück, die die päpstlich-kaiserliche Doppelprivilegierung – übrigens die letzte, die einer deutschen Hochschule zuteil wurde – für Münster eröffnet hatte. Anstelle der gemeinhin üblichen feierlichen Inauguration fand lediglich ein schlichter Einweihungsakt in der Überwasserkirche statt (16. April 1780); auf die Verkündung und Wahrnehmung des Promotionsrechts, auf die Einrichtung einer fakultätenübergreifenden akademischen Selbstverwaltung (Senat und Rektor) sowie auf die Erarbeitung und Inkraftsetzung von Statuten verzichtete man sogar völlig. Die „begrenzte rechtliche Ausgestaltung“ der münsterischen Alma mater stärkte vor allem die Position des Vizekanzlers; denn sie erlaubte es ihm, eine Art „persönliches Regiment“ über die Universität zu führen und ihren Ausbau voranzutreiben, ohne dabei auf etwaige Mitspracherechte des Lehrkörpers Rücksicht nehmen zu müssen. Erst im Herbst 1801, als die staatliche Existenz des Fürstbistums bereits prekär geworden war, wurde Fürstenberg von der Sorge erfüllt, „daß im Fall einer Säkularisation es ein großer Unterschied ist, ob die Universität inauguriert ist oder nicht“ [1048: Hanschmidt, Universität, S. 12f]. Daß sein später Versuch, diesen Schritt nachzuholen, aufgrund der Vakanz des fürstbischöflichen Stuhls mißlang, wird man indes nicht überbewerten dürfen: Für die Aufhebung der Hochschule im Jahr 1818 waren andere Gründe maßgeblich.

Doch nun – drittens – zur Kernfrage der münsterischen Universitätsgründung, zur Frage nach dem Konzept Fürstenbergs und dem Grad seiner Verwirklichung. Wer sie angemessen beantworten will, der muß sich zuvor einen Grobüberblick über die deutsche Universitätslandschaft im 18. Jahrhundert verschaffen. Bernd Mütter [1418: Geschichtswissenschaft, S. 31f] hat mit Recht hervorgehoben, daß sich damals „zwei prinzipiell verschiedene Hochschulkonzeptionen“ gegenüberstanden: die traditionelle und die aufklärerische. Die Hochschulen traditionellen Zuschnitts, die uns bereits im 16. und 17. Jahrhundert begegnet sind, waren mindestens durch vier Merkmale gekennzeichnet: durch ihr theologiezentriertes Wissenschaftssystem, durch ihre entschieden konfessionelle Ausrichtung, durch ihren engen Territorialstaatsbezug und nicht zuletzt durch ihr Selbstverständnis als Lehruniversitäten, denen es primär oblag, einen festumrissenen Kanon gültiger Inhalte zu vermitteln, von dem die unterrichtenden Professoren in keinem Fall abweichen durften. Die Hochschulen der Aufklärung, allen voran die protestantischen Neugründungen Halle (1694) und Göttingen (1737), standen dazu in einem denkbar großen Kontrast, sichtbar zunächst an der „Enttheologisierung“ des Wissenschaftssystems und dem Aufstieg der Jurisprudenz – insbesondere des Reichsstaatsrechts und seiner Geschichte – zur neuen Schlüsseldisziplin, deutlich aber auch an der „Überwindung der konfessionellen und territorialen Schranken“ sowie an der Etablierung von Forschungs-, Lehr- und Lernfreiheit [vgl. 2172: Hammerstein, Jus und Historie, S. 40f, 51; 1418: Mütter, Geschichtswissenschaft, S. 31]. Die katholischen Staaten des Reiches begegneten der „protestantischen Herausforderung“ überwiegend positiv: Die fachliche Überlegenheit der an den protestantischen Universitäten ausgebildeten Diplomaten, Richter, Räte und Verwaltungsfachleute, die nicht nur bei der Durchführung innerstaatlicher Reformvorhaben, sondern auch in reichsrechtlichen Auseinandersetzungen und auf europäischer „Bühne“ mit unabweisbarer Evidenz zum Tragen kam, überzeugte die meisten katholischen Reichsstände von der Notwendigkeit einer durchgreifenden Hochschulerneuerung im eigenen Land [vgl. 2171: Hammerstein, Aufklärung, S. 79, 245]. Wie diese in Würzburg (1731/34) einsetzende Reformwelle im einzelnen verlief, wie sie auf die bayerischen und österreichischen Universitäten übergriff (Ingolstadt 1746, Wien 1752/53 und 1774), um später auch den Westen des Reiches zu erfassen (Bonn 1777/83, Mainz 1784), welche Widerstände ihr dabei entgegenschlugen und woran es beispielsweise lag, daß die „überwältigend reformunlustige“ Universität Köln (ebd. 134) sich jeglichen Neuerungsbestrebungen erfolgreich verschloß – all das kann in diesem Rahmen nicht einmal ansatzweise erörtert werden. Entscheidend bleibt für unseren Zusammenhang allerdings, daß die münsterische Universitätsgründung als Teil einer umfassenderen Hochschulreformbewegung zu gelten hat, die in der zweiten Hälfte des 18. Jahrhunderts einen Großteil des katholischen Deutschlands erreichte.

Das Fürstenbergsche Universitätskonzept, dem wir uns nunmehr etwas genauer zuwenden können, ist vor dem Hintergrund der zeitgenössischen bildungspolitischen Auseinandersetzungen als Mischform zu charakterisieren, in der sich aufklärerische und katholisch-traditionelle Elemente so miteinander verbanden, daß die letzteren „in den entscheidenden Punkten" überwogen [1418: Mütter, Geschichtswissenschaft, 32]. Gewiß signalisierte die Aufnahme neuer Disziplinen wie etwa des Reichstaatsrechts eine Hinwendung zum Wissenschaftsprogramm der Aufklärung, und ebenso gewiß spiegelte sich nicht nur in der Gesamtanlage der Hochschule als Vier-Fakultäten-Universität, sondern auch in den sorgfältig erarbeiteten Vorschlägen für den Aufbau der einzelnen Fächer das Bestreben, eine den praktischen Bedürfnissen des Fürstbistums dienende Bildungseinrichtung zu schaffen. Aber das Festhalten an der alten Zuordnung von Philosophischer und Theologischer Fakultät, die Abwehr rationalistischer Strömungen in der katholischen Theologie, der – allerdings auch finanziell motivierte – Verzicht auf die Berufung auswärtiger Wissenschaftler, die Fürstenberg höchst suspekt waren, weil sie „Gelehrte bilden" und „oft Neuerungen machen" wollten [1026: Esser, Fürstenberg, S. 39], kurz: die Konservierung des Althergebrachten machte Münster zu einer konfessionell und territorial abgeschlossenen Lehruniversität, die sich in vielerlei, wenn auch nicht in jeglicher Hinsicht dem „Zeitgeist" verweigerte. Ihre positiven Leistungen für die Region – das sei sogleich hinzugefügt – blieben davon unberührt. Hans Heinrich Blotevogel [1291: Standorte, S. 54ff, 82f] hat anhand der zwar lückenhaft geführten, aber doch hinreichend ergiebigen Universitätsmatrikel nachgewiesen, daß die meisten der zwischen 1780 und 1807 immatrikulierten Studenten tatsächlich aus dem Gebiet des Fürstbistums stammten. Für die Jahre 1807 bis 1818 ließen sich darüber hinaus auch die Schulorte der Studenten ermitteln, so daß die Zulieferfunktion der inländischen Gymnasien und die „hierarchische Struktur" der Beziehungen zwischen den höheren Bildungsanstalten des Münsterlandes klar herauspräpariert werden konnten. Schon ein flüchtiger Blick auf den Einzugsbereich der Universität macht deutlich, daß Intention und Realität der neugegründeten Hochschule einander entsprachen. Insofern war Fürstenbergs Kalkül aufgegangen.

5. *Übergänge: Die Aufhebung der Universität (1818) und die Einstellung der Normalkurse (1826)*

Die Säkularisation des Fürstbistums Münster und seine Eingliederung in größere weltliche Staaten schuf auch in hochschulpolitischer Hinsicht eine völlig neue Konstellation: zum einen durch die Trennung von Staat und Kirche, die nunmehr als konkurrierende Bildungsmächte auf den Plan traten und ihre Hoheitsansprüche und Mitbestimmungsrechte über die Universität reklamierten; zum anderen, weil die großräumigere Ordnung der politischen Landkarte der territorialen Selbstgenügsam-

Der Eingang zum Quadrum in der Ostwand des Kolleggebäudes (Aufnahme aus dem Jahr 1933)

keit der münsterischen Alma mater ein Ende bereitete und sie dem Vergleich und Wettbewerb mit anderen Universitäten aussetzte. Diese grundlegenden Strukturveränderungen wurden bei der Integration Münsters in den preußischen Staat durch zwei weitere Probleme überlagert und verschärft: durch den Konfessionsgegensatz und durch gravierende Modernitätsunterschiede in der Hochschulentwicklung. Da die neue weltliche Obrigkeit protestantisch geprägt war, konnten ihre bildungspolitischen Maßnahmen immer auch als antikatholische Maßnahmen interpretiert werden, und da die Gründung der Universität Berlin im Jahr 1810 eine neue Epoche der Hochschulreform eingeleitet hatte, mußte die kurz zuvor unter gänzlich anderen Voraussetzungen etablierte Fürstenbergsche Universität noch unzureichender erscheinen, als sie es nach den Maßstäben des ausgehenden 18. Jahrhunderts gewesen wäre.

Die anderthalb Jahrzehnte dauernden Auseinandersetzungen um die alte Universität Münster wurden auf zwei verschiedenen Ebenen geführt: auf der institutionellen Ebene „vor Ort" und auf der Ebene überregional orientierter Hochschulentwicklungsplanung. Bei den naturgemäß im Zentrum des zeitgenössischen Interesses stehenden lokalen Streitigkeiten ging es vor allem um den „konfessionell-katholischen Charakter der Universität". Die Generalvikare Fürstenberg und Droste zu Vischering (ab 1807) wollten ihn um jeden Preis erhalten wissen, während die leitenden Beamten der preußischen Administration in Münster, Stein und Vincke, unterstützt vom aufgeklärten Domdechanten Spiegel, sich nach Kräften bemühten, der Hochschule ein gemischt-konfessionelles Gepräge zu verleihen [vgl. 1048: Hanschmidt, Universität, S. 15]. Die zwischen diesen beiden „Parteien" ausgetragenen Kontroversen, die mit der Entlassung Fürstenbergs aus dem Vizekanzleramt und der Einsetzung einer „Universitäts-Einrichtungs-Kommission" (1805) begannen, um kurz darauf mit der Berufung des rationalistischen Würzburger Theologen Wecklein und dem vom Generalvikariat angeordneten Boykott seiner Vorlesungen einen ersten Höhepunkt zu erreichen – diese Kontroversen brauchen hier nicht in allen Einzelheiten ausgebreitet zu werden, da sie für die Aufhebung der Universität letztlich von nachrangiger Bedeutung bleiben sollten. Als weitaus wichtiger erwies sich der Umstand, daß die bis dahin selbstverständliche Zentralfunktion Münsters als Hochschulstandort infolge der Veränderungen der politischen Geographie gleichsam über Nacht prekär geworden war: Die weitere Existenz der von rd. 200 Studenten besuchten Universität [vgl. 1397: Lahrkamp, Napoleonische Zeit, S. 451] hing jetzt von den Entscheidungen überregionaler Bildungsplanung ab, in die erstmals auch außermünsterische Belange und infrastrukturpolitische Überlegungen einflossen. Diese wenig spektakuläre, eher verdeckt sich vollziehende, dafür aber um so schwerer wiegende Veränderung wurde möglicherweise auch deshalb in ihrer Tragweite verkannt, weil die beiden ersten „Planspiele", die noch zugunsten Münsters ausgingen, keinerlei Konsequenzen nach sich zogen: Der Steinsche Reorganisationsentwurf vom 22. Oktober 1804 und der Vorschlag zur Errichtung einer bergischen Landesuniversität in Münster, den der Direktor des öffentlichen Unterrichts im Großherzogtum Berg, Hardung, im Jahr 1809 ausgearbeitet hatte, blieben in den Schubladen. Jenseits aller Detailunterschiede wiesen diese beiden Pläne zwei bezeichnende Gemeinsamkeiten auf. Erstens begriffen sie den exklusiv katholischen Charakter der münsterischen Universität keineswegs als ein unüberwindbares Reformhindernis, sondern als eine historisch bedingte Eigenheit, die durch Öffnung der nicht-theologischen Fakultäten für die protestantische Konfession (Stein) bzw. durch die Einrichtung getrennter theologischer Fakultäten (Hardung) beseitigt werden konnte. Und zweitens sahen sie vor, daß die Konzentration der Lehrkapazitäten auf den Standort Münster zu Lasten anderer Hochschulen erfolgen sollte: Stein beabsichtigte die Aufhebung Paderborns, Duisburgs und der Theologischen Fakultät in Emmerich; der für Paderborn nicht zuständige Hardung wollte neben Duisburg und Emmerich auch die Akademien zu Herborn, Hadamar, Düsseldorf, Steinfurt und Lingen schließen. Aus alldem geht zweifelsfrei hervor, daß die Mechanismen hochschulpolitischer „Flurbereinigung", die sich am Ende gegen Münster richteten, bereits im ersten Jahrzehnt des 19. Jahrhunderts entwickelt worden waren und von der Verwaltung „nur" noch auf die jeweils aktuelle politische Situation angewandt zu werden brauchten.

Diese Situation – und das ist der springende Punkt – erfuhr durch die territorialen Regelungen des Wiener Kongresses 1815 eine gravierende Veränderung: Preußen bekam die Rheinlande zugesprochen und dehnte sich damit wieder wesentlich weiter nach Westen aus als zur Zeit des Reichsdeputationshauptschlusses. Hinzu kam, daß König Friedrich Wilhelm III. den Rheinländern in seiner Proklamation vom 8. April 1815 die Errichtung einer eigenen Universität versprochen hatte. Unter den Bedingungen einer überregional orientierten Bildungsplanung bedeutete dies für Münster, daß die Frage nach dem Erhalt, dem Ausbau oder der Aufhebung seiner Hochschule nunmehr davon abhing, wie die Entscheidung über den Standort der rheinischen Universität ausfallen würde.

Mit der Vorbereitung der Entscheidungsgrundlage betraute die Berliner Unterrichtsverwaltung ihren besten Mann: den Geheimen Staatsrat Johann Wilhelm Süvern, der nach dem Ausscheiden Wilhelm von Humboldts aus der Leitung der Sektion für Kultus und Unterricht im Ministerium des Innern zweifellos als der wichtigste Exponent einer neuhumanistischen Reform des preußischen Bildungswesens gelten konnte. Süvern, der sich auf einer „exploratorische[n] Dienstreise" im Sommer 1815 einen Überblick über den Zustand und die Entwicklungsmöglichkeiten der höheren Lehranstalten in den Westprovinzen verschafft hatte [1368: Jeismann, Süvern, S. 164], sprach sich in seiner an Hardenberg gerichteten Denkschrift vom 30. Juli 1817 eindeutig gegen den Erhalt Münsters als Hochschulstandort aus. „Pro memoria, die Wahl des Orts für die zu gründende preußische Universität am Rhein betreffend" – schon der Titel der Denkschrift signalisierte, daß der bildungspolitische Bezugsrahmen, innerhalb dessen über den Fortbestand der münsterischen Alma mater befunden werden mußte, nicht mehr der alte war. Der Bedeutungsverlust der westfälischen Metropole und die Mediatisierung ihrer früheren Zentralfunktion als Sitz der fürstbischöflichen Landesuniversität spiegelte sich auch in den leitenden Zielsetzungen der Denkschrift wider: Zum einen hielt Süvern es geradezu für ein Gebot preußischer Staatsräson, die rheinische Universität „in einem großen Style" anzulegen, damit sie dem preußischen Staat „gleichsam wie eine positiv wirkende Festung [...] dienen und das rheinisch-westfälische Inland wie das deutsche und fremde Ausland anziehen" könne. Und zum anderen wollte er dem konfessionspolitisch unbefriedigenden Zustand ein Ende bereiten, „daß in dem ganzen nordwestlichen Deutschlande zwischen dem Main, der Weser, der Nordsee und der niederländisch-französischen Grenze jetzt keine protestantische Universität befindlich ist". Aus diesen Zielsetzungen leitete Süvern dann die beiden Hauptanforderungen an den zu wählenden Standort ab: Er mußte nicht nur für die ins Auge gefaßte „große" Lösung geeignet sein, sondern auch die Gewähr bieten, daß der Aufbau einer evangelisch-theologischen Fakultät nicht durch ein Klima konfessioneller Intoleranz beeinträchtigt würde. Da die Wahl ohnehin nur auf Köln oder Bonn fallen konnte, war die Sache bereits so gut wie entschieden: Weil das vom „Kaufmanns- und Priestergeiste" beherrschte Köln Süvern als dumpf und beengt erschien und überdies zu erwarten stand, daß die Einrichtung einer evangelisch-theologischen Fakultät dort „zu unendlichen Reibungen mit der katholischen Geistlichkeit, mit dem Publikum und unter den Studirenden" führen würde, erhielt das liberale Bonn den Zuschlag. Münster spielte in all diesen Überlegungen nur eine nachgeordnete Rolle. Süvern untersuchte gar nicht erst, ob es sich von seinen genuinen Voraussetzungen her als Universitätsstandort anbot, sondern erörterte die Zukunft seiner Hochschule immer nur in Relation zu den beiden vorrangig in Frage kommenden rheinischen Lösungen. Eine Entscheidung für Köln, so argumentierte er, habe notwendigerweise zur Folge, daß man die münsterische Universität aufrechterhalten müsse, da sie „Landesuniversität" sei „und die Antipathie der Münsterländer gegen Cöln so groß ist, daß die Aufhebung ihrer Universität um der Cölner Willen ganz gewiß sehr üblen Eindruck machen würde". Falle die Wahl dagegen auf Bonn, dann sei es auch „möglich, die juristische und medicinische Facultät in Münster, die ohnehin sehr unvollkommen und noch nicht in aller akademischer Form organisirt sind, eingehen und nur die theologische nebst der philosophischen bestehen zu lassen, welche man, ohne die unangenehmste Sensation zu veranlassen, dem Bischof, dem Domcapitel, der Geistlichkeit, ja dem Volke des Münsterlandes, da sie einmal bestehen, nicht wird nehmen können" [2728: Sybel, Gründung der Universität Bonn, S. 453ff]. Da die preußischen Minister Schuckmann (Inneres) und Altenstein (Geistliche, Unterrichts- und Medizinalangelegenheiten) sich die Argumentation Süverns in den wesentlichen Punkten zu eigen machten (Denkschriften vom 26. Oktober 1817 bzw. vom 26. Mai 1818) [vgl. 1418: Mütter, Geschichtswissenschaft, S. 317ff], waren die Würfel gefallen: Am 28. Juli 1818 teilte Altenstein dem westfälischen Oberpräsidenten Vincke mit, daß die Errichtung der rheinischen Universität in Bonn und die Aufhebung der Universität Münster beschlossene Sache seien; knapp drei Wochen später, am 16. August 1818, unterrichtete Vincke die Dekane.

Daß die durch Vielfalt und Individualität der Institutionen geprägte frühneuzeitliche münsterische Bildungslandschaft sich allmählich umformte, weil der preußische Staat sein Erziehungswesen Zug um Zug systematisierte und ein differenziertes Netzwerk von Lehranstalten aufzubauen begann, in dem – jedenfalls auf lange Sicht – für lokale Eigenentwicklungen immer weniger Platz blieb, dies zeigte sich, wenngleich ohne die mit der Universitätsaufhebung verbundenen Härten, auch auf dem Feld der Elementarschullehrerausbildung. Overberg selbst war sich des provisorischen Charakters seiner Normalschule stets bewußt gewesen. Schon zu Beginn der 1790er Jahre hatte er die erfolglosen Bemühungen der Landstände um die Einrichtung eines „Schulmeister-Institutes" unterstützt, und noch dreieinhalb Jahrzehnte später bezeichnete er seine Fortbildungsveranstaltungen ausdrücklich als einen „vorläufigen Behelf [. . .] unter dem Namen Normalschule, welche ihrer Bestimmung nach nichts anderes ist, als ein methodologischer Lehrkursus" (Bericht an Altenstein vom 22. Juni 1825) [zit. nach 1104: Krass, Geschichte der Normalschule, S. 51]. Die Eröffnung des Bürener Lehrerseminars zu Ostern 1825 empfand Overberg, der im Herbst des darauffolgenden Jahres seinen letzten Normalkurs abhielt, daher keineswegs als einen Affront, sondern als große Entlastung, gab sie ihm doch die Gewißheit, daß damit die Weichen für eine Verstetigung und Intensivierung der katholischen Lehrerausbildung, der er den größten Teil seines Lebenswerks gewidmet hatte, gestellt waren. Die Einrichtung des ersten preußischen Lehrerinnenseminars (1832) erlebte der „Lehrer der Lehrer" allerdings nicht mehr. Daß es seinen Sitz in Münster erhielt, darf gleichwohl als eine postume Bestätigung seiner Bemühungen um eine Verbesserung der weiblichen Bildung gewertet werden.

Die Aufhebung der Universität und die Einstellung der Normalkurse markierten den Beginn einer neuen Epoche der münsterischen Bildungsgeschichte, die weniger durch den Reformenthusiasmus einzelner Persönlichkeiten als durch die Effizienz der preußischen Unterrichtsverwaltung gekennzeichnet war. Gesamtstaatliche Ausrichtung der Bildungspolitik, allmähliche, in den einzelnen Bereichen des Schulwesens freilich unterschiedlich rasch voranschreitende Nivellierung lokaler Unterschiede, Normierung und Abgrenzung einzelner Schultypen, Systembildung und Systemausbau: Unter diesen Signaturen standen die folgenden Jahrzehnte der Schulentwicklung – nicht nur in Münster, sondern auch anderswo. Aber das ist ein neues Thema.

Quellen und Literatur

Eine Quellenedition zur Bildungsgeschichte der Stadt Münster in der frühen Neuzeit liegt bislang nicht vor. Gleichwohl sind wichtige Einzelquellen bereits publiziert: die Kerssenbrockschen Schulordnungen von 1551 und 1574 in der Festschrift des Paulinums von 1898 [143: Königliches Paulinisches Gymnasium, S. 139ff], der Lektionsplan von 1551 in deutscher Übersetzung auch bei Krabbe [214: Geschichtliche Nachrichten, S. 73ff], die Protokolle der bischöflichen Visitation von 1571/73 bei Schwarz [603: Akten der Visitation], die *Ratio studiorum* der Jesuiten bei Pachtler [2563: Ratio Studiorum] und – in deutscher Übersetzung – bei Duhr [2062: Studienordnung], die Konstitutionen der Lotharinger Chorfrauen in Auszügen bei Inkmann [2263: Pädagogische Grundsätze], die fürstbischöflichen Schulordnungen von 1675, 1693 und 1739 bei Scotti [2616: Sammlung der Gesetze 1, Nr. 167, 214, 351], die pädagogischen Schriften Fürstenbergs und die Schulordnungen von 1776 (Gymnasien), 1782 und 1801 (Elementarschulen) bei Esser [1026: Fürstenberg], Esch [932: Fürstenberg] und Ernesti [933: Fürstenbergs Leben], die Gründungsdiplome der Universität Münster bei Hegel [149: Katholisch-Theologische Fakultät 2, 226ff] und – in Übersetzung – bei Krabbe [214: Geschichtliche Nachrichten, S. 133ff], die Denkschrift Steins vom 22. Oktober 1804 in der „Neuen Steinausgabe" [2708: Briefe und amtliche Schriften 1, S. 738ff], schließlich das Promemoria Süverns vom 30. Juli 1817 in Auszügen bei Sybel [2728: Gründung der Universität Bonn, S. 453ff]. Separat erschienen sind die Schulordnung von 1776 [931: Freiherr von Fürstenberg] und die „Anweisung" Overbergs [957: Anweisung zum zweckmäßigen Schulunterricht].

Unter den epochenübergreifenden Darstellungen stellt die „Geschichte des gelehrten Unterrichts" von Paulsen immer noch das klassische Standardwerk dar [2517: Geschichte]. Für die westfälische Bildungsgeschichte sind die Aufsätze von Hartlieb von Wallthor [2187: Höhere Schulen] und Saal [2610: Schul- und Bildungswesen] zentral; für Münster und speziell das Paulinum sind nach wie vor die Darstellungen von Krabbe [214: Geschichtliche Nachrichten] und Schulze [142: Gymnasium Paulinum] unentbehrlich.

Den allgemeinen ideengeschichtlichen Hintergrund der humanistischen Reform behandelt Böhme [2003: Bildungsgeschichte des frühen Humanismus; 2002: Bildungsgeschichte des europäischen Humanismus]. Institutionen- und sozialgeschichtlich von Belang ist auch die Monographie von Schindling [2634: Humanistische Hochschule], die weit über die dargestellten Straßburger Verhältnisse hinausgeht. Zur Vorgeschichte des Humanismus in Münster liegen neben den älteren Arbeiten von Bömer [433: Literarisches Leben] und Löffler [515: Langen] neuere Untersuchungen von Höing [2229: Fraterherren], Iserloh [2274: Devotio moderna] und Kohl [2331: Devotio moderna] vor. Für die Geschichte des münsterischen Schulhumanismus sind weiterhin die Darstellungen von Reichling [551: Murmellius; 552: Reform der Domschule] maßgeblich.

Den gesellschaftlichen Fundamentalvorgang der Konfessionalisierung behandelt Schilling [2633: Konfessionalisierung]. Zusammenfassende Darstellungen der Stadt- und der Territorialgeschichte bieten Hsia [765: Gesellschaft und Religion] und von Oer [844: Münster]. Ältere Arbeiten zur Geschichte der Unterrichtsorden stammen von Duhr [2061: Geschichte der Jesuiten] und Inkmann [2263: Pädagogische Grundsätze]. Hengst [2207: Jesuiten] hat die Entwicklung der Hochschulaktivitäten der Societas Jesu und das Scheitern der münsterischen Universitätsgründungspläne im 17. Jahrhundert dargestellt. Wichtige Details der städtischen Schulgeschichte finden sich bei Wiens [351: Beiträge].

Grundlegend für die Geschichte der Fürstenbergschen Bildungsreform ist die politische Biographie von Hanschmidt [1046: Fürstenberg]. Der bildungshistorische Kontext der Elementarschulreform und der Geschichte der Lehrerbildung läßt sich unter Heranziehung der Beiträge von Bloth [1997: Hecker; 1998: Pädagoge], Gönner [2152: Österreichische Lehrerbildung; 2153: Felbigers Schulreform], Engelbrecht [2074: Geschichte des österreichischen Bildungswesens], Thiele [2746: Organisation], Sauer [2619: Volksschullehrerbildung], Bölling [2005: Sozialgeschichte] und Jeismann [1367: Natorp] erschließen. Den Reformverlauf in Münster und das pädagogischen Wirken Overbergs schildern Hanschmidt [1047: Normalschule], Krass [1104: Geschichte der Normalschule], Krabbe [1103: Leben Overberg's], Stapper [1140: Overberg] – darin vor allem die Beiträge von Kuntze [1105: Overberg] und Inkmann [1073: Overbergs Wirken] – und Schröder [1164: Overberg und Fürstenberg]. Die Gymnasialreform in Münster behandelt Hogrebe [1065: Reform des Gymnasiums]. Unverzichtbare Standardwerke zur deutschen Universitätsgeschichte im ausgehenden 17. und im 18. Jahrhundert sind die beiden Monographien von Hammerstein [2172: Jus und Historie; 2171: Aufklärung]. Einen pointierten Gesamtüberblick über die Entwicklung der münsterischen Universität liefert Ribhegge [284: Geschichte der Universität]. Neben der immer noch nützlichen Arbeit von Pieper [1141: Universität] ist für die Geschichte der alten Universität der Aufsatz von Hanschmidt maßgeblich [1048: Universität]. Ergänzend dazu lassen sich die einschlägigen Spezialstudien von Hegel [149: Katholisch-Theologische Fakultät], Mütter [1418: Geschichtswissenschaft], Hartlieb von Wallthor [1052: Münsterscher Studienfonds] und Blotevogel [1291: Standorte] heranziehen. Die Anfänge überregionaler Hochschulentwicklungsplanung und die Aufhebung der Universität behandeln Wilmans [1470: Geschichte der Universität], Asbach [1281: Entwurf], Menn [1409: Oberpräsident Vincke], Kochendörffer [1380: Vincke und Spiegel] und Jeismann [1368: Süvern].

BERNHARD SICKEN

Münster als Garnisonstadt – Vom städtischen Kriegswesen zum landesherrlichen Militärwesen in der frühen Neuzeit

Die Geschichte Münsters als Garnisonstadt ist noch nicht geschrieben, wenn man von Detailstudien, Materialsammlungen oder Überblicksdarstellungen einmal absieht; das ist bedauerlich, weil seit mehreren Jahrhunderten ununterbrochen Streitkräfte in der Stadt liegen, die offenkundig das Leben der Bürger und Einwohner in vielfältiger Weise beeinflußt haben. Dieses historiographische Defizit ist hauptsächlich auf die Schwierigkeiten zurückzuführen, die mit einer Analyse des komplexen Beziehungsgeflechts verbunden sind. Denn es müssen einerseits mit den Verfassungs-, Gesellschafts- und Wirtschaftsstrukturen die Rahmenbedingungen berücksichtigt sowie in ihren konkreten Auswirkungen auf die Stadt behandelt werden, und es ist andererseits eine Analyse der Militärstruktur sowie der Funktion der bewaffneten Macht unerläßlich, um die Anforderungen der Streitmacht sachgerecht untersuchen und darüber hinaus die Vor- und Nachteile abwägen zu können, die sich für eine Kommune aus der Belegung mit Truppen ergeben. Um die komplexe Thematik des folgenden Überblicks anzudeuten, sei auf die unterschiedliche Einstellung der Bevölkerung oder eines Standes, einer Klasse oder Schicht zu den Streitkräften verwiesen. So sah man in manchen Zeiten in der bewaffneten Macht den Garanten der staatlichen Ordnung und des inneren Friedens, während in anderen Generationen den Bürgern das Militär vor allem als Unterdrückungsinstrument freiheitlicher, nationaler, demokratischer oder sozialer Bewegungen erschien.

1. *Städtische Autonomie und „bürgerlicher Wehrdienst“ bis zur Mitte des 17. Jahrhunderts*

Die Einquartierung von Kriegsvolk in Münster beginnt nicht erst mit der Unterwerfung durch Fürstbischof Christoph Bernhard von Galen, denn schon zuvor lagen zeitweise Truppen erheblicher Stärke in der Stadt. Hierbei handelte es sich im Frieden durchweg nur um einige Dutzend Mann, die bei Gefahr in Dienst genommen und aus Kostengründen wieder entlassen wurden, sobald die Bedrohung ein Ende gefunden hatte. Im Kriegsfall unterhielt Münster zuweilen mehrere hundert Söldner, weil die Bürger und Einwohner offenbar Rückhalt an erprobten Kriegsleuten benötigten, wenn sie die zeitgemäß befestigte Stadt, die schon seit Mitte des 14. Jahrhunderts durch eine doppelte Mauer mit Türmen sowie Wall und Graben gesichert war, gegen stärkere Kräfte erfolgreich verteidigen wollten. Zu derartigen Vorsichtsmaßnahmen, die eine Modernisierung der Befestigungswerke einschlossen und um 1447/48 zum Bau von Rundellen zum Schutz der Stadttore, später mit dem Zwinger und dem Neuwerk zur Sicherung des Ein- und des Austritts des Aaflusses zu weiteren Fortifikationsbauten zwangen [498: Kirchhoff, Zwinger und Neuwerk, S. 58ff], sahen sich Bürgermeister und Rat wiederholt genötigt, da die Stadt sowohl im Spätmittelalter als auch im Zeitalter der Glaubenskämpfe immer wieder in Auseinandersetzungen der umliegenden Fürsten und Herren hineingezogen zu werden drohte. Außerdem war das Verhältnis zum Landesherrn gespannt, der sich dem Streben Münsters nach Unabhängigkeit widersetzte und seine Rechte und Ansprüche auch mit Gewalt durchzusetzen suchte. Das Ringen um Autonomie vom Stadtherrn, die auf Dauer nur durch die Anerkennung als Reichsstadt hätte gesichert werden können, prägte lange Zeit die Geschicke Münsters, wobei die Bürger insofern zumeist in einer günstigeren Ausgangsposition waren, als sich der Bischof bei Konflikten mit anderen Territorialherren oder bei stiftsinternen Streitigkeiten die volkreiche und finanziell leistungsfähige Stadt nicht ungestraft zum Gegner machen durfte. Diese Konstellation wußten die Bürger jedenfalls zu nutzen und erwarben Zug um Zug Privilegien, so daß die Befugnisse des Stadtherrn schließlich auf wenige Gerechtsame geschrumpft waren.

Münster besaß seit dem Spätmittelalter unwidersprochen das Recht zur Selbstverteidigung; es schloß die Berechtigung zur Befestigung und zum Aufgebot der Waffenfähigen ein und verpflichtete diese zum sogenannten Stadtdienst, zu dem die aktive Teilnahme an der Verteidigung des Gemeinwesens und der Wachtdienst zählten. Als sogenanntes Stadtwerk hatten die Bürger und Einwohner ferner dingliche und finanzielle Leistungen zum Bau und Unterhalt der Befestigungsanlagen zu übernehmen [828: Marré, Wehrverfassung, S. 35]. Dieses Selbstverteidigungsrecht nahm de jure den Stadtherrn aus, doch richtete es sich wiederholt auch gegen ihn, wenn sich die Münsteraner in ihren Privilegien verkürzt oder gefährdet glaubten, und führte im 16. und 17. Jahrhundert wiederholt zu bewaffneten Zusammenstößen, bei denen Divergenzen über konkrete strittige Befugnisse und Ansprüche im Vordergrund standen; tatsächlich aber bildeten macht- und zeitweise religionspolitische Gegensätze die eigentliche Ursache. Die Eroberung Münsters im Juni 1535 durch Bischof Franz von Waldeck, der darauf zeitweise Landsknechte in die Stadt legte und die Errichtung einer Stadtfeste zur Sicherung seiner Herrschaft plante [498: Kirchhoff, Zwinger und Neuwerk, S. 75ff], markiert dabei lediglich einen der Höhepunkte in diesen Auseinandersetzungen.

Angefügt sei zum Stadtdienst noch, daß die Dienstpflichtigen in eigener Verantwortung und auf eigene Kosten für ihre ordnungsgemäße Ausrüstung mit Schutz- und Trutzwaffen zu sorgen hatten, was trotz zahlreicher Mahnungen, Kontrollen und Strafandrohungen mannigfache Mißstände nicht ausschloß, weil die Ärmeren den Anforderungen kaum zu entsprechen vermochten [828: Marré, Wehrverfassung, S. 97ff]. Deswegen ließ der Rat in größerer Menge Waffen bevorraten, um bei Bedarf aushelfen zu können, und zudem Pulver einlagern, das allerdings überwiegend für die Artillerie bestimmt war, deren kostspielige Anschaffung, Wartung und Ausrüstung selbstverständlich der Stadt zufiel. Hierfür stand durchweg ein Büchsenmeister im Dienst Münsters, der das Geschütz instand zu halten und das zur Bedienung der

Stücke vorgesehene Personal zu unterweisen hatte; drohte Gefahr, wurden meist ein oder zwei Büchsenmeister zusätzlich angenommen, da der Schutz der Stadt nicht zuletzt von der Leistungsfähigkeit der Artillerie abhing. Seinen ansehnlichen Geschützpark, in dem seit dem 16. Jahrhundert wegen der höheren Beweglichkeit und rascheren Schußfolge die leichteren Stücke überwogen, hatte Münster nicht auswärts erworben; die Stücke waren jeweils vor Ort von fachkundigen Meistern gegossen und ausgerüstet worden, die man befristet in Dienst genommen hatte. Hand- und Faustfeuerwaffen wurden hingegen auswärts beschafft. Schließlich konnte wie bei den Blankwaffen auch bei den Schußwaffen auf die einheimische Produktion zurückgegriffen werden, denn seit 1609 gab es in Münster eine Bohrmühle, die zur Herstellung von Gewehrläufen geeignet war und anscheinend den Büchsenmachern einen großen Teil der Läufe lieferte. Pulver wurde in Münster schon vor der Mitte des 16. Jahrhunderts produziert, doch mußten größere Quantitäten immer wieder auswärts bezogen werden, weil sich die Rohstoffbeschaffung als schwierig erwies. Zur Aufbewahrung der städtischen Waffenvorräte und des Pulvers dienten der Zwinger und die Stadttürme, wobei die Verantwortlichen insbesondere beim Pulver auf eine sichere dezentrale Lagerung drängten und die Bevorratung der Einwohner streng reglementierten, um die Explosions- und Brandgefahren einzudämmen.

Hand in Hand mit der Lösung aus fürstbischöflicher Abhängigkeit war das städtische Regiment auf- und ausgebaut worden, an dessen Spitze der Rat stand. Diesem fiel die Verantwortlichkeit für den Schutz der Stadt und somit die Leitung des Kriegswesens zu; in wichtigen Angelegenheiten zog er aber die Gilden, die Korporationen der Kaufleute und Handwerker, hinzu und hörte notfalls weitere angesehene Bürger an, um bei schwierigeren Entscheidungen breiten Rückhalt und Konsens zu finden. Für den Vollzug der Ratsbeschlüsse hatten in der Regel die Ratsherren zu sorgen; das galt nicht zuletzt für das Kriegswesen, das den beiden Kämmerern anvertraut war, womit zugleich das finanzielle Gewicht der Verteidigungslasten unterstrichen wird. Den Kämmerern oblag jedoch nicht nur die Finanzierung aller Maßnahmen zum Schutz der Stadt, sondern sie waren auch für die Instandhaltung der Befestigungsanlagen, die Kontrolle der Wachtdienste, die Erfassung der dienst- und leistungspflichtigen Bürger und Einwohner und gewisse Aufsichtsfunktionen über die angeworbenen Söldner zuständig.

Der wachsende Umfang der Aufgaben machte schließlich eine Entlastung erforderlich; dazu griff man auf die Leischaftsherren zurück, die in den sechs Stadtvierteln („Leischaften“) als Sprecher der Bewohner und offenbar zugleich als städtisch-obrigkeitliche Vertrauensmänner fungierten. Seit dem Jahr 1591, in dem die Wehrordnung Münsters reorganisiert worden war, übernahmen diese unter anderem die Regelung des Wachtdienstes, die Listenführung über die dienstpflichtigen Bürger und Einwohner sowie die Einquartierung von Söldnern, die von der Stadt angeworben waren. Demnach bediente sich der Rat der Lokal- und Personalkenntnis der Leischaftsherren, von denen seit dem 17. Jahrhundert je zwei in den Vierteln amtierten; zugleich verwehrte der Rat damit den Gilden den maßgeblichen Einfluß auf die Verteidigung der Stadt [828: Marré, Wehrverfassung, S. 36, 155ff], was auf deren politische Schwächung zielte.

Verglichen mit den Auseinandersetzungen im 15. Jahrhundert verschärften sich die Konflikte, seit die Glaubensspaltung den herkömmlichen Streitigkeiten ein zu-

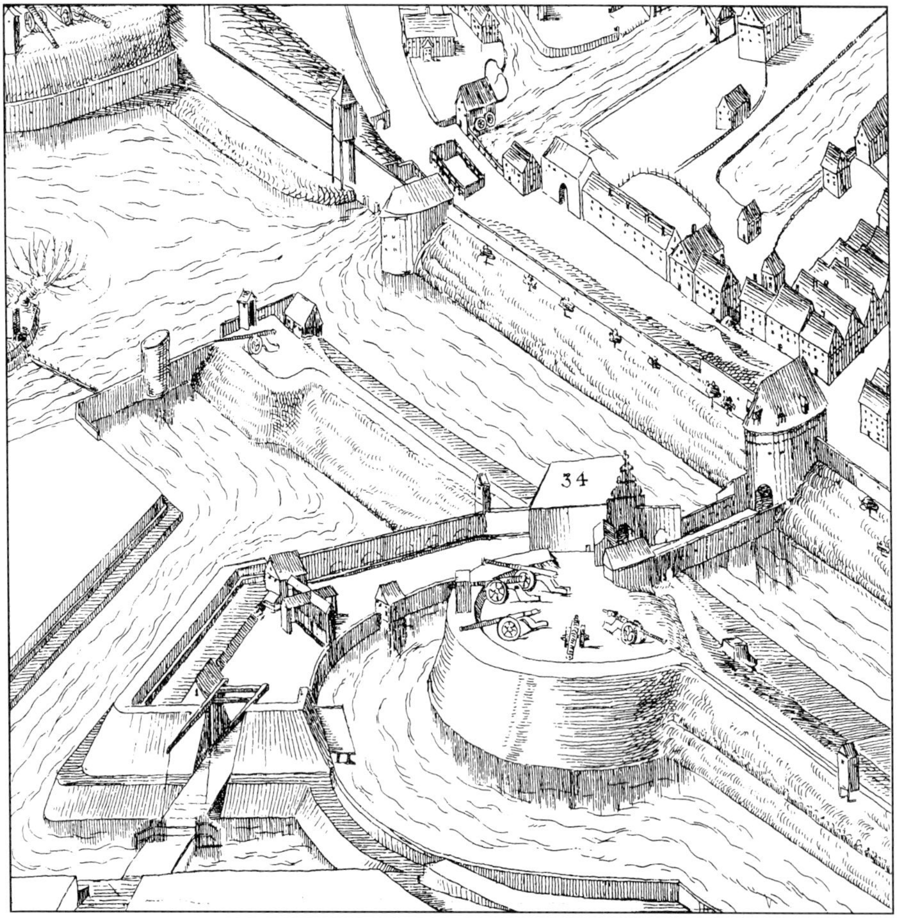

Aegidiitor mit Aazufluß (Ausschnitt aus dem Alerdinck-Plan von 1636 in einer Umzeichnung von Heinrich Guttermann)

sätzliches, Kompromisse ausschließendes Element hinzugefügt hatte. Neuerungen im Kriegswesen trugen außerdem dazu bei, daß die Aufgebote der Untertanen auf dem Land und der Bürger in den Städten kaum noch in der Lage waren, ihren Verpflichtungen zum Schutz des Gemeinwesens erfolgreich nachzukommen. Dem vermehrten Rückgriff auf Söldner, die in der Regel bloß vertraglich, nicht aber durch sittliche oder andere Bindungen dem Kriegsherrn verpflichtet waren, hatten die Bürger insofern selbst Vorschub geleistet, als vielen die Dienstpflicht zunehmend lästig wurde und sich ihr vor allem die Vermögenden durch eine finanzielle Ablösung zu entziehen suchten. Diese zunächst zögernd gewährte Begünstigung machte Schule, denn andere Münsteraner verstanden es bald ebenfalls, sich der Wachtaufgaben, der Arbeiten an den Befestigungsanlagen und weiterer Verteidigungslasten zu entledigen, indem sie sich auf eine angebliche Befreiung beriefen oder kurzerhand in die Immunitätsbezirke verzogen, deren Bewohner den städtischen Pflichten und Lasten nicht unterworfen waren und trotz offenkundigen Mißbrauchs dieses Privilegs nicht belangt werden konnten. Die zahlreichen Beschwerden, Klagen und Drohungen der Stadt bekunden einerseits, daß dieses Problem nicht befriedigend gelöst werden konnte, solange die Immunitäten in Münster bestanden; sie belegen andererseits, daß mancher Einwohner zwar den Schutz der Stadt beanspruchte, jedoch die Bürden nur allzugern auf andere abwälzte.

Rechtlich lag die Stadtdienstpflicht auf den Häusern, doch waren davon im allgemeinen nicht nur die Eigentümer betroffen, sondern auch die Mieter, weil diese meist von den Eigentümern zur Übernahme der Lasten angehalten wurden. Das galt sogar für jene Kleriker, die ein solches Haus mieteten oder kauften; die Stadtdienstpflicht war nämlich eine Reallast und wurde durch persönliche Standesvorzüge nicht aufgehoben. Befreit von diesen Pflichten waren hingegen die Ratsherren und die meisten städtischen Bediensteten, was bei Gefahr aber nicht ausschloß, daß sie zum Schutz des Gemeinwesens Hand anlegen mußten. Zur materiellen Hilfeleistung im Kriegsfall fand sich im eigenen Interesse sogar der Klerus bereit, der in den Immunitäten ansässig war; ein derartiges Engagement erfolgte im allgemeinen jedoch nur zögernd, denn die Geistlichkeit wollte ihre Freiheiten nicht durch allzu großzügiges Entgegenkommen mit gewohnheitsrechtlichen Folgen selbst in Frage stellen. Dagegen war der eximierte Klerus leichter zu bewegen, die in den Immunitäten ansässigen Bewohner weltlichen Standes zu den Stadtdienstpflichten heranziehen zu lassen, zumal deren generelle Befreiung schwerlich mit einsichtigen Gründen verteidigt werden konnte. Zu Beginn des 17. Jahrhunderts brachen darüber trotzdem Streitigkeiten aus, als sich das einflußreiche Domkapitel dem härteren Durchgreifen des Rates gegen jene Städter widersetzte, die des Vorteils wegen ihren Wohnsitz in den Immunitäten genommen hatten. Da die eine Seite hierin den Mißbrauch eines Privilegs und die andere Seite einen prinzipiellen Angriff auf tradierte geistliche Rechte sah, verhärteten sich rasch die Fronten; deswegen dachte keine Seite an ein Einlenken, so daß sich der Konflikt über zwei, drei Jahrzehnte hinzog und erst an Schärfe verlor, als andere Probleme in den Vordergrund rückten.

Akute Kriegsgefahren lieferten generell die erforderlichen Anstöße und einsichtigen Argumente, um den Schutz der Stadt durch die Verpflichtung von Söldnern und den Ausbau der Befestigungswerke zu verbessern und konkrete Mißstände im Aufgebot der Bürger und Einwohner zu beseitigen. Davon kündet die Neuordnung des Wachtdienstes nach längeren Debatten gegen Ende des 16. Jahrhunderts; denn bezeichnenderweise setzten diese Überlegungen ein, als das Ringen zwischen glaubensverschiedenen Kandidaten um den vakanten münsterischen Bischofsstuhl in den Streit um Kurköln zwischen Gebhard Truchseß von Waldburg und Herzog Ernst von Bayern hineingezogen zu werden schien. Der unweit der Stiftsgrenzen ausgefochtene Kampf der Niederlande gegen Spanien, der das Fürstbistum wiederholt in Mitleidenschaft zu ziehen drohte, zwang ebenfalls zu erhöhter Vorsicht.

Da die Unsicherheit schon Jahre zuvor merklich zugenommen hatte, wurden neben besoldeten Wächtern, denen in ruhigen Zeiten seit längerem die Aufsicht an den Toren und die Wachen auf den Rundellen überlassen worden war, seit 1576 wieder die dienstpflichtigen Bürger und Einwohner zu dieser Aufgabe herangezogen; allerdings schwankte die Quote je nach Gefahr, doch blieb über mehrere Jahre bei Tag und Nacht eine verstärkte Wache im Einsatz. Derartige Belastungen führten freilich zu wachsender Unzufriedenheit unter den Münsteranern und veranlaßten den Rat wiederholt zu Änderungen im Wachtwesen, bei denen man das eine Mal nur auf besoldetes Personal zurückgriff und das andere Mal ausschließlich Dienstpflichtige aufbot. Eine neue, im Jahr 1591 erlassene Wachtordnung („Fahnenwachtordnung"), die zugleich die Verpflichtung aller Bürger und Einwohner zum Dienst festschrieb und die Sonderstellung der Gilden beseitigte, machte diesem Hin und Her schließlich ein Ende und organisierte das Aufgebot nun anhand klarer militärischer Kriterien. Entsprechend wurden die Pflichtigen in Fahnen bzw. Kompanien eingeteilt, die ihrerseits in Rotten untergliedert waren. Jede Leischaft hatte zwei Fahnen zu formieren, deren Stärke allerdings je nach dem Aufkommen an Mannschaften schwankte.

Den Leischaftsherren fiel die Aufsicht über das Aufgebot in ihren Vierteln zu, während die militärische Führung die kompanieüblichen Offiziere und Unteroffiziere übernahmen. Das Recht zur Ernennung der Befehlshaber blieb anfänglich Bürgermeister und Rat vorbehalten und wurde später an die Kämmerer und Leischaftsherren delegiert. Die Offiziere und Unteroffiziere rekrutierten sich grundsätzlich aus den Angehörigen der jeweiligen Fahne, wodurch die Eigenverantwortlichkeit unterstrichen und das Engagement gefördert werden sollten. Die Führungsfunktionen sollten nur den Tüchtigsten anvertraut werden, doch scheinen Ansehen und Einfluß bei der Vergabe meist den Ausschlag gegeben zu haben. Von wenigen Ausnahmen abgesehen, mußten die Dienstpflichtigen persönlich auf Wache ziehen, wobei die Stärke des Aufgebots jeweils vom Grad der Gefährdung abhängig war und im Fall eines Angriffs mit der sogenannten Notwacht die Alarmierung sämtlicher Wehrfähigen bedeuten konnte. Dienstpflichtig waren alle Männer vom 18. bis 70. Lebensjahr; hingegen hatten die Kranken und Untauglichen, Witwen und anderen alleinstehen-

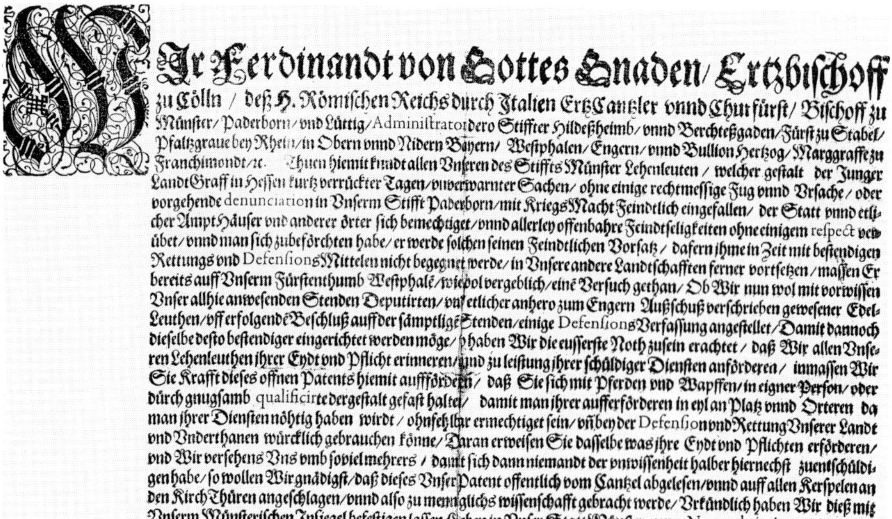
WIr Ferdinandt von Gottes Gnaden/ Ertzbischoff zu Cölln / deß H. Römischen Reichs durch Italien ErtzCantzler vnnd Churfürst/ Bischoff zu Münster/ Paderborn/ vnd Lüttig/ Administrator dero Stiffter Hildeßheimb/ vnnd Berchteßgaden/ Fürst zu Stabel/ Pfaltzgraue bey Rhein/ in Obern vnnd Nidern Bäyern/ Westphalen/ Engern/ vnnd Bullion Hertzog/ Marggraffe zu Franchimondt/ ꝛc. Thuen hiemit kundt allen Vnseren des Stiffts Münster Lehenleuten / welcher gestalt der Junger LandtGraff in Hessen kurtz verrückter Tagen/ vnverwarnter Sachen/ ohne einige rechtmessige Fug vnnd Vrsache / oder vorgehende denunciation in Vnserm Stifft Paderborn/ mit KriegsMacht Feindtlich eingefallen/ der Statt vnnd etlicher AmptHäuser vnd anderer örter sich bemechtiget/ vnnd allerley offenbahre Feindtseligkeiten ohne einigem respect verübet/ vnnd man sich zubeförchten habe/ er werde solchen seinen Feindtlichen Vorsatz / dafern jhme in Zeit mit bestendigen Rettungs vnd DefensionsMittelen nicht begegnet werde/ in Vnsere andere Landtschafften ferner vortsetzen / massen Er bereits auff Vnserm Fürstenthumb Westphalē/ wiewol vergeblich/ einē Versuch gethan/ Ob Wir nun wol mit vorwissen Vnser allhie anwesenden Stenden Deputirten/ vnd etlicher anhero zum Engern Außschuß verschrieben gewesener EdelLeuthen/ vff erfolgendē Beschluß auff der sämptligē Stenden/ einige DefensionsVerfassung angestellet/ Damit dannoch dieselbe desto bestendiger eingerichtet werden möge/ so haben Wir die eusserste Noth zusein erachtet / daß Wir allen Vnseren Lehenleuthen jhrer Eydt vnd Pflicht erinneren/ vnd zu leistung jhrer schüldiger Diensten anförderen/ inmassen Wir Sie Krafft dieses offnen Patents hiemit aufffördern/ daß Sie sich mit Pferden vnd Wapffen/ in eigner Person/ oder dürch gnugsamb qualificirte dergestalt gefast halten/ damit man jhrer aufferförderen in eyl an Platz vnnd Orteren da man jhrer Diensten nöhtig haben wirdt / ohnfehlbar ermechtiget sein/ vnd bey der Defension vnd Rettung Vnserer Landt vnd Vnderthanen würcklich gebrauchen könne/ Daran erweisen Sie dasselbe was jhre Eydt vnd Pflichten erförderen/ vnd Wir versehens Vns vmb soviel mehrers / damit sich dann niemandt der vnwissenheit halber hiernechst zuentschüldigen habe/ so wollen Wir gnädigst/ daß dieses Vnser Patent offentlich vom Cantzel abgelesen/ vnnd auff allen Kerspelen an den KirchThüren angeschlagen/ vnnd also zu menniglichs wissenschafft gebracht werde/ Vrkündlich haben Wir dieß mit Vnserm Münsterischen Insiegel befestigen lassen. Geben in Vnser Statt Münster/ am 2, Nouembris, Anno 1631,

Aufforderung an die Lehnsleute des Stifts Münster, sich nach dem Einrücken des Landgrafen von Hessen in das benachbarte Stift Paderborn zum Kriegsdienst bereitzumachen (1631)

Stadtkommandant Johann von Reumont. Gemälde von Jan Baptista Floris nach einer Vorlage von Anselm van Hulle

den Frauen, Heranwachsenden und über Siebzigjährigen, die stadtdienstpflichtige Häuser innehatten, einen tüchtigen Vertreter zu senden. Gegen Zahlung eines Entgelts konnte dieses Vorrecht allerdings auch anderen Münsteranern eingeräumt werden, was ideell das Konzept der generellen Dienstpflicht in Frage stellte und die Einsatzbereitschaft der Bürger und Einwohner für das Gemeinwesen schwächte.

Schon nach kurzer Zeit häuften sich angesichts mancherlei Bevorzugungen und ungleicher Behandlung wiederum die Klagen; ferner verlangte man, zumindest die Handel und Wandel behindernden Tagwachen besoldetem Personal zu übertragen. Unter Hinweis auf die hohen Kosten lehnte der Rat diese Forderung zunächst ab, doch gab er im Jahr 1606 schließlich nach und nahm 32 Söldner in Dienst, die fortan die Torwachen bei Tag übernahmen und zugleich im Verteidigungsfall dem Aufgebot Rückhalt bieten sollten. Mit diesen Söldnern, die sich offenbar bewährten und darum nicht wieder abgedankt wurden, begann der dauernde Unterhalt von Truppen in Münster. Anfänglich blieb die Schar klein, denn sie wurde in den Jahren nur zögernd aufgestockt, andererseits bei günstiger Gelegenheit aber wieder reduziert, um Ausgaben zu sparen. Bei akuter Bedrohung verpflichtete der Rat kurzzeitig allerdings auch weitere Truppen in Stärke von 100 bis 200 Mann, von denen im Vorfeld des Dreißigjährigen Krieges ein beachtlicher Teil offensichtlich jahrelang verfügbar gehalten wurde, weil die Kriegsgefahren nicht endeten.

Zu solchen Vorsichtsmaßnahmen sah sich die Stadt erst recht nach Ausbruch des Dreißigjährigen Krieges gezwungen; das Auf und Ab im Kriegsverlauf und die Nähe feindlicher Heerhaufen bestimmten nun die Zahl der Söldner, die die Stadt engagierte, wobei in erster Linie Infanterie, geführt von einem erfahrenen Offizier und gegliedert in Kompanien, unterhalten wurde. In den zwanziger Jahren schwankte die Stärke des städtischen Kriegsvolks zwischen 80 und 400 Mann, um dann im Jahr 1633 auf 750 Mann emporzuschnellen und bis zum Westfälischen Frieden nicht mehr unter 400 Mann zu sinken. Doch nicht genug damit, die Stadt sah sich im Jahr 1621 außerdem genötigt, hochstiftische Truppen von zunächst 200 und schließlich 400 Mann zum Schutz der weltlichen und geistlichen Regierung und somit auch zum Schutz der Bürgerschaft aufzunehmen. Obwohl der Rat nur ungern seine Einwilligung gab, weil er in einer solchen Besatzung eine Gefahr für die städtische Unabhängigkeit sah und überdies mit schlagkräftigen und populären Gegenvorstellungen der Gilden zu rechnen hatte, konnte er das Angebot des Landesherrn nicht mit plausiblen Gründen ablehnen. Diese Einquartierung blieb in der ersten Kriegshälfte eine Episode; von 1632 bis zum Kriegsende lagen hingegen ständig fürstbischöfliche Truppen in der Stadt, zu denen sich längere Zeit noch kaiserliches Kriegsvolk hinzugesellte, das der Behauptung dieses wichtigen Platzes im westfälisch-niederrheinischen Raum diente [819: Lahrkamp, Münsters Verteidigung 1633/34, S. 273ff]. Kurzzeitig belief sich 1633 die Zahl der Soldaten in der Stadt sogar auf mehr als 2000, später durchweg auf über 1000 Mann, zu denen zuweilen auch einige Dutzend Berittene zählten. Bei Beginn der Friedensverhandlungen erhielt Münster dann einen neutralen Status, und alle zum Schutz der Kongreßstadt erforderlichen Soldaten – es handelte sich immerhin um rd. 1200 Mann – wurden auf Bürgermeister und Rat vereidigt [838: Müller, Reumont, S. 173f]. Damit waren die Gefahren für die städtische Autonomie gebannt, doch dauerten andererseits die Belastungen durch Einquartierungen an.

Die Stationierung dieser Truppen warf für die Stadt erhebliche Probleme auf, die nicht nur aus den politischen Vorbehalten resultierten, sondern sich in erster Linie aus dem täglichen Zusammenleben ergaben. Disziplinlosigkeiten, Übergriffe, Raufereien und Betrügereien stellten die eine Seite dar und Drohungen gegenüber Bürgermeister, Rat und Einwohnerschaft die andere Seite, wenn bestimmte Forderungen nicht erfüllt wurden. Bei Zahlungsverzug bestand manchmal sogar die Gefahr, daß sich die Söldner kurzerhand am Besitz der Münsteraner schadlos hielten, ohne nach dem säumigen Kriegs- und Zahlherrn zu fragen. Es kann daher nicht erstaunen, daß wechselseitige Abneigung die Beziehungen prägte und die Verantwortlichen in Münster wie anderenorts durchweg bestrebt waren, diese unerwünschten Gäste baldmöglichst abzuschieben. Die Aversion war sowohl auf die unterschiedlichen Leit- und Wertvorstellungen zurückzuführen als auch den konkreten Erfahrungen im Umgang miteinander zuzuschreiben, die sich hauptsächlich für die Quartierpflichtigen als leidvoll erwiesen und jene besonders hart trafen, die einen Söldner samt Frau und Kind zu beherbergen hatten. Denn auf die Einweisung ins Bürgerquartier, für die die Stadtdienstpflicht die Rechtsgrundlage bildete, hatte der Rat notgedrungen zurückgreifen müssen, als es den Soldaten zunehmend schwerfiel, sich eine Unterkunft zu beschaffen, weil das gewährte Servisgeld dafür nicht einmal annähernd ausreichte. Zur Unterbringung des rasch angewachsenen Kriegsvolks teilte man daraufhin jeder Stadtfahne (Kompanie) eine gewisse Quote an Söldnern zu, die im zugehörigen Wohnbezirk untergebracht werden mußten; diese Einquartierung fiel anfänglich den Offizieren, später sogenannten Billettherren zu, deren Tätigkeit mancherlei Argwohn hervorrief und zur Verhütung von Begünstigungen immer wieder kontrolliert wurde. Von der Quartierpflicht wurde niemand ausgenommen, der dem Bürgerrecht unterlag, und folglich waren davon sogar die Ratsherren betroffen. Es galt auch hier indes als zulässig, sich gegen Entgelt von der Beherbergungspflicht freizukaufen, was für jene Münsteraner offenbar alsbald zur Regel wurde, die sich eine finanzielle Ablösung erlauben konnten. Berittene waren von der Einquartierung ausgenommen und mußten sich selbst eine Bleibe suchen, hatten aber Anspruch auf höheres Servisgeld. Das traf für die Offiziere ebenfalls zu, deren Ansprüche an Wohnung und Stallung im allgemeinen hoch waren.

Belastungen erwuchsen jedoch nicht nur aus der Stellung von Quartier und aus den häufigen Reibungen mit den nicht selten anmaßenden Kriegsleuten, sondern Münster hatte außerdem jahrzehntelang das städtische Kriegsvolk zu besolden. Hierfür wandte die Stadt im Dreißigjährigen Krieg einen Betrag von ca. 800 000 Reichstalern auf. Der außergewöhnlich große Betrag mußte zum Teil durch Anleihen beschafft werden, wozu nach Möglichkeit vermögende Einwohner herangezogen wurden, die manchmal sogar zur Gewährung zinsloser Kredite veranlaßt werden konnten. Trotz drastischer Steuererhöhungen und der Erhebung außerordentlicher Abgaben und trotz der Bewilligung von Beihilfen durch die Geistlichkeit und das Hochstift reichten insbesondere in der zweiten Kriegshälfte die Einnahmen längst nicht mehr aus, um die Ausgaben zu decken. Andererseits war eine regelmäßige und pünktliche Besoldung der Soldaten unerläßlich, wenn man diesen keinen Anlaß zum Requirieren oder gar zu Ausschreitungen liefern wollte. Zudem mußte die Bezahlung stets in vollwertiger Münze erfolgen, was zuweilen infolge des Münzwirrwarrs und von Münzverschlechterungen erhebliche Schwierigkeiten aufwarf. Im übrigen war der Dienst für Söldner in Münster nicht attraktiv, da zum einen nicht auf lukrative Beute zu rechnen war und zum anderen meist monotone Wachen den soldatischen Alltag bestimmten. Bei Werbungen mußte der Rat deswegen oft höhere Besoldungssätze als üblich zusagen, um erprobte Kriegsleute zu gewinnen. In der Regel stammten die Söldner aus der näheren Umgebung, die für Münster offenbar ein wertvolles Werbegebiet bildete und anscheinend auch von den Offizieren bevorzugt zur Rekrutierung benutzt wurde, wenn diese auf eigene Kosten Soldaten aufbrachten und der Stadt dann geschlossen – etwa in Kompaniestärke – zur Verfügung stellten. Beim städtischen Kriegsvolk, dem mit Rücksicht auf den Stadtdienst grundsätzlich kein Bürger oder Einwohner angehören durfte, scheinen darum die landsmannschaftliche Verbundenheit und zudem die konfessionelle Homogenität, die bei der Annahme von Kriegsvolk allerdings durchweg als nebensächlich galt, groß gewesen zu sein, was sicherlich den Zusammenhalt erleichterte und bei langjährig in Münster garnisonierenden Soldaten die Tendenzen zur Verbürgerlichung begünstigte.

Hatte die Stadt mit dem Unterhalt stattlicher Truppen erhebliche Belastungen zu tragen, so dürfen darüber die Vorteile nicht vergessen werden. Hervorzuheben ist vor allem, daß Münster in jener Epoche eine Eroberung erspart blieb, deren materielle Schäden und Folgen sicherlich die Aufwendungen für das Kriegsvolk bei weitem übertroffen hätten, ganz zu schweigen von den Menschenopfern sowie den immateriellen Verlusten. Die Stadt wurde im Dreißigjährigen Krieg auch nicht belagert, was gewiß glücklichen Umständen zuzuschreiben ist, wozu jedoch die militärische Vorsorge das ihre beigetragen haben dürfte. Außerdem hatte das Kriegsvolk die Bürger und Einwohner von den Wachtdiensten entlastet und die öffentliche Sicherheit insofern verbessert, als es durch seine Präsenz auf zwielichtige Fremde abschreckend wirkte; hiervon profitierte mittelbar auch das Umland, dessen Schutzes sich die Garnison schon zur Sicherung ihrer Versorgung annahm. Nicht zuletzt aber stellten die Soldaten einen bedeutsamen Konsumentenkreis dar, denn sie deckten ihren Bedarf an Lebensmitteln und Ausrüstung durchweg in Münster und verhalfen dem Handel und Gewerbe zu zusätzlicher Nachfrage. Eine stattliche Quote der Ausgaben für die Truppe floß somit der städtischen Wirtschaft zu, was bei den konsumtiven Ausgaben dann besonders vorteilhaft war, wenn das Kriegsvolk aus fremden Kassen bezahlt wurde, wie es für die vom Fürstbistum gestellten Söldner und für die während der Friedensverhandlungen in Münster stationierten Truppen zutraf. Konkrete Berechnungen über die ökonomische Bedeutung der Garnison in jenen Jahren sind nicht möglich, und selbst grobe Schätzungen fehlen.

2. *Unterwerfung und Besetzung der Stadt durch Christoph Bernhard von Galen*

Der Abschluß des Westfälischen Friedens erlaubte es, die in der Stadt liegenden Truppen spürbar zu reduzieren, doch war einstweilen nicht an eine totale Abdankung zu denken, solange der Friede nicht sicher war, fremde Streitkräfte in der Nähe standen und herrenloses Kriegsvolk im Land umherzog. Noch im Jahr 1651 standen deswegen etwa 300 Bewaffnete im städtischen Sold, die man aus finanziellen Gründen größtenteils zwar gern abgedankt hätte, aus politischen Erwägungen jedoch nicht zu entlassen wagte. Zögernd scheint sich Münster dann aber des kostspieligen Kriegsvolks entledigt zu haben, obwohl die Spannungen im Stift zur Vorsicht rieten, die aus dem Gegensatz zwischen Fürstbischof Christoph Bernhard von Galen und dem bei der Bischofswahl im Jahr 1650 unterlegenen Domdechanten erwuchsen. Zum Kampf führte der Anspruch Christoph Bernhards auf das Besatzungsrecht in Münster, den Bürgermeister und Rat nach einer ersten, glimpflich verlaufenen bewaffneten Konfrontation im Vertrag von Schöneflieth vom 25. Februar 1655 notgedrungen akzeptierten, weil sie die ungerüstete Stadt nicht dem Risiko einer Belagerung aussetzen wollten und hofften, sich mit diplomatischen und politischen Mitteln leichter behaupten zu können. Zwar hatte man in diesem Vergleich dem Territorialherrn eine Besatzung von 450 Mann Infanterie und 100 Mann Kavallerie zugestanden und im Gegenzug von Christoph Bernhard die Erlaubnis zum Unterhalt von 150 Söldnern auf eigene Kosten erhalten, so daß sich beide Seiten den Schutz der Stadt teilten; doch war damit nur ein vorläufiger Kompromiß erreicht, den die ungleichen und unwilligen Vertragschließenden alsbald zu ihren Gunsten umzustoßen suchten.

Nach dieser ersten Konfrontation bemühte sich Münster beim Kaiser um Rückhalt, rief die Hilfe der Hansestädte an und nahm Kontakt zur Republik der Niederlande auf, um sich ihres Beistands zu versichern. Verhandlungen zur Beilegung der Streitpunkte unter reichsständischer Vermittlung blieben schon deshalb ergebnislos, weil der Fürstbischof keine größeren Konzessionen machen konnte, ohne seine Position im Territorium zu untergraben und den Landesschutz, für den die stark befestigte Stadt Münster von großer Bedeutung war, im Oberstift in bedenklicher Weise zu schwächen. Nicht zuletzt war es die wirtschaftliche und finanzielle Leistungsfähigkeit der Stadt, die der Fürst beim forcierten Ausbau der Kriegsmacht nicht missen mochte, zumal der Reichsabschied von 1654 den Landesherren einen folgenreichen Rechtstitel an die Hand gegeben hatte, um die Landstände und Untertanen mehr als zuvor zu den Militärlasten heranzuziehen.

Wechselseitige Vorwürfe und die Festnahme des städtischen Syndikus durch fürstliches Militär auf der Rückreise von Verhandlungen in den Niederlanden stellten das Vorspiel zu einer kriegerischen Auseinandersetzung dar. Als nächster Schritt folgten Rüstungen, die in Münster unter der Leitung des kriegserprobten, selbstverständlich nur der Stadt verpflichteten Obristleutnants von Wittenberg standen, während der Landesherr militärische Unterstützung bei namhaften Reichsständen fand. Mitte August 1657 rückten die Truppen Christoph Bernhards von Galen vor die Stadt und begannen am 20. August mit der Belagerung. Die Kämpfe zogen sich beinahe zwei Monate hin, ohne daß die fürstlichen Streitkräfte die Stadt einzunehmen vermochten. Die Verteidiger, unter denen sich manch kriegserfahrener Söldner befand, ließen es an Umsicht und entschlossener Gegenwehr nicht fehlen, richteten die hart mitgenommenen Festungswerke immer wieder rechtzeitig her und bewiesen im Minenkampf dank ihrer Terrainkenntnis großes Geschick [1158: Schaumburg, Fürst-Bischof Galen, S. 32ff; 1199: Zeigert, Artillerietruppe 1, S. 51ff]. Zahlreiche Zerstörungen, Brände und Menschenverluste hatten zwischenzeitlich in der Stadt zwar den Gedanken an ein Einlenken aufkommen lassen, doch hatte der Fürstbischof bei Sondierungen Forderungen erhoben, die von der Bürgerschaft als Unterwerfung angesehen werden mußten und daher verworfen wurden. Das Ringen endete wiederum mit einem Kompromiß, der den früheren Abmachungen glich und folglich die Beziehungen in der Schwebe hielt. Zu diesem Abkommen vom 21. Oktober 1657, das dem Landesherrn eher als Niederlage erscheinen mochte [1100: Kohl, Christoph Bernhard von Galen, S. 113], hatte sich der Territorialherr schließlich bereitgefunden, weil die Belagerungsbedingungen angesichts der fortgeschrittenen Jahreszeit zunehmend schwieriger und die Erfolgsaussichten somit geringer wurden; außerdem drohte die Republik der Niederlande zu intervenieren, die sich anscheinend nicht nur auf eine Vermittlung beschränken wollte, vielmehr zum bewaffneten Eingreifen bereit war, wie die Vorbereitungen zu einem Heerzug anzeigten.

Von diesem 1657 abgeschlossenen Vergleich sei lediglich festgehalten, daß er der Stadt den Unterhalt von nunmehr 300 Söldnern und dem Fürstbischof eine Besatzung von 500 Mann einräumte, für die die Bürgerschaft allerdings nur das Quartier zu stellen hatte. Sowohl die städtischen als auch die bischöflichen Truppen sollten auf den Territorialherrn und die Stadt vereidigt werden und mußten demnach in einen Loyalitätskonflikt geraten, falls der Streit der Parteien wiederaufleben sollte. Zu einem solchen Gewissenskonflikt unter den Kriegsleuten, deren der von Christoph Bernhard ernannte Stadtkommandant dann wohl kaum mächtig gewesen wäre, kam es aber nicht, da der Fürst ein weiteres Mal seine Besatzung aus Münster abzog; hierbei hatte er mit einem ersten Teilabzug gegenüber einem schwierigen Landtag Entgegenkommen und Friedfertigkeit demonstrieren wollen, jedoch offenkundig die Gegenseite eher zum Widerstand ermuntert, so daß er nach zahlreichen Reibungen zwischen seinen Söldnern und den Städtern schließlich auch die restliche Besatzung abrücken ließ.

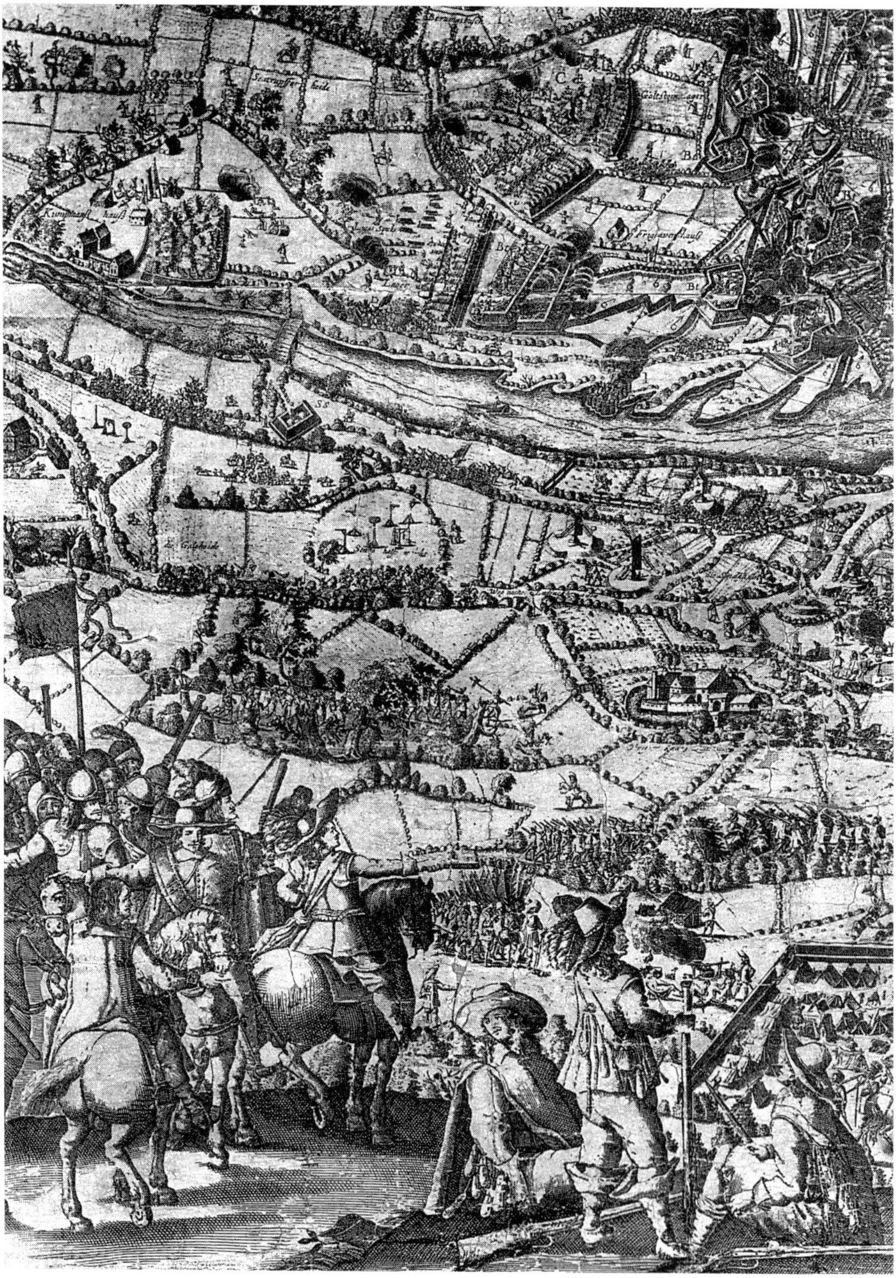

Der Ausschnitt aus der großen Vogelschauansicht „Abris der Mvnsterischen Belegerung" von Everhard Alerdinck und Nikolaus Knickenberg (1657) zeigt Fürstbischof Christoph Bernhard von Galen mit führenden Offizieren

Bald steuerte die Entwicklung wiederum auf eine Auseinandersetzung zu, für die sich beide Seiten rüsteten. Der Fürstbischof suchte Rückhalt beim Kaiser und zögernd beim Rheinbund, während die Stadt ihre Beziehungen zu den Niederlanden intensivierte. Die Lage für Münster gestaltete sich insofern aber schwieriger, als dem Reichsoberhaupt durch die Wahlkapitulation seit 1658 ein Einschreiten gegen Bündnisabsprachen von Landständen und Untertanen mit auswärtigen Mächten zur Pflicht gemacht worden und 1659 zudem ein Reichshofratsurteil ergangen war, das dem Fürstbischof das Besatzungsrecht in Münster zuerkannte und die Stadt für landsässig erklärte. Demnach war die Weigerung zur Aufnahme einer landesherrlichen Garnison fortan ebenso unzulässig wie eine politisch-militärische Anlehnung an die Republik der Niederlande. Trotzdem dachten die städtischen Verantwortlichen nicht an ein Einlenken; statt dessen fochten sie mit Hilfe von Rechtsmitteln das Reichshofratsurteil an, setzten gleichzeitig die Verhandlungen mit den Niederlanden fort und trafen Vorbereitungen zur Verteidigung. Rüstungen waren in der Tat geboten, wenn Münster den Kampf mit Waffengewalt aufnehmen wollte, wobei die Ausgangslage nun auch insofern schlechter als zuvor war, als sich die Ritterschaft unterdessen auf die Seite des Landesherrn gestellt hatte und seit Februar 1660 überdies drei kaiserliche Regimenter in der Nähe standen, um die widerspenstige Stadt notfalls unterwerfen zu helfen. Die Verhandlungen Münsters mit den Niederlanden zogen sich fruchtlos hin. Zu mehr als einer Darlehnsbewilligung und der Erlaubnis zur Annahme entlassener niederländischer Offiziere war die Republik nicht zu bewegen, was offenkundig aber zu wenig war und den Fürstbischof eher zum rascheren Vorgehen anstachelte, zumal ihm das renitente Verhalten der Stadt plausible Argumente lieferte.

Ende Juli 1660 wurde Münster von bischöflichen und kaiserlichen Truppen eingeschlossen, denen sich noch Kontingente Verbündeter beigesellten. Damit begann eine acht Monate währende Blockade, die anfänglich aus Mangel an hinlänglichen Kräften nur locker gehandhabt werden konnte; immerhin betrug die Länge des städtischen Außenwalls ca. 4,4 Kilometer [30: Dethlefs, Soldaten und Bürger, S. 3], was für die Belagerer wohl einen doppelt so langen Einschließungsring bedeutete. Im Herbst wurde der Kampf intensiviert; es gelang den Streitkräften Christoph Bernhards, die Aa abzugraben und aufzustauen und dadurch sowohl den Betrieb der städtischen Mühlen lahmzulegen als auch das westliche Vorfeld Münsters unter Wasser zu setzen. Bei den meisten Scharmützeln scheinen die Städter, die sich neben dem Aufgebot der Dienstpflichtigen auf ca. 600 geworbene Söldner stützten, unterlegen zu sein. Schließlich setzten Teuerung und Knappheit bei den Lebensmitteln der Bevölkerung spürbar zu; diese Verschlechterung der Lage führte kurzfristig zu einer Radikalisierung in der Bürgerschaft, die daraufhin den Rat hart bedrängte und rückhaltlos auf niederländische Waffenhilfe setzen ließ, doch schlug die Stimmung bald wieder um und machte wachsender Resignation Platz, als sich die Hoffnungen auf fremden Beistand zerschlagen hatten und der Bau von Artilleriebatterien durch die Belagerer den baldigen Entscheidungskampf ankündigte.

An der Jahreswende 1660/61 suchte die Stadt um Ausgleichsverhandlungen nach. Zögernd ließ sich der Fürstbischof auf solche Verhandlungen ein, bei denen es für den Landesherrn indes nicht um einen Vergleich ging, sondern lediglich um die Modalitäten der Unterwerfung. Das am 26. März 1661 unterzeichnete Abkommen bedeutete daher im wesentlichen eine Kapitulation [1158: Schaumburg, Fürst-Bischof Galen, S. 168ff]. Denn nunmehr wurde dem Territorialherrn zugestanden, die Stadt mit einer Garnison nach seinem Ermessen zu belegen, deren Besoldung aus Landesmitteln zu erfolgen hatte, während die Bürgerschaft die Quartiere stellen mußte. Dem Fürstbischof waren zudem die Schlüssel zu den Stadttoren auszuhändigen, und selbstverständlich oblag es fortan seinen Truppen, die Tore zu bewachen und die Festungswerke zu besetzen. Damit waren die Machtverhältnisse geklärt, wie einerseits auch das demonstrative Errichten einer Hauptwache im Rathaus bekundet, die übrigens zur Sicherung gegen Tätlichkeiten durch die Bevölkerung anfänglich durch einen Zaun geschützt wurde, und andererseits die Abdankung der von der Stadt geworbenen Söldner unterstreicht, von denen ein Teil in den fürstlichen Dienst trat, um alsbald dem Kaiser zum Kampf gegen die Türken zur Verfügung gestellt zu werden. Die durch den Stadtdienst begründete Verpflichtung der Einwohnerschaft wurde hingegen nicht aufgehoben, und die Bürgerfahnen blieben demnach bestehen; auf sie wurde durchweg aber nur zurückgegriffen, wenn nach einer Mobilisierung die Garnison für den Wachtdienst oder generell zur Sicherung der Stadt gegen einen Handstreich nicht ausreichte.

Die Besatzung Münsters belief sich unter Christoph Bernhard von Galen fortan auf 1700 bis 1750 Soldaten, zu denen noch ca. 2300 Frauen und Kinder hinzukamen,

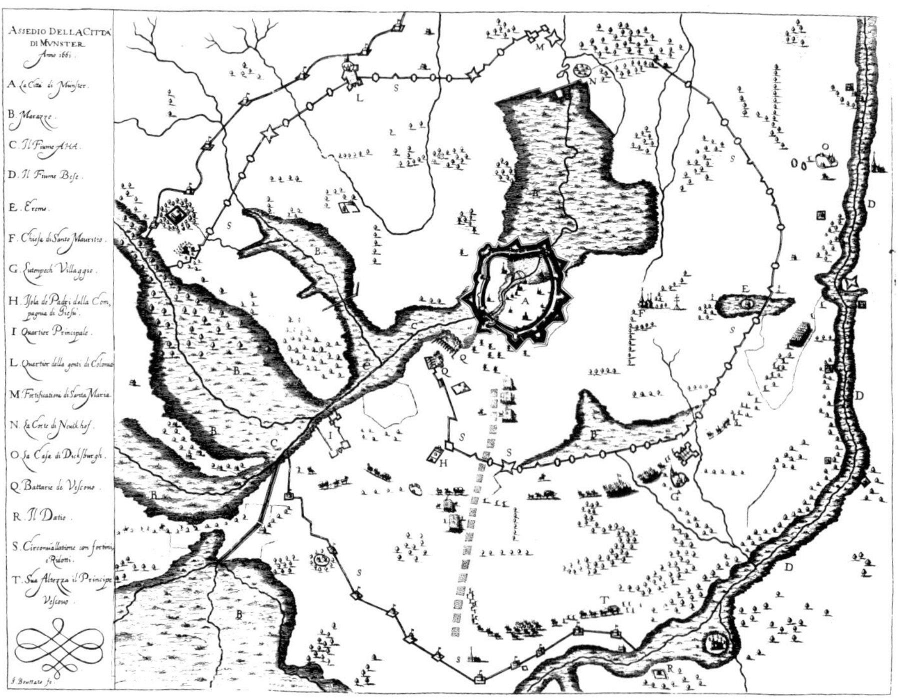

Aufstauung der Aa während der Belagerung von 1661. Stich von Gaspar Bouttats

wie anhand einer Liste aus dem Jahr 1662 zu erschließen ist, die anscheinend auch Rückschlüsse auf die Stärke in den folgenden Jahren zuläßt [30: Dethlefs, Soldaten und Bürger, S. 4]. Damit mußte längerfristig mehr Militärpersonal als jemals zuvor untergebracht werden. Erst nach dem Tod dieses kriegerischen Fürstbischofs fand die Stadt eine gewisse Erleichterung, als die Streitmacht des Fürstbistums reduziert wurde.

Markiert die überstarke Belegung mit Kriegsvolk den landesherrlichen Sieg, so gab der Fürst mit dem Bau einer Zitadelle, deren Finanzierung wie die Befestigung der unterworfenen Stadt fortan dem Territorium oblag, dem Triumph überdies fortifikatorisch Ausdruck. Dieses Festungswerk demonstrierte den Münsteranern zum einen ihre Abhängigkeit vom Territorialherrn und mußte ihnen als Zwingburg erscheinen, zumal von dem in die westliche Stadtbefestigung integrierten Bollwerk aus freies Schußfeld in die Stadt bestand. Die Anlage diente zum anderen der Verstärkung der Stadtbefestigung und erhöhte merklich den Verteidigungswert der Residenz- und Hauptstadt des geistlichen Fürstentums. Der Bau der stattlichen Zitadelle [vgl. 132: Geisberg, Stadt Münster 1, S. 27ff] begann bereits wenige Wochen nach der Übergabe und wurde mit großem Personalaufwand trotz erheblicher Finanznot zügig vorangetrieben, so daß die Anlage nach wenigen Jahren vollendet war. Der Flächenbedarf stellte sich auf rd. 74 Hektar [1158: Schaumburg, Fürst-Bischof Galen, S. 176 Anm. 41], das gesamte Areal der erweiterten Stadt belief sich für mehrere Generationen nun auf gut 190 Hektar. Das für dieses Bollwerk benötigte Gelände, das zuvor als Garten-, Weide- und Ackerland genutzt worden war, hatten die Eigentümer dem Landesherrn zur Verfügung stellen müssen, der ihnen zwar eine Nutzungsentschädigung zusagte, mit den Zahlungen aber alsbald in Verzug geriet, was manchen Münsteraner wirtschaftlich in Bedrängnis brachte. Die Zitadelle scheint durchschnittlich mit 150 bis 200 Mann belegt worden zu sein, wie die innerhalb der Anlage errichteten Unterkunftsgebäude (Baracken) andeuten, so daß die Stadt bei der Quartierlast ein wenig Erleichterung erfuhr.

Den weitaus größten Teil der Besatzung hatte allerdings die Stadtbevölkerung unterzubringen, soweit sie stadtdienstpflichtig war; demnach wurde die bisher in nennenswertem Umfang nur befristet anfallende Einquartierung jetzt zur Dauerlast. Zur Quartierlast gehörte nicht nur die Bereitstellung eines mit dem notwendigen Mobiliar und Zubehör ausgestatteten Raumes, sondern sie schloß Heizung und Licht sowie weitere kleinere Leistungen ein. Eine finanzielle Ablösung der Quartierpflicht blieb zulässig, doch dürften dazu anfänglich nur wenige Münsteraner in der Lage gewesen sein, weil die wirtschaftliche Entwicklung ungünstig und die Fiskallast hoch war, die einige Einwohner sogar zum Verlassen der Stadt nötigte. Von der Quartierpflicht waren im übrigen dank großzügiger landesherrlicher Vergünstigung mehr Häuser als früher befreit; unter anderen erfreuten sich die fürstlichen Beamten und Bedienten, das Personal des Domkapitels, die Ratsherren und sogar die Hofhandwerker dieses Vorrechts, das – möglicherweise gezielt eingesetzt – zugleich herrschaftsstabilisierend wirkte. Da außerdem die Behausungen Armer oft für ein Soldatenquartier nicht in Betracht kamen, hielt sich um 1670 die Zahl der quartierpflichtigen und die der eximierten Haushaltungen beinahe die Waage, was rechnerisch eine durchschnittliche Belegung mit ungefähr drei Militärpersonen (einschließlich der Familienangehörigen) bedeutet hätte, wenn sich nicht eine stattliche Zahl Soldaten eine Mietwohnung gesucht oder mancher – das trifft hauptsächlich für Offiziere zu – ein Haus gekauft hätte.

An der großen Belastung Münsters durch die Garnison änderte sich in der Regierungszeit Christoph Bernhards von Galen wenig, denn der kriegerische Fürst hielt ständig einige tausend Mann unter Waffen. Seine Regierungszeit markiert somit strukturell den Übergang vom Kriegs- zum Militärwesen, also zum Unterhalt eines stehenden Heeres (stehender Truppen) aus durchweg bereits uniformierten, dem Landesherrn verpflichteten Soldaten. Zwar zogen die Truppen in den Kriegen der sechziger und siebziger Jahre immer wieder ins Feld, was der Stadt vorübergehend Erleichterungen bei der Quartierlast brachte, doch stiegen in diesen Zeiten andererseits meist die finanziellen Anforderungen, da die Feldzüge durchweg zu Truppenverstärkungen führten [1180: Tessin, Beiträge zur Formationsgeschichte, S. 89ff] und die zugesagten Subsidien teils nur schleppend, teils nur partiell eingingen, so daß das Territorium einspringen mußte. Diese militärischen Bürden vergifteten von vornherein die Beziehungen zwischen den Münsteranern und dem Kriegsvolk, zumal es um dessen Disziplin nicht zum besten bestellt war und es folglich an Übergriffen nicht fehlte. Hierzu trug einerseits die Herkunft vieler Söldner aus den unteren Schichten und zum Teil aus entlegeneren sowie manchmal konfessionsverschiedenen Territorien bei; andererseits war dies der beträchtlichen Fluktuation zuzuschreiben, die unter anderem durch das kurzfristige Aufstellen neuer Einheiten und das häufige Auflösen bestehender Formationen sowie das „Reformieren" (Reduzieren und Zusammenlegen) von Regimentern mit verursacht sowie durch Kriegsverluste und Desertionen verschärft wurde. Diese kritische Bewertung trifft auf die Artillerie, die Christoph Bernhard überproportional ausgebaut hatte, freilich nur bedingt zu. Zwar unterlag auch diese Waffengattung, die in jener Epoche allmählich die handwerklichen Elemente abstreifte, großen quantitativen Schwankungen, doch blieben die Leit- und Wertvorstellungen nach wie vor stärker bürgerlich geprägt [vgl. 1199: Zeigert, Artillerietruppe 1, S. 34ff]. Das Ansehen der Artilleristen in der Zivilbevölkerung scheint tendenziell deshalb höher gewesen zu sein; der spätere Bedeutungsverlust der münsterischen Artillerie wurde dagegen durch die Leistungen einiger Offiziere als Baumeister und Ingenieure nur bedingt aufgewogen.

Über die konkreten Beziehungen zwischen der Einwohnerschaft und der Garnison in jenen Jahren liegen nur wenige Informationen vor. Offenbar waren aber Reibungen an der Tagesordnung, bei denen die Bürger und Einwohner schon deshalb meist die Leidtragenden waren, weil das Kriegsvolk seine eigene Gerichtsbarkeit besaß und Klagen von ziviler Seite im allgemeinen nur geringe Aussichten auf Erfolg hatten. Im übrigen war selbst der Landes- und Kriegsherr nur bedingt der Soldaten mächtig, wenn er etwa bei der Besoldung in Verzug geriet oder sich aus anderen Gründen unter den Truppen Unzufriedenheit ausbreitete, wie Christoph Bernhard bei Tumulten und Meutereien mehrfach erfahren mußte. Für das Fürstbistum waren die Lasten – gemessen am politischen Nutzen – augenscheinlich zu groß. Hiervon war nicht zuletzt die Stadt Münster betroffen, die nach ihrer Unterwerfung durch landesherrliche Steuern und die Einquartierung jährlich ungefähr 11 000 Reichstaler aufzubringen hatte, so daß die Leistungskraft überbeansprucht war, wie schließlich auch der Landesherr und die Landstände anerkennen mußten. Denn zum einen wurden die einquartierten Truppen nach dem Tod Christoph Bernhards im Gefolge genereller Abdankungen spürbar reduziert und zum anderen der Stadt, die als Haupt- und Festungsstadt überproportional mit Soldaten belegt war, einige Jahre später Zuschüsse aus Landesmitteln zur Bestreitung der Unterbringung zugebilligt. Nach dem Nimwegener Frieden von 1679 betrug die Stärke der Garnison schätzungsweise nur noch 1000 bis 1100 Soldaten [1180: Tessin, Beiträge zur Formationsgeschichte, S. 104]. Rechnet man die Frauen und Kinder hinzu, über deren Zahl allerdings keine Informationen vorliegen, dann dürfte sich die Militärbevölkerung auf vielleicht 2000 Personen beziffert haben.

3. Haupt-, Festungs- und Garnisonstadt im Absolutismus

Münster blieb unter den Nachfolgern Christoph Bernhards von Galen auf dem Bischofsstuhl die am stärksten mit Truppen belegte Stadt im Land und teilte damit das Geschick der meisten anderen Haupt- und Residenzstädte im Reich. Bei der Quartierlast erfuhr die Stadt zunächst aber nochmals Entlastung. Denn Truppen des Fürstbistums waren 1685 nach Ungarn zum Türkenkrieg ausgerückt, und anschließend stand die Masse der Streitkräfte sowohl von 1689 bis 1697 im sogenannten Pfälzer Erbfolgekrieg als auch von 1702 bis 1713 im Spanischen Erbfolgekrieg gegen Frankreich im Feld, um auf seiten der Haager Allianz Ludwig XIV. in die Schranken zu weisen. Zwar war kriegsbedingt in jenen Jahren die bewaffnete Macht wieder aufgestockt worden, von der ein Teil der Republik der Niederlande gegen Subsidien zur Verfügung gestellt wurde, doch lief die Mobilisierung für die Quartierpflichtigen in jedem Fall auf eine verminderte Bereitstellung von Unterkünften hinaus, weil auf bereits länger im Dienst stehende und daher ausgebildete Soldaten vorrangig zurückgegriffen wurde und man etwa erforderlichen Ersatz nach der Werbung meist rasch ins Feld abschob. Im Jahr 1685 belief sich die Militärbevölkerung in Münster nur noch auf etwa tausend Personen bzw. auf ca. 9 Prozent der Stadtbevölkerung [921: Münsters Bevölkerung um 1685, S. 18ff]. Für die späteren Kriegsjahre, für die allerdings keine derartigen Angaben vorliegen, ist von noch niedrigeren Ansätzen auszugehen, da in den Auseinandersetzungen mit Frankreich mehr Truppenteile mobilisiert worden waren und hierbei die in Münster garnisonierenden Einheiten kaum verschont worden sein dürften. Vollends konnte der Landesherr indes seine Residenz- und Hauptstadt sowie wichtigste Landesfestung nicht entblößen, so daß einige hundert Soldaten in diesen Jahren stets in Münster lagen, zumal auf eine Besatzung der Zitadelle durch reguläres Militär nicht verzichtet werden konnte. Andererseits standen der Verminderung der Quartierlast in den kostspieligen Feldzügen höhere Steuerforderungen gegenüber, die somit aus finanzieller Sicht die Entlastung in ihr Gegenteil verkehrten. Das traf um so mehr zu, als der Abzug von Truppen zugleich den Verlust von Nachfrage nach Konsumgütern bedeutete, der anscheinend auch nicht durch den hohen Bedarf an Monturen, Waffen und Feldgerät bei der Neuaufstellung von Regimentern, der Ergänzung von Verlusten und Verschleiß sowie der

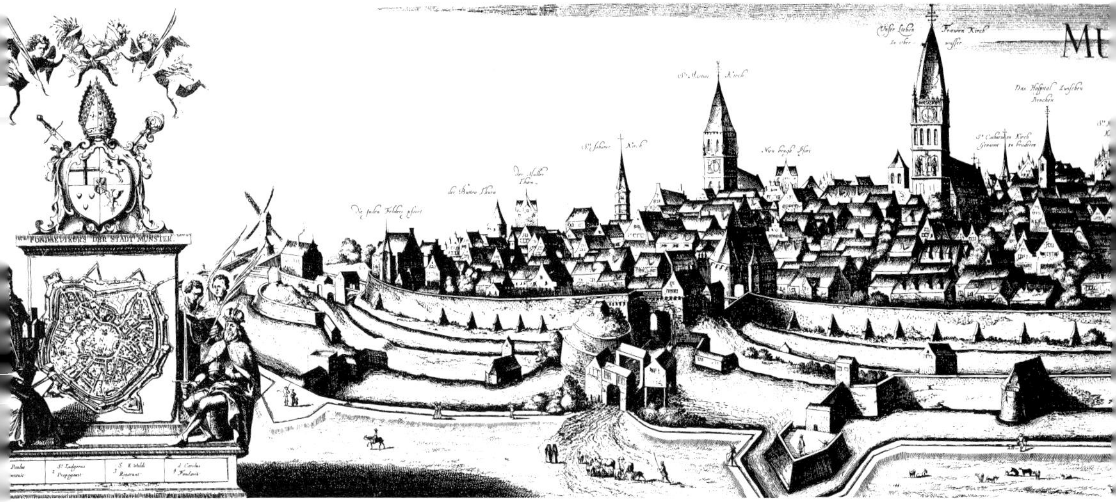

Stadtansicht von Westen mit Befestigungsanlagen.

Ausstattung von Ersatzpersonal kompensiert wurde. Soweit die wenigen bekannten Verträge Einblick gewähren, die meist mit Großhändlern (Hoffaktoren) abgeschlossen wurden, mußte der Ausrüstungsbedarf nämlich größtenteils auswärts bezogen werden, weil das städtische Gewerbe nicht oder nur zu ungünstigen Bedingungen liefern konnte. Um die Mitte des 18. Jahrhunderts fanden dann aber einheimische Betriebe bei der Uniformierung (Textil- und Lederwaren) stärker Berücksichtigung, jedoch fiel die Mehrzahl der Aufträge der „Landt fabrique" zu, also außerhalb Münsters ansässigen Gewerbetreibenden [2354: Krause, Altpreußische Militärbekleidungswirtschaft, S. 128ff, 325ff].

Nach dem Spanischen Erbfolgekrieg wurde die bewaffnete Macht merklich reduziert. Fortan unterhielt das Fürstbistum an stehenden Truppen im wesentlichen zwei schwache Reiterregimenter, deren Soldaten im Frieden allerdings nur zu einem Bruchteil beritten waren, ferner fünf je wenige hundert Mann zählende Infanterieregimenter und ein kleines Artilleriekorps. Diese Streitkräfte, die im Kriegsfall beträchtlich aufgestockt werden konnten, sind auf ca. 3800 bis 4000 Mann veranschlagt worden [1125: Merx, Geschichte des Militärs, S. 171]. Der effektive Stand nahm in den folgenden Jahren weiter ab, da die Stärke der Infanteriekompanien auf unter 50 Mann sank, so daß die Streitmacht auf ungefähr 3000 bis 3200 Mann zu beziffern ist [1180: Tessin, Beiträge zur Formationsgeschichte, S. 105f]. Davon lag stets ein erheblicher Teil – 900 bis 1000 Mann – in der Stadt Münster [1044: Haas-Tenckhoff, Münsterisches Militär, S. 145]; diese Truppen hatten zum einen repräsentative Aufgaben zu übernehmen und zum anderen die Zitadelle zu besetzen sowie die Wachen – unter anderem am Rathaus (Hauptwache) und an den Stadttoren – zu übernehmen. Routi-

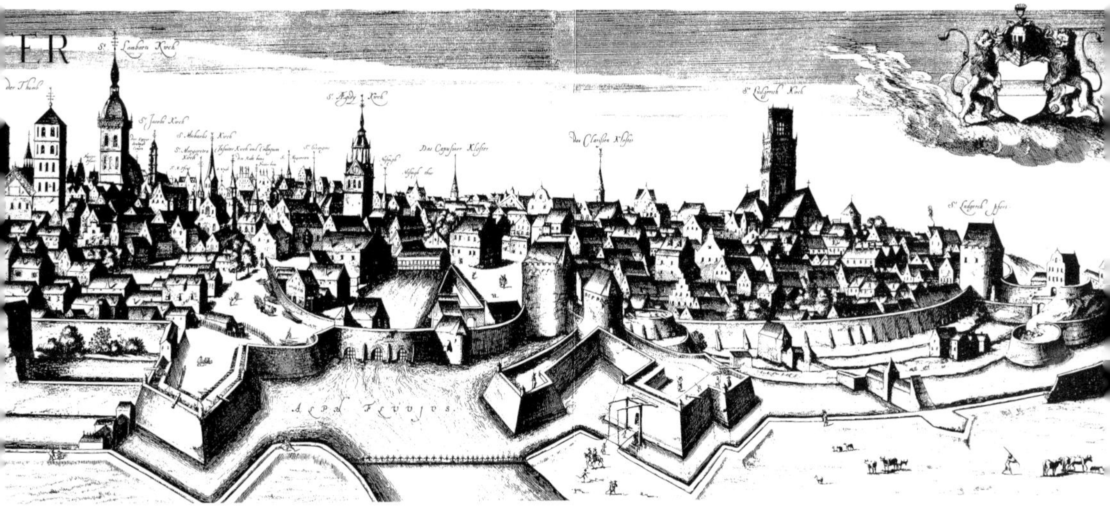

Kupferstich von Carel Allardt (vor 1678)

ne und Monotonie prägten also den Dienst, der offenbar auch durch den zeitweise vorgesehenen regelmäßigen Standortwechsel der Truppenteile nicht an Attraktivität gewann.

Über Herkunft, Ansehen, Kapitulationsdauer, Lebens- und Dienstalter sowie Lebensumstände der Soldaten ist wenig bekannt. Es ist aber anhand der Soldsätze unschwer zu folgern, daß die Lebenshaltung der Mannschaften, des unteren Funktionspersonals und der Unteroffiziere dürftig war und die Bezüge zum Unterhalt einer Familie nicht ausreichten, sofern nicht auf Nebenverdienst zu rechnen war. Folglich dürfte die Erteilung der Heiratserlaubnis durchweg restriktiv gehandhabt worden sein, um die Quote der Armen nicht zu vermehren, die von vornherein auf Unterstützung angewiesen waren oder vom Betteln leben mußten. Die Militärbevölkerung Münsters ist um die Mitte des 18. Jahrhunderts auf ungefähr 1600 bis 1700 Personen zu schätzen. Mit dem quantitativen Abbau der Streitmacht war zugleich ein qualitativer Niedergang verbunden, der in erster Linie auf die von den Landständen geforderten und durchgesetzten Einsparungen zurückzuführen ist. Unter dieser Kostensenkung hatten freilich die Offiziere, die sich insbesondere bei adeliger Herkunft eines hohen Ansehens erfreuten, am wenigsten zu leiden; ihr Anteil lag übrigens in Relation zur Stärke der Streitmacht hoch. Der allmähliche Verfall wurde durch den Umstand begünstigt, daß das Fürstbistum von 1723 bis zur Säkularisation gleichsam als Nebenland des Kurfürstentums Köln anzusehen ist, mit dem es den Landesherrn teilte; dieser besuchte das westfälische Hochstift nur selten, schenkte der Regierung wenig Aufmerksamkeit und ließ den Landständen, vor allem dem Domkapitel und der Ritterschaft, großen innenpolitischen Freiraum.

Von den Sparmaßnahmen blieben die Festungsanlagen Münsters nicht ausgenommen, deren Ausbau und Modernisierung schon deshalb unterblieb, weil ohne akute Gefahr hierfür keine Notwendigkeit zu bestehen schien, so daß man sich mit der mehr schlecht als recht gehandhabten Instandhaltung der vorhandenen Werke begnügte. Doch selbst darüber gab es zeitweise Debatten, in denen die münsterische Zitadelle mehrfach zur Disposition stand. Denn die Integration dieser Zwingburg in die Stadtbefestigung galt als unzulänglich und die Errichtung ergänzender Außenwerke als dringend geboten, um die Verteidigungsfähigkeit zu verbessern. Mit solchen Plänen stießen die Fürstbischöfe Ferdinand von Fürstenberg, Max Heinrich von Bayern und Friedrich Christian von Plettenberg allerdings auf heftigen Widerstand bei den Landständen, die aus Kostengründen den Ausbau der Fortifikationsanlagen ablehnten sowie der Zitadelle eine besondere defensive Bedeutung absprachen – diese Ansicht teilte man verständlicherweise in Münster – und folglich ihre Demolierung verlangten. Die Lücke in der Stadtbefestigung sollte sodann in der üblichen bastionären Manier geschlossen werden. In diesem Konflikt behauptete sich der Landesherr, doch nicht dank einer klaren Wehrkonzeption und folglich besserer Argumente, sondern durch das Festhalten am Bestehenden, so daß die Landstände schließlich resignierten, zumal sie die hohen Ausgaben für den Abriß der Zitadelle und für die dann erforderliche Ergänzung der städtischen Befestigungsanlagen scheuten.

Die Finanzierungsschwierigkeiten ließen sich auch in den folgenden Jahrzehnten nicht überwinden; deswegen kamen größere Verstärkungen der Werke nicht in Betracht. Erst im Siebenjährigen Krieg, so sei im Vorgriff angefügt, wurde das Versäumte dann gezwungenermaßen nachgeholt, als zunächst auf französische Initiative und dann in umfassender Weise unter brandenburgisch-preußischer und hannoverscher Leitung ein Um- und Ausbau der Fortifikation begann. Die bestehenden Anlagen wurden verstärkt und komplettiert sowie mit einem Glacis, zahlreichen Redouten, Forts und Schanzen jene Außenwerke angelegt, die schon vor Generationen gefordert worden waren [132: Geisberg, Stadt Münster 1, S. 241f]. Das sich 1762 abzeichnende Ende des Krieges setzte den Schlußpunkt bei diesen Arbeiten, noch bevor sie vollendet waren. Im nächsten Jahr begann bereits der Abriß der Fortifikationsanlagen, weil für deren Unterhalt die Mittel fehlten und für deren Besetzung nicht genügend einheimische Truppen verfügbar waren. Darüber hinaus meinte man

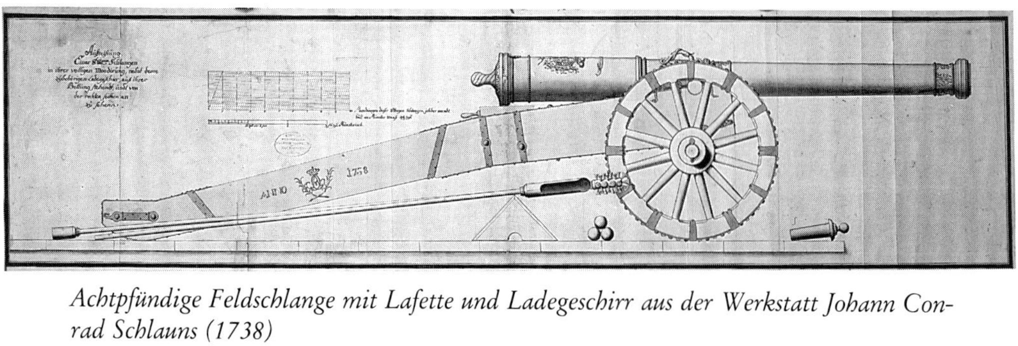

Achtpfündige Feldschlange mit Lafette und Ladegeschirr aus der Werkstatt Johann Conrad Schlauns (1738)

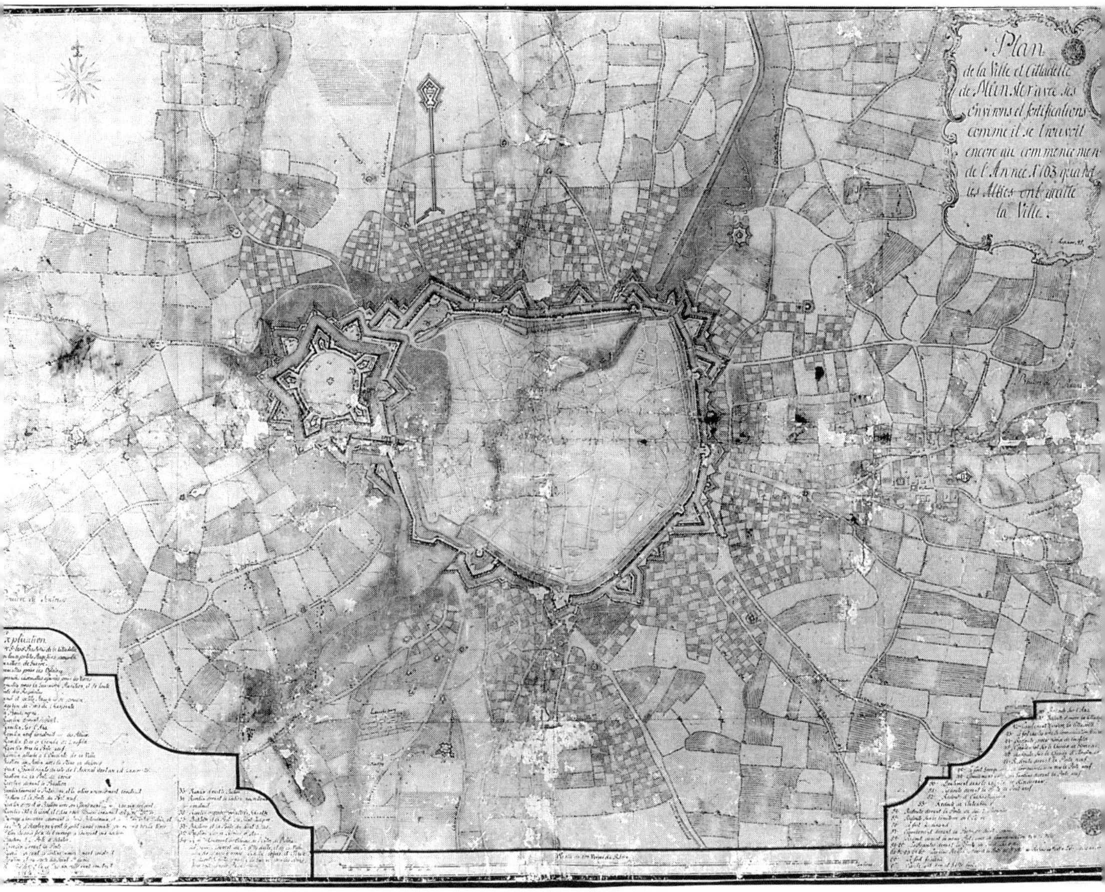

Zeichnung der Festung Münster mit ihren Außenwerken (um 1700)

aufgrund der leidvollen Erfahrungen, eine Festung locke stärker als eine offene Stadt den Kampf an, und zog somit voll Skepsis die Schutzfunktion von Verteidigungswerken generell in Zweifel.

4. Münster im Streit der Parteien: Belagerungen und Besatzungen im Siebenjährigen Krieg

Das Fürstbistum Münster hatte in der ersten Hälfte des 18. Jahrhunderts durchweg im Schatten der großen Politik gelegen und darum bekanntlich größeren Aufwand für die bewaffnete Macht vermeiden können. Diese struktur- und machtbedingte Zurückhaltung schloß Verwicklungen in Kriegshändel nicht aus. Bei Reichskriegen war demnach das vorgeschriebene Kontingent zu mobilisieren, zudem mußten mitunter Truppen anderer Reichsstände ins Winterquartier genommen sowie immer wieder

Durchmärsche fremder Streitkräfte geduldet werden, was stets mit umfangreichen und meist schlecht vergüteten Leistungen sowie nicht selten mit Übergriffen verbunden war. Hiervon war das Territorium sowohl im Polnischen Thronfolgekrieg als auch im Österreichischen Erbfolgekrieg betroffen; selbst die Landeshauptstadt blieb nicht verschont. Sie hatte 1741/42 über mehrere Monate rd. 5000 französischen Soldaten Unterkunft zu gewähren.

Mußten demnach zeitweise schwere Bürden übernommen werden, deren finanzielle und wirtschaftliche Folgen mangels einschlägiger Quellen nicht abzuschätzen sind, so waren diese jedoch mit jenen Lasten und Leiden kaum vergleichbar, die das Fürstbistum und insbesondere die Stadt Münster im Siebenjährigen Krieg zu tragen hatten. In dieser Auseinandersetzung hatte sich der Landesherr Clemens August von Bayern zwar für neutral erklärt und nur zögernd zur pflichtschuldigen Stellung seines Reichskontingents bereitgefunden, nachdem das Reich in den Krieg gegen Brandenburg-Preußen eingegriffen hatte, doch erwies sich die Hoffnung auf Respektierung dieser angeblichen Neutralität bald als illusionär. Das war nicht in erster Linie auf die kasuistisch anmutende Haltung des „Einerseits – Andererseits" zurückzuführen, sondern vor allem der Lage Münsters zuzuschreiben; denn dieser westliche Teil Westfalens erschien den verbündeten Mächten Österreich und Frankreich als hervorragendes Aufmarschgebiet zum Angriff auf die hohenzollernschen und welfischen Besitzungen, dagegen Brandenburg-Preußen und England-Hannover als wertvolles Glacis zur Abwehr eines solchen Vorstoßes.

Obwohl das Gebiet zwischen Rhein und Weser stets nur Nebenkriegsschauplatz war, wurde das Münsterland aufs schwerste in Mitleidenschaft gezogen, wie die Höhe der Kontributionen erkennen läßt, die für das Fürstbistum auf über 8 Millionen Reichstaler veranschlagt worden ist, ganz zu schweigen von den Menschenverlusten durch Hunger, Krankheiten und Seuchen sowie den zahlreichen Zerstörungen und Verwüstungen [2176: Hanschmidt, 18. Jahrhundert, S. 644]. In diesem Konflikt wurde das geistliche Fürstentum frühzeitig zum Objekt der Politik der Vormächte, die auf die Interventionen und Proteste des Fürstbischofs und seiner Regierung schon deshalb keine Rücksicht zu nehmen brauchten, weil ihnen keinerlei Nachdruck gegeben werden konnte. Nach dem Abzug des Kontingents zur Reichsarmee standen zwar weiterhin Truppen im Land, doch kam diesen weiträumig dislozierten Kräften militärisch nur geringer Wert zu.

Auch die Garnison in Münster war mit 800 bis 900 Mann numerisch so schwach, daß sie die Stadt mit ihren lange vernachlässigten Festungsanlagen gegen einen Angreifer bestenfalls wenige Tage halten konnte. Noch bevor die 1757 endlich verfügten Ausbesserungen an der Fortifikation ins Werk gesetzt werden konnten [1201: Zeigert, Münstersches Heer, S. 39, 45], hatten schon französische Truppen unter Berufung auf die Erlaubnis des Landesherrn zum „unschädlichen Einmarsch" die Stadt besetzt. Die französischen Streitkräfte übernahmen daraufhin das Kommando in Münster, nötigten die Masse der einheimischen Truppen zum Abzug aus der Stadt und machten sie kurzzeitig zum Hauptquartier ihres Heeres und anschließend zum wichtigen Etappen- und Magazinort für den nordwestlichen Kriegsschauplatz, kurzum, warfen sich zum Herrn in Stadt und Land auf. Die Zahl der zu beherbergenden Soldaten belief sich mitunter auf mehr als 3500 Mann. Zudem waren immer wieder durchmarschierende Einheiten für einige Tage unterzubringen, was zum rücksichtslosen Zugriff auf die irgendwie zum Quartier geeigneten Häuser führte, wobei Ordensbesitz nicht verschont wurde. Teuerung und Krankheiten waren die Folge; das war für die „neutrale" Stadt freilich bloß ein Vorspiel. Im Winter 1757/58 wendete sich nämlich das Blatt auf dem Kriegsschauplatz: Die französischen Streitkräfte zogen sich eiligst nach Westen zurück, so daß Ende März 1758 ein von Herzog Ferdinand von Braunschweig-Lüneburg(-Wolfenbüttel) kommandiertes Heer, zusammengesetzt aus hannoverschen, brandenburgisch-preußischen Einheiten und den Truppen norddeutscher Verbündeter, die Stadt ohne jede Gegenwehr einnehmen konnte. Für den Unterhalt dieser Truppen mußte fortan unter anderem das Münsterland aufkommen. Die Stadt Münster hatte kurzfristig angeblich bis zu 12 000 Soldaten unterzubringen, was für jedes quartierpflichtige Haus eine durchschnittliche Belegung mit zwölf Mann bedeutet hätte, wenn nicht befreite Gebäude – unter anderem Klöster – mitbelastet worden wären [1070: Huppertz, Siebenjähriger Krieg, S. 88ff, 108]. Auch nach dem Abzug des Heeres, das lediglich eine schwache Besatzung zurückgelassen hatte, rissen die exorbitanten Verpflegungs- und Fourageforderungen nicht ab, die notfalls unter Rückgriff auf Zwangsmaßnahmen realisiert wurden. Eine wachsende Verbitterung in der Bevölkerung war das Resultat.

Diese verbreitete Empörung in Verbindung mit der zwischen Renitenz und Passivität schwankenden Haltung der inländischen Behörden schien schließlich einigen Einheimischen günstige Voraussetzungen zu bieten, um durch eine Erhebung der ruinösen Besatzungspolitik ein Ende zu bereiten. Dazu sollte im Handstreich mit Unterstützung der Landbevölkerung zunächst die Stadt Münster eingenommen und deren Überrumpelung dann zum Fanal für die Vertreibung der schwachen fremden Kräfte aus dem Münsterland werden. Das dilettantisch geplante Vorhaben, das anscheinend ohne politische und militärische Absprachen vorbereitet worden war, blieb der Besatzungsmacht nicht verborgen und war demnach schon vor dem Losschlagen gescheitert. Konsequenz der „Verschwörung" war eine verschärfte Überwachung der Bevölkerung, die Entwaffnung der Münsteraner – eingezogen wurden die Hand- und Faustfeuerwaffen – und eine rigorosere Eintreibung der Kontributionen, da man auf brandenburgisch-preußischer und hannoverscher Seite nun mehr als zuvor von der feindlichen Einstellung der Einheimischen überzeugt war.

Im Winter 1758/59 bezog das Heer Herzog Ferdinands im Münsterland und in den angrenzenden geistlichen Territorien Quartier. Neuerlich mußte der Unterhalt dieser Streitkräfte übernommen werden, die das Requirieren von Lebensmitteln und Futter zunehmend in eigene Regie übernahmen, weil die autoritätslose Regierung und die nachgeordneten Behörden die Forderungen nicht erfüllen konnten; dadurch konnten sich diese vordergründig zwar der Verantwortung entziehen und gegenüber der Bevölkerung in ein besseres Licht setzen, doch öffneten sie hiermit zugleich der Willkür der Besatzer und Übergriffen des Kriegsvolks Tür und Tor. Knappheit und Teuerung, verschärft durch eine Mißernte, waren zwangsläufig die Folge.

Wie im Vorjahr hatte Herzog Ferdinand Münster zum Sitz seines Hauptquartiers gewählt. Für die Stadt bedeutete das einerseits die standesgemäße Unterbringung zahlreicher, zum Teil hochadeliger Offiziere und ihres Gefolges – der Heerführer residierte im Erbdrostenhof – und andererseits die Einquartierung einiger tausend Soldaten. Stadt und Umland glichen einem Heerlager, in dem Bürgermeister und Rat wenig mehr als Vollzugsgehilfen der Befehlshaber bei der Sicherstellung der logisti-

Herzog Ferdinand von Braunschweig-Lüneburg (1721–1792) residierte als Oberbefehlshaber der brandenburgisch-preußisch-hannoverschen Armee 1758/59 im Erbdrostenhof. Gemälde aus dem Umkreis Johann Georg Ziesenis' (um 1760)

schen Bedürfnisse waren und die Bürger und Einwohner ohne Rücksicht auf Billigkeit das Ihre herzugeben hatten. Den Empfängen, Bällen, Maskeraden und Festessen Herzog Ferdinands und anderer Generale stand die Not insbesondere der unteren Bevölkerungsschichten gegenüber, was nach zeitgenössischen Vorstellungen nicht prinzipiell anstößig war, nun allerdings durch rücksichtslose Beschlagnahme jedweder Vorräte längst die herkömmlichen Maßstäbe überschritten hatte. Von den gewinnträchtigen Heereslieferungen abgesehen, die überwiegend von kapitalkräftigen auswärtigen Händlern oder Konsortien übernommen wurden, stockten Handel und Wandel; denn die Kaufkraft war drastisch gesunken, und die rapide Münzverschlechterung verschärfte den wirtschaftlichen Niedergang. Nicht genug damit, im Winter grassierte Typhus in der Stadt, durch den die Todesfälle so stark zunahmen, daß mehr als zwei Dutzend Gärten zur Erweiterung des Aegidiifriedhofs dienen mußten, um die Toten bestatten zu können. Der in der Stadt und ihrer näheren Umgebung ohnehin geringe Baumbestand fiel weitgehend dem Brennholzbedarf zum Opfer. Darüber hinaus mußten die Einwohner vielfältige Arbeiten für die Besatzungstruppen übernehmen, zu denen vorrangig der Ausbau der Festungswerke gehörte, bei dem ab Mitte März 1759 täglich hundert Münsteraner Hand anzulegen hatten.

Der Feldzug des Jahres 1759 brachte für die französischen und die brandenburgisch-preußisch-hannoverschen Truppen einen raschen Wechsel von Erfolg und Mißerfolg und wirkte sich für Münster durch eine zweimalige Belagerung verheerend aus. Vorausgegangen war im Frühsommer der Rückzug Ferdinands von Braunschweig an die Weser, der im Münsterland lediglich ein schwaches Beobachtungskorps zurückgelassen hatte. Dieses war einem vom Niederrhein vorstoßenden französischen Heer, dessen vorrangiges Operationsziel Münster war, nicht gewachsen und mußte sich deshalb kampflos zurückziehen. Am 7. Juli standen erste französische Truppen vor der Stadt, und zwei Tage später war sie bereits von einer überlegenen Streitmacht eingeschlossen, nachdem der Besatzungskommandant eine Forderung zur unverzüglichen Übergabe abgelehnt hatte. Dieser verfügte über ca. 3400 Soldaten, die zur Verteidigung Münsters allerdings nicht ausreichten, hingegen gute Aussichten zur längeren Behauptung der Zitadelle boten. Sein Hauptaugenmerk hatte der Kommandant deswegen auf die Armierung der Zitadelle gerichtet, die noch kurz vor Beginn der Belagerung durch Ausbesserung der Erdwerke und zusätzliche Palisaden verstärkt und mit umfangreichen Vorräten versehen worden war. Vor den Stadtwällen hatten die Bürger und Einwohner zudem die Büsche, Sträucher und restlichen Bäume abholzen und somit das Vorfeld schußfrei machen müssen. Nach der Zernierung wurde rigoros jeder Verkehr der Bevölkerung mit der Außenwelt unterbunden; das schloß ein strenges Verbot zum Besteigen von Türmen und Dächern ein, um der offenkundig mit den Belagerern sympathisierenden Einwohnerschaft auch eine Verbindungsaufnahme durch Zeichen und Signale zu verwehren.

Die Vorwerke Münsters konnten von den Truppen des Marquis d'Armentières, des französischen Heerführers, bald genommen werden, und mit der Schanze bei der Mauritzkirche war zugleich ein günstiger Beobachtungsposten gewonnen, der Einblick in die östlichen Fortifikationswerke bot. Ein erster Sturmangriff in der Nacht vom 11. zum 12. Juli schlug indes fehl, weil die Verteidiger offenbar davon erfahren und alle erforderlichen Maßnahmen zur Abwehr ergriffen hatten. Nachdem einige Tage später dann das Belagerungsgeschütz eingetroffen war, trat der Kampf alsbald in seine entscheidende Phase, wie die systematischen Angriffsvorbereitungen durch das zügige Anlegen von Laufgräben und Breschebatterien erkennen ließen. Zwar mußten 500 Münsteraner Tag und Nacht Hand anlegen, um die Verteidungsanlagen zu verstärken und Kampfschäden zu beseitigen, zwar verschärfte der Besatzungskommandant merklich die Aufsicht über die Bevölkerung – so blieben die Läden der Händler, die Betriebe der Handwerker und die Schulen geschlossen –, um subversiven Aktionen vorzubeugen, doch wurde die Lage von Tag zu Tag schwieriger, da das Befestigungssystem erhebliche Schwächen aufwies und außerdem nicht genügend Kräfte für eine längere Verteidigung bereitstanden. Nach heftiger Kanonade der Belagerer, durch die Teile des Walls zwischen dem Neubrücken- und dem Hörstertor sturmreif geschossen worden waren, zogen sich am 22. Juli die Verteidiger unter Abtransport der noch verwendbaren Geschütze von den Wällen in die Zitadelle zurück. Kampflos besetzten noch am selben Tag die freudig begrüßten französischen Truppen Münster. Waren die Kampfschäden für die Bevölkerung bisher gering geblieben, weil die französische Artillerie die Fortifikationsanlagen unter Feuer genommen, hingegen die Häuserviertel verschont hatte, so drohte die Stadt zum Kampfplatz zu werden, da sich die Gegner jetzt auf Gewehrschußweite gegenüberlagen. Glücklicherweise ließ sich die Gefahr jedoch abwenden: Zwischen dem französischen Heerführer und dem Kommandanten der Zitadelle wurde nämlich noch am 22. Juli eine Vereinbarung getroffen, die die Stadt neutralisierte und den bevorstehenden Kampf um die Zitadelle stadtseitig ausschloß. Zu dieser Abmachung hatte auch Generalleutnant von Wenge, Gouverneur von Münster und höchster fürstbischöflicher Offizier, eindringlich geraten, dem die Stärken und Schwächen der Zitadelle wohlbekannt waren; offenbar war der Marquis d'Armentières der Empfehlung um so bereitwilliger gefolgt, als einerseits dadurch ein Angriff auf dieses letzte Bollwerk nicht unvertretbar erschwert wurde und andererseits dem Belagerer daran gelegen war, eine möglichst unbeschädigte Stadt in die Hand zu bekommen. Die folgenden beiden Tage waren dem Errichten jener Geschütz- und Mörserbatterien vorbehalten, mit denen die Franzosen die Zitadelle systematisch unter Feuer nehmen konnten. In der Morgenfrühe des 25. Juli ließ der französische Befehlshaber dann eine schwere Kanonade eröffnen, die binnen weniger Stunden einen Teil der Werke zerstörte, durch Brände und Explosionen die Verteidiger demoralisierte und weiteren Widerstand sinnlos erscheinen ließ, zumal er das Ende nur unwesentlich hinauszögern konnte. Daraufhin fand sich der Kommandant zur Kapitulation bereit.

Münster war bei der Belagerung, die nicht einmal drei Wochen gewährt hatte, recht glimpflich davongekommen. Allerdings hatten die Bürger und Einwohner durch die Besatzung eine harte Behandlung erfahren, mehr noch, es war ihnen schließlich sogar die Einäscherung der Stadt angedroht worden, für die vor dem Rückzug in die Zitadelle bereits erste Vorbereitungen getroffen worden waren. Deshalb nahm die Bevölkerung die Einquartierung französischer Truppen ohne Murren hin; bereitwillig wurde zudem ein stattliches Aufgebot an Bürgern und Einwohnern zur Instandsetzung der beschädigten Fortifikationsanlagen gestellt, die der französische Heerführer unverzüglich angeordnet hatte. Diese Reparaturen – es handelte sich hauptsächlich um Erd- und Maurerarbeiten – waren längst noch nicht abgeschlossen, als sich das Blatt neuerlich wendete. Nach dem Sieg Herzog Ferdinands bei Minden sahen sich die beiden in Nordwestdeutschland operierenden französischen Heere nämlich zum Rückzug genötigt; folglich entfiel mit der militärischen Überlegenheit Frankreichs auf diesem Kriegsschauplatz die Hoffnung auf ruhigere Zeiten bei scheinbarer Neutralität. Nach dem Abzug des Marquis d'Armentières, der annähernd 1500 Mann zum Schutz der Stadt zurückgelassen hatte, standen am 5. August schon wieder die ersten Truppen aus der Armee des Herzogs von Braunschweig vor Münster. Wenig später erschien eine stärkere Abteilung vor der Stadt, die die abschlägig beschiedene Forderung zur Übergabe sogleich mit einer Beschießung beantwortete, der einige Münsteraner zum Opfer fielen. Damit zeichnete sich die Gefahr einer abermaligen Belagerung ab.

Ende August nahm ein 6000 bis 7000 Mann starkes Korps hannoverscher und brandenburgisch-preußischer Truppen, die um beträchtliche Artilleriekräfte verstärkt worden waren, den Kampf gegen die Stadt auf, deren Besitz Herzog Ferdinand zur Behauptung des nordwestlichen Teils von Westfalen und somit wichtiger Versorgungsgebiete und Winterquartiere als unverzichtbar galt. Die Belagerer hatten den Nordosten der Stadt zum Angriffsschwerpunkt gewählt und dort ihre Geschütze konzentriert, deren Feuer sich jedoch nicht in erster Linie gegen die Festungsanlagen richtete, sondern gegen die angrenzenden Stadtviertel, die offenbar in Brand geschossen werden sollten. Durch eine Feuersbrunst gingen tatsächlich in der nordöstlichen Martini-Leischaft alsbald ca. 200 Häuser in Flammen auf; hierzu hatte beigetragen, daß manche Einwohner wenig Gemeinsinn bewiesen und, statt ihrer Pflicht zur generellen Hilfe beim Löschen nachzukommen, lediglich den eigenen Besitz zu schützen versucht und dadurch das Unheil vergrößert hatten. Auch Plünderungen durch

Graf Wilhelm von Schaumburg-Lippe (1724–1777), hannoverscher Artilleriegeneral, leitete die Beschießung der Stadt im Winter 1759/60 – im Hintergrund die Silhouette Münsters

Soldaten und Einwohner scheinen vorgekommen zu sein, nachdem das zum Teil brennende Viertel von den meisten Bewohnern verlassen worden war. Nicht genug damit, die Städter fühlten sich zunehmend durch die Besatzungstruppen drangsaliert, die eigenmächtig zum Eintreiben von Lebensmitteln übergingen, wenn die weitgehend autoritäts- und machtlose städtische Obrigkeit ihre Forderungen nicht zu erfüllen vermochte. Da überdies die meisten Angehörigen der fürstbischöflichen Regierung und des Domkapitels Münster längst verlassen hatten, wurde der Stadt auch von dieser Seite keine Hilfe zuteil, so daß der französische Stadtkommandant beinahe frei schalten und walten konnte.

Ein Kommandowechsel bei den Belagerern, der eine energischere Kampfführung bezweckte, um die Stadt möglichst noch vor Einbruch des Winters in die Hand zu bekommen, leitete das Ende der Kämpfe ein. Der Angriffsstoß zielte auf die nördliche Stadtbefestigung, wie der Bau von Laufgräben und Batterien für Kanonen und Mörser erkennen ließ. Unterbinden oder wenigstens verlangsamen konnten die Belagerten diese Vorbereitungen zur vorentscheidenden Beschießung nicht, die schließlich mit über fünfzig Kanonen und Mörsern am 16. November begann und jetzt vorrangig gegen die Festungswerke gerichtet war, was vereinzelte Gebäudeschäden – vor allem in der Jüdefelder Leischaft – aber nicht ausschloß. Gleichsam in letzter Stunde schien sich indes eine glückliche Wende abzuzeichnen, als ein französisches Entsatzheer nahte, doch dann zur maßlosen Enttäuschung der Verteidiger und vor allem der Bevölkerung kampflos wieder abzog, weil der ferne Oberbefehlshaber über den Einsatz anders disponiert hatte. Faktisch war Münster demnach aufgegeben worden. Daraus zog der Stadtkommandant bereits am nächsten Tag die Konsequenz und trat in Verhandlungen über eine Kapitulation ein, die tatsächlich noch am 20. November vereinbart werden konnte und ein weiteres Mal zum Wechsel der Besatzung führte.

Die brandenburgisch-preußischen und hannoverschen Truppen, die in die Stadt gelegt wurden, zählten ca. 2500 bis 3000 Mann. Aber nicht diese Einquartierung, sondern hauptsächlich die Kontributionen zum Unterhalt des Kriegsvolks erwiesen sich als schwere Belastung, lagen doch Handel und Gewerbe danieder. Außerdem verlangte die Besatzungsmacht den raschen Wiederaufbau der hart mitgenommenen Befestigungsanlagen, was zum Teil den Neubau umfangreicher Werke bedeutete. Zeitweise mußten für die Arbeiten bis zu tausend Städter aufgeboten und obendrein zahlreiche Quartiere bereitgestellt werden, um die zusätzlich aus dem Umland herangezogenen Untertanen unterzubringen. Die außerordentlich hohen Anforderungen an die Bevölkerung scheinen bei vielen die Grenze der Leistungsfähigkeit erreicht zu haben, denn die Zahlungsverweigerungen bei Steuerausschreibungen nahmen merklich zu und deuten damit den weiteren Autoritätsverlust der zivilen Behörden an, die im wesentlichen nur noch die Anordnungen der Besatzungsmacht zu vollstrecken hatten.

Politisch nahmen die Gefahren für das Fürstbistum Münster noch insofern zu, als nach dem Tod Clemens Augusts von Bayern Anfang Februar 1761 das Territorium für mehr als eineinhalb Jahre ohne Landesherrn blieb, weil die Besatzungsmacht die Neuwahl eines Fürstbischofs verhinderte und somit deutlich machte, daß das geistliche Fürstentum als Dispositionsmasse bei den Friedensverhandlungen vorgesehen war. Auf eine schonende Behandlung konnte Münster daher nicht rechnen; statt dessen wurden die ausgeschriebenen Kontributionen und Naturalien rücksichtslos eingetrieben und etwaige Verzögerungen kurzerhand als Widersetzlichkeiten ausgelegt, die meist die Regierungs- und Behördenvertreter oder andere Honoratioren mit ruinösen militärischen Einquartierungen bis zur Erfüllung der Forderungen zu büßen hatten. Auch jene Fürsprache scheint keine Entlastung erbracht zu haben, die Bürgermeister und Rat durch großzügige Geschenke an einflußreiche Offiziere zu erlangen hofften, denn die militärischen und logistischen Sachzwänge ließen nur geringen Spielraum übrig, der bei wachsender Erschöpfung der Kriegsparteien – das galt vor allem für den Hohenzollernstaat – geradezu zur Abwälzung der Lasten auf jene fremden Gebiete zwang, die noch leistungsfähig waren. Auf Entgegenkommen war also nicht zu setzen; im Gegenteil, der Ausbau der Fortifikation und die Anlage zahlreicher Vorwerke zeigten, daß die hannoverschen und brandenburgisch-preußischen Truppen dieses für den westlichen Kriegsschauplatz so wichtige Gebiet unter allen Umständen zu behaupten und wirtschaftlich auszunutzen suchten. Münster hatte hierfür den nötigen Rückhalt zu bieten; die Stadt diente außerdem als wichtiger Etappen- und Magazinort sowie nach Gefechten wiederholt als Lazarettplatz mit beachtlicher Kapazität, wobei hauptsächlich geistliche Niederlassungen die Verwundeten aufzunehmen hatten. Als im Sommer 1761 ein französischer Vorstoß das südwestliche Münsterland ein weiteres Mal zum Kriegsschauplatz machte, lagen zeitweise 12 000 Mann Besatzungstruppen in der Stadt, die binnen kurzem jene Vorräte aufzehrten, mit denen sich die Einwohnerschaft befehlsgemäß hatte eindecken müssen. Derartige Einquartierungen verschlechterten stark die hygienischen Verhältnisse und ließen Seuchen ausbrechen, deren Opfer trotz hoher Erkrankungsraten allerdings relativ gering blieben.

Die nicht abreißenden Leistungen für die Besatzungstruppen und die zahlreichen, manchmal rasch wechselnden Einquartierungen bedeuteten für die Stadt nicht endende Schwierigkeiten. Rivalitäten unter den Besatzungstruppen unterschiedlicher Herkunft warfen zusätzliche Probleme auf. Als im Winter 1761/62 beispielsweise Hannoveraner und Kasseler Bataillone aufzunehmen waren, hatte man zwar vorsorglich die Einheiten über die Unterbringung in den Leischaften losen lassen, um Streit über die Einweisung in die „besseren" Stadtviertel auszuschließen, doch hinderte das jene Truppen nicht, für die der Losentscheid ungünstig ausgefallen war, ihr Pech anschließend die Quartiergeber spüren zu lassen. Andererseits verwies die wachsende Zahl der Diebstähle und Unterschlagungen auf die zunehmende Verarmung breiter Schichten, während die Klagen über Preiswucher, der am häufigsten den Metzgern vorgeworfen und durch Höchstpreisverordnungen bekämpft wurde, auf den Verfall der Moral hindeuten. Offensichtlich hatten das Vorgehen der Besatzungsmacht sowie die Übergriffe und Erpressungen des Kriegsvolks diese Entwicklung begünstigt, da Recht und Redlichkeit wenig galten, wie sich den Bürgern und Einwohnern tagtäglich zeigte. Mißgunst und Neid hatten angesichts außerordentlicher Belastungen stark zugenommen und die vielfältigen sozialen Spannungen hervortreten lassen, die zwischen Privilegierten und Nichtprivilegierten, Vermögenden und Armen sowie Kriegsgewinnlern und Kriegsgeschädigten herrschten.

Im Sommer 1762 keimten Hoffnungen auf eine Besserung der Lage, als sich die Gerüchte über Friedensverhandlungen mehrten. Auf dem westfälischen Kriegsschauplatz trat zudem Ruhe ein, weil die Streifparteien ihre Aktionen einstellten. Schließlich konnte für Mitte September sogar ein Termin für die Wahl eines Landesherrn anberaumt werden. Im Winter 1762/63 mußte Münster allerdings nochmals erhebliche Einquartierungen übernehmen und hohe Kontributionen aufbringen. Zusätzliche Bedrängnis erwuchs der Stadtbevölkerung jetzt durch die Zuchtlosigkeit mancher Truppenteile, die nur noch mühsam in Disziplin gehalten werden konnten, seit in Erwartung des baldigen Friedens Müßiggang weitgehend den soldatischen Alltag bestimmte. Zusammenstöße zwischen den Angehörigen verschiedener Einheiten nach Wirtshausgelagen waren deswegen verbreitet, bis endlich ein Teil der Truppen abgezogen wurde. Diese hatten damit aber nur brandenburgisch-preußischen Freibataillonen (auf Kriegsdauer formierten Einheiten mit lockerer Disziplin und schlechtem Ruf) Platz gemacht, die noch ärger hausten und sich nicht nur zahlreiche Übergriffe gegen die Städter zuschulden kommen ließen, sondern sich manchmal mit den anderen Besatzungstruppen sogar kleinere Scharmützel lieferten. Erst als eine aus hannoverschen Soldaten und aus einer rasch formierten Bürgergarde zusammengesetzte Wachttruppe den Schutz der Stadt übernahm, konnte die Soldateska besser im Zaum gehalten werden. Schließlich kehrte Ende Februar 1763, nachdem mit dem Hubertusburger Frieden die Auseinandersetzungen im Reich definitiv ein Ende gefunden hatten, ein Teil des fürstbischöflichen Militärs aus jahrelanger Gefangenschaft zurück und trat den Wachtdienst an. Zug um Zug rückten dann in den folgenden Wochen die fremden Streitkräfte ab. Schon wenig später wurden die Palisaden auf den Festungswällen niedergelegt, die provisorisch angelegten Magazine der Besatzungstruppen abgebrochen und die Straßen und Plätze von den sonstigen Hin-

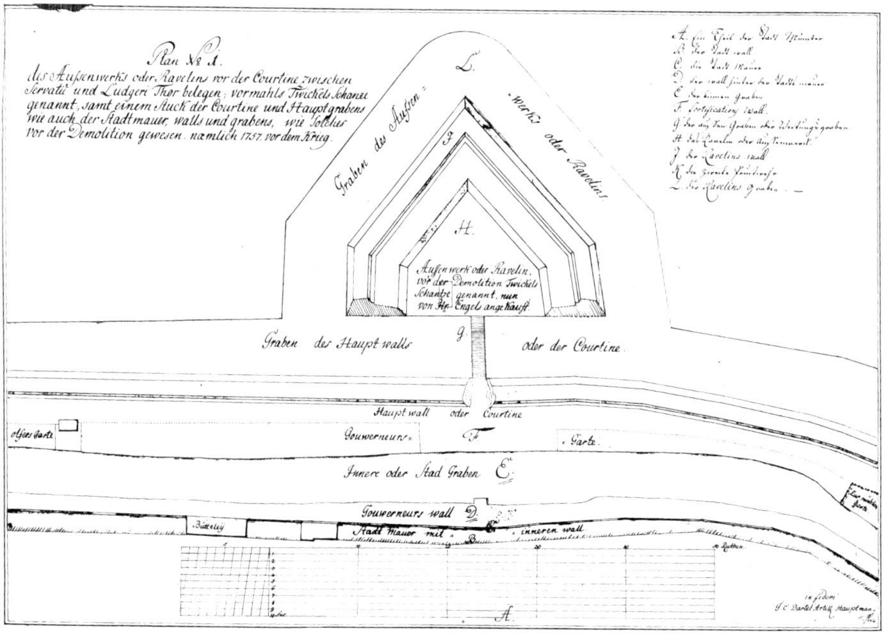

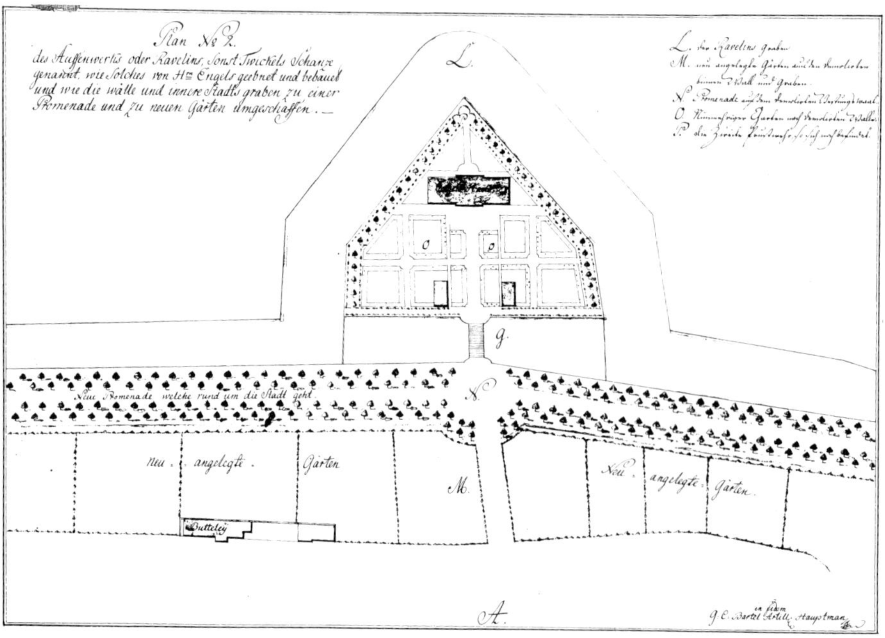

Umgestaltung der vormaligen Twickelschanze (Engelenschanze): Anlage der Promenade und der Gärten

terlassenschaften des fremden Kriegsvolks geräumt, das Münster jahrelang für seine Bedürfnisse rücksichtslos in Anspruch genommen hatte und Herr der Stadt gewesen war.

5. *Die entfestigte Stadt und ihre Garnison bis zum Ende des Fürstbistums*

Für das Fürstbistum Münster rückte nach der Verkündigung des Friedens das Beseitigen der Kriegsschäden und das Tilgen der exorbitanten Schulden in den Mittelpunkt. Als vorrangiges Mittel zur finanziellen Konsolidierung sahen die Verantwortlichen zu Recht die Senkung der laufenden Ausgaben an, wozu neben der Schleifung der Festungen in erster Linie eine drastische Verringerung der Streitmacht zu dienen hatte, deren Sollstand mit tausend Mann auf das reichsrechtlich zulässige Minimum festgelegt wurde. Damit glaubte man zudem, künftigen Kriegsgefahren vorzubeugen und der Wahrung des Friedens zu dienen. Zur Truppenreduzierung, verbunden mit dem insbesondere durch die Stadt Münster geforderten Verkauf überzähligen Kriegsmaterials [1200: Zeigert, Artillerietruppe 2, S. 70], hatte sich der Landesherr zwar in der Wahlkapitulation verpflichtet, jedoch brach er die Zusage und unterhielt mit ungefähr 1800 Mann wesentlich mehr Soldaten, während er das Schleifen der Fortifikationen ohne Widerspruch geschehen ließ. In Münster begann daraufhin im Frühjahr 1764 der Abbruch der Zitadelle, um Platz zum Bau eines Stadtschlosses für den Landesherrn zu schaffen; nur zögernd kamen hingegen das Demolieren von Ravelins und Bastionen, das Trockenlegen eines Teils der nassen Gräben und das Abtragen der Wälle voran, da diese Kosten die Käufer des Grund und Bodens zu übernehmen hatten.

Die Streitmacht des Fürstbistums gliederte sich in den Jahren nach dem Siebenjährigen Krieg im wesentlichen in vier Infanterieregimenter, ein Kavallerieregiment, die Artillerieabteilung und die Leibgarde. Die meisten Einheiten, nämlich in der Regel drei Infanterieregimenter, die Artillerie und die Leibgarde, lagen in der Hauptstadt. Nach dem Sollstand hätte sich die Stärke dieser Truppen auf 1200 bis 1250 Mann belaufen müssen, doch zählte die Garnison infolge von Beurlaubungen und vorübergehenden anderen Abgängen außerhalb der Exerzierzeit im allgemeinen nur um 950 Mann [1021: Diembach, Belastung durch Einquartierung]. Ungefähr zwei Drittel der Streitkräfte waren demnach in der Landeshauptstadt stationiert, die selbstverständlich auch den Familienangehörigen Unterkunft zu bieten hatte. Aus der Funktion als Dienst- und Wohnort für eine überproportional große Zahl an Offizieren erwuchsen Münster keine Belastungen, im Gegenteil, dieser Teil der Militärbevölkerung bedeutete sowohl eine zusätzliche, anscheinend lukrative Nachfrage nach zum Teil höherwertigen Konsumgütern und Dienstleistungen als auch einen gesellschaftlich belebenden Faktor. Anders stellte sich hingegen die Lage bei den Unteroffizieren, dem niederen Funktionspersonal und den Mannschaften dar, deren Lebensumstände generell dürftig waren. Bei den Verheirateten deckte der Sold zumeist nicht einmal das Existenzminimum, so daß diese auf Nebenverdienst angewiesen waren. Von den Mannschaften, dem niederen Funktionspersonal und den Unteroffizieren waren um 1764/65 knapp 38 Prozent verheiratet, so daß die zugelassene Quote von einem Drittel relativ geringfügig überschritten war. Der Anteil der Soldatenehen sank aber im folgenden Jahrzehnt auf ca. 24 Prozent, da die Rekrutierung im Jahr 1766 von der bisher üblichen Werbung auf die Aushebung umgestellt worden war und darauf vorwiegend jüngere, nur wenige Jahre dienende Inländer unter der Fahne standen. Rechnet man die Soldatenfrauen und -kinder hinzu, dann belief sich die Militärbevölkerung in Münster auf etwa 1500 Personen – während der Exerzierzeiten ist von einem um 30 Prozent höher liegenden Ansatz auszugehen –, was um 1764/65 einen Anteil an der Gesamtbevölkerung von ca. 15 Prozent ausmachte, der jedoch bis zum Ausbruch des Ersten Koalitionskriegs (1792) infolge wachsender ziviler Einwohnerschaft auf schätzungsweise 13 Prozent zurückging und schließlich zum Zeitpunkt der Säkularisation nur noch ca. 11 Prozent betrug.

Die Garnison lag im Bürgerquartier, denn Kasernen gab es in der Stadt nicht, nachdem mit dem Abbruch der Zitadelle auch jene Baracken verlorengegangen waren, die bisher rd. 200 Mann hatten aufnehmen können. Lediglich die Garde fand geschlossen Unterkunft in einem Haus am Krummen Timpen, das insgesamt gut dreißig adeligen Kadetten und bürgerlichen Gardisten Platz bot, die dem Landesherrn bei seiner seltenen Anwesenheit als berittene Leibgarde dienten, in erster Linie aber zu Offizieren ausgebildet wurden. An Militärgebäuden gab es neben dem sogenannten Gardehotel nur noch ein Zeughaus an der Jüdefelder Straße, Wachthäuser am Rathaus und an den Stadttoren, den Buddenturm als Militärgefängnis sowie das

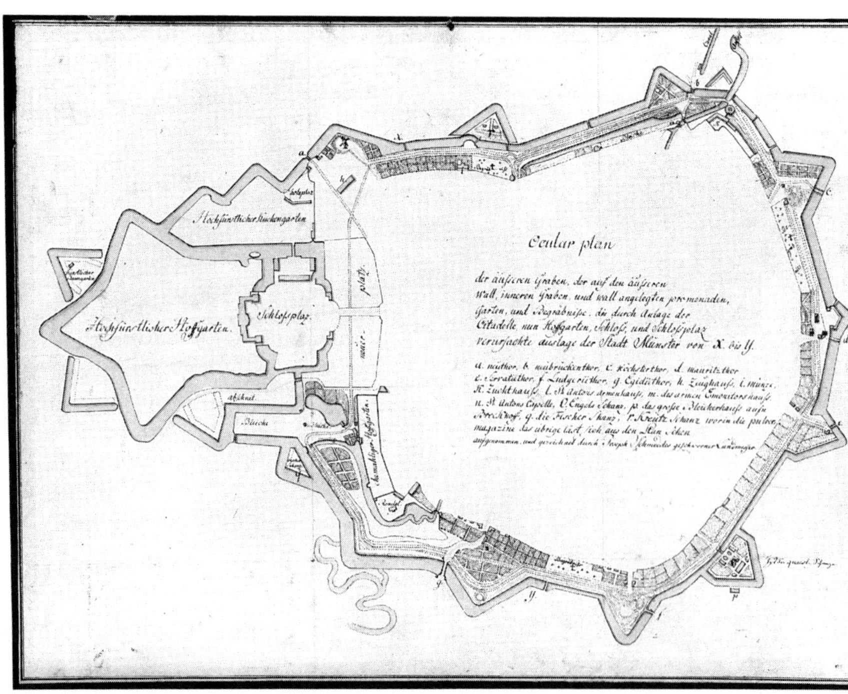

Aufteilung des inneren Stadtgrabens nach der Niederlegung der Wallanlagen

Überwasser-Elendenhaus als Militärhospital, das 1779 die Stadt bereitgestellt hatte, um den Schwierigkeiten bei der Pflege erkrankter einquartierter Soldaten ein Ende zu bereiten.

Bekanntlich lag die Pflicht zur Quartiergestellung für das Kriegsvolk auf den schatzungspflichtigen Häusern. Anspruch auf Bürgerquartier hatten nur die Unteroffiziere, das untere Funktionspersonal und die Mannschaften, denen es allerdings unbenommen blieb, sich auf eigene Kosten eine Unterkunft zu beschaffen; machten sie von dieser Möglichkeit Gebrauch, dann bezogen sie ein sogenanntes Servisgeld, das von jenen quartierpflichtigen Städtern aufgebracht wurde, die sich von der Aufnahme der „ungebetenen Gäste“ freigekauft hatten. Die schatzungspflichtigen Häuser, deren Quote am Gesamtbestand zwischen 1771 und 1795 von gut 58 auf immerhin über 67 Prozent stieg, waren nach ihrer Beherbergungskapazität in unterschiedliche Gruppen eingeteilt, von denen die am höchsten taxierten Gebäude hauptsächlich verheiratete Soldaten samt Familie aufzunehmen hatten, während die am niedrigsten veranschlagten Häuser mit ledigen Soldaten belegt wurden. Aus militärischen Erwägungen erfolgte die Unterbringung der Regimenter durchweg in geschlossenen, den Leischaftsgrenzen angepaßten Kantons, um im Notfall ein rasches Alarmieren sicherzustellen, die Aufsicht zu erleichtern und Reibungen zwischen den Angehörigen verschiedener Einheiten möglichst zu verhindern. Die Registrierung der Quartiere und ihre Verteilung war dem Magistrat vorbehalten, der sich hierbei auf die Billettherren stützte. An den Magistrat hatten die Bürger und Einwohner auch ihr Ersuchen um Ablösen der Quartierpflicht gegen Zahlung von Servisgeld zu richten, was der städtischen Obrigkeit eine den Umständen angepaßte restriktive oder großzügige Handhabung erlaubte. Die merklich abnehmende Quote Einquartierter bei analog steigendem Prozentsatz an Servisempfängern – zwischen 1764 und 1788 sank der Anteil der Einquartierten unter den Berechtigten von knapp 81 auf ca. 53 Prozent – macht deutlich, daß die Aufnahme eines Soldaten und vor allem einer Soldatenfamilie vielfach als lästig empfunden wurde. Angefügt sei, daß in der Ludgeri- und der Aegidii-Leischaft die meisten Soldaten in quartierpflichtigen Häusern untergebracht waren. Diese Häuser lagen vorwiegend nahe der Stadtmauer und wurden von den ärmeren Bevölkerungsschichten bewohnt [314: Siekmann/Kirchhoff, Sozialtopographie, S. 176]. Dagegen fanden die wenigsten Quartierberechtigten in der Lamberti- und in der Martini-Leischaft Unterkunft, was für die letztere hauptsächlich auf die Zerstörungen im Siebenjährigen Krieg zurückzuführen sein dürfte, die erst zwei oder drei Jahrzehnte später beseitigt waren.

Obwohl in Münster nach 1763 zwei Drittel der Streitkräfte des Fürstbistums stationiert waren, galt den militärisch Verantwortlichen die Personalstärke kaum als ausreichend, um einen ordnungsgemäßen Wachtdienst aufrechtzuerhalten. Eine Verstärkung der Garnison schien daher geboten zu sein, doch war der Magistrat offenbar nicht bereit, eine höhere Belegung der Stadt hinzunehmen. Um einer solchen Gefahr vorzubeugen, wurden deswegen manchmal weniger Quartiere angegeben, als tatsächlich vorhanden waren; außerdem scheint der Freikauf gegen Zahlung eines Servisgeldes großzügig gestattet worden zu sein, was überwiegend Einbuße an guten und zum Logis für mehrere Personen geeigneten Unterkünften bedeutete. Auf diese Weise verminderte sich die Zahl an verfügbaren Quartieren, und es wurden vermehrt Soldaten zum Mieten einer Unterkunft genötigt, was aber nicht auf jeden Fall ein

Unterschlüpfen in die überbelegten Wohnungen der ärmeren Bevölkerungsschichten bedeutete, da Klagen ausblieben. Daß andererseits derartige Mietzahlungen für bedürftige Wohnungsinhaber eine nicht gering zu veranschlagende Nebeneinnahme darstellten, darf nicht unbeachtet bleiben. Warum in Münster keine Kaserne gebaut wurde, wie in den meisten anderen größeren Haupt- und Residenzstädten längst geschehen und militärischerseits angeregt worden war, ist unklar. Es ist zu vermuten, daß das Desinteresse der hochgestellten und vermögenden Stadtbewohner hierzu merklich beigetragen hat, denn diese waren von der Quartierlast entweder befreit oder konnten sich gegen einen vergleichsweise geringen Betrag davon freimachen. Auch der hohe Anteil vermieteter Häuser scheint einem Engagement für einen Kasernenbau abträglich gewesen zu sein [vgl. 1170: Siekmann, Münster um 1770, S. 251ff], zumal die Eigentümer die Quartierlast abwälzen konnten.

Die Beziehungen zwischen den Soldaten und den Städtern waren nicht nur durch die Quartieransprüche spannungsreich, sondern Reibungen und Konflikte ergaben sich auch aus der Sonderstellung des Militärs, das nicht in die Ständegesellschaft integriert war und insbesondere den Bürgern als Fremdkörper galt. Hierauf verweisen unter anderem die Hierarchie, das gesonderte Recht, die Leit- und Wertvorstellungen, die konfessionelle Toleranz, die pastorale Betreuung, die medizinische Versorgung und nicht zuletzt die eigene Gerichtsbarkeit. Folglich kam es bei Rechtsstreitigkeiten zwischen Militär- und Zivilpersonen immer wieder zu Auseinandersetzungen um die gerichtliche Zuständigkeit, blieben Übergriffe von Soldaten mitunter ungeahndet oder fanden Verstöße gegen „bürgerliche Normen" milde Richter. Zu Streitigkeiten gab außerdem Anlaß, daß den Wachen in bestimmten Fällen ein Arretierungsrecht gegenüber den zivilen Bewohnern eingeräumt war und militärische Straßenpatrouillen gewisse Ordnungswidrigkeiten zu ahnden hatten. Für manchen Handwerker und Händler waren die Soldaten obendrein lästige Konkurrenten, da die Mannschaften oft einen Nebenverdienst suchten, um den kärglichen Sold aufzubessern, und die Verheirateten darauf geradezu angewiesen waren, wenn sie ihre Familie vor dem Betteln bewahren wollten. In erster Linie handelte es sich um Tätigkeiten, für die keine oder nur geringe Vorkenntnisse erforderlich waren, doch nahmen einige auch den Schustern, Schuhmachern, Schneidern, Maurern und Schreinern Aufträge weg, wie die Beschwerden der Zünfte beim Magistrat belegen. Aber nur bei größeren Auswüchsen scheint die Obrigkeit energisch eingegriffen zu haben, denn einerseits waren den Soldaten in beschränktem Umfang solche Nebentätigkeiten erlaubt, und andererseits war den verantwortlichen Offizieren verständlicherweise mehr am Wohlergehen der Soldaten als an der Respektierung zünftiger Vorrechte gelegen. Manche Soldatenfrau trug als Hökerin oder Hausiererin, als Wäscherin oder Tagelöhnerin und hauptsächlich als Spinnerin ebenfalls zum Familieneinkommen bei, wobei diese Tätigkeiten trotz eines Überangebots an Kleinhändlern bzw. entsprechenden Arbeitskräften offenbar weniger Anstoß erregten. Ob durch die stattliche Belegung Münsters mit Kriegsvolk auch direkte Auswirkungen auf Sitte und Moral zu verzeichnen waren, wie anderenorts im Aufklärungszeitalter häufig geklagt wird, ist unbekannt, doch dürfte für solche Veränderungen eine monokausale Erklärung in jedem Fall zu kurz greifen.

Über die wirtschaftlichen Vorteile, die Münster aus der Funktion als militärischer Standort zog, fehlen gesicherte Erkenntnisse. Zweifellos war aber die Nachfrage

Standarte des Freiwilligenkorps der Bürger zu Pferde (1763)

nach Konsumgütern durch die Truppen beträchtlich; darüber hinaus schlug zu Buche, daß überproportional viele Offiziere die Hauptstadt zu ihrem Aufenthaltsort machten und sowohl zum Absatz hochwertiger Waren beitrugen als auch den Wohnungsmarkt belebten, da eine größere Quote an Offizieren zur Miete wohnte [314: Siekmann/Kirchhoff, Sozialtopographie, S. 171, 177]. Ferner bot die Garnison den Bürgern und Einwohnern weitere Vorteile, weil ihnen Wachtdienste normalerweise erspart blieben, die militärischen Streifen für höhere Sicherheit in der Stadt sorgten und die Soldaten überdies zur Hilfe im Brandfall verpflichtet waren. Diese und andere positive Effekte – etwa für manchen freiwillig Dienenden die Subsistenzsicherung – können allerdings nicht quantifiziert, geschweige denn mit den Belastungen verrechnet werden. Das gilt auch für die Impulse, die sich aus dem Eintritt von Offizieren in gesellige und humanitäre Vereine ergaben, die gegen Ende des 18. Jahrhunderts merklich aufblühten und insofern über das Ancien régime hinausweisen, als aus solchen Zusammenschlüssen Anstöße für Reformen in Staat, Gesellschaft, Wirtschaft und Bildung kamen.

An den Koalitionskriegen gegen Frankreich nahm das Fürstbistum Münster teil und ließ dazu Truppen ins Feld rücken, die annähernd dem pflichtgemäß zu stellenden Reichskontingent entsprachen. Wegen der numerischen Schwäche der Streitkräfte sowie fehlender Reserven blieben nur wenige Kompanien im Land zurück, die mit der Masse ihrer Soldaten in Münster lagen. Die Stärke der Garnison schwankte zwischen 300 und 700 Mann und reichte kaum für den ordentlichen Wachtdienst aus, so daß bei Gefahr auf die Bürgerfahnen zurückgegriffen werden mußte [30: Dethlefs, Soldaten und Bürger, S. 6]. Neben zahlreichen Truppendurchzügen, die nach Kriegsausbruch hingenommen werden mußten, standen seit Herbst 1794 zudem österreichische und hannoversche Streitkräfte im westlichen Münsterland, die von den Revolutionsheeren über den Rhein zurückgedrängt worden waren. Als der Krieg die Landesgrenzen erreichte, mußte die Stadt Münster kurzzeitig mehr als 3000 Mann Reichstruppen ins Quartier nehmen. Doch bald kündete der Einzug preußischer Truppen insofern eine vorteilhafte Wende an, als diese zur Überwachung jener zwischen der Republik Frankreich und dem Hohenzollernstaat vereinbarten Demarkationslinie bestimmt waren, die seit dem Baseler Frieden von 1795 die neutralisierten Länder vom Kriegsgebiet schied [2032: Büschleb, Scharnhorst in Westfalen, S. 123ff]. In diese Zone, zu der unter anderem Norddeutschland gehörte, fiel auch das Fürstbistum Münster, dessen Landesherr als Habsburger an dieser für Kaiser und Reich so gefährlichen Entscheidung zwar schwer trug, jedoch andererseits das Fürstbistum ohne Rückhalt und Hilfe nicht dem Zugriff französischer Truppen aussetzen konnte. Von dieser Zwiespältigkeit zeugt, daß münsterische Streitkräfte weiterhin gegen Frankreich im Feld standen und demnach ihrer reichsrechtlichen Pflicht genügten, obwohl der Baseler Friede das ausdrücklich für die neutralisierten Territorien verboten hatte.

Kurzzeitig waren 1795 zwei preußische Infanterieregimenter in Münster einquartiert, die herkömmlicherweise bei den Bürgern und Einwohnern Logis fanden. Doch schon bald wurde die Belegung der Stadt wieder merklich reduziert, so daß die Kopfstärke der fremden Truppen vermutlich bloß noch 1000, höchstens 1200 Mann betrug. Denn die Überwachung der langen Demarkationslinie war durch den Hohenzollernstaat auf wenige Verbände beschränkt worden, um die finanziellen Aufwendungen niedrig zu halten, zumal die beschützten Territorien nur zögernd Beihilfe leisteten. Der Aufenthalt fremder Soldaten in Münster, die einerseits dem Land den Frieden sicherten, andererseits aus politischen Gründen mit Argwohn beobachtet wurden, verlief nicht ohne Friktionen. Hierzu zählten die üblichen Differenzen über die Quartiere, gelegentliche Zusammenstöße zwischen arroganten Offizieren und Einwohnern sowie Auseinandersetzungen über die hohen Lebensmittelpreise, deren Anstieg nach Ansicht und im Interesse des Militärs der Magistrat hatte dämpfen sollen. Zu solchen Maßnahmen fehlten den Verantwortlichen indes die Mittel, die zum Erstaunen des preußischen Befehlshabers, der offenbar auf ein analoges Entgegenkommen wie in seinem Heimatland gesetzt hatte, auch nicht bereit waren, den Unterhalt der Soldaten zu subventionieren, solange nicht die Übernahme der Kosten durch das Fürstbistum sichergestellt war [1007: Büschleb, Westfalen und die preußischen Truppen, S. 96f, 120ff, 269].

Quellen und Literatur

Die Geschichte der Beziehungen zwischen der Stadt Münster und „ihrer“ Garnison, die bis heute einen Zeitraum von ungefähr 350 Jahren umspannt, ist noch nicht systematisch untersucht worden, obwohl die Thematik wissenschaftliches Interesse verdient; demnach ist der Forschungsstand als unbefriedigend zu kennzeichnen. Diese Forschungslücke ist hauptsächlich auf die Komplexität der Materie zurückzuführen, die eine isolierte Betrachtung etwa nur aus stadt- oder militärgeschichtlicher Sicht ausschließt und nach einer kohärenten Darstellung im Zusammenhang von herrschaftlich-staatlicher, politischer, sozialer, wirtschaftlicher, städtischer und militärischer Entwicklung verlangt. Darüber hinaus ist die Quellenlage als schwierig anzusehen, weil neben den wichtigen, doch in ihrer Überlieferung teils einseitigen, teils lückenhaften Materialien im Stadtarchiv Münster und im Staatsarchiv Münster durchweg weitere Bestände anderer Archive für bestimmte Fragen herangezogen werden müssen, zu denen unter anderem das Archivamt des Landschaftsverbandes Westfalen-Lippe und die kirchlichen Archive gehören. Eine Auswertung der einschlägigen Bestände war für diesen Beitrag nicht möglich, der folglich im wesentlichen den derzeitigen Kenntnisstand anhand der Literatur spiegelt.

Der zeitlich große Bogen zwang zum Rückgriff auf mehrere Dutzend – vor allem stadt- und landesgeschichtliche – Studien unterschiedlichen Wertes, von denen nur die wichtigeren genannt werden können. In erster Linie zu nennen ist hier die ältere Arbeit von Heinrich Marré, durch die die Wehrverfassung im Rahmen der verfaßten Bürgerschaft (bis 1661) untersucht worden ist [828: Wehrverfassung]; eine Einzelstudie von Karl-Heinz Kirchhoff gibt Aufschluß über die Wechselwirkungen von politisch-militärischen Entwicklungen und Bemühungen um die Verbesserung der Stadtbefestigung beim Übergang vom Mittelalter zur frühen Neuzeit [498: Zwinger und Neuwerk]. Einen instruktiven Überblick über das Verhältnis von Stadt und Militär in Münster für den Untersuchungszeitraum bietet ein knapper Abriß von Gerd Dethlefs [30: Soldaten und Bürger], der zudem die einschlägige lokalgeschichtliche Literatur erfaßt. Die Leitlinien der Entwicklung im deutschen Sprachraum sind in einem von Hanns Hubert Hofmann herausgegebenen Tagungsband [2694: Stadt und militärische Anlagen] mit Beiträgen von Wissenschaftlern verschiedener Disziplinen, von Kommunalpolitikern und Stadtplanern sowie von Militärs herausgearbeitet worden, die in die Thematik fachübergreifend einführen und zum weiteren Diskurs anregen. Speziell aus stadt- und landesgeschichtlicher Sicht mit epochaler oder sektoraler Akzentuierung bieten die Monographie von Wilhelm Kohl [1100: Christoph Bernhard von Galen], die Dissertation von Aegidius Huppertz [1070: Siebenjähriger Krieg] sowie das monumentale Werk Max Geisbergs zur städtischen Baugeschichte [132: Stadt Münster] wertvolle Einblicke. Aus militärgeschichtlicher, zuweilen allerdings vordergründiger Perspektive verdienen für den Zeitraum vom Absolutismus bis zur Säkularisation außerdem die Aufsätze von Dieter Zeigert [1199–1200: Artillerietruppe 1–2; 1201: Münstersches Heer; 1202: Münstersche Truppen] sowie die ungedruckte Magisterarbeit Thomas Diembachs [1021: Belastung durch Einquartierung] Beachtung.

Abbildungsnachweis

Archive, Museen, Sammler, Fotografen

Amsterdam, Rijksmuseum: 335; Bad Iburg, Polizeiausbildungsstätte: 161; Basel, Öffentliche Kunstsammlung – Kunstmuseum: 314; Berlin, Staatsbibliothek Preußischer Kulturbesitz (mit freundlicher Genehmigung der Akademischen Druck- und Verlagsanstalt Graz): 18, 20, 30, 38, 42; Bielefeld, Stadtarchiv: 96; Boston/England, St. Botolph's Church: 643 (Foto: Westfälisches Landesmuseum für Kunst und Kulturgeschichte); Dortmund, Stadtarchiv: 110; Düsseldorf, Hauptstaatsarchiv: 207, 211; Düsseldorf, Universitätsbibliothek: 44; Essen-Werden, Schatzkammer der Propsteikirche St. Ludgerus: 26, 34; Frankfurt a.M., Städelsches Kunstinstitut (Fotos: Ursula Edelmann): 475, 502; Hildesheim, Roemer-Museum: 374; Köln, Historisches Archiv der Stadt Köln: 149; Köln, Rheinisches Bildarchiv: 132, 235, 257; Kopenhagen, Kbenhavns Universitets Medicinsk-Historiske Museum: 352; Leiden, Rijksuniversiteit Bibliotheek: 2, 3, 40; Leipzig, Stadtgeschichtliches Museum: 310; London, British Library: 476/77, 600; London, British Museum: 197; London, The National Gallery: 320; Marburg, Bildarchiv Foto Marburg: 71; Minden, Kommunalarchiv: 648; Münster, Westfälisches Amt für Denkmalpflege (Fotos: Chr. Bathe, A. Brückner): 59, 66, 67, 69, 86, 92, 94, 100, 106, 181, 223, 232, 238, 246, 260, 398, 403, 439, 443, 521, 550, 559, 571, 618, 625, 655, 666, 671, 692, 694; Münster, Bistumsarchiv: 540; Münster, Andreas Determann: 580; Münster, Diözesanbibliothek: 686; Münster, Domkammer: 568; Münster, Westfälisches Landesmuseum für Kunst und Kulturgeschichte (Fotos: Sabine Ahlbrand, Rudolf Wakonigg): 31, 68, 168, 241 (Dauerleihgabe des Westfälischen Kunstvereins), 282, 284, 286, 297 (Münzkabinett), 304, 341, 357 (Dauerleihgabe des Westfälischen Kunstvereins), 360, 406, 463, 473, 513, 522, 527 (Leihgabe der Schuhmacher-Innung), 545, 547, 553 (Dauerleihgabe der Kirchengemeinde St. Martini), 556, 557 (Porträtarchiv Diepenbroick), 562, 576 (Westfälisches Landesmuseum für Kunst und Kulturgeschichte/Stadtmuseum Münster), 612, 615, 627 (Münzkabinett), 637, 656, 675, 698, 702, 703, 714 (Dauerleihgabe des Westfälischen Kunstvereins), 724, 754; Münster, Liebfrauen-Schützenbruderschaft (Foto: Tomasz Samek): 529; Münster, Westfälisches Museum für Archäologie – Amt für Bodendenkmalpflege (Fotos: St. Brentführer, J. F. Jüttner, M. Schneider): 7, 28, 54, 74, 414, 415, 417, 419, 422, 426, 429, 432, 433, 435, 436, 440, 537; Münster, Tomasz Samek: 582; Münster, Nordrhein-Westfälisches Staatsarchiv: 64, 112 (Foto: Tomasz Samek), 192 (Foto: Tomasz Samek), 236, 254, 328, 376, 613, 617, 632, 668, 695, 705; Münster, Stadt Münster: 761 (Foto: Tomasz Samek); Münster, Stadtarchiv (Fotos: Irmgard Pelster, Tomasz Samek, Jens Metzdorf): 105, 115, 117, 119, 122, 127, 136, 139, 141, 170, 225, 228, 230, 252, 263, 273, 275, 291, 292, 294/95, 316 (re.), 317, 337, 340, 344, 371, 377, 382, 388, 394, 468, 481, 489, 492, 498, 504, 509, 511, 514, 516, 518, 543, 546, 578, 584, 591, 605, 609, 645, 652, 658, 664, 672, 676, 678, 708, 711, 719, 728, 738, 740, 746, 748, 755, 764, 766; Münster, Stadtmuseum (Fotos: Tomasz Samek): 76, 134, 164, 174, 189, 199, 205, 212, 277, 303, 305, 306, 308, 316 (li.), 326, 330, 349, 354, 368, 372, 379, 386, 479, 640, 741, 758, 769; Münster, Universitätsarchiv: 722; Münster, Universitätsbibliothek: 37, 147, 158, 210, 220, 267, 391, 716; Münster, Verlag Aschendorff: 721; Münster, Wilhelm Winkelmann: 10, 13, 79, 430; Paris, Musée du Louvre: 347; Reutlingen, Karl Heinz Danzer (Foto: Tomasz Samek): 322; Rotterdam, Museum Boymans-van Beuningen: 307; Stockholm, Kungl. Myntkabinettet: 58 (die Fotovorlage wurde freundlicherweise von Prof. Dr. Peter Berghaus zur Verfügung gestellt); Versailles, Musée National des Chateau de Versailles et de Trianon: 312; Wolfenbüttel, Herzog August Bibliothek: 315; Zeist, Rijksdienst voor de Monumentenzorg: 373.

Privatbesitz: 179, 288 (Foto: Tomasz Samek), 333 (Foto: Tomasz Samek), 385 (Foto: Tomasz Samek), 399 (Foto: Westfälisches Landesmuseum für Kunst und Kulturgeschichte), 551 (Foto: Westfälisches Landesmuseum für Kunst und Kulturgeschichte), 566 (Foto: Westfälisches Landesmuseum für Kunst und Kulturgeschichte), 660 (Foto: Tomasz Samek).

Publikationen

Geschichte der Wiedertäufer zu Münster in Westfalen. Aus einer lateinischen Handschrift des Hermann von Kerssenbroick übersetzt, mit einer Einleitung und neuen Bildern ausgestattet von

S. P. Widmann, 3. Aufl., Münster 1929: 198; Max Geisberg, Die Stadt Münster, Münster 1932/41, Bd. 1: 465; Bd. 6: 62, 244, 564; Preces et praxes, Münster 1660: 620, 623; Joseph Prinz, Münster 1648. Gedanken zu einem alten Bild, Münster 1973: 752/53; Otto Weißgerber, Die baugeschichtliche Entwicklung des Alten Paulinum zu Münster i.W., Münster 1921: 699; Westfalen. Hefte für Geschichte, Kunst und Volkskunde, Bd. 23 (1938): 630; Bd. 44 (1966): 596; Bd. 58 (1980): 370.

Die Karten wurden von Gisela Helmich nach Entwürfen der Autoren und auf der Grundlage von Rückschreibungen des Urkatasters (1829/30) gezeichnet. Die Vorlagen wurden freundlicherweise von Dr. Mechthild Siekmann, vom Westfälischen Museum für Archäologie, vom Institut für vergleichende Städtegeschichte und von der Historischen Kommission für Westfalen zur Verfügung gestellt. Kartenvorlagen wurden darüber hinaus folgenden Werken entnommen: Geschichtlicher Handatlas von Westfalen, Münster 1975/82; Ratio Studiorum et Institutiones Scholasticae Societatis Jesu per Germaniam olim vigentes collectae concinnatae dilucidatae a Georg Michael Pachtler, 4 Bde., Berlin 1887–1894; Joseph Prinz, Mimigernaford-Münster. Die Entstehungsgeschichte einer Stadt, 3. Aufl., Münster 1981.